MAGDEBURGER SCHRIFTEN 11

Magdeburger Schriften
Im Auftrag der Landeshauptstadt Magdeburg herausgegeben von
Gabriele Köster, Hajo Neumann, Cornelia Poenicke und Christoph Volkmar

Band 11

Lutz Miehe und Christoph Volkmar (Hg.)

Magdeburger Stiftungsbuch

Vom Entstehen, der Zerstörung
und dem Wiederaufbau einer Stiftungslandschaft

mitteldeutscher verlag

Inhaltsverzeichnis

Grußwort des Oberbürgermeisters 7

Vorwort der Herausgeber 9

Lutz Miehe/Christoph Volkmar
Einleitung 13

Quellenlage

Stephan Utpatel
Geheimes Staatsarchiv Preußischer Kulturbesitz 23

Jörg Brückner/Riccarda Henkel/Antje Herfurth
Landesarchiv Sachsen-Anhalt 33

Konstanze Buchholz
Stadtarchiv Magdeburg 43

Margit Scholz
Die evangelischen Kirchenarchive 51

Rechtsform Stiftung

Gerhard Lingelbach
Die Entwicklung der Rechtsform Stiftung 63

Die Magdeburger Stiftungslandschaft im Wandel der Zeiten

Matthias Puhle
Magdeburger Stiftungen im Mittelalter.
Versuch einer Annäherung 83

Christoph Volkmar
Das Stiftungswesen in der Frühen Neuzeit 95

Lutz Miehe
Bürgerschaftliches Engagement und soziale Verantwortung
zwischen 1807 und 1989 121

Silvia Trautmann
Die Revitalisierung von Stiftungen im Land Sachsen-Anhalt
seit 1990 243

Bettina Seyderhelm
Die Kirchliche Stiftung Kunst- und Kulturgut in der Kirchenprovinz Sachsen – Bürgerschaftliches Engagement und Stiftungsarbeit 251

Stiftungen in Magdeburg

Stiftungen in Magdeburg. Ein Verzeichnis 265

Anhang

Quellen- und Literaturverzeichnis 682
Abbildungsnachweis 705
Autorinnen und Autoren 707
Register der Stiftungen 709
Personenregister 726
Ortsregister 737

Grusswort des Oberbürgermeisters

Vieles im Leben hat zwei Seiten. Dies gilt auch für die Geschichte des Stiftungswesens in Magdeburg. Wer nach Kontinuitäten sucht, kann in den Stiftungen zivilgesellschaftliches Engagement mit langfristiger Wirkung vom Mittelalter bis zur Gegenwart finden. Genauso aber lassen sich an ihrem Beispiel die großen Brüche in 1.200 Jahren Stadtgeschichte aufzeigen.
Immer wieder erweist sich dabei die Frage der sozialen Verantwortung als ein Leitmotiv der Magdeburger Stadtgeschichte. Die Elbmetropole des Mittelalters war ohne das Engagement der Wohlhabenden für die Schwachen, aber auch ohne bürgerlichen Gestaltungswillen im religiösen und kulturellen Leben kaum denkbar. Stiftungen überstanden die dunkelsten Stunden von Krieg und Zerstörung, erwiesen sich als verlässliche Stützen der kommunalen Infrastruktur und prägten mit ihren Bauten das Stadtbild.
Doch hinter den Stiftungen standen stets die Menschen. Das persönliche Engagement der einzelnen Stifterin, des einzelnen Stifters wurde zum Impulsgeber. Es machte das Potenzial sichtbar, das jeder und jede für das Wohlergehen des Gemeinwesens einzusetzen vermag.
Was motivierte Magdeburgerinnen und Magdeburger, ihr Privatvermögen für ihre Heimatstadt und in ihre Mitbürger zu investieren? Welche Vorstellungen und Wertesysteme prägten ihr Handeln? Wie religiös, wie profan ging es dabei zu? Auch von diesen Fragen handelt das Buch und findet Antworten am Beispiel von Menschen, die sich leiten ließen von christlicher Nächstenliebe und Philanthropie, von Bürgerstolz und Familienbewusstsein, von Standesdenken und konfessioneller Identität. So vielfältig ihre Motive sein mochten, sie fanden einen gemeinsamen Ausdruck in Sinn-Stiftungen, die eine dauerhafte Verbundenheit mit der Stadt und ihren Bewohnern über den eigenen Tod hinaus begründeten.
Dabei blieb das Stiftungswesen stets ein Seismograph für gesellschaftliche Veränderungen. Wo die Grenzen zwischen politischer Ordnung und individueller Entfaltung verliefen, musste im Wandel der Zeiten immer wieder neu austariert werden. Auch deshalb regt der Blick in die Stiftungsgeschichte zum Nachdenken darüber an, wie es heute bestellt ist um Stiftergeist und Bürgersinn in Magdeburg.
Engagement für das Gemeinwohl ist ein Schlüssel für gelingendes Leben, dies war schon so im Mittelalter, dies gilt noch heute und wird auch in der Zukunft wichtig bleiben. Ich freue mich daher über ein inspirierendes Buch, das Glanzpunkte bürgerschaftlichen Gemeinsinns in Magdeburg darstellt und zur Nach-

ahmung einlädt. Ich danke den Autorinnen und Autoren sowie allen Unterstützerinnen und Unterstützern des Vorhabens für ihre Beiträge und wünsche den Leserinnen und Lesern eine aufschlussreiche Lektüre.

Magdeburg, im Sommer 2021

Dr. Lutz Trümper
Oberbürgermeister der Landeshauptstadt Magdeburg

Vorwort der Herausgeber

Das Stiftungswesen bietet einen besonderen Zugang zur wechselvollen Geschichte unserer alten Stadt. Wer sich darauf einlässt, wird hineingenommen in eine spannende Erzählung vom Entstehen, von der Zerstörung und vom Wiederaufbau einer reichen Stiftungslandschaft. Als Phänomene der langen Dauer ziehen sich Stiftungen wie ein roter Faden durch alle Epochen, markieren da den dynamischen Aufbruch zu neuen Ufern, erscheinen dort als beharrungsfreudiges Relikt längst vergangener Zeiten.

Dennoch sind Publikationen zur städtischen Stiftungsgeschichte keineswegs selbstverständlich, Stiftungsbücher auf aktuellem Forschungsstand sogar ausgesprochen selten. In Magdeburg entstand die Idee für diesen Band in Gesprächen, die Fachleute aus verschiedenen Wirkungskreisen zusammenbrachten. Eine besondere Rolle kam dabei den Mitarbeiterinnen und Mitarbeitern des Referats Stiftungswesen beim Ministerium für Inneres und Sport des Landes Sachsen-Anhalt zu. Das Land Sachsen-Anhalt hat sich bereits seit Anfang der 1990er Jahre proaktiv bemüht, Altstiftungen zu revitalisieren, die nicht rechtskräftig aufgelöst worden sind und ihre Zwecke auch heute erfüllen können. Im Laufe der Jahre erwuchsen aus diesen Recherchen umfassende Erkenntnisse zur historischen Stiftungslandschaft in Magdeburg, die die wesentliche Grundlage für dieses Buch darstellen.

Den Herausgebern ist es ein großes Bedürfnis, all jenen zu danken, die am Zustandekommen dieser Publikation beteiligt waren und ohne deren Engagement das Projekt nicht hätte zum Erfolg geführt werden können. Unser erster Dank gilt allen Autorinnen und Autoren für ihre instruktiven Beiträge. Als Herausgeberinnen der „Magdeburger Schriften" haben Dr. Gabriele Köster und Dr. Cornelia Poenicke die Aufnahme der Publikation in die gemeinsam von Kulturhistorischem Museum, Stadtbibliothek und Stadtarchiv verantwortete Schriftenreihe sofort zugesagt und vorbehaltlos unterstützt. 2021 trat Dr. Hajo Neumann, Leiter des Technikmuseums Magdeburg, neu in den Herausgeberkreis ein und begleitete das Vorhaben auf den letzten Metern. Herzlich danken wir auch der WOBAU Magdeburg und ihrem Geschäftsführer Peter Lackner für die großzügige Unterstützung des Workshops „Stiftungen in Magdeburg" am 14. September 2018. In der Folge dieses Kolloquiums haben uns zahlreiche Hinweise und Materialien aus den stadtgeschichtlich kundigen Kreisen erreicht, auf die wir gern zurückgegriffen haben. Aus den Reihen der versierten Fachleute, die einzelne Stiftungen für das Stiftungsverzeichnis bearbeitet haben, sei stellvertretend Dr. Margit Scholz und Beate Seibert besonders gedankt.

Zu danken ist weiterhin allen Mitarbeiterinnen und Mitarbeitern von Archiven, Bibliotheken und Museen, die unsere Recherchen mit großer Sachkenntnis unterstützt und Abbildungsvorlagen für die Publikation zur Verfügung gestellt haben. Dieser Dank richtet sich insbesondere an die Kolleginnen und Kollegen des Stadtarchivs Magdeburg, namentlich Konstanze Buchholz, Ines Jordan, Dr. Sabine Schaller (jetzt Stadtbibliothek Magdeburg), Nancy Simon und Stefan Richter.

Stiftungen gehören seit mehr als einem Jahrtausend zu Magdeburgs Vergangenheit. Mit der friedlichen Revolution von 1989 gewannen sie auch wieder eine Zukunft. Allen Brüchen zum Trotz lebt der Stiftungsgedanke weiter. Den Gemeinnutz zu stärken und die Gestaltungsspielräume der Zivilgesellschaft auszuweiten, bleibt weiter eine wichtige Aufgabe. Möge diese Publikation einen Beitrag dazu leisten, dass sich die Stiftungen in Magdeburg wie in Sachsen-Anhalt gedeihlich entwickeln – als Beiträge Einzelner zum Wohle aller.

Magdeburg, im Sommer 2021

Lutz Miehe und Christoph Volkmar

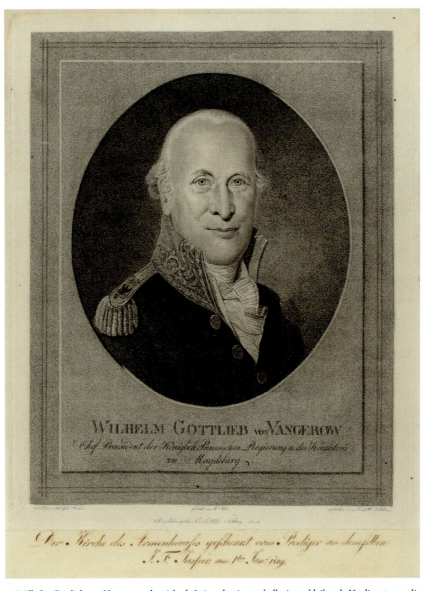

1 Wilhelm Gottlieb von Vangerow, der sich als Leiter des Armenkollegiums bleibende Verdienste um die Ärmsten der Armen in Magdeburg erwarb, 1806

Einleitung

Lutz Miehe und Christoph Volkmar

Am 11. Mai 1677 bestimmte der wohlhabende Magdeburger Bürger Matthias Wrede in seinem Testament, dass nach seinem Tode ein Teil seines Vermögens in eine Stiftung überführt werden solle, aus deren Erträgen „rechte Hauß-Arme, ehrliche Leute, [...] die sich des Bettelns schämen und in Armuth gerathen", unterstützt werden sollten. Diese Stiftung sollte existieren, „so lange Magdeburg stehet".[1]

An diesem Beispiel werden die wichtigsten Elemente, die bis zum heutigen Tag eine Stiftung charakterisieren, deutlich: Ein Stifter gibt ein Vermögen ab und bestimmt, zu welchen Zwecken dessen Erträge verwendet werden sollen. Das Vermögen selbst bleibt unangetastet, denn nur so kann es, „so lange Magdeburg stehet", nützlich sein. Da die Stiftung des Matthias Wrede – wie alle anderen Stiftungen – lediglich eine Vermögensmasse darstellte, musste ein Gremium eingesetzt werden, welches die Aufgabe übernahm, den Willen des Stifters dauerhaft zu erfüllen. Im vorliegenden Fall war es der Rat der Stadt, der „einen Bürgermeister, zween Ratsherren und einen von der Feder, der das Protokoll hält", für diese Aufgabe „deputieren" sollte.

Matthias Wrede begründete seine Stiftung nur wenige Jahre nach der furchtbaren Katastrophe, die Magdeburg während des Dreißigjährigen Krieges ereilt hatte. Im Jahre 1631 war die Stadt bis auf wenige Häuser vollständig zerstört worden, Tausende Menschen hatten den Tod gefunden. So gesehen, zeugt die auf Ewigkeit angelegte Stiftung des Matthias Wrede von seinem Optimismus für die Zukunft der Stadt.

Stiftungen sind schon seit dem 10. Jahrhundert in der Elbestadt nachweisbar. So wechselhaft das Schicksal Magdeburgs war, so wechselhaft war auch das Glück seiner Stiftungen. Insbesondere die Reformation stellte einen tiefen Einschnitt dar. Dagegen waren die zweite Hälfte des 19. und die ersten Jahre des 20. Jahrhunderts durch eine sich schnell entwickelnde Stiftungslandschaft geprägt – Magdeburg erlebte einen Stiftungsboom.

Auf ihre Stiftungen waren die Bürger der Stadt zu Recht stolz, denn deren Leistungskraft zeugte von der Verbundenheit der Stifter mit der Elbestadt und ihren

---
1 Vgl. Bock, Armenwesen, S. 79.

Einwohnern. Andererseits wirkten sich die Stiftungen positiv auf die Lebensumstände vieler Menschen aus. Stiftungen waren bis in die Mitte des 20. Jahrhunderts im Alltag vieler Magdeburger präsent: ob als Krankenhaus oder als Altersheim, ob als Förderinnen des Museums oder als Möglichkeit, Unterstützung in sozialen Notlagen zu erhalten.

Doch wer waren die Stifterinnen und die Stifter? Was bewog sie, einen Teil ihres Vermögens herzugeben, damit dauerhaft aus den Erträgen von ihnen bestimmte Zwecke erfüllt werden konnten? Welche Ergebnisse hatte solches Mäzenatentum? Welches Schicksal hatten ihre Stiftungen? Wie ist es heute um die Stiftungslandschaft in Magdeburg bestellt?

Auf solche Fragen versucht dieses Buch Antworten zu geben. Es will – erstens – einen eigenständigen Beitrag zur Erforschung der Magdeburger Stadtgeschichte leisten. Dies liegt in der Natur der Sache, denn die Stiftungen beeinflussten viele Bereiche des städtischen Lebens. Die Publikation versteht sich – zweitens – als Beitrag zur Geschichte des Stiftungswesens in Deutschland. Gerade in den letzten Jahren sind – auch angesichts eines Stiftungsbooms seit den 1990er Jahren – viele Forschungen unternommen worden.[2] Und drittens soll die Publikation Anregung für weitere Untersuchungen sein, denn es ist unmöglich, die Magdeburger Stiftungen in einer Veröffentlichung auch nur halbwegs erschöpfend darzustellen, zumal ihre Erforschung noch am Anfang steht.

Die erste selbständige Publikation über das Armenwesen und die milden Stiftungen in Magdeburg legte vor 200 Jahren der Ratsherr und Bürgermeister Georg Werner Albert Oppermann vor.[3] Seiner ersten Darstellung ließ er in den folgenden neun Jahren Ergänzungen folgen, um 1842 noch einmal rückblickend über die Jahre 1831 bis 1840 zu berichten.[4] Diese Publikationen erzeugten ein reges Interesse, seine letzte „Nachricht" fand nicht weniger als 201 Subskribenten. Der besondere Wert der Publikationen Oppermanns besteht heute insbesondere darin, dass sie Informationen enthalten, die aus den Akten heute nicht immer zu entnehmen sind.

Nicht einmal 20 Jahre nach Oppermanns letzten „Nachrichten" veröffentlichte Adolph Bock, bewusst an Oppermann anknüpfend, im Jahre 1860 seine Darstellung über das Armenwesen und die milden Stiftungen in Magdeburg.[5] Auch dieser Autor war durch seine „vieljährige dienstliche Beschäftigung im städti-

---

2 Vgl. jüngst Adam, Zivilgesellschaft.
3 Vgl. Oppermann, Armen-Wesen, 1820.
4 Vgl. ders., Geschichte.
5 Vgl. Bock, Armenwesen. Adolph Bock gab – ähnlich wie Oppermann – wenige Jahre später einen Ergänzungsband heraus. Vgl. ders., Nachtrag.

Einleitung

2 Das Hospital St. Georgen in der Stiftstraße, eines der bedeutenden Wohnstiftungen in Magdeburg, 1938

schen Armenwesen" mit den sozialen Fragen in der Stadt bestens vertraut.[6] Seine Publikation ist für die hier vorgelegte Veröffentlichung ebenfalls von grundlegendem Wert.

Doch auch die Stadtverwaltung war sich der Bedeutung der Stiftungen bewusst. In ihren ab der Mitte des 19. Jahrhunderts herausgegebenen jährlichen „Berichten über die Verwaltung" teilte sie der Öffentlichkeit regelmäßig mit, welche Leistungen aus den Erträgen der von ihr verwalteten Stiftungen im Berichtszeitraum erbracht und welche bedeutenden neuen Stiftungen errichtet worden waren. Mehrfach wurden Übersichten über die in der Stadt vorhandenen Stiftungen vorgelegt – letztmalig in den Jahren 1910 und 1919.[7]

Diese Publikationen enthalten wichtige Informationen über die Stifter, das Stiftungsvermögen, den Zweck der Stiftung, die Verwaltung etc. Sie zeugen von der Blüte des Magdeburger Stiftungswesens am Beginn des 20. Jahrhunderts vor jenen einschneidenden Ereignissen, die bald dazu führten, dass die Stiftungen in Magdeburg viel von ihrer Bedeutung verloren.

In der Wissenschaft wird aktuell kontrovers diskutiert, welche einzelnen Fak-

---

6 Vgl. Bock, Armenwesen, S. III.
7 Vgl. Nachweisung 1910 sowie Nachweisung der in der Stadt Magdeburg vorhandenen milden Stiftungen nach dem Stande vom 1. April 1919, in: StAM, Rep. 18¹, A 8.

toren zum Niedergang der Stiftungen seit den 1920er Jahren führten.[8] Unumstritten ist, dass die Hyperinflation der Jahre 1922 und 1923 an der Substanz der Kapitalien zehrte. Viele Stiftungen büßten deutlich an Leistungsfähigkeit ein, mussten aufgelöst oder mit anderen Stiftungen zusammengelegt werden. Manche Stiftung stellte ihre Arbeit ganz ein. Ab 1933 missbrauchten die Nationalsozialisten, denen an einem unabhängigen Stiftungswesen nicht gelegen war, dessen Ressourcen für die Erfüllung ihrer menschenverachtenden Ideologie. Schließlich wurden in den Jahren nach 1952 viele Stiftungen im Auftrag der SED zwangsweise aufgelöst.

Angesichts dieser stiftungsfeindlichen Politik ist es kaum verwunderlich, dass nach 1933 kein Interesse mehr daran bestand, über das Stiftungswesen Magdeburgs öffentlich zu berichten. Erst die demokratischen Reformen nach 1989 in der DDR und deren Beitritt zur Bundesrepublik Deutschland schufen die Voraussetzungen für ein Wiedererstarken der Stiftungen und für die wissenschaftliche Erforschung ihrer Geschichte in Magdeburg.

Der Bundesverband Deutscher Stiftungen, der bereits unmittelbar nach der Wiedervereinigung Aktivitäten zur Stärkung des Stiftungswesens in den neuen Ländern entfaltete, beauftragte Erco von Dietze und Claudia Hunsdieck-Nieland, das Schicksal der Stiftungen „in der Mitte Deutschlands" zu untersuchen. Allerdings werteten die Autoren nur in begrenztem Umfang Quellen aus den verschiedenen Archiven aus.[9]

Somit ist die vorliegende Publikation nach nunmehr 100 Jahren die erste umfassende Darstellung des Stiftungswesens und die erste wissenschaftliche Untersuchung der Stiftungen in der Stadt Magdeburg überhaupt. Sie analysiert die Entwicklung dieses Rechtsinstituts vom Mittelalter bis zur Gegenwart und erhebt den Anspruch, einen eigenen Beitrag zur Entwicklung der Stiftungen in Deutschland allgemein wie auch in Magdeburg im Besonderen zu leisten.

Die Publikation besteht aus drei Teilen: In einem ersten Abschnitt stellen Archivarinnen und Archivare die wichtigsten Quellen zu den Magdeburger Stiftungen in den einschlägigen Archiven vor. Diese befinden sich im Geheimen Staatsarchiv Preußischer Kulturbesitz in Berlin, im Landesarchiv Sachsen-Anhalt, selbstverständlich im Stadtarchiv Magdeburg sowie im Archiv der Evangelischen Kirche der Kirchenprovinz Sachsen. Wie bedeutend und vielgestaltig die Magdeburger Stiftungslandschaft zu Beginn des 20. Jahrhunderts war, wird bereits an der Übersicht über die hierzu vorhandenen Quellenbestände deutlich. Hunderte Akten sind in den einschlägigen Archiven zu den Magdeburger Stif-

---

8 Vgl. Werner, Hamburgs Stiftungskultur; Adam, Zivilgesellschaft.
9 Vgl. Dietze/ Hunsdieck-Nieland, Stiftungen.

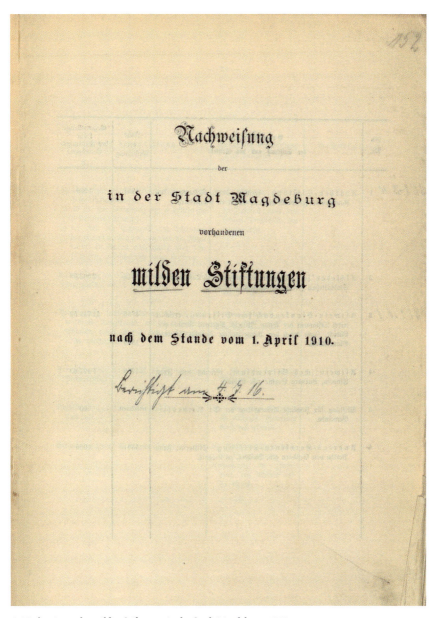

3 Nachweisung der milden Stiftungen in der Stadt Magdeburg, 1910

tungen verfügbar – und können doch die schweren Quellenverluste der Vergangenheit kaum ausgleichen. Schon bei der völligen Zerstörung des Ratsarchivs sowie des Schöppenstuhlarchivs am 10. Mai 1631 dürften unzählige Urkunden, Akten und Amtsbucheinträge vernichtet worden sein.[10] Der zweite gravierende Aktenverlust ist mit dem Zweiten Weltkrieg verbunden. Als am 23. Januar 1945 die Stiftungsverwaltung der Stadt Magdeburg ausgebombt wurde, gingen auch alle in der dortigen Registratur aufbewahrten Akten vollständig verloren – dies betraf insbesondere die Unterlagen der Jahre 1923/24 bis 1945.[11]

Im zweiten Teil der Publikation wird die Geschichte der Magdeburger Stiftungen im Überblick vorgestellt. Drei Beiträge zeichnen die großen Linien für das Mittelalter (Matthias Puhle), die Frühe Neuzeit (Christoph Volkmar) sowie für das 19./20. Jahrhundert (Lutz Miehe) nach. Einen Blick auf das bürgerschaftliche Engagement in der Gegenwart wirft Bettina Seyderhelm am Beispiel der Kirchlichen Stiftung Kunst- und Kulturgut. Silvia Trautmann schildert, wie die staatliche Stiftungsaufsicht seit 1990 die Revitalisierung von Altstiftungen unterstützt. Gerhard Lingelbach konnte zudem gewonnen werden, einen Überblick über die rechtliche Entwicklung der Stiftungen zu verfassen. Die Diskussion unter den Rechtswissenschaftlern, in deren Ergebnis mit dem Inkrafttreten des BGB im Jahre 1900 die juristisch selbständige Person Stiftung (reichs-)rechtlich verankert wurde, hatte – wie zu zeigen sein wird – erhebliche Auswirkungen auf die Stiftungslandschaft der Stadt.

Im dritten Teil des Bandes werden die in Magdeburg nachweislichen Stiftungen in Form eines alphabetischen Verzeichnisses vorgestellt. Dabei ist es das Anliegen der Herausgeber, möglichst viele der einst und heute in der Stadt Magdeburg bestehenden Stiftungen zu erfassen und zumindest eine kleinere Auswahl weiterführender ‚Stiftungsbiographien' vorzulegen.

Das Kriterium, ob es sich hierbei um unselbständige oder juristisch selbständige Stiftungen bürgerlichen Rechts gehandelt hatte, spielte bei der Auswahl der Stiftungen keine Rolle, denn diese Einteilung bildete sich erst im Ergebnis eines langen Diskussionsprozesses unter den Juristen heraus. Erst ab den 1880er Jahren erhielt sie als Unterscheidungskategorie praktische Relevanz.[12]

Die Grundlage für die Aufnahme der Stiftungen bildeten die genannten Darstellungen des 19. sowie beginnenden 20. Jahrhunderts und die Aktenbestände der einschlägigen Archive. Unberücksichtigt bleiben damit jene Stiftungen,

---

10 Vgl. Volkmar, Untergang.
11 Vgl. Vermerk der Stiftungsverwaltung der Stadt Magdeburg vom 22. Mai 1945, in: StAM, Rep. 41, Nr. 874, unfol.
12 Siehe hierzu die Beiträge von Gerhard Lingelbach und Lutz Miehe in diesem Band.

die bereits bis 1810, etwa im Zuge der Reformation, der Säkularisation oder der französischen Fremdherrschaft untergegangen bzw. aufgelöst worden waren. Dazu gehören mit dem Domstift und seinen vier Nebenstiften einige der bedeutendsten Institutionen Magdeburgs. Angesichts der desolaten Quellenlage zur älteren Stadtgeschichte hätte hier jedoch insgesamt nur ein sehr fragmentarisches Bild gezeichnet werden können.[13] Ebenso verhält es sich mit den oftmals kleinen Schenkungen, Vermächtnissen und Legaten an die Stadt oder insbesondere an die Kirchen und Hospitalstiftungen.[14] Solche Zuwendungen wurden nur dann in das Verzeichnis der Stiftungen aufgenommen, wenn sie entweder in der „Nachweisung der in der Stadt Magdeburg vorhandenen Stiftungen" aus dem Jahre 1910 oder in der „Vorläufigen Liste der im Land vorhandenen Stiftungen" von 1946/47 aufgeführt sind.[15]

Die Einträge im Verzeichnis der Stiftungen wurden in ihrer übergroßen Zahl durch die Herausgeber verfasst. Angesichts des schlechten Forschungsstandes und des Umfangs der Aufgabe waren sie bemüht, weitere Autorinnen und Autoren zu gewinnen. Zu diesem Zweck führten sie im September 2018 gemeinsam mit der WOBAU Magdeburg ein Kolloquium im Magdeburger Katharinenturm durch, das mit ca. 75 Teilnehmerinnen und Teilnehmern auf erfreuliche Resonanz stieß. Im Ergebnis erklärten sich mehrere Fachleute bereit, dieses Projekt durch eigene Forschungen zu unterstützen.

Bei den größeren Stiftungen erfolgt nach Möglichkeit eine etwas ausführlichere Darstellung, ohne jedoch den Rahmen eines Lexikoneintrages zu sprengen. Angesichts der Fülle des Materials und der Anzahl der Stiftungen war es jedoch nicht immer möglich, deren Geschichte tiefgründig zu untersuchen. Umso eher versteht sich die vorliegende Publikation als Anregung zum weiteren Forschen. Um künftige Untersuchungen zu den Stiftungen Magdeburgs zu erleichtern, werden bei den einzelnen Beiträgen die wichtigsten Aktenbestände angegeben.

Hinweise zum Verzeichnis der Stiftungen

Die Autoren haben sich um eine möglichst einheitliche Herangehensweise bei der Bearbeitung der Eintragungen zu den einzelnen Stiftungen bemüht. Die

---

13 Für einige Beispiele nicht aufgenommener älterer Stiftungen siehe den Beitrag von Christoph Volkmar in diesem Band.
14 Diese oftmals nur kleinen Zuwendungen bedürfen einer gesonderten Untersuchung. Sie scheinen ein unmittelbarer Ausdruck der Volksfrömmigkeit der weniger begüterten Stadtbewohner insbesondere im 18. und 19. Jahrhundert gewesen zu sein.
15 Vgl. Vorläufige Liste.

Kriterien gibt das moderne Stiftungsrecht vor, sie finden aber auch schon in den eingangs am Beispiel des Matthias Wrede vorgestellten charakteristischen Merkmalen einer Stiftung ihre Entsprechung.[16]

Folgende Aspekte sind beim Lesen der verschiedenen Rubriken zu beachten:

Stiftungsname: Hier wird der im Stiftungsgeschäft oder im Testament bestimmte Name der Stiftung genannt. Sind diese Unterlagen nicht vorhanden, wurde die aus den Akten erkennbare übliche Namensnennung genommen.

Errichtet: Mitgeteilt werden in der Regel zwei Daten: Das erste Datum gibt den Zeitpunkt der Abfassung des Stiftungsgeschäfts oder des Testaments (mitunter auch mit späteren Änderungen und Ergänzungen) an, das zweite Datum teilt den Zeitpunkt der Genehmigung der Stiftung durch die staatliche Stiftungsaufsicht mit.

Stifterin/Stifter: Es werden der Name, der Beruf sowie die Lebensdaten der jeweiligen Person angegeben. Zudem wird versucht, die Person kurz vorzustellen und dabei insbesondere ihre Bedeutung für die Stadt Magdeburg mitzuteilen.

Vermögen: Bei Stiftungen, die im Jahre 1910 bereits existierten, werden zwei Angaben mitgeteilt: Das Grundstockvermögen bei Errichtung der Stiftung sowie im Jahre 1910. Bei Stiftungen, die vor 1872 errichtet worden sind, erfolgt die erste Angabe in Reichstalern. Nach Einführung der Mark auf der Grundlage des Reichsmünzgesetzes vom Dezember 1871 war nur noch die Mark im Umlauf, so dass die „Nachweisung ..." aus dem Jahre 1910 Angaben in Mark auswies. Der Umstellungskurs von Taler zu Mark betrug 1 : 3.
Für nach 1910 errichtete Stiftungen wird das Grundstockvermögen zum Zeitpunkt der Errichtung der Stiftung mitgeteilt.
Bei jenen Stiftungen, die gegenwärtig im Stiftungsverzeichnis Sachsen-Anhalts registriert sind, wird aus Gründen des Datenschutzes kein Vermögen angegeben.

---

16 Diese Struktur orientiert sich an einer für die anhaltischen Stiftungen vom damaligen Regierungspräsidium Dessau herausgegebene Publikation. Vgl. 1. Dessauer Stiftungsbuch.

Stiftungszweck: Mitgeteilt werden die von der Stifterin/dem Stifter vorgegebenen Zwecke einschließlich des Zeitpunktes, an denen die Zweckerfüllung stattfinden sollte.

Verwaltung: Auch diese Angabe orientiert sich an den Vorgaben der Stifterin bzw. des Stifters. Spätere Änderungen werden mitgeteilt.

Darstellung: Die Autoren haben sich bemüht, zumindest die wichtigsten Angaben zur Stiftung – insbesondere zur Zweckerfüllung – aufzunehmen. Sie waren auch bemüht, etwaige Veränderungen zu erfassen. Insbesondere bei Stiftungen, die von einzelnen Gemeindekirchenräten verwaltet worden sind, waren die vorhandenen Quellen mitunter dürftig.

Quellen: Mitgeteilt wird eine Auswahl der wichtigsten Quellen. Verwiesen wird zudem auf die Darstellung zu den Quellenbeständen in den verschiedenen Archiven unter Kapitel 2.

Literatur: Auch hier erfolgt eine Auswahl jener Literatur, die unmittelbare Bezüge auf die vorgestellte Stiftung aufweist.

Bemerkungen: Mitgeteilt werden bis zu vier Angaben:
a) alternativ in den Quellen für die Stiftung benutzte Namen,
b) die Rechtsnatur der Stiftung (rechtsfähig, unselbständig, Familienstiftung),
c) Verweise auf weitere von der Person errichtete Stiftungen oder Stiftungen, die andere Mitglieder der Familie errichteten. Hierdurch soll es ermöglicht werden, Einblicke in das Netzwerk der Stiftungen zu gewinnen,
d) weitere Angaben, die von Eintrag zu Eintrag variieren, deren Aufnahme die Autoren für sinnvoll hielten, um das Bild von der jeweiligen Stiftung zu vervollständigen.

Sofern zu den einzelnen Rubriken keine Angaben ermittelt werden konnten, werden sie in der Übersicht nicht aufgeführt.

4 *Das Geheime Staatsarchiv Preußischer Kulturbesitz in Berlin-Dahlem*

Geheimes Staatsarchiv Preussischer Kulturbesitz

Stephan Utpatel

Das Geheime Staatsarchiv Preußischer Kulturbesitz (GStA PK) verwahrt vornehmlich die Überlieferung der zentralen Behörden und Einrichtungen des ehemaligen brandenburg-preußischen Staates. Die Wurzeln dieses Archivs liegen in der Kanzlei der askanischen Markgrafen Brandenburgs im 13. Jahrhundert. Mit der durch den Archivbeamten Erasmus Langenhain 1598 angelegten „Registratura archivorum" erhielt es erstmals ein umfassendes Ordnungssystem für seine Urkunden, Akten und Amtsbücher. Im Laufe seines Bestehens wandelte es sich von der markgräflichen Registratur zum zentralen Staatsarchiv für Brandenburg-Preußen. Seit der Auflösung des Staates Preußen durch den Alliierten Kontrollrat 1947 ein „Staatsarchiv ohne Staat", erfuhr es 1963 mit seiner Eingliederung in die Stiftung Preußischer Kulturbesitz wieder eine solide Rechtsgrundlage. Nach der Rückführung der im Zweiten Weltkrieg zum Schutz der Archivalien ausgelagerten und in der Merseburger Dienststelle des Zentralen Staatsarchivs der DDR aufgestellten Bestände kann der größte Teil der Bestände des früheren Preußischen Geheimen Staatsarchivs wieder in Berlin ausgewertet werden.

Die folgende Aufstellung erhebt keinen Anspruch auf vollständige Erfassung der Unterlagen über Magdeburger Stiftungen. Es wurden Überlieferungen solcher Behörden und Einrichtungen ausgewählt, die aufgrund ihres Aufgabengebiets vorrangig für entsprechende Recherchen infrage kommen. Nicht berücksichtigt wurden zum Beispiel die zahlreichen Familienarchive und Nachlässe im Geheimen Staatsarchiv, in denen sich durchaus Akten über Familienstiftungen oder die Beanspruchung von Stipendien nachweisen lassen könnten.

GStA PK, I. HA Geheimer Rat (GR), Rep. 52 Herzogtum Magdeburg
In diesem Bestand fanden die beim brandenburg-preußischen Geheimen Rat entstandenen Akten über die Verwaltung des Herzogtums Magdeburg ab 1680 Aufnahme. Hervorzuheben sind hier die Konvolute 78 a–f (Stipendien), 150 (Hospitalsachen) und 246 (Testamente), die Unterlagen über Stiftungen und Legate für Arme, Kranke, Waisen und andere Bedürftige sowie über Schul- und Universitätsstipendien beinhalten.

Nr. 78 a–f Begnadigungen mit Stipendien (14 Aktenpakete, 1682–1806), darin u. a.:
Stipendientabellen und Gesuche um Verleihung von Stipendien. – Nachfahren des Johann Ziering wegen des für Studierende ihres Geschlechts in Magdeburg gestifteten Stipendiums, 1695. – Gewährung von landesherrlichen Stipendien. – Spezifikation sämtlicher Stipendien im Herzogtum Magdeburg, 1732. Ansprüche an das Lossowsche Stipendium, 1685, 1720–1724, 1741–1744. – Predigerwitwe Baumgarten sowie deren Sohn August Wilhelm Baumgarten wegen Gewährung eines Stipendiums aus der Zieringschen Familienstiftung, 1798.

Nr. 150 Hospitalsachen (3 Aktenpakete, 1687–1807), darin u. a.:
Almosenwesen im Herzogtum Magdeburg, Almosenkollegium der Stadt Magdeburg, 1687–1712. – Beschwerde der Gewandschneiderinnung in Magdeburg als Vorsteher des Hospitals St. Annen wegen Administration des Sodischen Legats, 1710. – Untersuchung der Stipendienstiftungen von Guericke und von Bothmer, 1710–1726. – Instruktion für die zur Untersuchung der Pia corpora im Herzogtum Magdeburg verordneten Kommissare, 1713. – Administration des dem Hospital St. Annen vermachten Sodischen Legats, 1712. – Untersuchung der Pia corpora im Herzogtum Magdeburg, 1708–1713, 1734–1735. – Legat des verstorbenen Amtmannes Franz Ernst Bonorden für das reformierte deutsche und wallonische Waisen- und Arbeitshaus in Magdeburg und das evangelisch-lutherische Waisenhaus in Minden, 1761. – Hospital St. Gertraud in Magdeburg wegen Räumung der vom Proviantamt zur Verwahrung von Montierungsstücken und Zubehör der Feldbäckerei genutzten Kapelle, 1796.

Nr. 246 Testamente (2 Aktenpakete, 1671–1785), darin u. a.:
Stiftung der in Magdeburg verstorbenen Gertrud von Saldern für die studierende Jugend, 1670–1681. – Auseinandersetzung der Rosenstockschen Erben mit den Coppehlischen Testamentariern, 1700. – Forderungen der Coppehlischen Testamentarier an das Kloster Hillersleben, 1700.

GStA PK, II. Hauptabteilung, Generaldirektorium
Vor allem in den Territorialabteilungen dieser 1723 gebildeten zentralen Behörde des 18. Jahrhunderts, die die Zuständigkeit für die Steuer-, Finanz- und Zollverwaltung, für die Domänenbewirtschaftung, für Handel und Gewerbe und für viele weitere Verwaltungszweige in den einzelnen Landesteilen mit Ausnahme Schlesiens und im Gesamtstaat in sich vereinte, sind vereinzelt Akten über die Vergabe von Stipendien und Freitischen für Studierende sowie über

sogenannte Milde Stiftungen zu finden. In der Abteilung Magdeburg sind hier zunächst Akten über die Franckeschen Stiftungen und die hallische Universität zu nennen. Für die Stadt Magdeburg finden sich nur wenige Hinweise:

II. HA Generaldirektorium, Abt. 15 Magdeburg
Tit. 148 Geistliche Sachen: Visitation der Pia corpora in Magdeburg, 1704–1706. – Tit. 120 Stadt Magdeburg, Sekt. 7 Franzosen und Pfälzer: Gesuch des französischen Konsistoriums wegen Anlegung eines Waisenhauses, 1738–1739.

GStA PK, V. Hauptabteilung, Königreich Westphalen
Nach dem Frieden von Tilsit gelangte der westlich der Elbe gelegene Teil des ehemaligen Herzogtums Magdeburg an das von Napoleon geschaffene Königreich Westphalen. Die Akten der zentralen Verwaltungsbehörden dieses 1807–1813 bestehenden Staates bilden den Grundstock der im Geheimen Staatsarchiv eingerichteten V. Hauptabteilung. Zahlreiche Akten über Magdeburger Stiftungen befinden sich in den Beständen Rep. B 3 Ministerium des Innern und Rep. B 7 Generaldirektion des öffentlichen Unterrichts.

GStA PK, V. HA B Rep. 3 Ministerium des Innern, Spezialakten
7.1.5.2.6 Unterstützungen für Studierende
Stipendien der Familien Bothmer und von Arnstadt, 1812. – Landständischer Freitisch-Fond zu Magdeburg, 1812–1813. – Stiftung von Lossow, 1811–1812. – Stiftung der Familie Coppehl zu Magdeburg, 1812. – Landesstipendium zu Magdeburg, 1810. – Legatspende des Kaufmanns Meyer zu Magdeburg für die Armen der Stadt, Anfang 19. Jh.

GStA PK, V. HA Rep. B 7 Generaldirektion des öffentlichen Unterrichts
7.2.3.2 Studienfonds Kloster Berge
Aufhebung des Pädagogiums Kloster Berge vor Magdeburg, 1808–1812. – Pachtverhältnisse auf dem zum Kloster Bergeschen Studienfonds gehörigen Gut zu Karith, 1810. – Erbpachtverhältnisse der Mühlen des Kloster Bergeschen Studienfonds, 1805–1812. – Pachtverhältnisse der Güter Prester und Sülldorf, 1810–1812. – Inventar der Mobilien und Immobilien des Kloster Bergeschen Klosterfonds, 1810–1812. – Verwaltung der Predigerwitwenkasse und Pfarrkasse Calenberge einschließlich der Dodendorfer Stipendienkasse, 1810–1813. – Budget des Studienfonds Kloster Berge, 1810–1813. – Beiträge des Studienfonds Kloster Berge an die Universität Halle, 1810–1813.

7.2.3.3 Stipendienfundationen
Paul-Schmidt-Stipendium, Magdeburg, 1811–1813. – Stipendien Bartensleben, Bothmer und Arnstedt, 1812. – Magdeburgisches Landstipendium, 1808–1813

GStA PK, I. HA Rep. 91 C Militär- und Zivilgouvernement für das Land zwischen Weser und Elbe zu Halle bzw. Halberstadt
Im Zuge der Befreiungskriege wurde das Territorium Preußens im März 1813 aus strategischen Gründen in sogenannte Militärgouvernements aufgeteilt. Das Herzogtum Magdeburg befand sich im Militärgouvernement für das Land zwischen Weser und Elbe. Die in dessen Tätigkeit erwachsenen Akten wurden im Bestand GStA PK, I. HA Rep. 91 C Militär- und Zivilgouvernement für das Land zwischen Weser und Elbe zu Halle bzw. Halberstadt aufgestellt. Unterlagen über Magdeburger Stiftungen sind hier unter den folgenden Klassifikationsgruppen zu finden.

3.3.4 Hospitäler
St. Annenhospital in Magdeburg, 1814–1816. – St. Augustinhospital in Magdeburg, 1814–1816. – St. Georgshospital in Magdeburg, 1814–1816. – St. Maria-Magdalena-Hospital in Magdeburg, 1814–1816. – Wiederaufbau des zerstörten Schwiesauhospitals in [Neustadt] Magdeburg, 1814. – Hospital Schartau in Neustadt Magdeburg, 1815.

3.3.5 Mildtätige Stiftungen
Altweinsche Stiftung in Magdeburg, 1815. – Blocksche Stiftung, 1815. – Coppehlsche Stiftung, 1814. – Maiersche Stiftung in Magdeburg, 1815. – Offeneysches Legat in Magdeburg, 1815. – Sannemannsche Stiftung, 1815. – Stiftung St. Gertrud in Magdeburg, 1814–1815. – Verpachtung der Grundstücke der Stiftungen in Magdeburg, 1814–1815. – Wagnersche Stiftung, 1815. – Wrede'sche Stiftung, 1815.

3.3.8 Studienfonds des Klosters Berge in Magdeburg
Verwaltung des Studienfonds des Klosters Berge in Magdeburg, 1814–1816. – Erbpachtverträge und Erbzinsbriefe des Studienfonds des Klosters Berge in Magdeburg, 1814–1816. – Übertragung der Stipendienstellen des Klosters Berge in Magdeburg auf das Pädagogium in Halle, 1815. – Erbpachtmühlen bei Buckau und in Prester, 1815. – Ziegelei in Buckau, 1816.

GStA PK, I. HA Rep. 71 Kommissionen zur Auseinandersetzung hauptsächlich mit dem Königreich Westphalen, teils während seines Bestehens, teils nach seiner Auflösung
Die von Preußen und dem Königreich Westphalen bzw. nach dessen Auflösung von den Nachfolgestaaten eingesetzten Kommissionen dienten hauptsächlich der Abwicklung gegenseitiger Schuldforderungen sowie der Aufteilung der Archive der westphälischen Zentralbehörden. In der Überlieferung dieser Kommissionen ist die folgende Aktengruppe näher zu betrachten:

5.3.1 Forderungen von Stiftungen und Körperschaften
Forderungen adliger Familienstipendien-Stiftungen auf Zinsrückstände von Stipendienkapitalien des ehemaligen Domstifts zu Magdeburg, 1827. – Forderungen der Familienstiftung Bothmer zu Magdeburg auf Vermögenswerte des ehemaligen Domstifts zu Magdeburg, 1827–1828. – Forderung der Testamentsstiftung Coppehl in Magdeburg auf Zinsen aus dem Stiftungsvermögen des ehemaligen Domstifts zu Magdeburg, 1827–1830.

GStA PK, I. HA Rep. 76 Kultusministerium
Das Preußische Ministerium für Wissenschaft, Kunst und Volksbildung führte die Aufsicht über die Stipendienstiftungen zur Unterstützung des Besuchs von Schulen und Universitäten.

I. HA Rep. 76 V c Sekt. 17 Abt. XI (Regierungsbezirk Magdeburg), Stiftungs-, Armen und Legatssachen
Landesherrliche und Familienstipendienstiftungen, 1815–1866. – Ehemaliges Pfälzer Koloniestipendium, dann „Magdeburger Stadtstipendium", 1816–1929. – Stiftungssachen des Klosters Berge, 1814–1817. – Stipendienstiftung des Regierungs- und Konsistorialregistrators Hoeffichen in Magdeburg, 1824–1825. – Levin-Braunsdorfsche Stipendienstiftung in Magdeburg, 1845–1847. – Von Kerssenbruch- oder von Bussesches Stipendium für bedürftige Theologiestudenten, 1845. – Zieringsche Familien-Stipendienstiftung in Magdeburg, 1840–1845. – Familienstiftung Gertrud von Saldern geb. von Hake in Magdeburg, 1838–1891. – Stiftung aus dem Fonds des Klosters Unser Lieben Frauen in Magdeburg zur Unterstützung dessen ehemaliger Zöglinge und Schüler während des Universitätsstudiums, 1868–1874. – Stipendienstiftung des Hospitals St. Georgii in Magdeburg, 1878.

I. HA Rep. 76 VI Mittelschulwesen, Sekt. 11 Regierungsbezirk Magdeburg, l – Stiftungs-, Armen- und Legatssachen

Vermögensverwaltung des Klosters und Pädagogium Unser Lieben Frauen zu Magdeburg, 1816–1910. – Stiftungen für das Domgymnasium Magdeburg, 1872–1912. – Funksche Stipendiumstiftung für die Domschule zu Magdeburg, 1819–1889. – Stiftungen und Legate für das städtische Realgymnasium in Magdeburg, 1895.

I. HA Rep. 76 VII neu Volksschulwesen, XI F – Regierungsbezirk Magdeburg, Teil IV Stiftssachen, Vermögensverwaltung
Verwendung des Vermögens und der Grundstücke des Kloster Bergeschen Studienfonds, 1817–1857. – Etats des Kloster Bergeschen Studienfonds, 1815–1908. – Personal des Kloster Bergeschen Studienfonds, 1844–1890. – Güter des Kloster Bergeschen Studienfonds, 1820–1914.

GStA PK, I. HA Rep. 77 Ministerium des Innern
Dem preußischen Ministerium des Innern und seinen nachgeordneten Instanzen oblag die Aufsicht über die milden Stiftungen, die nicht in das Ressort des Kultusministeriums fielen.

I. HA Rep. 77 MdI, Tit. 1400, Armensachen der Städte; Sparkassen, Leihanstalten im Regierungsbezirk Magdeburg
Stadt Magdeburg:
Hospital Schwiesau in der Neustadt, 1814–1901. – Hospitäler St. Georg und St. Annen, 1837–1925. – St. Gertraud Hospital, 1839–1879. – Erwerbung von Grundstücken für die Armenanstalten und milde Stiftungen sowie deren Verpachtung oder Veräußerung, 1840–1883. – Hospital Schartau in der Neustadt, 1842–1904. – Gasser'sche Wohltätigkeitsstiftung in der Neustadt, 1847. – Verwaltung der Hospitäler zu Neustadt-Magdeburg, 1848–1849. – Im Kloster St. Augustini eingerichtete Armenversorgungsanstalt, 1853–1915. – Von den Geschwistern Magdalene und Dorothea Wagner für arme verwahrloste Kinder gegründete Stiftung, 1838–1857. – Vermächtnisse und Schenkungen an Armenanstalten und milde Stiftungen, 1857–1918. – Vom Geheimen Kommerzienrat Müller für hilfsbedürftige Personen errichtetes Siechen-Hospital, 1864–1901. – Zuckschwerdt- und Beuchelsche Stiftung zur Unterstützung armer Kaufleute, Industrieller oder Handwerker und deren Familien, 1869–1900. – Heinrich Wilhelm Müllersche Stiftung für unterstützungsbedürftige Personen aus dem Stadtteil Sudenburg-Magdeburg, 1869. – Johann Georg Hauswaldtsche Stiftung in Neustadt-Magdeburg für alle hilfsbedürftigen Arbeiter und Arbeiterinnen der Johann Georg Hauswaldtschen Fabriken, 1873–1874. – Stiftung des Geheimen Kommerzienrates Friedrich Schmidt in Neustadt-Magdeburg zur Unterstützung

hilfsbedürftiger und erwerbsunfähig gewordener Arbeiter und Arbeiterinnen aus den Pfeiffer und Schmidtschen Fabriken, 1874–1875. – Hennigesche Stiftung in Neustadt-Magdeburg, 1880-1881. – Rentner Kahlenbergsche Stiftung, 1881–1911. – Kloster Beatae Mariae Magdalenae, 1886–1902. – Franz-Bodenstein-Stiftung in Neustadt-Magdeburg, 1886–1891. – Gustav Schneidersche Stiftung zur Gewährung von Stipendien an Söhne von Magistratsmitgliedern, 1890. – Kleffel-Stiftung, 1904–1908. – „Kaiserin Auguste Viktoria Kinderheim" (Kinderkrankenhaus), 1906–1915. – Gustav-Wernecke-Stiftung, 1906.

GStA PK, I. HA Rep. 89 Geheimes Zivilkabinett
Das Geheime Zivilkabinett diente als Büro des Monarchen dessen Beratung in Fragen der Verwaltung und Politik, der Abwicklung seiner Korrespondenz sowie des Geschäftsverkehrs mit den Staatsbehörden. Sehr zahlreich sind in der Überlieferung dieser Behörde die Akten über die Unterstützung von Wohlfahrtsvereinen und -stiftungen.

05.06.02.10 Wohlfahrtsvereine und Wohlfahrtsanstalten in der Provinz Sachsen
Funkische Stiftung in Magdeburg, 1820. – Vereine, Anstalten und Stiftungen zu wohltätigen Zwecken in Magdeburg, 1841–1918.

GStA PK, I. HA Rep. 84 a Justizministerium
Das Justizministerium wurde an den Genehmigungsverfahren bei der Zulassung von Stiftungen beteiligt. Daher sind hier viele Akten über die Stiftungen im preußischen Staat zu finden, die chronologisch, ohne Hinweis auf den Sitz der betreffenden Stiftungen, aufgestellt sind. Daneben sind zu nennen:

3.1.2.4.5.4 Standessachen, Lehngüter, Fideikommisse, Familienstiftungen
Familienstiftung Philipp Kühne in Magdeburg, 1932–1933. – Familienstiftung Eugen Polte in Magdeburg, 1911–1919. – Das von dem Kanonikus und Vikar George Coppehl zu Magdeburg errichtete Familienstipendium, 1822–1921.

GStA PK, I. HA Rep. 151 Finanzministerium
Das Ministerium der Finanzen war zuständig für das Haushalts-, Finanz- und Steuerwesen in Preußen. Der Bestand enthält Unterlagen zu nahezu allen Sachgebieten staatlicher Tätigkeit.

GStA PK, I. HA Rep. 151 Finanzministerium, I C – Einzelressorts
4.7.1.2   Stiftungen
Kloster Bergesche Stiftung, 1829–1898.

4.7.5.2.3.10 Kirchenfragen, Provinz Sachsen
Anspruch des Generalmajors von Oppen auf ein beim Domkapitel Magdeburg fundiertes Stipendium, 1815. – Oppensche Familienstiftung, 1821.

5 Das Landesarchiv Sachsen-Anhalt in der Brückstraße in Magdeburg

Landesarchiv Sachsen-Anhalt

Jörg Brückner, Riccarda Henkel und Antje Herfurth

Stiftungen sind ein Phänomen, das mit sich verändernden Zwecken und Formen in fast allen historischen Epochen auftritt. Entsprechend vielfältig ist die Überlieferung von Quellen zum Magdeburger Stiftungswesen, den Einzelstiftungen und der Aufsicht dieser Stiftungen im Landesarchiv Sachsen-Anhalt. Die Recherche dieser Archivalien gestaltet sich jedoch nicht immer einfach. Grund hierfür ist die fehlende Verselbständigung vieler Stiftungen im Sinne einer Institutionalisierung.[1] Trotz langjährigen Bestehens waren die meisten Stiftungen bis in das 19. Jahrhundert stets an hoheitliche und/oder kirchliche Einrichtungen angebunden, so wie es vom Stiftenden bestimmt wurde. Die Verwaltung eines Legats oblag in Magdeburg in der Regel dem Magistrat und dessen Armendeputation oder einer der städtischen Pfarrkirchen. Die dazu entstandenen Akten sollten sich – wenn sie die Zeiten überdauert haben – im Stadtarchiv Magdeburg befinden.[2] Das Landesarchiv Sachsen-Anhalt verwahrt dagegen vor allem Unterlagen zu Stiftungen und Stipendien, die an das Domkapitel angebunden waren und nach 1816 vom Land- und Stadtgericht Magdeburg bzw. dem späteren Amtsgericht verwaltet wurden. Darüber hinaus entstand mit den Regierungen im 19. Jahrhundert auch die staatliche Aufsicht über Stiftungen, deren Unterlagen heute ebenfalls im Landesarchiv aufbewahrt werden. Ein Großteil der Quellen zu Stiftungen und Stiftungsaufsicht entstand daher im Rahmen der Schriftlichkeit der jeweils verwaltenden Institution und wurde mit deren Schriftgut überliefert. Dies hat zur Folge, dass auch im Landesarchiv Sachsen-Anhalt Stiftungen nur selten als eigene Registraturbildner auftauchen und daher aufgrund des archivischen Provenienzprinzips nur wenig eigene Stiftungsbestände existieren.
Eine Ausnahme stellen die **lutherischen Stipendienstiftungen** dar, die besonders gut und vor allem zusammenhängend als eigene Bestände unter der Tektonikgruppe *10. Adelsarchive*, Gliederungspunkt *10.3. Familienarchive und Familienstiftungen* überliefert und am Archivstandort Wernigerode benutzbar

---

1 Eine Ausnahme bilden hier selbstverständlich die geistlichen Stifte, die jedoch im Rahmen dieses Beitrags ausgeklammert werden.
2 Vgl. hierzu den Beitrag von Konstanze Buchholz in diesem Band.

sind.³ Sie stammen fast alle aus der Zeit vor der Zerstörung Magdeburgs im Dreißigjährigen Krieg.⁴ Diese Stiftungen wurden in der Regel gemeinsam von eingesetzten Testamentaren und dem Domkapitel Magdeburg verwaltet. Nach der Auflösung des Domkapitels 1810 wurde die Stiftungsverwaltung von den Testamentaren gemeinsam mit beauftragten Justizkommissaren wahrgenommen, die Stiftungsaufsicht ging 1815 mit der Bildung des Land- und Stadtgerichts Magdeburg, dem späteren Amtsgericht, an diese preußische Behörde über. Die Archivalien gelangten in das Landesarchiv und bilden die eigene Tektonikgruppe *Familienstiftungen*. Der Erschließungsgrad dieser teilweise relativ umfangreichen Aktenbestände, die neben Urkunden und Kopialbüchern vor allem Stipendiatenanträge und -verzeichnisse sowie Rechnungen über das Stiftungsvermögen beinhalten, ist sehr unterschiedlich.

Für die Recherche zu den übrigen Magdeburger Stiftungen vor der Gründung der Provinz Sachsen im Jahr 1816 bietet sich die Nutzung des Archivstandorts Magdeburg an, wo die Bestände des Erzstifts bzw. Herzogtums Magdeburg verwahrt werden. Diese Überlieferung ist Teil des sogenannten „Alten Archivs" und gliedert sich traditionell in die Schriftgutgruppen Urkunden, Amtsbücher und Akten, zu denen verschiedene Bestände zählen. Im Bereich der Urkunden schlägt sich insbesondere der schriftliche Stiftungsakt im Zusammenhang mit *Testaments- und Nachlasssachen* nieder, einem eigenen Gliederungspunkt des Urkundenbestandes *U 2 Erzstift Magdeburg*. Hier findet sich z. B. unter der Tektonikgruppe *58.3. Domherrliche zu besondere Stiftungen gehörige Testamentssachen* der Bestand *U 2, 58.03.04. Koppehl'sches Testament* mit 14 Urkunden der Familie Koppehele/Coppehele, auf die die Georg-Koppehele Familienstiftung zurückgeht.

Die Suche nach Akten zum Magdeburger Stiftungswesen erfordert vom Suchenden etwas Kreativität,⁵ sollte sich aber immer zunächst nach der Institution richten, bei der die jeweilige Stiftung verwaltungsorganisatorisch angebunden war.

---

3 Eine Übersicht über die Familienstiftungen befindet sich in: Brückner/Erb/Volkmar, Adelsarchive.

4 Im Jahre 1831 findet sich in der „Chronik der Stadt Magdeburg" ein grundlegender Hinweis auf die „Domcapitularische Stipendien", die unterschieden wurden in sechs adlige und zwei bürgerliche Familienstipendien, vgl. Chronik der Stadt Magdeburg, S. 305 ff.

5 Stichwortrecherchen in der Findmitteldatenbank *Scope.Archiv* sind nur erfolgsversprechend, wenn der Suchbegriff sehr spezifisch ist und im Idealfall namentlich auf eine bestimmte Stiftung abzielt. Allgemeine Suchen mit Stichwörtern wie „Stiftung" sind dagegen eher hinderlich, da der Begriff zu wenig ausdifferenziert ist. Als Folge vermengen sich in der immensen Trefferliste Archivalien zu Stiftungen mit thematisch anderen Archivalien, wie z. B. Urkunden zu „Vergleichsstiftungen" oder Akten zu „Ehestiftungen". Alternative Suchbegriffe für eine unspezifische Recherche wären „Legat", „Milde Stiftung", „Stipendium/Stipendien" oder „Armenpflege", die eventuell zu etwas abweigeren Beständen oder Tektonikgruppen hinführen.

Häufig ist dies das **Magdeburger Domkapitel** und seine nach- oder nebengeordneten Institutionen. Somit finden sich im Bestand *A 3 Domkapitel zu Magdeburg* mehrere Akten zum Magdeburger Stiftungswesen. Die Überlieferung der *Alten Syndikatsregistratur* des Domkapitels (Laufzeit 1158 bis 1820) ist thematisch sortiert, so dass unter dem Gliederungspunkt *1.23. Testamentssachen* Akten mit Bezug auf Stipendien verzeichnet sind.[6] Quellen zur bereits genannten Georg-Koppehele Familienstiftung, die bis zu dessen Auflösung unter der Aufsicht des Domkapitels stand, sind dagegen in der *Neuen Syndikatsregistratur* (Laufzeit 1623 bis 1816) überliefert. Da die Gliederung der Generalia-Akten des Bestandes nach dem alten Buchstabenprinzip der Registratur angelegt wurde, sind diese Akten immer unter einer mehr oder weniger passenden Buchstabengruppe verzeichnet.[7] Aufgrund der alternativen Schreibweise „Coppelsche" finden sich die neun Akten zur Stiftung unter *Littera C*.[8] Sie bieten Quellen u. a. zur Verwaltung der Stiftung und deren Abrechnungen. Bei der Erforschung des Magdeburger Stiftungswesens im 18. Jahrhundert sollte sich der Gliederungspunkt *Littera S* als besonders hilfreich herausstellen, da hier verschiedene Akten zu Stipendien und Stiftungen zusammengefasst sind. Dazu zählen auch acht Aktenbände mit dem Titel „Spezifikation und Tabelle der beim Domkapitel zu Magdeburg vorhandenen Stipendien",[9] welche den Zeitraum von 1703 bis 1809 abdecken. Aufgrund der engen Verknüpfung von Stiftungen und dem Armen-, Waisen- und Krankenwesen kann *Littera A* mit den Akten zur Armenfürsorge für die Forschung noch einige interessante Quellen bereithalten,[10] u. a. mehrere Bände mit dem Titel „Reglement des Domkapitels Magdeburg für eine vom König angeordnete Landarmenkasse"[11] (Laufzeit 1748 bis 1771).

In der schriftlichen Überlieferung der **Dompropstei**, die seit dem 14. Jahrhundert über ein eigenes Propsteivermögen verfügte, finden sich ebenfalls Bezüge zu Stiftungen. So etwa im Bestand *A 3e Domkapitel zu Magdeburg. Dompropstei* Gliederungspunkt *4. Vikarien und Stipendien*, unter dem auch Akten zum

---

6 LASA, A 3 Domkapitel zu Magdeburg, Nr. 809, 810.
7 So etwa unter Littera H eine Akte zur „1664 erfolgte[n] Stiftung eines Familienstipendiums durch den domkapitularischen Oberamtmann Joachim Hansen zu Hadmersleben", in: ebd., Nr. 1505; unter Littera T findet sich dagegen die Akte „Testamentarische Stiftung der Rätin Wagener zugunsten der Magdeburgischen Hausarmen und deren Exekution durch das Amt der Domvogtei und dem Oberdomprediger", in: ebd., Nr. 1679. Hier zeigt sich wieder eindrücklich, dass die alphabetische Zuordnung nicht immer einer logischen Recherchestrategie entgegenkommt.
8 LASA, A 3 Domkapitel zu Magdeburg, Nr. 1337–1345.
9 LASA, A 3 Domkapitel zu Magdeburg, Nr. 1646, 1647, 1659, 1661, 1664, 1669, 1671, 1672.
10 Beispielsweise: LASA, A 3 Domkapitel zu Magdeburg, Nr. 1268, 1269, 1274, 1284, 1288.
11 LASA, A 3 Domkapitel zu Magdeburg, Nr. 1276, 1278, 1279

Rockenthinschen Stipendium verzeichnet sind.[12] Doch auch unter dem Gliederungspunkt *18. Mann- und Erbzinslehen* tauchen – eher unvermutet – Akten zur Hahn-Meinecke-Universität-Stiftung auf.[13]

Aus der Überlieferung der **Klöster und Stifter** im Erzstift Magdeburg soll an dieser Stelle beispielhaft das *Kloster Berge vor Magdeburg* genannt werden,[14] dessen Bestand *A 4k* im Landesarchiv Sachsen-Anhalt überliefert ist. Im Zusammenhang mit den Rechnungsbüchern des Klosters tauchen hier auch die umfangreichen Rechnungen über Einnahmen und Ausgaben des Dodendorfischen Stipendiums auf.[15] Ähnlich verhält es sich mit der Überlieferung des *Klosters Unser Lieben Frauen zu Magdeburg* (Bestand: *A 4f*), wo ebenfalls Akten zum Stipendienwesen vorhanden sind.[16]

Bei der Recherche zum Magdeburger Stiftungswesen zur Zeit des **Herzogtums Magdeburg** bieten sich mehrere Bestände mit teilweise eigenen Gliederungsgruppen an, in denen vorzugsweise Quellen zum Thema zu finden sind. So etwa in der Überlieferung *A 6 Landstände des Erzstifts/Herzogtums Magdeburg* der Gliederungspunkt *24. Milde Stiftungen* (Laufzeit 1654 bis 1794), unter dem vor allem Akten zur Verwaltung des Hansenschen Stipendiums verzeichnet sind.[17] Auch zu den ständischen Freitischen an der Universität Halle, die oft auf Stiftungen einzelner Gönner zurückgehen, existiert in diesem Bestand ein eigener Gliederungspunkt.[18] In der Überlieferung der **Kriegs- und Domänenkammer** liegt gleich in mehreren Beständen Schriftgut zum Stiftungswesen für den Zeitraum 1618 bis 1810 vor. Zum einen in der *Präsidialregistratur A 7*, wo beispielsweise eine Akte zur „Erfassung der Klöster und milden Stiftungen im Herzogtum Magdeburg und in der Grafschaft Mansfeld"[19] aus dem Jahr 1804 vorhanden ist. Weitaus ergiebiger sind jedoch die *Generalakten* der Kriegs- und Domänenkammer, welche die Bestände *A 8* und *A 9* bilden. Dabei ist zu

---

12 Die Tatsache, dass das *Rockenthinsche* Stipendium auch *Rockenthieensche* genannt wird, zeigt, dass bei einer Recherche mit den im Internet bereitgestellten Findmitteldatenbank durchaus eine gewisse orthographische Kreativität des Suchenden nötig ist. LASA, A 3e Domkapitel zu Magdeburg. Dompropstei, Nr. 143, 144.
13 LASA, A 3e Domkapitel zu Magdeburg. Dompropstei, Nr. 1200–1204.
14 Weiterführend hierzu siehe Wilhelm Klare: Quellen zum Kloster Berge.
15 LASA, A 4k Kloster Berge vor Magdeburg, I, Rechnungen Nr. 508–555, 3243–3255.
16 Konkret zur Klevenowschen Stipendienkasse LASA, A 4f Kloster Unser Lieben Frauen zu Magdeburg, Nr. 2629–2631. Weiterhin vier Bände mit dem Titel „Edikte und Verordnungen in Kirchen-, Schul-, Universitäts-, Stipendien- und Hospitalangelegenheiten auch zur Ehe und zu anderen geistlichen Sachen", vgl. LASA, A 4f Kloster Unser Lieben Frauen zu Magdeburg, Nr. 3736–3739.
17 LASA A 6 Landstände des Erzstifts/Herzogtums Magdeburg, Nr. 656–669.
18 LASA, A 6 Landstände des Erzstifts/Herzogtums Magdeburg, Gliederungspunkt 25. Universität Halle und deren ständische Freitische (Laufzeit 1691–1808).
19 LASA, A 7 Kriegs- und Domänenkammer zu Magdeburg. Präsidialregistratur, Nr. 131.

bedenken, dass Stiftungen in dieser Zeit häufig in einem engen Zusammenhang mit der Armenfürsorge stehen. Ab dem 18. Jahrhundert wird diese wiederum als Teil des Policeywesens im zeitgenössischen Sinne der inneren Ordnung des Gemeinwesens verstanden. Somit ist es nicht verwunderlich, dass im Bestand **A 8 Kriegs- und Domänenkammer zu Magdeburg. Generalia. I. Auswärtige Angelegenheiten und innere Verwaltung** (Laufzeit 1622 bis 1888) unter dem Gliederungspunkt 22. *Polizeiangelegenheiten* auch die Akten zur Armenpflege und der darauf bezüglichen milden Stiftungen und deren Beaufsichtigung verzeichnet sind. Neben der Kriegs- und Domänenkammer spielen bei der Verwaltung von Stiftungen die **Konsistorien** als Verwaltungsbehörden für das Kirchen- und Schulwesen eine Rolle. Die Überlieferung dieser im Regierungsbezirk Magdeburg 1680 gegründeten und zunächst in Halle ansässigen Behörde stellt eine Besonderheit im Landesarchiv Sachsen-Anhalt da. Aufgrund der wechselvollen Geschichte dieser Akten wurde bereits im 19. Jahrhundert ein sogenanntes „Kultusarchiv" aufgebaut, das unter der Bestandsbezeichnung **A 12 Ältere Konsistorialbehörden im späteren Regierungsbezirk Magdeburg** das Schriftgut der Magdeburger, Halberstädter, Altmärker, Quedlinburger u. a. Konsistorien sowie weiterer Behörden zusammenfasst.[20] Für die Stiftungsforschung sind mehrere Teilbestände von Relevanz. So die General-Akten (**A 12 Gen.** Ältere **Konsistorialbehörden im späteren Regierungsbezirk Magdeburg (Kultusarchiv). Generalia**) mit dem Gliederungspunkt 6. *Visitation der Kirchen, Schulen und Stiftungen*, unter dem nochmals zwischen Akten zu Stipendien und Schriftgut zu milden Stiftungen unterschieden wird. Nichtsdestotrotz tauchen vereinzelt stiftungsbezogene Akten in den übrigen Gliederungspunkten des Bestandes auf, was eine spezifische Recherche notwendig macht.[21] Die Specialia-Akten (**A 12 Spec.** Ältere **Konsistorialbehörden im späteren Regierungsbezirk Magdeburg (Kultusarchiv). Specialia**) sind dagegen alphabetisch nach Orten strukturiert, wobei historisch bedingt zwischen Magdeburg, Neustadt-Magdeburg und Sudenburg-Magdeburg unterschieden wird. Für Magdeburg sind beispielsweise verschiedene Akten zur Krüger'schen Armenstiftung,[22] die an der

---

20 Vgl. Schwineköper, Gesamtübersicht, S. 237 ff.
21 Beispielsweise: LASA, A 12 Gen., Nr. 128 „Konsistorium Magdeburg: Das tabellarische Verzeichnis der Besoldungen, welche die geistlichen Räte und Subalternen des Magdeburgischen Consistorii, desgleichen die Prediger und Kirchen- und Schul-Diener, über welche dem König, den Magisträten und den Klöstern das Patronat-Recht zusteht, aus öffentlichen Kassen und Stiftungen erhalten" (1788); A 12 Gen., Nr. 159b „Regierung und Konsistorium, Oberpräsident Magdeburg: Gesuch des Ober-Consistorii zu Weimar, ihm die im Magdeburgischen Regierungs-Amts-Blatte erlassenen Verordnungen über geistliche Schul- und Mildestiftungs-Sachen mitzuteilen" (1817), A 12 Gen., Nr. 2046 „Konsistorium Magdeburg: Die Versorgung der Invaliden vom Militär durch Anstellung in Subaltern-Kirchen, Schul- und Stiftungs-Diensten" (1780–1810).
22 Beispielsweise: LASA, A 12 Spec., Magdeburg Nr. 140 „Etat der Katharinenkirche zu Magdeburg

Katharinenkirche angesiedelt war, zur Ziering'schen Familienstiftung[23] sowie zu verschiedenen Stipendien[24] überliefert. Hierin sind unter anderem Quellen zu Statuten und Verwaltungsvorschriften der Stiftungen sowie Verteilung von Geldern und Abrechnungen zu finden.

Auch für das 19. und 20. Jahrhundert konzentriert sich die Überlieferung zu Stiftungen im Landesarchiv auf die Bereiche des Kirchen-, Schul- und des Sozialwesens und ist demzufolge in erster Linie v. a. in den Beständen der für die Verwaltung und Beaufsichtigung dieser Bereiche verantwortlichen Behörden zu finden. So sind im Bestand der Kommunalregistratur der **Regierung Magdeburg** (*C 28 Ie I, Gliederungsgruppen 02.31.02. Magdeburg, Armensachen, milde Stiftungen und geistliche Sachen; 02.34.02. Neustadt, Armensachen, milde Stiftungen und geistliche Sachen; 02.49.02. Sudenburg, Armensachen und milde Stiftungen sowie C 28 Ie II, Gliederungsgruppe 02.99.02. Buckau, Armensachen*) zahlreiche Akten zu Magdeburger Stiftungen überliefert, die im Zusammenhang mit der Ausübung der Kommunalaufsicht der Regierung angelegt worden sind. Hierzu zählen neben vielen Akten zu einzelnen Stiftungen mit Berichten, Rechnungen und Gesuchen zu diesen auch Akten mit Unterlagen zu jeweils mehreren Stiftungen, mit Erlassen und Verordnungen zu deren Verwaltung sowie sogenannte Nachweisungen über die in Magdeburg vorhandenen Stiftungen und Legate. Letztere bieten mit ihren detaillierten Angaben zu jeder Stiftung einen umfassenden Überblick über das Magdeburger Stiftungswesen.[25]

Als wichtige Ergänzung dieser Quellen können die Akten zu Stiftungen und Stipendien der **Abteilung für Kirchen und Schulen der Regierung** (*C 28 II, Gliederungsgruppe 12.*) gelten. Während in der Gliederungsgruppe *12.01.* die sogenannten *Generalia* mit allgemeinen Bestimmungen über Schenkungen, die Errichtung von Stiftungen und die Verwaltung, z. B. der vormals unter Aufsicht des Domkapitels stehenden Stiftungen und Stipendien,[26] aber auch z. B. Akten mit Gesuchen um Verleihung von Stipendien konzentriert sind, besteht die Gliederungsgruppe *12.02.* v. a. aus Verzeichnissen der in den 1930/40er Jahren in den Städten und Kreisen des Regierungsbezirks Magdeburg existierenden Stiftungen und Stipendien – hierunter auch eine Akte mit einem Verzeichnis der

---

und der Krügerschen Armenstiftung bei derselben" (1774–1817); LASA, A 12 Spec., Magdeburg Nr. 145 „Revidierte Rechnung der Katharinenkirche in der Altstadt Magdeburg und der Krügerschen Stiftungsrechnung, Bd. V" (1782–1787); LASA, A 12 Spec., Magdeburg Nr. 153 „Revision der Rechnungen der Krügerschen Armenstiftung bei der Katharinenkirche zu Magdeburg (Not. Präfektur-Akten)" (1815–1817).

23 LASA, A 12 Spec., Magdeburg Nr. 258–258 h.
24 Beispielsweise: LASA, A 12 Spec., Magdeburg, Nr. 214a–257.
25 Beispielsweise für das Jahr 1910: siehe LASA, C 28 Ie I, Nr. 1582 Bd. 3.
26 LASA, C 28 II, Nr. 7323a.

im Stadtkreis Magdeburg vorhandenen Stiftungen aus dem Jahr 1938.[27] In der hierauf folgenden Gliederungsgruppe *12.03. Legate, Stiftungen, Stipendien (Spezialia)* sind die Akten zu einzelnen Stiftungen alphabetisch nach den Namen der Stiftungen oder nach dem Ort der Stiftung geordnet. Hier ist es zielführend zunächst unter *12.03.12. M* nach Magdeburger Stiftungen, dann in der Gliederungsgruppe mit dem Anfangsbuchstaben des Stiftungsnamens zu suchen. Hier sind sowohl zu einzelnen Stiftungen angelegte Akten als auch Akten überliefert, die Übersichten über die in Kreisen und Städten des Regierungsbezirks Magdeburg existierenden Stiftungen enthalten. Ähnliche Verzeichnisse sind zudem im Bestand der **Allgemeinen Abteilung des Oberpräsidenten der Provinz Sachsen (C 20 I,** *Gliederungsgruppe 29.01.*) zu finden. Die Akten enthalten v. a. aber allgemeine und gemeinsame Angelegenheiten zu in der Provinz Sachsen eingerichteten Stiftungen und damit auch in Beziehung zu Magdeburger Stiftungen stehende Quellen. In zwei Bänden ist z. B. eine Sammlung von 114 Statuten milder Stiftungen, Witwen- und Waisenkassen, Kinderbewahr- u. a. sozialer Vereine verschiedener Gemeinden überliefert.[28] Weitere Akten des Oberpräsidiums liegen z. B. zur Kloster Bergeschen Stiftung[29] und zu Magdeburger Familienstiftungen wie der von Hake-Saldern'schen Familienstiftung und der von Plotho'schen Familienstiftung (*Gliederungsgruppe 29.02.11.*) vor. In den schon erwähnten Beständen **Magdeburger Gerichte** liegen ebenfalls Unterlagen zu Familienstiftungen vor. So enthält der Bestand des **Oberlandesgerichts/Appellationsgerichts Magdeburg (C 125 Magdeburg,** *Gliederungsgruppe 05. Lehen, Adel, Stiftungen*) ebenso Akten zur Plotho'schen Familienstiftung[30] wie auch zur Braunschen[31] und – besonders zahlreich – zur Leckeny'schen Stiftung.[32] Im Bestand des **Amtsgerichts Magdeburg (C 129 Magdeburg)** sind gleichfalls etliche Akten zu Familienstiftungen zu finden. Dies sind Akten zur von Arnstedt'schen Familienstiftung (1834–1865), zur von Alemann'schen Lehnstiftung (1817–1900), zur Breytungschen Stiftung (1838–1909), zur Familienstiftung Kossmann (1873–1915) und zur Dr. Hans Hauswald'schen Familienstiftung (1909–1950). Ebenso sind hierin Akten über die ebenfalls bereits erwähnte Georg Koppehele'sche Familienstiftung (1816–1882) sowie die Hahn-Meinecke-Universität-Stiftung (1816–1903) überliefert.

Der Zustand vieler Magdeburger Stiftungen nach dem Ende des Zweiten Welt-

---

27 LASA, C 28 II, Nr. 7337, Bl. 2 r–6 r.
28 LASA, C 20 I, Ib, Nr. 4898, Bde. 1 und 2.
29 LASA, C 20 I, Ia, Nr. 2274 und Ib Nr. 3701.
30 LASA, C 125 Magdeburg, V, Nr. 8a, 9.
31 LASA, C 125 Magdeburg, V, Nr. 13–16.
32 LASA, C 125 Magdeburg, V, Nr. 18–36.

kriegs und deren Entwicklung in den Nachkriegsjahren spiegelt sich in den Akten der *Abteilung für Stiftungswesen des Ministerpräsidenten des Landes Sachsen-Anhalt (K 2, Gliederungsgruppe 06.)* eindrücklich wider. Sie enthalten sowohl allgemeine Bestimmungen über Stiftungen[33] als auch Verzeichnisse zur in den Jahren 1946 ff. vorgenommenen Registrierung der im Land Sachsen-Anhalt existierenden Stiftungen, Stipendien und Legate.[34] Sie bieten Angaben zu deren Stiftern sowie Informationen zu den Vermögensverhältnissen. Weitere Akten liegen zur Auflösung von Stiftungen vor – darunter auch Magdeburger Stiftungen.[35] Die Überlieferung endet im Wesentlichen Ende der 1950er Jahre mit den wenigen im Bestand des *Bezirkstags und Rat des Bezirks Magdeburg* überlieferten Akten zur Registrierung und Auflösung von Stiftungen sowie zur Überführung von Stiftungsvermögen in Volkseigentum. Besonderen Wert haben dabei die Akten zur Erfassung der Stiftungen, die instruktive Einblicke in die Situation der Stiftungen zu jener Zeit vermitteln.[36] Die Akten dokumentieren aber auch Einzelheiten der Auflösungspolitik.[37] Erwähnt sei zudem eine Akte zur Überführung von Stiftsgütern in die Verwaltung der Vereinigung Volkseigener Güter (VVG)[38] im Jahr 1953, die Auskunft über die Verwendung von Stiftungsvermögen Auskunft gibt.

Bei den in diesem Beitrag vorgestellten Quellen zum Magdeburger Stiftungswesen kann es sich selbstverständlich nur um einen Ausschnitt aus der im Landesarchiv Sachsen-Anhalt verwahrten einschlägigen Überlieferung handeln. Er ist v. a. als Anregung gedacht, die Recherche nach weiteren Unterlagen zu einzelnen Stiftungen und deren Aufsicht – nicht nur zur Entwicklung der Magdeburger Stiftungen nach 1945 – fortzusetzen. Hierfür werden beispielhaft Suchstrategien aufgezeigt, welche die Forschenden bei der Quellenrecherche mithilfe der online-Datenbank[39] sowie der noch analogen Findhilfsmittel einsetzen können. Nachfragen bei den zuständigen Archivarinnen und Archivaren sind natürlich jederzeit willkommen, so dass hierbei sicherlich manches bisher unausgewertete Dokument zur Magdeburger Stiftungsgeschichte entdeckt werden kann.

---

33 LASA, K 2, Nr. 708, 681.
34 LASA, K 2, Nr. 690, 4095.
35 LASA, K 2, Nr. 662, Bl. 72 r–80 v., Nr. 663.
36 LASA, M1, Nr. 1528–1530. Vgl. hierzu auch den Beitrag von Margit Scholz in diesem Band.
37 Weitere Unterlagen hierzu befinden sich im Bundesarchiv, insbesondere in den Beständen DO 1 und DO 4.
38 LASA, M 1, Nr. 3672.
39 Den Zugang zur online-Datenbank sowie eine Anleitung zur online-Recherche finden sich auf der Webseite des Landesarchivs Sachsen-Anhalt unter www.landesarchiv.sachsen-anhalt.de (10.09.2021).

6 *Das Stadtarchiv Magdeburg in der Mittagstraße*

Stadtarchiv Magdeburg

Konstanze Buchholz

Rep. A II Akten der Altstadt II

Dieser Bestand mit einer Gesamtlaufzeit von 1682 bis 1936 beinhaltet im Schwerpunkt die städtische Überlieferung vom Beginn des 19. Jahrhunderts bis zum Beginn des 20. Jahrhunderts. Die Signaturen sind alphanummerisch aufgebaut, wobei der Buchstabe aus dem Hauptbegriff des Aktentitels entnommen wurde. Somit sind Akten zu Stiftungen überwiegend unter dem Buchstaben S zu finden. Den Schwerpunkt bilden die Akten der Signatur S 20 mit zahlreichen Bänden (Generalakten und Spezialakten) zur Vermögensverwaltung der milden Stiftungen und Kirchen. Zu nennen sind auch die Akten der Signatur A 48 betreffend die Armenpflege, Armenkasse, Armenverwaltung. Weitere Stiftungen, Legate usw. sind unter dem Anfangsbuchstaben des Namensgebers verzeichnet.

Rep. A III Akten der Altstadt III

Der Bestand *Rep. A III Akten der Altstadt III* (1844–1946) schließt sich an den Vorgängerbestand an. Den Hauptbestandteil bilden die Akten der am 1. Januar 1907 bei der Magdeburger Stadtverwaltung eingerichteten und im Dezember 1923 wieder aufgelösten Zentralregistratur. Das 1906 entworfene Aktenschema für die Ordnung der Zentralregistratur ist bei der späteren archivischen Bearbeitung des Bestandes beibehalten worden. Die Sachgruppe 31 beinhaltet die Akten zu Stiftungen. Hier ist besonders auf die Akte Rep. A III 31.1a „Milde Stiftungen, deren Vermögensadministration und Statuten", 1908–1921, hinzuweisen, die eine Nachweisung der milden Stiftungen, Stand 1. April 1910 (berichtigt am 4. Juli 1910), enthält.
Einige der 21 Akten dieser Sachgruppe reichen bis in die 1930er Jahre. Schwerpunkte bilden die Akten Rep. A III 31.1f „Legate an Armenanstalten, milde Stiftungen und Kirchen", 6 Bände, 1909–1934, und die Akten Rep. A III 31.2 L 6 „Die Robert-Linnicke-Stiftung zur Unterstützung bedürftiger und verarmter Bürger der Stadt Magdeburg", 6 Bände, 1907–1931. Letztere schließen direkt

an die in Rep. A II überlieferten Akten an.[1] Ähnlich wie im Bestand Rep. A II sind auch hier Akten zu Stiftungen in anderen Sachgruppen zu finden. Zu nennen wären die Sachgruppe *27 Verträge über Gartenparzellen und Ackerstücke*, die Sachgruppe *41 Garten- und Friedhofsangelegenheiten* oder die Sachgruppe *59 Bibliotheken, Museen, Theater, Zoologischer Garten*.

Rep. 18[4] (Teil 1) Akten und Protokollbücher der Stadtverordneten und des Magistrats der Stadt Magdeburg 1832–1945

Den größten Teil des Bestandes machen die Protokollbücher aus. Das erste Protokoll der Stadtverordnetenversammlung stammt aus dem Jahre 1847. Auch die zu Stiftungen gefassten Beschlüsse widerspiegeln sich hierin. Im Aktenbestand sind u. a. die Schwerpunkte Personal- und Besoldungsangelegenheiten, Klöster und Stiftungen, Bauangelegenheiten, Prozesse und Petitionen, Steuer- und Finanzangelegenheiten, Statuten, Städteordnungen, Wahlordnungen, Feierlichkeiten und Empfänge, Ehrenbürgerrecht, Kirchenangelegenheiten, Eingemeindungen überliefert. Unter der Sachgruppe *3.2 Klöster und Stiftungen* sind elf Akten zu einzelnen Stiftungen und zum Etat der milden Stiftungen zu finden. Zeitlich erstrecken sie sich von 1832 bis 1931. Zwei weitere Akten zu Stiftungen gehören zur Sachgruppe Feierlichkeiten und Empfänge, Ehrenbürgerrecht.

Rep. 18[4] (Teil 2) Protokolle der Stadtverordnetenversammlung, der Stadtbezirksversammlungen, von Ausschüssen, des Rates der Stadt und der Räte der Stadtbezirke 1945–1990

Dieser Bestand enthält ausschließlich Protokollbände. Er dokumentiert wichtige Entscheidungen des Rates der Stadt bzw. seiner nachgeordneten Einrichtungen und der Stadtverordnetenversammlung sowie auf Stadtbezirksebene zu allen Bereichen des gesellschaftlichen Lebens im Rahmen der Zuständigkeit. Dazu gehören auch die vor allem in den 1950er Jahren getroffenen Beschlüsse des Rates der Stadt und der Stadtverordnetenversammlung über die Auflösung von Stiftungen, Klöstern und Hospitälern. Die Beschlüsse „Auflösung von Stiftungen" vom 29. September 1954 (Rep. 18[4] Ra. 37), „Auflösung der selbständi-

---

1 Rep. A II S 20 spec. 80, 3 Bände, 1900–1907.

gen, bisher von der Stadt verwalteten Stiftungen ‚Magdeburger Hospitäler und Klöster'" vom 15. Dezember 1954 (Rep. 18⁴ Ra. 40) und „Auflösung der Magdeburger Hospitäler und Klöster" vom 22. Dezember 1954 (Rep. 18⁴ Ra. 40) betrafen eine Vielzahl dieser Einrichtungen. Daneben gibt es weitere Beschlüsse, durch die einzelne Stiftungen aufgelöst wurden.

Die Sitzungen des Ausschusses für Stiftungen und Hospitäler widerspiegeln sich in den 69 Bände umfassenden Protokollen der Ausschusssitzungen (As.) von 1945 bis 1953.

Rep. 41 Rat der Stadt Magdeburg 1945–1990

Dieser Bestand beinhaltet die Akten des Rates der Stadt Magdeburg von 1945 bis 1990. Eine Zäsur trat mit dem Jahr 1952 ein, da sich die Aufgaben des Rates der Stadt veränderten bzw. neue hinzukamen. Der Bestand gliedert sich in zwei Teile:

Teil 1 (1945–1952) hat u. a. folgende Schwerpunkte: Gesetze des Alliierten Kontrollrates, Befehle der SMAD (Sowjetische Militäradministration in Deutschland), Wahlen, Rat der Stadt und seine Aufgaben, Zusammenarbeit des Rates der Stadt mit übergeordneten Organen, Aufbau der Stadt, Wohnungswesen, Statistik, Gesundheitliche Betreuung der Bevölkerung, Versorgung der Bevölkerung, Wirtschaftsangelegenheiten.

Teil 2 (1952–1990) hat u. a. diese Schwerpunkte: Rat der Stadt und seine Aufgaben, Aufbau der Stadt (Städtebauliche Planung, Neubaugebiete, Nationales Aufbauwerk, Neuanlage von Straßen und Plätzen), Kulturelle Aufgaben (Museen und Ausstellungen, Theater, Bibliotheken), Versorgung der Bevölkerung, Sozialwesen, Medizinische Einrichtungen, Volksbildung, Sportstätten, Kirchenfragen, Personalangelegenheiten, Statistik, Wohnungswesen, Land-, Forst- und Wasserwirtschaft.

Beide Teile verfügen über Sachgruppen zu Stiftungen. Im Teil 1 ist es die Sachgruppe *U 1 Stiftungsverwaltung, Stiftungen, Vereine*. Die Akten sind bei der Stiftungsverwaltung entstanden und wurden teilweise bis in die Mitte der 1950er Jahre geführt. Sie betreffen die verschiedensten Angelegenheiten der Stiftungen, wie ihre Erfassung und Registrierung nach dem Zweiten Weltkrieg, ihr Vermögen, Grundstücksangelegenheiten, Haushaltssachen, die Tätigkeit des Ausschusses für Stiftungen und Hospitäler, ihre Verwaltung und Auflösung.

Weitere Akten zu Stiftungen sind beispielsweise in den Sachgruppen *N 1 Finanzangelegenheiten, Steuern* und *P 1 Kirchenfragen* zu finden.

Im Teil 2 des Bestandes Rep. 41 sind zwei Akten zu Stiftungen unter der Sachgruppe *V 2 Stiftungen, Vereinigungen* verzeichnet. Diese sind bei der Abt. Innere Angelegenheiten entstanden und enden 1957.

Rep. 10 J Armenverwaltung

Die Armenverwaltung war eine der Verwaltungsstellen des Magistrats. Im Jahre 1920 waren es beispielsweise sieben. Bei den anderen sechs Verwaltungsstellen handelte es sich um die Zentralverwaltung, das Bauwesen, das Maschinenwesen, die Garten- und Friedhofsverwaltung, die Steuerverwaltung und Gewerbliche Einrichtungen. Zur Armenpflege gehörten u. a. die Armendirektion und Krankenhausverwaltung, die Verwaltung der milden Stiftungen, das Jugendfürsorgeamt, die Krankenanstalten. Der Bestand Armenverwaltung beinhaltet überwiegend Rechnungen und Etats von Stiftungen, Klöstern, Hospitälern sowie Stipendien und Legate. Die 43 Akten umfassen den Zeitraum von 1807 bis 1923.

Rep. 33 Klöster und Hospitäler

Im Repertorium 33 sind fünf Bestände ehemaliger Klöster und Hospitäler mit einem Gesamtumfang von nahezu 39 lfm zusammengefasst. Diese Einrichtungen existierten als selbständige Stiftungen bis in die Mitte der 1950er Jahre. Ihre Geschäfte wurden von der Stiftungsverwaltung geführt.
Der Teilbestand *Rep. 33 I Kloster Beatae Mariae Magdalenae* umfasst den Zeitraum 1571–1934. Er enthält Archivalien zu allgemeinen Verwaltungsangelegenheiten, Pachtangelegenheiten für Äcker und Wiesen, Lehenssachen und Lehenbriefe, Verträge, Prozessakten, Akten über Angelegenheiten der Präbenden, Personalien der Präbenden, Bauwesen und Unterhaltungskosten der dem Kloster gehörigen Gebäude, Rechnungen, Belege usw.
Der Teilbestand *Rep. 33 II Hospital St. Georgii* umfasst den Zeitraum 1799–1934. Der Bestand beinhaltet u. a. Archivalien zu allgemeinen Verwaltungsangelegenheiten, Kauf und Verpachtungen, Prozessakten, Kapitalien, Akten über Angelegenheiten der Präbenden, Personalien der Präbenden, Bauwesen und Unterhaltungskosten der dem Hospital gehörigen Gebäude, Akten zur Tismar'schen Stiftung (Rep. 33 II G 4 – G 9, G 18, L 18 – L 23) und zur Julius-Voigtel-Stiftung (Rep. 33 II G 15).
Der Teilbestand *Rep. 33 III Hospital St. Gertraud* umfasst den Zeitraum 1659–1902. Er enthält Archivalien zu allgemeinen Verwaltungsangelegenheiten,

Pachtangelegenheiten für Äcker und Wiesen, Damm- und Deichangelegenheiten, Prozessakten, Bauwesen und Unterhaltungskosten der dem Kloster gehörigen Gebäude, Schenkungen und Stiftungen, Akten über Angelegenheiten der Präbenden usw.

Der Teilbestand *Rep. 33 IV Hospital St. Annen* umfasst den Zeitraum 1651–1891. Der Bestand beinhaltet Archivalien zu allgemeinen Verwaltungsangelegenheiten, Prozessakten, Kapitalien, Lehen und Lehenbriefe, Versicherung der Gebäude, Brauerei und Vermietung derselben, Akten über Präbenden usw.

Der Teilbestand *Rep. 33 V Kloster St. Augustini* umfasst den Zeitraum 1664–1923. Neben allgemeinen Verwaltungsangelegenheiten gehören auch Kapitalien, Hypotheken, Zinssachen, Lehensachen, Legate und Geschenke, Nachlasssachen, Bauwesen, Präbendatenangelegenheiten usw. zum Bestand.

Rep. 17 Seidenkramer-Innung und Hospital St. Georgii

Die Seidenkramer-Innung gründete und unterhielt das Hospital St. Georgii.[2] Neben den Unterlagen der Innung enthält der Bestand Akten, Rechnungen, Protokolle, Baurechnungen des Hospitals St. Georgii, Repertorien der Hospitalakten, Kirchenbücher und Sterberegister des Hospitals. Der Gesamtumfang des Bestandes beträgt 8,66 lfm mit einem zeitlichen Umfang von 1550 bis 1867.

Rep. 13 Bücher aus Aktenbeständen der Altstadt und der Vororte

Der Bestand Rep. 13 umfasst den Zeitraum 1595–1944 und hat einen Umfang von 42 lfm. Er wurde im Jahre 1908 gebildet und später in der gleichen Weise fortgesetzt. Aus Gründen der zweckmäßigen Lagerung wurden alle als Amtsbücher gebundenen Archivalien aus den einzelnen Beständen herausgelöst und als Selekt getrennt gelagert. Dies betraf neben den Beständen der Altstadt (Rep. A I – A III) auch die eingemeindeten Orte Neustadt (1886 eingemeindet), Sudenburg (1867 eingemeindet), Buckau (1887 eingemeindet), Fermersleben (1910 eingemeindet), Cracau (1910 eingemeindet), Lemsdorf (1910 eingemeindet), Prester (1910 eingemeindet), Rothensee (1908 eingemeindet), Salbke (1910 eingemeindet), Westerhüsen (1910 eingemeindet), Diesdorf (1926 eingemeindet) und die Jacobikirche. Schwerpunkte der Überlieferung sind Rechnungen der

---

2 Siehe dazu den Beitrag von Christoph Volkmar in diesem Band.

verschiedenen Kassen, wie zum Beispiel von Kämmereikassen, Schulkassen, Armenkassen, Gemeindekassen, sowie Sitzungsprotokolle und genealogische Unterlagen. Zu verschiedenen Stiftungen und zur Stiftungsverwaltung sind in der Sachgruppe *A I. Altstadt – Rechnungen und Abschlussbücher der Kämmereikasse* Archivalien zu finden. Die Sachgruppe *C IV. Sudenburg – Rechnungen der Peter-Zincke-Stiftung* enthält neben Rechnungen der verschiedenen Stiftungen dieses Mäzens auch die der Hauptstiftungskasse (Rep. 13 C IV. 1–C IV. 6).

7 Der Magdeburger Standort des Landeskirchlichen Archivs der Evangelischen Kirche in Mitteldeutschland, vormals Archiv und Bibliothek der Kirchenprovinz Sachsen, in der Freiherr-vom-Stein-Straße in Magdeburg

Die evangelischen Kirchenarchive

Margit Scholz

Unterlagen zu Stiftungen entstanden und entstehen im evangelischen Bereich grundsätzlich auf allen Verwaltungsebenen: bei der Landeskirche, bei den Kirchenkreisen und den Kirchengemeinden. Als öffentlich-rechtliche Körperschaften haben sie alle in der Vergangenheit jeweils eigenständig Archive gebildet.[1] Aufgrund des Konzentrationsprozesses der kirchlichen Archivlandschaft fanden jedoch die Magdeburger Archivbestände in den letzten zwei Jahrzehnten fast vollständig Aufnahme im **landeskirchlichen Archiv**.[2]
Für die Magdeburger **Superintendenturüberlieferung**, die 1945 fast komplett vernichtet wurde, kam diese Entwicklung bedauerlicherweise zu spät. Hier können wir nur noch nach Aufklärung über die DDR-Verhältnisse suchen.[3] Lediglich die Bestände der benachbarten Kirchenkreise, zu denen mehrere inzwischen nach Magdeburg eingemeindete Orte vormals gehörten (Ottersleben, Olvenstedt, Rothensee, ostelbische Stadtteile), vermögen einige Vorkriegsakten zum Thema beizusteuern.[4]
Von vorrangiger Bedeutung sind dagegen die **Pfarrarchivbestände Magdeburgs**, obwohl auch diese nicht erst im letzten Krieg ganz erheblich dezimiert worden sind. Nur wenige kirchengemeindliche Akten überstanden die Bombardierungen von 1944/45 in den Pfarrhäusern der Innenstadt sowie auf dem östlichen Elbufer. Zahlreiche Stiftungsdokumente sind vermutlich in den Ruinen der kirchlichen Gebäude unwiderruflich verlorengegangen. Besonders betroffen sind die Bestände der Kirchengemeinden St. Jacobi,[5] St. Katharinen, St. Nicolai, St. Petri, Heilig-Geist, Immanuel, der Luther-, der Martins- und der Reformationsgemeinde, der Deutsch-reformierten und der Wallonisch-reformierten Ge-

---

1 Die nachfolgend benannten Signaturen erheben keinen Anspruch auf Vollständigkeit.
2 Freiherr-vom-Stein-Str. 47, 39108 Magdeburg.
3 So u. a. zum Schicksal der Pfeifferschen Stiftungen: AKPS, Rep. H 44 (Superintendentur Magdeburg), Nr. 130, 146, 332.
4 AKPS, Rep. H 1 (1. Magdeburgische Inspektion des Holzkreises), Nr. 31: Milde Stiftungen und Armenkassen (1751–1798); Rep. H 51 (Superintendentur Barleben), Nr. 25 und 518 zur Dräseke-Stiftung (1841–1875).
5 Der Archivbestand von St. Jacobi ging im Krieg im Stadtarchiv verlustig, während das Depositum der Französisch-reformierten Gemeinde gerettet werden konnte: Buchholz/Buchholz/Ballerstedt (Hg.), Stadtarchiv Magdeburg, S. 97 f., 136.

meinde.[6] Überwiegend unbeschadet blieben dagegen die meisten Pfarrarchive westlich der Bahnlinie sowie südlich des Domplatzes. Und auch die Archivbestände der altstädtischen Gemeinden St. Johannis sowie St. Ulrich und Levin, die für das Thema Stiftungen von besonderer Bedeutung sind, haben sich trotz der Vernichtung ihrer Gebäude mehrheitlich erhalten. Das Archiv der Ulrichsgemeinde verdankt dies dem Umstand, dass es bereits vor Kriegsbeginn unmittelbar bei Gründung des provinzialkirchlichen Archivs im Konsistorium (Am Dom 2) deponiert worden war (Rep. J 6).[7] Fast alle Magdeburger Kirchengemeinden folgten nach 1945 diesem Beispiel auf freiwilliger Basis – spätestens seit 2003, nachdem das landeskirchliche Archiv an seinem neuen Standort in der Freiherr-vom-Stein-Straße 47 über ausreichende Magazinflächen verfügte.[8] Nur wenige Kirchengemeinden zögern noch mit einer Übergabe an das **landeskirchliche Archiv**, insbesondere die jüngeren Gründungen.[9] Die weitgehende Zentralisierung und Erschließung der kirchengemeindlichen Archivalien nach 2003 eröffnet der Magdeburger Stadtgeschichtsforschung inzwischen weit günstigere Recherchemöglichkeiten als noch in den frühen Nachwendejahren. Allerdings besteht bis heute keine Sicherheit darüber, ob nicht doch vereinzelte Unterlagen in den jeweiligen Kirchengemeinden oder in privater Hand verblieben sind.

Die in kirchengemeindlicher Verwaltung stehenden Stiftungen wurden überwiegend zur Unterstützung von bedürftigen Gemeindegliedern errichtet, gelegentlich auch in Form von besonderen Gaben zur Konfirmation oder zum Weihnachtsfest. Regelmäßig erfolgte in früheren Jahrhunderten zudem die Versorgung der Hinterbliebenen verstorbener Pfarrer aus Stiftungsvermögen. Ihre Bedeutung sank aber mit der landeskirchenweiten Einführung der Predigerwitwen- und -waisenkassen. Seit frühester Zeit waren überdies Stipendienstif-

---

6   Zu den Magdeburger Archivverlusten vgl. Herrmann, Überlieferungsgeschichte, S. 11–15, 22 f., 32 f., 69–75.
7   Unterlagen der Ulrichgemeinde befinden sich aber auch im Landesarchiv Sachsen-Anhalt, Abt. Magdeburg.
8   AKPS, Rep. J 1: Domgemeinde, Rep. J 2: St. Johannis, Rep. J 3: St Ambrosius (Sudenburg), Rep. J 4: St. Jacobi, Rep. J 5: St. Petri, Rep. J 7: Evangelisch-reformierte Gemeinde, Rep. J 8: Heilig-Geist, Rep. J 9: St. Gertraud (Salbke), Rep. J 10: St. Gertrauden (Buckau), Rep. J 11: St. Stephanus (Westerhüsen), Rep. J 12: Martin-Gallus (Fermersleben), Rep. J 13: Paulusgemeinde, Rep. J 14: St. Briccius (Cracau), Rep. J 15: Immanuel (Prester), Rep. J 16: St. Nicolai, Rep. J 17: Kreuzmeinde, Rep. J 19: St. Laurentius (Olvenstedt), Rep. J 20: St. Sebastian (Lemsdorf), Rep. J 21: Luthergemeinde, Rep. J 22: Trinitatisgemeinde, Rep. J 23: Martinsgemeinde, Rep. J 24: Philippus (Reform), Rep. J 25: St. Katharinen, Rep. J 26: St. Eustachius und Agathe (Diesdorf), Rep. J 27: Markusgemeinde, Rep. J 28: St. Michael.
9   Die Aktenverzeichnisse der Kirchengemeinden St. Stephani und St. Johannes in Magdeburg-Südwest (Ottersleben) enthalten keine Hinweise auf Stiftungsvermögen. Die Altstadt-, die Christus-, die Matthäus- und die Hoffnungsgemeinde sind wegen ihrer Gründung nach 1945 für das Stiftungsthema kaum relevant.

tungen verbreitet, um Schüler und Studenten auf dem Weg ins Pfarramt oder bei einem anderen Studium finanziell zu unterstützen. Seit Mitte des 19. Jahrhunderts wurden zunehmend diakonische Aktivitäten und Institutionen bedacht. In diesen Zusammenhang gehört u. a. das Martin-Stift, das mit großem Abstand die umfänglichste Aktenüberlieferung auf kirchengemeindlicher Ebene aufweisen kann.[10] Eine besondere Bedeutung innerhalb der magdeburgischen Kirchengeschichte kommt der Ida-Hubbe-Stiftung von 1916 zu, deren Kapellenbau nach der Zerstörung der Lutherkirche 1944 den Nukleus für die 1988 neu begründete Trinitatisgemeinde bildete.[11]

Aufgrund der engen Verflechtung von Kirche und Gesellschaft, die sich regelmäßig in der Einbeziehung der Pfarrer in die mildtätigen Aktivitäten manifestierte, entstanden bei den Kirchengemeinden aber auch Akten zu solchen Stiftungen, die von Anfang an oder zu einem späteren Zeitpunkt nicht mehr in kirchlicher Verwaltung standen.[12] Folgende Magdeburger Stiftungen haben in Form von Testamenten, Abrechnungen, Prozessakten, Protokollbänden usw. beginnend im 17. Jahrhundert in den Pfarrarchivbeständen des landeskirchlichen Archivs (Rep. J) ihren Niederschlag gefunden, wobei weitere Entdeckungen nie gänzlich ausgeschlossen werden können:[13]

- Armenfonds des Klosters Berge,
- Bittkau'sches Legat,
- Block'sche Stiftung,
- Budenberg-Stiftung,
- Deutsch-reformierte Armen- und Waisenhauskasse (Meyersche Legatenkasse),
- Dolle-Stiftung,
- Dohrmann-Legat,
- Dräseke-Stiftung,
- Drenckmann'sche Stiftung,
- D. Erler'sche Bibelstiftung,
- Eugen-Linde-Stiftung,
- Friedrich-Karl-Schulze-Stiftung,
- Friese'sche Stiftung,
- Fritze'sches Prediger-Wittum
- Fritzsches Legat,
- Funk'sche Stiftung,

---

10 Im Bestand der Diesdorfer KG: AKPS, Rep. J 26.
11 Vgl. Kulosa, 100 Jahre Ida-Hubbe-Stiftung.
12 Vgl. AKPS, Rep. J 14, Nr. 4: Wohlfahrtsamt Magdeburg (1913–1916).
13 Gescheiterte Stiftungsgründungen wurden nicht berücksichtigt.

- Gehrmann'scher Legaten-Fonds,
- Generalsuperintendent-Carl-Moeller-Stiftung,
- Gott-mit-uns-Stiftung,
- Gräflich-von-Voß-Buch'sches Stipendium,
- Hanses'sche Familienstiftung,
- Heinrich-Dorendorf-Stiftung,
- Heinz'sches Prediger-Wittum,
- Helene-Straube-Stiftung,
- Hermann-Gruson-Stiftung (Verein für Kranken- und Armenpflege),
- Heyne-Wagenschein-Stiftung,
- Hildebrandt-Legat,
- Hildebrandt'sche Stiftung,
- Ida-Hubbe-Stiftung,
- Friedrich-Kalkow-Stiftung,
- Laaß'sche Armen-Stiftung,
- Liese-Stiftung,
- Lohmann-Stiftung,
- Maenß'sche Stiftung,
- Magdalenenstiftung,
- Martin-Stift,
- Max-Jordan-Stiftung,
- Max-Rabe-Stiftung,
- Öhmichen-Stiftung,
- Oeltze-Stiftung,
- Oppermann-Fritze-Schneider'sches Prediger-Wittum,
- Oppermann'scher Prediger-Wittum-Fonds,
- Oppermann'scher Stipendienfonds,
- Pastor Dr. Liebscher'sche Stiftung,
- Pfeiffersche Stiftungen,
- Sannemann'sches Legat,
- Schermbeck'sches Legat,
- Schraube-Stiftung,
- Schütze'scher Legatenfonds,
- Steinmetz'scher Legatenfonds,
- Stephan'sches Legat,
- Stiftung zur Pflege des Kindergottesdienstes,
- Subseniors Fritze Predigerwittum,
- Traubibelfonds-Stiftung,
- Vagedes'sche Stiftung,

- von Dürrfeld'sche Stiftung,
- Wilhelm-Höpfner-Stiftung,
- Wagner'sche Stiftung,
- Wesemann-Legat,
- Wilhelm-und-Elbine-Porse-Stiftung,
- Witte'sche Schulstiftung,
- Wrede'sches Legat,
- Zincke'sche Armenstiftung,
- Zincke'sche Grabgewölbestiftung,
- Zincke'sche Turmbaustiftung.

Die allgemeine Zuständigkeit der Gemeindekirchenräte für die Verwaltung der lokalen kirchlichen Stiftungen ohne besondere Vorstände war 1873 mit der Einführung der „Kirchengemeinde- und Synodalordnung" in der preußischen Landeskirche erstmals verfassungsrechtlich verankert worden.[14] Diese schuf auch die Grundlage für die Entwicklung einer landeskirchlichen Stiftungsaufsicht. Gemäß den Bestimmungen in § 65 sah sich das Magdeburger Konsistorium von nun an verpflichtet, dem Vorstand der Provinzialsynode auch Rechenschaft über den Stand der kirchlichen Provinzialstiftungen abzulegen.[15] Die Ausbildung einer umfassenden kirchlichen Stiftungsaufsicht blieb jedoch sowohl im provinzsächsischen Konsistorium als auch im Evangelischen Oberkirchenrat in Berlin – beide erst seit Mitte des 19. Jahrhunderts Behörden im Sinne einer kirchlichen Selbstverwaltung – lange unvollendet.

Das Ministerium der geistlichen Unterrichts- und Medizinal-Angelegenheiten übertrug zwar mit Erlass vom 10. September 1877 die Zuständigkeit für Vermögensmassen mit kirchlicher Zweckbindung von den Königlichen Regierungen auf die Provinzialkonsistorien.[16] Aber die schwierigen Fälle sowie solche mit besonderer rechtlicher oder ökonomischer Bedeutung pflegte das Magdeburger Konsistorium noch mindestens bis 1946 – d.h. bis zur Bildung einer selbständigen Landeskirche (Evangelische Kirche der Kirchenprovinz Sachsen) – seiner

---

14 Kirchengemeinde- und Synodalordnung für die Provinzen Preußen, Brandenburg, Pommern, Posen, Schlesien und Sachsen vom 10. September 1873, in: Amtliche Mittheilungen des Königlichen Consistoriums der Provinz Sachsen zu Magdeburg 5 (1873), Beilage Nr. 14, S. 90–108; hier § 22: „Der Gemeindekirchenrath vertritt die Gemeinde in vermögensrechtlicher Beziehung, in streitigen wie in nichtstreitigen Rechtssachen, und verwaltet das Kirchenvermögen, einschließlich des Vermögens der kirchlichen Localstiftungen, welche nicht fundationsmäßig eigene Vorstände haben, sowie einschließlich des Pfarr- und Pfarrwittwenthums-Vermögens [...]." Vgl. Trusen, Kirchenrecht, S. 30 f.
15 AKPS, Rep. A, Generalia, Nr. 628 a: Milde Stiftungen (1875–1908).
16 Ebd., Nr. 1166 a: Kirchliche Stiftungen (1877–1914).

vorgesetzten Behörde, dem Evangelischen Oberkirchenrat, vorzulegen. Dessen Archivüberlieferung befindet sich heute im **Evangelischen Zentralarchiv in Berlin**.[17] Deshalb empfiehlt sich bei Recherchen zu kirchlichen Stiftungen auf dem Gebiet der ehemaligen Provinz Sachsen immer auch ein Blick in die dortigen Findmittel. In Bezug auf Magdeburg sind insbesondere Akten zur Dräseke-Stiftung, zur Heyne-Wagenschein-Stiftung und zu den Pfeifferschen Stiftungen für unsere Erhebung von Interesse.[18]

Zum 28. April 1880 erfolgte eine genaue Aufteilung der Zuständigkeiten zwischen den Königlichen Regierungen zu Magdeburg und Potsdam und dem Magdeburger Konsistorium,[19] wobei u. a. die Aufsicht über die Dräseke-Stiftung[20] und die Verwaltung des Carpzow-Pistor'schen Stipendienfonds[21] an die kirchliche Behörde abgetreten wurde. Einige Einzelfälle blieben allerdings weiterhin strittig, wie z. B. die Aufsicht über den Oppermannschen Stipendienfonds bei der Magdeburger Ulrichsgemeinde (gegründet 1711).[22] Die in der Folge aus der Stiftungsaufsicht erwachsenen Akten bildeten als Teil der Überlieferung des Konsistoriums Magdeburg den Grundstock des landeskirchlichen Archivs bei dessen Gründung im Jahr 1936 (AKPS, Rep. A).

Staatliche Auflagen nötigten das Magdeburger Konsistorium der Kirchenprovinz Sachsen in der Folgezeit mehrfach, mittels Umfrage in allen Kirchenkreisen eine Erfassung der kirchlichen Stiftungen durchzuführen. Bei den gesammelten Rückmeldungen im Generalaktenbestand des Konsistoriums (Rep. A, Generalia) handelt es sich um zentrale Quellen für die Erforschung der kirchlichen Stiftungen. Erstmals forderte die Reichsführung der NS-Volkswohlfahrt die kirchliche Beteiligung ein, als sie Anfang 1934 „auf dem bisher nicht organisierten Gebiet der weltlichen und kirchlichen Stiftungen eine Feststellung sämtlicher Stiftungen in ganz Deutschland" in Angriff nahm. Die Reichskirchenregierung bat deshalb am 27. Januar 1934 „die obersten Behörden der deutschen evangelischen Landeskirchen" um diesbezügliche Zuarbeit. Die sorgfältigen Rückmeldungen aus dem Kirchenkreis Magdeburg an das Konsistorium dürften vermutlich ein nahezu vollständiges Bild der damaligen kirchlichen Stiftungslandschaft wiedergeben, obwohl sich die Beteiligten oftmals über die

---

17 Bestand 7: Evangelischer Oberkirchenrat der Evangelischen Kirche der altpreußischen Union; Abt. 10: Kirchenprovinz Sachsen (Magdeburg); vgl. Stache, Das Evangelische Zentralarchiv, S. 61–64.
18 Vgl. das Verzeichnis der Stiftungen in diesem Band.
19 AKPS, Rep. A, Generalia, Nr. 1166 a, fol. 75–76.
20 Ebd., Nr. 1178 b und 1881 (1853–1935).
21 Ebd., Nr. 1178 i (1885–1927).
22 Ebd., Nr. 1166 a (31. Mai 1905). In Bezug auf die „Witwe-Leckeny'sche Stiftung zu Magdeburg" einigte man sich auf die staatliche Zuständigkeit: ebd., Nr. 1178 k (1878).

Einstufung als „Stiftung" unsicher waren. Zu diesem Zeitpunkt werden noch 44 aktive Stiftungen aus den Magdeburger Kirchengemeinden gemeldet.[23]
Dreizehn Jahre später werden in Reaktion auf eine Anfrage der Landesregierung Sachsen-Anhalt vom 8. Oktober 1947[24] aus Magdeburg nur noch fünf kirchengemeindliche Stiftungsvermögen gemeldet: die Dolle-Stiftung für die Armen in Olvenstedt, die Domprediger-Witwenkasse,[25] das Predigerwittum St. Jacobi, die Zusammengelegten Legate St. Jacobi und die Stiftung Perschmann in der Jacobigemeinde. Von den drei letztgenannten existierten allerdings damals kriegsbedingt schon keine Unterlagen mehr.[26] Bei diversen Witwen- und Waisenkassen war man sich wiederum nicht sicher, ob diese als Stiftungen einzuordnen waren. Auch blieben die diakonischen Stiftungen unerwähnt.
1952 startete die DDR-Regierung ihrerseits eine allgemeine Stiftungserfassung.[27] Die Anmeldepflicht beim jeweils zuständigen Rat des Kreises bzw. der Stadt galt ausdrücklich auch für alle „kirchlichen oder kirchlichen Zwecken dienende Stiftungen, Stiftungsvermögen oder stiftungsähnliche Vermögensmassen" und forderte sogar die Rückmeldung jener, die über „Kenntnisse oder Aufzeichnungen über den Verbleib solcher Stiftungsbestände" verfügten. Das Konsistorium reagierte umgehend und ordnete in Form einer Rundverfügung an,[28] die Entwürfe der Stiftungsanmeldungen bis zum 20. Januar 1953 beim Provinzialkirchlichen Amt für Innere Mission einzureichen. Erst nach einer dortigen Überprüfung sollten die ausgefüllten Formulare weitergeleitet werden.[29] Angesichts der angespannten Situation im Verhältnis zu den staatlichen Stellen war dieses vorsichtige Vorgehen mehr als verständlich. Um das Fortbestehen einzelner Stiftungen wurde in den folgenden Jahren zwischen Staat und Kirche immer wieder gerungen,[30] wenn auch die 1955 von der Kirchenkanzlei der EKD

---

23 Ebd., Nr. 1166 b: Stiftungen (1928–1940). Auf die dem Konsistorium vorliegende „Nachweisung der in der Stadt Magdeburg vorhandenen milden Stiftungen, aufgestellt im August 1904" (Ebd., Nr. 1175 b) konnte man sich nach den zahlreichen Liquidationen in der Inflationszeit nicht mehr verlassen.
24 Abgedruckt in von Dietze/Hunsdieck-Nieland, Stiftungen, S. 50 f.
25 Die Unterlagen bilden wie in der Regel bei allen selbständig verwalteten Predigerwitwenkassen einen eigenen Archivbestand: AKPS, Rep. G 4: Predigerwitwen- und -waisenkasse Magdeburger Dom (1790–1924). Vgl. Rep. G 1: Predigerwitwen- und -waisenkasse Kloster Berge/Propstei Magdeburg (1685–1914); Rep. G 34: Predigerwitwen- und -waisenkasse Magdeburg-Altstadt (1831–1969).
26 AKPS, Rep. A, Generalia, Nr. 1231 a: Erfassung und Registrierung der Stiftungen (1947–1950).
27 Vgl. von Dietze/Hunsdieck-Nieland, Stiftungen, S. 28 f.
28 AKPS, Rep. A, Rundverfügungssammlung, 24. Dezember 1952 (XIII-G VII 2-1/52).
29 Die Rückmeldungen wurden deshalb unter dem Aktenbetreff „Innere Mission" abgelegt: AKPS, Rep. A, Generalia, Nr. 6886 (1948–1953); vgl. auch Nr. 6372: Rechtsgutachten über Vereine und Stiftungen der Inneren Mission (1950–1954). Aus Magdeburg kamen verwertbare Rückmeldungen nur zum Diesdorfer Martin-Stift.
30 Siehe u. a.: ebd., Nr. 6529: Erfassung und Registrierung der Stiftungen (1952–1959).

geäußerte Sorge, dass das kirchliche Stiftungswesen insgesamt beseitigt werden sollte, sich als unbegründet erwies.[31]

Der Zusammenbruch der DDR ließ auf ein Wiederaufleben des Stiftungswesens hoffen. Vor diesem Hintergrund unternahm das Konsistorium erneut den Versuch einer Aufstellung der noch aktiven Stiftungen und der ruhenden Stiftungsvermögen. Die Rechtslage in der Bundesrepublik ließ es ratsam erscheinen, endlich eine umfassende landeskirchliche Stiftungsaufsicht aufzubauen. Dieser Weg wurde seit 1995 auf der Basis des kirchlichen Stiftungsgesetzes vom 19. November 1994 beschritten.[32] Das 1999 erstellte Verzeichnis der fortbestehenden kirchlichen Stiftungen nennt insgesamt 76 im Bereich der Evangelischen Kirche der Kirchenprovinz Sachsen, davon 25 als Mitglieder des Diakonischen Werks.[33] Für Magdeburg werden zu diesem Zeitpunkt als noch aktive Stiftungen genannt: das Diakonissenmutterhaus Bethanien, das Martin-Stift, die Dolle-Stiftung, die Pfarrtöchterstiftung, die Pfeifferschen Stiftungen sowie die Versorgungskasse für die Schwesternschaft des Diakonissenmutterhauses in den Pfeifferschen Stiftungen.

Zu den Stiftungen, die einer kirchengemeindlichen Verwaltung unterstanden, wurden im Magdeburger Konsistorium nur nach Bedarf im Rahmen der Aufsicht Einzelakten angelegt, die nach 1936 dem konsistorialen Teilbestand der örtlichen Spezialakten zugeordnet wurden (Rep. A, Specialia G). Einige Lücken, die der Krieg in den Pfarrarchiven hinterließ, vermögen diese Akten zu schließen. So haben sich hier z. B. für die reformierten Gemeinden Informationen zur Brätsch'schen Stiftung (Zustiftung zum Waisenhaus) und zur Unterstützung der Friedrichsschule erhalten.[34] Insgesamt beginnt aber die konsistoriale Überlieferung im Gegensatz zu den kontinuierlich geführten Pfarrarchiven frühestens 1816 mit der Neugründung des Magdeburger Konsistoriums im Zuge der Bildung der preußischen Provinz Sachsen.

---

31 Ebd., Nr. 7519: Stiftungen allgemein (1954–1955), Schreiben der EKD vom 6. April 1955: „Bereits jetzt dürfte festzustellen sein, dass es sich keineswegs um Maßnahmen nur mit Bezug auf einzelne besondere Stiftungen oder nur um ein örtlich begrenztes Vorgehen handelt, sondern dass die kirchlichen Stiftungen mindestens einer bestimmten Erscheinungsform in ihrem Gesamtbestand infrage gestellt sind."
32 Kirchengesetz über kirchliche Stiftungen in der Evangelischen Kirche der Kirchenprovinz Sachsen, in: Amtsblatt der EKKPS, 1994, S. 164f. Die frühen Akten der konsistorialen Stiftungsaufsicht, die vor der Vereinigung mit dem Eisenacher Landeskirchenamt im Jahr 2004 entstanden, wurden teilweise bereits dem landeskirchlichen Archiv übergeben und werden nach Ablauf der dreißigjährigen Schutzfrist der allgemeinen Archivbenutzung zur Verfügung stehen. Über weitere Stiftungsakten, die sich noch in der Registratur des Landeskirchenamts in Erfurt befinden und in einzelnen Fällen durchaus bis in die Zeit vor 1990 zurückreichen könnten, kann an dieser Stelle keine Auskunft erteilt werden.
33 AKPS, Rep. A, Generalia, Nr. 7415: Kirchliche Stiftungsaufsicht (1993–2001).
34 AKPS, Rep. A, Spec. G, Nr. A 1176 und A 10881.

Dem konsistorialen Generalaktenbestand wurden im Zuge der Archivierung nicht nur die Akten zur allgemeinen Stiftungsaufsicht zugeordnet, sondern auch die Einzelfallakten derjenigen Stiftungen, die dem Konsistorium direkt zur Verwaltung übereignet worden waren oder für die es wegen des überregionalen Zwecks unmittelbar zuständig war.[35] Unter diesen Stiftungen, die jedoch nur in Bezug auf ihren Sitz als Magdeburger Stiftungen bezeichnet werden können, kam vor allem dem Altmärkischen Ämterkirchenfonds,[36] der Pfarrtöchterstiftung[37] und dem Augusteischen Stiftungsfonds (gegründet 1583 durch den sächsischen Kurfürsten)[38] zur Unterstützung der Geistlichen und ihrer Familien eine langfristige Bedeutung bis weit ins 20. Jahrhundert zu. Des Weiteren oblag dem Konsistorium die Zuständigkeit für die provinzsächsischen Untergliederungen nationaler Stiftungen, wie z. B. für die Gustav-Adolf-Stiftung[39] und die Deutsche Lutherstiftung (auch Provinzial-Luther-Stiftung)[40].

Im Rahmen der Nachwuchsförderung bemühte sich das Konsistorium immer auch um einen möglichst vollständigen Überblick über die zahlreichen Stipendienstiftungen.[41] Im Jahr 1906 wurde hierzu eine alphabetisch nach Orten gegliederte Gesamtübersicht erstellt, die selbstredend auch detailliert die Magdeburger Angebote auflistet.[42] Von diesen Stipendien wurden die von dem Magdeburger Konsistorialregistrator Hoeffichen[43] (für Magdeburger Jurastudenten), von dem Konsistorialpräsidenten Graf von Voß-Buch[44] sowie die von dem Generalsuperintendenten Ludwig Carl Moeller[45] 1890 gestifteten direkt vom Konsistorium verwaltet.

---

35 1878 werden als provinzialkirchliche Stiftungen benannt: der Augusteische Stiftungsfonds, der Provinzialbibelfonds, der Fonds zur Unterstützung bedürftiger Witwen und Waisen von Geistlichen und Schullehrern im Herzogtum Sachsen sowie der Carpzow-Pistor'sche Stipendienfonds (AKPS, Rep. A, Generalia, Nr. 628 a).
36 Der Altmärkische Ämterkirchenfonds war 1881 aus dem Kurmärkischen Ämterkirchenfonds hervorgegangen. Zuwendungen und Abrechnungen wurden von 1881 bis 1938 vollständig aufbewahrt. Die Überlieferung reicht bis ins Jahr 1957: ebd., Nr. 631 b, 1087, 1096, 1097 a–b, 1099, 1100 a–h, 1101 a–c, 1102 a–b, 1103 a–b, 1104 a–e, 1105 a–c.
37 Siehe insbesondere ebd., Nr. 660, 1103 b, 1104 a, 1170, 1172 a, 2137. Die Zuweisungen aus der Pfarrtöchterstiftung sind bis 1974 überliefert.
38 Aus dem Fonds sollten Geistliche in den ehemaligen sächsischen Landesteilen unterstützt werden: ebd., Nr. 1039, 1088 a–f, 1089 a–b, 1090 a–c, 1091 b, 1092 a–g, 1093–1094, 1095 a–f. Vgl. Nitze, Verfassungs- und Verwaltungsgesetze, S. 463–466.
39 AKPS, Rep. A, Generalia, Nr. 285 a–d.
40 Ebd., Nr. 1167 a–d, 1168, 1169 a–b, 1199, 1627–1630 (1884–1974).
41 Ebd., Nr. 1175 a: Stiftungen und Stipendien für Studierende und Schüler von Gymnasien (1855–1927).
42 Ebd., Nr. 1175 b: In der Provinz Sachsen bestehende Stipendien und Stiftungen für Studierende und Schüler (1901–1906).
43 Ebd., Nr. 1125 a–b, 1126 a–d, 1128 a–c (1824–1932).
44 Ebd., Nr. 1138, 1139 a–b, 1140 a–b (1855–1914).
45 Ebd., Nr. 1176 (1890–1938).

Unter der unmittelbaren konsistorialen Verfügungsgewalt standen als quasi innerkonsistoriale Stiftungen zudem die von Konsistorialpräsident Friedrich Wilhelm Noeldechen (1881)[46] sowie die von den Generalsuperintendenten D. Karl Heinrich Vieregge (1910)[47] und D. Justus Jacobi (1920)[48] begründeten. Zu manchen dieser Konsistorialangehörigen und Geistlichen, die nach 1815 in Magdeburg als Stifter in Erscheinung traten, kann auch im konsistorialen Personalaktenbestand (Rep. A, Specialia P) und in den Pfarrstellenakten (Rep. A, Specialia G) über Lebensweg und Amtsführung recherchiert werden.[49]

An der Verwaltung der großen diakonischen Stiftungen in der Provinz Sachsen war das Konsistorium ebenfalls stets intensiv beteiligt. Da in den Kuratorien derselben zumindest immer ein namhafter Vertreter der Landeskirche Sitz und Stimme hatte, befinden sich im konsistorialen Generalaktenbestand auch umfängliche Unterlagen zu deren Stiftungsarbeit. Dies gilt insbesondere für die Pfeifferschen Stiftungen in Magdeburg-Cracau, deren Übernahme durch den Staat die Kirche 1953 nur mühsam abwehren konnte.[50] Die Akten zu „Pfeiffers" innerhalb der Bestände des Konsistoriums[51], der provinzsächsischen Bischöfe[52] und der Magdeburger Pröpste[53] sollen hier vor allem deswegen erwähnt werden, weil sie im landeskirchlichen Archiv der Forschung in der Praxis leichter zugänglich sind als diejenigen, die sich noch am Entstehungsort in der unmittelbaren Verfügungsgewalt der Diakonie befinden.

Als einzige kirchliche Stiftung Magdeburgs verfügen die **„Pfeifferschen Stiftungen"** (bis 1903 Johannesstift) in ihrer Eigenschaft als selbständiges Werk der Evangelischen Kirche in Mitteldeutschland über ein **eigenes Archiv**, das organisatorisch und räumlich unmittelbar dem Vorstand unterstellt ist.[54] Die gut erschlossene Überlieferung der 1881 von Superintendent Gustav Adolf Pfeiffer gegründeten diakonischen Anstalt im Umfang von 216 Archivkartons endet

---

46 Ebd., Nr. 1178 a (1879–1938).
47 Ebd., Nr. 1178 d (1909–1942).
48 Ebd., Nr. 1178 c (1920–1924).
49 Z. B. zu Konsistorialpräsident Noeldechen (AKPS, Rep. A, Spec. P, PA, Nr. 192 a) oder zu Pfarrer Otto Liebscher (AKPS, Rep. A, Spec. P, Nr. L 55).
50 Einschlägig insbesondere: AKPS, Rep. A, Generalia, Nr. 5936: Staatliche Angriffe gegen die Pfeifferschen Stiftungen (1953); Nr. 8622: Kirche und Staat (1953). Vgl. Riemann/Stieffenhofer/Kamp, 125 Jahre, S. 45–49.
51 Es handelt sich überwiegend um Protokolle, Jahresberichte, Unterlagen zum Leitungspersonal, zu Haushalts- und Satzungsfragen: AKPS, Rep. A, Generalia, Nr. 3302, 5018, 5392, 7532, 7687, 8136, 8612–8613, 8654–8655, 8711–8712. Weitere Akten zu den Pfarrstellen in den Pfeifferschen Stiftungen befinden sich unter: Rep. A, Spec. G (1892 ff).
52 Vgl. u. a. AKPS, Rep. B 1, Nr. 78: Pfeiffersche Stiftungen (1950–1955); Rep. B 2, Nr. 123: Pfeiffersche Stiftungen (1955–1962).
53 AKPS, Rep. F 10, Nr. 176: Pfeiffersche Stiftungen Magdeburg (1976–1995).
54 Eine Archivbenutzung ist beim Vorstandsvorsitzenden zu beantragen.

überwiegend mit der Jahrtausendwende, reicht aber punktuell bis fast an die Gegenwart heran und dokumentiert alle Tätigkeitsfelder. Das stets in Personalunion mit den Stiftungen verbundene Diakonissenmutterhaus Bethanien (aufgelöst 2018) bildet einen eigenen Archivbestand mit 94 Archivkartons (1849–2009). Die Unterlagen beginnen hier zwar schon 1849, jedoch bezieht sich diese frühe Überlieferung allein auf die Geschichte der Breslauer Schwestern, die erst 1948 eine neue Heimat in Magdeburg fanden.[55] Über Aktenverluste ist in Bezug auf beide Institutionen zwar bei den aktuell Verantwortlichen nichts mehr bekannt, aber angesichts der umfänglichen Zerstörung der Gebäude im Zweiten Weltkrieg muss wohl zwangsläufig von solchen ausgegangen werden.[56]

Dieses bedeutende diakonische Archiv bietet zusammen mit den geretteten Pfarrarchiven und den landeskirchlichen Aktenbeständen ein überaus vielfältiges Bild des gemeinschaftlichen Engagements von Bürgerschaft und evangelischer Kirche in den letzten vier Jahrhunderten Magdeburger Geschichte.

---

55 Riemann/Stieffenhofer/Kamp, 125 Jahre, S. 42.
56 Ebd., S. 39f.

8 *Porträt von Friedrich Karl von Savigny (1779—1861), nach Franz Krüger*

DIE ENTWICKLUNG DER RECHTSFORM STIFTUNG

Gerhard Lingelbach

Einführung

Der Gedanke und die Praxis, Vermögenswerte einzusetzen, um Dinge zu bewegen und um Gutes zu tun, ist weit zurück in der Geschichte zu finden. Und aus dem zeitlich begrenzten Menschenleben heraus resultiert nicht selten das Bestreben, über den Tod hinaus Bleibendes zu schaffen. Dies bedingt seit alters her Formen, das Vermögen fortzuführen, gekoppelt mit einer bestimmten Zweckbindung. Frühe Formen solcher Vermögenswidmungen sind bereits für die vorchristliche Zeit belegt.[1] Zumeist sind sie – wie dann für lange Zeit prägend – mit religiösen Motiven verknüpft oder völlig von solchen getragen. So wurde beispielsweise im hellenistischen Ägypten über das den antiken Göttern gewidmete Tempelgut durch die Korporationen der Priester verfügt. Aus unserer heutigen Sicht lässt sich dies als „erste Stiftung mit eigener Rechtspersönlichkeit" ansehen.[2] Mit den Tempeln übereigneten Mitteln wurde so im antiken Ägypten Wirtschaftstätigkeit in Ölfabriken, Brauereien, Bäckereien, öffentlichen Bädern u. a. möglich.[3] Im antiken Griechenland war es die Polis, d. h. die korporative Stadtgemeinde, die oftmals als Träger der ihr von Privatpersonen übertragenen Vermögenswerte fungierte. Mit späterer Begrifflichkeit würden wir sie als fiduziarisches, treuhänderisch verwaltetes Stiftungsvermögen bezeichnen. In ihren juristischen Strukturen deutlicher fassbar sind die Vermögensmassen mit rechtlicher Selbständigkeit dann im Römischen Recht.

Und doch bleibt aus juristischer Sicht die Frage, ob diese Vermögensmassen als selbständige Rechtssubjekte anzusehen sind? Denn sie unterscheiden sich erheblich von den Stiftungen in späteren Zeiten.

Bis in die Neuzeit hatten all die rechtlichen Ausprägungen von Stiftungen keinen selbständigen Rechtscharakter. Erst im 19. Jahrhundert erhielt die Stiftung ihre heutige juristische Gestalt, wurde zum Rechtssubjekt – zum Träger

---
1 Vgl. Kaser, Privatrecht, S. 214.
2 Liermann, Stiftungsrecht, S. 3 ff.
3 Kübler, Griechische Tatbestände, S. 205 ff.

von Rechten und Pflichten. Am Ende steht in Deutschland ein Stiftungsrecht im Bürgerlichen Gesetzbuch aus dem Jahr 1896, in Verbindung mit den nach und nach verabschiedeten Landesstiftungsgesetzen. Doch dem ging ein längerer Prozess voraus. Er zieht sich letztlich vom ausgehenden Mittelalter über die Neuzeit bis zu den rechtlichen Vorschriften über Stiftungen hin, wie sie heute unser Stiftungsrecht ausmachen. Dies soll in einem knappen Überblick dargestellt sein.

Vermögensbindungen in der Zeit der Spätantike

Mit der *hereditas iacens* – der ruhenden Erbschaft – gab es schon im klassischen Römischen Recht eine Rechtsform, die noch nicht einer Person zugeordnetes Vermögen bedeutete.[4] Auch sie ist als eine Stufe auf dem Weg zur selbständigen Stiftung anzusehen.
Ein bedeutsamer Schritt erfolgte jedoch mit den sich ebenfalls im spätantiken Römischen Recht entwickelnden gesonderten Vermögensmassen – den *pia corpora*[5]. Diese für milde Zwecke gewidmeten Vermögenswerte sind als Vorformen selbständiger Stiftungen anzusehen.
Bereits die griechischen Kirchenväter lehrten, dass jeder Christ mit einem Teil seines Vermögens durch Schenkung oder letztwillige Verfügung verpflichtet sei, Christus in Gestalt seiner Kirche sowie der Armen ihrer Gemeinde zu bedenken.[6] Gemäß dieser Lehre konnte die Kirche über viele Jahrhunderte Vermögen aufbauen. Zugleich verstärkte die Lehre vom Fegefeuer die Forderung nach solcherart Vermögenswidmung.[7] In der sich ausbreitenden christlichen Kirche und Kirchenorganisation fanden diese abgesonderten Vermögen ihren Verwalter. Sache und Zweck fielen so mit den kirchlichen Interessen und deren Zielen in der Regel zusammen.
Das Rechtsgeschäft der Vermögenswidmung – Schenkung oder letztwillige Verfügung – brachte nach Römischen Recht die *piae causae* als – modern gesehen – selbständige Stiftung und damit als neues Rechtssubjekt hervor.[8] Die *piae causae* finden wir bereits in den dem Kirchenrecht gewidmeten Teilen des justinianischen Codex aus dem frühen 6. Jahrhundert.[9] So wurde im Rahmen

---

4 Liermann, Stiftungsrecht, S. 9.
5 Hagemann, Piae Causae, S. 43.
6 Ehrhardt, Corpus Christi.
7 Schulze, Stiftungsrecht.
8 Mitteis, Römisches Privatrecht, S. 394 f.
9 Textstelle Codex 1. Buch, 2 Titel, § 19, in: Otto/Schilling/Sintenis (Hg.), Corpus Juris Civilis.

der recht umfänglichen und theologisch aufwendigen Lehre von der *piae causae* eine entscheidende Stufe zum heutigen Stiftungsverständnis beschritten. Die Kirche übernahm zugleich die praktische Durchführung. Sie organisierte in besonderen Häusern – Bethäusern, Spitäler, Altersheimen, Klöstern – die Aufnahme und Versorgung frommer und hilfsbedürftiger Personen. Damit erfüllten diese den Kirchen gemachten Zuwendungen die gewollten Aufgaben der Wohltätigkeit. Im Spital (*domus religiosa*) fand dieses Verständnis seine rechtlich-institutionelle Gestalt als eine Grundform des Stiftungswesens.[10] Die Spitäler mit ihren Aufgaben der Versorgung der Kranken, Waisen und Reisenden *(miserabile personae)* trugen durch ihre rasche Ausbreitung wesentlich dazu bei.

Über diese Zuwendungen zum Zwecke mildtätigen Tuns entwickelte sich im christlichen Mittelalter zugleich das Denken über das Fortwirken der Toten in der Wechselbeziehung mit den Lebenden. Hinter und über der Stiftung steht insofern letztlich stets eine spezielle Lebensphilosophie.[11]

Mit der Verfügung pro salute animae sorgte der Spender (modern: Stifter) für das eigene Wohl und diente doch zugleich Erfordernissen der Allgemeinheit. Schrittweise vollzog sich allerdings ein Wandel im Sinn dieser Vermögenszuwendungen. Erfolgten in der Antike sowohl die Schenkungen als auch die auf den Tod getroffenen Zuwendungen fast ausschließlich um des eigenen Seelenheils willen, so dominierten in späteren Jahrhunderten zunehmend altruistische Motive – jedoch noch oft in Verbindung mit Gedanken des eigenen Vorteils nach dem Tode. Die mittelalterliche Kirche führte diese Bestrebungen weiter und brachte sie mit ihrer Gesetzgebung voran. In der Summe waren es die Rechtsvorschriften, nach denen Bischof, Abt oder Pfarrer die Verwendung und Mehrung vorzunehmen, zumindest die Verwaltung zu leiten oder zu überwachen hatten. Diese frühen Stiftungen blieben bis ins spätere Mittelalter selbständige Anstalten mit Rechtsfähigkeit.[12] Zugleich vollzog sich schrittweise eine Trennung, so dass sie nicht mehr in unmittelbarem Zusammenhang mit der Kirche standen. Sie dienten nunmehr den verschiedenen wohltätigen Zwecken und unterstanden im Verlaufe eines längerfristigen Ringens nicht mehr der geistlichen, sondern der weltlichen Obrigkeit. Diese übertrug die notwendigen „Tagesaufgaben" Laien.[13] Und: Je mehr daraus selbständige Einrichtungen mit eigener Verwaltung entstanden, umso mehr näherten sich diese dem

---

10 Reicke, Das deutsche Spital, Teil 1: Das deutsche Spital, S. 88.
11 Bruck, Die Stiftungen für die Toten, in: ders., Über römisches Recht, S. 46–100.
12 Coing, Europäisches Privatrecht, S. 336.
13 Borgolte, Stiftungen des Mittelalters, S. 71–94.

Wesen einer Stiftung, nämlich eines Zweckvermögens mit Rechtsfähigkeit. Ein erkennbarer Zug zur Ausbildung einer eigenen Rechtspersönlichkeit ist so in Ansätzen bereits seit dem 11. Jahrhundert auszumachen.

Seit dem 14. Jahrhundert tauchen in den Quellen dann auch die Begriffe Stiftung, Stift auf; allerdings mit recht unterschiedlichen Inhalten und Verständnis davon.[14]

Stiftungen in der Frühen Neuzeit

Es sind wesentliche Bereiche, in denen Stiftungen in den letzten dreihundert Jahren errichtet wurden. Zum Ersten: sogenannte „milde", wohltätigen Zwecken gewidmete Stiftungen. Sie waren oft noch bei den Kirchen bzw. kirchlichen Einrichtungen angesiedelt – und sind es aus gutem Grunde auch heute noch. Zum Zweiten: soziale Stiftungen, die dann zunehmend geistig-kulturellen Aufgaben im weitesten Sinne dienten. Sowie zum Dritten: die Anstaltsstiftungen. Deren Zweck ist es im Unterschied zur Kapitalstiftung, eine Vermögensgesamtheit – so beispielsweise ein Unternehmen – zu erhalten. Seit dem 15. Jahrhundert finden sich zunehmend Familienstiftungen, die auch das Stiftungswesen in der Stadt Magdeburg präg(t)en.

Seit der Reformation übernahmen zunehmend die erstarkenden weltlichen Gewalten die Aufsicht über alle Stiftungen, auch über die ausschließlich für kirchliche Zwecke bestimmten.[15] Sowohl in der Reichspolizeiordnung von 1577[16] als auch in den territorialen Policeyordnungen der Neuzeit waren die Aufgaben der Spitäler regelmäßig mit ausdrücklichen Normen bedacht und zugleich die obrigkeitliche Aufsicht verankert. Gleichzeitig lässt sich eine zunehmende Verselbständigung – nunmehr unter der Aufsicht des Landesherrn – erkennen. Damit verbunden waren die Herausbildung von Grundsätzen einer Art „Stiftungspolicey" im frühneuzeitlichen Verständnis des umfassenden Polizeibegriffs sowie der Aufbau von territorialstaatlichen Verwaltungseinrichtungen zur Stiftungsaufsicht. Die stiftungsrechtlichen Vorschriften verlagerten sich aus dem kanonischen Recht immer mehr in das durch den Landesherrn gesetzte

---

14 Vgl. Grimm/Grimm, Deutsches Wörterbuch, S. 2867 ff.
15 Vgl. Elster/Weber/Wieser (Hg.), Handwörterbuch der Staatswissenschaften, S. 1131–1137.
16 Reichspolizeiordnung vom 9. November 1577: „Item eyn yede Obrigkeyt / soll auch an orten / do Spital sein / darane unnd darob seyn / das solche Spital fleissig underhalten / unnd gehandthabt / der verwalter oder Spitalmeyster / rechnungen Järlich gehöret / auch die Spital auffs wenigst im Jar eyn mal von der Oberkeyt visitiret / und ire nutzung und gefelle / zue keynen andern sachen / dann alleyn zu underhaltung der nottürfftigen armen / und zu güetigen barmhertzigen sachen gekert und gebraucht werden." (Art. 27, 2). Zit. nach Weber, Reichspolizeiordnungen, S. 276.

frühneuzeitliche Recht. Hilfreich waren in jener Zeit solche Zuwendungen gesonderter Vermögensmassen an die zahlreich entstehenden Universitäten und Klosterschulen in Gestalt von Gelehrten- oder Fürstenbibliotheken – im gewissen Sinn als ‚Startkapital'.

Sozial-ökonomischer Hintergrund für die steigende Zahl an Spitälern und die gleichzeitige Säkularisierung ist die mit der frühbürgerlichen Entwicklung verbundene Urbanisierung mit neuen sozialen Problemen und Spannungen. Auf diese Weise konnten in einer Art Sozialrecht die Notlagen aufgefangen bzw. gemildert werden. Das erklärt die schon seit dem 13. Jahrhundert mittels Stiftungen in den Städten errichteten zahlreiche Armen- und Krankenanstalten.

Rechtlich anzumerken bleibt, dass sich zugleich der Grundsatz durchzusetzen begann, dass solche Stiftungen ausschließlich mit obrigkeitlicher Genehmigung gegründet werden können. Von der Wissenschaft des Gemeinen Rechts, dem auf römisch-kanonischen Rechtstexten beruhenden und seit der Rezeption bis zu den Kodifikationen des europäischen Rechtsdenkens der Neuzeit bestimmenden allgemeinen Rechts,[17] wurden sie indes bis ins 19. Jahrhundert nicht als besondere Rechtsform anerkannt und nach wie vor unter die Korporationen – pia corpora – als eine rechtliche Sonderform eingeordnet. Größere selbständige weltliche Stiftungen – in der Regel durch besondere Privilegien mit den einschlägigen Organisationsregeln errichtet[18] – entstanden im späten 17. und 18. Jahrhundert.

Bemerkenswert ist, dass sich die großen Kodifikationen des 18. und des beginnenden 19. Jahrhunderts kaum dem Problem der Stiftungen zuwenden. Eine Ausnahme macht das Allgemeine Landrecht für die preußischen Staaten von 1794[19], wogegen der moderne französische Code Civil aus dem Jahr 1804 dazu schweigt.

Spätestens hier ist anzumerken, dass die Stiftung immer wieder zu den auch politisch umstrittenen Rechtsformen zählte. Einen negativen Einfluss hatten die sich seit der Frühen Neuzeit ausbreitenden Familienfideikommisse,[20] die in mancherlei Hinsicht Ähnlichkeiten mit den Stiftungen aufwiesen.[21] Bei diesem

---

17 Luig, Gemeines Recht, in: Cordes/Lück/Werkmüller, Handwörterbuch Rechtsgeschichte, Sp. 62.
18 Stammler, Deutsches Rechtsleben, S. 262.
19 Hattenhauer (Hg.), Allgemeines Landrecht, Zweyter Theil, 19. Titel.
20 Dieses Rechtsinstitut entsprach der ähnlichen Zielen folgenden Bindung von Vermögensmassen in den Rechtsformen Hausgüter bzw. Stammgüter. Hoher wie niederer Adel als auch vereinzelt Bürgerliche bedienten sich des Fideikommisses, um die übliche Erbfolge zu durchbrechen. Die hohe Zeit der Errichtung von Fideikommissen lag in der Neuzeit; zu einem sprunghaften Anstieg kam es auf der Grundlage des rezipierten Römischen Rechts vor allem nach dem Dreißigjährigen Krieg.
21 Ein umfassender Überblick ist zu finden bei Eckert, Familienfideikommisse.

besonderen Rechtsinstitut handelte es sich um gebundene Vermögensmassen, die gesonderten Regeln über die Vermögensnachfolge unterlagen. Mit dem Erstarken des liberalen Bürgertums und dessen Forderungen nach Eigentumsfreiheit wurden die Fideikommisse zu einem Angriffsziel aus ökonomischen wie aus politischen Gründen, schließlich waren sie eine Stütze des Ancien Regime.[22] Bevor wir zu rechtlichen Problemen der Stiftung im 19. Jahrhundert kommen, soll ein Blick auf den Einfluss naturrechtlichen Denkens sowie der Aufklärung auf das Stiftungswesen erfolgen.

Stiftungsverständnis im Zeitalter des Naturrechts – Aufklärung und Stiftungen

Das Naturrecht geht den grundsätzlichen Fragen nach guten und bösen Handlungen der Menschen nach. Der Zweck des Staates wird in der Beförderung des allgemeinen Wohls und der Sicherheit gesehen. Dazu gehört auch die von diesen Ausgangsgedanken geprägte Diskussion um die rechtliche Einordnung der innerstaatlichen Korporationen: der Gemeinden, Kommunalverbände, Kirchen und Universitäten. Indirekt wurde somit auch die Frage nach den Grundlagen der Stiftungen, die als solche den Korporationen zugeordnet wurden, aufgeworfen.

Maßgeblichen Einfluss auf das Naturrechtsdenken der Neuzeit hatte der an der Universität Halle lehrende Professor der Mathematik, Christian Wolff (1679–1754). In der Zeit seines über die Grenzen des Heiligen Römischen Reichs hinausreichenden Einflusses begann der rechtswissenschaftliche, vielfach rechtsphilosophische Streit um die juristische Person. Anlass waren die im 17. Jahrhundert aufkommenden Vereine.[23] Wolff setzte sich mit der Frage auseinander, worin das Wesen dieser besteht. Er erklärte diese Personenmehrheiten aus der Personalität ihrer Mitglieder: „Weil in der Gesellschaft deren Glieder mit vereinten Kräften handeln, muß jede Gesellschaft gleichwie eine einzelne Person angesehen werden. Wenn daher die Menschen von Natur aus frei sind, verpflichten sie sich beim Zusammentritt zur Gesellschaft gegenseitig und nicht außenstehenden Dritten. Daher ist jede Gesellschaft von Natur aus frei. Und deshalb müssen die vielerlei unterschiedlichen Gesellschaften

---

22 Zunächst in Verfassungsforderungen erhoben, so in der Verfassung des Deutschen Reiches vom 28. März 1849, sog. ‚Paulskirchenverfassung' [Art. 170]; Weimarer Reichsverfassung vom 11. August 1919 [Art. 155]), sollten sie erst durch Alliierten Kontrollratsbeschluss von 1946 beseitigt werden.
23 Hattenhauer, Grundbegriffe, S. 23.

angesehen werden als wären sie freie Einzelpersonen."[24] Mit diesen Gedanken unterliegen die Korporationen, Vereine wie auch Stiftungen keinen obrigkeitlichen Begrenzungen und keinem Erfordernis der Genehmigung durch den Landesherrn. Demgegenüber breitete sich das tiefe Misstrauen der absolutistischen Herrscher gegen nahezu jegliche Personenzusammenschlüsse aus. Dies wiederum führte zur Unterscheidung zwischen „verbotenen" und „erlaubten" Gesellschaften. Die Zustimmung durch die Obrigkeit, die sich noch lange – bis ins 20. Jahrhundert – halten sollte,[25] setzte sich indes durch. Das erklärt den bis heute bestehenden Dualismus zwischen öffentlich-rechtlichen und privatrechtlichen Körperschaften.[26] Damit sind aber auch Zweifel an der freien Entscheidung des Einzelnen als vernunftbegabtem Wesen verbunden, sich über seine Lebenszeit hinaus mit rechtlich fixierten Entscheidungen zu binden. Zu diesen gehör(t)en die Stiftungen. Der auch fortan immer wieder gelegentlich eingebrachte Gedanke von Zweifeln an der Sinnhaftigkeit von Stiftungen war ausgesprochen.

Noch heftiger wurde die Kritik der Aufklärer an allen die Freiheit beschränkenden Lebensformen – sie kippte gewissermaßen das Kind mit dem Bade aus. Die für das moderne Europa so wesentliche bürgerliche Aufklärung stand Stiftungen ablehnend gegenüber und beförderte deren strenge Staatsaufsicht. Fragt man nach den Ursachen, so sind diese – zusammen mit der Säkularisierung – in mehreren Gründen zu finden.

Wesentlich wurde die skeptische Einstellung zu den Stiftungen zum einen durch die sich aus den mit der zunehmenden Urbanisierung ergebenden neuen sozialen Problemen und Spannungen befördert. Sie entstand im Wechselverhältnis von Industrialisierung und Armut vor allem im ausgehenden 18. und im 19. Jahrhundert.

Zum anderen versuchte man die kirchlichen Stiftungen zurückzudrängen, teils im Zuge mit der Schließung von Klöstern, dann mit dem Reichsdeputationshauptschluss 1803. Das Fortleben von tradierten religiösen Motiven bei dem Verwenden von Stiftungsvermögen führte noch stärker zu Argwohn gegenüber geistlich-kirchlichen Stiftungen. Schon unter dem Einfluss des Naturrechts hatte die Abkehr von den theologischen Grundlagen des Stiftens eingesetzt. Die Aufklärer verstärkten die ohnehin sich ausbreitende prinzipielle Kritik an den religiösen Motiven jeglicher Vermögenszuwendung an die Kirche.

---

24 Wolff, Ius naturae, § 85.
25 Erst die Stiftungsreform im deutschen Stiftungsrecht im Jahr 2001 führte zum Beseitigen der bis dahin notwendigen *Genehmigung* der Stiftungsaufsichtsbehörden durch deren nunmehrigen Akt der *Anerkennung* (§ 80 Abs. 1 BGB).
26 Stolleis, Geschichte des öffentlichen Rechts, S. 416.

Zugleich wurde die Aufgabe des Auffangens und Milderns sozialer Notlagen und Armut dem Staat zugeordnet. Private wohltätige Fürsorge – auch jene durch Stiftungen – erschien als Unvernunft. Diese durchaus als Pflicht – auch als Rechtspflicht – angesehene Aufgabe sollte zur alleinigen Sache der Obrigkeit gemacht werden, diese hatte das „gemeine Beste" durchzusetzen. Im Ergebnis wurden die geistigen Grundlagen des bis dahin vorrangig tradierten Stiftungsgedankens zurückgedrängt. Das korrespondiert mit den im 19. Jahrhundert sich ändernden Aufgaben von Stiftungen. Diese wurden nunmehr stärker im geistig-kulturellen Bereich gesehen. Ab dem Ende des 19. Jahrhunderts entstehen dann Stiftungen als Träger von Unternehmen. Dafür steht als Beispiel die im Jahr 1889 errichtete Carl-Zeiss-Stiftung. Verbunden mit handfesten ökonomischen Gründen einer Machtverschiebung hin zu den weltlichen Landesherren war ein Verschwinden vieler Stiftungen die Folge. Zu Recht führte dies zur Wertung, dass mit dem Beginn des 19. Jahrhunderts die einsetzende Säkularisation zunächst „auf dem Gebiet des Stiftungswesens ein großes Trümmerfeld" hinterlassen habe.[27] Einzuordnen ist diese Entwicklung in komplizierte und komplexe grundsätzliche Kontroversen zu Staat, Recht, Religion sowie zur individuellen Freiheit der Religionsausübung.

Die rechtliche Ausformung des Stiftungsgedankens im 19. Jahrhundert

Das 19. Jahrhundert war für die Ausprägung des Stiftungswesens und für die Normierung der Stiftungen in den großen Gesetzeswerken entscheidend. Mit dem Beitritt deutscher Fürsten zum Rheinbund wurden in der Folge viele der noch verbliebenen Stiftungen in diesen Territorien und die in den altpreußischen Gebieten im Herbst 1810 mit einem Edikt beseitigt.[28] Es war dies Ausdruck für ursächlich viel tiefer geschichtete grundlegende Veränderungen in der Gesellschaft und damit in dem, was man modern Stiftungslandschaft nennt. Mit der Säkularisierung waren die sakralen und metaphysischen Gründe für das Stiften in großem Umfang entfallen, eine Erneuerung auf säkularer Basis war die Folge. Das Stiftungswesen konnte sich erst nach entsprechenden Revisionsmaßnahmen bis zur Mitte des 19. Jahrhunderts auf säkularer Grundlage erneuern. Als ein Beispiel dafür steht das bayerische Gemeindeedikt vom 17. Mai 1818. Es war ein Reformprojekt, das mit der Stärkung der Selbstverwaltung der

---
27 Liermann, Stiftungsrecht, S. 230, S. 169.
28 Edikt vom 30. Oktober 1810, in: Preußische Gesetzessammlung 1810, S. 230 ff.

Gemeinden in diesen auch das ausdrücklich angeordnete Bestellen eines Stiftungspflegers brachte.[29]
Im Verlauf des 19. Jahrhunderts führten recht unterschiedliche, doch zusammenhängende Gründe zu einem weitgehend umfassend ausgeformten Stiftungsrecht.
Zum Ersten war dies die Rechtspraxis. Es entstanden wieder und zunehmend Stiftungen; deren Errichtung allerdings teilweise mit erheblichen Querelen verbunden war.
Zum Zweiten erfolgten spezielle Gesetze, die die Stiftungen auf eine gesicherte rechtliche Grundlage stellten und dabei das jeweils erforderliche Privileg zurückdrängten. Das geschah zunächst noch vereinzelt in den Territorien der Staaten des Deutschen Bundes, nach der Gründung des Deutschen Reiches dann auch auf Reichsebene mit dem Bürgerlichen Gesetzbuch. Diese Entwicklung war in größere Zusammenhänge eingebunden, die sich im Rechtswesen besonders bemerkbar machten. Es ist das Jahrhundert des – kurz gesagt – Übergangs vom Privileg zum Vertrag. Zum Dritten hatte die Rechtswissenschaft Entscheidendes für die Herausbildung eines Stiftungsbegriffs und alle damit zusammenhängenden rechtlichen Probleme geleistet: das Anlehnen an das klassische Römische Recht, das die deutsche Rechtswissenschaft und das bürgerliche Recht prägen sollte. In Zusammenhang mit dem Gegenstand dieses Beitrags wird noch besonders auf die Herausbildung der juristischen Person eingegangen. Alle drei Faktoren stehen in einer Wechselwirkung, bedingten und begünstigten das jeweils andere. Sie sollen im Folgenden nacheinander aufgeführt sein.

Rechtliche Konflikte um die Entstehung von Stiftungen – der Streit um das Städelsche Vermächtnis

Anknüpfend an das Bildungs- und Erziehungsideal der Aufklärung und die Auffassungen der Philosophie des deutschen Idealismus zu Bildung und Kunst entstanden im Verlauf der folgenden Jahrhunderte – und entstehen auch heute – zahlreiche Stiftungen mit kultureller Zweckwidmung.
Hier soll das zu Recht immer wieder aufgeführte Städelsche Kunstinstitut der Stadt Frankfurt am Main genannt sein, das im zweiten Jahrzehnt des 19. Jahrhunderts errichtet wurde.[30]

---

29 Söder, Von altdeutschen Rechtstraditionen.
30 Ausführlich dazu Zachariae, Städelsche Kunstinstitut, S. 77 f.

Gerhard Lingelbach

Im Jahr 1718 übersiedelte der Vater von Johann Friedrich Städel (1728–1816) von Straßburg nach Frankfurt am Main. Mit einem florierenden „Spezereienhandel" (Gewürzhandel) und mit der Heirat der Tochter eines vermögenden Kaufmanns gehörte er zu den besonders Wohlhabenden der Stadt. Nach seinen Eltern führte Sohn Johann Friedrich ab 1778 die Geschäfte zunächst fort, fand zunehmendes Interesse an Geldgeschäften und wechselte ganz ins Bankgeschäft. Ab dem Jahr 1770 sammelte er Gemälde und Zeichnungen, die er in Paris, Amsterdam, London, Frankfurt einkaufte. Bereits bei seinem Tod umfasste die Sammlung rund 500 Gemälde, vorwiegend flämischer, holländischer und deutscher Künstler des 17. und 18. Jahrhunderts sowie etwa 2.000 Druckgrafiken und Zeichnungen. An den Kupferstichen zeigte auch Johann Wolfgang Goethe (1749–1832) reges Interesse; er besuchte Städel mehrfach zur Besichtigung dieser Werke. Im Jahr 1793 plante Städel erstmals die Errichtung einer Kunststiftung. Möglicherweise war er durch die Öffnung des Louvre als öffentliche Galerie im gleichen Jahr angeregt worden. Das Projekt kam durch die Wirren der Zeit erst fast zwanzig Jahre später zur Ausführung. Im Jahr 1811 bat Städel den Kurfürsten Karl Theodor von Dalberg (1744–1817) um das Stiftungsdekret. Dessen Entscheidung zog sich hin. In seinem Testament verfügte Städel: Seine umfangreiche Kunstsammlung – inzwischen noch deutlich angewachsen – sowie sein repräsentatives Haus und das beachtliche Barvermögen sollen nach seinem Tode vererbt werden an die – noch ‚auf Eis liegende' – zu errichtende Stiftung. Er hatte zudem das Errichten einer öffentlichen Kunstsammlung (das spätere Städelsche Kunstinstitut) sowie einer Kunstschule bestimmt – im Übrigen die erste bürgerliche Gründung dieser Art. Städel verstarb im Dezember 1816. Die von ihm im Testament eingesetzten Administratoren beantragten als Repräsentanten des Instituts die Annahme der Erbschaft in dessen Namen. Und sie beantragten zugleich bei der Stadt Frankfurt die – noch ausstehende – Genehmigung der Stiftung.

Kurz darauf wurde dieses Testament zum Ausgangspunkt eines bedeutenden juristischen Streits. In Städels Todesjahr meldeten sich zwei Damen, geborene Städel, aus Straßburg, beide entfernt verwandt mit dem unverheiratet und kinderlos gebliebenen Johann Friedrich. Nach ihrer Rechtsansicht sei das Testament nichtig, denn niemand könne Erbe sein, der zum Zeitpunkt des Todes noch nicht rechtlich existent gewesen sei. Und dies war die Stiftung mangels ausstehender Genehmigung noch nicht. Sie verlangten kraft gesetzlichen Verwandtenerbrechts den stattlichen Nachlass heraus.

Der Rechtsstreit wogte mehr als ein Jahrzehnt hin und her. Zunächst befasste sich das Stadtgericht mit dieser Angelegenheit, dann das Appellationsgericht der Stadt Frankfurt. Mehrere in dieser Rechtssache tätige Juristen beschäftigten sich mit dem Fall, sie verfassten Streitschriften und Gutachten. Auch die zeitgenössische Rechtsliteratur nahm immer wieder zu diesem Fall Stellung. In letzter Instanz wurde das Oberappellationsgericht der freien Städte Hamburg, Bremen, Lübeck und Frankfurt angerufen. Dieses wiederum versandte die Prozessakten im Jahr 1827 an die Juristenfakultät zu Halle, damit diese ein Gutachten erstellte. Kurz gesagt: Auch diese gelehrten Juristen kamen zu keiner einhelligen Rechtsauffassung. Auch zu einem endgültigen Urteilspruch kam es nicht mehr. Zwölf Jahre nach dem Tode Städels wurde das Gerichtsverfahren durch einen Vergleich beendet. Ein Viertel des Nachlasses – etwa 300.000 Gulden – kehrte das Kunstinstitut an die Kläger aus. Erst danach konnte das Institut uneingeschränkt tätig werden. Zwar hatte der Nachlass aufgrund der hohen Prozesskosten und der Abfindung erheblich gelitten, doch die gesamten Kunstwerke, einst im Besitz von Städel, gingen an die Stiftung über. Sie wurden der Grundstock für das weltweit bedeutende, bis heute existierende Frankfurter Kunstmuseum und auch für die existierende Kunstschule.

Für unsere Darstellung hier ist jedoch die Fernwirkung bedeutsam. Knapp siebzig[70] Jahre später regelte der Gesetzgeber des Bürgerlichen Gesetzbuches dieses Rechtsproblem ausdrücklich – auch als Konsequenz jenes Erbstreites, ob man von Todes wegen eine noch nicht existente Stiftung als Erben einsetzen darf. Sie führte zur Norm, zum einschlägigen Paragrafen 84 BGB in der Ursprungsfassung von 1900. Dieser lautete: „Wird die Stiftung erst nach dem Tode des Stifters genehmigt, so gilt sie für die Zuwendungen des Stifters als schon vor dessen Tode entstanden."

Dies bedeutet: Eine wirksam errichtete Stiftung ist damit auch erbfähig. Ungezählte Stiftungen entstanden seither und entstehen weiterhin auf dieser rechtlichen Grundlage.

Normierung der Stiftung in der Gesetzgebung

Verlauf und Ergebnis knapp vorweg: Der Zugang zur Rechtspersönlichkeit wurde der privaten Stiftung wie auch dem privaten Verein in der deutschen Rechtsentwicklung im 19. Jahrhundert – und das in nahezu allen Staaten des Deutschen Bundes – erst nach längerem Ringen eröffnet. Bis zum Inkrafttreten des deutschen Bürgerlichen Gesetzbuchs am 1. Januar 1900 bestanden in den einzelnen deutschen Territorien recht unterschiedliche rechtliche Regelungen des Stiftungswesens; zumeist war die Errichtung einer Stiftung vom Privileg der Landesherrschaft abhängig. Die schrittweise Änderung soll an drei Beispielen skizziert sein.

Bereits die spätabsolutistische, vom Naturrecht und der Aufklärung geprägte Kodifikation für Preußen – das Allgemeine Landrecht für die preußischen Staaten – enthielt einen eigenständigen Abschnitt zu Stiftungen im weitesten Sinne: „Von Armenanstalten, und anderen milden Stiftungen."[31] Dieses bis zum Inkrafttreten des Bürgerlichen Gesetzbuchs in großen Teilen Preußens noch teils geltende Gesetzbuch versuchte mit seinen über 19.000 Paragrafen nahezu alle Lebensbereiche, d.h. mit den Rechtsgebieten Lehnrecht, Ständerecht, Staatsrecht, Gemeinderecht, Zivil-, Familien- und Erbrecht, Kirchenrecht, Polizeirecht, Strafrecht, zu regeln.

In diesem Gesetzgebungswerk schlug sich der Zeitgeist – auch der der Aufklärung – in mancher Hinsicht nieder: Einerseits wird dem Stiftungswesen recht wenig Verständnis entgegengebracht. Das Allgemeine Landrecht stellt im Wesentlichen auf das kirchliche Vermögen ab. Bei den kirchlichen Stiftungen wirkte sich das in einer Übertragung ihres Eigentums auf die Kirchengemeinden als Korporationen aus. Andererseits ist die Aufklärung – wie auch diese Kodifikation – von dem typischen Gedanken der „Nützlichkeit" geprägt. Stiftungen, die als „nützlich" angesehen werden, erhalten staatliche Förderung.

Ausgehend von dem Grundsatz, dass der Staat für die Sicherung der elementaren Erfordernisse für jene Menschen sorgen müsse, die dazu selbst nicht in der Lage sind, werden mit der Kodifikation von 1794 dem dienende Einrichtungen anerkannt; „privilegirte Corporationen, [...], sind ihre unvermögenden Mitglieder zu ernähren vorzüglich verbunden".[32] Die Stiftungen – hier gefasst mit „Armenhäuser, Hospitäler, Waisen- und Findel-, Werk- und Arbeitshäuser, stehen unter dem besonderen Schutz des Staates. Werden dergleichen Anstalten von neuem errichtet: so muß das Vorhaben dem Staate zur Prüfung der Grundsätze der Verfassung, angezeigt werden."[33] So geht auch das Landrecht von dem Erfordernis der Genehmigung von den „ausdrücklich oder stillschweigend genehmigten Armen- und anderen Vorsorgeanstalten" aus.[34] Ausdrücklich verbietet dieses Gesetz „Stiftungen, welche auf die Beförderung und Begünstigung solcher schädlichen Neigungen (Trägheit, Liebe zum Müßiggang, übertriebene Verschwendung, Betteln – G.L.) abzielen". Diese „ist der Staat aufzuheben [...] berechtigt".[35] Das Gesetz ist insofern Ausdruck für den Widerspruch zwischen Notwendigkeit der Stiftungen in ihren Erscheinungsformen wie auch der fortbestehenden Skepsis dieser besonderen Rechtsform gegenüber.

---

31 Hattenhauer (Hg.), Allgemeines Landrecht, Zweyter Theil, 19. Titel, S. 669.
32 Ebd., § 9.
33 Ebd., § 32 und 33.
34 Ebd., § 42.
35 Ebd., § 8.

Noch hat sich die Auffassung, die Stiftung als eine selbständige Rechtspersönlichkeit zu verstehen, nicht durchgesetzt. Diese juristische Diskussion, die im 19. Jahrhundert einen vorläufigen Abschluss erfährt, wird dann in dem auf die Rolle der Rechtspraxis folgenden Abschnitt näher nachzuzeichnen versucht.

Den Beginn mit einer ausdrücklichen Bestätigung von Stiftungen und später auch einem spezifischen Gesetz machte das Großherzogtum Baden.[36] Dieser von 1806 bis 1871 souveräne Staat im Deutschen Bund blieb lange der einzige deutsche Staat mit einer ausführlichen Diskussion und einer frühen Normierung zum Stiftungsrecht sowie darauf basierender Rechtspraxis. Bereits die Verfassung des Großherzogtums von 1818 bestimmte ausdrücklich: „Das Kirchengut und die eigenthümlichen Güter und Einkünfte der Stiftungen, Unterrichts- und Wohlthätigkeitsanstalten dürfen ihrem Zwecke nicht entzogen werden."[37]

Auf dieser verfassungsrechtlichen Grundlage entstand – zunächst ohne ein ausdrückliches Gesetz oder eine Verordnung – auch ein gedeihlicher Boden für die Neuerrichtung von Stiftungen. Einen normativen Abschluss fand es mit dem vom Großherzogtum Baden erlassenen Gesetz über Stiftungen im Jahr 1870.[38] Es normierte für die damalige Zeit das Stiftungsrecht in vorbildlicher Weise. Hintergrund ist auch hier, dass Baden ein vom liberalen Geist des 19. Jahrhunderts geprägtes Land innerhalb des Deutschen Bundes war. Vor allem bedeutete das Gesetz einen Wendepunkt im Stiftungswesen, da es Stiftungen als selbständige Rechtssubjekte anerkannte. Inzwischen waren in der Rechtswissenschaft entscheidende Weichen gestellt worden.[39] Dies verlief nicht ohne Auseinandersetzungen, insbesondere zwischen Staat und Kirche im Land Baden. Die Stiftungsaufsicht lag für die kirchlichen Stiftungen ebenfalls bei den zuständigen staatlichen Behörden. Auch dies war zugleich ein Wendepunkt im deutschen Stiftungsrecht.

Einen wichtigen Schritt zu einem gesetzlich ausgeregelten Stiftungswesen brachte das im Jahr 1865 in Kraft getretene „Bürgerliche Gesetzbuch für das Königreich Sachsen".[40] Es schuf mit seinen Bestimmungen die Konzessionspflicht für im Königreich Sachsen zu errichtende juristische Personen und somit auch

---

36 Bis 1945 war Baden ein Bundesstaat innerhalb des Deutschen Reiches. Im Jahr 1952 bildete es durch Zusammenschluss mit Württemberg-Baden sowie Württemberg-Hohenzollern das Bundesland Baden-Württemberg.
37 Verfassungsurkunde für das Großherzogtum Baden vom 22. August 1818, in: Huber (Hg.), Dokumente, S. 173.
38 Gesetz über Stiftungen, die Rechtsverhältnisse und die Verwaltung der Stiftungen betreffend vom 5. Mai 1870.
39 Näheres auf den folgenden Seiten des Beitrags.
40 Ahcin, Entstehung des bürgerlichen Gesetzbuchs für das Königreich Sachsen.

zur Errichtung von Stiftungen. Die maßgebliche Norm bestimmte: „Das Recht der Persönlichkeit steht dem Staate, sofern er in Verhältnisse des bürgerlichen Rechts eintritt, und den Personenvereinen und Vermögensmassen zu, welche vom Staat als juristische Personen anerkannt sind. Die juristische Persönlichkeit begreift die Fähigkeit in sich, Vermögensrechte zu haben, vorbehaltlich der besonderen Bestimmungen, welche bei Gründung der juristischen Person über den Umfang ihrer Rechtsfähigkeit getroffen worden sind."[41] Der hinter dem staatlichen Aufsichtsrecht stehende Gedanke ist das öffentliche Interesse, das an Stiftungen regelmäßig besteht.

Die juristische Persönlichkeit begreift die Fähigkeit in sich, Vermögensrechte zu haben, vorbehaltlich der besonderen Bestimmungen, welche bei Gründung der juristischen Person über den Umfang ihrer Rechtsfähigkeit getroffen worden sind. Für diesen hier knapp gefassten Gedanken bedurfte es grundlegender Auseinandersetzungen in der Rechtswissenschaft. Ihr oblag die rechtlich fundierte Suche nach einem den Zeiterfordernissen entsprechenden modernen Stiftungsbegriff.

Zur juristischen Person und ihrer dogmatischen Begründung im Allgemeinen

Der Rechtswissenschaft kam nunmehr auch die Aufgabe nach der Suche eines modernen Stiftungsbegriffs zu. In diesem Zusammenhang ging es insbesondere um das Wesen der Rechtsperson: „Wer kann Träger oder Subjekt eines Rechtsverhältnisses sein? Diese Frage betrifft das mögliche Haben des Rechts, oder die Rechtsfähigkeit […]."[42] Darin einzuordnen ist die Ausprägung des Begriffs ‚Juristische Person', wozu die rechtsfähigen Stiftungen gehören. Für die Weiterentwicklung des Stiftungsgedankens und die Herausbildung eines Stiftungsrechts, wie es dann für längere Zeit abschließend mit dem Bürgerlichen Gesetzbuch von 1896 normiert wird, ist diese Frage entscheidend. Allerdings ist dieses Problem kaum zu verstehen, ohne sich vorher den grundsätzlichen Auseinandersetzungen um die Fragen zur juristischen Person zuzuwenden, wie sie in der ersten Hälfte des 19. Jahrhunderts ausgetragen wurden. Umgekehrt sind die allgemeinen rechtstechnischen Fragen der juristischen Person eng mit der Entwicklung des Stiftungswesens verwoben.

---

41 Bürgerliches Gesetzbuch für das Königreich Sachsen, § 62.
42 Savigny, System des heutigen Römischen Rechts, § 60, S. 1.

Der Streit darum entbrannte in der Pandektenwissenschaft im 19. Jahrhundert.[43] Die Pandektenwissenschaft – oder kurz Pandektistik – ist die Methode und der Stil, mit der die deutschen Juristen jenes Jahrhunderts durch Auslegung der aus dem Römischen Recht rezipierten Rechtssätze (Normen) das System für das nunmehr erforderliche bürgerliche Recht geschaffen haben.[44] Es kam damit zu einer grundlegenden Erneuerung der Privatrechtswissenschaft. Sie führte zur im Bürgerlichen Gesetzbuch übernommenen wissenschaftlichen Rechtssystematik des deutschen Privatrechts. Dazu gehörten die Fragen nach der privaten Stiftung wie auch dem privaten Verein und zu dem Problem, inwiefern ihnen der Zugang zur Rechtspersönlichkeit eröffnet wird. Mit den in dieser bedeutenden Epoche der Wissenschaftsgeschichte gelösten juristischen Problemen und ihrer systematischen Einordnung in ein großes Ganzes wurden viele deutsche Rechtswissenschaftler zu bis auf den heutigen Tag geachteten Gelehrten.

Eine solche wesentliche wissenschaftlich wichtige Leistung erbrachte bereits Ende des 18. Jahrhunderts der Göttinger Rechtsprofessor Gustav Hugo (1764–1844). Er hatte in seinem Lehrbuch im Jahr 1798 von der „juristischen Person"[45] und nicht mehr nur von der „moralischen Person", wie bis dahin üblich und wie wir sie auch noch im erwähnten Preußischen Landrecht finden, gesprochen. Die juristische Person wird fortan die für die bürgerliche Gesellschaft so wichtige Rechtsfigur, ob als Aktiengesellschaft, Gesellschaft mit beschränkter Haftung, Genossenschaft, rechtsfähiger Verein usw. – oder eben als rechtsfähige Stiftung. Erstmals finden wird diesen rechtssystematischen Oberbegriff bei dem seinerzeit in Heidelberg lehrenden Rechtsprofessor Georg Arnold Heise (1778–1851). Er verwendete ihn im Jahr 1807 in einer Fußnote seines „Grundrisses eines Systems des gemeinen Zivilrechts".[46]

Das erste Lehrbuch der Pandektistik schuf der jenen Jahren in Jena lehrende Anton Friedrich Justus Thibaut (1778–1840).[47] Er verstand in seinem Pandektenlehrbuch zu Beginn des 19. Jahrhunderts die juristische Person wie folgt: „Eine jede zu einem immerwährenden Zweck verbundene Mehrheit von Personen heißt Gemeinheit (universitas, collegium). Soll eine solche im Staat als erlaubt angesehen werden, so muß sie das Recht sich zu konstituieren, vom Regenten auswirken, worauf sie denn neue Glieder im Zweifel nach Willkür auf-

---

43 Luig, Pandektenwissenschaft, Sp. 1422–1431.
44 Die Pandektenwissenschaft geht auf wesentliche Vorarbeiten zurück, zu denen vor allem die Leistung von Georg Arnold Heise zählte.
45 Hugo, Lehrbuch des Naturrechts, S. 445.
46 Heise, Grundriss eines Systems des gemeinen Civilrechts, S. 25, dort Anm. 15.
47 Lingelbach, Thibauts Jenaer Jahre, S. 21–34.

nehmen kann […]. Bei Errichtung derselben müssen nicht unter drei Personen da sein; doch kann sie nachher durch eine fortgesetzt werden und so sukzessiv ihre Glieder durchaus vertauschen, ohne dadurch eine andere Person zu werden […]."[48] Thibauts Lehre war in wichtiger Schritt auf dem Weg zu einem modernen Gesellschaftsrecht mit der juristischen Person im Mittelpunkt.

Den entscheidenden Durchbruch brachte letztlich der wohl größte Gelehrte unter den deutschen Juristen des 19. Jahrhunderts, der Rechtsprofessor an der Berliner Universität Friedrich Carl von Savigny (1779–1861).[49] Er behandelte die juristische Person weiter vertiefend und wirkte auch hier systembildend. Nach seiner Auffassung konnte das Römische Recht, mit dem er sich zeitlebens befasste, für die Lösung des Problems keinen Beitrag leisten, da dieses durch die Jahrhunderte fortgebildete, überkommene Recht „blos von Stiftungen für die Kirche oder die Armen redet, und die Aufsicht und Genehmigung der Kirche voraussetzt", wogegen „deren Verhältniß zu den Stiftungen aber im heutigen Recht ein ganz anderes geworden ist".[50]

9 Anton Friedrich Justus Thibaut (1778–1840), 1835

Zu sehen ist dies vor dem Hintergrund, dass die juristischen Personen – als Träger von Rechten und Pflichten – in der bürgerlichen Gesellschaft zur Befriedigung praktischer Bedürfnisse im Wirtschaftsleben und damit im Rechtsverkehr benötigt wurden. Er beantwortete die Frage: Wer kann Träger oder Subjekt eines Rechtsverhältnisses sein? Den entscheidenden Gedanken brachte er mit dem folgenden Satz zum Ausdruck: „Indessen kann dieser ursprüngliche Begriff der Person […] Modificationen empfangen, einschränkende und ausdehnende. Es kann nämlich erstens manchen einzelnen Menschen die Rechtsfähigkeit ganz oder theilweise versagt werden. Es kann zweytens die Rechtsfähigkeit auf irgend Etwas außer dem einzelnen Menschen übertragen,

---

48 Thibaut, Lehrbuch des Pandektenrechts, § 219.
49 Savigny, System des heutigen Römischen Rechts, §§ 90 ff.
50 Ebd., § 89 (S. 277).

also eine juristische Person künstlich gebildet werden."⁵¹ Damit war das Entscheidende zur juristischen Person ausgesprochen. Der Staat bot hierfür die Voraussetzungen. Als Gesetzgeber konnte er über dieses „irgend Etwas" frei entscheiden. Savigny zählte hierzu Korporationen, Stiftungen und Gesellschaften auf. Für die Entstehung und Existenz jeder juristischen Person – somit auch für die Stiftung – war für ihn die staatliche Genehmigung erforderlich. Folglich blieb die Obrigkeit Schöpfer des Kunstsubjekts juristische Person. Mit der Fiktion der künstlichen Vermögensrechtsfähigkeit lieferte Savigny die rechtstechnische Konstruktion.

Mit dieser Auffassung setzte sich Savigny gegen andere Theorien durch. Und er half damit, für die nächsten rund einhundertfünfzig Jahre eine entscheidende Voraussetzung jeder Stiftungserrichtung zu setzen: die Konzessionspflicht. Auch bei ihm schwang im Hintergrund die Furcht vor dem Freiheitsdrang des liberalen Bürgertums mit. Solche nicht nur Savigny umtreibende Befürchtungen vor zur viel Freiheit in der Rechtsgestaltung führten zu einem Dualismus im Stiftungswesen. Einerseits behinderte die Angst vor der ‚toten Hand' die Entwicklung des Stiftungsrechts so enorm.⁵² Andererseits resultiert das staatliche Aufsichtsrecht grundsätzlich auch aus dem an Stiftungen regelmäßigen öffentlichen Interesse.

Anders als Savigny verstand hingegen der Rostocker Rechtslehrer Georg Beseler (1809–1888) die juristische Person als „Vereinigung mehrerer Personen zur Erreichung gemeinschaftlicher Zwecke auf Dauer".⁵³ Dieses grundlegend andere Konzept fand jedoch keinen Eingang in die gesellschaftliche Praxis. Nach Beselers Auffassung bedurfte das Entstehen juristischer Personen keiner obrigkeitlichen Genehmigung mehr. Die juristische Person konnte in diesem Sinne handeln, wollen, denken und womöglich sogar fühlen wie ein Mensch. Für ihn waren sie lebendige Wesen. Bei der Gründung solcher Verbandsformen sollte der Staat folglich nicht mitreden dürfen, vielmehr sollte die Gesellschaft selbst diese durch den Gründungsakt ins Leben rufen. – Freilich stand dahinter mehr, nämlich die Forderung der Liberalen nach Vereinigungsfreiheit. Sie bestritten generell den Regierungen das Recht, bürgerliche Zusammenschlüsse des Privatrechts von obrigkeitlichen Konzessionen abhängig zu machen.

---

51 Ebd., § 60 (S. 2).
52 Der Rechtshistoriker Franz Wieacker kommt bei der Wertung des BGB zur Feststellung: „Das Vereins- und Stiftungsrecht weist noch polizeistaatliche Züge auf [...]." Wieacker, Privatrechtsgeschichte, S. 480.
53 Beseler, Volksrecht, S. 161.

Gerhard Lingelbach

Stiftungsrecht im deutschen Bürgerlichen Gesetzbuch

Die Zeit vor Inkrafttreten des Bürgerlichen Gesetzbuches war vor allem durch literarische und juristische Diskussionen auf dem Gebiet des Stiftungswesens geprägt. Hatten die großen Kodifikationen des 18. und des beginnenden 19. Jahrhunderts das Problem der Stiftungen als solche nicht aufgegriffen, so knüpfte hier der deutsche Gesetzgeber mit den Arbeiten an der Kodifikation zu einem Bürgerlichen Gesetzbuch (BGB) an.
Die Vorschriften zur Stiftung sind, der logischen Systematik dieses Gesetzeswerkes folgend, unter dem 2. Titel des Ersten Buches des BGB – Juristische Personen im Untertitel Stiftungen – in den Paragrafen 21 bis 89 ausgeführt. Und mit der Vorschrift des Paragrafen 80 regelt der Gesetzgeber, einer Stiftung durch staatliche Genehmigung ihre Rechtsfähigkeit zu geben. Aus dieser Vorschrift erschließt sich das Wesen der Stiftung. Eine Legaldefinition gibt es bis heute nicht.
Bis zur Novellierung des § 80 BGB im Jahre 2001 war für die Errichtung von Stiftungen zudem die Genehmigung durch den Staat erforderlich. § 80 BGB (alte Fassung) lautete: „Zur Entstehung einer rechtsfähigen Stiftung ist außer dem Stiftungsgeschäfte die Genehmigung des Bundesstaats erforderlich, in dessen Gebiete die Stiftung ihren Sitz haben soll. Soll die Stiftung ihren Sitz nicht in einem Bundesstaate haben, so ist die Genehmigung des Bundesraths erforderlich [...]."
Nunmehr lautet diese Vorschrift des § 80 BGB: „Zur Entstehung einer rechtsfähigen Stiftung sind das Stiftungsgeschäft und die Anerkennung durch die zuständige Behörde des Landes erforderlich, in dessen Gebiete die Stiftung ihren Sitz haben soll."
Damit wurde im Zuge der Stiftungsreform im Jahr 2001 dahingehend geändert, dass nunmehr die Anerkennung der Stiftung erfolgt, wenn das Stiftungsgeschäft den normierten Anforderungen (§ 81 BGB) genügt, „die dauernde und nachhaltige Erfüllung des Stiftungszwecks gesichert erscheint und der Stiftungszweck das Gemeinwohl nicht gefährdet".
An den Weg dorthin soll mit diesem Beitrag als vorläufiger Abschluss einer langen, geschichtlich weit zurückreichenden und doch immer wieder ähnliche Fragen und Probleme aufwerfenden Entwicklung erinnert werden.

Zusammenfassung

– Der Gedanke – eine Stiftung ist eine selbständige Rechtsperson – verbreitete sich schrittweise seit der Frühen Neuzeit.
– Die Stiftung als juristische Person konnte sich endgültig erst nach der Mitte des 19. Jahrhunderts durchsetzen.
– Die Rechtswissenschaft – vor allem der Rechtsgelehrte Friedrich Carl von Savigny – hatte daran einen erheblichen Anteil.
– Zugleich zeigten sich in jenem Jahrhundert neue Ansätze von Stiftungszielen und -aufgaben: Stiftungen mit kultureller Zweckwidmung.
– Mit der Kodifikation Bürgerliches Gesetzbuch für das Deutsche Reich vom 18. August 1896 – in Kraft getreten am 1. Januar 1900 – wurden auch die Vorschriften zur rechtsfähigen Stiftung, zu den Voraussetzungen der Entstehung, den Inhalten des Stiftungsgeschäfts usw. bestimmt.
– Die Anerkennung der Stiftung des privaten Rechts als mit eigener Rechtssubjektivität ausgestattete juristische Person gab dem Stiftungswesen einen Schub.
– Hingegen nicht durchsetzen konnte sich die Auffassung von der allein konstitutiven Bedeutung des Stifterwillens als Ausdruck unbeschränkter Privatautonomie.
– Die jüngste Reform des Stiftungsrechts im Jahr 2021 zielt auf eine weitere Stärkung des Stiftungswesens.

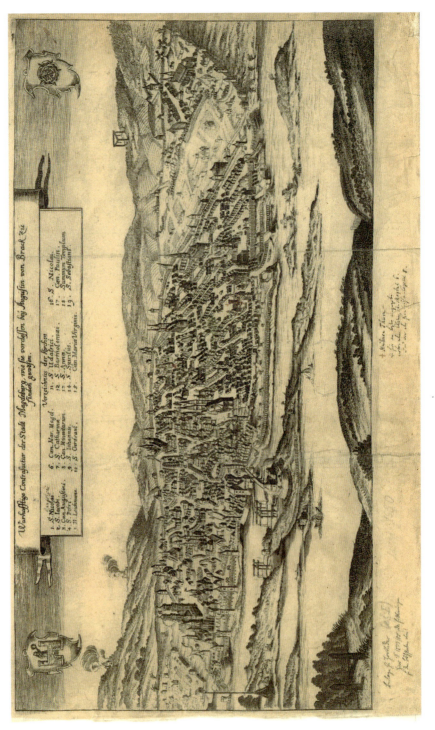

10 Ansicht der Stadt Magdeburg während der Belagerung von 1550/51, Stich nach Augustin von Brack

Magdeburger Stiftungen im Mittelalter.
Versuch einer Annäherung

Matthias Puhle

Das Magdeburger Stiftungswesen im Mittelalter zu beschreiben, fällt wegen des Verlustes des mittelalterlichen Ratsarchivs beim Sturm auf Magdeburg im Dreißigjährigen Krieg besonders schwer. In den nicht mehr vorhandenen Stadtbüchern würden wir mit Sicherheit einen tiefen Einblick in das Stiftungswesen Magdeburgs erhalten.[1] Ein erhaltener Bestand von annähernd eintausend vorreformatorischen Originaltestamenten in Stralsund lässt zum Beispiel erhebliche Rückschlüsse auf das spätmittelalterliche Stiftungsverhalten der Bürger der Hansestadt Stralsund zu, die über weltlichen Besitz verfügten. Ralf Lusiardi hat diese Testamente untersucht und kann als Grundmotivation von Stiftungstätigkeit Folgendes für die spätmittelalterliche Stadtgesellschaft, aber sicher auch noch darüberhinausgehend feststellen:

> „Die Kumulation von Buß- und Fürbittleistungen im Anschluss an den Tod verweist demnach auf die Erwartung, eine bestimmte Zeitlang im Jenseits für die noch unverbüßten Sünden quälende Strafen erleiden zu müssen. Beabsichtigt war also die Verkürzung dieser Leidenszeit oder die günstige Beeinflussung des Gerichtsurteils über das eigene Lebensschicksal. Dementsprechend liegt es nahe, Stiftungen in Verbindung mit einer anderen älteren Jenseitsvorstellung zu sehen. Denn Stiftungen sind gekennzeichnet durch das Moment der Dauerhaftigkeit, sie lassen sich definieren als Vergabungen von Gütern, mit dem ein bestimmter, vom Stifter gesetzter Zweck auf unbegrenzte Dauer realisiert werden soll. Ihre innere Logik korrespondierte insofern mit der Idee des Weltgerichts: Würde das entscheidende Urteil über das Seelenschicksal erst am jüngsten Tag gefällt, so könnte ein Stiftungswerk in der gesamten verbleibenden Zeit eine heilsame Wirkung entfalten."[2]

Im Mittelalter liegt dem Stiftungswesen vor allem eine tiefe Frömmigkeit und damit verbundene Jenseitserwartung zugrunde. Diese Feststellung lässt sich tatsächlich verallgemeinern. Der Stiftungszweck bezog sich vor allem auf Arme, Kranke und Hilfsbedürftige. Dieser ergab sich wiederum aus christlicher Barm-

---

1 Über die Zerstörung des Ratsarchivs und die Auswirkungen für die Magdeburger vgl. zuletzt Volkmar, Untergang.
2 Lusiardi, Fegefeuer und Weltengericht, S. 98.

herzigkeit und Nächstenliebe. Die christliche Barmherzigkeit leitete sich vor allem aus dem Matthäus-Evangelium ab. In Mt 25,34–40 werden sechs verschiedene Werke der barmherzigen Nächstenliebe aufgeführt:

1. Mit Nahrung versorgen
2. Mit Trinken versorgen
3. Das Kleiden der Armen
4. Das Beherbergen der Pilger
5. Die Pflege der Kranken
6. Der Besuch der Gefangenen[3]

Schon in der Spätantike wurde unter Bezug auf das apokryphe Buch Tobit (Tob 1,17–20) als siebentes Werk das Bestatten der Toten hinzugenommen.[4]
Aus dieser christlich motivierten ethischen Haltung heraus wurden ab dem frühen Mittelalter Fremdenherbergen oder „Xenodochien" gegründet, aus denen das abendländische Hospital- und Krankenhauswesen hervorgegangen ist. Und mit einem frühen Xenodochium beginnt auch in Magdeburg die Geschichte des Stiftungswesens.[5]
„He buwede ok ein hospital den armen luden to Rottersdorf", so steht es in der Magdeburger Schöppenchronik.[6] Der Vermerk „Er baute auch ein Hospital für die armen Leute in Rottersdorf" bezieht sich auf Otto den Großen, ohne dieses Ereignis mit einer genauen Jahreszahl zu versehen. Der Herausgeber der Schöppenchronik, in der sich dieser Satz findet, kommentiert diesen so: „Die Urkunden Otto's des Großen wissen nichts von einem Hospital zu Rottersdorf".[7]
Die Schöppenchronik ist eine erzählende Geschichtsquelle des 14./15. Jahrhunderts, deren Angaben für die früheren Jahrhunderte wegen der großen zeitlichen Distanz nicht immer zuverlässig sind. Angesichts der Quellenarmut des 10. Jahrhunderts kann – zumindest von der Urkundenlage her – weder der Beweis noch der Gegenbeweis der Existenz eines „hospitalis pauperum" zur Zeit Ottos des Großen angetreten werden. Dieses Hospital hat wohl im Falle seiner Existenz „in der Feldmark und nicht im Dorfraum des später wüst gewordenen

---

3 Murken, Von den ersten Hospitälern, S. 189.
4 Zur Wirkmächtigkeit dieser Traditionsbildung im Erzstift Magdeburg vgl. Seyderhelm, Almosentafel, S. 309 f.
5 Zu den folgenden Ausführungen vgl. Puhle, Die Anfänge des Klosters Unser Lieben Frauen.
6 Magdeburger Schöppenchronik, Bd. 1, S. 8.
7 Ebd., S. 8, Anm. 4.

Magdeburger Stiftungen im Mittelalter. Versuch einer Annäherung

11 Vogelschauplan der Gruppenstadt Magdeburg um 1550, Kupferstich aus: Georg Braun/Franz Hogenberg, Civitates orbis terrarum, Bd. 1, Köln 1572

Ortes Rottersdorf südwestlich der alten Sudenburg gelegen".[8] Die Magdeburger Schöppenchronik ist allerdings nicht die erste mittelalterliche Chronik, die von der Existenz eines Xenodochiums (Fremdenherberge und Hospital), gegründet von Otto dem Großen in Rottersdorf, kündet. Die „Gesta archiepiscoporum Magdeburgensium", die „Annales Magdeburgenses" und der „Annalista Saxo" berichten „fast wörtlich übereinstimmend über die Gründung des Klosters",[9] und erwähnen dabei das Xenodochium. Die Gründung des Klosters Unser Lieben Frauen wird hierbei mit der zeitgleichen Aufhebung des Rottersdorfer Hospitals in Zusammenhang gebracht. „Das Rottersdorfer Xenodochium, unmittelbar vor den Toren Magdeburgs gelegen, da wo die von Halberstadt und die von Leipzig herkommenden Heerstraßen zusammentreffen, ist das älteste Hospital, von dem wir bei oder in Magdeburg Kunde haben. Als Elendenhaus diente es vornehmlich zur Aufnahme der durchreisenden Fremden, war aber nach dem

---

8   Schwineköper, Anfänge Magdeburgs, S. 417.
9   Ebd.

Sinne jener Zeit nicht nur Herberge, sondern ebenso Krankenhaus, Armenhaus und Heim für Altersschwache."[10]

Walter Möllenberg hält es für „unfraglich", dass die in der Chronik Thietmars von Merseburg erwähnte „ecclesia extra urbem posita, que de rubro facta est ligno" (Kirche, außerhalb der Stadt gelegen, aus rotem Holz), mit dem Rottersdorfer Hospital identisch ist, da diese als kirchliche Einrichtung selbstverständlich mit einer Kapelle oder Kirche verbunden war.[11]

Aus dem Bericht bei Thietmar und den „Annales Magdeburgenses" geht nun hervor, dass ein Unwetter und ein daraufhin ausbrechendes Feuer im Mai 1013 das Xenodochium zerstörte. Drei Jahre später, 1016, hat Markgraf Bernhard von der Ostmark das, was von der Rottersdorfer Herberge noch übriggeblieben war, vermutlich endgültig zerstört, als er Erzbischof Gero befehdete und Magdeburg und das Umland angriff.

Gero verlegte daraufhin 1017/18 das Armenhospital in die „urbs" und gründete ein Marienkloster, dessen wirtschaftliche Existenz durch die Güter des zerstörten Hospitals gesichert wurde und aus dem sich später das Kloster Unser Lieben Frauen entwickelte. Erzbischof Gero gründete neben dem Marienkloster auch das Johanneskloster, aus dem die spätere Sebastianskirche hervorging.[12]

Die Grundlage für die Gründung von Xenodochien ist mit dem Matthäus-Evangelium nur unzureichend beschrieben. Einen nicht minder wichtigen Anstoß hatte das Konzil von Aachen von 816/17 geliefert, auf dem alle Kleriker und Mönche den Regeln des Benediktinerordens unterworfen wurden.

> „Damit übernahmen sie zugleich die Verpflichtung der Kranken- und Altenpflege. Die Aachener Beschlüsse bestimmten im Wesentlichen das Sozialwesen im frühen Mittelalter. Danach hatten Klöster und Stifte Hospitäler zu führen, deren Unterhalt aus dem Vermögen des Stiftes oder Klosters und aus dem Zehnten der Einkünfte der Kanoniker bestritten wurde. In Magdeburg sind Spitäler beim Kloster Unser Lieben Frauen – das Alexiushospital, das Xenodochium von Rottersdorf, wahrscheinlich eine selbständige kirchliche Einrichtung, das Infirmitorium (Krankenhaus) beim Klosterberge sowie ein Spital beim Nicolaistift bekannt. Die Aufnahmekapazität der einzelnen Spitäler war nicht sehr groß."[13]

Ansonsten ist das frühe Mittelalter eher eine stiftungsarme Zeit, was an dem noch verbreiteten geldlosen Tauschhandel und daran lag, dass die Städte und das Bürgertum in dieser Epoche noch nicht ausreichend entwickelt waren, um

---

10 Möllenberg, Aus der Geschichte, S. 124.
11 Ebd.
12 Vgl. Modde, Unser Lieben Frauen Kloster, S. 2.
13 Buchholz, Einfluss, S. 525–534.

in das Stiftungsgeschäft einzusteigen. Das änderte sich im 13. Jahrhundert. Mit der Ausbildung von Ratsgremien wurden die Städte zu politischen Körperschaften. In Magdeburg werden im Privileg für die Schwertfegerinnung von 1244 erstmals Ratmannen erwähnt, die neben den Schöffen den Rat bildeten, bis in Folge eines Stadtkonflikts die Schöffen den Rat verlassen mussten. Zwischen 1250 und 1350 entstanden mehrere Spitäler in Magdeburg, gegründet von der Bürgerschaft bzw. Teilen von ihr. Diese Gründungen gehen in Magdeburg von den Innungen aus. Als erstes Magdeburger Hospital, das von Magdeburger Stadtbürgern gestiftet wurde, ist das Heilig-Geist-Hospital zu nennen, das vor 1214 errichtet wurde.

In der Bestätigung der Gewandschneiderinnung, die schon unter Erzbischof Wichmann gegründet worden war, durch Erzbischof Albrecht II. am 26. April 1214 bestimmte dieser, dass die Einnahmen aus den Eintrittsgeldern in die Gewandschneiderinnung für das wahrscheinlich um 1200 herum errichtete Heilig-Geist-Hospital verwendet werden sollten.[14]

Das Heilig-Geist-Hospital betreute zunächst die Bedürftigen der Innung, öffnete sich später auch anderen Personenkreisen. Ab 1495 wird die Bezeichnung St.-Annen-Hospital nach der 1288 errichteten St.-Annen-Kapelle gebräuchlich. Die Priester der St.-Annen-Kapelle waren für die Hospitalinsassen zuständig. Dieses Hospital war vergleichsweise groß, 1288 sollen täglich 63 Personen versorgt worden sein. Über das St.-Annen-Hospital sind wir archäologisch gut informiert, da 1960 bei Baggerarbeiten die dazu gehörige in knapp sieben Meter Tiefe befindliche Fäkaliengrube gefunden wurde.

Über 2.700 Alltagsgegenstände wie etwa Kugeltöpfe, Becher, Schalen, Teller, Löffel und 38 verschiedene Gehhilfen wurden geborgen. Der zeitliche Horizont der Funde erstreckte sich auf die Zeit vom Ende des 13. bis zum Anfang des 16. Jahrhunderts und vom 17. bis zum ausgehenden 18. Jahrhundert. Das Heilig-Geist-Hospital stand nicht unter kirchlicher, sondern unter weltlicher Verwaltung.

Die Gewandschmiedeinnung hatte, wie aus Urkunden der Jahre 1335 und 1363 hervorgeht, die Aufsicht über das Hospital. Von den Hospitälern, die weniger Krankenhäuser waren als Unterkunft für Arme, Reisende und Pilger, muss man die Siechenhäuser oder Leprosenhäuser unterscheiden, die ausschließlich für Kranke und Aussätzige da waren. Von diesen Siechenhäusern gab es mehrere in Magdeburg. Die Seidenkrämerinnung gründete das Siechenhaus St. Georg

---

14 UBM, Bde. 1 bis 3, hier Bd. 1, S. 38 (Nr. 77).

12 Gehhilfen (Krückstöcke) aus der Abfallgrube des Hospitals St. Annen, Ulmen- und Weidenholz, 14./15. Jh.

spätestens 1264. Es lag „extra muros Magdeburch",[15] also außerhalb der Mauern Magdeburgs, was auf die Pflege von Aussätzigen hinweist.

Auch die Knochenhauer- oder Fleischerinnung errichtete ein Hospital, wohl zu Beginn des 15. Jahrhunderts. Zunächst der hl. Elisabeth geweiht, wurde es ab 1468 nur noch Gertraudenhospital genannt. Diese Einrichtung war als Armenhaus gedacht und behielt ihre Lage am Knochenhauerufer bis ins 19. Jahrhundert.[16]

Es gab für die nach mittelalterlichen Vorstellungen große Stadt Magdeburg weitere Hospitäler und Siechenhäuser, die aber aufgrund der Quellenlage gar nicht oder nur dürftig dokumentiert sind.

Dies gilt umso mehr für Privatstiftungen. Die hat es gegeben, aber wir bekommen aus den bekannten Gründen nur ein rudimentäres Bild. So sind uns zwei Spitalgründungen aus der Neustadt überliefert. Die Neustadt war eine eigenständige Kommune nördlich von Magdeburg. Sie wurde in die lang anhalten-

---

15 Ebd., S. 110 (Nr. 204).
16 Vgl. Buchholz, Einfluss, S. 528.

13 Siegel des Hospitals St. Gertrauden, o. J.

den Kriegshandlungen zwischen Kaiser Otto IV. und Erzbischof Albrecht II. zwischen 1211 und 1218 gravierend mit einbezogen. „In den nachfolgenden Friedenszeiten wurde die Neustadt in größerem Maßstabe wiederaufgebaut, zu einer Stadt erhoben und 1230 mit einer Mauer umgeben."[17]

Erzbischof Albrecht stiftete die Klöster St. Agnes und St. Lorenz und verlegte das Peter-Pauls-Stift von der Altstadt Magdeburg in die Neustadt. In der zweiten Hälfte des 15. Jahrhunderts kam es zu zwei Spitalgründungen in der Neustadt, von einzelnen vermögenden Bürgern initiiert. Das kinderlose Ehepaar Berthold und Margarete Schwiesau stiftete am 24. Mai 1471 ein Hospital.[18]

In der Gründungsurkunde werden die Existenz, die Statuten, die Verwaltung des Hospitals und das Hospitalvermögen festgelegt. Diese Einrichtung sollte den armen und gebrechlichen Menschen sowie den Pilgern, die keine Herberge hatten, offenstehen. Nach den Möglichkeiten wollte das Ehepaar Schwiesau die Armen mit Nahrungsmitteln und Kleidung versorgen. Dem Hospital sollte nach dem Tode der Stifter deren gesamtes Vermögen zufallen. Die Dauerhaftigkeit der Stiftung sollte auch dadurch erreicht werden, dass der Rat der Neustadt nach dem Tode der Schwiesaus die Vorsteher der Anstalt bestimmen sollte. Der Rat und ein Mitglied des Domkapitels sollten über diese Vorsteher die Aufsicht führen.

Schon zwei Jahre später, 1473, gründete Sophie Schartau, die Witwe Henning Schartaus, ein Witwenhaus für 12 arme und fromme Frauen. Für die dauerhafte Versorgung dieser Personen wurden von ihr Renten, Pachtgelder und Kapitalzinsen in die Stiftung eingebracht. Für eine bestimmte Summe Geldes verpflichtete sie die Brüder des Klosters St. Augustini zur Predigt in der Nicolaikirche, was wenige Jahre vor dem Beginn der Reformation ein Schlaglicht auf die vorreformatorische Frömmigkeit wirft. An die Schwiesaus und die Witwe Schartau erinnern heute noch zwei Straßennamen in der Neuen Neustadt.[19]

Die Hospitäler konnten ihre wirtschaftliche Grundlage auch durch Zustiftun-

---

17 Ebd.
18 UBM, Bd. 3, S. 76–78 (Nr. 154).
19 Vgl. Thiem, Es geschah vor 540 Jahren.

gen in Form von Spenden verbessern. Diese Spenden konnten von Einzelpersonen oder auch von der Kirche kommen. So hat etwa der Magdeburger Bürger Werner Reiche dem Heilig-Geist-Hospital drei Hofstellen vermacht, deren Erträge diesem Hospital zuflossen. 1285 vermachte Reiche dem Hospital die Hälfte einer Apotheke.[20]

Das Kloster Berge verpflichtete sich, wöchentlich sechs Brote den Kranken zu geben. Im Falle der drei bürgerlichen Hospitäler gab es jeweils eine mit dem Hospital verbundene Kapelle. Der Spitalgeistliche wurde zunächst von der Kirche eingesetzt, im Laufe des späten Mittelalters übernahm der Rat das Besetzungsrecht. Der vom 13. bis zum 16. Jahrhundert bestehende Grundkonflikt zwischen der Stadt und dem Erzbischof spiegelte sich auch im Streit um die Zuständigkeit im Falle der Verwaltung der Hospitäler wider. So versuchte Erzbischof Günther II. 1432 die Kontrolle über das gerade gegründete Gertraudenhospital zu erlangen und beschuldigte die Stadt, sie hätte die Visitationen durch einen erzbischöflichen Beamten verhindert. Die Stadt rechtfertigte sich damit, dass sie die erzbischöflichen Visitationen als bisher unüblich bezeichnete und auf die weltliche Stiftung der Knochenhauergilde hinwies. Allerdings lässt der überlieferte Vergleich den Schluss zu, dass die Stadt diesen Streit nicht auf den Gipfel treiben wollte und dem Erzbischof nachgab. Zwei Generationen später, im Jahr 1494, drang Erzbischof Ernst mit seiner Klageschrift nicht mehr durch. Er behauptete, dass das Gertraudenhospital schlecht verwaltet würde und man ihm die Rechnungslegung verweigere. Die Stadt verteidigte sich mit dem Argument, dass über eine schlechte Verwaltung nichts bekannt sei und dass schließlich das Hospital von Erzbischof Günther, mit dem sie sich gut 60 Jahre vorher noch verbittert um dieselbe Angelegenheit gestritten hatte, der Stadt mit päpstlichem Segen zur Verwaltung übertragen worden sei. Die Stadt hatte die Aufsicht über das Gertraudenhospital; das St.-Annen-Hospital stand unter der Aufsicht der Gewandschneidergilde, das St.-Georgen-Hospital unter der Aufsicht der Seidenkrämerinnung.[21]

14 Siegel des Georgenhospitals, o. J.

---

20 Vgl. Buchholz, Einfluss, S. 530.
21 Vgl. Buchholz, Einfluss, S. 531.

In dem großen Vertrag von 1497 zwischen Ernst und der Stadt zog der Erzbischof bei der Aufsichtsfrage den Kürzeren, es blieb nur ein ganz schwaches, eher formales Recht übrig. In diesem Vertrag kündigte sich schon die Verlagerung des erzbischöflichen Sitzes von Magdeburg in das von Ernst unterworfene Halle an, so dass sein Interesse sich erkennbar von Magdeburg wegbewegte, was sich unter seinem Nachfolger Kardinal Albrecht endgültig vollzog.[22]

Auch wenn die Archivverluste in Magdeburg beträchtlich sind, können wir dennoch, was die Stiftungen einzelner Bürger und Familien angeht, einiges greifen. Es sei noch einmal auf die anfangs angesprochenen großen Bedürfnisse des hoch- und spätmittelalterliche Menschen und seine Heilserwartung verwiesen. Die Sorge um das Ergehen im Jenseits, vor allem die Frage nach der Vermeidung des Fegefeuers, erfüllte die Menschen mit Sorge und Angst. Diejenigen, die es sich leisten konnten, reagierten mit oft großzügigen Stiftungen. Diese Stiftungen waren nicht selten zusätzlich mit dem Ansinnen verbunden, das Gedenken an sich, die Memoria, lange, möglichst ewig zu erhalten. Diesem Ziel dienten vor allem Stiftungen, die auf Dauer für Messen, Fürbitten und Almosengaben zugunsten des eigenen Seelenheils verwendet werden sollten.[23]

Ein Problem größeren Ausmaßes stellte sich bei den stiftungswilligen Bürgern mit der Frage, wer nach dem eigenen Ableben diese Stiftungen „auf ewig" verwalten würde. Es kamen nur drei potenzielle Verwalter in Betracht: die eigene Familie, die Kirche und die Stadt. Bei der eigenen Familie war stets offen, ob diese einen weit in die Zukunft reichenden Bestand der Stiftung garantieren konnte, was wegen der hohen Mortalität in den Städten etwa durch Pestzüge und auch die hohe Mobilität geschäftstüchtiger Familien im Hanseraum eher fraglich war. Es blieb vor allem die Kirche, die die dauerhafte Pflege der Memoria zu garantieren schien. Von der Anfang des 16. Jahrhunderts um sich greifenden Reformation, die die vielen Stiftungen für Fürbitten und Messen abschaffte, oder von den Verheerungen, die der Dreißigjährige Krieg mit sich bringen sollte, konnte der Mensch des 13., 14. und 15. Jahrhunderts wahrlich keine Vorahnung haben.

Blieb am Ende die Stadt, die das ewige Bestehen von Stiftungen zu garantieren schien. Ein Beispiel, wie man hier vorgehen konnte, gibt es aus dem Jahr 1328. Der Bürger Konrad Mach hatte in diesem Jahr

> „dem Rat eine größere Summe Geldes übergeben, wovon dieser zusammen mit den Innungsmeistern nach dem Tode Machs den Augustin – Eremiten jährlich eine Wachsspende im Wert von einer Mark und wöchentlich ¼ Stübchen Wein für den

---

22 Vgl. Puhle, Magdeburg im Mittelalter.
23 Vgl. Lusiardi, Kirche, S. 206.

Gottesdienst aushändigen sollte. (¼ Stübchen entsprach etwa einem ¾ Liter). Diese Gaben sollten nicht nur seinem und seiner Verwandten Seelenheil zugutekommen, sondern zudem allen Christen, die in der Stadt Magdeburg verstorben waren oder zukünftig hier sterben würden. Das war zweifellos wohlüberlegt, denn mit dieser gemeinschaftsstiftenden Verfügung gab Konrad Mach dem Rat Gelegenheit, sich mit der Sorge für die Stiftung zugleich als fürsorgliche Obrigkeit einer christlich-sakral verstandenen Stadtgemeinde darzustellen, um so mehr musste der Rat sich verpflichtet fühlen, auf Dauer für die Einhaltung der Stiftungsbestimmungen zu sorgen."[24]

Allerdings waren und blieben Kirche und Klerus im Mittelalter der erste Anlaufpunkt der um das eigene Seelenheil besorgten Magdeburger Bürger. Die Bischofsstadt erhielt im Laufe des Mittelalters eine beeindruckende Zahl von Pfarrkirchen, Klöstern, Stiften und Kapellen.[25] Und die Bürger beteiligten sich mit ihren Stiftungen an der Ausstattung der kirchlichen Bauwerke oder errichteten sie mit ihrem Geld gleich ganz. Die zahlreichen Kapellen, die im Dom eingebaut wurden, gingen auf Stiftungen vermögender Personen oder Familien zurück, wobei dieser Personenkreis vor allem ritterlich-adliger Herkunft war und im Wesentlichen vom Erzbischof bestimmt wurde. Im 15. Jahrhundert hatte das Domkapital einen fast vollständigen Ausschluss bürgerlicher Kandidaten erreicht, d. h. der Dom und die vom Erzbischof gegründeten Kollegiatstifte fielen im späten Mittelalter für die Spender der Magdeburger, die bürgerlicher Herkunft waren, fast vollständig aus. Ab Ende des 13. Jahrhunderts gelang allerdings vermehrt auch Bürgersöhnen der Zugang zu den Stiftskapiteln, wodurch eine gewisse soziale Verknüpfung zwischen den Kollegiatstiften und dem wohlhabenden Teil der Magdeburger Bürgerschaft hergestellt wurde, was sich an Altar- und Gedenkstiftungen ablesen lässt. Doch der naheliegende Weg für die meisten besitzenden Bürger Magdeburgs, etwas für ihre Jenseitsvorsorge und die der Familie zu tun, bestand darin, Stiftungen für eine bessere materielle Ausstattung oder für liturgische und seelsorgliche Leistungen der eigenen Pfarrkirche zu tätigen. Hier konnte es um Altargerät, Kirchenfenster, um Predigerstellen und Gottesdienstfeiern gehen. Darüber ist kaum etwas überliefert, was nur mit den Überlieferungsverlusten zu tun haben kann. Es muss derartige Stiftungen bei der wirtschaftlichen und gesellschaftlichen Struktur Magdeburgs in stattlicher Zahl gegeben haben.[26]

---

24 Ebd., S. 207.
25 Vgl. Scholz, Stadtherr.
26 Vgl. Lusiardi, Kirche, S. 210 f. Siehe auch zur Stadt Halle im Erzbistum/Erzstift Magdeburg: Michael Ruprecht: Stiftungen im mittelalterlichen Halle. Zweck, Ausstattung und Organisation (Forschungen zur hallischen Stadtgeschichte, 15), Halle 2010.

Zusammenfassung

Stiftungen im mittelalterlichen Magdeburg waren ähnlich wie in anderen Städten in Mitteleuropa vor allem durch die Sorge um das eigene Seelenheil und soziale Notwendigkeiten innerhalb der Kommunen motiviert. Als Stifter kommt am Beginn magdeburgischer Geschichte nur der König bzw. Kaiser infrage. Ab 968, dem Gründungsdatum des Erzbistums, übernimmt das ganze Mittelalter hindurch der Erzbischof die Funktion des Hauptstifters. Vom 13. Jahrhundert an treten vermehrt Magdeburger Bürger bzw. bürgerliche Korporationen wie die wohlhabenden Innungen als Stifter auf. Auch im Bereich der Stiftungen spielt der im 14. und 15. Jahrhundert nahezu permanent zu spürende Dualismus zwischen dem Erzbischof und der Stadt eine große Rolle. Auch hier konkurrierten Stadt und Kirche um Aufsicht und Kontrolle. Wenn man noch hinzunimmt, dass sich das Domkapitel im Laufe des 15. Jahrhunderts fast gänzlich dem Zugang Magdeburger Bürger gegenüber abschloss und dementsprechend unter erzbischöflichem Einfluss stand und damit der Dom als der sakrale Mittelpunkt Magdeburgs dem städtischen Einfluss dauerhaft entzogen war, könnte man etwas spekulativ eine weitere Ursache dafür erkennen, dass sich die Stadt 1524 so schnell und so entschieden der Reformation anschloss.

Das Ende fast aller Stiftungen des Mittelalters in der Neuzeit hat vielfältige Gründe. Es wäre ein lohnender Versuch, diesen Gründen und Abläufen nachzugehen und mögliche doch vorhandene, aber bisher verborgene Kontinuitäten aufzuspüren.

Die beiden heute wieder aktiven Alt-Magdeburger Stiftungen „Kloster Bergesche Stiftung" und „Stiftung Kloster Unser Lieben Frauen" stellen ja gewissermaßen eine Klammer zwischen dem früh- und hochmittelalterlichen und dem heutigen Magdeburg dar, so kompliziert und teilweise auch gerade in der Frage der Kontinuität umstritten diese Geschichte auch ist.

15 Ehemaliges Präbendatengebäude des Augustinerklosters mit Lutherstube, Beilage zu Adolph Bock, *Das Armenwesen [...]*, Magdeburg 1860

Das Stiftungswesen in der Frühen Neuzeit

Christoph Volkmar

Manchmal braucht es einfach nur ein altes Hemd. Denn solch ein abgetragener Lumpen, ein nicht mehr ganz geruchsneutrales Alttextil, bleibt oft unbeachtet liegen, wo es einmal gelandet ist. Zwölf lange Jahre waren es im Falle des greisen Bartholomäus. Und dieser kramte seine Garderobe auch erst wieder hervor, als er sein letztes Stündlein nahen sah. Dann aber erlebte der Pfarrer, der ihm die Beichte abnehmen wollte, eine kleine Offenbarung. Am 11. November 1643 kam zum Vorschein, was Bartholomäus Wanzleben, Pfründner im Kloster St. Augustini zu Magdeburg, all die Jahre „in ein alt wullen hembdt" verborgen hatte. Es waren die Urkunden des Augustinerklosters, von ihm versteckt am 10. Mai 1631 und damit bewahrt vor der Zerstörung der Stadt im Dreißigjährigen Krieg, der doch fast alle ihre Schriftzeugnisse zum Opfer gefallen waren.

Nur einem alten Hemd also verdanken wir die Kenntnis von einem der wichtigsten Stiftungsakte in der Magdeburger Stadtgeschichte. Es handelt sich um die Umwandlung des Konvents der Augustinereremiten am heutigen Wallonerberg, der nach einem Bericht der *Gesta archiepiscoporum Magdeburgensium* 1284/85 gegründet worden war,[1] in ein städtisches Hospital. Am 6. November 1525, so informiert uns der Urkundentext, übergaben Prior Ulrich Müller, Senior Ulrich Flete und ihre sechs im Kloster verbliebenen Mitbrüder die Kirche, das Kloster und den gesamten Besitz der Augustiner an die Altstadt Magdeburg.[2]

---

1 Die Gründung erfolgte im zweiten Amtsjahr Erzbischofs Erich von Brandenburg (1283–1295). Vgl. Gesta Archiepiscoporum, S. 425. Als urkundliche Ersterwähnung gilt eine ehemals in einem Kopial im Stadtarchiv überlieferte Urkunde vom 25. Juni 1285, die allerdings nicht ediert wurde und nun verloren ist. Vgl. dazu Chroniken Magdeburg, Bd. 1, S. 176 mit Anm. – Die Forschungslage zum Augustinerkloster ist ausgesprochen schlecht. Siehe dazu den aktuellen Forschungsbericht zur Kirchengeschichte Magdeburgs bei Bünz, Nachträge, S. 110–115. Sie dürfte sich erst mit dem in Vorbereitung befindlichen Klosterbuch Sachsen-Anhalt bessern. Zur ersten Orientierung vgl. noch immer Bock, Armenwesen; Lusiardi, Kirche, S. 212, sowie unten, Verzeichnis der Stiftungen.

2 Cessionsurkunde des Udalricus Müller, Prior, und des ganzen Konvents der Augustinereremiten zu Magdeburg, Magdeburg, 6. November 1525, Transsumierung der Magdeburger Schöppen, 4. September 1567 September, ehem. StAM, Rep. 12, II Nr. 61a (Kriegsverlust 1945), Editionen: Bock, Armenwesen, S. 184–190 (danach zitiert); Hülße, Einführung, S. 162–165.

Aber sie schenkten nicht nur, sondern sie verpflichteten auch. Der Altstädter Rat erhielt das Kloster unter der Auflage, dieses „als zu einem ewigen gemeinen Spittel vor die Armen Nothdürfftigen, und so es sich leiden [mag], auch zu einer Christlichen Schule zu gebrauchen".[3] Für das 16. Jahrhundert ist dieser Akt ein bemerkenswerter Vorgang, der weit über Magdeburg hinaus Aufmerksamkeit verdient.[4] Denn die meisten Klöster wurden im Zuge der Reformation von außen aufgehoben, typischerweise durch den zuständigen Landesfürsten.[5]

Im Falle des Magdeburger Augustinereremitenkonvents aber waren es die Brüder selbst, die ihren Konvent durch einen förmlichen Rechtsakt säkularisierten und damit zugleich einem Zweck zuführten, der ganz im Sinne der Reformation war. Der Augustiner Martin Luther, der noch im Vorjahr im Magdeburger Konvent zu Gast gewesen war, hatte die Richtung in seinen Reformschriften vorgegeben: Klöster sollten nicht mehr Orte der Weltabgeschiedenheit sein, sondern Zielen dienen, die man damals christlich nannte und die wir heute als soziale Aufgaben bezeichnen: die Ausbildung der Jugend und die Unterstützung der Armen.[6] Ob Martin Luther die Umwandlung des Magdeburger Klosters in ein Hospital selbst forciert hat,[7] bleibt unklar. Ein späterer Brief an Nikolaus von Amsdorf zeigt aber, dass der Auflösungsprozess schon während Luthers Aufenthalt im Juni 1524 im Gange war und es dazu Verhandlungen zwischen Prior und Rat gab, die in Wittenberg aufmerksam verfolgt wurden.[8]

In der zugespitzten Situation des Jahres 1525 dürfte dem Rat der Altstadt die schließlich vereinbarte Übergabe gerade in ihrer formaljuristisch korrekten Form mehr als recht gewesen sein. Denn er stand wegen der Einführung der Reformation an den städtischen Pfarrkirchen ohnehin schon massiv unter Druck, wusste den Erzbischof gegen sich, der die Stadt 1524 vor dem Esslinger Reichs-

---

3 Ebd.
4 Freiwillige Selbstauflösungen ganzer Konvente blieben auch in der frühen Reformation die Ausnahme, weil in der Regel nur die von Luther überzeugten Enthusiasten austraten, die altgläubigen Mönche und Nonnen aber das Klosterleben fortzuführen suchten. Vgl. Rüttgardt, Klosteraustritte, hier v. a. S. 15 mit Anm. 16. Einen Überblick zur Entwicklung in den verschiedenen Orden bietet: Jürgensmeier/Schwerdtfeger, Orden.
5 Paradigmatisch der Fall Sachsen. Vgl. Kühn, Einziehung; Bünz, Ende der Klöster; zur differenzierten Entwicklung im Erzstift Magdeburg vgl. allgemein Wolgast, Hochstift und Reformation, und speziell Sitzmann, Klöster; Schrader, Ringen.
6 Die Reform des Mönchstums bis hin zu seiner Abschaffung betraf Martin Luther als Augustinereremiten existenziell, muss hier in seinen Entwicklungsstufen (Adelsschrift, De votis monasticis) aber nicht nachgezeichnet werden. Vgl. Brecht, Luther. Die Idee von der Umwandlung der Klöster in Schulen skizzierte der Reformator schon 1520. Vgl. Kaufmann, Adel, S. 292–296.
7 So eine wiederholt diskutierte Überlegung in der Literatur, zuletzt vertreten von Thomas Kaufmann. Vgl. Kaufmann, Ende, S. 32.
8 Vgl. Brief Martin Luthers an Nikolaus von Amsdorf, Wittenberg, 2. Dezember 1524, WA Br, Bd. 3, S. 396 f. (Nr. 802).

regiment verklagt hatte und später in die Reichsacht bringen sollte. Da war es allemal besser, als Empfänger einer Schenkung aufzutreten denn als ordnende Obrigkeit.

Erst nach dem Augsburger Religionsfrieden, als auch das Erzstift Magdeburg lutherisch geworden und auf dieser Basis die Aussöhnung mit dem Erzbischof und dem Kaiser gelungen war,[9] bemühte sich der Magdeburger Rat für seinen neuen Besitz um Zustimmung von höherer Stelle. Am 25. März 1562 bestätigte Erzbischof Sigismund der Stadt und den von ihr eingesetzten Klostervorstehern die Nutzung des Klosters „zu einem Hospital zu Unterhaltung schwacher und unvermögener Leuthe".[10] Dieses Beispiel machte in Magdeburg Schule. 1569 erbat der Rat von Kaiser Maximilian II. die Bestätigung einer entsprechenden Übertragungsurkunde für das Magdalenerinnenkloster.[11]

Die beiden Urkunden zum Augustinerkonvent, schon nicht mehr im Original vorhanden, aber doch zuverlässig überliefert in Gestalt eines 1567 vom Magdeburger Schöppenstuhl ausgestellten Transsumpts, kramte 1643 der alte Bartholomäus aus seinem Bette hervor und sicherte damit die Rechtsgrundlage für den Hospitalbetrieb im Augustinerkloster bis in die Mitte des 20. Jahrhunderts.

1 Ein erster Überblick

Jeder Versuch, die Magdeburger Stiftungswesen in der Frühen Neuzeit in Kürze zu beschreiben, ist schon aufgrund der äußerst dürftigen Quellenlage eine Herausforderung. Es fehlt aber auch ein moderner Forschungsstand. Der folgende Überblick kann deshalb nicht viel mehr als eine grobe Skizze bieten, wird aber dennoch versuchen, an einigen Beispielen ins Detail zu gehen.

Zunächst ist allgemein zu fragen, welche Eckdaten die Stiftungslandschaft vom 16. bis zum 18. Jahrhundert kennzeichneten. Lässt sich die Frühe Neuzeit als eine Phase der Kontinuität beschreiben? Oder überwogen doch eher die Brüche und Neuanfänge, die von epochalen Prozessen wie der Reformation und

---

9 Zum Forschungsstand vgl. jetzt Magdeburg und die Reformation. Daneben ist als monographische Gesamtdarstellung noch immer von besonderem Wert die klassische Stadtgeschichte von Friedrich Wilhelm Hoffmann in der 1885 erschienenen Bearbeitung von Gustav Hertel und Friedrich Hülße. Vgl. Hoffmann, Geschichte.

10 Konfirmation Erzbischof Sigismunds von Magdeburg, Wolmirstedt, 25. März 1562, Transsumpt des Magdeburger Schöppenstuhls, 4. September 1567, ehem. StAM, Rep. 12, II Nr. 61a (Kriegsverlust 1945), ediert: Bock, Armenwesen, S. 184–190.

11 Bittschrift von Bürgermeister und Rat der Altstadt Magdeburg an Kaiser Maximilian II., Magdeburg, 11. Juli 1569, StAM, Magdeburger Spuren, Nr. 718, https://www.magdeburger-spuren.de/de/detailansicht.html?sig=718 (16.03.2021). Zum Kloster Beatae Mariae Magdalenae siehe den Eintrag im Verzeichnis der Stiftungen.

traumatischen Ereignissen wie der Zerstörung der Stadt im Dreißigjährigen Krieg ausgelöst wurden?[12]

Für solche Fragen erlaubt der vorliegende Band nun erstmals quantitative Aussagen. Eine vorläufige Orientierung gibt die Beobachtung, dass von den 572 im Verzeichnisteil aufgeführten Stiftungen nur 10 auf das Mittelalter einschließlich der Vorreformation zurückgehen, während immerhin 45 Stiftungen in der Frühen Neuzeit errichtet wurden.

Bei den mittelalterlichen Gründungen handelt es sich durchgängig um Hospitäler oder Klöster. Erst die Neugründungen der Frühen Neuzeit eröffnen ein breiteres Spektrum. Neben der Errichtung von Hospitälern, Armen- und Waisenhäusern stellen Studienstipendien einen neuen Schwerpunkt dar, der bekanntlich in besonderem Maße mit den Anliegen der Reformation verknüpft war. Andere Stiftungen dienen der Unterstützung von Witwen, Jungfrauen und Hausarmen. Unter den Stiftern ragen ratsfähige Familien und Pfarrer einerseits, Landadel und Domklerus andererseits heraus. Dies ist ein wichtiger Fingerzeig, weil sich der Kreis der Begünstigten regelmäßig am sozialen Umfeld der Stifter orientiert. Bedacht werden insbesondere die eigene Familie, Innung, Pfarrgemeinde oder Konfessionsgemeinschaft. Das Stiften diente also nicht zuletzt der Festigung sozialer Beziehungen und der Stärkung von Gruppenidentitäten.

Weil es die Verfügung über Vermögen erforderte, gehörte es außerdem zu jenen Handlungsfeldern, auf denen Frauen selbständig agieren konnten. In der Praxis strebten viele Stifterinnen nach einer breit aufgefächerten Mildtätigkeit, wie sie schon für die Seelgeräte des Mittelalters kennzeichnend war.[13]

Diesen Gedanken folgte auch Gertrud von Hake (1510–1595), die Ehefrau des kurbrandenburgischen Kämmerers Matthias von Saldern. Als sie 1575 auf Plattenburg in der Prignitz zur Witwe wurde, hätte sie eigentlich nach Brandenburg an der Havel ziehen können, wo sie den ehemaligen Bischofshof besaß. Doch sie stiftete diesen der Stadt Brandenburg als Schule und entschied sich für das mondänere Magdeburg. Hier nahm sie ihren Alterssitz im repräsentativen Anwesen Große Münzstraße 7/8, das in der Magdeburger Stadttopographie seither als der Saldernsche Hof bekannt ist.[14]

---

12 Zur Rolle der Stadt in der Reformationszeit und im Dreißigjährigen Krieg vgl. die Literatur in Anm. 9.
13 Für ein außergewöhnlich gut dokumentiertes Fallbeispiel aus Leipzig vgl. jetzt Richter, Testament.
14 Dieser war auch nach Gertruds Tod ein prominenter Ort der Stadtgeschichte, nicht nur weil im Nachbarhaus Otto von Guericke aufwuchs. 1631 wurde das massiv gebaute Adelspalais nur wenig beschädigt und konnte deshalb nach der Zerstörung mehrere Jahrzehnte als provisorisches Rathaus sowie kurzzeitig (1639) auch als Gottesdienststätte dienen, bevor dort 1682 die Münzstätte des neuen preußischen Landesherrn eingerichtet wurde, von der die Große Münzstraße,

Ihr Wohnhaus lag im besten Viertel der Stadt, dem Sprengel der Pfarrkirche St. Ulrich und Levin. Sichtlich bemühte sich die bislang stadtfremde Landadlige in ihrer neuen Pfarrgemeinde um Anschluss, indem sie eine 1588 von ihr errichtete Stiftung um eine lokale Komponente erweiterte. Aus den Erträgen von 10.000 Reichstalern, die sie vom Magdeburger Domkapitel verwalten ließ, sollten ganz im Geist der Reformation nicht mehr Seelenmessen finanziert, sondern Schul- und Universitätsstipendien für Knaben, Aussteuer für Mädchen sowie Pensionen für Witwen gereicht werden. Zum Kreis der Begünstigten aber traten neben der eigenen Familie und den Kreisen des kurbrandenburgischen Landadels, in denen Gertrud verkehrte, nun auch arme Bürgerskinder aus dem Ulrichsviertel.[15]

Diese erste Annäherung auf der Basis des Verzeichnisses der Stiftungen vermag einen Eindruck von der Vielschichtigkeit des Themas zu geben, kann jedoch keine Vollständigkeit beanspruchen. Zu beachten ist vor allem, dass von der Quellengrundlage her im Verzeichnis nur jene Stiftungen erfasst werden, die noch im 19./20. Jahrhundert aktiv waren.[16]

Die blinden Flecke, die sich damit verbinden, sind offenkundig. Mit der Reformation verschwanden die für das Spätmittelalter so typischen Memorialstiftungen und damit eine ganze Gattung mildtätiger Legate. Sie fielen dem religiösen Wandel zum Opfer, der Seelenmessen als unchristlich abschaffte und zahllose Einzelvermögen in den Gemeinen Kästen zusammenfasste.[17] In Magdeburg wurde dies schon im Sommer 1524 in der ebenso frühen wie mustergültigen „Ordnung der gemeinen kesten" geregelt. Aus zwei zentralen Kassen, die unter Aufsicht des Rates in der Bürgerkirche St. Johannis sowie im Augustinerkloster aufgestellt wurden, sollte die Versorgung für „das armut [!] und kranke nothdorftige volk" bestritten werden.[18] Zu ihrer Finanzierung hatten die selbst ernannten „Artikel des Volkes" schon in den ersten Tagen des reformatorischen Umsturzes den Rat aufgefordert, „die uber bleibenden vorgeschrieben guter der geistlickeit und der stiftungen, selmessen, der jar gedechtnussen, der spende, der bruderschaften, item die testament und almusen" zu sequestrieren. Ein ge-

---

die in der Reformationszeit noch Stallstraße hieß, ihren Namen trägt. Vgl. Häuserbuch, Bd. 1, S. 321 f.; Peters, Märkische Lebenswelten, S. 82–86; Scholz, Wiederaufbau, S. 301 f.
15 Siehe Verzeichnis der Stiftungen und vgl. Brückner/Erb/Volkmar, Adelsarchive, S. 336 f.; Peters, Märkische Lebenswelten, S. 77–80.
16 Siehe Einleitung.
17 Dies manifestiert sich in Magdeburg schon im Frühsommer 1524 als eine zentrale Forderung der Stadtreformation. Vgl. Kaufmann, Ende, S. 29–34, sowie die anschauliche Chronik des Möllenvogts Sebastian Langhans, der aus der Sicht eines Gegners der Reformation schreibt: Die Historia des Sebastian Langhans 1524/25, in: Chroniken Magdeburg, Bd. 2, S. 143–195.
18 „Ordnung der gemeinen kesten", 1524, Sehling, Kirchenordnungen, Bd. 2, S. 449 f.

waltiger Konzentrationsprozess hob nahezu alle Spielarten des mittelalterlichen Stiftungswesens auf und bündelte die Ressourcen in einer neuen Struktur, aus der fortan die Personal- und Sachkosten in Kirchen, Schulen und Armenpflege bestritten wurden.[19]

In welcher Dichte und Vielfalt die mittelalterlichen Stiftungen das kirchliche Leben gerade in der an Kirchen, Klöstern und Altären besonders reichen erzbischöflichen Metropole Magdeburg geprägt haben dürften, ist wegen der späteren Quellenverluste heute kaum noch zu erahnen. Viele dieser Stiftungen sind spurlos vergangen, nur zu wenigen haben sich einzelne Hinweise erhalten. Dies gilt zum Beispiel für die kürzlich im Zuge des Projekts „Magdeburger Spuren" entdeckte testamentarische Stiftung einer Ewigen Messe in der Johanniskirche durch den Magdeburger Bürgermeister Cone (I) Rode (um 1420–vor 16. Januar 1476). Die Urkundenregister des Vatikanischen Archivs aus den Jahren 1476 und 1478 überliefern dazu die kirchenrechtlich relevanten Informationen, erlauben aber keine Angaben zur finanziellen Ausstattung. Vermutlich wird es sich um eine Ewigrente für einen Vikar gehandelt haben, der jeden Freitag die Messe von den Fünf Wunden Christi am Heilig-Kreuz-Altar der Johanniskirche lesen sollte. Bereits 1447 hatte Cone Rode übrigens bei den Augustinereremiten eine Seelenmesse für sich, seine Ehefrau Margarethe und seine Eltern gestiftet.[20]

Nur in wenigen Fällen fanden bei der Neugestaltung des Kirchenwesens in der Reformation die ursprünglichen Stiftungszwecke Berücksichtigung. Ein Beispiel bietet die Prädikaturstiftung der Neustädterin Sophie Schartau, die 1473 ein Hospital errichtete und zugleich den Konvent der Augustinereremiten in die Pflicht nahm, jeden Sonntagnachmittag sowie an den Apostelfesten eine Predigt an der Neustädter Nikolaikirche zu halten.[21] Predigtstiftungen, durch die der breiten Bevölkerung ein besserer Zugang zum Wort Gottes eröffnet werden sollte, waren eine prominente Forderung der Kirchenreformer des 15. Jahrhunderts. Sie sind für Magdeburg, vom Domprediger abgesehen, aber nur in diesem einen Fall belegt.[22]

Die evangelische Erneuerung in Magdeburg knüpfte unmittelbar an diese Reformideen an. Von der Auflösung des Augustinerklosters alarmiert, forderte der Rat der Neustadt, diese Stiftung nicht mit dem Kloster an die Altstädter gelangen zu lassen, sondern stattdessen aus den Pachteinnahmen einen evan-

---

19 „Articuli quos plebs Magdeburgensis suo senatui obtulit", 22. Mai 1524, ebd., S. 448f.
20 Vgl. Volkmar, Kuriale Quellen.
21 Urkunde der Sophie Schartau, 5. August 1473, UBM, Bd. 3, S. 97f. (Nr. 204).
22 Vgl. Neidiger, Wortgottesdienst; Thayer, Penitence; am sächsischen Beispiel: Volkmar, Reform, S. 293. Zu Magdeburg vgl. Penner, Pfarrkirchen, S. 51.

gelischen Pfarrer an der Nikolaikirche zu finanzieren. Wie die Chronik des Sebastian Langhans berichtet, war mit einem Prediger aus der Sudenburg sogar schon ein Kandidat im Blick, doch dürfte der Plan am Widerstand des Domkapitels gegen die Einführung der Reformation in den Vorstädten gescheitert sein.[23]

Im Verzeichnis der Stiftungen fehlen ebenso jene mittelalterlichen Hospitäler und Klöster, die im Zuge der Reformation entweder ganz aufgelöst wurden oder wie im Falle des Franziskanerklosters nicht als Stiftung, sondern als städtische Einrichtung, hier in Gestalt des berühmten Altstädtischen Gymnasiums,[24] fortgeführt wurden.

Als roter Faden für die Darstellung des frühneuzeitlichen Stiftungswesens soll im Folgenden eine Gruppe von Stiftungen dienen, die sowohl dem Alter als auch der Bedeutung nach zu den wirkmächtigsten Wohlfahrtseinrichtungen Magdeburgs zählen: die Magdeburger Hospitalstiftungen. Als solche hat die stadtgeschichtliche Forschung im engeren Sinne fünf sehr traditionsreiche Einrichtungen in der Altstadt verstanden, die auch als die „fünf großen milden Stiftungen" bezeichnet werden. Begriffsprägend wirkte das Buch von Adolph Bock aus dem Jahre 1860.[25] Es handelt sich um:

– Kloster St. Augustini
– Kloster Beatae Mariae Magdalenae
– Hospital St. Georgen
– Hospital St. Annen/Heilig Geist
– Hospital St. Gertrauden

Ihnen gemeinsam sind die mittelalterliche Wurzel und das Fortbestehen bis in die Mitte des 20. Jahrhunderts. Es sind mithin Institutionen von sehr langer Dauer, gleichsam Eckpfeiler des Magdeburger Gemeinwesens. Vor Beginn des Zweiten Weltkriegs konnten sie noch etwa 600 Versorgungsplätze anbieten. Mit

---

23 „[…] haben die Newsteter […] bittlich angetragen [d.h. der Neustädter Rat hat bei Domkapitel vorgesprochen], […] des Predigerß halben, der itzundt in der Sudenburg ein Cappellan ist, den wollten sie zum Pfarrer und Prediger annehmen und ihm mittheilen das korn, das vorhin die armen Leute im Schwisowen [!] Convente gehabt und dornach das Kloster zu S. Augustin empfangen haben, davor ihn der Neustadt alle Sontage biß anhero gepredigt haben und nun solches einem E. Rathe [d.h. das Kloster an den Rat der Altstadt] übergeben haben", Chroniken Magdeburg, Bd. 2, S. 173 f., zum 19. August 1524, wobei Langhans offenbar irrtümlich vom Hospital Schwiesau (statt Schartau) spricht. Über eine Verbindung des Hospitals mit seelsorgerischen Aufgaben an der Neustädter Pfarrkirche St. Nikolai ist späterhin nichts bekannt. Vgl. Scheffer, Hospitäler, der aber auf die Stelle bei Langhans nicht eingeht.
24 Vgl. Nahrendorf, Humanismus.
25 Vgl. Bock, Armenwesen.

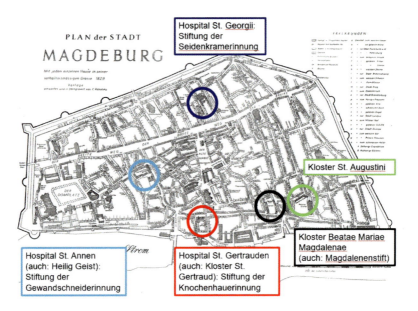

16 Plan der Stadt Magdeburg von C. Robolsky, 1829, mit Lageskizze der fünf Hospitalstiftungen (Entwurf: Christoph Volkmar)

welcher Unerbittlichkeit sich der SED-Staat in den 1950er Jahren daran machte, diese althergebrachte soziale Infrastruktur zu zerschlagen, hat Lutz Miehe eindrücklich dargestellt.[26]
Die Stiftungen dieser Gruppe sind aus zwei Wurzeln hervorgegangen, einerseits aus Bettelordensklöstern in der Altstadt, andererseits aus den Hospitälern der großen Altstädter Innungen. Sie waren seit dem 13. Jahrhundert eine tragende Säule der Sozialfürsorge in der mittelalterlichen Großstadt Magdeburg.[27] Lediglich das Gertraudenhospital ist als Gründung von 1413 deutlich jünger.[28] Alle fünf Institutionen finden im Großen Vergleich zwischen Erzbischof und Stadt aus dem Jahre 1497 Erwähnung, jenem Dokument, dass die Elbmetropole am Ausgang des Mittelalters wie in einem Diorama in ihrer komplexen Verfassungsstruktur vor Augen stellt.[29] Für die drei Innungshospitäler wurde damals festgelegt, dass sie weiterhin eigenständig verwaltet, ihre Rechnungslegung aber von einer gemeinsamen Aufsicht geprüft werden sollte, und zwar durch einen

---

26 Vgl. Miehe, Hospitalstiftungen (die Zahlen zu 1937 in der Tabelle auf S. 168f.).
27 Siehe dazu den Beitrag von Matthias Puhle in diesem Band.
28 Siehe dazu den Eintrag im Verzeichnis der Stiftungen.
29 Vertrag zwischen Erzbischof Ernst von Sachsen und der Altstadt Magdeburg, Magdeburg, 21. Januar 1497, UBM, Bd. 3, S. 602–613 (Nr. 1028!). Das jahrhundertelange Ringen zwischen Altstadt und Erzstift fasst instruktiv zusammen Scholz, Stadtverfassung und Sakraltopographie.

Vertreter des Altstädter Rates sowie durch den Prior der Augustinereremiten als Vertrauensmann des Erzbischofs.[30]

Die fünf milden Stiftungen dominierten über Jahrhunderte hinweg die Hospitallandschaft in Magdeburg. Sie standen aber nicht allein da. Schon im Mittelalter entstanden weitere Hospitäler etwa in der Neustadt und in der Sudenburg. Zu nennen sind die traditionsreichen Häuser Schwiesau und Schartau in der Neustadt. Sie gingen auf Stiftungen zurück, die Berthold und Margarete Schwiesau im Jahre 1471 sowie 1473 die Witwe Sophie Schartau in Erinnerung an ihren Ehemann Henning Schartau aufgerichtet hatten.[31]

Außerdem kam es während der Frühen Neuzeit zu verschiedenen Neugründungen. Besondere Bedeutung kam im 18. Jahrhundert den reformierten Glaubensflüchtlingen zu, für die Magdeburg bekanntlich neben Berlin den wichtigsten Aufnahmeort darstellte. Jede der reformierten Migrantengemeinden – die Pfälzer, die Walloner und die Französisch-Reformierten – gründete ein eigenes Hospital bzw. ein Armen- und Waisenhaus.[32]

17 Abb. *Reformiertes Waisenhaus, Johannisberg/Große Junkerstraße, 1927*

---

30 Schiedsrichterlicher Vergleich zwischen Erzbischof Ernst von Sachsen und der Altstadt Magdeburg, Magdeburg, 22. Januar 1497, UBM, Bd. 3, S. 616 f. (Nr. 1028!).
31 Siehe dazu den Eintrag im Verzeichnis der Stiftungen.
32 Vgl. Bock, Armenwesen, S. 328–332, und siehe dazu Nr. 15–17 im Verzeichnis der Stiftungen.

Christoph Volkmar

Alle Einrichtungen werden im Verzeichnisteil dieses Bandes näher vorgestellt. An dieser Stelle aber erscheint es für das Verständnis der Magdeburger Stiftungslandschaft instruktiv, die beiden unterschiedlichen Typen unter den Magdeburger Hospitalstiftungen zu beleuchten und an je einem Beispiel näher vorzustellen. Betrachtet werden also erstens mittelalterliche Klöster, die in der Reformation in Hospitäler umgewandelt wurden, und zweitens Bürgerhospitäler, die auf die mittelalterlichen Innungen zurückgingen.

Dabei liegt der Schwerpunkt mehr auf der Entwicklung des Stiftungswesens und weniger auf der Sozialgeschichte der Armen-, Alten- und Krankenpflege, auch wenn dies natürlich immer mitschwingt. Kulturgeschichtlich bewegt sich die Diskussion im Spannungsfeld zwischen religiösen Motiven und bürgerlichem Gemeinsinn, zwischen karikativem Engagement und öffentlichen Aufgaben. Besonders interessieren die Transformationsprozesse der Frühen Neuzeit. Die jüngere Forschungsdiskussion hat sich hier entlang der Leitthese entwickelt, dass die Frühe Neuzeit von einer fortschreitenden Säkularisierung des Stiftungsgedankens gekennzeichnet gewesen sei. Danach sei zunächst die Stiftungsaufsicht von der Kirche an kommunale und staatliche Instanzen übergegangen, später hätten diese auch die Stiftungsverwaltung übernommen oder die Stiftungen gleich ganz aufgehoben.[33] Inwieweit sich diese Thesen auf Magdeburg übertragen lassen, wird zu überprüfen sein.

2 Aus Klöstern werden Hospitäler: Das Beispiel der Augustinereremiten

Begonnen sei mit dem bereits eingangs vorgestellten Konvent der Augustinereremiten. Trotz des Einsatzes des alten Bartholomäus stellt die Quellenlage zu den Augustinern wie so oft in Magdeburg eine Herausforderung dar. Die Reste eines älteren Urkundenarchivs überstanden die Zerstörung von 1631 und wurden später vom Stadtarchiv übernommen. Sie zählen jedoch zu den Kulturgutverlusten des Zweiten Weltkrieges.[34] Während einige mittelalterliche Urkunden aus der Zeit bis 1513 wenigstens durch die Editionen der Urkundenbücher greifbar bleiben,[35] hat sich für den Zeitraum der Frühen Neuzeit lediglich ein Splitterbestand von drei Urkunden im Landesarchiv erhalten.[36] Dies macht

---
33 Als Forschungsüberblick vgl. jetzt Hein, Stiftung; Borgolte, Enzyklopädie.
34 Zu den Kriegsverlusten des Stadtarchivs vgl. zuletzt Volkmar, Untergang.
35 UBM; UB ULF; UB Berge.
36 Landesarchiv Sachsen-Anhalt (LASA), Abt. Magdeburg, U 3, H Augustiner Kloster, Nr. 1–5 (1353–1725). Als Restbestand der Hospitalverwaltung nach 1631 haben sich im Stadtarchiv

die Darstellung von Adolph Bock umso wertvoller, der im Jahre 1860 noch alle Urkunden, aber auch ein Amtsbuch und einige Rechnungen auswerten konnte.[37]

Als die Brüder das Kloster 1525 an den Altstädter Rat übergaben, wurde es, wie in der Cessionsurkunde vorgesehen, zunächst zur Unterbringung des mit der Einführung der Reformation 1524 begründeten Altstädtischen Gymnasiums verwendet. Doch blieb dies Episode, denn schon 1529 fand die bald überregional bekannte Bildungseinrichtung im Franziskanerkloster ihren dauerhaften Sitz.[38]

Das Augustinerkloster wiederum diente von Anfang an auch als Hospital. So schildert es zumindest die *Historia* des Möllenvogts Sebastian Langhans, der zum August 1525 vom Entschluss der Brüder berichtet, ihr Kloster der Stadt zu übergeben. Dabei hätten sich vier Augustinereremiten und die beiden Laienbrüder ausbedungen, ihren Lebensabend als Pensionsempfänger im Kloster zu verbringen. In ihnen dürfen wir die ersten Insassen des Hospitals erblicken. Weiter erzählt Langhans, dass sich der Bürgermeister Claus Storm für die ersten Jahre als Hospitalmeister zur Verfügung stellte und darangin, vorhandene Legate sowie die im Kloster gestifteten Memorien zu einem Hospitalfonds zusammenzufassen.[39]

Von der Aufnahme neuer Hospitalinsassen ist erstmals 1526 zu hören. Nutznießer war ein gewisser „Clawes", der „anno 1526 in anfange des Hospitals darin angenommen". Jener Klaus hatte offenbar das Glück, „wie he gunk und stund", das heißt ohne finanzielle Vorleistung, einen Platz zu erhalten.[40]

Grundsätzlich waren die Kapazitäten für Mittellose aber begrenzt. Ein zweiter Weg, ins Augustinerkloster aufgenommen zu werden, war der Kauf eines Hospitalplatzes als sogenannter Pfründner.[41] Wer auf diese Weise seinen Lebensabend bei den Augustinern verbringen wollte, musste freilich ein veritables Vermögen in seine Altersvorsorge investieren. Die Einkaufsgelder betrugen in der Reformationszeit zwischen 25 und 100 fl. Sie kletterten im Jahre 1616 auf stolze

---

(StAM, Rep. 33 V) einige Akten erhalten, auf die für die folgende Darstellung zurückgegriffen wird.
37 Vgl. Bock, Armenwesen, S. 152–198.
38 Vgl. Nahrendorf, Humanismus, S. 63, 67.
39 Chroniken Magdeburg, Bd. 2, S. 163 f. Nach Langhans waren am Entschluss zur Auflösung des Klosters auch die beiden führenden evangelischen Prediger Dr. Melchior Mirisch und Dr. Johann Vogt (aus Eisleben, daher auch Ißleben/Islebius genannt) beteiligt, obwohl sie den Konvent bereits verlassen hatten. Langhans spricht daher von insgesamt zehn Augustinern, während die Cessionsurkunde nur von acht Brüdern unterzeichnet wurde.
40 Bock, Armenwesen, S. 157.
41 Zu diesem System vgl. allgemein Isenmann, Stadt, S. 574–585; Rotzoll/Eckart, Hospital, hier Sp. 652.

600 fl., die für ein Ehepaar zu entrichten waren. Mancher Pfründner wird sein Haus verkauft oder sämtliche Ersparnisse eingesetzt haben, um solche Summen aufbringen zu können. Die Höhe der Einkaufsgelder bestimmte unmittelbar die abgestufte Versorgung im Hospital. Da gab es beheizbare Stuben oder kühle Kammern, da gab neben den reinen Ruheständlern auch solche die Insassen, die zur Mitarbeit verpflichtet waren.[42]

Diese soziale Spreizung war auch am Speiseplan abzulesen. Die Spanne reichte von einfacher Hausmannskost aus der gemeinen Küche bis hin zum ersten Tisch, an dem Delikatessen serviert wurden. So vermerken die Rechnungen des 16. Jahrhunderts nicht nur den Kauf von Eiern, Butter und Käse, sondern berichten zudem von Räucheraal, gebratenen Neunaugen oder Pflaumen, Birnen und Feigen. Das Augustinerkloster war gewissermaßen die erste Magdeburger ‚Seniorenresidenz' mit Elbblick, jedenfalls für jene, die es sich leisten konnten. Adolph Bock kommentiert 1860 durchaus kritisch, wenn er schreibt, dies wären „Lebensmittel, welche man heutzutage in Armenanstalten den Armen nicht mehr verabreicht".[43]

Sein Blick auf die Zustände war geprägt durch die Perspektive der Armenpolitik des 19. Jahrhunderts. Die frühneuzeitliche Gesellschaft hingegen hielt auch im Bereich der Sozialfürsorge am Prinzip geburtsständischer Differenzierung fest und ging von einem relationalen Armutsbegriff aus. Armut wurde wie heute nicht als absolute Größe aufgefasst, aber anders als in der Gegenwart im Verhältnis zum Geburtsstand des Betroffenen definiert. So wie ein Adliger schon als arm und hilfsbedürftig galt, wenn er sein Dienstpersonal nicht mehr unterhalten konnte, kannte auch ein bürgerliches Hospital ein breites Spektrum von Insassen. Es reichte vom bitterarmen Obdachlosen bis zum gutsituierten Pfründner. Auf der anderen Seite schloss es auch immer die ambulante Versorgung von (einheimischen) Bettlern ein, die an der Hospitalpforte um Almosen oder eine Mahlzeit baten.[44]

Für das Augustinerkloster ist außerdem noch eine Spezialisierung festzustellen: die Pflege von Geisteskranken. Selbst aus umliegenden Städten wurden Menschen mit psychischen Problemen in das Magdeburger Hospital überwiesen und hier nach dem Wissen der Zeit gepflegt. Da wird von temporärer Fixierung mit Eisenketten berichtet oder auch von geschlossener Unterbringung. Die Kos-

---

42 Vgl. Bock, Armenwesen, S. 159.
43 Ebd., S. 158.
44 Das breite soziale Spektrum der Insassen gilt als typisches Merkmal des vormodernen Hospitals. Vgl. Spieß, Einführung, S. 9. Häufig übernahmen Insassen selbst feste Aufgaben, so dass der Übergang zum angestellten Personal fließend erscheint. Vgl. Schlenkrich, Armen- und Krankenfürsorge, S. 633–637 (am Beispiel Leipzigs).

ten ließ sich das Hospital von den Angehörigen erstatten: Für die Pflege eines Kranken aus Eisleben erhielt das Augustinerkloster 1583 eine halbe Hufe Ackerland überschrieben, vielleicht war dies das Erbe, das dem Kranken zugestanden hatte.[45]

Die Zerstörung der Stadt 1631 verschonte auch das Augustinerkloster nicht, doch blieben einige Gebäudeteile intakt, darunter die sogenannte ‚Lutherstube', die als wundersam vor den Flammen bewahrter Erinnerungsort an den Aufenthalt des Reformators noch im 19. Jahrhundert den Besuchern der Stadt gern gezeigt wurde.[46] 1635 bis 1638 beherbergte das Kloster als Interim sogar noch einmal das Altstädtische Gymnasium.[47]

Der tiefe Einschnitt, den der Dreißigjährige Krieg dennoch für das Augustinerkloster bedeutete, lässt sich in Zahlen fassen. Wurden 1626 noch 31 Insassen versorgt und ein Jahresetat von 1.752 fl. bewirtschaftet, lebten 1638 nur noch 4 Insassen im Kloster. Ihnen wurde aus 22 fl. Einnahmen eine Unterhaltszahlung von 14,5 fl. geleistet, was kaum den nötigsten Bedarf gedeckt haben dürfte.[48]

Zugleich deuten diese Angaben ebenso wie der Lebensweg des alten Bartholomäus darauf hin, dass der Hospitalbetrieb auch über die Katastrophe von 1631 hinweg fortgeführt werden konnte. Die Einnahmen erholten sich bald und betrugen 1665 wieder über tausend Gulden (1.127 fl.). Nun wurden zunächst die Klostergebäude hergerichtet. Zwei Gedenksteine kündeten vom Anfang der Arbeiten im Jahr 1674 und ihrem Abschluss im Jahr 1688.[49]

Jetzt begann auf der Anhöhe, die später Wallonerberg genannt werden sollte, eine neue Epoche. 1683/88 gründete der Altstädter Rat eine städtische Armen- und Waisenanstalt. Er veranlasste, dass diese in die wiederhergestellten Räumlichkeiten des Augustinerklosters einzog. Die Armenanstalt im Augustinerkloster ersetzte freilich nicht die alte Stiftung, sondern trat rechtlich und finanziell neben sie. Als Träger trat ein städtisches Armenamt (begründet 1697/98, ab 1715 königliches Almosenkollegium) auf, das die Anstalt aus öffentlichen Mitteln und Spenden finanzierte.[50] Eine ganz ähnliche Entwicklung ist in Leipzig zu beobachten. Dort wurde das im Dreißigjährigen Krieg zerstörte Georgenhospital 1687 als städtisches Armenhaus und Arbeitsanstalt wiedererrichtet.[51]

---

45 Vgl. Bock, Armenwesen, S. 157 f. Die Spezialisierung von Hospitälern war ein weiterer Trend der Frühen Neuzeit, vgl. Rotzoll/Eckart, Hospital, Sp. 652.
46 Siehe Abb. 15 und vgl. Scribner, Incombustible Luther.
47 Vgl. Holstein, Beiträge, S. 115 f.
48 Vgl. Bock, Armenwesen, S. 158–160.
49 Vgl. ebd., S. 161, dort in der Anmerkung auch die Inschriften mitgeteilt.
50 Vgl. ebd., S. 161–165; Ballerstedt, Armenpolitik, S. 528–532.
51 Vgl. Schimke, Georgenhaus.

Auch der Magdeburger Armenanstalt war ein Arbeitshaus angegliedert, in dem der sogenannte ‚starke Bettel' zu einem geordneten Lebenswandel erzogen werden sollte. Dieses wurde 1723/26 in ein staatliches Zuchthaus umgewandelt, das Häftlinge aus dem gesamten Herzogtum Magdeburg aufnahm. Die Doppelnutzung begann auszulaufen, als 1743 am Knochenhauerufer das erste städtische Armen-, Kranken- und Waisenhaus eröffnet wurde. Das Zuchthaus bestand jedoch noch bis zum Bau des Provinzialgefängnisses Lichtenburg 1827 im Kloster fort.[52]

Die Entwicklung der städtischen Armenanstalten ist ein eigenes Thema, das zuletzt Maren Ballerstedt kenntnisreich dargestellt hat.[53] Was daran sichtbar wird – ein verstärktes kommunales, im heutigen Sinne öffentliches Engagement in der Wohlfahrt –, gilt der Forschung als übergeordneter Trend der Frühen Neuzeit. Dies sollte aber nicht zu dem Schluss verleiten, dass die ältere Säule der Sozialfürsorge obsolet wurde. Die milden Stiftungen blieben für das soziale Leben der Stadt unverzichtbar.

Das Augustinerkloster etwa bestand nicht nur als eigenständige Hospitalstiftung fort, sondern profitierte von der Nutzung seiner Räumlichkeiten zumindest über Mieteinnahmen. 1727 konnten im Hospital wieder 70 Alte und 64 Kinder versorgt werden, während im Jahr 1800 70 Erwachsene und 29 Waisen hier ihr Auskommen fanden.[54]

Zur Vitalität des Stiftungswesens gehörte die christliche Nächstenliebe, ungeachtet religionskritischer Strömungen im Zeitalter der Aufklärung. Zwar sind für Magdeburg keine Impulse des Pietismus bekannt, die mit der Gründung und dem Ausbau der Frankeschen Stiftungen in Halle oder dem Waisenhaus von Wernigerode vergleichbar wären.[55] Dennoch blieb auch an der Elbe das christliche Ideal einer Verschränkung der Fürsorge für Leib und Seele, *cura corporalis* und *cura spiritualis*,[56] lebendig und sollte noch im späten 19. Jahrhundert für die Gründung der Pfeifferschen Stiftungen richtungsweisend werden.[57]

Die 1746 publizierten (und 1816 wieder aufgelegten) Lebensregeln für das Annenhospital an der Heiliggeiststraße mahnen als vornehmste Pflicht ein Leben

---

52 Vgl. Bock, Armenwesen, S. 161–165.
53 Vgl. Ballerstedt, Armenpolitik.
54 Vgl. Bock, Armenwesen, S. 163. Zum Teil abweichende Zahlen bei Oppermann, Armen-Wesen, S. 132 f., wobei unterschiedliche Zählweisen hinsichtlich des Hauspersonals erkennbar sind. Berghauer nennt für 1799 47 Präbendaten und 26 Waisenkinder sowie 7 Angestellte. Vgl. Berghauer, Magdeburg, Teil 2, S. 163.
55 Zu Halle vgl. zuletzt Engelberg u. a., Modell Waisenhaus; zu Wernigerode vgl. jetzt Fingerhut-Säck, Gottesreich.
56 Vgl. Bulst, Zusammenfassung, S. 304, 309.
57 Vgl. Riemann/Stieffenhofer/Kamp, 125 Jahre Pfeiffersche Stiftungen.

in Gottesfurcht und den täglichen Besuch der Gebetsstunden in der Annenkapelle an. Nur so könnten die Insassen[58] den „ruhmwürdigen Absichten der gottseligen Vorfahren bey Errichtung derer Hospitäler und anderer milden Stiftungen" gerecht werden und damit jenen Stiftern, die danach strebten, „die Ehre Gottes zu befördern und denen Armen und Elenden wohl zu thun".[59] Aus solchen Regeln spricht die alte Überzeugung von der besonderen Heilswirksamkeit der Armenpflege, grundgelegt im Christuswort: „Was ihr getan habt einem von diesen meinen geringsten Brüdern, das habt ihr mir getan" (Mt 25,40).[60]

Ein anderer Aspekt erschließt sich erst auf den zweiten Blick: Die überkommene Stiftungslandschaft bildete eine verlässliche Infrastruktur für neues soziales Engagement. Dieser Zusammenhang ist bereits für die viel besser dokumentieren Hospitäler in Leipzig beobachtet worden,[61] war aber bislang noch nicht Gegenstand systematischer Untersuchungen. Vorläufig ist festzuhalten, dass die alten Stiftungen den nachwachsenden Generationen einen ausbaufähigen Handlungsrahmen für ihre Spenden und Zustiftungen boten. Dies begann erstens mit den regulären Kollekten, die in den Gottesdiensten der Pfarrkirchen für die Hospitäler gesammelt wurden. Als Zweites traten Straßensammlungen hinzu, etwa durch die Knaben des Augustinerklosters, die zweimal wöchentlich als Kurrende durch die Altstadtviertel zogen.[62]

Drittens flossen den Hospitälern größere Summen aus Legaten zu. Erneut ist an die vorreformatorische Tradition zu erinnern, Stiftungen für das Seelenheil (Memoria) zu errichten, wie dies das Magdeburger Ratsherrengeschlecht der Rode 1447 und 1509 bei den Augustinern getan hatte. Ist in letzterem Fall noch die Stiftungsurkunde im Landesarchiv erhalten,[63] so dokumentiert eine 1669 angelegte Akte des Augustinerklosters, die heute im Stadtarchiv verwahrt wird, eine Reihe testamentarischer Stiftungen, mit denen das Hospital in der Frühen Neuzeit bedacht wurde.[64]

Exemplarisch angeführt sei der letzte Wille Dr. Friedrich von Mascovs († 1731).

---

58 Von den materiellen Lebensumständen der Bewohner des Annenhospitals geben archäologische Funde wie etwa Krückstöcke (siehe Abb. 12) eine plastische Vorstellung. Vgl. Gosch, Grabungen.
59 Lebens-Regeln für diejenigen, welche in das Hospital St. Annen in Magdeburg aufgenommen werden […], o. O. 1746, ND Magdeburg: Christian Jacob Hänel 1816, unfol. (benutztes Exemplar eingebunden in StAM, Bibliothek, 145/84)
60 Siehe dazu den Beitrag von Matthias Puhle in diesem Band.
61 Vgl. die knappen Hinweise bei Schlenkrich, Armen- und Krankenfürsorge, S. 620, 630.
62 Vgl. Bock, Armenwesen, S. 163. Als Quellen vgl. STAM, Rep. 33 V, K 2– K 8.
63 LASA, MD, U 3 H, Nr. 2 (18. September 1509): Stiftung eines Kapitals von 140 fl. mit 6 fl. Zins durch die Familie Rode zu Magdeburg bei den Augustinern für ihre Memoria. Zu 1447 siehe oben, Anm. 20.
64 StAM, Rep. 33 V, K 1 (1669–1731).

Christoph Volkmar

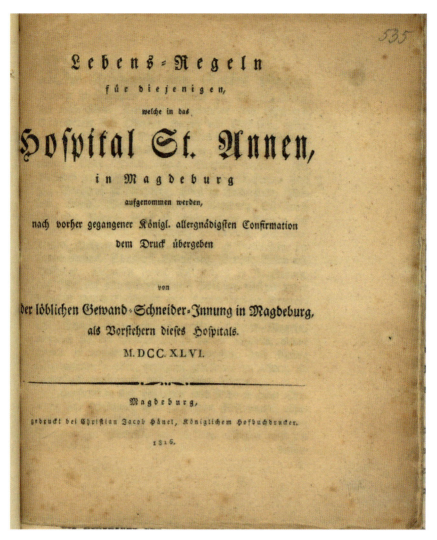

18 Lebensregeln für diejenigen, welche in das Hospital St. Annen in Magdeburg aufgenommen werden, 1746, Nachdruck Magdeburg: Christian Jacob Hänel, 1816

Mascov war als Stadtphysikus für die Gesundheit der Elbestädter zuständig, was ihm offenbar ein gutes Auskommen sicherte. In seinem Testament vom 29. Juli 1730 legt er zunächst über mehrere Seiten hinweg Zeugnis von seinem christlichen Glauben ab, bevor er insgesamt 18 Legate verfügt. Diese kamen neben der eigenen Verwandtschaft auch drei Magdeburger Geistlichen zugute. Von diesen ist Mascovs Beichtvater, der Johanniskirchenpfarrer Seth Heinrich Calvisius, bis heute ein Begriff, weil dem aus der Familie eines Leipziger Thomaskantors stammenden Theologen die erste Darstellung der Stadtgeschichte nach der Zerstörung von 1631 zu verdanken ist.⁶⁵ Als eine seiner letzten Verfügungen vermachte Mascov „denen armen Waysenkindern auf dem closter S. Augustini" eine Summe von 100 Rthl., die in den Kapitalstock des Klosters fließen sollte.⁶⁶ Mascovs Verfügung steht exemplarisch für viele wohlhabende Magdeburger, die das Augustinerkloster mit Zuwendungen unterstützten. Adolph Bock hat allein für den Zeitraum zwischen 1709 und 1858 54 Vermächtnisse zusammengestellt, die ein Gesamtvolumen von 28.200 Talern erreichten. Dabei erfasste Bock nur die Beträge ab 100 Taler und erreichte auch keine Vollständigkeit. Das Legat des Friedrich von Mascov fehlt in Bocks Aufstellung, weshalb es hier nachgetragen sei.⁶⁷

Ein zweite Zustiftung, auf die hier noch eingegangen sei, ist schon in Bocks Aufstellung enthalten. 1718 stiftete Leberecht von Guericke (1662–1737) 200 Reichstaler in den Kapitalstock des Augustinerklosters. Dabei handelte es sich nicht um ein Testament, sondern um eine Schenkung zu Lebzeiten („donatio inter vivos").⁶⁸ Sie verdient auch deshalb Beachtung, weil der Enkel Otto von Guerickes mit seiner Schenkung denkbar eng an die vorreformatorische Stiftungspraxis anknüpfte. Zwar war der Nachkomme eines Magdeburger Ratsgeschlechts mit der Nobilitierung seines Großvaters dem städtischen Kontext entwachsen und in den niederen Adel aufgestiegen. Als Regierungsdirektor des Herzogtums Magdeburg stand er sogar an der Spitze der preußischen Landesverwaltung, die am Domplatz residierte.⁶⁹

Mit seiner Zustiftung knüpfte er dennoch an die Wurzeln seiner Familie im Magdeburger Bürgertum an. Genau genommen wollte er sie als Akt der Pietät gegenüber einem mittelalterlichen Vorfahren verstanden wissen. Dies war der Magdeburger Bürger und Ritter Werner Feuerhake, der 1311 als Wohltäter in der Augustinerkirche beigesetzt worden war. Er galt der lokalen Tradition als eigentlicher Stifter des Klosters,⁷⁰ eine Sichtweise, die auch Guericke weitertrug, wenn er Feuerhake als „fundator" des Konvents bezeichnete.⁷¹

Auch in der Form stellt sich Guerickes Schenkung in die Nachfolge mittelalterlicher Memorialpraxis. Die Klostervorsteher mussten zusichern, die jährlichen

---

65 Vgl. Calvisius, Magdeburg.
66 Testament des Dr. Friedrich von Mascov, 29. Juni 1730, eröffnet am 28. September 1731, StAM, Rep. 33 V, K 1, unfol.
67 Vgl. Bock, Armenwesen, S. 197f.
68 Schenkungsurkunde 1718, mit Unterschriften der Klostervorsteher und Bestätigungsurkunde des Rates der Altstadt Magdeburg vom 12. August 1718 (Abschrift), StAM, Rep. 33 V, E 1.
69 Zur Person vgl. die Leichenpredigt: Weinschenck, Erleichterung.
70 So schon ein Zusatz zur Schöppenchronik aus dem 16. Jahrhundert. Vgl. Chroniken Magdeburg, Bd. 1, S. 176 mit Anm., dazu Lusiardi, Kirche, S. 212.
71 Schenkungsurkunde 1718 (wie Anm. 68).

Erträge von 12 Talern nicht einfach in den Haushalt des Hospitals einzustellen, sondern die Zinsen „alljährlich zu allen zeithen und solange die welt stehet jedesmahl am Grünen Donnerstag […] unter die armen mehrberührten klosters Augustinen zu distribuiren". Dabei sei an Feuerhake zu erinnern und Leberecht von Guericke zu erwähnen. Schließlich wollte Guericke seine milde Gabe auch als eigenen Dank an den Herrgott verstanden wissen, der ihn auf diplomatischen Missionen in entfernte Länder (er kam bis nach Russland) behütet und mit einem großen Vermögen gesegnet habe.[72]

Die Bestätigung des Legats durch den Rat und die Hinterlegung von Ausfertigungen der Urkunde bei der Stadt, bei der preußischen Regierung, im Konsistorium und im Archiv des Augustinerklosters sollten dafür Sorge tragen, dass dies nicht in Vergessenheit gerate.[73]

Obwohl Guerickes Legat im Jahr 1718 verfügt wurde, weist es wesentliche Elemente eines mittelalterlichen Jahrgedächtnisses auf, sieht man einmal davon ab, dass die Armen nicht mehr zu Gebeten für das Seelenheil aufgefordert wurden. In der Funktionsweise, im Selbstverständnis und bis in die Sprache hinein stellte sich das karitative Engagement führender Magdeburger des 18. Jahrhunderts also in weitaus ältere Traditionen. Nicht zuletzt hielten die alten Klosterhospitäler die längst umgewandelten oder aufgelösten monastischen Gemeinschaften im Stadtleben präsent. Die alten Muster ließen sich so immer wieder aktualisieren. Sogar in den Worten der Stadtväter erscheint das Augustinerhospital als traditionelle geistliche Gemeinschaft. In einem Schreiben an die Stadt Braunschweig bitten die Magdeburger Ratsherren im Sommer 1630 für die „brüder und gesambte conventualen des closters S. Augustini alhier" um Zinszahlungen an den „confrater" Heinrich Legidirus, als habe es nie eine Säkularisierung gegeben.[74] Vor dem Hintergrund der Restitutionsdebatten des Dreißigjährigen Krieges wird hier die Kontinuität von älteren Stiftungskonzepten deutlich, an deren *longue durée* die Zeitgenossen ganz bewusst anzuknüpfen suchten.

---

72 Ebd.
73 Ebd.
74 Schreiben von Bürgermeister und Rat der Altstadt Magdeburg an den Rat der Stadt Braunschweig, Magdeburg, 3. Juli 1630, StAM, Magdeburger Spuren, Nr. 363, https://www.magdeburger-spuren.de/de/detailansicht.html?sig=363 (21.01.2020).

3 Bürgerliche Stiftungen: Das Georgenhospital

Als Beispiel für die Stiftungen der mittelalterlichen Innungen sei abschließend das Georgenhospital näher vorgestellt. Es wurde 1291 als Siechenhaus bzw. Leprosenhospital („domum infirmorum" bzw. „domum leprosorum") erstmals erwähnt.[75] Als Gründung der Seidenkramerinnung blieb es über ein halbes Jahrtausend hinweg eng mit dieser verbunden. Dies fand seinen Ausdruck bereits im gemeinsamen Schutzpatron beider Institutionen, dem Drachentöter Georg (siehe Abb. 14).

Die einflussreichste Magdeburger Fernhändlergilde war nicht zufällig Träger des Hospitals, denn die neue Seuche Lepra hatte sich im 13. Jahrhundert entlang der europäischen Handelsrouten verbreitet und Magdeburg als wichtigen Knotenpunkt in diesem Netzwerk nicht verschont. Von Anfang an diente das Georgenhospital der sozialen Versorgung alter und kranker Innungsverwandter. Es war also eine berufsständische Einrichtung, die erst in zweiter Linie auch andere Bedürftige versorgte.

Die Pflege der Aussätzigen erforderte, dass das Siechenhaus als geschlossene Anlage außerhalb der mittelalterlichen Siedlungskerne der Gruppstadt Magdeburg errichtet wurde. Daraus erklärt sich die Lage am Westrand der alten Sudenburg abseits der Fernstraßen. Auf dem Areal befinden sich heute die Polizeidirektion bzw. die Bahnanlagen beiderseits der Hallischen Straße.

19 Modell der Stadt Magdeburg um 1730 aus der Ausstellung im ehemaligen Stadtmuseum am Domplatz, 1935; links vor der Sudenburg ist das Georgenhospital erkennbar

---

75 UBM, Bd. 1, S. 93 f. (Nr. 177 f.).

20 Abb. Rechnung des Georgenhospitals für 1623

21 Abb. Rechnung des Georgenhospitals für 1638/39

Für St. Georg sind wir in der glücklichen Situation, von einer vergleichsweite breiten Überlieferung ausgehen zu können. Sie wird in den Beständen Rep. 17 und Rep. 33 II des Stadtarchivs verwahrt und umfasst mehrere Rechnungsserien des 17. bis 19. Jahrhunderts sowie Akten aus der Registratur der Seidenkramerinnung.[76] Ganz außergewöhnlich ist, dass sich für das Georgenhospital sogar einige Artefakte aus dem ‚dunklen Zeitalter' Magdeburgs, also aus den Jahren vor 1631 erhalten haben. Es handelt sich um das Fragment einer Hospitalrechnung von 1597/99 sowie um Rechnungen für die Jahre 1623/24, 1626/27 und 1629.

---

76 StAM, Rep. 17 und Rep. 33 II.

Zusammen mit der Überlieferung, die nach der Zerstörung der Stadt ab 1638 wieder einsetzt, eröffnet dies die seltene Gelegenheit, die Stunde null des Jahres 1631 von beiden Seiten in den Blick zu nehmen.[77]

Die Vermögenswerte des Georgenhospitals sind gut dokumentiert. Zum Grundbesitz in der Stadt trat erheblicher Landbesitz vor den Toren, insbesondere in den Forsten Rothensee und Vogelgesang sowie im Herrenkrug.[78] Zusammen mit der Trägerschaft durch die reiche Kaufmannsinnung boten diese Ressourcen einen gewissen Ausgleich zur exponierten Lage des Hospitals, das am Rande der kaum befestigten Sudenburg mehrfach Kriegsereignissen zum Opfer fiel. Bevor die Gebäude 1631 eingeäschert wurden, waren sie bereits bei der Belagerung der geächteten Stadt 1550/51 zerstört worden. Damals endete schon der erste Angriff, den die Söldner Herzog Georgs von Mecklenburg in der Nacht des 10. Oktober 1550 vor Magdeburgs Tore trugen, mit der Brandschatzung des „siechoff zu S. Jorge vor der Stadt".[79] Dennoch wurde der historische Standort erst im Zuge der napoleonischen Festungserweiterung 1812 zugunsten eines Neubaus in der Altstadt aufgegeben (siehe Abb. 2).[80]

22 Ein Nebenstandort in der Wilhelmstadt war das Wohnheim des Georgenhospitals in der Belfortstraße 30, 1928

---

77 StAM, Rep. 33 II, E 1–8. Die Rechnungsserie liegt ab 1638 geschlossen bis 1801 vor.
78 Vgl. StAM, Rep. 17 und Rep. 33 II. Eine eingehende Auswertung wäre eine lohnende Aufgabe für die Zukunft.
79 Chroniken Magdeburg, Bd. 2, S. 38.
80 Ehemals Stiftstraße/Große Schulstraße, auch Georgenplatz genannt, vgl. Bock, Armenwesen, S. 125 f. Dort befindet sich heute eine Parkfläche hinter dem Karstadt-Warenhaus an der Julius-Bremer-Straße.

Hingegen stellte die Reformation keinen wesentlichen Einschnitt für das Georgenhospital dar. Die Seidenkramerinnung blieb Trägerin, ihre Innungsmeister nahmen die Aufsicht wahr und agierten als Hospitalvorstand. Die täglichen Geschäfte führte ein Speisemeister genannter Verwalter. Erst nachdem die Seidenkramerinnung während der Zeit des Königreichs Westphalen 1808 aufgehoben wurde, erlangte der Rat der Altstadt direkten Einfluss auf das alte Bürgerhospital. Nach 1840 übte er die Stiftungsverwaltung in einem paritätisch besetzten Gremium gemeinsam mit gewählten Vertretern der Kaufmannschaft aus, die sich in der Kontinuität der Seidenkramer sahen.[81]

Bildete die Eigenständigkeit der Stiftung unter der Obhut der reichsten Kaufleute eine Konstante vom 13. bis ins 19. Jahrhundert, so ergaben sich Wandlungen im Hospitalleben aus veränderten epidemischen Rahmenbedingungen um 1500. Die Lepra verschwand aus Mitteleuropa, und damit entfiel die Funktion der Leprosenhäuser als Quarantänestationen. Sie konnten nun andere Aufgaben übernehmen, sich allgemeiner den Bedürfnissen von Armen, Kranken, Alten und Fremden zuwenden. Nutznießer blieben aber weiterhin zuerst die Innungsverwandten, also die in der Zunft organisierten Kaufleute, ihre Frauen, Witwen und Kinder, ferner der weitere Haushalt mit dem Dienstpersonal, wenn sich ein Hausvater für seine Knechte und Mägde verwendete. Erst in zweiter Linie wurden andere Bedürftige bedacht. Immerhin aber vermerkt die Rechnung von 1623 die nicht unbedeutende Summe von 67,5 fl. an „Ausgaben, so den Armen außerhalb des Hoffes aus gutem Willen gegeben werden", wobei eigens die Versorgung eines Krebskranken erwähnt wird.[82]

Die gesellschaftlich-religiösen Neuerungen der Reformation gingen dennoch nicht spurlos am Georgenhospital vorbei. Als ein Leitmotiv in der Neuausrichtung des Stiftungswesens durch die Reformation können Studienstipendien gelten, die einen Universitätsbesuch finanzieren und mittels der Prägung künftiger Eliten im Geiste Melanchthons die lutherische Konfessionsbildung voranbringen sollten.[83] Auch die Magdeburger Seidenkramer investierten in Bildung und nutzten dazu die Ressourcen ihres Hospitals. Seit 1586 wurde studierwilligen Söhnen der Innungsverwandten ein Jahresstipendium von 40 fl. für ein maximal dreijähriges Studium gereicht. Nach diesen Stipendien bestand rege Nachfrage. Der Studienfonds wurde stetig erhöht und vermochte im frühen 19. Jahrhundert sechs Studierende gleichzeitig zu fördern.[84]

---

81 Vgl. ebd., S. 111–150.
82 Ebd., S. 115.
83 Vgl. Gössner, Studenten; Volkmar, Reformation der Junker.
84 Vgl. Bock, Armenwesen, S. 123.

Das Stiftungswesen in der Frühen Neuzeit

23 Präbendatengebäude des Georgenhospitals vor der Sudenburg, Beilage zu Adolph Bock, Das Armenwesen [...], Magdeburg 1860

Eine Anpassung an schon angesprochene Entwicklungen stellte auch die Aufnahme von Pfründnern dar. Fanden zunächst nur alte Innungsverwandte Aufnahme, dies aber unentgeltlich, wurde im Zuge des Wiederaufbaus der Jahre 1638–1653 mit Verweis auf die allgemeine Finanznot zahlenden Präbendaten der Zugang gewährt. Dies geschah zunächst ausnahmsweise, bald aber als Regelfall. Ein 1748/50 neu erbauter Flügel des Hospitals war eigens für zahlende Pfründner vorgesehen und daher von vornherein großzügiger geplant, „auf das man reputirliche Leute recipiren könne". Die jeweils aus eigener Stube und Kammer bestehenden Wohneinheiten im sogenannten Neuen Präbendatenhaus waren trotz des auf 400 Rthl. verdoppelten Einkaufgeldes so schnell vergeben, dass eine Warteliste geführt werden musste. Expektanten, die bereits eingezahlt hatten, aber noch keinen Platz erhalten konnten, blieben oft jahrelang in ihren Privathäusern und wurden mit Geldzahlungen versorgt. Auch das Georgenhospital wandelte sich also zu einer ‚Seniorenresidenz' für gut situierte Magdeburger, ohne die Armenpflege ganz aufzugeben. Verarmten Innungsverwandten blieb das Anrecht auf 6 Freiplätze, die unter den 44 Ober- und Unterpräbendaten des Jahres 1800 freilich die Minderheit darstellten.[85]

Ihren religiösen Charakter indes bewahrte sich die Stiftung während der gesamten Frühen Neuzeit. Die Hospitalinsassen waren nicht nur zu frommem Lebenswandel und regelmäßigen Gottesdiensten verpflichtet, sondern bildeten

---

85 Vgl. ebd., S. 119–123.

eine separate Gemeinde mit einem eigenen Prediger, der von den Innungsmeister berufen und aus den Mitteln des Hospitals besoldet wurde.[86]

Zusammenfassung

Im 19. Jahrhundert fanden die Urkunden des Augustinerklosters, die der alte Bartholomäus bewahrt hatte, Eingang in das Stadtarchiv und wurden zuletzt unter der Signatur Rep. 12, II Nr. 61a aufbewahrt. Doch aus der Luftschutzauslagerung im Zweiten Weltkrieg kehrten sie ebenso wie Hunderte andere Dokumente der altstädtischen Klöster leider nicht zurück.[87]
Als Zugang zu den Quellen der älteren Stiftungsgeschichte Magdeburgs bleibt daher heute oft nur der Rückgriff auf die ältere Literatur, etwa im Falle der Cessionsurkunde von 1525, die im 19. Jahrhundert von Adolf Bock und davon unabhängig von Friedrich Hülße nach den Standards ihrer Zeit abgedruckt wurde.[88]
Trotz dieser Hindernisse geht die Forschung weiter. Die hier vorgestellten Betrachtungen nahmen von einer Auswertung des Verzeichnisses der Stiftungen ihren Ausgang und ließen sich dann von der Beobachtung leiten, dass neben den ca. 45 Neugründungen der Frühen Neuzeit gerade die aus dem Mittelalter stammenden Hospitalstiftungen strukturprägende Wirkung besaßen. Hier ließen sich zwei Typen unterscheiden: Klosterhospitäler und Innungshospitäler. Trotz unterschiedlicher Wurzeln glichen sie sich hinsichtlich ihrer Aufgaben, ihrer Finanzierung und ihrer städtischen Aufsicht im Laufe der Frühen Neuzeit weitgehend an, wobei die Innungshospitäler eine größere Unabhängigkeit von der Ratsherrschaft bewahren konnten, weil die Innungen als Träger über die Reformation hinaus fortbestanden.
Die Zerstörung der Stadt 1631 brachte die Arbeit zwar kurzzeitig zum Erliegen, stellt in der langfristigen Betrachtung allerdings keinen qualitativen Einschnitt dar, denn der Wiederaufbau orientierte sich eng an den überkommenen Strukturen. Im 18. Jahrhundert entstanden neue kommunale Fürsorgeeinrichtungen auf steuerfinanzierter Basis. Diese traten neben die alten Strukturen, stellten aber angesichts des steigenden Bedarfs weder für die alten Hospitäler noch für die von Pfarrgemeinden, Gilden und Migrantenkolonien organisierten Fürsorge eine bedrohliche Konkurrenz dar.

---

86 Vgl. ebd., S. 118f.
87 Zu den Kriegsverlusten des Stadtarchivs vgl. zuletzt Volkmar, Untergang.
88 Siehe oben, Anm. 2.

Als weithin eigenständige Säule der sozialen Infrastruktur blieben die Hospitalstiftungen im Stadtleben präsent, vor allem als Orte der Altenpflege und nicht zuletzt als Stätten religiösen Lebens. Die Bürgerschaft unterstützte diese Arbeit über die Reformation hinweg durch Spenden und Zustiftungen, die die Tradition christlicher Stiftungstätigkeit mit einem konservativen Grundton fortschrieben. Während die Kommunalisierung der Stiftungsaufsicht schon am Ausgang des Mittelalters begonnen hatte und sich weiter fortsetzte, scheint gegenüber stark vereinfachenden Thesen von einer allgemeinen Säkularisierung Vorsicht und eine differenzierte Betrachtung angebracht.

Der weitere Forschungsbedarf ist offenkundig. Die Publikation dieses Magdeburger Stiftungsbuchs will dazu nur den Auftakt liefern.

Zu den Akten

Budget

für

das Wallonisch-reformirte Armen- und Waisenhaus

zu Magdeburg,

auf d̶a̶s̶ die Jahre 1815 und 1816.

1) Ursprung der Stiftung.

Die Capitalien sind theils durch freywillige Beyträge theils durch Vermächtnisse von Gemeinds Gliedern entstanden.

2) Zweck derselben.

Der Zweck derselben ist Versorgung und Unterstützung der Waisen und Armen.

3) Verwaltung derselben.

Die Verwaltung dieser Armen-Stiftung geschieht durch drey Mitglieder des Wallonisch-reformirten Kirchen Presbyterii und durch drey Gemeinde Mit-Glieder, welche sämmtlich gratis arbeiten.

24 Budget des Wallonisch-reformierten Armen- und Waisenhauses 1815/16

Bürgerschaftliches Engagement und soziale Verantwortung zwischen 1807 und 1989

Lutz Miehe

1 Die Entwicklung der Stiftungen in Magdeburg in der ersten Hälfte des 19. Jahrhunderts

1.1 Die Magdeburger Stiftungen in der Zeit der napoleonischen Fremdherrschaft (1807–1814)

Am 8. November 1806 übergab die preußische Garnison die Festung Magdeburg kampflos an die Armee Napoleons.[1] Nach dem Frieden von Tilsit vom 9. Juli 1807 wurde die Stadt aus dem preußischen Staatsgebiet herausgelöst und Teil des Königreichs Westfalen, Sitz des Elbe-Saale-Departements und Distrikthauptstadt.[2] Zu den bedeutendsten Maßnahmen der Besatzungsmacht zählte die Einführung des französischen Gesetzbuches, des Code Civil.[3] Neu waren nicht nur die bürgerlichen Freiheiten, beseitigt wurden insbesondere alle Privi-

---

1 Vgl. Tullner, Die preußische Niederlage, S. 135f. Die Übergabe erfolgte, obwohl sich das preußische Militär auf eine Verteidigung der Stadt vorbereitet hatte. In diesem Zusammenhang war u. a. im Glacis Schussfreiheit geschaffen und dort liegende Häuser zerstört worden. Deshalb flohen auch die Bewohner des vor der Festung gelegenen Hospitals St. Georgen in die Altstadt. Hierbei hatten, schrieb das Hospital im Dezember 1806, insbesondere die 15 Unterpräbendaten, der Hofmeister mit seiner Frau sowie die Klostermagd „an Miethe, Transportkosten, Beschädigung und Entwendung eines Theils ihrer Sachen einen erheblichen Verlust erlitten". Vgl. StAM, Rep. A I, P 186, Bd. 37, Bl. 274.
2 Vgl. Clark, Preußen, S. 360ff. Zu den Auswirkungen auf Magdeburg vgl. Asmus, 1200 Jahre, Bd. 2, S. 250ff. Hoffmann, Geschichte, Bd. 3, S. 454ff. Die östlich der Elbe gelegenen Teile Preußens verblieben im preußischen Staat, Magdeburg wurde somit Grenzstadt.
3 Vgl. „Königliches Decret, welches die Verwaltungs-Ordnung enthält" vom 11. Januar 1808, in: Bulletin der Gesetze und Decrete des Königreiches Westfalen, Bd. 1, S. 307ff. Das 1794 eingeführte Allgemeine Landrecht der Preußischen Staaten (ALR) hatte die Oberaufsicht des Staates über die öffentlichen Armenanstalten, wie auch über die Magdeburger Hospitalstiftungen, normiert (vgl. ALR, II. Teil, 19. Titel, § 37). Die Aufsicht hatte gemäß § 38 darüber zu wachen, „daß nach den vom Staate ausdrücklich oder stillschweigend genehmigten Verordnungen des Stifters verfahren werde, und nichts einschleiche, was dem allgemeinen Endzwecke solcher Stiftungen zuwider sey". Wie diese Aufsicht allerdings im Herzogtum Magdeburg bis zu dessen Auflösung im Jahre 1807 ausgestaltet war, ist gegenwärtig unerforscht. Unklar ist auch, wie die Aufsicht über jene Stiftungen, die nicht – wie z.B. die Wrede'sche Stiftung – als Anstalten arbeiteten, organisiert war. Die Position von Graf Strachwitz, nach der das ALR „für die Preußischen Staaten

legien des Adels und die mittelalterlichen Sonderrechte, die der Einführung der kapitalistischen Verhältnisse im Wege standen.[4] An die Stelle der Ratsverfassung trat eine am französischen Vorbild orientierte Verwaltung, an deren Spitze ein ernannter Maire stand. Dieser wurde von einem Munizipalrat beraten, aber auch beaufsichtigt.

Für die Stiftungen von Bedeutung war die ebenfalls nach französischem Vorbild eingeführte Kommunalisierung der Armenpflege. Befanden sich Armenvorsorge und Armenverwaltung bis zum Anfang des 19. Jahrhunderts in der Hand einer von der Regierung eingesetzten Behörde, die ihre Einnahmen weitgehend über Spenden erzielte,[5] gingen diese Aufgaben nun auf die Stadt über.[6] In diesem Zusammenhang wurde den Kommunen auch die Aufsicht über die „öffentlichen Anstalten, welche [...] zum Besten der Gemeinde-Glieder eigens gestiftet sind", übertragen. Gleichzeitig wurden die Gemeinderäte, die Munizipalräte, beauftragt, die Einnahmen und Ausgaben des Maire – und damit auch die von ihm verwalteten Stiftungen – zu prüfen.[7]

Auf der Grundlage dieser rechtlichen Veränderungen wurden im Januar 1809 die sich in Magdeburg befindenden Innungen der Handwerker aufgehoben und die Verwaltung jener Stiftungen, die bisher von diesen ausgeübt wurde, dem Almosenkollegium der Stadt übertragen.[8] Der Kommunalisierung des Armenwesens folgte somit die Kommunalisierung der Stiftungen.

Der Übergang der bisher von den Innungen verwalteten Stiftungen auf die Stadt verlief bis auf die Hospitäler St. Annen und St. Georgen konfliktfrei. Bei beiden Stiftungen, die bis zum Jahre 1808 von der Gewandschneiderinnung bzw. der Seidenkramerinnung verwaltet worden waren, weigerte sich die Kauf-

---

nur eine Genehmigungspflicht normiert hatte" und die „permanente Aufsicht des Staates" über Stiftungen erst durch die deutsche Rechtslehre im 19. Jahrhundert entwickelt wurde, dürfte der Realität nicht entsprochen haben. Vgl. Strachwitz, Professorenentwurf, S. 162.

4 Vgl. Wolter, Magdeburg, S. 235 ff., sowie Leonhard, Geburtsstunde S. 15.
5 Vgl. Berghauer, Magdeburg, Bd. 2, S. 152 ff.
6 Vgl. „Königliches Decret ..." vom 11. Januar 1808, S. 324; Oppermann, Nachricht, S. 6; ders.: Armenwesen, 1821, S. 176 f. An dieser Situation änderte sich auch nach der Beseitigung der napoleonischen Fremdherrschaft nichts. Vgl. Bock, Armenwesen, S. 10; Krause, Trostlos, S. 96. Im Königreich Preußen wurde mit der Städteordnung von 1808 den Kommunen ebenfalls die Aufgabe der Finanzierung der Armenversorgung übertragen. Ludwig spricht in diesem Zusammenhang von einer Verrechtlichung und Bürokratisierung" der Armenversorgung. Vgl. Ludwig, Soziale Stiftungen, S. 39.
7 Vgl. „Königliches Decret..." vom 11. Januar 1808.
8 Vgl. Vermerk des Almosenkollegiums der Stadt Magdeburg am 2. Januar 1821, in: StAM, Rep. 10, J 13, unfol. Die Rechnungsführung für diese Stiftungen oblag fortan dem „Rendanten" der Armenkasse. Vgl. auch Oppermann, Armenwesen, 1821, S. 176 f. Beispiele hierfür sind die Marie Brössel'sche Stiftung, die Naumann'sche Stiftung und die von Syborg'sche Stiftung. Von der Auflösung nicht betroffen war die Kaufleute-Bruderschaft, vgl. Karnop/Rode/Tullner, Regierungsbezirk, S. 29 f.

mannschaft, die Hoheit abzugeben. Die „einstweiligen Repräsentanten der mit Corporationsrechten damals noch nicht versehenen hiesigen Kaufmannschaft" übernahmen die Verwaltung unter Aufsicht der Stadt,[9] der hierüber entbrannte Konflikt mit der Stadtverwaltung konnte erst 1838 gelöst werden.

Das Almosenkollegium legte als kommunale Behörde für die von ihm nun zu verwaltenden Stiftungen neue Akten an. Diese enthalten auf ihren ersten Blättern die für die neue Aufgabe des Kollegiums notwendigen Informationen: Dargelegt werden der „Ursprung der Stiftung" – es wurde also die Frage des Stifters und die Art der Errichtung, etwa per Testament, geklärt –, der Zweck der Stiftung sowie die Aufgaben, die mit der Verwaltung der Stiftung zu erledigen waren.[10] Einige der neu angelegten Akten enthalten zudem Abschriften aus jenen Teilen der Testamente der Stifter, auf die sich die Stiftungserrichtung begründete. Somit schuf die Verwaltung die Voraussetzungen, um künftig darüber wachen zu können, dass von den Organen der Stiftung der „ursprüngliche Stifterwille" erfüllt wurde. Von den von ihr zu verwaltenden Stiftungen verlangte die Kommune eine nicht unerhebliche Kaution.[11]

Der Rechnungsführer des Armenkollegiums war nun nicht mehr – wie in der Innung – zugleich Administrator der Stiftung. Der Munizipalrat der Stadt legte deshalb im Dezember 1812 z. B. für die von Syborg'sche Stiftung fest, dass die Armenverwaltung für die Rechnungslegung durch den Rendanten der Armenkasse nicht mehr – wie bisher in der Brauerinnung – fünf, sondern nur noch vier Taler zu veranschlagen habe. Das Armenkollegium hatte den Entwurf des Budgets der Stiftung dem Munizipalrat zur Genehmigung zuzuleiten. Dieser teilte der Armenverwaltung mit, dass nur Ausgaben geleistet werden dürften,

---

9 Vgl. „Namentliche Aufstellung hiesiger öffentlicher Anstalten, welche unter der Aufsicht Hochlöbl. Mairie stehen", 4. August 1812, in: StAM, Rep. A I, R 192, Bl. 3. Vgl. auch Oppermann, 1831–1840, S. 9; Bock, Armenwesen, S. 133 ff. Die Gründung der Kooperation der Kaufmannschaft zu Magdeburg als Interessenvertretung der Wirtschaft erfolgte im Jahre 1825. Vgl. hierzu Tullner, Preußische Provinzialhauptstadt, S. 557.

10 Bei der Georg Wilhelm Brössel'schen Stiftung ist – um ein Beispiel zu nennen – unter dem Punkt „Verwaltung" vermerkt: „Das Armencollegium prüft die Dürftigkeit und Würdigkeit der sich meldenden Theilnehmer und veranlaßt hiernächst die Vertheilung der eingehenden Zinsen. Die Rechnungsführung ist dem Rendanten der Armencasse übertragen." Vgl. Vermerk über den „Beständigen Etat der Georg Wilhelm Brössel-Stiftung", 19. März 1819, in: StAM, Rep. 10, J 13, unfol.

11 Das Armenkollegium hielt in einem Vermerk vom 10. Mai 1824 rückschauend fest, dass der Rendant für die Wrede'sche Stiftung „und andere Stiftungscassen eine Caution von 200 Tlr. Gold und außerdem für die Armenkasse 1600 Rtlr. [...] also überhaupt achtzehnhundert Thaler Caution bestellt hat". Vgl. Vermerk vom 10. Mai 1824, in: StAM, Rep. 10, J 19. Vgl. auch den Vermerk des Armenkollegiums für die Elisabeth Magdalene Naumann-Stiftung vom 28. März 1826 und die Georg Wilhelm Brössel-Stiftung, in: StAM, Rep. 10, J 12 sowie J 13, vol. III, unfol.

die im Budget genehmigt worden seien.[12] Schließlich leitete die Stadt das Budget dem Präfekten zur Genehmigung zu.

An diesem Beispiel wird deutlich, dass die Kommunalisierung der Armenverwaltung und der Stiftungsverwaltung eine enge Verzahnung beider Bereiche zur Folge hatte. Mitunter bediente sich die Stadtverwaltung aus dem Stiftungsvermögen. Als infolge besonders strenger Winter, einer anhaltenden Teuerung und der Einrichtung eines eigenständigen Waisenhauses[13] die bereits zuvor stets unterfinanzierte Armenfürsorge[14] vor erhebliche finanzielle Probleme gestellt wurde,[15] führte die Stadt im Jahre 1810 nicht nur eine Armensteuer von 1,5 Prozent auf alle Einkommen über 100 Tlr. pro Jahr ein.[16] Die Verfügungsgewalt über die von der Stadt verwalteten Stiftungen nutzte der Munizipalrat, um seine enormen Probleme bei der Finanzierung der Armenversorgung zu reduzieren.[17] Im Herbst 1811 beschloss er, zur Schuldenbegleichung das Kapitalvermögen der Stiftungen heranzuziehen, da es doch „einen Theil des Stadtvermögens" ausmache.[18] Es war geplant, dass der Armenfonds hierfür den Stiftungen Zinsen zahlen solle, „bis der Armenfonds in der Lage seyn werde, diese Capitalien zurückzuzahlen".[19] Im April 1812 erfolgten die ersten Zahlungen. Hierbei handelte es sich um nicht unerhebliche Summen: Der Beitrag der Wrede'schen Stiftung betrug 1.600 Tlr., die Altwein'sche Stiftung hatte 300 Tlr. zu entrichten, und dem Vermögen des Klosters St. Augustini wurden 2.000 Tlr.

---

12 Vgl. Schreiben des 1. Adjunkts des Maire Ludwig Noeldechen an die Verwaltung der von Syborg'schen Stiftung, 17. Januar 1813, in: ebd., J 3, unfol.
13 Die Kinder waren bis zu diesem Zeitpunkt gemeinsam mit den Erwachsenen im Kloster St. Augustini untergebracht. Vgl. Oppermann, Armenwesen, 1821, S. 22 ff.
14 Die laufenden Kosten für die Armenversorgung überstiegen das Budget des Armenkollegiums regelmäßig. Deshalb wurde mehrfach in der Stadt eine Armensteuer erhoben. Im Jahre 1812 betrugen die Schulden ca. 50.000 Tlr. Vgl. Oppermann, Armenwesen, 1821, S. 20 ff., 32 ff. Nach Krause erreichte die kritische Finanzlage der Armenkasse in „westphälischer Zeit" ihren Höhepunkt. Vgl. Krause, Trostlos, S. 64, 99 ff.
15 Zu dieser Situation hatte auch die Tatsache beigetragen, dass seit dem Ende des 18. Jahrhunderts „die Zahl der Armen sich sehr vermehrt hat". Vgl. Oppermann, Armenwessen, 1821, S. 5.
16 Vgl. hierzu StAM, Rep. A II, A 48 spec. 1, vol. I und II sowie Oppermann, Armenwesen, 1821, S. 26 f.; Ballerstedt, Armenpolitik, S. 535; Krause, Trostlos, S. 65, 100 ff. Der Leiter des Armenkollegiums Wilhelm Gottlieb von Vangerow schrieb – völlig aufgebracht über die unhaltbaren Zustände in der Armenversorgung und der von der Stadt geplanten Reduzierung der Zuschüsse – an den Maire Ludwig Noeldechen: „Soll jetzt gleich die Unterstützung der Hausarmen aufhören, der für dieselben angestellte Arzt entlassen, sie alle ihrem Schicksal überlassen bleiben? Sollen jetzt gleich die außer dem Armenhause zu verpflegenden Säuglinge und Kinder ihren Pflegeeltern abgenommen und wohin sollen sie gebracht werden?" Zitiert nach Krause, Trostlos, S. 102.
17 Zur außerordentlich schwierigen finanziellen Situation der Armenverwaltung vgl. StAM, Rep. A II, A 48 spec. 1, vol. I–IV.
18 Beglaubigte Abschrift des Beschlusses des Munizipalrates vom 16. November 1811, in: ebd., vol. I, Bl. 285.
19 Vgl. ebd.

entnommen – um nur einige Beispiele zu nennen.[20] So war die napoleonische Fremdherrschaft für die von der Stadt verwalteten Stiftungen mit einem Eingriff in ihr Grundstockvermögen verbunden – wenn auch zugunsten des Armenwesens.[21]

Überhaupt leisteten die Stiftungen bereits am Anfang des 19. Jahrhunderts einen erheblichen Beitrag zur Unterstützung der sozial benachteiligten Einwohner der Stadt. Oppermann würdigte diese Leistungen, indem er mitteilte, dass das städtische „Armenwesen weit umfassender sein" müsste, „wenn hier nicht mehrere bedeutende Wohlthätigkeits-Anstalten vorhanden wären, welche für Bedürftige sorgen".[22] Diese Einschätzung ist umso bemerkenswerter, als die Stiftungen durch ihre Einbeziehung in die Finanzierung der von den Besatzern auferlegten Kriegskontributionen nicht unbeträchtliche Beiträge zu leisten hatten.[23]

Während der napoleonischen Fremdherrschaft verloren die Nachkommen der Glaubensflüchtlinge aus Frankreich und der Pfalz, die sich seit 1685 in der Stadt angesiedelt hatten, ihre Privilegien.[24] Damit unterlagen – zumindest für einige Jahre – die drei Armen- und Waisenhäuser sowie die übrigen Stiftungen der deutsch-reformierten, der französisch-reformierten und der wallonisch-reformierten Gemeinde der Aufsicht der Kommune.

Nachteilig für die Entwicklung der Elbestadt war ganz ohne Zweifel die Ausrufung des Belagerungszustands im Februar 1812 und der sich anschließende, von Napoleon selbst befohlene vollständige Abriss der Vorstadt Sudenburg bzw. der

---

20 Vgl. ebd., vol. II, unfol. Damit entsprach das den Stiftungen entzogene Vermögen ca. 10 v. H. des Grundstockvermögens. Die zunehmenden Probleme der Finanzierung der Versorgung der Armen bewog den Präfekten offenbar, die Stadt anzuweisen, die Leistungen für die Armen auf einen Taler pro Monat und Person zu reduzieren. Das Armenkollegium beschwerte sich daraufhin am 1. April 1814 beim Bürgermeister (Maire), dass eine solche Forderung nicht zu erfüllen sei, da „unter den gegenwärtigen Zeitumständen" bei der „strengsten Oekonomie nicht zu berechnen ist, wie ein Kind für dieses geringe Pflegegeld monatlich erhalten und bekleidet werden kann". Vgl. ebd., vol. IV, unfol. Oppermann dagegen schreibt, dass die Maßnahme „wegen mancher hiermit verbundenen Schwierigkeiten nicht zu Stande kam". Oppermann, Armenwesen, 1821, S. 33.
21 Campenhausen formulierte in diesem Zusammenhang, dass das Vermögen der Stiftungen in den Zeiten der Aufklärung „disponibel und tatsächlich praktisch wie ein Teil des Staatsvermögens behandelt" wurde. Vgl. Campenhausen, Geschichte und Reform, S. 48.
22 Vgl. Oppermann, Armenwesen, 1821, S. 122.
23 Die Einzelheiten hierzu sind gegenwärtig unerforscht. Vgl. StAM, Rep. A I, UV 138, W 220 sowie Z 152, Bd. 6.
24 Diese unterstanden seit der Entstehung ihrer Gemeinden am Ende des 17. Jahrhunderts direkt dem Landesherrn und verfügten über eine eigene Verwaltung mit der Wahl eigener Bürgermeister, einem eigenen Gerichtswesen etc. Vgl. Elsner, Pfälzer in Magdeburg, S. 58 ff.; Fischer, Pfälzer Kolonie. Vgl. auch LASA, C 28 Ie I, Nr. 1571. Nach Berghauer lebten im Jahre 1798 in der Altstadt von Magdeburg 20.542 Personen und 3.516 Angehörige der Pfälzer und Walloner Kolonie. Damit unterstand jeder sechste Einwohner der Altstadt nicht dem Regime des Magistrats. Vgl. Berghauer, Magdeburg, S. 52.

teilweise Abriss der Neustadt, da sie sich im Schussbereich der Festung befanden.[25] Abgerissen wurde in diesem Zusammenhang auch das in der Sudenburg gelegene Hospital St. Georgen.[26]

Erheblichen Belastungen unterlagen in Bezug auf die Vorbereitungen auf die militärischen Konflikte im Zusammenhang der Flucht der napoleonischen Armee nach der Niederlage in Russland und dem Vordringen der antinapoleonischen Koalition im Frühjahr 1813 insbesondere die in der Altstadt gelegenen Hospitalstiftungen, deren Gebäude zweckentfremdet und zum Teil für militärische Zwecke genutzt wurden.[27] Die Präbendaten des Klosters Beatae Mariae Magdalenae mussten ihre Wohnungen räumen, da dieses als Lazarett genutzt wurde. Auf Befehl des französischen Gouverneurs wurden alle in den Armenanstalten untergebrachten Kinder aus der Stadt geschafft und in den Orten der Umgebung untergebracht.[28]

Während in Mitteldeutschland nach der Völkerschlacht bei Leipzig im Oktober 1813 die französische Besetzung ihr Ende fand, hielt sich die französische Garnison in Magdeburg noch über ein halbes Jahr. Diese Monate, während der die Stadt praktisch eingeschlossen war, waren mit besonders vielen militärischen und erheblichen wirtschaftlichen Belastungen für die Bürger der Stadt verbunden.[29] Erst am 24. Mai 1814 zogen nach sieben Jahren Fremdherrschaft wieder preußische Soldaten in die Festung ein.[30]

Insgesamt war die napoleonische Fremdherrschaft in Magdeburg zwar nicht mit einem Kahlschlag für die Stiftungen verbunden, doch bedeutete die Fremdherrschaft für einige geistliche Klöster und Stiftungen das Aus; ihre Immobilien wurden 1812 an die Stadt übertragen.[31] Auch in Magdeburg wurden die Stif-

---

25 In diesem Zusammenhang wurde ab Dezember 1813 auch das Kloster Berge abgerissen. Zu Details vgl. Hoffmann, Geschichte, Bd. 3, S. 459; Asmus, 1200 Jahre, Bd. 2, S. 260 ff. Nach Asmus wurden die Eigentümer der niedergelegten Häuser mit vormaligen Stifts- und Domänengütern entschädigt. Vgl. ebd., S. 263.
26 Vgl. Statut der Satzung des Hospitals St. Georgen vom 24. Januar 1894, in: LASA, C 20 I Ib, Nr. 4898, Bd. 1, unfol. Vgl. auch Oppermann, Armenwesen, 1821, S. 143 f.; Bock, Armenwesen, S. 125 f.
27 Vgl. Oppermann, Armenwesen, 1821, S. 121 f. Der französische Festungskommandeur beschlagnahmte auch das Armenhaus und die Erziehungsanstalt, die er als Kaserne nutzen ließ. Die ausgewiesenen Armen verbrachte die Stadt in die umliegenden Kleinstädte. Vgl. Krause, Trostlos, S. 105. Oppermann, der diese Zeit in Magdeburg verbrachte, charakterisierte das Jahr 1813 als „das Traurigste aller Jahre der neueren Zeit für das Armenwesen". Vgl. Oppermann, Armenwesen, 1821, S. 36.
28 Vgl. Oppermann, Nachricht, S. 6.
29 Vgl. Asmus, 1200 Jahre, Bd. 1, S. 259 ff.; Oppermann, Armenwesen, 1821, S. 163 f.; Wolter, Magdeburg, S. 240.
30 Vgl. Oppermann, Armenwesen, 1821, S. 39.
31 Es handelt sich um das Domstift sowie die Stifte St. Gangolphi, St. Sebastian und St. Nicolai mit Haus- und Grundbesitz, die zunächst durch ein Dekret vom 5. Februar 1808 unter die Verwaltung der Generaldirektion der geistlichen Güter des Königreichs Westfalen gestellt und am

25 Einzug der preußischen Soldaten in Magdeburg am 24. Mai 1814, anonyme Lithographie, 1824

tungen durch die militärischen und wirtschaftlichen Aktivitäten der Besatzer erheblich belastet, eine systematische und zielgerichtete Politik der Auflösung von Stiftungen fand in der Altstadt jedoch nicht statt.[32] Hierfür existierte keine Notwendigkeit, denn in Magdeburg war ab 1524 die Reformation mit aller Konsequenz eingeführt worden.[33] Katholische Klöster, die über große Ländereien verfügten, oder „beschauliche Orden" gab es hinter den Mauern der Altstadt nicht mehr. Stattdessen hatte das städtische Bürgertum durchaus den Nutzen der Stiftungen erkannt. Stadt und Bürger handelten ganz im Geiste des (in der Stadt wegen der Fremdherrschaft nicht geltenden) Allgemeinen Landrechts für die Preußischen Staaten (ALR) von 1794. Dieses regelte, dass „nützliche Anstal-

---

1. Dezember 1810 schließlich aufgelöst wurden. Vgl. Bulletin der Gesetze und Dekrete, S. 406–413, sowie Gesetz-Bulletin des Königreichs Westphalen, S. 360–367. Diese Übertragungen wurden nach der Beseitigung der napoleonischen Fremdherrschaft nicht rückgängig gemacht. Vgl. hierzu Hoffmann, Geschichte, Bd. 3, S. 457; Asmus, 1200 Jahre, Bd. 2, S. 260 ff.; Oppermann, Armenwesen, 1821, S. 33; Wolter, Magdeburg, S. 236 f.
32 Die Stadt berechnete allein den Wert der in dieser Zeit geleisteten Requisitionen auf ca. 451.000 Tlr. Vgl. Wolter, Magdeburg, S. 240.
33 Vgl. Asmus, 1200 Jahre, Bd. 1, S. 256 ff.; Miehe, Magdeburg im Zeitalter der Reformation, S. 313–342, 323 ff.

ten aus Mangel des Vermögens nicht zugrunde gehen" sollten, allerdings sollte der Staat zur Aufhebung von Stiftungen, „welche auf die Beförderung und Begünstigung solcher schädlichen Neigungen abzielten", berechtigt sein.[34] Neue Stiftungen entstanden – wenn man von dem Schlüter'schen Legat in Höhe von 10.000 Tlr. aus dem Jahre 1812 absieht – zwischen 1807 und 1815 in der Elbestadt nicht, doch waren die Bürger auch weiterhin gewillt, das städtisch organisierte Armenwesen zu unterstützen.[35]

1.2 Die Magdeburger Stiftungen zwischen 1814 und 1850
1.2.1 Die Verwaltung und die Aufsicht

Nach dem Wiener Kongress, der Preußen erhebliche territoriale Gewinne bescherte, wurde das Land in acht Provinzen unterteilt und Magdeburg Hauptstadt der Provinz Sachsen.[36] Die Provinzen wurden von einem Regierungspräsidenten geführt, der mit dem Regierungspräsidium – damals „Königliche Regierung" genannt – eine Mittelbehörde aufbaute, wie sie mit dem Landesverwaltungsamt in Sachsen-Anhalt vom Grundsatz noch heute besteht.[37] Die preußischen Provinzen wurden in Land- und Stadtkreise unterteilt. Zum Landkreis Magdeburg gehörten u. a. auch die Vorstädte Neustadt und Sudenburg, die beide das Stadtrecht besaßen.

Der Regierungspräsident, der am 1. April 1816 seine Amtsgeschäfte antrat, erhielt, ganz im Sinne des an die Stelle des Code Civil wieder eingeführten preußischen Allgemeinen Landrechts, auch die Aufgabe der staatlichen Stiftungsaufsicht. Diese hatte u. a. darüber zu wachen, dass die Entscheidungen der Organe der Stiftung dem Stifterwillen entsprachen und das Stiftungsvermögen erhalten blieb, so dass der dauerhafte Erhalt der Stiftung gewährleistet war. Die Aufsicht über die Familienstiftungen übte fortan das Königliche Pupillenkollegium, später das Amtsgericht aus.[38]

---

34 Mit den „schädlichen Neigungen" war insbesondere der „Müßiggang der niederen Volksclassen" gemeint. Vgl. Allgemeines Landrecht für die Preußischen Staaten vom 3. Februar 1794, II 11 § 163 sowie II 19 § 7f. Vgl. auch Liermann, Stiftungsrecht, S. 186 ff.
35 Vgl. Bock, Armenwesen, S. 70 ff. Der Leiter des Armenkollegiums Wilhelm Gottlieb von Vangerow kam im Mai 1810 hinsichtlich der künftig zu erwartenden Unterstützung der Armen durch die Bürger dagegen zu folgender Einschätzung: „Auf freiwillige, milde Beiträge, auf Unterstützung des Publikums und Wohlthätigkeit mögte für die Zukunft nicht viel zu rechnen seyn. Die Zeitumstände setzen – bei dem besten Willen – der Uebung dieser Tugend schon an sich Gräntzen, und viele werden wähnen, dem Gesetze derselben und ihrer Pflicht genügt zu haben, wenn sie die von ihnen geforderte Steuer erlegen." StAM, Rep. A II, A 48, spec. 1, vol. 1, Bl. 100.
36 Vgl. Siemann, Staatenbund, S. 57 ff.
37 Vgl. Karnop/Rode/Tullner, Regierungsbezirk, S. 11 ff., 25 ff. Magdeburg wurde zudem der Sitz des Oberpräsidenten.
38 Vgl. LASA, C 20 I Ia, Nr. 2722 wegen der Koppehele-Familienstiftung. Die Zuständigkeit des Amtsgerichts für Familienstiftungen besteht bis heute.

Auf städtischer Ebene blieb die in der Zeit der napoleonischen Fremdherrschaft eingeführte fortschrittliche Kommunalverfassung nach dem Abzug der französischen Truppen unangetastet.[39] Hinsichtlich der Verwaltung der Stiftungen in der Stadt änderte sich – auch personell – nur wenig. Die vom Armenkollegium verwalteten Stiftungen wurden etwa weiterhin von dem Rendanten Boltzenthal betreut, der schon über viele Jahre deren Verwaltung ausgeübt hatte.[40] Allerdings gelang es der Stadt bei einzelnen Stiftungen, bei denen das Konsistorium die Verwaltung im Jahre 1809 an den Präfekten abgetreten hatte, im Oktober 1815 diese Rechte vom Zivilgouverneur zu erhalten.[41]

Zur „Festsetzung des Etats" hatte das Armenkollegium den Entwurf des Budgets dem Magistrat der Stadt vorzulegen, welcher den Etat (vor-)prüfte. Dabei orientierte sich der Magistrat – wie es die Stiftungsaufsicht noch heute tut – am Stifterwillen. So reichte der Magistrat am 30. Juni 1818 dem Almosenkollegium den Etatentwurf der von Syborg'schen Stiftung zurück, in welchem von ihm „mit Berücksichtigung der im Testament enthaltenen bestimmten Vorschriften einige Änderungen" vorgenommen worden waren.[42] Anschließend hatte das Armenkollegium den Entwurf des Etats über den Magistrat der Stiftungsaufsicht beim Regierungspräsidenten zur endgültigen Genehmigung vorzulegen.

Für die Wrede'sche Stiftung wurde im Zusammenhang der Vorbereitung des Etats der Jahre 1818 bis 1823 u. a. festgehalten, dass die Verwaltung dem Almosenkollegium obliege, während dessen Rendant – Herr Boltzenthal – die Rechnungsführung zu verantworten habe.[43] Sofern das Personal der städtischen Kirchen bei der Verwirklichung des Stiftungszwecks eingebunden war, erhielt es auch Geld.

Die Stiftungsaufsicht prüfte nicht nur die Entwürfe der Etats, sondern auch die Rechnungen der vom Armenkollegium verwalten Stiftungen genau.[44] Hierzu leitete ihr das Armenkollegium die Rechnung für das abgelaufene Jahr „in Anlage in Duplo nebst einem dazu gehörigen Fasciel Beläge zur geneigten Revision

---

39 Die Kommunalverfassung wurde im Jahre 1831 durch die „revidierte Städteordnung" ersetzt.
40 Vgl. Oppermann, Armenwesen, 1821, S. 66 f., 71.
41 Vgl. Eintrag Offeny-Stiftung im Verzeichnis der Stiftungen sowie für die Wagner'sche Stiftung, in: GStA, I. HA, Rep. 9, Nr. 2393.
42 Magistrat an Almosenkollegium, 30. Juni 1818, in: StAM, Rep. 10, J 4, unfol.
43 Vgl. Entwurf der Matthias Wrede'schen Stiftung für die Jahre 1818 bis 1823, in: ebd., J 19, vol. III, unfol.
44 Grundlage für diese Prüfungen war das preußische Allgemeine Preußische Landrecht. § 37 II. Teil, 19. Tit. bestimmte: „Auch solche Anstalten, denen in der Stiftungsurkunde oder sonst eigene Aufseher vorgesetzt sind, bleiben dennoch der Oberaufsicht des Staates unterworfen." Vgl. auch Liebetanz, Stiftungswesen, S. 40 f., 71 ff.

und Decharge zu".⁴⁵ Die Beamten im Regierungspräsidium nahmen ihre Aufgabe mit Ernsthaftigkeit wahr. Sie kritisierten z. B. nach der Prüfung der vorgelegten Unterlagen am 24. Februar 1835, dass der mit der Verwaltung der von Syborg'schen Stiftung beauftragte Superintendent im Jahr zuvor fünf Taler bezogen hatte. Doch hatte der Stifter in seinem Testament festgelegt, dass von dem Grundstockvermögen der Stiftung nur der Ertrag von 100 Tlr. hierfür zu nutzen sei. Da dieser aktuell aber nur vier Taler betrage, so hätte der Superintendent auch nur vier Taler erhalten dürfen.⁴⁶

Die Stiftungsaufsicht kontrollierte während des gesamten 19. Jahrhunderts aber nicht nur – wie heute –, ob die Stiftung ihre Zwecke erfüllte und das Grundstockvermögen erhalten blieb, sie wachte auch über eine ertragreiche Anlage des Stiftungsvermögens. Ganz in diesem Sinne hielt die königliche Regierung, der die Rechnungsabschlüsse zur endgültigen Prüfung vorgelegt wurden – die städtischen Behörden hatten schon geprüft –, in einem Vermerk vom Februar 1827 hinsichtlich der von Syborg'schen Stiftung fest, dass 200 Rtlr. bei einer Bank deponiert worden waren, „welche zum besten der Stiftung schon längst anderweitig gegen hypothekarische Sicherheit und landesüblicher Zinsen vortheilhaft[er] untergebracht werden könnten. Es muß hierauf Bedacht genommen werden", schrieb sie ins Protokoll, „und falls sich keine Gelegenheit finden möchte, sind die 200 Rtlr. einzuziehen, zu verwechseln⁴⁷ und für diesen Betrag Staatsschuldscheine anzukaufen […]."⁴⁸

Seit dem „Gesetz über Schenkungen und letztwillige Zuwendungen an Anstalten und Gesellschaften" vom 13. Mai 1833 war in Preußen die Annahme einer Schenkung von mehr als 1.000 Tlr. genehmigungspflichtig.⁴⁹ Das Verfahren zur

---

45 Bei diesem Beispiel handelt es sich um die Elisabeth Magdalene Naumann-Stiftung. Vgl. StAM, Rep. 10, J 12, unfol.
46 Vgl. ebd.
47 Heute würde man – stiftungsrechtlich korrekt – formulieren: umzuschichten.
48 Vgl. Vermerk der königlichen Stiftungsaufsicht vom 24. Februar 1835 zur Rechnung von 1834 der von Syborg'schen Stiftung, StAM, Rep. 10, J 4, unfol. Mit dieser Forderung setzte der Regierungspräsident die Vorschrift des Allgemeinen Preußischen Landrechts konsequent um. Dieses wies Anlagen in Hypotheken sowie in Grundeigentum als vorzugswürdig aus und ließ allenfalls Staatspapiere noch zu. Vgl. Adam, Volkswirtschaftliche Bedeutung, S. 184. Für die Abrechnung für das Jahr 1827 zur Georg Wilhelm Brössel'schen Stiftung erteilte die königliche Regierung im März 1828 zwar „Decharge", teilte aber gleichzeitig mit, dass die Summe von 1.000 Tlr. „zu einem höheren Zinsfuß als 4 Procent sicher unterzubringen ist oder Staatsschuldscheine dafür zu kaufen sind, insofern der jetzige Debitor nicht wenigstens 4½ Procent geben will". Der Rendant des Armenkollegiums erwiderte, dass die Vergabe des Geldes zu vier Prozent von der königlichen Regierung im November 1822 genehmigt worden sei. Zudem wäre es kaum denkbar, dass der Schuldner sich auf einen höheren Zinssatz einlassen würde. Eine Kündigung des Vertrages sei nicht sinnvoll. Vgl. StAM, Rep. 10, J 13, vol. III, unfol. sowie ebd., J 14, unfol.
49 Vgl. Gesetz-Sammlung für die Königlichen Preußischen Staaten, Berlin 1833, S. 49 ff. In Preußen wurde die Wertgrenze durch das Einführungsgesetz zum BGB zum 1. Januar 1900 auf 5.000 M

Bürgerschaftliches Engagement und soziale Verantwortung zwischen 1807 und 1989

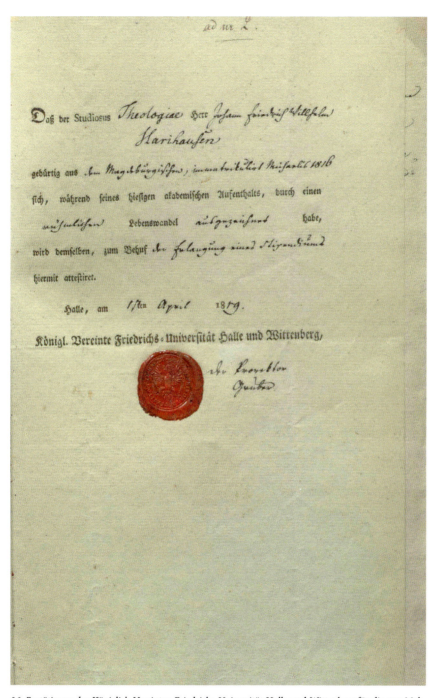

26 Bestätigung der Königlich Vereinten Friedrichs-Universität Halle und Wittenberg für die von Mahrenholtz-Stiftung, dass sich der Student Johann Friedrich Wilhelm Harihausen „durch einen rühmlichen Lebenswandel ausgezeichnet" habe, 17. April 1819

Anerkennung von Stiftungen wurde im Februar 1834 präzisiert. Voraussetzung für die Anerkennung einer Stiftung war nun u. a. die Bestätigung, dass die neue Stiftung nicht gemeinschädlich sein würde, nicht die Pflichten gegen hilfsbedürftige Angehörige des Stifters oder die Rechte Dritter verletzen würde.[50]

Im November 1845 teilte der Regierungspräsident der Stadt Magdeburg mit, dass sie künftig „am Schluss eines jeden Jahres eine Übersicht von dem Vermögen der milden Stiftungen nebst einer Balance mit dem Zustand derselben am Schlusse des vorangegangenen Jahres" einzureichen habe.[51] Auch diese Berichte prüfte die Stiftungsaufsicht gewissenhaft. Im Dezember 1868 teilte sie der Stadt u. a. mit, dass sie zu ihrer „großen Befriedigung" der Übersicht des Jahres 1867 entnommen habe, „wie durch sorgliche Verwertung und Anlegung der einzelnen Vermögens-Objekte die Einkünfte der Stiftungen sich mehren und gleichzeitig die Kapitalisierung eines Theils derselben im Auge behalten wird".[52] Im Januar 1881 fragte sie die Stadt angesichts der Überschüsse, die die Hospitäler St. Annen und St. Georgen erwirtschaftet hatten, ob es nicht ratsam sei, „anstatt diese Überschüsse zum Kapitalvermögen zu schlagen, nunmehr dafür eine angemessene Verwendung durch Vermehrung der Hospitalstellen eintreten zu lassen".[53]

Die enge Verbindung von Stiftungsverwaltung und Armenkollegium, das seit 1832 Armendeputation hieß,[54] wird auch anhand der Vergabe der (in der Regel nicht ausreichenden) Unterstützungsleistungen deutlich. Die aus zehn Mitgliedern bestehende Armendeputation[55] sollte unbedingt eine doppelte Förderung von Leistungsempfängern verhindern. Hierzu hatten 90 Armenvorsteher unter anderem die Bedürftigkeit der Antragsteller auf Unterstützungsleistungen zu

---

angehoben. Vgl. auch Liebetanz, Stiftungswesen, S. 53 ff., 89 ff. Das Gesetz, das Ludwig als Stiftungsgesetz einstuft, wurde mehrfach novelliert, vgl. Ludwig, Soziale Stiftungen, S. 42.

50 Vgl. Liebetanz, S. 91 f. Diese Fragen waren während des gesamten 19. Jahrhunderts von der Stiftungsaufsicht im Regierungspräsidium zu prüfen. Vgl. Stellvertretender Regierungspräsident an Magistrat von Buckau, 30. April 1884, in: StAM, Rep. 10, J 42, unfol.

51 Regierungspräsidium an Stadt Magdeburg, 11. November 1845, in: StAM, Rep. A II, S 20 spec. 32a, Bd. 1, Bl. 2.

52 Regierungspräsident an Stadt Magdeburg, 6. Dezember 1868, in: ebd., Bl. 187.

53 Vgl. ebd., Bl. 279.

54 Vgl. „Extract der Stadtverordnetenversammlung" vom 18. Mai 1832, in: StAM, Rep. A II, A 27. Diese Veränderung beruhte auf der Einführung der revidierten Städteordnung, deren § 107 die Bildung derartiger Deputationen erlaubte. Die Städteordnung legte auch fest, dass die Magistrate die städtischen Stiftungen zu beaufsichtigen hatten und die Stadtverordnetenversammlung die Kontrolle über die Verwaltung – also auch über die vom Magistrat beaufsichtigten städtischen Stiftungen – auszuüben hatte. Vgl. Gesetzessammlung für die Königlichen Preußischen Staaten, 1831, Nr. 3, S. 9 ff.

55 Es handelte sich um zwei Stadträte, einen „Obristen", den Polizeiinspektor, zwei Stadtverordnete und vier Bürger. Für den im Jahre 1832 amtierenden Polizeiinspektor Friese wurde anlässlich seines 50-jährigen Amtsjubiläums im Jahre 1846 eine Stiftung errichtet; vgl. den Eintrag Friese'sche Stiftung im Verzeichnis der Stiftungen.

prüfen. Dabei war auch die Frage zu klären, „ob die Armen schon Unterstützungen vom Staate, aus den milden Stiftungen usw. beziehen".[56]
Die wallonisch-reformierte Gemeinde beantragte – unter Befürwortung des Magistrats – im Jahre 1818, wieder direkt der königlichen Staatsaufsicht und nicht mehr, wie in der westfälischen Zeit, der städtischen Aufsicht wegen des von ihr betriebenen Armen- und Waisenhauses unterstellt zu sein. Diesem Antrag wurde durch den Regierungspräsidenten „für jetzt und auf weitere Bestimmung" stattgegeben.[57] Ähnliche Festlegungen gab es offenbar auch für die Armen- und Waisenhäuser der französisch-reformierten und der deutsch-reformierten Gemeinde. Dies führte unter anderem dazu, dass sich nur wenige Unterlagen über die Stiftungen aus diesen Gemeinden erhalten haben.[58] Einen seltenen Einblick gestattet das Genehmigungsverfahren für das Budget der deutsch-reformierten Armenanstalt im Jahre 1816.[59] Überliefert ist zudem, dass die königliche Regierung im Jahre 1828 der wallonisch-reformierten Gemeinde genehmigte, ein Legat von 400 Tlr. des verstorbenen Kaufmanns Laubel anzunehmen.[60] Insgesamt sind die Stiftungen der beiden Kolonien weitgehend unerforscht.

1.2.2 Der ökonomische Wandel und das Beharrungsvermögen der Stiftungen
Auch nach der Beseitigung der napoleonischen Fremdherrschaft wurde Magdeburg von der Festung und dem preußischen Militär geprägt.[61] Die Stadt unterlag hinsichtlich ihrer künftigen Aktivitäten erheblichen Einschränkungen und befand sich gegenüber vergleichbaren Städten in einer schlechteren Ausgangsposition. So war eine Ausdehnung des städtischen Territoriums unter Aufgabe der Befestigung, wie es im 19. Jahrhundert in vielen Städten mit mittelalterlicher Stadtmauer erfolgte, nicht möglich. Stattdessen behinderten umfangreiche und zeitaufwendige Kontrollen den Einlass und das Verlassen der Stadt. Das Festungsregime mit seinen vielfältigen Ausprägungen bestimmte den Alltag der Bürger in einem erheblichen Ausmaß.[62]

---

56 Armendeputation an den Magistrat der Stadt Magdeburg, 30. September 1838, in: StAM, Rep. A II, A 27, unfol. In dem Schreiben beklagte sich die Armendeputation darüber, dass die Armenvorsteher ihre Aufgaben nur nachlässig erfüllten.
57 Vgl. Königliche Regierung an Stadt Magdeburg, in: LASA, C 28 Ie I, Nr. 1582, Bd. 1, Bl. 40.
58 Oppermann schrieb im Jahre 1842: „Die Armen-Anstalten der evangelisch-wallonischen, der evangelisch-französischen Gemeinde und der deutsch-reformierten Gemeinde haben, *soviel wir vernommen*, keine wesentlichen Veränderungen erlitten. *Daher wir annehmen dürfen*, daß sie in ihrer bisherigen Einrichtung verblieben sind." Vgl. Oppermann, 1831–1840, S. 17 (Hervorhebung d. Verf.).
59 Vgl. LASA, C 28 Ie I, Nr. 1571.
60 Die Akte besteht aus nur einem Blatt. Vgl. LASA, C 28 II, Nr. 7604.
61 Vgl. grundsätzlich Mai, Das befestigte Magdeburg, S. 501 ff.
62 Wille beschrieb den Einfluss des Militärs auf die Stadt in der zweiten Hälfte des 19. Jahrhunderts wie folgt: „Für eine Fülle von Entscheidungen musste der Magistrat die Genehmigung der Mili-

27 Grundriss der Stadt Magdeburg, 1798: Gut zu erkennen ist die unmittelbare Nähe der beiden Vorstädte zur Altstadt und das südlich gelegene Kloster Berge

Das Militär mit seinen 5.000 bis 6.000 zumeist bei den Bürgern einquartierten Soldaten und die Festung beeinflussten selbstverständlich auch die kulturelle Identität der Stadt. Daran änderte auch die Tatsache nur wenig, dass sich in der Hauptstadt der neuen preußischen Provinz Sachsen mit dem Regierungspräsidenten – der zugleich Oberpräsident war – und weiteren Behörden eine neue Berufsgruppe etablierte: die Beamten.[63]

Wie angespannt die soziale Situation in der Stadt nach der Beseitigung der französischen Fremdherrschaft war, mag das Beispiel der Armenanstalten der deutsch-reformierten Gemeinde belegen.[64] Deren Presbyterium legte im Mai 1815 den Entwurf eines Etats vor, der eine Ausgabensteigerung von 1.527 Tlr. im Jahr 1814 auf 2.692 Tlr. im Jahr 1815 und ein Defizit von 1.117 Tlr. vorsah. Dieses sollte, so das Gremium, aus dem städtischen Armenfonds ausgeglichen

---

tärbehörden einholen. Das Königliche Kriegsministerium, das Generalkommando bzw. dessen Intendantur, die Festungskommandantur, der Militärfiskus stimmten zu, lehnten ab, erteilten Auflagen, veranlassten Veränderungen." Wille, Großstadt, S. 8 f.

63 Zusätzlich zur Verwaltung des Oberpräsidenten und des Regierungspräsidenten wurde Magdeburg Sitz des Kirchenkonsistoriums der Provinz, des Schulkollegiums und des Steuerdirektoriums der Provinz Sachsen sowie des Oberlandesgerichts. Vgl. Asmus, 1200 Jahre, Bd. 2, S. 269.

64 Hierbei dürfte es sich um das Armen- und Waisenhaus der deutsch-reformierten Gemeinde gehandelt haben.

werden. Stadt und Regierungspräsident waren sich einig. Es dürften nur so hohe Ausgaben geleistet werden, „als ihre besonderen Fonds es gestatten". Dies gelte für alle Anstalten gleichermaßen.[65]

Gleichwohl begann sich Magdeburg in den 1820er und besonders ab den 1830er Jahren unter der klugen Leitung von Oberbürgermeister August Wilhelm Francke (1785–1851) zu verändern. Wichtige Impulse kamen zunächst vom Handel mit landwirtschaftlichen Produkten aus der außerordentlich fruchtbaren Magdeburger Börde. Einen kräftigen Impuls erhielt die Magdeburger Industrie durch die Gründung des deutschen Zollvereins (1834) und die Erhöhung des Einfuhrzolls für Rohrzucker zwei Jahre später. Nun war die einheimische Zuckerproduktion konkurrenzfähig. In kurzer Zeit entstanden in Magdeburg und der Umgebung Zucker-, aber auch Zichorienfabriken, Ölfabriken, Spiritusbrennereien etc. Ihre Eigentümer hießen Baumann und Maquet (Buckau), Gebr. Schmidt und Coqui (Westerhüsen), Zuckschwerdt, Beuchel, Zincke und Dommrich (Sudenburg), Jaehningen und Hennige (Neustadt). Allein in Sudenburg beschäftigten die Zuckerfabriken im Jahr 1840 zusammen 1.450 Arbeiter.[66] Nicht zufällig wurde in Magdeburg im Jahre 1841 der „Verein der deutschen Runkelrübenzuckerfabrikanten", der ersten überregionalen Organisation von Unternehmern in Deutschland, gegründet. Ihren Sitz nahm die Organisation in Magdeburg, ihr erster Vorsitzender wurde Ludwig Zuckschwerdt. Die Stadt war zur Hauptstadt der Zuckerrübenverarbeitung Deutschlands geworden, in der im Jahre 1849 11 Rübenzuckerfabriken 2.041 Personen beschäftigten. Darüber hinaus existierten 21 Zichorienfabriken mit 368 Beschäftigten.[67]

Zur Ausrüstung dieser Industrie entstanden Fabriken für die Entwicklung und Herstellung von Apparaten und Geräten. In der Altstadt war – wenn man von der Fürstlich-Stolbergischen Maschinenfabrik[68] absieht – für derartige Fabriken kein Platz vorhanden. Deshalb wichen die meisten Investoren auf das unmittelbar vor der Festungsanalage gelegene Dörfchen Buckau aus, das zum Standort eines florierenden Maschinenbaus wurde. Im Jahre 1838 entstand dort mit der „Alten Bude" die erste Maschinenfabrik der Stadt. Auch die Verkehrsinfrastruktur veränderte sich fundamental: Die einsetzende Dampfschifffahrt reduzierte die Transportzeiten auf der Elbe erheblich. Doch die bedeutendste Veränderung war der Bau von Eisenbahnstrecken. Im Juni 1839 fuhr erstmals eine Eisenbahn

---

65 Vgl. LASA, C 28 Ie I, Nr. 1571, Bl. 16.
66 Details bei Asmus, 1200 Jahre, Bd. 2, S. 280 ff., 304; Tullner, Preußische Provinzialhauptstadt, S. 553 ff.
67 Vgl. Myrrhe, Kauffrauen, S. 644.
68 Die Fabrik entwickelte sich im 19. Jahrhundert zum bedeutendsten Ausrüster für Zuckerfabriken in Deutschland, vgl. Klitzschmüller, Magdeburger Gesellschaft, S. 30 f.

von Magdeburg nach Schönebeck. Ein Jahr später wurde die gesamte Eisenbahnstrecke nach Leipzig eingeweiht, die unter dem persönlichen Direktorium von Oberbürgermeister Francke als eine der ersten Fernbahnen in Deutschland errichtet worden war. Drei Jahre später wurde die Strecke über Oschersleben nach Halberstadt mit einem Anschluss nach Braunschweig fertiggestellt.[69] Die Stadt begann sich zu einer modernen Industriestadt zu entwickeln. Das Statistische Amt der Stadt erfasste im Jahr 1849 insgesamt 382 Fabriken.[70] Die Einwohnerzahl der Altstadt erhöhte sich von 28.317 im Jahre 1818 auf 50.898 im Jahre 1840.[71]

Diese Entwicklung setzte sich nach 1840 fort. Legt man die Zahlen von Bock zugrunde, dann stieg die Einwohnerzahl Magdeburgs zwischen 1840 und 1859 von 46.279 auf 59.380 Menschen und damit um fast 30 Prozent. Gleichzeitig nahm allerdings die Armenunterstützung aus der städtischen Armenkasse um 45 Prozent zu.[72] Die Zunahme der „sozialen Frage" war eine der gravierendsten Auswirkungen der Industrialisierung der Stadt. Bock bezifferte die Zahl der Almosenempfänger Ende der 1850er Jahre auf ca. 1.300 bis 1.400.[73]

Ein derartiger Wandel, wie er sich im wirtschaftlichen Leben der Stadt in der ersten Hälfte des 19. Jahrhunderts vollzog, ist für ihre Stiftungslandschaft in jenen Jahren nicht nachweisbar. Charakteristisch ist eher das Beharrungsvermögen der Stiftungen wie auch der Stifter. Gemäß der im Jahre 1910 erstellten „Nachweisung der in der Stadt Magdeburg vorhandenen milden Stiftungen" existierten nach der Beseitigung der napoleonischen Fremdherrschaft in der Altstadt 44 Stiftungen und jeweils zwei in den Vorstädten Sudenburg und Neustadt.[74] Beide Sudenburger Stiftungen wurden vom Gemeindekirchenrat von St. Ambrosius verwaltet, bei den Neustädter Stiftungen handelte es sich um die traditionsreichen Hospitalstiftungen Schartau und Schwiesau.

---

69 Vgl. Asmus, Elbbahnhof, S. 36 f.
70 Vgl. Myrrhe, Kauffrauen, S. 644.
71 Vgl. Asmus, 1200 Jahre, Bd. 2, S. 273. Bock präsentierte im Jahr 1860 andere Zahlen. Demnach stieg die Einwohnerzahl der Altstadt in diesem Zeitraum von 31.943 auf 46.279 Personen. Auch nach diesen Angaben hätte die Bevölkerungszunahme etwa 50 Prozent betragen; vgl. Bock, Armenwesen, S. 351 f. Allgemein vgl. Sachße/Tennstedt, Armenfürsorge, S. 181 ff.
72 Vgl. Bock, Armenwesen, S. 28.
73 Vgl. ebd., S. 39. Gemäß dem Preußischen „Gesetz über die Aufnahme neu anziehender Personen" vom 31. Dezember 1842 musste eine Person von der Kommune versorgt werden, sobald sie sich ein Jahr in der Gemeinde aufgehalten hatte. Die Inhalte waren in dem zum gleichen Zeitpunkt in Kraft getretenen „Gesetz über die Verpflichtung zur Armenpflege" geregelt. Unterstützt werden sollten nicht allein die Armen selbst, sondern auch die Ehepartner, Kinder, Witwen, geschiedene Frauen sowie eheliche und uneheliche Waisen. Vgl. Ludwig, Soziale Stiftungen, S. 41.
74 Vgl. Nachweisung 1910. Diese Quelle erfasst allerdings nicht alle Stiftungen. So fehlen das Schütze'sche Legat von 1812 und das Pieschel'sche Legat von 1800/1807. Zudem wurden mehrere kleinere Stiftungen für das Almosenkollegium und jene Stiftungen nicht erfasst, die von den Kirchengemeinden verwaltet wurden. Deren Grundstockvermögen war oft sehr bescheiden.

Die Stiftungen in der Altstadt besaßen demnach folgende Zweckbestimmung:

Tabelle 1: Zweckbestimmung der in der Altstadt Magdeburg nachweisbaren Stiftungen (1815)

Zweckbestimmung	Anzahl	Prozent
Kirchliche Zwecke	3	6,4
Soziale Zwecke	29	61,7
Bildungszwecke	11	23,4
Familienstiftungen	4	8,5
Summe	47*	100,0

Quelle: Nachweisung 1910
* Drei Stiftungen hatten mehrere Zwecke zu erfüllen und wurden hier doppelt erfasst.

Demzufolge verfolgte schon Anfang des 19. Jahrhunderts nicht einmal jede zehnte der im Jahre 1910 aufgeführten Stiftungen in Magdeburg kirchliche Zwecke; fast vier Mal so viele Stiftungen verfolgten Bildungszwecke und fast zwei Drittel soziale Zwecke.[75]

Nach der Beseitigung der napoleonischen Fremdherrschaft begannen – wenn auch zaghaft – die Bürger, weitere Stiftungen zu errichten. Die erste nachweisbare neue Stiftung ist das Legat der unverheirateten Anne Christiane Stephan in Höhe von 1.000 Tlr. zur Unterstützung von Armen evangelischen Glaubens.[76] Da die Verwaltung der Gemeindekirchenrat von St. Jacobi übertragen bekam, dürften die zu unterstützenden Personen in diesem Kirchspiel ihre Wohnung gehabt haben.

Insgesamt wurden in den Jahren 1820 bis 1849 auf der Grundlage der „Nachweisung" von 1910 in der Altstadt Magdeburg und ihren beiden Vorstädten 23 Stiftungen errichtet.

Erkennbar wird, dass bis zur Mitte des 19. Jahrhunderts weniger als eine Stiftung pro Jahr errichtet wurde. Dieses geringe Niveau wird vor allem auf die Finanzschwäche des Magdeburger Bürgertums zurückzuführen sein.[77] Indikator für dessen geringe Kapitalausstattung dürfte auch die Tatsache sein, dass in der gesamten ersten Hälfte des 19. Jahrhunderts keine Familienstiftung errichtet wurde.

---

75 Außer Acht gelassen werden an dieser Stelle viele kleinere und kleinste Vermächtnisse und Geschenke, vgl. hierzu Bock, Armenwesen, S. 70 ff.
76 Vgl. LASA, C 28 Ie I, Nr. 1565 sowie Eintrag Stephan'sches Legat im Verzeichnis der Stiftungen.
77 Johann Gottlieb von Vangerow schrieb im Jahre 1816, dass die Armenkrankenpflege bisher weitgehend aus „wohltätigen freiwilligen Beträgen" finanziert worden sei. Auf die Fortdauer dieser Beiträge sei „mit Gewissheit nicht zu rechnen." Vgl. Vangerow, Entwurf zur Vervollständigung, S. 111. Die Schrift wurde posthum von seinen Söhnen herausgegeben.

Tabelle 2: Errichtung von Stiftungen in Magdeburg zwischen 1820 und 1849

Zeit-raum	Stifter					Zwecke				
	Mann	Frau	Stadt/Bürger	Verein/Firma	Summe	kirchlich	sozial	Bildung	Fam.	Summe
1820–1829	6	2	–	–	8+1*	1	4	3		8**
1830–1839	3	5	1	–	9	–	9	–		9
1840–1849	3	1	2	–	6	1	5	–		6
Summe	12	8	3	–	23+1	2	18	3		23

Quelle: Nachweisung 1910
* Eine Stiftung hatte ein Ehepaar als Stifter, bei einer Stiftung ließ sich der Stifter nicht feststellen.
** In der Aufstellung von 1910 ist das „Faber'sche Wittum" von 1823 nicht enthalten. Zudem enthält die Aufstellung weder die Stiftung der Witwe des Bürgermeisters Behm noch die des Pastors Breytung. Diese beiden ebenfalls hier nicht aufgenommenen Stiftungen sollten die Witwen der Pastoren der St.-Jacobi-Kirche unterstützen. Sie wurden 1845 der Gaisberg'schen Stiftung zugelegt. Vgl. hierzu Bock, Armenwesen, S. 106 f.

Zwischen 1820 und 1839 wurden fünf sogenannte Prediger-Wittum-Stiftungen errichtet. Damit verfolgte jede fünfte der aus dieser Übersicht nachweisbaren neuen Stiftungen dieses Zeitraumes den Zweck, zur Versorgung der Witwen der Pfarrer der einzelnen Kirchen beizutragen.[78] Derartige Stiftungen waren in Magdeburg nicht neu. Seit der zweiten Hälfte des 18. Jahrhunderts sind sie hier nachweisbar,[79] so dass in der Mitte des 19. Jahrhunderts mindestens zwölf Prediger-Wittum-Stiftungen in der Altstadt existierten. Während jedoch die Witwen in einigen Kirchengemeinden (St. Ulrich und Levin, Heilig-Geist) auf die Unterstützung aus mehreren Stiftungen hoffen konnten, verfügte die Hälfte der altstädtischen Gemeinden (St. Katharinen, St. Johannis und St. Petri) noch 1820 über keine derartige Stiftung. Die ungleiche Verteilung der Stiftungen zur Unterstützung der Predigerwitwen beklagte im Jahre 1826 der ehemalige Bürgermeister Albert Oppermann.[80] Er selbst schuf Abhilfe, in dem er den Gewinn

---

78 Mit diesen Stiftungen wurden also nicht die Bedürftigen der sozialen Unterschichten unterstützt, hier unterstützten die Stifter mit den Witwen der Pfarrer einen ganz ausgesuchten Personenkreis, dessen Bedürftigkeit sie eventuell genau überblicken.
79 Zwischen 1765 und 1807 waren sieben derartige Stiftungen errichtet worden. Vgl. Bock, Armenwesen, S. 104 ff., sowie Nachweisung 1910.
80 Oppermann war Ratmann und seit Einführung der napoleonischen Verfassung einer der drei „Adjoints" des Maire; im Jahre 1816 wurde ihm, „wiewohl mit Geschäften überhäuft", wie er selbst schrieb, die Leitung des kommunalen Armenwesens – des Almosenkollegiums – übertragen. Vgl. Oppermann, Armenwesen, 1821, S. 46. Vgl. auch Bock, Armenwesen, S. 10. Der Grund für die Beauftragung Oppermanns war der plötzliche Tod des Oberlandesgerichtspräsidenten

seiner Publikationen über das Armenwesen und die Stiftungen in Magdeburg als Grundstockvermögen für zwei Prediger-Wittum-Stiftungen einsetzte: Im Jahr 1827 errichtete er die Stiftung für die Versorgung der Pfarrwitwen von St. Katharinen, drei Jahre später wiederholte er diesen Schritt für die Pfarrwitwen von St. Johannis.[81] Schließlich errichtete die Witwe Heinz im Jahre 1838 für St. Petri ebenfalls ein Prediger-Wittum, das sie mit einem Grundstockvermögen von 400 Tlr. ausstattete. Angesichts der geringen Kapitalausstattung der Stiftung bestimmte sie, dass die Zweckerfüllung erst in 25 Jahren einsetzen sollte. Bis zu diesem Zeitpunkt sollten die Erträge akkumuliert werden.[82]

Offensichtlich nahm der Bedarf für derartige Stiftungen im Verlauf des 19. Jahrhunderts ab, denn ihre Erträge wurden nur noch unvollständig oder gar nicht ausgereicht. Dies dürfte als Hinweis darauf zu interpretieren sein, dass entweder keine Empfangsberechtigten vorhanden oder diese sozial abgesichert waren. So teilte Bock mit, dass bei dem Witwenfonds des Kommissionsrates Faber von 1823 schon „lange Zeit keine zum Genuss berechtigte Witwe vorhanden gewesen" war.[83] Die aus dem Pieschel'schen Prediger-Wittum berechtigte Witwe Hoffmann wiederum nahm die Erträge zwar an, widmete das Geld allerdings zum Grundstockvermögen einer eigenen Prediger-Wittum-Stiftung um.[84] Beim Schermbeck'schen Legat für St. Ulrich und Levin, das ursprünglich 150 Tlr. betragen hatte, war das Grundstockvermögen durch „Verzichtsleistung empfangsberechtigter Witwen" bereits im Jahre 1858 auf 300 Tlr. gestiegen. Dabei hatte der Stifter festgelegt, dass, sofern Witwen der Ulrichsgemeinde als Empfangsberechtigte nicht vorhanden waren, auch die Predigerwitwen der anderen Kirchengemeinden unterstützt werden dürften.[85] Für die Jahre nach 1845 sind keine Errichtungen von Prediger-Wittum-Stiftungen nachweisbar.[86]

Zwischen 1820 und 1849 wurden gemäß der im Jahre 1910 veröffentlichten Übersicht über die in Magdeburg vorhandenen Stiftungen nur zwei Stiftungen mit kirchlichen Zwecken errichtet. Im Jahre 1822 bestimmte durch Testament

---

von Vangerow am 6. Oktober 1816. Vgl. Magistrat der Stadt Magdeburg an den Regierungspräsidenten, 7. Oktober 1816, in: StAM, Rep. A II, A 27, unfol.

81 Vgl. Oppermann, 1831–1840, S. 72f.; Bock, Armenwesen, S. 104. Zudem stiftete Oppermann dem Prediger-Wittum des Pastors Fritze von der St.-Ulrichs-Kirche 100 Tlr. zu. Dieses Geld stammte aus dem Erlös seiner Schrift über das städtische Armenwesen. Vgl. ebd., S. 107.
82 Vgl. Oppermann, 1831–1840, S. 74; Nachweisung 1910.
83 Bock, Armenwesen, S. 105. Für Predigerwitwen existierten eigene Sozialkassen.
84 Vgl. ebd., S. 105f.
85 Vgl. ebd., S. 107. Das 1799 mit einem Grundstockvermögen von 300 Tlr. errichtete Evers'sche Prediger-Wittum hatte Ende der 1850er Jahre einen Vermögensstand von 1.395 Tlr. aufgebaut.
86 Im Jahre 1845 wurden drei Stiftungen zur Unterstützung der Predigerwitwen der Jacobi-Kirche zusammengelegt, vgl. Eintrag Gaisberg-Behm-Breytung-Prediger-Wittum im Verzeichnis der Stiftungen.

der Präsident des Oberlandesgerichtes – also ein Vertreter des Staates – Karl Heinrich von Klevenow, dass aus dem Ertrag von 1.625 Tlr. Bibeln für arme Waisenkonfirmanden angeschafft werden sollten. 23 Jahre später errichtete Superintendent Erler eine Stiftung zum Ankauf von Gesangbüchern. Diese sollten jährlich am 15. Dezember an Arme verteilt werden.[87]

In diesem Zeitraum wurden zudem nur drei Stiftungen – alle in den 1820er Jahren – errichtet, die die Ausbildung junger Menschen unterstützen sollten. Der bereits mehrfach erwähnte Bürgermeister Oppermann legte als Ziel seiner Stiftung die Prämierung fleißiger Schüler der gewerblichen Fortbildungsschule fest. Kaufmann Friedrich Wilhelm Schartow wollte jährlich am 30. Dezember eine bedürftige Volksschülerin, welche sich durch „Fleiß und gutes Benehmen auszeichnet", fördern. Allein die Stiftung von Ratmann Schauer war der Unterstützung junger Menschen aus der Oberschicht gewidmet. Der Ertrag aus 2.000 Tlr. Grundstockvermögen sollte zur Förderung eines Universitätsstipendiums eingesetzt werden. Empfangsberechtigt waren lediglich die Söhne der Magistratsmitglieder einschließlich des Kämmerers, des Stadtsekretärs und des Stadtbaumeisters.[88]

Auch das Grundstockvermögen der nach 1820 errichteten Stiftungen dokumentiert, dass es in Magdeburg in der ersten Hälfte des 19. Jahrhunderts an einem vermögenden Bürgertum mangelte. Von den 23 Stiftungen, die zwischen 1820 und 1849 errichtet wurden, wurden sieben Stiftungen, also etwa jede dritte, mit einem Grundstockvermögen von bis zu 200 Tlr. und sechs mit einem Vermögen zwischen 201 und 500 Tlr. ausgestattet, vier Stiftungen erhielten ein Vermögen zwischen 501 bis 1.000 Tlr., während lediglich fünf über ein Grundstockvermögen von mehr als 1.000 Tlr. verfügen konnten.[89] Eine Tendenz zur Erhöhung der Kapitalausstattung ist aus den Quellen für die erste Hälfte des 19. Jahrhunderts nicht erkennbar. Keine der zwischen 1840 und 1849 errichteten Stiftungen erhielt ein Vermögen von mehr als 500 Tlr.[90]

Der Ertrag aus dem Grundstockvermögen dieser Stiftungen reichte offenbar nicht, um den Bedürftigen der Stadt Sozialleistungen im notwendigen Umfang gewähren zu können. Dabei gab es erheblichen Bedarf. Im Jahre 1838 wurde auf

---

87 Das Geld stammte aus dem Erlös des Verkaufs einer publizierten Predigt, die der Pfarrer der St.-Johannis-Kirche am 15. Dezember 1844 anlässlich des 200. Jahrestages der Einweihung der Kirche gehalten hatte. Vgl. Bock, Armenwesen, S. 10.
88 Vgl. ebd., S. 274.
89 Bei einer Stiftung war das Grundstockvermögen bei Errichtung nicht zu ermitteln.
90 In Leipzig ist dagegen eine deutliche Zunahme des Grundstockvermögens der in der ersten Hälfte des 19. Jahrhunderts errichteten Stiftungen erkennbar. Die in der Stadt vorhandenen Stiftungen verfügten damals über ein Vermögen von ca. 2,35 Mio. M, die höchstdotierte Stiftung betrug 190.000 M. Vgl. Geffcken/Tykorinski, Stiftungsbuch, S. XLIV.

Initiative von mehreren Stadträten, Stadtverordneten, dem Prediger Dr. Beyer und Medizinalrat Dr. Brüggemann eine Kinderbewahranstalt errichtet, welche den Zweck haben sollte, „armen rechtlichen Eltern, die sich ihren Unterhalt außerhalb des Hauses verdienen müssen, in der Pflege und Aufsicht ihrer kleinen Kinder dadurch zu Hülfe zu kommen, dass ihnen Gelegenheit gegeben würde, diese Kinder den Tag über in Bewahrung und Pflege zu geben".[91] Zur Finanzierung der Anstalt wurden der Erlös einer gedruckten Predigt sowie viele eingehende Spenden herangezogen. 14 Frauen wurden ehrenamtlich tätig. Statt der erwarteten 30 Kinder betreute die Einrichtung schon bald 50 Kinder, allein 1839 erhielt die Kinderbewahranstalt weitere Zuwendungen in Höhe von mehr als 1.200 Tlr. Auch in den folgenden Jahren setzte sich diese Tendenz fort. Erstmals wurde als Unterstützer der Kinderbewahranstalt jener Personenkreis aus Kaufleuten und Industriellen zumindest ansatzweise sichtbar, der in der zweiten Hälfte des 19. Jahrhunderts zum deutlichen Anstieg der Stiftungen führen sollte: Konsul Morgenstern, die Familie Coqui mit verschiedenen Zustiftungen, die Witwe des Kaufmanns Hildebrandt, um nur einige zu nennen. Auf diese Weise gelang es, das in der Marstallstraße zunächst angemietete Gebäude für 3.900 Tlr. zu kaufen und zudem bis 1859 das Stiftungsvermögen auf 5.100 Tlr. zu steigern.[92]

Die Analyse der in der ersten Hälfte des 19. Jahrhunderts in der Elbestadt Magdeburg errichteten Stiftungen kommt zusammenfassend zu dem Ergebnis, dass die Stiftungen auch weiterhin einen erheblichen Betrag zur Armenversorgung in der Stadt leisteten[93] und sich die Verhaltensmuster zur Errichtung neuer Stiftungen im Vergleich zur vorindustriellen Zeit nur wenig verändert hatten. Sichtbar wird dies an den sogenannten Prediger-Wittums-Stiftungen. Deutlich wird zudem, dass die Zahl der errichteten Stiftungen in den 1820er und 1830er Jahren konstant blieb und in der zweiten Hälfte der 1840er Jahre sogar abnehmend war. Zwischen 1847 und 1849 wurde nur eine Stiftung errichtet.[94] Dies dürfte auch mit den krisenhaften Erscheinungen zu erklären sein, die die deutsche Gesellschaft ab der Mitte der 1840er Jahre charakterisierten.[95] Schließlich sei erwähnt, dass ein erheblicher Anteil der Stifter Frauen waren.

---

91 Vgl. Bock, Armenwesen, S. 314; Oppermann, 1831–1840, S. 44 f.
92 Vgl. Bock, Armenwesen, S. 314 ff., sowie Myrrhe, Kauffrauen, S. 642.
93 Wie hoch der Anteil der Stiftungsmittel an der Gesamtfinanzierung war, ist gegenwärtig unerforscht. Vgl. hierzu grundsätzlich Ludwig, Soziale Stiftungen, S. 46 ff.
94 Vgl. Nachweisung 1910.
95 Auch für Leipzig ist für die Mitte des 19. Jahrhunderts eine „geringe Opferwilligkeit" festgestellt worden, vgl. Geffcken/Tykorinski, Stiftungsbuch, S. XLVI.

Diese vorindustrielle Stiftungslandschaft entsprach nicht mehr der wachsenden Not der unteren Schichten Magdeburgs in jenen Jahren – dies war offensichtlich, denn die städtische Gesellschaft hatte sich zwischen 1815 und 1850 in nahezu allen Bereichen deutlich gewandelt.

Auf der anderen Seite entwickelte sich in den 1830er und 1840er Jahren auch in Magdeburg ein Bürgertum, das nicht nur wirtschaftlich erfolgreich sein wollte, sondern sich auch politisch als eigenständige Kraft zu etablieren gedachte. Die Emanzipationsbestrebungen der Magdeburger Bürgerschaft blieben nicht ohne Einfluss auf die Stiftungen. Sie manifestieren sich an zwei Ereignissen: der Auseinandersetzung um die Besetzung der Organe der Hospitalstiftungen St. Georgen[96] und St. Annen sowie der zunächst gescheiterten Erweiterung des Klosters St. Augustini.

Hinsichtlich der Hospitäler St. Annen und St. Georgen verschärfte sich in den 1830er Jahren der seit 1809 ungeklärte Konflikt zwischen der Bürgerschaft und dem Magistrat um die Zuständigkeit der Verwaltung und damit die Hoheit über diese beiden bedeutenden Wohnstiftungen. Im Jahre 1825 erhielt die Kaufmannschaft die Kooperationsrechte und erhob umgehend Ansprüche auf die Verwaltung der beiden Stiftungen. Offensichtlich war sie der Meinung, dass es sich bei beiden Hospitälern um unselbständige – sich in ihrem Eigentum befindliche – Stiftungen handele. Es dauerte bis zum Jahr 1838, ehe diese Fragen mit einem Vergleich zwischen dem Magistrat und der Kaufmannschaft geklärt werden konnten. Im Ergebnis einigte man sich auf einen aus vier Personen bestehenden Vorstand, dessen Vorsitz nach § 37 des im Jahre 1840 bestätigten Statuts ein Vertreter des Magistrats innehaben sollte. Der Magistrat stellte ein weiteres Mitglied, während die Kaufmannschaft die übrigen zwei Mitglieder stellte. Die Aufsicht über das Hospital übte nach § 49 des Statuts der Magistrat aus.[97] Damit hatte sich der Magistrat weitgehend durchgesetzt, ohne den Einfluss der Kaufmannschaft vollständig beseitigen zu können.[98]

Eine zweite Auseinandersetzung zwischen Magistrat und Bürgerschaft war der Konflikt um den Einfluss auf das Kloster St. Augustini. Ausgangspunkt waren

---

96 Das 1812 abgerissene Hospital St. Georgen war nach der Beseitigung der napoleonischen Fremdherrschaft – dieses Mal allerdings innerhalb der Altstadt – ab 1815 wieder aufgebaut worden. Zudem erhielt das Hospital vom preußischen Gouvernement als Ersatz für den erzwungenen Abriss des alten Gebäudes eine Entschädigung von ca. 18 ha Land. Vgl. Bock, Armenwesen, S. 125 f.
97 Demnach setzte sich der Vorstand paritätisch aus Mitgliedern des Magistrats und von Bürgern zusammen, die von der Kaufmannschaft gewählt wurden. Vgl. LASA, C 28 Ie I, Nr. 1528, Bd. 2 sowie C 20 I Ib, Nr. 4898, Bd. 1, unfol. Vgl. auch Bock, Armenwesen, S. 133 f., 235.
98 Die Einigung war offenbar die Grundlage dafür, dass das Hospital sich im Jahr 1839 durch den Ankauf des Grundstücks Georgenplatz 1 erweitern konnte. Vgl. Satzung des Hospitals St. Georgen vom 24. Januar 1894, in: LASA, C 20 I Ib, Nr. 4898, Bd. 1, unfol.

28 Rückansicht des Hospitals St. Annen in der Heilig-Geist-Straße, 1930; von der gleichnamigen Kirche ist die Apsis zu sehen

die 1846 einsetzenden Bemühungen um die Erweiterung des Hospitals, das insbesondere arme ältere Einwohner der Stadt aufnahm und den Bedarf nicht mehr decken konnte. Schnell einigten sich der Vorstand der Stiftung und die Stadtverordnetenversammlung auf einen Bau zur Erweiterung der Kapazität von 90 auf 200 Plätze.⁹⁹ Finanziert werden sollte die Baumaßnahme aus freiwilligen Beträgen der Bürgerschaft. Umgehend kamen die ersten Beiträge auch ein. Die Angelegenheit kam jedoch ins Stocken, als die Stadtverordnetenversammlung feststellte, dass das Hospital seit 1525 eine städtische Einrichtung gewesen sei und sich deshalb im Eigentum der Stadt befinde. Deshalb müsse es auch durch die städtische Armendeputation und nicht durch einen gesonderten Vorstand verwaltet werden. Der Vorstand der Stiftung akzeptierte – mit Unterstützung des Magistrats – diese Position nicht. Die Stiftung sei schon immer eine selbständige milde Stiftung gewesen. Da sich beide Seiten trotz intensiverer Gespräche über diese Frage nicht verständigen konnten, scheiterte der Ausbau der Stiftung, der anlässlich des 300. Todesjahres Luthers erfolgen sollte und über die Zeitung bereits der Öffentlichkeit mitgeteilt worden war, zunächst an dieser Grundsatzfrage.¹⁰⁰

2 Der Stiftungsboom in Magdeburg von der Mitte des 19. Jahrhunderts bis zum Beginn des Ersten Weltkrieges (1850–1914)

2.1 Die Entwicklung Magdeburgs zu einer modernen Industriestadt

Bis zum Beginn des Ersten Weltkrieges entwickelte sich Magdeburg zu einer modernen Industriestadt. Unter der Leitung von Oberbürgermeister Gustav Hasselbach (1809–1882) veränderte die Stadt innerhalb weniger Jahrzehnte ihr Gesicht grundlegend. Bei Ausbruch des Ersten Weltkrieges wurde sie durch eine moderne Industrie, Handel und Gewerbe sowie ein florierendes Bankenwesen geprägt.¹⁰¹ Motor der wirtschaftlichen Entwicklung nach 1848/49 war zunächst die Industrie zur Verarbeitung landwirtschaftlicher Produkte, die in der außerordentlich ertragreichen Magdeburger Börde und im Vorharz erzeugt worden waren. In der Neuen Neustadt und in Sudenburg entstanden Zucker- und Zichorienfabriken, während in dem verkehrsgünstig an der Elbe und der Eisenbahn nach Leipzig gelegenen Buckau insbesondere Maschinen- und Metallfabriken errichtet wurden.¹⁰²

---

99 Das dort zwischenzeitlich eingerichtete Zuchthaus war nach Errichtung der Strafanstalt Lichtenburg im Jahre 1827 aufgelöst worden, vgl. Bock, Armenwesen, S. 164. Vgl. Auch den Beitrag von Christoph Volkmar in diesem Band.
100 Vgl. Miehe, 300. Todestag sowie Bock, Armenwesen, S. 166 ff.
101 Die Entwicklung kann hier nur skizziert werden. Grundlegend Asmus, 1200 Jahre, Bd. 3, S. 90 ff.; Tullner, Preußische Provinzialhauptstadt, S. 581 ff.
102 Vgl. Asmus, 1200 Jahre, Bd. 3, S. 126. In der zweiten Hälfte des 19. Jahrhunderts entstanden allein 13 Armaturenfabriken. Eine der größten war die Firma Schäffer & Budenberg, deren

29 *Die Fabrik der Firma Schäffer & Budenberg nach ihrem Umzug nach Buckau, 1859*

Der zunehmende Einsatz von Dampfmaschinen führte zu einem Rückgang der Zahl der Betriebe bei tendenziell steigender Betriebsgröße. Die Verarbeitung landwirtschaftlicher Produkte setzte deren Transport voraus, ebenso mussten die Produkte zum Endverbraucher gebracht werden – die Magdeburger Handelshäuser profitierten in erheblichem Ausmaß von der florierenden Industrie zur Verarbeitung landwirtschaftlicher Produkte.

Die industrielle Entwicklung führte zu einer sprunghaften Zunahme der Einwohnerschaft Magdeburgs. Aus der Stadt mit der größten preußischen Festung und einer Einwohnerzahl von ca. 51.000 Personen im Jahre 1840 war nur 30 Jahre später eine Stadt mit fast 75.000 Menschen geworden. Damit hatte sich die Einwohnerzahl in der Altstadt im Vergleich zu 1818 mehr als verdoppelt.[103]

Gründer 1859 aus Platzgründen die Produktion von der Altstadt nach Buckau verlegten. Am Ende des 19. Jahrhunderts verfügte die Firma Werksvertretungen in vielen Industriestaaten der Welt. Allein in Magdeburg betrug die Zahl der Arbeiter und Angestellten im Jahr 1900 ca. 2.250. Vgl. Höltge, Armaturenfertigung, S. 15 f., sowie Wolf/Müller, Schäffer & Budenberg, S. 25 ff.

103 Vgl. Asmus, 1200 Jahre, Bd. 3, S. 119 ff.

Da die Stadt sich nicht ausdehnen konnte, lebten die Menschen auf zunehmend engem Terrain. Die Folgen waren gravierend: Nach Berlin war Magdeburg die Stadt mit der höchsten Belegung je Wohnung in Deutschland. Auf dem Territorium einer mittelalterlichen Stadt mit einer Grundfläche von ca. 1,5 Quadratkilometern mussten immer mehr Menschen wohnen und arbeiten, entsprechend eng war die Bebauung. Mehr als jede dritte Wohnung befand sich in einem Hinterhaus.[104] Die Wohnungsnot wuchs mit jedem neuen Einwohner. Schmutzige, enge und dunkle Miethöhlen in den „Festungsgassen" bestimmten die Wohnungen der Arbeiter, Hinterhöfe und schlechte Luft waren charakteristisch.[105] Magdeburg war die Stadt mit einer der höchsten Krankenquoten in Deutschland.[106] Darüber hinaus bevölkerten auch die Soldaten der verschiedenen hier stationierten Regimenter die Stadt. Viele von ihnen waren in der Mitte des 19. Jahrhunderts in Bürgerquartieren untergebracht.[107]

Erst im letzten Drittel des 19. Jahrhunderts gelang der Altstadt die Befreiung: Das preußische Militär stimmte einer weitgehenden Beseitigung der alten Festungsanlagen zu. Nach langen Verhandlungen unterzeichnete Oberbürgermeister Hasselbach im Oktober 1870 den Vertrag zur Übernahme von 54 Hektar der südlichen und westlichen Befestigungsanlagen zum Preis von mehr als zwei Millionen Taler, ein Jahr später wurde das Gelände übernommen.[108] Die wirtschaftliche Entwicklung der Stadt wurde nun nicht mehr von Aspekten der Verteidigungsfähigkeit geprägt. Endlich besaß die Stadt die Möglichkeit, sich auszudehnen, neuen Wohnraum zu schaffen und die Infrastruktur zu verbessern.[109]

---

104 Vgl. ebd., S. 245, sowie Gröschner, Knattergebirge, S. 23 ff.
105 Nach einer Befragung der Ortskrankenkasse verfügte im Jahre 1900 weniger als die Hälfte der Maurer und Zimmerer über ein Bett für sich allein. Vgl. Wille, Großstadt, S. 7 f.
106 Otto Duvigneau – selbst Stifter – beschrieb die Situation im Jahre 1881 wie folgt: „Die zunehmende Ziffer der Bevölkerung, der durch Eisenbahn und Schiffsverkehr wachsende Handel und die lebhaft erblühende Industrie hatten die Mauern der Stadt (vor der Stadterweiterung – L.M.) noch gerade so gefüllt, daß die Verhältnisse fast unerträglich wurden. Manch blühender Industriezweig musste sich ganz von Magdeburg hinwegwenden, die Wohnungsnot stieg sowohl was die hohen Mietpreise anbelangte, als auch hinsichtlich der Beschaffenheit der Wohnungen, zu denen jeder geeignete oder ungeeignete Raum benutzt wurde, immer fort und erreichte ungefähr um das Jahr 1865 ihre größte Höhe." Duvigneau, Magdeburg, S. 30.
107 Vgl. Ullrich, Magdeburger Kasernen, S. 57 ff. Wegen der Einquartierungslast teilte die Stadt hierzu im Jahre 1858 – fast resignierend – mit: „Auf unsere wiederholten und alljährlich erneuten dringenden Anträge an den Herrn Kriegsminister und resp. an den Herrn Finanzminister ist uns zwar eröffnet worden, daß die Notwendigkeit der Vermehrung der Casernements anerkannt werde. Hierbei scheint es auch für das laufende Jahr bleiben zu sollen." Bericht über die Verwaltung 1857, S. 23. Zum damaligen Zeitpunkt waren in der Stadt 3.907 Soldaten stationiert. Vgl. ebd.
108 Vgl. hierzu Wolter, Magdeburg, S. 279 ff.; Tullner, Preußische Provinzialhauptstadt, S. 592 ff., sowie Asmus, 1200 Jahre, Bd. 3, S. 218 ff.
109 Vgl. Wernecke, Südwestliche Stadterweiterung, S. 23 ff.

Ausdruck dieser Tatsache war die Eingemeindung der beiden Vorstädte Sudenburg (bereits am 1. Juli 1867) und Neustadt (1. April 1886) sowie von Buckau ein Jahr später.[110] Magdeburg war endgültig auf dem Weg zu einer Industriestadt.

Nach dem Deutsch-Französischem Krieg von 1870/71 erlebte die industrielle Revolution auch in Magdeburg einen neuen Schub. Im Jahre 1875 waren bereits 42 Prozent aller Fabrikarbeiter im Maschinenbau beschäftigt.[111] Viele dieser Arbeiter gingen in Buckau ihrem Broterwerb nach. Gertrud Dörsing, die jüngst die Biographie von Helene Gruson, der zweiten Ehefrau des bedeutenden Unternehmers Hermann Gruson, nachgezeichnet hat, beschrieb die Situation der Gruson'schen Fabrik und ihrer Arbeiter wie folgt:

30 Carl Gustav Friedrich Hasselbach, signierte Lithographie in einer Aufnahme von 1935: Der konservative Oberbürgermeister setzte durch seine zielstrebige Politik zur Stadterweiterung die Bemühungen seines Vorgängers August Wilhelm Francke zur Modernisierung der Elbestadt konsequent fort

„Die Fabrikanlage von Hermann Gruson nahm eine Fläche von 12,7 ha ein, 64 Dampfmaschinen trieben 970 Werkzeugmaschinen an, 155 Hebevorrichtungen waren vorhanden. In den 1880er Jahren wurde Gruson zu einem der größten Rüstungslieferanten. Im Jahre 1890 arbeiteten im Werk 255 Angestellte, 46 Meister und ca. 3.000 Arbeiter. Für die Arbeitskräfte, die es vom Lande nach Magdeburg zog, entstanden ganze Straßenzüge mit mehrstöckigen Häusern, in denen man in den Hinterhäusern, die einen kleinen Hof einschlossen, Zwei- und Einzimmerwohnungen mit Küche, Toilette und Wasserhahn auf dem jeweiligen Treppenabsatz mieten konnte […]."[112]

Was für die Arbeiter der Gruson'schen Werke galt, galt selbstverständlich auch für diejenigen der anderen Fabriken. Bedeutende Unternehmen waren im Ma-

---

110 Zum Zeitpunkt der Eingemeindung verfügte Sudenburg über ca. 6.500, Neustadt über ca. 29.000 und Buckau über 17.500 Einwohner. Vgl. Wolter, Magdeburg, S. 289 ff.
111 Vgl. Asmus, 1200 Jahre, Bd. 3, S. 126.
112 Vgl. Dörsing, „… ach ihr solltet …", S. 18 f.

31 Altstadt von Magdeburg, Aufnahme um 1930: Der Blick von der Katharinenkirche nach Süden lässt die außerordentlich beengten Wohnverhältnisse in der Altstadt nur erahnen

schinenbau entstanden, in denen Tausende Arbeiter beschäftigt waren. Magdeburgs Bevölkerung vergrößerte sich rasant.

Mit der steigenden Einwohnerzahl war eine Zunahme der Armut verbunden, so dass die alten Mechanismen der Armutsbekämpfung nicht mehr ausreichten. Deshalb wurde – wie auch in anderen Städten – im Jahr 1882 in Magdeburg das Elberfelder System eingeführt.[113] Dieses unterteilte die Hilfsbedürftigen in einerseits Arbeitsunfähige und Kranke, die zu unterstützen waren, und andererseits Arbeitsfähige, die zur Arbeit anzuhalten waren. Die Unterstützung der Arbeitsunfähigen sollte durch dezentral arbeitende Freiwillige erfolgen, die die Antragsteller aufzusuchen und zu kontrollieren hatten. Die Dezentralisierung und Individualisierung sollte eine genaue Vergabe der Leistungen an die Bedürftigen garantieren, aber auch den Leistungsmissbrauch verhindern. Zur Durchführung dieses Systems wurde die städtische Armendirektion geschaffen, der u.a. zwei besoldete Magistratsmitglieder, die Leiter der Armendirektionen in den einzelnen Stadtbezirken, die Verwalter der Armenanstalt und der milden Stiftungen angehörten.[114] Im Unterschied zum

---

113 Zum Elberfelder System vgl. Sachse/Tennstedt, Armenfürsorge, Bd. 1, S. 214 ff. sowie S. 286 ff.; zu Halle, vgl. Minner, Motor, S. 112.
114 Vgl. Rücker, Finanzgeschichte, S. 23 ff. Bei der Einführung des Systems hatte die Armendirektion 23 Mitglieder. Vgl. auch Wille, Großstadt, S. 49. Im Jahre 1901 waren in 44 Bezirkskommissionen ehrenamtlich tätig: 45 Bezirksvorsteher und ihre Stellvertreter, 306 Armenpfleger,

Grafik 1: Entwicklung der Einwohnerzahl Magdeburgs zwischen 1816 und 1901

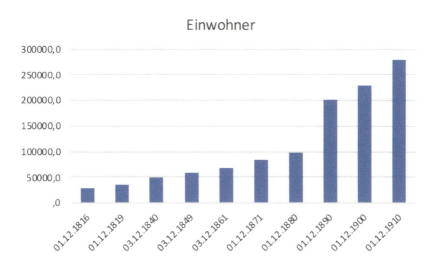

Quelle: Wikipedia.org/wiki/Einwohnerentwicklung_von_Magdeburg; Volkszählungsergebnisse (16.01.2020)

Elberfelder System mussten die Anträge auf Unterstützung in Magdeburg in der Zentralverwaltung und nicht vor Ort beim Pfleger gestellt werden.[115] Allerdings führte auch die Einführung des Elberfelder Systems nicht dazu, dass die Ausgaben der Stadt für die Armenpflege dauerhaft sanken. Nach Berechnungen von Rücker stiegen sie zwischen 1885 und 1901 pro Einwohner von 1,77 M auf 3,47 M, was fast einer Verdoppelung der Leistungen entspricht. Insgesamt wuchs der Etat für das Armenwesen in jenen Jahren von ca. 250.000 M auf ca. 717.000 M.[116] Auch diese Zahlen verdeutlichen, dass die Stadt bemüht war, die soziale Situation der armen Bevölkerung zumindest stabil zu halten bzw. zu verbessern.

Allerdings blieb die Stadt ein bedeutender Militärstandort. An die Stelle der – militärisch überholten – Festung trat in der zweiten Hälfte des 19. Jahrhunderts ein System von vorgeschobenen Forts, die Soldaten wurden in großen,

---

39 Armenpflegerinnen sowie 9 Anstaltsvorsteher und 17 Armenärzte. Vgl. Bericht über die Verwaltung 1901/1902, S. 264. Im Jahre 1907 war die Zahl der in der Armenverwaltung Tätigen schon deutlich gestiegen. Damals arbeiteten dort u.a. 47 Bezirksvorsteher und ihre Stellvertreter, 338 Armenpfleger, 90 Armenpflegerinnen, 24 Bezirksärzte und 20 Verwaltungsbeamte. Vgl. Bericht über die Verwaltung 1907/08, S. 531. Vgl. auch Meyer/Schneidewin, Wohlfahrtseinrichtungen, S. 30ff.

115 Vgl. Bericht über die Verwaltung 1882, S. 21.
116 Vgl. Rücker, Finanzgeschichte, S. 26 f.

zum Teil neu gebauten Kasernenanlagen untergebracht.[117] Auf diese Weise waren auch weiterhin Tausende Soldaten und Hunderte Offiziere in Magdeburg stationiert.[118] Darüber hinaus mussten in der Stadt „größere durchmarschierende oder vorübergehend hier stationierte Truppen mietweise" einquartiert werden. Das war, wie die Stadt in ihren jährlichen Verwaltungsberichten mitteilte, mit größten Schwierigkeiten verbunden.[119]

Zu den Leistungen, zu denen sich die Stadt verpflichtet hatte, zählte auch die Einrichtung eines neuen Gebäudes für das Generalkommando. Das prunkvolle Gebäude in der neu angelegten Augustastraße war ein deutlicher Beweis für die Position, die das Militär auch künftig in der Stadt auszuüben sich anschickte.[120] Es bestimmte weiterhin in einem hohen Maße den Alltag und die Identität der Stadt.

2.2 Die Entwicklung der Stiftungen in der Stadt

Die Prosperität der Wirtschaft und die Herausbildung eines wohlhabenden Bürgertums wirkten sich fundamental auf die Aktivitäten zur Errichtung von Stiftungen aus. Waren in den Jahrzehnten bis 1850 regelmäßig weniger als zehn Stiftungen errichtet worden, änderte sich dieses Bild in der zweiten Hälfte des 19. Jahrhunderts grundlegend.

Bereits zwischen 1850 und 1859 stieg die Zahl der errichteten Stiftungen deutlich. Änderungen zeichneten sich in zweierlei Hinsicht ab: Einerseits setzte der Trend zur Errichtung von Stiftungen zur Förderung der Bildung ein, auf der anderen Seite erhöhte sich das den Stiftungen mitgegebene Grundstockvermögen. Zwischen 1850 und 1859 erhielten nur vier der 22 errichteten Stiftungen ein Vermögen von weniger als 1.000 Tlr., doch fünf Stiftungen konnten über Erträge aus mehr als 10.000 Tlr. Grundstockvermögen verfügen.[121]

Als bedeutendster Stifter der Jahre unmittelbar nach der Revolution von 1848/49 ist Johann Georg Peter Zincke hervorzuheben. Zincke – Inhaber einer Zichorienfabrik, in den Akten als „Ökonom und Ratmann" bezeichnet und im damals noch selbständigen Sudenburg wohnend – errichtete per Testament

---

117 Im März 1874 kaufte sich die Stadt von der Einquartierungspflicht frei, musste aber noch in den 1890er Jahren Ausgleichszahlungen für 92 Offiziere, 6.437 Soldaten und 407 Pferde an den Militärfiskus zahlen. Vgl. Wille, Großstadt, S. 9.
118 Nach Angaben aus dem Jahre 1883 bestand die Garnison im Jahre 1883 aus 8.035 Personen. In dieser Zahl waren auch die Frauen, Kinder und Dienstboten enthalten. Vgl. Bericht über die Verwaltung 1883/84, S. 61.
119 Vgl. ebd.
120 Vgl. ebd., S. 9. Zwischen 1904 und 1911 war Paul von Hindenburg (1847–1934) Generalkommandant in diesem Gebäude. Heute befindet sich dort der Sitz des Ministerpräsidenten des Landes Sachsen-Anhalt.
121 Vgl. ebd.

Grafik 2: Errichtung von Stiftungen in Magdeburg zwischen 1820 und 1909

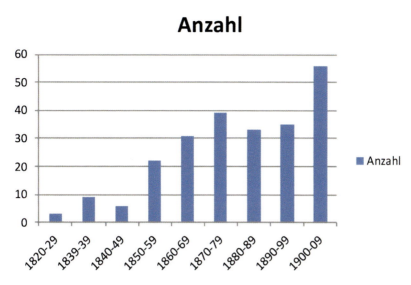

Quelle: Nachweisung 1910.

im Jahre 1850 fünf Stiftungen. Seine Hauptstiftung stattete er mit erheblichem Grundstockvermögen aus. Die Vorstadt Sudenburg errichtete aus dem Stiftungsvermögen eine Wohnstiftung für ca. 40 Arme. Zum ersten Mal seit dem Ende der Reformation war in Magdeburg eine größere Sozialeinrichtung in der Rechtsform der Stiftung entstanden. Auch die zweite seiner Stiftungen sollte der Unterstützung von Armen bzw. der Armenpflege dienen, die dritte Menschen unterstützen, die im Militärdienst verwundet, erkrankt oder dienst- bzw. erwerbsunfähig geworden waren. Zudem errichtete er für die Ambrosiuskirche eine Stiftung zur Förderung des Turmbaus. Schließlich bestimmte er einen Teil seiner Hinterlassenschaft als Grabgewölbestiftung zur Unterhaltung und Pflege seines Grabes auf dem Sudenburger Friedhof. An seinem Todestage sollten – ganz im Sinne mittelalterlicher Stiftungen – die Särge des Ehepaares Zincke mit Kränzen geschmückt werden und der Pfarrer eine Gedächtnisrede halten.[122] In dieser Hinsicht war Zincke – offenbar aus der Landwirtschaft kommend – ein Stifter „alten Stils".

Für die Vorstadt Sudenburg hatte die Hinterlassenschaft des Peter Zincke eine enorme Bedeutung. Dies wird u. a. daran deutlich, dass im Vertrag mit der Alt-

---

122 Aufgrund ihrer Größe wurden die vier Stiftungen von der Magdeburger Stadtverwaltung getrennt von den übrigen Stiftungen geführt.

stadt zur Eingemeindung vom Frühjahr 1876 von den elf Paragrafen sich zwei mit dieser Stiftung beschäftigten.[123]

Auch die Altstadt war sich der Bedeutung der Stiftungen für die Versorgung der Bedürftigen bei gleichzeitiger Entlastung des städtischen Haushalts sehr wohl bewusst. In ihrem jährlichen Bericht über die Verwaltung teilte sie der Öffentlichkeit unter der Rubrik „Armenwesen" mit, welche neuen Stiftungen in der Stadt errichtet worden waren. Im Jahre 1861 verband sie dies mit dem Hinweis, dass zum günstigen Abschluss in der Armenverwaltung im abgelaufenen Rechnungsjahr auch „einzelne Stiftungen sehr wesentlich dazu beigetragen haben, die Armenkasse zu erleichtern".[124] Bereits ein Jahr zuvor war mitgeteilt worden, dass aus den Erträgen der Stiftungen von der Armendeputation 3.400 Tlr. verteilt worden waren.[125]

Einen zweiten großen Schub nahm die Errichtung von Stiftungen in den 1860er Jahren. In diesem Jahrzehnt wurden mehr Stiftungen genehmigt als in den Jahren 1820 bis 1849 zusammen. Deutlich erkennbar ist der erhebliche Anstieg der Zahl der errichteten Stiftungen im Jahrzehnt nach der Reichseinigung 1870/71 und der von dieser ausgelösten Wirtschaftskonjunktur.

In der zweiten Hälfte des 19. Jahrhunderts entstanden weitere bedeutende Wohnstiftungen. Deren Einrichtung kann als unmittelbare Reaktion auf die außerordentlich schwierige soziale Lage großer Teile der Magdeburger Bevölkerung gewertet werden. Henriette Coqui errichtete im Jahre 1858 im damals noch selbständigen Buckau eine Stiftung für unbemittelte, unbescholtene, alte und

32 Johanna Christiane Henriette Coqui, geb. Dürking, Lithographie von Klein nach einer Zeichnung von Hellwig, Berlin: Sachse & Co., o. J.

---

123 In § 10 legten die beiden Seiten fest, dass die Stiftung „auch nach der Vereinigung als ein besonderer Fonds verwaltet werden muß". Korbel, Die napoleonischen Gründungen, S. 58f. In Sudenburg existierten zum Zeitpunkt der Eingemeindung neben den Stiftungen des Peter Zincke noch vier weitere Stiftungen: die beiden Stiftungen des Christoph Witte, das Laaß'sche Legat sowie die Laaß'sche Stiftung. Vgl. StAM, Rep. 8, W.II 1, Bl. 42.
124 Vgl. Bericht über die Verwaltung 1860, S. 10. In den späteren Jahren wurden die bedeutendsten neuen Stiftungen und Zuwendungen – insbesondere für das Museum – unter Würdigung der Mäzene mitgeteilt.
125 Vgl. ebd. 1859, S. 11. Dies lässt darauf schließen, dass – wenn man von den Hospital- und Wohnstiftungen absieht – das damals von der Armendeputation verwaltete Vermögen der Stiftungen ca. 100.000 M betrug.

würdige Einwohner des Ortes.¹²⁶ Der Stiftung gab sie den Namen ihres verstorbenen Ehemannes.¹²⁷ Auf einem ihr gehörenden Grundstück ließ sie ein Wohnhaus mit zwölf Wohnungen errichten. Obst und Gemüse durften die Bewohner zum Eigenverbrauch auf dem Grundstück anbauen.

Bereits fünf Jahre später – 1863 – begann Kommerzienrat Heinrich Wilhelm Müller mit der Errichtung der nach ihm benannten Siechenanstalt.¹²⁸ Das schon ein Jahr später eröffnete Gebäude befand sich unmittelbar neben dem Krankenhaus in der Marstallstraße. Es hatte eine Kapazität von ca. 50 Personen, die – ohne eine Aufnahmegebühr entrichten zu müssen – bis zum Lebensende hier wohnen durften. Zur Finanzierung der Betriebskosten stiftete Müller im Jahre 1867 weitere 70.000 Tlr. zu. Mit dem Bau des Müller'schen Siechenhauses

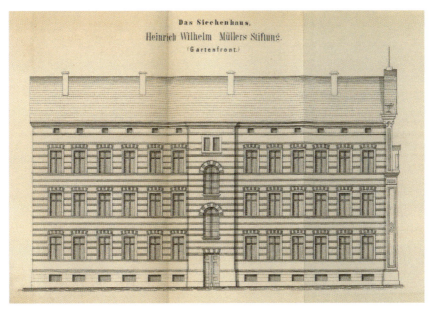

33 Gartenfront des Müller'schen Siechenhospitals in der Marschallstraße, nach Adolph Bock, Nachtrag […], Magdeburg 1868

---

126 Zu Henriette Coqui vgl. Musiol, Johanna Christiane Henriette Coqui, in: Labouvie, Frauen 2, S. 116–119.
127 Vgl. Eintrag Bürgermeister Johann Caspar Coqui'schen Stiftung zu Buckau im Verzeichnis der Stiftungen.
128 Noch am Anfang des 20. Jahrhunderts verstand man unter einem Siechenhaus ein „Hospital für [die] Aufnahme und Verpflegung unheilbarer Kranken" (sic). Meyers Konversationslexikon, 18. Bd., S. 439. Das Folgende nach Bock: Nachtrag, S. 410 ff. Exakt 35 Jahre nach dem Bau des Müller'schen Siechenhospitals wurde mit der Reißner'schen Stiftung eine Stiftung errichtet, deren Zweck die Erweiterung des Hospitals war, vgl. Verzeichnis der Stiftungen.

erübrigten sich die seit Jahren nicht realisierten Pläne der Stadt zur Errichtung eines eigenen derartigen Gebäudes.[129]

Eine weitere bedeutende Einrichtung war das 1883 entstandene Kahlenberg-Stift. Stifter war der Kaufmann August Wilhelm Kahlenberg, der Initiator der Ausbildungsstätte für Krankenschwestern war jedoch der Arzt Dr. Theodor Sendler.[130] Das Ausbildungskrankenhaus in der neu angelegten Wilhelmstadt verfügte nach 20 Jahren bereits über 60 Betten, mehrere Ärzte und Krankenschwestern kümmerten sich um die Patienten. Insgesamt kann die Errichtung des Kahlenberg-Stiftes als ein nicht unbedeutender Beitrag zur Überwindung der außerordentlich schwierigen und mit vergleichbaren Großstädten unterent-

34 Das Kahlenberg-Stift in der Wilhelmstadt, um 1900

---

129 Im Bericht über die Verwaltung hatte die Stadt im Jahre 1860 mitgeteilt: „Mit dem Plane der Erbauung eines Siechenhauses ist es auch im vorigen Jahre nicht weiter gediehen, zumal die kriegerischen Aussichten in der ersten Hälfte des Jahres räthlich erscheinen ließen, mit der Ausführung dieses großen Unternehmens einstweilen zu verzichten und Abstand zu nehmen. Es wird indes jetzt an der Zeit sein, den Gegenstand wieder aufzunehmen und weiter zu verfolgen." Bericht über die Verwaltung 1859, S. 12.

130 Sendler hatte sich 1847 als Arzt in Magdeburg niedergelassen und ein Jahr später die Medizinische Gesellschaft in Magdeburg mitbegründet. Habs schildert die Gründungsgeschichte des Kahlenberg-Stiftes wie folgt: Am Krankenbett seiner Frau habe Sendler erfahren, „welch bitterer Mangel an ausgebildeten Krankenpflegerinnen" herrschte. In dem Kaufmann Kahlenberg habe er einen gebefreudigen Stifter und Gönner gefunden, und bald sei das Krankenhaus an der Großen Diesdorfer Straße entstanden, in dem Sendler als Oberarzt der Inneren Abteilung neben seinem Sohn Paul, der die chirurgische Abteilung leitete, bis zu seinem Tode tätig war. Vgl. Habs, Geschichte, S. 11 f.

wickelten medizinischen Versorgung der Bevölkerung Magdeburgs angesehen werden.[131]

Schon zehn Jahre zuvor war mit dem Augusten-Stift durch „angesehene Magdeburger Damen und Herren" auf Anregung des Vaterländischen Frauenvereins eine Einrichtung geschaffen worden, deren Ziel es war, Dienstmädchen auszubilden.[132] Das Grundstockvermögen erlangte die Stiftung offenbar über eine Sammlung, doch erhielt sie durch viele unselbständige Stiftungen eine weitere Unterstützung. Das tatsächliche Engagement der Stiftung ging aber deutlich über ihre eigentliche Zweckbestimmung hinaus. Im Augusten-Stift befand sich nämlich eine Kinderkrippe, eine Kleinkinderschule mit nachmittäglichem Hort für Jungen und Mädchen sowie eine Herberge, in der ältere Mädchen zu Dienstboten oder in der Haushalts- und Kinderpflege ausgebildet wurden.[133] Damit bot die Stiftung Kindern, deren Eltern sich offenbar wegen ihrer beruflichen Verpflichtungen nicht um sie kümmern konnten, ein Zuhause. Gleichzeitig sicherten sich die „angesehenen Damen und Herren" ihr künftiges Dienstpersonal, dessen Ausbildung sie über das Kuratorium der Stiftung (28 Damen und 20 Herren, die durch Kooptation berufen wurden) auch maßgeblich beeinflussen konnten. Auf diese Weise ergänzte diese Stiftung die schon seit der ersten Hälfte des 19. Jahrhunderts durch Bürgerliche gegründeten Kinderbewahranstalten, Kleinkinderschulen und Kindergärten.[134]

Erwähnt sei zudem die 1893 errichtete Käselitz-Stiftung, deren Grundstockvermögen auf 300.000 M anwachsen sollte, ehe die Stadtverwaltung aus diesem Vermögen eine Blindenanstalt errichten sollte. Obwohl in der Folge mehrere weitere Stiftungen zur Unterstützung der Käselitz-Stiftung entstanden, ist der vom Stifter festgelegte Zweck wohl nie verwirklicht worden.[135]

Mit der Johann Georg Hauswaldt'schen Stiftung und der Friedrich Schmidt'schen Stiftung entstanden im Jahre 1874 in der damals noch selbständigen Neustadt erstmals in Magdeburg Stiftungen von Fabrikanten zur Unterstützung von Arbeitern einer Fabrik. In der Präambel zur Satzung der Schmidt'schen Stiftung äußerte sich dieser über seine Motivation für diesen Schritt wie folgt: Er habe seine Firma Pfeiffers & Schmidt im Jahre 1850 im kleinen Umfang gegründet. Die Fabrik habe sich im Laufe der Jahre „so erweitert, daß ohngefähr

---

131 Vgl. Wille, Großstadt, S. 46 f.
132 Zum Vaterländischen Frauenverein vgl. Bock, Nachtrag, S. 436 ff.
133 Vgl. Eintrag Augusten-Stift im Verzeichnis der Stiftungen.
134 Vgl. Myrrhe, Kauffrauen, S. 642, sowie Bock, Nachtrag, S. 429 ff. Bereits 1837 hatten die Geschwister Wagner – vgl. den Eintrag zur Wagner'schen Stiftung für verwahrloste Kinder – in ihrem Testament 12.000 Tlr. für die Errichtung einer Erziehungsanstalt bestimmt.
135 Vgl. Eintrag Käselitz-Stiftung im Verzeichnis der Stiftungen.

500 Arbeiter darin beschäftigt werden. Ich habe die Verhältnisse der Arbeiter genau kennen gelernt und fühle die Pflicht[,] auch meinerseitig dazu beizutragen, die Lage braver Arbeiter[,] die erwerbsunfähig geworden sind, zu erleichtern. Ich wollte durch eine letztwillige Verfügung einen Fonds zur Unterstützung der Arbeiter aussetzen. Der Tod meines vielgeliebten Sohnes Wilhelm, der immer ein warmes Herz für Hülfsbedürftige und namentlich die arbeitende Klasse gehabt, hat mich bestimmt, schon bei meinen Lebzeiten eine solche milde Stiftung zu machen […]."[136]

In der zweiten Hälfte des 19. Jahrhunderts entstanden in der Stadt – dem Vorbild Schmidts und Hauswaldts folgend – weitere Stiftungen von Industriellen, die den Zweck enthielten, (ehemaligen) Betriebsangehörigen Sozialleistungen zu gewähren.[137]

Durch die Budenberg-Stiftung entstand 1886 erstmals in der Stadt ein Altersheim, das von einer Industrieellenfamilie für die Angehörigen eine Firma konzipiert worden war. Die Stifterin, die Witwe von Christian Friedrich Budenberg, dem Begründer des Maschinenbauunternehmens Schäffer & Budenberg, stellte nicht nur das Grundstück und das Kapital in der beträchtlichen Höhe von 160.000 M für das Heim zur Verfügung, in der Satzung hatte sich die Industriellenfamilie für die Leitung der Stiftung – und damit auch für die Entscheidung über die Aufnahme – umfangreiche Rechte gesichert.[138]

Diese neuen Wohnstiftungen erweiterten das Platzangebot der seit Jahrhunderten existierenden Hospitäler und Klöster beträchtlich. Auch deren Kapazität wurde in der zweiten Hälfte des 19. Jahrhunderts ausgebaut. Auf sie war die Stadt zu Recht sehr stolz.[139] Wegen der schwierigen sozialen Situation in der Stadt und der beengten Wohnverhältnisse konnten die Hospitalstiftungen den Bedarf jedoch nicht decken.[140]

Nicht immer wurden die in der zweiten Hälfte des 19. Jahrhunderts errichteten Stiftungen in die Übersicht aus dem Jahre 1910 aufgenommen. Sie enthält manche Stiftung nicht, die von der Stadt nicht verwaltet wurde. Hierzu gehörten u. a.

---

136 Vgl. Präambel der Friedrich Schmidt'schen Stiftung, in: LASA, C 28 Ie I, Nr. 1964, Bl. 13. Ähnlich verhielt es sich bei Heinrich Reichardt, der ein Geschäft für Zuckerhandel betrieb. Anlässlich des 25. Jahrestages der Firmengründung errichtete er eine Stiftung, um „den Gefühlen seines Dankes" Ausdruck zu verleihen.
137 Hierzu gehören mindestens 17 Stiftungen, z. B. die Otto Duvigneau-Stiftung, die Fabrikarbeiterinvalidenkasse zu Neustadt sowie der Langensiepen'sche Unterstützungsfonds.
138 Vgl. Eintrag Budenberg-Stiftung im Verzeichnis der Stiftungen.
139 1927 teilte die Stadt mit, dass die Hospitäler und Klöster zahlreich und „vorbildlich eingerichtet" seien, „wie sie kaum eine andere Stadt aufweisen" könne. Vgl. Verwaltungsbericht 1926/27, S. 141.
140 Im Jahre 1915 warteten 1.553 Personen auf einen Heimplatz. Vgl. Bericht über die Verwaltung 1915/16, S. 588.

einige kirchliche Stiftungen, unselbständige Stiftungen zur Unterstützung größerer kultureller Einrichtungen wie das städtische Museum oder soziale Einrichtungen wie das Augusten-Stift.

Dem 27. Jahresbericht des Augusten-Stiftes ist z. B. zu entnehmen, dass die Einrichtung 18 unselbständige Stiftungen mit einem Gesamtvermögen von 58.000 M verwaltete. Die kapitalstärkste dieser Stiftungen hatte Kommerzienrat Gustav Schneider mit einem Vermögen von immerhin 20.000 M ausgestattet. Der Stifter hatte 1889 und 1894 zwei weitere Stiftungen errichtet. Auch Kommerzienrat Friedrich August Neubauer, der mindestens vier Stiftungen mit einem Gesamtvermögen von mehr als 210.000 M errichtet und dem Kaiser Wilhelm und Kaiserin Augusta-Stift bereits im Jahre 1882 10.000 M zur Begründung von zwei neuen Präbenden geschenkt hatte, ist unter den Stiftern mit einem für ihn geringen Betrag von 2.000 M vertreten. Auffallend ist die Tatsache, dass von den 18 Stiftern mindestens 13 Frauen waren.[141] Dies entspricht dem zu erwartenden Rollenbild, dass sich Frauen insbesondere für die Sozialbereiche interessierten.

In Magdeburg wurde als neue Form der Unterstützung bedürftiger Kinder im Jahre 1880 die Stiftung „Ferienkolonien" errichtet.[142] Im Verzeichnis der Stiftungen von 1910 ist für diese Stiftung, die damals über ein Grundstockvermögen von ca. 9.500 M verfügte, kein Stifter eingetragen. Deshalb ist wohl davon auszugehen, dass das Grundstockvermögen der Stiftung das Ergebnis einer Sammlung war. Die auch in anderen Städten Deutschlands zu dieser Zeit entstandenen „Ferienkolonie-Stiftungen" orientierten sich an den Ideen des Schweizer Pfarrers Walter Bion. Die Ferienkolonien waren eine frühe Form der Prophylaxe für „kranke, schwächliche Kinder der ärmeren Bevölkerung.[143] Im Jahre 1901 wurde in Magdeburg mit der „Ferienkolonie-, Konfirmanden- und weibliche Fürsorge-Stiftung" eine Förderstiftung errichtet. Auch weitere Magdeburger Stiftungen förderten die „Ferienkolonien".[144]

---

141 Bei einer Stiftung ließ sich das Geschlecht des Stifters nicht ermitteln.
142 Vgl. Eintrag Ferienkolonien im Verzeichnis der Stiftungen.
143 Vgl. Meyers großes Konversationslexikon, 6. Bd., S. 429 f. Derartige Stiftungen entstanden u. a. in Hamburg (1876), Frankfurt a. M. (1878), Stuttgart (1878), Dresden (1878), Berlin (1880) und Charlottenburg (1886). Für Berlin ist dokumentiert, dass die Abfahrten der Kinder öffentliche Ereignisse waren. Die Bedeutung, die die „Ferienkolonien" am Anfang des 20. Jahrhunderts bereits besaßen, kann man allein daran erkennen, dass der Eintrag in Meyers Lexikon drei Spalten einnimmt. Vgl. auch Ludwig, Charlottenburg, S. 257.
144 Vgl. die Einträge zu folgenden Stiftungen im Verzeichnis der Stiftungen: Fonds der Ferienkolonien, Stiftung des Magdeburger Neuen Konsum-Vereins zum Besten der Ferienkolonien, Dr. Kempfe-Stiftung. Auch der Kaufmann Adolf Mittag vermachte der Stiftung Ferienkolonien im Jahre 1921 5.000 M. Vgl. Vorlage 54 des Magistrats vom 7. April 1921, in: StAM, Rep. 18⁴ Bü. 129, unfol.

Diese vom Wirtschaftsbürgertum der Stadt errichteten Stiftungen – wie auch die von ihnen gegründeten Vereine, man sollte diese karitativen Einrichtungen trotz ihrer verschiedenen Rechtsformen als Einheit betrachten – verfolgten den Zweck, die sozialen Folgen der Industrialisierung unabhängig vom Staat zu mildern.[145] Die sie errichtenden Fabrikanten, Bankiers und Händler hatten sich in der zweiten Hälfte des 19. Jahrhunderts an die Spitze der städtischen Gesellschaft manövriert. Man selbst war inzwischen wohlhabend geworden, einige lebten im Luxus. Der Unternehmer Gruson etwa beschäftigte mehrere Gärtner und Lehrlinge, die elf Gewächshäuser betreuten. Gruson schickte seinen Obergärtner 1888 nach Mexiko, um seine Kakteen- und Sukkulentensammlung zu erweitern.[146] Die Budenbergs – um ein weiteres Beispiel zu nennen – errichteten nach der Stadterweiterung nördlich der Altstadt einen luxuriösen Villenbau, der noch heute zu bestaunen ist.

Für dieses Wirtschaftsbürgertum war es – nachdem es sich mit seinen Firmen auf dem nationalen und zum Teil auch auf dem internationalen Markt etabliert hatte und es selbst über genügend Kapital verfügte – ein Bedürfnis, denjenigen Menschen, die durch ihre Arbeit diesen Reichtum erst geschaffen hatten, etwas zurückzugeben. Der bereits erwähnte Friedrich Schmidt sagte es offen: Er kenne die Verhältnisse der Arbeiter und fühle sich verpflichtet. Doch diese Stiftungen hatten mitunter auch einen sozialdisziplinatorischen Ansatz im Sinne des bürgerlichen Arbeitsethos, den die Errichter über die von ihnen fixierten Satzungen genau definierten. Destinatär der Friedrich Schmidt'schen Stiftung konnten nur die „braven Arbeiter" werden. Bei der Budenberg-Stiftung waren es die verdienten Arbeiter zur Belohnung ihrer Treue und ihres Fleißes.

Auffallend ist die Häufung von Stiftungserrichtungen in bestimmten Familien. Grundlage hierfür war sicherlich das vorhandene Vermögen, doch auch eine Offenheit und die Bereitschaft für soziales Engagement. An der Familie Budenberg kann dies gezeigt werden. Nicht nur Caroline Budenberg errichtete eine Stiftung, ihre drei Töchter waren ebenso stark in Vorständen von Stiftungen und karitativen Vereinen engagiert. Tochter Paula war mit dem Industriellen Langensiepen verheiratet, der eine Fabrikkrankenkasse errichtete, dessen Restvermögen 1908 in eine Stiftung überführt wurde. Alwine Budenberg war mit dem Kaufmann Otto Arnold verheiratet, der eine Stiftung zur Förderung des

---

145 Rücker beklagte im Jahre 1904 die Zunahme des „Bettelunwesens" in den größeren Städten, auch in Magdeburg. Vgl. Rücker, Finanzgeschichte, S. 30.
146 Vgl. Dörsing, „… ach ihr solltet …", S. 139. Gruson errichtete eine Stiftung (vgl. Verzeichnis der Stiftungen) und vermachte der Stadt große Geschenke, z.B. 100.000 M für das Museum. Die der Stadt geschenkte Pflanzensammlung existiert noch heute als „Gruson'sche Gewächshäuser". Vgl. Wolter, Magdeburg, S. 301.

35 Christian Friedrich Budenberg mit seiner Ehefrau Caroline Arnoldine und seinen vier Töchtern Alwine Lisette Karoline Hedwig, Lydia, Mathilde Selma und Auguste Marie Paula, Gemälde von Edmund Wodieck, 1856

Kunstgewerbes errichtete. Schließlich war Tochter Selma Rudolph bis zu ihrem Tod in der Stiftung ihrer Mutter und weiteren Stiftungen aktiv tätig.
Die Stiftungsinitiativen in der zweiten Hälfte des 19. Jahrhunderts verdeutlichen aber auch, dass sich selbst in einer Stadt wie Magdeburg, die durch eine hohe Präsenz des preußischen Militärs gekennzeichnet und deren wirtschaftliche Entwicklung bis in die 1870er Jahre durch die Festung stark beeinträchtigt war, eine starke bürgerliche Gesellschaft etabliert hatte. Dieses Wirtschaftsbürgertum fand in der Stadt alle Voraussetzungen, um seine ökonomischen und politischen Interessen zu realisieren. Es beherrschte die Stadtverordnetenversammlung und hatte seine Vertreter im Landtag und im Reichstag.[147] Selbst mit den in der Stadt sich aufhaltenden Militärs des Generalstabes pflegte es – zumindest

---

147 Winkler kam bereits 1993 zu der Einschätzung, dass der Begriff „Obrigkeitsstaat" für das politische System des Kaiserreichs die tatsächlichen Verhältnisse nicht vollständig charakterisiere. Das Wahlrecht sei umfassender gewesen als im „Mutterland des Parlamentarismus, England". Das deutsche Kaiserreich sei eher durch eine „Teildemokratisierung" geprägt gewesen. Vgl. Winkler, Weimar, S. 15.

teilweise – gute Kontakte.[148] Als Hermann Gruson im Jahre 1891 nach Erfurt zur Kaisertafel eingeladen war, kleidete ihn seine Frau an. Sieben Orden wurden angelegt. Während der Veranstaltung habe Majestät ihm zweimal die Hand geschüttelt und mit ihm fünf Minuten gesprochen, berichtete er anschließend.[149] Der Kaiser wusste ganz genau, mit wem er dort redete – mit einem der führenden Industriellen für die Waffenproduktion in Deutschland.

Angesichts der Tatsache, dass dieses Wirtschaftsbürgertum die deutsche Gesellschaft in einem hohen und zunehmenden Maße beeinflusste, ist es nicht verwunderlich, dass es seine unmittelbare städtische Umgebung auch gestaltete. Ein Gestaltungsmittel waren Stiftungen und karitative Vereine.[150] Erstere besaßen den Vorzug, dass sich durch sie noch über den Tod der eigene Gestaltungswille – mit Unterstützung des Staates – perpetuieren ließ.

Darüber hinaus konnte das städtische Bürgertum über die Stiftungen durch deren Zweckbestimmungen und die Tätigkeit in ihren Organen in zweifacher Form auf die Armenfürsorge in der Stadt Einfluss nehmen. Dabei ist es grundsätzlich als Vertrauensbeweis zu betrachten, dass die städtische Verwaltung bei vielen unselbständigen – aber auch bei rechtlich selbständigen – Stiftungen mit der Verwaltung beauftragt wurde. Diese Regelung versprach eine dauerhafte und verlässliche Verwaltung im Sinne von Stifter und Stiftung und bewirkte zugleich eine enge Verzahnung der Stiftung mit der Stadt. Doch neben den Vertretern des Magistrats saßen in einer Reihe von Fällen auch Mitglieder der Stadtverordnetenversammlung und damit Bürger der Stadt in den Gremien. Diese wurden von den Abgeordneten für einen bestimmten Zeitraum gewählt. Stiften war eine zutiefst lokale Angelegenheit, die Stiftungen wurden folglich auch vor Ort verwaltet.[151]

Allerdings war die zunehmende Zahl der Stiftungen in der zweiten Hälfte des 19. Jahrhunderts nicht nur Ausdruck des gewachsenen Wohlstandes des Magdeburger Bürgertums unter den Bedingungen des enormen Bevölkerungszuwachses und allen damit verbundenen sozialen Problemen. Sie dokumentiert

---

148 Bei einer 1884 in der Villa des Fabrikanten Gruson stattfindenden großen Gesellschaft war neben dem Oberpräsidenten auch der Kommandierende General des IV. Armeekorps, General von Blumenthal (1810–1900), anwesend. Vgl. Dörsing, „… ach ihr solltet …", S. 56.
149 Vgl. ebd., S. 137.
150 Vgl. hierzu grundsätzlich: Kroll, Moderne, S. 70 ff.
151 Vgl. hierzu Adam, Zivilgesellschaft, S. 87 f., S. 121. Ludwig ermittelte, dass in Charlottenburg die Mitglieder der kommunalen Körperschaften – im Gegensatz zu den Magistratsmitgliedern – ein geringes Interesse an den sozialen Belangen der Stadt entfalteten. Vgl. Ludwig, Charlottenburg, S. 99 f. Roth kam für Frankfurt am Main zu der Einschätzung, dass die Stifter u. a. von dem Motiv geleitet waren, einen Einfluss auf ihre soziale und kulturelle Umgebung zu nehmen, ohne selbst in der Politik besonders engagiert sein zu müssen. Vgl. Roth, Aufstieg und Krise, S. 124. Vgl. auch Pielhoff, Ausbildungsstiftungen, S. 38.

auch dessen Akzeptanz mit den gesellschaftlichen Verhältnissen nach der Revolution von 1848/49 in Preußen und der Reichseinigung von 1870/71. Sichtbar wird dies am Ausbau des Klosters St. Augustini. Waren die Ausbaupläne in den Jahren 1846/47 noch an der Frage des bestimmenden Einflusses auf die Stiftung gescheitert, einigten sich Bürgerschaft und Magistrat nach nur kurzen Verhandlungen im Jahre 1851 auf die Modalitäten für den Erweiterungsbau, über dessen Notwendigkeit schon in den 1840er Jahren keinerlei Zweifel existierten. Man verständigte sich darauf, die Frage, ob das Hospital eine unselbständige oder eine rechtlich selbständige Stiftung sei, zunächst nicht zu klären. Die Bürgerschaft erklärte sich bereit, 15.000 Tlr. zum Bau über eine Sammlung beizutragen und die Sparkassenüberschüsse der nächsten drei Jahre – mindestens aber 24.000 Tlr. – zur Verfügung zu stellen. Ihren symbolischen Ausdruck bekam die Loyalität des Magdeburger Bürgertums zum preußischen Staat durch die Teilnahme von König Friedrich Wilhelm IV. (1795–1861) an der Grundsteinlegung im Oktober 1853.

Zur bedeutendsten Wohltätigkeitsstiftung entwickelte sich noch vor dem Ersten Weltkrieg jene Einrichtung, die nicht durch einen Industriellen, sondern durch den Pfarrer Gustav Adolf Pfeiffer ab den 1880er Jahren in dem am östlichen Elbufer gelegenen Dorf Cracau errichtet wurde.[152] In Cracau hatten sich seit Mitte des 19. Jahrhunderts immer mehr Menschen angesiedelt, die in den Fabriken der Umgebung arbeiteten. Pfeiffers Anliegen bestand zunächst darin, die Not der alten Menschen und der Kleinkinder zu lindern. Obwohl die Umgebung von Magdeburg „nicht gerade kirchlich" war,[153] fasste Pfeiffer den Entschluss, eine kirchliche Einrichtung, das „Johannesstift", für Sieche und Kleinkinder aufzubauen. Er verbreitete einen Aufruf und erhielt als erste Spende von einer Witwe aus Thüringen fünf Pfennige. Auch Privatpersonen, Kirchenkassen, Vereine etc. sprach er zielgerichtet an. Im März 1889 erfolgte die Grundsteinlegung für das Johannesstift, das bereits am 20. Oktober 1889 eingeweiht werden konnte. Schon bald war das Haus mit 60 Personen, die von Diakonissen gepflegt wurden, völlig ausgelastet. Pfeiffer erweiterte seine Anstalt um das Dorotheenhaus für die Kleinkinderschule. Im Jahre 1893 folgte die Einweihung des Hauses Bethesda, so dass ein gesondertes Gebäude für die Unterbringung der Männer zur Verfügung stand. In der Folge musste ein Wirtschaftsgebäude für die Küche errichtet werden. Ab dem Herbst 1894 erweiterte Pfeiffer seine Aktivitäten, um

---

152 Cracau wurde zusammen mit den Dörfern Prester, Fermersleben, Salbke, Westerhüsen und Lemsdorf am 1. April 1910 in den Stadtbezirk Magdeburg eingemeindet.
153 Vgl. Ulbrich, Diakonissenmutterhaus, S. 10. Siehe auch Riemann/Stieffenbacher/Kamp, 125 Jahre, S. 7 ff.

ein ‚Krüppelheim' zu errichten, für dessen Bau er Finanzen in bisher nicht erreichter Höhe benötigte. Mit einer groß angelegten Werbeaktion in Nord- und Mitteldeutschland erzielte er viele Spendeneinnahmen.[154] Auch der Provinzialausschuss der Provinz Sachsen und der Provinziallandtag stellten 6.000 M bzw. 20.000 M zur Verfügung.[155] Im Mai 1899 konnte das Gebäude eingeweiht werden. Eingeweiht wurde zur gleichen Zeit ein Handwerkerheim mit einer Schuhmacherei, einer Schneiderei und einer Korbmacherei für die schulentlassenen Kinder, aber auch eine Kapelle. Bereits ein Jahr später betreute das Samariterhaus (Krüppelheim) mehr als 100 Kinder aus vielen Teilen Deutschlands, die anderen Pflegehäuser hatten mehr als 150 Personen aufgenommen. Angesichts der Dimension der zu betreuenden Menschen ging Pfeiffer dazu über, die Diakonissen selbst anzustellen und ein eigenes Diakonissen-Mutterhaus einzurichten. Als Gustav Adolf Pfeiffer im Jahre 1902 plötzlich verstarb, war auf dem östlichen Elbufer bereits ein bedeutender Gebäudekomplex der ‚Inneren Mission' entstanden. Der Vorstand der Anstalten beschloss im Jahre 1910, diesen in „Pfeiffersche Stiftungen" umzubenennen.[156]

Während die bisher vorgestellten Einrichtungen das Leben insbesondere der sozial Benachteiligten und ihrer Kinder verbessern sollten, errichtete Ida Lücke eine Stiftung zur Gewährleistung eines Zuhauses für alleinstehende Damen

---

154 Pfeiffer ließ mehr als 6.000 Pakete mit Werbematerial verschicken. In Westdeutschland wurde eine Hauskollekte durchgeführt, bei der mehr als 35.000 M zusammenkamen. Die Kirchenkollekte in der gesamten Preußischen Landeskirche führte zu dem Ergebnis von fast 19.000 M. Ein Gesangbuchfonds wurde aufgelegt, der 12.000 M einbrachte. Selbst das Kaiserpaar unterstützte das Vorhaben mit 2.000 M, so wie auch die Magdeburger Industriellen Wolf und Gruson jeweils 2.000 M und Friedrich Krupp aus Essen 2.500 M zur Verfügung stellten, um das Projekt mit einem Finanzvolumen von 250.000 M zu unterstützen.
155 Vgl. LASA, C 20 I Ib, Nr. 2104, Bd. 1, unfol. Dem Provinzialausschuss der Provinz Sachsen schrieb der Vorstand des Johannis-Stifts u. a.: „Aber die ganze Größe der Noth dieser Elenden lernt man erst in der Arbeit an ihnen recht kennen. So zahlreich die Glieder am menschlichen Körper sind, so mannigfaltig prägt sich auch das Elend der Verkrüppelten aus. Viele von ihnen sind derartig mißgestaltet und verkümmert geboren, andere und zwar die meisten, sind durch schwere Krankheiten, Unglücksfälle und besonders durch Mangel an Pflege verkrüppelt. Die 21 Kinder unserer Anstalt leiden neben Verkrüppelung der Glieder zugleich an anderen Gebrechen. 3 sind verkrüppelt und stumm, 2 gelähmt und blind, 2 verkrüppelt und taubstumm, 7 haben verkrüppelte Arme und Hände, 6 verkrüppelte Beine und Füße und 3 davon leiden dabei noch an Veitstanz. Welch eine Fülle von Elend ist jetzt schon in unserer Anstalt zusammengehäuft, und noch mehr wird kommen, denn man hat allein in der Provinz Sachsen gegen 4.000 Krüppel gezählt. Diesen unglücklichen Kindern möchten wir gern helfen, ihnen ihr Kreuz erleichtern und sie fröhlich machen durch die Freudensonne der christlichen Liebe …" Antrag des Vorstands des Johannesstifts an den Provinzial-Ausschuss vom 10. Dezember 1894 (Abschrift), ebd.
156 Andere Geistliche ergriffen am Ende des 19. Jahrhunderts ähnliche Initiativen, so der Gemeindepfarrer Otto Blumner im damals noch selbständigen Diesdorf. Vgl. Eintrag zum Martin-Stift im Verzeichnis der Stiftungen.

36 *Gustav Adolf Pfeiffer, aus: Ulbrich, Geschichte des Diakonissenhauses [...], Düsseldorf 1928* 37 *Ida Lücke, Aufnahme von einer älteren Vorlage, 1946*

der „gebildeten Stände" im Alter.[157] Voraussetzung für eine Aufnahme war auch hier eine Bedürftigkeit, die die Stifterin bei einem Einkommen von maximal 1.500 M pro Jahr festgesetzt hatte. Der Bedarf war offenbar hoch, so dass die Stifterin im Jahr 1917 eine Erweiterung des Heimes in Angriff nahm.

Zu den „Stiftungen" mit sozialen Zwecken ist auch die Blumenthal-Schwarzhoff-Hasselbach-Stiftung zu zählen. Ihr Zweck bestand darin, Veteranen der Kriege der Jahre 1864, 1866 und 1870/71 bzw. ihre Witwen zu unterstützen. Das relativ geringe Vermögen und die daraus resultierende Unterstützung von nur wenigen Menschen würde es nicht rechtfertigen, die „Stiftung" an dieser Stelle hervorzuheben. Doch die tatsächliche Bedeutung erlangte diese nicht durch ihre Sozialleistungen, sondern durch ihre eigentliche Zielstellung und ihre daraus resultierenden Aktivitäten.

Die Initiative zur Errichtung einer Stiftung ergriffen acht ehemalige Soldaten und Kriegsteilnehmer (ein Leutnant, ein Rittmeister, ansonsten Soldaten), von denen keiner damals noch aktiver Soldat war, Anfang der 1880er Jahre. Diese in Kriegervereinen organisierten Personen versuchten, das notwendige Grundstockvermögen der Stiftung über Sammlungen bei vermögenden Bürgern und

---

157 Vgl. Eintrag Ida Lücke-Stiftung im Verzeichnis der Stiftungen. Zu den Wohnstiftungen in Hamburg vgl. Müller, Stiftungsstadt, S. 101.

durch Veranstaltungen zu erhalten.[158] Schon nach kurzer Zeit konnten zehn bis zwölf Personen mit Zahlungen in Höhe von ca. zehn Mark anlässlich des Geburtstages von Kaiser Wilhelm I. (1797–1888) am 22. März oder des regierenden Kaisers unterstützt werden. Diese Unterstützungen sollten der Überschuldung der Leistungsempfänger entgegenwirken und vorbeugen, dass „dem Kaiser und Reich […] viele Patrioten verloren [gehen], welche infolge der Nothlage anderen Einflüssen unterliegen und ihre bisherige Gesinnung wechseln".[159] Damit war ganz offensichtlich der wachsende Einfluss der Sozialdemokratie unter der Arbeiterschaft gemeint. Reichskanzler Otto von Bismarck (1815–1898) hatte im Oktober 1878 das „Gesetz gegen die gemeingefährlichen Bestrebungen der Sozialdemokratie" unterschrieben, bei den Reichstagswahlen wenige Monate zuvor hatten immerhin 7,6 Prozent aller Wähler trotz der nach den Attentaten auf den Kaiser aufgeheizten Stimmung und der vom Reichskanzler geschürten Sozialistenfurcht der SPD ihre Stimme gegeben.[160] In Magdeburg nahm die Sozialdemokratische Partei eine noch fulminantere Entwicklung. Erhielt die Partei im Jahre 1871 2,3 Prozent der Stimmen, waren es drei Jahre später schon 14,9 Prozent und 26,6 Prozent im Jahre 1877.[161] Diese Entwicklung konnte aus der Sicht der Konservativen nur bedrohlich sein. Bereits Anfang der 1880er Jahre zeichnete sich zudem ab, dass das Bismarcksche Sozialistengesetz die Ausbreitung sozialdemokratischer Ideen nicht verhindern würde. Letztlich diente die Stiftung also politischen Zwecken und war auf die Stärkung der royalistischen und konservativen Kräfte in der Stadt gerichtet. In § 1 der Satzung der geplanten Stiftung war folgerichtig festgelegt worden, dass deren Zweck auch in der Pflege der „Liebe zum Vaterlande und zum angestammten Herrscherhause durch patriotische Feier der Geburtstage seiner Majestät des hochseligen Kaisers und Königs Wilhelm I. und des regierenden Kaisers und Königs" bestehen sollte.[162]

Allerdings kam es nicht zur Errichtung der Stiftung. Zwar leiteten im September 1892 die Initiatoren die Satzung der Stiftung dem Regierungspräsidenten zur Genehmigung zu – worüber auch die Zeitung berichtete –, doch verweigerte

---

158 Die Garnisonsstadt Magdeburg war ein Zentrum von konservativ-royalistischen Kriegervereinen. Nach Asmus existierten in der Stadt und den umliegenden Dörfern bis zum Beginn des Ersten Weltkrieges ca. 100 Krieger- und Militärvereine. Vgl. Asmus, 1200 Jahre, Bd. 3, S. 347, sowie Klitzschmüller, Magdeburger Gesellschaft, S. 250 ff.
159 Vgl. Bericht der Blumenthal-Schwarzhoff-Hasselbach-Stiftung vom Juli 1887, in: LASA, C 29, IVg, Nr. 1, Bd. 1, unfol.
160 Allgemein vgl. Nipperdey, Deutsche Geschichte 1866–1918, S. 407 ff.
161 Vgl. Asmus, 1200 Jahre, Bd. 3, S. 320.
162 Vgl. Satzung der Blumenthal-Schwarzhoff-Hasselbach-Stiftung vom 10. November 1913, in: LASA, C 29, IVg, Nr. 1, Bd. 2, Bl. 22 f.

dieser die Genehmigung. Während eines Gespräches teilte er den Initiatoren laut Aktenvermerk mit, dass der Antrag auf Verleihung der Korporationsrechte keine Aussicht auf Erfolg habe.[163] Dies hielt die Initiatoren jedoch nicht davon ab, weiterhin als Stiftung aufzutreten.

Ihre Veranstaltungen zu Kaisers Geburtstag fanden regelmäßig in einem der Festsäle in der Stadt (oft in der „Wilhelma" oder dem „Hofjäger", manchmal auch im Prunksaal des „Fürstenhofes") statt.[164] Den Abend dominierten patriotische Reden. Die „Magdeburgische Zeitung" gab z. B. im Januar 1912 Konsistorialrat Schlegel mit den Worten wieder, Kaisers Geburtstag sei „für das Soldatenherz ein ganz besonderer Tag". Doch auch das treue Herz der Soldatenfrau und Mutter sei etwas Eigenes: „[…] nach Mutter rief der Verwundete und der Sterbende und mit dem Gedanken an die Mutter ging es in den Kampf."[165]

Die Musik stellten die in Magdeburg stationierten Regimenter sowie die Gesangsgruppe des Neustädter Militärvereins. Die Teilnehmer der Veranstaltungen, die offenbar regelmäßig ausverkauft waren und deren Ablauf mit dem in Magdeburg stationierten Militär abgestimmt wurde, waren die politischen und militärischen Eliten Magdeburgs: der Oberpräsident, der Oberbürgermeister, die Offiziere des Generalstabes,[166] die Offiziere der im Ort stationierten Einheiten, aber auch Vertreter der Kirche und Bürger der Stadt.[167] Die regelmäßige Berichterstattung in der konservativen „Magdeburgischen Zeitung" vermittelt den Eindruck, als ob diese jährlichen Veranstaltungen zu den gesellschaftlichen Höhepunkten in der Stadt zählten. Da blieb für die Überreichung der Unterstützungsgelder mitunter nur ein Nebenraum oder die Wohnung eines Mitglieds des Vorstands der Stiftung.[168]

Darüber hinaus führte die Stiftung in jedem Sommer ein „Großes vaterländisches Concert" durch, das von Militärkapellen gestaltet wurde. Den Abschluss dieser Konzerte bildete jeweils ein „großes patriotisches Potpourri mit Schlachtmusik", das den Namen „Deutschlands Erinnerungen an die Kriegsjahre 1870/71" trug. Dazu gab es ein Feuerwerk. Die Abrechnungen über die

---

163 Vgl. ebd., Bd. 1, unfol. Aus der Akte ist nicht ersichtlich, warum der Regierungspräsident die Genehmigung der Stiftung als juristische Person verweigerte.
164 Das Folgende nach LASA, C 29, IVg, Nr. 1, Bd. 1 u. 2.
165 Vgl. Magdeburgische Zeitung vom 27. Januar 1912, in: ebd., Bd. 2, Bl. 8.
166 Auch Paul von Hindenburg ist als Teilnehmender nachweisbar.
167 Viele Teilnehmer der Veranstaltungen waren Ehrenmitglieder der Stiftung. Diese finanzierte sich gemäß § 3 der Satzung auch über „freiwillige Beiträge der Ehrenmitglieder und sonstiger Gönner". In der Realität dürfte ein hoher Druck geherrscht haben, einen „freiwilligen Beitrag" zu entrichten.
168 Dies schloss nicht aus, dass der Regierungspräsident oder ein Offizier aus dem Generalstab an der Sitzung teilnahm. Dagegen werden in den regelmäßig verfassten Berichten der „Magdeburgischen Zeitung" über diese Zusammenkünfte Vertreter des Bürgertums nicht erwähnt.

38 Einladungskarte der Blumenthal-Schwarzhoff-Hasselbach-Stiftung zum „Großen Vaterländischen Doppel-Conzert", 18. Juni 1899, Vorderseite

Einnahmen zu diesen Konzerten lassen den Schluss zu, dass mehrere hundert Personen anwesend waren.

Neben der Blumenthal-Schwarzhoff-Hasselbach-Stiftung hatten nur ganz wenige Stiftungen bis zum Ausbruch des Ersten Weltkrieges einen Zweck zu verfolgen, der zur Linderung von Kriegsverwundungen oder der Unterstützung von Soldatenwitwen diente.[169] Bei einer einzigen Stiftung kann ein Bezug zu einem Soldaten hergestellt werden, doch ist unklar, ob die mit bescheidenen 2.000 M ausgestattete Major Schrader-Stiftung von ihm oder im Andenken an ihn errichtet worden ist. Ansonsten ist offensichtlich, dass das in der Stadt stationierte Militär keinerlei Initiativen entwickelte, durch die Errichtung von Stiftungen in Erscheinung zu treten. Auch ist – abgesehen von den oben genannten Beispielen und unter Berücksichtigung des unzureichenden Forschungsstandes – bisher noch in keinem Fall nachgewiesen worden, dass Militärangehörige Mitglied eines Stiftungsorgans gewesen wären. Offenbar bildete das Militär in der Stadt eine in sich geschlossene homogene Gruppe, die keinen Anteil an den sozialen Problemen der Magdeburger nahm. So betrachtet sind die Stiftungen ein Indikator für die soziale Isolierung des preußischen Militärs in der Stadt.

In der zweiten Hälfte des 19. Jahrhunderts ist auch in Magdeburg ein Trend zu Stiftungen nachzuweisen, die nicht zu den „milden Stiftungen" zu zählen sind, sondern die Realisierung der kulturellen Bedürfnisse des Bürgertums bezwecken sollten, die im 19. Jahrhundert zunehmend zum bürgerlichen Lebensstil gehörten.[170] Die rechtlichen Grundlagen hierfür hatte in der ersten Hälfte des

---

169 Zu nennen wäre die Stadtrat Gustav Schultze'sche Invaliden- und Armenstiftung, vgl. Verzeichnis der Stiftungen.
170 Das Tagebuch von Helene Gruson gibt hierzu Einblicke. Vgl. Dörsing, „... ach ihr solltet ...", S. 60 ff.

19. Jahrhunderts die moderne Staatswissenschaft geschaffen. Demnach waren Stiftungen hinsichtlich ihrer Zwecksetzung nicht mehr auf die öffentliche Wohlfahrt, also insbesondere auf kirchlich-religiöse oder soziale Zwecke, begrenzt. Stiftungen konnten nun grundsätzlich jeden vom Stifter vorgesehenen Zweck erfüllen.[171]

Auch die materiellen Voraussetzungen hatte sich das Bürgertum seit der Mitte des 19. Jahrhunderts geschaffen: Es verfügte über das erforderliche Vermögen, über die notwendige Zeit sowie – mitunter erst in der zweiten Generation – über die (nicht zwingend erforderliche) Bildung. Neben der Realisierung der kulturellen Ambitionen erfüllten die Kulturstiftungen einen nicht zu unterschätzenden Repräsentationszweck. Es ist nicht ausgeschlossen, dass die Städte ihre Attraktivität bereits damals auch über das kulturelle Angebot definierten und das Ansehen der Eliten über die Stadtgrenzen hinaus auch von der kulturellen Vielfalt der jeweiligen Stadt abhängig war. Dementsprechend lag es in der Natur der Dinge, bei der „Möblierung der Stadt" mit Museen und Theatern nicht kleinlich zu sein, zumal in Magdeburg eine Sammlung fürstlicher Provenienz fehlte. Da die bedeutendsten Stiftungen und Zuwendungen in den jährlichen Berichten über die Verwaltung durch die Stadt veröffentlicht wurden, dürfte dies den Druck auf die potenziellen Stifter, tief in das Portemonnaie zu greifen, erhöht haben.

Mehrere wohlhabende Magdeburger, die in der zweiten Hälfte des 19. Jahrhunderts unterschiedliche Stiftungen mit sozialen Zwecken errichtet hatten, wurden nun auch zu bedeutenden Unterstützern des sich in Gründung befindenden städtischen Museums. Hierzu gehörten die Familien Coqui, Deneke, Hauswaldt, Polte und Zuckschwerdt. Neben Stiftungen trugen auch bedeutende Spenden – wie die von Hermann Gruson über 100.000 M – dazu bei, dass das Museum schon bald erhebliche Kunstschätze besaß bzw. erwerben konnte.[172] Auch aus dem Nachlass des Kaufmanns Gustav Lücke erhielt das Museum 10.000 M. Alwine Poetsch-Porse widmete für den Erwerb von Kunstschätzen dem Museum weitere 100.000 M. Im Dezember 1893 konnte das Kaiser-Friedrich-Museum eröffnet werden. Als drei Jahre später die Gemäldesammlung eingeweiht wurde, schenkte ihr neuer Ehemann dem Museum nochmals 10.000 M. Anschließend wurde ein Ausstellungsraum als „Porsesaal" dem Ehepaar gewidmet. Die Unterstützungen rissen damit aber nicht ab. Sie waren so bedeutend, dass schon

---

171 Vgl. hierzu jüngst Lingelbach, Allgemeine Grundlagen, S. 55 ff., sowie seinen Beitrag in diesem Buch.
172 Vgl. StAM, Rep. 18⁴, Bü. 129. Vgl. auch: Puhle (Hg.), Magdeburg 1200, S. 256; Wolter, Magdeburg, S. 301.

wenige Jahre nach der Einweihung des ersten Domizils des Museums am Domplatz die Entscheidung für einen Neubau fiel, der im Jahre 1906 eingeweiht werden konnte.[173]

Doch trotz dieser Entwicklungen konnte Magdeburg auf dem Gebiet der Kulturstiftungen nicht mit Städten wie Hamburg, Dresden, Leipzig, Frankfurt am Main oder auch Halle (Saale) konkurrieren.[174] Es fehlte der Stadt – bei allen Aktivitäten und beachtlichen Erfolgen, die seit den 1830er Jahren zu verzeichnen waren – an einem quantitativ vergleichbaren wohlhabenden Bürgertum und insbesondere an einem geistigen Umfeld, wie es z. B. eine Universität erzeugt. Weder die Angehörigen des Militärs noch die Beamten waren hierzu in der Lage oder willens.[175]

Hinsichtlich der stifterischen Aktivitäten der in der Stadt lebenden Juden verzeichnet die Übersicht aus dem Jahre 1910 insgesamt 18 Stiftungen, die von Magdeburgern jüdischen Glaubens begründet worden waren. Die erste Stiftung eines Mitglieds der jüdischen Gemeinde wurde von Benjamin Caspar bereits im Jahre 1845 – also noch vor der rechtlichen Gleichstellung der Juden in der Gesellschaft – errichtet.[176] Zweck der Stiftung war die Unterstützung bedürftiger Mitglieder der Synagogengemeinde.[177] Die Witwe Johanne Elbthal errichtete im Jahre 1872 gleich zwei Stiftungen: Die Elbthal-Stiftung zur Unterstützung von Armen mit einem Grundstockvermögen von 2.100 Tlr. und die Bianka Elbthal-Stiftung mit einem Grundstockvermögen von ca. 9.500 Tlr. zur Unterstützung von Blinden und Kranken.[178] Erwähnt sei zudem Leopold Schlesinger, der als Rentner im Jahre 1900 gleich fünf Stiftungen mit einem Grundstockvermögen von insgesamt 121.000 M errichtete. Eine dieser Stiftungen errichtete er zur Unterstützung „würdiger städtischer Armer ohne Unterschied der Konfession". Auch für seine Dienstbotenstiftung sollte nur von Belang sein, dass die zu Un-

---

173 Vgl. Nachweisung 1910 sowie die jährlichen „Berichte über die Verwaltung" der Stadt. Vgl. auch Kärgling, „… ein vereintes Streben …", S. 23–45; Ziegler, Poetsch-Porse, in: MBL, S. 552; Wolter, Magdeburg, S. 301 f.; Tullner, Preußische Provinzhauptstadt, S. 609; Dörsing, „… ach ihr solltet …", S. 69, sowie Wille, Großstadt, S. 86 ff.
174 Vgl. Adam, Zivilgesellschaft, S. 45 ff. sowie Tullner, Preußische Provinzialhauptstadt, S. 561; Minner, Ein Motor, S. 109 ff.
175 Zwar waren in dem 1835 gegründeten Magdeburger Kunstverein auch Militärangehörige Mitglied, vgl. Tullner, Preußische Provinzialhauptstadt, S. 561, doch die von der Stadtverwaltung jährlich herausgegebenen Berichte über die Verwaltung lassen nicht erkennen, dass Militärs nennenswerte Beträge zur Förderung des Museums gezahlt haben.
176 In Leipzig ist die erste Stiftung eines Juden erst für 1850 belegt; auch in Dresden, wo die erste Stiftung eines Juden für 1794 nachweisbar ist, war die zweite Hälfte des 19. Jahrhunderts durch einen starken Anstieg von Stiftungen, die von Juden errichtet wurden, charakterisiert. Vgl. Kraus, Jüdische Wohltätigkeit, S. 90 f.
177 Vgl. Nachweisung 1910 sowie Meyer/Schneidewin, Wohlfahrtseinrichtungen, S. 44. Zu Stiftungen von Juden allgemein vgl. Kraus, Jüdische Wohltätigkeit, S. 90 f.
178 Vgl. LASA, C 28 Ie I, Nr. 1640 sowie Nachweisung 1910.

terstützenden zehn Jahre „ein- und derselben Herrschaft" treu gedient hatten. Beide Stiftungen ließ er durch die Stadt verwalten.[179] Drei weitere Stiftungen sollten bedürftige Menschen jüdischen Glaubens unterstützen.[180] Allerdings lag die Verwaltung der meisten Stiftungen von Juden in den Händen der Synagogengemeinde.[181] Diese Stiftungen leisteten einen ganz eigenen Beitrag zur Verbesserung der sozialen Lage der Menschen jüdischen Glaubens in der Stadt, denn oftmals waren die von den Christen der Stadt errichteten Stiftungen auf Mitglieder der Kirchen, teilweise sogar auf Angehörige eines Pfarrsprengels, begrenzt. In diesem Sinne ist es schon bemerkenswert, dass Leopold Schlesinger für eine seiner Stiftungen festlegte, dass die Zugehörigkeit zu einer bestimmten Religion keine Rolle spielen sollte. Auch die Gebrüder Friedeberg fixierten in der von ihnen errichteten Stiftung, dass jeweils fünf Christen und Juden unterstützt werden sollten. Hervorzuheben ist zudem die mit bescheidenen 2.000 M von Dr. Moritz Rahmer, seit 1867 Rabbiner in der Synagogengemeinde, ausgestattete Stiftung, deren Zweck die Zahlung von Stipendien an Schüler des Domgymnasiums war. Die Stiftung errichtete er 1876. In jenem Jahr wurde er Mitglied der Stadtverordnetenversammlung. Somit zeigte sich auch in Magdeburg, dass sich die stifterische Praxis von Juden in der zweiten Hälfte des 19. Jahrhunderts von der nichtjüdischen Bevölkerung nicht unterschied.[182]

Tendenziell stieg im 20. Jahrhundert auch die Zahl jener Stiftungen, mit denen die Stifter eine höhere Allgemeinbildung befördern wollten. Immerhin verfolgten 51 und damit jede sechste der 1910 von der Stadt registrierten Stiftungen Bildungszwecke. Von diesen waren zehn bis zum Ende des 18. Jahrhunderts und vier in den ersten fünf Jahrzehnten des 19. Jahrhunderts entstanden. In der zweiten Hälfte des 19. Jahrhunderts nahmen die „Bildungsstiftungen" deutlich zu. Wurden zwischen 1850 und 1869 nur fünf derartige Stiftungen errichtet, waren es zwischen 1870 und 1889 schon 15, während ihre Zahl im Zeitraum zwischen 1890 und 1909 auf 17 stieg.[183] Diese Stiftungen wurden überwie-

---

179 Auch in Frankfurt am Main, wo Juden seit der Mitte des 19. Jahrhunderts verstärkt Stiftungen errichteten, „folgte etwas zeitversetzt eine ganze Serie von jüdischen Stiftungen, die der Allgemeinheit zu Gute kamen". Roth, Aufstieg und Krise, S. 123.
180 Vgl. Nachweisung 1910.
181 Vgl. Verwaltungsbericht des Vorstands der Synagogengemeinde. Die Jahresrechnung dieser Stiftungen leitete die Synagogengemeinde über die Stadt Magdeburg an den Regierungspräsidenten.
182 Vgl. hierzu Werner, Städtische Gesellschaft, S. 114 ff. sowie für Chemnitz Aurich, Stiftungen, S. 306. Ein besonderes Ausmaß besaßen die jüdischen Stiftungen in Frankfurt am Main. Dort war Anfang des 20. Jahrhunderts ein Drittel aller Stiftungen von Juden errichtet worden, obwohl diese weniger als zehn Prozent der Einwohner stellten. Vgl. Roth, Aufstieg und Krise, S. 132.
183 Vgl. Nachweisung 1910. Thomas Adam ermittelte, dass in der ersten Hälfte des 19. Jahrhunderts derartige Stiftungen einen hohen Beitrag dazu leisteten, dass Studenten eine ihrer bürger-

39 Genehmigung der Schenkung des Leopold Schlesinger an die Stadt Magdeburg in Höhe von 60.000 Mark durch den preußischen Minister des Innern, 10. Juli 1900 (Abschrift)

gend von Männern errichtet. 31 Stiftern standen acht Stifterinnen gegenüber. Allerdings begründeten zunehmend Gruppen Stiftungen mit Bildungszwecken. Im Zeitraum zwischen 1870 und 1909 war dies bei 13 Stiftungen der Fall, das entspricht einem Anteil von 40 Prozent der errichteten Stiftungen dieses Zwecks.

Stiftungen mit Bildungszwecken errichtete u.a. Wilhelm Zuckschwerdt, Inhaber eines Bank- und Zuckergeschäfts. Im Jahre 1907 begründete der damals 55-Jährige eine Stiftung zur Förderung wissenschaftlicher Vorträge und der Ausbildung junger Kaufleute. Während er diese Stiftung mit einem Vermögen von 5.000 M ausstattete, erhielt die von ihm ein Jahr später begründete „Zuckschwerdt-Stiftung" eine Finanzausstattung von 30.000 M. Deren Zweck war es, die „Abhaltung von Vorträgen, besonders über die Fragen aus dem Gebiete der Technik", zu fördern. Eventuell sollte diese Stiftung die Grundlage für die Errichtung einer Universität in der Stadt bilden.[184] Im Jahre 1925 errichtete Wilhelm Zuckschwerdt letztmalig eine Stiftung. Auch diese sollte Vorträge finanzieren.

Eine im Verlauf des 19. Jahrhunderts zunehmende Einnahmequelle für die Stadt Magdeburg stellten jene unselbstständigen Stiftungen dar, bei denen die Kommune sich verpflichtete, die Gräber der Stifter oder ihrer Familien für einen bestimmten Zeitraum, der zumeist 25 bis 50, mitunter auch 75 Jahre betrug, zu pflegen.[185] Im Gegenzug konnte die Stadt die Erträge aus dem Vermögen nach Ablauf der Grabliegezeit für die Erfüllung ihrer sozialen Aufgaben nutzen.[186] Im Jahre 1925 war die Stadt auf diese Weise verpflichtet, 392 Gräber zu pflegen.[187]

---

lichen Herkunft entsprechende Ausbildung absolvieren konnten. Vgl. Adam, Stiftungen für die Bildung, S. 169–172.

184 Vgl. Nachweisung 1910. Der „Berliner Lokalanzeiger" hatte am 22. August 1908 seinen Lesern mitgeteilt, dass diese Stiftung die Grundlage für die „Errichtung eines dortigen Lehrstuhls zur Abhaltung technischer Fragen" bilden sollte. „Weitere Spenden, die zu erwarten sind, sollen mit dieser unter dem Namen ‚Otto-von-Guericke-Stiftung' vereinigt werden. Magdeburg soll so den Grundstock für eine technische Hochschule legen." Vgl. LASA, C 20 I, Ib, Nr. 3634, Bd. 14, unfol.

185 Vgl. z.B. StAM, Rep. A III, Nr. 31.1f, Bde. 1–4. Diese Vermächtnisse sind nur dann in das Verzeichnis der Stiftungen aufgenommen worden, wenn die Quellen eine verlässliche Beschreibung erlaubten.

186 Als Beispiel für eine derartige Stiftung sei die Auguste Bourzutschky'sche Grabpflegestiftung von 1916 genannt. Vgl. Eintrag Auguste Bourzutschky'sche Grabpflegestiftung im Verzeichnis der Stiftungen. Wie geradezu grotesk diese „Zuwendungen" ausfallen konnten, wird an der „Ebel'schen Zuwendung" deutlich, die im Verzeichnis der Stiftungen nicht erfasst wurde. Im Jahre 1882 nutzte der Magistrat die Zinsen aus dem Grundstockvermögen von 420 M, um die Erbbegräbnisstätte zu erhalten. Erst nach dem 22. Mai 1944 war die Stadt berechtigt, das Geld für andere Zwecke auszugeben. Vgl. Bericht über die Verwaltung 1882, S. 97.

187 Vgl. Vorlage des Magistrats für die Stadtverordnetenversammlung, 23. September 1925, in: StAM, Rep. 18⁴ Bü. 133, unfol.

2.3 Die Klärung der Rechtsnatur der Magdeburger Stiftungen

In der ersten Hälfte des 19. Jahrhunderts veränderte sich die juristische Sicht auf die Stiftung grundlegend. Letztlich setzte sich eine Position durch, der zufolge die Stifter eine weitgehend freie Wahl der Stiftungszwecke haben.[188] Insbesondere Friedrich Carl von Savigny (1779–1861) ist es zu verdanken, dass sich in der Rechtswissenschaft die Ansicht etablierte, wonach eine Stiftung eine verselbständigte Vermögensmasse mit eigener Rechtspersönlichkeit darstellt. Damit waren die Grundlagen dafür geschaffen worden, dass sich die Stiftungen aus dem Korsett der Kirchen, als deren Sondervermögen sie bis dahin oftmals betrachtet wurden, befreien konnten. Savigny beließ es allerdings bei dem bisherigen Verfahren, dass es für die Entstehung einer Stiftung einer Genehmigung des Staates bedürfe (Pflicht zur Konzessionierung).[189]

Bei der weiterhin vorhandenen Obhut des Staates über die Stiftungen musste dieser zwangsläufig die Frage klären, welche Rechtsnatur die bereits vorhandenen Stiftungen hatten. Demzufolge war der Stifterwille für die bereits existierenden Stiftungen zu ermitteln. Wollte der historische Stifter eine rechtsfähige oder eine nichtrechtsfähige Stiftung errichten? Die Klärung dieser Frage dauerte in Magdeburg mehrere Jahre. Sie war eine objektiv schwierige Angelegenheit, denn die Stifter der damals bestehenden „Altstiftungen" hatten sich zu dieser Problematik nicht äußern müssen. So musste im Nachhinein der mutmaßliche Stifterwille ermittelt werden.[190]

In der preußischen Provinz Sachsen hatte die Klärung dieser Frage für die von den Kommunen verwalteten Stiftungen ihren Ausgangspunkt in einem Schreiben des Regierungspräsidenten vom 7. Dezember 1882. Dieser bat die Landräte und Magistrate, ihm zwecks „besserer Centralisierung der Verwaltung der im diesseitigen Regierungsbezirke vorhandenen selbständigen Stiftungen" ein genaues Verzeichnis zu übersenden.[191] Doch die Stadt Magdeburg übersandte dem Regierungspräsidenten eine Übersicht ohne die geforderte Differenzierung. Deshalb forderte die königliche Stiftungsaufsicht die Stadt am 17. Feb-

---

188 Vgl. hierzu die Ausführungen von Gerhard Lingelbach in diesem Band. Vgl. zudem: Liermann, Stiftungsrecht, S. 236 ff.; Campenhausen, Geschichte und Reform, S. 50 f.; Lingelbach, Allgemeine Grundlagen, S. 56 ff.
189 Vgl. Rawert, Vom Umgang des öffentlichen Rechts, S. 181 f. Vgl. auch die Ausführungen von Gerhard Lingelbach in diesem Band.
190 Die erste Stiftung in Magdeburg, bei deren Errichtung der Stifter explizit festgelegt hatte, dass es sich um eine rechtsfähige Stiftung handeln sollte, war wahrscheinlich das Heinrich Wilhelm Müller'sche Siechenhospital, dessen Stiftungsurkunde aus dem Jahre 1862 stammt. Vgl. Bock, Nachtrag, S. 410 f.
191 Vgl. Regierungspräsident an Landräte und Magistrate, 7. Dezember 1882, in: StAM, Rep. 7, G 22, unfol. Vgl. zur Klärung der Rechtsnatur der Stiftungen auch Ludwig, Soziale Stiftungen, S. 43.

ruar 1883 auf, ihren Jahresbericht über die von ihr verwalteten Stiftungen zu überarbeiten und zwischen juristisch selbständigen und unselbständigen Stiftungen zu unterscheiden.[192] Mit Verweis auf die „hierüber ergangenen diesseitigen Circular-Verfügungen" teilte sie der Stadt mit, welche Rechtsnatur die in der Stadt vorhandenen Stiftungen aus ihrer Sicht hatten. Dabei unterschied sie sechs Kategorien: Die „zweifellos selbständigen Stiftungen", die nach „Lage der diesseitigen Akten" unzweifelhaft selbständigen Stiftungen", die nach Lage der Akten „und mit Rücksicht auf die früher geltenden landesrechtlichen Bestimmungen [...] anscheinend selbständigen Stiftungen," die Stiftungen, deren Rechtsnatur sie nicht beurteilen könne, sowie die „unzweifelhaft unselbständigen Stiftungen" und zwei Einzelfälle.

Am 25. Juni 1884 schlug der Magistrat dem Regierungspräsidenten vor, 15 Stiftungen als rechtsfähig und alle anderen Stiftungen als unselbständig einzustufen.[193] Er wies darauf hin, dass er nicht bei allen in der Stadt vorhandenen Stiftungen – insbesondere bei den „von Kirchen und anderen Behörden" verwalteten – Kenntnis von „ihrer Vermögenslage und ihren wichtigsten Verwaltungsmaßregeln" habe, obwohl dies sinnvoll sei. Als Begründung für die Unselbständigkeit der Stiftungen wurden insbesondere folgende Indizien angeführt:
– Die Stiftung sei durch ein Legat begründet worden.
– Die Stiftung verfüge über keine Korporationsrechte.
– Die Verwaltung der Stiftung übe die Stadt aus.
– In der Zeit des Königreichs Westfalen sei die Verwaltung dem Almosenkollegium übertragen worden.[194]

Mit dieser Argumentationskette ließ sich für fast alle in der Stadt vorhandenen Stiftungen die Unselbständigkeit begründen. Insbesondere die Fallgruppe, dass die Verwaltung in der Zeit der napoleonischen Fremdherrschaft der Stadt übertragen worden sei, war geeignet, die damals eingeleitete Kommunalisierung der Stiftungen zu manifestieren.

In Verfügungen vom 7. Juni und 15. August 1885 erklärte sich der Regierungspräsident mit diesem Vorschlag einverstanden. Zusammenfassend hatte er dem Magistrat bereits im Juni 1885 mitgeteilt, dass die in der Stadt Magdeburg vorhandenen Stiftungen in selbständige, der Stadt zugewiesene und kirchliche

---

192 Vgl. StAM, Rep. A II S 20 spec. 32 a, Bd. II, Bl. 15 ff.
193 Vgl. ebd., Bl. 128 ff.
194 Vgl. ebd., Bl. 139. Bei der durch die Witwe Altwein im Jahre 1758 errichteten Stiftung argumentierte der Magistrat z.B. in diesem Sinne. Deren Testament enthalte keine klare Bestimmung über die Rechtsnatur, doch lasse die Tatsache, dass sie die Verwaltung der Stadt übertragen habe, darauf schließen, „dass ihre Absicht dahin ging, die Stiftung an das städtische Gemeinwesen anzuschließen". Vgl. ebd., Bl. 128 ff.

Stiftungen zu differenzieren seien. Letztere würden der Oberaufsicht des königlichen Konsistoriums unterliegen.[195]

Damit waren die allermeisten von der Stadt verwalteten Stiftungen als unselbständige Stiftungen eingestuft worden. Gleichzeitig erklärte der Regierungspräsident, dass die Stadt bei allen „Veränderungen der Vermögenssubstanz der (selbständigen) Stiftungen, desgleichen zu allen Dispositionen, welche auf deren Vermögensbestand direct oder indirect Einfluss üben", seine Genehmigung einzuholen habe. Darüber hinaus habe der Magistrat Jahresberichte der Stiftungen „behufs Prüfung der stiftungswärtigen Verwendung der Revenuen" jährlich zum 1. Oktober vorzulegen.[196]

In den folgenden Monaten wurde deutlich, dass der Magistrat offenbar erkannt hatte, dass es für die Stadt günstig war, möglichst viele Stiftungen als unselbständig einzustufen. Mehrfach überführte er deshalb noch im Anschluss an diese Festlegungen von ihm selbst ursprünglich als selbständig eingestufte Stiftungen in die Übersichten der unselbständigen Stiftungen. Befanden sich in den Jahren 1892/93 schon wieder 27 Stiftungen auf der Liste der vom Magistrat verwalteten selbständigen Stiftungen, waren es im Dezember 1895 nur noch 18.[197]

Nur in Einzelfällen fragte die Mittelbehörde nach, so dass die Stadt mit ihrer Strategie insgesamt erfolgreich war. Bei keiner Stiftung, die von ihr nachträglich als unselbständig erklärt wurde, beanstandete der Regierungspräsident diese Einschätzung.[198] Im Gegenteil fragte der Regierungspräsident im Jahre 1889, ob der 1882 von der Regierung genehmigte „Städtische Waisenfonds" tatsächlich – wie angegeben – eine selbständige Stiftung sei. Bereits drei Wochen später antwortete der Magistrat, dass sich der Waisenfonds in städtischem Eigentum befinde.[199]

Mit der Einführung des Bürgerlichen Gesetzbuchs im Jahr 1900 waren die Dis-

---

195 Im August 1885 teilte der Regierungspräsident mit, dass in der Stadt vier kirchliche Stiftungen existieren würden: die Rossleben'sche Stiftung zugunsten der Katharinengemeinde, die Sannemann'sche Stiftung zugunsten der Jacobigemeinde, die Block'sche Stiftung für die Ulrichsgemeinde sowie die Pastor Schumacher'sche Stiftung für die Armen der Katharinengemeinde. Vgl. ebd., Bl. 141 ff.
196 Vgl. Regierungspräsident an Magistrat der Stadt Magdeburg, in: ebd., Bl. 141.
197 Vgl. StAM, Rep. A II S 20 spec. 32 a, Bd. II, Bl. 328 ff., sowie Bd. III, Bl. 37 ff. Im Januar 1896 teilte die Stadt dem Regierungspräsidenten lapidar mit, dass die Andreas Jäckel'sche Stiftung, die Stadtrat Gustav Schultze'sche Invaliden- und Armenstiftung, die Präsidentin Tismar'sche Armenstiftung und die Fräulein Caroline Tismar'sche Stiftung unselbständig seien. Vgl. ebd., Bl. 7 v.
198 Eines der wenigen Beispiele für das Hinterfragen der städtischen Vorschläge ist das Schreiben des Regierungspräsidenten vom März 1896, in welchem er fragte, warum die Stadt die (Johann Andreas) Jäckel'sche Stiftung, die Stadtrat Gustav Schultze'sche Invaliden- und Armen-Stiftung und der Tismar'sche Prämienfonds für Schulkinder der Fräulein Caroline Tismar nun als unselbständige Stiftungen eingruppiert habe. Vgl. ebd, Bl. 64 ff.
199 Vgl. ebd., Bl. 282.

kussionen bis auf einige „Altfälle" obsolet geworden. In den §§ 80 bis 88 hatten die Grundsätze für die rechtsfähige Stiftung bürgerlichen Rechts Gesetzeskraft erhalten, die nun einheitlich in Deutschland galten.[200] Von nun an hatten die Stifter sich zu entscheiden, ob sie eine rechtsfähige oder nichtrechtsfähige (unselbständige) Stiftung errichten wollten.

Auch hinsichtlich der Steuerbegünstigung der Stiftungen existierten noch am Ende des 19. Jahrhunderts Unklarheiten. Sichtbar wird dies am Fall der Anerkennung der Johann Albert Hauswaldt-Stiftung. Kommerzienrat Hauswaldt hatte in seinem Testament 30.000 M zur Errichtung einer Armenstiftung in der Neustadt Magdeburg bestimmt. Nachdem er am 24. November 1887 verstorben war, genehmigten die Stadtverordnetenversammlung im Februar 1888 und das zuständige Innenministerium am 28. März 1888 die Annahme der Zuwendung. Doch bereits im Februar 1888 hatte das Erbschaftssteueramt den Magistrat gefragt, ob diese Stiftung vom Staat bereits als milde Stiftung und zudem als juristische Person anerkannt sei.[201] Zu beiden Fragen enthielt der später ergangene ministeriale Erlass aber keinen Hinweis. Auch das Argument der Stadt, der Staat habe die Stiftung genehmigt, ließ das Erbschaftssteueramt unbeeindruckt. Es teilte dem Magistrat mit, dass die Genehmigung nicht mit Steuerfreiheit gleichzusetzen sei. Schließlich bat der Regierungspräsident den Innenminister um eine Klärung des Sachverhalts. Am 13. August 1889 – also nach anderthalb Jahren – übermittelte der Regierungspräsident Graf Traugott Adalbert Ernst von Baudissin (1831–1905) persönlich den zwischen dem Finanzministerium und dem Innenministerium abgestimmten Erlass, den er kurz zuvor erhalten hatte. Demzufolge hatte der Erblasser zwar keine eigene juristische Person errichten wollen, wegen der Zwecksetzung werde die Stiftung jedoch „wie eine Armenstiftung angesehen werden können, welche zum alleinigen Zweck die Beseitigung der Hülfsbedürftigkeit" habe. Deshalb sei auch dieser Stiftung die Steuerfreiheit zuzuerkennen.[202]

2.4 Die Magdeburger Stiftungslandschaft vor Beginn des Ersten Weltkrieges

Die bereits mehrfach erwähnte Übersicht aus dem Jahre 1910 ist das letzte Dokument aus der Zeit vor den beiden Weltkriegen, das die Gesamtsituation der Stiftungen in Magdeburg – zumindest im Wesentlichen – widerspiegelt. Die

---

200 Zur Einführung des BGB vgl. Liermann, S. 275f. Durch das BGB wurde eine Vielzahl von höchst unterschiedlichen landesgesetzlichen Regelungen vereinheitlicht. Vgl. Mugdan (Hg.), Materialien, S. 844f.
201 Vgl. StAM, Rep. A II, S 20 spec. 69a, Bl. 9.
202 Vgl. ebd., Bl. 30f.

Quelle enthält Angaben über den Stifter, die Entstehungszeit, die vom Stifter vorgegebenen Zwecke, das damalige Vermögen und die zuständige Verwaltung.[203] Die Übersicht verdeutlicht, dass der „Stiftungsboom", der auch in anderen Städten nachgewiesen wurde,[204] dazu geführt hatte, dass jede sechste im Jahre 1910 existierende Stiftung nicht älter als zehn Jahre war. Das Vermögen der registrierten Stiftungen betrug – ohne die Immobilien – ca. 15,0 Mio. M.[205] Damit hatte die Stadt in der zweiten Hälfte des 19. Jahrhunderts einen enormen Schub hinsichtlich des Ausmaßes und der Ausdifferenzierung der Stiftungen genommen, der Ausdruck ihrer rasanten wirtschaftlichen Entwicklung war. Das Vermögen der Stiftungen Magdeburgs war zwar deutlich geringer als jenes von Hamburg, Dresden oder Leipzig, doch war Magdeburg einerseits erheblich kleiner als diese Städte, andererseits betrug in Elberfeld und Barmen, die zusammen mit ca. 340.000 Einwohnern erheblich größer als Magdeburg waren, das Vermögen der Stiftungen zusammen genommen nur 6,4 Mio. M.[206] Die Elbestadt dürfte damit unter den Großstädten des Kaiserreichs[207] zumindest einen mittleren Platz hinsichtlich der Stiftungsdichte eingenommen haben. In Bezug

---

203 Bereits 1904 hatte die Stadtverwaltung eine Übersicht erarbeitet, der identische Kriterien wie derjenigen von 1910 zugrunde gelegt worden waren. Damals wurden 263 Stiftungen ausgewiesen, vgl. AKPS, Rep. A, Generalia, Nr. 1175b, unfol. Darüber hinaus ist eine undatierte, wahrscheinlich 1914 entstandene Aufstellung über die „Wohlfahrtseinrichtungen in der Stadt Magdeburg" überliefert. Diese enthält den Namen der Stiftung, den Stifter, die zuständige Verwaltung und die unmittelbare Stiftungsaufsicht sowie eine Übersicht über die in der Stadt vorhandenen wohltätigen Vereine. Sie weist einige Abweichungen in Bezug auf die Übersicht von 1910 auf. Vgl. AKPS, Rep. J 14, Nr. 4, unfol.
204 Vgl. für Hamburg Werner, Stiftungsstadt, S. 43. Nachgewiesen wurde diese Entwicklung u.a. auch für Dresden vgl. ebd., S. 46. In Chemnitz stieg das vom Rat verwaltete Stiftungsvermögen von 1,04 Mio. M im Jahre 1892 auf 2,3 Mio. M im Jahre 1901, um 1921 ca. 10,8 Mio. M zu betragen. Vgl. Aurich, Stiftungen, S. 302.
205 Allein auf die Wohnstiftungen entfielen 6,29 Mio. M. Vgl. Nachweisung 1910. Dabei ist – wie bereits mehrfach mitgeteilt – zu berücksichtigen, dass das Verzeichnis unvollständig ist. In einem Vortrag teilte Stadtrat Paul unmittelbar vor Ausbruch des Ersten Weltkrieges mit, dass das Vermögen der sich in der Stadt befindenden Stiftungen ca. 20 Mio. M betrage. Vgl. Das Wohlfahrtsamt als Mittelpunkt der privaten und öffentlichen Wohlfahrtspflege (Sonderdruck), in: AKPS, Rep. J 14, Nr. 4, unfol.
206 Vgl. Pielhoff, Ausbildungsstiftungen, S. 26 f. Mit dieser Summe, so Pielhoff, hätten es die beiden Nachbarstädte „zusammen genommen unter die ersten zehn deutschen Städte" geschafft. In Hamburg betrug das Stiftungsvermögen vor dem Ersten Weltkrieg ca. 80 Mio. M zusätzlich des Grundstücksvermögens von ca. 100 Mio. M. Vgl. Werner Stiftungsstadt, S. 42. Die Dresdner Stiftungen verfügten damals über ein Vermögen von ca. 42. Mio. M, vgl. ders., Stiftungen und Mäzenatentum, S. 75. Die Stadt Leipzig verwaltete im Jahre 1902 Stiftungen mit einem Gesamtvermögen von 28 Mio. M, von denen 23 Mio. M in der zweiten Hälfte des 19. Jh. gestiftet worden waren. Vgl. Geffcken/Tykorinski, Stiftungsbuch, S. XLIV, sowie Adam, Stiften und Stiftungen, S. 34. Dagegen existierten im Jahre 1897 in Nürnberg 205 Wohltätigkeitsstiftungen mit einem Vermögen von ca. 17,2 Mio. M; vgl. Diefenbacher, Nürnberger Stiftungswesen, S. 22.
207 Nach Lehnert gehörte Magdeburg im Jahre 1919 zu den 20 bevölkerungsreichsten Städten Deutschlands. Vgl. Lehnert, Politische Entwicklung, S. 93.

Grafik 3: Vermögen der Magdeburger Stiftungen im Jahre 1910

Quelle: Nachweisung 1910 (nicht bei allen Stiftungen war das Vermögen angegeben).

auf das Grundstockvermögen dominierten Stiftungen mit kleinen und mittleren Vermögen die Stiftungslandschaft.

Etwa jede zehnte Stiftung (10,4 Prozent) verfügte über ein Vermögen von bis zu 1.000 M, bei 43,2 Prozent betrug es unmittelbar vor Kriegsbeginn 1.001 bis 10.000 M und bei knapp einem Drittel (30,3 Prozent) 10.001 bis 100.000 M, 9,1 Prozent der Stiftungen besaßen ein Grundstockvermögen von mehr als 100.000 M.[208] Lediglich elf und damit nur knapp vier Prozent aller Stiftungen verfügten zusätzlich über Immobilienvermögen.

Wie nicht anders zu erwarten, war die überwiegende Zahl der Stifter männlichen Geschlechts. Doch immerhin war mehr als ein Viertel der Stifter Frauen. Einige Stiftungen waren zudem von Vereinen, Firmen, Organisationen oder Gruppen errichtet worden (siehe Tab. 3).

Die Frauenquote unter den Stiftern entsprach etwa jener von Leipzig.[209] Auch weitere Untersuchungsergebnisse sind mit jenen über Leipzig vergleichbar. So stifteten auch in Magdeburg viele Frauen nach dem Tod ihrer Ehemänner und benannten die Stiftungen nach diesen. Doch auch Ausnahmen sind nachweisbar, so verband Ida Lücke die von ihr errichtete Wohnstiftung selbstbewusst mit ihrem Namen.

---

208 Diese Zahlen stimmen weitgehend mit denen von Bayern überein, vgl. Kluge, Geschichte, S. 321.
209 Thomas Adam ermittelte, dass in Leipzig um 1900 ca. 30 bis 40 Prozent der Stifter Frauen waren. Er bewertet diese Quote allerdings nicht als Indikator für eine zunehmende Emanzipation der Frauen. Eher sei es ihnen um eine Alternative gegangen, Macht auszuüben. Vgl. Adam, Stiftungen zwischen Politik und Wirtschaft, S. 47, sowie ders., Zivilgesellschaft, S. 176 ff.

Tabelle 3: Stifter der im Jahr 1910 in Magdeburg existierenden Stiftungen

Stifter	Anzahl	in Prozent
Männer	162	52,8
Frauen	89	29,0
Mehrere Bürger*	19	6,2
Vereine/Organisationen/Betriebe	16	5,2
unbekannt	21	6,8
Summe	**307****	**100,0**

* Es handelte sich insbesondere um Stiftungen, die von ehemaligen Schülern zur Unterstützung von Schulen errichtet wurden. Richter spricht in diesem Zusammenhang von Korporationsstiftungen. Vgl. Richter, Engagement und Selbstherrlichkeit, S. 235.
** Einige Stiftungen hatten Ehepaare als Stifter.

Untersucht man die Übersicht aus dem Jahr 1910 hinsichtlich der Frage, ob die Stifter ihre Stiftungen zu Lebzeiten selbst errichteten oder erst nach ihrem Tod durch Testamentsvollstreckung errichten ließen, ergibt sich für die Jahre 1850 bis 1909 das in Tabelle 4 verdeutlichte Bild.

Der Befund ist eindeutig: Auf der Basis dieser Quelle wurde zwischen 1850 bis 1909 in Magdeburg mehr als jede dritte Stiftung durch Testament errichtet, dagegen war jeder zweite Stifter zum Zeitpunkt der Stiftungserrichtung noch am Leben.[210] Trotz der Schwankungen ist zudem erkennbar, dass die Stiftung von Todes wegen im Verlauf des 19. Jahrhunderts abnahm, denn in der Mitte des Jahrhunderts wurden noch drei von vier Stiftungen durch Testament errichtet.[211] Offensichtlich spielten religiöse Motive bei der Errichtung von Stiftungen seit der zweiten Hälfte des 19. Jahrhunderts bei vielen Stiftern keine entscheidende Rolle mehr. Die These eines in der Magdeburger Börde zur damaligen Zeit bereits stark ausgeprägten säkularen Denkens wird von einer zeitgenössischen Einschätzung verstärkt. Als Gustav Pfeiffer seine (eindeutig kirchlich geprägten) Anstalten aufbaute, war, wie in den 1920er Jahren festgestellt wurde, „die Umgebung von Magdeburg […] nicht gerade kirchlich".[212] Ihren Ausdruck fand

---

210 Im Gegensatz hierzu kam Georg von Schnurbein zu der Einschätzung, dass die US-amerikanischen Stifter im 19. Jahrhundert „den größten Teil ihres Vermögens – insbesondere ihre Stiftungen – erst nach dem Tod der Gemeinnützigkeit" widmeten. Vgl. Schnurbein, Der Stifter, S. 244.
211 Auch dieser Befund stimmt mit den Ergebnissen der Untersuchungen von Adam überein, der formulierte, dass um 1900 der „durchschnittliche (kulturelle und soziale) Stifter in deutschen und nordamerikanischen Städten […] in der Regel zwischen 40 und 60 Jahre alt" war, sich in der beruflichen Welt etabliert hatte, aber oftmals noch nicht am Ende seiner beruflichen Karriere stand. Vgl. Adam, Stiften in deutschen Bürgerstädten, S. 68.
212 Vgl. Ulbrich, Diakonissenmutterhaus, S. 10.

Tabelle 4: Zeitpunkt der Errichtung von Stiftungen aus der Lebensperspektive des Stifters

Jahre	Errichtung der Stiftung						
	Testament		lebende Stifter		keine natürliche Person		
	absolut	in %	absolut	in %	absolut	in %	Summe
1850–1859	16	72,7	5	22,7	1	4,6	22
1860–1869	12	41,4	14	48,3	3	10,3	29
1870–1879	17	42,5	20	50,0	3	7,5	40
1880–1889	6	17,6	25	73,7	2	5,9	33 +1*
1890–1899	11	30,6	21	58,3	4	11,1	36
1900–1909	20	36,4	34	61,8	1	1,8	55
Summe	**82**	**38,1**	**119**	**55,3**	**14**	**6,5**	**215 +1**

* Bei einer Stiftung konnte der Stifter nicht ermittelt werden.

dieser Sachverhalt unter anderem darin, dass zunehmend säkulare Anlässe für die Errichtung von Stiftungen gewählt wurden. In Betracht kamen einschneidende familiäre Ereignisse wie der Tod von nahestehenden Angehörigen,[213] ein Ehejubiläum,[214] ein Firmenjubiläum[215] oder ein Amtsjubiläum.[216] Das bedeutete nicht, dass die „Memoria" für die Stifter keine Rolle mehr spielen sollte, sie wurde nur auf andere Art sichergestellt. Zum Beispiel ließ Caroline Budenberg im Garten der von ihr finanzierten Wohnstiftung ein Mausoleum errichteten, in dem sich u. a. eine Büste von ihr und ihrem Mann befand. Auf diese Weise wurden die dort Wohnenden täglich mit dem Stifterehepaar konfrontiert. Eindrücklicher konnte eine Inszenierung kaum organisiert werden.

Andere Geldgeber machten es den Budenbergs nach: Bei der Einweihung des „Porse-Saals" des Museums am 29. November 1896 überreichte der zweite Ehemann von Alwine Porse, Justizrat Pötsch aus Berlin, dem Oberbürgermeister im Namen seiner Frau nicht nur eine neue Zuwendung in Höhe von 10.000 M, sondern zugleich ein Bronzereliefporträt des verstorbenen Wilhelm Porse mit der

---

213 Ein frühes Beispiel für einen derartigen Anlass ist die Schartow-Stiftung. Der Tod der 10-jährigen Helene Marie bewog die Eltern im Jahre 1826 zur Errichtung einer Stiftung. Mitunter – so wie bei der Agathen-Stiftung, der Brückner'schen Stiftung, der Emanuel Baensch-Stiftung oder der Ida Hubbe-Stiftung – waren diese von Nachfahren errichtet worden.
214 So war der Anlass für die Errichtung der Bennewitz-Stiftung die goldene Hochzeit des Ehepaares Bennewitz.
215 Vgl. die Einträge zur Friedeberg-Stiftung, zur Eduard Hamm-Stiftung oder Zuckschwerdt-Beuchel-Stiftung im Verzeichnis der Stiftungen.
216 Vgl. die Einträge zur Friese'schen Stiftung, zur Hasselbach-Stiftung oder zur Heyne-Wagenschein-Stiftung im Verzeichnis der Stiftungen. Auch in Chemnitz lagen zu dieser Zeit vielen Stiftungserrichtungen säkulare Anlässe zugrunde, vgl. Aurich, Stiftungen, S. 295.

40 Das Budenberg-Mausoleum, 1979

Bestimmung, dieses Porträt „inmitten der Gemälde" aufzustellen.[217] Oft legten die Stifter einen bestimmten Tag, der mit ihnen in einer besonderen Verbindung stand, als Tag der Übergabe der Leistungen an die Destinatäre, fest.[218]
Im Ergebnis waren sowohl das stifterische Handeln als auch das Engagement als Mäzen hervorragend geeignet, die eigene Reputation in der städtischen Gesellschaft zu festigen bzw. zu erhöhen. Nicht zufällig wurden mehrere Stifter als Ehrenbürger der Stadt ausgezeichnet. Zudem konnten sich einige von ihnen am Ende ihres Lebens mit dem Titel eines Kommerzienrates, für dessen Verleihung die Errichtung einer bedeutenden Stiftung zum Gemeinwohl eine Voraussetzung war, schmücken. So ist auch in Magdeburg feststellbar, das die stifterischen Aktivitäten Teil des sozialen Aufstiegs waren.[219]
Insbesondere die Stiftungen mit sozialen Zwecken wurden – oftmals als unselbständige Stiftungen – von der Stadt verwaltet (siehe Tab. 5). Insgesamt verwaltete die Stadt jede zweite Stiftung, jede fünfte Stiftung verwalteten die Kirchengemeinden.
Die Verwendung der Stiftungserträge führte zu einer spürbaren Verbesserung der Versorgung der Bedürftigen bei gleichzeitiger Entlastung des kommunalen Haushalts, wie am Beispiel der Zincke'schen Stiftungen aus dem Stadtteil Sudenburg deutlich wird. Die dortige Armenkasse verfügte im Jahr 1882 über Einnahmen in Höhe von ca. 2.430 M, doch betrugen ihre Ausgaben ca. 16.430 M. Die Mehrausgaben in der nicht unbeträchtlichen Höhe von 13.856 M wurden durch die Erträge aus den Zincke'schen Stiftungen vollständig gedeckt.[220]
Die – zumindest teilweise – Deckung der Sozialleistungen der Stadt durch die Erträge der Stiftungen hatte die Stadtverwaltung offenbar fest eingeplant. Regelmäßig entschieden die Stadtverordneten nicht nur über die Haushaltspläne, sondern auch über die Verwendung der Stiftungserträge, die den städtischen Haushalt in sechsstelliger Höhe entlasteten.[221]

---

217 Wolter, Magdeburg, S. 302. Vgl. auch die Einladung zur Veranstaltung anlässlich der Einweihung des Porse-Saals in: StAM, Re. A II, M 77, spec. 1, Bl. 97. Adam berichtet von einem ähnlichen Fall, der „bei weitem keine Ausnahme" dargestellt habe. Vgl. Adam, Zivilgesellschaft, S. 85; Schnurbein, Der Stifter, S. 243.
218 Werner kommt dagegen zu der Einschätzung, dass in Hamburg im 19. Jahrhundert nicht von einer Säkularisierung des Stiftungswesens gesprochen werden könne. Vgl. Werner, Stiftungsstadt, S. 43.
219 Für Hamburg vgl. ebd., S. 102, sowie Adam, Zivilgesellschaft, S. 85.
220 Vgl. Bericht über die Verwaltung 1882, S. 22.
221 Die Verwaltung der Stiftungen oblag sowohl der Armenkasse als auch der Kämmereikasse. Die Einnahmen und Ausgaben der von der Armenkasse verwalteten Stiftungen entwickelten sich wie folgt:

Tabelle 5: Verwaltung der im Jahre 1914 in Magdeburg vorhandenen Stiftungen

Verwaltende Stelle	Anzahl der Stiftungen
Stadt*	168
Reich – Staat	19
Kirchengemeinden	63
Synagogengemeinde	14
Handelskammer, kaufmännischer Verein	27**
Sonstige Stiftungen***	24
Summe	315

Quelle: „Wohlfahrtseinrichtungen in der Stadt Magdeburg", ohne Datum (Frühjahr 1914), in: AKPS, J 14, Nr. 4, unfol. Einige der aufgeführten Stiftungen waren offensichtlich Vereine. Die Stadtverwaltung teilte im Juni 1914 auf dem Städtetag mit, dass 320 Stiftungen hier ihren Sitz hatten und davon 165 „auf die Stadt" fallen. Die übrigen 155 Stiftungen wurden als „privat" eingestuft. Bei vielen von diesen dürfte es sich um rechtlich selbständige Stiftungen gehandelt haben, auf die die Stadtverwaltung keinen Einfluss ausübte. Darüber hinaus führte die Stadt 121 Vereine mit 178 Wohlfahrtseinrichtungen an. Vgl. Das Wohlfahrtsamt als Mittelpunkt der privaten und öffentlichen Wohlfahrtspflege, in: ebd., unfol.
* Die Verwaltung von 99 Stiftungen oblag gemäß dieser Quelle der Armendirektion und bei 62 Stiftungen dem „Magistrat", hiermit dürfte die Kämmereikasse gemeint sein. Die verwaltende Stelle war bei drei Stiftungen nicht angegeben. Vier Stiftungen wurden von gesonderten Vorständen verwaltet.
** Welche Bedeutung die Stiftungen für die Handelskammer besaßen, wird an einer 1906 herausgegebenen Festschrift deutlich. Ein gesondertes, den von der Handelskammer verwalteten Stiftungen gewidmetes Kapitel endet mit folgendem Satz: „Bezüglich der Stiftungen der Handelskammer, die in 10 Jahren von 70.000 M auf 300.000 M angewachsen sind, rufen wir ein kräftiges: vivant sequentes!" (Es leben die [Nach-]Folgenden [Stifter].
*** Diese verfügten über eigene Vorstände.

	Einnahmen (in M)	Ausgaben (in M)
1908	219.764	190.551
1909	262.779	233.676
1910	318.987	289.379
1911	322.571	290.938
1912	341.721	308.246
1913	289.720	255.613
1914	303.563	261.059

Für das Jahr 1913 genehmigten die Stadtverordneten einen Haushaltsplan für die von der Kämmereikasse verwalteten Stiftungen in Höhe von ca. 70.400 M. Hinzu kommen die Peter Zincke'schen Stiftungen, deren Ertrag im Jahre 1917 ca. 34.800 M betrug. Demzufolge standen der Stadt aus den von ihr verwalteten Stiftungen unmittelbar vor Beginn des Ersten Weltkrieges ca. 400.000 M zur Verfügung. Vgl. StAM, Rep. 18[4], A. 8. sowie Rep. A II, S 20 spec. 32d, Rep. A III, Nr. 31.1 h, Bd. 1, Bl. 20 ff., und Bü. 189, unfol. Unberücksichtigt sind hierbei noch die Wohnstiftungen (Hospitäler und Klöster).

Die ständige Vergrößerung Magdeburgs – die Einwohnerzahl wuchs zwischen 1900 und 1910 von 230.000 auf 280.000 Menschen – bewirkte jedoch eine erhebliche Zunahme der sozialen Probleme.[222] Die Stadt reagierte, indem sie u. a. im Jahre 1908 aus Sparkassenüberschüssen eine Stiftung in Höhe von 125.000 M errichtete, aus deren Erträgen Frühstück an arme Schulkinder verteilt werden sollte.[223] Diese Maßnahme allein reichte auf Dauer zur Bekämpfung der sozialen Probleme nicht aus. Die Kommune war – wollte sie ihren Sozialetat nicht ständig und dazu deutlich steigern – auf die Errichtung neuer Sozialstiftungen, über deren Erträge sie verfügen konnte, angewiesen. Auf den ersten Blick konnte den städtischen Kämmerer beruhigen, dass zwischen 1900 und 1914 nicht weniger als 105 neue Stiftungen mit einem Grundstockvermögen von ca. 3,4 Mio. M entstanden waren.

Tabelle 6: Stiftungserrichtungen in Magdeburg zwischen 1900 und 1914

Verwaltende Stelle	Anzahl der Stiftungen
Stadt	54
Kirchengemeinden	13
Synagogengemeinde	9
Handelskammer / kaufmännischer Verein	20
Selbständiger Vorstand	5
Verein	4
Summe	105

Quelle: Verzeichnis der Stiftungen.

Das Problem, vor dem die Stadt stand, wird bei einer Analyse der neuen Stiftungen ersichtlich. Lediglich zwei Drittel des Vermögens der zwischen 1900 und 1914 errichteten Stiftungen verwaltete die Stadt (siehe Tab. 7).
Bei den seit 1900 errichteten und von der Stadt verwalteten Stiftungen standen ihr nur etwa 1,5 Mio. M und damit nicht einmal die Hälfte des Grundstockvermögens aufgrund ihrer Zwecksetzung für die Linderung der sozialen Not zur Verfügung. Auf die Gesamtmenge des in diesem Zeitraum gestifteten Vermögens bezogen, betrug diese Quote nicht einmal 40 Prozent. Ein Drittel des Vermögens verwalteten Glaubensgemeinschaften und zunehmend die Handels-

---

222 Die Einwohnerzahlen nach Tullner, Preußische Provinzhauptstadt, S. 607, sowie Asmus, 1200 Jahre, Bd. 3, S. 392.
223 Vgl. ebd., Bl. 258 ff., sowie den Eintrag zum „Fonds zur Speisung bedürftiger Kinder" im Verzeichnis der Stiftungen.

Tabelle 7: Vermögen und Zweckbestimmung der zwischen 1900 und 1914 errichteten und von der Stadt Magdeburg verwalteten Stiftungen

Rechtsnatur	Zweck	Summe (in M)	in Prozent
Unselbständige Stiftungen	Soziale Zwecke	1.300.000	59,3
	Kultur/Bildung	536.000	24,5
	Grabpflege	114.000	5,2
Selbständige Stiftungen		240.000	11,0
Gesamt		2.190.000	100,0

kammer sowie eigenständige Vorstände, die völlig unabhängig von der Stadt agieren konnten.

In mehrerlei Hinsicht entwickelte sich die Stiftungslandschaft trotz des Stiftungsbooms am Anfang des 20. Jahrhunderts für die Stadt Magdeburg ungünstig:

1. Nach Inkrafttreten des BGB im Jahre 1900 mussten sich die Stifter entscheiden, ob sie eine unselbständige oder eine rechtlich selbständige Stiftung gemäß §§ 80–88 BGB errichten wollten. Nun war es der Stadt – wie noch am Ende des 19. Jahrhunderts geschehen – nicht mehr möglich, im Nachhinein die Rechtsnatur einer von ihr verwalteten rechtsfähigen Stiftung in ihrem Sinne zu ändern.

2. Die Stadt musste davon ausgehen, dass immer mehr Stifter rechtsfähige Stiftungen errichten würden. Zwar wurde sie auch zwischen 1900 und 1914 bei jeder zweiten Stiftung mit der Verwaltung beauftragt, doch 20 der 27 und damit zwei Drittel der von der Handelskammer bzw. dem kaufmännischen Verein verwalteten Stiftungen waren nach 1899 entstanden.

3. Die seit dem 19. Jahrhundert sich bemerkbar machende und weiter zunehmende Ausdifferenzierung des Stiftungswesens hatte dazu geführt, dass immer weniger Stifter ihren Stiftungen mildtätige Zwecke gaben. Ein Viertel des Kapitals der neu errichteten und von der Stadt verwalteten Stiftungen war kulturellen oder Bildungszwecken gewidmet.

Die Stadt musste neue Wege finden, um sicherzustellen, dass die Verwendung der Erträge jener Stiftungen, die soziale Zwecke verfolgten und nicht von ihr verwaltet worden, in ihrem Sinne erfolgte. Im Idealfall konnte so eine gezielte Bekämpfung der sozialen Not der unteren Bevölkerungsschichten und gleichzeitig eine Entlastung des städtischen Haushalts erreicht werden.

Spätestens seit 1910 strebte die Stadtverwaltung deshalb eine Koordinierung ihrer Sozialleistungen mit denen der von ihr nicht verwalteten Stiftungen und der privaten Wohltätigkeitsvereine an. Die damals geführten Gespräche stießen jedoch auf „unüberwindliche Schwierigkeiten". Offenbar wollten die privaten Organisationen und Stiftungen verhindern, vereinnahmt und fremdbestimmt zu werden. Zudem gab es die Befürchtung, dass die Stadt im Gegenzug ihre eigenen Leistungen reduzieren könnte.[224]

Schon drei Jahre später, und bereits hier wird der Handlungsdruck der Stadt erkennbar, nahm die Stadtverwaltung einen neuen Anlauf, indem sie den Beschluss fasste, ein Wohlfahrtsamt einzurichten. Mit dem Wohlfahrtsamt sollte die bisher dezentrale Organisation der Wohlfahrtsvorsorge und Armenpflege nach dem Elberfelder System durch eine Bündelungsbehörde abgelöst werden, als deren entscheidende Elemente eine zentrale Auskunftsstelle und ein Vermittlungsbüro für Sozialleistungen vorgesehen waren. Alle Personen, die in Magdeburg eine soziale Unterstützung erhielten bzw. beantragt hatten, sollten in einer speziellen Kartei erfasst werden. Um die erforderlichen Daten von den Antragstellern zu erhalten, sollte die Stadt in Bezirke mit je einem Obmann aufgeteilt werden, der die Bedürftigkeit der Antragsteller untersuchen und bewerten sollte. Dieser kommunalen Bündelungsbehörde sollten sowohl die privatrechtlichen Stiftungen als auch die wohltätigen Vereine die an sie gerichteten Anträge auf Unterstützung mitteilen, um so Missbrauch vorzubeugen.[225]

Der Dezernent für die milden Stiftungen, die städtischen Wohlfahrtsbestrebungen und das Jugendfürsorgeamt lud deshalb im Oktober 1913 alle in der Stadt vorhandenen Wohlfahrtseinrichtungen sowie die Religionsgemeinschaften zu einem Gespräch in den großen Saal der Alten Harmonie in der Petersstraße 1 ein.[226] Ziel des Gespräches war es, die Eingeladenen von den Planungen der Stadt zu unterrichten und sie zu bewegen, diese zu unterstützen, denn deren Umsetzung war ohne die Mitwirkung der weiteren Akteure nicht vorstellbar.[227] In seinem einleitenden Vortrag betonte Stadtrat Paul insbesondere folgende Punkte:

---

224 Diese Befürchtung war nicht unbegründet. Im Haushaltsausschuss erklärte der Stadtverordnete und spätere Oberbürgermeister Hermann Beims (SPD) im Januar 1914, dass die Lasten der Stadt für Armenpflege „von Jahr zu Jahr" steigen würden. Vgl. Protokoll der 3. Sitzung des Haushaltsausschusses vom 21. Januar 1914, in: StAM, Rep. 18[4], Bü. 20, Bl. 24ff.

225 Ansätze zu diesem System existierten bereits Anfang des 20. Jahrhunderts, vgl. Rücker, Finanzgeschichte, S. 30. Wilhelm Gottlieb von Vangerow hatte schon Anfang des 19. Jahrhunderts eine gemeinsame Verwaltung und Aufsicht der Armeneinrichtungen und Stiftungen angeregt. Vgl. Vangerow, Entwurf der Vervollständigung, S. 213ff.

226 Einladung von Stadtrat Paul zu einer Sitzung am 24. Oktober 1913, in: AKPS, Rep. J 14, Nr. 4, unfol. In diesem Kontext dürfte auch die Übersicht über die „Wohlfahrtseinrichtungen in der Stadt Magdeburg" entstanden sein, vgl. ebd.

227 Ursprünglich sahen die Pläne vor, auch die Armenfürsorge dem Wohlfahrtsamt anzugliedern. „Infolge des Widerstandes der privaten Organisationen musste davon Abstand genommen werden", schrieb die Stadtverwaltung im Mai 1924 bei der Vorlage des Ortsstatuts für das Wohlfahrtsamt. Vgl. StAM, Rep. 18[4], Bü. 132, unfol.

1. Es gehe der Stadt um eine Verbesserung der Versorgung der Bedürftigen, insbesondere der „verschämten Armen".[228]
2. Man wolle durch die stärkere Koordinierung verhindern, dass „unlautere Elemente durch Lug und Trug sich so viel Geld zusammenbetteln, daß sie ein sorgloses Leben führen können."
3. Die Stadt beabsichtige nicht, die eigenen Leistungen zu kürzen. Die eingesparten Mittel wolle sie nutzen, um das Personal des Wohlfahrtsamtes aufzustocken.
4. Die Teilnahme der Stiftungen und Vereine sei freiwillig.

Im Übrigen sei Magdeburg die erste Stadt in Deutschland, die eine derartige Zentralisation in Angriff nehme.[229] Die Anwesenden äußerten sich – im Gegensatz zu 1910 – durchweg positiv zu diesen Vorstellungen. Die Stadt habe – so die einhellige Meinung – die damals geäußerte Kritik berücksichtigt.

Stadtrat Paul erläuterte diese Strategie auch auf dem Städtetag der Provinz Sachsen im Juni 1914. Dort betonte er gleichfalls, dass nicht vorgesehen sei, die privaten Organisationen zu verstaatlichen. „Werden die privaten Wohlfahrtseinrichtungen verstaatlicht oder wird nur der erste Schritt in dieser Richtung getan, so werden bald die Beiträge und Schenkungen, die von den Mitgliedern und Nichtmitgliedern den sozialen Einrichtungen in reichem Maße gewährt werden, langsamer fließen und schließlich werden diese Quellen ganz versiegen", ließ er die Teilnehmer wissen.[230] Und an anderer Stelle führte die Stadtverwaltung aus: „Gerade das Bewusstsein, dass freiwillige, unabhängige, nicht amtliche Kräfte aus allen Schichten des Bürgertums zum wesentlichen Teil die praktische Fürsorgearbeit leisten, in ständiger Fühlung mit dem Publikum, das macht die Wohlfahrtspflege so populär und das weckt das Vertrauen der Hilfe- und Fürsorgeberechtigten zu den ausübenden Organen."[231]

Das Wohlfahrtsamt nahm am 1. April 1914 seine Arbeit auf.[232] Ihm übertragen wurde auch die Verwaltung des H. W. Müller'schen Siechenhospitals sowie der

---

228 Von Vangerow definierte die „verschämten Armen" Anfang des 19. Jahrhunderts wie folgt: „Der verschämte Arme – der wegen seiner Geburt oder seines Standes zu den gewöhnlichen Armen nicht zu rechnen ist; den Schaam und Ehrliebe auch bei drückendem Mangel verhindern, um öffentliche Wohlthaten anzusprechen – lässt seine Leiden nicht laut werden." Vangerow, Entwurf zur Vervollständigung, S. 78.
229 Vgl. StAM, Rep. 18⁴, Bü 20, Bl. 24 ff.
230 Rede von Stadtrat Paul auf dem Städtetag der Provinz Sachsen und des Herzogtums Anhalt am 5. Juni 1914, in: AKPS, Rep. J 14, Nr. 4, unfol.
231 Vgl. Bericht über die Verwaltung 1914/15, S. 377.
232 Die Arbeitsweise in den Stadtbezirken wird aus dem Bericht der Verwaltung 1919/20 ansatzweise deutlich. In einer Würdigung des im Januar 1920 verstorbenen Pfarrers Traugott Weirich schrieb die Stadt, dass er seit der Gründung des Wohlfahrtsamtes Obmann des Bezirkes II a, „eines der größten und schwierigsten Bezirke des Wohlfahrtsamtes", gewesen sei. „Obgleich im Laufe des Krieges die Arbeit immer umfangreicher wurde, wurde er mit seinen treuen Helfern und Helferinnen stets allen Anforderungen gerecht. Über die Hilfsbedürftigen seines Bezirkes

Hospitäler St. Annen, Schartau und Schwiesau.[233] Die Stiftungskapitalien wurden aber weiterhin von der Armenkasse verwaltet und von dort auch die Erträge ausgezahlt. Um nach außen zu dokumentieren, dass die Unterstützungen durch milde Stiftungen keine Armenunterstützungen waren, erhielt die Armenkasse am 1. April 1914 die Bezeichnung „Armen- und Stiftungskasse".
Mit Rundschreiben vom 8. Juni 1914 teilte Stadtrat Paul den Stiftungen, Vereinen etc. Folgendes mit:

„Durch die Zentralauskunftsstelle soll den Vereinen und auch den Privatpersonen jederzeit über Unterstützung Suchende Auskunft darüber erteilt werden, ob die Gesuchsteller einer Unterstützung würdig und bedürftig sind. Soweit nicht durch die bereits vorhandenen Vorgänge hierüber Auskunft erteilt werden kann, werden eingehende Ermittlungen angestellt.
Den Vereinen steht es durchaus frei, ob sie sich unseren Vorschlägen anschließen wollen oder nicht. Wir bitten aber dringend
1) dass tunlichst vor Gewährung jeder Unterstützung bei uns angefragt wird [...].
Das Büro des Wohlfahrtsamtes befindet sich Johanniskirchhof 3c;
2) daß solche Personen, die noch nicht ein Jahr in Magdeburg wohnen, also ihren Unterstützungswohnsitz in Magdeburg noch nicht erworben haben, seitens der Vereine und Privatpersonen nicht unterstützt sondern an die Armendirektion verwiesen werden,
3) daß uns von den gewährten Unterstützungen Mitteilung gemacht wird, damit wir evtl. andere Vereine bei Anfragen hiervon verständigen können [...].[234]
Die für die Gesuche um Unterstützungen aus Stiftungsmitteln erforderlichen Ermittlungen werden von den Mitgliedern der 15 Stiftungskommissionen, die wir, ebenfalls losgetrennt von der Armenverwaltung, neu gebildet haben, angestellt. Diese Stiftungskommissionen werden in der Regel auch die Ermittlungen für die Zentralauskunftsstelle anstellen. Durch die vorsichtige und gewissenhafte Auswahl dieser Personen ist eine durchaus sorgfältige und zuverlässige Anstellung der Ermittlungen sichergestellt [...]."[235]

---

war er in kurzer Zeit so unterrichtet, daß er in den meisten Fällen sofort Auskunft geben konnte." Vgl. Bericht über die Verwaltung 1919/1920, Teil 1, S. 148.
233 Demzufolge wurden die anderen Hospitäler und das Bürger-Rettungsinstitut „von den damit betrauten Sekretären wie bisher gegen Entschädigung bearbeitet. [...] Später sollen jedoch diese Stiftungen ebenfalls nach und nach vom Wohlfahrtsamt übernommen werden." Vgl. ebd. 1914/15, S. 380.
234 Auf dem Städtetag der Provinz Sachsen führte Paul hierzu aus: „Wir haben die Gelegenheit genutzt, um unsere Stiftungsverwaltung neu zu organisieren. Nur ein Pfleger hatte bisher, abgesehen von den Vorprüfungen bei den großen selbständigen Hospitälern, die Ermittlungen anzustellen. Dieser Zustand wurde aber dem praktischen Bedürfnis nicht mehr gerecht. Wir haben daher die Stadt in eine Anzahl Bezirke eingeteilt, an die Spitze eines jeden Bezirks einen Obmann gestellt und jedem Obmann eine Anzahl von Stiftungspfleger und -pflegerinnen beigegeben." Vgl. „Das Wohlfahrtsamt als Mittelpunkt der privaten und öffentlichen Wohlfahrtspflege", in AKPS, Rep. J. 14, Nr. 4, unfol.
235 Ebd.

41 Adressbuch der Stadt Magdeburg mit den Anschriften des Städtischen Wohlfahrtsamtes und der Obmännerbezirke für die Stiftungsverwaltung, der Zentralauskunftsstelle und des Vermittlungsbüros des Wohlfahrtsamtes, 1923

Auch nach der Einführung dieses Systems gab es in der Stadt hiergegen offenbar Bedenken. Im Bericht über die Verwaltung für die Jahre 1914/15 teilte die Stadt mit, dass man noch immer, „wenn auch vereinzelt, die Ansicht [höre], die Stadt wolle nur die Wohlfahrtspflege ausschließlich für sich in Anspruch nehmen und dies vielleicht sogar aus finanziellen Gründen".[236]

Bei der vom Wohlfahrtsamt eingerichteten zentralen Auskunftsstelle waren im Jahre 1920 25.690 Personen erfasst, ein Jahr später waren es bereits 31.986 Einwohner. Damit war zu diesem Zeitpunkt etwa jeder zehnte Magdeburger in dieser Kartei registriert. Diese Tatsache darf als Indikator für die erhebliche Bedürftigkeit der Einwohner der Elbestadt angesehen werden. Sie deutet zudem darauf hin, dass die rechtsfähigen, nicht von der Stadt verwalteten Stiftungen und die Vereine mit dem Wohlfahrtsamt tatsächlich zusammenarbeiteten.[237]

Zusammenfassend zeigt das Magdeburger Beispiel, dass die Sozialsysteme im Kaiserreich am Anfang des 20. Jahrhunderts bei weitem noch nicht imstande waren, die sozialen Probleme der armen Bevölkerungsschichten in dem gewünschten (und notwendigen) Ausmaß zu reduzieren. Deshalb waren in einer modernen Industriestadt wie Magdeburg, die die materiellen Nöte der Menschen ernsthaft bekämpfen wollte, die sozialen Stiftungen noch immer von hoher Bedeutung. Eine engagierte Sozialpolitik, wie sie die Stadt Magdeburg anstrebte, ließ sich auch unmittelbar vor Beginn des Ersten Weltkrieges ohne sie kaum realisieren.[238] Dementsprechend ausgeprägt waren die Wertschätzung und die Anerkennung für die Stifter und das Mäzenatentum in der kommunalen Gesellschaft.

---

236 Bericht über die Verwaltung 1914/15, S. 378. Insgesamt scheint sich das System – zumindest aus Sicht der Stadt – bewährt zu haben. Im Protokoll des Haushaltsausschusses vom 11. Mai 1915 wird der Abgeordnete Bartels wie folgt zitiert: „Herrn Stadtrat Paul gebühren Worte des Dankes für die unermüdliche Arbeit bezüglich der Ausgestaltung des Wohlfahrtsamtes und seiner Abteilungen. Es sei nur eine Stimme des Lobes vorhanden. (Bravo)", StAM, Rep. 18⁴, Bü. 152, unfol.

237 Die Stadtverwaltung teilte 1917 mit, dass „die dem Wohlfahrtsamt angeschlossenen Vereine" Anfang Dezember 1916 „wiederum Listen mit den Familien eingereicht" hätten, die für die Weihnachtsbescherung „in Aussicht genommen waren". Durch Vergleich habe man festgestellt, dass 180 Personen bei mehreren Vereinen eine Weihnachtsgabe beantragt hatten. Vgl. Bericht über die Verwaltung 1916/17, S. 267.

238 Ludwig gelangte anhand von brandenburgischem Quellenmaterial zu der Einschätzung, dass die Stiftungen im Kaiserreich einem Funktionswandel unterlagen: „Von einer das System der kommunalen Armenfürsorge mit entwickelnden, fordernden und begleitenden Rolle in der ersten Hälfte des 19. Jahrhunderts gingen sie zu einer die kommunale Armenpflege ergänzenden über", konstatierte er. Vgl. Ludwig, Soziale Stiftungen, S. 53.

3 Die Stiftungen in der Stadt Magdeburg in der Zeit des Ersten Weltkrieges

Stiftungen sind Indikatoren der gesellschaftlichen Verhältnisse, in der sie entstehen. Das war für die Zeit des Ersten Weltkrieges nicht anders: Deutschland war zwischen 1914 und 1918 eine Gesellschaft im Kriegszustand, der neue soziale Phänomene erzeugte. Hierauf reagierten auch die Stifter. So errichtete der Geheime Baurat Paul Möbius im Jahre 1916 eine Stiftung, deren Zweck es war, Kriegsteilnehmer, Kriegerangehörige und Hinterbliebene zu unterstützen. In demselben Jahr stiftete der Geheime Sanitätsrat Professor Emanuel Aufrecht 10.000 M für Witwen und Waisen von Magdeburger Soldaten, die im Kriege verstorben waren.[239] Der Arzt jüdischen Glaubens stellte weitere 6.000 M zur Unterstützung aus dem Altstädter Krankenhaus entlassener unbemittelter Einwohner der Stadt zur Verfügung, stiftete 8.000 M für die Erholung von Krankenschwestern und 5.000 M für Studienreisen von Assistenzärzten.[240] Der Magistrat der Stadt bedankte sich bereits wenige Tage nach der Ankündigung zur Errichtung einer Stiftung bei Aufrecht für sein „in dieser Zeit der schweren Sorge" so „liebenswürdiges Interesse für Magdeburg und insbesondere für die von Ihnen so lange Jahre vorbildlich geleitete innere Abteilung unserer Krankenanstalt Altstadt".[241] Schließlich errichtete auch Wilhelm Porse eine Stiftung für Kriegsblinde.[242]

Erwartungsgemäß stieg durch den Krieg auch die Notwendigkeit, Menschen durch soziale Leistungen aus den Erträgen der Stiftungen zu unterstützen. Als das städtische Rechnungsamt die Armenkasse kritisierte, dass sie aus den Erträgen der Albert Hauswaldt'schen Stiftung einer Person 80 M und nicht, wie ursprünglich vorgesehen war, 40 M ausgereicht hatte, erwiderte die Armenkasse, dass die Empfängerin des Geldes, eine 76jährige Sprachlehrerin, aufgrund des Krieges alle Schüler, die offensichtlich einberufen waren, verloren habe und im November und Dezember 1915 schwer erkrankt gewesen sei. Deshalb habe man sich entschlossen, ihr einen höheren Betrag auszuzahlen.[243]

---

239 Zu den Kriegsfürsorgestiftungen vgl. Werner, Stiftungsstadt, S. 142 ff.
240 Vgl. Bericht über die Verwaltung 1916/17, S. 265 f.
241 Vgl. StAM, Rep. A III, 31.1 f, Bd. 3, Bl. 186. Die Anerkennung der Leistungen der Familie Aufrecht durch die Stadt sollte sich bald ändern. Hans Aufrecht, der Neffe des Stifters, wurde am 10. November 1938 im Zusammenhang mit dem Novemberpogrom verhaftet und am nächsten Tag in das KZ Buchenwald überführt. Er starb am 27. Januar 1945 in Auschwitz. Vgl. Kuntze, Hans Aufrecht, S. 19 ff.
242 Vgl. LASA, C 28 Ie I, Nr. 1625.
243 Vgl. StAM, Rep. A II S 20 spec. 32 d, Bl. 213.

42 V. Kriegsanleihe vom 15. März 1917

Mit Beginn des Ersten Weltkrieges ging die Zeit des blühenden Stiftungswesens in der Stadt Magdeburg ihrem Ende entgegen. Das Unheil nahm bereits während des Krieges seinen Lauf, da der Staat versuchte, das Vermögen der Stiftungen für die militärische Auseinandersetzung zu mobilisieren. Hatte die

Stiftungsaufsicht in Friedenszeiten stets auf eine mündelsichere Vermögensanlage gedrungen,[244] erklärte der Regierungspräsident – also die Stiftungsaufsicht – die Kriegsanleihen kurzerhand zu mündelsicheren Anlagen.[245] Im Zusammenhang mit der IV. Kriegsanleihe wurde im März 1916 argumentiert, dass die Aufbringung der notwendigen Mittel eine „wesentliche Voraussetzung" für die Kriegführung sei. „Wir vertrauen darauf", hieß es, „dass die Stiftungsverwaltungen diese Bedeutung des Geldes erkennen und deshalb alle verfügbaren Stiftungsmittel durch Zeichnung der IV. Kriegsanleihe in den Dienst des Vaterlandes stellen werden."[246]

Anlässlich der VIII. Kriegsanleihe schrieb die Stiftungsbehörde beim Regierungspräsidenten im März 1918, „daß die Beteiligung der Stiftungen an der Aufbringung der für die siegreiche Beendigung des Krieges notwendigen Mittel von höchster Bedeutung" sei.[247] Das Ministerium des Innern gab – wie bereits 1916 – ein „Merkblatt über den Erwerb von Reichskriegsanleihe für Stiftungen" heraus, in welchem es den rechtsfähigen Stiftungen u. a. mitteilte, dass das zuständige Organ der Stiftung berechtigt sei, Kriegsanleihen zu zeichnen, ohne dass es der Mitwirkung der satzungsmäßig vorgeschriebenen Personen – z. B. der Beiräte – bedürfe. „Alle entgegenstehenden satzungsmäßigen Bestimmungen, sei es, dass sie eine Verfügung überhaupt ausschließen oder eine bestimmte Art der Anlegung vorschreiben, sind durch die Verordnung für den Erwerb der Kriegsanleihe außer Kraft gesetzt."[248] Dies war die Aufforderung zum Rechtsbruch durch die staatliche Aufsicht. In der Not war jedes Mittel recht, um Geld zur Finanzierung des Krieges zu erhalten. Deshalb wurde die Zeichnung von Kriegsanleihen zur patriotischen Pflicht erklärt.[249]

Diese Strategie hatte zumindest bei der Magdeburger Stadtverwaltung Erfolg. Ende September 1916 hatte sie aus dem Vermögen der von ihr verwalte-

---

244 Der Regierungspräsident verlangte am Anfang des 20. Jahrhunderts alle vier Jahre einen Nachweis über die mündelsichere Anlage des Grundstockvermögens der rechtlich selbständigen Stiftungen. Vgl. z. B. StAM, Rep. A III, Nr. 31.1, Bl. 43.
245 Vgl. Rundschreiben des Regierungspräsidenten an alle Magistrate und die Vorstände von rechtsfähigen Stiftungen, ebd., Bl. 160; vgl. auch Adam, Stiften und Stiftungen, S. 29 ff.
246 Vgl. Rundschreiben der Königlichen Regierung, Abteilung Kirchen- und Schulwesen, an alle ihrer Aufsicht unterstehenden Stiftungen, 5. März 1916, StAM, Rep. A III, 31.1a, Bl. 178. Zur Finanzierung des Ersten Weltkrieges durch die Stiftungen vgl. Adam, Volkswirtschaftliche Bedeutung, S. 193 ff.
247 Vgl. Rundschreiben der königlichen Regierung an die „unserer Aufsicht unterstellten Stiftungen", 24. März 1918, in: StAM, Rep. A III, 31.1a, Bl. 198.
248 Vgl. Merkblatt über den Erwerb von Reichskriegsanleihe für Stiftungen, in: ebd., Bl. 199.
249 Vgl. hierzu Adam, Zivilgesellschaft, S. 197. Adams Interpretation, wonach „mit dem Übergang von der wilhelminischen Monarchie zur Weimarer Republik [...] der Niedergang des Stiftungswesens in Deutschland" einsetzte, erscheint angesichts dieser Politik kaum haltbar. Vgl. ebd., S. 247.

ten Stiftungen über 700.000 M allein bei der V. Kriegsanleihe gezeichnet.[250] In Absprache mit dem Oberbürgermeister und auf Beschluss des Vorstands des St.-Georgen-Hospitals sollten aus dessen Vermögen – auf die „neuerliche Verfügung des Regierungspräsidenten wegen des Erwerbs von Kriegsanleihen für rechtsfähige Stiftungen vom 22. September 1916" Bezug nehmend –, „ohne die Interessen der Stiftungen zu schädigen", weitere 200.000 M Kriegsanleihe gezeichnet werden.[251] Da das Hospital nicht über die Summe verfügte, nahm es beim Magdeburger Bankenverein ein Darlehen auf. Der zuständige Stadtrat Paul erläuterte in einem Vermerk dem für die Finanzen der Stiftungen zuständigen Mitarbeiter, dass versucht werden solle, „im Laufe der Zeit andere Wertpapiere abzustoßen, um dieses Darlehen zurückzuerstatten, wenn der Verkauf der Wertpapiere einigermaßen rentabel sich gestaltet".[252] Auf die VIII. Kriegsanleihe zeichnete die Stadt aus dem Vermögen der Stiftungen Anfang 1918 weitere 239.000 M.[253] Doch damit nicht genug: Der Magistrat fragte, auf eine Verfügung des Regierungspräsidenten reagierend, die Stadtsparkasse, ob er nicht die Grundstücke der Hospitalstiftungen mit ca. einer Million Mark beleihen könnte, um mit dem Geld weitere Kriegsanleihen zeichnen zu können. Allerdings lehnte die Sparkasse mit der Begründung ab, selbst nicht mehr flüssig zu sein. Sie habe alle zur Verfügung stehenden Mittel in die VIII. Kriegsanleihe gesteckt.[254]

Zunächst schien es, als würden die Stiftungen den Krieg weitgehend unbeschadet überstehen. Die von der Armenkasse verwalteten Stiftungen erzielten auch während des Krieges Überschüsse. Diese resultierten auch aus den Zahlungen des Staates, die dieser aus den Verpflichtungen der Kriegsanleihen zu leisten hatte und (noch) leistete.[255]

Nicht nur das Kapital der Stiftungen war für die Reichsführung wichtig zur Realisierung der Kriegsziele. Ins Visier gerieten auch Stiftungen, die über die notwendige Ausstattung für die Pflege der Verwundeten verfügten. So hatten die Militärbehörden schon vor Beginn des Krieges mit den Pfeifferschen Stiftungen eine Übereinkunft getroffen, in der Letztere sich verpflichtet hatten, bestimme

---

250 Die Stadt zeichnete die Kriegsanleihen aus dem Vermögen der unselbständigen und der Hospitalstiftungen.
251 Vgl. Stadt Magdeburg an den Regierungspräsidenten, 27. September 1916, in: StAM, Rep. A III, 31.1a, Bl. 171.
252 Vgl. ebd.
253 Vgl. Vermerk der Stadt Magdeburg, 4. April 1918, in: ebd., Bl. 202. Nach Adam belief sich der Anteil der durch Stiftungen in Preußen erworbenen Kriegsanleihen auf 0,5 Prozent der V. bis IX. Anleihe. Vgl. Adam, Stiften und Stiftungen, S. 31.
254 Vgl. Stadtsparkasse an den Magistrat der Stadt Magdeburg, 19. April 1918, in: StAM, Rep. A III, Nr. 31.1a, Bl. 218.
255 Vgl. ebd., Rep. A II, S 20 spec. 32d sowie Rep. 18⁴, A 8.

43 *Verwundete Soldaten des Ersten Weltkrieges mit Pflegekräften vor dem Handwerkerheim der Pfeifferschen Stiftungen, 1914*

Räume und Personal im Kriegsfall für Lazarettzwecke zur Verfügung zu stellen.[256] Auf diese Zusage mussten die Anstalten jedoch nur teilweise eingehen, da bei Kriegsausbruch das neu errichtete und bezugsfertige Handwerkerhaus zur Verfügung stand. Schon am 9. September 1914 nahm es die ersten 75 Verwundeten auf. In den folgenden Monaten wurden auf dem Gelände der Stiftung zwei Baracken für Verwundete aufgestellt, das 1918 vollendete „Hohenzollernstift" wurde ebenfalls sofort als Lazarett genutzt.

Schwierig gestaltete sich die Situation, als Soldaten mit Tuberkulose aufgenommen werden mussten. Die hoch ansteckende und damals unheilbare Krankheit forderte in einem Jahr nicht weniger als 75 Opfer.[257] Der Vorstand der Stiftungen musste zugunsten der Pflege der Soldaten nicht nur die Pflege der eigenen Schützlinge reduzieren, er bekam im Verlauf des Krieges immer größere Probleme, die geleisteten Aufwände auch ersetzt zu bekommen.[258] Nach Angaben aus dem Jahre 1929 setzten die Pfeifferschen Anstalten für die Versorgung von ca. 4.000 Soldaten in den 150 Betten ihres Lazarettes 120.000 Goldmark ein.[259] Darüber hinaus wurde die Arbeitsfähigkeit der Einrichtung zunehmend be-

---

256 Vgl. Jahrbuch der Pfeifferschen Anstalten für die Jahre 1914 und 1915, in: LASA, C 20 I Ib, Nr. 2104, Bd. 2, unfol. sowie Ulbrich, Diakonissenmutterhaus, S. 32.
257 Vgl. ebd., S. 37.
258 Der entsprechende Schriftwechsel ist nachzulesen in: LASA, C 20 I Ib, Nr. 2104.
259 Pfeifferschen Anstalten an den Vizepräsidenten der preußischen Provinz Sachsen, 6. Mai 1929, in: ebd., Bd. 3, unfol.

einträchtigt, da sie im Verlauf des Krieges in einem hohen Umfang die kriegswichtigen Metalle abgeben musste. Hierzu zählten Reinigungskessel, Pfannen und Töpfe aus Kupfer, Schüsseln und Becher aus Aluminium, alle Leuchter aus Messing und Bronze und zuletzt sogar Blitzableiter.[260] Die Stiftung wurde während des Krieges nicht nur als Lazarett genutzt. In den Werkstätten hatten die zu Pflegenden Munitionskörbe, Uniformen, orthopädische Schuhe, künstliche Gliedmaßen, Prothesen u. a. kriegswichtige Güter herzustellen.[261]

Doch es gab auch Kriegsgewinnler wie die Firma Polte, die sich während des Krieges zur größten Munitionsfabrik Deutschlands entwickelte. Sie errichtete 1917 eine Stiftung, deren Zweck der Bau eines Wöchnerinnenheims sein sollte. Die Stiftung wurde mit einem Grundstockvermögen von 500.000 M ausgestattet – eine Summe, die in der Stadt noch nie zuvor einer Stiftung mitgegeben worden war. Hintergrund für die Initiative dürfte die Tatsache gewesen sein, dass die Firma in den Kriegsjahren ihre Belegschaft ständig vergrößert hatte. Waren es 1914 noch 900 Beschäftigte, so gingen am Ende des Krieges 14.000 Menschen täglich durch die Werkstore. Schon 1915 waren 60 Prozent der Arbeitskräfte Frauen. Ob es aber jemals zur Errichtung des Heims kam, ist fraglich. Noch 1920 war es nicht gebaut worden.[262]

4 Die Magdeburger Stiftungen in der Weimarer Republik (1919–1933)[263]

Trotz der schon während des Krieges einsetzenden Geldentwertung waren die Stiftungen bis einschließlich 1922 weitgehend in der Lage, ihre Zwecke zu erfüllen. Selbst unmittelbar nach dem ‚Großen Krieg' wurden weitere Stiftungen errichtet, so z. B. im Jahre 1919 durch die Witwe Ida Schlüter zur Unterstützung von Kriegsblinden, Kriegswaisen und siechen Personen. Emilie Hehen widmete ihre ebenfalls 1919 errichtete Stiftung ähnlichen Zwecken. Der Kartoffelgroßhändler Gustav Heynemann begründete damals eine Stiftung, deren Vermögen der

---

260 Vgl. Ulbrich, Diakonissenmutterhaus, S. 41.
261 Vgl. stellvertretende Intendantur an die Pfeifferschen Anstalten, 25. März 1917, in: LASA, C 20 I Ib, Nr. 2104, Bd. 3, unfol.
262 Vgl. Dubin, „Pulver […]", S. 204, sowie LASA, C 28 Ie I, Nr. 1625, Bl. 143 ff.
263 Die Akten der Magdeburger Stiftungsverwaltung für die Jahre 1923 bis 1945 befanden sich zum Zeitpunkt der Bombardierung der Stadt am 16. Januar 1945 noch in der Stiftungsverwaltung und wurden dort zerstört, so dass sie für diese Darstellung nicht herangezogen werden können. Vgl. Vermerk der Stiftungsverwaltung, 22. Mai 1945, in: StAM, Rep. 41, Nr. 874, unfol. Der Leiter der Magdeburger Stiftungsverwaltung Werner Meier schrieb in einem anderen Zusammenhang im Jahre 1946: „Leider sind die Unterlagen sämtlich vernichtet." Vgl. ebd., Nr. 107, Bl. 84.

Grundstock für ein Alters- und Waisenheim von Menschen jüdischen Glaubens sein sollte.[264] Insgesamt kann – trotz der schwierigen Wirtschaftslage – davon ausgegangen werden, dass die Anzahl der Stiftungserrichtungen in der unmittelbaren Nachkriegszeit nur leicht gesunken war.[265]

Die eigentliche Katastrophe trat für die Stiftungen ein, als der Staat seine riesigen Schulden verstärkt über die Notenpresse zurückzahlte. Der Höhepunkt wurde im Herbst des Jahres 1923 erreicht, als die Inflation zur Hyperinflation wurde. Diese wirkte sich insbesondere für jene Stiftungen, die ausschließlich oder weitgehend mit Bargeld ausgestattet waren, katastrophal aus. Dies war bei den meisten Magdeburger Stiftungen der Fall. Deshalb wurde für die Stadt Magdeburg die Verwaltung der Stiftungen zu einer nicht zu bewältigenden Herausforderung.

Wegen der immer dramatischeren Geldentwertung genehmigte der Regierungspräsident am 11. Januar 1923 den bereits am 7. November 1922 gestellten Antrag der Stadt Magdeburg, 184 von ihr verwaltete unselbständige Stiftungen zu einer gemeinsamen Vermögensmasse – dem Allgemeinen Stiftungsfonds – zusammenfassen zu dürfen.[266] Da nach Angaben des Wohlfahrtsamtes die Stadt Magdeburg am Ende des Jahres 1923 insgesamt 246 Stiftungen verwaltete, kann man davon ausgehen, dass ca. 58 von ihr damals verwaltete Stiftungen nicht von derartigen Maßnahmen betroffen waren.[267] Wegen ihres ausgeprägten Grund-

---

264 Vgl. die jeweiligen Einträge im Verzeichnis der Stiftungen.
265 Im März 1922 wurden dem Regierungspräsidenten sieben neue unselbständige Stiftungen mit einem Gesamtvermögen von ca. 133.000 M zur Kenntnis gegeben und mitgeteilt, dass diese Stiftungen Ende 1919 noch nicht bestanden hätten. Vgl. LASA, C 28 Ie I, Nr. 1625, Bl. 167 f.
266 Vgl. Bericht über die Verwaltung 1921/26, S. 112, sowie LASA, C 28 II, Nr. 7617, Bd. 1, Bl. 33. Vgl. auch ebd., Nr. 7337, Bl. 12 sowie C 28 Ie I, Nr. 1706, Bl. 31 ff. Die städtische Verwaltung scheint diese Maßnahme ohne die Einbeziehung der Stadtverordneten vorbereitet und durchgeführt zu haben. Jedenfalls konnte der Antrag der Stadt Magdeburg bisher ebenso wenig ermittelt werden wie die Liste der zusammengefassten Stiftungen. Lediglich für einzelne Stiftungen gibt es hierfür exakte Nachweise. Vgl. z. B. Stadt Magdeburg an Regierungspräsidenten, 7. August 1937, in: ebd., Bl. 2 ff. Allerdings existieren bis zum Jahr 1920 Übersichten über die von der Stadt verwalteten Stiftungen. Durch diese Aufstellung kann im Wesentlichen Klarheit über die im Januar 1923 zusammengelegten Stiftungen gewonnen werden. 18 dieser Stiftungen unterstanden der Abteilung für Kirchen- und Schulwesen des Regierungspräsidenten, die eher zufällig und im Nachhinein von der Zusammenlegung erfuhr. Vgl. ebd., Bl. 33. Ähnlich wie Magdeburg ging die Stadt Münster vor. Noch im Jahre 1922 fasste der Magistrat den Beschluss, die Verwaltung der von ihm verwalteten Stiftungen zusammenzulegen. Diese Maßnahme wurde 1938 wieder aufgehoben. Vgl. Klötzer, Ewige Zeiten, S. 389 f. sowie S. 399. Chemnitz legte dagegen erst im Jahre 1926 die von ihm verwalteten Stiftungen zu sechs Sammelstiftungen zusammen. Vgl. Aurich, Stiftungen, S. 303. Auch Nürnberg legte ab 1924 die von der Stadt verwalteten Stiftungen zu mehreren „Vereinigten Stiftungen" bzw. „Sammelfonds" zusammen. Vgl. hierzu Diefenbacher, Nürnberger Stiftungswesen, S. 24 f.
267 Noch 1927 war das städtische Wohlfahrtsamt in der Lage, dem Regierungspräsidenten eine Vermögensübersicht über einzelne Stiftungen, die in dem Allgemeinen Stiftungsfonds zusammengefasst worden waren, zuzuleiten.

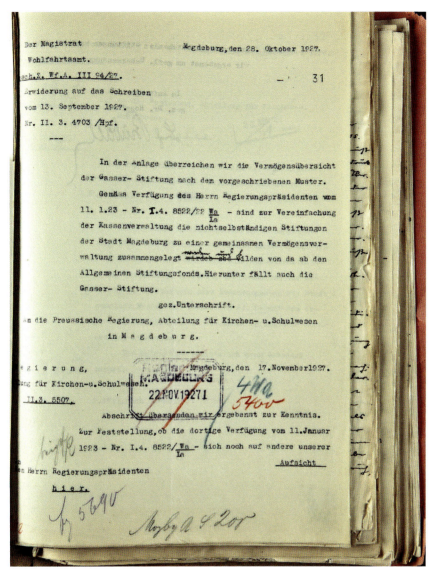

44 *Schreiben der Stadt Magdeburg an den Regierungspräsidenten wegen der von ihr verwalteten unselbständigen Stiftungen, 28. Oktober 1927*

stockvermögens wurden die Stiftungen des Peter Zincke zu den „Peter Zincke-Stiftungen" separat zusammengelegt. Im Verlauf des Jahres 1923 verkaufte die Stadtverwaltung die Wertpapiere des Allgemeinen Stiftungsfonds und der Peter Zincke-Stiftungen und zahlte den Erlös bei der Stadtsparkasse ein.

Im Jahre 1927 musste die Stadt in ihren jährlichen Verwaltungsberichten mitteilen, dass das Vermögen aller Stiftungen, „soweit es aus barem Gelde und

Wertpapieren bestand, der Inflation zum Opfer" gefallen war.[268] Ein Jahr später betrug dieses Vermögen ca. 135.000 RM. Die Peter Zincke-Stiftungen verfügten damals über ein Vermögen von 16.218 RM und einen Grundbesitz von 65 ha Acker.[269]

Offenbar überführte die Stadtverwaltung – bis auf Ausnahmen, wie bei der Gebrüder Barasch-Stiftung oder der Max und Katharina Sombart-Stiftung – in der Folgezeit auch jene neu errichteten unselbständigen Stiftungen, mit deren Verwaltung sie beauftragt wurde, in den Allgemeinen Stiftungsfonds. Von der Stadt separat verwaltete unselbständige Stiftungen entstanden somit ab 1924 kaum noch.[270]

Die Stadtverwaltung überführte neben den unselbständigen Stiftungen – zumindest zeitweilig – auch die von ihr verwalteten Familienstiftungen in den Allgemeinen Stiftungsfonds und veräußerte im Verlauf des Jahres 1923 auch deren Wertpapiere.[271] Nach Überwindung der Inflation kam es deshalb zu einem Konflikt mit den Nachfahren der Ida Lücke. Diese hatte 1917 eine rechtsfähige Familienstiftung errichtet, deren Vermögen 200.000 M betrug, die in Pfandbriefen sowie in Kommunal- und Staatsanleihen angelegt waren.[272] Als die Familie von der Umschichtung des Stiftungsvermögens erfuhr, war es zu spät. Man einigte sich 1930 auf einen Vergleich.[273]

Auch die Unterstützungsberechtigten des Bauermeister-Hackelbusch'schen Stipendiums wurden von der Umschichtung des Stiftungsvermögens nicht unterrichtet. Als sich im Jahre 1924 Anna Martha Mussbach bei der Stadtverwaltung um Berücksichtigung bei der Verteilung der Erträge bemühte, stellte die Stiftungsverwaltung zwar fest, dass die Antragstellerin für die Jahre 1924

---

268 Vgl. Bericht über die Verwaltung 1921/26, S. 112.
269 Vgl. ebd. Nach Durchführung des sogenannten Aufwertungsverfahrens im Jahre 1928 betrug das Vermögen des Allgemeinen Stiftungsfonds ca. 600.000 RM. Vgl. Verwaltungsbericht 1928/29, S. 158, sowie StAM, Rep. 10, J 20, unfol. In Frankfurt am Main war das Stiftungsvermögen durch die Inflation von mehr als 7 Mio. M auf 600.000 M gesunken. Vgl. Schimpf, Kommunale Verwaltung, S. 115.
270 Sichtbar wird das Verfahren anhand eines Vorgangs aus dem Jahre 1944. Ein ehemaliger Fabrikbesitzer hatte der Stadt ein – offenbar geringes – Vermächtnis gewidmet. Ein Ratsherr bemerkte daraufhin, dass von Stiftern eine höhere Opferwilligkeit erwartet werden könne, „wenn sie erwarten, daß eine Stiftung mit ihrem Namen errichtet werde". Der zuständige Stadtrechtsrat erwiderte, dass der Name des Stifters nur in den Akten erscheine, „weil derartige Beträge in den allgemeinen Stiftungsfonds flössen". Vgl. Protokoll der Sitzung der Beiräte für Finanz- und Haushaltswesen, 23. März 1944, in: StAM, Rep. 18[4], Bü 302, Bl. 38.
271 Die Stadt teilte 1929 mit, dass die Familienstiftungen „aus dem allgemeinen Stiftungsfonds wieder herausgenommen worden" seien und nun wieder getrennt geführt würden. Vgl. Bericht über die Verwaltung 1928/29, S. 158.
272 Für die Verwaltung des Vermögens erhielt die Stadt jährlich 1.000 M für das Wohlfahrtsamt.
273 Vgl. StAM, Rep. 18[4], A.3, Bl. 51. Zur überarbeiteten Satzung der Ida Lücke-Familienstiftung von 1930 vgl. StAM, Rep. 41, Nr. 865, Bl. 4 ff.

bis 1926 grundsätzlich empfangsberechtigt sei, eine Vergabe an sie aber nicht erfolgen könne, „da die Stiftung dem Allgemeinen Stiftungsfonds zugeführt ist und Zinsen nicht zur Verfügung stehen". Der Antragstellerin wurde mitgeteilt, dass „infolge des Marksturzes das Vermögen der Hackelbusch-Bauermeister-Stiftung (sic!) wertlos geworden" sei und Stipendien nicht mehr gezahlt werden könnten.[274]

Trotz der riesigen Vermögensverluste ist es offensichtlich nach Überwindung der Inflation nicht zur Zu- oder Zusammenlegung von durch die Stadt verwalteten rechtsfähigen Stiftungen des bürgerlichen Rechts gekommen. Dabei bot das preußische „Gesetz über Änderungen von Stiftungen" vom 10. Juli 1924 hierfür die Grundlage, in dem es regelte, dass Stiftungen durch Beschluss ihrer Vorstände mit Genehmigung der staatlichen „Aufsichtsbehörde zusammengelegt, aufgehoben oder in ihren Zwecken geändert werden, wenn es wegen wesentlicher Änderung der Verhältnisse angezeigt erscheint. Die Absicht des Stifters ist tunlichst zu berücksichtigen."[275]

Als im Nachhinein falsche Entscheidung erwies sich für die Stadt die Annahme der Grabpflegestiftungen. Deren Vermögen war durch die Inflation verlorengegangen, erhalten blieb ihr jedoch die Verpflichtung zur Pflege der Gräber. Im September 1925 beantragte der Magistrat zur Pflege der seit 1923 nicht mehr unterhaltenen 392 Gräber, deren Verpflichtung aus Grabpflegestiftungen entstanden war, entsprechende Finanzmittel. Verschiedentlich hätten sich schon Angehörige beklagt.[276]

Die Inflation machte natürlich auch um die von den Kirchen verwalteten Stiftungen keinen Bogen. Bereits Anfang 1923 fragte der zuständige Minister die Administration des Kloster-Bergeschen Armenfonds, ob die geplanten Unterstützungsleistungen nicht so klein wären, dass es besser wäre, die Stiftung „fortan in Wegfall" geraten zu lassen. Damit war offensichtlich die Aufhebung der Stiftung wegen Vermögenslosigkeit gemeint. Der von der Administration an-

---

274 Vgl. Stadt Magdeburg an Anna Martha Mussbach, 15. April 1924, in: StAM, Rep. 10, J 26, Bl. 74 v.
275 Vgl. Preußische Gesetzsammlung, 1924, S. 575, sowie Liermann, Geschichte, S. 283 f.; Adam, Zivilgesellschaft, S. 211. In Hof wurden dagegen viele rechtsfähige Stiftungen zu mehreren Sammelstiftungen zusammengelegt. Vgl. Kluge, Geschichte, S. 143, 156 f., 169, 185.
276 Vgl. StAM, Rep. 1[84] Bü. 133. Die Inflation führte auch dazu, dass die Stadt es im Jahre 1923 mehrfach ablehnte, Vermächtnisse mit der Auflage zur Grabpflege anzunehmen. Verschiedene Beispiele finden sich in: StAM, Rep. A III, Nr. 31.1f, Bd. 5. Manche Vermächtnisse, so das von Dr. Richard Töpfer, wurden erst einige Jahre nach Ende der Inflation gültig. Töpfer hatte 1916 im Testament festgelegt, dass nach seinem Tod und dem Tod seiner Frau die Stadt 3.000 M zur Grabpflege erhalten sollte. Als der Zeitpunkt gekommen war (1930), reichte dieses Geld nicht mehr für die Zweckerfüllung aus, so dass die Stadt das Vermächtnis ausschlug. Vgl. ebd., Nr. 31.2, T5.

geschriebene Oberpfarrer Rentsch notierte handschriftlich am 15. April 1923: „Einstellen der Unterstützung wäre bedauerlich." So weigerte sich die Stiftung, einen Auflösungsbeschluss zu fassen, doch musste sie die Zahl der von ihr Begünstigten stark dezimieren. Waren es 1922 noch 16 Empfänger von Unterstützungsleistungen, reduzierte sich ihre Zahl ab 1925 auf fünf.[277]

Am 21. Juni 1924 hingegen stimmte der Magistrat dem Vorschlag des Gemeindekirchenrates der Buckauer Kirchengemeinde zu, in den nächsten Jahren auf eine Rechnungslegung für die selbständige Hildebrandt'sche Stiftung zu verzichten. Offensichtlich ruhte die Arbeit der Stiftung. „Sollte jedoch eine Aufwertung [des Vermögens] erfolgen", schrieb die Stadt, müsse „die Rechnungslegung wieder gefordert werden."[278]

Die Pfeifferschen Anstalten mit ihren damals ca. 800 zu pflegenden Menschen begegneten der Teuerungswelle durch eine ständige Anpassung der Verpflegungssätze. Dabei kritisierte der Vorstand der Stiftung den Landeshauptmann der preußischen Provinz Sachsen, dass die Provinzialverwaltung bei den von ihr betriebenen Anstalten deutlich günstigere Pflegesätze berechnen würde.[279] Erschwerend wirkte sich für die Stiftung aus, dass das „ansehnliche Vermögen in Legaten und Freibetten" während der Inflation verlorengegangen war.[280] Allerdings bestand inzwischen auch aufseiten des Staates ein hohes Interesse an ihrem Erhalt. Im September 1922 setzte sich der Oberpräsident beim Wohlfahrtsminister für weitere Unterstützungen ein und begründete dies mit der „über die Grenzen der Provinz hinaus" gehenden Bedeutung der Einrichtung. „Der Gefahr, dass die in der Anstalt aufgenommenen Pfleglinge entlassen werden, muss im öffentlichen, sozialen und menschlichen Interesse unbedingt begegnet werden", schrieb er dem Minister.[281]

Einige Jahre später war im Jahrbuch der Stiftung Folgendes über die Zeit der Hyperinflation zu lesen:

„Im Jahre 1923 war der Grund unserer Notlage die beängstigend fortschreitende Geldentwertung, die sich insbesondere durch die verspätete Zahlung entwerteter Bezüge schmerzlich bemerkbar machte. Eine Reichsbeihilfe von 2½ Millionen, die zur Brotbeschaffung bestimmt war und bei rechtzeitiger Zahlung den Einkauf von

---

277 Vgl. AKPS, Rep. J 10, Nr. 58.
278 Vgl. Magistrat der Stadt Magdeburg an Gemeindekirchenrat Buckau, 21. Juni 1924, in: ebd., Nr. 61.
279 Pfeiffersche Anstalten an den Landeshauptmann der Provinz Sachsen, 18. April 1923, in: LASA, C 20 I Ib, Nr. 2104, Bd. 3, unfol.
280 Pfeiffersche Anstalten an Vizepräsident des Oberpräsidiums der preußischen Provinz Sachsen, 6. Mai 1929, in: ebd.
281 Oberpräsident an Wohlfahrtsminister, 13. September 1922, in: ebd.

1.000 Broten ermöglicht hätte, gelangte in unsere Hände, als der Preis einer Semmel so viel ausmachte, während eine staatliche Schulbeihilfe von 30.000 M nicht mehr den Einkauf einer Stahlfeder ermöglichte [...]. Unter diesen Umständen war die pünktliche Gehaltszahlung an die Angestellten überaus schwierig, so daß wir uns schließlich zu dreitägigen Vorschußzahlungen verstehen mußten, ein Verfahren, das die Kassenverwaltung derart belastete, daß die Ordnung kaum noch aufrechterhalten werden konnte. Unter diesen Umständen mußten schließlich Haushaltsplan und Kassenabschluß ausgesetzt werden, weil beide unausführbar geworden waren. In dieser Notlage, die ohne die außergewöhnlichen Hilfen zum Zusammenbruch unserer Arbeit führen mußte, kamen uns in hochherziger Weise die deutschen Glaubensgenossen im Ausland zu Hilfe, vor allem in Amerika."[282]

Doch die Stiftung erhielt auch Unterstützung durch die Sammlung von Lebensmitteln in der Umgebung Magdeburgs und der Altmark.
Die Magdeburger Hospitalstiftungen überstanden ebenfalls die Inflation, da sie wegen ihres großen Immobilienvermögens von der Geldentwertung weniger betroffen waren. Aufgrund ihres weitgehend vernichteten Geldvermögens waren nun aber auch sie auf Zuschüsse der Stadt angewiesen.[283] Um die Kosten dieser Stiftungen zu reduzieren, wurden ihre Satzungen im Frühjahr 1924 vereinheitlicht, unter Beibehaltung der rechtlichen Eigenständigkeit ein Gesamtvorstand gebildet und das „Grund- und Kapitalvermögen gemeinsam durch die Stadt verwaltet". Das Vermögen wurde – unabhängig von seiner Herkunft – benutzt, um Baumaßnahmen durchzuführen.[284] Auf dieser Basis wurde bereits im Jahre 1926 ein Erweiterungsbau des Müller'schen Siechenhospitals für 100 Personen in Angriff genommen. Einen weiteren Anbau beantragte der Magistrat bei der Stadtverordnetenversammlung.[285]

---

282 Vgl. Jahrbuch des Diakonissenmutterhauses, S. 3. In der „Geschichte des Diakonissenmutterhauses" wurden Details dieser Unterstützung mitgeteilt. Demnach waren es die Leser des in St. Louis erscheinenden „Friedensboten", die ihre alte Heimat unterstützten. Hervorgehoben wurde der in Magdeburg geborene Pfarrer Hirsch, der in New York über seine Frauenhilfe die Pfeifferschen Stiftungen unterstützte. Hirsch wurde nach dem Ende der Inflation zum Ehrenmitglied der Anstalt ernannt. Hilfe kam auch aus Südafrika. Der dortige Priester Sprengel wurde später ebenfalls als Ehrenmitglied in den Vorstand aufgenommen. Vgl. Ulbrich, Diakonissenmutterhaus, S. 42f.
283 Vgl. Vorlage des Magistrats vom 15. März 1925 zum Haushaltsplan des Wohlfahrtsamtes, in: StAM, Rep. 18⁴, Bü. 133. Im Verwaltungsbericht heißt es hierzu: „Ursprünglich zum größten Teil reiche Stiftungen, waren die Hospitäler imstande, ihren Insassen Präbenden zu zahlen. Heute ist dies nicht mehr möglich; die Insassen beziehen daher zum größten Teil öffentliche Unterstützungen." Verwaltungsbericht 1927, S. 141.
284 Vgl. Vermerk vom 5. November 1947, in: StAM, Rep. 41, Nr. 107, Bl. 88. Vgl. auch ebd., Nr. 106, Bl. 19ff., sowie Bericht über die Verwaltung 1921/26, S. 112.
285 Vgl. Vorlage des Magistrats für die Stadtverordnetenversammlung, 29. Mai 1926, in: StAM, Rep. 18⁴, Bü. 134.

45 Erweiterungsbau des Hospitals St. Georgen in der Kleinen Diesdorfer Straße 9a, 1929

Relativ schnell stabilisierte sich die wirtschaftliche Situation für die Hospitäler, so dass die Stadt ihre Zuschüsse einstellen konnte.[286] Trotzdem verbesserten sich die Lebensbedingungen für die Bewohner deutlich. 1926/27 erhielten die Gebäude Dampfheizungen und Badeeinrichtungen sowie elektrisches Licht.[287] Im Verwaltungsbericht der Stadt für das Jahr 1928 heißt es: „Gesellige Veranstaltungen, eine gute Bücherei und Radio trugen dazu bei, den Insassen genussreiche Stunden zu verschaffen. Auch die regelmäßigen Dampferfahrten nach Grünewalde und Hohenwarthe fanden unter reger Beteiligung selbst der ältesten Insassen statt."[288]

Die 1871 errichtete und im Verzeichnis von 1910 nicht erfasste Stiftung „Herberge zur Christenheit" musste zwar zwei Häuser veräußern, doch eines betrieb sie weiter. 1926/27 änderte die Stiftung ihre Satzung und reduzierte ihre Zwecke.[289] Die wirtschaftliche Erholung machte sich auch bei den Pfeifferschen Stiftungen bemerkbar. Diese hatten ihre Investitionstätigkeit schon während des Weltkrieges reduzieren sowie nach dessen Ende und besonders in der Inflationszeit ihre

---

286 Vgl. Oberbürgermeister Magdeburg an Landesregierung von Sachsen-Anhalt, 16. September 1948, in: StAM, Rep. 41, Nr. 106, Bl. 49 f.
287 Vgl. Bericht über die Verwaltung 1927, S. 141.
288 Vgl. ebd. 1928/1929, S. 158 f.
289 Vgl. LASA, C 20 I Ib, Nr. 3668 sowie Eintrag Herberge zur Christenheit im Verzeichnis der Stiftungen.

46 „Krüppelkinder in der Sonnenliegehalle" der Pfeifferschen Stiftungen, 1926: Bereits der Stifter hatte große Anstrengungen unternommen, um Möglichkeiten zur Pflege von körperlich und geistig behinderten Kindern zu schaffen

Bauunterhaltungsmaßnahmen praktisch einstellen müssen. Die Folge waren verfallene Häuser und fehlendes Inventar. Den Investitionsstau beseitigte die Stiftung ab 1924 mit einem beeindruckenden Bauprogramm. Hierbei wurde die Anstalt auch durch den Staat unterstützt, musste bis 1929 aber Schulden in Höhe von 890.000 M aufnehmen. Mit diesem Geld wurden die Gebäude an das Kanal- und Wasserwerk der Stadt angeschlossen, Liegehallen für die Kranken mit Tuberkulose und Rachitis errichtet, das Frauenhaus Bethesda für 400.000 M saniert, ein Isolierhaus für TBC-Kranke errichtet, das Johannesstift erneuert, Straßen gebaut und weitere umfangreiche Baumaßnahmen durchgeführt.[290]

Die Weltwirtschaftskrise beendete diese prosperierenden Jahre. Die Pfeifferschen Stiftungen mussten erleben, wie 1932 Leistungskürzungen durch den Staat vorgenommen wurden und die Spendenbereitschaft deutlich nachließ. Als im Januar 1933 Adolf Hitler Reichskanzler wurde, hatten sie ein erhebliches Finanzloch.

Nicht nur für die bestehenden Stiftungen brach ab 1922/23 eine schwierige Zeit an. Auch die Errichtung neuer Stiftungen belegt, dass der Stiftungsboom vom

---

290 Pfeiffersche Anstalten an Vizepräsident des Oberpräsidiums der Provinz Sachsen, 6. Mai 1929, in: ebd., Nr. 2104, Bd. 3, unfol.

Ende des 19. und dem Beginn des 20. Jahrhunderts der Vergangenheit angehörte. Eine der neu errichteten Stiftungen war die Gustav Wernecke-Grabstättenstiftung. Wernecke, dessen Eltern bereits 1884 eine Stiftung errichtet hatten, galt in der Stadtverwaltung auch nach der Inflation als besonders vermögend. Die Details seiner 1930 genehmigten Stiftung hatte er mit seiner Frau bereits 1920 in einem Testament fixiert, doch die Inflation machte die hierfür vorgesehenen 60.000 M zunichte. Deshalb setzte er nach dem Tod seiner Frau ein neues Testament auf und bestimmte nunmehr 30.000 RM für die Stiftung. Wilhelm Kobelt – Betreiber einer Fleisch- und Wurstfabrik, unbesoldeter Stadtrat und Mitglied der DDP – bestimmte 1929 75.000 RM für eine Armenstiftung. Die Nachfahren von Wilhelm und Alwine Porse, die ebenfalls im 19. Jahrhundert Stiftungen begründet hatten und auch darüber hinaus als Mäzene in Erscheinung getreten waren, errichteten im Jahre 1929 eine nach ihren Eltern benannte Stiftung zur Unterstützung von Angehörigen des Mittelstandes. Schließlich sei die Marie Korte-Stiftung erwähnt, die insbesondere Waisenkinder unterstützen sollte.[291] Gerhard Korte, ‚Kalipionier' und Vorsitzender des in Magdeburg ansässigen Burbach-Konzerns, hatte die Stiftung zur Unterstützung von Waisen mit immerhin 100.000 RM ausgestattet.[292]

Insgesamt kann man trotz der ungünstigen Quellenlage davon ausgehen, dass die Zahl der zwischen 1924 und 1933 errichteten Stiftungen nicht das Niveau der Vorkriegsjahre erreichte.

Besonders folgenreich dürfte die Tatsache gewesen sein, dass der monostrukturell geprägten Magdeburger Industrie der Übergang von der Kriegs- zur Friedenswirtschaft schwerfiel.[293] So sahen die Bestimmungen des Versailler Vertrags für Deutschland umfangreiche Beschränkungen und Verbote für die Produktion von Waffen und Munition vor. Dies traf mehrere Firmen – wie z. B. die Firma Polte – unmittelbar. Doch auch der nachlassende Absatz von Messgeräten, Apparaturen etc. wirkte sich negativ auf die Magdeburger Industrie – z. B. die Firma Schäffer & Budenberg – aus.[294] Verschärft wurde die Situation durch die Inflation der Jahre 1922/23. Eigentümer von mittelgroßen Unternehmen

---

291 Vgl. die entsprechenden Einträge im Verzeichnis der Stiftungen.
292 Darüber hinaus errichtete er im Andenken an seine Frau die Gott-mit-uns-Stiftung, vgl. den Eintrag im Verzeichnis der Stiftungen.
293 Nach Kriegsbeginn brach z. B. für die Firma Schäffer & Budenberg das blühende Exportgeschäft weitgehend zusammen. Niederlassungen im Ausland mussten aufgegeben werden, stattdessen produzierte die Firma im Jahre 1916 zu 90 Prozent für das Heer und die Marine. Erst 1925 erreichte die Produktion annähernd die Höhe der Vorkriegszeit. Vgl. Höltge, Entwicklung der Firma Schäffer & Budenberg, S. 32 f.
294 Schäffer & Budenberg mussten auch Kriegsmaterial als Reparationsleistung produzieren.

hatten ebenfalls große Einbrüche zu verzeichnen, manche gingen bankrott.[295] Das Magdeburger Bürgertum verlor zu sehr an Finanzkraft, um Stiftungen in großer Zahl errichten zu können.

Neuere Studien kommen allerdings zu der Einschätzung, dass die Inflation nicht die alleinige Ursache für die zurückgehende Zahl von Stiftungserrichtungen nach 1918 gewesen sein könne. Michael Werner schätzte für Hamburg ein, „dass es nicht erst der Zerstörung materieller Ressourcen durch die Hyperinflation bedurfte, um privater Stiftungstätigkeit den Boden zu entziehen". Der Grund für die zurückgehende Zahl von Stiftungserrichtungen sei insbesondere im Ausbau des Sozialstaates zu suchen. Der „umfassende Wohlfahrtsstaat" habe eine „Entfernung von den bürgerlichen Werten und Normen der Selbsthilfe und Selbstverwaltung" bedeutet. So sei es z. B. mit der zunehmenden staatlichen Kriegsopferfürsorge – so unvollständig sie auch gewesen sei – zu einem Einbruch der Kriegsfürsorgestiftungen gekommen.[296] „Die ‚materielle Dürftigkeit' allein", so Werner, „ist offensichtlich nicht Anreiz genug für ein wirksames privates Engagement." Es bedürfe „spezifischer Rahmenbedingungen, um ein solches zu ermöglichen".[297]

Dagegen diagnostizierte Jürgen Kocka, dass das Verhältnis der Sozialdemokratie zum privaten Engagement zu Beginn der Weimarer Republik eher ablehnend gewesen sei, „da sie die Wohlfahrt als alleinige Aufgabe von Staat und Kommune" angesehen habe. Diese Position habe sich allerdings im Laufe der Jahre geändert, entscheidend sei nun die Einstellung der vor Ort wirkenden Sozialdemokraten gewesen.[298]

Kocka konstatierte zudem, dass das Bürgertum – im Gegensatz zu dem von ihm stark bejahten aufsteigenden Nationalstaat des Kaiserreichs – die Weimarer Republik oft skeptisch gesehen, angefeindet und abgelehnt habe. Diese Einstellung habe sich negativ auf die Bereitschaft, sich als Mäzen zu engagieren, ausgewirkt.[299]

Thomas Adam kam dagegen jüngst zu der Überzeugung, dass die Einführung der Demokratie „zur bewussten Zerstörung bzw. Ausschaltung zivilgesell-

---

295 Eine Wirtschaftsgeschichte Magdeburgs fehlt bis heute. Vgl. für die 1920er Jahre überblicksartig Asmus, 1200 Jahre, Bd. 3, S. 467 ff. Zu den in der Zeit der Weimarer Republik eingegangenen Firmen ist die Schokoladenfabrik Hauswaldt zu zählen. Die Eigentümer der Firma hatten um die Jahrhundertwende mehrere Stiftungen errichtet.
296 Vgl. Werner, Stiftungsstadt, S. 158 ff.
297 Ebd., S. 161.
298 Vgl. Kocka, Stiftungen und Mäzenatentum, S. 79 f. Kocka sprach bereits 2004 in diesem Zusammenhang von einer „sozialdemokratischen Stiftungsskepsis". Diese rühre daher, dass die von einer wohlhabenden kleinen Minderheit errichteten Stiftungen auch Mittel sein können, „um den Einfluss der Stifter und ihrer Nachkommen zu verstärken". Vgl. ders., Die Rolle, S. 6.
299 Vgl. ebd., S. 7.

schaftlicher Strukturen" geführt habe.[300] Den die Weimarer Republik stützenden Parteien attestierte er „mit dem Anleiheablösegesetz eine durchweg stiftungsfeindliche Politik, die viele Stiftungen in den Ruin trieb und die Finanzierung öffentlicher Einrichtungen gefährdete". Insgesamt seien die Stiftungen „in den 1920er Jahren nicht als Partner des Staates verstanden, sondern wohl eher als Gegner" begriffen worden.[301]

Es kann nicht Aufgabe dieser Studie sein, dieses Bündel an Fragen erschöpfend zu diskutieren. In der Tat wurde in der Weimarer Verfassung erstmals der Sozialstaat im Grundsatz verankert. Die inhaltliche Ausgestaltung erfolgte durch die Sozialgesetzgebung, in deren Ergebnis die Ausgaben des Staates für die Kriegsopferversorgung, das Versicherungssystem, das Gesundheitswesen und den Wohnungsbau um das Fünffache stiegen.[302] Zweifellos sank durch das verstärkte Engagement des Staates zur Bekämpfung der – gerade nach dem Krieg erheblichen – sozialen Probleme die gesamtstaatliche Bedeutung der Sozialstiftungen deutlich. Allerdings war der Übergang zum Sozialstaat bereits Ende des 19. Jahrhunderts eingeleitet worden. Ein bedeutendes Beispiel hierfür ist die Bismarcksche Sozialgesetzgebung, doch insgesamt war die Sozialgesetzgebung am Ende des 19. Jahrhunderts „zu einer wirklichen Gesellschaftsfrage" geworden.[303] Die Verbesserung der Sozialsysteme setzte sich auch während des Ersten Weltkrieges fort.[304]

Für Magdeburg ist festzustellen, dass hier – wie gezeigt wurde – der Versuch zur (planmäßigen) Heranziehung der Erträge aus dem Stiftungsvermögen zur Linderung der sozialen Probleme durch die Stadtverwaltung schon am Ende des 19. Jahrhunderts – also in der Zeit des Kaiserreichs – einsetzte und noch vor Beginn des Ersten Weltkrieg forciert wurde, ohne dass sich dies auf die Motivation zur Errichtung neuer Stiftungen negativ ausgewirkt hätte. In der Zeit der Weimarer Republik war Magdeburg die einzige Großstadt Deutschlands, die durchgehend von Sozialdemokraten, nämlich Hermann Beims (1863–1931) und Ernst Reuter (1889–1953), regiert wurde. Unter ihrer Leitung betrieb die Stadt eine „perspektivische, ja visionäre Kommunalpolitik".[305] Herzstück die-

---

300 Vgl. Adam, Zivilgesellschaft, S. 209.
301 Vgl. ebd., S. 211. Mit dem Anleihenablösegesetz vom 16. Juli 1925 wurden die Reichsanleihen auf 2,5 Prozent der Altschulden reduziert. Vgl. ders., Volkswirtschaftliche Bedeutung, S. 198.
302 Vgl. grundlegend Wehler, Gesellschaftsgeschichte, Bd. 4, S. 428 ff.
303 Vgl. Kott, Sozialstaat, S. 54 sowie die Tabellen im Anhang, S. 202 ff.
304 Ebd., S. 429. Die Entwicklung des Sozialstaates führt zu der heutigen Einschätzung, dass die Stiftungen den Staat nicht ersetzen könnten. Kocka formulierte es aus der aktuellen Perspektive so: „So wie die Bürgergesellschaft den Staat nicht ersetzt, sondern einen starken Staat braucht, so wenig können Stiftungen die Lücken füllen, die unterfinanzierte Staatshaushalte und defiziente Verwaltungen entstehen lassen." Vgl. Kocka, Die Rolle, S. 6.
305 Asmus, 1200 Jahre Magdeburg, Bd. 3, S. 464. Die Mehrheit der Stadträte war noch in der Kaiserzeit berufen wurden und hatte damals eine stiftungsfreundliche Politik betrieben.

47 *Hermann-Beims-Siedlung, Grünzug an der Flechtinger Straße, 1928*

ser Kommunalpolitik war ein außerordentlich ambitioniertes Wohnungsbauprogramm. Dabei konnte die Stadt an die bereits vor dem Ersten Weltkrieg eingeleiteten städtebaulichen Entwicklungen anknüpfen. Unter der politischen Leitung von Oberbürgermeister Beims und der fachlichen Verantwortung von Bruno Taut (1880–1938), seit 1921 Stadtbaurat, wurde für die Stadt ein Generalbebauungsplan entworfen, bei dessen Umsetzung innerhalb weniger Jahre ganze Stadtteile im Rahmen des sozialen Wohnungsbaus entstanden. Magdeburg wurde zu einer Stadt des Neuen Bauens, in der sich die Wohnverhältnisse für Tausende Menschen innerhalb weniger Jahre deutlich verbesserten.[306] Auch im Gesundheitswesen gelangen der Stadt erhebliche Fortschritte. Die Elbestadt befand sich auf dem Weg in die Moderne.[307] Hierzu gehörte unbestritten und ganz offensichtlich, dass sich neben dem Staat auch die Kommune verstärkt bei der Verbesserung der Sozialsysteme engagierte.
Inwieweit diese Entwicklungen aber dazu beitrugen, dass die Angehörigen des

---

306 Vgl. jüngst Ullrich, Architektur und Stadtplanung, S. 122–171, sowie Stöneberg, „Neuschöpfung", S. 199 ff. Siehe auch Peters/Kaiser, Bausteine, S. 29 ff.; Asmus, 1200 Jahre, Bd. 3, S. 473 ff.; Tullner, Modernisierung, S. 742 ff. Vgl. auch Köster/Poenicke/Volkmar (Hg.), Ära Beims.
307 Vgl. Wille, Magdeburgs Aufbruch, S. 56 ff.

Magdeburger Bürgertums ihr Engagement für die Errichtung von (Sozial-)-Stiftungen reduzierten, bedarf weiterer Untersuchungen. Dabei ist auch in Betracht zu ziehen, dass die Errichtung einer Stiftung offenbar nicht mehr mit einem sozialen Aufstieg innerhalb der Kommune, wie er noch Anfang des Jahrhunderts erreicht werden konnte, verbunden war. Der Titel eines Kommerzienrates wurde nach 1918 nicht mehr verliehen, das Sozialprestige war nicht mehr vom stifterischen Engagement abhängig.[308] Es könnte sein, dass den potenziellen Stiftern sowohl der sachliche Anreiz als auch die private Motivation, Wohltätigkeitsstiftungen zu errichten, fehlten.

Auffallend ist jedoch, dass die finanzielle Unterstützung des Magdeburger Museums in den 1920er Jahren durch das einheimische Bürgertum offenbar stark nachließ.[309] Dieses Phänomen trat auch andernorts auf. Mit der zunehmenden Verwissenschaftlichung der Einrichtungen waren ihre Leitungen nicht mehr gewillt, alle Schenkungen – insbesondere, wenn sie nicht in das inzwischen erlangte Profil des Museums passten – anzunehmen.[310] Zudem übernahmen in diesen Jahren häufig die Kommunen das Kommando über die finanzaufwendigen Museen, deren finanzielle Grundausstattung sie sicherstellten, da die Stiftungen hierzu nicht in der Lage waren und die Kommunalpolitik von der Notwendigkeit, die Einrichtungen zu erhalten, überzeugt war.[311] In Magdeburg führte dies u. a. dazu, dass der Verwaltungsausschuss des Museums dem Museumsdirektor im Mai 1924 die Erwerbsvollmacht entzog. Diese Entwicklung war logisch, denn schließlich handelte es sich inzwischen überwiegend um kommunale Finanzmittel, über die das Museum verfügte. Dieses war nun verstärkt auf Leihgaben angewiesen.[312] Bezeichnend ist auch die – zumindest zeit-

---

308 Bereits Liermann wies darauf hin, dass dem Stiften schon im Altertum „nicht nur altruistische Motive zugrunde lagen" und die Stifter nach einer „besonderen Ehrung" strebten. Vgl. Liermann, Stiftungsrecht, S. 281. Als Christian Budenberg im Jahre 1881 zum Kommerzienrat ernannt wurde, gab er für die gesamte Belegschaft der Firma – damals ca. 800 Personen – im Ausflugslokal „Herrenkrug" ein Fest, das mit einem Fackelumzug endete. Sein Schwiegersohn Otto Arnold tat es ihm anlässlich seiner Ernennung zum Kommerzienrat im Jahre 1897 gleich. Vgl. Wolf/Müller, Schäffer & Budenberg, S. 23 ff.
309 Vgl. hierzu Kärgling, „… ein vereintes Streben …", S. 39 ff. Der Autor teilt in einer Chronologie zur Geschichte des heutigen Kulturhistorischen Museums der Stadt u. a. die großen Schenkungen und Stiftungen mit. Die letzte von ihm aufgeführte Schenkung ist das Gemälde eines niederländischen Meisters durch die Zuckschwert-Stiftung im Jahre 1921, vgl. ebd., S. 259, sowie Puhle (Hg.), Magdeburg 1200, S. 256 f.
310 Für Frankfurt am Main vgl. Schimpf, Kommunale Verwaltung, S. 105 ff.
311 Grundsätzlich vgl. Adam, Zivilgesellschaft, S. 65 ff. Schimpf beschreibt diesen Prozess korrekt wie folgt: „Aus einer passiven Würdigung großzügiger Zuwendungen und Stiftungen wurde zu Beginn des 20. Jahrhunderts zunehmend aktives Planen, Initiieren und schließlich Durchführen. Die öffentliche Kulturverwaltung löste die private, bürgerlich-mäzenatische Kulturpflege des 19. Jahrhunderts ab. Nach 1918 […] verstärkte sich dieser Prozess noch." Vgl. Schimpf, Kommunale Verwaltung, S. 114.
312 Vgl. Pöschel, „Der Maler …", S. 185

48 Kaiser-Friedrich-Museum, 1935

weise – Übernahme der Funktion des 1. Vorsitzenden des Kunstvereins durch Oberbürgermeister Beims im Jahre 1927.

Doch wie sich sowohl grundsätzlich als auch konkret das Verhältnis der Magdeburger Kommunalpolitik zum privatwohltätigem Engagement in jenen Jahren entwickelte und wie sich das Magdeburger Bürgertum in den Zeiten des voranschreitenden staatlichen und kommunalen Engagements zur Verbesserung der sozialen Lage breiter Schichten des Volkes verhielt, bedarf weiterer Untersuchungen.

5 Stiftungen in der Zeit der nationalsozialistischen Diktatur (1933–1945)

Schon bald nach der Machtübernahme waren die Nationalsozialisten bemüht, das Vermögen der Stiftungen für ihre Zwecke nutzbar zu machen und Einfluss auf die Stiftungen zu gewinnen. Die Aktivitäten gingen zunächst von der Nationalsozialistischen Volkswohlfahrt (NSV) aus, der zur Realisierung ihrer Ziele allerdings ein Überblick über die in Deutschland vorhandenen Stiftungen fehlte.[313] Nach einem Jahr Herrschaft ging die NSV in die Offensive. Am 1. Februar

---

313 Vgl. hierzu Adam, Zivilgesellschaft, S. 220 ff.

1934 informierte der Nachrichtendienst des Deutschen Gemeindedienstes die Kommunen über die Initiative der NSV zur Erfassung der existierenden Stiftungen. Die Erhebung solle dazu dienen, „Stiftungserträgnisse, die evtl. brachliegen oder ihren Stiftungszweck heute verfehlen, nach planwirtschaftlichen Gesichtspunkten in den Dienst des Winterhilfsdienstes zu stellen". Damit war ein Paradigmenwechsel in der Stiftungspolitik eingeleitet worden. Nun wollten die Nationalsozialisten die Stiftungen in ihrem Sinne lenken, bürgerschaftliches Engagement war nicht mehr erwünscht. Gleichzeitig wurde den Destinatären unterstellt, ohne eigene Leistungsbereitschaft Hilfe in Anspruch nehmen zu wollen. Folgerichtig hieß es in dem Schreiben weiter, dass die NSV beabsichtige, die „Unterstützungsjägerei" zu bekämpfen.[314]

Auch die kirchlichen Stiftungen wurden von dieser Initiative erfasst. Ende Januar 1934 forderte die Reichskirchenregierung die obersten Behörden der evangelischen Landeskirchen auf, die Erhebung durchzuführen und das Ergebnis „tunlichst bald einzusenden". Man behalte sich eine Entscheidung darüber vor, „in welcher Form das gesammelte kirchliche Material der NSV-Führung zugänglich gemacht werden soll".[315] Das Evangelische Konsistorium leitete daraufhin die Fragebögen an die ihm nachgeordneten Superintendenten mit der Bemerkung weiter, dass Stiftungen mit rein kirchlichen und religiösen Zwecken auch weiterhin von den kirchlichen Stellen verwaltet werden sollten.[316] Damit waren auch die Verantwortlichen der Magdeburger Kirchengemeinden aufgefordert, entsprechende Mitteilungen abzugeben.

Aufgrund der fehlenden Quellen ist nicht mehr rekonstruierbar, wie sich die Stadt Magdeburg zu der Fragebogenaktion verhielt. Insgesamt aber schlug der NSDAP-Führung der Protest der Kommunen und auch der Stiftungen entgegen. Die landesweite Fragebogenaktion wurde abgebrochen, ihr Initiator entlassen.[317] Der Versuch der generellen Unterwanderung der Stiftungen war gescheitert, er beschränkte sich – wie im Folgenden noch zu zeigen sein wird – künftig auf jene Stiftungen, auf die die Kommunen bestimmenden Einfluss ausübten. Die NSV musste sich jedenfalls damit begnügen, jährlich Finanzhilfen von den

---

314 Mitteilung Nr. 124 des Nachrichtendienstes des Deutschen Gemeindetages vom 1. Februar 1934, in: Stadtarchiv Schönebeck, NZB 1248. Vgl. auch Werner, Stiftungsstadt, S. 344.
315 Vgl. AKPS, Rep. A, Generalia, Nr. 1166b, unfol.
316 Vgl. Rundschreiben des Evangelischen Konsistoriums der Provinz Sachsen vom 23. Februar 1934, in: AKPS, Rep. A, Generalia, Nr. 1166 b, unfol. Ob die Ergebnisse tatsächlich der NSV-Reichsführung mitgeteilt wurden, ist unklar. Vgl. auch den Beitrag von Margit Scholz in diesem Band.
317 Vgl. Adam, Zivilgesellschaft, S. 221. In Hamburg wurde ein Stiftungsverzeichnis erstellt, das der örtlichen NSV zugeleitet und jährlich aktualisiert wurde. Vgl. Werner, Stiftungsstadt, S. 344 ff.

Stiftungen einzufordern. Folgerichtig sind deren Aufforderungsschreiben zur Unterstützung für die gesamte NS-Zeit nachweisbar. Sich diesen zu entziehen, dürfte den Stiftungen sehr schwergefallen sein. Gleiches dürfte für die regelmäßigen Forderungen des nationalsozialistischen Winterhilfswerks auf Unterstützung gelten.

Auch die Hitlerjugend hatte ihr Auge auf das Vermögen der Stiftungen geworfen. Im März 1937 versuchte sie über die Amtsgerichte, Informationen über die Stiftungen einzuholen. Ihr ging es offenbar um die Immobilien, denn sie begehrte die Angaben „für die Lösung der örtlichen Heimbeschaffungsfrage der HJ". Das um Weisung gebetene Justizministerium lehnte – offenbar das Desaster der Erhebung von 1934 vor Augen – allerdings die Datenübermittlung ab. Die Hitlerjugend möge sich an das Winterhilfswerk wenden. Dieses verfüge bereits über die notwendigen Angaben, teilte es mit.[318]

Die rechtliche Grundlage für den Umgang mit den Stiftungen veränderten die Nationalsozialisten durch die Deutsche Gemeindeordnung vom 30. Januar 1935.[319] In § 66 regelten sie, dass die Gemeinde die örtlichen Stiftungen zu verwalten habe, sofern der Stifter nichts anderes bestimmt habe. Entscheidend waren die Tatbestandsvoraussetzungen für die Auflösung einer Stiftung nach § 87 BGB. Diese sollte demnach nicht nur dann möglich sein, wenn die Stiftung ihre Zwecke nicht mehr erfüllen konnte. Sie war nun auch dann angezeigt, wenn die Stiftung das „Gemeinwohl" gefährdete. Dieser unbestimmte Rechtsbegriff ließ sich je nach Bedarf auslegen.[320]

Die Rechtsgrundlagen zur Erleichterung von Satzungsänderungen, Zusammenlegungen und Auflösungen von Stiftungen waren in Preußen bereits 1924 gelegt worden.[321] Die Regelungen waren natürlich für die Nationalsozialisten auch geeignet, Satzungsänderungen in ihrem Sinne vorzunehmen. Nachweisbar sind in Magdeburg Zusammenlegungen von Stiftungen, die von der Industrie- und Handelskammer verwaltet wurden. Gemäß einem Bericht vom November 1947 wurden diese im Jahre 1944 wegen ihres geringen Vermögens zu vier Stiftungen zusammengelegt.[322] Auch ein Erlass des Reichs- und Preußischen Ministers für

---

318 Vgl. Reichsminister der Justiz an Reichsjugendführung der NSDAP, 31. März 1937, in: LASA, C 127, Nr. 160.
319 Vgl. RGBl. I 1935 Nr. 6, S. 49 ff. Vgl. auch Ebersbach, Handbuch, S. 218 f., sowie Rawert/Ajzenstejn, Stiftungsrecht, S. 161 f.
320 Vgl. Liermann, Stiftungsrecht, S. 286 f.
321 Vgl. Preußische Gesetzsammlung, 1924, S. 575.
322 Vgl. LASA, M 1, Nr. 1528, Bl. 91 ff; StAM, Rep. 41, Nr. 876, Bl. 8. Vgl. im Verzeichnis der Stiftungen die Eintragungen zu Leistungsprämienstock, Stock zur Hebung des Kaufmannsstandes, Unterstützungsstock für Gefolgschaftsmitglieder der Kammer sowie Unterstützungsstock für in Not geratene Kaufleute.

Wissenschaft, Erziehung und Volksbildung vom 31. Mai 1937 forderte die nachgeordneten Behörden auf zu prüfen, ob die von ihnen verwalteten „Sondervermögen mit und ohne Rechtspersönlichkeit", die Jahreserträge unter 300 RM hätten und somit ihre Zwecke nicht mehr erfüllen könnten, aufzulösen oder mit einer anderen leistungsfähigen Stiftung „zu vereinigen" wären.[323] Daraufhin übersandte im August 1937 der Oberbürgermeister eine Liste mit insgesamt 122 Stiftungen und teilte mit, dass die durch die Inflation leistungsunfähig gewordenen Stiftungen „bereits nach Erlass des Aufwertungsgesetzes im Allgemeinen Stiftungsfonds vereint worden" seien. Es werde gegenwärtig geprüft, ob vier kleine Familienstiftungen mit einem Jahresertrag von unter 400 RM ebenfalls zu dem Allgemeinen Stiftungsfonds zugelegt werden könnten.[324] Im Januar 1938 berichtete die Stadt dem Regierungspräsidenten u. a., dass die Agathenstiftung eine selbständige Stiftung sei, mit der sie „nichts zu tun" habe, und signalisierte, dass die Stadt auf diese keinen Einfluss ausübe. Empört antwortete der Regierungspräsident im Juni 1938, dass es nicht darauf ankomme festzustellen, ob die Stadt etwas mit der Stiftung zu tun habe. Man solle prüfen, „ob und in welchen Fällen eine Auflösung bzw. Zusammenlegung der Stiftungen […] angebracht ist".[325] Die Stadt möge zu allen ihr aus dem Stadtgebiet mitgeteilten Stiftungen Stellung nehmen, ausgenommen seien die kirchlichen Stiftungen. Allerdings scheint es im weiteren Verlauf nicht zu Zulegungen bzw. Zusammenlegungen von Stiftungen gekommen zu sein, die von der Stadt verwaltet wurden.[326]

Während der generelle Versuch der Nationalsozialisten, die Stiftungen zu unterlaufen, im Jahr 1934 scheiterte, war er überall dort erfolgreich, wo die Kommunen die Verwaltung ausübten oder über die Gremien die Stiftungen bestimmten. Dies war insbesondere bei den Magdeburger Hospitalstiftungen der Fall. Bei diesen wurden nach Angaben aus dem Jahr 1946 schon 1933 die Vorsteher und Inspektoren „durch aktiv tätige Nationalsozialisten" ersetzt.[327] Im Dezember 1934 wurde die „Dienstanweisung für die Hausinspektoren der Hospitä-

---

323 Vgl. Erlass des Reichs- und Preußischen Ministers für Wissenschaft, Erziehung und Volksbildung, 31. Mai 1937 (Abschrift), in: Kreisarchiv Schönebeck, Akte B.02.147, unfol. sowie LASA, C 20 III, Nr. 286, Bl. 5.
324 Vgl. LASA, C 28 II, Nr. 7337, Bl. 6 ff.
325 Vgl. ebd., Nr. 7337, Bl. 10.
326 In anderen Kommunen hatte der Druck des Staates mehr Erfolg. So legte z. B. Halberstadt im Jahr 1940 insgesamt 34 Stiftungen zu „Gruppenstiftungen" zusammen. Vgl. LASA, C 28 Ie I, Nr. 1186, Bl. 242.
327 Vgl. Bezirkspräsident an Landräte und Oberbürgermeister, 22. Juli 1946, in: StAM, Rep. 41, Nr. 106, Bl. 3 f.

ler und Klöster [...]" geändert und festgelegt, dass diese ihre Arbeit künftig „in echt nationalsozialistischem Sinne" zu erledigen hätten.[328] Im März 1941 wurde die „Allgemeine Satzung" der Hospitalstiftungen geändert. An die Stelle der besonderen Vorstände, die die Stiftungen bisher unabhängig verwaltet hatten, trat nun der Oberbürgermeister.[329] Damit hielt das „Führer-Prinzip" auch Einzug in die Hospitalstiftungen. Nach § 11 der „Allgemeinen Satzung" konnte der Oberbürgermeister jederzeit Satzungsänderungen beschließen. Lediglich für Beschlüsse, die den Zweck und die Auflösung der Stiftungen betrafen, musste die Genehmigung des Regierungspräsidenten eingeholt werden.

Auch die „Besondere Satzung" der Hospitalstiftungen wurde am 22. Januar 1943 geändert. Entschied bisher traditionell der Vorstand der jeweiligen Hospitalstiftung nach sozialen Kriterien über die Aufnahme von Personen in die Altersheime, durfte gemäß der neuen Satzung nur aufgenommen werden, wer würdig sei und auf „dem Boden der nationalsozialistischen Weltanschauung" stehe.[330] Über die Einzelheiten der Aufnahmepolitik ist gegenwärtig nichts bekannt, allerdings waren die Verwalter des Hospitals St. Georgen und des Müller'schen Siechenhospitals bereits im Juli 1945 „als alte Parteigenossen fristlos entlassen".[331]

Rein wirtschaftlich betrachtet, entwickelten sich in der Zeit der NS-Diktatur die von der Stadt verwalteten Hospitalstiftungen gut. Die Überwindung der Weltwirtschaftskrise und der (scheinbare) wirtschaftliche Aufschwung wirkten sich positiv aus.[332] Auf der Grundlage der wachsenden Einnahmen gelang es, die Gebäude zu modernisieren bzw. Erweiterungsbauten vorzunehmen.

Da die Kapazität der Hospitalstiftungen aber bei weitem nicht ausreichte, wurde ab 1936 in der Leipziger Straße ein neues Altersheim errichtet, dessen Bau vollständig aus den Erträgen des unselbständigen Allgemeinen Stiftungsfonds und den Peter Zincke-Stiftungen finanziert wurde.[333]

---

328 Vgl. „Dienstanweisung für die Hausinspektoren der Hospitäler und Klöster, die der Aufsicht des Herrn Oberbürgermeisters der Stadt Magdeburg unterstehen", 20. Dezember 1934, in: StAM, Rep. 41, Nr. 877, Bl. 3 ff.
329 Vgl. Entwurf Schreiben Stiftungsverwaltung an Regierungspräsidenten, März 1946, in: ebd., Nr. 107, Bl. 82 f., sowie ebd., Stiftungsverwaltung an Stadtrat Prinzky, 22. November 1946, in: ebd., Nr. 863, Bl. 5.
330 Vgl. Besondere Satzung der Magdeburger Hospitäler vom 22. Januar 1943, in: ebd., Nr. 864, Bl. 26–28.
331 Vermerk der Stiftungsverwaltung vom 20. Juli 1945, in ebd., Nr. 874, Bl. 18.
332 Vgl. Verwaltungsbericht 1937, S. 211.
333 Vgl. ebd., S. 212 ff. Aus dem Allgemeinen Stiftungsfonds und der Peter Zincke-Stiftung waren bis zu diesem Zeitpunkt mehr als eine Million RM zur Finanzierung des Altersheimes geflossen.

Tabelle 8: Landbesitz und Belegung der Hospitalstiftungen im Jahre 1937

Name der Einrichtung	Landbesitz (in ha)	Einzelzimmer mit Kochgelegenheit	Einzelzimmer mit Küche	Stube, Kammer u. Küche	Zwei Stuben, Kammer u. Küche	Zahl der Insassen
Kloster Beatae Mariae Magdalenae	191,3	–	–	49	–	55
Kloster St. Augustini – Hauptgebäude – Kaiser Wilhelm- und Kaiserin Augusta-Stift*	46,5	101 102	– –	– –		106 122
Hospital St. Annen	25,7	4	25	35		75
Hospital St. Georgen – Altstadt – Wilhelmstadt** – Wernigerode	267,7	45 131 14	8 33 –	56 57 –	–	127 270 40
Hospital St. Gertrauden	6,1	15	5	18		44
Hospital Schartau	4,4	15	1	–		17
Hospital Schwiesau	86,6	54	–	1		62
H. W. Müller'sches Siechenhospital	0,0	174	–	–		200
Ida Lücke-Heim	0,0	–	–	14	6	20
Zincke-Stift		–	37	26	–	80
Neues Altersheim Leipziger Straße	0,0	--	60	144	–	340***
Summe	**628,3**	**655**	**169**	**400**	**6**	**1.558**

Quellen: Zum Landbesitz der Hospitalstiftungen vgl. StAM, Rep. 41, Nr. 107, O-C, Bl. 88; zur Belegung der einzelnen Hospitäler und Klöster vgl. Verwaltungsbericht 1937, S. 214.
* Das Kaiser Wilhelm- und Kaiserin Augusta-Stift war eine Zweiganstalt des Klosters St. Augustini.
** Zudem betrieb das Hospital St. Georgen in Wernigerode eine Außenstelle mit einer Kapazität von 40 Plätzen.
*** Die Zahlenangabe betrifft den ersten Bauabschnitt, mehrere weitere Bauabschnitte wurden realisiert.

Diese Übersicht verdeutlicht noch einmal die hohe Bedeutung der Wohnstiftungen für die Stadt Magdeburg, deren Kapazitäten trotzdem den Bedarf nicht decken konnten. Das Hospital St. Georgen plante deshalb im Jahre 1938 die Errichtung eines weiteren „Siechenhauses" in der Leipziger Straße/Ecke Fermersleber Weg. Diese Planungen wurden allerdings nicht realisiert.[334]

---

334 Die Kosten des Neubaus waren mit ca. 600.000 RM veranschlagt. Vgl. StAM, Rep. 18⁴ Bü 301, Bl. 31. Zu diesem Zeitpunkt war das Hospital offenbar noch zu eigenständigen Entscheidungen in der Lage. Als im September 1938 der Stadt der Kauf der Lungenheilstätte in Lostau für ca.

49 Hissen der NS-Flagge am Mutterhaus der Pfeifferschen Stiftungen, aus: Fünfzig Jahre [...], 1939

Die Pfeifferschen Stiftungen wurden ebenfalls noch im Jahr des Amtsantritts Hitlers umstrukturiert, Betriebszellen gebildet und der Hitlergruß als verbindlich festgeschrieben.[335] 1935 wurde die Satzung geändert und das Führerprinzip eingeführt, obwohl im Vorstand der Stiftung der Generalsuperintendent, die Anstaltspfarrer und die Oberin des Diakonissenhauses Sitz und Stimme hatten.[336] Die Verwaltung der Stiftung hatte nun darüber zu wachen, dass der Dienst der Pfeifferschen Stiftungen im Geiste des evangelischen Glaubens und in Übereinstimmung mit den nationalsozialistischen Grundsätzen geschah.[337]

Schon bald gerieten jene in den Stiftungen lebenden Menschen, die aus gesundheitlichen Gründen aus der ‚Volksgemeinschaft' ausgeschlossen worden waren, in das Fadenkreuz der Nationalsozialisten. Dies betraf zunächst die Zwangssterilisationen an Erbkranken und mit körperlichen Missbildungen versehenen Patienten. Die Eingriffe sollen auch in der Kahlenberg-Stiftung durchgeführt worden sein.[338]

Obwohl die entsprechenden Unterlagen der Pfeifferschen Stiftungen vernichtet sind, muss zudem davon ausgegangen werden, dass dort betreute Patienten Opfer der ab 1940 durchgeführten ‚Euthanasie' wurden. In der die Aktion planenden Dienststelle in der Tiergartenstraße 4 in Berlin („Aktion T 4") waren 1941 mindestens 75 Personen aus den Pfeifferschen Anstalten erfasst. Unklar ist, ob alle Erfassten auch Opfer der Mordaktion wurden. Nachgewiesen wurde jedoch,

---

eine Million RM angeboten wurde, kamen die Beiräte für Finanz- und Haushaltswesen zu der Einschätzung, dass das Hospital St. Georgen hiervon ca. 600.000 bis 700.000 RM übernehmen solle. Oberbürgermeister Markmann bat die Stadtverwaltung, „mit der Stiftungsverwaltung zu verhandeln". Letztlich kaufte jedoch die Stadt die Einrichtung. Vgl. ebd.

335 Vgl. Hinz, Zwangssterilisation, S. 49, sowie Riemann/Stieffenhofer/Kamp, 125 Jahre, S. 38 ff.
336 Vgl. Ulbrich, Diakonissenmutterhaus, S. 53. In der Festschrift anlässlich des 50-jährigen Bestehens der Stiftung im Jahre 1939 war zu lesen, dass die Schwesternschaft, die weitere Gefolgschaft und der größte Teil der Pfleglinge die Machtergreifung Hitlers „herbeigesehnt" hätten. Vgl. Fünfzig Jahre, S. 51.
337 Vgl. ebd., S. 57.
338 Vgl. Hinz, Zwangssterilisation, S. 50.

dass über die „Zwischenanstalten" Haldensleben, Altscherbitz und Uchtspringe auch Patientinnen und Patienten der Pfeifferschen Anstalten in die Tötungsanstalt nach Bernburg „verlegt" wurden. Offensichtlich gab es auch Versuche des Personals der Pfeifferschen Stiftungen, Menschenleben zu retten.[339]

Die Ambitionen der Nationalsozialisten, die gesamte Gesellschaft in ihrem Sinne zu beeinflussen, machte auch vor den von Stiftungen betriebenen konfessionellen Kindergärten bzw. Kinderbewahranstalten keinen Halt.[340] Nachweisbar ist dies bei der Heyne-Wagenschein-Stiftung, die seit der zweiten Hälfte des 19. Jahrhunderts in Salbke, das im Jahre 1910 eingemeindet worden war, einen kirchlichen Kindergarten betrieb. Der Oberbürgermeister teilte der Stiftung am 2. September 1941 mit, dass bekanntlich „die Betreuung der Jugend ausschließlich Aufgabe der NSV" sei. Der Gauleiter und Reichsstatthalter habe deshalb angeordnet, „daß mit sofortiger Wirkung die NSV sämtliche Kindergärten übernimmt". Am 5. September habe die Stiftung im Alten Rathaus zu erscheinen und die notwendigen Dokumente – Vermögensaufstellung, Kassenabschluss, Inventarlisten – zu übergeben. Sollte die Stiftung der Aufforderung nicht nachkommen, werde der Kindergarten zum 1. Oktober geschlossen.[341]

Mit besonderer Härte richtete sich die nationalsozialistische Stiftungspolitik gegen die von Juden errichteten Stiftungen. Keine der von Juden in Magdeburg ab 1845 errichteten Stiftungen überlebte die NS-Zeit.[342] Den Takt gab die NS-Füh-

---

339 Vgl. ebd., S. 51 ff., sowie Hattenhorst, Stadt der Mitte, S. 801 f.
340 Die Bemühungen der NSV um die Übernahme der Kindergärten sind schon für 1938 nachweisbar. In der „Münchener Vereinbarung" vom April 1940 einigten sich das NSDAP-Hauptamt für Kommunales, der Hauptamtsleiter im Stab des Stellvertreters des Führers, der Reichsgesundheitsführer sowie die NSV u. a. auf die sukzessive Übergabe der bisher von konfessionellen oder anderen Trägern geführten Horte an die NSV. Somit sollte eine Erziehung der jüngsten Kinder im Geiste der nationalsozialistischen Ideologie und die Erziehung einer parteikonformen Jugend sichergestellt werden. Vgl. Recker: Nationalsozialistische Volkswohlfahrt, S. 135. Auch in Frankfurt am Main begann der Angriff auf die Kindergärten in konfessioneller Trägerschaft im Sommer 1941, als Mitarbeiter der Stadtverwaltung, der Kreisleitung der NSV und der Gestapo die Einrichtungen beschlagnahmten. Vgl. ebd., S. 136 f.
341 AKPS, Rep. 9, J 729, unfol. Laut einem handschriftlichen Vermerk wurden die Eltern am 4. September 1941 über den Trägerwechsel informiert. Der Vermerk lautet: „Elternabend der betreffenden Kinder[,] wollen dringend den evgl. Kindergarten beibehalten." Vgl. ebd.
342 Vgl. die Einträge zur Bianca Elbthal-Stiftung, zur Gebrüder Friedeberg-Stiftung oder zur Gustav Heynemann-Stiftung im Verzeichnis der Stiftungen. Zur antisemitischen Politik in Magdeburg vgl. Hattenhorst, Stadt der Mitte, S. 792 ff. Dass die Stadt Magdeburg bereit war, den antijüdischen Kurs der Reichsregierung auch auf dem Gebiet des Stiftungsrechts mitzutragen, hatte sie spätestens 1934 bewiesen. Der Mitarbeiter des Krupp-Gruson-Werkes Dr. Otto Creifels hatte vor seinem Freitod zugunsten der Stadt ein Vermächtnis in Höhe von 2.000 M gemacht. Aus dem Ertrag dieser – eher bescheidenen – Zuwendung sollten Stipendien an zehn gesunde und begabte Volksschüler gezahlt bzw. zur Arbeitsbeschaffung beigetragen werden. Ehe die Stadt über die Annahme des Vermächtnisses entschied, prüfte sie, ob Creifels sogenannter arischer Abstammung und der „inneren Überzeugung" nach Nationalsozialist gewesen war. Die Akte offenbart den Naziungeist, der sich bereits 1934 in der Stadt verbreitet hatte. So teilte ein

rung vor. Dabei entwickelte sich die antijüdische Stiftungspolitik entsprechend der Gesamtstrategie der gegen die Juden gerichteten NS-Politik. Einer (ersten) Phase der Ausgrenzung der Juden als Stifter und – vor allem – als Destinatäre folgten immer schärfere und rigorosere Bestimmungen gegen die bestehenden Stiftungen. Schließlich wurden die meisten Juden, die Deutschland nicht rechtzeitig verlassen hatten, ermordet und die jüdischen Stiftungen beseitigt.[343]
Mit den Nürnberger Rassengesetzen von 1935 verloren die jüdischen Stiftungen zunächst ihre Gemeinnützigkeit. Von nun an hatten diese Körperschaftssteuern, Grund- und Bodensteuern oder Einkommenssteuern zu entrichten.[344] Am 11. Juni 1937 teilten der Reichsjustizminister und der Preußische Finanzminister in einem gemeinsamen Runderlass mit, dass seit dem 3. Dezember 1936 als mildtätige Zwecke nur noch solche anzusehen seien, die darauf gerichtet seien, „bedürftige deutsche Volksgenossen zu unterstützen". Dementsprechend hätten „die anerkannten jüdischen Stiftungen ihre Eigenschaft als solche und damit ihre persönliche Gebührenfreiheit nach § 3 der Verwaltungsgebührenordnung verloren".[345] Im Herbst 1938 legte der Reichsminister der Justiz in einem Erlass fest, dass es „mit den rassischen Grundsätzen des nationalsozialistischen Staates nicht vereinbar [sei], daß Körperschaften des öffentlichen Rechts oder sonstige öffentliche Einrichtungen Schenkungen oder letztwillige Verfügungen von Juden annehmen".[346] In der Folgezeit gerieten „jüdische und paritätische Stiftungen" zunehmend in das Fadenkreuz der Nationalsozialisten. Mit dem Erlass des Reichsministers des Innern vom 8. Mai 1939 wurden die „paritätischen Stiftungen" als solche Stiftungen definiert, „deren Mittel satzungsgemäß sowohl für die deutschen Volksgenossen als auch für Juden ausgesetzt sind".[347]
Entscheidend für die Vernichtung der jüdischen Stiftungen war die Gründung der „Reichsvereinigung der Juden in Deutschland" aufgrund der 10. Verordnung zum Reichsbürgergesetz vom 4. Juli 1939.[348] Die Reichsvereinigung sollte die Auswanderung der Juden fördern, sie wurde aber auch Träger der „Freien jüdischen Wohlfahrtspflege". Zudem wurde der Reichsinnenminister ermäch-

---

früherer Arbeitskollege, der Creifels nach eigenen Angaben seit 1924 kannte, der Stadt mit, dass Creifels Jude gewesen sei. „Sein Aussehen und Gebaren ist typisch jüdisch", schrieb er. Vgl. StAM, Rep. A III, Nr. 31.f., Bd. 6, Bl. 170.
343 Vgl. Adam, Zivilgesellschaft, S. 219 ff.; Liermann, S. 285 ff.; Werner, Stiftungsstadt, S. 316 ff.
344 Vgl. Roth, Aufstieg und Krise, S. 132.
345 Vgl. Runderlass des Reichs- und Preußischen Ministers des Innern, 30. Juni 1937, in: Ministerialblatt des Reichs- und Preußischen Ministers des Innern, 1937, S. 52.
346 Vgl. Erlass des Reichsministers der Justiz, 11. Oktober 1938, in: LASA, C 127, Nr. 100, Bl. 33.
347 Vgl. Rundschreiben des Reichsministers des Innern, 8. Mai 1939, in: ebd., Nr. 644, Bl. 112, sowie ebd., K 2 Nr. 708, Bl. 152. Ausführlich hierzu Rawert/Ajzensztejn, Stiftungsrecht, S. 175–178.
348 Vgl. RGBl. 1939, S. 1097 ff.

50 Magdeburger Synagoge, um 1910: Die 1897 eingeweihte Synagoge mit einer Kapazität von ca. 1.000 Personen wurde am 9. November 1938 geschändet und zerstört

tigt, „jüdische Stiftungen aufzulösen oder ihre Eingliederung in die ‚Reichsvereinigung der Juden in Deutschland' zu veranlassen".[349] Man muss davon ausgehen, dass auf dieser Grundlage auch bei den jüdischen Stiftungen Magdeburgs verfahren und ihr Vermögen schließlich nach der Verhaftung der letzten Mitarbeiter der ‚Reichsvereinigung' am 10. Juni 1943 dem Reichsfinanzminister übertragen wurde.[350] Allerdings konnten bisher keine Unterlagen ermittelt werden, die über das konkrete Schicksal der von Juden in Magdeburg errichteten Stiftungen Aufschluss geben.[351] Aus den Haushaltsunterlagen der unselbständigen Stiftung „Allgemeine Stiftungsmittel" ist auch nicht erkennbar, ob – wie in Frankfurt am Main nachgewiesen wurde – das Vermögen aufgelöster jüdischer Stiftungen auch auf unselbständige städtische Stiftungen übertragen wurde. In Frankfurt arbeiteten die städtische Stiftungsverwaltung und die örtliche Gestapo bei der Auflösung der jüdischen Stiftungen eng zusammen.[352] Nachgewiesen werden kann lediglich, dass das der Gustav

---

349 Vgl. Reichsminister der Justiz an alle Oberlandesgerichtspräsidenten, 29. November 1940, in: LASA, C 127, Nr. 644, Bl. 112.
350 Vgl. Friedländer, Das Dritte Reich. Erster Teil, S. 342; Rawert/Ajzensztejn, Stiftungsrecht, S. 180; Werner, Stiftungen und Mäzenatentum, S. 85.
351 Während der Pogromnacht vom 9. November 1938 wurden auch die Magdeburger Synagoge geschändet, mehr als 200 Juden verhaftet und die Unterlagen, die die Synagogengemeinde aufbewahrte, vernichtet. Damit gingen auch alle dort über Stiftungen bis zu diesem Zeitpunkt verwahrten Dokumente verloren. Vgl. Vom Königlichen Polizeipräsidium, S. 60 ff. Entsprechend der Forschungen von Rawert/Ajzensztejn waren bei der Reichsvereinigung der Juden in Deutschland bereits im September 1939 alle jüdischen Vereine, Organisationen und Stiftungen erfasst. Vgl. Rawert/Ajzensztejn, Stiftungsrecht, S. 179.
352 Während die Stadt Frankfurt am Main bemüht war, dass das Vermögen der aufgelösten jüdischen Stiftungen auf die unselbständigen städtischen Stiftungen übertragen wurde, war der Gestapo an einer Übertragung auf die ‚Reichsvereinigung der Juden in Deutschland' – und damit letztlich auf den Staat – gelegen. Letztlich standen Stadt und Gestapo in dieser Frage in Konkurrenz. Vgl. Stemmler, Müller, S. 31 ff.; Roth, Aufstieg und Krise, S. 132 ff.

Heynemann-Stiftung gehörende Gebäude in der Arndtstraße 5 in den 1940er Jahren als „Judenhaus" missbraucht wurde. Hier mussten Juden, die aus ihren angestammten Häusern und Wohnungen ausquartiert worden waren, auf engstem Raum wohnen. Von diesem ehemaligen Wohnstift wurden die Menschen wahrscheinlich auch in Konzentrationslager deportiert, womit sein „eigentlicher Zweck pervertiert wurde".[353] Erhalten geblieben ist zudem ein Schreiben der Stiftungsverwaltung an den Vorsitzenden des Kuratoriums des Ida Lücke-Heims vom Februar 1935. In diesem teilte sie mit, dass die vom Kuratorium beschlossene Übertragung der Reinigungsarbeiten an die Firma Walter nicht möglich sei, da es sich um ein jüdisches Unternehmen handele.[354]

Die Nationalsozialisten Magdeburgs waren aber durchaus auch bereit, mit der Errichtung von Stiftungen propagandistische Zwecke zu verfolgen. So beantragte am 4. März 1939 der Magistrat mit der Drucksache Nr. 67 bei der Stadtverordnetenversammlung die „Errichtung einer Stiftung für das Ehrenmal der ‚Alten Garde' von Magdeburg". In der Vorlage hieß es: „Um für die Träger des Goldenen Ehrenzeichens der NSDAP, welche in Magdeburg gekämpft und vor dem 1. Januar 1938 dieses Ehrenzeichen erworben haben, eine würdige gemeinsame letzte Ruhestätte dauernd zu erhalten, soll für diesen Zweck eine rechtsfähige Stiftung im Sinne §§ 80 ff. BGB mit staatlicher Genehmigung errichtet werden. Die Stadtverwaltung will mit dieser Stiftung die von ihr auf dem Fürstenwall als Ehrenmal geschaffene Anlage dauernd leihweise überlassen [...]." Als Vorstand der Stiftung war der Kreisleiter der NSDAP für den Stadtbezirk vorgesehen. Im Falle des Erlöschens der Stiftung sollte das Vermögen an die NSDAP fallen. Diese Stiftung ist wohl nie errichtet worden, der von den Nazis angezettelte Krieg verhinderte dies offensichtlich.

Trotz der schwierigen Quellenlage sind auch für die Zeit der NS-Herrschaft Errichtungen von Stiftungen nachweisbar. Die Initiative hierfür konnte, wie bei der Max und Katharina Sombart-Stiftung, schon aus dem Jahre 1910 stammen. Sie konnte aber auch, wie bei der Rudi Pohlmann-Stiftung für tuberkulöse Kinder, ihren Anlass im Verlust eines Kindes haben. In einem Fall – der Pohle-Stiftung – gaben die Stifter ihrer Stiftung den Zweck, ein Altersheim auszubauen.[355]

Der Zweite Weltkrieg stellte auch für die Stiftungen eine Zäsur dar. Mit Kriegsbeginn wurden in den Pfeifferschen Stiftungen wie im Ersten Weltkrieg verwundete Soldaten gepflegt, weshalb Patientinnen und Patienten entlassen

---

353 Schwarz, Traditionen, S. 70. Vgl. hierzu auch den Eintrag Gustav Heynemann-Stiftung im Verzeichnis der Stiftungen.
354 Vgl. StAM, Rep. 44, Nr. 10, unfol.
355 Vgl. die entsprechenden Eintragungen im Verzeichnis der Stiftungen.

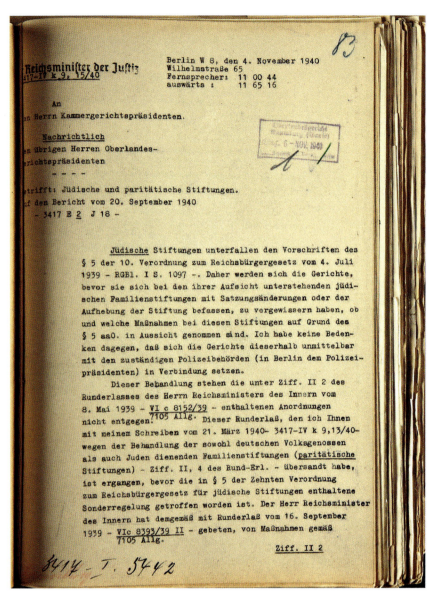

51 Erste Seite des Runderlasses des Reichsministers der Justiz wegen der künftigen Verfahrensweise bei „jüdischen und paritätischen Stiftungen", 4. November 1940

werden mussten. Zudem wurden Ärzte zum Heeresdienst eingezogen.[356] Für den behelfsmäßigen Ausbau und die Herrichtung von Kellern zu Luftschutzräumen beantragte die Stadtverwaltung im Nachtragshaushalt vom November

---

356 Vgl. Riemann/Stieffenhofer/Kamp, 125 Jahre, S. 38.

1939 jeweils 3.000 RM für die unselbständigen Stiftungen Zincke-Stift und Ida Lücke-Heim.[357] Auch in den selbständigen Hospitalstiftungen wurden – mit Ausnahme des Hospitals Schartau – nach Kriegsausbruch Luftschutzräume hergerichtet.[358]
In den Hospitalstiftungen scheint es angesichts der zunehmenden Versorgungsprobleme schon bald zu Diebstählen bei den Hinterlassenschaften der verstorbenen Insassen gekommen zu sein. Im Februar 1941 wurden die Inspektoren angewiesen, bei allen Todesfällen ein Nachlassverzeichnis aufzustellen und an den Oberbürgermeister einzureichen. Objekte von kulturgeschichtlichem Wert sollten dem stadtgeschichtlichen Museum überlassen werden. Bereits drei Wochen später wurde die Verfügung verschärft und festgelegt, dass ein Antiquitätenhändler die Nachlässe vor einer Übergabe an das Museum oder einem Verkauf taxieren sollte. „Ich erwarte", hieß es, „dass die vorstehenden Bestimmungen genauestens beachtet werden. Insbesondere mache ich darauf aufmerksam, dass es strengstens verboten ist, vor endgültiger Aufnahme des Nachlasses das Nachlasszimmer ohne Zeugen zu betreten. Sollten jetzt noch Verstöße gegen diese Bestimmungen festgestellt werden, werde ich die Betreffenden unnachsichtig zur Verantwortung ziehen [...]."[359]
Während des Krieges legten die Luftangriffe der Alliierten – vor allem der Bombenangriff vom 16. Januar 1945 – mit der Altstadt[360] auch die Hospitalstiftungen in Schutt und Asche. 77 Insassen fanden den Tod.[361] Bei Kriegsende waren die meisten ihrer Gebäude zerstört oder schwer beschädigt.[362] Nach einer Übersicht der Stiftungsverwaltung vom März 1946 hatte lediglich das Kaiser-Wilhelm- und Kaiserin-Augusta-Stift in der Weidenstraße 5 den Krieg mit geringen Zerstörungen überstanden.[363] Schwer beschädigt waren das Hospital St. Georgen in der Wilhelmstadt (Belfortstraße bzw. Hans-Löscher-Straße 30), von dem ein

---

357 Vgl. Drs. 200 vom 16. November 1939, in: StAM, Rep. 18⁴, Bü. 142, unfol.
358 Die Kosten betrugen ca. 48.700 RM, vgl. ebd., Rep. 13, A I Nr. 643, unfol.
359 Vgl. Vorsitzender des Gesamtvorstandes der Hospitäler und Klöster an „sämtliche Herren Hospitalinspektoren", 8. März 1941, in: ebd., Rep. 41, Nr. 877, Bl. 14f.
360 Vgl. hierzu Asmus, 1200 Jahre, Bd. 3, S. 606ff., sowie Bd. 4, S. 60ff.; Manfred Wille, Tod und Zerstörung, S. 38–73; ders., Der Krieg, S. 36ff.
361 Vgl. StAM, Rep. 41, Nr. 878, Bl. 1ff.
362 Vgl. ebd., Nr. 867, Bl. 45. Auch die Stiftungsverwaltung lag völlig danieder. Die Amtsgeschäfte führte allein Otto Lilie, der bereits seit Jahren als Sachbearbeiter in diesem Bereich tätig war. Die Unterlagen der Stiftungsverwaltung zu den einzelnen Stiftungen verbrannten bei dem großen Angriff auf die Stadt am 16. Januar 1945. Vgl. Vermerk der Stiftungsverwaltung für Stadtmedizinalrat Jeske, 22. Mai 1945, in: ebd., Nr. 874, Bl. 15ff.
363 Vgl. ebd., Nr. 904, Bl. 1, sowie Nr. 878, Bl. 1. Im März 1947 entschied der Ausschuss für Stiftungen und Hospitäler die Umbenennung dieses Stiftes in „Augustini-Stift", vgl. ebd., Bl. 3.

52 Blick vom Faber-Hochhaus am Hauptbahnhof auf die weitgehend zerstörte Innenstadt, Juli 1946

kleiner Flügel an der Belfortstraße stehen geblieben war (zu 80 % zerstört),[364] sowie das H. W. Müller'sche Siechenhospital, von dem eine Hälfte noch nutzbar war.[365] Alle anderen Gebäude der Anstaltsstiftungen waren total zerstört. Insgesamt hatten ca. 800 Personen, d. h. etwa die Hälfte der Insassen, ihr Obdach verloren. Die Menschen waren zum Teil bei Verwandten untergekommen, zum Teil waren sie ausquartiert worden.

Die Pfeifferschen Stiftungen wurden durch die Luftangriffe ebenfalls schwer in Mitleidenschaft gezogen. Bereits im Januar und Februar 1944 erhielten einzelne Gebäude Treffer und erlitten starke Schäden. Am Ende des Krieges war die Einrichtung zu etwa 60 Prozent zerstört und beherbergte lediglich 180 Alte und Kranke.[366]

Auch für alle anderen Stiftungen wirkte sich der Krieg im Allgemeinen und die Zerstörung der Stadt im Besonderen verheerend aus: Viele Menschen, die in den

---

364 Vermerk der Stiftungsverwaltung 7. Juni 1945, vgl. ebd., Nr. 876, Bl. 1 ff., sowie Nr. 903, Bl. 44. Das Hospital betrieb allerdings sein Altersheim in Wernigerode weiter.
365 Vgl. Entwurf des Schreibens der Magdeburger Stiftungsverwaltung an den Bezirkspräsidenten, März 1946, in: ebd., Nr. 107, O-C, Bl. 82 f. Zudem waren das von der Stadt betriebene Altersheim in der Leipziger Straße sowie das städtische Familienhaus Fasslochsberg 13 schwer zerstört.
366 Vgl. Riemann/Stieffenhofer/Kamp, 125 Jahre, S. 39 f.

Jahren zuvor die Organe der Stiftung gebildet hatten, waren getötet oder befanden sich auf der Flucht bzw. in Gefangenschaft. Immobilien, die zum Grundstockvermögen der Stiftungen zählten, aus denen die notwendigen Erträge für die Zweckerfüllung erzielt wurden, waren zerstört. Schuldner lebten nicht mehr oder waren nicht auffindbar oder zahlungsunfähig. Unterlagen, die für die Verwaltung unumgänglich waren, waren unwiederbringlich vernichtet. So endete schließlich das ‚Tausendjährige Reich' der Nationalsozialisten auch für die Magdeburger Stiftungen in einem Fiasko.[367]

6 Die weitgehende Beseitigung der Magdeburger Stiftungen während der DDR-Zeit

6.1 Die Politik des Wiederaufbaus der Stiftungen zwischen 1945 und 1952

Als im April 1945 US-Truppen nach zum Teil heftigen Kämpfen Magdeburg besetzten,[368] bedeutete dies einerseits das Ende der nationalsozialistischen Diktatur, doch andererseits war es für alle Stiftungen außerordentlich schwierig, in dem Nachkriegschaos ihre Arbeit fortsetzen oder wieder aufnehmen zu können. Tendenziell überlebten die größeren Stiftungen und diejenigen, die mit Grundstockvermögen ausgestattet waren, diese schwierigen Jahre besser als die Klein- und Kleinststiftungen. Nur wenige Stiftungen hatten so viel Glück wie die Heyne-Wagenschein-Stiftung, deren Gebäude den Krieg unbeschadet überstanden hatte. Schon wenige Wochen nach Kriegsende konnte der von der Stiftung betriebene evangelische Kindergarten wieder Mädchen und Jungen aufnehmen.[369]

Für die bedeutenden Magdeburger Wohnstiftungen ging es zunächst darum, einen Notbetrieb aufrechtzuerhalten bzw. überhaupt wieder mit der Arbeit beginnen zu können. Die Mitarbeiter führten Enttrümmerungsarbeiten durch und begannen mit dem Aufbau einer provisorischen Verwaltung. Trotz des riesigen Elans war dies eine außerordentliche Herausforderung, denn die meisten Häuser waren schwer zerstört und die gesamte Infrastruktur nur noch sehr begrenzt funktionstüchtig. Auf die östlich der Elbe gelegenen Pfeifferschen Stiftungen

---

367 Vgl. Asmus, 1200 Jahre, Bd. 3, S. 612; Puhle (Hg.), „Dann färbte sich der Himmel blutrot ..."; Hattenhorst, Stadt der Mitte, S. 805; Schmiechen-Ackermann, Magdeburg als Stadt des Schwermaschinenbaus, S. 812 ff.
368 Vgl. Hattenhorst, Stadt der Mitte, S. 805; Wille, Der Krieg, S. 8 ff; Asmus, 1200 Jahre, Bd. 4, S. 23 ff.
369 Vgl. AKPS, Rep. J 9, Nr. 728, unfol.

wirkte sich zusätzlich nachteilig aus, dass die Nationalsozialisten noch in den letzten Kriegstagen die Brücken gesprengt hatten.[370]

Gemäß den Beschlüssen der Alliierten wurde Magdeburg am 1. Juli 1945 Teil der sowjetischen Besatzungszone.[371] Die hier schnell sich als führende politische Kraft etablierende KPD/SED leitete schon wenige Monate nach dem Ende des Krieges einen Bruch mit dem bisherigen Wirtschaftssystem ein. Bereits die Bodenreform hatte auf Stiftungen mit Vermögen an Ackerland negative Auswirkungen.

Wegen des erheblichen Überschusses der sich im Umlauf befindenden Geldmenge wurde auch in der sowjetischen Besatzungszone im Jahre 1948 eine Währungsreform durchgeführt, durch die die Bargeldbestände auf ein Zehntel ihres Ausgangswertes reduziert wurden.[372] Dies betraf insbesondere jene Stiftungen, deren Grundstockvermögen ganz oder ganz überwiegend aus Bargeldvermögen bestand. Im Jahre 1949 schätzte die Magdeburger Stiftungsverwaltung ein, dass der hierdurch eingetretene Verlust allein für die Hospitäler und Klöster über 400.000 M betragen habe.[373]

Doch mit Erhard Hübener (1881–1958), der bis 1933 als Landeshauptmann im Beirat der Pfeifferschen Stiftungen aktiv war, war durch die sowjetische Militäradministration ein Ministerpräsident eingesetzt worden, der bereits vor 1933 eine Spitzenfunktion in der Verwaltung der preußischen Provinz Sachsen innegehabt hatte, nicht der SED angehörte und zudem ein hohes Interesse am Wiederaufbau eines florierenden Stiftungswesens im Land Sachsen-Anhalt hatte.[374] Die von Hübener initiierte Strategie des Landes zum Wiederaufbau eines Stiftungswesens im Land, die sich ab 1946 nach und nach herausbildete, sah als ersten Schritt eine Bestandsaufnahme mit dem Ziel, eine Übersicht über die Situation der Stiftungen im Land Sachsen-Anhalt zu erhalten, vor. Diese Aufgabe übernahm Dr. Gerhard Kunisch. Für Magdeburg registrierten seine Mitarbeiter und er im Jahre 1947 138 rechtsfähige und nicht rechtsfähige Stiftun-

---

370 Vgl. Wille, Der Krieg, S. 26 ff.; Hattenhorst, Stadt der Mitte, S. 805.
371 Kurz vor der Übergabe der Stadt an die sowjetische Besatzungsmacht demontierten die amerikanischen Besatzer in den Großbetrieben unzerstörte moderne Spezialmaschinen und nahmen „wertvolle Produktionsunterlagen, Zeichnungen, Berechnungen, Pläne und Analysen" mit. Allein im Krupp-Werk seien – so Höltge – 50 Lastzüge vorgefahren. Vgl. Höltge, Von 1945 bis 1960, S. 49.
372 Zur Währungsreform in der SBZ vgl. Zschaler, Währungsreform, S. 198.
373 Vgl. StAM, Rep. 41, Nr. 878, Bl. 9–11.
374 Zu Hübener vgl. Tullner/Lübeck (Hg.), Erhard Hübener; Klein (Hg.), Erhard Hübener. Hübener trat angesichts des sich herausbildenden Unrechtsregimes, dessen Etablierung er nicht verhindern konnte, im Oktober 1949 zurück. Sein Nachfolger war der ehemalige Sozialdemokrat Werner Bruschke (1898–1995), nun Mitglied der SED. Dieser setzte die bürgerliche Stiftungspolitik seines Vorgängers nicht konsequent fort.

gen.[375] Von diesen waren jedoch viele bereits 1923 zusammengelegt worden oder vermögenslos und nicht in der Lage, ihre Zwecke zu erfüllen.[376]
Musste das Land eine Stiftungsaufsicht erst aufbauen, verfügte die Stadt Magdeburg bereits über eine Stiftungsverwaltung, die das Ziel verfolgte, sich an Recht und Gesetz zu halten und insbesondere die Hospitalstiftungen zu neuem Leben zu erwecken. Allerdings waren deren Verwaltungsakten im Januar 1945 vernichtet worden. Deshalb musste auch die Magdeburger Stiftungsverwaltung zunächst einen Überblick über die Situation der sich in ihrer Obhut befindenden Stiftungen gewinnen. Allein dies war unter den Bedingungen der unmittelbaren Nachkriegszeit eine Herausforderung. In einem Vermerk vom 22. Mai 1945 stellte der einzig verbliebene Mitarbeiter der Stiftungsverwaltung, Otto Lilie, die Situation u. a. wie folgt dar: Die Stiftungsverwaltung mit ihrem Sitz Neuer Weg 1/2 sei am 16. Januar 1945 vollständig ausgebombt und alle Unterlagen vernichtet worden. Als die Sprengung der Elbbrücken im April 1945 drohte, habe er das Büro, das sich nun auf dem Werder im Kaiser-Wilhelm-Stift befunden habe, „mit den wichtigsten Unterlagen" verlassen und sei im Hospital St. Georgen in der Belforter Straße untergekommen. Dort wohne er inzwischen auch behelfsmäßig.[377]
Nach und nach etablierte sich aber auch in Magdeburg eine kommunale Verwaltung mit entsprechenden Gremien. Im August 1946 begann der Ausschuss für Stiftungen und Hospitäler der Stadtverordnetenversammlung, der die Grundsatzbeschlüsse zum Wiederaufbau der von der Stadt verwalteten Wohnstiftungen fasste, mit seiner Arbeit.[378] Es ist davon auszugehen, dass er auch sein Einverständnis dafür erteilt hatte, dass die Stadt bereits im Oktober 1946 acht der rechtlich selbständigen Familienstiftungen, die sie über Jahrzehnte verwaltet hatte, dem Ministerpräsidenten als Stiftungsaufsicht zur Bestätigung der Auflösung wegen Vermögenslosigkeit zuleitete. Mit Beschluss der 33. Sitzung des Präsidiums der Provinz Sachsen vom 8. November 1946 löste die Landesregierung die Stiftungen auf.[379] Es war der erste Auflösungsbeschluss von Stiftungen, den die neue Landesregierung fasste.
Bei den Hospitalstiftungen führte die Beseitigung der NS-Herrschaft wegen der tiefen Durchdringung der Einrichtungen durch die Nationalsozialisten zu

---

375 Vgl. die Vorläufige Liste sowie die Hauptliste.
376 Zu den Anmeldungen der kirchlichen Stiftungen vgl. AKPS, Rep. A, Generalia, Nr. 1231a.
377 Vgl. StAM, Rep. 41, Nr. 874, Bl. 15 ff.
378 Vgl. ebd., Nr. 869, 872.
379 Es handelte sich um folgende Familienstiftungen: Emanuel Baensch, Coqui'sche, F. A. Klusemann'sche, Gustav Lücke, Ida Lücke, Witwe Schneider, J. W. Stilcke sowie Heinrich Toepke. Vgl. LASA, M1, Nr. 1528, Bl. 141 sowie K2 Nr. 266, Bl. 73, und die Eintragungen im Verzeichnis der Stiftungen.

personellen Umgestaltungen. In dem bereits erwähnten Vermerk vom Mai 1945 hielt Otto Lilie auch fest, dass der Verwalter des Altersheimes Leipziger Straße, der Ortsgruppenleiter der NSDAP Hermann Meyer, „sich und seine Ehefrau vor dem Einmarsch der amerikanischen Truppen erschossen" habe. Sowohl der Hausmeister als auch der Pförtner befänden sich noch im Wehrdienst, deshalb habe er den Hausmann des Hospitals St. Georgen mit der vorläufigen Verwaltung beauftragt.[380] Zwei Monate später teilte Lilie dem Oberbürgermeister mit, dass die Verwalter des Hospitals St. Georgen und des Müller'schen Siechenhospitals „als alte Parteigenossen fristlos entlassen" seien."[381]
Während die Stadtverwaltung an einer weiteren Existenz der Familienstiftungen offensichtlich kein Interesse hatte, entwickelte sie große Aktivitäten zum Wiederaufbau der stark zerstörten Wohnstiftungen. In ihrer Außendarstellung argumentierte sie insbesondere mit der Tradition dieser Einrichtungen. In einer Pressemitteilung schrieb sie: „Das, was von den jahrhundertealten Anstalten durch den Krieg zerstört wurde, soll und wird wieder entstehen, denn der Bedarf an solchem kleinen Wohnraum für die minderbemittelte Bevölkerung ist riesengroß. Magdeburg war einmal im Deutschen Reiche berühmt wegen der großen Zahl seiner Hospitäler und sonstigen Altersheime. Es gilt, diesen Ruhm zu wahren und zu mehren. Die städtischen Körperschaften und Dienststellen werden das Ihrige dazu beitragen."[382]
Im Juli 1948 beschloss die Stadtverordnetenversammlung vom nationalsozialistischen Gedankengut befreite Satzungen der Hospitäler. Zudem setzte sich in der Stadtverwaltung eine Konzeption zur Zusammenlegung der von ihr verwalteten Anstaltsstiftungen durch. An die Stiftungsaufsicht bei der Landesregierung schrieb die Stadt am 12. November 1951:

> „Ein Teil dieser Stiftungen ist für sich nicht mehr existenzfähig. Die erhalten gebliebenen Vermögenswerte gestatten nicht den Wiederaufbau der zerstörten Anstalten und würden auch nicht ausreichen, die laufenden Betriebskosten zu decken […]. Ein Wiederaufbau einzelner Anstalten wäre aber möglich, wenn das bei allen Stiftungen erhaltene Vermögen zu einer Rechnung zusammengefasst und schwerpunktmäßig eingesetzt würde […]. Wir halten es für zweckmäßig, die Hospitäler und Klöster – mit Ausnahme des H. W. Müller'schen Siechenhospitals – zur gemeinsamen Vermögensverwaltung in eine selbständige Stiftung zusammenzulegen […]. Ausgeschlossen von dieser Zusammenlegung soll das Müller'sche Siechenhospital bleiben, weil diese Anstalt im Jahre 1952 wieder voll betriebsfertig werden wird und weiterhin allein existenzfähig ist […]."[383]

---
380 Vgl. Vermerk vom 22. Mai 1945, in: StAM, Rep. 41, Nr. 874, Bl. 15 ff.
381 Vgl. ebd., Bl. 18.
382 Vgl. ebd., Bl. 169 ff.
383 Vgl. ebd., Nr. 868, Bl. 5, sowie ebd., Rep. 18⁴, St. 9, Bl. 99 f.

Diese Konzeption wurde am 28. März 1952 durch die Stadtverordnetenversammlung beschlossen.[384]
Bereits unmittelbar nach dem Ende des Krieges begann die Stiftungsverwaltung mit dem Wiederaufbau des Hospitals St. Georgen, des H. W. Müller'schen Siechenhospitals und des vergleichsweise gering beschädigten Kaiser Wilhelm- und Kaiserin Augusta-Stiftes, das in Augustini-Stift umbenannt worden war.[385] Die Stadtverordnetenversammlung unterstützte den Wiederaufbau durch die wiederholte Bewilligung der erforderlichen Finanzmittel. Trotz der riesigen Materialprobleme war bereits im Juli 1951 in den drei Heimen die Aufnahmekapazität erhöht worden.[386] Allerdings war die Not der Untergebrachten groß – es mangelte selbst an elementaren Dingen.[387]
Das Kahlenberg-Stift war durch den Krieg ebenfalls schwer zerstört worden. Die erhaltenen Teile wurden am Ende des Krieges als Lazarett für Kriegsgefangene genutzt und anschließend als Provinzialkrankenhaus geführt.[388] Zum 1. Januar 1951 übernahm das Land Sachsen-Anhalt das Krankenhaus und deklarierte die Immobilie als ‚Volkseigentum'.[389] Ein förmlicher Beschluss zur Auflösung der Stiftung wurde wohl nie gefasst. Ende der 1950er Jahre wurde das Kahlenberg-Stift als Ersatzobjekt der hier stationierten Roten Armee als Krankenhaus zur Verfügung gestellt. Diese hatte zwei Gebäude an die gerade erst gegründete Medizinische Akademie Magdeburg abgegeben, die diese Kliniken für ihre Zwecke benötigte.[390] Die Rote Armee nutzte die Gebäude des nun ehemaligen Kahlenberg-Stiftes nach einer Instandsetzung bis zu ihrem Abzug aus Magdeburg Anfang der 1990er Jahre.
Die neue Leitung der Pfeifferschen Stiftungen begann schon bald nach Kriegsende – unter größten Schwierigkeiten – mit dem Wiederaufbau der wichtigsten

---

384 Vgl. ebd., Rep. 41, Nr. 868, Bl. 18.
385 Allerdings waren im strengen Winter 1946/47 die Wasserleitungen eingefroren und die Toiletten verstopft. Wegen der defekten Heizungen mussten die Heiminsassen bei Minustemperaturen angezogen in ihren Betten bleiben. Vgl. Vermerk der Stiftungsverwaltung vom 21. Februar 1947, in: ebd., Nr. 903, Bl. 21.
386 Vgl. ebd., Nr. 875, Bl. 87.
387 Zu den Details vgl. Miehe, Bewahrt – beseitigt – vergessen.
388 Vgl. StAM, Rep. 41, Nr. 143, Bl. 108 f.
389 Vgl. StAM, Rep. 38, F 2. Im Rechtsträgernachweis des Rates des Bezirkes Magdeburg vom 27. April 1953 wurde festgehalten, dass das Vermögen der Kahlenberg-Stiftung aufgrund der SMAD-Befehle 124 und 126 in Volkseigentum überführt worden sei. Vgl. ebd.
390 Der Rektor der Medizinischen Akademie formulierte das Anliegen an den Leiter des Sowjetischen Konsulats in Magdeburg am 30. April 1956: „Der Senat bittet daher, es nicht als vermessen zu betrachten, wenn er dem Herrn Konsul die Frage vorlegt, ob es nicht möglich wäre, dass unsere sowjetischen Freunde die genannten in unserem Krankenhause noch genutzten Kliniken dem Aufgabenbereich der Medizinischen Akademie wieder zur Verfügung stellen könnten, gegebenenfalls unter der Bedingung, dass ein geeignetes Tauschobjekt durch die deutschen Behörden gestellt werden könnte […]." StAM, Rep. 41, Nr. 410, Bl. 8.

Gebäude. Der Wiederaufbau erfolgte zunächst unter direkter Förderung des Ministerpräsidenten Hübener, die Landesregierung unterstützte den Wiederaufbau mit 80.000 DM. Finanzielle Hilfe erhielt die Einrichtung auch von der Inneren Mission, dem Lutherischen Weltbund und der Schweizer sowie der Schwedischen Kirche. Personelle Unterstützung bekam sie zudem durch die Ansiedlung des Diakonissen-Mutterhauses Bethanien aus Breslau. Die Stadt Magdeburg war über ihren Sitz im Beirat der Stiftung gut über den Wiederaufbau der Pfeifferschen Stiftungen informiert. Allerdings konnte sie in den ersten Nachkriegsjahren die Stiftung nur sehr begrenzt mit Material unterstützen.[391] Trotz dieser Hilfeleistungen gestaltete sich der Wiederaufbau der Pfeifferschen Stiftungen außerordentlich schwierig. Die hygienischen Bedingungen etwa waren über mehrere Jahre katastrophal, wie die Stiftung selbst einräumte. So war es noch im Oktober 1947 nicht gelungen, die Wanzenplage zu beseitigen, selbst in Verbänden hatte man Wanzen gefunden.[392] Nach und nach gelang es der Einrichtung jedoch, die Zerstörungen zu beseitigen und ihre Leistungsfähigkeit auszubauen.[393] Doch bereits Ende der 1940er Jahre geriet sie in Konflikt mit den neuen Machthabern.[394]

6.2 Die Auflösung der nichtkirchlichen Stiftungen auf Weisung der SED-Führung (1952–1956)[395]

Im Jahre 1952 forcierte die SED-Führung ihre Maßnahmen zum Aufbau des Sozialismus und zum Ausbau ihrer Herrschaft. In diesem Zusammenhang entwickelte sie nach und nach ihre Strategie zur Auflösung der Stiftungen. Diese passten nicht in das sozialistische Wirtschaftssystem und standen der Partei beim Aufbau ihrer Diktatur im Wege. Die erste aufgelöste Hospitalstiftung war das H. W. Müller'sche Siechenhospital in der Leipziger Straße 44. Das Hospital war Ende Juli 1952 vollständig wiederaufgebaut, als es völlig überraschend geräumt werden musste. Ausgangspunkt für die Räumung war, dass nach der Entscheidung der SED-Führung zur faktischen Auflösung der Länder und zur Einrichtung von Bezirken[396] die neue Bezirksbehörde Verwaltungsgebäude in der

---

391 Vgl. hierzu StAM, Rep. 38 F 6, unfol.
392 Schreiben der Pfeifferschen Stiftungen, 9. Oktober 1947, in: ebd.
393 Im November 1946 verfügte sie mit ihren Außenstellen in Wahlitz und Wanzleben wieder über 638 Betten. Vgl. Protokoll der Vorstandssitzung der Pfeiffer'schen Stiftungen, 18. November 1946, in: ebd.
394 Vgl. Riemann/Stieffenhofer/Kamp, 125 Jahre, S. 43 ff.
395 Vgl. grundsätzlich hierzu Miehe, Zwischen Wiederaufbau und Auflösung.
396 Vgl. „Gesetz über die weitere Demokratisierung des Aufbaus und der Arbeitsweise der staatlichen Organe in den Ländern der Deutschen Demokratischen Republik" vom 23. Juli 1952, in: GBl. DDR Teil I, S. 613, sowie „Ordnung für den Aufbau und die Arbeitsweise der staatlichen Organe der Bezirke" vom 24. Juli 1952, in: ebd., S. 621. Zur Auflösung der Länder und

schwer zerstörten Stadt benötigte. Die „zentrale Kommission für Gebäudebeschaffung" schlug vor, die neue Behörde in einem großen Verwaltungsgebäude am Damaschkeplatz unterzubringen, das damals vom Rat der Stadt und wohl auch von der Sowjetischen Kontrollkommission (SKK)[397] genutzt wurde, und das H. W. Müller'sche Siechenhaus als Ausweichobjekt zur Verfügung zu stellen.[398] Der Rat der Stadt erhob zwar Einspruch bei der Regierung der DDR,[399] aber es blieb bei der Entscheidung, das Siechenhospital zu räumen und der SKK zu übergeben.[400] Doch wider Erwarten bezog die Besatzungsmacht das Gebäude nicht. Schließlich entschied das Zentralkomitee der SED im August 1952, dass die Hautklinik Lostau dort einzuziehen habe.[401] Alle Proteste halfen nichts, die Bewohner des Siechenhospitals mussten umgehend ausziehen. Diejenigen, die nicht von Angehörigen aufgenommen werden konnten, wurden in andere Altersheime verlegt. Dabei hatten sie mit dem Hospital Verträge abgeschlossen, nach denen die Aufnahme auf Lebenszeit erfolgt war. Viele von ihnen hatten Einkaufsgelder entrichtet. Trotz aller Bemühungen der Stiftungsverwaltung und zahlreicher Beschwerden der Insassen bzw. ihrer Angehörigen blieb es bei der ersatzlosen Schließung des Hospitals.

Während die Auflösung des H. W. Müller'schen Siechenhospitals – bei gutem Willen – noch mit dem objektiv herrschenden Mangel an Verwaltungsgebäuden in der schwer zerstörten Stadt erklärt werden könnte, war die Auflösung der weiteren in Magdeburg vorhandenen Stiftungen den in den 1950er Jahren einsetzenden Bemühungen der SED-Führung zur Beseitigung der Stiftungen geschuldet. Dabei verfügte die SED-Führung zunächst über keine guten Ausgangsbedingungen zur Beseitigung der Stiftungen. Sie besaß weder die erforderlichen Kenntnisse des Stiftungsrechts noch hatte sie einen Überblick über die in der DDR vorhandenen Stiftungen.

---

der Gründung der Bezirke in der DDR vgl. grundsätzlich Mielke, Die Auflösung der Länder, S. 66 ff.; Hajna, Länder – Bezirke – Länder, S. 81 ff.; Weber, Geschichte der DDR, S. 155 f.
397 Die Sowjetische Kontrollkommission war die im November 1949 gebildete Nachfolgerin der Sowjetischen Militäradministration in Deutschland. Vgl. Eppelmann/Möller/Nooke/Wilms (Hg.), Lexikon DDR-Sozialismus, S. 707.
398 Vgl. Niederschrift der außerordentlichen Ratssitzung vom 24. Juli 1952, in: StAM, Rep. 18⁴, Ra 19, unfol.
399 Vgl. hierzu und zum Folgenden Niederschrift der außerordentlichen Ratssitzung vom 24. Juli 1952, in: ebd. Noch drei Wochen zuvor, am 5. Juli 1952, hatte derselbe Rat den Etat des H. W. Müller'schen Siechenhospitals für das folgende Wirtschaftsjahr beraten, vgl. ebd.
400 Vgl. Niederschrift über die Besprechung der Ratsmitglieder vom 28. Juli 1952, in: ebd.
401 Vgl. ebd., Rep. 18⁴, Ra 20, unfol. Das Gustav-Ricker-Krankenhaus richtete in dem Gebäude eine – noch heute dort bestehende – Hautklinik ein. Zudem nutzte das gerade erst gegründete Deutsche Rote Kreuz (DRK) ca. ein Drittel des Gebäudes, ohne Miete zu entrichten. Vgl. StAM, Rep. 41, Nr. 901, Bl. 1 ff.

53 Müller'sches Siechenhospital in der Wredestraße, um 1910: Das am Anfang des 20. Jahrhunderts von der Innenstadt nach Sudenburg verlegte Hospital beherbergt heute die Hautklinik des Universitätsklinikums Magdeburg

Im September 1951 sind erste Aktivitäten der Regierung der DDR[402] zur Erfassung der Stiftungen nachweisbar.[403] Im Juli 1952 leitete die SED-Führung ihre Offensive gegen die Stiftungen auf dem Gebiet der DDR ein.[404] Am 5. November 1952 ordnete sie an, „alle Stiftungen und stiftungsähnlichen Vermögensmassen bis zum 15. Februar 1953 bei den Räten der Kreise" anzumelden.[405] Die in Magdeburg vorhandenen Stiftungen wurden durch die zuständigen Verwaltungen angemeldet: die Stadt, das Amtsgericht (Familienstiftungen), die Industrie- und Handelskammer und die Kirchen. Auch einzelne Verwalter von Stiftungen übersandten die Formblätter dem Rat des Bezirkes Magdeburg,[406] der die

---

402 In einem undatierten Vermerk an den im MdI zuständigen Staatssekretär Hegen hieß es, 1951 habe sich herausgestellt, dass die Stiftungsfrage ungeklärt sei. Damit war offensichtlich gemeint, dass die SED-Führung noch nicht über ein Konzept im Umgang mit Stiftungen verfügte. Vgl. BA, DO 1, Nr. 9283, unfol. Vgl. hierzu Miehe: Bewahrt – beseitigt – vergessen, S. 303 ff.
403 Walter Ulbricht initiierte offensichtlich persönlich die nun umzusetzenden Aktivitäten gegen das Stiftungswesen. Vgl. BA, DO 1, Nr. 9283, unfol.
404 Vgl. hierzu Miehe: Bewahrt – beseitigt – vergessen, S. 305 ff.
405 Vgl. MBl. DDR vom 10. Dezember 1952, S. 199 f. Zu weiteren Details vgl. Miehe: Grundzüge der Stiftungspolitik, S. 310. Vgl. auch Adam: Stiftungen in deutschen Bürgerstädten, S. 62; ders., Stiften in der DDR, S. 31 f., sowie Rickmers, Stiftungen, S. 3.
406 Vgl. LASA, M 1, Nr. 1529, Bl. 23 ff., sowie StAM, Rep. 41, Nr. 867, Bl. 53 ff. Die Anmeldungen der

Unterlagen an das Ministerium des Innern (MdI) nach Berlin weiterleitete.[407] Am 28. Oktober 1953 forderte das MdI die Räte der Bezirke mit den „Richtlinien für die Klärung der Frage der Stiftungen und stiftungsähnlichen Vermögensmassen" auf, Stiftungen, die ihre Zwecke nicht mehr zu erfüllen vermochten, dahingehend zu überprüfen, ob sie nicht nach § 87 BGB aufgelöst werden könnten. Sofern sich ein Stiftungsvorstand weigere, könne der Rat des Bezirkes die Auflösung beschließen.[408] Kirchliche Stiftungen waren von der Auflösung ausdrücklich ausgenommen. Hier wirkte offenbar nach, dass der Volksaufstand vom 17. Juni 1953 erst wenige Monate zurücklag. Während die Aufforderung zur Erfassung der Stiftungen noch über die Litfaßsäulen verbreitet worden war, wurden nun nur wenige Personen in diese Aktion eingeweiht.

Die Leiterin der ‚Rechtsstelle' des Rates des Bezirkes Frau Senf setzte die Vorgaben ihrer Berliner Vorgesetzten mit besonderer Linientreue und Brutalität um. Am 3. Februar 1954 forderte sie die Stadt Magdeburg auf zu überprüfen, ob die dortigen Stiftungen ihre Zwecke noch erfüllen oder vermögenslos sind. „Ist die Möglichkeit zur Auflösung gegeben, ist das noch bestehende Kuratorium [in dem Falle der Rat der Stadt als Verwalter] zu veranlassen, einen Auflösungsbeschluss zu veranlassen. Die Auflösung geschieht, wenn die ursprüngliche Zweckbestimmung nicht mehr gegeben ist, gem. § 87 BGB."[409] Allerdings dürfe „unter keinen Umständen das Vermögen in Volkseigentum überführt werden, solange Schulden oder sonstige Forderungen noch nicht beglichen sind". Bis Ende Februar 1954 sei die Sache zu erledigen. Sie sei bereit, etwaige Fragen am 8. Februar zu beantworten.

An diesem Tag erschienen Otto Lilie und Heinrich Wittmeyer von der Magdeburger Stiftungsverwaltung tatsächlich und legten ihr dar, warum sie nicht gewillt waren, die Stiftung Hospitäler und Klöster aufzulösen.[410] Sie überbrachten ein vom stellvertretenden Vorsitzenden des Rates der Stadt Kurt Kersten (CDU) unterzeichnetes Schreiben, in welchem die Stiftungsverwaltung ihre Position begründete. Die Stiftungen würden ihre Zwecke vollständig erfüllen und kei-

---

kirchlichen Stiftungen liefen über das zuständige Konsistorium, vgl. ASKPS, Rep. A, Generalia, Nr. 6529.
407 Die Unterlagen befinden sich heute auch im Bundesarchiv, vgl. u. a. DO 1, Nr. 9264, 9265, 9279.
408 Zudem war in den Richtlinien festgelegt worden, dass Stiftungen mit Schulden oder Belastungen nicht in Volkseigentum überführt werden durften. Vgl. BA, DO 1, Nr. 9283, unfol. sowie Miehe, Bewahrt – beseitigt – vergessen, S. 311 f., vgl. auch Schwarz, Stiftungswesen, S. 235.
409 Schreiben der Leiterin der Rechtstelle des Rates des Bezirkes Magdeburg an den Rat der Stadt Magdeburg, 3. Februar 1954, vgl. LASA, M 1, Nr. 1529, Bl. 257. § 87 BGB regelt die Tatbestandsvoraussetzungen, die erfüllt sein müssen, damit eine rechtsfähige Stiftung bürgerlichen Rechts aufgelöst werden darf.
410 Ausführlich ist die Auflösung der Hospitalstiftungen dargestellt bei Miehe, Zwischen Wiederaufbau und Auflösung, S. 184 ff.

Richtlinien
über die weitere Klärung der Frage der Stiftungen
und stiftungsähnlichen Vermögensmassen

1. Die Ausübung der Stiftungsaufsicht und die Erledigung aller damit zusammenhängenden Fragen ist eine Angelegenheit der Räte der Bezirke. Die Bearbeitung erfolgt bis zur endgültigen Klärung weiterhin bei den Rechtsstellen.

Um zu einer einheitlichen Handhabung bei der weiteren Klärung zu kommen, ist wie folgt zu verfahren:

1. Alle privaten, staatlichen oder sonstigen öffentlichen Stiftungen, die ihren Stiftungszweck infolge Vermögenslosigkeit oder der Zweckbestimmung nicht mehr erfüllen können (oder deren Vermögen wirtschaftlicher eingesetzt werden könnte) sind dahingehend zu überprüfen, ob eine Auflösung nach § 87 BGB erfolgen kann.

2. Ist die Möglichkeit zur Auflösung gegeben, ist das etwa noch bestehende Kuratorium oder entsprechende andere Verwaltung zu veranlassen, einen Auflösungsbeschluß zu fassen. Besteht keine Verwaltungsstelle oder weigert sich diese, trotz unbedingter Notwendigkeit der Auflösung, dieser zuzustimmen oder einen entsprechenden Beschluß zu fassen, ist die Auflösung durch den Rat des Bezirkes zu beschließen.

3. Das vorhandene Vermögen ist im Sinne der Stiftungssatzung oder -verfassung (§ 88 BGB) zu verwenden.
Verbindlichkeiten sind vor der Auflösung aus dem vorhandenen Vermögen zu erfüllen.

4. Stiftungen, bei denen das Vermögen nicht in Volkseigentum überführt wird, können nach den Bestimmungen der §§ 46-53 BGB liquidiert werden. Die Liquidationen sind bis spätestens 30.6.1954 abzuschließen.
Die Liquidatoren geben dem Rat des Bezirkes einen Abschlußbericht. Der Rat des Bezirkes faßt den Auflösungsbeschluß. Das verbliebene Vermögen ist sodann im Sinne der Satzung zu verwenden.

5. Ist in den Anfallbestimmungen der Stiftungssatzung festgelegt, daß das Vermögen der Gemeinde, dem Wohlfahrtsfond, den "Armen" oder für mildtätige Zwecke usw. verwendet werden soll, steht einer Überführung in das Eigentum des Volkes nichts im Wege.
Sind in der Stiftungssatzung keine Anfallbestimmungen vorhanden, entscheidet der Rat des Bezirkes über die Verwendung des Vermögens im Sinne des Stifters.

6. In jedem Ratsbeschluß ist festzulegen, was mit dem Vermögen wird. Unter keinen Umständen darf Vermögen in Volkseigentum überführt werden, solange Schulden oder Belastungen noch nicht bereinigt sind.

7. Die in den Bezirken des Landes Sachsen vorhandenen Sammelstiftungen unterliegen dem gleichen Verfahren. Die danach verbleibenden Stiftungen bleiben in den Sammelstiftungen zusammengeschlossen.

8. Veröffentlichungen durch die Räte der Bezirke über Auflösung von Stiftungen erfolgen nicht.

– 2 –

54 Die „Richtlinien über die weitere Klärung der Frage der Stiftungen und stiftungsähnlichen Vermögensmassen" vom 27./28. Oktober 1953 wurden nicht veröffentlicht

- 2 -

9. Die Räte der Bezirke reichen jeweils bis zum Ende eines Monats, beginnend mit Ende des Monats Oktober, eine Liste der durch die Räte der Bezirke vorgenommenen oder zugestimmten Auflösungen von Stiftungen dem Staatssekretariat für Innere Angelegenheiten ein. Diese Listen haben zu enthalten:

Name und Sitz der Stiftung, Datum des Auflösungsbeschlusses oder Erteilung der Zustimmung zur Auflösung, Angabe darüber, was mit dem vorhandenen Vermögen geworden ist.

Sind keine Stiftungen mehr vorhanden, die aufgelöst werden können, ist dies sofort mitzuteilen. Spätester Termin ist der 31.3.1954.

10. Mit der Abteilung Staatliches Eigentum ist engstens zusammenzuarbeiten. Nach Beschlußfassung über den Übergang des restlichen Vermögens in das Eigentum des Volkes erfolgt die Verwertung dieses Vermögens durch die Abteilung Staatliches Eigentum.

Einzelheiten der Verwertung des in das Eigentum des Volkes überführten Vermögens regelt eine Anweisung der Abteilung Staatliches Eigentum des Staatssekretariats für Innere Angelegenheiten.

11. Vermögen solcher Stiftungen, die ihren Sitz in Westdeutschland haben oder Stiftungen im Gebiet der Deutschen Demokratischen Republik die Vermögen in Westdeutschland besitzen sowie die als kirchlich gemeldeten Stiftungen und stiftungsähnlichen Vermögensmassen unterliegen nicht den Ziffern 1.-7. dieser Richtlinien.

Über diese Stiftungsvermögen ergehen später besondere Richtlinien.

Koordinierungs- und Kontrollstelle   Staatssekretariat für
für die Arbeit der örtlichen Organe   Innere Angelegenheiten
         der Staatsgewalt

i.A. *[Unterschrift]*   *[Unterschrift]*
       (Eggerath)   (Hegen)
       Staatssekretär   Staatssekretär

Abt.-Leiter

F.d.R.

[Unterschrift]

nerlei Mittel des Staates in Anspruch nehmen. Schließlich sei „die Erhaltung der Stiftungen kulturgeschichtlich und entwicklungsgeschichtlich […] im Sinne des Schutzes unseres nationalen Kulturerbes durchaus als notwendig [zu] bezeichnen."[411]

Empört forderte Frau Senf noch am selben Tag den stellvertretenden Vorsitzenden des Rates der Stadt Magdeburg auf, an der Festigung „unseres Arbeiter- und Bauernstaates, an der Vermehrung unseres sozialistischen Eigentums, aktiv mit zu helfen". Die vom MdI erlassenen Richtlinien zur Auflösung jener Stiftungen, die ihre Zwecke nicht mehr erfüllen können, seien zu erfüllen, doch die Vertreter der Magdeburger Stiftungsverwaltung hätten ihr erklärt, dass die Magdeburger Hospitäler und Klöster ihre Zweckbestimmung noch erfüllten. „Wir bezweifeln keineswegs, dass der den Satzungen entsprechende Stiftungszweck nicht mehr erfüllt wird, aber worauf es ankommt? Stifter sind nicht mehr da. Erben auch nicht, ein Kuratorium besteht nicht mehr, Vermögen hingegen ist in Höhe von 8.175.000 DM reale Werte und 3.000.000 DM schätzbare Werte vorhanden […]. Was hindert den Rat der Stadt daran, einen Ratsbeschluss zu erwirken, wonach die ‚Stiftungen' als solche aufgelöst werden und das Vermögen in Volkseigentum überführt wird, wobei natürlich das Vermögen im Sinne der Stiftungssatzung oder Verfassung (§ 88 BGB)[412] zu verwenden ist. In diesem Falle nach wie vor Altersheim."[413]

Noch am 24. Februar 1954 überreichte Frau Senf eine Liste der aufgrund der Angaben aus dem Vorjahr bei ihr geführten 38 nichtkirchlichen Stiftungen und gab der Stadt zwei Wochen Zeit, die Stiftungen nach § 87 BGB aufzulösen. Doch die Stadtverwaltung weigerte sich, rechtswidrige Beschlüsse zu fassen.[414]

Die nun von der Leiterin der ‚Rechtsstelle' eingeschaltete Leitungsebene des Rates des Bezirkes wies die Stadt während eines Gespräches an, jene Stiftungen, die „auflösungsreif" seien, auch aufzulösen. Daraufhin beschloss der Rat der Stadt Magdeburg am 29. September 1954 die Auflösung von 26 selbständigen Stiftungen und einer unselbständigen Stiftung und die Überführung des anfallenden Vermögens in Volkseigentum.[415] Allerdings waren die Magdeburger Hospitäler und Klöster von dem Beschluss nicht betroffen.

---

411 Vgl. LASA, M1, Nr. 1529, Bl. 256.
412 § 88 BGB regelt den Vermögensanfall von Stiftungen, die aufgelöst wurden. Demnach fällt nach Erlöschen der Stiftung das Vermögen an die in der Satzung festgelegte Person. Fehlt eine solche Bestimmung, fällt das Vermögen an den Staat.
413 LASA, M 1, Nr. 1529, Bl. 251.
414 Zu Details vgl. Miehe, Zwischen Wiederaufbau und Auflösung, S. 186 ff.
415 Begründet wurde dieses Vorgehen mit dem für die Erfüllung des Stiftungszwecks nicht mehr ausreichenden Vermögen bzw. der Vernichtung der Unterlagen, so dass der Stiftungszweck

Die folgenden Monate waren gekennzeichnet von dem verzweifelten Versuch der Leiterin der ‚Rechtsstelle', die Richtlinien vom Oktober 1953 umzusetzen, die „Verweigerungshaltung" der Stadt Magdeburg zu brechen und sich als treue Parteisoldatin zu empfehlen.[416] In einem internen Vermerk schilderte sie ihre Intentionen. Es gehe darum, „die politische Linie vonseiten unserer Genossen aufzuzeigen, dass der Stiftungszweck – entsprechend des Charakters unseres Staates, in dem sie errichtet wurde (sic!), von unserem Staat der Arbeiter und Bauern doch gar nicht erfüllt werden kann, die Stiftungen müssen verschwinden, umso mehr, als keine Stifter oder Erben mehr da sind, und es sich um erhebliche Werte handelt, die dem Volkseigentum nicht mehr länger vorenthalten werden dürfen".[417]

Schließlich wurde die Stadt von der Leitung des Rates des Bezirkes angewiesen, „bis spätestens 27. Dezember 1954 einen Ratsbeschluss zwecks Auflösung dieser Stiftungen" zu erwirken und das Original sowie die Abschrift des Beschlusses vorzulegen.[418] Diesem Druck war die Stadt nicht gewachsen. Am 22. Dezember 1954 beschloss der Rat der Stadt Magdeburg, der Stadtverordnetenversammlung die Auflösung der Stiftungen der Magdeburger Hospitäler und Klöster bei gleichzeitiger Übertragung ihres Vermögens in Höhe von ca. neun Millionen DM an die Stadt als „Rechtsträger" vorzuschlagen.[419] Das Protokoll dieses Beschlusses wurde noch am Heiligen Abend dem Rat des Bezirkes mit der Bemerkung zugeleitet, dass die Stiftung schuldenfrei und ohne Verbindlichkeiten sei.[420] Frau Senf informierte umgehend das Berliner Innenministerium, ihren eigenen ‚Beitrag' nicht unerwähnt lassend: „Nach langem Kampf" habe die Stadtverordnetenversammlung die Stiftung aufgelöst und in Volkseigentum überführt.[421]

Allerdings forderten die Betroffenen bereits am 30. Dezember 1954 gemeinsam mit der Stiftungsverwaltung in einer mehrseitigen Denkschrift die Aufhebung des Beschlusses zur Auflösung der Stiftung Magdeburger Hospitäler und Klös-

---

nicht mehr bekannt sei. Vgl. Protokoll der Ratssitzung vom 29. September 1954, in: StAM, Rep. 18⁴, Ra 37, unfol., sowie LASA, M 1, Nr. 1530, Bl. 74.
416 Auch hierzu die Einzelheiten bei Miehe, Zwischen Wiederaufbau und Auflösung, S. 190ff. Die Akten hierzu sind vollständig erhalten. Da die Leiterin der ‚Rechtsstelle' regelmäßig ihre Vorgesetzten im Rat des Bezirkes bzw. im Ministerium des Innern über ihre Probleme und Aktivitäten informierte, sind die Abläufe genauestens rekonstruierbar.
417 Vgl. LASA, M1, Nr. 1529, Bl. 273.
418 Vgl. ebd., Bl. 274.
419 Vgl. ebd., Bl. 280.
420 Vgl. ebd. sowie LASA, M 1, Nr. 1528, Bl. 22 ff., Nr. 1529, Bl. 279.
421 Vgl. ebd., Nr. 1530, Bl. 90. Dabei hatte Frau Senf übersehen, dass es sich lediglich um das Votum der Stadtverwaltung zur Vorlage des Beschlussentwurfes für die Stadtverordnetenversammlung gehandelt hatte. Vgl. ebd., Nr. 1529, Bl. 274.

ter.[422] Die Stiftungsverwaltung schickte diese Denkschrift am 6. Januar 1955 an den Volkskammerpräsidenten Johannes Dieckmann (1893–1969), das Sekretariat des Ministerrates der DDR und den Finanzminister „mit der Bitte um Hilfe und Schutz". Für die beabsichtige Auflösung der Stiftung gäbe es „keine rechtlichen, politischen, sozialen und finanziellen Gründe und Notwendigkeiten".[423] Die gemeinsame Eingabe der Heimbewohner und der Stiftungsverwaltung blieb erfolglos. Am 24. März 1955 beschloss die Stadtverordnetenversammlung die Auflösung der Stiftung Magdeburger Hospitäler und Klöster rückwirkend zum 31. Dezember 1954. Aufgelöst wurde auch das H. W. Müller'sche Siechenhospital, das – wie bereits dargelegt wurde – bereits Ende Juli 1952 geräumt worden war. Damit hatten jahrhundertealte Einrichtungen in der Stadt Magdeburg aufgehört zu existieren. Am 2. Juni 1955 meldete Frau Senf den Auflösungsbeschluss – nun zum zweiten Mal – an das MdI nach Berlin.

Mit Wirkung vom 1. April 1955 wurde das Augustini-Stift an den Stadtbezirk Ost und das Hospital St. Georgen an den Stadtbezirk West abgegeben. Einen Monat später übergab die extra eingerichtete „Abwicklungsstelle Stiftungsverwaltung" das Wernigeröder Objekt des Hospitals St. Georgen dem dortigen Rat der Stadt. Die „Rechtsträgerschaft" über das H. W. Müller'sche Siechenhospital übernahm zum 1. April 1955 das Gustav-Riecker-Krankenhaus.[424]

Mit der Auflösung der „Magdeburger Hospitäler und Klöster" waren alle von der Stadt verwalteten Stiftungen beseitigt worden. Doch existierten noch Stiftungen, die sich nicht in ihrer Verwaltung befanden. Auch diese Stiftungen wurden in den folgenden Monaten auf Initiative des Rates des Bezirkes systematisch und konsequent aufgelöst. Der Rat der Stadt Magdeburg fungierte in diesem Zusammenhang als Helfershelfer und ausführendes Organ, die Befehle – und befehlsartig klingen selbst die Protokolle – kamen vom Rat des Bezirkes. Teilweise wöchentlich hatten die Vertreter der Stadt zur Festlegung der Details zur Auflösung der Stiftungen beim Rat des Bezirkes zu erscheinen und über die eingeleiteten Maßnahmen zu berichten. So hatte die Stadt sich mit dem Verwalter der Wilhelm- und Elbine Porse-Stiftung in Magdeburg mit dem Ziel in Verbindung zu setzen, dass sie die Verwaltung der Stiftung mit sofortiger Wirkung

---

422 Vgl. ebd., Bl. 290 ff. Es ist davon auszugehen, dass die Initiative von der Stiftungsverwaltung ausging. Denn diese wusste, dass der Beschluss des Rates der Stadt rechtlich noch kein Auflösungsbeschluss war. Diesen konnte gemäß Stiftungsrecht nur die Stadtverordnetenversammlung treffen und hatte anschließend der Rat des Bezirkes zu bestätigen. Neben den Mitarbeitern der Stiftungsverwaltung unterzeichneten 13 Vertreter der Heiminsassen – der sogenannten Heimausschüsse – das Schreiben.
423 Vgl. LASA, M 1, Nr. 1529, Bl. 289.
424 Vermerke der Stiftungsverwaltung vom 4. Juni 1955, vgl. StAM, Rep. 41, Nr. 862, Bl. 14, sowie vom 7. Februar 1956, vgl. ebd., Bl. 20.

übernehme. Zudem sollte der aktuelle Verwalter eine eidesstattliche Erklärung abgeben, dass sich in seinem Besitz keine sich auf die Stiftung beziehenden Unterlagen mehr befinden. Als Termin wurde der 10. Mai 1955 festgelegt. Offensichtlich hatte der Rat des Bezirkes Angst, dass aus Unterlagen der Stiftung die Rechtswidrigkeit dieses Handelns ablesbar sein könnte. Ähnlich sollte mit dem Verwalter der Hake-Saldern'schen Stiftung – einer Familienstiftung – verfahren werden. Hier hatte die Abteilung Finanzen des Rates der Stadt zu prüfen, ob eventuell rückständige Steuern vorhanden wären. Bei der Gustav Hintz'sche Stiftung sollte sich die Abteilung Inneres eine Aufstellung über das Vermögen und die Verwendung der Erträge geben lassen. Hier sei u. a. zu prüfen, ob sich Mitglieder des Vorstandes inzwischen in der Bundesrepublik befänden.[425]
Die ausgelösten Initiativen waren jedoch nicht immer erfolgreich. Bei der Ida Lücke-Stiftung konnte die Einverständniserklärung der in der Zwischenzeit in der Bundesrepublik wohnenden Kuratoriumsmitglieder der Familienstiftung zur Auflösung nicht beigebracht werden. Deshalb wurde am 20. Juni 1955 festgelegt, dass der in Schönebeck wohnhafte Verwalter der Stiftung die Verwaltung an den Rat der Stadt abzugeben habe. Auch er sollte zur Abgabe aller Unterlagen gezwungen werden und die vollständige Übergabe eidesstattlich versichern. Das Vermögen (Hypotheken) war schließlich an die Deutsche Investitionsbank in Halle (Saale) in Verwaltung zu übergeben.[426] Auch bei den anderen Stiftungen – der Zuckschwerdt-Stiftung, der Wilhelm- und Elbine Porse-Stiftung, der von Hake-Saldern'schen Stiftung, der Gustav-Hintze-Stiftung, der Arndt'schern Familienstiftung, der Bürgermeister Caspar Coqui-Stiftung sowie der Leckeny'schen Stiftung – wurde der ‚Fortschritt' bei der Auflösung exakt festgehalten und neue Maßnahmen festgelegt.
Zwar hatte der Rat des Bezirkes der Stadt am 10. Januar 1956 mitgeteilt, dass er die Ida Lücke-Stiftung aufgelöst und die Vermögen der von Hake-Saldern'schen Stiftung und der Arndt'schen Familienstiftung im Juli 1955 der deutschen Investitionsbank übergeben habe, doch noch im April 1956 verfügte der Rat der Stadt Magdeburg nicht über die vollständigen Unterlagen der Leckeny'schen Familienstiftung. Der Verwalter der Gustav Hintze'schen Stiftung war zum Vorladungstermin nicht erschienen, mit dem die Wilhelm- und Elbine Porse-Stiftung vertretenden Rechtsanwalt habe immer noch keine Aussprache stattgefunden, und der Vertreter der Bürgermeister Johann Caspar Coqui'schen-Stiftung habe

---

425 Vgl. ebd., Nr. 909, Bl. 1. Wenn sich einzelne Vorstandsmitglieder in der Bundesrepublik aufhielten, wurde besonders vorsichtig agiert, um negative – und insbesondere öffentliche – Darstellungen zu vermeiden.
426 Vgl. ebd., Nr. 906, Bl. 4.

mitgeteilt, „dass er eine Auflösung der Stiftung ablehnt".[427] Wahrscheinlich wurden diese Stiftungen nie rechtskräftig aufgelöst, doch stellten sie offensichtlich ihre Tätigkeit ein.

Im Ergebnis dieser Auflösungspolitik waren von der einst blühenden Stiftungslandschaft in Magdeburg, die schon durch die Inflation der Jahre 1922/23 und die damit im Zusammenhang stehende Zusammenlegung von Stiftungen sowie durch die Politik der Nationalsozialisten eine erhebliche Dezimierung erfahren hatte, in der zweiten Hälfte der 1950er Jahre nur noch klägliche Reste übriggeblieben. Dies waren insbesondere kirchliche Stiftungen. Dabei waren diese bereits seit Ende der 1940er Jahre im Zusammenhang mit dem allgemeinen Kampf der SED-Führung gegen die Kirchen in das Blickfeld der SED-Führung geraten.[428]

Im Mittelpunkt der Bestrebungen der SED-Führung zur Beseitigung der kirchlichen Stiftungen in Magdeburg standen die Pfeifferschen Stiftungen.[429] Ende der 1940er Jahre begann der Angriff mit einer Unterwanderung durch Anhänger der SED, zum Teil in Gestalt von FDJ-Mitgliedern. Schnell geriet insbesondere die Ausbildung der Pfleglinge, die auf den Grundlagen eines christlichen Weltbildes erfolgte, in den Mittelpunkt der Kritik. 1951 stand das Lehrlingsheim unter der besonderen Kontrolle des Staates. Einerseits sei, so die Kontrolleure, die Vergütung der Lehrlinge, gemeint waren die Pfleglinge, zu gering, andererseits passe das vermittelte Menschenbild nicht zu der sich im Aufbau befindenden neuen Gesellschaft. Die Vorwürfe wurden in der SED-Presse publikumswirksam präsentiert. Ein Artikel der FDJ-Zeitung „Junge Welt" vom März 1953 markierte den Beginn des entscheidenden Angriffs auf die Stiftung. „Feinde der Jugend" würden in den Pfeifferschen Anstalten Jugendliche erziehen, der Hausvater hätte „preußische Unteroffiziersmethoden", zudem würde „Kriegshetze" verbreitet.

Zwei Personen wurden verhaftet und eine Untersuchungskommission eingesetzt, die Staatssicherheit wurde aktiv. Schließlich erklärte Oberbürgermeister Philipp Daub (1896–1976) am 20. April 1953 den Vorsteher der Stiftung für abgesetzt und die Stiftung für verstaatlicht.[430] Die eingesetzte neue Leitung hatte

---

427 Vgl. ebd., Bl. 9.
428 Vgl. hierzu den Beitrag von Margit Scholz in diesem Band.
429 Parallel hierzu erfolgte der Angriff auf die Neinstedter Anstalten. Vgl. Seehase, Pfeiffersche Stiftungen, S. 24 f.
430 Hierfür fehlte ihm jede Kompetenz. Im Protokoll der außerordentlichen Sitzung des Rates der Stadt Magdeburg vom 3. Juni 1953 hieß es, dass der Rat mit Wirkung vom 20. April 1953 aufgrund der „skandalösen Zustände" und der „gröbste[n] Verstöße gegen unsere Gesetze" die Verwaltung über die Pfeifferschen Stiftungen übernommen habe. Vgl. StAM, Rep. 18[4] Ra 25 unfol.

schon altgedientes Personal entlassen, als am 10. Juni 1953 plötzlich und unerwartet mitgeteilt wurde, dass die Verstaatlichung aufgehoben sei und das entlassene Personal wieder dort arbeiten dürfe.[431] Dem vorausgegangen war ein Gespräch zwischen Ministerpräsident Otto Grotewohl (1894–1964) und den evangelischen Bischöfen in der DDR. Wenige Tage zuvor hatte die Führung der KPdSU die SED-Führung aufgefordert, ihren repressiven Kurs gegenüber den Kirchen abzumildern. Der daraufhin von der SED-Führung propagierte „Neue Kurs" und das Eingeständnis von „schweren Fehlern" konnte jedoch nicht verhindern, dass es wenige Tage später zum Volksaufstand kam.[432]

Der Volksaufstand vom 17. Juni 1953 dürfte erheblich dazu beigetragen haben, dass in der „Richtlinie für die Klärung der Fragen der Stiftungen und stiftungsähnlichen Vermögensmassen" vom Oktober 1953 kirchliche Stiftungen ausdrücklich ausgenommen wurden. Dabei dürfte die SED-Führung diese Stiftungen ursprünglich mit im Blick gehabt haben, als sie 1952 mit den Vorbereitungen zur Auflösung der Stiftungen begann. Auf diese Weise überlebten die kirchlichen Stiftungen die Auflösungswelle der 1950er Jahre. Und nicht nur das. Im Jahre 1956 wurde beim Rat des Bezirkes Magdeburg die ‚Rechtsstelle' aufgelöst. Damit verfügte der 1952 errichtete Bezirk Magdeburg nicht einmal mehr über eine Stiftungsaufsicht, und die kirchlichen Stiftungen gerieten völlig aus dem Blickwinkel des Staates.[433]

Auf der anderen Seite merkte die SED-Führung spätestens seit den 1970er Jahren, dass die kirchlichen Einrichtungen einen nicht unerheblichen Beitrag zum Funktionieren des Staates leisteten. Auf die Pfeifferschen Stiftungen bezogen, hatte diese Erkenntnis zur Folge, dass Behörden Baulizenzen erteilten, Baumaterialien zur Verfügung stellten und die Existenz der Einrichtung nicht mehr infrage stellten. Diese wurde für die medizinische Versorgung – z. B. im Bereich der Orthopädie oder der Rehabilitation von Schwerstbehinderten – dringend benötigt. Die Pfeifferschen Stiftungen konnten ihre Akzeptanz auch durch die Tatsache befördern, dass sie über die Innere Mission und die Schwestern des Diakonissen-Mutterhauses Bethanien intensive Kontakte in die Bundesrepublik hatten. Die daraus resultierende materielle Unterstützung führte dazu, dass die Pfeifferschen Stiftungen besser ausgestattet waren als viele staatliche Krankenhäuser und Heime. Doch auch die materielle Unterstützung aus der Bundes-

---

431 Vgl. hierzu auch Riemann/Stieffenhofer/Kamp, 125 Jahre, S. 45 ff.
432 Aus der umfangreichen Literatur vgl. u. a. Flemming, Der 17. Juni 1953, S. 22 ff.; Kowalczuk, 17.6.1953, S. 81 ff.; Riemann/Stieffenhofer/Kamp, 125 Jahre, S. 48 f.
433 Nach Adam hatte im Jahre 1971 etwa die Hälfte der damals in der DDR existierenden Stiftungen kirchliche Zwecke. Im damaligen Bezirk Magdeburg seien 35 von 68 Stiftungen kirchliche Stiftungen gewesen. Vgl. Adam, Stiften in der DDR, S. 52 f.

republik konnte nicht verhindern, dass im Jahre 1990 der bauliche Zustand und die Ausstattung des Hauses im Vergleich mit den Einrichtungen ähnlichen Typs in den alten Ländern außerordentlich schlecht war.[434]

Die Pfeifferschen Stiftungen hatten die DDR-Zeit überlebt, manche kirchliche Stiftung – rein rechtlich betrachtet – auch. Für diese sind nie Auflösungsbeschlüsse gefasst worden, doch viele von ihnen haben im Laufe der Jahre ihre Arbeit eingestellt, denn das allgemeine gesellschaftliche Umfeld blieb in der DDR zumindest bis Anfang der 1980er Jahre stiftungsfeindlich.[435] Diese nicht aufgelösten Stiftungen zu reaktivieren, bemüht sich seit 1990 das Land Sachsen-Anhalt.[436]

---

434 Vgl. Riemann/Stieffenhofer/Kamp, 125 Jahre, S. 85 ff.
435 Vgl. Hierzu auch Adam, Stiften in der DDR, S. 54.
436 Vgl. Miehe/Trautmann, Alte Schätze sowie den Beitrag von Silvia Trautmann in diesem Buch.

Vorläufige Liste
der im Lande Sachsen-Anhalt am 1. 10. 1947 vorhandenen Stiftungen

Kreis _Stadt Magdeburg_   Kreis-Nr. _XV_

Lfd. Nr.	Name der Stiftung	Sitz	Art der Stiftung			Ergebnis d. Überprüfung			Überführt nach Hauptliste Nr.	Bemerkungen
			kirchliche	öffentliche	bürgerliche	aufgelöst	zusammengelegt mit Nr.	bestehen geblieben		
1	Allgem. Hospit.-Stiftg.	Magdeburg			1			1	13	
2	H. Zencker-Stiftg.	"			1			1	14	1.Okt.62
3	F. Listks. Heims	"			1			1	15	
4	Hospital St. Anna	"			1			1	5	
5	Kloster St. Augustin	"			1			1	10	
6	" Unser Marien Magdalenen	"			1			1	11	
7	Hospital St. Gertrud	"			1			1	6	
8	" St. Gastrow'd	"			1			1	7	
9	H. W. Müller-Waisenhospital	"			1			1	12	
10	Hospital Schallani	"			1			1	9	
11	" Spiakini	"			1			1	8	
12	Giering sam. Stiftg.	"			1			1	17	1.Okt.77
13	Unterstütz. Kasse d. Ga.	"				1				
14	Unterstütz. Kasse d. Kaufm.	"				1				
15	Kasse d. Gehilfen etc.	"				1				
16	Stiftung gemeinn.	"				1				
17	Hilfsk. Kark d. Ents.	"								
	f. Handelskammer	"			1		1	18	1.Okt.78	
18	Singeverw. f.E. Logier Stiftung	"								
19	Seidemanns-Stiftg	"								
20	F. Eichmann-Hospital Stiftung	"								
21	Kroger-Stiftung	"								
22	N.u.E. Rose-Stiftg.	"								
23	Kaufmanns-Kranken- kass-Stiftung	"								

55 Vorläufige Liste der im Land Sachsen-Anhalt vorhandenen Stiftungen, 1. Oktober 1947

DIE BEMÜHUNGEN DER STIFTUNGSBEHÖRDE(N) IN SACHSEN-ANHALT ZUR WIEDERBELEBUNG VON ALTSTIFTUNGEN SEIT 1990

Silvia Trautmann

Stiftungen sind grundsätzlich auf Ewigkeit angelegt.[1] Die Rechtsform „Stiftung" ist in der Lage, Generationen, gesellschaftliche und politische Veränderungen oder auch wirtschaftliche oder Pandemiekrisen zu überdauern. Ein besonders gutes Beispiel dafür sind die Altstiftungen auf dem Gebiet der ehemaligen DDR. Obwohl politisch bekämpft und durch Enteignungen ihrer wirtschaftlichen Basis beraubt,[2] haben erstaunlicherweise viele dieser Stiftungen „im Verborgenen" überlebt, und so fangen viele Stiftungsgeschichten mit: „Es war einmal ..." an. Der Umgang mit der Altstiftungsproblematik, welche in dieser Form nur die neuen Bundesländer betrifft, ist nicht einheitlich geregelt. Es ist jedoch ein Anliegen aller „neuen" Länder, das Stiftungswesen zu beleben und inaktive Stiftungen zu reaktivieren. Doch Sachsen-Anhalt ist das einzige „neue" Bundesland, das die Revitalisierung von Stiftungen seit 1990 zielstrebig und nachhaltig betreibt. In diesem Zusammenhang unterstützen die Stiftungsbehörden auch die Reaktivierungsbemühungen, die von einzelnen Privatpersonen, Gemeinden, Pfarrern etc. vor Ort ausgehen.

Den 1991 in Sachsen-Anhalt neu eingerichteten Stiftungsbehörden in den damaligen Regierungspräsidien Halle (Saale), Dessau und Magdeburg begegneten anfänglich zum Teil ungeahnte Schwierigkeiten und nicht unerhebliche Vorbehalte gegenüber der Rechtsform „Stiftung". Nur das Regierungspräsidium in Halle (Saale) konnte bereits im Jahr 1991 direkt auf vorhandene Stiftungsunterlagen des ehemaligen Rates des Bezirkes Halle zurückgreifen. In Magdeburg waren die Stiftungsunterlagen des ehemaligen Rates des Bezirkes zu diesem Zeitpunkt bereits an das Landesarchiv abgegeben worden. Im Regierungspräsidium Dessau dagegen waren zunächst überhaupt keine Stiftungsunterlagen vorhanden, da eine ähnliche Behörde nach 1918 nicht existierte. Hilfreich waren im

---

1 Seit der Reform des BGB von 2013 ist auch die Errichtung einer Verbrauchsstiftung möglich. Bei dieser kann – abweichend vom üblichen Stiftungsrecht – das Stiftungsvermögen zur Verwirklichung eines bestimmten Zweckes (z. B. die Sanierung eines denkmalgeschützten Gebäudes) verbraucht werden. Allerdings muss diese Stiftung mindestens zehn Jahre existieren.
2 Vgl. hierzu den Beitrag von Lutz Miehe in diesem Band.

anhaltischen Bereich aber die vorhanden Hof- und Staatshandbücher des ehemaligen Herzogtums Anhalt, in denen regelmäßig Informationen zu einzelnen Stiftungen veröffentlicht worden waren.

Obwohl das am 13. September 1990 noch von der Volkskammer der DDR verabschiedete Gesetz über die Bildung und Tätigkeit von Stiftungen vorsah, dass sich bestehende Stiftungen innerhalb eines Jahres bei der zuständigen Stiftungsbehörde anmelden sollten, sind dieser Pflicht nur 14 Stiftungen bis zum Ende des Jahres 1992 gefolgt.

In Dessau hatte sich keine einzige Stiftung gemeldet. So existierte dort nach Ablauf der Frist eine Stiftungsbehörde, die keine Stiftungen zu beaufsichtigen hatte. Daher sah sich diese gehalten, selbst Nachforschungen anzustellen. Überwiegend aus eigenen Ermittlungen waren anfangs in Sachsen-Anhalt allein die Namen von 64 mutmaßlich fortbestehenden Altstiftungen des bürgerlichen Rechts bekannt. Allerdings konnten anfänglich nur zu etwa der Hälfte dieser Stiftungen aussagefähige Unterlagen ermittelt werden. Mehrere Ursachen führten zu dieser unbefriedigenden Situation: Einerseits war die Archivlage im Land Sachsen-Anhalt damals vielerorts alles andere als übersichtlich, andererseits war man in den Landkreisen und Städten anfangs von den Nachfragen der Stiftungsbehörde zu Altstiftungen überfordert. Zum Teil herrschte völlige Unkenntnis über die Frage, was eine Stiftung überhaupt ist. Doch für die Klärung aktueller Rechtsfragen wurde es mitunter notwendig, (möglichst schnell) Kenntnis über eine bestimmte Stiftung zu erhalten. Manchmal hingen auch dringend zu tätigende Investitionen hiervon ab – so z.B., wenn eine Abwasserleitung über ein Grundstück geführt werden sollte, deren Eigentümerin eine Stiftung war. Also entschied man sich in Sachsen-Anhalt zu einer systematischen Erfassung der (Alt)Stiftungen. Hierfür waren viele persönliche Einsichtnahmen in den Archiven notwendig. Eine der wichtigsten Grundlagen bei den Recherchen zu den im 20. Jahrhundert in Sachsen-Anhalt vorhandenen Altstiftungen sind die im Landesarchiv Sachsen-Anhalt in Magdeburg aufbewahrten handschriftlichen „vorläufigen" Listen der bestehenden Stiftungen aus dem Jahre 1947. In diesen Listen sind zum Stichtag 1. Oktober 1947 insgesamt 1.788 Altstiftungen mit Sitz in Sachsen-Anhalt erfasst.[3]

Hintergrund der damaligen Erfassung war ein Erlass der Landesregierung vom 8. Oktober 1947, in dem es hieß, dass keinerlei Informationen über den Stiftungsbestand in Sachsen-Anhalt vorlagen. Wollte die Stiftungsaufsicht ihre Aufgabe erfüllen, musste sie Klarheit über die von ihr zu beaufsichtigen Stiftungen haben. Aber auch rein praktische Gründe veranlassten die nach dem

---

3 Vgl. Vorläufige Liste.

Zweiten Weltkrieg neu eingerichteten Verwaltungsbehörden, den Bestand von Stiftungen zu erfassen. So wurden u. a. dringend Wohnräume für ausgebombte und geflüchtete Menschen benötigt.

Das grundsätzliche Ziel der damaligen Landesregierung bestand jedoch darin zu ermitteln, welche der im Land bestehenden Stiftungen ihre Zwecke noch verwirklichen konnten. Jene Stiftungen, die hierzu nicht mehr in der Lage waren, wurden in mehreren Sammelauflösungsbeschlüssen rechtskräftig aufgelöst.

Die verbliebenen Stiftungen wurden in eine sogenannte Hauptliste der im Land Sachsen-Anhalt bestehenden Stiftungen übertragen.[4] Hier stellte sich nach 1990 die Frage, was aus diesen Stiftungen geworden ist. Bei der Klärung dieser Frage halfen und helfen regelmäßig Erfassungs- oder Beschlussunterlagen, die in den Jahren 1952 bis 1955 entstanden sind. Ausgangspunkt hierfür war eine neue Erfassungswelle von Stiftungen, die die SED-Führung in den gerade erst errichteten Bezirken im Herbst 1952 einleitete. Das Ministerium des Innern veröffentliche am 10. Dezember 1952 eine Anordnung, wonach alle „natürlichen und juristischen Personen, die Stiftungen und stiftungsähnliche Vermögensmassen besitzen", verpflichtet waren, diese bis zum 15. Februar 1953 den Räten der Kreise zu melden.[5]

Aufgrund dieser beiden Erfassungen konnte in Sachsen-Anhalt ein relativ vollständiger Überblick über die einst hier vorhandenen Stiftungen gewonnen werden. Allerdings ist zu berücksichtigen, dass manche Vorstände von Stiftungen aus Angst vor drohenden Auflösungsbestrebungen des Staates ihre Stiftung nicht meldeten. Andere Stiftungen wurden nicht gemeldet, weil ihre Organe nicht besetzt waren. Mitunter sind die überlieferten Angaben zu den Stiftungen zudem unvollständig, teilweise sogar widersprüchlich. Deshalb müssen die Angaben zu den Altstiftungen in der Regel überprüft werden, bevor die Revitalisierung einer Stiftung vorgenommen werden kann.

Die Suche nach dem Schicksal einer bestimmten Stiftung ist zeitaufwendig und erfordert Erfahrung und mitunter einen gewissen Spürsinn – oftmals müssen hierzu mehrere Archive aufgesucht werden. Zu denken ist dabei an

– die kommunale Ebene (Stadt- und Kreisarchive, das Grundbucharchiv in Barby, einzelne andere Grundbuchämter, Gerichte, aber auch Pfarrarchive sowie

---

4 Vgl. Hauptliste.
5 Die Listen wurden anschließend von den Räten der Bezirke an das Innenministerium nach Berlin weitergeleitet. Das führte dazu, dass sie heute sowohl im Bundesarchiv als auch im Landesarchiv aufbewahrt werden. Die Anmeldungen befinden sich auch im Archiv der Evangelischen Kirche der Kirchenprovinz Sachsen, vgl. AKPS, Rep. A, Generalia, Nr. 6886.

Ortschronisten bei örtlichen Heimatvereinen und sogar noch lebende Zeitzeugen),
– die Landesebene (Landesarchiv Sachsen-Anhalt, die Archive der jeweiligen Landeskirchen) und
– die Bundesebene (Bundesarchiv in Berlin, Geheimes Staatsarchiv Preußischer Kulturbesitz, Evangelisches Zentralarchiv in Berlin).

Auch war nach 1990 die regionale Zuordnung von insbesondere kleineren Stiftungen in Dörfern oder Ortsteilen erst möglich, nachdem es gelungen war, eines der noch wenigen vorhandenen Exemplare eines Gemeindeverzeichnisses aus dem Jahre 1947 zu erhalten. Denn die ersten Kreisgebietsreformen Anfang der 60er Jahre und auch die letzte hier in Sachsen-Anhalt machen die Zuordnung von Stiftungssitzen in Ortschaften zu den jeweiligen Städten oder neuen Landkreisen oft schwierig. Eine solche Zuordnung ist heute in Zeiten von Wikipedia natürlich viel einfacher.

Sind die entsprechenden Archive ausfindig gemacht worden, geht es an die Auswertung der Quellen. Der Aufwand ist sehr unterschiedlich. Zu manchen Stiftungen sind nur wenige Blatt überliefert, bei anderen wiederum gleich mehrere Akten. Viele Akten zu Altstiftungen enthalten zudem handschriftliche Dokumente aus dem 17. oder 18. Jahrhundert. Dann gilt es, Testamente (Stiftungen von Todeswegen), Urkunden zu Legaten und Schenkungen, z. B. an die Gemeinden oder Kirchengemeinden, zu transliterieren, da sie z. T. nur in Latein oder blumiger Barockschrift vorliegen. Doch auch Akten aus dem 20. Jahrhundert bestehen teilweise aus Unterlagen, die in Sütterlinschrift verfasst worden sind. Hier ist für die „Entschlüsselung" dieser Dokumente einige Erfahrung und mitunter auch viel Zeit notwendig. Bereits das Ermitteln der entsprechenden Unterlagen erfordert Kenntnisse und auch detektivisches Herangehen, denn diese Dokumente können sich z. B. in Sachakten der jeweiligen Bestände der Abteilung Finanzen oder der Abteilung des Innern befinden.

Hinzu kommt, dass die Verwaltungsmitarbeiter der Stiftungsbehörden weder ausgebildete Archivare noch Historiker sind und daher diese alte Schrift nicht lesen können. Doch derartige Kompetenzen lassen sich aneignen. Manches Testament wurde auch von der Großmutter oder dem Großvater eines Kollegen abgeschrieben oder auf Diktiergeräten besprochen.

Wenn die wichtigsten Dokumente zu einer Stiftung (im Idealfall Genehmigungsurkunde, letzte Satzung, Stiftungsgeschäft) ermittelt worden sind, ist die entscheidende Frage zu klären, ob die entsprechende Stiftung rechtskräftig aufgelöst worden ist. Die Beantwortung dieser Frage war und ist nicht immer einfach, denn die Quellenlage ist – gerade auch für die Jahre nach 1950 – schwierig. Mitunter fehlen die damals aktuellen Satzungen, zuweilen ist zu klären, ob frühere Satzungsänderungen, auf die sich berufen wurde, rechtskräftig gefasst worden waren. So kann es passieren, dass – auch unabsichtlich – Auflösungsbeschlüsse von Gremien gefasst wurden, die hierzu gar nicht befugt waren. Doch gerade in den 1950er Jahren wurden derartige Beschlüsse auch bewusst von nicht zuständigen Organen gefasst. Entscheidend war für die SED-Bürokratie, überhaupt Auflösungsbeschlüsse in den Händen zu haben. „Kleinliche Fragen" nach der Rechtmäßigkeit des Zustandekommens wurden nicht gestellt. Derartige Beschlüsse sind zwar nichtig, jedoch als bindend anzusehen, wenn der Stiftung das Vermögen dadurch entzogen wurde. Solchen Entscheidungen steht Art. 19 des der Einigungsvertrages zwischen der Bundesrepublik Deutschland und der Deutschen Demokratischen Republik entgegen, in dem geregelt wurde, dass Verwaltungsakte, die vor dem Wirksamwerden des Vertrages ergangen sind, wirksam bleiben.

Um diese bisweilen sehr komplizierten Fragen verlässlich klären zu können, müssen die historischen Rechtsgrundlagen, die sich im Laufe der Jahrhunderte immer wieder geändert hatten, ermittelt und die die örtlichen oder regionalen historischen Zuständigkeiten der jeweiligen Stiftungsaufsicht seit dem frühen Mittelalter von der Genehmigung/Anerkennung bis zur Auflösung/Aufhebung festgestellt werden. Die Prüfung derart weit in die Vergangenheit reichender Tatbestände ist schon beim Vorliegen aller Unterlagen zeitaufwendig und komplex.

Seit der Errichtung des Landesverwaltungsamtes Halle im Jahre 2004 und der Einrichtung nur einer landesweiten Stiftungsbehörde werden dort alle Einzelvorgänge zu Altstiftungen bearbeitet. Hier hat sich ein noch vom Regierungspräsidium Dessau entworfener Erfassungsvordruck bewährt, in dem die historischen Daten und Fakten anfangs noch per Handschrift, heute computerunterstützt, eingetragen und so die Entscheidungen zum Fortbestand oder der rechtswirksamen Auflösung erleichtert werden.

Derzeit sind 204 Aktenordner gefüllt und damit in den letzten 25 Jahren ca. 1.200 Fälle ausermittelt. Dagegen sind noch ca. 600 Fälle ungeklärt, da zu diesen Stiftungen oftmals nur eine namentliche Erwähnung und ansonsten bisher keine Unterlagen ermittelt werden konnten.

Sind vorgenannte Recherchen abgeschlossen und alle Quellen erschöpft, kommt die Stiftungsbehörde letztlich zum Ergebnis, ob eine Stiftung fortbesteht, welchen Rechtscharakter sie besitzt (oder besaß) oder ob sie rechtswirksam aufgelöst ist. Beim Feststellen des Fortbestandes ist darüber hinaus zu prüfen, ob noch ertragreiches Vermögen vorhanden ist, welches für den Stiftungszweck eingesetzt werden kann. Denn eine Stiftung muss aus den Erträgen ihres

Vermögens ihren Zweck dauerhaft erfüllen können, ansonsten ist eine Revitalisierung sinnlos.

In einigen Fällen sind nur kleinere Legate oder eine geringe Ackerpacht vorhanden. In diesen Fällen ist die Stiftungsbehörde den Anträgen der Akteure bzw. den Stiftungen gegenüber aufgeschlossen, wenn es z. B. gelingen kann, kleinere Stiftungen in einem Ort mit einer anderen „größeren" Stiftung zusammenzulegen.

Die Feststellung des Fortbestandes einer Stiftung hat allerdings nur dann Wert, wenn die satzungsgemäßen Organe eingesetzt werden können. Falls die Stifter festgelegt hatten, dass Pfarrer oder Bürgermeister als Organe der Stiftungen tätig werden sollen, war oder ist das noch einfach. Allerdings ist bei ehemals vorhandenen, aber heute nicht mehr existierenden Institutionen, die satzungsgemäß Organmitglieder entsenden sollten, die mögliche Rechtsnachfolge zu klären, indem z. B. ähnliche Organisation gefunden werden. Bei auf Lebenszeit bestellten Mitgliedern wurden in diesem Zusammenhang auch schon Recherchen in Telefonbüchern oder Einwohnermeldeämtern im gesamten Bundesgebiet durchgeführt.

In wenigen Ausnahmefällen beantragte die Aufsichtsbehörde Notvorstände bei den jeweiligen Amtsgerichten, um die Handlungsfähigkeit von vorhandenen alten Stiftungen wiederherzustellen. Auch diese Notvorstände – zumindest vorübergehend – zu besetzen, bedurfte es vieler Recherchen, Einzelgespräche und manchmal „Überredungskunst".

Sind – unter Beachtung des ursprünglichen Stifterwillens – alle diese Fragen geklärt und die Revitalisierung erfolgt, muss schließlich in den allermeisten Fällen die alte Satzung den aktuellen Gegebenheiten

56 Plakat zur Einladung für die Festveranstaltung anlässlich der Übergabe der Urkunde zur Anerkennung der KulturStiftung FestungMark als rechtsfähige Stiftung des privaten Rechts durch die Stiftungsaufsichtsbehörde im Landesverwaltungsamt am 9. Juli 2005

angepasst werden. Hier bergen die heutigen steuerlichen Rechtsgrundlagen der Abgabenordnung insbesondere bei der Zuordnung von Einzelzwecken oftmals große Probleme.

Insbesondere bei kirchlichen Stiftungen, die z. B. die Pfarrbesoldung oder die Pfarrwitwen- bzw. Lehrerwitwenunterstützung zum historischen Zweck hatten, gibt es Probleme mit der Feststellung der Gemeinnützigkeit. Manche Stiftung, die in den 1950er Jahren nicht aufgelöst wurde, hat sich selbst 1952/53 als kirchliche Stiftung angemeldet, obwohl sie zuvor nie als kirchliche Stiftung geführt oder als solche errichtet worden war. Auch diese Frage muss schließlich bei der Revitalisierung von Stiftungen heute bedacht und geklärt werden.

Einen Sonderfall stellen die Familienstiftungen dar. Bei einigen wiederbelebten Familienstiftungen war zwar z. B. das ursprüngliche Vermögen verlorengegangen. In mehreren Fällen waren die heutigen Nachkommen jedoch bereit, die Stiftung mit neuem Vermögen auszustatten und somit die dauerhafte Lebensfähigkeit der Stiftung zu sichern.

Fazit

Aus meiner nunmehr 24-jährigen Erfahrung in der Recherche zu den Altstiftungen im Land Sachsen-Anhalt kann ich resümieren, dass die Revitalisierung von Altstiftungen eine komplexe, aber sehr interessante Verwaltungsaufgabe ist, die einen erheblichen Arbeitsaufwand auslöst und im Einzelfall mehrere Monate, wenn nicht gar Jahre in Anspruch nimmt. Flächendeckende Recherchen von Amts wegen lassen sich nur mit zeitlich begrenztem zusätzlichem Personal aktiv umsetzen.

Im Laufe der Jahre hat die Stiftungsbehörde im Landesverwaltungsamt somit viele Erfahrungen auf diesem Gebiet gewonnen. Sie verfügt über das notwendige Fachwissen, um auch heute noch unterscheiden zu können, ob eine Altstiftung revitalisiert werden kann oder ob eine noch heute bestehende Stiftung möglicherweise aus Rechtssicherheitsgründen aufgelöst werden muss. Die Beantwortung von Einzelfragen kann heute schneller und effektiver als noch vor Jahren erfolgen, da listenmäßige elektronische Erfassungen vorliegen, die stetig erweitert und konkretisiert werden. Insgesamt wurden seit 1990 im Land Sachsen-Anhalt 107 Altstiftungen revitalisiert. Durch diese Revitalisierungen wird nicht nur begangenes Unrecht beseitigt, sondern mit den wiederbelebten Stiftungen ein Stück unserer Geschichte und Kultur bewahrt. Die Entscheidung, ein Magdeburger Stiftungsbuch zu erarbeiten und zu veröffentlichen, ist zugleich eine willkommene Unterstützung der Stiftungsbehörde für ihre künftigen Bemühungen zur Revitalisierung von Altstiftungen.

57 Unbekannter Künstler, Taufengel und Barockaltar (1700), Kirche St. Georg, Geusa

DIE KIRCHLICHE STIFTUNG KUNST- UND KULTURGUT IN DER KIRCHENPROVINZ SACHSEN – BÜRGERSCHAFTLICHES ENGAGEMENT UND STIFTUNGSARBEIT

Bettina Seyderhelm

Die Kirchliche Stiftung Kunst- und Kulturgut in der Kirchenprovinz Sachsen (KSKK) wurde im Jahr 1999 als rechtsfähige Stiftung öffentlichen Rechts in Magdeburg gegründet. Sie ist von Natur aus gemeinnützig und hat mehr als zwei Jahrzehnte lang zu einem ganz überwiegenden Teil mit ehrenamtlichem Engagement gearbeitet (Stand Dezember 2020).[1] Mit Jahresbeginn 2021 wird sie auf die gesamte Mitteldeutsche Kirche ausgeweitet, womit ihre Zuständigkeit dann insgesamt nahezu 4.000 Kirchen und Kapellen umfasst. Fortan trägt die Stiftung den Namen Kirchliche Stiftung Kunst- und Kulturgut in der Evangelischen Kirche in Mitteldeutschland. Ihr Sitz ist Magdeburg.

Stiftungszweck

In dem Gebiet, das bis Ende 2020 schon von der Stiftung betreut worden ist, liegen Wittenberg, Torgau. Eisleben, Mansfeld, Mühlhausen, Erfurt und andere für die Reformation wichtige Orte. Es ist das Territorium der historischen Preußischen Provinz Sachsen. Die Stiftung wirkt also in einer Landschaft, die zu den Kernländern der Reformation gerechnet wird. Die zum Zeitpunkt der Gründung über 2.300 zugehörigen Gotteshäuser in Städten und Dörfern in Sachsen-Anhalt, Thüringen, Sachsen und Brandenburg sind mit Kunstwerken aller Epochen reich gesegnet. Bewahrt und genutzt werden z. B. Altäre, Epitaphe und Bilder von Lucas Cranach d. Ä. und seinem Sohn, dem jüngeren Lucas Cranach sowie Werke der großen Cranach-Werkstatt. Zahlreiche Gotteshäuser sind außerdem durch geschlossen erhaltene Barockausstattungen und evangelische Kanzelaltäre geprägt, und es blieben zudem weit mehr als 200 Taufengel erhalten. Der unvorbereitete Besucher mitteldeutscher evangelischer Kirchen ist jedoch überrascht, wenn er feststellt, in welch großer Zahl und guter Quali-

---

1 Der Text wurde 2019/20 abgefasst und gibt Einblick in die Arbeit von 1999 bis 2020.

58 Lukas Cranach d. Ä. und Lukas Cranach d. J., Reformationsaltar (1547/48), Wittenberg, Stadtkirche St. Marien

tät auch Kirchenausstattungen aus dem Mittelalter, d. h. aus der Zeit vor der Reformation, bewahrt worden sind. Weithin bekannt ist der Schatz der Quedlinburger Stiftskirche. In vielen anderen Kirchen blieben aber gotische Schnitzaltäre, Wand- und Tafelmalereien, Vesperbilder, Stifterfiguren, reich gestaltete hölzerne und steinerne Sakramentshäuser, Lettner, Chorschranken und Chorgestühle, Glasmalereien sowie romanische und gotische Abendmahlsgeräte erhalten. Sie alle müssen gepflegt und konserviert, mitunter sogar vor dem Verfall gerettet werden.

Es wird oft darüber geklagt, dass es vor allem in den Dörfern „wenig Kultur" gäbe. Dem darf man entgegenhalten, dass in nahezu jedem Dorf eine Kirche steht, deren künstlerische Ausstattung unmittelbar zu den Menschen des Ortes gehört. Mit den überwiegend historischen Kirchen haben schon viele Generationen der Vorfahren heutiger Bewohner gelebt. Die Gotteshäuser waren von der Taufe über die Hochzeit bis zu Trauerfeier und Beisetzung wichtige Orte, und sie sind es für die Gemeinden in allen Lebenslagen bis heute. Auch in der

Gegenwart nehmen die Gemeindeglieder daher starken Anteil daran, wenn ein Kirchenfenster, ein Altarkreuz oder -bild neu geschaffen wird. Kirchenausstattungen sind mit dem jeweiligen Ort in besonderer Weise verbunden – sie sind, wie die Gebäude, identitätsstiftend. Die Arbeit zur Erhaltung dieser Kulturgüter dient damit nicht zuletzt der Vergegenwärtigung der Geschichte der Gemeinden – und mitunter ihrer Geschichten. Dies gilt für die Dorfkirchen, grundsätzlich aber auch für die Kirchenausstattungen in kleineren Städten und für das Kunst- und Kulturgut in den Pfarrkirchen größerer Städte.

Nach Schätzungen werden beispielsweise in Sachsen-Anhalt rund 70 Prozent der überlieferten Kunst- und Kulturgüter des Landes in den Kirchen und nicht in Museen bewahrt. Weil die Erhaltung und Pflege dieses gemeinsamen Kulturerbes vorwiegend auf den Schultern der Kirchenmitglieder liegen, muss heute ein nur kleiner Teil der Gesamtbevölkerung in Mitteldeutschland große, auch finanzielle Lasten dafür tragen. Vielfach fällt dies schwer.

59 *Holzwurmschaden an einem Kruzifix (Detail)*

Öffentliche Förderungen werden, soweit sie für Aufgaben der Denkmalpflege vorhanden sind, vorwiegend für Bauerhaltungsmaßnahmen gewährt. Die Hilfe mancher anderen Stiftungen ist sehr verdienstvoll, doch stehen dabei oft gleichfalls Bauaufgaben im Vordergrund. Die Kirchliche Stiftung Kunst- und Kulturgut in der Kirchenprovinz Sachsen wurde gegründet, um zu unterstützen. Sie will dabei helfen, dass nicht die wertvolle Ausstattung der überwiegend unter Denkmalschutz stehenden Gotteshäuser verlorengeht, während ihre Hülle gesichert wird. Im ungünstigen Fall würden sonst die zerstörerischen Folgen von Bauschäden und Holzwurmbefall sowie der noch immer zu verzeichnende Pflegerückstand aus dem 20. Jahrhundert dazu führen, dass Kirchen ohne wesentliche und prägende Elemente ihrer Innenräume übrig blieben, dass künftig also erhebliche Teile des Kulturerbes des Landes unwiederbringlich verlorengingen. Deshalb hat die Kirchenleitung der damaligen Kirchenprovinz Sachsen im Februar 1999 einstimmig die Gründung einer Kirchlichen Stiftung Kunst- und Kulturgut beschlossen, die sich anders als andere Stiftungen allein der Erhaltung solcher Kunstgegenstände widmen soll. Sie ist seither nicht selten die einzige Ansprechpartnerin für diese Aufgabe.

Das bürgerschaftliche Engagement

Auch nach mehr als zwei Jahrzehnten Stiftungsarbeit kommt es darauf an, Menschen auf diese Einrichtung und die Notwendigkeit ihrer Arbeit aufmerksam zu machen. Das geschieht zum einen durch das Interesse, das die inzwischen ermöglichten rund 500 Förderungen von Konservierungs- und Restaurierungsmaßnahmen vor Ort finden. Landauf und landab werden zudem Informationsveranstaltungen, Tagungen, Publikationen, Ausstellungen und andere Angebote durchgeführt. Für diese Arbeit bringen viele Menschen ihr Wissen und ihr Können ein. Die Arbeit für die Stiftung ist bisher weitgehend ehrenamtlich getan worden, so dass jede Spende direkt einem Projekt zugutekommen konnte. Zuerst ist das Kuratorium der Stiftung zu nennen, dessen Vorsitz bisher stets der/die jeweilige Landesbischof/Landesbischöfin der Evangelischen Kirche der Kirchenprovinz Sachsen, seit ihrer Fusion mit der Evangelisch-Lutherischen Kirche in Thüringen im Jahr 2009 dann der Evangelischen Kirche in Mitteldeutschland geführt hat. Weiter wirken der thüringische Landeskonservator, ein Vertreter der Evangelischen Kirche in Deutschland und einer der Deutschen Stiftung Denkmalschutz, eine Archivarin der Landeskirche, ein Mitglied des Evangelischen Unternehmerverbandes sowie ein bildender Künstler darin mit. Das Kuratorium ist Aufsichtsorgan der Stiftung und kontrolliert zusammen mit dem Rechnungsprüfungsamt und der Landeskirchlichen Stiftungsaufsicht die Arbeit des Vorstands. Seine Mitglieder sind zugleich mit ihrem Rat eine wertvolle Hilfe.
Die Geschäftsführung der Stiftung lag von 1999 bis 2020 bei einem ehren- bzw. nebenamtlich arbeitenden Vorstand. Bis dahin setzte er sich zusammen aus einer Sparkassenbetriebswirtin, einem Juristen, einer Pfarrerin, einer Restauratorin des Landesdenkmalamtes Sachsen-Anhalt und der Verfasserin als Kunsthistorikerin und Vorsitzende, welche die Stiftung seit ihrer Gründung betreut hat. Die Öffentlichkeitsarbeit hat ein „Arbeitskreis zur Unterstützung der Kirchlichen Stiftung" (AUDAKS) maßgeblich unterstützt. Führungen, Aufsicht oder Kassendienst bei Ausstellungen, Standdienst bei Messen, Kirchen- und Sachsen-Anhalt-Tagen oder 2017 bei der Weltausstellung der Reformation in Wittenberg sowie vieles andere mehr wurden vom AUDAKS mit übernommen. Zur

Öffentlichkeitsarbeit gehört schließlich auch die Förderung des Nachwuchses, so dass die Stiftung immer wieder auch Praktikanten ausgebildet und bereits mehrfach Jugendliche im Freiwilligen Jahr in der Denkmalpflege (Jugendbauhütte) betreut hat.

Die Förderprojekte und ihre Finanzierung

Für die Fördertätigkeit der Stiftung haben die kleinen und größeren Gemeinden abseits von den touristischen Zentren von Beginn an den gleichen Stellenwert wie die bekannteren und vielbesuchten Gotteshäuser. So konnten mit einem großen Cranach-Projekt in der Reformationsdekade nicht nur der Reformationsaltar in der Wittenberger Stadtkirche St. Marien, sondern auch viele Cranachtafeln in anderen Kirchen mithilfe der Stiftung restauriert werden. Und während in dieser Zeit Restauratoren in Torgau nach langer Vorbereitung und Spendensammlung 2017 den Stein mit dem Bildnis am Grab der Katharina von Bora bearbeiteten, liefen gleichzeitig die Vorbereitungen für die Erhaltungsmaßnahmen an einer Wandmalerei des 19. Jahrhunderts im altmärkischen Dorf Lübars. Dort wurden die ganzfigurigen Bildnisse der Reformatoren Martin Luther und Philipp Melanchthon gesichert.

Für die Finanzierung der Förderungen darf, wie bei anderen Stiftungen, das Ka-

60 *Michael Hellwig, Taufengel (1698/1700), Bebertal, St. Godoberti*

pital nicht angetastet werden. Genutzt werden können allein die daraus erzielten Zinsen. Angesichts der aktuell (2020) anhaltend schwierigen Zinssituation bedarf es dafür guter Ideen. Das Stiftungskapital war von Anfang an langfristig angelegt worden, so dass die Stiftung glücklicherweise bisher nicht arbeitsunfähig geworden ist. Darüber hinaus ist aber eine kontinuierliche Öffentlichkeitsarbeit dringend geboten, mit der Spenden, Zustiftungen und Bewährungsauflagen erbeten werden. Ende des Jahres 2015 wurde der Stiftung eine zweckgebundene Zustiftung anvertraut. Mit Hilfe der Wachs-Stiftung in der Kirchlichen Stiftung Kunst- und Kulturgut können nun in regelmäßigen Abständen Durchsicht- und Wartungsarbeiten an den zahlreichen Cranach-Werken in der Wittenberger Stadtkirche durchgeführt werden (Abb. 58).

Ein Projektbeispiel

Ein Projekt der Öffentlichkeitsarbeit und Fördertätigkeit steht besonders anschaulich und konkret für das bürgerschaftliche Engagement in der Arbeit für die Stiftung. Vom griechischen Wort „Angelos", der Bote, leitet sich das deutsche Wort „Engel" her. Als die Stiftung eine „Aktion Paten für Engel" ins Leben rief, wurden insbesondere die Taufengel zu wunderbaren Boten für ihr Anliegen. 2006 wurde im Magdeburger Dom eine Ausstellung gezeigt. Über 70.000 Menschen haben sie besucht. Sie stand unter der Schirmherrschaft des Bundestagsvizepräsidenten Wolfgang Thierse, trug den Titel „Tausend Jahre Taufen in Mitteldeutschland" und zeigte vieles zu diesem Thema. Zu ihrem stärksten Anziehungspunkt wurden jedoch Engel – Taufengel. Die meisten dieser geflügelten barocken Figuren schweben zur Taufzeremonie von der Kirchendecke herab. Mit ausgestreckten Armen präsentieren sie der Taufgesellschaft das Wasser zur Taufe in schön gestalteten Schalen.

Weil aber die zumeist hölzernen und farbig gefassten Kunstwerke beim Transport in den Dom keinesfalls durch Erschütterungen und Klimaveränderungen gefährdet werden durften, war bei allen Planungen klar, dass nur solche Taufengel ausgestellt werden konnten, die ohnehin restauriert und dafür in eine Werkstatt transportiert werden müssten. Bei den Überlegungen dazu, wie viele mit Mitteln der Stiftung sowie Förderungen und Spenden restauriert werden könnten, gingen alle Akteure zunächst einmal von fünf Engeln aus. Anfangs erschien aber auch das noch keineswegs sicher.

Viele Helfer machten sich dann daran, Dossiers mit Bildern und Texten zu verfassen, Plakate zu drucken, Vorträge zu halten, eine Artikelserie in der „Magdeburger Volksstimme" zu veröffentlichen und bei zahlreichen anderen Gelegenheiten auf die Engel aufmerksam zu machen. Immer neue Ideen zur Einwerbung von Spenden wurden umgesetzt. Bald wurde der Begriff „Paten für Engel" im buchstäblichen Sinn zu einem „geflügelten" Wort. Mehr und mehr Menschen boten ihre Hilfe an: ein wissenschaftlicher Beirat für die Ausstellung, ein besonderer Beirat der Aktion „Paten für Engel", für den sich Persönlichkeiten des öffentlichen Lebens in Magdeburg und Sachsen-Anhalt engagierten, die Medien und viele mehr. In den Kirchenkreisen unterstützten die ehrenamtlichen Kunstbeauftragten bei Terminkoordinationen und -vermittlungen für die betroffenen Gemeinden. Die Anteilnahme der Öffentlichkeit war überwältigend. In großer Zahl kamen Interessierte zu allen Veranstaltungen.

Eine Magdeburger Schule gestaltete ein Theaterstück für einen Taufengel aus der Kirche Buckau (Elbe-Fläming) und führte es auf. Die Schüler erhielten zum Dank eine besondere Einladung in den Magdeburger Dom, und „ihr" Taufengel, den sie Gabriel getauft hatten, war später natürlich in der Ausstellung zu sehen. Das Magdeburger Puppentheater organisierte eine Versteigerung phantasievoller Puppenkleider, Mitarbeiter des Theaters Magdeburg veranstalteten einen Abend mit Musik im Dom und lasen Engel-Texte, Serviceclubs sammelten Geld für die Restaurierung von Taufengeln, die sie sich gezielt aus restauratorisch-fachlich vorbereiteten Vorschlägen aussuchen konnten und das Orthopädische Quartett und die Rühmann-Brüder schenkten dem Projekt ihre Freundschaft und Benefiz-Konzerte. Die Öffentlichen Versicherungen in Sachsen-Anhalt (ÖSA) und die Stadtsparkasse Halberstadt wählten „ihre" eigenen Engel.

Aus mitunter sehr persönlichen Gründen setze sich eine Reihe von Einzelpersonen für die anrührenden barocken Kunstwerke ein. So widmete eine Dame ihre Spende einem Menschen, der ihr in schweren Zeiten wie ein Engel beigestanden hatte. Ein Taufengel in der Altmark, der lange auf einem Dachboden auf seine Restaurierung gewartet hatte, fand seinen Helfer in einem kleinen Jungen. Der Achtjährige hatte von der Aktion „Paten für Engel" gehört und wünschte sich zu seiner anstehenden Taufe Geld für die Wiederherstellung eines Flügels des Taufengels der Kirche in Bismark. Als dieser 2006 nach seiner Restaurierung in den Dom „einflog", war der Junge dabei. Manche Spender übernahmen die vollständige Restaurierung einer Figur, andere trugen einen Anteil zu einer Maßnahme bei. Jede Spende half.

Einen sehr besonderen Beitrag leistete die Kunststiftung des Landes Sachsen-Anhalt. Sie initiierte im Zusammenhang mit dem Projekt einen Wettbewerb für einen zeitgenössischen Taufengel, aus dem der Hallenser Künstler Thomas Leu (*1964) als Sieger hervorging. In der Ausstellung gesellte sich seine Figur „Himmelskörper" später fast schwerelos und durchsichtig zu ihren barocken Geschwistern.

Der Bericht lässt ahnen, was aus den anfänglichen Wünschen, fünf der liebenswerten Barockfiguren sichern und konservieren zu lassen, geworden war. Tatsächlich wurden es im Laufe der Monate schließlich 30 restaurierte Taufengel, so dass für die Ausstellung ein neues System ausgeklügelt werden musste, um sie alle im Dom zu präsentieren. Dann aber konnten die fertig restaurierten Engel aus Nord und Süd, aus Ost und West und auch aus der Mitte des Landes in den Dom einschweben.

Das Interesse an der Ausstellung war groß. Die über 70.000 Besucher aus allen Altersgruppen erfreuten sich augenscheinlich sehr an den schwebenden „Boten". Eine Schulklasse hatte dafür sogar eine Rallye für Kinder durch den Dom entworfen. Natürlich wurden viele Führungen, darunter besondere Kinderführungen, vorbereitet – und selbst die Allerkleinsten aus den Kindergärten kamen.

Die Stiftung erhält auch weiterhin Engel-Spenden. Eine ganze Reihe von Menschen verfolgen und fördern insbesondere diese Arbeit. Bis 2020 konnten bereits rund 70 der mehr als 200 erfassten Engel restauriert werden.

Weitere Informationen zur Arbeit

Natürlich widmet sich die Stiftung neben den Taufengeln vielen weiteren Projekten. Jahr für Jahr werden von den Gemeinden Förderanträge gestellt und in der Stiftung bearbeitet. Die Hilfe für die künftig nun rund 4.000 Kirchen und Kapellen geht kontinuierlich voran. Jährliche und mittelfristige Finanzierungspläne garantieren neben einem Fonds für Notsicherungen eine ständige Orientierung an den jeweils notwendigen Aufgaben.

So konnte auch in den von den Hochwassern 2002 und 2013 geschädigten Kirchen geholfen werden. Betroffen war beispielsweise die Elbschifferkirche in Priesitz im Landkreis Wittenberg. Sie war 2002 zeitweilig nur noch mit dem Boot zu erreichen. Ihr spätgotischer Altar hatte sich damals vom Altarblock gelöst und schwamm oben auf dem Wasser. Die Stiftung ließ ihn bergen, sowie das Wasser abgelaufen war. Anschließend waren zunächst eine langwierige Holztrocknung und Notsicherungsmaßnahmen erforderlich, bevor mit weiterführenden Arbeiten begonnen werden konnte. Nach seiner Konservierung ist der Altar eine Zeit lang in Wittenberg ausgestellt worden, bevor er in „seine" Kirche zurückkehrte. Die Öffentlichkeit sollte sich ein Bild davon machen können.

Heute ist die Priesitzer Kirche durch Deiche geschützt. Davon, wie hervorragend diese funktionieren, konnte man sich 2013 überzeugen. Die Stiftung hatte

61 Lucas Cranach d. Ä. und Werkstatt, Kindersegnung Jesu (um 1538/40), Naumburg, St. Wenzel

den Altar nach den vorangegangenen Erfahrungen bei der ersten Hochwasserwarnung zunächst durch eine Restauratorin aus der Kirche bergen lassen. Doch erwies sich das erfreulicherweise als unnötig.

Im Vorfeld des Cranachjahrs 2015 und des Reformationsjubiläums plante die Stiftung dann das eingangs erwähnte Forschungs- und Restaurierungsprojekt für die Cranachwerke und führte es durch. Im Zuge dessen förderte sie die restauratorische Voruntersuchungen und Konservierungsmaßnahmen an zahlreichen Tafelbildern der Malerfamilie Cranach und ihrer enorm produktiven Werkstatt. Wieder konnten zahlreiche Helfer gewonnen werden. Hier wurde ein Beirat aus Spezialisten für die Restaurierung derartig hochrangiger Tafelbilder sowie ein weiterer interdisziplinärer Beirat aus Kunstwissenschaftlern, Theologen, Historikern und Kulturwissenschaftlern berufen, welche die Arbeit und die Einwerbung von finanziellen Mitteln unterstützten.

Neben vielen wertvollen menschlichen Erfahrungen, die sich bei der Stiftungsarbeit ergeben können, führt sie zu manchen inhaltlich-fachlichen Überraschungen und Erkenntnissen. Im Zuge der Vorbereitung der Restaurierung eines Reformationsaltars in der Laurentiuskirche in Möckern, dessen originale Rahmung aus dem 16. Jahrhundert noch erhalten ist, fiel noch ein anderes, bis dahin unbekanntes Stück ins Auge: eine Almosentafel aus dem 16. Jahrhundert, mit deren Hilfe mehr als drei Jahrhunderte lang vor den Gottesdiensten in der Kirche Spenden für die Armen gesammelt wurden. Die Stiftung hat die Konser-

62 Unbekannter Künstler, Almosentafel (um 1560), Möckern, St. Laurentius

vierung dieser Tafel 2016/17 gefördert, so dass sie im Reformationsjubiläumsjahr in der Ausstellung „Magdeburg und die Reformation" im Kulturhistorischen Museum gezeigt werden konnte.[2]

Bei der Öffentlichkeitsarbeit der Stiftung stoßen auch Einführungen in die restauratorische Arbeit auf großes Interesse. Daher wurden unter dem Titel „Kunst im ganzen Land" im Laufe der Jahre vier Broschüren mit Informationen über die Fördertätigkeit herausgegeben. Hinzu kam ein Katalog über die Taufengel im Gebiet der Stiftung.[3] Zur Restaurierung des Wittenberger Reformationsaltars aus der Cranachwerkstatt ist ein Film erarbeitet worden, der in der Wittenberger Stadtkirche St. Marien gezeigt wird. Zum Cranach-Projekt erschienen zwei Buchpublikationen.[4]

Zusammen mit dem Landesamt für Denkmalpflege und Archäologie Sachsen-Anhalt beteiligte sich die Stiftung außerdem am ersten Europäischen Tag

---

2 Seyderhelm, Almosentafel.
3 Seyderhelm, Taufengel.
4 Harasimowicz/Seyderhelm, Cranachs Kirche; Seyderhelm, Cranach-Werke.

63 Detail einer spätgotischen Altartafel, Trockenheitsverluste

der Restaurierung im Oktober 2018. Bei Veranstaltungen in der Stephanikirche in Aschersleben und in der Petrikirche in Stendal wurden gemeinsam mit den Restauratoren aktuelle Arbeiten vor Ort vorgestellt, für die sich die Stiftung engagiert hat. 2020 präsentierte sie dann eine Ausstellung über ihre Tätigkeit im Landtag von Sachsen-Anhalt.

Eine besondere Herausforderung stellen die langfristigen Folgen dar, welche die heißen und trockenen Sommer der Jahre 2018 bis 2020 am Kunst- und Kulturgut verursacht haben. Viele Notsicherungen, aber auch grundsätzliche Überlegungen und Maßnahmen zum weiteren Umgang mit diesen Schäden und dem Klima der Räume sind nötig. Dazu gehören langfristige Klimabeobachtungen, denn an den Orgeln sind Trockenheitsfolgen gut zu hören – gotische Altäre dagegen blättern still vor sich hin, wenn man sich ihrer nicht annimmt. Doch auch dafür konnte bereits öffentliches Interesse erzeugt und Unterstützung gewonnen werden.

Ausblick

Ein thematischer Schwerpunkt der kommenden Jahre sind die Epitaphe für Kinder und im Kindbett verstorbene Wöchnerinnen, die sich, bisher weitgehend unbeachtet, in zahlreichen Kirchen befinden. Sie machen deutlich, dass auch die Familien vergangener Jahrhunderte trotz hoher Kindersterblichkeit den frühen Tod eines Kindes nicht einfach hinnehmen konnten. Der Quellenwert dieser Kunstwerke ist sozialgeschichtlich, landesgeschichtlich, kunsthistorisch, theologisch und medizinhistorisch von hohem Wert. Es gilt daher, sie zu bewahren und inhaltlich zu erschließen. Da diese Denkmäler bisher noch sehr wenig erforscht sind, hat die Kirchliche Stiftung Kunst- und Kulturgut in ihrem 20. Jubiläumsjahr im Herbst 2019 gemeinsam mit der Historischen Kommission für Sachsen-Anhalt und der Martin-Luther-Universität Halle-Witten-

Bettina Seyderhelm

64 Unbekannter Bildhauer, Kinderepitaph (1597) für sieben verstorbene Kinder des Bürgermeisters Christian Kaulitz, Werben, St. Johannis

berg bereits eine interdisziplinäre Tagung dazu durchgeführt.[5] Sie stand unter der Schirmherrschaft des Ministerpräsidenten von Sachsen-Anhalt Dr. Reiner Haseloff. Über 100 Teilnehmer im Hörsaal II auf dem Steintor-Campus der Universität in Halle zeigten, dass auch dieses Schwerpunktthema der Stiftung auf großes Interesse stößt. Wenn heute jährlich am zweiten Dezembersonntag weltweit der verstorbenen Kinder gedacht wird, so steht das in einer langen kulturellen Tradition. Die Trauer von Familien um die Kinder, die sie verloren haben, lässt sich durch Predigten, Briefe und Denkmäler weit in die Geschichte zurückverfolgen. Solche Denkmäler sind an und in vielen mitteldeutschen Kirchen zu finden. Und sie können dort mit ihren Bildern und Inschriften auch heute Trost spenden. Die Stiftung will in den kommenden Jahren weitere von ihnen sichern und erhalten.

Die eingangs erwähnte Erweiterung der Kirchlichen Stiftung Kunst- und Kulturgut auf das gesamte Gebiet der mitteldeutschen Landeskirche eröffnet ein neues Kapitel ihrer Arbeit. Es beginnt mit dem Jahr 2021.

---

5 Beiträge dieser Tagung sind veröffentlicht in: Sachsen und Anhalt. Jahrbuch der Historischen Kommission für Sachsen-Anhalt 33 (2021).

65 *Pfeiffersche Stiftungen, Blick vom Mutterhaus, Aufnahme von ca. 1910: Die später nach ihrem Stifter benannte Einrichtung entwickelte sich innerhalb weniger Jahre zur bedeutendsten im 19. Jahrhundert errichteten Stiftung mit sozialen Zwecken in Magdeburg*

Stiftungen in Magdeburg. Ein Verzeichnis

1. Agathen-Stiftung

Errichtet:	1854 (Testament)
Stifter:	Friedrich Heinrich Coqui (1802–1853), Kaufmann
Vermögen:	1910: 3.000 M
Zweck:	1. Konfirmationsbekleidung für drei Konfirmandinnen,
	2. Verteilung von drei Bibeln an drei Konfirmandinnen,
	3. der Rest als Ehrengabe am Todestage der Agathe Coqui an eine im Jahr vorher im Stadtteil Buckau verheiratete, hier konfirmierte, unbescholtene junge Ehefrau
Verwaltung:	Vorstand, bestehend aus einem Nachkommen der Familie Coqui, dem ev. Ortspfarrer und dem Ortsvorsteher
	(Nach der Eingemeindung von Buckau übernahm die Stelle des Ortsvorstehers ein Mitglied der Stadtverordnetenversammlung.)
Darstellung:	Die Stiftung erinnert an die Tochter Agathe, die am 25. Juni 1842 im Alter von 14 Jahren verstorben war. Die Stiftung überlebte offensichtlich die Inflation des Jahres 1923. 1937 teilte die Stadt dem RP mit, dass sie die Verwaltung über die Stiftung ausübe.
Quellen:	LASA, C 20 I Ib, Nr. 3642; C 28 II, Nr. 7337; M1, Nr. 1528; StAM, Rep. A II, S 20 spec. 67; Nachweisung 1910; Wohlfahrtseinrichtungen
Literatur:	von Dietze/Hunsdieck-Nieland, Stiftungen, S. 72; Meyer/Schneidewin, Wohlfahrtseinrichtungen, S. 9
Bemerkungen:	auch: Agathe Coqui-Stiftung;
	rechtsfähige Stiftung des bgl. Rechts;
	(↗) auch die weiteren Stiftungen der Familie Coqui: Nr. 73–75

Lutz Miehe

2. von Alemann'sche Lehnstiftung

Errichtet:	1506 (Testament), 1547 (Umwandlung)
Stifter:	Heinrich (III.) Alemann (ca. 1425–1506), Ratsherr, Gesandter und Bürgermeister der Altstadt Magdeburg
Vermögen:	Grundeigentum
Zweck:	Die testamentarische Stiftung unterhielt zunächst Seelenmessen für den Stifter an der Johanniskirche, wurde aber nach dem Bruch der Reforma-

tion mit der altgläubigen Memorialpraxis am 19. Februar 1547 von den Erben in ein Stipendium für studierwillige Nachfahren umgewandelt. Heute verfolgt die Familienstiftung:

1. die Förderung der Kultur an den historischen Wirkungsstätten der Familie von Alemann, insbesondere in Magdeburg,

2. die Förderung von Forschungen zur Stadt- und Familiengeschichte und von Veranstaltungen zu deren Präsentation.

Verwaltung: Vorstand aus Nachfahren des Stifters, daher im 17. Jh. zeitweilige Verwaltung durch Otto von Guericke; heute: Vorstand, bestehend aus zwei Nachkommen der Familie von Alemann sowie einer dritten Person als Kurator. Dieser soll eine berufliche Tätigkeit in Magdeburg ausüben und nicht der Familie von Alemann angehören.

Darstellung: Die Stiftung stellte nach 1945 ihre Tätigkeit ein. Sie wurde 1999 wiederbelebt und betreibt seitdem als Familienstiftung Projektförderung. Sie ist im Stiftungsverzeichnis des Landes Sachsen-Anhalt unter der Nr. MD–11741-050 registriert.

Quellen: k. A.

Literatur: von Dietze/Hunsdieck-Nieland, Stiftungen, S. 267; Sippenverband, H. 3, S. 267

Bemerkungen: rechtsfähige Stiftung des bgl. Rechts;
heute: von Alemann'sche Stiftung; Familienstiftung

Lutz Miehe/Christoph Volkmar

3. GEHEIMRAT ALLENDORFF-STIFTUNG

Errichtet: 1912

Stifter: Otto Moritz Allendorff (1841–1912), Geh. KomRat, Schönebeck
Der Stifter war Unternehmer und Landwirt. 1904 gründete er in Schönebeck die Sprengstoff- und Patronenfabrik August & Wilhelm A.

Vermögen: 6.000 M

Zweck: Hebung des Kaufmannsstandes

Verwaltung: IHK

Darstellung: Die Stiftung wurde im Januar 1953 von der IHK beim RdB angemeldet. In diesem Zusammenhang wurde mitgeteilt, dass die Stiftung vermögenslos sei und ihre Zwecke nicht mehr erfüllen könne. Eine Satzung sei nicht vorhanden. Die Stiftung wurde am 29. September 1954 durch den RdSt aufgelöst.

Quellen: LASA, M1, Nr. 1528, 1530, 1532, 8358/7

Literatur: Geffert, Otto Moritz Allendorff, in: MBL, S. 6

Bemerkungen: auch: Geheimrat Allendorf-Stiftung;
rechtsfähige Stiftung des bgl. Rechts

Lutz Miehe

4. Allgemeiner Stiftungsfonds bzw. Allgemeine Stiftungsmittel

Errichtet: Januar 1923
Stifter: Stadt Magdeburg
Vermögen: 3.854.000 RM, Wertpapiere, Vielzahl kleiner Grundflächen
Zweck: Soziale Zwecke:

1. Zahlung von Unterstützungen in besonderen Fällen über den Rahmen der öffentlichen Fürsorge hinaus,

2. Wöchnerinnenfürsorge,

3. Blindenfürsorge,

4. Waisenfürsorge,

5. Erholungsfürsorge zur Pflege tuberkulöser Kinder,

6. Prämien an Dienstboten,

7. Prämien an Schüler und Schülerinnen,

8. Stipendien,

9. Erziehungs- und Ausbildungsbeihilfen,

10. Raten an Vermächtnisnehmer,

11. Pflege von Gräbern der Stifter,

12. Unterhaltung von Altersheimen

Verwaltung: Magistrat
Darstellung: Im Januar 1923 genehmigte der RP die Zusammenlegung von ca. 180 teilweise seit Jahrhunderten von der Stadt verwalteten unselbständigen Stiftungen zum „Allgemeinen Stiftungsfonds" (später umbenannt in „Allgemeine Stiftungsmittel"). Der Grund für diese Maßnahme war die Geldentwertung und die Tatsache, dass die Stiftungen immer geringere Erträge erzielten. Deshalb wurde die Verwaltung der vielen – oftmals kleinen – Stiftungen unwirtschaftlich. Ausgenommen von dieser Zusammenlegung blieben nur wenige unselbständige Stiftungen (↗ Peter Zincke-Stiftungen, Ida Lücke-Heim). Teil des Allgemeinen Stiftungsfonds waren bis 1928 auch die Familienstiftungen, die dann wieder getrennt geführt wurden. In den Allgemeinen Stiftungsfonds integrierte die Stadt offenbar jene unselbständigen Stiftungen, mit deren Verwaltung sie beauftragt wurde und die nach 1923 errichtet wurden.

	Die Stiftung verfügte im Jahre 1942 über Erträge von ca. 650.000 RM. Aus den Erträgen wurde zwischen 1936 und 1944 der Neubau des städtischen Altersheims in der Leipziger Str. 43 finanziert. Da hierfür dem Vermögen der Stiftung – neben dem Ertrag – über 1 Mio. RM entnommen wurden, wurde auch das städtische Altersheim zu der Stiftung „Allgemeine Stiftungsmittel" gezählt. Im Jahre 1950 wurden ihr auch die Peter Zincke-Stiftungen und das Ida-Lücke Heim zugelegt. Die Stiftung „Allgemeine Stiftungsmittel" wurde am 29. September 1954 durch den RdSt aufgelöst. Zu diesem Zeitpunkt verfügte sie über ein Vermögen von ca. 3.854.000 DM aus Grundvermögen, Ausstattungs- und Verbrauchsgegenständen und sonstigen beweglichem Sachvermögen.
Quellen:	Vorl. Liste, Kreis XV, Nr. 1; Hauptliste, Kreis XI, Nr. 13; LASA, M1, Nr. 1528–1530, 1532; StAM, Rep. 13, A I. 914, A I. 1017; Rep. 41, 863, 864, 867
Literatur:	Anlage zum Haushaltsplan 1941; Verwaltungsbericht 1928/29, 1936, 1937
Bemerkungen:	k. A.

Lutz Miehe

5. Allgemeiner Wohltätigkeitsstock

Errichtet:	nach 1923
Stifter:	k. A.
Vermögen:	k. A.
Zweck:	Unterstützung bedürftiger Kaufleute
Verwaltung:	IHK
Darstellung:	Die Stiftung wurde im Januar 1953 von der IHK beim RdB angemeldet. In diesem Zusammenhang wurde mitgeteilt, dass die Stiftung vermögenslos sei und ihre Zwecke nicht mehr erfüllen könne. Die Stiftung wurde am 29. September 1954 durch den RdSt aufgelöst.
Quellen:	LASA, M1, Nr. 1528–1530, 1532, 8358/7
Literatur:	k. A.
Bemerkungen:	k. A.

Lutz Miehe

6. Alpha-Omega-Stiftung

Errichtet:	15. September 2020
Stifter:	k. A.

Vermögen:	k. A.
Zweck:	Zuwendung von Geldmitteln zugunsten ihrer Destinatäre
Verwaltung:	Vorstand
Darstellung:	Die Stiftung ist im Stiftungsverzeichnis des Landes Sachsen-Anhalt unter der Nr. LSA-11741-315 registriert.
Quellen:	k. A.
Literatur:	k. A.
Bemerkungen:	rechtsfähige Stiftung des bgl. Rechts; Familienstiftung; Verbrauchsstiftung

Lutz Miehe

7. Alsleben'sches Legat

Errichtet:	1878 (Testament)
Stifter:	Ferdinand Alsleben († 2. Juli 1878 in Potsdam) Der Stifter war Stadtältester in der Stadtverordnetenversammlung.
Vermögen:	3.000 M, 1910: 3.061,78 M
Zweck:	Unterstützung würdiger und bedürftiger Blinder am 2. Juli jeden Jahres, dem Todestag des Testators, in Höhe von mindestens 6 M
Verwaltung:	Magistrat/Armendirektion
Darstellung:	Die Stadt legte die Stiftung im Jahre 1923 mit ca. 180 weiteren unselbständigen Stiftungen zum (↗) Allgemeinen Stiftungsfonds zusammen.
Quellen:	LASA, C 28 I Ie, Nr. 1625; StAM, Rep. A II, S 20 spec. 32a Bd. 2; Rep. 18[4], A 8; Nachweisung 1910; Wohlfahrtseinrichtungen
Literatur:	Adressbuch 1920, S. 27; Bericht über die Verwaltung 1882, 1908/1909; von Dietze/Hunsdieck-Nieland, Stiftungen, S. 74; Meyer/Schneidewin, Wohlfahrtseinrichtungen, S. 60
Bemerkungen:	auch: Alsleben'sche Stiftung bzw. Zuwendungen des Stadtältesten Alsleben; unselbständige Stiftung

Lutz Miehe

8. Altwein-Blankenbach'sche Stiftung

Errichtet:	28. Dezember 1756 (Testament)/1758 (Genehmigung)
Stifterin:	Barbara Sophie Altwein, geb. Lüdicke
Vermögen:	2.200 Tlr., 1910: 11.712,49 M
Zweck:	Unterstützung armer Witwen, Waisen und würdiger Jungfrauen aus besseren Ständen jährlich am 3. August und 4. Dezember

Verwaltung: Magistrat/Armendirektion

Darstellung: A. legte in ihrem Testament fest, dass ihre beiden Nichten ihre beiden Brauhäuser am Breiten Weg gegen die Auflage erhalten, am 4. Dezember (Tag der hl. Barbara) und am Namenstag ihres verstorbenen Ehemannes (3. August) jeweils 55 Tlr. an die Destinatäre auszureichen. Die beiden Erbinnen lösten die Verpflichtung durch eine Zahlung von 2.200 Tlr. ab.

Dieser Stiftung stiftete der Bürgermeister Johann Friedrich Blankenbach am 18. Mai 1790 durch Testament 1.100 Tlr. zu. Das Geld sollte nach dem Tod seiner Schwester gezahlt werden. Allerdings musste es nach deren Tod eingeklagt werden und ging erst 1823 in Höhe von 780 Tlr. der Stiftung zu. Im Jahre 1858 zahlte die Armenverwaltung aus den Erträgen der Stiftung Unterstützungen im Umfang von 140 Tlr.

Die Stadt legte die Stiftung im Jahre 1923 mit ca. 180 weiteren unselbständigen Stiftungen zum (↗) Allgemeinen Stiftungsfonds zusammen.

Quellen: LASA, C 28 I Ie, Nr. 1625; StAM, Rep. A II, S 20 spec. 32a Bde. 1, 2; Rep. 18[4], A 8; Nachweisung 1910; Wohlfahrtseinrichtungen

Literatur: Adressbuch 1920, S. 27; Bericht über die Verwaltung 1908/1909; Bock, Armenwesen, S. 96 f.; von Dietze/Hunsdieck-Nieland, Stiftungen, S. 75; Meyer/Schneidewin, Wohlfahrtseinrichtungen, S. 6; Oppermann, Armenwesen, 1821, S. 183; ders., 1831–1840, S. 55 f.; Rauer, Landbuch, S. 14

Bemerkungen: unselbständige Stiftung

Die Stifterin errichtete auch die (↗) Nr. 9.

Lutz Miehe

9. Altwein'sches Stipendium

Errichtet: 28. Dezember 1756 (Testament)/1758 (Genehmigung)

Stifterin: Barbara Sophie Altwein, geb. Lüdicke

Vermögen: 300 Tlr., 1910: 1.123,09 M

Zweck: Stipendien für arme Studierende „von nicht geringer Herkunft", die die Stadtschule absolviert hatten, am Tage Barbara und August

Verwaltung: Magistrat

Darstellung: Der Zweck wurde bis zum Jahre 1798, in welchem die Stadtschule in eine Bürgerschule verwandelt wurde, erfüllt und jährlich 15 Tlr. Unterstützung gezahlt. Da von der Bürgerschule keine Schüler mehr direkt auf die Universität gingen, war der Zweck entfallen. Die Erträge des Vermögens wurden nunmehr zum Kauf von Schulbüchern für arme Schüler genutzt. Im Jahre 1812 entnahm die Stadtverwaltung dem Grundstockvermögen 300 Tlr., um damit die Gläubiger des Armenhauses zu befriedigen. Ob, wie ursprünglich vorgesehen, die Stadtverwaltung dieses „Darlehen" jemals zurückzahlte, bleibt unklar. Im Jahr 1814 hatte die Stiftung Einnahmen in Höhe von 312 Tlr. Mitte des 19. Jh. beschloss der Magistrat, die Erträge jährlich zu Ostern zur Unterstützung eines Absolventen des hiesigen Gymnasiums für dessen Studium auszugeben. Damals betrug die Summe 13½ Tlr. Im Jahre 1910 wurde eine Unterstützung von 35,75 M gewährt. Die Stadt meldete die Stiftung im Jahre 1937 als existierend.

Quellen: GStA, I. HA Rep. 91C, Nr. 2388; LASA, C 28 I Ie, Nr. 1599; C 28 II, Nr. 7337; StAM, Rep. A I, R 192, W 220; Rep. A II, A 48 spec. 1 Bde. 1, 2, S 20 spec. 32a Bde. 1, 2; Rep. 18⁴, A 8; Nachweisung 1910; Wohlfahrtseinrichtungen

Literatur: Adressbuch 1920, S. 27; Berghauer, Magdeburg, Bd. 1, S. 290, Bd. 2, S. 175; Bericht über die Verwaltung 1908/1909, 1919/1920, Teil 2 sowie 1920/1921, Teil 2; Bock, Armenwesen, S. 276; von Dietze/Hunsdieck-Nieland, Stiftungen, S. 75; Hermes/Weigelt, Handbuch, S. 18; Meyer/Schneidewin, Wohlfahrtseinrichtungen, S. 21; Oppermann, 1821, S. 183; ders. 1831–1840, S. 55 f.; Rauer, Landbuch, S. 14

Bemerkungen: auch: Altwein'sche Stipendienstiftung, Altwein'sches Vermächtnis; unselbständige Stiftung; rechtsfähige Stiftung des bgl. Rechts

Lutz Miehe

10. VON ALVENSLEBEN'SCHE FAMILIENSTIFTUNG

Errichtet: 1883
Stifter: Familie von Alvensleben
Vermögen: Grund- und Kapitalvermögen
Zweck: Mitgliedern der Familie das Erlangen einer angemessenen Lebensstellung durch Hilfsgelder zu erleichtern sowie hilfsbedürftige Familienmitglieder zu unterstützen;
Erweiterung des Zwecks im Jahr 2000 um die „Förderung des Landschafts- und Denkmalschutzes sowie die Pflege und Bewahrung kultureller Güter und Baudenkmäler, die in Beziehung zur Familie von Alvensleben stehen"
Verwaltung: LG Magdeburg und Familienverband von Alvensleben e. V.
Darstellung: Die Gründung der Stiftung geht auf einen Beschluss der Familie auf

dem Familientag im Jahre 1879 zurück. Ihr Grundstockvermögen wurde vom LG im Jahre 1938 mit ca. 152.000 RM (Grund- und Kapitalvermögen) angegeben.

Die Stiftung stellte nach 1945 ihre Tätigkeit ein. Sie wurde im Jahre 1952 beim RdB Halle gemeldet. Dieser vermutete im Jahre 1955, dass sich der Vorstand der Stiftung in der Bundesrepublik befinde.

Die Stiftung wurde offensichtlich während der DDR-Zeit nicht aufgelöst.

Der Sitz der Stiftung befindet sich heute in Göttingen.

Quellen:	LASA, C 28 I Ie, Nr. 1661; C 127, Nr. 644; M1, Nr. 1530
Literatur:	von Dietze/Hunsdieck-Nieland, Stiftungen, S. 267
Bemerkungen:	rechtsfähige Stiftung des bgl. Rechts

Lutz Miehe

11. ANDREAS-KAROLINEN-STIFTUNG

Errichtet:	1891
Stifterin:	Bertha von Gellhorn, geb. Buhlers, Liegnitz
Vermögen:	1910: 3.000 M
Zweck:	Bekleidung armer Erstkommunikanten
Verwaltung:	Kath. KG St. Agnes (Pfarrer) (Neustadt)
Darstellung:	k. A.
Quellen:	Nachweisung 1910; Wohlfahrtseinrichtungen
Literatur:	Adressbuch 1920, S. 29; von Dietze/Hunsdieck-Nieland, Stiftungen, S. 76
Bemerkungen:	k. A.

Lutz Miehe

12. GEMEINSCHAFTSSTIFTUNG ARBEITERWOHLFAHRT SACHSEN-ANHALT

Errichtet:	18. November 1997
Stifter:	Vorstand der Arbeiterwohlfahrt Landesverband Sachsen-Anhalt e. V.
Vermögen:	k. A.
Zweck:	Förderung des Wohlfahrtswesens, schwerpunktmäßig auf dem Gebiet der sozialen Senioren-, Behinderten - und Jugendarbeit, weiterhin die Förderung der Kultur sowie die Unterstützung hilfsbedürftiger Personen

Verwaltung:	Vorstand, bestehend aus einer bis höchstens drei Personen
Darstellung:	Die Stiftung ist im Stiftungsverzeichnis des Landes Sachsen-Anhalt unter der Nr. MD-11741-042 registriert.
Quellen:	k. A.
Literatur:	k. A.
Bemerkungen:	rechtsfähige Stiftung des bgl. Rechts

Lutz Miehe

13. Stiftung für kirchliche Armenpflege der St. Ambrosius-Gemeinde

Errichtet:	k. A.
Stifter:	KG St. Ambrosius
Vermögen:	1910: 500 M
Zweck:	Unterstützung armer Gemeindeglieder von St. Ambrosius; Armenpflege
Verwaltung:	GKR der ev. KG St. Ambrosius (Sudenburg); Verteilung durch den Pfarrer
Darstellung:	k. A.
Quellen:	Nachweisung 1910; Wohlfahrtseinrichtungen
Literatur:	k. A.
Bemerkungen:	k. A.

Lutz Miehe

14. Armenkasse der Deutsch-reformierten Gemeinde

Errichtet:	1710/1738
Stifter:	u. a. Gottlob Friedrich Meyer (1658–1737), Kgl. Preuß. Kriegs- und Domänenrat, Direktor des Kgl. Medizinalkollegiums
Vermögen:	1738: 8.112 Tlr., 1800: 7.800 Tlr., 1910: 109.739 M
Zweck:	Unterstützung Armer und Kranker der dt.-ref. Gemeinde
Verwaltung:	Presbyterium der dt.-ref. Gemeinde
Darstellung:	M. vermachte der dt.-ref. Gemeinde in seinem Testament vom 29. August 1722 sein gesamtes Vermögen. In die Stiftung flossen auch Gelder einer damals bereits bestehenden Armenkasse ein, die vor allem auf dem Vermächtnis des Generalleutnants Johann Heinrich von Börstel in Höhe von 3.000 Tlr. aus dem Jahr 1710 beruhte. Die Stiftung erhielt mehrmals größere Zustiftungen. Zu den bedeutenderen zählte die Stif-

tung des preuß. Kriminalrats Ludwig Wilhelm Eversmann († 16. Dezember 1801) vom 20. Mai 1783, der 200 Tlr. für die Unterhaltung von 20 Armen aussetzte. In die Armenkasse wurden auch die gewöhnlichen Kollekten und Spenden überführt.

Das Meyersche Legat wurde im Gegensatz zu den weiteren Stiftungen nicht gesondert ausgewiesen. Am 9. Januar 1770 wurde eine „Instruktion für den Kassenführer des Meyer'schen Legates" erlassen. 1810 wurden die Stiftungskapitalien mit in die Rechnung der Armen- und

66 Die Deutsch-reformierte Kirche am Breiten Weg, 1938

	Waisenhauskasse aufgenommen, dort jedoch getrennt geführt. Seit 1842 wurden die Armen- und die Waisenhauskasse wieder getrennt abgerechnet.
Quellen:	LASA, C 28 IIe, Nr. 1582, Bd. 1; StAM, Rep. A I, R 192; AKPS, Rep. A, Spec. G, Nr. A 1112; Rep. J 7, Nr. 38; Nachweisung 1910; Wohlfahrtseinrichtungen
Literatur:	Adressbuch 1920, S. 29; Die Kirchen-, Schul- und Armenverfassung, S. 73 ff.; von Dietze/Hunsdieck-Nieland, Stiftungen, S. 102; Meyer, Deutsch-Reformierte Gemeinde, Bd. 1, S. 377–388, Bd. 2, S. 369–362, 412–415; Vangerow, Geschichte und Verfassung, S. 54, 71 ff.
Bemerkungen:	auch: Deutsch-reformierte Armenkasse bzw. Meyer'sche Legatenkasse; (↗) Nr. 15

Lutz Miehe/Margit Scholz

15. Armen- und Waisenhaus der Deutsch-reformierten Gemeinde

Errichtet:	1738/1739/1787
Stifter:	u. a. König Friedrich Wilhelm II., Johann Tobias Rumpff, Kaufmann
Vermögen:	Gebäude des Waisenhauses, Kasse aus verschiedenen Stiftungen und Spenden, um 1800 rund 1.400 Tlr.
Zweck:	Unterkunft und Lebensunterhalt für Arme und Waisen
Verwaltung:	Waisenhauskonferenz in Anwesenheit des Presbyteriums der dt.-ref. Gemeinde. Dem ersten Prediger oblag die allgemeine Aufsicht über das Waisenhaus, das durch einen Informator und einen Hausvater geleitet wurde.
Darstellung:	1738 beschlossen die dt.-ref. und die wallon.-ref. Gemeinde einen Hauskauf in der Kamelstraße zwecks Einrichtung eines gemeinsamen Armen- und Waisenhauses, das Ostern 1740 eröffnet wurde (Genehmigung vom 12. Juni 1739). Die dt.-ref. Gemeinde steuerte hierzu 2.000 Tlr. bei. Auf Drängen der wallon.-ref. Gemeinde wurde das Institut 1785–1788 zwischen den beiden Gemeinden wieder aufgeteilt, und das Grundstück 1789 verkauft. Das zweite dt.-ref. Armen- und Waisenhaus wurde in der ehemaligen Kgl. Tabaksregie am Johanniskirchplatz eingerichtet und am 26. November 1788 eingeweiht. Das Gebäude im Wert von 15.300 Tlr. war der Gemeinde von Friedrich Wilhelm II. am 8. August 1787 geschenkt worden, „um sämtliche Hospital-Arme, auch Waisenhausanstalten darin zu combinieren, ingleichen eine Erwerbs- und Erziehungsschule für

Knaben darin anzulegen." Um 1800 lebten im Waisenhaus ca. 40 Personen (Kinder, Kranke, Alte). Auch der dritte Prediger hatte dort seine Wohnung. Bei einer Ehe einer Person aus der dt.-ref. Gemeinde mit einer Person ev. oder kath. Glaubens wurden am Ende des 18. Jh. bei Bedarf die Söhne von Vätern ev. oder kath. Glaubens sowie die Töchter von Müttern derselben Religionen von der städtischen Armenkasse versorgt, wogegen die anderen Kinder vom Armenhaus der dt.-ref. Gemeinde unterstützt wurden.

Nach den Befreiungskriegen geriet das Waisenhaus in eine schwere wirtschaftliche Krise, so dass das Presbyterium am 26. September 1817 einen eindringlichen Spendenaufruf an die Gemeindeglieder richtete. Um den Betrieb aufrechterhalten zu können, mussten zusätzliche Mittel aus der Kirchenkasse beigesteuert werden. Durch zahlreiche Geschenke konnte das Waisenhaus gerettet werden. Dennoch sah sich das Presbyterium gezwungen, schrittweise Teile des Gebäudes zu vermieten. 1873 veräußerte die Gemeinde das baufällige Waisenhaus mit Genehmigung der Regierung für 62.500 Tlr. Damit endete zwar die Krankendiakonie, nicht jedoch die gesamte Armenpflege, die auch schon zuvor außerhalb des Waisenhauses an Hausarme geleistet worden war. Der Verkaufserlös floss in den (↗) Deutsch-reformierten Waisenhaus-Fonds.

Quellen:	LASA, C 28 IIe, Nr. 1582, 1595; StAM, Rep. A II, A 48 spec. 1 Bd. 1; AKPS, Rep. A, Spec. G, Nr. A 1131
Literatur:	Adressbuch 1920, S. 29; Berghauer, Magdeburg, Bd. 2, S. 163 f.; Die Kirchen-, Schul- und Armenverfassung, S. 73 ff.; von Dietze/Hunsdieck-Nieland, Stiftungen, S. 102; Fischer, Pfälzer Kolonie, S. 99 ff.; Meyer, Deutsch-Reformierte Gemeinde, Bd. 1, S. 150–155, 383–388, Bd. 2, S. 355–419, 552–557; Oppermann, Armenwesen, 1821, S. 153
Bemerkungen:	(↗) Nr. 14, 17

Lutz Miehe

16. Armen- und Waisenhaus der Französisch-reformierten Gemeinde

Errichtet:	1710
Stifter:	Sammlung unter den Mitgliedern der frz.-ref. Gemeinde
Vermögen:	1811: ca. 25.000 Tlr.
Zweck:	Unterstützung der Armen und Waisen der frz.-ref. Gemeinde
Verwaltung:	Presbyterium der frz.-ref. Gemeinde, eigene Kommission spätestens seit 1742

Darstellung:	Im Jahre 1710 kaufte das Presbyterium ein Haus in der Faßlochstraße und richtete es als Armenhaus ein. 1733 wurde das angrenzende Haus ebenfalls erworben und zum Waisenhaus ausgebaut. Bei Ehen einer Person ev. oder kath. Glaubens mit einer Person der frz.-ref. Gemeinde bestimmte am Ende des 18. Jh. die Religionszugehörigkeit des Mannes, ob bei Bedarf die städtische Armenkasse oder das Armenhaus der frz.-ref. Gemeinde die Versorgung übernahm. In der Zeit der französischen Besetzung (1806–1814) wurde die Stadt mit der Stiftungsaufsicht betraut. Diese Aufsicht der Stadt wurde offensichtlich nach 1818 aufgehoben. 1938 teilte die frz.-ref. Gemeinde mit, dass die Stiftung noch existiere.
Quellen:	LASA, C 28 I Ie, Nr. 1571, 1582, Bd. 1; StAM, Rep. A I, R 192; Rep. A II, A 48 spec. 1 Bd. 1; AKPS, Rep. A, Generalia, Nr. 1166 b
Literatur:	Berghauer, Magdeburg, Bd. 2, S. 165 f.; Die Kirchen- Schul- und Armenverfassung, S. 73 ff.; Oppermann, Armenwesen, 1821, S. 153; Tollin, Geschichte der Französischen Colonie, Bd. III, Abt. 1, C, S. 652–780, Abt. 2, S. 266–273; Vangerow, Geschichte und Verfassung, S. 54, 71 ff.
Bemerkungen:	k. A.

Lutz Miehe/Margit Scholz

17. Armen- und Waisenhaus der Wallonisch-reformierten Gemeinde

Errichtet:	1738/1786
Stifter:	verschiedene Einzelstiftungen und Sammlungen unter den Mitgliedern der wallon.-ref. Gemeinde
Vermögen:	1910: 158.000 M sowie Grundstück
Zweck:	Unterstützung der Armen und Waisen der wallon.-ref. Gemeinde und der dt.-ref. Gemeinde (nur bis 1786)
Verwaltung:	Waisenhaus-Direktorium bestehend aus drei Presbytern und drei weiteren Gemeindegliedern
Darstellung:	1778 wurde auf Drängen der Wallonisch-Reformierten das gemeinsame Waisenhaus der dt.-ref. und der wallon.-ref. Gemeinde aufgegeben. Letztere erwarb im Jahre 1786 ein Grundstück in der Katharinenstraße für ein eigenes Armen- und Waisenhaus. Die Finanzierung erfolgte aus diversen Stiftungen, Spenden und Legaten. Für die Armen sind im Zeitraum von 1706 bis 1826 51 größere Zuwendungen überliefert. Für das Waisenhaus werden von 1791 bis 1885 17 Spenden zwischen zehn und 4.000 Tlr. gezählt. Zusätzlich wurden Kollekten bei den Ge-

meindegliedern durchgeführt, so auch bei der Gründung des Waisenhauses, das am 3. Januar 1787 eröffnet wurde. Im Jahre 1800 waren jeweils sechs Waise und Arme untergebracht. Bei einer Ehe einer Person aus der wallon.-ref. Gemeinde mit einer Person ev. oder kath. Glaubens wurden am Ende des 18. Jh. bei Bedarf die Söhne von Vätern ev. oder kath. Glaubens sowie die Töchter von Müttern derselben Konfessionen

67 Eingangsportal zum Wallonisch-reformierten Waisenhaus in der Venedischen Straße 3, 1939

von der städtischen Armenkasse versorgt, wogegen die anderen Kinder vom Armenhaus der wallon.-ref. Gemeinde unterstützt wurden.

1816 genehmigte der RP den Antrag des Presbyteriums, die Stadt von der Aufsicht über die Stiftung zu befreien. Das Sondervermögen der wallon.-ref. Waisenhauskasse bestand mindestens bis 1945.

Quellen: LASA, C 28 IIe, Nr. 1563, 1582, Bd. 1; StAM, Rep. A I, R 192, W 220; Rep. A II, A 30 Bd. 1, A 48 spec. 1 Bd. 1; AKPS, Rep. A, Generalia, Nr. 1166 b; Rep. J 7, Nr. 30; Nachweisung 1910; Wohlfahrtseinrichtungen

Literatur: Berghauer, Magdeburg, Bd. 2, S. 166 ff.; Bode, Urkundliche Nachrichten, S. 154–166; von Dietze/Hunsdieck-Nieland, Stiftungen, S. 282; Fischer, Pfälzer Kolonie, S. 95 ff.; Meyer/Schneidewin, Wohlfahrtseinrichtungen, S. 48; Oppermann, Armenwesen, 1821, S. 153; Vangerow, Geschichte und Verfassung, S. 54, 71 ff.

Bemerkungen: auch: Wallonisch-reformiertes Armen- und Waisenhaus

Die wallon.-ref. Gemeinde konnte schon in den 1830er Jahren eine Genehmigung der eigenständigen Stiftung durch den preuß. König nicht mehr nachweisen. Es ist nicht völlig geklärt, ob das Armen- und Waisenhaus tatsächlich den Status einer Stiftung besaß.

(↗) Nr. 52

Lutz Miehe/Margit Scholz

18. Arndt'sche Familienstiftung

Errichtet: k. A.
Stifter: k. A.
Vermögen: k. A.
Zweck: k. A.
Verwaltung: Vorstand
Darstellung: Die Stiftung wurde im Jahre 1939 vom LG Magdeburg nicht – wie andere Familienstiftungen – beim OLG Magdeburg gemeldet. Auf Anfrage der Stiftungsaufsicht beim MP zur Erfassung aller Stiftungen meldete sich die Stiftung im November 1947 an. Im Januar 1951 teilte die Stiftung mit, dass das Vermögen durch die Kriegseinwirkungen stark vermindert sei. Die Einnahmen würden jedoch immer noch 680 DM jährlich betragen, die satzungsgemäß ausgeschüttet würden.

Im Frühjahr 1955 betrieb der RdB die Auflösung der Stiftung. Wie bei der (↗) von Hake-Saldern'schen Familienstiftung und der (↗) Gustav Hintze-Stiftung prüfte auch hier die Abt. Finanzen des RdB, ob die Steuern korrekt gezahlt worden waren. Zudem sollten die Adressen aller Familienmitglieder ermittelt werden und sofort die Kontrolle über die Stiftung übernommen werden. Schließlich erfolgte die Übernahme der Verwaltung durch den Staat und die Übergabe des Vermögens an die Deutsche Investitionsbank am 9. Juli 1955. Ein förmlicher Auflösungsbeschluss der Stiftung wurde wohl nie gefasst.

Quellen: LASA, M1, Nr. 1528; StAM, Rep. 41, 906
Literatur: k. A.
Bemerkungen: rechtsfähige Stiftung des bgl. Rechts; Familienstiftung

Lutz Miehe

19. OTTO ARNOLD-STIFTUNG

Errichtet: (nach 1905)
Stifter: Heinrich Otto Arnold (1836–1918), Kgl. Geh. KomRat
Der Stifter war Schwiegersohn von Christian Friedrich Budenberg und Teilhaber der Fa. Schäffer & Budenberg. A. baute u. a. 1878 die New Yorker Niederlassung der Fa. auf. Er forcierte den weltweiten Export der Erzeugnisse und festigte den Weltruf des Unternehmens. Daneben war er kommunalpolitisch tätig und engagierte sich für die Interessen der Magdeburger Kaufleute. Die Familie A. schenkte dem Kaiser-Friedrich-Museum mehrfach Kunstgegenstände.
Vermögen: 1920: 15.000 M
Zweck: 1. Wiederbelebung des Kunstgewerbes,
2. Unterstützung junger talentvoller Handwerker, die sich dem Kunstgewerbe zuwenden möchten, aber nicht genügend Mittel besitzen, oder nicht in der Lage sind, sich durch ihrer Hände Arbeit die Mittel zum Studium zu verschaffen,
3. Kriegsgeschädigte, die den vorstehenden Bedingungen entsprechen, sollen den Vorzug haben
Verwaltung: IHK
Darstellung: Die Stiftung gehörte wahrscheinlich zu denjenigen, die im Juli 1944 durch die verwaltende IHK zusammengelegt wurden.
Quellen: k. A.
Literatur: Adressbuch 1920, S. 28; Behrend, Großkaufleute, S. 106; Heinicke, Heinrich Otto Arnold, in: MBL, S. 16; Höltge, Entwicklung der Firma Schäffer & Budenberg, S. 29–45; Liebscher, Alwine Lisette Karoline Hedwig Arnold, geb. Budenberg, in: MG, S. 24 f; Wolf/Müller, Schäffer & Budenberg, S. 17–29

Bemerkungen: rechtsfähige Stiftung des bgl. Rechts;
(↗) auch Nr. 63

Lutz Miehe

20. VON ARNSTEDT'SCHE FAMILIENSTIFTUNG

Errichtet: 19. März 1606 (Testament)
Stifter: Melchior von Arnstedt, Hauptmann des Amtes Jerichow († 1606)
Der Stifter blieb kinderlos.
Vermögen: 1939: 54.000 M
Zweck: Studienstipendium für die Nachkommen seiner Vettern und Schwestern
Verwaltung: Testamentsverwalter der Familie und das Magdeburger Domkapitel, nach dessen Auflösung nur durch die Familie
Darstellung: Die Stiftung war bis in das frühe 20. Jh. tätig. Bei der Anmeldung im Februar 1953 teilte sie mit, dass sie gegenwärtig ihre Zwecke nicht erfülle. Das aktuelle Vermögen betrage 8.000 DM. Darüber hinaus verfüge die Stiftung über eine Hypothek in Höhe von 90,22 DM, doch zahle der Landwirt aus Langenweddingen nicht. Klage könne nicht erhoben werden, da keine legitimierten Vertreter (der Stiftung) in der DDR vorhanden seien. Die Vermögenswerte wurden am 9. Juli 1955 der Deutschen Investitionsbank zur treuhänderischen Verwaltung übergeben (Übernahme der Stiftung durch den RdSt, Abt. Finanzen).
Quellen: LASA, M1, Nr. 1528, 1529; A 3a und H 40, E 87; C 28 II, Nr. 7323a; C 127, Nr. 644; StAM, Rep. 41, 905
Literatur: Berghauer, Magdeburg, Bd. 2, S. 178; Brückner/Erb/Volkmar, Adelsarchive, S. 332
Bemerkungen: rechtsfähige Stiftung des bgl. Rechts

Jörg Brückner/Lutz Miehe

21. EMANUEL AUFRECHT-STIFTUNG

Errichtet: 1. Dezember 1916/6. Januar 1917 (Genehmigung)
Stifter: Professor Dr. Emanuel Aufrecht, Geh. KomRat, Geh. SanRat (1844–1933)
Der jüd. Arzt hatte seine Ausbildung durch Rudolf Virchow (1821–1902) erfahren. Er war u. a. an der Ausbildung von Rot-Kreuz-Krankenschwestern am (↗) Kahlenberg-Stift beteiligt. A. war zwischen 1879 und 1905 Oberarzt der Inneren Abt. des städtischen Krankenhauses

und betrieb anschließend eine Privatpraxis. Er betreute auch das (↗) H. W. Müller'sche Siechenhospital. Sein Engagement richtete sich neben der Heilung von Nierenkrankheiten insbesondere auf die Bekämpfung der Lungentuberkulose. A. war Autor zahlreicher Monographien und wissenschaftlicher Artikel. Obwohl seit 1914 in Berlin tätig, errichtete er diese Stiftung aus alter Verbundenheit in Magdeburg.

Vermögen: 29.100 M
Zweck: 1. Unterstützung von Kriegerwitwen und -waisen sowie von aus dem Magdeburger Krankenhaus Altstadt entlassenen Kranken zur Begründung eines kleinen Gewerbezweiges,

2. Gewährung einer Beihilfe für einen Assistenzarzt des Krankenhauses Altstadt zu einer Studienreise,

3. Unterstützung von Schwestern der Krankenanstalt Altstadt zu Erholungszwecken

Verwaltung: Magistrat/Krankenhausverwaltung
Darstellung: Die Stadt bedankte sich beim Stifter für die Errichtung. Dies war höchst ungewöhnlich. Sie legte die Stiftung im Jahre 1923 mit ca. 180 weiteren unselbständigen Stiftungen zum (↗) Allgemeinen Stiftungsfonds zusammen.
Quellen: LASA, C 28 I Ie, Nr. 1625; StAM, Rep. A III, 31.1f Bd. 3; Rep. 18[4], A 8; Rep. 18[4], Ra. 37
Literatur: Bericht über die Verwaltung 1916/1917; Wolff, Emanuel Aufrecht, in: MBL, S. 20
Bemerkungen: auch: Geheimrat Professor Dr. Aufrecht-Stiftung; unselbständige Stiftung

Lutz Miehe

22. Auftragsberatungsstelle Sachsen-Anhalt

Errichtet: 17. Dezember 1991
Stifter: Handwerkskammern Halle (Saale) und Magdeburg und IHK in Halle-Dessau und Magdeburg
Vermögen: k. A.
Zweck: Förderung einer angemessenen Beteiligung der Unternehmen aus Industrie, Handel und Handwerk des Landes Sachsen-Anhalt an öffentlichen Aufträgen im Gesamtinteresse einer freien Wirtschaft
Verwaltung: Geschäftsführer und Stiftungsrat, bestehend aus je einem Vertreter der Stifter

Darstellung:	Die Stiftung ist im Stiftungsverzeichnis des Landes Sachsen-Anhalt unter der Nr. MD-11741-016 registriert.
Quellen:	k. A.
Literatur:	k. A.
Bemerkungen:	rechtsfähige Stiftung des bgl. Rechts

Lutz Miehe

23. AUGUSTEISCHER STIFTUNGSFONDS

Errichtet:	4. April 1583
Stifter:	Kurfürst August von Sachsen (1526–1586)
Vermögen:	Grundeigentum
Zweck:	Unterstützung von Geistlichen oder deren Hinterbliebenen in den ehemaligen sächsischen Landesteilen der Provinz Sachsen und der Provinz Brandenburg
Verwaltung:	vor 1815 Oberkonsistorium Dresden und der kurfürstliche Kanzler, seit 1816 Konsistorium Magdeburg und Konsistorium Berlin
Darstellung:	Satzungen der Stiftung sind erhalten aus den Jahren 1583, 1823, 1825. Die Erstausstattung von 1583 bestimmte eine jährliche Zuführung von 5.000 Gulden. Die ursprünglich kursächsische Stiftung erhielt offenbar 1816 einen Sitz in Magdeburg, um mit einem Teilvermögen ihre Aufgaben in den altsächsischen Landesteilen der neu eingerichteten Provinz Sachsen weiterzuführen.
Quellen:	AKPS, Rep. A, Generalia, Nr. 628a, 1039, 1088–1095, 6886; Amtsblatt Kgl. Regierung zu Merseburg 31. Mai 1823
Literatur:	von Dietze/Hunsdieck-Nieland, Stiftungen, S. 80
Bemerkungen:	auch: Fürstlich Augusteische Stipendienstiftung

Lutz Miehe

24. AUGUSTEN-STIFT

Errichtet:	1872
Stifter:	Stiftungskomitee angesehener Magdeburger Damen und Herren auf Anregung des Vaterländischen Frauenvereins
Vermögen:	1910: 316.518,02 M
Zweck:	Unterhaltung 1. einer Herberge für ein vorläufiges Unterkommen unbescholtener, Stellen suchender Dienstmädchen,

Achtundzwanzigster Jahresbericht
über das
Augustenstift,
Mägdeherberge und Mägdebildungs-Anstalt in Magdeburg,
Wallonerberg Nr. 6 und 7,
für das Jahr 1899.

Wenn in diesen Tagen in der ganzen evangelischen Christenheit und weit darüber hinaus mit großer Dankbarkeit und Verehrung des Mannes gedacht worden ist, der, vor 100 Jahren geboren, durch Gottes Gnade der Erneuerer des altkirchlichen Diaconissenwerkes geworden ist, so können auch wir im Hinblick auf unsere Arbeit an der ehrwürdigen Gestalt des in Gott ruhenden Diaconissenvaters und Pfarrers D. Fliedner nicht ohne ein Zeugniß dankbarster Verehrung vorübergehen. Denn wenn es mit seinem Werke nach dem Worte gegangen ist, das auf dem Kirchensiegel seiner Kaiserswerther Gemeinde steht: „Das Senfkorn wächst zum Baum heran", so ist auch unsere Anstalt ein kleiner Zweig an diesem großen Baume der weiblichen evangelischen Diaconie, der sein Gedeihen und Wachsthum aus keiner anderen Quelle schöpfen kann und will, als aus derselben, woher auch der sel. Fliedner Freudigkeit und Geduld für sein großes und mühevolles Lebenswerk genommen hat, d. h. aus dem Glauben, der durch die Liebe thätig ist. Und wenn der demüthige Mann, dem Gott zum Heile Unzähliger so Vieles gelingen ließ, dem ganzen Werke das Wort zum Beispruch setzte: „Er muß wachsen, ich aber muß abnehmen", so möchten auch wir, daß diese Gesinnung, welcher die Ehre Gottes und die Arbeit für das Wohl seiner Kinder das Höchste, die eigene Person aber und ihre Geltung vor den Leuten das Geringste ist, in dem Werke, das wir zu treiben haben, zum deutlichen Ausdruck käme.

Viel Gutes ist unserem Hause auch im verflossenen Jahre zu Theil geworden, wofür wir von Herzen dankbar sind. Der treue Gott hat das Haus vor allen Gefahren behütet, seine Arbeit vor betrübenden Erfahrungen bewahrt, unseren lieben Schwestern und deren Gehülfinnen die Frische und Freudigkeit erhalten und ihr Thun nicht ohne Segen und Frucht gelassen; auch den Gesundheitszustand des Hauses, von dem ja so viel für die erfolgreiche Arbeit abhängt, vor zu empfindlichen Störungen geschützt, wenn auch mancherlei Krankheit zu überwinden war.

In welchem Maße uns die Arbeit zugemessen war, ergeben die unten folgenden Mittheilungen über die einzelnen Stationen und Zweige der Anstalt. Gilt uns die Größe der an uns gestellten Anforderungen als ein ermuthigender Beweis des Vertrauens, das unserer Arbeit geschenkt wird,

so freut es uns ebenso sehr, die Erfahrung zu machen, daß unser Werk auch einer gewissen Anziehungskraft nicht entbehrt, die ihm die unentbehrlichen Mitarbeiter bisher erhalten und neue gewonnen hat, wenn schmerzliche Lücken in unserem Freundeskreise entstanden. Solche Verluste sind uns im letzten Jahre nicht erspart geblieben. Zwei unserer lieben Curatoriumsmitglieder wurden uns durch den Tod entrissen, Herr Conrad Schneider, der im jugendlichen Mannesalter so unerwartet bald seinem uns unvergeßlichen Vater in den ewigen Frieden nachfolgte, und Herr Stadtrath Otto Duvigneau, einer der Mitbegründer der Anstalt, der ihr durch die langen Jahre hindurch in unveränderter Liebe seine Theilnahme zugewandt hatte. Außerdem schieden in Folge ihres Wegzuges von Magdeburg aus dem Curatorium Frau Landgerichts-Präsident Pettenz, Herr Stadtrath Dr. Oehler und Herr Generalsuperintendent Textor. Wir bewahren den Heimgegangenen und den noch Lebenden das dankbarste Gedächtniß! Wir hatten aber auch die Freude, daß Fräulein von Arnstedt und die Herren Generalsuperintendent D. Vieregge, Professor Ziegler, Rechtsanwalt Dr. Humbert und Regierungs- und Gewerberath Hirsch unserer Bitte, in das Curatorium einzutreten, entsprochen haben.

Das Leben des Hauses hat auch im letzten Jahre seinen durch die Zwecke der Arbeit und die Anstaltsordnung gewiesenen Gang gehabt. Wir haben hierbei die Freude, zu berichten, daß die Einrichtungen der ersten Abtheilung der Haushaltungsbildungsschule es ermöglichten, während des Jahres sowohl für Schülerinnen der Anstalt, als auch für Damen aus der Stadt im Ganzen acht Kochlehrkurse mit je vierteljährlicher Dauer abzuhalten. Die Arbeit des Hauses aber ist uns sehr wesentlich erleichtert und in ihrer Ausdehnung überhaupt ermöglicht gewesen durch die Mitarbeit zahlreicher Freunde. Wir gedenken dabei in besonderer Dankbarkeit der treuen und selbstlosen Fürsorge des Herrn Sanitätsraths Dr. Kämpf für das gesundheitliche Wohl der Hausbewohner; der gütigen Bemühung der Frau E. Möbiger geb. Kühne um die Pflege des Gesanges unserer Schülerinnen; der Betheiligung vieler Damen an dem für unsere Krippe arbeitenden Nähvereine; der freundlichen Mitarbeit der an dem Kindergottesdienst betheiligten

68 Erste Seite des Jahresberichts des Augusten-Stifts von 1889

	2. einer Bildungsanstalt zur Ausbildung gesitteter, aus der Schule entlassener Mädchen zu brauchbaren Dienstmädchen
Verwaltung:	Vaterländischer Frauenverein für Magdeburg und Umgebung, Kuratorium aus höchstens 28 Frauen und 20 Männern, die sämtlich durch Kooptation berufen werden, sowie einem aus der Mitte des Kuratoriums gewählten Vorstand von vier Herren und drei Damen
Darstellung:	Das Augusten-Stift befand sich am Wallonerberg 5 und 6. Im 27. Jahresbericht für das Jahr 1898 teilte die Stiftung mit, dass ihr Gebäude um einen dritten Flügel erweitert worden sei. Traditionell werde die Einrichtung durch den Vaterländischen Frauenverein, die Provinzialhilfskasse und das Kuratorium des (↗) Hospitals St. Georgen unterstützt. Die Einrichtung bestand demnach aus verschiedenen Abt.:

1. Die erste Abt. der Bildungsschule habe 60 Mädchen in Haushaltsführung und Kinderpflege ausgebildet.
2. Die zweite Abt. der Bildungsschule habe 75 Schülerinnen zu Dienstboten ausgebildet.
3. In der Mädchenherberge haben 329 Mädchen an 2.894 Pflegetagen eine Unterkunft bekommen.
4. Der Knaben- und Mädchenhort habe 50 bis 80 Schüler in der schulfreien Zeit aufgenommen.
5. Die Kleinkinderschule habe 300 Pfleglinge, „von denen täglich 60 bis 90 anwesend waren", betreut.
6. Die Krippe habe 100 Kinder an 3.664 Pflegetagen täglich von 6 bis 20 Uhr aufgenommen.
7. Die Strickschule haben einmal wöchentlich 90 Kinder besucht.
Zudem führte die Einrichtung sonntäglich einen Kindergottesdienst mit ca. 300 Kindern und alle 14 Tage einen Missionsabend durch. Regelmäßig wurde Armen- und Krankenkost verteilt.
Im Jahre 1895 erhielt die Stiftung von 18 Stiftungen Unterstützung.
Die Kosten für die erste Abt. der Bildungsschule betrugen für den Unterricht, Verpflegung und Unterkunft pro Jahr im Jahre 1902 400 M.

Quellen:	StAM, Rep. A II, S 20 spec. 32a Bde. 2–4; Nachweisung 1910; Wohlfahrtseinrichtungen
Literatur:	Adressbuch 1920, S. 29; von Dietze/Hunsdieck-Nieland, Stiftungen, S. 80; Meyer/Schneidewin, Wohlfahrtseinrichtungen, S. 1, 25
Bemerkungen:	rechtsfähige Stiftung des bgl. Rechts

Lutz Miehe

25. Ausschuss-Stiftung

Errichtet:	nach 1918
Stifter:	k. A.
Vermögen:	k. A.
Zweck:	Zahlung von Urlaubsgeld an Angestellte der Handelskammer
Verwaltung:	IHK
Darstellung:	Die Stiftung wurde im Januar 1953 von der IHK beim RdB angemeldet. In diesem Zusammenhang wurde mitgeteilt, dass die Stiftung vermögenslos sei und ihre Zwecke nicht mehr erfüllen könne. Eine Satzung sei nicht vorhanden. Die Stiftung wurde am 29. September 1954 durch den RdSt aufgelöst.
Quellen:	LASA, M1, Nr. 1528, 1530, 1532
Literatur:	k. A.
Bemerkungen:	rechtsfähige Stiftung des bgl. Rechts

Lutz Miehe

26. Legat der Bachmann'schen Eheleute

Errichtet:	1897
Stifter:	Ehepaar Bachmann, Mühlhausen in Thüringen
Vermögen:	1910: 3.000 M
Zweck:	Erhaltung des Predigtamtes der altlutherischen Gemeinde
Verwaltung:	Kirchenvorstand der altlutherischen Gemeinde
Darstellung:	k. A.
Quellen:	Nachweisung 1910; Wohlfahrtseinrichtungen
Literatur:	k. A.
Bemerkungen:	k. A.

Lutz Miehe

27. Baensch-Stiftung für das Domgymnasium

Errichtet:	1905
Stifter:	Emanuel Baensch, KomRat (1857–1928) Der Stifter war Druckereibesitzer und Verleger. 1876 legte er am Domgymnasium in Magdeburg sein Abitur ab. Er war 1894 bis 1919 Stadtverordneter, von 1907 bis 1919 Stadtverordnetenvorsteher und von 1894 bis 1919 Abg. im LT der Provinz Sachsen. Der Träger zahlreicher hoher Auszeichnungen wurde 1905 zum KomRat ernannt.
Vermögen:	1910: 1.000 M

Zweck:	Prämierung von Schülern des Domgymnasiums mit Büchern am Michaelistag (29. September)
Verwaltung:	Direktor des Domgymnasiums
Darstellung:	k. A.
Quellen:	Nachweisung 1910; Wohlfahrtseinrichtungen
Literatur:	Heinrich, Friedrich Robert Emanuel Baensch, in: MBL, S. 24
Bemerkungen:	rechtsfähige Stiftung des bgl. Rechts
	Der Vater und ein Onkel des Stifters errichteten die (↗) Nr. 28.

Lutz Miehe

69 *Friedrich Robert Emanuel Baensch, um 1915*

28. EMANUEL BAENSCH-STIFTUNG

Errichtet:	14. März 1878 (Testament)/18. Mai 1878 (Genehmigung)
Stifter:	Eduard Baensch, Kaufmann und Stadtrat in Magdeburg (1816–1895) und Wilhelm von Baensch, Geh. KomRat in Dresden (1828–1899)
	Die Stifter waren Söhne des Magdeburger Kaufmanns, Buchdruckers und Verlegers Heinrich Theodor Emanuel B. (1789–1864).
Vermögen:	6.000 M, 1910: 17.461,88 M, 1946: 3.872,73 M
Zweck:	1. Erziehung und Ausbildung von aus gesetzlich gültiger Ehe stammenden Nachfahren der Eltern, die der Unterstützung bedürftig sind, sich innerhalb des Deutschen Reiches befinden und der kath. Religion nicht angehören,
	2. Unterstützung von Kindern bedürftiger und würdiger Magdeburger, welche der Kath. Kirche nicht angehören, das 14. Lebensjahr überschritten haben und sich zu einem Beruf oder Gewerbe vorbereiten.
	Die Zahlungen sollten jährlich am 14. März, dem Hochzeitstage der Eltern im Jahre 1815, erfolgen.
Verwaltung:	Magistrat/Kämmereikasse;
	Besonderer Vorstand, bestehend aus einem Magistratsmitglied, einem Familienmitgliede und einem hiesigen Bürger
Darstellung:	Die Stiftung erfolgte in Ehrung der Eltern der Stifter. Diese hatten bestimmt, dass die Erträge der Stiftung so lange akkumuliert werden, bis das Grundstockvermögen 50.000 M. erreicht hatte.
	Die Stadt beantragte am 14. August 1946 beim Bezirkspräsidenten die Auflösung der Stiftung und teilte u. a. mit, dass deren Vermögen wegen der Sperrbestimmungen der Besatzungsmächte keine Erträge erbringe. Sie habe schon seit 1923 ihre Zwecke nicht mehr erfüllen können und die Erträge zur Auffüllung ihres Vermögens nicht ausgezahlt. Die Akten der Stiftung bei der städtischen Stiftungsverwaltung seien am 16. Januar 1945 vernichtet worden.
	Die Stiftung wurde auf Antrag der Stadtverwaltung, die einen Auflösungsbeschluss des Stiftungsvorstandes nicht für nötig hielt, durch Beschluss der 33. Sitzung des Präsidiums der Provinz Sachsen am 8. November 1946 aufgelöst mit der Maßgabe, dass die noch vorhandenen Vermögenswerte der Stadt für karitative Zwecke zur Verfügung gestellt werden.
Quellen:	LASA, K2, Nr. 266, 476, 662; M1, Nr. 1528; StAM, Rep. A II, S 20 spec. 32a Bde. 1, 2; Rep. 13, A I. 916; Rep. 18[4], A 8, Bü. 142; Rep. 41, 863, 865 (Satzung); Urk.-S., 10; Nachweisung 1910; Wohlfahrtseinrichtungen
Literatur:	Adressbuch 1920, S. 27; Bericht über die Verwaltung 1908/1909, 1919/1920, Teil 2 sowie 1920/1921, Teil 2, 1937; von Dietze/Huns-

dieck-Nieland, Stiftungen, S. 81; Heinrich, Heinrich Theodor Emanuel Baensch, in: MBL, S. 24 f.; Meyer/Schneidewin, Wohlfahrtseinrichtungen, S. 5

Bemerkungen: auch: Baensch-Stiftung;
Familienstiftung; rechtsfähige Stiftung des bgl. Rechts
Der Sohn eines Stifters errichtete die (↗) Nr. 27.

Lutz Miehe

29. Bandelow'sche Stiftung (I)

Errichtet: 1863
Stifter: Emil Bandelow, Kaufmann
Vermögen: 500 Tlr., 1910: 1.515,76 M
Zweck: Unterstützung würdiger und bedürftiger Einwohner der Altstadt in außerordentlichen Fällen der Not
Verwaltung: Magistrat/Armendirektion/Wohlfahrtsamt
Darstellung: Ostern 1868 wurden ein Junge und ein Mädchen mit je 20 Tlr. zur Bekleidung unterstützt. Die Stadt legte die Stiftung im Jahre 1923 mit ca. 180 weiteren unselbständigen Stiftungen zum (↗) Allgemeinen Stiftungsfonds zusammen.
Quellen: Vorl. Liste, Kreis XV, Nr. 35; LASA, C 28 I Ie, Nr. 1625; StAM, Rep. A II, S 20 spec. 32a Bd. 2; Rep. 18[4], A 8; Nachweisung 1910; Wohlfahrtseinrichtungen
Literatur: Adressbuch 1920, S. 27; Bericht über die Verwaltung 1882, 1908/1909; Bock, Nachtrag, S. 365; von Dietze/Hunsdieck-Nieland, Stiftungen, S. 81; Ludwig, Charlottenburg, S. 126; Meyer/Schneidewin, Wohlfahrtseinrichtungen, S. 10
Bemerkungen: auch: Kaufmann Emil Bandelow'scher Stiftungsfonds;
unselbständige Stiftung
Der Stifter errichtete 1865 die namensgleiche (↗) Nr. 30.
Zudem vermachte er im Jahre 1865 seiner Heimatstadt Charlottenburg ein Legat von 500 Tlr. für Arme der Stadt.

Lutz Miehe

30. Bandelow'sche Stiftung (II)

Errichtet: 1865
Stifter: Emil Bandelow, Kaufmann
Vermögen: 1910: 2.300 M

Zweck:	Bekleidung armer Konfirmanden der ev. KG Heilig-Geist
Verwaltung:	GKR von Heilig-Geist, Magistrat/Armendirektion
Darstellung:	Die Stiftung hat die Inflationszeit der Jahre 1922/23 offensichtlich überstanden, ihr weiteres Schicksal ist unbekannt.
Quellen:	LASA, C 28 II, Nr. 7337; StAM, Rep. 18⁴, A 8; Nachweisung 1910; Wohlfahrtseinrichtungen
Literatur:	Adressbuch 1920, S. 29
Bemerkungen:	rechtsfähige Stiftung des bgl. Rechts
	Der Stifter errichtete bereits 1863 die namensgleiche (↗) Nr. 29.

Lutz Miehe

31. Gebrüder Barasch-Stiftung

Errichtet:	30. August 1927/11. April 1934
Stifter:	Hermann Broder (1872–1957), Inhaber der Magdeburger Filiale der Warenhauskette „Gebrüder Barasch"
	Der Stifter wurde als Jude von den Nationalsozialisten verfolgt und emigrierte 1942 nach Tel Aviv.
Vermögen:	10.000 RM
Zweck:	Unterstützung von Kindern und Müttern, die keine oder eine so geringe anderweitige Versorgung beziehen, dass sie in wirtschaftliche Not geraten sind
Verwaltung:	Stadtverwaltung
Darstellung:	Anlass für die Stiftung war das 25-jährige Jubiläum der Fa. Der Stifter überließ das Kapital der Stadt zur freien Verfügung. Daraufhin legte OB Hermann Beims den Stiftungszweck fest.
	Es ist unklar, ob die Stiftung als jüdisches Vermögen vom Staat eingezogen wurde oder ob die Stadtverwaltung die Stiftung in den (↗) Allgemeinen Stiftungsfonds überführte.
Quellen:	LASA, C 28 I Ie, Nr. 1706; StAM, Rep. 41, 863; Government of Palestine, Einbürgerungsmandat vom 25.02.1942
Literatur:	k. A.
Bemerkungen:	unselbständige Stiftung

Lutz Miehe

Stiftungen in Magdeburg. Ein Verzeichnis

70 *Kaufhaus Barasch im Breiten Weg 149 mit farbig gestalteter Hausfassade von Oskar Fischer (1892–1955), um 1922*

32. STIFTUNG DES UNTERSTÜTZUNGSVEREINS DES MAGDEBURGER BAUMARKTES

Errichtet: 1891

Stifter: Restbestand des Vermögens des aufgelösten Vereins „Magdeburger Baumarkt"

Vermögen: 1910: 3.318,25 M

Zweck: Die Erträge des während der Dauer von 150 Jahren durch Ansammlung der Zinsen zu vermehrenden Stiftungskapitals sollen zur Unterstützung von Angehörigen des Baugewerks und anderer damit verwandter Gewerbe in hiesiger Stadt verwendet werden.

Verwaltung:	Magistrat/Kämmereikasse
Darstellung:	k. A.
Quellen:	StAM, Rep. 18[4], A 8; Nachweisung 1910
Literatur:	Bericht über die Verwaltung 1919/1920, Teil 2
Bemerkungen:	k. A.

Lutz Miehe

33. BAURMEISTER-HACKELBUSCH'SCHES STIPENDIUM

Errichtet:	9. August 1625
Stifterin:	Elisabeth Weiße (um 1544–1618), Wwe. des Dr. Tobias Baurmeister (Paurmeister) von Kochstedt (1553–1616), Kanzler des Herzogtums Braunschweig-Lüneburg
Vermögen:	2.000 Tlr., 1910: 6.000 M
Zweck:	1. Ein Stipendium an einen Studierenden aus der Familie,
	2. ein Stipendium an einen „frommen Gesellen, so der Augsburgischen Confession zugetan, jedoch soll, wenn ein Studierender von der Familie diese Zinsen begehrt, solcher den Vorzug genießen"
Verwaltung:	Magistrat
Darstellung:	Zu den berechtigten Familienmitgliedern zählten auch die Nachkommen des Bruders der Stifterin, Dr. Johann Hackelbusch. Im Jahre 1910 betrugen die Stipendien 60 M, sie wurden jeweils am 1. Juni für einen Zeitraum von drei Jahren vergeben. Vorschlagsberechtigt war der Magistrat, die Kgl. Regierung hatte die Wahl zu bestätigen.
	Als sich im April 1924 Anna Martha Mussbach an die Stadtverwaltung wandte und um Unterstützung durch die Stiftung bat, vermerkte die Stiftungsverwaltung zwar, dass die Antragstellerin auf der Anwärterliste für die Jahre 1924/26 stehe, doch musste sie ihr mitteilen, dass infolge der Geldentwertung das Vermögen der Stiftung wertlos geworden war und Stipendien nicht mehr gezahlt werden konnten. Trotzdem verwaltete die Stadt 1937 noch das Vermögen der Stiftung.
Quellen:	LASA, C 28 II, Nr. 7337; StAM, Rep. A I, S 87 Bd. 9, S 555; Rep. A II, S 20 spec. 32a Bd. 2; Rep. 10 J, 25, 26; Rep. 18[4], A 8; AKPS, Rep. A, Generalia, Nr. 1175 b; Nachweisung 1910; Wohlfahrtseinrichtungen
Literatur:	Bericht über die Verwaltung 1908/1909, 1919/1920, Teil 2 sowie 1920/1921, Teil 2; Berghauer, Magdeburg, Bd. 1, S. 290, Bd. 2, S. 180;

Stiftungen in Magdeburg. Ein Verzeichnis

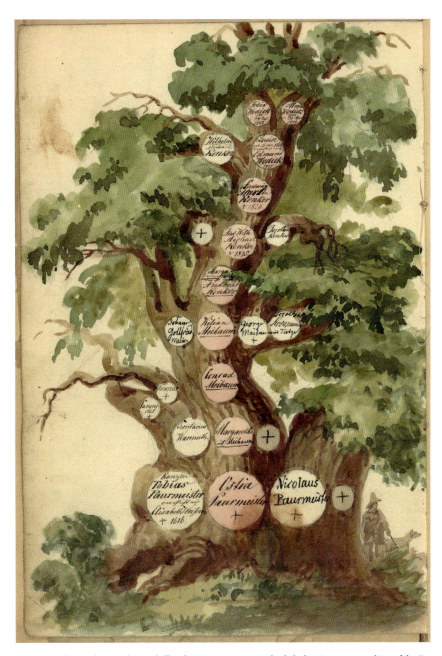

71 „Stammbaum der Familie Hackelbusch-Paurmeister; vornehmlich des Hauptzweiges bis auf die Familie Wodieck; von 1606 bis 1850", 1850. An der Spitze des Baums sind die beiden Kinder des Malers Eduard Wodieck dargestellt: Felix (*1847) und Alma (*1849). Als Nachfahren der Begründer der Stiftung hatten sie Ansprüche auf Leistungen aus dem Baurmeister-Hackelbusch'schen Stipendium.

Bock, Armenwesen, S. 272; von Dietze/Hunsdieck-Nieland, Stiftungen, S. 82; Hermes/Weigelt, Handbuch, S. 19; Meyer/Schneidewin, Wohlfahrtseinrichtungen, S. 23; Oppermann, 1831–1840, S. 83; Otto, Paurmeister

Bemerkungen: auch: Baurmeister-Hackelbusch'sche Stiftung, Paurmeister-Hackelbusch'sches Stipendium;
rechtsfähige Stiftung des bgl. Rechts

Lutz Miehe

34. Becker'sches Legat

Errichtet: 8. März 1851 (Testament)
Stifter: Ehepaar Becker, Tischlermeister und Holzhändler
Vermögen: 200 Tlr., 1910: 600 M
Zweck: Unterstützung einer armen Tischlerfamilie der Altstadt
Verwaltung: Magistrat/Armendirektion/Wohlfahrtsamt
Darstellung: Das gemeinsame Testament sah vor, dass das Geld nach dem Tod des letzten Ehepartners gezahlt werden sollte. Die Stadt legte die Stiftung im Jahre 1923 mit ca. 180 weiteren unselbständigen Stiftungen zum (↗) Allgemeinen Stiftungsfonds zusammen.
Quellen: Vorl. Liste, Kreis XV, Nr. 33; LASA, C 28 I Ie, Nr. 1625; StAM, Rep. A II, S 20 spec. 32a Bde. 2–4, S 20 spec. 32b Bd. 1; Rep. 18[4], A 8; Nachweisung 1910; Wohlfahrtseinrichtungen
Literatur: Adressbuch 1920, S. 27; Bericht über die Verwaltung 1857, 1882, 1908/1909; Meyer/Schneidewin, Wohlfahrtseinrichtungen, S. 41; Rauer, Landbuch, S. 41
Bemerkungen: auch: Zuwendungen der Tischlermeister Becker'schen Eheleute; unselbständige Stiftung

Lutz Miehe

35. Beckmann-Legat

Errichtet: k. A.
Stifter: Beckmann, Propst an der kath. KG St. Marien
Vermögen: 2.500 Tlr.
Zweck: Für die Kath. KG St. Marien und zum Ankauf eines Pfarrhauses
Verwaltung: Kirchenvorstand der St.-Sebastian-Kirche
Darstellung: Die Stiftung hat die Inflation der Jahre 1922/23 offensichtlich überstanden. In der „Vorläufigen Liste" der in Sachsen-Anhalt bestehenden

Stiftungen von 1947 wurde die Stiftung jedoch mit „besteht nicht mehr" eingestuft.

Quellen: Vorl. Liste, Kreis XV, Nr. 39; LASA, C 28 II, Nr. 7337, 7657
Literatur: k. A.
Bemerkungen: Es ist unklar, ob es sich um eine Stiftung im rechtlichen Sinne gehandelt hat.

Lutz Miehe

36. BEER-STIFTUNG

Errichtet: 1888
Stifterin: Clementine Beer, Hamburg
Vermögen: 1910: 907,11 M
Zweck: Stipendium für einen das hiesige König Wilhelm-Gymnasium besuchenden, fleißigen und bedürftigen Schüler, jährlich abwechselnd für einen der christlichen und einen der jüd. Religion
Verwaltung: Magistrat,
Vorschlag erfolgt seitens des Lehrerkollegiums des Gymnasiums
Darstellung: Die Stadt legte die Stiftung im Jahr 1923 mit ca. 180 weiteren unselbständigen Stiftungen zum (↗) Allgemeinen Stiftungsfonds zusammen.
Quellen: Nachweisung 1910
Literatur: Bericht über die Verwaltung 1908/1909, 1919/1920, Teil 2; von Dietze/Hunsdieck-Nieland, Stiftungen, S. 83; Meyer/Schneidewin, Wohlfahrtseinrichtungen, S. 12
Bemerkungen: auch: Beer'sche Stiftung bzw. Beer'sche Stipendienstiftung; unselbständige Stiftung

Lutz Miehe

37. BEHRENS'SCHE STIFTUNG

Errichtet: 1860
Stifter: Armen-Deputation der Stadt Magdeburg
Vermögen: 900 Tlr., 1910: 3.006,45 M
Zweck: Unterstützung von armen Personen, welche keine laufende Unterstützung beziehen, jährlich am 11. Dezember – dem Geburtstag des Bürgermeisters Behrens in Höhe von fünf bis 25 Tlr.
Verwaltung: Magistrat/Armendirektion/Wohlfahrtsamt
Darstellung: Die Stiftung erhielt ihr Vermögen durch eine Sammlung der Mitglieder der Armendeputation zu Ehren von Heinrich Behrens (* 1796/97,

† 15. Juli 1865). B. war von 1841 bis 1861 zweiter Bürgermeister der Stadt, deren Amtsgeschäfte er zwischen 1848 und 1851 vertretungsweise führte. Er hatte die Armenpflege bei Eintritt in den Ruhestand „28 Jahre hindurch mit großer Umsicht geleitet". Zugestiftet haben unmittelbar nach der Errichtung der Stiftung kranke Bewohner der Stadt sowie B. selbst. Im Jahre 1868 stiftete die Ehefrau von B. 100 Tlr. zu. Die Stadt legte die Stiftung im Jahre 1923 mit ca. 180 weiteren unselbständigen Stiftung zum (↗) Allgemeinen Stiftungsfonds zusammen.

Quellen: LASA, C 28 I Ie, Nr. 1625; StAM, Rep. A II, S 20 spec. 32a Bde. 1, 2, S 20 spec. 35a, S 20 spec. 35b; Rep. 18[4], A 8; Nachweisung 1910

Literatur: Adressbuch 1920, S. 27; Bericht über die Verwaltung 1908/1909; Bock, Nachtrag, S. 390; von Dietze/Hunsdieck-Nieland, Stiftungen, S. 83; Liebscher, Heinrich Behrens, in: MG, S. 26; Meyer/Schneidewin, Wohlfahrtseinrichtungen, S. 53; Rauer, Landbuch, S. 41

Bemerkungen: auch: Bürgermeister Behrens'sche Armenstiftung; unselbständige Stiftung

Lutz Miehe

38. Bennecke'sche Familienstiftung

Errichtet: 4. März 1890
Stifter: Hermann Philipp Bennecke (1800–1878)
Vermögen: 1939: 83.000 RM
Zweck: 1. Unterstützung in Fällen des Bedürfnisses allen ehelichen männlichen und weiblichen Nachkommen des Stifters und dessen Ehegattin Luise, geb. Berendes,
2. Jahresrente zur Erlangung einer Schul- und Berufsausbildung denjenigen Nachkommen der Hermann Philipp Bennecke'schen Eheleute, die berechtigt sind, als Familienmitglieder im Sinne der Satzung in die Matrikel eingetragen zu werden
Verwaltung: Familienrat, bestehend aus drei Mitgliedern
Darstellung: Letztmalig wurde die Stiftung im Jahre 1939 auf einer Liste beim AG Magdeburg erwähnt. Nach 1945 hat sich kein in der Bundesrepublik wohnendes Vorstandsmitglied mehr getraut, nach dem Schicksal der Stiftung zu forschen, um die Verwandten in der DDR nicht in Schwierigkeiten zu bringen. 2005 erfolgte die Wiederbelebung der Stiftung durch die Stiftungsbehörde im LVwA. Die Stiftung ist im Stiftungsverzeichnis des Landes Sachsen-Anhalt unter der Nr. MD-11741-077 registriert.

Quellen: LASA, C 127, Nr. 644; Stiftungsverzeichnis LSA
Literatur: k. A.
Bemerkungen: rechtsfähige Stiftung des bgl. Rechts

Lutz Miehe

39. Bennewitz'sche Stiftung

Errichtet: 27. Oktober 1856 (Testament)/1866 (Genehmigung)
Stifter: Christoph Bennewitz, Partikulier und Bankier († 15. Februar 1866)
Der Stifter war Ehren-Senior des Kirchenkollegiums von St. Ulrich und Levin.
Vermögen: 4.000 Tlr., 1910: 12.000 M
Zweck: 1. Unterstützung hilfsbedürftiger Mitglieder der St.-Ulrich-Gemeinde,
2. Unterstützung der von der Gemeine geführten Kinderbewahranstalt.
Die Erträge sollten jährlich am 20. Dezember ausgezahlt werden.
Verwaltung: GKR der ev. KG St. Ulrich und Levin
Darstellung: Bis 1876 meldete die Stadtverwaltung dem RP die Stiftung in den jährlichen Listen. 1876 teilte sie ihm mit, dass diese Stiftung künftig nicht mehr aufgeführt werde, da der Stadt „spezielle Aufsichtsrechte über dieselbe nicht zustehen, und in der Folge auch die Rechnungen 1874 nicht einzureichen waren." Die Stiftung hat die Inflation der Jahre 1922/23 offensichtlich überstanden, weitere Nachrichten fehlen.
Quellen: Vorl. Liste, Kreis XV, Nr. 36; LASA, C 28 II, Nr. 7337; StAM, Rep. A II, S 20 spec. 2g, S 20 spec. 32a, Bde. 1, 2 und S 20 spec. 40a, S 20 spec. 40b; Rep. 18[4], A 8; Nachweisung 1910
Literatur: Adressbuch 1920, S. 29; Bock, Nachtrag, S. 391; von Dietze/Hunsdieck-Nieland, Stiftungen, S. 84; Meyer/Schneidewin, Wohlfahrtseinrichtungen, S. 44
Bemerkungen: auch: Bennewitz-Legat zum Besten der Kinderbewahranstalt „St. Ulrich und Levin";
rechtsfähige Stiftung des bgl. Rechts
Der Stifter errichtete auch die (↗) Nr. 40.

Lutz Miehe

40. Bennewitz-Stiftung

Errichtet: 1862
Stifter: Christoph Bennewitz, Partikulier und Bankier († 15. Februar 1866)
Vermögen: 400 Tlr., 1910: 1.578,08 M

Zweck:	Unterstützung alter, ehrbarer und würdiger Ehepaare der Altstadt jährlich am 15. Oktober
Verwaltung:	Magistrat/Armendirektion/Wohlfahrtsamt
Darstellung:	Anlass für die Errichtung der Stiftung war die goldene Hochzeit des Ehepaares B. Die Stadt legte die Stiftung im Jahre 1923 mit ca. 180 weiteren unselbständigen Stiftungen zum (↗) Allgemeinen Stiftungsfonds zusammen.
Quellen:	LASA, C 28 I Ie, Nr. 1625; StAM, Rep. A II, S 20 spec. 32a Bde. 1, 2, S 20 spec. 40a, S 20 spec. 40b; Rep. 18^4, A 8; Nachweisung 1910; Wohlfahrtseinrichtungen
Literatur:	Adressbuch 1920, S. 27; Bericht über die Verwaltung 1908/1909; von Dietze/Hunsdieck-Nieland, Stiftungen, S. 84; Meyer/Schneidewin, Wohlfahrtseinrichtungen, S. 29; Rauer, Landbuch, S. 49f.
Bemerkungen:	auch: Bennewitz-Stiftung zur Unterstützung alter, ehrbarer Ehepaare; unselbständige Stiftung Der Stifter errichtete auch die (↗) Nr. 39.

Lutz Miehe

41. Ev.-Lutherische Diakonissenanstalt „Bethanien"

Errichtet:	14. Mai 1850 in Breslau
Stifter:	k. A.
Vermögen:	k. A.
Zweck:	Ausbildung zur Krankenpflege und gemeinschaftliches Leben unverheirateter Frauen ev. Konfession im Dienst der Diakonie
Verwaltung:	Oberin des Diakonissenhauses und dessen Vorsteher. Letzterer steht in Personalunion zugleich den Pfeifferschen Stiftungen vor.
Darstellung:	Die mehr als 500 Schwestern des Breslauer Diakonissenmutterhauses Bethanien, die sich einem gemeinschaftlichen, christlichen und ehelosen Leben im Dienst am Nächsten verpflichtet hatten, mussten im Juli 1946 ihre Heimat verlassen. Die Mehrzahl der Breslauer Diakonissen fand 1948 Aufnahme in den (↗) Pfeifferschen Stiftungen. Sie vereinigten sich am 1. Februar 1955 mit der dort seit 1900 ansässigen Schwesternschaft (Diakonissenmutterhaus Pfeiffersche Anstalten zu Magdeburg-Cracau) zu einer neuen Gemeinschaft (Schwesternschaft „Bethanien"). Neben der Kranken- und Altenpflege und der Betreuung von Behinderten zählten die Hostienproduktion und die Paramentikwerkstatt zu ihren speziellen Arbeitsfeldern. Das Diakonissenhaus ge-

hörte dem Kaiserswerther Verband deutscher Diakonissen-Mutterhäuser an.

Die Stiftung wurde im Jahre 1998 formalrechtlich wiederbelebt. Wegen des fehlenden Nachwuchses bei den Diakonissen wurde sie aber 2018 aufgelöst. Noch vorhandenes Vermögen und rechtliche Verpflichtungen wurden auf die Pfeifferschen Stiftungen übertragen, um die Unterkunft und Versorgung der verbliebenen Schwestern sicherzustellen.

Quellen: LASA, M1, Nr. 1528; AKPS, Rep. A, Generalia, Nr. 7415; Rep. B 3, Nr. 198; Archiv der Pfeifferschen Stiftungen, Best. Diakonissenhaus Bethanien

Literatur: von Dietze/Hunsdieck-Nieland, Stiftungen, S. 115; Ulbrich, Geschichte des Diakonissen-Mutterhauses; Einhundert Jahre Pfeiffersche Stiftungen; Jahrbuch des Diakonissenmutterhauses „Pfeiffersche Anstalten"; Riemann/Stiefenhofer/Kamp, 125 Jahre Pfeiffersche Stiftungen

Bemerkungen: auch: Diakonissenmutterhaus „Bethanien";
rechtsfähige Stiftung des bgl. Rechts
Die Stiftungsaufsicht oblag dem Konsistorium Magdeburg, seit 2009 dem Landeskirchenamt der EKM. Satzungen der Stiftung sind aus den Jahren 1853 und 1948 erhalten.

Margit Scholz

42. VEREIN FÜR WEIBLICHE DIAKONIE „BETHANIEN"

Errichtet: 1869

Stifterin: Auguste Hasselbach

Vermögen: 1910: 284.347,45 M und die beiden Grundstücke Hohenzollernstraße 1 und 2

Zweck: Krankenpflege in der Anstalt und Siechenpflege in der Gemeinde; 1954: „Feierabendheim"

Verwaltung: Besonderer Vorstand und Kuratorium

Darstellung: Im Haus „Bethanien" wurden vor allem kranke Frauen, „Sieche" (d.h. unheilbar Kranke) und Kinder im Alter von bis zu zehn Jahren untergebracht. Seit 1869 verfügte die Einrichtung über ein eigenes Gebäude, 1890 wurde ein Neubau in der Hohenzollernstraße eröffnet. Im Jahre 1900 waren zwei Ärzte, ein konsultierender Arzt und 21 Diakonissen angestellt. Damals verfügte das Krankenhaus über 87 Betten, darunter 37 für Kinder.

Für die Patienten, die für ihren Aufenthalt monatlich im Voraus zu zahlen hatten, existierten drei Kategorien der Versorgung (Einzelzimmer, Zwei- bis Vierbettzimmer und Krankensaal). Die Kosten betrugen 35 bis 105 M monatlich. Die ärztliche und medizinische Versorgung war nicht inbegriffen.

Das letzte Statut der Stiftung stammt aus dem Jahr 1936. Bis zu ihrem Tode war Selma Rudolph Vorsitzende des Vereins für weibliche Diakonie Bethanien (↗ auch Budenberg-Stiftung).

Quellen: Vorl. Liste, Kreis XV, Nr. 29; GStA, I. HA Rep. 77, Tit. 1400 Magdeburg, Nr. 24; LASA, M1, Nr. 1528; StAM, Rep. A II, S 20 spec. 32a Bde. 2, 3; Rep. 41, 864; AKPS, Rep. H 44, Nr. 422; Nachweisung 1910

Literatur: Guttstadt, Krankenhaus-Lexikon, S. 327; Klitzschmüller, Magdeburger Gesellschaft, S. 234 f.; Meyer/Schneidewin, Wohlfahrtseinrichtungen, S. 2, 64 f.

Bemerkungen: auch: Bethanien (Verein für weibliche Diakonie); rechtsfähige Stiftung des bgl. Rechts

Mitunter wird die Stiftung auch als Verein geführt, die Nachweisung 1910 betont sogar, dass es sich um keine Stiftung handele. Gemäß dieser Quelle betrieb der Verein noch das Gustav Lücke-Stift in Darlingerode, das von (↗) Ida Lücke gestiftet worden sei.

Lutz Miehe

43. BETHGE-STIFTUNG

Errichtet: 1883
Stifter: Bauernfamilie Bethge, Groß Ottersleben
Vermögen: Gebäude in Groß Ottersleben, Breite Str. 41/42
Zweck: Siechen- und Armenhaus der Gemeinde Groß Ottersleben, Obdach, Pflege und Essen für alte oder verarmte Menschen
Verwaltung: Konsistorium Magdeburg
Darstellung: Ab 1952 wurde das Altersheim in Groß Ottersleben durch die Bezirksverwaltung verwaltet.
Quellen: StAM, Rep. 41, 897
Literatur: k. A.
Bemerkungen: auch: Bethge-Stift; unselbständige Stiftung

Lutz Miehe

44. Bittkau'sches Legat

Errichtet:	28. November 1893 (Testament)/20. August 1894 (Genehmigung)
Stifter:	Caspar August Bittkau († 29. November 1893), Kossat in Cracau, Sohn von Johann Caspar August Bittkau und seiner Frau Sophie Elisabeth, geb. Rabe
Vermögen:	9.418 M
Zweck:	Die Zinsen des Legats zugunsten der Cracauer KG sollten „in erster Linie zur Bezahlung der Deichbaukosten" verwendet werden. „Die dem Johannesstift zufallende Summe ist solange auf Zinseszins sicher anzulegen, bis das Stift Korporationsrechte erlangt haben wird."
Verwaltung:	GKR der ev. KG St. Briccius (Cracau)
Darstellung:	Der alleinstehende B. (wohnhaft in Cracau, Magdeburger Str. 187) erklärte unmittelbar vor seinem Tod im Beisein des Superintendenten Gustav Pfeiffer, die ev. KG Cracau, das Siechenhaus Johannesstift (später umbenannt in Pfeiffersche Stiftungen) und den Gemeindevorsteher Alfred Rach zu seinen Erben. Superintendent Pfeiffer als Testamentsvollstrecker wurde verpflichtet, von dem Erbe verschiedene Vermächtnisse an Privatpersonen in Höhe von 500 M auszuzahlen.
Quellen:	Vorl. Liste, Kreis XV, Nr. 37; AKPS, Rep. J 14, Nr. 156; Rep. K: Kirchenbuch von Cracau 1815–1832
Literatur:	k. A.
Bemerkungen:	auch: Bittkau-Legat

Margit Scholz

45. Bley-Stiftung

Errichtet:	k. A.
Stifter:	k. A.
Vermögen:	k. A.
Zweck:	k. A.
Verwaltung:	Magistrat/Kämmereikasse
Darstellung:	k. A.
Quellen:	LASA, C 28 I Ie, Nr. 1625; StAM, Rep. A III, 31.1h Bd. 1
Literatur:	Bericht über die Verwaltung 1919/1920, Teil 2 und 1920/1921, Teil 2
Bemerkungen:	auch: Bley'sche Stiftung; unselbständige Stiftung

Lutz Miehe

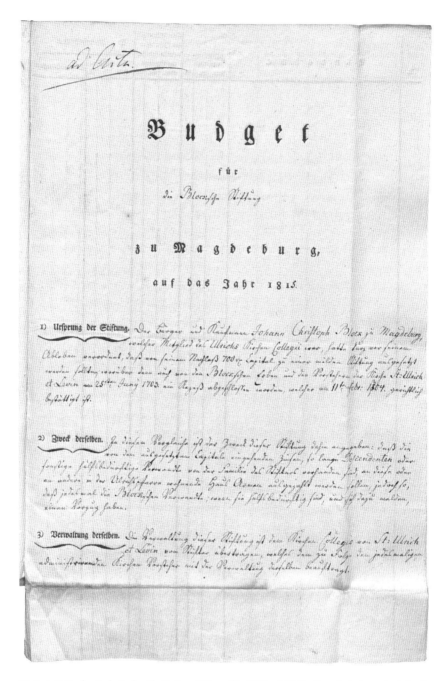

72 Erste Seite des Budgets der Block'schen Stiftung für 1815 mit Notiz über die testamentarische Errichtung 1703

46. Block'sche Stiftung

Errichtet:	25. Juni 1703 (Testament)/11. Februar 1704 (Genehmigung)
Stifter:	Johann Christoph Block, Kaufmann und Mitglied des Kirchenkollegiums von St. Ulrich und Levin
Vermögen:	700 Tlr., 1910: 3.600 M
Zweck:	1. Der Ertrag von 500 Tlr. zur Unterstützung von Nachfahren oder sonstigen hilfsbedürftigen Verwandten der Familie des Stifters oder von in der Ulrichsgemeinde vorhandenen Hausarmen – jedoch immer so, dass die Block'schen Verwandten einen Vorzug haben.
	2. Der Ertrag von 200 Tlr. fließt in die Kirchenkasse sowie für die Verwaltung.
Verwaltung:	GKR der ev. KG St. Ulrich und Levin
Darstellung:	Die Einnahmen der Stiftung betrugen im Jahre 1813 104 Francs. Hiervon wurden 73 Francs an Arme verteilt, 31 Francs wurden für die Verwaltung ausgegeben. Bis 1876 meldete die Stadtverwaltung dem RP die Stiftung in den jährlichen Listen. 1876 teilte sie ihm mit, dass diese Stiftung künftig nicht mehr aufgeführt werde, da der Stadt „spezielle Aufsichtsrechte über dieselbe nicht zustehen, und in der Folge auch die Rechnungen 1874 nicht einzureichen waren." Die Stiftung wurde stets als kirchliche Stiftung geführt.
Quellen:	GStA, I. HA Rep. 91 C, Nr. 2389; LASA, C 28 I Ie, Nr. 1565, 1613; StAM, Rep. A II, S 20 spec. 2c, S 20 spec. 2f, S 20 spec. 32a Bd. 1; A 48 spec. 1 Bd. 1; AKPS, Rep. J 6, Nr. 242, 354, 355, 360, 415; Nachweisung 1910; Wohlfahrtseinrichtungen
Literatur:	Adressbuch 1920, S. 29; Bock, Armenwesen, S. 104; von Dietze/Hunsdieck-Nieland, Stiftungen, S. 86; Hermes/Weigelt, Handbuch, S. 18; Oppermann, Armenwesen, 1821, S. 194; ders., Siebente Nachricht, S. 120; ders., 1831–1840, S. 75; Rauer, Landbuch, S. 72
Bemerkungen:	rechtsfähige Stiftung des bgl. Rechts

Lutz Miehe

47. Bode-Stiftung

Errichtet:	1899 (Testament)
Stifterin:	Auguste Bode, geb. Wippermüller
Vermögen:	1910: 20.000 M
	Das Stiftungsvermögen ist im Vermögen der (↗) Käselitz-Stiftung enthalten.
Zweck:	Vermehrung der Fonds für die vom Privatmann Udo Kaeselitz errichte-

te Stiftung zur Schaffung einer Blindenanstalt in Magdeburg, (↗) Käselitz-Stiftung

Verwaltung:	Magistrat/Armendirektion
Darstellung:	k. A.
Quellen:	LASA, C 28 I Ie, Nr. 1678; Nachweisung 1910; Wohlfahrtseinrichtungen
Literatur:	Bericht über die Verwaltung 1908/1909; von Dietze/Hunsdieck-Nieland, Stiftungen, S. 88
Bemerkungen:	auch: Stiftung der Witwe Auguste Bode; unselbständige Stiftung

Lutz Miehe

48. Franz Bodenstein-Stiftung

Errichtet:	1887/14. März 1887 (Genehmigung)
Stifterin:	Maria Bodenstein, geb. Knauth, Wwe. von Franz Bodenstein (1834–1885), Brauereibesitzer
Vermögen:	50.000 M, 1910: 56.102,62 M
Zweck:	Unterstützung von Neustädter Armen ohne Unterscheidung von Stand, Geschlecht, Alter und Konfession mit Beträgen von 30 bis 45 M, vierteljährlich zahlbar
Verwaltung:	Magistrat/Armendirektion/Wohlfahrtsamt
Darstellung:	B. errichtete die Stiftung im Andenken an ihren verstorbenen Mann. Die Unterstützung durfte nur Personen gewährt werden, die mindestens fünf Jahre in der Neustadt gewohnt hatten. Bei einem Wegzug aus der Neustadt erlosch der Anspruch. In § 6 der Satzung legte die Stifterin ausdrücklich fest, dass Personen, die eine öffentliche Unterstützung erhielten, vom Bezug von Leistungen aus dieser Stiftung nicht ausgeschlossen waren.
Quellen:	GStA, I. HA Rep. 77, Tit. 1400 Magdeburg, Nr. 32; StAM, Rep. A II, S 20 spec. 32a Bde. 1, 2 sowie spec 32c; Nachweisung 1910; Wohlfahrtseinrichtungen
Literatur:	Adressbuch 1920, S. 27; Bericht über die Verwaltung 1908/1909; von Dietze/Hunsdieck-Nieland, Stiftungen, S. 87; Meyer/Schneidewin, Wohlfahrtseinrichtungen, S. 49
Bemerkungen:	auch: Bodenstein-Stiftung; rechtsfähige Stiftung des bgl. Rechts

Lutz Miehe

49. von Bothmer'sche Stiftung

Errichtet:	26. Januar 1592 (Testament)
Stifter:	Johann von Bothmer (Bothmar) (um 1537–1592), Senior des Magdeburger Domkapitels, Thesaurar des Stifts St. Gangolphi und Domherr zu Hildesheim
Vermögen:	1592: 12.000 fl.; 1939: ca. 69.000 RM
Zweck:	Studienstipendium für Nachkommen seiner leiblichen Bruder- und Schwesterkinder, in Ausnahmefällen auch Stipendienausgabe zur Aussteuer weiblicher Nachkommen oder an bürgerliche Studenten der Theologie, die nicht der Familie von Bothmer anzugehören brauchten
Verwaltung:	Testamentsverwalter bzw. Senior der Familie und das Magdeburger Domkapitel
Darstellung:	Johann von B., einer der letzten unverheirateten Domherren in Magdeburg, verfügte in seinem Testament neben milden Gaben u. a. für Armenhäuser die Errichtung eines prunkvollen Epitaphs und spendete 500 fl. für eine neue Domkanzel. Beide Ausstattungsstücke sind bis heute im Dom erhalten. Zugunsten der Nachkommen seiner Geschwister hinterließ er ein Kapital von 12.000 fl. Die Stiftung war bis zur NS-Zeit tätig.
Quellen:	Vorl. Liste, Kreis XV, Nr. 34; GStA, I. HA Rep. 71, E Nr. 42; LASA, A 3a und U 2, C 28 II, Nr. 7323a, 7337, E 88; C 127, Nr. 644
Literatur:	Berghauer, Magdeburg, Bd. 2, S. 178; Brückner/Erb/Volkmar, Adelsarchive, S. 332; Brandl/Forster, Bd. 2, S. 717–719
Bemerkungen:	rechtsfähige Stiftung des bgl. Rechts; Familienstiftung

Jörg Brückner/Lutz Miehe/Christoph Volkmar

50. Auguste Bourzutschky'sche Grabpflegestiftung

Errichtet:	1916
Stifterin:	Auguste Bourzutschky, geb. Aßmann, Wwe., Berlin
Vermögen:	1919: 5.000 M
Zweck:	1. Gräberpflege, 2. nicht verbrauchte Erträge fließen dem Wohlfahrtsamt zu
Verwaltung:	Magistrat/Wohlfahrtsamt
Darstellung:	Die Stadt legte die Stiftung im Jahre 1923 mit ca. 180 weiteren unselbständigen Stiftungen zum (↗) Allgemeinen Stiftungsfonds zusammen.
Quellen:	k. A.

Literatur: Bericht über die Verwaltung 1919/1920, Teil 1 und Teil 2 sowie 1920/1921, Teil 2
Bemerkungen: auch: Witwe Auguste Bourzutschky'sche (Grabpflege-)Stiftung; unselbständige Stiftung

Lutz Miehe

51. Brandt'sche Stiftung

Errichtet: 1889
Stifter: Otto Brandt, Maurermeister, und seine Ehefrau
Vermögen: 1910: 30.800,00 M
Zweck: 1. Unterstützung armer Waisenkinder,
2. Instandhaltung der Gräber der Brandt'schen Eheleute
Verwaltung: Magistrat/Armendirektion/Wohlfahrtsamt
Darstellung: Die Stiftung wurde noch 1890 als rechtsfähig geführt. Im Jahr 1923 legte die Stadt die Stiftung mit ca. 180 weiteren unselbständigen Stiftungen zum (↗) Allgemeinen Stiftungsfonds zusammen.
Quellen: LASA, C 28 I Ie, Nr. 1625, 1654; StAM, Rep. A II, S 20 spec. 32c; Rep. 18[4], A 8; Nachweisung 1910
Literatur: Adressbuch 1920, S. 27; Bericht über die Verwaltung 1908/1909; von Dietze/Hunsdieck-Nieland, Stiftungen, S. 91; Meyer/Schneidewin, Wohlfahrtseinrichtungen, S. 6
Bemerkungen: auch: Stiftung der Maurermeister Brandt'schen Eheleute; unselbständige Stiftung

Lutz Miehe

52. Brätsch'sche Stiftung

Errichtet: 2. Februar 1885 (Testament)/13. November 1885 (Genehmigung)
Stifterin: Emilie Siebert, geb. Brätsch († 16. März 1885)
Die Wwe. des Lehrers Carl Siebert verstarb kinderlos.
Vermögen: 12.000 M
Zweck: 1. Unterhaltung des Erbbegräbnisses,
2. Zustiftung zum Waisenhausfonds, der wallon.-ref. Gemeinde
Verwaltung: Presbyterium der wallon.-ref. KG
Darstellung: Die Ansprüche wurden erst nach dem Tod der Schwester der Stifterin, Franziska Brätsch, wirksam. Außerdem waren von den Zinsen zu Lebzeiten der Bediensteten der Stifterin, Elise Dietrich, jährlich 450 M auszuzahlen.

Quellen: AKPS, Rep. A, Spec. G, Nr. A 1176
Literatur: von Dietze/Hunsdieck-Nieland, Stiftungen, S. 91
Bemerkungen: (↗) Nr. 17

Margit Scholz

53. Brauns'sche Eheleute-Stiftung

Errichtet: 1893 (Testament)
Stifter: Friedrich Brauns, Buchbinder, und Ehefrau Henriette, geb. Harbordt
Vermögen: 1910: 225.190,78 M
Zweck: 1. Unterstützung würdiger Handwerksmeister, welche bei Fleiß und Nüchternheit für das Alter nichts haben zurücklegen können, vorausgesetzt, dass sie 55 Jahre alt und mindestens 15 Jahre in Magdeburg etabliert gewesen sind, mit je 150 M jährlich,
2. Nach dem Kodizill vom 19. Juni 1888 Zahlung einer jährlichen Rente an Fräulein Marie Meinhardt zu Berlin von 1.350 M in Vierteljahresraten,
3. Unterhaltung der Grabstätte
Verwaltung: Magistrat/Armendirektion/Wohlfahrtsamt
Darstellung: Die Stadt führte die Stiftung zunächst als selbständige, aber bereits 1895 als unselbständige Stiftung. Sie legte die Stiftung im Jahr 1923 mit ca. 180 weiteren unselbständigen Stiftungen zum (↗) Allgemeinen Stiftungsfonds zusammen.
Quellen: LASA, C 28 I Ie, Nr. 1625; StAM, Rep. A II, S 20 spec. 32b Bd. 1, S 20 spec. 32c, S 20 spec 32d; Rep. 18[4], A 8; Nachweisung 1910
Literatur: Adressbuch 1920, S. 27; Bericht über die Verwaltung 1908/1909; von Dietze/Hunsdieck-Nieland, Stiftungen, S. 92; Meyer/Schneidewin, Wohlfahrtseinrichtungen, S. 41
Bemerkungen: auch: Buchbindermeister Braun'sche Eheleute Stiftung; unselbständige Stiftung

Lutz Miehe

54. Fritz Brauns-Stiftung

Errichtet: 1870
Stifter: Friedrich Brauns, Buchbinder
Vermögen: 1910: 3.000 M
Zweck: 1. Förderung der Bestrebungen des Kaufmännischen Vereins,
2. Herbeiführung regen Lebens für Handelsinteressen durch Zuwen-

	dungen an solche Mitglieder, die ihre Ausbildung oder ihr Fortkommen im Auslande suchen, oder, von Krankheit betroffen, der Unterstützung würdig und bedürftig sind
Verwaltung:	Kaufmännischer Verein
Darstellung:	Die Stiftung gehörte wahrscheinlich zu denjenigen, die im Juli 1944 durch die verwaltende IHK zusammengelegt wurden.
Quellen:	Nachweisung 1910; Wohlfahrtseinrichtungen
Literatur:	k. A.
Bemerkungen:	rechtsfähige Stiftung des bgl. Rechts

Lutz Miehe

55. Braunsdorf'sches Stipendium

Errichtet:	1608
Stifter:	Levin Braunsdorf († 1608), Magister Der Stifter war bis 1579 und von 1595–1608 Diakon an der Ulrichskirche sowie 1580–1595 Oberpfarrer an der Jacobikirche.
Vermögen:	750 Tlr., 1910: 2.250 M
Zweck:	ein Stipendium für Magdeburger Bürgerkinder ev. Konfession, unter denen Angehörige der Familie Schreck den Vorzug haben
Verwaltung:	Magistrat
Darstellung:	Nach Angaben von Bock wurde die Stiftung schon „einige Jahrzehnte vor der Eroberung der Stadt" errichtet und am 30. März 1672 eine „Renovationsurkunde" vom Magistrat ausgestellt. Die Destinatäre mussten demnach „Zeugnisse der Reise, des Wohlverhaltens und alljährlich ein Universitätszeugnis" beim Magistrat vorlegen. Die drei Familienältesten der Familie Schreck hatten das Vorschlagsrecht. Im Jahr 1859 betrug das Stipendium 15 Tlr., im Jahre 1910 45 M. Die Stiftung hat die Inflation der Jahre 1922/23 offensichtlich überlebt, spätere Nachrichten konnten nicht ermittelt werden.
Quellen:	GStA, I. HA Rep. 76, Vc Sekt. 17, Tit. XI, Nr. 14 Bd. 1; LASA, C 28 II, Nr. 7337; StAM, Rep. A II, S 20 spec. 32a Bd. 2; Rep. 18[4], A 8; Nachweisung 1910
Literatur:	Bericht über die Verwaltung 1908/1909, 1919/1920, Teil 2 sowie 1920/1921, Teil 2; Bock, Armenwesen, S. 273; von Dietze/Hunsdieck-Nieland, Stiftungen, S. 92; Hermes/Weigelt, Handbuch, S. 19; Meyer/Schneidewin, Wohlfahrtseinrichtungen, S. 12; Pfarrerbuch, Bd. 2, S. 35; Rauer, Landbuch, S. 87

Bemerkungen: auch: Levin Braunsdorf'sche Stipendienstiftung bzw. Levin-Braunsdorf'sches Stipendium; rechtsfähige Stiftung des bgl. Rechts

Lutz Miehe

56. BREYTUNG-LEGAT

Errichtet: 1838
Stifterin: Marie Auguste Breytung, geb. Faulwasser, 2. Ehefrau und Wwe. von Friedrich Rudolf Breytung (1757–1830), Oberpfarrer an der Jacobikirche
Vermögen: 100 Tlr.
Zweck: Nach Angaben aus dem Jahre 1937 hatte die Stiftung keine Zweckbindung, sie sei für die Heilig-Geist-Kirche bestimmt gewesen.
Verwaltung: Ev. KG Heilig-Geist
Darstellung: In der „Vorläufigen Liste" aus dem Jahre 1947 wird als Zweck „für Heilig-Geist-Kirche" angegeben. Die Stadt teilte 1937 mit, dass die Stiftung existiere. Nach Bock war zudem ein Breytung-Legat beim Kloster St. Augustini „zur Vertheilung auf die ältesten Witwen" vorhanden.
Quellen: Vorl. Liste, Kreis XV, Nr. 33; LASA, C 28 II, Nr. 7337, 7638
Literatur: Bock, Armenwesen, S. 181, 198; Oppermann, 1831–1840, S. 73; Pfarrerbuch, Bd. 2, S. 46
Bemerkungen: (↗) Nr. 134

Lutz Miehe

57. GEORG WILHELM BRÖSSEL'SCHE STIFTUNG

Errichtet: 16. Februar 1752 (Testament)
Stifter: Georg Wilhelm Brössel, Brauerinnungsmeister
Vermögen: 1.000 Tlr., 1910: 3.037,78 M
Zweck: Unterstützung von Hausarmen, Bürgern und Bürgerwitwen, am 28. Mai jeden Jahres („am Tage Wilhelm")
Verwaltung: Ursprünglich: Brauerinnung; nach Auflösung der Innungen im Jahre 1810: Magistrat/Almosenkollegium/Armenverwaltung
Darstellung: Die Erträge sollten zu gleichen Teilen an Frauen und Männer ausgezahlt werden. Im Jahre 1810 betrugen sie 50 Tlr. Die Zahl der Unterstützungen schwankte schon im 19. Jh. In den 1840er Jahren wurden

	20 Personen unterstützt. Im Jahre 1910 betrug die Unterstützung 10 M pro Person.
	Die Stadt legte die Stiftung im Jahre 1923 mit ca. 180 weiteren unselbständigen Stiftungen zum (↗) Allgemeinen Stiftungsfonds zusammen.
Quellen:	LASA, C 28 I Ie, Nr. 1570, 1625; StAM, Rep. A I, R 192; Rep. A II, S 20 spec. 32a Bde. 1, 2, S 20 spec. 32d, A 48 spec. 1 Bde. 1, 2; Rep. 10 J, 13, 18; Rep. 18[4], A 8; Nachweisung 1910
Literatur:	Adressbuch 1920, S. 27; Berghauer, Magdeburg, Bd. 2, S. 176; Bericht über die Verwaltung 1908/1909; Bock, Armenwesen, S. 98; von Dietze/Hunsdieck-Nieland, Stiftungen, S. 92; Meyer/Schneidewin, Wohlfahrtseinrichtungen, S. 53; Oppermann, Armenwesen, 1821, S. 182; ders., 1831–1840, S. 54 f.; Rauer, Landbuch, S. 90
Bemerkungen:	auch: (G. W.) Brössel'sche Stiftung;
	unselbständige Stiftung;
	Die Ehefrau des Stifters hatte 1745 bereits die (↗) Nr. 58 mit dem gleichen Zweck errichtet.

Lutz Miehe

58. Maria Brössel'sche Stiftung

Errichtet:	24. Oktober 1745 (Testament)
Stifterin:	Maria Brössel, geb. Häseler,
	Ehefrau von Georg Wilhelm Brössel, Brauerinnungsmeister
Vermögen:	1.100 Tlr., 1910: 1.993,74 M
Zweck:	Unterstützung von verarmten Bürgern und Bürgerwitwen – zur Hälfte Männer, zur Hälfte Frauen – am 25. März (Tag Mariä Verkündung) jeden Jahres
Verwaltung:	zunächst Brauerinnung, nach deren Auflösung ab dem Jahr 1810: Magistrat/Armendirektion/Wohlfahrtsamt
Darstellung:	Von dem Stiftungsvermögen waren bereits 1818 nur noch 600 Tlr. vorhanden. Die Armenverwaltung der Stadt zahlte aus dem Ertrag der Stiftung im Jahre 1858 Unterstützungen im Umfang von 28 Tlr. an 14 Arme.
	Die Stadt legte die Stiftung im Jahre 1923 mit ca. 180 weiteren unselbständigen Stiftungen zum (↗) Allgemeinen Stiftungsfonds zusammen.
Quellen:	LASA, C 28 I Ie, Nr. 1566, 1625; StAM, Rep. A I, R 192, S 555 (Testament); Rep. 10 J, 14; Rep. 18[4], A 8; Rep. A II, S 20, spec. 32a Bde. 1, 2; Nachweisung 1910; Wohlfahrtseinrichtungen

Literatur:	Adressbuch 1920, S. 27; Berghauer, Magdeburg, Bd. 2, S. 176; Bericht über die Verwaltung 1908/1909; Bock, Armenwesen, S. 99; von Dietze/Hunsdieck-Nieland, Stiftungen, S. 92; Hermes/Weigelt, Handbuch, S. 18; Meyer/ Schneidewin, Wohlfahrtseinrichtungen, S. 53; Oppermann, Armenwesen, 1821, S. 182; ders., Zehnte Nachricht, S. 334; ders., 1831–1840, S. 54
Bemerkungen:	auch: Maria Brössel-Stiftung; unselbständige Stiftung; Der Ehemann der Stifterin hatte durch Testament im Jahre 1752 die (↗) Nr. 57 errichtet.

Lutz Miehe

59. Brückner'sche Stiftung

Errichtet:	25. Februar 1867 (Genehmigung)
Stifter:	Kinder von Johann Christian Brückner (1812–1866), KomRat
Vermögen:	3000 Tlr., 1910: 9.395,22 M
Zweck:	Unterstützung von fünf zurückgekommenen, hier wohnhaften Handwerkerfamilien, am 21. Juni jeden Jahres
Verwaltung:	Magistrat/Armendirektion/Wohlfahrtsamt
Darstellung:	Die Stifter wollten mit der Errichtung der Stiftung ihren Vater ehren. Dieser war Kaufmann (Fa. B. & Company) und Stadtrat. Die Stadt legte die Stiftung im Jahre 1923 mit ca. 180 weiteren unselbständigen Stiftungen zum (↗) Allgemeinen Stiftungsfonds zusammen.
Quellen:	LASA, C 28 I Ie, Nr. 1625, 1626, 1636; StAM, Rep. A II, S 20 spec. 32a Bde. 1, 2; Rep. 10 J, 24; Nachweisung 1910; Wohlfahrtseinrichtungen
Literatur:	Adressbuch 1920, S. 27; Bericht über die Verwaltung 1908/1909; Bock, Nachtrag, S. 391 f.; von Dietze/Hunsdieck-Nieland, Stiftungen, S. 92; Meyer/Schneidewin; Wohlfahrtseinrichtungen, S. 41
Bemerkungen:	unselbständige Stiftung

Lutz Miehe

60. Brunner'sche Stiftung

Errichtet:	12. Juni 1875 (Testament)/1876 (Genehmigung)
Stifter:	Gustav Adolf Brunner († 1876), Kaufmann
Vermögen:	1.500 M., 1910: 1.500,00 M
Zweck:	Unterstützung einer städtischen Waise, Knabe oder Mädchen, ev. Konfession, nach ihrer Konfirmation, am 20. Juni jeden Jahres

Verwaltung:	Magistrat/Armendirektion
Darstellung:	B. hatte in seinem Testament die nähere Ausgestaltung der Stiftung seinen Kindern überlassen. Dies übernahm der Sohn Hermann, auch im Namen seines Bruders Johannes. Die Stadt führte die Stiftung noch 1889 als selbständige Stiftung. Sie legte die Stiftung im Jahre 1923 mit ca. 180 weiteren unselbständigen Stiftungen zum (↗) Allgemeinen Stiftungsfonds zusammen.
Quellen:	LASA, C 28 I Ie, Nr. 1625; StAM, Rep. A II, S 20 spec. 32a Bd. 2, S 20 spec. 32c; Rep. 18[4], A 8; Nachweisung 1910
Literatur:	Adressbuch 1920, S. 27; Bericht über die Verwaltung 1908/1909; von Dietze/Hunsdieck-Nieland, Stiftungen, S. 93; Meyer/Schneidewin, Wohlfahrtseinrichtungen, S. 6
Bemerkungen:	auch: Gustav Adolf Brunner'sche Stiftung; unselbständige Stiftung; (↗) auch Nr. 61 und Nr. 62

Lutz Miehe

61. HERMANN BRUNNER-STIFTUNG

Errichtet:	1881
Stifter:	Herrmann Brunner, Kaufmann
Vermögen:	1910: 27.062,27 M
Zweck:	Unterstützung armer „Siecher" (d. h. unheilbar Kranker) beiderlei Geschlechts ev. Konfession, die in Magdeburg geboren sind oder in den letzten zehn Jahren hier gewohnt haben, insbesondere zur Unterbringung im städtischen Siechenhause oder in der Anstalt Bethanien, (↗) Verein für weibliche Diakonie „Bethanien"
Verwaltung:	Magistrat/Armendirektion/Wohlfahrtsamt
Darstellung:	Die Stadt verpflichtete sich im Jahre 1901, die Erträge der Stiftung zur Finanzierung der Betriebskosten des neu errichteten (↗) Müller'schen Siechenhospitals einzusetzen. Sie legte die Stiftung im Jahre 1923 mit ca. 180 weiteren unselbständigen Stiftungen zum (↗) Allgemeinen Stiftungsfonds zusammen.
Quellen:	LASA, C 28 I Ie, Nr. 1625, 1673; StAM, Rep. 18[4], A 8; Nachweisung 1910
Literatur:	Adressbuch 1920, S. 27; Bericht über die Verwaltung 1908/1909; von Dietze/Hunsdieck-Nieland, Stiftungen, S. 93; Meyer/Schneidewin, Wohlfahrtseinrichtungen, S. 61

Bemerkungen: auch: Hermann Brunner'sche Stiftung;
unselbständige Stiftung;
(↗) auch Nr. 60 und Nr. 62

Lutz Miehe

62. Johannes Brunner-Stiftung

Errichtet: 1901
Stifter: Johannes Brunner, Kaufmann
Vermögen: 10.000 M, 1910: 10.000 M
Zweck: Unterstützung von nicht unter 50 M und nicht über 150 M an ohne eigenes Verschulden in missliche Verhältnisse geratene, bedürftige und würdige, früher selbständige Kaufleute Magdeburgs, sowie frühere Prokuristen und ausnahmsweise auch mehrjährig bei einer Fa. Angestellte des Großhandels (ohne Unterschied der Religion) oder deren Hinterbliebene, am 1. November jeden Jahres
Verwaltung: IHK
Darstellung: Die Stiftung wurde im Januar 1953 von der IHK beim RdB angemeldet. In diesem Zusammenhang wurde mitgeteilt, dass sie vermögenslos sei und ihre Zwecke nicht mehr erfüllen könne. Die Stiftung wurde am 29. September 1954 durch den RdSt aufgelöst.
Quellen: LASA, M1, Nr. 1528, 1530, 1532, 8358/7; Nachweisung 1910
Literatur: Adressbuch 1920, S. 28; von Dietze/Hunsdieck-Nieland, Stiftungen, S. 93; Meyer/Schneidewin, Wohlfahrtseinrichtungen, S. 42; Tradition und Innovation, S. 368 ff.
Bemerkungen: rechtsfähige Stiftung des bgl. Rechts;
(↗) auch Nr. 60 und Nr. 61

Lutz Miehe

63. Budenberg-Stiftung

Errichtet: 2. November 1885/2. Juli 1886
Stifterin: Caroline Arnoldine Budenberg, geb. Forstmann (1817–1884), Wwe. von Christian Friedrich B., Unternehmer und Mitbegründer des Maschinenbau-Unternehmens Schäffer & Budenberg
Vermögen: 160.000,00 M und Grundeigentum, 1910: 219.082,59 M
Zweck: 1. Verdienten Arbeitern der Fabrik Schäffer & B. sowie der früheren Gasanstalt B. & Co. zur Belohnung ihrer Treue und ihres Fleißes im

Alter freie Wohnungen sowie monatliche Geldunterstützungen zu gewähren,

2. Angehörigen der Stifterin diese Leistungen zu gewähren, wenn sie gemäß § 4 der Satzung „ihre Bedürftigkeit durch eine Bescheinigung des Magistrats oder der Polizeibehörde ihres letzten Wohnsitzes dartun"

Verwaltung: Besonderer Vorstand von fünf Personen:
- zwei Abkömmlinge der Stifterin,
- ein Mitglied des Magistrats,
- zwei Magdeburger, die dem Magistrat nicht angehören.
Im Jahre 1925 bestand der Vorstand aus:
- Selma Rudolph, geb. B. (Vorsitzende),
- Karl Rudolph, Vertreter der Paula Langensiepen (Schatzmeister),
- Max Fischer sowie
- Karl Volkmar Bartels, Stadtrat a. D. (Schriftführer)

Darstellung: Nach dem Tod von Christian Friedrich B. (1815–1883) entschloss sich seine Wwe., eine Stiftung für 50 Personen (Arbeiter und Beamte der beiden Firmen ihres Mannes) zu errichten. Allerdings verstarb die Stifterin, bevor sie die Stiftung errichten konnte. So vollendeten ihre Töchter Alwine Arnold, geb. B., Selma Rudolph, geb. B. sowie Paula Langensiepen, geb. B. das Unterfangen. Voraussetzung für die Unterstützungsberechtigung war, dass diese Personen ununterbrochen 25 Jahre in einer der Firmen B.'s beschäftigt gewesen waren. Bei verheirateten Bewerbern fanden auch ihre Ehepartner, nicht aber weitere Mitglieder der Familie, Aufnahme in eine Wohnung der Stiftung. Vor der Übergabe einer Wohnung hatte der Aufzunehmende ein Einkaufsgeld zu entrichten. Der Aufenthalt im Stift war kostenfrei, monatlich wurde ein kleines Taschengeld gezahlt, die Kosten für die Beerdigung übernahm ebenfalls die Stiftung.

Nach Genehmigung der Stiftung wurden in der Budenbergstraße 9 ein Altenheim und in dessen Garten ein Mausoleum für Christian Friedrich und Caroline B. errichtet. Im Jahre 1907 übernahm Selma Rudolph die Leitung der Stiftung, die sie bis zu ihrem Lebensende im Jahre 1931 innehatte.

Das B.-Stift wurde trotz schwerer Kriegsschäden auch nach 1945 weiterbetrieben. Im Dezember 1954 bestand es aus 44 Zimmern, in denen etwa 60 Personen lebten.

Im Zusammenhang mit den Bemühungen der SED-Führung, die Stiftungen in der DDR aufzulösen, kritisierte der RdB die Stadt im Dezember 1954, dass die Stiftung noch existiere und jährlich am 4. Advent

Gedenkstunden für die Stifter, „Kapitalisten übelster Sorte", abhalte. Dies sei schon deshalb nicht hinnehmbar, als durch die SMAD-Befehle Nr. 124 und 64 in Verbindung mit SMAD-Befehl 126 der Bestand der Stiftung unrechtmäßig sei.

Die Stiftung weigerte sich jedoch, einen Auflösungsbeschluss zu fassen, stattdessen beschwerten sich offenbar Insassen des Altersheimes beim Präsidenten der DDR, Wilhelm Pieck (1876–1960). Die Eingabe blieb erfolglos. Lisa Burchardt, eine Nachfahrin der Stifterin, die das Altersheim bis 1954 führte und dort auch wohnte, wurde ausquartiert, die Stiftung beseitigt und als städtisches Altersheim weitergeführt. Das Eigentum der Stiftung an Grund und Boden wurde, wie es in einem Vermerk vom April 1955 hieß, rückwirkend zum 1. Februar 1955 in Volkseigentum überführt, die Sparguthaben und Hypotheken wurden vom Staat übernommen.

Ein förmlicher Auflösungsbeschluss für die Stiftung ist wohl nie gefasst worden. In einem Vermerk hatte der RdB bereits im Januar 1955 festgehalten, dass ein solcher nicht notwendig sei, da die Fa. Schäffer & B. enteignet und damit auch die Stiftung Volkseigentum geworden sei. Diese Rechtsauffassung widersprach dem in der DDR geltenden Recht in fundamentaler Weise. Heute betreibt eine gGmbH in dem Gebäude das „Altenpflegeheim ‚Haus Budenberg'".

Quellen:	Vorl. Liste, Kreis XV, Nr. 19; LASA, M1, Nr. 1528, 1529; C 28 Ie II, Nr. 290 (Satzung); StAM, Rep. 10 J, 41, 42; Rep. 41, 867; AKPS, Rep. J 10, Nr. 60; Nachweisung 1910; Wohlfahrtseinrichtungen
Literatur:	Adressbuch 1925, S. 23; von Dietze/Hunsdieck-Nieland, Stiftungen, S. 94; Guttstadt, Krankenhaus-Lexikon, S. 327; Heinicke, Christian Friedrich Budenberg, in: MBL, S. 98 f.; Klitzschmüller, Magdeburger Gesellschaft, S. 351 ff.; Liebscher, Christian Friedrich Budenberg und Familie, in: MG, S. 34; Tullner, Selma Rudolph; Wolf/Müller, Schäffer & Budenberg, S. 17–28
Bemerkungen:	rechtsfähige Stiftung des bgl. Rechts; (↗) auch Nr. 19 und Nr. 267

Lutz Miehe

64. VON BÜLOW'SCHES STIPENDIUM

Errichtet:	1648 (Testament)
Stifterin:	Eulalia von Bülow, geb. von Veltheim, Wwe. des Heinrich von B.
Vermögen:	2.000 Tlr., 1920: 450 M
Zweck:	Studienhilfe für einen Jurastudenten und einen Studenten der ev. Theologie auf drei Jahre
Verwaltung:	Kurator Universität Halle /Kgl. Regierung
Darstellung:	Oppermann teilt mit, dass die Verwaltung an die Kgl. Regierung zurückgegeben worden sei. Im Jahre 1824 hätten zwei Personen jeweils 80 Tlr. erhalten. Im Jahre 1859 betrug das Stipendium jeweils 40 Tlr. Es wurde von der Kgl. Regierung verliehen. In der „Nachweisung" aus dem Jahre 1910 werden die „Einkünfte" der Stiftung mit 4,50 M angegeben. Die Stiftung hat die Inflation der Jahre 1922/23 offensichtlich überlebt, spätere Nachrichten konnten nicht ermittelt werden.
Quellen:	Vorl. Liste, Kreis XV, Nr. 32; LASA, C 28 II, Nr. 7337; Nachweisung 1910; Wohlfahrtseinrichtungen
Literatur:	Adressbuch 1920, S. 29; Berghauer, Magdeburg, Bd. 2, S. 178; Bock, Armenwesen, S. 277; von Dietze/Hunsdieck-Nieland, Stiftungen, S. 269; Meyer/Schneidewin, Wohlfahrtseinrichtungen, S. 21; Oppermann, 1831–1840, S. 83; ders., Siebente Nachricht, S. 124; Rauer, Landbuch, S. 94
Bemerkungen:	auch: von Bülow-Stipendium-Stiftung; rechtsfähige Stiftung des bgl. Rechts

Lutz Miehe

65. BÜRGERRETTUNGSINSTITUT

Errichtet:	1824
Stifter:	August Wilhelm Francke (1785–1851), OB, und Gotthilf Sebastian Rötger (1749–1831), Propst des Stifts Unser Lieben Frauen
	F. war von 1817 bis 1848 OB der Stadt Magdeburg. Seine Kommunalpolitik war grundlegend für die Entwicklung Magdeburgs im 19. Jh. Er setzte sich ein für die Förderung der Dampfschifffahrt auf der Elbe, den Bau der ersten Eisenbahnverbindungen, die Einrichtung der Stadtsparkasse, eine Schullehrerwitwen- und Waisenkasse, eine Reform des Schulwesens, das Anlegen von Grünflächen wie Klosterbergegarten, Herrenkrugpark, dem Glacisweg und dem heutigen Nordpark.

	Gotthilf Sebastian Rötger war Theologe und Leiter des Pädagogiums Kloster Unser Lieben Frauen, einer der führenden Schulen der Stadt.
Vermögen:	1830: 4.559 Tlr., 1910: 160.000 M
Zweck:	Gewährung von zinslosen Darlehen bis zur Höhe von 600 M an selbständige Gewerbetreibende, die durch unverschuldetes Unglück wirtschaftliche Probleme haben
Verwaltung:	Besonderes Direktorium, bestehend aus dem OB und weiteren vier Personen
Darstellung:	Die Einrichtung eines Bürgerrettungsinstituts hatte der Verantwortliche der Armenfürsorge, Wilhelm Gottlieb von Vangerow, schon Ende des 18. Jh. empfohlen.
	Neben dem Direktorium verfügte das Institut über 14 Vorsteher, einen Sekretär, einen Rendanten und einen Boten. Unterstützungsanträge konnten schriftlich und mündlich gestellt werden.
	Das Vermögen der Einrichtung vermehrte sich regelmäßig durch Zustiftungen. So vermachte nach Angaben von Oppermann im Jahre 1828 der Ratmann Schauer (↗ auch Schauer'sches Stipendium, Morgenstern'sche Stipendien-Stiftung) durch Testament dem Bürgerrettungsinstitut 500 Tlr. Im Jahr 1839 betrug das Vermögen bereits 7.388 Tlr. Die Stadt legte die Stiftung im Jahr 1923 mit ca. 180 weiteren unselbständigen Stiftungen zum (↗) Allgemeinen Stiftungsfonds zusammen.
Quellen:	GStA, I. HA Rep. 77, Tit. 1400 Magdeburg, Nr. 6; LASA, C 28 I Ie, Nr. 1595; StAM, Rep. 41, 863; Nachweisung 1910; Wohlfahrtseinrichtungen
Literatur:	Bock, Armenwesen, S. 301 ff.; Buchholz, August Wilhelm, Francke, in: MBL, S. 188 f.; von Dietze/Hunsdieck-Nieland, Stiftungen, S. 94; Meyer/Schneidewin, Wohlfahrtseinrichtungen, S. 44; Oppermann, Armenwesen, 1821, S. 213; ders. 1831–1840, S. 31; ders. Zehnte Nachricht, S. 6; Rauer, Landbuch, S. 98; Vangerow, Entwurf der Vervollständigung
Bemerkungen:	auch: Bürger-Rettungs-Anstalt;
	rechtsfähige Stiftung des bgl. Rechts

Lutz Miehe

66. Bürgerstiftung Magdeburg

Errichtet:	23. Dezember 2009
Stifter:	61 Einzelstifter
Vermögen:	k. A.

Zweck:	Förderung bürgerschaftlichen Engagements zugunsten gemeinnütziger und mildtätiger Zwecke. Die vorrangige Aufgabe besteht in der Förderung und finanziellen Unterstützung der Bildung, Erziehung und Persönlichkeitsentwicklung benachteiligter Kinder und Jugendlicher mit Wohnsitz in Magdeburg. Weitere Zwecke der Stiftung sind die Förderung des Engagements in den Bereichen Kultur, Kunst, Sport, Gesundheit, Wissenschaft und Brauchtum und Heimatpflege in der Landeshauptstadt Magdeburg.
Verwaltung:	Vorstand, bestehend aus drei bis fünf Mitgliedern
Darstellung:	Die Stiftung ist im Stiftungsverzeichnis des Landes Sachsen-Anhalt unter der Nr. LSA-11741-220 registriert.
Quellen:	k. A.
Literatur:	k. A.
Bemerkungen:	rechtsfähige Stiftung des bgl. Rechts

Lutz Miehe

67. Buhler'sches Legat

Errichtet:	1834 (Testament)
Stifter:	Peter Buhler, Landwirt
Vermögen:	500 Tlr., 1910: 1.500 M
Zweck:	Bekleidung armer Erstkommunikanten an der Marienkirche, in deren Ermangelung zum Besten der kath. Armenschule
Verwaltung:	Kirchenvorstand der kath. KG St. Sebastian
Darstellung:	Es ist davon auszugehen, dass die zu Unterstützenden aus dem Pfarrsprengel der St.-Sebastian-Kirche stammen sollten. Sie hatten sich auch bei dem dortigen Pfarrer zu melden. Die Stiftung hat die Inflation der Jahre 1922/23 offensichtlich überstanden, weitere Nachrichten konnten nicht ermittelt werden.
Quellen:	LASA, C 28 II, Nr. 7337, 7628; C 129, Nr. 1382; Nachweisung 1910; Wohlfahrtseinrichtungen
Literatur:	Adressbuch 1920, S. 29; Meyer/Schneidewin, Wohlfahrtseinrichtungen, S. 10
Bemerkungen:	k. A.

Lutz Miehe

68. BURCKHARD-STIFTUNG

Errichtet:	1899
Stifter:	Vereinigung ehemaliger Bürgerschüler der Neuen Neustadt
Vermögen:	1910: 1.513,39 M
Zweck:	Prämierung der fleißigsten und würdigsten Schüler der I. Bürger-Knabenschule im Stadtteil Neustadt
Verwaltung:	Magistrat
Darstellung:	Die Stadt legte die Stiftung im Jahr 1923 mit ca. 180 weiteren unselbständigen Stiftungen zum (↗) Allgemeinen Stiftungsfonds zusammen.
Quellen:	StAM, Rep. 18[4], A 8; Nachweisung 1910
Literatur:	Bericht über die Verwaltung 1908/1909, 1919/1920, Teil 2 sowie 1920/1921, Teil 2; von Dietze/Hunsdieck-Nieland, Stiftungen, S. 95
Bemerkungen:	oder: Burkhard-Stiftung, Burkhardt-Stiftung bzw. Burghardt-Stiftung; unselbständige Stiftung

Lutz Miehe

69. VON DEM BUSCHE-STIFTUNG

Errichtet:	k. A.
Stifter:	Vermutlich ein Angehöriger der gleichnamigen Familie aus dem halberstädtisch-magdeburgischen Stiftsadel
Vermögen:	k. A.
Zweck:	1. Stipendien für ev. Studierende,
	2. Equipagegelder,
	3. Witwengehalte und Fräuleinpensionen
Verwaltung:	Kgl. Regierung, Abt. Kirchen- und Schulwesen
Darstellung:	Berghauer berichtet, dass zu Beginn des 19. Jh. der „Oberstallmeister von dem Busche zu Hannover" die Stipendien vergeben und das Konsistorium die Studenten geprüft habe. Nach Rauer sollten aus den Erträgen der Stiftung Studierende aus Halberstadt mit jährlich 50 Tlr. unterstützt werden. Nach Meyer/Schneidewin gewährte die Stiftung ein Stipendium in Höhe von 150 M auf drei Jahre. Die Stadt teilte im Jahr 1937 mit, dass die Stiftung noch existiere.
Quellen:	LASA, C 28 II, Nr. 7337, 7530
Literatur:	Berghauer, Magdeburg, Bd. 2, S. 178; von Dietze/Hunsdieck-Nieland, Stiftungen, S. 270; Meyer/Schneidewin, Wohlfahrtseinrichtungen, S. 21; Rauer, Landbuch, S. 104

Bemerkungen: auch: von dem Busche- bzw. von dem Pusch-Stiftung;
Die Stiftung wird in den Quellen mitunter als „vom Busche-Stipendium" bezeichnet. Sie ist nicht identisch mit der (↗) Nr. 224.
rechtsfähige Stiftung des bgl. Rechts

Lutz Miehe

70. VON BYERN-STIFTUNG

Errichtet:	1673
Stifter:	Daniel von Byern zu Karow († 1686) und seine Ehefrau Anna Maria, geb. von Wulffen
Vermögen:	k. A.
Zweck:	Studienstipendium für die Nachkommen der Verwandten des Stifters und für die Ritterschaft des Jerichower Landes. Im 18. Jh. kamen die Stipendien auch Offizieren zugute.
Verwaltung:	Testamentsverwalter der Familie und Domkapitel, nach dessen Auflösung nur noch die Familie
Darstellung:	Die Stifter hatten keine eigenen Nachkommen. Die Erben klagten jahrzehntelang gegen die Verwendung des Geldes. Die Gerichte entschieden zugunsten der Stiftung. Die Stiftung war bis in das frühe 20. Jh. tätig.
Quellen:	LASA, E 89; C 28 II, Nr. 7323a
Literatur:	Berghauer, Magdeburg, Bd. 2, S. 178; Brückner/Erb/Volkmar, Adelsarchive, S. 333
Bemerkungen:	Familienstiftung; rechtsfähige Stiftung des bgl. Rechts

Jörg Brückner/Lutz Miehe

71. CARPZOW-PISTOR'SCHER STIFTUNGSFONDS

Errichtet:	vor 1815
Stifter:	Vermutlich Angehörige der sächsischen Gelehrtenfamilien Carpzow und Pistorius
Vermögen:	1884: 1.050 M
Zweck:	Unterstützung von verarmten Predigerwitwen der ehemals kursächsischen Landesteile
Verwaltung:	Kgl. Regierung Merseburg bis 1885, danach Konsistorium Magdeburg
Darstellung:	Die Stiftung wurde infolge der Convention mit dem Königreich Sachsen vom 4. April 1825 der Merseburger Regierung übergeben. Von die-

	ser ging sie auf das Konsistorium über. Im Jahr 1937 war der Sitz der Stiftung in Magdeburg. Nur die Kassenverwaltung oblag noch dem RP Merseburg.
Quellen:	Vorl. Liste, Kreis XV, Nr. 40; LASA, C 28 II, Nr. 7337; AKPS, Rep. A, Generalia, Nr. 628 a, 1166 b, 1178 i
Literatur:	von Dietze/Hunsdieck-Nieland, Stiftungen, S. 97
Bemerkungen:	Die Stiftungsurkunde wird schon 1880 als fehlend gemeldet.

Lutz Miehe/Margit Scholz

72. Casper'sche Holzversorgung

Errichtet:	1845
Stifter:	Benjamin Casper († 1845)
	C. taucht bereits seit 1810 in den Steuerlisten der Stadt auf. Es ist davon auszugehen, dass er als gläubiger Jude streng nach den Gesetzen lebte und hierdurch auch die religiöse Pflicht zur Wohltätigkeit sah. C. heiratete 1837 die in Paris geborene Henriette Allier. 1846 wird er letztmalig im Magdeburger Adressbuch als Partikulier (Teilhaber) erwähnt.
Vermögen:	1910: 1.650 M
Zweck:	Unterstützung von Bedürftigen der Synagogengemeinde zu Magdeburg durch Lieferung von Feuerungsmaterial
Verwaltung:	Vorstand der SG, ab 1923 durch Stadtrat Eugen Petzall und Nathan Abrahamowski
Darstellung:	Die Stiftung erscheint in den äußerst dürftig vorhandenen Quellen einmal als Wohltätigkeitsverein, zum anderen als Stiftung. Sie verfolgte ihre Zwecke weitgehend durch Spenden, die Erträge aus dem Grundstockvermögen waren gering.
	Im Verwaltungsbericht der SG des Jahres 1890 wurden für das Jahr 1889 bspw. 587,40 M an freiwilligen Beiträgen und 38,25 M an Zinsen als Einnahmen ausgewiesen; verteilt wurden „Braunkohlen und Holz im Betrage von 546,80 M". Im Adressbuch der Stadt von 1915 ist unter der Rubrik „Vereine und Stiftungen" eine Anzeige der Casper'schen Holzversorgungsgesellschaft zu finden. Im Zuge der Inflation in den 1920er Jahren dürfte das in Wertpapieren angelegte Vermögen verlorengegangen sein.
Quellen:	LASA, C 28 Ie I, Nr. 1582, Bd. 3; StAM, Rep. A II, J 13a, Bde. 1–7; SG, Geschichte, Rabbiner, Persönlichkeiten, Vereine; Nachweisung 1910; Wohlfahrtseinrichtungen
Literatur:	Adressbücher Magdeburg 1846–1852, 1875, 1915, 1918, 1920, 1921;

Bock, Armenwesen, S. 332; von Dietze/Hunsdieck-Nieland, Stiftungen, S. 97; Güdemann, Geschichte der Juden; Ludwig/Schilde, Jüdische Wohlfahrtseinrichtungen; Meyer/Schneidewin, Wohlfahrtseinrichtungen, S. 44; Spanier, Geschichte, S. 40; Rauer, Landbuch, S. 107; Verwaltungsbericht der SG, 1893

Bemerkungen: auch: Benjamin Casper'sche Holzversorgungsgesellschaft

Beate Seibert

73. Bürgermeister Johann Caspar Coqui'sche Stiftung zu Buckau

Errichtet: 13. Juli 1858/24. November 1859

Stifterin: Johanna Christiane Henriette Coqui, geb. Dürking (1779–1863)
Die Stifterin war die zweite Ehefrau von Johann Caspar Coqui, Kaufmann, Weinhändler und Bürgermeister der ehemaligen Pfälzer Kolonie in Magdeburg. Nachdem C. früh verwitwete, engagierte sie sich in gemeinnützigen Vereinen, wie z. B. dem „Frauenverein für arme verheiratete Wöchnerinnen", dessen Vorstand sie zeitweilig angehörte. Für ihr soziales Engagement und ihre patriotische Unterstützung in den Befreiungskriegen wurde sie vom preuß. Staat mit der Aufnahme in den Louisen-Orden ausgezeichnet.

Vermögen: 8.000 Tlr. und Grundeigentum in Buckau bei Errichtung, 1910: 84.000 M, Grundstück in der Coquistraße 1, Ackergrundstück in der Budenbergstr.

Zweck: Gewährung eines Wohn- und Ackernutzungsrechts für unbemittelte, „wenngleich nicht ganz arme", unbescholtene, alte und würdige Einwohner von Buckau beiderlei Geschlechts (ab einem Alter von 60 bzw. 55 Jahren) ohne Unterschied der Geburt, der Herkunft, der Abstammung, des Standes oder des Glaubens

Verwaltung: Besonderer Vorstand von fünf Personen: Zwei Nachkommen von Johann Caspar Coqui, zwei Vertreter der Gemeindeverwaltung von Buckau bzw. des Magistrats von Magdeburg und ein unabhängiger Einwohner von Buckau. Die Auswahl der Vertreter des ersten Vorstands behielt sich die Stifterin vor.

Darstellung: Im Verlaufe des Jahres 1858 ließ C. auf einem ihr gehörenden Grundstück in Buckau (heute Coquistraße 1) ein zweigeschossiges Wohnhaus mit zwölf Wohnungen errichten. Das Ackergrundstück wurde in Parzellen aufgeteilt, auf denen die Hausbewohner Obst und Gemüse zum Eigenbedarf anbauen konnten. Aus den Zinsen des Stiftungskapitals wurden die Verwaltungskosten und die Instandhaltung des Wohnhauses finanziert und den mittellosen Bewohnern des Stifts eine wöchentliche Unterstützung gezahlt.

Das im Juli 1858 beantragte Genehmigungsverfahren der Stiftung zog sich bis zum folgenden Jahr hin. Grund dafür waren strittige Punkte im Stiftungsstatut, so etwa die Erhöhung des Stiftungskapitals von ursprünglich 6.000 auf 8.000 Tlr. oder die Gewährung einer Aufnahme von mittellosen Nachkommen in die Stiftung – die Behörden befürchteten vermutlich, dass keine klare Abgrenzung zwischen einer milden Stiftung und einer Familienstiftung vorliegen könnte. Nach einer Mitteilung des Stiftungsvorstands aus dem Jahre 1947 stammte das letzte genehmigte Statut der Stiftung aus dem Jahre 1909.

Das Stiftungshaus wurde im Zweiten Weltkrieg zerstört und nicht wiederaufgebaut. Letzter bekannter Sitz der Stiftung war die Schönebecker Straße 89a. Im Jahre 1955 beabsichtigte der RdB, die Stiftung auf der Grundlage des § 87 BGB wegen Vermögenslosigkeit aufzulösen. Ob und wann eine formelle Auflösung der Stiftung erfolgte, konnte nicht festgestellt werden.

Quellen: Vorl. Liste, Kreis XV, Nr. 18; Hauptliste, Kreis XV, Nr. 17; LASA, M1, Nr. 1528, 1529; Rep. C 28 Ie II, Nr. 265 (Satzung); StAM, Rep. A II, S 20 spec. 32a Bd. 2, S 20 spec. 68; Rep. A III, 31.1a; Rep. 41, 867, 906; Nachweisung 1910, Wohlfahrtseinrichtungen

Literatur: Bericht über die Verwaltung 1919/1920, Teil 2 und 1920/1921, Teil 2; von Dietze/Hunsdieck-Nieland, Stiftungen, S. 100; Kanter, Johann Caspar Coqui, in: MG, S. 44; Musiol, Johanna Christiane Henriette Coqui, in: Labouvie, Frauen, S. 116–119; Rauer, Landbuch, S. 120; Ziegler, Johanna Christiane Henriette Coqui, in: MBL, S. 114

Bemerkungen: auch: (J. C.) Coqui'sche Stiftung;
rechtsfähige Stiftung des bgl. Rechts
Die Stifterin errichtete auch die (↗) Nr. 74. (↗) auch die weiteren Stiftungen der Familie Coqui: Nr. 1 und Nr. 75

Gordon Musiol

74. Coqui'sche Familienstiftung

Errichtet: 15. Dezember 1860 (Testament)/20. Juni/28. November 1863
Stifterin: Johanna Christiane Henriette Coqui, geb. Dürking (1779–1863)
Zur Biographie (↗) Bürgermeister Johann Caspar Coqui'sche Stiftung zu Buckau.

Vermögen:	5.000 Tlr., 1910: 94.455,36 M,
	1946: 12.048 M sowie Hypotheken im Wert von 4.000 M
Zweck:	Unterstützung der Nachkommen des Bürgermeisters Johann Caspar Coqui und der Johanne Elisabeth Karoline Gneist, geb. Dürking, in männlicher und weiblicher Linie
Verwaltung:	Magistrat (Vermögen),
	Familienrat, bestehend aus drei männlichen Familienangehörigen (Gewährung finanzieller Unterstützungen)
Darstellung:	Die Familienstiftung wurde mit dem Tod von C. testamentarisch errichtet. Ihr soziales Engagement spiegelte sich auch im Testament wider, denn neben der Familienstiftung bekamen mehrere gemeinnützige Vereine und Anstalten großzügige Legate aus dem Nachlass zugesprochen (z. B. der Frauenverein für verheiratete Wöchnerinnen, das Augustinerkloster oder die Kleinkinder-Bewahranstalt).

Zum Erhalt einer Unterstützungsleistung berechtigt waren nach dem Statut der Stiftung bedürftige Väter, Witwen oder verheiratete Frauen, deren Männer die Familie nicht ernähren konnten, wenn sie mindestens fünfzig Jahre alt waren und noch eigene Kinder aufzuziehen hatten. Des Weiteren wurden bedürftige unverheiratete Frauen oder kinderlose Witwen über fünfzig Jahre unterstützt. Aber auch junge Leute, die für ein Studium oder eine sonstige berufliche Ausbildung finanzielle Hilfe benötigten, konnten auf vier Jahre begrenzt aus der Familienstiftung Zahlungen erhalten.

Für die Verwaltung des Vermögens der Stiftung erhielt die Stadt eine Vergütung in der Höhe von zwei Prozent der jährlichen Zinseinnahmen (↗ Coqui'scher Stipendienfonds). Die Stadt führte die Coqui'sche Familienstiftung zunächst als selbständige Stiftung. Erst nach 1910 (vermutlich 1916 im Zusammenhang mit der Zeichnung von Kriegsanleihen) wurde die Familienstiftung durch Magistratsbeschluss bei den unselbständigen Stiftungen aufgenommen.

Die Stadt beantragte am 14. August 1946 beim Bezirkspräsidenten die Auflösung der Stiftung. Die Stiftung habe wegen der Sperrbestimmungen der Besatzungsmächte keine Erträge. Sie habe schon seit dem Währungsverfall von 1923 ihre Zwecke nicht mehr erfüllen können und die Erträge zur Auffüllung ihres Vermögens nicht ausgezahlt. Die Akten der Stiftung bei der städtischen Stiftungsverwaltung seien am 16. Januar 1945 vernichtet worden. Ein Auflösungsbeschluss der Stiftung werde aus diesen Gründen nicht für notwendig gehalten.

Die Stiftung wurde durch Beschluss der 33. Sitzung des Präsidiums der

	Provinz Sachsen am 8. November 1946 aufgelöst mit der Maßgabe, dass die noch vorhandenen Vermögenswerte der Stadt für karitative Zwecke zur Verfügung gestellt werden.
Quellen:	LASA, K2, Nr. 266, 476, 662; M1, Nr. 1528; StAM, Rep. A II, S 20 spec. 32a Bd. 2, S 20 spec. 39; Rep. A III, 31.1h Bd. 1; Rep. 13, A I. 916; Rep. 18[4], Bü. 142; Nachweisung 1910
Literatur:	von Dietze/Hunsdieck-Nieland, Stiftungen, S 99; Musiol, Johanna Christiane Henriette Coqui, in: Labouvie, Frauen, S. 116–119; Verwaltungsbericht 1937, S. 213
Bemerkungen:	auch: Coqui'sche Familien-Stiftung; rechtsfähige Stiftung des bgl. Rechts Die Stifterin errichtete auch die (↗) Nr. 73, vgl. (↗) auch die weiteren Stiftungen der Familie Coqui: Nr. 1 und Nr. 75

Gordon Musiol

75. Coqui'scher Stipendienfonds

Errichtet:	1. September 1887
Stifter:	Familienrat der (↗) Coqui'sche Familienstiftung
Vermögen:	1910: 3.000 M
Zweck:	Gewährung eines Stipendiums von 105 M für das Kind eines Magdeburger Einwohners zum Besuch einer Universität, einer Bauakademie oder einer Gewerbeschule
Verwaltung:	Magistrat
Darstellung:	Mit der Errichtung des Coqui'schen Stipendienfonds wurde der Familienrat der Coqui'schen Familienstiftung (↗) nicht ganz freiwillig zum Stifter. Vorausgegangen war ein längerer Streit zwischen der Familienstiftung und dem Magistrat um die Vermögensverwaltung der 1863 errichteten Familienstiftung. Seit Januar 1887 versuchte der Magistrat vom Familienrat der Coqui'schen Familienstiftung vergeblich, zum Ausgleich für die gestiegenen Kosten der Verwaltung des Stiftungsvermögens aus den Kapitalerträgen jährlich 300 Mark zu erhalten, um ein Studentenstipendium für Magdeburger Bürgerkinder einzurichten. Der Familienrat lehnte dieses Ansinnen mit der Begründung ab, dass die Zahlung von 300 M den vereinbarten Zinssatz für die Verwaltungskosten von zwei Prozent auf 14 Prozent der Zinseinnahmen heben würde. Hierfür wäre eine Änderung des Stiftungsstatuts notwendig, wozu der Familienrat jedoch nicht befugt sei. Der Magistrat bestand auf einer Erhöhung des Zinssatzes zur Kostendeckung, war jedoch bereit, von den

ursprünglich geforderten 14 auf acht Prozent der Kapitaleinnahmen hinabzugehen. Der Familienrat verharrte in seiner ablehnenden Haltung. Erst als der Magistrat drohte, die Vermögensverwaltung der Coqui'schen Familienstiftung gänzlich abzugeben, lenkte der Familienrat ein. Letztendlich einigte man sich auf die Zahlung eines einmaligen Betrages von 3.000 M an den Magistrat zu dessen freier Verfügung, wenn im Gegenzug der Magistrat bei den ursprünglichen zwei Prozent aller Zinseinnahmen zur Deckung der Verwaltungskosten verbleiben wolle. Am 1. September 1887 wurde von der Stadtverordnetenversammlung der Antrag des Magistrats angenommen, dass mit den vom Familienrat gezahlten 3.000 M ein Stipendienfonds für Magdeburger Bürgerkinder errichtet werden sollte. Vermutlich am 8. November 1946 wurde der Coqui'sche Stipendienfonds durch Beschluss des Präsidiums der Provinz Sachsen aufgelöst.

In der „Vorläufigen Liste" der in Sachsen-Anhalt bestehenden Stiftungen aus dem Jahre 1947 wurde die Stiftung als „erloschen" bezeichnet.

Quellen:	Vorl. Liste, Kreis XV, Nr. 41; StAM, Rep. A II, S 20 spec. 39; Nachweisung 1910
Literatur:	Adressbuch 1920, S. 27; Bericht über die Verwaltung 1909, 1919/1920, Teil 2 und 1920/1921, Teil 2; von Dietze/Hunsdieck-Nieland, Stiftungen, S. 99
Bemerkungen:	auch: Coqui'sche Stipendienstiftung bzw. Coqui-Dom-Universitäts-Stiftung;
	unselbständige Stiftung;
	(↗) auch die weiteren Stiftungen der Familie Coqui: Nr. 1, Nr. 73 und Nr. 74

Gordon Musiol

76. Culmbach-Bayreuth'sches Stipendium

Errichtet:	1756
Stifter:	Markgraf Friedrich Christian von Kulmbach-Bayreuth (1708–1769)
Vermögen:	1.000 Dukaten,
	1953: 25.000 DM (Hypotheken), zwei Häuser sowie Acker
Zweck:	Stipendien an Studierende aus dem ehemaligen Amte Weferlingen, dann an Halberstädter und in Ermangelung solcher an andere bedürftige und würdige Studierende auf je drei Jahre
Verwaltung:	Kgl. Regierung zu Magdeburg; das Vorschlagsrecht hatte der Superintendent in Weferlingen

Darstellung:	Die Stiftung geht zurück auf eine im Jahre 1756 erfolgte Schenkung des Markgrafen an die ev. Kirche zu Weferlingen. Die Zinsen sollen zu seinem Geburtstag an bedürftige Einwohner von Weferlingen verteilt werden. Mit Urkunde vom 1. Januar 1765 erhöhte der Markgraf den Grundstock der Stiftung durch weitere Zuwendungen und ergänzte den Zweck um einen besonderen Stipendienfonds.
	Der Ertrag aus dem Vermögen der Stiftung betrug im Jahr 1910 1.800 M. Eine Satzungsneufassung im Jahre 1929 teilt die ursprüngliche Stiftung in den Hauptfonds und in den Stipendien-Fonds, welche getrennt voneinander verwaltet werden. Der Letztere unterstand der Aufsicht der Preuß. Regierung, Abt. für Kirchen- und Schulwesen. Die kirchliche Stiftung wurde 1953 angemeldet. Sie wurde durch den DDR-Staat nicht aufgelöst.
Quellen:	LASA, C 20 I Ia, Nr. 518; Nachweisung 1910; Wohlfahrtseinrichtungen
Literatur:	k. A.
Bemerkungen:	auch: Kulmbach-Bayreuth'sches Stipendium; rechtsfähige Stiftung des bgl. Rechts

Lutz Miehe

77. Delecker-Stiftung

Errichtet:	30. April 1833 (Testament)
Stifter:	Georg Konrad Delecker (1773–1833), kath. Priester, D. war seit 1814 Pfarrer in Magdeburg, seit 1831 nicht residierender Domherr zu Paderborn und bischöflicher Kommissarius
Vermögen:	200 Tlr.
Zweck:	1. 100 Tlr. zur Gründung einer Bibliothek der kath. Marienschule, 2. 100 Tlr. zu Memorienmessen der kath. St.-Marien-Kirche zu Magdeburg
Verwaltung:	Kath. KG St. Marien (Sudenburg)
Darstellung:	Gemäß der Darstellung im Amtsblatt der Regierung hatte die Zuwendung eine Größe von 500 Tlr., deren „Zinsen für arme Konfirmanden (!) und in Ermangelung für die kath. Armenschule verwendet werden" sollten. Die Stadt meldete zwei Delecker-Stiftungen im Jahre 1937 als existierend.
	In der „Vorläufigen Liste" der in Sachsen-Anhalt bestehenden Stiftungen aus dem Jahre 1947 erhielt die Stiftung ebenfalls zwei Eintragungen. Beide Stiftungen wurden mit „besteht nicht mehr" charakterisiert.

Quellen: Vorl. Liste, Kreis XV, Nr. 43, 44; LASA, C 28 II Nr. 7337, 7629, 7630; StAM, Rep. 18⁴, A 8; Amtsblatt der Regierung zu Magdeburg 1840
Literatur: Lorek, Georg Konrad Deleker, in: MBL, S. 129
Bemerkungen: auch: Delecker-Legate: Delecker-Legat für die Bibliotheken der kath. Marien-Schule (Vorl. Liste Nr. 43) und Delecker-Legat für die Memorien-Messe bei der Kath. Kirche (Vorl. Liste Nr. 44).

Lutz Miehe

78. Diehl-Zesewitz-Stiftung

Errichtet: 5. September 2003
Stifter: Norbert J. Diehl
Vermögen: 300.000 Euro
Zweck: Die Stiftung dient sozialen Zwecken im Sinne der kath. Soziallehre und der Wohlfahrtspflege. Ihr Anliegen ist es, kranken, behinderten, sterbenden und aus anderen Gründen hilfsbedürftigen Menschen ein emotional und sozial, wo notwendig auch materiell würdiges Leben zu ermöglichen und ihnen eine intensive menschliche Zuwendung zu geben. Sie setzt sich insbesondere dafür ein, dass diese Menschen in häuslicher, familiärer Umgebung würdig und geborgen leben und sterben können. Inzwischen hat die Stiftung ein eigenes Ehrenamtsmodell entwickelt. Dieses betont stärker die Ressourcen, die auf den ersten Blick hilfsbedürftige Menschen in Beziehungen einbringen. Die Stiftung will dazu beitragen, Menschen mit Unterstützungsbedarf weniger über ihren Mangel, sondern stattdessen über ihren Reichtum an Fähigkeiten und Erfahrungen zu definieren.
Verwaltung: Vorstand, bestehend aus zwei Mitgliedern; Stiftungsrat
Darstellung: Den Stifter hatten bereits als Krankenpfleger und Theologiestudenten Fragen beschäftigt, wie sich angesichts von Krankheit und Tod lebenswerte Rahmenbedingungen für kranke und alte Menschen schaffen lassen. Er gründete 1987 die „Gemeinschaft Behinderter Otto Perl" und verfolgte damit einen ersten eigenen Ansatz, Menschen durch aktive Tätigkeit die Teilhabe am „ganz normalen" Leben zu ermöglichen.
Nach intensiven Jahren unternehmerischer Tätigkeit reifte der Entschluss, die Ideen eines Sozialwerkes durch eine Stiftungsgründung weiterzuverfolgen: Menschen zusammenzubringen, aktiv einzubinden und erfüllte Lebenszeit zu schenken – vor allem an Stellen, an denen das keine Selbstverständlichkeit mehr ist – bei gesundheitlichen Einschränkungen und am Lebensende.

Mit seinem Freund, dem Magdeburger Architekten Ewald Zesewitz († 2001), hatte D. viel darüber nachgedacht wie sich Lebensräume so gestalten lassen, dass sie für alle Phasen, Wagnisse und Übergänge des Lebens bis hin zum Sterben geeignet sind. Um sein Andenken zu bewahren, wurde dessen Name posthum mit in den Stiftungsnamen aufgenommen.

In der Praxis arbeitet die Stiftung mit ihrem Modell von Dank-Stifter/innen, Zeit-Stifter/-innen und Sach-Stifter/-innen. Es geht darum, Menschen dazu anzustiften, zu ermutigen und zu befähigen, sich gegenseitig über die Grenzen von Alter und Herkunft hinweg erfüllte Lebenszeit zu schenken.

Derzeit hat die Stiftung sogenannte ZeitOasen in Magdeburg (2003), Torgau (2006) und Cuxhaven (2014). Im Salzatal (2012) und in Wittenberg (2013) haben andere Träger die ZeitOasen von der Stiftung übernommen. Die ZeitOase Magdeburg ist das Gartenhaus am Stiftungssitz, den mehrmals wöchentlich Bewohner/-innen des Caritas Pflegeheimes Bischof-Weskamm-Haus und ältere und geflüchtete Menschen aus dem ganzen Stadtgebiet mit Leben füllen; gemeinsam Kaffee trinken, Geschichten erzählen, singen, trauern und Beziehungen knüpfen.

Derzeit beschäftigt sich das Vorstandsteam intensiv interdisziplinär

73 *Impressionen aus der Arbeit der Diehl-Zesewitz-Stiftung*

mit den Erkenntnissen aus Psychologie, Theologie, Kommunikation, Verhaltensbiologie, Gesundheitswissenschaften und Gerontosoziologie dazu, wie sich gelingende menschliche Beziehungen vor allem auch im Pflegealltag gestalten lassen. Die Stiftung ist überzeugt, dass es einen Paradigmenwechsel braucht, durch den haupt- und ehrenamtliche soziale Arbeit grundsätzlich von den Beziehungen aus gedacht wird statt von technischen Abläufen. Jede/r kann dazu beitragen, für mehr Lebenszufriedenheit und Wohlbefinden für sich und andere zu sorgen. Mit diesem Denken und zugehörigen Knowhow sollen künftig andere Organisationen positiv ansteckt werden.

Die Stiftung ist im Stiftungsverzeichnis des Landes Sachsen-Anhalt unter der Nr. MD-11741-073 registriert.

Quellen:	k. A.
Literatur:	Lorek (Hg.): Gemeinschaft
Bemerkungen:	rechtsfähige Stiftung des bgl. Rechts

Regina Lorek

79. ALBERT DIESING-STIFTUNG

Errichtet:	1909
Stifterin:	Bertha Diesing, geb. Rusche, Wwe.
Vermögen:	1920: 32.000 M
Zweck:	Wöchnerinnen-Fürsorge
Verwaltung:	Magistrat/Wohlfahrtsamt
Darstellung:	Die Stadt teilte dem RP im März 1922 mit, dass die Stiftung nach ihrer Auffassung am Ende des Jahres 1919 noch nicht bestanden habe. Die Stadt legte die Stiftung im Jahr 1923 mit ca. 180 weiteren unselbständigen Stiftungen zum (↗) Allgemeinen Stiftungsfonds zusammen.
Quellen:	LASA, C 28 I Ie, Nr. 1625
Literatur:	Bericht über die Verwaltung 1920/1921, Teil 1 und Teil 2
Bemerkungen:	unselbständige Stiftung

Lutz Miehe

80. DIHM'SCHES LEGAT

Errichtet:	29. Mai 1838 (Testament)/1862
Stifter:	Johann Ludwig Dihm, Prediger der frz.-ref. Gemeinde (1770–1838) und seine Ehefrau Christiane Luise, geb. von Lüderitz (1779–1862)
Vermögen:	1.000 Tlr., 1910: 3.065,99 M

Zweck:	1. Ausbildungsbeihilfe für Waisenzöglinge,
	2. Unterstützung von armen, begabten und strebsamen jungen Leuten beiderlei Geschlechts bei Erlernung eines von ihnen gewählten, eine etwas höhere Ausbildung erfordernden Gewerbes
Verwaltung:	Magistrat/Armendirektion/Waisenamt
Darstellung:	Grundlage der Stiftung war das gemeinsame Testament der Eheleute, wonach die Stiftung nach dem Tod des letzten Ehegatten eingerichtet werden sollte. Der Ertrag der Stiftung betrug 1884 135 M.
	Die Stadt legte die Stiftung im Jahre 1923 mit ca. 180 weiteren unselbständigen Stiftungen zum (↗) Allgemeinen Stiftungsfonds zusammen.
Quellen:	LASA, C 28 I Ie, Nr. 1595, 1625; StAM, Rep. A II, S 20 spec. 32a Bd. 2; Rep. 18[4], A 8; Nachweisung 1910
Literatur:	Adressbuch 1920, S. 27; Bericht über die Verwaltung 1882; Bock, Nachtrag, S. 358, 361; von Dietze/Hunsdieck-Nieland, Stiftungen, S. 104; Meyer/Schneidewin, Wohlfahrtseinrichtungen, S. 7; Pfarrerbuch, Bd. 2, S. 327
Bemerkungen:	auch: Prediger Joh. Ludw. Dihm'sche Stiftung;
	unselbständige Stiftung;
	Dihm vermachte der Stadt für das Krankenhaus weitere 500 Tlr.

Lutz Miehe

81. Dihm-Ryder'sche Familienstiftung

Errichtet:	k. A.
Stifter:	k. A.
Vermögen:	k. A.
Zweck:	k. A.
Verwaltung:	k. A.
Darstellung:	Die „Dihm-Ryder'sche Vermögensmasse" wurde von der Stiftungsverwaltung bis 1944 geführt. Im Jahre 1942 stand ein Ertrag von ca. 340 RM zur Zweckerfüllung zur Verfügung.
Quellen:	StAM, Rep. 13, A I. 916, A I. 1026, A I. 1169; Rep. 41, 878
Literatur:	k. A.
Bemerkungen:	rechtsfähige Stiftung des bgl. Rechts;
	Familienstiftung

Lutz Miehe

82. Dohrmann-Legat

Errichtet:	12. Februar 1885 (Testament)/1889
Stifter:	Hermann Dohrmann, Partikulier († 30. Dezember 1888)
	Der Stifter war von 1874 bis 1881 Mitglied des GKR von St. Ambrosius.
Vermögen:	600 M
Zweck:	1. Pflege der Gräber von Hermann, Wilhelm, Ferdinand, Sebastian, Louise und Auguste Dohrmann (geb. Hohlbeim) sowie Margarethe Elisabeth Dohrmann (geb. Bratmann) auf dem Sudenburger Friedhof. Darüber hinaus sollten die Zinsen an die Ambrosiusgemeinde gehen.
	2. Nach Auflassung der Gräber oder des Friedhofs Unterstützung der Ambrosiusgemeinde.
Verwaltung:	GKR der ev. KG St. Ambrosius (Sudenburg)
Darstellung:	Die Stiftung hat die Inflation der Jahre 1922/23 offenbar überstanden. Sie wird in der Auflistung der Ambrosiusgemeinde von 1938 jedoch nicht mehr genannt.
Quellen:	Vorl. Liste, Kreis XV, Nr. 46; LASA, C 28 II, Nr. 7337, 7860; AKPS, Rep. J 3, Nr. 375, 503
Literatur:	k. A.
Bemerkungen:	auch: Hermann Dohrmann-Stiftung; (↗) auch Nr. 87

Margit Scholz

83. Dolle-Stiftung

Errichtet:	21. Dezember 1914 (Testament)/1916
Stifter:	Gustav Adolph Dolle, Landwirt in Olvenstedt (1848–1915)
	D. war der Sohn des Stellmachers Johann Heinrich Dolle und seiner Frau Anna Sophie Elisabeth, geb. Strube.
Vermögen:	Acker von 9 Morgen am Hohenwarsleber Weg in Olvenstedt
Zweck:	Unterstützung von Bedürftigen in der Gemeinde Olvenstedt
Verwaltung:	GKR von St. Laurentius Olvenstedt
Darstellung:	Aus den Pachtverträgen wurden jährlich 500 M an die Armen ausgereicht. Die Dolle-Stiftung gehört zu den wenigen kirchlichen Stiftungen, die die Inflation und die DDR-Zeit überstanden.
Quellen:	LASA, K2, Nr. 670; AKPS, Rep. A, Generalia, Nr. 1231a, 7415; Rep. J 19, Nr. 705, 706; Rep. K: Taufregister von St. Laurentius 1827–1848, S. 548 f.
Literatur:	von Dietze/Hunsdieck-Nieland, Stiftungen, S. 105
Bemerkungen:	unselbständige Stiftung

Margit Scholz

84. Domella'sche Stiftung

Errichtet:	1899
Stifterin:	Anna Domella, geb. Poppe, Wwe.
Vermögen:	1910: 5.000 M
Zweck:	1. Unterhaltung der Grabstätte der Eheleute Domella,
	2. Unterstützung und Unterbringung verarmter Kranker
Verwaltung:	Magistrat/Armendirektion/Wohlfahrtsamt
Darstellung:	Die Stadt legte die Stiftung im Jahre 1923 mit ca. 180 weiteren unselbständigen Stiftungen zum (↗) Allgemeinen Stiftungsfonds zusammen.
Quellen:	LASA, C 28 I Ie, Nr. 1625, 1674; StAM, Rep. 18[4], A 8; Nachweisung 1910
Literatur:	Adressbuch 1920, S. 27; von Dietze/Hunsdieck-Nieland, Stiftungen, S. 105
Bemerkungen:	auch: Domella-Stiftung; unselbständige Stiftung

Lutz Miehe

85. Heinrich-Dorendorf-Stiftung

Errichtet:	26. Januar 1911
Stifter:	Heinrich Dorendorf (1848–1912)
	D. wurde als Sohn des Arbeiters Andreas D. in Irxleben geboren. 1869 trat er dem 66. Infanterie-Regiment bei und nahm am Frankreich-Feldzug 1870/71 teil. Aus der Ehe mit Friederike Felleke († 27. März 1888) gingen neun Kinder hervor. Er erwarb einen Bauernhof, den er 1910 seinem Sohn übergab. 1911 übersiedelte er nach Menz.
Vermögen:	300 M
Zweck:	1. Grabpflege,
	2. wohltätige oder kirchliche Zwecke
Verwaltung:	Pfarrer der ev. KG Prester
Darstellung:	Zu seinen Lebzeiten erhielt der Stifter die Zinsen halbjährlich ausbezahlt. Nach seinem Tode war aus den Zinsen die würdige Pflege seines Grabes bis zum 24. Dezember 1992 in Menz zu finanzieren. Danach sollten die Zinsen für wohltätige oder kirchliche Zwecke verwendet werden. Die Stiftung bestand mindestens bis 1938.
Quellen:	AKPS, Rep. J 15, Nr. 64
Literatur:	k. A.
Bemerkungen:	k. A.

Margit Scholz

86. Dräseke-Stiftung

Errichtet:	29. April 1853/21. September 1853 (Genehmigung)
Stifter:	Dr. Matthias Maenss (1777–1852), Zweiter Domprediger in Magdeburg, Bernhard Noeldechen (1805–1880), Superintendent in Wolmirstedt, D. Christian Wilhelm Harnisch (1787–1864), Superintendent in Elbeu, Christoph Heinrich Strebe (1796–1868), Superintendent in Barleben
Vermögen:	1.000 Tlr., 1930 wird die Stiftung als mittellos bezeichnet
Zweck:	„um eine oder einige ev. Gemeinden in der Provinz Sachsen, die der hinreichenden Mittel zur Erhaltung und Förderung des kirchlich-christlichen Lebens entbehren, damit zu unterstützen, und so kirchlichen Nothständen abzuhelfen"
Verwaltung:	1853 bestand der Verwaltungsrat aus den vier Stiftern. Nach der Satzung sollte ein benachbarter Geistlicher kooptiert werden, falls die Amtsnachfolger der Stifter sich der Stiftungsverwaltung verweigern sollten. Der Verwaltungsrat wählte jeweils auf drei Jahre einen Geschäftsführer. In der Regel war dies bis mindestens 1934 der jeweilige Pfarrer in Barleben. Die Stiftungsaufsicht lag seit 1877 beim Konsistorium Magdeburg.
Darstellung:	Bischof Bernhard Dräseke (1774–1849) war von 1831–1843 Generalsuperintendent und Domprediger in Magdeburg. Er genoss besonders wegen seiner Predigten hohes Ansehen. König Friedrich Wilhelm III. verlieh ihm 1832 einen persönlichen Bischofstitel. Anlässlich von Dräsekes Ausscheiden aus dem Amt am 31. März 1843 führten vier seiner Amtsbrüder eine Sammlung bei der Geistlichkeit der Provinz Sachsen mit dem Ziel einer Stiftungsgründung zu seinem Gedenken durch. Dräseke wünschte keine Mitarbeit bei der Verwaltung und der Verwendung der Gelder und regte eine Verbindung der neuen Stiftung mit der Gustav-Adolf-Stiftung in der Provinz Sachsen an, die sich aber zu diesem Zeitpunkt selbst noch im Gründungsprozess befand. Die geplante Anbindung wurde nicht realisiert, verzögerte aber die formelle Gründung der Dräseke-Stiftung um ein Jahrzehnt.
Quellen:	AKPS, Rep. A, Generalia, Nr. 1178 b, Nr. 1881; Rep. H 51, Nr. 25; Rep. J 1, Nr. 220; EZA, Best. 7, Nr. 10626
Literatur:	von Dietze/Hunsdieck-Nieland, Stiftungen, S. 107; Kärgling, Johann Heinrich Bernhard Dräsecke, in: MG, S. 66; Nixdorf, Bernhard Dräseke; Seehase, Johann Heinrich Bernhard Dräseke, in: MBL, S. 141 f.
Bemerkungen:	k. A.

Margit Scholz

87. Drenckmann'sche Stiftung

Errichtet:	1879–1887
Stifter:	Wilhelm Adolph Drenckmann (1824–1898), KomRat und Sudenburger Dampfmühlenbesitzer und sein Sohn Max D. (1853–1928)
	Die Familie führte über vier Generationen erfolgreich den Mühlenbetrieb „W. A. Drenckmann", bis sie 1953 entschädigungslos enteignet wurde. Standort der Fa. war die Halberstädter Str. 69, Höhe Kreuzung Südring, heutiger Sitz der Außenstelle des LVwA.
Vermögen:	1879: 400 M, 1898: 3.000 M; 1938: 3.000 RM
Zweck:	Armenunterstützung in der Ambrosiusgemeinde
Verwaltung:	GKR der ev. KG St. Ambrosius (Sudenburg)
Darstellung:	D. schenkte der Ambrosiusgemeinde im Jahr 1879 400 M, deren Zinsen „zur Unterhaltung der damals ins Leben getretenen ständigen kirchlichen Krankenpflege" verwendet werden sollten. 1886 wurde die Zweckbestimmung dahingehend geändert, dass die Zinsen „an den Vorstand des Siechenhauses" (Martin-Stift) zu zahlen waren. 1887 erhöhte er die Summe auf 500 M und änderte erneut den Stiftungszweck. Die Zinsen wurden nun für die „kirchliche Armenpflege" bestimmt. Max D. erhöhte 1898 zur Erinnerung an seinen verstorbenen Vater die Stiftung auf 3.000 M. In seinem Testament vermachte er der Ambrosiusgemeinde weitere 3.000 M für den Kirchbaufonds. Beide Stifter waren langjährige Mitglieder im GKR bzw. der Gemeindevertretung von St. Ambrosius. Die Stiftung war 1938 noch existent.
Quellen:	Vorl. Liste, Kreis XV, Nr. 47; LASA, C 28 II, Nr. 7337; AKPS, Rep. A, Generalia, Nr. 1166 b; Rep. J 3, Nr. 380, 503; Nachweisung 1910; Wohlfahrtseinrichtungen
Literatur:	Adressbuch 1920, S. 29; Bornemann, Gustav Friedrich Adolf Max Drenckmann, in: MBL, S. 143 f.; von Dietze/Hunsdieck-Nieland, Stiftungen, S. 107; Meyer/Schneidewin, Wohlfahrtseinrichtungen, S. 44
Bemerkungen:	auch: Adolph-Drenckmann'sches Legat;
	unselbständige Stiftung;
	W. A. D. war befreundet mit dem Stifter Hermann Dohrmann (↗ Nr. 82), der ihn testamentarisch zum Vormund seiner unmündigen Kinder bestimmte.

Margit Scholz

88. WILHELMINE DRESSLER-STIFTUNG

Errichtet:	1915
Stifterin:	Wilhelmine Dreßler, geb. Arms, Wwe.
Vermögen:	1920: 4.000 M
Zweck:	1. Gräberpflege,
	2. nicht verbrauchte Erträge fließen dem Wohlfahrtsamt zu
Verwaltung:	Magistrat/Wohlfahrtsamt
Darstellung:	Die Stadt teilte dem RP im März 1922 mit, dass die Stiftung am Ende des Jahres 1919 noch nicht bestanden habe. Sie legte die Stiftung im Jahre 1923 mit ca. 180 weiteren unselbständigen Stiftungen zum (↗) Allgemeinen Stiftungsfonds zusammen.
Quellen:	LASA, C 28 I Ie, Nr. 1625
Literatur:	Bericht über die Verwaltung 1920/1921, Teil 1 und Teil 2
Bemerkungen:	auch: Witwe Wilhelmine Dreßler-Stiftung; unselbständige Stiftung

Lutz Miehe

89. ERNST DREYER-STIFTUNG

Errichtet:	k. A.
Stifter:	Ernst Dreyer, Versicherungsbeamter
Vermögen:	1919: 13.698 M
Zweck:	1. Gräberpflege,
	2. Unterstützung invalider, wirklich bedürftiger, kranker hiesiger Einwohner, die unbescholten sein müssen, ohne Unterschied der religiösen und politischen Überzeugung
Verwaltung:	Magistrat/Wohlfahrtsamt
Darstellung:	Die Stadt teilte dem RP im März 1922 mit, dass die Stiftung am Ende des Jahres 1919 noch nicht bestanden habe. Sie legte die Stiftung im Jahre 1923 mit ca. 180 weiteren unselbständigen Stiftungen zum (↗) Allgemeinen Stiftungsfonds zusammen.
Quellen:	LASA, C 28 I Ie, Nr. 1625
Literatur:	Bericht über die Verwaltung 1919/1920, Teil 1 und 1920/1921, Teil 2
Bemerkungen:	unselbständige Stiftung

Lutz Miehe

90. Dschenfzig-Stiftung

Errichtet:	k. A.
Stifter:	Ernst und Theodor Dschenfzig
Vermögen:	k. A.
Zweck:	Prämien für Schüler des Klosters Unser Lieben Frauen
Verwaltung:	Stiftung Kloster Unser Lieben Frauen
Darstellung:	Gemäß der Darstellung von Meyer/Schneidewin existierten noch 1902 zwei Stiftungen: die „Ernst Dschenfzig'sche Stiftung" und die „Theodor Dschenfzig'sche Stiftung". Demnach waren die Zwecke und die Verwaltung der Stiftungen identisch.
Quellen:	k. A.
Literatur:	von Dietze/Hunsdieck-Nieland, Stiftungen, S. 108; Meyer/Schneidewin, Wohlfahrtseinrichtungen, S. 12
Bemerkungen:	unselbständige Stiftung

Lutz Miehe

91. von Dürrfeld'sche Stiftung

Errichtet:	1739
Stifter:	vermutlich Dr. Johann Christian Dürrfeld, Advokat
Vermögen:	1910: 300 M
Zweck:	Anschaffung von Bibeln und Gesangsbüchern
Verwaltung:	GKR der ev. KG St. Ambrosius (Sudenburg)
Darstellung:	k. A.
Quellen:	AKPS, Rep. J 3, Nr. 374; Nachweisung 1910; Wohlfahrtseinrichtungen
Literatur:	von Dietze/Hunsdieck-Nieland, Stiftungen, S. 270; Meyer/Schneidewin, Wohlfahrtseinrichtungen, S. 56
Bemerkungen:	k. A.

Lutz Miehe

92. Kommerzienrat Dulon-Stiftung

Errichtet:	1916
Stifter:	Max Dulon, KomRat (1828–1921) Der Stifter war Inhaber der Zuckerraffinerie E. C. Helle, Magdeburger Stadtrat und Ratsältester.
Vermögen:	10.000 M
Zweck:	Unterstützung hilfsbedürftiger Kaufleute oder deren Angehörige

Verwaltung: IHK
Darstellung: Die Stiftung gehörte wahrscheinlich zu denjenigen, die im Juli 1944 durch die verwaltende IHK zusammengelegt wurden.
Quellen: k. A.
Literatur: Adressbuch 1920, S. 28; Tradition und Innovation, S. 370
Bemerkungen: rechtsfähige Stiftung des bgl. Rechts

Lutz Miehe

93. Otto Duvigneau-Stiftung

Errichtet: 22. Dezember 1904/1905
Stifter: Otto Duvigneau (1828–1899), Stadtrat, Kaufmann, Fabrikant
Der Stifter führte das väterliche Unternehmen D. & Wellenberg, Ofen- und Tonwarenfabrik, weiter. Aufgrund seiner Fachkompetenz war er auf der Weltausstellung in Chicago als Preisrichter für Keramik tätig. Seit 1860 war D. sehr aktiv in der Magdeburger Kommunalpolitik. Ab 1887 gehörte D. für drei Jahre als Abgeordneter der National-Liberalen Partei dem Reichstag an. Er wurde im Jahre 1898 Ehrenbürger der Stadt.
Vermögen: 20.500 M, 1910: 20.647.70 M
Zweck: 1. Unterstützung invalider und bedürftiger Meister, Gesellen und Arbeiter der früheren Tonwarenfabrik O. Duvigneau & Co. und der inzwischen aufgelösten Abt. „Tonwarenfabrik der Magdeburger Bau- und Kreditbank, vormals O. Duvigneau & Co.",
2. Unterstützung invalider und bedürftiger Industriearbeiter aus Magdeburg
Verwaltung: Magistrat
Darstellung: Die Stiftung wurde von dem Sohn des Stifters, Johann August D., Generaldirektor der Magdeburger Bau- und Kreditbank, im Auftrag seines Vaters errichtet. Sie verfügte im Jahr 1917 über einen Etat von 778 M.
Quellen: LASA, C 28 I Ie, Nr. 1625, 1697; StAM, Rep. 18[4], A 8; Nachweisung 1910; Wohlfahrtseinrichtungen
Literatur: Adressbuch 1920, S. 27; Bericht über die Verwaltung 1904/1905, 1919/1920, Teil 2 und 1920/1921, Teil 2; Duvigneau, Das alte und neue Magdeburg, S. 10–34; Klitzschmüller, Magdeburger Gesellschaft, S. 344 ff.; Liebscher, Johann Joseph Otto Duvigneau, in: MG, S. 68; Willenius, Johann Joseph Otto Duvigneau, in: MBL, S. 149 f.
Bemerkungen: rechtsfähige Stiftung des bgl. Rechts

Lutz Miehe

74 Johann Caspar Otto Duvigneau, Gemälde von Adolph Rettelbusch, 1901

94. EBG Zukunftsstiftung

Errichtet:	17. Juni 2015
Stifter:	Europäisches Bildungswerk für Beruf und Gesellschaft – EBG GmbH Magdeburg
Vermögen:	k. A.
Zweck:	Förderung der Erziehung, Volks- und Berufsbildung einschließlich der Studentenhilfe, die Förderung vom Wissenschaft und Forschung sowie der Jugend- und Altenhilfe
Verwaltung:	Vorstand, bestehend mindestens zwei und maximal drei Mitgliedern
Darstellung:	Die Stiftung ist im Stiftungsverzeichnis des Landes Sachsen-Anhalt unter der Nr. LSA-117741-279 registriert.
Quellen:	k. A.
Literatur:	k. A.
Bemerkungen:	rechtsfähige Stiftung des bgl. Rechts

Lutz Miehe

95. Bianka Elbthal'sche Stiftung

Errichtet:	27. März 1862 (Testament)/4. Juli 1874 (Genehmigung)
Stifterin:	Johanne Elbthal, geb. Haller († 10. Juli 1872), Wwe.
Vermögen:	9.501 Tlr., 1910: 44.100 M
Zweck:	Unterstützung von Blinden und Kranken jüd. Religion
Verwaltung:	Vorstand der SG
Darstellung:	Die Stifterin hatte ihr Testament von 1862 zwei Mal geändert und das Vermögen der zu errichtenden Stiftung erhöht. § 3 der Satzung sah ausdrücklich vor, dass aus den Erträgen der Stiftung ein Gebäude zur Pflege der Blinden und Kranken gekauft werden sollte, sofern die Erträge des Vermögens dies erlaubten. Zum Kauf eines Hauses für die Destinatäre ist es wohl nie gekommen. Der Vorstand der Stiftung hatte jährlich am 3. Oktober ein Gebet für die Stifterin abhalten zu lassen. Im Jahre 1878 gewährte die Stiftung Unterstützungen im Umfang von 1.261,70 M. Die Stiftung überstand – wie alle Stiftungen, die von Juden errichtet worden waren – die NS-Zeit nicht. Hierzu vgl. den Beitrag von Lutz Miehe in diesem Band.
Quellen:	LASA, C 28 I Ie, Nr. 1640; StAM, Rep. A II, S 20 spec. 32a Bde. 2, 3; Nachweisung 1910; Wohlfahrtseinrichtungen
Literatur:	Adressbuch 1920, S. 29; von Dietze/Hunsdieck-Nieland, Stiftungen, S. 85; Meyer/Schneidewin, Wohlfahrtseinrichtungen, S. 61; Verwaltungsbericht der SG, 1893

Bemerkungen: auch: Bianka Elbthal-Stiftung;
rechtsfähige Stiftung des bgl. Rechts
Die Stifterin errichtete auch die (↗) Nr. 96.

Lutz Miehe

96. Elbthal-Stiftung

Errichtet: 27. März 1862 (Testament)/1872
Stifterin: Johanne Elbthal, geb. Haller († 10. Juli 1872), Wwe.
Vermögen: 2.110 Tlr., 1910: 8.900 M
Zweck: 1. Unterstützung von Armen zu den hohen jüd. Feiertagen,
2. Wiederherstellung und Pflege der Elbthal'schen Gräber
Verwaltung: Vorstand der SG
Darstellung: Die Stifterin hatte zudem festgelegt, dass jährlich am 3. Oktober ein Gebet für sie gehalten werden sollte. Die Stiftung überstand – wie alle Stiftungen, die von Juden errichtet worden waren – die NS-Zeit nicht.
Quellen: LASA, C 28 I Ie, Nr. 1640; Nachweisung 1910; Wohlfahrtseinrichtungen
Literatur: Adressbuch 1920, S. 29; Meyer/Schneidewin, Wohlfahrtseinrichtungen, S. 44; Verwaltungsbericht der SG, 1893
Bemerkungen: auch: Elbthal'sche Stiftung
Die Stifterin errichtete auch die (↗) Nr. 95.

Lutz Miehe

97. Stiftung Elternhaus am Universitätsklinikum Magdeburg

Errichtet: 28. Dezember 2004
Stifter: Magdeburger Förderkreis krebskranker Kinder e. V.
Vermögen: k. A.
Zweck: 1. Absicherung des Betriebes des Elternhauses zur Unterbringung und Betreuung von Familien, deren krebskranke Kinder und Jugendliche am Universitätsklinikum behandelt werden,
2. Förderung sozialer Hilfs- und Betreuungsleistungen für krebskranke Kinder und deren Familien, insbesondere die psychologische Betreuung sowie die materielle Unterstützung im Falle von Bedürftigkeit bzw. in besonderen Notlagen und
3. Unterstützung der wissenschaftlichen Forschung nach Ursachen, Folgen und Behandlungsmöglichkeiten der Krebserkrankung bei Kindern

Verwaltung:	Vorstand, bestehend aus drei Personen
Darstellung:	Die Stiftung ist im Stiftungsverzeichnis des Landes Sachsen-Anhalt unter der Nr. LSA-11741-167 registriert.
Quellen:	k. A.
Literatur:	k. A.
Bemerkungen:	rechtsfähige Stiftung des bgl. Rechts

Lutz Miehe

98. Endler'sche Stiftung

Errichtet:	1873
Stifterin:	Friederike Endler († 1873), Wwe. aus Bamberg
Vermögen:	1910: 600 M
Zweck:	Bekleidung armer Schulkinder
Verwaltung:	Kassenverwaltung durch den Kirchenvorstand der kath. KG St. Agnes; Verwendung der Zinsen durch den Pfarrer von St. Agnes
Darstellung:	k. A.
Quellen:	Nachweisung 1910; Wohlfahrtseinrichtungen
Literatur:	Adressbuch 1920, S. 29; von Dietze/Hunsdieck-Nieland, Stiftungen, S. 111; Meyer/Schneidewin, Wohlfahrtseinrichtungen, S. 5
Bemerkungen:	k. A.

Lutz Miehe

99. Endler'sches Legat

Errichtet:	k. A.
Stifter:	vermutlich Friederike Endler († 1873), Wwe. aus Bamberg
Vermögen:	1910: 600 M
Zweck:	Bekleidung armer Schulkinder
Verwaltung:	Kirchenvorstand der kath. KG St. Sebastian
Darstellung:	k. A.
Quellen:	Nachweisung 1910; Wohlfahrtseinrichtungen
Literatur:	Adressbuch 1920, S. 29; Meyer/Schneidewin, Wohlfahrtseinrichtungen, S. 5
Bemerkungen:	k. A.

Lutz Miehe

100. Engel-Stiftung

Errichtet:	1906
Stifter:	k. A.
Vermögen:	5.000 M
Zweck:	Unterstützung hilfsbedürftiger, ohne ihr Verschulden in Not geratener Mitglieder des Kreiskriegerverbandes Magdeburg
Verwaltung:	Vorstand des Kreiskriegerverbandes Magdeburg
Darstellung:	k. A.
Quellen:	Nachweisung 1910; Wohlfahrtseinrichtungen
Literatur:	Adressbuch 1920, S. 29
Bemerkungen:	rechtsfähige Stiftung des bgl. Rechts

Lutz Miehe

101. Berthold Erdmann Stiftung

Errichtet:	1. April 2011
Stifter:	Berthold Erdmann
Vermögen:	k. A.
Zweck:	Förderung sozialer und kultureller Anliegen der Belegschaft bzw. der Arbeitnehmer der Bausanierung Erdmann GmbH
Verwaltung:	Vorstand, bestehend aus drei bis fünf Mitgliedern
Darstellung:	Die Stiftung ist im Stiftungsverzeichnis des Landes Sachsen-Anhalt unter der Nr. LSA-11741-237 registriert.
Quellen:	k. A.
Literatur:	k. A.
Bemerkungen:	rechtsfähige Stiftung des bgl. Rechts

Lutz Miehe

102. Erdmann'sche Stiftung

Errichtet:	1905
Stifterin:	Alwine Erdmann, geb. Wendenburg, Wwe. des Oberst Erdmann († 1904)
Vermögen:	1910: 1.575,28 M
Zweck:	Unterstützung von Magdeburger Armen
Verwaltung:	Magistrat/Armendirektion/Wohlfahrtsamt
Darstellung:	Die Stadt legte die Stiftung im Jahre 1923 mit ca. 180 weiteren unselbständigen Stiftungen zum (↗) Allgemeinen Stiftungsfonds zusammen.

Quellen: LASA, C 28 I Ie, Nr. 1625; StAM, Rep. 18[4], A 8; Nachweisung 1910; Wohlfahrtseinrichtungen
Literatur: Adressbuch 1920, S. 27
Bemerkungen: unselbständige Stiftung

Lutz Miehe

103. Erler'sche Bibelstifung

Errichtet: 1845
Stifter: D. Johann Karl Erler (1802–1875), Pfarrer an der Johanniskirche und Superintendent
Vermögen: 200 Tlr., 1910: 778,14 M
Zweck: Ankauf von Bibeln oder Gesangbüchern, welche jährlich am 15. Dezember an Arme zu verteilen sind
Verwaltung: GKR von St. Johannis
Darstellung: Das Stiftungskapital stammte aus dem Erlös des Verkaufs einer gedruckten Predigt, die der Stifter anlässlich des 200. Jahrestages der Einweihung der Johanniskirche gehalten hatte. Im Jahre 1858 wurden aus den Erträgen der Stiftung Leistungen im Umfang von 8 Tlr. ausgereicht. 1938 meldete die Johannisgemeinde die Stiftung dem Konsistorium noch als existent.
Quellen: AKPS, Rep. J 2, Nr. 130; Rep. A Generalia, Nr. 1166 b; Nachweisung 1910; Wohlfahrtseinrichtungen
Literatur: Bock, Armenwesen, S. 103, 335; von Dietze/Hunsdieck-Nieland, Stiftungen, S. 112; Meyer/Schneidewin, Wohlfahrtseinrichtungen, S. 56; Müller, Johann Karl Erler, in: MBL, S. 160–161; Rauer, Landbuch, S. 155
Bemerkungen: auch: D. Erler'sche Bibelstiftung

Lutz Miehe/Margit Scholz

104. Evers'sches Prediger-Wittum

Errichtet: 1781 (Testament)/1799
Stifter: August Gottlieb Evers (1728–1798), seit 1764 Pfarrer an der Ulrichskirche
Vermögen: 300 Tlr., 1910: 14.230 M
Zweck: Unterstützung von Predigerwitwen der Ulrichsgemeinde
Verwaltung: GKR der ev. KG St. Ulrich und Levin
Darstellung: Sofern keine berechtigten Witwen vorhanden sein sollten, sollten die Erträge dem Stiftungsvermögen zugeführt werden. Dieses betrug, da

offensichtlich über viele Jahre keine Zweckerfüllung stattfand, 1859 bereits 1.395 Tlr. 1915 meldete der Pfarrer einen Zinsertrag in Höhe von 526 M.

Quellen: AKPS, Rep. J 6, Nr. 376; Nachweisung 1910; Wohlfahrtseinrichtungen
Literatur: Bock, Armenwesen, S. 108; von Dietze/Hunsdieck-Nieland, Stiftungen, S. 115; Oppermann, Siebente Nachricht, S. 118; ders., Zehnte Nachricht, S. 193; ders., 1831–1840, S. 72; Pfarrerbuch, Bd. 2, S. 490; Rauer, Landbuch, S. 169
Bemerkungen: k. A.

Lutz Miehe/Margit Scholz

105. Everth'sche Stiftung

Errichtet: 1888 (Testament)
Stifter: Wilhelm Everth († 26. Februar 1888), Stadt- und Kreisgerichtsrat a. D.
Vermögen: 1910: 1.000 M
Zweck: Unterstützung für würdige Arme der ev. St.-Jacobi-Gemeinde zu Weihnachten jeden Jahres
Verwaltung: Magistrat/Armendirektion/Wohlfahrtsamt
Darstellung: Der Stifter lebte in der Blauebeilstraße 21 im Pfarrbezirk der Jacobigemeinde, deren armen Mitgliedern die Stiftung galt. Die Stadt legte die Stiftung im Jahre 1923 mit ca. 180 weiteren unselbständigen Stiftungen zum (↗) Allgemeinen Stiftungsfonds zusammen.
Quellen: LASA, C 28 I Ie, Nr. 1625; StAM, Rep. 18⁴, A 8; Rep. 55, 3.0140 Bd. 2 Sterbebuch Magdeburg-Altstadt, Sterbeeintrag 402/1888; Nachweisung 1910
Literatur: von Dietze/Hunsdieck-Nieland, Stiftungen, S. 115; Meyer/Schneidewin, Wohlfahrtseinrichtungen, S. 44
Bemerkungen: unselbständige Stiftung

Lutz Miehe

106. Faber-Legat

Errichtet: 6. Mai 1822 (Testament)
Stifter: Carl Friedrich Faber (1739–1823), Kommissionsrat
Der Stifter war Verleger der Magdeburgischen Zeitung, die mit ununterbrochenen Erscheinen von 1664 bis 1944 als älteste Zeitung des deutschsprachigen Raums galt. Um 1765 übernahm er zudem eine „Königlich Preußische Lotterie-Collection", die er bis 1806 betrieb.

1772 wurde ihm als Ober-Lotterie-Commissarius der Titel eines Kgl. Kommissionsrates verliehen.

Vermögen: 1.000 Tlr.
Zweck: Unterstützung der Armen der Stadt jährlich am 20. April
Verwaltung: Magistrat/Armendirektion
Darstellung: Bereits im Bericht über die Verwaltung von 1857 wird aufgeführt, dass aus den Zinsen des Stiftungsvermögens am 20. April „die Personen des Armenhauses extra gespeist" wurden. Diese Speisung ist noch in den 1880er Jahren nachweisbar.
Quellen: k. A.
Literatur: Bericht über die Verwaltung 1857, 1882; Heinrich, Carl Friedrich Faber, in: MBL, S. 164; Rauer, Landbuch, S. 170
Bemerkungen: Der Stifter errichtete auch die (↗) Nr. 107 und die Nr. 108.

Lutz Miehe

107. Faber-Legat „Für Heilig-Geist-Kirche"

Errichtet: 6. Mai 1822 (Testament)
Stifter: Carl Friedrich Faber (1739–1823), Kommissionsrat
Vermögen: 2.000 Tlr.
Zweck: 1. Die Zinsen von 1.200 Tlr. zur Unterstützung von Predigerwitwen der Heilig-Geist-Gemeinde, sofern sie weniger als 300 Tlr. jährlich Einnahmen haben. Die Witwen sollen nur so viel Unterstützung erhalten, dass ihr Gesamteinkommen pro Jahr 300 Tlr. nicht übersteigt.
2. Die Zinsen der übrigen 800 Tlr. zur Unterstützung des Organisten.
Verwaltung: GKR der ev. KG Heilig-Geist
Darstellung: Im Jahre 1824 wurde aus dem Vermögen der Stiftung ein Ertrag von 100 Tlr. erzielt. Hiervon erhielt der Organist der Kirche 40 Tlr. Der Rest wurde, da keine berechtigten Witwen vorhanden waren, akkumuliert.

Das Vermögen des Witwenfonds hatte sich im Jahr 1859 auf 5.200 Tlr. erhöht, da keine Leistungsempfängerinnen vorhanden waren und die Erträge der Stiftung ihrem Grundstockvermögen zugeführt wurden.

Mitte der 1860er Jahre hatte, so Bock, „schon eine lange Reihe von Jahren hindurch gar keine Verwendung der Zinsen stattgefunden, so dass dadurch der Kapitalfonds schon bis auf 6.000 Tlr. angewachsen war." Deshalb erfolgte 1865 eine Satzungsänderung. Diese sah vor, dass nicht ausgereichte Erträge zur Hälfte die Geistlichen von Heilig-Geist und

75 Die im 13. Jahrhundert errichtete Heilig-Geist-Kirche, im Hintergrund die schwer beschädigte Johanniskirche, 1952. Am 30. März 1959 wurde die bereits wieder aufgebaute Taufkirche Georg Philipp Telemanns (1681–1767) gesprengt.

jene Predigerwitwen, die nicht mehr als 300 Tlr. Jahreseinkommen haben, erhalten.

Die Stadt meldete die Stiftung im Jahre 1937 als existierend.

Quellen:	Vorl. Liste, Kreis XV, Nr. 48; LASA, C 28 II, Nr. 7337, 7644; StAM, Rep. A II, S 20 spec. 32a Bd. 2
Literatur:	Bock, Armenwesen, S. 105; Ders., Nachtrag, S. 396; Heinrich, Carl Friedrich Faber, in: MBL, S. 164; Oppermann, Siebente Nachricht, S. 119; Rauer, Landbuch, S. 169 f.
Bemerkungen:	Der Stifter errichtete auch die (↗) Nr. 106 und die Nr. 108.

Lutz Miehe

108. Faber-Legat „Für St. Nikolai"

Errichtet:	6. Mai 1822 (Testament)
Stifter:	Carl Friedrich Faber, Kommissionsrat (1739–1823)
Vermögen:	1.000 Tlr.
Zweck:	für St. Nikolai

Verwaltung: GKR der ev. KG St. Nikolai (Neustadt)
Darstellung: k. A.
Quellen: Vorl. Liste, Kreis XV, Nr. 51
Literatur: Heinrich, Carl Friedrich Faber, in: MBL, S. 164
Bemerkungen: Der Stifter errichtete auch die (↗) Nr. 106 und die Nr. 107.

Lutz Miehe

109. FABER-STIFTUNG

Errichtet: 1913
Stifterin: Vally Faber, geb. Sieger
Vermögen: 3.000 M
Zweck: Instandhaltung der Grabstellen der Erblasserin und ihres Ehemannes
Verwaltung: Magistrat
Darstellung: Die Stadt legte die Stiftung im Jahre 1923 mit ca. 180 weiteren unselbständigen Stiftungen zum (↗) Allgemeinen Stiftungsfonds zusammen.
Quellen: k. A.
Literatur: Bericht über die Verwaltung 1913/1914, S. 460
Bemerkungen: unselbständige Stiftung

Lutz Miehe

110. FABRIKARBEITER-INVALIDENKASSE ZU NEUSTADT

Errichtet: 1874
Stifter: Fabrikarbeiter-Kranken- und Unterstützungskasse in Neustadt
Vermögen: 10.000 Tlr., 1910: 68.048,17 M
Zweck: Pensionen an hilfsbedürftige Arbeiter und Arbeiterinnen, welche mindestens 15 Jahre ununterbrochen Mitglied der Fabrikarbeiter-Krankenkasse zu Neustadt gewesen sind; später: Unterstützung von Armen
Verwaltung: Magistrat/Armendirektion/Wohlfahrtsamt
Darstellung: Die Stiftung wurde gebildet, nachdem das Vermögen der Fabrikarbeiter-Kranken- und Unterstützungskasse in Neustadt die Höhe von 10.000 Tlr. überschritten hatte. Nach ihrer Errichtung erhielt die Stiftung offensichtlich Zustiftungen. Sie wurde noch 1890 als rechtsfähige Stiftung geführt. Die Stadt legte die Stiftung im Jahre 1923 mit ca. 180 weiteren unselbständigen Stiftungen zum (↗) Allgemeinen Stiftungsfonds zusammen.
Quellen: LASA, C 28 I Ie, Nr. 1625; StAM, Rep. A II, S 20 spec. 32b und c; Rep. 18[4], A 8; Nachweisung 1910

Literatur: Adressbuch 1920, S. 27; Bericht über die Verwaltung 1908/1909; Meyer/Schneidewin, Wohlfahrtseinrichtungen, S. 41
Bemerkungen: unselbständige Stiftung

Lutz Miehe

111. STIFTUNG FAMILIE IN NOT – SACHSEN-ANHALT

Errichtet: 28. Mai 2001
Stifter: Land Sachsen-Anhalt
Vermögen: k. A.
Zweck: Unterstützung von in Bedrängnis geratenen Familien, insbesondere auch allein erziehenden Frauen und Männern mit Kindern sowie werdenden Müttern in einer Notlage
Verwaltung: Vorstand, bestehend aus vier Mitgliedern
Darstellung: Die Stiftung ist im Stiftungsverzeichnis des Landes Sachsen-Anhalt unter der Nr. MD-11741-061 registriert.
Quellen: k. A.
Literatur: k. A.
Bemerkungen: rechtsfähige Stiftung des bgl. Rechts

Lutz Miehe

112. BOTHO FARENHOLTZ-STIFTUNG

Errichtet: 1913/30. August 1913 (Genehmigung)
Stifter: Johann Wilhelm Botho Farenholtz (1852–1915), KomRat
Gemeinsam mit seinem Bruder Hermann produzierte der Stifter seit 1889 in Sudenburg Speiseöle. Die Entwicklung des deutschen Ölmaschinenbaus wurde von ihm maßgeblich beeinflusst. Er war z. B. im Magdeburger und Preuß. Dampfkessel-Überwachungsverein (dem heutigem TÜV) sowie im Kollegium der IHK tätig.
Vermögen: 10.000 M
Zweck: Unterstützung von Handelskammerbeamten für Urlaub und in Krankheitsfällen
Verwaltung: IHK
Darstellung: Die Stiftung wurde im Januar 1953 von der IHK beim RdB angemeldet. In diesem Zusammenhang wurde mitgeteilt, dass die Stiftung vermögenslos sei und ihre Zwecke nicht mehr erfüllen könne. Eine Satzung sei nicht mehr vorhanden. Die Stiftung wurde am 29. September 1954 durch den RdSt wegen Vermögenslosigkeit aufgelöst.

Quellen:	LASA, M1, Nr. 1528, 1530, 1532, 8358/7; StAM, Rep. A III, 31.1f Bd. 2; Wohlfahrtseinrichtungen
Literatur:	Adressbuch 1920, S. 28; von Dietze/Hunsdieck-Nieland, Stiftungen, S. 116; Farenholtz, Johann Wilhelm Botho Farenholtz, in: MBL, S. 170 f.
Bemerkungen:	rechtsfähige Stiftung des bgl. Rechts Der Bruder des Stifters, Hermann F., errichtete 1908 die (↗) Nr. 113.

Lutz Miehe

113. FARENHOLTZ-STIFTUNG

Errichtet:	1908
Stifter:	Hermann Farenholtz (1847–1908) Gemeinsam mit seinem Bruder Botho produzierte der Stifter seit 1889 in Magdeburg-Sudenburg Speiseöle.
Vermögen:	1.000 M
Zweck:	Unterstützung notleidender Mitglieder des Kreiskriegerverbandes oder deren Angehörige – in erster Linie Veteranen
Verwaltung:	Vorstand des Kreiskriegerverbandes
Darstellung:	k. A.
Quellen:	Nachweisung 1910; Wohlfahrtseinrichtungen
Literatur:	k. A.
Bemerkungen:	auch: Farenholtz-Stiftung; rechtsfähige Stiftung bgl. Rechts Je zwei Unterstützungen wurden am 22. März und 22. Oktober jeden Jahres aus einem dem deutschen Kriegerbunde von demselben Stifter überwiesenen Legat von 4.000 M dem Kreiskriegerverband überwiesen. Der Bruder des Stifters errichtete 1913 die (↗) Nr. 112.

Lutz Miehe

114. FENESTRA MAGDEBURG-STIFTUNG

Errichtet:	21. September 2007
Stifter:	Gero Beteiligungs-, Treuhand- und Verwaltungsgesellschaft mbH
Vermögen:	k. A.
Zweck:	1. Unterstützung und Förderung von Einrichtungen der christlichen Kinderfürsorge insbesondere solchen, die ihre Tätigkeit im Gebiet des Bistums Magdeburg ausüben, 2. Unterstützung und Förderung von einzelnen Kindern und Heranwachsenden, die der Fürsorge bedürfen,

	3. Beteiligung an der Harsdorfer Immobilien Besitz und Verwaltungs KG als persönlich haftende Gesellschafterin
Verwaltung:	Vorstand, bestehend aus einem Mitglied und dem Vorsitzenden des Stiftungsrates
Darstellung:	Die Stiftung ist im Stiftungsverzeichnis des Landes Sachsen-Anhalt unter der Nr. LSA-11741-194 registriert.
Quellen:	k. A.
Literatur:	k. A.
Bemerkungen:	rechtsfähige Stiftung des bgl. Rechts

Lutz Miehe

115. FERIENKOLONIEN

Errichtet:	1880
Stifter:	Das Vermögen stammt offensichtlich aus einer Sammlung.
Vermögen:	1910: 9.687,62 M
Zweck:	Unterstützung von armen schwächlichen Kindern der hiesigen Volksschulen während der Sommerferien zur Ermöglichung eines unentgeltlichen Aufenthalts in einer Ferienkolonie
Verwaltung:	Magistrat/Kämmereikasse, Verein für Ferienkolonien
Darstellung:	Erholungsbedürftige Kinder aus Magdeburg sollten mithilfe dieser Stiftung für vier Wochen in waldiger Umgebung untergebracht werden. In Frage kamen insbesondere Kinder solcher Eltern, die die Kosten für den Ferienaufenthalt nicht selbst aufbringen konnten. Die Kinder wurden von den Schulen vorgeschlagen und von Ärzten anschließend untersucht. Bereits im Jahre 1881 konnte 65 Kinder der Ferienaufenthalt ermöglicht werden. Im Jahre 1910 wurden insgesamt 190 Kinder in Ferienkolonien untergebracht, die sich in Harbke, Eggenstedt, Esbeck und Warburg befanden. Die Stadt unterstützte die Stiftung regelmäßig. Im Jahr 1913 betrug diese 3.000 M.
Quellen:	Nachweisung 1910; Wohlfahrtseinrichtungen
Literatur:	Adressbuch 1920, S. 27; Bericht über die Verwaltung 1908/1909, 1911/1912, 1913/1914, 1919/1920, Teil 2 sowie 1920/1921, Teil 2; Klitzschmüller, Magdeburger Gesellschaft, S. 228 f.
Bemerkungen:	auch: Fonds der Ferienkolonien Es ist nicht ausgeschlossen, dass es sich nicht um eine Stiftung, sondern um einen Verein handelte. (↗) auch Nr. 223, aus deren Erträgen der Verein für Ferienkolonien unterstützt wurde.

Lutz Miehe

116. Ferienkolonie-, Konfirmanden- und weibliche Fürsorge-Stiftung

Errichtet:	1901
Stifter:	Das Vermögen stammt offensichtlich aus einer Sammlung.
Vermögen:	2.800 M
Zweck:	Unterstützung
	1. der Ferienkolonie,
	2. von armen Konfirmanden (!),
	3. Bedürftigen und
	4. weiblichen Personen, die sich einem selbständigen Berufe widmen
Verwaltung:	Vorstand der SG
Darstellung:	Die Stiftung überstand – wie alle Stiftungen, die von Juden errichtet worden waren – die NS-Zeit nicht.
Quellen:	Nachweisung 1910; Wohlfahrtseinrichtungen
Literatur:	Adressbuch 1920, S. 29; von Dietze/Hunsdieck-Nieland, Stiftungen, S. 117
Bemerkungen:	auch: Ferienkolonie- und Konfirmanden-Stiftung; rechtsfähige Stiftung des bgl. Rechts

Lutz Miehe

117. Feuerwehr-Unterstützungs-Fonds (Jubiläums-Stiftung)

Errichtet:	1899
Stifter:	Stadt Magdeburg
Vermögen:	1910: 27.445,33 M
Zweck:	Unterstützung der Mitglieder des Magdeburger Feuerwehrkorps
Verwaltung:	Magistrat
Darstellung:	Das Vermögen stammte aus dem Vermögen des ehemaligen Feuer-Rettungsvereins. Die Stadt legte die Stiftung im Jahre 1923 mit ca. 180 weiteren unselbständigen Stiftungen zum (↗) Allgemeinen Stiftungsfonds zusammen.
Quellen:	Nachweisung 1910; Wohlfahrtseinrichtungen
Literatur:	Bericht über die Verwaltung 1908/1909, 1919/1920, Teil 2 sowie 1920/1921, Teil 2; von Dietze/Hunsdieck-Nieland, Stiftungen, S. 117
Bemerkungen:	unselbständige Stiftung
	In Magdeburg existierte auch ein Unterstützungsfonds der Magdeburger Feuerwehr von 1868 (ehemaliger Feuer-Rettungs-Verein). Dieser Unterstützungsfonds verfügte 1910 über ein Vermögen von 3.233,34 M. Der Zweck war die Unterstützung der im Feuerwehrdienst verunglück-

ten Mannschaften der hiesigen städtischen Feuerwehr, eventuell auch der sonst unterstützungswürdigen Mannschaften oder deren Hinterbliebenen.

Lutz Miehe

118. Dr. Fischer-Stiftung

Errichtet: 1893
Stifter: k. A.
Vermögen: 1910: 6.161 M
Zweck: Stipendien für Abiturienten des Domgymnasiums
Verwaltung: Direktor des Domgymnasiums
Darstellung: k. A.
Quellen: Nachweisung 1910; Wohlfahrtseinrichtungen
Literatur: von Dietze/Hunsdieck-Nieland, Stiftungen, S. 106; Meyer/Schneidewin; Wohlfahrtseinrichtungen, S. 21
Bemerkungen: rechtsfähige Stiftung des bgl. Rechts

Lutz Miehe

119. Rudolf Fliess-Stiftung

Errichtet: 1909
Stifter: Rudolf Fließ († 6. September 1908 in Gießen)
Vermögen: 1910: 5.000 M
Zweck: Armenunterstützung
Verwaltung: Vorstand der SG
Darstellung: Die Stiftung überstand – wie alle Stiftungen, die von Juden errichtet worden waren – die NS-Zeit nicht. Hierzu vgl. den Beitrag von Lutz Miehe in diesem Band.
Quellen: Nachweisung 1910; Wohlfahrtseinrichtungen
Literatur: Adressbuch 1920, S. 29
Bemerkungen: rechtsfähige Stiftung des bgl. Rechts

Lutz Miehe

120. Witwe Auguste Fock-Stiftung

Errichtet: 1913
Stifterin: Auguste Fock, geb. Andreae, Wwe.
Vermögen: 1919: 5.000 M

Zweck:	1. Gräberpflege,
	2. nicht verbrauchte Erträge fließen dem Wohlfahrtsamt der Stadt zu
Verwaltung:	Magistrat/Wohlfahrtsamt
Darstellung:	k. A.
Quellen:	k. A.
Literatur:	Bericht über die Verwaltung 1919/1920, Teil 1
Bemerkungen:	k. A.

Lutz Miehe

121. Christoph Fölsche-Stiftung

Errichtet:	k. A.
Stifter:	Als Stifter oder Namensgeber kommen Vertreter aus drei Generationen der Magdeburger Fabrikantenfamilie in Betracht: Johann Christoph Fölsche (1751–1800), Julius Christoph Fölsche († 1848) und Carl Christoph Heinrich Fölsche (1849–1919).
Vermögen:	k. A.
Zweck:	k. A.
Verwaltung:	Magistrat/Kämmereikasse
Darstellung:	k. A.
Quellen:	StAM, Rep. A III, 31.1h Bd. 1; Rep. 55, 3.0439 Bd. 1 Sterbebuch Magdeburg-Sudenburg, Sterbeeintrag 153/1919
Literatur:	Bericht über die Verwaltung 1919/1920, Teil 2 und 1920/1921, Teil 2; Behrend, Großkaufleute, S. 124 f., 166; Heinicke, Johann Christoph Fölsche, in: MBL, S. 184
Bemerkungen:	unselbständige Stiftung

Lutz Miehe

122. Förderstiftung der Pfeifferschen Stiftungen

Errichtet:	21. November 2019
Stifter:	k. A.
Vermögen:	k. A.
Zweck:	Beschaffung von Mitteln zur ideellen und finanziellen Förderung der Religion, des öffentlichen Gesundheitswesens und zur öffentlichen Gesundheitspflege, der Jugend- und der Altenpflege, der Bildung und Erziehung, der Behindertenhilfe und des Wohlfahrtswesens sowie der selbstlosen Unterstützung des in § 53 AO genannten Personenkreises durch andere steuerbegünstigte Körperschaften, die Einrichtungen

bzw. Tochter-/Enkelgesellschaften der Pfeifferschen Stiftungen sind. Hierzu gehört auch die Beschaffung von Mitteln zur ideellen oder finanziellen Förderung der Aufnahme und Versorgung von kranken Menschen und der seelsorgerischen Betreuung von alten, behinderten, gefährdeten und hilfsbedürftigen Menschen durch andere steuerbegünstigte Körperschafen, die Einrichtungen bzw. Tochter-/Enkelgesellschaften der Pfeifferschen Stiftungen sind.

Verwaltung: Vorstand
Darstellung: Die Stiftung ist im Stiftungsverzeichnis des Landes Sachsen-Anhalt unter der Nr. MD-11741-313 registriert.
Quellen: k. A.
Literatur: k. A.
Bemerkungen: kirchliche Stiftung des bgl. Rechts

Lutz Miehe

123. Fonds der milden Stiftungen

Errichtet: 1867
Stifter: Mitglieder der SG
Vermögen: 1910: 34.300 M
Zweck: Unterstützung von Bedürftigen der SG jährlich zu den hohen Feiertagen
Verwaltung: Vorstand der SG
Darstellung: Das Vermögen der Stiftung entstand aus Spenden der Mitglieder der SG. Die Stiftung überstand – wie alle Stiftungen, die von Juden errichtet worden waren – die NS-Zeit nicht.
Quellen: Nachweisung 1910; Wohlfahrtseinrichtungen
Literatur: Adressbuch 1920, S. 29; von Dietze/Hunsdieck-Nieland, Stiftungen, S. 118; Meyer/Schneidewin, Wohlfahrtseinrichtungen, S. 39
Bemerkungen: k. A.

Lutz Miehe

124. Fonds zur Speisung bedürftiger Schulkinder

Errichtet: 1908
Stifter: Stadt Magdeburg
Vermögen: 59.924,57 M, 1910: 125.000 M
Zweck: Verabreichung von Frühstück (Milch und Brötchen) an arme Volksschulkinder

Verwaltung: Magistrat/Kämmereikasse
Darstellung: In den Fonds wurden Überschüsse der Sparkasse eingezahlt.
Die Stadt legte die Stiftung im Jahre 1923 mit ca. 180 weiteren unselbständigen Stiftungen zum (↗) Allgemeinen Stiftungsfonds zusammen.
Quellen: StAM, Rep. 18⁴, A 8; Nachweisung 1910
Literatur: Bericht über die Verwaltung 1919/1920, Teil 2 und 1920/1921, Teil 2
Bemerkungen: auch: Speisung schulpflichtiger Kinder;
unselbständige Stiftung

Lutz Miehe

125. FRAUEN-VEREIN DER FREIEN RELIGIONS-GESELLSCHAFT ZU MAGDEBURG

Errichtet: 1850
Stifter: Johann Jacob Markus Leberecht Uhlich (1799–1872), Theologe
Der Stifter war von 1845–1847 Prediger an der Katharinenkirche und gründete 1841 den Verein der Protestantischen Freunde („Lichtfreunde") und nach seiner Amtsenthebung durch das Konsistorium 1847 die „Freie Gemeinde Magdeburg". Er wurde 1848 in die preuß. Nationalversammlung gewählt und war Mitglied des Frankfurter Parlaments.
Vermögen: 1910: 2.000 M
Zweck: 1. Unterstützung von durch Krankheit bedürftig gewordenen Mitgliedern der Freien Religions-Gesellschaft zu Magdeburg,
2. Unterstützung bedürftiger Kinder und alter Personen zu Weihnachten und teilweise Einkleidung armer bedürftiger Kinder zur Jugendweihe
Verwaltung: Frauenverein der Freien Religions-Gesellschaft (Vorstand)
Darstellung: k. A.
Quellen: Nachweisung 1910; Wohlfahrtseinrichtungen
Literatur: Engelmann, Leberecht Uhlich, in: MBL, S. 742–743
Bemerkungen: Es ist nicht ausgeschlossen, dass es sich um einen Verein gehandelt hat, obwohl die Stadt diesen unter „Stiftungen" führte.
(↗) Nr. 363 und Nr. 509

Lutz Miehe/Margit Scholz

126. Die 8. Stelle des Magdeburger Freitisches für Studierende in Halle

Errichtet:	1857
Stifter:	k. A.
Vermögen:	k. A.
Zweck:	Für die 8. Stelle des Magdeburger Freitisches für Studierende in Halle
Verwaltung:	Direktor des Domgymnasiums
Darstellung:	k. A.
Quellen:	Nachweisung 1910; Wohlfahrtseinrichtungen
Literatur:	k. A.
Bemerkungen:	rechtsfähige Stiftung des bgl. Rechts

Lutz Miehe

127. Gebrüder Friedeberg-Stiftung

Errichtet:	2. Mai 1879/31. Dezember 1879 (Genehmigung)
Stifter:	Gebrüder Ernst und Gottfried Ferdinand Friedeberg (1836–1912), Kaufleute
Vermögen:	10.000 M, 1910: 12.744,47 M
Zweck:	Unterstützung von fünf armen christlichen und fünf jüd. Familien oder Einzelpersonen, jeweils am 1. Mai jeden Jahres
Verwaltung:	Magistrat/Armendirektion/Wohlfahrtsamt; die jüd. Familien bzw. Einzelpersonen hatte die SG vorzuschlagen
Darstellung:	Anlass für die Einrichtung der Stiftung war das 50-jährige Bestehen des Geschäfts der Brüder. Die zu unterstützenden christlichen Personen sollten vom Magistrat bestimmt werden, die jüd. Personen von der SG. Die Zahlungen an die Bedürftigen erfolgten am Gründungstag des Geschäfts.
	Die Stadt legte die Stiftung im Jahre 1923 mit ca. 180 weiteren unselbständigen Stiftungen zum (↗) Allgemeinen Stiftungsfonds zusammen.
Quellen:	LASA, C 28 I Ie, Nr. 1595, 1625, 1645; StAM, Rep. A II, S 20 spec. 32a Bde. 1, 2; Rep. 18[4], A 8; Nachweisung 1910; Wohlfahrtseinrichtungen
Literatur:	Adressbuch 1920, S. 27; Bericht über die Verwaltung 1908/1909; von Dietze/Hunsdieck-Nieland, Stiftungen, S. 120; Meyer/Schneidewin, Wohlfahrtseinrichtungen, S. 45; Verwaltungsbericht der SG, 1893
Bemerkungen:	auch: Friedeberg'sche Stiftung bzw. Friedeberg-Stiftung; unselbständige Stiftung

Ferdinand Friedeberg hatte dem Kloster St. Augustini bereits im Jahre 1869 1.200 Tlr. für eine Oberpräbende zugestiftet.

Lutz Miehe

128. FRIESE'SCHE STIFTUNG

Errichtet: 1846
Stifter: Die Kollegien der sechs altstädtischen Pfarrkirchen
Vermögen: 500 Tlr., 1910: 1.541,28 M
Zweck: Einkleidung zweier wohlerzogener Kinder zur Konfirmation
Verwaltung: GKR der ev. KG St. Johannis
Darstellung: Die Stiftung erfolgte anlässlich des 50jährigen Amtsjubiläums des Polizeiinspektors Friese am 2. Dezember 1846. Friese war über viele Jahre an zwei Kirchen Assessor sowie Mitglied der Armenverwaltung der Stadt. Aus dem Ertrag der Stiftung wurden im Jahr 1858 Unterstützungen im Umfang von 17 Tlr. und 15 Gr. gewährt. Die Johannisgemeinde meldete 1938 dem Konsistorium die Stiftung als noch existent.
Quellen: StAM, Rep. A II, F 51; AKPS, Rep. J 2, Nr. 131; Rep. A, Generalia, Nr. 1166 b; Nachweisung 1910; Wohlfahrtseinrichtungen
Literatur: Adressbuch 1920, S. 29; Bock, Armenwesen, S. 14, 103, 335; von Dietze/Hunsdieck-Nieland, Stiftungen, S. 122; Meyer/Schneidewin, Wohlfahrtseinrichtungen, S. 10; Rauer, Landbuch, S. 207
Bemerkungen: k. A.

Lutz Miehe

129. FRITZE'SCHE PREDIGERWITWEN-STIFTUNG

Errichtet: 26. August 1772 (Testament)
Stifter: Andreas Fritze († 25. Februar 1773), Kaufmann, Seidenkrämer-Innungsmeister und Kirchenvorsteher von St. Ulrich und Levin
Vermögen: 500 Tlr., 1910: 1.693 M
Zweck: Unterstützung der Predigerwitwen von St. Ulrich und Levin
Verwaltung: Kirchenkollegium/GKR der ev. KG St. Ulrich und Levin
Darstellung: Sofern keine Witwen vorhanden waren, sollten die Zinsen der Kirche zugutekommen. Im Jahre 1824 betrug der Ertrag aus der Stiftung 22 Tlr.
Quellen: Nachweisung 1910
Literatur: Bock, Armenwesen, S. 107; von Dietze/Hunsdieck-Nieland, Stiftungen, S. 122; Meyer/Schneidewin, Wohlfahrtseinrichtungen, S. 51; Opper-

mann, Armenwesen, 1821, S. 192; ders., Siebente Nachricht, S. 118; ders., Zehnte Nachricht, S. 192; Rauer, Landbuch, S. 208

Bemerkungen: k. A.

Lutz Miehe/Margit Scholz

130. Fritze'sche Stiftung

Errichtet: 1871 (Testament)
Stifter: Georg Julius Fritze († 25. Juli 1871), Ober-Steuer-Kontrolleur a. D.
Vermögen: 500 Tlr., 1910: 1.510,52 M
Zweck: Unterstützung würdiger Armer, zahlbar jährlich am 12. März jeden Jahres, dem Geburtstag des Stifters
Verwaltung: Magistrat/Armendirektion/Wohlfahrtsamt
Darstellung: Die Stadt legte die Stiftung im Jahre 1923 mit ca. 180 weiteren unselbständigen Stiftungen zum (↗) Allgemeinen Stiftungsfonds zusammen.
Quellen: LASA, C 28 I Ie, Nr. 1625; StAM, Rep. A II, S 20 spec. 32a Bd. 2; Rep. 18[4], A 8; Nachweisung 1910; Wohlfahrtseinrichtungen
Literatur: Adressbuch 1920, S. 27; Bericht über die Verwaltung 1882, 1908/1909; von Dietze/Hunsdieck-Nieland, Stiftungen, S. 122; Meyer/Schneidewin, Wohlfahrtseinrichtungen, S. 53; Oppermann, 1831–1840, S. 72
Bemerkungen: unselbständige Stiftung

Lutz Miehe

131. Fritze'sches Prediger-Wittum

Errichtet: 22. Dezember 1823
Stifter: Georg Werner Albert Oppermann (1781–1847), Bürgermeister und Mitglied des Kirchenkollegiums von St. Ulrich und Levin
Vermögen: 1876: 222,75 M, 1910: 7.071 M
Zweck: Unterstützung der Predigerwitwen von St. Ulrich und Levin
Verwaltung: Kirchenkollegium/GKR der ev. KG St. Ulrich und Levin
Darstellung: Anlässlich des 50. Dienstjubiläums von Johann-Nicolaus Fritze (1751–1840), Superintendent und Pfarrer von St. Ulrich und Levin, beschloss das Kirchenkollegium nach dessen Tod, seiner Wwe. aus der Kirchenkasse jährlich 100 Tlr. zu zahlen. Da bereits eine Pfarrwitwe aus dem kirchengemeindlichen Pfarrwittum versorgt werden musste, stiftete Bürgermeister Oppermann 100 Tlr. zu dessen Aufstockung. Das Geld stammte aus dem Erlös des Verkaufs seiner Publikation über das Ar-

menwesen und die milden Stiftungen in Magdeburg aus dem Jahre 1822. Die Erträge sollten gemäß Satzung so lange kumuliert werden, bis das Stiftungsvermögen 500 Tlr. erreicht hatte. Sofern Empfangsberechtigte nicht vorhanden waren, sollte der Ertrag dem (↗) Oppermann'schen Stipendienfonds zufließen.

Quellen:	AKPS, Rep. J 6, Nr. 345; Nachweisung 1910; Wohlfahrtseinrichtungen
Literatur:	Bock, Armenwesen, S. 107; von Dietze/Hunsdieck-Nieland, Stiftungen, S. 122; Meyer/Schneidewin, Wohlfahrtseinrichtungen, S. 51; Oppermann, 1831–1840, S. 72; Rauer, Landbuch, S. 208
Bemerkungen:	auch: Subsenior Fritze'sches Prediger-Wittum

Lutz Miehe/Margit Scholz

132. GUSTAV FUHRMANN SEN. GEDÄCHTNIS-STIFTUNG

Errichtet:	29. Juli 1940 (Testament)/23. September 1940 (Genehmigung)
Stifter:	Gustav Christoph David Fuhrmann (1871–1944) lebte in der Wolfenbütteler Straße 10 im Stadtteil Sudenburg.
Vermögen:	k. A.
Zweck:	k. A.
Verwaltung:	von der Stiftung beauftragte Person
Darstellung:	k. A.
Quellen:	Vorl. Liste, Kreis XV, Nr. 20; LASA, M1, Nr. 1528; StAM, Rep. 41, 864, 867; Rep. 55, 3.0608 Bd. 1 Sterbebuch Magdeburg-Sudenburg, Sterbeeintrag 9/1944
Literatur:	k. A.
Bemerkungen:	auch: Gustav Fuhrmann'sche Gedächtnisstiftung
	Gemäß der Vorläufigen Liste der im Lande Sachsen-Anhalt am 1. Januar 1947 vorhandenen Stiftungen handelt es sich hierbei um keine Stiftung, sondern um einen Verein. Dies erscheint wenig glaubhaft.

Lutz Miehe

133. FUNK'SCHE STIFTUNG

Errichtet:	1. September 1819/3. Februar 1820
Stifter:	Freunde, Verehrer und Schüler von Dr. Gottfried Benedict Funk (1734–1814), Konsistorialrat und Rektor des Domgymnasiums
Vermögen:	3.452 Tlr., 1910: 30.613 M
Zweck:	Stipendien für Schüler oder Abiturienten des Domgymnasiums

Verwaltung:	Verwaltungsrat, bestehend aus den beiden Dompredigern, einem Juristen sowie dem Direktor des Domgymnasiums
Darstellung:	Der hochgebildete und der Aufklärung nahestehende Gottfried Benedict Funk erhielt 1769 einen Ruf an das Magdeburger Domgymnasium, dessen Rektor er nur wenige Zeit später wurde. Bis zu seinem Tod entwickelte er das Gymnasium zu einer der bedeutendsten Bildungseinrichtungen in Mitteldeutschland. F. gehörte zudem seit 1785 dem Almosenkollegium an, in welchem er seit Ende des 18. Jh. die Aufsicht über das Armenschulwesen hatte. Die Mittwochsgesellschaft, deren Mitglied F. gewesen war, rief nach seinem Tod öffentlich dazu auf, den Pädagogen zu ehren. Freunde, Verehrer und ehemalige Schüler spendeten daraufhin Geld oder kauften die posthum veröffentlichten Schriften von F. Im Ergebnis wurden ein Gedenkstein an seinem Grab und eine Büste im Dom aufgestellt sowie eine Stiftung errichtet. Die aus dem Ertrag der Stiftung ausgereichten Stipendien sollten 50 Tlr. nicht überschreiten. Im Jahre 1859 waren bereits 235 Abiturienten und 846 Schüler unterstützt worden. Durch Zustiftungen hatte sich das Vermögen der Stiftung im Jahre 1854 auf ca. 9.300 Tlr. vermehrt.
Quellen:	GStA, I. HA Rep. 89, Nr. 12897; StAM, Rep. A II, F 24; Nachweisung 1910; Wohlfahrtseinrichtungen
Literatur:	Adressbuch 1920, S. 29; Bock, Armenwesen, S. 281 ff.; von Dietze/Hunsdieck-Nieland, Stiftungen, S. 123; Hermes/Weigelt, Handbuch, S. 13; Mayrhofer, Gottfried Benedict Funk, in: MBL, S. 200 f.; Meyer/Schneidewin, Wohlfahrtseinrichtungen, S. 12; Nachrichten über die Funk'sche Stiftung; Oppermann, Armenwesen, 1821, S. 171 ff.; ders., Zehnte Nachricht, S. 171 f.; Rauer, Landbuch, S. 211
Bemerkungen:	auch: Funk-Stiftung; rechtsfähige Stiftung des bgl. Rechts Hermes/Weigelt stellen die Entstehung der Stiftung anders als Bock dar. Sie teilen mit, dass der Stifter Gottfried Benedict Funk gewesen sei und das von ihm gestiftete Vermögen 5.000 Tlr. betragen habe. Es ist nicht auszuschließen, dass es sich hier um eine weitere Stiftung handelt.

Lutz Miehe

134. VON GAISBERG-BEHM-BREYTUNG-PREDIGER-WITTUM

Errichtet:	13. Februar 1845
Stifterinnen:	Barbara Sophie von Gaisberg, geb. von Weyler, N. N., Wwe. des Ratsmanns Behm und Marie Auguste Breytung, geb. Faulwasser
Vermögen:	1859: 1.800 Tlr., 1910: 10.848,18 M
Zweck:	Unterstützung der Predigerwitwen von St. Jacobi
Verwaltung:	GKR der ev. KG St. Jacobi
Darstellung:	Bei der Stiftung handelt es sich um die Zusammenlegung von drei Stiftungen, die durch Testament errichtet worden waren und mit der Unterstützung der Predigerwitwen von St. Jacobi identische Ziele hatten, – die von Barbara Sophie von Gaisberg mit einem Vermögen von 300 Tlr. im Jahre 1765, – die von der Wwe. des Ratsmanns Behm mit einem Vermögen von 100 Tlr. im Jahre 1829 und – die von Marie Auguste Breytung mit einem Vermögen von 200 Tlr. Die Zusammenlegung wurde durch die Kgl. Regierung genehmigt. Im Jahre 1824 hatte St. Jacobi keine berechtigten Predigerwitwen. Diese Situation muss regelmäßig existiert haben, so dass die Erträge dem Grundstockvermögen zugeführt wurden. Dieses betrug nach Angaben von Bock im Jahre 1858 bereits 1.800 Tlr.
Quellen:	StAM, Rep. A I, S 555 (Testament von Gaisberg); AKPS, Rep. A, Generalia, Nr. 1166 b; Nachweisung 1910; Wohlfahrtseinrichtungen
Literatur:	Berghauer, Magdeburg, Bd. 2, S. 176; Bock, Armenwesen, S. 106; von Dietze/Hunsdieck-Nieland, Stiftungen, S. 211; Meyer/Schneidewin, Wohlfahrtseinrichtungen, S. 51; Oppermann, Siebente Nachricht, S. 119; ders., 1831–1840, S. 73
Bemerkungen:	auch: Prediger-Wittum von Gaisberg-Behm-Breytung; rechtsfähige Stiftung des bgl. Rechts Ende 1938 teilte die KG St. Jacobi dem Konsistorium mit, dass das dortige Prediger-Wittum aktuell über ein Vermögen von 2.494 RM verfüge. Die Zinsen würden an die Konsistorialkasse nach Berlin abgeführt. Ob diese Mitteilung sich auf das von Gaisberg-Behm-Breytung-Prediger-Wittum bezieht, ist unklar. (↗) auch Nr. 56

Lutz Miehe

135. Gasser'sche Stiftung

Errichtet:	1832 (Testament)/1847 (Genehmigung)
Stifterin:	Marie Katharine Gasser, geb. Preitz, Wwe. von Johann Samuel Theodor Gasser, Apotheker († 1834) Die Eheleute G. wohnten in der Neustadt. Ihre Ehe war kinderlos.
Vermögen:	13.000 Tlr., 1910: 61.531,69 M
Zweck:	1. 240 M zum Ankauf von Brennmaterial für Neustädter Arme,
	2. 180 M zum Kauf von Konfirmanden-Bekleidung für sechs bedürftige Kinder: drei Knaben, drei Mädchen,
	3. 180 M für Stipendien,
	4. fortlaufende Unterstützungen oder Präbenden in Vierteljahresraten zu je 15 M an hilfsbedürftige und würdige Familien oder einzelstehende Personen der Neustadt,
	5. Instandsetzung der Gasser'schen Gräber
Verwaltung:	Magistrat der Neustadt, ab 1887 Magistrat der Stadt Magdeburg/Armendirektion/Wohlfahrtsamt
Darstellung:	Die Stiftung ist im Arbeits- und Geschäftsbericht von Magdeburg für das Jahr 1873 verzeichnet. Den Vorstand bildete demnach der Magistrat der Neustadt, Rendant war deren Kämmerer. Im Jahre 1898 kritisierte der RP, dass die Stadt den Ertrag der Stiftung satzungswidrig an die Armenkasse abführe. Die Stadt solle das Geld satzungsgemäß einsetzen. Die Stadt erwiderte, dass sie satzungsgemäß handele und Holz für die Armen in Neustadt einkaufe.
	Die Stiftung wurde von der Stadt zunächst als rechtsfähige Stiftung des bgl. Rechts, spätestens seit 1910 als unselbständige Stiftung geführt.
	Die Stadt meldete die Stiftung im Jahre 1937 als existierend.
Quellen:	GStA, I. HA Rep. 77, Tit. 1400 Magdeburg, Nr. 15; LASA, C 28 I Ie, Nr. 1625, 1706; C 28 Ie Gen., Nr. 198; C 28 II, Nr. 7337; StAM, Rep. A II, S 20 spec. 32a Bde. 1–3; Rep. 7, G. 21, G. 22; Rep. 18[4], A 8; Nachweisung 1910; Wohlfahrtseinrichtungen
Literatur:	Adressbuch 1920, S. 27; Bericht über die Verwaltung 1908/1909; von Dietze/Hunsdieck-Nieland, Stiftungen, S. 124; Meyer/Schneidewin, Wohlfahrtseinrichtungen, S. 10; Rauer, Landbuch, S. 214
Bemerkungen:	unselbständige Stiftung

Lutz Miehe

136. Gehrmann-Legat

Errichtet:	28. April 1830 (Testament)
Stifterin:	Marie Sophie Gehrmann, geb. Schirlitz, geschiedene Ehefrau des Kaufmanns Gehrmann
Vermögen:	400 Tlr., 1910: 1.200 M
Zweck:	Unterstützung von Ortsarmen
Verwaltung:	Ev. KG St. Johannis
Darstellung:	Die zu Unterstützenden waren von den beiden Geistlichen der Kirche zu bestimmen. Die Stiftung zahlte im Jahre 1858 Leistungen im Umfang von 16 Tlr. Die Stadt meldete die Stiftung im Jahre 1937 als existierend.
Quellen:	Vorl. Liste, Kreis XV, Nr. 52; LASA, C 28 II, Nr. 7337; AKPS, Rep. J 2, Nr. 216, 217; Nachweisung 1910; Wohlfahrtseinrichtungen
Literatur:	Adressbuch 1920, S. 29; Bock, Armenwesen, S. 103; Meyer/Schneidewin, Wohlfahrtseinrichtungen, S. 45; Oppermann, 1831–1840, S. 77; Rauer, Landbuch, S. 215
Bemerkungen:	auch: Gehrmann'scher Legaten-Fonds

Lutz Miehe

137. Dorothee Gerloff-Stiftung

Errichtet:	1909
Stifterin:	Dorothee Keindorff, geb. Bruchmüller, verwitwete Gerloff
Vermögen:	3.000 M
Zweck:	Unterstützung von acht alten bedürftigen und würdigen Frauen des Stadtteiles Rothensee
Verwaltung:	Magistrat/Armendirektion/Wohlfahrtsamt
Darstellung:	Die Stadt legte die Stiftung im Jahre 1923 mit ca. 180 weiteren unselbständigen Stiftungen zum (↗) Allgemeinen Stiftungsfonds zusammen.
Quellen:	LASA; C 28 I Ie, Nr. 1625; StAM, Rep. 18[4], A 8; Nachweisung 1910; Wohlfahrtseinrichtungen
Literatur:	Adressbuch 1920, S. 27
Bemerkungen:	unselbständige Stiftung

Lutz Miehe

138. Friedrich Gessner-Stiftung

Errichtet:	1901 (Testament)
Stifter:	Friedrich Geßner († 4. Februar 1901), Geh. KomRat, vermutl. Akkordeonbauer (seit 1845 Fa. Friedrich G., Magdeburg)

Vermögen:	50.000 M, 1918: 45.000 M
Zweck:	Unterhaltung der Grabstätte
Verwaltung:	Magistrat/Kämmereikasse
Darstellung:	Der Stifter hatte der Stadt freigestellt, die durch die Grabpflege nicht verbrauchten Erträge nach eigenem Belieben einzusetzen. Daraufhin entschied die Stadtverordnetenversammlung, diese Erträge zur Unterstützung des städtischen Theaters, insbesondere des Orchesters, zu nutzen. Im Jahre 1917 betrug der Etat der Stiftung 1.775,73 M. Von diesem Geld erhielt die Stadt 150 M für die Verwaltung. Die Stadt legte die Stiftung im Jahre 1923 mit ca. 180 weiteren unselbständigen Stiftungen zum (↗) Allgemeinen Stiftungsfonds zusammen.
Quellen:	LASA, C 28 I Ie, Nr. 1625, 1683; StAM, Rep. A II, S 20 spec. 32a Bd. 4; Rep. A III, 31.1h, Bd. 1; Rep. 18[4], A 8
Literatur:	Bericht über die Verwaltung 1919/1920, Teil 2 und 1920/1921, Teil 2
Bemerkungen:	auch: Geßner'sche Stiftung oder Geßner-Stiftung; unselbständige Stiftung

Lutz Miehe

139. GEWERBEVEREINS-STIFTUNG

Errichtet:	1895
Stifter:	Gewerbeverein
Vermögen:	1910: 1.615,44 M
Zweck:	1. Zwei Drittel der Erträge erhalten fleißige Schüler der Kunstgewerbe- und Handwerkerschule als Prämien, 2. ein Drittel der Erträge wird zum Kapital geschlagen
Verwaltung:	Magistrat
Darstellung:	Die Stiftung wurde aus dem Vermögen des Gewerbevereins bei dessen Auflösung errichtet.
Quellen:	StAM, Rep. 18[4], A 8; Nachweisung 1910
Literatur:	Bericht über die Verwaltung 1908/1909, 1919/1920, Teil 2 sowie 1920/1921, Teil 2; von Dietze/Hunsdieck-Nieland, Stiftungen, S. 127; Meyer/Schneidewin; Wohlfahrtseinrichtungen, S. 20
Bemerkungen:	rechtsfähige Stiftung des bgl. Rechts

Lutz Miehe

140. VON GEYSO'SCHES LEGAT

Errichtet:	29. Dezember 1836 (Testament)/24. Juli 1837 (Genehmigung)
Stifterin:	Henriette Sophie Helene von Geyso, geb. Freiin von der Schulenburg, Wwe. Oberstleutnant von Geyso
Vermögen:	200 Tlr., 1910: 600 M
Zweck:	Unterstützung von zwölf bedürftigen Armen der St.-Jacobi-Gemeinde jährlich am 29. August
Verwaltung:	Erster Prediger von St. Jacobi
Darstellung:	Im Jahre 1858 betrugen die Leistungen sieben Tlr. Die KG hatte dem Magistrat jährlich die Rechnung zu legen.
Quellen:	StAM, Rep. A II, S 20 spec. 32a Bde. 1, 2; Nachweisung 1910; Wohlfahrtseinrichtungen
Literatur:	Adressbuch 1920, S. 29; Bock, Armenwesen, S. 102, 335; von Dietze/Hunsdieck-Nieland, Stiftungen, S. 271; Meyer/Schneidewin, Wohlfahrtseinrichtungen, S. 45; Oppermann, 1831–1840, S. 77 f.; Rauer, Landbuch, S. 231
Bemerkungen:	auch: von Geyso'sche Armenstiftung

Lutz Miehe

141. MINNA GLAWE-STIFTUNG

Errichtet:	1894
Stifterin:	Minna Glawe, geb. Rohr, Wwe.
Vermögen:	45.000 M
Zweck:	1. Gräberpflege, 2. Unterstützung bedürftiger, arbeitsunfähiger Leute beiderlei Geschlechts im Alter von 60 Jahren und darüber
Verwaltung:	Magistrat/Wohlfahrtsamt
Darstellung:	Die Stadt legte die Stiftung im Jahre 1923 mit ca. 180 weiteren unselbständigen Stiftungen zum (↗) Allgemeinen Stiftungsfonds zusammen.
Quellen:	LASA, C 28 I Ie, Nr. 1625; StAM, Rep. A III, 31.1h Bd. 1
Literatur:	Bericht über die Verwaltung 1915/1916, S. 309, 1919/1920 Teil 1 und Teil 2 sowie 1920/1921, Teil 2
Bemerkungen:	unselbständige Stiftung

Lutz Miehe

142. Goedecke'sches Legat

Errichtet:	1885
Stifter:	Wilhelm-Robert Goedecke, Kaufmann
Vermögen:	1910: 1.013,63 M
Zweck:	Unterstützung eines oder mehrerer Bedürftiger jährlich am 21. März
Verwaltung:	Magistrat/Armendirektion/Wohlfahrtsamt
Darstellung:	Der Etat der Stiftung betrug im Jahre 1920 35 M. Die Stadt legte die Stiftung im Jahre 1923 mit ca. 180 weiteren unselbständigen Stiftungen zum (↗) Allgemeinen Stiftungsfonds zusammen.
Quellen:	StAM, Rep. A II, S 20 spec. 32a Bd. 2; Rep. 18^4, A 8; Nachweisung 1910
Literatur:	Adressbuch 1920, S. 27; Bericht über die Verwaltung 1908/1909; von Dietze/Hunsdieck-Nieland, Stiftungen, S. 128; Meyer/Schneidewin, Wohlfahrtseinrichtungen, S. 53
Bemerkungen:	auch: Goedecke'sche Schenkung; unselbständige Stiftung

Lutz Miehe

143. Goedecke-Stiftung

Errichtet:	1907
Stifter:	Hermann Goedecke
Vermögen:	2.000 M
Zweck:	für das Museum für Natur- und Heimatkunde zur Herstellung eines Profils der geologischen Formation des Magdeburger Bezirkes und Umgebung
Verwaltung:	Magistrat
Darstellung:	Der Stifter stiftete der Stiftung im Jahre 1913 weitere 500 M zu. Die Stadt legte die Stiftung im Jahre 1923 mit ca. 180 weiteren unselbständigen Stiftungen zum (↗) Allgemeinen Stiftungsfonds zusammen.
Quellen:	StAM, Rep. A III, 31.1f Bd. 5
Literatur:	Bericht über die Verwaltung 1913/1914, S. 460
Bemerkungen:	unselbständige Stiftung

Lutz Miehe

144. Goldene Jubiläums-Stiftung

Errichtet:	1898
Stifter:	Mitglieder des Kaufmännischen Vereins aus Magdeburg
Vermögen:	1910: 11.000 M

Zweck:	Unterstützung bedürftiger Personen des Kaufmannstandes, deren Angehörige oder Hinterbliebene ohne jeden Unterschied
Verwaltung:	Kaufmännischer Verein
Darstellung:	Die Stiftung gehörte wahrscheinlich zu denjenigen, die im Juli 1944 durch die verwaltende IHK zusammengelegt wurden.
Quellen:	Nachweisung 1910; Wohlfahrtseinrichtungen
Literatur:	Adressbuch 1920, S. 29; von Dietze/Hunsdieck-Nieland, Stiftungen, S. 129
Bemerkungen:	rechtsfähige Stiftung des bgl. Rechts

Lutz Miehe

145. GOTT-MIT-UNS-STIFTUNG

Errichtet:	1928
Stifter:	Dr. Dr. h. c. Gerhard Korte (1858–1945) Zur Biographie des Stifters (↗) Marie Korte-Stiftung.
Vermögen:	5.400 M
Zweck:	Unterstützung von Bedürftigen der Katharinengemeinde zum Gedächtnis von Marie Korte
Verwaltung:	GKR der ev. KG St. Katharinen
Darstellung:	Als Mitglied des GKR behielt der Stifter Einfluss auf die Stiftungsverwaltung. Die Stiftung scheint nach dem Krieg erloschen zu sein.
Quellen:	StAM, Rep. 41, 863, 878, 881; AKPS, Rep. J 25, Nr. 52; Stiftungen, S. 129; Haupt, St. Katharinen, S. 197
Bemerkungen:	rechtsfähige Stiftung des bgl. Rechts; (↗) Nr. 249

Margit Scholz

146. GRUBE'SCHES LEGAT

Errichtet:	1861 (Testament)
Stifter:	Karl Gottfried Grube († 23. Januar 1861), Partikulier
Vermögen:	485 Tlr., 1910: 1.494,08 M
Zweck:	Belohnung für treue und ehrliche Dienstboten am 6. März jeden Jahres, dem Geburtstag des Stifters
Verwaltung:	Magistrat/Armendirektion/Wohlfahrtsamt
Darstellung:	Nach dem Tod des G. wurde ein Testament gefunden, das die Bestimmung für die Errichtung einer Stiftung enthielt. Da das Testament gerichtlich nicht bestätigt war, wurde es von den Erben nicht anerkannt.

Das angerufene Gericht legte fest, dass ein Zwanzigstel der Erbmasse in die Stiftung überführt werden dürfe. Dies waren ca. 401 Tlr. zuzüglich der inzwischen angefallenen Zinsen. Die Stadt legte die Stiftung im Jahre 1923 mit ca. 180 weiteren unselbständigen Stiftungen zum (↗) Allgemeinen Stiftungsfonds zusammen.

Quellen: LASA, C 28 I Ie, Nr. 1625; StAM, Rep. A II, S 20 spec. 32a Bd. 2; Rep. 18⁴, A 8; Nachweisung 1910
Literatur: Adressbuch 1920, S. 27; Bericht über die Verwaltung 1882, 1908/1909; Bock, Nachtrag, S. 364; von Dietze/Hunsdieck-Nieland, Stiftungen, S. 132; Meyer/Schneidewin, Wohlfahrtseinrichtungen, S. 55
Bemerkungen: auch: Grube'sche Schenkung;
unselbständige Stiftung

Lutz Miehe

147. HERMANN GRUSON-STIFTUNG

Errichtet: 1895 (Testament)
Stifter: Hermann August Jacques Gruson (1821–1895), Geh. KomRat
Der Stifter begründete am 1. Juni 1855 eine an der Elbe gelegene Schiffswerft, zu der auch eine kleine Maschinenfabrik und eine Eisengießerei gehörten. Diese entwickelten sich schnell und wurden 1886 in eine Aktiengesellschaft umgewandelt. Im Jahre 1893 übernahm Friedrich Krupp das Gesamtwerk.
Vermögen: 100.000 M
Zweck: Unterstützung des „Vereins für Kranken- und Armenpflege in Magdeburg-Buckau"
Verwaltung: Verein für Kranken- und Armenpflege in Buckau
Darstellung: Der berühmte Fabrikant und Ehrenbürger G. war seit der Gründung 1872 bis zu seinem Tod Vorsitzender des Vereins für Armen- und Krankenpflege zu Magdeburg-Buckau. Der Verein zählte noch weitere Buckauer Fabrikanten zu seinen Mitgliedern, die für dessen solide Finanzausstattung sorgten. Er hatte den Zweck, „den Kranken und Armen dieses Stadtteils, ohne Ansehen des Glaubensbekenntnisses, die Wohltaten einer geregelten, vom Geiste christlicher Nächstenliebe getragenen Kranken- und Armenpflege angedeihen zu lassen". Der Verein betrieb im Jahre 1895 ein Diakonissenhaus, in dem fünf Diakonissen, die vom Diakonissenmutterhaus Bethanien in Neutorney (Pommern) entsandt worden waren, und eine Gehilfin arbeiteten. Nach der Einweihung des Erweiterungsbaus, der 30.000 M gekostet hatte und im Wesentlichen

76 Gruson-Werke in Magdeburg-Buckau, um 1900

von G. und der Stadt Magdeburg finanziert wurde, betrieb die Einrichtung ein Kinderheim sowie eine Kleinkinderschule für ca. 125 Schüler. Zudem existierte ein Mädchen- und Knabenhort. Darüber hinaus wurden Krankenbesuche und Nachtwachen geleistet. Ob die Stiftung, wie beabsichtigt und offenbar auch beantragt, die Korporationsrechte erhielt, ist nicht nachweisbar. 1907 errichtete der Verein ein Sanatorium in Sülldorf, für dessen Finanzierung ausdrücklich die Zinsen der Gruson-Stiftung verwendet werden sollten. Das Haus in Sülldorf wurde 1936 an den Sächsischen Provinzialverband für Innere Mission verkauft.

1951 plante der nicht im Vereinsregister eingetragene Verein die Vermögensübertragung an die Gertraudengemeinde, die inzwischen die Vereinsaufgaben übernommen hatte. Der GKR versprach, die Zinsen weiterhin für die Unterhaltung der Diakonissenstation St. Gertrauden zu verwenden. Das Konsistorium stellte im Mai 1952 die kirchenaufsichtliche Genehmigung unter der Bedingung in Aussicht, dass das Vermögen der Gruson-Stiftung davon ausgenommen werde. Die KG erklärte daraufhin am 27. Mai 1952, dass das Stiftungskapital in der Inflationszeit verlorengegangen war. Am 28. August 1952 teilte der Generalinspekteur der Volkspolizei mit, dass der Verein aufgelöst und sein Vermögen zugunsten des Staates einzuziehen sei.

Quellen: AKPS, Rep. J 10, Nr. 586–591; Rep. A, Spec. G, Nr. 12352
Literatur: Beckert, Hermann August Jacques Gruson, in: MBL, S. 236–238; Dörsing, Helene Gruson; Kanter, Hermann August Jacques Gruson, in: MG, S. 78f.
Bemerkungen: auch: Geheimrat Gruson-Stiftung;
unselbständige Stiftung
Die Akten enthalten die Satzung sowie regelmäßige Jahresberichte und Mitgliederlisten seit der Vereinsgründung.

Margit Scholz

148. Otto-von-Guericke-Stiftung

Errichtet: 5. März 2003
Stifter: 81 Stifter
Vermögen: k. A.
Zweck: 1. Vergegenwärtigung der historischen, gegenwärtigen und zukünftigen Bedeutung Guerickes national und international,
2. Darstellung der gegenwärtigen und zukünftigen Ausstrahlung in Wissenschaft und Technik, insbesondere auf den Gebieten der Vakuumtechnik und
3. Einbeziehung von Elektronik, Elektro- und Medizintechnik und in Forschungsarbeiten
Verwaltung: Vorstand, bestehend aus mindestens drei und höchstens fünf Personen
Darstellung: Die Stiftung ist im Stiftungsverzeichnis des Landes Sachsen-Anhalt unter der Nr. MD-11741-068 registriert.
Quellen: k. A.
Literatur: k. A.
Bemerkungen: rechtsfähige Stiftung des bgl. Rechts

Lutz Miehe

149. Haenel'sches Legat

Errichtet: 1859 (Testament)
Stifterin: Eleonore Sophie Haenel, geb. Knöfeldt († 1859), Wwe.
Vermögen: 200 Tlr., 1910: 625,89 M
Zweck: Unterstützung von zwei bedürftigen, rechtschaffenen Witwen zur Beschaffung von Brennmaterial im Oktober jeden Jahres
Verwaltung: Magistrat/Armendirektion/Wohlfahrtsamt
Darstellung: Die Erträge in Höhe von 27 M wurden 1882 an zwei Arme ausgereicht.

Die Stadt legte die Stiftung im Jahre 1923 mit ca. 180 weiteren unselbständigen Stiftungen zum (↗) Allgemeinen Stiftungsfonds zusammen.

Quellen: LASA, C 28 I Ie, Nr. 1625; StAM, Rep. A II, S 20 spec. 32a Bd. 2; Rep. 18[4], A 8; Nachweisung 1910

Literatur: Adressbuch 1920, S. 27; Bericht über die Verwaltung 1882, 1908/1909; von Dietze/Hunsdieck-Nieland, Stiftungen, S. 134; Meyer/Schneidewin, Wohlfahrtseinrichtungen, S. 51

Bemerkungen: auch: Haenel'sche Armenstiftung bzw. Haenel'sche Schenkung; unselbständige Stiftung

Lutz Miehe

150. HAHN-MEINECKE-UNIVERSITÄT-STIFTUNG

Errichtet: 16.10.1592 (Testament)

Stifter: Margarethe Hahn, geb. Gier, Wwe.

Vermögen: 1.000 Tlr., Grundbesitz in Rothensee (Wiese) und Hermsdorf (Ackerfläche)

Zweck: Universitäts-Stipendium; die Stipendien wurden für drei Jahre gewährt

Verwaltung: Familie/OLG

Darstellung: Die Stiftung förderte das Studium von zwei Personen mit 45 bis 50 Tlr. pro Jahr. Bei den Grundstücken handelte es sich um Erbzinslehngüter. Die Besitzer der Grundstücke erhielten im 18. Jh. vom Konsistorium eine förmliche Lehnsurkunde. 1806 übernahm das OLG die Verwaltung der Stiftung, da sich hierzu kein Familienangehöriger mehr bereit erklärte. Auch die Stipendien gingen im 19. Jh. nicht mehr an Familienangehörige. Nach Angaben der Stadt aus dem Jahre 1937 existierte die Stiftung damals noch. In der „Vorläufigen Liste" der in Sachsen-Anhalt bestehenden Stiftungen aus dem Jahre 1947 wurde die Stiftung mit „durch Inflation erloschen" charakterisiert.

Quellen: Vorl. Liste, Kreis XV, Nr. 58; GStA, I. HA Rep. 76, Vc Sekt. 17 Tit. XI, Nr. 11 Bd. 1; LASA, A 3a, Nr. 1200–1204; C 28 II, Nr. 7337, 7522; C 129, Nr. 393–403; StAM, Rep. 41, 864, 867

Literatur: Bock, Nachtrag, S. 427

Bemerkungen: auch: Hahn-Meinecke-Universitäts-Stipendium bzw. Meinecke-Hahn-Stiftung (Meinecke-Hahn-Stiftung, Vorl. Liste Nr. 95); rechtsfähige Stiftung des bgl. Rechts

Darüber hinaus erwähnte die Stadt im Jahre 1937 noch die Meinecke-

Stiftung (Legat für das Bethaus), die ihren Sitz in der Friedrichstadt habe.

Lutz Miehe

151. VON HAKE-SALDERN'SCHE FAMILIENSTIFTUNG

Errichtet:	1588 (Testament)
Stifterin:	Gertrud von Saldern, geb. von Hake (1518–1595), Wwe. des kurbrandenburgischen Rates und Oberkämmerers Matthias von S. auf Plattenburg und Plaue (1508–1575)
	Die Ehe blieb kinderlos. Die Stifterin verstarb 1595 in Magdeburg, wo ein Verwandter eine Domherrnpfründe innehatte. Sie wählte die Kirche St. Ulrich und Levin für ihre Grablege.
Vermögen:	10.000 Tlr., Wertpapiere, 1939: 51.000 RM
Zweck:	Stipendien für Schüler, Studierende und solche, die ihre akademischen Studien vollendet haben, und Unterstützung für adlige Wwen. und unverheiratete Frauen aus der Familie der Stifterin. Dazu gehörten auch Stipendien für junge Adlige, denen drei Jahre Studium an deutschen Universitäten finanziert werden konnte. In den Genuss der Stiftung sollten kommen: die von Saldernsche Verwandtschaft, der brandenburgische Adel, aber auch Arme aus der Ulrichsgemeinde.
Verwaltung:	Testamentsverwalter der Familie und Domkapitel, ab 1810 Magistrat, spätestens nach 1945 eine von der Stiftung eingesetzte Person
Darstellung:	Das Archiv der Stiftung wurde beim Domkapitel bis zu dessen Auflösung 1810 geführt. Im Januar 1951 teilte die Stiftung dem MP mit, dass das Vermögen durch die Kriegseinwirkungen stark vermindert sei. Die Einnahmen würden jedoch immer noch 680 DM jährlich betragen, die satzungsgemäß ausgeschüttet würden. Bei der Anmeldung im Jahre 1953 teilte die Stiftung mit, dass sie zwar über 16.000 DM verfüge, die ursprünglich zur Stiftung gehörenden Wertpapiere aber vernichtet seien, so dass sie gegenwärtig ihre Zwecke nicht erfüllen könne. Zudem seien sämtliche Unterlagen zerstört worden. Im Frühjahr 1955 betrieb der RdB die Auflösung der Stiftung durch die Übernahme der Verwaltung und die Übergabe des Vermögens an die Deutsche Investitionsbank. Ein förmlicher Auflösungsbeschluss der Stiftung wurde wohl nie gefasst.
Quellen:	Vorl. Liste, Kreis XV, Nr. 119; GStA, I. HA Rep. 76, Vc, Sekt. 17 Tit. XI, Nr. 18 Bd. 1; LASA, M1, Nr. 1528, 1529; C 20 I Ib, Nr. 3630, 3631; C 28

I Ie, Nr. 1621; C 127, Nr. 644; A 3a, E 94 und U 2; StAM, Rep. A II, S 20 spec. 30; Rep. 41, 904, 905, 906

Literatur: Berghauer, Magdeburg, Bd. 2, S. 179; Brückner/Erb/Volkmar, Adelsarchive, S. 336; von Dietze/Hunsdieck-Nieland, Stiftungen, S. 271; Geiseler/Heß (Hg.), Brandenburg an der Havel, S. 319

Bemerkungen: rechtsfähige Stiftung bgl. Rechts

Gertrud von Hake übertrug 1589 der Altstadt Brandenburg den ehemaligen Bischofshof am Gotthardtkirchplatz zur Errichtung einer Schule, die „Saldria" genannt wurde.

Jörg Brückner/Lutz Miehe/Margit Scholz

152. EDUARD HAMM-STIFTUNG

Errichtet: 14. Februar 1902/17. Februar 1910

Stifter: Eduard Hamm († 1913 in Dresden), Begründer und Verleger des General-Anzeigers

Vermögen: 34.000 M

Zweck: Gewährung einer Rente für invalide werdende Angestellte des „General-Anzeigers GmbH" auf Lebenszeit, wenn das Dienstverhältnis mindestens fünf Jahre ununterbrochen angedauert hatte

Verwaltung: Besonderer Vorstand aus fünf Personen unter Vorsitz des Geschäftsführers der Fa.

Darstellung: Die Stiftung sollte anlässlich des 25-jährigen Jubiläums der General-Anzeiger-GmbH errichtet werden. Der Stifter wollte ursprünglich 4.200 M geben. Die Kgl. Regierung lehnte dieses Grundstockvermögen als zu gering ab. Daraufhin erhöhte der Stifter das Vermögen und verpflichtete sich, der Stiftung jährlich 5.000 M zu stiften. Die Stiftung überlebte die Hyperinflation des Jahres 1923. Sie erlosch mit der Auflösung des General-Anzeiger-Unternehmens. Dies sah § 10 der Satzung ausdrücklich vor.

Quellen: LASA, C 29 Pol.Präs. IVg, Nr. 2; StAM, Rep. A III, 31.1a (Satzung)

Literatur: k. A.

Bemerkungen: rechtsfähige Stiftung des bgl. Rechts

Lutz Miehe

153. Handré'sches Legat

Errichtet:	29. August 1873 (Testament)/19. November 1974 (Genehmigung)
Stifter:	Sophie Handré, geb. Erhardt († 15. Juni 1874), Wwe. des Ackerbürgers Johann Friedrich Mathias Handré
Vermögen:	400 Tlr.
Zweck:	Pflege des Grabes der Stifterin und ihres Ehemannes
Verwaltung:	GKR der ev. KG St. Ambrosius (Sudenburg)
Darstellung:	Der Kirchendiener sollte für die Reinigung der Gräber aus den Zinsen jährlich zwei Tlr. erhalten. Die Erben sollten die Einhaltung der Grabpflege überwachen. Nach Angaben der Stadt existierte die Stiftung noch 1937.
Quellen:	Vorl. Liste, Kreis XV, Nr. 67; LASA, C 28 II, Nr. 7337; AKPS, Rep. J 3, Nr. 485
Literatur:	k. A.
Bemerkungen:	auch: Handré-Legat

Margit Scholz

154. Hanse'sches Familienstipendium

Errichtet:	15. November 1664 (Testament)
Stifter:	Joachim Hanse, Oberamtmann, Erbherr zu Hadmersleben
Vermögen:	k. A.
Zweck:	Stipendium
Verwaltung:	Kuratorium unter Vorsitz des 1. Dompredigers
Darstellung:	H. hatte seinem früh verwaisten Neffen 1.500 Tlr. für seine Ausbildung geschenkt. 1664 begann dieser ein Theologiestudium in Helmstedt. Möglicherweise besteht eine Verbindung zu Hanses Testament, in dem er seinen Erben verpflichtete, dass dieser, sobald er das 28. Lebensjahr erreicht habe, aus der Erbmasse jährlich 300 Tlr. für Stipendien bereitstellen solle. Das von ihm verwaltete Amt Hadmersleben war bis 1810 Eigentum des Domkapitels Magdeburg. Die Stiftung bestand mindestens bis 1905.
Quellen:	AKPS, Rep. J 1, Nr. 227
Literatur:	Berger, Responsa, S. 187 f.; Lauenstein, Hildesheimische Kirchen- und Reformationshistorie, S. 95 f.
Bemerkungen:	auch: Hanse'sches Legat, Joachim Hanse'sche Familien-Stiftung

Margit Scholz

155. Hasselbach-Stiftung

Errichtet:	1877
Stifter:	Carl Gustav Friedrich Hasselbach (1809–1882), Geh. Regierungsrat und OB der Stadt Magdeburg
	H. hatte großen persönlichen Anteil an der Entwicklung Magdeburgs zur modernen Großstadt. Mit seinem Wirken von 1851 bis 1881 ist vor allem die Stadterweiterung nach 1871 verbunden.
Vermögen:	15.000 M, 1910: 17.288,82 M
Zweck:	1. Ein Drittel der Zinseinnahmen zur Unterstützung von bedürftigen und würdigen städtischen Beamten (in und außer Dienst),
	2. je ein Drittel an zwei Söhne städtischer Beamter als Studienstipendium.
	Die Unterstützungen sollen jährlich am 28. November ausgezahlt werden.
Verwaltung:	Magistrat
Darstellung:	H. errichtete die Stiftung anlässlich seines 25-jährigen Amtsjubiläums am 28. November 1876.
Quellen:	LASA, C 28 I Ie, Nr. 164; StAM, Rep. A II, H 77a, H 77b, S 20 spec. 32a Bd. 2; Nachweisung 1910; Wohlfahrtseinrichtungen
Literatur:	Adressbuch 1920, S. 27; Bericht über die Verwaltung 1908/1909, 1919/1920, Teil 2 sowie 1920/1921, Teil 2; von Dietze/Hunsdieck-Nieland, Stiftungen, S. 136; Kanter, Carl Gustrav Friedrich Hasselbach, in: MG, S. 86; Meyer/Schneidewin, Wohlfahrtseinrichtungen, S. 21; Tullner, Carl Gustav Friedrich Hasselbach, in: MBL, S. 264 f.
Bemerkungen:	rechtsfähige Stiftung des bgl. Rechts

Lutz Miehe

156. Hassen-Schmidt-Legat

Errichtet:	k. A.
Stifter:	k. A.
Vermögen:	k. A.
Zweck:	für die Ambrosiusgemeinde in Sudenburg
Verwaltung:	GKR der ev. KG St. Ambrosius (Sudenburg)
Darstellung:	Nach Angaben der Stadt existierte die Stiftung 1937 noch.
Quellen:	Vorl. Liste, Kreis XV, Nr. 64; LASA, C 28 II, Nr. 7337
Literatur:	k. A.
Bemerkungen:	k. A.

Lutz Miehe

157. KASSENBESTAND DES AUFGELÖSTEN VEREINS GEGEN HAUSBETTELEI

Errichtet:	1889
Stifter:	Verein gegen Hausbettelei
Vermögen:	779,68 M, 1910: 865,55 M
Zweck:	jährliche Unterstützung einer bedürftigen Familie
Verwaltung:	Magistrat/Armendirektion
Darstellung:	Das Vermögen der Stiftung stammte aus dem Vermögen des aufgelösten Vereins gegen Hausbettelei. Die Stadt legte die Stiftung im Jahre 1923 mit ca. 180 weiteren unselbständigen Stiftungen zum (↗) Allgemeinen Stiftungsfonds zusammen.
Quellen:	StAM, Rep. 18⁴, A 8; Nachweisung 1910; Wohlfahrtseinrichtungen
Literatur:	Adressbuch 1920, S. 27; Bericht über die Verwaltung 1908/1909
Bemerkungen:	auch: Fonds des aufgelösten Vereins gegen Hausbettelei; unselbständige Stiftung

Lutz Miehe

158. ALBERT HAUSWALDT'SCHE STIFTUNG

Errichtet:	1912 (Genehmigung)
Stifter:	Dr. h. c. Johann (Hans) Christian Albert Hauswaldt (1851–1909), Kom-Rat
	Der Stifter wurde mit 36 Jahren Mitinhaber der Schokoladenfabrik seines verstorbenen Vaters Johann Albert H. (1815–1887) und errichtete zu dessen Ehren diese Stiftung. Seine Leidenschaft galt jedoch der physikalischen Forschung – insbesondere der Grundlagenforschung in der Farbfotografie und deren populärwissenschaftlicher Verbreitung. Er war 1874 Mitbegründer der Magdeburger Zweigorganisation der URANIA.
Vermögen:	75.000 M
Zweck:	Unterstützung verschämter Armer ev. Konfession
Verwaltung:	Magistrat/Armendirektion/Wohlfahrtsamt
Darstellung:	Der Etat der Stiftung betrug im Jahre 1920 3.057,50 M. Die Stadt legte die Stiftung im Jahre 1923 mit ca. 180 weiteren unselbständigen Stiftungen zum (↗) Allgemeinen Stiftungsfonds zusammen.
Quellen:	LASA, C 28 I Ie, Nr. 1625; StAM, Rep. 18⁴, A 8
Literatur:	Adressbuch 1920, S. 27; Bericht über die Verwaltung 1911/1912; Farenholtz/Steimer, Johann Christian Albert (Hans) Hauswaldt, in: MBL, S. 267

Bemerkungen: auch: Rentner Albert Hauswaldt'sche Stiftung;
unselbständige Stiftung;
(↗) auch Nr. 159–164
H. vermachte der Stadt für die Erweiterung des Museums und zur Neuerwerbung von Kunstgegenständen weitere 50.000 M.

Lutz Miehe

159. Dr. Hans Hauswaldt'sche Familienstiftung

Errichtet: k. A.
Stifter: Vermutlich Dr. h. c. Johann (Hans) Christian Albert Hauswaldt (1851–1909) oder seine Wwe. Elisabeth H., geb. Duvigneau (1854–1940), Tochter von Otto Duvigneau
Vermögen: 1935: 13.164 RM
Zweck: Zuwendungen an Familienmitglieder
Verwaltung: von der Familie bestimmte Person

77 *Johann Christian Hauswaldt, Gemälde, Druck von 1906*

Darstellung:	Elisabeth H. legte dem AG im Mai 1935 die Abrechnung der Stiftung des letzten Jahres vor. Demnach hatte die Stiftung 900 M an Unterstützung gezahlt. Die letzten Zahlungen der Stiftung sind noch für 1944 nachweisbar. Nach Angaben des AG vom Mai 1946 bestand das Vermögen der Stiftung aus 19.350 M in Wertpapieren. Im Februar 1948 meldete sich eine Martha Kreutzfeld, geb. H., beim AG und teilte mit, dass ihr verstorbener Mann die Verwaltung ausgeübt habe. Die Unterlagen seien gestohlen worden.
Quellen:	LASA, C 129, Nr. 406
Literatur:	k. A.
Bemerkungen:	(↗) auch Nr. 158, 160–164 sowie Nr. 93

Lutz Miehe

160. Hauswaldt'sche Museumsstiftung

Errichtet:	1900
Stifter:	Johann Wilhelm Hauswaldt (1846–1900), Kaufmann und (ab 1890) Kgl. Preuß. KomRat, Neustädter Kommunalpolitiker
	H. war der Sohn von Johann Georg H. Er führte in der Neustadt zunächst eine Zichorien- und später eine Schokoladenfabrik. Die Fa. machte sich besonders um die Entwicklung der deutschen Kakao- und Schokoladen-Industrie verdient. H. betrieb als Stadtverordnetenvorsteher von Neustadt nachdrücklich deren Anschluss an Magdeburg. Er war Stadtrat und im LT der Provinz Sachsen tätig. H. engagierte sich im Verein für Armen- und Krankenpflege von Neustadt intensiv für die Linderung sozialer Probleme.
	Seine Mineraliensammlung befindet sich heute im Besitz des Magdeburger Museums für Natur und Heimatkunde. Die Stadt benannte zeitweise zu seinen Ehren eine Straße nach ihm (die heutige Rostocker Str. im Stadtteil Neue Neustadt).
Vermögen:	k. A.
Zweck:	Unterstützung des Museums für Natur- und Heimatkunde
Verwaltung:	IHK
Darstellung:	Der Etat der Stiftung betrug im Jahre 1917 1.400 M.
	Die Stiftung gehörte wahrscheinlich zu denjenigen, die im Juli 1944 durch die verwaltende IHK zusammengelegt wurden.
Quellen:	StAM, Rep. A III, 31.1h Bd. 1; Rep. 18[4], A 8
Literatur:	Bericht über die Verwaltung 1919/1920, Teil 2 und 1920/1921, Teil 2; Milenz, Johann Wilhelm Hauswaldt, in: MBL, S. 267 f.

Bemerkungen: auch: Hauswaldt'sches Vermächtnis für das Kaiser-Friedrich-Museum; rechtsfähige Stiftung des bgl. Rechts;

(↗) auch Nr. 158–159 und Nr. 161–164

Lutz Miehe

161. Johann Albert Hauswaldt'sche Stiftung

Errichtet:	1888 (Testament)
Stifter:	Johann Albert Hauswaldt (1815–1887), KomRat
	H. betrieb eine Zichorien- und Schokoladenfabrik.
Vermögen:	1.087,00 M, 1910: 30.854,43 M
Zweck:	einkommende Zinsen der Stiftung vierteljährlich an arme, hilfsbedürftige, aber unbescholtene Einwohner der Neustadt
Verwaltung:	Magistrat/Armendirektion;
	Kuratorium, bestehend aus dem Dirigenten des Wohlfahrtsamts, einem Stadtverordneten und einem Bürger der Neustadt
Darstellung:	Der Etat der Stiftung betrug im Jahre 1920 1.448 M.
	Die Stadt legte die Stiftung im Jahre 1923 mit ca. 180 weiteren unselbständigen Stiftungen zum (↗) Allgemeinen Stiftungsfonds zusammen.
Quellen:	LASA, C 28 I Ie, Nr. 1625; StAM, Rep. A II, S 20 spec. 69 a und b; Rep. 18[4], A 7; Nachweisung 1910; Wohlfahrtseinrichtungen
Literatur:	Adressbuch 1920, S. 27; Behrend, Großkaufleute, S. 95 ff.; Bericht über die Verwaltung 1908/1909; von Dietze/Hunsdieck-Nieland, Stiftungen, S. 162
Bemerkungen:	auch: Albert Hauswaldt-Stiftung;
	unselbständige Stiftung;
	(↗) auch Nr. 158–160 und Nr. 162–164

Lutz Miehe

162. Johann Georg Hauswaldt'sche Stiftung

Errichtet:	22. April 1865 (Testament)/5. November 1873/18. März 1874 (Genehmigung)
Stifter:	Johann Georg Hauswaldt (1813–1872), Kaufmann und Fabrikbesitzer in der Neustadt
	Der Stifter war der Vater von Johann Wilhelm H. (1846–1900).
Vermögen:	38.400 M, 1910: 38.728,51 M
Zweck:	Pensionen in Vierteljahresraten an invalide Arbeiter und Arbeiterinnen der Johann Gottlieb Hauswaldt'schen Fabriken

Verwaltung:	Kuratorium, bestehend aus dem Dirigenten des Wohlfahrtsamtes und dem Inhaber der Fa. Johann Gottlieb H.
Darstellung:	Nach Angaben des früheren Leiters der Stiftungsverwaltung, Werner Meyer, aus dem Jahre 1946 sei die Stiftung nach Auflösung der Fa. H. & Co. (früher Johann Gottlieb H.), die am 30. Dezember 1931 erfolgte, ebenfalls aufgelöst worden. Die Verwaltung des restlichen Vermögens sei auf die Vorstände der (↗) Hospitäler Schwiesau und Schartau übergegangen. Bis einschließlich 1944 wurden aus dem Ertrag des Restvermögens „alte Arbeiter, Beamtenwitwen sowie Beamte der Hauswaldt'schen Fabriken" unterstützt. Im Jahre 1942 betrug die ausgezahlte Summe 2.630 RM. Mit dem Kriegsende scheint das Vermögen untergegangen zu sein.

78 Johann Georg Hauswaldt, Gemälde, Druck von 1906

Quellen:	GStA, I. HA Rep. 77, Tit. 1400 Magdeburg, Nr. 25; LASA, C 28 I Ie, Nr. 1963; StAM, Rep. A II, S 20 spec. 32a Bd. 2; Rep. 7, G. 22; Rep. 13, A I. 517, A I. 643, A I. 912; Nachweisung 1910; Wohlfahrtseinrichtungen
Literatur:	Bericht über die Verwaltung 1908/1909; Meyer/Schneidewin, Wohlfahrtseinrichtungen, S. 62
Bemerkungen:	rechtsfähige Stiftung des bgl. Rechts; (↗) Nr. 158–161 und Nr. 163–164

Lutz Miehe

163. KOMMERZIENRAT WILHELM HAUSWALDT-STIFTUNG

Errichtet:	1900
Stifterin:	Elisabeth Marianne Hauswaldt, geb. Köhne (1852–1905), Ehefrau von Johann Wilhelm H.
Vermögen:	20.000 M, 1910: 20.523,22 M
Zweck:	Unterbringung von Bedürftigen der Stadt in geeigneten Anstalten und Gewährung laufender und einmaliger Beihilfen
Verwaltung:	Magistrat/Armendirektion/Wohlfahrtsamt
Darstellung:	Die Stadt legte die Stiftung im Jahre 1923 mit ca. 180 weiteren unselbständigen Stiftungen zum (↗) Allgemeinen Stiftungsfonds zusammen.
Quellen:	LASA, C 28 I Ie, Nr. 1625, 1682; StAM, Rep. 18[4], A 8; Nachweisung 1910
Literatur:	Adressbuch 1920, S. 27; Bericht über die Verwaltung 1908/1909; von Dietze/Hunsdieck-Nieland, Stiftungen, S. 137
Bemerkungen:	unselbständige Stiftung; (↗) auch Nr. 158–162 und Nr. 164

Lutz Miehe

164. WILHELM HAUSWALDT-STIFTUNG

Errichtet:	1901
Stifterin:	Elisabeth Marianne Hauswaldt, geb. Köhne
Vermögen:	20.000 M, 1910: 21.000 M
Zweck:	Unterstützung von nicht unter 50 M und nicht über 150 M am 28. August jeden Jahres, dem Geburtstag Johann Wilhelm H.'s, an ohne eigenes Verschulden in missliche Verhältnisse geratene und nach dem Ermessen der Handelskammer bedürftige und würdige Kaufleute sowie frühere Angestellte von Kaufleuten oder deren Hinterbliebene (ohne Unterschied der Religion)
Verwaltung:	IHK

Darstellung:	Die Stiftung gehörte wahrscheinlich zu denjenigen, die im Juli 1944 durch die verwaltende IHK zusammengelegt wurden.
Quellen:	StAM, Rep. 18⁴, A 8; Nachweisung 1910
Literatur:	Bericht über die Verwaltung 1908/1909; Behrend, Großkaufleute, S. 95 ff., 140; von Dietze/Hunsdieck-Nieland, Stiftungen, S. 286; Meyer/Schneidewin, Wohlfahrtseinrichtungen, S. 42; Tradition und Innovation, S. 368
Bemerkungen:	rechtsfähige Stiftung des bgl. Rechts; (↗) auch Nr. 158–163

Lutz Miehe

165. EMILIE-HEHEN-STIFTUNG

Errichtet:	1919
Stifterin:	Emilie Hehen, geb. Weihrauch, Wwe.
Vermögen:	28.000 M
Zweck:	1. Pflege des Grabes der Stifterin,
	2. von den verbleibenden Erträgen soll die eine Hälfte Kriegsblinden zugutekommen, die andere Hälfte solchen Kriegsinvaliden in den (↗) Pfeiffer'schen Stiftungen, die an Händen oder Armen sehr behindert sind,
	3. wenn diese Destinatäre nicht mehr leben sollten, sollen diese Erträge der Allgemeinheit zugutekommen
Verwaltung:	Magistrat/Wohlfahrtsamt
Darstellung:	Die Stadt legte die Stiftung im Jahre 1923 mit ca. 180 weiteren unselbständigen Stiftungen zum (↗) Allgemeinen Stiftungsfonds zusammen.
Quellen:	k. A.
Literatur:	Bericht über die Verwaltung 1920/1921
Bemerkungen:	unselbständige Stiftung

Lutz Miehe

166. HEINRICH HEIMSTER-GRABPFLEGE-STIFTUNG

Errichtet:	1917
Stifter:	Heinrich Heimster, Rentner
Vermögen:	6.000 M, 1920: 1.500 M
Zweck:	1. Grabpflegestiftung,
	2. die nicht verbrauchten Erträge sollen dem Wohlfahrtsamt zufließen
Verwaltung:	Magistrat/Wohlfahrtsamt

Darstellung:	Die Stiftung verfügte im Jahre 1917 über Erträge in Höhe von 240 M, hatte aber Ausgaben von 625 M.
	Die Stadt legte die Stiftung im Jahre 1923 mit ca. 180 weiteren unselbständigen Stiftungen zum (↗) Allgemeinen Stiftungsfonds zusammen.
Quellen:	LASA, C 28 I Ie, Nr. 1625; StAM, Rep. A III, 31.1h Bd. 1
Literatur:	Adressbuch 1920, S. 29; Bericht über die Verwaltung 1919/1920, Teil 1 und Teil 2 sowie 1920/1921, Teil 2
Bemerkungen:	auch: Rentner Heinrich Heimster-Stiftung bzw. Heinrich Heimster sen. Stiftung; unselbständige Stiftung

Lutz Miehe

167. HEINZ'SCHES PREDIGER-WITTUM

Errichtet:	27. April 1838 (Testament)/1839 (Genehmigung)
Stifterin:	Frau Heinz, geb. Rosenberg, Wwe.
Vermögen:	400 Tlr., 1910: 13.000 M, 1938: 375 RM
Zweck:	Unterstützung von Predigerwitwen der ev. Petrigemeinde und deren Kindern bis zum 18. Lebensjahr
Verwaltung:	GKR der ev. KG St. Petri
Darstellung:	Die Stifterin hatte in ihrem Testament bestimmt, dass die Erträge aus dem Vermögen in den ersten 25 Jahren kumuliert werden sollten. Im Falle einer Wiederverheiratung der Destinatärin sollten ihre Kinder die Erträge bis zum Erreichen des 18. Lebensjahres erhalten. Im Jahre 1859 betrug das Vermögen der Stiftung 750 Tlr. Die Petrigemeinde meldete dem Konsistorium 1938 die Stiftung noch als existent.
Quellen:	AKPS, Rep. A, Generalia, Nr. 1166 b; Nachweisung 1910; Wohlfahrtseinrichtungen
Literatur:	Bock, Armenwesen, S. 106, 297; von Dietze/Hunsdieck-Nieland, Stiftungen, S. 139; Meyer/Schneidewin, Wohlfahrtseinrichtungen, S. 7; Oppermann, 1831–1840, S. 74; Rauer, Landbuch, S. 275
Bemerkungen:	Frau Heinz vermachte in ihrem Testament auch anderen sozialen Einrichtungen in der Stadt Geld, so dem Bürgerrettungsinstitut 200 Tlr.

Lutz Miehe

168. Heldburg 1960 Stiftung MMXXI

Errichtet:	6. April 2021
Stifter:	Dr. Reiner Schlichthaar
Vermögen:	k. A.
Zweck:	1. Unterstützung und Förderung der Stifter, deren gemeinsamer Kinder sowie der weiteren leiblichen Nachkommen der Stifter („Stifterfamilie") in allen Lebenslagen ideell sowie materiell. Adoptiv- und Stiefkinder sind leiblichen Kindern gleichgestellt. 2. Erhaltung und Stärkung der Verbundenheit der Stifterfamilie.
Verwaltung:	Vorstand
Darstellung:	Die Stiftung ist im Stiftungsverzeichnis des Landes Sachsen-Anhalt unter der Nr. LSA-11741-320 registriert.
Quellen:	k. A.
Literatur:	k. A.
Bemerkungen:	rechtsfähige Stiftung des bgl. Rechts; Familienstiftung

Lutz Miehe

169. Hellmuth'scher Stipendienfonds

Errichtet:	1915
Stifter:	k. A.
Vermögen:	10.234 M
Zweck:	k. A.
Verwaltung:	Kloster St. Augustini
Darstellung:	Es handelt sich um eine Zustiftung zum Kloster St. Augustini.
Quellen:	StAM, Rep. 18[4], A 8, Bü. 189
Literatur:	k. A.
Bemerkungen:	unselbständige Stiftung

Lutz Miehe

170. Helmecke-Stiftung

Errichtet:	k. A.
Stifter:	k. A.
Vermögen:	k. A.
Zweck:	k. A.
Verwaltung:	Magistrat

Darstellung: Die Einnahmen und Ausgaben der Stiftung wurden im Jahre 1937 mit jeweils 162,50 RM angegeben.
Quellen: StAM, Rep. 41, 863, 864
Literatur: Verwaltungsbericht 1937
Bemerkungen: unselbständige Stiftung

Lutz Miehe

171. Karl Hempel-Stiftung
Errichtet: k. A.
Stifter: Karl Hempel
Vermögen: k. A.
Zweck: k. A.
Verwaltung: k. A.
Darstellung: In seiner 13. Sitzung am 29. April 1952 beschloss der Ministerrat der Landesregierung Sachsen-Anhalt die Auflösung der Stiftung und die Überführung des Stiftungskapitals in Volkseigentum.
Quellen: LASA, K2, Nr. 271, 661, 706, 3708; StAM, Rep. 41, 1928
Literatur: von Dietze/Hunsdieck-Nieland, Stiftungen, S. 167
Bemerkungen: rechtsfähige Stiftung des bgl. Rechts

Lutz Miehe

172. Karl Joachim Jacob und Emilie Hennige-Stiftung
Errichtet: 11. Januar 1881/7. April 1882
Stifter: Moritz Paul Hennige (1839–1903), Fabrik- und Rittergutsbesitzer, Kom-Rat, Magdeburg-Neustadt
Der Sohn des Neustädter Zuckerfabrikanten Karl Joachim Jacob Hennige (1801–1858) führte ab 1858 zusammen mit seinem Schwager Ernst Carl Bernhard die von seinem Vater 1838 gegründete Zuckerfabrik Jacob H. & Comp. zu überregionaler Bedeutung. 1863 übernahm H. auch das Rittergut Randau. H. war Mitglied der IHK und des Vorstands des Vereins Deutscher Zucker-Raffinerien sowie Aufsichtsratsmitglied in verschiedenen Magdeburger Unternehmen.
H. schenkte seiner Heimatstadt drei Bände mit Original-Handschriften Martin Luthers sowie drei Gemälde: „Adam und Eva" von Lucas Cranach d. Ä. sowie „Der Heilige Sebastian" und „Der Heilige Paulus" aus der Cranach-Schule. Die Stadt benannte ihm zu Ehren zeitweise eine Straße als Hennigestraße.

79 Karl Joachim Jacob Hennige, der Begründer der Zuckerfabrik Jacob Hennige & Comp., Gemälde, Druck von 1923

Vermögen: 150.500 M, 1910: 172.903,53 M
Zweck: Unterstützung von bedürftigen Einwohnern von Magdeburg-Neustadt ohne Unterschied von Stand, Geschlecht, Alter und Konfession
Verwaltung: Magistrat und Vorstand, bestehend aus dem Dirigenten des Wohlfahrtsamtes der Stadt und einem Mitglied der Familie H.
Darstellung: Der Stifter benannte die von ihm errichtete Stiftung nach seinen Eltern.
Quellen: GStA, I. HA Rep. 77, Tit. 1400 Magdeburg, Nr. 27; StAM, Rep. A II, S 20 spec. 32a Bd. 2; Rep. 7, G. 32; Nachweisung 1910
Literatur: Adressbuch 1920, S. 27; Behrend, Großkaufleute, S. 136; Bericht über die Verwaltung 1908/1909; von Dietze/Hunsdieck-Nieland, Stiftungen, S. 167; Heinicke, Karl Joachim Jacob Hennige, in: MBL, S. 289; Lieb-

scher, Carl Joachim Jacob Hennige, in: MG, S. 92; Meyer/Schneidewin, Wohlfahrtseinrichtungen, S. 50
Bemerkungen: rechtsfähige Stiftung des bgl. Rechts

Lutz Miehe

173. Moritz Paul Hennige-Stiftung

Errichtet: 19. Mai 1906
Stifter: Moritz Paul Hennige (1839–1903), KomRat (siehe Nr. 172)
Vermögen: 10.000 M, 1910: 10.400 M
Zweck: 1. Fortbildung des Magdeburger Kaufmannstandes,
2. Unterstützung von Personen, die dem Kaufmannsstande angehörten, oder deren Familienmitglieder
Die Leistungen waren am 13. Juni, dem Geburtstag des Stifters, zu zahlen.
Verwaltung: IHK
Darstellung: Die Stiftung gehörte wahrscheinlich zu denjenigen, die im Juli 1944 durch die verwaltende IHK zusammengelegt wurden.
Quellen: Vorl. Liste, Kreis XV, Nr. 89; Nachweisung 1910; Wohlfahrtseinrichtungen
Literatur: Adressbuch 1920, S. 28; Behrend, Großkaufleute, S. 136 ff.; Tradition und Innovation, S. 368
Bemerkungen: auch: Paul Hennige-Stiftung;
rechtsfähige Stiftung des bgl. Rechts

Lutz Miehe

174. Herberge zur Christenheit

Errichtet: 15. April 1871 (Genehmigung)
Stifter: k. A.
Vermögen: k. A.
Zweck: christliche Herberge zur Unterkunft und Verpflegung für wandernde Handwerker und Arbeiter sowie Lehrlinge
Verwaltung: k. A.
Darstellung: Die christlich geprägte Stiftung arbeitete eng mit dem Ev. Männer- und Jünglings-Verein (CVJM) zusammen, von dem auch die Anregung zur Gründung der Herberge kam. Die Einrichtung gewährte nicht nur Unterkunft, sie vermittelte auch Arbeitsstellen für Handwerker. Mit einzelnen Innungen hatte sie Verträge abgeschlossen. Im Jahre 1885 waren

dies 2.140 Stellen bei 2.365 Anmeldungen. Für die Gäste stand eine Bibliothek zur Verfügung; zudem wurden Familienabende, Gesang- und Bibelstunden und andere Veranstaltungen angeboten. Bedürftige Bürger konnten für 270 M pro Jahr im Heim leben und erhielten hierfür auch Verpflegung.

Im Jahre 1902 betrieb die „Herberge zur Christenheit" drei Häuser: Trommelsberg 3 und Bahnhofstraße 30 in Magdeburg für wandernde Handwerker und Arbeiter sowie Trommelsberg 1 für Lehrlinge. Während des Ersten Weltkrieges nahm die Zahl der Übernachtungsgäste deutlich ab. Im Zusammenhang mit der Inflation war die Stiftung gezwungen, zwei Gebäude zu veräußern.

Quellen: LASA, C 28 I Ib, Nr. 3668
Literatur: Klitzschmüller, Magdeburger Gesellschaft, S. 224 ff.; Meyer/Schneidewin, Wohlfahrtseinrichtungen, S. 57; Rechenschaftsbericht über das Jahr 1882; Zwanzigster Rechenschaftsbericht (über das Jahr 1895)
Bemerkungen: Die Stiftung wird in den Quellen auch als „Herberge zur Heimat" bezeichnet. In der Literatur (Klitzschmüller) wird die Stiftung – fälschlicher Weise – auch als Verein eingestuft.
rechtsfähige Stiftung des bgl. Rechts

Lutz Miehe

175. Hettenbach-Stiftung

Errichtet: 1871
Stifter: August Hettenbach, Kaufmann
Vermögen: 1910: 904,02 M
Zweck: Unterstützung von 19 hilfsbedürftigen Armen des Stadtteils Buckau am 19. Dezember jeden Jahres
Verwaltung: Magistrat/Armendirektion/Wohlfahrtsamt
Darstellung: Die Stadt legte die Stiftung im Jahre 1923 mit ca. 180 weiteren unselbständigen Stiftungen zum (↗) Allgemeinen Stiftungsfonds zusammen.
Quellen: LASA, C 28 I Ie, Nr. 1625; StAM, Rep. A II, S 20 spec. 32b; Rep. 18[4], A 8; Nachweisung 1910; Wohlfahrtseinrichtungen
Literatur: Adressbuch 1920, S. 27; Bericht über die Verwaltung 1908/1909
Bemerkungen: auch: Hettenbach'sche Schenkung;
unselbständige Stiftung

Lutz Miehe

176. Heuer-Legat

Errichtet:	k. A.
Stifter:	k. A.
Vermögen:	k. A.
Zweck:	für das Waisenhaus der ev. Heilig-Geist-Gemeinde
Verwaltung:	GKR der ev. KG Heilig-Geist
Darstellung:	In der „Vorläufigen Liste" der in Sachsen-Anhalt bestehenden Stiftungen aus dem Jahre 1947 wurde die Stiftung mit „erloschen" charakterisiert.
Quellen:	Vorl. Liste, Kreis XV, Nr. 60; LASA, M1, Nr. 1528
Literatur:	k. A.
Bemerkungen:	k. A.

Lutz Miehe

177. Heyne-Wagenschein-Stiftung

Errichtet:	1863/1870/1874
Stifter:	Ev. KG St. Gertraud, Salbke, Zustiftungen 1870 durch den Ökonom Wagenschein und 1874 durch Stadtrat Heyne
Vermögen:	1863: 200 Tlr. 21 Gr. 11 Pf., 1878: 12.706,39 M; 1910: 9.000 M
Zweck:	1. Unterstützung von Bedürftigen in der Gemeinde, „wo die Armenkasse der bürgerlichen Gemeinde nicht" ausreicht sowie verwaister Töchter von Salbker Pfarrern,
	2. Unterhaltung des kirchlichen Kindergartens in Salbke
Verwaltung:	Stiftungskuratorium, bestehend aus den Mitgliedern des GKR und acht weiteren Gemeindegliedern von St. Gertrauden
Darstellung:	Die Stiftung erfolgte zu Ehren von Franz Julius Heyne (1812–1886), Pfarrer in Salbke von 1838–1878, zuvor Lehrer am Pädagogium in Halle und am Kloster Unser Lieben Frauen, der sich nach Aussage seiner Gemeinde besondere Verdienste um das Schulwesen erworben hatte. Pfarrer Heyne, selbst Sohn eines Lehrers, hatte in Salbke eine Präparandenanstalt gegründet, die die Interessenten auf das Lehrerexamen vorbereitete.
	Den Grundstock der Stiftung bildete eine Sammlung anlässlich seines 25-jährigen Amtsjubiläums. Der Ev. Oberkirchenrat genehmigte außerdem 1868 eine Kollekte zur Aufstockung. Die Zinsen sollten nur zur Hälfte ausgereicht werden, bis ein Stammkapital von 500 Tlr. angespart worden wäre. Nach Erreichen der 500 Tlr. sollte ein Viertel der Zinsen an verwaiste Pfarrtöchter der Salbker Pfarrer verauslagt werden. Das

Stiftungsstatut vom 1. November 1867 wurde am 14. November 1878 dahingehend ergänzt, dass auch die Töchter von Pfarrer Heyne unterstützt werden durften.

Der Ökonom Wagenschein errichtete 1870 in seinem Testament eine „Zweigstiftung" über 3.000 Tlr. Jährlich sollten Zinsen von 50 Tlr. dem Kapital zugeschlagen werden, bis 4.000 Tlr. erreicht wären. Danach sollten die Zinsen denselben Zwecken dienen und ebenso verwaltet werden wie die Heyne-Stiftung. Aus der Wagenschein-Stiftung war außerdem jährlich am Todestag des Stifters 25 würdigen Bedürftigen je 1 Tlr. auszuzahlen. Weitere 5 Tlr. sollten zur Kinderbescherung zu Weihnachten und zusätzlich 15 Tlr. für Holzlieferungen an Arme ausgegeben werden. Für die Instandhaltung der Familiengräber (vom Stifter selbst, seinem Vater und seinen Brüdern) waren jährlich 25 Tlr. bestimmt.

Mit der Heyne-Stiftung wurde 1863 eine „Kinderbewahranstalt" für Salbke gegründet (Anstaltstr. 13). Zur Inflationszeit musste die Krippenarbeit ruhen. Später gehörten eine Gemeindeschwester und ein Jugendpfleger zum Personal der Stiftung. Im September 1941 wurde die Stiftung auf Befehl des Gauleiters gezwungen, den Kindergarten innerhalb von vier Tagen dem NSV zu übergeben. Bereits im Juli 1945 nahm die Stiftung den Betrieb des Kindergartens wieder auf. Die Stiftungsverwaltung der Stadt teilte im Januar 1953 dem RdB mit, dass ihr diese Stiftung erst bei der Erhebung von 1947 zur Kenntnis gekommen sei. Trotz zahlreicher Widerstände überlebte der ev. Kindergarten die DDR-Zeit und besteht bis heute fort.

Quellen: Vorl. Liste, Kreis XV, Nr. 21; LASA, M1, Nr. 1528; StAM, Rep. 41, 864, 867; AKPS, Rep. A, Spec. G, Nr. A 23190; Rep. J 9, Nr. 53–57, 81, 122–129, 296–297, 323–324, 420–421, 597, 728–729; EZA, Best. 7, Nr. 10631; Nachweisung 1910

Literatur: Bericht über die Verwaltung 1911/1912; von Dietze/Hunsdieck-Nieland, Stiftungen, S. 145; Förster, Franz Julius Theodor Heyne, in: MBL, S. 296–297; Pfarrerbuch, Bd. 4, S. 193–194

Bemerkungen: auch: Heyne-Stiftung zu Salbke bzw. Heyne-Stiftung Magdeburg S-O; rechtsfähige Stiftung des bgl. Rechts; Satzung vom 9. September 1863

Margit Scholz

178. Gustav Heynemann-Stiftung

Errichtet:	um 1920
Stifter:	Gustav Heynemann (1843–1923), Kartoffelgroßhändler
	H. gehörte der einflussreichen jüd. Familie Heynemann an, die in Braunschweig, Halberstadt und Magdeburg zu Hause war. H. war zwölf Jahre Vorsitzender der jüd. Gemeinde und Förderer der Magdeburger Museen, für die er mehrere Grafikblätter erwarb.
Vermögen:	1921: 260.000 M, Gebäude in der Arndtstr. 5
Zweck:	Grundstock eines Alters- und Waisenheims für Angehörige jüd. Glaubens bzw. Unterstützung von Bedürftigen
Verwaltung:	zunächst Gustav Heynemann, ab 1921 der Verein Israelitisches Altersheim e. V.
Darstellung:	Am 17. Januar 1921 wurde unter der Nr. 275 ein „Verein Israelitisches Altersheim e. V." in das Vereinsregister eingetragen. Dieser Verein übernahm offensichtlich die praktische Umsetzung des Zweckes. Zu Mitgliedern des Vorstandes auf Lebenszeit wurden Gustav Heynemann und Ottilie Haas (deren Mann zuvor eine Zustiftung zur Gustav-Heynemann-Stiftung geleistet hatte) gewählt. 1921 erwarb der Verein zur Realisierung des Zwecks das Gebäude Arndtstraße 5.
	In der Folgezeit wurde wegen der wirtschaftlichen Lage des Vereins die tatsächliche Errichtung des Altersheimes verschoben, doch wurden jährlich Mietzuschüsse an Bedürftige gezahlt.
	Aufgrund von § 5 der 10. Verordnung des Reichsbürgergesetzes vom 4. Juli 1939 wurde das gesamte Immobilienvermögen von Juden zur Reichsvereinigung der Juden in Deutschland mit Sitz in Berlin-Charlottenburg zugeordnet. Das Gebäude Arndtstraße 5 wurde ab 1941 eines der Judenhäuser in Magdeburg, das in unzumutbarer Weise Juden, deren Wohnungen und Häuser geräumt werden mussten, als Zwischenstation auf dem Weg in die Konzentrationslager diente.
	Bereits kurz nach Ende des Zweiten Weltkrieges stellte der damalige Vorsitzende der jüd. Gemeinde, Horst Ismar Karliner, den Antrag auf Rückführung des Vermögens. Mit amtlicher Urkunde erfolgte diese am 21. Juli 1949 auf Grund eines Befehls der Sowjetischen Militäradministration in Deutschland durch die Landesregierung Sachsen-Anhalt.
	Heute befindet sich das Haus im Eigentum der SG. Aus den Mieteinkünften finanziert sie ihre vielfältigen Aufgaben – vor allem im sozialen Bereich. Im weitersten Sinne wird damit sowohl dem Stiftungs- als auch dem Vereinszweck heute noch Rechnung getragen.

Quellen: Grundbuch der Stadt Magdeburg Nr. 2138; LASA, C 129 Magdeburg, Nr. 2481 und 2504/5; SG, Geschichte, Rabbiner, Persönlichkeiten, Vereine

Literatur: Adressbücher Magdeburg 1875, 1915, 1918, 1921; Güdemann, Geschich-

80 Grabmal der Familie Heynemann, 2021: Die letzte Ruhestätte von Gustav Heynemann und seiner Frau befindet sich bis zum heutigen Tage auf dem Friedhof der Synagogengemeinde am Fermersleber Weg

te der Juden; Ludwig, Schilde, Jüdische Wohlfahrtsstiftungen; Malraux, Das Geräusch; Seibert, Magdeburg, in: Dick/Sassenberg (Hg.), Wegweiser, S. 140; Spanier, Geschichte, S. 41
Bemerkungen: vermutlich unselbständige Stiftung

Beate Seibert

179. Hildebrand(t)-Legat
Errichtet: 31. März 1838 (Testament)/1842
Stifter: Caroline Friederike Hildebrand(t), geb. Drewess († 25. Januar 1842), Wwe. des Kaufmanns Tobias Gottfried H. († vor Juni 1829)
Vermögen: 300 Tlr.
Zweck: Für die Ulrichgemeinde mit Verpflichtung zur Pflege der Gräber der Eheleute Hildebrand(t)
Verwaltung: GKR der ev. KG St. Ulrich und Levin
Darstellung: Die Stiftung hat die Inflation der Jahre 1922/23 offenbar überstanden. Die Grabstellen an der Südseite der Ulrichskirche dürften spätestens bei der Bombardierung der Altstadt im Januar 1945 verschwunden sein. In der „Vorläufigen Liste" der in Sachsen-Anhalt bestehenden Stiftungen aus dem Jahre 1947 wurde die Stiftung mit „besteht nicht mehr" charakterisiert.
Quellen: Vorl. Liste, Kreis XV, Nr. 62; LASA, C 28 II, Nr. 7337; AKPS, Rep. J 6, Nr. 369 (Testament)
Literatur: k. A.
Bemerkungen: auch: Hildebrandt'sches Legat
Die Stadt teilte 1937 mit, dass eine Wwe. H. zudem eine Stiftung für die kath. Kirche „zur Abhaltung eines Anniversariums" begründet habe, die damals offenbar noch existierte. Wahrscheinlich handelt es sich um eine zufällige Namensgleichheit.

Lutz Miehe/Margit Scholz

180. Hildebrandt'sches Legat
Errichtet: 1842
Stifterin: Frau Hildebrandt, geb. Robrahn, Wwe.
Vermögen: 400 Tlr., 1910: 1.200 M, 1938: 374,36 RM
Zweck: Unterstützung der vier ärmsten und ältesten Leute aus Buckau ohne Unterschied des Geschlechts
Verwaltung: Pfarrer der ev. KG St. Gertrauden (Buckau)

Darstellung:	Die Aufsicht über die Stiftung lag ursprünglich bei der Stadt, die sie aber im Jahre 1903 an die Buckauer KG mit der Bemerkung abtrat, dass das Interesse der Stadt an der Stiftung „kein erhebliches" sei. Wegen der geringen Erträge sei eine Rechnungslegung bei der Vertretung der KG ausreichend. Angesichts der Reduzierung des Vermögens der Stiftung durch die Inflation war die Stadt im Jahre 1924 auch damit einverstanden, dass in den nächsten Jahren keine Rechnungslegung erfolgt.
Quellen:	Vorl. Liste, Kreis XV, Nr. 61; LASA, C 28 II, Nr. 7337; AKPS, Rep. A, Generalia, Nr. 1166 b; Rep. J 10, Nr. 61; Nachweisung 1910; Wohlfahrtseinrichtungen
Literatur:	Adressbuch 1920, S. 29; von Dietze/Hunsdieck-Nieland, Stiftungen, S. 145; Meyer/Schneidewin, Wohlfahrtseinrichtungen, S. 40
Bemerkungen:	auch: Hildebrandt-Stiftung, Hildebrandt-Legat bzw. Legat der Witwe Hildebrandt; rechtsfähige Stiftung des bgl. Rechts; (↗) Nr. 400

Lutz Miehe

181. JULIUS HINDENBURG-LEGAT

Errichtet:	25. Juni 1909 (Testament)
Stifter:	Julius Hindenburg
Vermögen:	9.000 M
Zweck:	Das Kloster Augustini erhielt 9.000 M unter der Bedingung, dass der Magistrat zu Magdeburg die Grabstätten Nr. 2553 und 2554 auf dem Kirchhof in der Leipziger Str. bis zum Jahre 1946 pflegen und in der frostfreien Zeit für Blumenschmuck auf der Grabstätte des Ehepaares sorgen soll.
Verwaltung:	Magistrat
Darstellung:	k. A.
Quellen:	StAM, Rep. A III, 31.1f Bd. 2
Literatur:	k. A.
Bemerkungen:	unselbständige Stiftung

Lutz Miehe

182. Gustav Hintze-Stiftung

Errichtet:	vermutlich nach 1864
Stifter:	vermutlich Gustav Hintze (* vor 1827, † nach 1864), Kaufmann H. war Kaufmann in Magdeburg-Neustadt und wurde 1859 als Agent der Berlinischen Feuerversicherungs-Anstalt bestätigt. 1864 wurde er auch zum Schiedsmann in Neustadt für 1864/67 gewählt.
Vermögen:	k. A.
Zweck:	Unterstützung von Familienmitgliedern
Verwaltung:	AG, Abt. Neustadt
Darstellung:	Auf Anfrage der Stiftungsaufsicht beim MP zur Erfassung aller Stiftungen antwortete die Stiftung im November 1947, dass sie noch existiere. Im Januar 1951 teilte die Stiftung dem MP mit, dass das Vermögen durch die Kriegseinwirkungen stark vermindert sei. Die Einnahmen würden jedoch immer noch 680 DM jährlich betragen, die satzungsgemäß ausgeschüttet würden. Im Frühjahr 1955 betrieb der RdB die Auflösung der Stiftung. Dies versuchte die Stiftung zu verhindern, indem der Verwalter im April 1955 zu einem Vorladungstermin nicht erschien. Daraufhin prüfte der RdB, ob eventuell eine Steuernachzahlung erhoben werden könnte. Ein förmlicher Auflösungsbeschluss der Stiftung wurde wohl nie gefasst.
Quellen:	LASA, M1, Nr. 1528; StAM, Rep. 41, 867, 906; Amtsblatt der Regierung zu Magdeburg 1859, S. 455 sowie 1864, S. 247
Literatur:	k. A.
Bemerkungen:	auch: Gustav Hintze'sche Familienstiftung; rechtsfähige Stiftung des bgl. Rechts

Lutz Miehe

183. Hoeffichen'scher Stipendienfonds

Errichtet:	4. Oktober 1821 (Testament)/13. Oktober 1824 (Genehmigung)
Stifter:	Julius Hoeffichen († 4. Februar 1824), Regierungs- und Konsistorialregistrator
Vermögen:	100 Tlr., 1925: 875 Goldmark
Zweck:	Vergabe von Stipendien an Studierende der Rechtswissenschaften aus Magdeburg
Verwaltung:	Konsistorium Magdeburg
Darstellung:	Das Kapital wurde über Hypotheken auf Magdeburger Immobilien abgesichert. Die Stiftung existierte mindestens bis zum Ende des Zweiten Weltkrieges.

Quellen:	Vorl. Liste, Kreis XV, Nr. 57; GStA, I. HA Rep. 76, Vc Sekt. 17 Tit. XI, Nr. 6 Bd. 1; LASA, C 28 II, Nr. 7337; StAM, Rep. 41, 864, 867; AKPS, Rep. A, Generalia, Nr. 1125 a–b, 1126 a–d, 1127 a–d, 1128 a–c, 1129, 1130 a–b
Literatur:	Bock, Armenwesen, S. 276; von Dietze/Hunsdieck-Nieland, Stiftungen, S. 145; Rauer, Landbuch, S. 288
Bemerkungen:	auch: Höffichen'sches Studienstipendium bzw. Höffischen Studien-Stiftung

Margit Scholz

184. WILHELM HÖFFNER'SCHE SCHULSTIFTUNG

Errichtet:	1918 (Testament)
Stifter:	Wilhelm Höffner, Kaufmann
Vermögen:	1920: 3.000 M
Zweck:	Gewährung von Prämien für Knaben und Mädchen der Friedrichstädter Volksschule
Verwaltung:	Magistrat/Kämmereikasse, Schulverwaltung
Darstellung:	Die Stadt legte die Stiftung im Jahre 1923 mit ca. 180 weiteren unselbständigen Stiftungen zum (↗) Allgemeinen Stiftungsfonds zusammen.
Quellen:	StAM, Rep. A III, 31.1h Bd. 1; Rep. 18^4, A 8
Literatur:	Bericht über die Verwaltung 1919/1920, Teil 2 sowie 1920/1921, Teil 1 und Teil 2
Bemerkungen:	auch: Wilhelm Höffner'sche Stiftung; unselbständige Stiftung

Lutz Miehe

185. WILHELM HÖPFNER-STIFTUNG

Errichtet:	15. Juli 1909
Stifter:	Friedrich Wilhelm Höpfner (1832–1911)
	Der Stifter wurde als Sohn des Arbeiters Christian Andreas H. und seiner Ehefrau Dorothea Elisabeth, geb. Huchel, in Prester geboren. Nach einer Musikausbildung trat er 1852 dem 27. Infanterieregiment in Halle bei. Später fand er Anstellung bei der Post und verzog nach dem Feldzug von 1866 nach Süddeutschland. In Heidelberg heiratete er 1872 eine vermögende Französin. Die kurze Ehe blieb kinderlos. 1896 wurde er als Obertelegraphenassistent pensioniert und kehrte nach Prester zurück.
Vermögen:	300 M, 1938: 63,64 RM

Zweck:	Pflege des Familiengrabs auf 80 Jahre, danach für „kirchliche Zwecke"
Verwaltung:	Pfarrer der ev. KG St. Immanuel (Prester)
Darstellung:	Der Stifter äußerte im Zusammenhang mit der Stiftungsgründung den Wunsch auf Gewährung einer bestimmten Grabstelle auf dem Friedhof von Prester (am Friedhofseingang auf der linken Seite des Hauptwegs). Die Zinsen sollten bis zum Tode des Stifters zum Kapital geschlagen werden. Für die Grabpflege während der Sommermonate sollte „eine bedürftige und würdige Person der Gemeinde Prester" einen Teil der Zinsen erhalten. Die Restbeträge waren mit dem Kapital zu akkumulieren. Anfangs übernahmen Angehörige des Stifters die Grabpflege ohne Entschädigung.
Quellen:	AKPS, Rep. A, Generalia, Nr. 1166 b; Rep. J 15, Nr. 57
Literatur:	k. A.
Bemerkungen:	k. A.

Margit Scholz

186. Hoffmann'sches Prediger-Wittum

Errichtet:	1795
Stifterin:	Johanne Hoffmann, geb. Pieschel, Wwe. des Georg Ludwig Hoffmann (1759–1795), Predigers an der Heilig-Geist-Kirche,
Vermögen:	30 Tlr.
Zweck:	Unterstützung von Witwen der Prediger von Heilig-Geist
Verwaltung:	Kirchenkollegium/GKR der ev. KG Heilig-Geist
Darstellung:	Die Stifterin verzichtete auf die Zinsen von 30 Tlr. aus dem (↗) Schmager'schen Prediger-Wittum mit der Maßgabe, dass die Zinsen zunächst akkumuliert werden sollten. Bis zum Jahre 1859 war das Vermögen der Stiftung auf 1.275 Tlr. angewachsen, so dass eine Witwenpension von 50 Tlr. gezahlt werden konnte.
Quellen:	AKPS, Rep. A, Spec. G, Nr. A 12356
Literatur:	Bock, Armenwesen, S. 106; Oppermann, 1831–1840, S. 72; Rauer, Landbuch, S. 288
Bemerkungen:	k. A.

Lutz Miehe/Margit Scholz

187. Holzapfel-Stipendium

Errichtet:	1885
Stifter:	ehem. Schüler des Realgymnasiums

Vermögen:	1910: 7.176,75 M
Zweck:	Förderung früherer Schüler des Realgymnasiums in ihren akademischen Studien, besonders durch Stipendien
Verwaltung:	Kuratorium aus sieben Personen unter Vorsitz des Direktors des Realgymnasiums
Darstellung:	k. A.
Quellen:	StAM, Rep. 41, 867; Nachweisung 1910
Literatur:	von Dietze/Hunsdieck-Nieland, Stiftungen, S. 147; Meyer/Schneidewin, Wohlfahrtseinrichtungen, S. 22
Bemerkungen:	rechtsfähige Stiftung des bgl. Rechts

Lutz Miehe

188. Hoppe'sche Schulstiftung für die Friedrichstadt

Errichtet:	1888
Stifterin:	Bertha Hoppe, pensionierte Lehrerin und Wwe.
Vermögen:	1910: 600 M
Zweck:	Prämien für zwei fleißige, artige Mädchen der ersten Klasse der Friedrichstädter Volksschule
Verwaltung:	Magistrat
Darstellung:	Der Etat der Stiftung betrug im Jahre 1917 21 M. Die Stadt legte die Stiftung im Jahre 1923 mit ca. 180 weiteren unselbständigen Stiftungen zum (↗) Allgemeinen Stiftungsfonds zusammen.
Quellen:	StAM, Rep. A III, 31.1h Bd. 1; Rep. 18[4], A 8; Nachweisung 1910; Wohlfahrtseinrichtungen
Literatur:	Bericht über die Verwaltung 1908/1909, 1919/1920, Teil 2 sowie 1920/1921, Teil 2; Meyer/Schneidewin, Wohlfahrtseinrichtungen, S. 13
Bemerkungen:	auch: Hoppe'sche Schulstiftung; unselbständige Stiftung

Lutz Miehe

189. Hospital St. Annen (Heilig-Geist-Hospital)

Errichtet:	1214 (Ersterwähnung)
Stifter:	Gewandschneiderinnung
Vermögen:	1842: 92.000 Tlr.,
	1910: 526.543,91 M,
	Grundstücke 12 ha 61 ar, Felder und Wiesen 16,47 qm,
	1937: Kapitalvermehrung um 7.409,22 RM

Auf das Grundstück Hundisburger Str. 30 wurde eine Hypothek von 10.000 RM ausgeliehen.

Zweck: Versorgung von Innungsverwandten; später Gewährung von lebenslanger Unterkunft von unbemittelten, alten, ev. Einwohnern Magdeburgs gegen ein zu entrichtendes Einkaufsgeld sowie Beitrag zum Lebensunterhalt

Verwaltung: Gewandschneiderinnung, nach deren Aufhebung im frühen 19. Jh. spätestens 1839 der Magistrat;
Verwaltung durch einen aus vier Personen bestehenden Vorstand: einem den Vorsitz führenden besoldeten Magistratsmitgliede, einem zweiten Magistratsmitgliede, zwei anderen Bürgern, welche von den Ältesten der Kaufmannschaft auf sechs Jahre zu wählen sind

Darstellung: Am 26. April 1214 bestätigte Erzbischof Albert II. die Privilegien der Gewandschneiderinnung und erwähnte dabei das kürzlich gestiftete Heilig-Geist-Hospital. Seit 1495 erscheint die Einrichtung auch unter dem Namen St. Annen in den Quellen.
Während der Reformation wurde im August 1524 die St.-Annen-Bruderschaft aufgehoben, das Hospital selbst blieb unangetastet. Im Zusammenhang mit der Eroberung Magdeburgs im Jahre 1631 wurde es zerstört, doch 1657 erfolgte der Wiederaufbau und die neue Aufnahme von Präbendaten. Wie stark das Hospital gelitten hatte, verdeutlichen die Einnahmen: Diese betrugen 1576/77 ca. 1.000 Gulden, im Jahre 1653 lediglich ca. 112 Gulden. Seit dem Wiederaufbau des Hospitals im 17. Jh. lassen sich auch Einkaufsgelder der Präbendaten nachweisen. Betrugen sie anfänglich 30 bis 50 Tlr., stiegen sie schon bald auf die nicht unerhebliche Summe von 200 bis 300 Tlr. Im 18. Jh. differenzierten sich auch die Aufzunehmenden: Die Unterpräbendaten mit einer (Schlaf-)Kammer sowie einer gemeinsamen Wohnstube und die Oberpräbendaten mit einer eigenen Wohnung. Von den Präbendaten wurde der regelmäßige Besuch der Betstunden in der Kapelle des Hospitals erwartet. Im Reglement von 1746 wurde zudem festgelegt, dass die Bewohner den „Herren Innungsmeistern" als „ihre Vorgesetzten, Gehorsam und Ehrerbietung erweisen, und sich wider dieselben weder mit ungebührlichen Worten noch Werken vorgehen […]".
Im Dezember 1807 teilte die Stiftung mit, dass sich die Anzahl der Präbendaten seit einigen Jahren von 28 bis 30 auf 42 erhöht habe. Im Zusammenhang mit dem Krieg habe die Einrichtung erheblichen finanziellen Schaden erlitten. Im Jahre 1838 einigten sich die Kaufmannschaft und der Magistrat auf die künftige Verwaltung des Hospitals.

81 Das Hospital St. Annen in der Heilig-Geist-Straße, 1927; rechts ist das Denkmal für Carl von Basedow (1797–1854) erkennbar

Die Absprachen führten zur Satzung des Hospitals von 1839. Demnach war „ein völlig unbescholtener Ruf" eine Bedingung für die Aufnahme. Schon 1843 wurde das Hospitalgebäude erweitert, um insbesondere die Anzahl der lukrativen Oberpräbendaten erhöhen zu können. Um 1860 verfügte das Hospital über 43 Oberpräbendaten und 16 Unterpräbendaten.

Auch das Hospital St. Annen war am Ende der Inflation 1922/23 auf die Zuschüsse der Stadt angewiesen. Von der 1924 durch die Stadtverwaltung vorgenommenen Vereinheitlichung der Satzungen und der Verwaltung der Hospitalstiftungen war auch das St.-Annen-Hospital betroffen, ohne dass die Selbstständigkeit der Stiftung beseitigt worden wäre. Wirtschaftlich erholte sich das Hospital in den 1920er und 1930er Jahren. Bewohnten Ende 1924 66 Personen das Wohnstift, waren es 1937 75 Personen.

Nach der Machtübernahme durch die Nationalsozialisten wurden die Vorsteher und Inspektoren durch Nationalsozialisten ersetzt. Im Jahre 1941 erfolgte eine Satzungsänderung im Sinne des Führerprinzips: An die Stelle der Vorstände trat der OB.

Das Hospitalgebäude in der Heilig-Geist-Str. 32 wurde im Zweiten

Weltkrieg völlig zerstört. Um die Möglichkeiten für den Wiederaufbau zu verbessern, beschloss die Stadtverordnetenversammlung am 28. März 1952 die Zusammenlegung des Hospitals St. Annen mit den anderen Wohnstiftungen der Stadt zur Stiftung (↗) Magdeburger Hospitäler und Klöster. Damit endete die Existenz der Stiftung.

Quellen: Vorl. Liste, Kreis XV, Nr. 4; Hauptliste, Kreis VX, Nr. 5; GStA, I. HA Rep. 77, Tit. 1400 Magdeburg, Nr. 7, Rep. 91 C, Nr. 2395; LASA, M1, Nr. 1529; C 20 I Ib, Nr. 3635; C 28 I Ie, Nr. 1528, 1557, 1560, 1582, 1603, 1692; StAM, Rep. A I, P 186, R 192, S 555, T 135 (Vermögensaufstellung 1770), W 220, Z 152 Bd. 6 (Vermögensaufstellung 1807); Rep. A II, S 20 spec. 32a Bde. 1, 2; Rep. 13, A I. 517, A I. 643, A I. 912, A I. 1027, A I. 1168; Rep. 41, 106, 107, 763, 764, 863, 864, 868; Rep. 10 J, 6, 7; Nachweisung 1910; Wohlfahrtseinrichtungen; UBM, Bde. 1–3

Literatur: Adressbuch 1920, S. 27; Berghauer, Magdeburg, Bd. 2, S. 184 f.; Bock, Armenwesen, S. 226 ff.; von Dietz/Hunsdieck-Nieland, Stiftungen, S. 188; Bericht über die Verwaltung 1921 bis 1926; Gosch, Archäologische Grabungen, S. 219-228; Hermes/Weigelt, Handbuch, S. 17; Tradition und Innovation, S. 362; Miehe, Zwischen Wiederaufbau und Auflösung; Oppermann, 1831–1840, S. 8 ff., 93 ff.; Verwaltungsbericht 1933/1934 und 1937

Bemerkungen: rechtsfähige Stiftung des bgl. Rechts

Lutz Miehe/Christoph Volkmar

190. HOSPITAL ST. GEORGEN

Errichtet: 1291 (Ersterwähnung)

Stifter: Seidenkramerinnung

Vermögen: 1842: 177.00 Tlr.,

1910: 2.191.468,92 M, die Hospitalgrundstücke Stiftstraße 1 und Belfortstraße 30 sowie 154 ha 98 a 94 qm Acker und Wiesen,

1936: insbesondere durch Verkauf der Baugelände von 6,7499 ha vermehrte sich der Kapitalbestand um 200.082,48 RM, Vergrößerung des Grundbesitzes durch Ackerkauf um 1,0912 ha

Zweck: Ursprünglich Heil- und Versorgungsanstalt für Leprakranke und speziell zur Unterstützung von Angehörigen der Seidenkramerinnung. Ferner Fürsorge für minderbemittelte Einwohner Magdeburgs (vorwurfsfreier Lebenswandel, fleißig und gottesfürchtig) und Versorgung von Pfründnern

Seit 1586 außerdem Vergabe von zuerst vier, dann sechs, später zwölf

Stipendien an Studierende einer Universität oder einer technischen Hochschule, zuletzt 250 M jährlich.

30 Stipendien für Lehrer-Präbanden und Seminaristen zu 150 M jährlich (acht davon an Schüler der Magdeburger Kunstgewerbe- und Handelsschule, Maschinenbauschule, Bauwerkschule).

Lt. Nachweisung 1910: „Gewährung von Wohnung und Präbende an unbemittelte und unbescholtene Personen hiesiger Stadt, namentlich aus dem Kaufmannsstande, gegen Zahlung von Einkaufsgeld."

Verwaltung: Seidenkramerinnung (bis 1808); ab 1840 Magistrat und Vertreter der Kaufmannschaft/Handelskammer; 1910: Vorstand, bestehend aus vier Personen (zwei Magistratsmitgliedern und zwei Bürgern)

Darstellung: Das 1291 als Siechenhaus bzw. Leprosenhospital („domum infirmorum" bzw. „domum leprosorum") erstmals erwähnte Hospital lag vor den Toren der Altstadt am Rand der Sudenburg. Als Gründung der Seidenkramerinnung blieb es mit dieser über ein halbes Jahrtausend hinweg bis zur Aufhebung der Innung unter Napoleon eng verbunden.

Die Anlage wurde 1550 und 1631 zerstört und jeweils wiederaufgebaut. Erfolgte die Aufnahme in das Siechenhaus zunächst kostenfrei, waren ab 1679 Aufnahmegebühren zu entrichten, die anfänglich 100 Tlr. betrugen. 1720 bewohnten 16 Personen die Einrichtung, die Mitte des 18. Jh. erweitert wurde. Auch im St.-Georgen-Hospital vollzog sich im 18. Jh. eine Differenzierung in Ober- und Unterpräbendaten. Erstere wohnten privilegiert, hatten dafür ein Einkaufsgeld von 400 bis 500 Tlr. zu entrichten. von den 44 Präbendaten des Jahres 1800 waren 23 Unterpräbendaten. Noch am Anfang des 19. Jh. bestand bei dem Hospital eine Stipendienstiftung, die von der Seidenkramerinnung verwaltet wurde.

Im Zusammenhang mit der Vorbreitung der Festung auf eine militärische Auseinandersetzung mit der französischen Armee flohen die Bewohner im Jahre 1806 in die Altstadt.

Im Jahre 1812 wurde das Hospital auf Befehl Napoleons zur Erweiterung der Festungsanlagen abgerissen. Zum Ausgleich erwarb es 1815 am damaligen Franzosenplatz innerhalb der Altstadt Grundstücke und richtete sie für Hospitalzwecke her. 1838 und in den Folgejahren wurden neue Grundstücke erworben, die zum Teil umgebaut und zum Teil nach ihrem Abriss neu aufgebaut wurden (1908 waren es zwei Haupthäuser).

Im Jahre 1921 bewohnten die Einrichtung 100 Personen, die eine Oberpräbende von 400 M erhielten, sowie 100 Personen, deren Unterpräbende 280 M betrug. Darüber hinaus vergab das Hospital 120 sog. Unterstützungspräbenden in Höhe von jährlich 60 M. Diese Personen wohnten nicht im Hospital. Außerdem vergab das Hospital zwölf Stipendien an Studierende zu je 250 M jährlich sowie 30 Stipendien in Höhe von 150 M an Seminaristen.

Die Hyperinflation von 1922/23 traf auch das Hospital St. Georgen schwer. 1924 konnte es keine Zahlungen an die Insassen mehr leisten. Doch erholte sich die Stiftung relativ schnell. Im Jahre 1927 war sie schon wieder in der Lage, in Wernigerode ein Grundstück zu kaufen, um künftig dort ein Altersheim zu betreiben. In Magdeburg betrieb die damals größte Wohnstiftung der Stadt drei Heime – Belfortstr. 30 (heute Hans-Löscher-Straße), Kleine Diesdorfer Str. 9 a–b (heute Wilhelm-Külz-Straße) und Stiftstr. 1 – mit 296 Plätzen.

Nach der Machtübernahme durch die Nationalsozialisten wurden die Vorsteher und Inspektoren durch Nationalsozialisten ersetzt. Im Jahre 1941 erfolgte eine Satzungsänderung im Sinne des Führerprinzips: An die Stelle der Vorstände trat der OB.

Die Gebäude in der Stiftstr. 1 und in der Belfortstr. 30 wurden im Zweiten Weltkrieg fast völlig zerstört. Lediglich ein Flügel des Heimes in der Belfortstr. blieb verschont und konnte nach Wiederaufbau Anfang 1948 20 Bewohner aufnehmen. Dieses Heim existiert noch heute.

82 Altersheim des Hospitals St. Georgen in der Kleinen Diesdorfer Straße 9 a–b, 1928

Um die Möglichkeiten für den Wiederaufbau zu verbessern, beschloss die Stadtverordnetenversammlung am 28. März 1952 die Zusammenlegung des Hospitals St. Georgen mit den anderen Wohnstiftungen der Stadt zur Stiftung (↗) Magdeburger Hospitäler und Klöster. Damit endete die Existenz der Stiftung.

Quellen: Vorl. Liste, Kreis XV, Nr. 7; Hauptliste, Kreis XV, Nr. 6; GStA, I. HA Rep. 77, Tit. 1400 Magdeburg, Nr. 7; Rep. 91 C, Nr. 2397; LASA, C 20 I Ib, Nr. 4898, Bd. 1; C 28 I Ie, Nr. 1528, 1553, 1555, 1582, 1603; M1, Nr. 1529; StAM, Rep. A I, P 124, P 186, R 192, S 65, S 555, T 135 (Vermögensaufstellung 1770), UV 138, W 220, Z 152 Bd. 6 (Vermögernsaufstellung 1807); Rep. A II, G 43, G 45, S 20 spec. 12a, S 20 spec. 12g sowie spec. 32a Bde. 1, 2; Rep. 13, A I. 517, A I. 643, A I. 912, A I. 1027, A I. 1168; Rep. 17; Rep. 18[4], St. 4; Rep. 33 II; Rep. 41, Nr. 106, 107, 763, 764, 863, 864, 868, 875, 876, 879, 882, 886, 887; Nachweisung 1910; UBM, Bd. 1, 93 f. (Nr. 177 f.)

Literatur: Adressbuch 1920, S. 27; Berghauer, Magdeburg, Bd. 2, S. 185 f.; Bericht über die Verwaltung 1908/1909, 1936 und 1937; Bock, Armenwesen, S. 111 ff.; von Dietze/Hunsdieck-Nieland, Stiftungen, S. 188; Hermes/Weigelt, Handbuch, S. 17; Miehe, Zwischen Wiederaufbau und Auflösung; Tradition und Innovation, S. 366; Oppermann, 1831–1840, S. 8 ff., 131 ff.

Bemerkungen: rechtsfähige Stiftung des bgl. Rechts;
Satzungen vom 2. September 1839, 13. Mai 1908
Siehe auch den Beitrag von Christoph Volkmar in diesem Band.

Lutz Miehe/Christoph Volkmar

191. HOSPITAL ST. GERTRAUDEN

Errichtet: 1413
Stifter: Knochenhauerinnung
Vermögen: 1842: 61.000 Tlr.,
1910: 416.885,05 M, Hospitalgrundstück Knochenhauerufer 11 sowie 6 ha 23 ar 49,07 qm Acker,
1936: durch Übereignung seitens neuer Insassen vermehrte sich der Kapitalbestand um 4.195 RM; damit nahm der Kapitalbestand seit Übernahme der Verwaltung durch die Stiftungsverwaltung um insgesamt 20.284,34 RM, also beinahe 50 % zu
Zweck: Versorgung von Innungsverwandten, später Gewährung von Wohnung (lebenslang) sowie eines aus Geld und Benefizien bestehenden Beitrages

zum Lebensunterhalt an unbemittelte alte Einwohner der hiesigen Stadt gegen ein zu entrichtendes Einkaufsgeld
Lt. Statut von 1847 „nur zur Aufnahme ev. Christen" bestimmt.

Verwaltung: bis 1806 Kirchenkollegium der Johanniskirche im Auftrag der Knochenhauerinnung, nach deren Aufhebung Magistrat;
1910: Verwaltung durch einen aus fünf Personen bestehenden Vorstand: einem Magistratsmitglied und vier weltlichen Mitgliedern des GKR von St. Johannis

Darstellung: Die Gründungsdokumente des Hospitals sind nicht überliefert, doch geht die Stiftung auf eine Initiative der Knochenhauerinnung aus der Regierungszeit von Erzbischof Günther II. (1382–1445) zurück. Zunächst Elisabethhospital genannt, wurde das Patrozinium St. Gertraud seit dem Ende des 15. Jh. üblich. Schon damals befand sich das Gebäude am Knochenhauerufer. Während der Eroberung der Stadt im Jahre 1631 wurde auch das Hospital zerstört und zunächst nicht wiederaufgebaut. Stattdessen gestattete die Verwaltung Bürgern den Bau einzelner Häuser gegen einen Zins. Nach dem Tod fielen die Häuser der Stiftung zu. Seit etwa 1690 gewährte das Hospital sechs bis acht Armen Unterkunft. Schon bald mussten sie ein Einkaufsgeld entrichten. Im Jahre 1800 bewohnten neun Ober- und neun Unterpräbendaten das Haus. Sie hatten 350 bis 450 Tlr. bzw. 100 bis 150 Tlr. Einkaufsgeld entrichtet. 1841 wurde ein neues dreistöckiges Hospitalgebäude errichtet, in das auch die St.-Johannis-Vorschule einzog. 1847 erhielt das Hospital eine neue Satzung. Im Jahre 1921 bewohnten je 30 Ober- und Unterpräbendaten die Einrichtung. Sie erhielten zudem jährliche Unterstützungsleistungen von 214 bzw. 144 M. Die damaligen Einkaufsgelder betrugen 135 bzw. 675 M. Auch das Hospital St. Gertrauden wurde durch die Stadtverwaltung im Jahre 1924 in die gemeinsame Verwaltung aller Hospitäler und Altersheime überführt, ohne die Selbstständigkeit zu beseitigen. Nach der Machtübernahme durch die Nationalsozialisten wurden die Vorsteher und Inspektoren durch Nationalsozialisten ersetzt. Im Jahre 1941 erfolgte eine Satzungsänderung im Sinne des Führerprinzips. An die Stelle der Vorstände trat der OB. Im Jahre 1937 bewohnten 44 Personen das Stiftungsgebäude am Knochenhauerufer 10/11, das während des Zweiten Weltkrieges völlig zerstört wurde.
Um die Möglichkeiten für den Wiederaufbau zu verbessern, beschloss die Stadtverordnetenversammlung am 28. März 1952 die Zusammenlegung des Hospitals St. Gertrauden mit den anderen Wohnstiftungen

	der Stadt zur Stiftung (↗) Magdeburger Hospitäler und Klöster. Damit endete die Existenz der Stiftung.
Quellen:	Vorl. Liste, Kreis XV, Nr. 8; Hauptliste, Kreis XV, Nr. 7; GStA, I. HA Rep. 77, Tit. 1400 Magdeburg, Nr. 8; Rep. 91 C, Nr. 2383; LASA, C 28 I Ie, Nr. 1581; M1, Nr. 1529; StAM, Rep. A I, P 186, R 192, S 555, T 135 (Vermögensaufstellung 1770), W 220; Rep. A II, S 20 spec. 11a, S 20 spec. 11e, S 20 spec. 32a Bde. 1, 2; Rep. 13, A I. 517, A I. 643, A I. 912, A I. 1027, A I. 1168; Rep. 33 III; Rep. 41, 106, 107, 763, 764, 863, 864, 868; Nachweisung 1910

83 Blick auf das Hospital St. Gertrauden (im Vordergrund) im Knochenhauerufer 11, 1927

Literatur:	Adressbuch 1920, S. 27; Berghauer, Magdeburg, Bd. 2, S. 183 f.; Bericht über die Verwaltung 1908/1909, 1921 bis 1926, 1936 und 1937. Bock, Armenwesen, S. 253 ff.; von Dietze/Hunsdieck-Nieland, Stiftungen, S. 188; Hermes/Weigelt, Handbuch, S. 17; Miehe, Zwischen Wiederaufbau und Auflösung; Oppermann, 1831–1840, S. 8 ff.
Bemerkungen:	rechtsfähige Stiftung des bgl. Rechts

Lutz Miehe/Christoph Volkmar

192. Hospital Schartau

Errichtet:	17. Juli/5. August 1473
Stifter:	Sophie Schartau, Wwe. von Henning Schartau
Vermögen:	ein Haus und 79,5 M Silber, 1910: 145.183,80 M, Kapitalvermögen sowie Hospitalgrundstück und 4 ha 60 ar 60 qm Acker
Zweck:	Hospital für zwölf arme Frauen und eine wöchentliche Predigt der Augustinereremiten in der Pfarrkirche St. Nikolai in der Neustadt; später Gewährung von Wohnung, Arzt, Medizin und eines gewissen Geldbetrages zum Lebensunterhalt an unbemittelte alte Einwohner der Neustadt gegen ein zu entrichtendes Einkaufsgeld. Personen weiblichen Geschlechts sollen ein vorzugsweises Anrecht zur Aufnahme in das Hospital haben.
Verwaltung:	Augustinereremiten (bis 1524), danach vermutlich Rat der Neustadt (Satzung vom 11. Mai 1857); 1910: Magistrat Ein Kuratorium, bestehend aus dem Dirigenten des Wohlfahrtsamts, dem Stellvertreter desselben als Stellvertreter, zwei durch die Stadtverordneten-Versammlung zu wählende Stadtverordnete, zwei durch die Armendirektion zu wählende Bezirksvorsteher.
Darstellung:	Am 5. August 1473 stiftete Sophie Schartau ihr steinernes Wohnhaus am Thie in der Magdeburger Neustadt, welches ihr verstorbener Mann erbaut hatte, zu der kleinsten Magdeburger Wohnstiftung in unmittelbarer Nähe des (↗) Hospitals Schwiesau. Die Altstädter Augustinereremiten sollten die Aufsicht über das Hospital führen. Nach der Aufhebung des Klosters scheint die Verwaltung an den Rat der Neustadt übergegangen zu sein. Es erhielt aber weiterhin religiöse Zustiftungen wie jene 100 Rtlr., die David Kothe († 1610), Propst des Klosters St. Agnes, dem Hospital 1597 für eine Armenspeisung an seinem Todestag hinterließ. 1550 und 1626 wurde das Haus zerstört. Bereits 1653 beherbergte es wieder Menschen. Ende des 18. Jh. bewohnten neun Personen das Hospital, die außer einer freien Wohnung und Heizung etwas Roggen erhielten.

Nachdem die Neustadt für die napoleonische Festungserweiterung 1812 vollständig niedergelegt worden war, erfolgte die Neuerrichtung des Hospitals ab 1816 in der Neuen Neustadt, Morgenstraße 79. Nach einem Umbau verfügte die Wohnstiftung 1857 über 18 große und sechs kleine Stuben, zwei Küchen, einen Versammlungssaal sowie einen Betsaal. Im Jahr 1920 lebten im Hospital 25 Präbendaten, die ein Einkaufsgeld von 150 M entrichtet hatten und Unterstützungsleistungen (Präbenden) von jährlich 120 M erhielten.

Wie die anderen Wohnstiftungen war auch das Hospital Schartau nach Überwindung der Inflation über mehrere Jahre auf Zuschüsse der Stadt angewiesen. Zur Effektivierung der Verwaltung vereinheitlichte die Stadt im Jahre 1924 die Satzungen aller Hospitalstiftungen, ohne ihre Selbstständigkeit zu beseitigen. 1937 bewohnten 17 Personen 15 Zimmer mit Kochgelegenheit und ein Zimmer mit Küche.

Nach der Machtübernahme durch die Nationalsozialisten wurden die Vorstände und Inspektoren durch Nationalsozialisten ersetzt. Im Jahre 1941 erfolgte eine Satzungsänderung im Sinne des Führerprinzips: An die Stelle der Vorstände trat der OB.

Um die Möglichkeiten für den Wiederaufbau nach der völligen Zerstörung des Wohngebäudes im Zweiten Weltkrieg zu verbessern, beschloss die Stadtverordnetenversammlung am 28. März 1952 die Zusammenlegung des Hospitals Schartau mit den anderen Wohnstiftungen zur Stiftung (↗) Magdeburger Hospitäler und Klöster. Damit endete die Existenz der Stiftung. Die Schartaustraße in der Alten Neustadt erinnert an die Stifter.

Quellen:	Vorl. Liste, Kreis XV, Nr. 10; Hauptliste, Kreis XV, Nr. 9; GStA, I. HA Rep. 77, Tit. 1400 Magdeburg, Nr. 11, Rep. 91 C, Nr. 2400; LASA, C 20 Ib I, Nr. 2834; M1, Nr. 1529; StAM, Rep. A II, S 20 spec. 32a Bde. 1, 2; Rep. 7, F. 23; G. 19–24, G. 27, G. 39; Rep. 13, A I. 517, A I. 643, A I. 912, A I. 1027, A I. 1168; Rep. 41, 106, 107, 763, 764, 863, 864, 867, 868; Rep. Magdeburger Spuren, 423; Nachweisung 1910; UBM, Bd. 3, S. 96–89 (Nr. 201, 204)
Literatur:	Adressbuch 1920, S. 28; Berghauer, Magdeburg, S. 191 ff.; Bericht über die Verwaltung 1910, 1915/1916, 1920/1921, 1921 bis 1926; von Dietze/Hunsdieck-Nieland, Stiftungen, S. 188; Miehe, Zwischen Wiederaufbau und Auflösung; Scheffer, Die beiden Hospitäler Schwiesau und Schartau; ders., Mittheilungen, S. 122–129; Verwaltungsbericht 1937
Bemerkungen:	rechtsfähige Stiftung des bgl. Rechts

Lutz Miehe/Christoph Volkmar

193. HOSPITAL SCHWIESAU

Errichtet:	24. Mai 1471 (Genehmigung)
Stifter:	Berthold Schwiesau und seine Ehefrau Margarethe, Bürger der Neustadt
Vermögen:	1471: Haus und Hof an der Sandstraße in der Neustadt sowie Ackerbesitz der Stifter
	1910: 584.008,55 M Kapitalvermögen, zwei Grundstücke und 76 ha 63 a 39 qm Äcker und Wiesen
	1936: Verminderung des Grundbesitzes um 2,7492 ha durch Verkauf von zwei Grundstücken (Holzweg zwischen Schiller- und Wielandstr.), Vermehrung Kapitalbestand um 50.300 RM, bauliche Maßnahmen (1.300 RM)
Zweck:	1471: Hospital zur Wohnung und Versorgung von gebrechlichen Armen aus der Neustadt sowie für Pilger;
	laut Statut von 1855:
	1. unbemittelten alten Einwohnern der Neustadt gegen ein zu entrichtendes Einkaufsgeld lebenslängliche Wohnung, sowie ein in Geld und anderen Benefizien bestehender Beitrag zum Lebensunterhalt (Altersversorgungs-Anstalt),
	2. armen alten Einwohnern der Neustadt eine vierteljährlich im Voraus zahlbare Geldunterstützung
	Die Leistungen wurden Christen ohne Unterschied der Konfession gewährt.
Verwaltung:	die Stifter, nach ihrem Tod zwei Vorsteher, berufen vom Rat der Neustadt: später: Magistrat/Armendirektion/Wohlfahrtsamt;
	Kuratorium, bestehend aus dem Dirigenten des Wohlfahrtsamts, dem Stellvertreter desselben als Stellvertreter, zwei durch die Stadtverordneten-Versammlung zu wählende Stadtverordnete, zwei durch die Armendirektion zu wählende Bezirksvorsteher
Darstellung:	Am 24. Mai 1471 bestätigte der Magdeburger Erzbischof als Stadtherr der Neustadt die Errichtung eines von allen Abgaben befreiten Hospitals, für das die kinderlosen Neustädter Bürger Berthold und Margarethe Sch. in Vorsorge für ihr Seelenheil ein Haus mit Ackerhof in der Sandstraße sowie die dazugehörigen Felder gestiftet hatten. Das zunächst von den Stiftern selbst geführte Hospital sollte Pilger und arme, gebrechliche Einwohner der Neustadt aufnehmen und versorgen. Den Einkauf von Pfründnern wollten die Stifter noch explizit ausgeschlossen wissen. Nach ihrem Tode waren durch den Rat der Neustadt zwei Hospitalvorsteher zu berufen. Diese sollten jährlich vor einem Ratsmit-

glied, einem Vertreter des Domkapitels sowie – dies eine seltene Regelung – vor zwei armen Hospitalinsassen Rechnung legen.

Das Hospital überstand die Reformation, die in der Neustadt 1547 vollzogen wurde, unbeschadet, doch wurde die Neustadt während des Schmalkaldischen Krieges 1550/51 vollständig vernichtet. 1571 beherbergte das wieder aufgebaute Gebäude 24 Personen. Auch während des Dreißigjähigen Krieges dürfte das Stiftungsgebäude zerstört worden sein, bereits 1653 war es jedoch wieder bewohnt. Nach dem Ende des Krieges setzte die Praxis ein, sich in das Hospital einzukaufen. Dies führte zu einem deutlichen Anstieg des Vermögens der Stiftung – vor allem an landwirtschaftlicher Fläche. Am Ende des 18. Jh. beherbergte das Hospital 36 Personen, die wöchentlich zudem vier Groschen erhielten. Zum Hospital gehörte eine Kapelle, in der montags der zweite Prediger der Pfarrei St. Nikolai den Hospitaliten einen Vortrag hielt und vierteljährlich das Abendmahl reichte.

Mit der Neustadt wurde in der Zeit der frz. Besetzung auch das Hospital Schwiesau abgerissen und in der Neuen Neustadt in der Morgenstraße Ecke Mittagstraße wieder aufgebaut. Der Oberpräsident genehmigte das neue Statut des Hospitals Schwiesau am 30. Januar 1855. Zu diesem Zeitpunkt war es so wohlhabend, dass aus den Erträgen seines Vermögens bedeutende soziale Einrichtungen in der Neustadt finanziert werden konnten. So unterstützte das Hospital regelmäßig die Armenkasse, gründete eine Kleinkinderbewahranstalt und eine Armenschule (1843) und finanzierte den vollständigen Bau eines Krankenhauses mit 15.000 Tlr. Im Jahre 1871 verfügte das Hospital über 18 große und sechs kleine heizbare Zimmer, zwei Küchen, einen Versammlungssaal, einen Betsaal sowie Hof- und Bodenraum. Im Jahre 1915 gab es insgesamt 191 Unterstützungsempfänger (160 Oberpräbendaten, 31 Unterpräbendaten). Diese hatten Einkaufsgelder entrichtet. Zusätzlich zu ihrer Unterbringung und Versorgung erhielten 76 Oberpräbendaten im Jahre 1920 jeweils 208 M pro Jahr. Die 60 Unterpräbendaten hatten kein Wohnrecht, sie erhielten eine Unterstützung von 60 M.

Wie die anderen Wohnstiftungen war auch das Hospital Schwiesau nach Überwindung der Inflation der Jahre 1922/23 über mehrere Jahre auf Zuschüsse der Stadt angewiesen. Zur Effektivierung der Verwaltung vereinheitlchte die Stadt im Jahre 1924 die Satzungen aller Hospitalstiftungen, ohne ihre Selbstständigkeit zu beseitigen.

Nach der Machtübernahme durch die Nationalsozialisten wurden die Vorstände und Inspektoren durch Nationalsozialisten ersetzt. Im Jahre

1941 erfolgte eine Satzungsänderung im Sinne des Führerprinzips: An die Stelle der Vorstände trat der OB.

Im Zweiten Weltkrieg wurden die Gebäude Mittagstr. 36 und Morgenstr. 12 völlig zerstört. Um die Möglichkeiten für den Wiederaufbau zu verbessern, beschloss die Stadtverordnetenversammlung am 28. März 1952 die Zusammenlegung des Hospitals Schwiesau mit den anderen Wohnstiftungen der Stadt zur Stiftung (↗) Magdeburger Hospitäler und Klöster. Damit endete die Existenz der Stiftung. Die Schwiesaustraße erinnert noch heute an die Stifter.

Quellen: Vorl. Liste, Kreis XV, Nr. 11; Hauptliste, Kreis XV, Nr. 8; GStA, I. HA Rep. 77, Tit. 1400 Magdeburg, Nr. 1; Rep. 91 C, Nr. 2399, II. HA GD, Abt. 30, I, Nr. 295; LASA, M1, Nr. 1529; C 20 I Ib, Nr. 2834; StAM, Rep. A II, A 48 spec. 1 Bde. 1, 2; Rep. A II, S 20 spec. 32a Bde. 1, 2 sowie spec. 50a; Rep. 7, G. 12–18, G. 32–36; Rep. 13, A I. 517, A I. 643, A I. 912, A I. 1027, A I. 1168; Rep. 41, 106, 107, 763, 764, 863, 864, 868, 884; Nachweisung 1910; Wohlfahrtseinrichtungen; UBM, Bd. 3, S. 76–78 (Nr. 154)

Literatur: Adressbuch 1920, S. 28; Berghauer, Magdeburg, S. 191 ff.; Bericht über die Verwaltung 1910, 1915/1916, 1920/1921, 1921 bis 1926; von Dietze/Hunsdieck-Nieland, Stiftungen, S. 188; Miehe, Zwischen Wiederaufbau und Auflösung; Scheffer: Die beiden Hospitäler Schwiesau und Schartau; ders., Mittheilungen, S. 122–129; Verwaltungsbericht 1937

Bemerkungen: rechtsfähige Stiftung des bgl. Rechts

Lutz Miehe/Christoph Volkmar

194. HOSTOWSKY'SCHE STIFTUNG

Errichtet: 1889 (Testament)
Stifterin: Luise Hostowsky, geb. Dieme,
Wwe. von Franz Hostowsky, Klempnermeister
Vermögen: 1910: 15.059,61 M
Zweck: Unterstützung von Handwerkerwitwen und Waisenknaben (Söhne verstorbener Handwerker) im Betrage von je 30 M zu Weihnachten
Verwaltung: Magistrat/Armendirektion/Wohlfahrtsamt
Darstellung: Die Stadt legte die Stiftung im Jahre 1923 mit ca. 180 weiteren unselbständigen Stiftungen zum (↗) Allgemeinen Stiftungsfonds zusammen.
Quellen: LASA, C 28 I Ie, Nr. 1625; StAM, Rep. A II, S 20 spec. 32d; Rep. 18[4], A 8; Nachweisung 1910

Literatur: Adressbuch 1920, S. 27; Bericht über die Verwaltung 1908/1909; von Dietze/Hunsdieck-Nieland, Stiftungen, S. 156; Meyer/Schneidewin, Wohlfahrtseinrichtungen, S. 7
Bemerkungen: unselbständige Stiftung

Lutz Miehe

195. GUSTAV HUBBE-STIFTUNG

Errichtet: 1890/1904
Stifter: Otto Hubbe (1842–1904), Geh. KomRat
Der Stifter widmete die Stiftung seinem Vater Gustav H. (1812–1871). Dieser errichtete eine Fabrik auf dem Großen Werder zur Herstellung von Sesam-, Palmkern- und Kokosöl. H. war Stadtverordneter, Handelsrichter, unbesoldeter Stadtrat und Mitglied des Provinziallandtages. Der Stifter Otto H., der 1891 zum KomRat und 1901 zum Geheimrat ernannt wurde, war Vorsitzender der Wasser-Assecuranz-Compagnie, Aufsichtsratsvorsitzender der Magdeburger Privatbank (spätere Commerz- und Privatbank Magdeburg), Vorstandsmitglied der Müllerei-Berufsgenossenschaft, erster stellvertretender Vorsitzender des 1900 gegründeten Verbandes der deutschen Ölmühlen und bis zu seinem Tod GKR-Mitglied der ev. KG St. Johannis.
Vermögen: 1910: 23.500 M
Zweck: Unterstützung von Söhnen mitteloser, unbescholtener Magdeburger Kaufleute, welche sich eine höhere kommerzielle oder technische Ausbildung aneignen wollen, jährlich am 1. April
Verwaltung: IHK
Darstellung: Otto Hubbe widmete die Stiftung seinem Vater Gustav.
Die Stiftung gehörte wahrscheinlich zu denjenigen, die im Juli 1944 durch die verwaltende IHK zusammengelegt wurden.
Quellen: Nachweisung 1910; Wohlfahrtseinrichtungen
Literatur: Adressbuch 1920, S. 28; Behrend, Froßkaufleute, S. 56 ff., 140; von Dietze/Hunsdieck-Nieland, Stiftungen, S. 132; Heinicke, Christoph Wilhelm Otto Hubbe, in: MBL, S. 317 ff.; Meyer/Schneidewin, Wohlfahrtseinrichtungen, S. 22; Tradition und Innovation, S. 368; https://de.wikipedia.org/wiki/Christoph_Wilhelm_Otto_Hubbe (02.09.2019)
Bemerkungen: rechtsfähige Stiftung des bgl. Rechts
Der Stifter errichtete auch die (↗) Nr. 198.

Lutz Miehe

196. Ida Hubbe-Stiftung

Errichtet:	1916
Stifter:	Gustav Otto Julius Hubbe (1873–1929), Sohn von Christoph Wilhelm Otto (1842–1904) und Ida Elisabeth Hubbe, geb. Mangold (1849–1916)
	Unter Leitung des Stifters fusionierte das Hubbe'sche Unternehmen (↗ Gustav Hubbe-Stiftung) mit der Fa. G. W. Farenholtz zu den Vereinigten Ölfabriken Hubbe & Farenholtz GmbH. H. war Mitglied der Magdeburger Handelskammer, Aufsichtsratsmitglied der Commerz- und Privatbank Magdeburg, Mitglied des Landesausschusses der Wilhelma, der Stadtverordnetenversammlung und Inhaber vieler kirchlicher Ehrenämter.
Vermögen:	Gebäude im Wert von 56.500 M
Zweck:	Verbesserung der kirchlichen Versorgung Cracaus durch die Bereitstellung von Räumen für die Gemeinde-, Kinder- und Jugendarbeit, u. a. für Gottesdienste, den Konfirmandenunterricht, einen Kinderhort und eine Pfarrwohnung
Verwaltung:	GKR der ev. KG St. Trinitatis (Brückfeld)
Darstellung:	Zu Beginn des Jahres 1915 wandte sich das Konsistorium Magdeburg hilfesuchend an den Fabrikanten Hubbe wegen der schwierigen kirchlichen Versorgung der Gemeindeglieder im Stadtteil Brückfeld (1.367 Evangelische). Dieser stellte daraufhin den Arbeiterspeisesaal seiner Fabrik für Gottesdienste zur Verfügung. Außerdem beauftragte er aus Anlass des 75-jährigen Bestehens seiner Fa. (15. Januar 1915) den Berliner Jugendstilarchitekten Peter Schneider mit der Planung und Errichtung eines Gemeindehauses auf einem Grundstück der Cracauer KG. Am Tag der Weihe der Kapelle (29. Oktober 1916) übertrug er der KG das Eigentum an dem Gebäude in der Königsborner Straße (heute Berliner Chaussee 42), das im Gedenken an seine verstorbene Mutter Ida-Hubbe-Stift genannt wurde. Der Ev. Oberkirchenrat genehmigte die Annahme der Schenkung am 26. Juli 1917.
	Seit dem 1. Januar 1988 dient die Kapelle als Predigtstätte der Trinitatisgemeinde. Diese ging aus der Vereinigung der Luther- und der Johannisgemeinde hervor, deren Kirchen beide im Zweiten Weltkrieg zerstört wurden.
Quellen:	AKPS, Rep. J 14, Nr. 96
Literatur:	von Dietze/Hunsdieck-Nieland, Stiftungen, S. 157; Heinicke, Gustav Otto Julius Hubbe, in: MBL, S. 318–319; Krenzke, Kirchen und Klöster,

S. 155; Kulosa, 100 Jahre Ida Hubbe-Stiftung; https://de.wikipedia.org/wiki/Ida-Hubbe-Stift (02.09.2019)
Bemerkungen: rechtsfähige Stiftung des bgl. Rechts

Lutz Miehe/Margit Scholz

197. Geheimer Kommerzienrat Otto Hubbe'sche Stiftung

Errichtet: 1905
Stifter: Ida Elisabeth Hubbe (siehe Nr. 196)
Vermögen: 1910: 20.200 M
Zweck: Unterstützung bedürftiger und würdiger Einwohnerinnen der Stadt Magdeburg, besonders auch kinderreicher oder alter oder arbeitsunfähiger Witwen
Verwaltung: Magistrat/Wohlfahrtsamt;
Vorstand, bestehend aus einem Magistratsmitglied und zwei Bürgern
Darstellung: Otto Hubbes Wwe. errichtete die Stiftung ein Jahr nach seinem Tod und gab dieser zum Andenken seinen Namen.
Quellen: LASA, C 28 I Ie, Nr. 1625, 1696; StAM, Rep. 18[4], A 8; Nachweisung 1910
Literatur: Adressbuch 1920, S. 27; Bericht über die Verwaltung 1904/1905; Heinicke, Christoph Wilhelm Otto Hubbe, in: MBL, S. 317 f.; Liebscher, Christoph Wilhelm Otto Hubbe, in: MG, S. 104
Bemerkungen: auch: Hubbe'sche Stiftung;
rechtsfähige Stiftung des bgl. Rechts
Die Stifterin errichtete weiterhin die (↗) Nr. 199.

Lutz Miehe

198. Otto Hubbe-Stiftung (I)

Errichtet: 1904
Stifter: Christoph Wilhelm Otto Hubbe (1842–1904) (siehe Nr. 195)
Vermögen: 1910: 2.500 M
Zweck: Unterstützung bedürftiger Personen des Kaufmannstandes
Verwaltung: Kaufmännischer Verein bzw. Magistrat
Darstellung: Die Stiftung gehörte wahrscheinlich zu denjenigen, die im Juli 1944 durch die verwaltende IHK zusammengelegt wurden.
Quellen: LASA, M1, Nr. 1528; StAM, Rep. 18[4], A 8; Nachweisung 1910; Wohlfahrtseinrichtungen
Literatur: Adressbuch 1920, S. 29; Bericht über die Verwaltung 1908/1909; von

84 Christoph Wilhelm Otto Hubbe, Gemälde von Hugo Vogel, 1906

Dietze/Hunsdieck-Nieland, Stiftungen, S. 204; Heinicke, Christoph Wilhelm Otto Hubbe, in: MBL, S. 317 f.; Liebscher, Christoph Wilhelm Otto Hubbe, in: MG, S. 104; Tradition und Innovation, S. 75 f., 368

Bemerkungen: rechtsfähige Stiftung des bgl. Rechts
Der Stifter errichtete weiterhin die (↗) Nr. 195.

Lutz Miehe

199. Otto Hubbe-Stiftung (II)

Errichtet: 1905
Stifter: Ida Hubbe (siehe Nr. 196)
Vermögen: 20.000 M, 1910: 21.000 M
Zweck: Unterstützung von

                    1. bedürftigen und würdigen jungen Kaufleuten, die bei den zur Handelskammer wahlberechtigten Firmen beschäftigt sind und zur weiteren Ausbildung in ihrem Beruf in das Ausland gehen wollen sowie
                    2. bedürftigen und würdigen Kaufleuten sowie deren Angehörigen. Diese letzteren Unterstützungen sollen nicht unter 50 M und nicht über 150 M betragen.

Verwaltung: IHK bzw. Magistrat
Darstellung: Die Stiftung gehörte wahrscheinlich zu denjenigen, die im Juli 1944 durch die verwaltende IHK zusammengelegt wurden.
Quellen: LASA, M1, Nr. 1528; StAM, Rep. 18[4], A 8; Nachweisung 1910; Wohlfahrtseinrichtungen
Literatur: Adressbuch 1920, S. 28; Bericht über die Verwaltung 1908/1909; Tradition und Innovation, S. 75 f., 368
Bemerkungen: rechtsfähige Stiftung des bgl. Rechts
Die Stifterin errichtete weiterhin die (↗) Nr. 197.

Lutz Miehe

200. D. Jacobi-Stiftung

Errichtet: 1. März 1921
Stifter: D. Justus Julius August Jacobi (1850–1937), Generalsuperintendent
J. war 1907 von seiner Berliner Superintendentenstelle als 2. Generalsuperintendent nach Magdeburg berufen worden. Von 1910 bis zu seinem Eintritt in den Ruhestand 1925 war er als 1. Generalsuperintendent und 1. Domprediger der ranghöchste Geistliche der KPS.
Vermögen: 7.160 M
Zweck: einjährige Unterstützung für eine oder mehrere „würdige und bedürftige" Pfarrtöchter als Ausbildungsbeihilfe oder zum Lebensunterhalt
Verwaltung: Konsistorium Magdeburg
Darstellung: Die Geistlichen seines Sprengels überreichten J. anlässlich seines 70. Geburtstags (19. September 1920) ein Geldgeschenk in Höhe von 7.107,55 M. Damit errichtete er die Stiftung. Von den Zinsen sollten jährlich 50 M dem Kapital zugefügt werden. Die Verleihung der Gelder behielt sich der Stifter auf Lebenszeit vor. Die Stiftung überstand die Inflationszeit.
Quellen: AKPS, Rep. A, Generalia, Nr. 1178 c; Rep. A, Spec. P, Nr. J 80; Amtliche Mitteilungen 1920, S. 148
Literatur: Dubslaff, Julius August Justus Jakobi, in: MBL, S. 327
Bemerkungen: k. A.

Margit Scholz

201. Oscar Jacoby-Stiftung

Errichtet:	1906
Stifter:	k. A.
Vermögen:	10.000 M
Zweck:	Unterstützung bedürftiger und würdiger Kaufleute oder deren Hinterbliebenen – ohne Unterschied der Konfession – in Beträgen von nicht weniger als 50 M, zahlbar am Ende des Jahres
Verwaltung:	IHK
Darstellung:	Die Stiftung gehörte wahrscheinlich zu denjenigen, die im Juli 1944 durch die verwaltende IHK zusammengelegt wurden.
Quellen:	Nachweisung 1910; Wohlfahrtseinrichtungen
Literatur:	Adressbuch 1920, S. 28; Tradition und Innovation, S. 368
Bemerkungen:	rechtsfähige Stiftung des bgl. Rechts

Lutz Miehe

202. Jäckel'sche Stiftung

Errichtet:	10. Dezember 1836 (Testament)/27. März 1837 (Genehmigung)
Stifter:	Johann Andreas Jäckel (Jaeckel) († 25. Dezember 1836), Kaufmann
Vermögen:	10.000 Tlr., 1910: 85.802,05 M
Zweck:	1. Zur Belohnung und Unterstützung an treue Dienstboten (Köchinnen, Hausmägde, Ausgeberinnen, Mamsells, Kutscher und Hausknechte), welche zehn Jahre und länger treu gedient haben, am 25. Dezember jeden Jahres zahlbar,
	2. für Verwaltungskosten (u. a. Unterhaltung der Grabstätte)
Verwaltung:	Magistrat/Armendirektion/Wohlfahrtsamt
Darstellung:	Die ersten Zahlungen sollte die Stiftung leisten, wenn ihr Vermögen auf 20.000 Tlr. angewachsen war. Die vollständige Zahlung der Erträge sollte erst bei einem Kapitalbestand der Stiftung von 30.000 Tlr. erfolgen. Das Stiftungsvermögen wurde vermehrt um einen Fonds, den Bürgermeister Oppermann im Jahre 1831 aus dem Erlös seiner Publikation angelegt hatte (ca. 105 Tlr.). Im Jahre 1858 wurden von der Armenverwaltung der Stadt aus dem Ertrag der Stiftung 10 Personen, die ein Durchschnittsalter von 69 Jahren hatten, mit insgesamt 250 Tlr. unterstützt. Damals war das Vermögen der Stiftung bereits auf 13.237 Tlr. angewachsen. Im Jahre 1916 unterstützte die Stiftung 63 Personen: neun Personen erhielten 60 M, 53 Personen 30 M und eine Person 45 M. Die Stadt legte die Stiftung im Jahre 1923 mit ca. 180 weiteren unselbständigen Stiftungen zum (↗) Allgemeinen Stiftungsfonds zusammen.

Quellen:	Vorl. Liste, Kreis XV, Nr. 69; LASA, C 28 I Ie, Nr. 1614, 1625, C 28 II, Nr. 7337; StAM, Rep. A II, J 29b, S 20 spec. 32a Bd. 2, S 20 spec. 32d; Rep. 18⁴, A 8; Nachweisung 1910
Literatur:	Adressbuch 1920, S. 27; Bericht über die Verwaltung 1908/1909 und 1916/1917; Bock, Armenwesen, S. 86 ff., 334; von Dietze/Hunsdieck-Nieland, Stiftungen, S. 160; Hermes/Weigelt, Handbuch, S. 18; Meyer/Schneidewin, Wohlfahrtseinrichtungen, S. 55; Oppermann, 1831–1840, S. 63; Rauer, Landbuch, S. 316
Bemerkungen:	auch: Jaeckel'sche Stiftung bzw. Dienstbotenstiftung; unselbständige Stiftung
	Kaufmann Jäckel bedachte noch weitere soziale Einrichtungen in seinem Testament, so das Bürgerrettungsinstitut mit 500 Tlr. Nach Angaben der Stadt existierte 1937 noch eine Jäckel'sche Stiftung bei der ev. Heilig-Geist-Gemeinde (Jäckel-Legat für die Heilig-Geist-Kirche).

Lutz Miehe

203. MATHILDE JAENECKE-GRABPFLEGESTIFTUNG

Errichtet:	k. A.
Stifterin:	Mathilde Jaenecke († Anfang des 20. Jh.)
Vermögen:	k. A.
Zweck:	Grabpflege
Verwaltung:	Magistrat/Kämmereikasse
Darstellung:	Die Stadt legte die Stiftung im Jahre 1923 mit ca. 180 weiteren unselbständigen Stiftungen zum (↗) Allgemeinen Stiftungsfonds zusammen.
Quellen:	LASA, C 28 I Ie, Nr. 1625; StAM, Rep. A III, 31.1h Bd. 1
Literatur:	Bericht über die Verwaltung 1919/1920, Teil 2 und 1920/1921, Teil 2; Steinhorst, Mathilde Müller, in: MBL, S. 490 f.
Bemerkungen:	auch: Mathilde Jaenecke'sche Grabpflegestiftung; unselbständige Stiftung

Lutz Miehe

204. JOCKUSCH-STIFTUNG

Errichtet:	1884
Stifter:	Louis Jokusch, Eisenbahn-Betriebssekretär
Vermögen:	1910: 1.500 M
Zweck:	Hebung des Volksschulenwesens
Verwaltung:	Magistrat

Darstellung: k. A.
Quellen: Nachweisung 1910
Literatur: Adressbuch 1920, S. 27; Bericht über die Verwaltung 1908/1909; von Dietze/Hunsdieck-Nieland, Stiftungen, S. 162
Bemerkungen: k. A.

Lutz Miehe

205. Jordan'sche Museumsstiftung

Errichtet: 1900
Stifter: Albert Wilhelm Jordan (ca. 1831–1907), Rentner, Dresden
J. betrieb die Schokoladen-, Zuckerwaren- und Zichorienfabrik Bethge & J. Im Stadtteil Sudenburg existiert eine ihm zu Ehren benannte Straße.
Vermögen: 1917: 261.355 M
Zweck: Unterstützung des Kaiser Friedrich-Museums
Verwaltung: Magistrat
Darstellung: Der Etat der Stiftung betrug im Jahre 1917 ca. 9.100 M.
Die Stadt legte die Stiftung im Jahre 1923 mit ca. 180 weiteren unselbständigen Stiftungen zum (↗) Allgemeinen Stiftungsfonds zusammen.
Quellen: Vorl. Liste, Kreis XI, Nr. 70; StAM, Rep. 18⁴, A 8
Literatur: Bericht über die Verwaltung 1919/1920, Teil 2 und 1920/1921, Teil 2
Bemerkungen: auch: Jordan-Legat;
unselbständige Stiftung

Lutz Miehe

206. Max Jordan-Stiftung

Errichtet: 30. März 1886 (Stiftungsstatut)/8. Oktober 1886 (Genehmigung)
Stifter: Albert Wilhelm Jordan, Kaufmann und Inhaber einer Schokoladenfabrik
Vermögen: 15.000 M, 1894: auf 30.000 M aufgestockt, 1910: 30.000 M
Zweck: 1. Unterkunft und Verpflegung für die in der Kirchengemeinde tätigen Schwestern aus dem Diakonissenhaus Bethanien (Berlin),
2. Erhaltung der Gemeindediakonie
Verwaltung: Der Stiftungsvorstand setzte sich zusammen aus dem ersten Pfarrer und einem GKR-Mitglied der ev. KG St. Ambrosius (Sudenburg) sowie bis 1897 aus einem Mitglied der Familie Jordan.

Darstellung:	J. errichtete seine Stiftung aus dem Nachlass seines verstorbenen Sohnes Max. Außerdem spendete er regelmäßig für die Ambrosiusgemeinde, insbesondere zur Unterhaltung einer Kleinkinderschule. Am 20. April 1887 konnte ein Vertrag mit dem Diakonissenmutterhaus Bethanien in Berlin zwecks Entsendung von Schwestern für die Armen- und Krankenpflege in der Ambrosiusgemeinde geschlossen werden. Nach Angaben der Stadt existierte die Stiftung noch 1937.
Quellen:	Vorl. Liste, Kreis XV, Nr. 70; LASA, C 28 II, Nr. 7337; AKPS, Rep. A, Spec. G, Nr. A 945; Rep. J 3, Nr. 818; Nachweisung 1910; Wohlfahrtseinrichtungen
Literatur:	Adressbuch 1920, S. 29; von Dietze/Hunsdieck-Nieland, Stiftungen, S. 193; Meyer/Schneidewin, Wohlfahrtseinrichtungen, S. 45
Bemerkungen:	k. A.

Margit Scholz

207. Jubiläumsstiftung der Stadt Magdeburg

Errichtet:	1925
Stifter:	k. A.
Vermögen:	k. A.
Zweck:	Abhaltung von Vorträgen
Verwaltung:	IHK
Darstellung:	Die Stiftung wurde im Januar 1953 von der IHK beim RdB angemeldet. In diesem Zusammenhang wurde mitgeteilt, dass die Stiftung vermögenslos sei und ihre Zwecke nicht mehr erfüllen könne. Die Stiftung wurde am 29. September 1954 durch den RdSt aufgelöst.
Quellen:	LASA, M1, Nr. 1528, 1530, 1532, 8358/7
Literatur:	k. A.
Bemerkungen:	rechtsfähige Stiftung des bgl. Rechts

Lutz Miehe

208. Verschiedene Jubiläumsstiftungen

Errichtet:	1925
Stifter:	k. A.
Vermögen:	k. A.
Zweck:	Unterstützung bedürftiger Kaufleute
Verwaltung:	IHK
Darstellung:	Es ist nicht ausgeschlossen, dass es sich bei dieser Stiftung um das Er-

gebnis der Zusammenlegung verschiedener Stiftungen handelte, die während der Inflationszeit ihr Grundstockvermögen weitgehend verloren hatten.

Die Stiftung wurde im Januar 1953 von der IHK beim RdB angemeldet. In diesem Zusammenhang wurde mitgeteilt, dass die Stiftung vermögenslos sei und ihre Zwecke nicht mehr erfüllen könne. Die Stiftung wurde am 29. September 1954 durch den RdSt aufgelöst.

Quellen: LASA, M1, Nr. 1528–1530, 1532, 8358/7
Literatur: k. A.
Bemerkungen: rechtsfähige Stiftung des bgl. Rechts

Lutz Miehe

209. Jugendarbeit in der Stadt der Stadtsparkasse Magdeburg

Errichtet: 23. Oktober 1997
Stifter: Stadtsparkasse Magdeburg
Vermögen: k. A.
Zweck: Förderung und Unterstützung der Jugendarbeit in der Stadt Magdeburg
Verwaltung: Vorstand, bestehend aus drei Mitgliedern
Darstellung: Die Stiftung ist im Stiftungsverzeichnis des Landes Sachsen-Anhalt unter der Nr. MD-11741-041 registriert.
Quellen: k. A.
Literatur: k. A.
Bemerkungen: rechtsfähige Stiftung des bgl. Rechts

Lutz Miehe

210. Ortsausschuss für Jugendpflege

Errichtet: k. A.
Stifter: k. A.
Vermögen: k. A.
Zweck: Jugendpflege
Verwaltung: Magistrat/Kämmereikasse
Darstellung: Die Stadt legte die Stiftung im Jahre 1923 mit ca. 180 weiteren unselbständigen Stiftungen zum (↗) Allgemeinen Stiftungsfonds zusammen.
Quellen: StAM, Rep. A III, 31.1h Bd. 1
Literatur: Bericht über die Verwaltung 1919/1920, Teil 2 und 1920/1921, Teil 2

Bemerkungen: auch: Ortsausschuss für Jugendpflege in Magdeburg; unselbständige Stiftung

Lutz Miehe

211. Junge-Stiftung

Errichtet:	1895
Stifter:	ehemalige Schüler des Realgymnasiums
Vermögen:	1910: 4.571,30 M
Zweck:	Unterstützung würdiger und bedürftiger Schüler des Realgymnasiums
Verwaltung:	Kuratorium unter Vorsitz des Direktors des Realgymnasiums
Darstellung:	k. A.
Quellen:	Nachweisung 1910; Wohlfahrtseinrichtungen
Literatur:	von Dietze/Hunsdieck-Nieland, Stiftungen, S. 165; Meyer/Schneidewin, Wohlfahrtseinrichtungen, S. 12
Bemerkungen:	auch: Direktor Junge-Stiftung

Lutz Miehe

212. Kaesemacher-Memorien-Stiftung

Errichtet:	vermutlich um 1832
Stifter:	vermutlich Carl Friedrich Christian Kaesemacher (1777–1832)
Vermögen:	k. A.
Zweck:	für die Kath. Kirche
Verwaltung:	Kath. Kirche
Darstellung:	Nach Angaben der Stadt aus dem Jahr 1937 existierte die Stiftung damals noch. In der „Vorläufigen Liste" der in Sachsen-Anhalt bestehenden Stiftungen aus dem Jahre 1947 wurde die Stiftung mit „besteht nicht mehr" charakterisiert.
Quellen:	Vorl. Liste, Kreis XV, Nr. 71; LASA, C 28 II, Nr. 7337, 7589
Literatur:	k. A.
Bemerkungen:	k. A.

Lutz Miehe

213. Käselitz-Stiftung

Errichtet:	7. April 1889 (Testament)/1893
Stifter:	Udo Käselitz (1830–1893), Büro-Vorsteher
Zweck:	Errichtung einer Blindenanstalt

Verwaltung:	Magistrat/Armendirektion/Wohlfahrtsamt
Darstellung:	Die Stadt war die Universalerbin und sollte die Erträge vorerst solange akkumulieren, bis das Stiftungsvermögen die Höhe von 300.000 M erreicht hatte. Die Stiftung erhielt im Jahre 1914 eine Zustiftung in Höhe von 60.000 M durch Kurt Kötschau (↗ Kötschau'sches Vermächtnis für hilfsbedürftige Familien gefallener oder erwerbsunfähiger Krieger). Zudem sollte die (↗) Reinhard und Hermine Könnecke-Stiftung die Patienten der Blindenanstalt unterstützen. Auch die (↗) Bode-Stiftung diente der Unterstützung der Käselitz-Stiftung. Offensichtlich ist die Blindenanstalt jedoch nie errichtet worden. Im April 1921 legte der Magistratsverordnetenversammlung einen Bericht zur Stiftung mit dem Beschlussvorschlag vor, die Errichtung der Anstalt „vorläufig mit Rücksicht auf die obwaltenden Zeit- und Teuerungsverhältnisse" zu verschieben, obwohl das Vermögen der Stiftung ca. 812.000 M betrug. Als Nebenstiftung zur Käselitz-Stiftung wurde das (↗) Kötschau-Legat geführt. Unklar bleibt die Mitteilung des früheren Leiters der Magdeburger Stiftungsverwaltung, Werner Meier, der 1946 festhielt, dass die Stadt sich verpflichtet hätte, die Zinserträge der Stiftung für den Betrieb des (↗) Müller'schen Siechenhospitals einzusetzen. Die Stadt legte die Stiftung im Jahre 1923 mit ca. 180 weiteren unselbständigen Stiftungen zum (↗) Allgemeinen Stiftungsfonds zusammen.
Quellen:	LASA, C 28 I Ie, Nr. 1625; StAM, Rep. A II, S 20 spec. 32b Bd. 1, S 20 spec. 32d; Rep. 18[4], A 8, Bü. 129; Nachweisung 1910; Wohlfahrtseinrichtungen
Literatur:	Adressbuch 1920, S. 27; Bericht über die Verwaltung 1908/1909; von Dietze/Hunsdieck-Nieland, Stiftungen, S. 165; Friedrich, Udo Kaeselitz, in: MBL, S. 336
Bemerkungen:	auch: Kaeselitz-Stiftung oder Privatmann Udo Käselitz-Stiftung; unselbständige Stiftung

Lutz Miehe

214. KAHLENBERG-STIFTUNG

Errichtet:	21. März 1881 (Testament)/29. Mai 1882 (Genehmigung)
Stifter:	August Wilhelm Kahlenberg, Kaufmann (1801–1883)
Vermögen:	100.000 M, 1910: rd. 244.000 M
Zweck:	1. Ausbildung von Krankenpflegerinnen für Magdeburg und dessen näherer Umgebung,

	2. Bereitstellung des Hauses und der Pflegerinnen für die Pflege verwundeter und kranker Soldaten in Kriegszeiten
Verwaltung:	Besonderer Vorstand, bestehend aus zehn Personen (u. a. mindestens fünf praktische Ärzte, ein „Rechtsverständiger", ein in Geldsachen erfahrener Geschäftsmann)
Darstellung:	Schon unmittelbar nach ihrer Errichtung erhielt die Stiftung bedeutende Zustiftungen: Der Enkel Hugo K. stiftete 50.000 M, ein weiterer Verwandter, H. W. K. aus Halle 75.000 M und Friedrich Karl Schulze aus Magdeburg 38.000 M. Zudem stiftete Marie Pabst, geb. K., für ein Kinderfreibett 10.000 M.

Bereits im Jahr 1881 war im Haus „Zum Schwarzen Adler" am Tränsberg 37b eine Einrichtung zur Ausbildung von Krankenschwestern als Provisorium eröffnet worden. Initiator war der Arzt Dr. Theodor Sendler (1819–1896), der nach Einweihung des zwischen 1887–1896 gebauten Krankenhausgebäudes der K.-Stiftung in der Großen Diesdorfer Str. auch ihr erster Leiter wurde.

Nach Angaben aus dem Jahr 1902 wurden Frauen im Alter zwischen 20 und 40 Jahren während einer einjährigen Lehre ausgebildet. In dieser Zeit erhielten sie freie Wohnung, Verpflegung und Dienstkleidung sowie eine geringe Vergütung.

Im Jahre 1900 arbeiteten in dem Krankenhaus mit einer Kapazität von 62 Betten drei Ärzte und 21 Schwestern des Roten Kreuzes. Im Laufe der Jahre wurden Abteilungen für Innere Medizin, Gynäkologie, Chirurgie und Urologie aufgebaut. An der Ausbildung der Schwestern beteiligt war auch der Leiter des Krankenhauses Altstadt, Emanuel Aufrecht (↗ Emanuel Aufrecht-Stiftung). Seit 1910 unterstützte die Stiftung (↗) Pabst'sches Freibett in der K.-Stiftung die Einrichtung. Es existierten Einzelzimmer, Mehrbettzimmer und Krankensäle. Die Kostenbeiträge beliefen sich im Jahre 1902 auf 1,80 M bis 6 M für Erwachsene.

Trotz erheblicher Zustiftungen reichten in den 1880er und 1890er Jahren die Erträge nicht aus, um kostendeckend zu arbeiten. 1898 musste die Stiftung eine Hypothek von 70.000 M aufnehmen. Im August 1897 kritisierte der RP, dass sich das Stiftungsvermögen zwischen 1895 und 1897 auf ca. 32.700 M verringert hatte. Er forderte die Stiftung auf, ihre Ausgaben zu reduzieren. Die Stiftungsaufsicht im RP Magdeburg wies die Stadt als unmittelbare Stiftungsaufsicht im Mai 1898 an, „bestimmte Vorschläge zu machen, durch welche Maßregeln die allmähliche Wiederansammlung des Stammvermögens wieder erreicht werden könnte."

85 Das Kahlenberg-Stift, 1918

Im Jahre 1911 übernahm der Vaterländische Frauenverein die Leitung des Krankenhauses (↗) Pfeiffersche Stiftungen zu Magdeburg-Cracau. Später betrieb diese das Deutsche Rote Kreuz. Nach Erweiterungsmaßnahmen verfügte das Krankenhaus im Jahre 1919 über eine Kapazität von 130 Betten.

Es gibt Hinweise darauf, dass das K.-Stift in der Zeit der NS-Diktatur Ort von Zwangssterilisationen war. Während des Zweiten Weltkrieges wurde das K.-Stift schwer beschädigt. Im Mai 1945 wurden die unzerstörten Teile als Kriegsgefangenenlazarett genutzt. Nach Auflösung des Deutschen Roten Kreuzes im Jahre 1945 wurde die Stiftung als Provinzialkrankenhaus betrieben.

Die K.-Stiftung wurde mit Wirkung vom 1. Januar 1951 in das Eigentum der Stadt übertragen. Begründet wurde dieses Vorgehen mit den SMAD-Befehlen Nr. 124 und 126 vom 30. und 31. Oktober 1945, „nach denen konfisziertes und sequestriertes Vermögen in Volkseigentum" zu überführen sei. Nachdem im September 1954 das Krankenhaus Sudenburg zur Medizinischen Akademie umgewandelt worden war, drang die Leitung der neuen Einrichtung auf den Auszug der sowjetischen Besatzungskräfte, die noch zwei Kliniken auf dem Krankenhausgelände nutzten. Als Ausweichobjekt wurde auch das ehemalige K.-Stift angeboten. Nach einer umfangreichen Herrichtung bezogen die sowjetischen Streitkräfte im Jahre 1957 das Objekt und nutzten es bis Anfang der 1990er Jahre.

Von den Gebäuden der ehemaligen K.-Stiftung ist heute fast nichts mehr erhalten, auf dem Gelände befinden sich ein Einkaufsmarkt und Eigentumswohnungen.

Quellen: Vorl. Liste, Kreis XV, Nr. 23; GStA, I. HA Rep. 77, Tit. 1400 Magdeburg, Nr. 28; LASA, C 20 I Ib, Nr. 3696, 4898, Bd. 1; C 28 I Ie, Nr. 1648, 1673; M1, Nr. 1528; StAM, Rep. A II, S 20 spec. 32a Bd. 2; Rep. 10 K, 206; Rep. 38, A I. 19, F. 1, F. 2, F. 5, G. 1; Rep. 41, 143, 710, 867, 903, 3162; Nachweisung 1910
Literatur: Habs, Geschichte, S. 10 ff.; Meyer/Schneidewin, Wohlfahrtseinrichtungen, S. 27, 65
Bemerkungen: rechtsfähige Stiftung des bgl. Rechts

Lutz Miehe

215. ARNOLD KAHLER-STIFTUNG

Errichtet: 1908
Stifter: Arnold Kahler
Vermögen: 3.000 M
Zweck: Unterstützung eines armen hilfsbedürftigen Magdeburger Kaufmanns oder kaufmännischen Angestellten oder eines Hinterbliebenen dieser Standesangehörigen, zahlbar am 31. August jeden Jahres
Verwaltung: IHK
Darstellung: Die Stiftung wurde im Januar 1953 von der IHK beim RdB angemeldet. In diesem Zusammenhang wurde mitgeteilt, dass die Stiftung vermögenslos sei und ihre Zwecke nicht mehr erfüllen könne. Eine Satzung sei nicht mehr vorhanden.
               Die Stiftung wurde am 29. September 1954 durch den RdSt aufgelöst.
Quellen: LASA, M1, Nr. 1528–1530, 1532, 8358/7; Nachweisung 1910; Wohlfahrtseinrichtungen
Literatur: Adressbuch 1920, S. 28; von Dietze/Hunsdieck-Nieland, Stiftungen, S. 78
Bemerkungen: rechtsfähige Stiftung des bgl. Rechts

Lutz Miehe

216. KAISER WILHELM UND KAISERIN AUGUSTA-STIFTUNG

Errichtet: 1879
Stifter: Das Vermögen stammt aus einer Sammlung.
Vermögen: k. A.
Zweck: Gewährung von Wohnung und Präbende an unbemittelte und unbescholtene Personen beiderlei Geschlechts ohne Ansehung der Konfession

Verwaltung:	wie Kloster St. Augustini
Darstellung:	Anlässlich der Goldenen Hochzeit des Kaiserpaares wurde 1879 in Magdeburg eine Spendensammlung durchgeführt, deren Erlös den Grundstock der neuen Stiftung bildete. Das Kaiser Wilhelm und Kaiserin Augusta-Stift wurde vom (↗) Kloster St. Augustini verwaltet. Im Jahre 1906 erfolgte die Erweiterung des Stifts in der Oststraße/Weidenstraße 5. 1947 wurde das Stift in Augustini-Stift umbenannt. Am 28. März 1952 wurde es mit den anderen Wohnstiftungen zur (↗) Stiftung Magdeburger Hospitäler und Klöster zusammengelegt und war damit aufgelöst.
Quellen:	StAM, Rep. 18⁴, A 8; Nachweisung 1910; Wohlfahrtseinrichtungen
Literatur:	Verwaltungsbericht 1937
Bemerkungen:	rechtsfähige Stiftung des bgl. Rechts

Lutz Miehe

217. KAISER WILHELM-PRÄMIENSTIFTUNG

Errichtet:	1898
Stifter:	Karl Max Sombart, Rentner und Stadtverordneter
Vermögen:	1910: 10.000 M
Zweck:	Unterstützung von Schülern, die die Kunstgewerbe- und Handwerkerschule besuchen und sich durch hervorragende Leistungen auszeichnen
Verwaltung:	Magistrat
Darstellung:	Die Stadt legte die Stiftung im Jahre 1923 mit ca. 180 weiteren unselbständigen Stiftungen zum (↗) Allgemeinen Stiftungsfonds zusammen.
Quellen:	LASA, C 28 I Ie, Nr. 1625; StAM, Rep. 18⁴, A 8; Nachweisung 1910
Literatur:	Adressbuch 1920, S. 27; Bericht über die Verwaltung 1908/1909, 1919/1920, Teil 2 sowie 1920/1921, Teil 2; von Dietze/Hunsdieck-Nieland, Stiftungen, S. 166; Meyer/Schneidewin, Wohlfahrtseinrichtungen, S. 20
Bemerkungen:	auch: Kaiser-Wilhelm-Prämienstiftung; unselbständige Stiftung; (↗) auch Nr. 471 und Nr. 472

Lutz Miehe

218. Kalkow'sche Armenstiftung

Errichtet:	1904
Stifter:	Christian Ludwig August Kalkow (1824–1906), Stadtältester und Stadtrat
Vermögen:	20.000 M, 1910: 20.136,50 M
Zweck:	Monatliche Unterstützung bedürftiger und würdiger Einwohner Magdeburgs
Verwaltung:	Magistrat/Armendirektion/Wohlfahrtsamt; ein vom OB und von der Stadtverordnetenversammlung gewählter Vorstand
Darstellung:	Anlass für die Errichtung der Stiftung war der 80. Geburtstag des Stifters.
	Die Stadt legte die Stiftung im Jahre 1923 mit ca. 180 weiteren unselbständigen Stiftungen zum (↗) Allgemeinen Stiftungsfonds zusammen.
Quellen:	LASA, C 28 I Ie, Nr. 1625, 1693; StAM, Rep. 18[4], A 8; Nachweisung 1910; Wohlfahrtseinrichtungen
Literatur:	Bericht über die Verwaltung 1904/1905, 1908/1909; von Dietze/Hunsdieck-Nieland, Stiftungen, S. 166
Bemerkungen:	auch: Stadtrat August Kalkow'sche Armenstiftung; unselbständige Stiftung

Lutz Miehe

219. Friedrich Kalkow-Stiftung

Errichtet:	1906
Stifter:	Friedrich Kalkow, Kaufmann
Vermögen:	5.000 M
Zweck:	jährliche Beihilfe zur Bekleidung bedürftiger Konfirmanden der Domgemeinde und darüber hinaus „für andere Zwecke christlicher Mildtätigkeit in der Gemeinde"
Verwaltung:	GKR der ev. Domgemeinde
Darstellung:	Die Einkleidung bedürftiger Konfirmanden hatte in der Domgemeinde eine lange Tradition, die mindestens bis 1855 zurückreicht. Mit seiner Stiftung anlässlich seines 80. Geburtstages unterstrich K. seine Wertschätzung für die sozialen Aktivitäten der Domgemeinde. K. war von 1884 bis mindestens 1893 Mitglied der Gemeindevertretung der Domgemeinde.
Quellen:	LASA, C 28 Ie Gen., Nr. 192, Bd. 3; AKPS, Rep. A, Spec. G, Nr. A 771; Rep. J 1, Nr. 44, 197, 221; Nachweisung 1910; Wohlfahrtseinrichtungen

Literatur: Adressbuch 1920, S. 29
Bemerkungen: Schon 1882 hatte F. K. in seiner damaligen Eigenschaft als Kirchenältester der Heilig-Geist-Gemeinde 200 M geschenkt, die zur Unterstützung der Armen der Gemeinde verzinslich angelegt werden sollten.
Der preuß. König erteilte im Jahre 1896 seine Genehmigung für die Zuwendung des F. K. an die Freimaurerloge „Ferdinand zur Glückseligkeit" in Magdeburg.

Margit Scholz

220. Kathreiner's Malzkaffee-Fabrikanten-Spende für Kriegshinterbliebene

Errichtet: 1918
Stifter: Kathreiner's Malzkaffee-Fabrik
Vermögen: 75.000 M
Zweck: Unterstützung von Kriegshinterbliebenen, insbesondere von Angehörigen der Angestellten der Fa.
Verwaltung: Magistrat
Darstellung: Im Jahre 1917 erfolgte die Überweisung einer ersten Rate von 50.000 M. Nach Überweisung der zweiten Rate im Juni 1918 sei die Stiftung ins Leben getreten, wie die Stadt dem RP berichtete.
Quellen: LASA, C 28 I Ie, Nr. 1625; StAM, Rep. 18[4], A 8
Literatur: k. A.
Bemerkungen: unselbständige Stiftung

Lutz Miehe

221. Kaufmann-Stiftung

Errichtet: 1895
Stifter: S. Kaufmann
Vermögen: 1910: 15.000 M
Zweck: Unterstützung bedürftiger Personen des Kaufmannsstandes und deren Angehörigen bzw. Hinterbliebenen, ohne Unterschied der Konfession
Verwaltung: Kaufmännischer Verein
Darstellung: Die Stiftung gehörte wahrscheinlich zu denjenigen, die im Juli 1944 durch die verwaltende IHK zusammengelegt wurden.
Quellen: Nachweisung 1910; Wohlfahrtseinrichtungen

Literatur: Adressbuch 1920, S. 29; von Dietze/Hunsdieck-Nieland, Stiftungen, S. 169
Bemerkungen: rechtsfähige Stiftung des bgl. Rechts

Lutz Miehe

222. Kebbel'sche Stiftung Heimaterde

Errichtet: 12. Oktober 2000
Stifter: Ruth und Joachim Kebbel
Vermögen: k. A.
Zweck: 1. Förderung, Erhaltung und Unterhaltung der Friedhofsanlagen der Gemeinde Beyendorf und Sülldorf,
2. Förderung des Denkmalschutzes in den Gemeinden Beyendorf und Sülldorf einschließlich des Bördekreises,
3. Förderung des Heimatgedankens in der Gemeinde Sülldorf durch finanzielle Unterstützung des Heimat- und Kulturvereins und
4. nach dem Tod des Letztversterbenden sollen die Familiengrabstätten der Stifter in Sülldorf und Beyendorf mit bescheidenem Aufwand erhalten und gepflegt werden
Verwaltung: Vorstand, bestehend aus Vorstand aus drei Mitgliedern
Darstellung: Die Stiftung ist im Stiftungsverzeichnis des Landes Sachsen-Anhalt unter der Nr. MD-11741-058 registriert.
Quellen: k. A.
Literatur: k. A.
Bemerkungen: rechtsfähige Stiftung des bgl. Rechts

Lutz Miehe

223. Dr. Kempfe-Stiftung

Errichtet: 1905
Stifter: Dr. med. Max Kempfe, Zahnarzt
Vermögen: 1910: 10.070,21 M
Zweck: 1. Unterstützung des Vereins für Ferienkolonien,
2. Gewährung von Freistellen an fünf bedürftige schwächliche Knaben der I. Bürger-Knabenschule für den Aufenthalt in den Ferien-Kolonien während der Sommerferien,
3. der Rest der Erträge soll zu Zwecken der Gesundheitspflege bedürftiger Schüler derselben Schule verwendet werden

Verwaltung: Magistrat/Verein für Ferienkolonien
Darstellung: Der Etat der Stiftung betrug im Jahre 1917 350 M, aus denen der Verein für Ferienkolonien 240 M erhielt.
Quellen: LASA, C 28 I Ie, Nr. 1625, 1698; StAM, Rep. 18[4], A 8; Nachweisung 1910; Wohlfahrtseinrichtungen
Literatur: Adressbuch 1905, 1920, S. 27; Bericht über die Verwaltung 1908/1909, 1919/1920, Teil 2 sowie 1920/1921, Teil 2
Bemerkungen: auch: Zahnarzt Kempfe'sche Stiftung bzw. Zahnarzt Dr. Kempfe-Stiftung;
rechtsfähige Stiftung des bgl. Rechts;
(↗) Nr. 115 und Nr. 116
Die Zahnarztpraxis des Dr. Kempfe befand sich in der damaligen Kaiserstr. 19, der heutigen Otto-von-Guericke-Straße.

Lutz Miehe

224. VON KERSSENBRUCH'SCHES STIPENDIUM

Errichtet: 24. September 1718 (Testament)
Stifter: Johann Friedrich von Kerssenbruch (Kerßenbrock), Landrat, Erbsasse auf Neu-Asseburg
Vermögen: 1.100 Tlr., 1910: 4.664,46 M
Zweck: Stipendium für einen ev. Studierenden
Verwaltung: bis zum August 1812 beim Konsistorium, anschließend durch Beschluss des Präfekten beim Magistrat
Darstellung: Das Testament war bereits im Jahre 1817 nicht mehr vorhanden.
Das Vorschlagsrecht hatte Anfang des 19. Jh. die Familie von dem Busche aus Bothmar bei Hannover, später der Magistrat. Die Kgl. Regierung hatte den Vorschlag zu genehmigen. Im Jahre 1824 unterstützte die Stiftung eine Person mit 40 Tlr. Im Jahre 1858 betrug das Stipendium 54 Tlr.; im Jahre 1917 betrug der Etat der Stiftung 186 M.
Nach Angaben der Stadt aus dem Jahre 1937 existierte die Stiftung damals noch.
Quellen: GStA, I. HA Rep. 76, Vc Sekt. 17, Tit. XI, Nr. 16 Bd. 1; LASA C 28 II, Nr. 7337, 7580; StAM, Rep. A II, S 20 spec. 32a Bd. 2; Nachweisung 1910; Wohlfahrtseinrichtungen
Literatur: Adressbuch 1920, S. 27; Bericht über die Verwaltung 1919/1920, Teil 2 und 1920/1921, Teil 2; Bock, Armenwesen, S. 274; von Dietze/Hunsdieck-Nieland, Stiftungen, S. 273; Meyer/Schneidewin, Wohlfahrtseinrichtungen, S. 22; Hermes/Weigelt, Handbuch, S. 19; Oppermann,

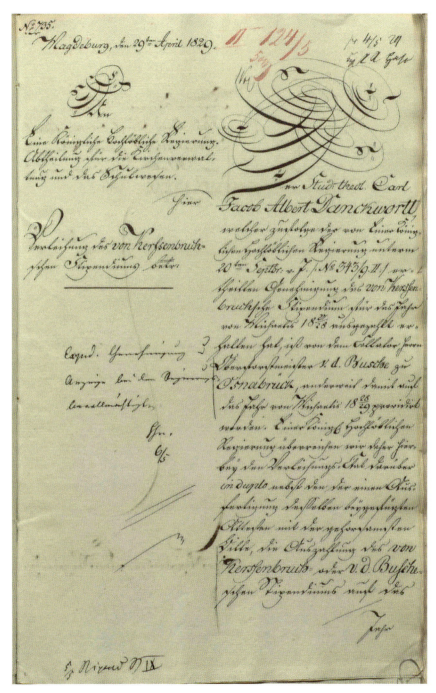

86 Schreiben der Stadt Magdeburg an die Königliche Regierung zur Verleihung des Kerssenbruch/von dem Busche-Stipendiums an den Theologiestudenten Carl Jacob Albert Danckwortt, 29. April 1829

Armenwesen, 1821, S. 206 f.; ders., Siebente Nachricht, S. 125; ders., 1831–1840, S. 83

Bemerkungen: auch: von Kerssenbruch'sche Stiftung
Die Stiftung wird in den Quellen mitunter als „von Kerssenbruch'sches oder von dem Busch'sches Stipendium" bezeichnet. Sie ist nicht identisch mit der (↗) Nr. 69.
rechtsfähige Stiftung des bgl. Rechts

Lutz Miehe

225. Kersten-Balk'sche Stiftung

Errichtet: 1848
Stifter: Dr. Ferdinand Leopold Kersten (1804–1853), MedRat
Der Stifter war Leiter der Inneren Abt. im Krankenhaus Altstadt und gab den klinischen Unterricht in Innerer Medizin. K. bildete im Auftrag des Magistrates zusätzlich Krankenpflegerinnen für die häusliche Krankenpflege aus.
Vermögen: 30 Tlr., 1910: 3.215,93 M
Zweck: Unterstützung armer, von den Krankenhäusern Altstadt und Sudenburg entlassener Familienväter
Verwaltung: Magistrat/Armendirektion/Wohlfahrtsamt; im Einverständnis mit den Krankenhaus-Vorstand
Darstellung: Das Grundstockvermögen von 30 Tlr. resultierte aus dem Erlös des Verkaufs einer Publikation des Stifters im Jahre 1848. Das Vermögen der Stiftung wurde durch mehrere Zustiftungen (u. a. durch die Einnahmen einer Sammlung unter den Mitgliedern der Stadtverordnetenversammlung) auf 250 Tlr. erhöht.
Schließlich stifteten die Kollegen und Freunde des Particuliers Balk, der 23 Jahre Mitglied der Armendeputation war, das bei seinem Ausscheiden im Jahr 1855 gesammelte Geld von 123 Tlr. zu. Die Stiftung wurde nun in „Kersten-Balk'sche Stiftung" umbenannt. Die Armenverwaltung leistete aus den Erträgen der Stiftung Unterstützungen im Umfang von 15 Tlr.
Die Stadt legte die Stiftung im Jahre 1923 mit ca. 180 weiteren unselbständigen Stiftungen zum (↗) Allgemeinen Stiftungsfonds zusammen.
Quellen: LASA, C 28 I Ie, Nr. 1625; StAM, Rep. A II, K 92; S 20 spec. 32a Bde. 1, 2; Rep. 18[4], A 8; Nachweisung 1910; Wohlfahrtseinrichtungen
Literatur: Adressbuch 1920, S. 27; Bock, Armenwesen, S. 94, 334; von Dietze/

	Hunsdieck-Nieland, Stiftungen, S. 170; Meyer/Schneidewin, Wohlfahrtseinrichtungen, S. 62; Wolff, Ferdinand Leopold Kersten, in: MBL, S. 352

Bemerkungen: unselbständige Stiftung

Lutz Miehe

226. Stiftung zur Pflege des Kindergottesdienstes

Errichtet: 1887
Stifter: anonyme Schenkung
Vermögen: 1.000 M, 1910: 1.000 M
Zweck: Förderung des Kindergottesdienstes in der Ambrosiusgemeinde
Verwaltung: GKR der ev. KG St. Ambrosius (Sudenburg)
Darstellung: Aus dem Ertrag des Stiftungsvermögens wurde seit 1890 der Kantor Wusterhaus für seine Unterstützung bei den Kindergottesdiensten bezahlt. 1897 zählte man 400 Kinder in zwölf Gruppen. Die Stiftung bestand mindestens bis 1920.
Quellen: Vorl. Liste, Kreis XV, Nr. 130; AKPS, Rep. J 3, Nr. 377; Nachweisung 1910; Wohlfahrtseinrichtungen
Literatur: Adressbuch 1920, S. 29
Bemerkungen: auch: Legat zur Pflege des Kindergottesdienstes

Margit Scholz

227. Kirchliche Stiftung Kunst- und Kulturgut in der Evangelischen Kirche in Mitteldeutschland

Errichtet: 27. Februar 1999/1. Januar 2021
Stifterin: Evangelische Kirche der Kirchenprovinz Sachsen
Vermögen: 1.000.000 DM (511.291,88 €), 2019: 5.748.288,10 €; 2021: 7.748.288,10 €
Zweck: Förderung von Vorhaben zum Erhalt, zur Konservierung und zur Restaurierung kirchlichen Kunst- und Kulturgutes in der EKM
Verwaltung: Kuratorium unter Vorsitz des Landesbischofs, Geschäftsführung (Stand Dezember 2020) durch einen ehrenamtlich arbeitenden besonderen Vorstand, dessen Mitglieder restauratorischen, kunsthistorischen, juristischen, theologischen und ökonomischen Sachverstand aufweisen; seit Oktober 2021 Anstellung eines Geschäftsführers
Darstellung: Bei dem Fördergebiet handelt sich um eine Landschaft, die zu den Kernländern der Reformation gerechnet wird. Die evangelischen Gottes-

häuser in Mitteldeutschland sind mit Kunstwerken aller Epochen und Materialien reich gesegnet. Diese müssen kontinuierlich gepflegt und konserviert, nicht selten sogar vor dem Verfall gerettet werden.

Die Stiftung engagiert sich anders als andere Stiftungen des Denkmalschutzes nicht für Bauaufgaben, sondern allein für die Erhaltung der Kunstgegenstände. Sie soll in der Regel außerhalb der staatlichen Programme tätig werden; sie kann diese ergänzen, wo dieses den für die Denkmalpflege zuständigen öffentlich-rechtlichen oder privatrechtlichen Institutionen nicht möglich ist.

Die Stiftung erfüllte ihre Zwecke bis zum 31. Dezember 2020 für die über 2.300 Kirchengebäude der ehemaligen Kirchenprovinz Sachsen in den Ländern Sachsen-Anhalt, Thüringen, Sachsen und Brandenburg unter dem Namen „Kirchliche Stiftung Kunst- und Kulturgut in der Kirchenprovinz Sachsen". Ab 2021 ist ihr Förderbereich um die rund 1.550 Kirchen der ehemaligen Evangelisch-lutherischen Kirche in Thüringen erweitert worden. Das Stiftungsgebiet entspricht damit dem gesamten Gebiet der EKM mit insgesamt nahezu 4.000 Kirchen und Kapellen. Mit der Zweckerweiterung war auch die Namensänderung nach vorhergehender Zustiftung verbunden.

Quellen:	k. A.
Literatur:	Amtsblatt Ev. Kirche KPS, S. 122; Amtsblatt EKM, S. 213–216; Kunst im ganzen Land 2003; Kunst im ganzen Land 2009; Kunst im ganzen Land 2014; Kunst im ganzen Land 2019; Seyderhelm, Stiftung; dies., Taufengel
Bemerkungen:	gemeinnützige, rechtsfähige kirchliche Stiftung des öffentlichen Rechts Vgl. auch den Beitrag von Bettina Seyderhelm in diesem Band.

Bettina Seyderhelm

228. von Klevenow'sche Stiftung

Errichtet:	27. Januar 1819 (Testament)/14. Juni 1822 (Genehmigung)
Stifter:	Karl Heinrich von Klevenow (1749–1822), Präsident des OLG Magdeburg
Vermögen:	200 Tlr., 1910: 1.625 M
Zweck:	jährliche Beschaffung von Bibeln für arme Waisen-Konfirmanden
Verwaltung:	Magistrat/Armendirektion
Darstellung:	Nach Angaben von Oppermann wurden die Bibeln in den 1830er Jahren an die „Zöglinge der Volkskrankenschule" verteilt. Bis 1854 erfolg-

te der Kauf der Bibeln durch die Armenverwaltung, danach durch die Bibelgesellschaft.

Die Stadt legte die Stiftung im Jahre 1923 mit ca. 180 weiteren unselbständigen Stiftungen zum (↗) Allgemeinen Stiftungsfonds zusammen.

Quellen: LASA, C 28 I Ie, Nr. 1625; C 28 II, Nr. 1583, 7583, 7587; StAM, Rep. A II, S 20 spec. 32a Bd. 2; Rep. 18[4], A 8; Nachweisung 1910

Literatur: Adressbuch 1920, S. 27; Bericht über die Verwaltung 1857, 1882; Bock, Armenwesen, S. 36, 279; von Dietze/Hunsdieck-Nieland, Stiftungen, S. 273; Hermes/Weigelt, Handbuch, S. 18; Meyer/Schneidewin, Wohlfahrtseinrichtungen, S. 7; Oppermann, Siebente Nachricht, S. 112; ders., 1831–1840, S. 59

Bemerkungen: auch: von Klewenowsches Legat;
unselbständige Stiftung
Der Stifter errichtete weiterhin die (↗) Nr. 229. Zudem verfügte er mehrere weitere Zustiftungen und Spenden an Magdeburger Institutionen und Gesellschaften.

Lutz Miehe

229. VON KLEVENOW'SCHE STIPENDIENSTIFTUNG

Errichtet: 27. Januar 1814 (Testament)/1822 (Genehmigung)
Stifter: Karl Heinrich von Klevenow (siehe Nr. 228)
Vermögen: 6.000 Tlr.
Zweck: 1. Unterstützung von zur Universität abgehenden Jünglingen des Pädagogiums mit einem Stipendium in Höhe von 50 bis 100 Tlr. jährlich für die Dauer ihrer akademischen Ausbildung,
2. Unterstützung akademischer Studien
Verwaltung: Propst des Pädagogiums des Klosters Unser Lieben Frauen
Darstellung: Der in Stettin geborene K. war Schüler auf dem Pädagogium Unser Lieben Frauen. K. legte fest, dass der Propst des Gymnasiums die Auswahl der Schüler zu treffen hatte. Nach Bock wurden zwischen 1823 und 1860 aus dieser Stiftung Stipendien in einem Umfang von 9.000 Tlr. gezahlt.
Die Stadt meldete die Stiftung im Jahre 1937 als existierend.
Quellen: Vorl. Liste, Kreis XV, Nr. 73; LASA, C 28 II, Nr. 7337, 7587
Literatur: Bock, Armenwesen, S. 279; von Dietze/Hunsdieck-Nieland, Stiftungen, S. 273; Hermes/Weigelt, Handbuch, S. 14; Meyer/Schneidewin, Wohlfahrtseinrichtungen, S. 22; Oppermann, 1831–1840, S. 29

Bemerkungen: auch: von Klevenow-Universitäts-Stiftung; rechtsfähige Stiftung des bgl. Rechts
Der Stifter errichtete auch die (↗) Nr. 228.

Lutz Miehe

230. KLOSTER ST. AUGUSTINI

Errichtet: 1284/85; 1525
Stifter: Werner Feuerhake, Bürger und Ritter, u. a.
Vermögen: 1910: 1.067.988,22 M,
Grundstücke, Äcker und Wiesen 27 ha 18 ar 31,80 qm
Zweck: 1525: Armenhospital [und Schule]
1855: 1. Würdige Unterbringung unbemittelter, unbescholtener Magdeburger Bürger beiderlei Geschlechts ohne Ansehung der Konfession,
2. Gewährung von Präbenden aus der (↗) Stadtrat Gustav Schultz'schen Präbenden-Stiftung
Verwaltung: Aufsicht 1525: Magistrat
Darstellung: Der Magdeburger Konvent der Augustinereremiten entstand nach chronikalischer Notiz 1284/85 und wurde am 25. Juni 1285 erstmals urkundlich erwähnt. Es beherbergte seit etwa 1300 eine überregional bedeutende Ausbildungsstätte des Ordens (Studium generale) und gehörte 1433 zu den ersten Niederlassungen, in denen sich die Reformbewegung der Observanz durchsetzte. Bürger der Altstadt haben den Konvent durch Schenkungen intensiv gefördert. Als wichtigster Wohltäter gilt der Bürger und Ritter Werner Feuerhake, der 1311 in der Augustinerkirche an hervorgehobenem Ort bestattet wurde. 1718 wird er sogar als „fundator" (Stifter) des Klosters bezeichnet.
Der Magdeburger Augustinerprior Dr. Melchior Mirisch († 1531) engagierte sich schon 1522 für die Reformation, die mit dem Aufenthalt seines Ordensbruders Martin Luther im Juni 1524 in der Elbmetropole eingeführt wurde. Während Mirisch als erster ev. Pfarrer an der Johanniskirche wirkte, übergaben Prior Ulrich Müller und sieben im Kloster verbliebene Mitbrüder am 6. November 1525 die Kirche, das Kloster und den gesamten Besitz der Augustiner an die Altstadt Magdeburg. Ähnlich einem Stiftungsakt verpflichtete die Urkunde den Rat, das Kloster „als zu einem ewigen gemeinen Spittel vor die Armen Nothdürfftigen, und so es sich leiden [mag], auch zu einer Christlichen Schule zu gebrauchen".

Während das Altstädtische Gymnasium nur kurzzeitig im Augustinerkloster untergebracht war, wurden die Konventsgebäude seit 1526 als Armenhospital genutzt. 1562 bestätigte Erzbischof Sigismund (1538–1566) die Umwidmung „zu einem Hospital zu Unterhaltung schwacher und unvermögener Leuthe".

Neben die Armenfürsorge trat schon im 16. Jh. die Pflege von Geisteskranken sowie die Funktion als Altenheim für vermögende Pfründner. Die Zahl der Insassen wird 1570 mit 64, 1582 mit 45 und 1626 mit 31 Personen angegeben. Die Verwaltung lag in der Hand von zwei Vorstehern (Speiseherren), über die zwei Bürgermeister und zwei Ratsherren die Aufsicht führten. Das Stiftungsvermögen bestand in Landbesitz vor allem im Stadtfeld und im Rothenseer Holz, innerstädtischen Immobilien sowie beim Rat angelegte Kapitalien. Auch Einkaufsgelder und Spendensammlungen trugen zur Finanzierung bei. Hinzu traten Zustiftungen und Vermächtnisse, die für das 18./19. Jh. zahlreich überliefert sind.

Bei der Zerstörung Magdeburgs im Mai 1631, der auch die meisten Hospitalinsassen zum Opfer fielen, blieben Teile der Klosteranlage erhalten und dienten 1635/38 als Interimsquartier für das Altstädtische Gymnasium. Die übrigen Gebäude wurden bis in die 1670/80er Jahre wiederaufgebaut. Nun wurde das Kloster auch für weitere öffentliche Einrichtungen genutzt. Der Rat gründete 1683/88 eine Armen- und Waisenanstalt, die bis 1743 im Kloster verblieb, sowie ein Arbeitshaus, das 1723/26 in ein Zuchthaus umgewandelt und bis 1827 betrieben wurde. Die Klosterkirche wurde 1690/94 der wallon.-ref. Gemeinde übergeben. Die eigentliche Hospitalstiftung bestand daneben fort und versorgte im Jahr 1800 99 Insassen.

1853/55 konnte nach einem Grundstückstausch an der Neustädter Straße 2 der Neubau eines Präbendatengebäudes für 150 Insassen errichtet werden. Ein revidiertes Statut fixierte das Kloster als milde Stiftung zur Aufnahme von alten mittellosen Einwohnern, während ein Einkauf nur noch im Ausnahmefall möglich sein sollte. 1886 erhielt die Klosterstiftung ein zweites Altenheim auf dem Werder (Weidenstr. 5). Das Kapital ging auf eine Spendensammlung zurück, die 1879 die anlässlich der Goldenen Hochzeit des Kaiserpaares Wilhelm und Augusta durchgeführt worden war. Die bis 1904 mehrfach erweiterte Zweigstelle trug den Namen (↗) „Kaiser Wilhelm- und Kaiserin Augusta-Stift" (ab 1947: Augustini-Stift).

1937 wurden 106 Insassen des Klosters St. Augustini und 122 Insassen

87 Ansicht des Präbendatengebäudes des Klosters St. Augustini in der Neustädter Straße, nach Adolph Bock, Das Armenwesen […], Magdeburg 1860

des Wilhelm-Augusta-Stifts versorgt, das Stiftungsvermögen bestand damals neben Kapitalien und städtischen Grundstücken in 46,5 ha Landbesitz. 1924 wurde die Verwaltung der Klosterstiftung mit derjenigen der anderen Hospitäler und Klöster zusammengeführt, ohne die Selbstständigkeit der Stiftung zu beseitigen.

Nach der Machtübernahme durch die Nationalsozialisten wurden die Vorstände und Inspektoren durch Nationalsozialisten ersetzt. Im Jahre 1941 erfolgte eine Satzungsänderung im Sinne des Führerprinzips: An die Stelle der Vorstände trat der OB. Das Gebäude des Klosters in der Neustädter Str. 2 wurde im Zweiten Weltkrieg völlig zerstört. Die Stiftung wurde am 28. März 1952 mit den anderen Wohnstiftungen zur (↗) Stiftung Magdeburger Hospitäler und Klöster zusammengelegt. Sie war damit aufgelöst.

Quellen: Vorl. Liste, Kreis XV, Nr. 5, Hauptliste, Kreis XV, Nr. 19; GStA, I. HA Rep. 77, Tit. 1400 Magdeburg, Nr. 18; Rep. 91 C, Nr. 2396; LASA, U 3 H Augustiner Kloster, Nr. 1–5; M1, Nr. 1529; C 20 I Ib, Nr. 2834; C 28 I Ie, Nr. 1528, 1585, 1604; StAM, Rep. A I, P 186, R 192, S 555 (Übergabevertrag 1525, Vermögensaufstellung 1809), T 135 (Vermögensaufstellung 1770), UV 138, W 220, Z 56; Rep. A II, A 30 Bd. 1, S 20 spec. 32a

Bde. 1, 2; Rep. 13, A I. 517, A I. 643, A I. 912, A I. 1027, A I. 1168; Rep. 18⁴, A 1; Rep. 33 V; Rep. 41, 106, 107, 863, 864, 867, 868, 875, 904; ehem. StAM, Rep. 12, II Urkunden der Klöster und Hospitäler (Kriegsverlust 1945), darunter Nr. 61a: Cessionsurkunde des Udalricus Müller, Prior, und des ganzen Konvents der Augustinereremiten zu Magdeburg, Magdeburg, 1525 November 6, Konfirmation Erzbischof Sigismunds, Wolmirstedt, 1562 März 25, Transsumierung der Magdeburger Schöppen, 1567 September 4, ediert: Bock, S. 184–190; ehem. StAM, Rep. 12, VI Augustinerkloster, Leih- und Rentenbriefe (Kriegsverlust 1945); Gesta Archiepiscoporum Magdeburgensium, S. 425; Schöppenchronik, Bd. 1, S. 176 mit Anm.; Nachweisung 1910; UBM, Bde. 1–3

Literatur: Adressbuch 1920, S. 27; Berghauer, Magdeburg, Bd. 2, S. 161–163, S. 189–196; Bericht über die Verwaltung 1921 bis 1926; Bock, Armenwesen, S. 152–198; von Dietze/Hunsdieck-Nieland, Stiftungen, S. 188; Meier, Hospitäler, Klosterstifte und Altersheime; Miehe, Zwischen Wiederaufbau und Auflösung; Oppermann, Armenwesen, 1821, S. 131–139; ders., 1831–1840, S. 8 ff.; Przyborowski, Ende; Verwaltungsbericht 1936 und 1937; Wernicke, Augustiner-Eremiten

Bemerkungen: rechtsfähige Stiftung des bgl. Rechts

Vgl. auch die Beiträge von Christoph Volkmar und Lutz Miehe in diesem Band.

Lutz Miehe/Christoph Volkmar

231. KLOSTER BEATAE MARIAE MAGDALENAE

Errichtet: 1230
Stifter: Erzbischof Albert II. (um 1170–1232)
Vermögen: Kapitalvermögen und Klostergrundstück,
1842: 145.000 Tlr.,
1910: 564.980,52 M und 51.586,49 M der (↗) Burckhard-Stiftung sowie Klostergrundstücke Petersberg und Wiesen,
1936: Vermehrung des Kapitalbestandes um 33.137,47 RM, Grundbesitzvergrößerung um 51,05 a durch Ackerankauf
Zweck: gegründet als Nonnenkonvent der Magdalenerinnen (Weißfrauen), mit der Reformation Umwandlung in ein evangelisches Damenstift mit Mädchenschule
Verwaltung: zwischen 1631 und 1838: gemeinsame Verwaltung mit dem (↗) Kloster St. Augustini (sog. Kloster-Kollegium, bestehend aus dem Bürgermeister, einem zweiten Bürgermeister, dem Ratssyndikus, dem Kämmerer

und zwei Bürgern); ab 1839: zwei Mitglieder des Magistrats und zwei hiesige Bürger unter Oberaufsicht des Magistrats

Darstellung: Albert II. gründete das Kloster an der Stätte der alten Burggrafenburg in der Nähe der St.-Petri-Kirche und übergab es dem Orden der Magdalenerinnen. Sie betrieben neben ihrem religiösen Leben Krankenpflege und erzogen junge Mädchen. 1287 erwarb der Konvent als zusätzliche Einkommensquelle das Patronat über die Pfarrkirche in Olvenstedt, das er später gegen jenes über die benachbarte Stadtpfarrei St. Petri eintauschte. 1384 inkorporierte der Erzbischof die Petrikirche gänzlich dem Kloster, das seither dort einen Vikar als Pfarrer einsetzte.

Die Quellenlage zur Reformation ist außerordentlich dürftig. Manfred Sitzmann hat angenommen, dass der Konvent durch Austritt aller Nonnen zwischen 1540 und 1560 unterging. Doch zeigt eine durch Domina, Prior und Konvent ausgestellte Übertragungsurkunde, die der Altstädter Rat dem Kaiser zur Bestätigung vorlegte, dass noch 1569 einige Nonnen hochbetagt im Konvent lebten. Erst nach „ihrer aller absterben", so der Rat, sollte das Kloster an die Stadt übergehen, um es auch künftig „zcu christlichen milden sachen antzuwenden und zugebrauchen". Ähnlich wie im Falle der Augustiner blieb das Kloster als eigenständige Stiftung erhalten und wurde unter Aufsicht des Rates in ein evangelisches Damenstift/Hospital mit Mädchenschule umgewandelt. Ein im Jahre 1571 neu angelegtes Lehnsregister des Klosters markiert den Vollzug dieses Übergangs.

Während des Dreißigjährigen Krieges wurden die Gebäude des Stifts weitgehend zerstört. Anschließend dauerte es Jahre und es bedurfte auch gerichtlicher Auseinandersetzungen, ehe die Stiftung ihre Rechte an den Immobilien wieder antreten konnte. Seit etwa 1675 wohnten in dem Stiftsgebäude wieder arme, unverheiratete Frauen. Zunächst waren es zwei, ab 1701 sind vier und 1708 zehn nachweisbar. Diese erhielten neben der kostenlosen Unterbringung bis an ihr Lebensende insbesondere Nahrungsmittel, Brennholz aus dem klösterlichen Forst sowie etwas Geld, die sog. Präbenden. Eintrittsgelder, wie sie andere Wohnstiftungen erhoben, waren hier nicht zu zahlen. Dafür mussten sich die Frauen verpflichten, Kinder zu unterrichten.

Trotz des an ein Kloster erinnernden Regelwerks und aller Zurückgezogenheit, in der die Frauen lebten, verheirateten sich immer wieder einige von ihnen. 1726 erhielt die Stiftung erstmals ein Statut (Satzung), das die Einrichtung als luth. Stiftung definierte. Seit 1797 durften auch Frauen reformierter Konfession aufgenommen werden. Im 18. Jh. wurden die aufgenommenen Frauen in Ober- und Unterpräbendatinnen unterteilt. Die Geldleistungen (Präbenden) für Erstere waren etwa doppelt so hoch. Im Jahre 1834 wurde das Wohnstift durch einen Neubau deutlich erweitert. Zwölf Jahre später erfolgte die Restaurierung der aus dem Mittelalter stammenden, während des Dreißigjährigen Krieges zerstörten und noch heute erhaltenen (Magdalenen-)Kapelle, die für Gottesdienste

88 Magdalenen-Kapelle des Klosters Betae Mariae Magdalenae, 1930: Vom Kloster ist heute nur noch die Magdalenenkapelle erhalten

genutzt wurde. Als 1848 ein auf dem Grund und Boden der Stiftung stehendes, vom preuß. Militär widerrechtlich errichtetes Lazarett-Gebäude abbrannte, gelang es der Stiftung, das Areal zur eigenen Nutzung zurückzuerhalten und dort anschließend ein weiteres Präbendatenhaus zu errichten. Auf diese Weise stieg die Kapazität des Wohnstifts deutlich (1858: 35 Oberpräbendaten und 69 Unterpräbendaten). Während im Jahre 1858 die Oberpräbenden zwischen 90 und 123 Tlr. pro Jahr betrugen, erhielten die Unterprädendatinnen 36 bzw. 60 Tlr. pro Jahr. Grundlage für die deutliche Steigerung der Zahl der aufgenommenen Frauen war die deutlich gestiegene wirtschaftliche Leistungsfähigkeit der Stiftung, die damals über erhebliche Pachteinnahmen aus 532 Morgen (ca. 133 ha) Acker und 72 Morgen (ca. 18 ha.) Wiesen verfügte und 1858 einen Überschuss von ca. 2.300 Tlr. erwirtschaftete. Im Jahre 1852 erarbeitete die Stadt für die Stiftung eine neue Satzung. Auch das Kloster Beatae Mariae Magdalenae wurde durch die Stadtverwaltung im Jahre 1924 in die gemeinsame Verwaltung aller Hospitäler und Altersheime überführt, ohne die Selbstständigkeit zu beseitigen. Nach der Machtübernahme durch die Nationalsozialisten wurden die Vorstände und Inspektoren durch Nationalsozialisten ersetzt. Im Jahre 1941 erfolgte eine Satzungsänderung im Sinne des Führerprinzips: An die Stelle der Vorstände trat der OB. Die Gebäude der Stiftung am Petersberg wurden während des Zweiten Weltkrieges vollständig zerstört.

Um die Möglichkeiten für den Wiederaufbau zu verbessern, beschloss die Stadtverordnetenversammlung am 28. März 1952 die Zusammenlegung des Klosters mit den anderen Wohnstiftungen der Stadt zur Stiftung (↗) Magdeburger Hospitäler und Klöster. Damit endete die Existenz der Stiftung.

Quellen: Vorl. Liste, Kreis XV, Nr. 6; Hauptliste, Kreis XV, Nr. 11; GStA, I. HA Rep. 77, Tit. 1400 Magdeburg, Nr. 31, Rep. 91 C, Nr. 2398; LASA, M1, Nr. 1529; C 20 I Ib, Nr. 2834; C 28 I Ie, Nr. 1528, 1580, 1602, 1603, 1605; StAM, Rep. A I, P 186, R 192, S 555 (Vermögensaufstellunmg 1809 sowie Reglement 1727), T 135 (Vermögensaufstellung 1770), UV 138, W 220; Rep. A II, A 30 Bd. 1, S 20 spec. 32a Bde. 1, 2; Rep. 13, A I. 517, A I. 643, A I. 912, A I. 1027, A I. 1168; Rep. 17; Rep. 33 I, u. a. F 1 (Lehnsregister des Magdalenerinnenklosters, 1571–1729); Rep. 41, 106, 107, 763, 863, 864, 867, 868, 883–885; Rep. Magdeburger Spuren, Nr. 718; Nachweisung 1910; UBM, Bd. 1, Nr. 164, 597

Literatur: Adressbuch 1920, S. 27; Berghauer, Magdeburg, S. 181 ff.; Bericht über die Verwaltung 1908/1909, 1921 bis 1926, 1936 und 1937; von Dietze/

Hunsdieck-Nieland, Stiftungen, S. 188; Hermes/Weigelt, Handbuch vom Regierungsbezirk Magdeburg, S. 16, 19; Miehe, Zwischen Wiederaufbau und Auflösung; Penner, Pfarrkirchen, S. 43 f.; Oppermann, 1831–1840, S. 8 ff.; Sitzmann, Klöster, S. 170
Bemerkungen: auch: Kloster Mariae-Magdalenae-Beatae-Universitäts-Stipendium bzw. Kloster Beatae Mariae Magdalenae;
rechtsfähige Stiftung des bgl. Rechts

Lutz Miehe/Christoph Volkmar

232. KLOSTER BERGESCHER ARMENFONDS

Errichtet: k. A.
Stifter: k. A.
Vermögen: Die Stiftung verfügte noch 1924 über Hutungsrechte. Es ist nicht ausgeschlossen, dass sie sich (auch) über diese Einnahmen finanzierte.
Zweck: Unterstützung von Einwohnern des Ortes Buckau
Verwaltung: Oberpfarrer der ev. KG St. Gertrauden (Buckau)
Darstellung: 1903 erhielten 16 Personen Unterstützungen in Höhe von 0,50 M bis 2,00 M. Noch 1922 sind die Leistungen nachweisbar. Dem Vorschlag des zuständigen Ministeriums vom Jahre 1924 zur Auflösung kam die Stiftung nicht nach. Im Jahre 1933 erhielten vier Personen eine Unterstützung von 3,06 RM pro Quartal.
Quellen: AKPS, Rep. 10, Nr. 57, 58
Literatur: k. A.
Bemerkungen: rechtsfähige Stiftung des bgl. Rechts

Lutz Miehe

233. KLOSTER BERGESCHE STIFTUNG

Errichtet: vermutlich 1816
Stifter: k. A.
Vermögen: acht Klostergüter (Friedrichsrode, Karith, Pehritzsch, Prester, Räckendorf, Sülldorf, Zackmünde und Zipkeleben), mit einer Fläche von ca. 3.800 ha sowie Kapitalvermögen (1840: ca. 40.000 Tlr.)
Zweck: 1. Förderung des höheren Schul- und Universitätswesens in der preuß. Provinz Sachsen (Universität Halle-Wittenberg, verschiedene Gymnasien und Seminare in Salzwedel, Halberstadt, Quedlinburg, Domgymnasium und das Pädagogium Unser Lieben Frauen in Magdeburg),
2. baulastpflichtiges Patronat für mehrere Kirchengemeinden

	Aktueller Zweck:
	Förderung von Kunst und Kultur in Sachsen-Anhalt (Kulturbauten und -projekte im Raum Magdeburg sowie zeitgenössische Kunst über die Kunststiftung LSA)
Verwaltung:	1816–1937: Provinzialregierung, später Regierung Magdeburg, zuletzt Oberpräsident
	1938–1945: Klosterkammer Hannover, 1945–1958 Landesregierung u. div. staatl. Institutionen
	seit 2001: treuhänderisch durch heutige Kulturstiftung Sachsen-Anhalt
Darstellung:	Die Vermögenswerte der Kloster Bergeschen Stiftung gehen auf die namensgleiche, seit 970 urkundlich gesicherte nachweisbare und Johannes dem Täufer geweihte Benediktinerabtei zurück. Aufgrund ihrer Lage auf einer Anhöhe nahe der Elbe kam die Bezeichnung Kloster Berge auf, die im 14. Jh. erstmals in den Quellen zu fassen ist. Im Zuge der Reformation erfolgte 1565 die Umwandlung in ein ev. Stift. Die angeschlossene Klosterschule erlangte im 18. Jh. ihre größte Bedeutung. Anfang des 19. Jh. setzte ihr Niedergang ein. Auf Veranlassung Napoleons wurden im Zusammenhang mit dem Ausbau der Befestigungsanlagen Magdeburgs auch die ehemaligen Klostergebäude zerstört, in denen das Pädagogium untergebracht war. Dies hatte die Schließung der Bildungsstätte und die Veräußerung ihrer materiellen Ausstattung zur Folge. Ein Verkauf des Grundbesitzes unterblieb jedoch. Er bildete den Vermögensgrundstock für die vermutlich 1816 gegründete Kloster Bergesche Stiftung.

Zur Förderung des höheren Schul- und Universitätswesens in der preuß. Provinz Sachsen ins Leben gerufen, unterstand sie zunächst der Provinzialregierung, ab 1826 dem Provinzialschulkollegium und den nachfolgenden Schulverwaltungsgremien. Im Juli 1937 war sie zuletzt dem Magdeburger Oberpräsidenten zugeordnet.

Per Ministerialerlass wurde im Sommer 1937 die Verwaltung des Stiftungsvermögens einschließlich des Kloster Bergeschen Studienfonds an die Klosterkammer Hannover übertragen. Die Kloster Bergesche Stiftung wurde dabei als „staatliche[s] Sondervermögen mit eigener Rechtspersönlichkeit" betrachtet. Sie förderte mit ihren Erträgen weiterhin das höhere Schulwesen und unterstützte die Hallesche Universität. Anders als die Stiftung (↗) Kloster Unser Lieben Frauen war die Kloster Bergesche Stiftung eine reine Vermögensverwaltung.

Mit Inkrafttreten des Erlasses am 1. Februar 1938 richtete der Präsident der Klosterkammer Hannover in Magdeburg ein Rent- und ein Forstamt ein. In der NS-Zeit erfolgte eine Umbenennung der Klosterkammer Hannover in Staatliche Kulturfondsverwaltung Hannover. Auch die von ihr administrierten Fonds und Stiftungen wechselten daraufhin ihren Namen. Aus der Kloster Bergeschen Stiftung wurde der Staatliche Kulturfonds Sachsen. Im Juni 1945 erfolgte auf Initiative der Klosterkammer Hannover eine Rückkehr zu den früheren Bezeichnungen.

Nach dem Ende des Zweiten Weltkrieges sowie der sich abzeichnenden Herausbildung und späteren Existenz zweier deutscher Staaten war die Wahrnehmung der administrativen Aufgaben und die unmittelbare Einflussnahme durch die Klosterkammer Hannover nicht mehr möglich. Versuche, die Verwaltung der Stiftungen Kloster Berge und Kloster Unser Lieben Frauen treuhänderisch auf die Leitung der EK KPS zu übertragen, waren ebenso zum Scheitern verurteilt wie der Einspruch gegen spätere staatliche Eingriffe in die Vermögensverwaltung.

1945 übernahm der Bezirkspräsident in Magdeburg die Aufsicht und die gesetzliche Vertretung der Stiftungen Kloster Berge und Kloster Unser Lieben Frauen. Nach Auflösung der Bezirksverwaltungen ging diese Verantwortung Ende Juni 1946 zunächst an die Provinzial- und später an die Landesregierung Sachsen-Anhalt über. Zur Wahrnehmung der damit verbundenen Aufgaben bediente man sich zunächst weiterhin des Rentamts in Magdeburg. Im November 1948 nahm schließlich ein spezieller Regierungsausschuss zur Verwaltung der Kloster- und Stiftsgüter seine Tätigkeit auf, dem die treuhänderische Verwaltung von auf dem Territorium Sachsen-Anhalts gelegenen Vermögenswerten übertragen wurde. Ab Juli 1949 war dieser auch für die Stiftungen Kloster Berge und Kloster Unser Lieben Frauen zuständig. Schon Ende April 1950 wieder aufgelöst, war fortan das Ministerium für Land- und Forstwirtschaft in Halle für die Verwaltung aller Kloster- und Stiftsgüter zuständig. Zu Jahresbeginn 1952 gingen verschiedene Stiftungen und Fonds, darunter die Kloster Bergesche Stiftung und die Stiftung Kloster Unser Lieben Frauen in eine „Verwaltung der Stiftsgüter im Land Sachsen-Anhalt" mit Sitz in Magdeburg ein. Parallel dazu fanden in Berlin übergeordnete Verhandlungen zu stiftungsrechtlichen Fragen statt, an deren Ende die Auflösung jener gerade erst geschaffenen Institution stand.

Nachdem der Grundbesitz der Stiftungen Kloster Berge und Kloster Unser Lieben Frauen im Zuge der Bodenreform nicht enteignet worden war, folgte im Frühsommer 1953 mit der Überführung der Kloster- und Stiftsgüter in die Verwaltung volkseigener Güter (VVG) eine richtungweisende Zäsur. Auch die Forsten beider Stiftungen wurden eingezogen

89 Kloster Berge, um 1770: Das südlich der Altstadt gelegene Kloster wurde in der Zeit der napoleonischen Fremdherrschaft abgerissen

und in die Verwaltung und Nutzung staatlicher Forstbetriebe übergeben. Bei der Kloster Bergeschen Stiftung selbst verblieben lediglich die Streuparzellen und Mietgrundstücke. Ihrer wirtschaftlichen Grundlage verlustig, folgte fünf Jahre später die Auflösung zum 31. Mai 1958. Die vormaligen Besitzungen waren wenig später in Volkseigentum überführt.

Zu Beginn des Jahres 1991 kam eine rechtliche Prüfung über die Auflösung beider Stiftungen auf Ministerialebene zu dem Ergebnis, dass sowohl die Kloster Bergesche Stiftung als auch die Stiftung Kloster Unser Lieben Frauen als „weiterbestehend" eingestuft wurden. Es bedürfe lediglich einer Anmeldung durch die Klosterkammer Hannover, die als weiterhin zuständig angesehen wurde.

Nach der Wiedereinrichtung eines Rentamtes in Magdeburg durch die Klosterkammer Hannover erfolgte 1994 die Wiederbelebung der Kloster Bergeschen Stiftung, die sich in der Aufnahme in das Stiftungsverzeichnis des Landes Sachsen-Anhalt widerspiegelt. 1997 erließ die Landesregierung Sachsen-Anhalts einen Beschluss zur Stiftung Kloster Unser Lieben Frauen und zur Kloster Bergeschen Stiftung, wonach beide Einrichtungen als rechtsfähige Stiftungen des öffentlichen Rechts im Sinne des Stiftungsgesetzes weiter bestehen. Seit dem 1. Januar 2001 befindet sich die Kloster Bergesche Stiftung in treuhänderischer Verwaltung durch die heutige Kulturstiftung Sachsen-Anhalt.

Quellen: BA, R 4901/589; R 4901/590; GStA, I. HA Rep. 89, Nr. 21457; LASA, A 4k, 3.01; A 4k III, Nr. 1–3, 7, 170–176, Bde. I–IV; C 20 I Ia, Nr. 2274, 3701; C 20 I, 10.05.02, 01.06.08; C 20 III, Nr. 375–377, Bde. 1–3; Nr. 1118; C 23; C 28 II, Bde. 1, 6; C 43, K 2, Nr. 671, 681 (Film 168) 690, 708, 4095; K 12 Magdeburg, Nr. 304; L 8, Nr. 81; L 16, Nr. 702, 1226; M1, Nr. 836, 854 (Film 170), 1528; UAHW, Rep. 3, Nr. 351

Literatur: Bock, Armenwesen, S. 278, 280; Claude, Erzbistum Magdeburg, Teil II, S. 291–374; Costede, Ein Rückblick; von Dietze/Hunsdieck-Nieland, Stiftungen, S. 173; Hermes, J. A. F./Weigelt, M. J., Handbuch, S. 189

Bemerkungen: rechtsfähige Stiftung des öffentlichen Rechts
Organe der Stiftung sind der Stiftungsrat und der Vorstand.

Katrin Tille

234. KLOSTER UNSER LIEBEN FRAUEN

Errichtet: vermutlich 1808/16

Stifter: k. A.

Vermögen: Grundeigentum (Grundstücke in Magdeburg, u. a. der namengebenden Klosteranlage, sowie land- und forstwirtschaftlicher Grundbesitz in Barleben, Niederndodeleben, Pechau und Randau). Sie verwaltete insgesamt ca. 860 ha, davon ca. 330 ha Wald. Klostergüter gehörten nicht zum Vermögensbestand.

Zweck: 1. Förderung des höheren Schulwesens in der preuß. Provinz Sachsen, insbesondere der am Kloster angesiedelten Bildungsstätten,
2. baulastpflichtiges Patronat für mehrere Kirchengemeinden;
aktuell: Unterstützung von Kunst- und Kulturprojekten in und um Magdeburg, vor allem die des in der Landeshauptstadt beheimateten Kulturhistorischen Museums

Verwaltung: 1816–1937: Provinzialregierung, später Regierung Magdeburg, zuletzt Oberpräsident
1938–1945: Klosterkammer Hannover, 1945–1958 Landesregierung u. div. staatl. Institutionen
seit 2001: treuhänderisch durch heutige Kulturstiftung Sachsen-Anhalt

Darstellung: Der Vermögensbestand der Stiftung Kloster Unser Lieben Frauen steht im engen Zusammenhang mit dem um 1017/18 in Magdeburg gegründeten gleichnamigen Kloster. Von 1129 an war es Wirkungsstätte des Prämonstratenserordens, wurde zum Ausgangspunkt bei dessen Ausrichtung östlich der Elbe und entwickelte sich schließlich zum prämonstratensischen Hauptkloster im sächsischen Gebiet. Nach der Reformation, noch lange dem kath. Glauben verhaftet, mussten die Prämonstratenser zusammen mit den kaiserlichen Truppen 1632 Magdeburg verlassen. 1650 erfolgte die Übereignung an den Brandenburgischen Kurfürsten Friedrich Wilhelm.

Eine Klosterschule entstand 1698, aus der 1718 das Pädagogium zum Kloster Unser Lieben Frauen hervorging. Zwischen 1832 und 1834 wurde es in eine staatliche Schuleinrichtung umgewandelt, mit einem neuen Regelwerk versehen und den übrigen Gymnasien in der Provinz Sachsen gleichgestellt. Das Kloster selbst unterstand fortan auch staatlicher Aufsicht, wobei die Rechte des Propstes und des Konvents beschränkt wurden. 1927 folgte ein neues Regelwerk, ein Jahr später die Zusammenlegung des Pädagogiums mit dem Domgymnasium zum „Vereinigten Dom- und Klostergymnasium".

Die gleichnamige Stiftung wurde zur finanziellen Unterstützung des höheren Schulwesens im Allgemeinen und der Bildungsstätten am Kloster Unser Lieben Frauen im Speziellen gegründet. Dazu gehörten das 1848/53 neu errichtete Schüleralumnat, ein Studienseminar und ein religionspädagogisches Konvikt, wie aus dem Stiftungsstatut von 1928 hervorgeht. Anfangs dem Provinzialschulkollegium und den nachfolgenden Schulverwaltungsgremien zugeteilt, unterstand die Stiftung zuletzt im Juli 1937 der Abt. für höheres Schulwesen beim Oberpräsidenten.

Durch Ministerialerlass vom Sommer 1937 wurde die Verwaltung des Stiftungsvermögens zum 1. Februar 1938 an die Klosterkammer Hannover übertragen. Wie die Kloster Bergesche Stiftung wurde auch die Stiftung Kloster Unser Lieben Frauen als „staatliche[s] Sondervermögen mit eigener Rechtspersönlichkeit" gewertet. Die Stiftung finanzierte das Schüleralumnat, ein Studienseminar für angehende Volksschullehrer mit angeschlossenem Referendarheim sowie ein Konvikt für künftige Pfarrer bzw. Religionslehrer. Außerdem sorgte sie für den Unterhalt der umfangreichen Klosterbibliothek.

Am 1. Februar 1938 richtete der Präsident der Klosterkammer in Magdeburg ein Rent- und ein Forstamt ein. Parallel zur Umbenennung der Klosterkammer Hannover in der NS-Zeit (↗ Kloster Bergesche Stiftung) wurde aus der Stiftung Kloster Unser Lieben Frauen der Staatliche Schulfonds Sachsen.

Mit dem Ende des Zweiten Weltkrieges sowie der sich abzeichnenden

Herausbildung und späteren Existenz zweier deutscher Staaten wurde die Stiftungsverwaltung durch die Klosterkammer Hannover unmöglich. Versuche, die Verwaltung der Stiftungen Kloster Berge und Kloster Unser Lieben Frauen treuhänderisch in die Hände der EK KPS zu legen, waren ebenso wie der Einspruch gegen spätere staatliche Eingriffe in die Vermögensverwaltung nicht erfolgreich.

Noch 1945 wurde die Aufsicht und die gesetzliche Vertretung der Stiftungen Kloster Berge und Kloster Unser Lieben Frauen in die Verantwortung des Bezirkspräsidenten in Magdeburg übergeben. Nach Auflösung der Bezirksverwaltungen war ab Ende Juni 1946 zunächst die Provinzial- und später die Landesregierung Sachsen-Anhalt zuständig. Zur Wahrnehmung der damit verbundenen Aufgaben bediente man sich zunächst des fortbestehenden Rentamts in Magdeburg. Dazu gehörten weiterhin der Unterhalt des Schüleralumnats, des Studienseminars und des religionspädagogischen Konvikts sowie der Klosterbibliothek. Wenig später kam noch der Internatsbetrieb für eine Neulehrerbildungsstätte hinzu, der wohl nur wenige Monate aufrechterhalten wurde. Im März 1948 erfolgte schließlich die Übertragung des Prokuraturamtsfonds Meißen an die Stiftung Kloster Unser Lieben Frauen.

Zur weiteren Entwicklung der Stiftung (↗) Eintrag Kloster Bergesche Stiftung.

Quellen:	GStA, I. HA Rep. 91 C, Nr. 2387; LASA, A 4f 01.01; C 28 II, Bde. 1, 6; C 43; K 2, Nr. 671, 681 (Film 168), 690, 708, 4095; K 12 Magdeburg, Nr. 304; L 16, Nr. 702; M1, Nr. 836; 854 (Film 170), 1528
Literatur:	Costede, Ein Rückblick; von Dietze/Hunsdieck-Nieland, Stiftungen, S. 173; Puhle/Hagedorn (Hg.), Kloster Unser Lieben Frauen
Bemerkungen:	auch: Stiftung Kloster Unser Lieben Frauen; rechtsfähige Stiftung des öffentlichen Rechts Organe der Stiftung sind der Stiftungsrat und der Vorstand.

Katrin Tille

235. CARL EMIL KLOTZ'SCHE STIFTUNG

Errichtet:	1914
Stifter:	Carl Emil Klotz (1848–1918), Verlagsbuchhändler

Der Stifter erwarb 1875 die Hofbuchhandlung von Emil Baensch. Er gliederte dem Unternehmen eine umfangreiche Leihbibliothek an, vervollkommnete den von seinem Vorgänger G. A. Glöckner übernommenen Lesezirkel für Zeitschriften und schuf einen Broschürenzirkel mit literarischen, theologischen, medizinischen, juristischen, militärischen und politischen Schriften. 1875 begann K. mit dem Verlegen vornehmlich belletristischer, pädagogischer und theologischer Werke. 1893 erhielt er die Konzession zum Führen einer Bahnhofsbuchhandlung. Ende 1911 veräußerte K. sein Sortiment an Fritz Wahle.

Vermögen: 1920: 50.000 M
Zweck: 1. Verwendung der Erträge für wohltätige Zwecke,
2. drei Prozent der Erträge stehen der Wwe. des Stifters auf Lebenszeit zu
Verwaltung: Magistrat/Wohlfahrtsamt
Darstellung: Die Stadt legte die Stiftung im Jahre 1923 mit ca. 180 weiteren unselbständigen Stiftungen zum (↗) Allgemeinen Stiftungsfonds zusammen.
Quellen: LASA, C 28 I Ie, Nr. 1625
Literatur: Bericht über die Verwaltung 1919/1920, Teil 2 und 1920/1921, Teil 2; Heinrich, Carl Emil Klotz, in: MBL, S. 188 f.
Bemerkungen: unselbständige Stiftung

Lutz Miehe

236. F. A. Klusemann'sche Familienstiftung

Errichtet: 3. Juli 1880 (Testament)/28. September 1880 (Genehmigung)
Stifter: Klara Klusemann, geb. Heike, Wwe.
Die Stifterin erfüllte mit der Errichtung der Stiftung den Wunsch ihres verstorbenen Ehemannes Friedrich August K. (1822–1878), der 1849 in Sudenburg eine Maschinenfabrik begründet hatte.
Vermögen: 60.000 M, 1910: 137.529,51 M, 1939: ca. 16.000 RM, 1946: 20.076 M
Zweck: 1. Unterstützung der Nachkommen der Stifter,
2. Stipendium zum Besuche einer Universität oder einer Akademie an Nichtfamilianten
Verwaltung: Magistrat; über die Vergabe der Gelder entschied ein Rat, dem zwei Familienmitglieder und eine Person des Magistrats angehörten
Darstellung: Mit den Zahlungen sollte begonnen werden, sobald das Kapital eine Höhe von 120.000 M erreicht hatte. Die Stiftung hatte 1937 Erträge in Höhe von ca. 713 RM. Sie wurde auf Antrag der Stadtverwaltung, die einen Beschluss des Stiftungsvorstandes nicht für nötig hielt, durch Beschluss der 33. Sitzung des Präsidiums der Provinz Sachsen am 8. November 1946 aufgelöst mit der Maßgabe, dass die noch vorhandenen

	Vermögenswerte der Stadt für karitative Zwecke zur Verfügung gestellt werden.
Quellen:	LASA, C 127, Nr. 644; K2, Nr. 266, 476, 662; M1, Nr. 1528; StAM, Rep. A II, S 20 spec. 32a Bde. 1, 2; Rep. 13, A I. 518, A I. 644, A I. 913, A I. 916, A I. 1026, A I. 1169; Rep 184, Bü. 142; Rep. 41, 863; Nachweisung 1910; Wohlfahrtseinrichtungen
Literatur:	Bericht über die Verwaltung 1919/1920, Teil 2, 1920/1921, Teil 2, 1937; von Dietze/Hunsdieck-Nieland, Stiftungen, S. 174; Meyer/Schneidewin, Wohlfahrtseinrichtungen, S. 22; Heinicke, Ferdinand Friedrich August Klusemann, in: MBL, S. 360
Bemerkungen:	auch: Klusemann'sche Familienstiftung bzw. Klusemann-Stiftung; rechtsfähige Stiftung des bgl. Rechts
	Unabhängig bestand bei der Magdeburger Freimaurer-Loge „Ferdinand zur Glückseligkeit" eine vermutlich unselbständige Klusemann-Stiftung zur Unterstützung von Kriegsinvaliden und Hinterbliebenen des Deutsch-Französischen Krieges, die 1871 zu Ehren des Logenmeisters Johann Friedrich August K. (1795–1877), Oberpfarrer von St. Jacobi, errichtet worden war. Vgl. dazu MG, S. 114 f.

Lutz Miehe

237. Knust'sche Waisenstiftung

Errichtet:	1870
Stifter:	Gottlieb Knust, Partikulier
Vermögen:	1910: 6.027,24 M
Zweck:	jährliche Unterstützung würdiger und bedürftiger Kinder im Stadtteil Buckau, die ihre Väter bzw. Eltern verloren haben
Verwaltung:	Magistrat/Armendirektion
Darstellung:	Die Stadt legte die Stiftung im Jahre 1923 mit ca. 180 weiteren unselbständigen Stiftungen zum (↗) Allgemeinen Stiftungsfonds zusammen.
Quellen:	LASA, C 28 I Ie, Nr. 1625; StAM, Rep. A II, S 20 spec. 32a Bd. 2; Rep. 18^4, A 8; Nachweisung 1910
Literatur:	Adressbuch 1920, S. 27; von Dietze/Hunsdieck-Nieland, Stiftungen, S. 174; Meyer/Schneidewin, Wohlfahrtseinrichtungen, S. 7
Bemerkungen:	auch: Knust'sche Stiftung; unselbständige Stiftung

Lutz Miehe

238. WILHELM KOBELT-STIFTUNG

Errichtet:	1929 (Testament)
Stifter:	Wilhelm Kobelt (1865–1927)
	Der Fleisch- und Wurstfabrikant war MdR und Kommunalpolitiker in Magdeburg.
Vermögen:	75.000 RM
Zweck:	Unterstützung bedürftiger Einwohner ohne Rücksicht auf deren Konfession oder politische Einstellung
Verwaltung:	Stadtverwaltung
Darstellung:	Das Grundstockvermögen bestand insbesondere aus dem Haus Goldschmiedebrücke 20, das nach dem Tode des Besitzers verkauft werden sollte. Die Stiftung wurde offenbar in den ersten Jahren im (↗) Allgemeinen Stiftungsfonds geführt, doch ca. 1933 aus diesem ausgesondert.
Quellen:	LASA, C 28 I Ie, Nr. 1706; StAM, Rep. 41, 863, 864
Literatur:	Buchholz, Wilhelm Kobelt, in: MBL, S. 365; Verwaltungsbericht 1933/34
Bemerkungen:	unselbständige Stiftung

Lutz Miehe

239. KOCH-LEGAT „FÜR ST. AMBROSIUS"

Errichtet:	k. A.
Stifter:	Luise Koch
Vermögen:	1.000 M
Zweck:	für St. Ambrosius zur Grabpflege
Verwaltung:	GKR der ev. KG St. Ambrosius (Sudenburg)
Darstellung:	Nach Angaben der Stadt aus dem Jahre 1937 existierte damals die Stiftung noch.
Quellen:	Vorl. Liste, Kreis XV, Nr. 74; LASA, C 28 II, Nr. 7337, 7872
Literatur:	k. A.
Bemerkungen:	In der Vorl. Liste, Kreis XV ist unter Nr. 75 zudem ein Koch-Legat „Für St. Petri" ausgewiesen. Diese Stiftung wies die Stadt 1937 als Stiftung aus, deren Zweck es sei, zur Beschaffung einer neuen Turmuhr für die St.-Petri-Kirche beizutragen.

Lutz Miehe

240. Max Köhling-Stiftung

Errichtet:	1920
Stifter:	Max Köhling, Rentier
Vermögen:	5.000 M
Zweck:	1. Gräberpflege, 2. nicht verbrauchte Erträge fließen dem Wohlfahrtsamt der Stadt Magdeburg zu
Verwaltung:	Magistrat/Wohlfahrtsamt
Darstellung:	Die Stadt legte die Stiftung im Jahre 1923 mit ca. 180 weiteren unselbständigen Stiftungen zum (↗) Allgemeinen Stiftungsfonds zusammen.
Quellen:	k. A.
Literatur:	Bericht über die Verwaltung 1919/1920, Teil 1
Bemerkungen:	unselbständige Stiftung

Lutz Miehe

241. Wilhelm König-Stiftung

Errichtet:	1902 (Testament)
Stifterin:	Karoline König, geb. Keßler, Wwe. des Fabrikbesitzers Wilhelm König
Vermögen:	1910: 336.819,14 M
Zweck:	Unterbringung armer und „siecher", d. h. der Krankenpflege dauernd bedürftiger Personen, in Siechenhäusern; Kranke aus dem Stadtteil Sudenburg erhalten den Vorzug
Verwaltung:	Magistrat/Armendirektion/Wohlfahrtsamt
Darstellung:	Ins Leben gerufen wurde die Stiftung durch ein Abkommen der Stadtgemeinde mit den Testamentsvollstreckern der Wwe. wegen nicht zu realisierender Bestimmungen des Testamentes. Die Erträge wurden vor allem genutzt, um die Betriebskosten des (↗) Heinrich Wilhelm Müller'schen Siechenhospitals zu finanzieren. Die Stadt legte die Stiftung im Jahre 1923 mit ca. 180 weiteren unselbständigen Stiftungen zum (↗) Allgemeinen Stiftungsfonds zusammen.
Quellen:	LASA, C 28 I Ie, Nr. 1625; StAM, Rep. A II, S 20 spec. 32d; Rep. 18[4], A 8; Nachweisung 1910; Wohlfahrtseinrichtungen
Literatur:	Adressbuch 1920, S. 27; von Dietze/Hunsdieck-Nieland, Stiftungen, S. 287
Bemerkungen:	unselbständige Stiftung

Lutz Miehe

242. Reinhard und Hermine Könnecke-Stiftung

Errichtet:	5. Juli 1913 (Testament)
Stifter:	Reinhard Koennecke († 1913), Kaufmann
Vermögen:	75.500 M
Zweck:	1. Fünf Altersrenten zu jeweils 250,00 M jährlich (insbes. Angestellte der Fa. Peter Georg Palis),
	2. 350,00 M für Trinkerfürsorge,
	3. 1.713,76 M zur Unterbringung von Blinden im Käselitz'schen Blindenheim
Verwaltung:	Magistrat/Kämmereikasse
Darstellung:	k. A.
Quellen:	LASA, C 28 I Ie, Nr. 1625; StAM, Rep. A III, 31.1h Bd. 1; Rep. 18[4], A 8
Literatur:	Adressbuch 1920, S. 27; Bericht über die Verwaltung 1913/1914, 1914/1915 sowie 1919/1920, Teil 2
Bemerkungen:	oder: Reinhard und Hermine Koenecke-Stiftung bzw. Richard und Hermine Könnecke-Stiftung; unselbständige Stiftung; (↗) Nr. 213

Lutz Miehe

243. Kötschau-Legat

Errichtet:	1914 (Testament)
Stifter:	Albert Kötschau
Vermögen:	20.000 M
Zweck:	1. Für die Armen der Stadt, vor allem für die Unterbringung von Kindern,
	2. Unterbringung von Blinden in dem zu erbauenden Käselitz'schen Blindenheim
Verwaltung:	Magistrat/Armendirektion/Wohlfahrtsamt
Darstellung:	Der Etat der Stiftung betrug im Jahre 1920 917 M.
	Sie wurde als Nebenfonds der (↗) Käselitz-Stiftung geführt.
	Die Stadt legte die Stiftung im Jahre 1923 mit ca. 180 weiteren unselbständigen Stiftungen zum (↗) Allgemeinen Stiftungsfonds zusammen.
Quellen:	LASA, C 28 I Ie, Nr. 1625, 1702; StAM, Rep. 18[4], A 8; Nachweisung 1910
Literatur:	Adressbuch 1920, S. 27; Bericht über die Verwaltung 1914/1915

Bemerkungen: auch: Kötschau-Stiftung bzw. Schenkung des Rentners Albert Kötschau an die Stadtgemeinde;
unselbständige Stiftung

Lutz Miehe

244. Kötschau'sches Vermächtnis für hilfsbedürftige Familien gefallener oder erwerbsunfähiger Krieger

Errichtet: 1914
Stifter: Kurt Kötschau, Primaner
Vermögen: 1919: 2.000 M
Zweck: Unterstützung hilfsbedürftiger Familien, deren Ernährer im Krieg gefallen oder erwerbsunfähig geworden ist
Verwaltung: Wohlfahrtsamt
Darstellung: Die Stadt teilte dem RP im März 1922 mit, dass „am Schlusse des Jahres 1919" die Stiftung noch nicht bestanden habe.
Quellen: LASA, C 28 I Ie, Nr. 1625
Literatur: Bericht über die Verwaltung 1919/1920, Teil 1 und 1920/1921, Teil 2
Bemerkungen: unselbständige Stiftung
Der Stifter wird auch als Kurt Kleinefeld-Kötschau bezeichnet.

Lutz Miehe

245. Georg Koppehele-Familienstiftung

Errichtet: 16. Dezember 1604 (Testament)
Stifter: Georg Koppehele (1538–1604) aus Gräfendorf bei Jüterbog, Domvikar und Kanoniker am Stift St. Gangolphi
K. war der Nachfolger von Laurentius Müller (↗ Laurentius Müller-Stipendium).
Vermögen: Grundeigentum in Halle, Jüterbog, Kleckewitz, Luckenwalde, Schönebeck, 1920: 70.000 M, 1939: 12.000 M
Zweck: 1. Förderung der Nachfahren des Bruders und der drei Schwestern des Stifters – für Studierende aus der Familie (Akademie, Kunst oder Handwerk), auch Gesellen, Arme und Töchter; auch zum Ehrenkleide;
2. Förderung des Zusammenhaltes der Nachkommen und Pflege der Geschichte des Stifters und der Stiftung
Verwaltung: Domkapitel/Magistrat

Stiftungen in Magdeburg. Ein Verzeichnis

90 Epitaph für Georg Koppehele im Magdeburger Dom, Metallguss aus der Werkstatt des Rotgießers Tobias Ulrich, 1604

Seit 1818 wurde die Stiftung durch das Kgl. Pupillen-Collegium oder diejenige Behörde, welcher an dessen Stelle die Oberaufsicht übertragen worden war (OLG bzw. AG), durch drei Personen gemeinschaftlich verwaltet.

Darstellung: Das Testament des K. zu Gunsten der Kinder seiner Brüder und Schwester ist während der Zerstörung Magdeburgs im Dreißigjährigen Krieg verloren gegangen. Man verfuhr aber immer nach seinem Willen, der sich u. a. aus Testamentsrechnungen ergab. Die Stiftungssatzung wurde mehrfach erneuert, u. a. in der vom Landgericht Magdeburg bestätigten Fassung vom 17. Juli 1834.

Die entscheidendste Zäsur in der Stiftungsgeschichte erfolgte in den Jahren 1919 und 1921, in denen der Grundbesitz als eigentlicher Vermögensstock von den damals amtierenden Kuratoren veräußert wurde. Über diesen Schritt waren weder die Familienangehörigen noch die zuständige Aufsichtsbehörde informiert worden. Im März 1934 wurde versucht, diesen Verkauf rückgängig zu machen. Dieser Antrag ging in den Wirren des Zweiten Weltkrieges unter. Die in Wertpapieren angelegten Verkaufserlöse verbrannten bei der Bombardierung von Magdeburg im Zweiten Weltkrieg.

Die Stiftung wurde bei den Aktionen zur Erfassung der noch lebenden Stiftungen in den 1950er Jahren nicht angemeldet. Am 1. Juni 2010 wurde die Stiftung revitalisiert, sie ist im Stiftungsverzeichnis des Landes Sachsen-Anhalt unter der Nr. LSA-11741-225 registriert.

Infolge des nicht mehr vorhandenen Vermögens und der großen Anzahl der Familienmitglieder konzentriert sich die Arbeit der Stiftung heute auf die Förderung des Zusammenhaltes der Familienmitglieder und die Erforschung und Aufarbeitung der Stiftungsgeschichte. In diesem Zusammenhang führt sie Familientage durch, erforscht und erschließt historische Quellen zwecks Erstellung von Beiträgen zur internen und externen Veröffentlichung, führt Maßnahmen zum Erhalt von Dokumenten durch und unternimmt erhebliche Anstrengungen zur Ermittlung der Nachkommen des Stifters (aktuell ca. 11.500 Familienmitglieder erfasst).

Quellen: GStA, I. HA Rep. 71, E, Nr. 67; Rep. 84a, Nr. 44221; Rep. 91 C, Nr. 2384; LASA, C 20 I Ia, Nr. 2722; C 28 I Ie, Nr. 1578; C 28 II, Nr. 7323, 7337; C 129, Nr. 644; StAM, Rep. A I, R 192, W 220; Rep. 41, 863; StA Jüterbog, Signatur Nr. 3248–3263; BLHA, Rep. 8, Treuenbritzen, Nr. 2782; Rep. 8, Luckenwalde, Nr. 575

Literatur: Adressbuch 1920, S. 29; Berghauer: Magdeburg, Bd. 2, S. 179; Brandl/Forster, Bd. 2, S. 728 f.; von Dietze/Hunsdieck-Nieland, Stiftungen, S. 176; Mittlg. des Familienverbandes Koppehele

Bemerkungen: auch: Koppehele'sche Familienstiftung; George Coppehl'sche Familienstiftung bzw. Familienstiftung des Georg Koppehele;

rechtsfähige Stiftung des bgl. Rechts;
(↗) Homepage der Stiftung (http://koppehele.net/)
Evtl. existierte zudem ein „Coppehl"-Universität-Stipendium.

Jörg Brückner/Lutz Miehe/Peter Michael Rainer

246. Korn'sches Legat

Errichtet:	k. A.
Stifter:	k. A.
Vermögen:	1910: 150 M
Zweck:	Bekleidung armer Erst-Kommunikanten der St.-Sebastian-Gemeinde
Verwaltung:	Kirchenvorstand der kath. KG St. Sebastian; Meldungen beim Pfarrer
Darstellung:	k. A.
Quellen:	StAM, Rep. 18[4], A 8; Nachweisung 1910; Wohlfahrtseinrichtungen
Literatur:	Adressbuch 1920, S. 29; Meyer/Schneidewin, Wohlfahrtseinrichtungen, S. 11
Bemerkungen:	k. A.

Lutz Miehe

247. W. Kornisch'sches Geschenk

Errichtet:	1869
Stifter:	Wilhelm Kornisch, Kaufmann
Vermögen:	200 Tlr., 1910: 600 M
Zweck:	Die eine Hälfte der Zinsen erhält eine brave Waise bei der Konfirmation, die andere Hälfte ist am 5. Juni jeden Jahres einer armen braven Familie „des 20. Armen-Reviers" zu zahlen.
Verwaltung:	Magistrat/Armendirektion/Wohlfahrtsamt
Darstellung:	Anlass für die Errichtung war ein „glückliches Familienereignis". Die Stadt legte die Stiftung im Jahre 1923 mit ca. 180 weiteren unselbständigen Stiftungen zum (↗) Allgemeinen Stiftungsfonds zusammen.
Quellen:	LASA, C 28 I Ie, Nr. 1625; StAM, Rep. A II, S 20 spec. 32a Bd. 2; Rep. 18[4], A 8; Nachweisung 1910
Literatur:	Adressbuch 1920, S. 27; Meyer/Schneidewin, Wohlfahrtseinrichtungen, S. 7; Bericht über die Verwaltung 1882
Bemerkungen:	auch: Geschenke des Kaufmanns Wilhelm Kornisch bzw. Kornisch'sches Geschenk; unselbständige Stiftung

Lutz Miehe

248. Selma Kornisch-Stiftung

Errichtet:	25. Juli 1919 (Testament)/1923
Stifterin:	Selma Kornisch
Vermögen:	102.000 M
Zweck:	1. Förderung des Kaiser-Friedrich-Museums,
	2. Instandhaltung des Glacis
Verwaltung:	Magistrat
Darstellung:	Die Stadtverordnetenversammlung stimmte am 15. Februar 1923 für die Annahme der Zuwendung, die unmittelbar darauf der Inflation zum Opfer gefallen sein dürfte.
Quellen:	LASA, C 28 I Ie, Nr. 1706
Literatur:	k. A.
Bemerkungen:	unselbständige Stiftung

Lutz Miehe

249. Marie Korte-Stiftung

Errichtet:	1928/27. Oktober 1928 (Genehmigung)
Stifter:	Gerhard Korte (1858–1945)
	Der Stifter war in führenden Positionen in der deutschen Kaliindustrie tätig, u. a. als Gründer und Vorstandsvorsitzender der Burbach-Kaliwerke AG in Magdeburg. Die Bergakademie Clausthal verlieh ihm die Würde eines Dr. ing. h. c. und die Universität Freiburg den Dr. rer. pol. h. c.
Vermögen:	100.000 RM, 1947: 151.500 RM (Wertpapiere) und ca. 49.000 RM
Zweck:	1. Prämien an Waisenkinder, die sich durch Fleiß und gutes Betragen ausgezeichnet haben (die Prämien sind auf der Sparkasse einzuzahlen und gelangen in der Regel erst nach Erlangung der Volljährigkeit zur Auszahlung),
	2. Berufsausbildung von Waisenkindern und Kindern, deren Eltern nicht in der Lage sind, die Kosten der Ausbildung zu bestreiten. Hierzu gehört nicht die Erstattung von Schulgeld und die Gewährung von Beihilfen für Studierende an Hochschulen,
	3. Gewährung von Beihilfen für Erholungskuren an solche Kinder,
	4. Abhaltung eines jährlichen Waisenfestes für die städtischen Vollwaisen,
	5. weitere Zwecke, die vom Kuratorium festgelegt werden
Verwaltung:	Magistrat/Wohlfahrtsamt
Darstellung:	Anlass für die Entstehung der Stiftung war der Tod der Ehefrau Marie Korte, geb. Burmeister (1862–1928). Im Jahr 1928 wurden Stipendien

Stiftungen in Magdeburg. Ein Verzeichnis

an 38 Studierende und Unterstützungen an weitere 28 Personen ausgereicht.

Im Jahre 1942 verfügte die Stiftung über Erträge in Höhe von ca. 99.000 RM. Ab 1947 erfolgte die Führung des Grundstockvermögens der Stiftung im Etat der (↗) Allgemeinen Stiftungsmittel. Die Stiftung dürfte im Zuge der Auflösung der (↗) Allgemeinen Stiftungsmittel im Jahre 1954 aufgelöst worden sein.

Quellen:	LASA, C 28 I Ie, Nr. 1706, StAM, Rep. 13, A I. 375, A I. 504, A I. 626, A I. 759, A I. 778, A I. 887, A I. 914, A I. 1017, A I. 1146; Rep. 41, 863
Literatur:	Anlage zum Haushaltsplan 1941; Bornemann, Gerhard Korte, in: MBL, S. 377; Verwaltungsbericht 1928/1929, 1936 und 1937
Bemerkungen:	rechtsfähige Stiftung des bgl. Rechts; (↗) Nr. 145

Lutz Miehe

250. Karl Kost'sche Stiftung

Errichtet:	1906
Stifter:	Karl Kost, Geh. Regierungsrat, Wiesbaden
Vermögen:	1910: 56.579,53 M
Zweck:	1. Neun Zehntel des Ertrages gehen an Personen, die nachweisen, dass sie mit dem Stifter in einem verwandtschaftlichen Verhältnis stehen. 2. Das restliche Zehntel „hat der Stifter der Stadt überlassen, um das Stipendium an ortsansässige Personen auszuzahlen".
Verwaltung:	Magistrat
Darstellung:	Der Etat der Stiftung betrug im Jahre 1917 ca. 2.300 M.
Quellen:	LASA, C 28 I Ie, Nr. 1625, 1704; StAM, Rep. 18[4], A 8; Nachweisung 1910; Wohlfahrtseinrichtungen
Literatur:	Adressbuch 1920, S. 27; Bericht über die Verwaltung 1908/1909, 1919/1920, Teil 2 sowie 1920/1921, Teil 2
Bemerkungen:	rechtsfähige Stiftung des bgl. Rechts

Lutz Miehe

251. Gertrud Kralle-Stiftung für kirchliche Armenpflege

Errichtet:	1907
Stifter:	k. A.
Vermögen:	1.000 M
Zweck:	Unterstützung von Armen

Verwaltung:	GKR der ev. KG St. Ambrosius (Sudenburg); Verteilung durch den ersten Pfarrer
Darstellung:	k. A.
Quellen:	Nachweisung 1910; Wohlfahrtseinrichtungen
Literatur:	Adressbuch 1920, S. 29
Bemerkungen:	auch: Gertrud Kralle-Stiftung

Lutz Miehe

252. KRAMER-LEGAT

Errichtet:	(Testament)
Stifter:	Kramer, Kaufmann
Vermögen:	1.000 Tlr.
Zweck:	Gewährung von Gehaltszulagen für die Prediger von Heilig-Geist
Verwaltung:	GKR der ev. KG Heilig-Geist
Darstellung:	Nach Angaben der Stadt aus dem Jahre 1937 existierte damals die Stiftung noch.
Quellen:	Vorl. Liste, Kreis XV, Nr. 76; LASA, C 28 II, Nr. 7337, 7585
Literatur:	k. A.
Bemerkungen:	k. A.

Lutz Miehe

253. KREBS'SCHES LEGAT

Errichtet:	(Testament)
Stifterin:	Adelheid Krebs († 23. März 1863)
	Die Stifterin war unverheiratet.
Vermögen:	300 Tlr., 1910: 907,78 M
Zweck:	1. Instandhaltung eines Familiengrabes,
	2. Überschuss für eine bedürftige alte Frau der St.-Jacobi-Gemeinde
Verwaltung:	GKR der ev. KG St. Jacobi
Darstellung:	k. A.
Quellen:	Nachweisung 1910; Wohlfahrtseinrichtungen
Literatur:	Adressbuch 1920, S. 29; Bock, Nachtrag, S. 397; Meyer/Schneidewin, Wohlfahrtseinrichtungen, S. 45
Bemerkungen:	Die Stifterin vermachte auch dem Kloster St. Augustini eine Familienpräbende in Höhe von 1.000 Tlr.

Lutz Miehe

254. LOTHAR-KREYSSIG-FRIEDENSPREIS

Errichtet:	18. August 1999
Stifter:	Ev. Kirchenkreis Magdeburg
Vermögen:	k. A.
Zweck:	Würdigung und Förderung von Friedens- und Versöhnungsarbeit von Personen und Gruppen. Durch die Vergabe des Preises soll solche Arbeit besonders im Blick auf jüd. Menschen und die ost- und südosteuropäischen Nachbarn und Kirchen gewürdigt werden. Kuratorium (Vorsitzender ist der jeweilige Superintendent des Kirchenkreises Magdeburg) und ein vom Kuratorium gewählter Vorstand. Dem Kuratorium gehören neben Vertretern des Kirchenkreises, des Ökumenischen Arbeitskreises für Gerechtigkeit, Frieden und Bewahrung der Schöpfung und der Landeshauptstadt Magdeburg auch ein Mitglied der Familie Kreyssig an sowie Vertreter der Aktion Sühnezeichen/Friedensdienste e. V., der EKM und des Bistums Magdeburg.
Darstellung:	Dr. Lothar Kreyssig (1898–1986) ist ein Beispiel für gelebte Zivilcourage in der NS-Zeit sowie in seinem späteren Wirken nach 1945 in der DDR. Er setzte sich in seiner Funktion als Vormundschaftsrichter in Brandenburg während der Zeit des Nationalsozialismus offen für seine Mündel in Anstalten ein und verhinderte so, dass seine Schutzbefohlenen aus ihren Pflegeanstalten verlegt und ermordet wurden. 1946 wurde er durch Bischof Dr. Otto Dibelius als Konsistorialpräsident nach Magdeburg berufen und 1947 zum Präses der Provinzialsynode gewählt. Sein besonderes Verdienst ist die Gründung der Aktion Sühnezeichen im Jahre 1958, deren Ziel bis heute die gemeinsame Arbeit junger Deutscher und ausländischer Jugendlicher in durch NS-Deutschland überfallenen Ländern und in Israel ist. Diesem Vermächtnis folgend wird seit 1999 durch die Stiftung alle zwei Jahre der mit 3.000 Euro dotierte Lothar-Kreyssig-Friedenspreis vergeben. Die Stiftung ist im Stiftungsverzeichnis des Landes Sachsen-Anhalt unter der Nr. MD-11741-047 registriert.
Quellen:	Registratur der Superintendentur Magdeburg
Literatur:	Kramer, Lothar Ernst Paul Kreyssig, in MBL, S. 389f.
Bemerkungen:	rechtsfähige kirchliche Stiftung des bgl. Rechts

Beate Seibert/Christoph Volkmar

255. Krüger'sche Armenstiftung

Errichtet:	31. März 1734 (Testament)/15. August 1738 (Genehmigung)
Stifterin:	Anna Sophie Krüger, geb. Böttcher, Bierbrauer-Wwe.
Vermögen:	2.200 Tlr., 1910: 14.258,99 M
Zweck:	Nach Berghauer erhielt Ende des 18. Jh. jede unterstützte Person ein Buch, welches sie zu ihrer Legitimation „immer zur Austheilung mitbringen muß. Jeder Theilnehmer erhält jährlich mindestens 2 Tlr.".
	Ende des 19. Jh. wurden am Sophien- und am Andreastage die Zinsen an Hausarme der Katharinen-, Johannis- und Jacobi-Gemeinde, mit „Ausschluss allen liederlichen Gesindes, der Ammen, Muhmen usw.", in der Weise verteilt, dass jeder Empfänger an beiden Verteilungstagen je 3 M erhielt.
Verwaltung:	GKR der ev. KG St. Katharinen
Darstellung:	Ende des 18. Jh. erfolgte die Auszahlung der Gelder unter Anwesenheit des Stadtsyndikus. Im Jahre 1809 betrug die Unterstützung jeweils einen Tlr. bzw. zwölf Gr.; von den 85 am Johannistag Unterstützten waren 68 Wwen. Im Jahre 1812 entnahm die Stadt dem Grundstockvermögen der Stiftung Geld, um die Schulden des Armenhauses zu finanzieren. Das Geld sollte in späteren Jahren zurückgezahlt werden. Bock teilt mit, dass vom Stiftungskapital „in früheren Zeiten einiges verloren gegangen" sei. Im Jahre 1858 leistete die Stiftung Unterstützungen in Höhe von 172 Tlr.
	Das RP Magdeburg teilte der Stadt im Jahre 1883 mit, dass diese Stiftung „unzweifelhaft selbständig" sei. Dem widersprach die Stadtverwaltung.
Quellen:	LASA, C 28 I Ie, Nr. 1573, 1616; StAM, Rep. A I, P 186, R 192, S 555 (Testament), W 220; Rep. A II, S 20 spec. 21b, S 20 spec. 32a Bde. 1, 2 und A 48 spec. 1 Bd. 1, 2; Rep. 10 J, 16, 21; Nachweisung 1910; Wohlfahrtseinrichtungen
Literatur:	Adressbuch 1920, S. 29; Berghauer, Magdeburg, Bd. 1, S. 290, Bd. 2, S. 175; Bock, Armenwesen, S. 101, 335; von Dietze/Hunsdieck-Nieland, Stiftungen, S. 178; Hermes/Weigelt, Handbuch, S. 18; Meyer/Schneidewin, Wohlfahrtseinrichtungen, S. 45; Oppermann, 1831–1840, S. 76; Rauer, Landbuch, S. 404f.
Bemerkungen:	auch: Krüger'sche Armen-Stiftung;
	rechtsfähige Stiftung des bgl. Rechts
	Die Stiftung ist vermutlich mit der Armenstiftung identisch, deren Existenz die Katharinengemeinde 1938 an das Konsistorium meldete.

Lutz Miehe

256. Krümmel-Stolberg-Stiftung

Errichtet:	k. A.
Stifter:	k. A.
Vermögen:	ca. 43.000 M
Zweck:	k. A.
Verwaltung:	Stadtverwaltung
Darstellung:	Die Stadt teilte dem RP im März 1922 mit, dass „am Schlusse des Jahres 1919" die Stiftung noch nicht bestanden habe. Die Stadt legte die Stiftung im Jahre 1923 mit ca. 180 weiteren unselbständigen Stiftungen zum (↗) Allgemeinen Stiftungsfonds zusammen.
Quellen:	LASA, C 28 I Ie, Nr. 1625
Literatur:	Bericht über die Verwaltung 1920/1921, Teil 2
Bemerkungen:	unselbständige Stiftung

Lutz Miehe

257. Deutsches Zentrum Kulturgutverluste

Errichtet:	1. Januar 2015
Stifter:	Bund, Länder, kommunale Spitzenverbände
Vermögen:	k. A.
Zweck:	Förderung von Kunst und Kultur, Wissenschaft und Forschung im Hinblick auf Kulturgutverluste sowie die damit zusammenhängende Förderung des internationalen Austauschs, der Toleranz und des Völkerverständigungsgedankens
Verwaltung:	Vorstand, bestehend aus bis zu zwei Mitgliedern
Darstellung:	Die Stiftung ist im Stiftungsverzeichnis des Landes Sachsen-Anhalt unter der Nr. LSA-11741-277 registriert.
Quellen:	k. A.
Literatur:	k. A.
Bemerkungen:	rechtsfähige Stiftung des bgl. Rechts

Lutz Miehe

258. KulturStiftung FestungMark

Errichtet:	9. Juli 2005
Stifter:	305 Stifterinnen und Stifter
Vermögen:	k. A.
Zweck:	1. die Förderung des studentisch-kulturellen Lebens in Magdeburg, 2. die Förderung der Sanierung der Festung Mark,

              3. die Förderung des Erhalts der Festung Mark als denkmalgeschütztes
              Gebäude und des Betriebs der Festung Mark,
              4. die Förderung von Kunst und Kultur in der Festung Mark sowie
              5. die Sammlung von Mitteln zur Verwirklichung des Zwecks
Verwaltung: Vorstand, bestehend aus drei Mitgliedern
Darstellung: Die Stiftung ist im Stiftungsverzeichnis des Landes Sachsen-Anhalt
              unter der Nr. LSA-11741-171 registriert.
Quellen: k. A.
Literatur: k. A.
Bemerkungen: rechtsfähige Stiftung des bgl. Rechts

Lutz Miehe

259. KULTURSTIFTUNG KAISER OTTO

Errichtet: 16. April 2003
Stifter: Landeshauptstadt Magdeburg und Stadtsparkasse Magdeburg
Vermögen: k. A.
Zweck: Förderung, Erhalt und Entwicklung der kulturellen Vielfalt in der Stadt
              sowie dauerhafte Bekanntmachung Magdeburgs als europäische Metropole des Mittelalters
Verwaltung: Vorstand, bestehend aus drei Mitgliedern, beaufsichtigt von einem Kuratorium; die Geschäftsführung wird von der Direktorin der Magdeburger Museen wahrgenommen
Darstellung: Die Stiftung wurde in Folge der Europaratsausstellung „Otto der Große, Magdeburg und Europa" (2001) gegründet, um aus der Perspektive der neuen Bundesländer heraus einen Beitrag zur inneren Einheit Deutschlands und Europas zu leisten sowie Magdeburgs Rolle in der europäischen Geschichte bekannter zu machen. Dieses Ziel verfolgt die Stiftung insbesondere durch die Auslobung des Kaiser-Otto-Preises der Landeshauptstadt Magdeburg, der seit 2005 alle zwei Jahre mit einem Festakt im Magdeburger Dom an Persönlichkeiten verliehen wird, die sich um die Förderung des europäischen Gedankens verdient gemacht haben. Die Stiftung ist im Stiftungsverzeichnis des Landes Sachsen-Anhalt unter der Nr. MD-11741-070 registriert.
Quellen: k. A.
Literatur: Festschrift Iohannis
Bemerkungen: rechtsfähige Stiftung des bgl. Rechts

Lutz Miehe/Christoph Volkmar

260. Stiftung Kunst und Kultur Stadtsparkasse Magdeburg

Errichtet:	30. Dezember 1997
Stifter:	Stadtsparkasse Magdeburg
Vermögen:	k. A.
Zweck:	Förderung und Unterstützung von Kunst und Kultur im Sprengel der Stadtsparkasse Magdeburg
Verwaltung:	Vorstand, bestehend aus drei Mitgliedern
Darstellung:	Der Zweck wird insbesondere durch Auslobung von Preisen, Vergabe von Stipendien, Ausstellungen, Workshops, Ankauf von Kunstwerken, die damit der Allgemeinheit zugänglich werden, Förderung kultureller Veranstaltungen und Einrichtungen verwirklicht. Die Stiftung ist im Stiftungsverzeichnis des Landes Sachsen-Anhalt unter der Nr. MD-11741-043 registriert.
Quellen:	k. A.
Literatur:	k. A.
Bemerkungen:	rechtsfähige Stiftung des bgl. Rechts

Lutz Miehe

261. Laass'sche Stiftung

Errichtet:	21. März 1758 (Testament)
Stifter:	Johann Heinrich Laaß († 1758)
Vermögen:	500 Tlr., 1822: 300 Tlr., 1910: 900 M
Zweck:	Weihnachtsgabe an betagte Bürgerinnen und Bürger in Sudenburg
Verwaltung:	Bürgermeister von Sudenburg (später ältester Bezirksvorsteher), Pfarrer und Kantor bzw. Küster der ev. KG St. Ambrosius
Darstellung:	Nach Angaben von Oppermann unterstützte die Stiftung im Jahre 1824 Arme im Umfang von 15 Tlr. 20 Gr. Die Stiftung existierte mindestens bis Ende 1922.
Quellen:	StAM, Rep. A II, S 20 spec. 32a Bde. 1, 2; AKPS, Rep. J 3, Nr. 378; Nachweisung 1910; Wohlfahrtseinrichtungen
Literatur:	Adressbuch 1920, S. 27; Bericht über die Verwaltung 1908/1909; Bock, Nachtrag, S. 386; von Dietze/Hunsdieck-Nieland, Stiftungen, S. 180; Oppermann, Siebente Nachricht, S. 128; Rauer, Landbuch, S. 413
Bemerkungen:	auch: Laaß'sches Legat

Lutz Miehe/Margit Scholz

262. Laass'sche Armen-Stiftung

Errichtet:	26. Oktober 1856 (Testament)
Stifter:	August Jakob Friedrich Laaß († 23. Februar 1857 in Buenos Aires), Gutsbesitzer
Vermögen:	1.000 Tlr., 1910: 3.275,68 M
Zweck:	Unterstützung von armen Bürgern im Stadtteil Sudenburg, jährlich am 1. November, dem Geburtstag des Stifters
Verwaltung:	Magistrat/Armendirektion/Wohlfahrtsamt
Darstellung:	Noch im Jahre 1895 stufte die Stadt die Stiftung als selbständige Stiftung ein, später wurde sie als unselbständige Stiftung geführt. Die Stadt legte die Stiftung im Jahre 1923 mit ca. 180 weiteren unselbständigen Stiftungen zum (↗) Allgemeinen Stiftungsfonds zusammen.
Quellen:	LASA, C 28 I Ie, Nr. 1625; C 28 Ie Gen, Nr. 198; StAM, Rep. A II, S 20 spec. 32a Bde. 1–3; Rep. 8, W. II 3; Rep. 18[4], A 8; Nachweisung 1910
Literatur:	Adressbuch 1920, S. 27; Bericht über die Verwaltung 1908/1909; Bock, Nachtrag, S. 387; von Dietze/Hunsdieck-Nieland, Stiftungen, S. 180; Meyer/Schneidewin, Wohlfahrtseinrichtungen, S. 50
Bemerkungen:	auch: Laaß'sche Stiftung; unselbständige Stiftung

Lutz Miehe

263. Hermann Laass-Stiftung

Errichtet:	1909
Stifter:	Hermann Laaß, Fabrikbesitzer und Stadtrat
	Der Stifter war der Eigentümer der Hermann L. & Co., Maschinenfabrik und Eisengießerei (Dampfmaschinen- u. Lokomobilien-Fabrik) Neustadt. Er engagierte sich seit Ende des 19. Jh. für gemeinnützige Zwecke.
Vermögen:	1917: 61.009 M
Zweck:	Förderung des geistigen und leiblichen Wohls der arbeitenden Bevölkerung
Verwaltung:	Magistrat/Kämmereikasse
Darstellung:	Die Erträge sollten zunächst kumuliert werden, um das Vermögen der Stiftung zu erhöhen. Im Jahre 1917 betrugen die Erträge 2.478 M.
Quellen:	LASA, C 28 I Ie, Nr. 1681; StAM, Rep. A III, 31.1h Bd. 1; Rep. 18[4], A 8
Literatur:	Bericht über die Verwaltung 1919/1920, Teil 2 und 1920/1921, Teil 2
Bemerkungen:	auch: Stadtrat Hermann Laaß'sche Stiftung; rechtsfähige Stiftung bgl. Rechts

91 Werbeanzeige von Hermann Laaß & Co. im Magdeburger Adressbuch von 1878

In Magdeburg gibt es eine Laaßstraße und eine Hermann Laaß-Brücke im Rotehornpark (Adolf-Mittag-See), die er selbst stiftete.

Lutz Miehe

264. LANG'SCHES LEGAT

Errichtet:	1893
Stifterin:	Clara Lang
Vermögen:	1910: 1.038 M
Zweck:	Unterstützung von armen Gemeindegliedern der Ulrichsgemeinde
Verwaltung:	GKR der ev. KG St. Ulrich und Levin
Darstellung:	In der Meldung der Ulrichsgemeinde an das Konsistorium von 1938 wird das Lang'sche Legat nicht mehr geführt.
Quellen:	Nachweisung 1910; Wohlfahrtseinrichtungen
Literatur:	Adressbuch 1920, S. 29
Bemerkungen:	k. A.

Lutz Miehe

265. LANGE-STIFTUNG

Errichtet:	1913 (Testament)
Stifter:	Otto Lange, Kaufmann
Vermögen:	1919: 505 M
Zweck:	Prämien für zwei Schüler des Realgymnasiums
Verwaltung:	Magistrat/Kämmereikasse
Darstellung:	Die Stadt legte die Stiftung im Jahre 1923 mit ca. 180 weiteren unselbständigen Stiftungen zum (↗) Allgemeinen Stiftungsfonds zusammen.
Quellen:	StAM, Rep. A III, 31.1h Bd. 1; Rep. 18⁴, A 8.
Literatur:	Bericht über die Verwaltung 1919/1920, Teil 2 und 1920/1921, Teil 2
Bemerkungen:	auch: Kaufmann Otto Lange-Schulstiftung; unselbständige Stiftung

Lutz Miehe

266. LANGE-RIEHLE STIFTUNG

Errichtet:	1925
Stifter:	k. A.
Vermögen:	k. A.
Zweck:	Urlaubsgeld an Angestellte der IHK

Verwaltung:	IHK
Darstellung:	Die Stiftung wurde im Januar 1953 von der IHK beim RdB angemeldet. In diesem Zusammenhang wurde mitgeteilt, dass die Stiftung vermögenslos sei und ihre Zwecke nicht mehr erfüllen könne. Eine Satzung sei nicht vorhanden. Die Stiftung wurde am 29. September 1954 durch den RdSt wegen „Vermögenslosigkeit" aufgelöst.
Quellen:	LASA, M1, Nr. 1528, 1530, 1532
Literatur:	von Dietze/Hunsdieck-Nieland, Stiftungen, S. 181
Bemerkungen:	rechtsfähige Stiftung des bgl. Rechts

Lutz Miehe

267. Langensiepen'scher Unterstützungsfonds

Errichtet:	1908
Stifter:	Karl Ferdinand Richard Langensiepen (1854–1920), Fabrikant
	Der Stifter war aus Bielefeld nach Magdeburg gekommen und hatte 1873 in Buckau eine Maschinenbaufabrik eingerichtet. Hier war er nicht nur wirtschaftlich erfolgreich, sondern konnte durch Heirat einer der Töchter des Unternehmers Christian Friedrich Budenberg auch gesellschaftlich Anschluss an die einflussreichsten Kreise der Stadt gewinnen.
Vermögen:	1910: 8.721,62 M
Zweck:	Unterstützung arbeitsunfähiger Personen der ehemaligen Langensiepen'schen Fabrik
Verwaltung:	Magistrat/Armendirektion
Darstellung:	Es handelte sich um den Restbestand der Fabrikkrankenkasse der Fa. L.

92 Briefkopf der Firma Rich. Langensiepen, 1900: Heute befindet sich in einem Teil des Gebäudes in der Freien Straße ein Autohaus

	Die Eisen- und Metallgießerei wurde 1904 nach Sankt Petersburg verlegt. Die Stadt legte die Stiftung im Jahre 1923 mit ca. 180 weiteren unselbständigen Stiftungen zum (↗) Allgemeinen Stiftungsfonds zusammen. Heute befindet sich auf dem ehemaligen Fabrikareal in der Freien Straße 2 im Stadtteil Buckau ein Autohaus.
Quellen:	LASA, C 28 I Ie, Nr. 1625; StAM, Rep. 18[4], A 8; Wohlfahrtseinrichtungen
Literatur:	Adressbuch 1920, S. 27; Bericht über die Verwaltung 1908/1909
Bemerkungen:	unselbständige Stiftung; (↗) auch Nr. 63

Lutz Miehe

268. OSKAR LATTEY-STIFTUNG

Errichtet:	nach 1918
Stifter:	Oskar Lattey, Holzhändler
Vermögen:	10.000 M
Zweck:	Unterstützung würdiger und bedürftiger Kriegsbeschädigter und solcher Personen, die durch den Krieg wirtschaftlich gelitten haben, in erster Linie Beamte oder frühere Beamte der Handelskammer sowie deren Angehörige und bei deren Nichtvorhandensein Magdeburger Kaufleute und deren Angehörige
Verwaltung:	IHK
Darstellung:	Die Stiftung wurde im Januar 1953 von der IHK beim RdB angemeldet. In diesem Zusammenhang wurde mitgeteilt, dass die Stiftung vermögenslos sei und ihre Zwecke nicht mehr erfüllen könne. Eine Satzung sei nicht mehr vorhanden. Die Stiftung wurde am 29. September 1954 durch den RdSt aufgelöst.
Quellen:	LASA, M1, Nr. 1528, 1530, 1532, 8358/7
Literatur:	Adressbuch 1920, S. 28; von Dietze/Hunsdieck-Nieland, Stiftungen, S. 204; Tradition und Innovation, S. 370
Bemerkungen:	auch: Oscar-Lattey-Stiftung; rechtsfähige Stiftung des bgl. Rechts

Lutz Miehe

269. Laubel-Legat „Für die Walloner Kirche"

Errichtet:	28. November 1815 (Testament)/1828
Stifter:	Johann Casper Laubel (1752–1820) und Ehefrau Rachel Elisabeth, geb. Erhardt
Vermögen:	400 Tlr.
Zweck:	Unterstützung der wallon.-ref. Gemeinde
Verwaltung:	Presbyterium der wallon.-ref. Gemeinde
Darstellung:	Das Ehepaar hatte offenbar keine Kinder. Das Geld sollte „drei Monate nach dem Tod oder anderweitiger Verheiratung meiner Ehegattin bezahlt werden […]." Im Jahr 1828 (!) beantragte die wallon.-ref. Gemeinde bei der Kgl. Regierung die Annahme des Legates.
	Nach Angaben der Stadt aus dem Jahre 1937 existierte damals die Stiftung noch, habe aber keinen bestimmten Zweck verfolgt. In der „Vorläufigen Liste" der in Sachsen-Anhalt bestehenden Stiftungen aus dem Jahre 1947 wurde die Stiftung mit „erloschen" charakterisiert.
Quellen:	Vorl. Liste, Kreis XV, Nr. 79; LASA, C 28 II, Nr. 7337, 7604; C 129, Nr. 1257
Literatur:	Bode, Urkundliche Nachrichten, S. 165
Bemerkungen:	In seinem Legat bestimmte der Stifter zudem
	600 Tlr. für das Wallonisch-reformierte Waisenhaus,
	100 Tlr. für das Deutsch-reformierte Waisenhaus sowie
	100 Tlr. für das Augustinerkloster.

Lutz Miehe

270. Laue-Legat „Für Heilig-Geist-Kirche"

Errichtet:	k. A.
Stifter:	evtl. August Peter Laue, Brauer
Vermögen:	k. A.
Zweck:	für die KG Heilig-Geist
Verwaltung:	GKR der ev. KG Heilig-Geist
Darstellung:	Nach Angaben der Stadt aus dem Jahr 1937 existierte damals die Stiftung noch.
Quellen:	Vorl. Liste, Kreis XV, Nr. 81; LASA, C 28 II, Nr. 7337
Literatur:	k. A.
Bemerkungen:	(↗) Nr. 271 und Nr. 272

Lutz Miehe

271. Laue-Legat „Für Kloster St. Augustini"

Errichtet:	1818
Stifter:	August Peter Laue, Brauer
Vermögen:	1.000 Tlr.
Zweck:	Unterstützung der Speisung der im Kloster St. Augustini lebenden Armen und Präbendaten am 2. Juli, dem Sterbetag seiner Frau Johanne Katharine, geb. Leonhardt
Verwaltung:	Magistrat als Verwalter des Klosters St. Augustini
Darstellung:	In der Mitte des 19. Jh. wurden 45 Tlr. der Erträgnisse aus dem Grundstockvermögen der Stiftung für die Speisung der Präbendaten eingesetzt. Im Anschluss an die „Festspeisung" wurden die Präbendaten, so Bock, mit einem Dampfschiff „unter Musikbegleitung" zum Herrenkrug gefahren und dort zunächst mit Kaffee und Kuchen, am Abend „mit Butterbrod und kaltem Braten, Bier und Tabak bewirthet". Anschließend seien die Personen wieder zurückgefahren worden. Die Kosten hierfür seien von der Klosterkasse getragen worden.
Quellen:	k. A.
Literatur:	Bock, Armenwesen, S. 180
Bemerkungen:	(↗) Nr. 270 und Nr. 272

Lutz Miehe

272. Laue-Legat „Für St. Johannis"

Errichtet:	evtl. August Peter Laue, Brauer
Stifter:	k. A.
Vermögen:	k. A.
Zweck:	für die Johannisgemeinde
Verwaltung:	GKR der ev. KG St. Johannis
Darstellung:	Nach Angaben der Stadt aus dem Jahr 1937 existierte damals die Stiftung noch.
Quellen:	Vorl. Liste, Kreis XV, Nr. 80
Literatur:	k. A.
Bemerkungen:	(↗) Nr. 270 und Nr. 271

Lutz Miehe

273. Hermann-Laue-Stiftung

Errichtet:	1913 (Testament)/1918 (Genehmigung)
Stifter:	Hermann Laue († 1917), Magdeburg

L. war kinderlos. Er vermachte dem (↗) Kloster St. Augustini 10.000 M. Die Stadt erhielt zudem 3.000 M zur Pflege des Grabes des Stifters.

Vermögen:	1920: 10.000 M
Zweck:	Unterstützung des Hilfsvereins für Blinde
Verwaltung:	Magistrat/Wohlfahrtsamt
Darstellung:	Die Stadtverordnetenversammlung genehmigte die Annahme der Schenkung unter Auflagen im Juli 1918. In der Begründung der Vorlage hieß es u. a., dass der Hilfsverein unmittelbar mit dem Wohlfahrtsamt zusammenarbeite.
	Die Stadt legte die Stiftung im Jahre 1923 mit ca. 180 weiteren unselbständigen Stiftungen zum (↗) Allgemeinen Stiftungsfonds zusammen.
Quellen:	LASA, C 28 I Ie, Nr. 1625; StAM, Rep. A III, 31.1f Bd. 4
Literatur:	Bericht über die Verwaltung 1919/1920
Bemerkungen:	unselbständige Stiftung

Lutz Miehe

274. Leckeny'sche Stiftung

Errichtet:	19. Januar 1795 (Testament)/4. Februar 1800 (Genehmigung)
Stifterin:	Wwe. Sophie Konkordia Leckeny, geb. Angern († 28. September 1807)
Vermögen:	16.000 Tlr., 1910: 67.760,95 M
Zweck:	Bewilligung von Pensionen an Witwen und vaterlose Töchter von Mitgliedern und wirklichen Sekretären des LG und der Regierung sowie von Doktoren der Medizin zu Magdeburg
Verwaltung:	LG Magdeburg
Darstellung:	Die unterstützungsberechtigten Wwen. sollten nicht mehr als 100 Tlr., die Töchter nicht mehr als 50 Tlr. festes Einkommen haben. Im Jahre 1858 war das Vermögen der Stiftung auf ca. 20.800 Tlr. angewachsen. Damals wurden vier Witwen und 13 Töchter unterstützt. Im Jahre 1939 betrug das Vermögen nach Mitteilung des Landgerichtspräsidenten 32.500 RM.
	Bis zu seinem Tode im April 1952 verwaltete der Justizamtmann Erich Wesche die Stiftung. Seine Wwe. Maria übergab die Unterlagen und das Sparkassenbuch mit einem Vermögen von 523,52 DM dem AG, welches die Akten dem RdB übergab. Im Jahre 1955 betrieb der RdB die Auflösung der Stiftung. Schließlich erarbeitete der RdSt einen Beschlussvorschlag, wonach die Stiftung im Sommer 1958 aufgelöst werden sollte. In der Begründung hieß es u. a., dass die Stiftung kein Vermögen mehr

habe und der Zweck „im direkten Widerspruch zu unserem Staat der Arbeiter und Bauern" stehe. Deshalb habe die „Erfüllung des Stiftungszwecks ihre Berechtigung verloren." Wann der Auflösungsbeschluss getroffen wurde, konnte nicht ermittelt werden.

Quellen: Vorl. Liste, Kreis XV, Nr. 82; GStA, I. HA Rep. 76, II Sekt. XI I, Nr. 25; Rep. 84a, Nr. 25770; LASA, M1, Nr. 1528, 1529; C 20 I Ib, Nr. 3618; C 28 I Ie, Nr. 1595; C 127, Nr. 644; ZG, 124.08; AKPS, Rep. A, Generalia, Nr. 1178 k; Nachweisung 1910; Wohlfahrtseinrichtungen

Literatur: Adressbuch 1920, S. 29; Bock, Armenwesen, S. 327; von Dietze/Hunsdieck-Nieland, Stiftungen, S. 181; Meyer/Schneidewin, Wohlfahrtseinrichtungen, S. 52; Rauer, Landbuch, S. 424 f.

Bemerkungen: rechtsfähige Stiftung des bgl. Rechts

Lutz Miehe

275. LECKENY-LEGAT „FÜR HEILIG-GEIST-KIRCHE"

Errichtet: 15. Mai 1827 (Testament)
Stifterin: Friedrich Johann Heinrich Leckeny († 26. Januar 1821), Kaufmann
Vermögen: 1.000 Tlr.
Zweck: Verbesserung des Einkommens des Pfarrers von Heilig-Geist
Verwaltung: GKR der ev. KG Heilig-Geist
Darstellung: Der Stifter hatte in diesem Testament ausdrücklich festgelegt, dass das Kapital „für immer fest stehen bleibt(,) und nur die Zinsen davon [...] verwendet werden." Nach Angaben der Stadt aus dem Jahre 1937 existierte die Stiftung damals noch. Demnach habe noch eine weitere Leckeny-Stiftung bestanden, die aber keine Zweckbestimmung gehabt habe.
Quellen: Vorl. Liste, Kreis XV, Nr. 83; LASA, C 28 I Ie, Nr. 1595; C 28 II, Nr. 7337, 7606; StAM, Rep. 10 J, 5, 28; Amtsblatt der Kgl. Regierung zu Magdeburg von 1840
Literatur: k. A.
Bemerkungen: rechtsfähige Stiftung des bgl. Rechts
Darüber hinaus vermachte der Stifter der Armenverwaltung 1.000 Tlr. Über das Schicksal dieses Vermächtnisses konnte bisher kein Detail ermittelt werden.

Lutz Miehe

276. Rudi Lehmann-Stiftung für tuberkulöse Kinder

Errichtet:	1938 (Testament)/19. November 1938 (Genehmigung)
Stifterin:	Luise Lehmann
Vermögen:	15.000 M
Zweck:	1. Unterstützung tuberkulöser Kinder,
	2. Grabpflege bis zum Jahre 1961
Verwaltung:	Stadtverwaltung
Darstellung:	Die Stiftung wurde im Gedenken an „unseren geliebten Rudi, der trotz größter Pflege dieser bösen Krankheit zum Opfer fiel, im Alter von 21 Jahren" errichtet. Es ist nicht ausgeschlossen, dass die Stadtverwaltung die Stiftung in den (↗) Allgemeinen Stiftungsfonds eingliederte.
Quellen:	LASA, C 28 I Ie, Nr. 1706
Literatur:	k. A.
Bemerkungen:	unselbständige Stiftung

Lutz Miehe

277. Leistungsprämienstock

Errichtet:	13. Juli 1944
Stifter:	Gauwirtschaftskammer Magdeburg-Anhalt
Vermögen:	1.762,97 RM
Zweck:	Belobigung „würdiger kaufmännischer Kaufleute"
Verwaltung:	IHK
Darstellung:	Die Gauwirtschaftskammer legte mehrere Stiftungen, die nach der Inflation ihre Zwecke nicht mehr erfüllen konnten, mit Ermächtigung des Reichswirtschaftsministers zu vier Stiftungen zusammen (↗ Unterstützungsstock für Gefolgschaftsmitglieder der Kammer, Unterstützungsstock für in Not geratene Kaufleute sowie Stock zur Hebung des Kaufmannsstandes). Das Vermögen der Stiftungen bestand aus Anleihen beim Reich und der Mitteldeutschen Landesbank, es wurde 1945 eingefroren. Die IHK beantragte im Jahre 1950 die Wertpapierbereinigung. Diese wurde abgelehnt, da die frühere Gauwirtschaftskammer als nationalsozialistische Organisation eingestuft wurde.
Quellen:	Vorl. Liste, Kreis XV, Nr. 16; LASA, M1, Nr. 1528
Literatur:	k. A.
Bemerkungen:	(↗) Nr. 485

Lutz Miehe

278. Leitner-Legat

Errichtet:	k. A.
Stifter:	Herr oder Frau Leitner
Vermögen:	1.500 M
Zweck:	für die Ambrosiusgemeinde in Sudenburg
Verwaltung:	GKR der ev. KG St. Ambrosius (Sudenburg)
Darstellung:	Die Stadt meldete die Stiftung im Jahre 1937 als existierend.
Quellen:	Vorl. Liste, Kreis XV, Nr. 84; LASA, C 28 II, Nr. 7337, 7865
Literatur:	k. A.
Bemerkungen:	k. A.

Lutz Miehe

279. Interessentengemeinde Lemsdorf

Errichtet:	k. A.
Stifter:	k. A.
Vermögen:	k. A.
Zweck:	k. A.
Verwaltung:	Magistrat/Kämmereikasse
Darstellung:	Die Stadt legte die Stiftung im Jahre 1923 mit ca. 180 weiteren unselbständigen Stiftungen zum (↗) Allgemeinen Stiftungsfonds zusammen.
Quellen:	StAM, Rep. A III, 31.1h Bd. 1
Literatur:	Bericht über die Verwaltung 1919/1920, Teil 2 und 1920/1921, Teil 2
Bemerkungen:	unselbständige Stiftung

Lutz Miehe

280. Liebau'sches Legat

Errichtet:	1879
Stifter:	Hermann Liebau (1831–1915)
	Der Stifter gründete 1860 eine Fa. zur Herstellung von Heiz- und Kochapparaten.
Vermögen:	1910: 100 M
Zweck:	Unterstützung von Bedürftigen
Verwaltung:	GKR der ev. KG St. Ambrosius (Sudenburg), Verteilung durch den Pfarrer
Darstellung:	k. A.
Quellen:	Nachweisung 1910; Wohlfahrtseinrichtungen

Literatur: Adressbuch 1920, S. 29; Meyer/Schneidewin, Wohlfahrtseinrichtungen, S. 45
Bemerkungen: k. A.

Lutz Miehe

281. Lieberoth'sches Legat

Errichtet: k. A.
Stifter: vermutlich August Lieberoth, Kaufmann aus Leipzig
K. war ehemaliger Schüler der Friedrichsschule.
Vermögen: k. A.
Zweck: k. A.
Verwaltung: Dt.-ref. Presbyterium
Darstellung: Die Stiftung wurde am 16. September 1949 – allerdings unter dem Namen „Liebert'sches Legat" – durch die Landesregierung von Sachsen-Anhalt im Zusammenhang mit dem zweiten Sammelbeschluss zur Auflösung nicht mehr lebensfähiger Stiftungen aufgelöst. Es ist nicht ausgeschlossen, dass das Protokoll des Auflösungsbeschlusses einen Schreibfehler enthält. Im handschriftlichen Entwurf der Liste der aufzulösenden Stiftungen wird an dieser Stelle das „Lieberoth'sche Legat" aufgeführt.
Quellen: LASA, K2, Nr. 661, 663
Literatur: k. A.
Bemerkungen: (↗) Nr. 451

Lutz Miehe

282. Liebich'sche Stiftung

Errichtet: 1856
Stifterin: Katharine Liebich, Wwe.
Vermögen: 200 Tlr., 1910: 1.109,70 M
Zweck: Unterstützung von kranken, hilfsbedürftigen Einwohnern im Stadtteil Neustadt
Verwaltung: Magistrat/Armendirektion/Wohlfahrtsamt
Darstellung: Die Stadt legte die Stiftung im Jahre 1923 mit ca. 180 weiteren unselbständigen Stiftungen zum (↗) Allgemeinen Stiftungsfonds zusammen.
Quellen: LASA, C 28 I Ie, Nr. 1625; StAM, Rep. A II, S 20 spec. 32c; Rep. 18[4], A 8; Nachweisung 1910; Wohlfahrtseinrichtungen

Literatur:	Adressbuch 1920, S. 27; Bericht über die Verwaltung 1908/1909; von Dietze/Hunsdieck-Nieland, Stiftungen, S. 184; Meyer/Schneidewin, Scheffer, Neustadt, S. 129; Wohlfahrtseinrichtungen, S. 62
Bemerkungen:	auch: Stiftung der Witwe Katharina Liebich; unselbständige Stiftung

Lutz Miehe

283. Pastor Dr. Liebscher'sche Stiftung

Errichtet:	28. November 1884
Stifter:	Dr. Carl Gustav Otto Liebscher (1819–1889), Pfarrer
	Der aus Brandenburg gebürtige Dr. L. war von 1849 bis 1884 Pfarrer in der Johannisgemeinde, seit 1875 als Oberpfarrer.
Vermögen:	300 M
Zweck:	Bekleidung eines Konfirmanden oder einer Konfirmandin der Johannisgemeinde (beginnend mit dem Palmsonntag 1886)
Verwaltung:	GKR der ev. KG St. Johannis
Darstellung:	Anlässlich seiner Emeritierung am 1. Dezember 1884 errichtete Pfarrer L. die nach ihm benannte Stiftung. Er verpflichtete darin seinen jeweiligen Nachfolger mit der Auswahl der würdigen Empfänger gemäß Stiftungszweck. Zugelassen waren auch schon zuvor von der KG ausgestattete Kinder, aber keine Empfänger von Leistungen der Stadt oder von Vereinen. Die Auswahl sollte von anderen kirchlichen Organen unbeeinflusst bleiben. Die Stiftung wurde dem Konsistorium 1938 von der Kirchengemeinde als existent gemeldet.
Quellen:	AKPS, Rep. A, Generalia, Nr. 1166 b; Rep. A, Spec. P, Nr. L 55; Rep. J 2, Nr. 134, 163, 167; Nachweisung 1910; Wohlfahrtseinrichtungen
Literatur:	Adressbuch 1920, S. 29; Pfarrerbuch, Bd. 5, S. 380; Meyer/Schneidewin, Wohlfahrtseinrichtungen, S. 11
Bemerkungen:	Die Stiftung wurde am 25. Dezember 1884 vom Konsistorium Magdeburg kirchenaufsichtlich genehmigt.

Margit Scholz

284. Pfarrer Liese-Stiftung

Errichtet:	1879
Stifter:	GKR der ev. KG St. Ulrich und Levin
Vermögen:	1.536,44 M, 1910: 2.091 M

Zweck:	1. Förderung des Andenkens an Pfarrer Liese,
	2. Unterstützung von „verschämten Armen" in der Ulrichsgemeinde, „die nicht zu den gewohnheitsmäßigen Almosenempfängern" gehören, und nur in solchen Fällen, wo „es sich um die Beseitigung voraussichtlich vorübergehender Notstände handelt"
Verwaltung:	GKR und Kirchenkassenrendant der ev. KG St. Ulrich und Levin
Darstellung:	Karl Ludwig Theodor Liese (1797–1886) war von 1819 bis 1878 Pfarrer in der Ulrichsgemeinde. Anlässlich seines 60. Amtsjubiläums und seines Eintritts in den Ruhestand am 7. September 1878 veranstaltete der GKR der Ulrichsgemeinde mit Genehmigung des RP eine Sammlung, um eine Stiftung zu seinem Andenken zu gründen. Zu seinen Lebzeiten sollte der Jubilar frei über die Auswahl der Begünstigten entscheiden. Danach ging die Entscheidung an den GKR über. Die Pfarrer hatten das Vorschlagsrecht. Seit 1879 wurden jährlich 50 M verteilt, die übrigen Zinsen dem Kapital zugeschlagen. Die Bedürftigen sollten jeweils zwischen 10 und 40 M erhalten.
Quellen:	AKPS, Rep. J 6, Nr. 364; Rep. A, Spec. P, Nr. L 71; Nachweisung 1910; Wohlfahrtseinrichtungen; Satzung gedruckt in: St. Ulrichs-Parochial-Blatt Jg. 22, Nr. 51 (21. Dezember 1878)
Literatur:	Adressbuch 1920, S. 29; von Dietze/Hunsdieck-Nieland, Stiftungen, S. 184; Meyer/Schneidewin, Wohlfahrtseinrichtungen, S. 45; Pfarrerbuch, Bd. 5, S. 382
Bemerkungen:	auch: Liese-Stiftung

Margit Scholz

285. EUGEN LINDE-STIFTUNG

Errichtet:	1918
Stifter:	Eugen Linde, Direktor der Magdeburgischen Lebensversicherung
Vermögen:	5.000 M, 1922: 10.000 M
Zweck:	Verschönerung der Orgel in der Johanniskirche durch ein Fernwerk sowie Verbesserungen an der Orgelempore
Verwaltung:	GKR der ev. KG St. Johannis
Darstellung:	Der Stifter war seit Mai 1897 Mitglied des GKR der Johannisgemeinde. Der 20-jährigen bzw. 25-jährigen Zugehörigkeit wollte er durch eine Stiftung gedenken. Das geplante Orgelfernwerk wäre das erste in der Provinz Sachsen gewesen. Da man während des Krieges nicht mit dem Beginn der Orgelarbeiten rechnen konnte, sollten die Zinsen zunächst

zum Kapital geschlagen werden. Am 2. Oktober 1922 stiftete L. weitere 5.000 M zu. Die Stiftung erlosch in der Inflationszeit.

Quellen:	AKPS, Rep. J 2, Nr. 135; Rep. A, Spec. G, Nr. A 748
Literatur:	k. A.
Bemerkungen:	unselbständige Stiftung

Margit Scholz

286. Linnicke-Stiftung

Errichtet:	1898 (Testament)
Stifter:	Robert Linnicke, Kaufmann
Vermögen:	zwei Legate: 100.000 M und rd. 60.000 M, 1920: 160.000 M
Zweck:	Unterstützung bedürftiger und verarmter Magdeburger Bürger jeder Konfession
Verwaltung:	Magistrat/Armendirektion
Darstellung:	Das erste Legat wurde nach dem Tode der Wwe. und das zweite Legat nach dem Tod dreier Rentenempfänger fällig. Dies war 1910 noch nicht der Fall.
Quellen:	StAM, Rep. A II, S 20 spec. 80; Rep. A III, 31.2 L 6, Bde. 1–6; Nachweisung 1910; Wohlfahrtseinrichtungen; Amtsblatt der Regierung zu Magdeburg 1860, S. 291
Literatur:	Adressbuch 1920, S. 27; Bericht über die Verwaltung 1908/1909; von Dietze/Hunsdieck-Nieland, Stiftungen, S. 184
Bemerkungen:	auch: Robert Linnicke-Stiftung; unselbständige Stiftung

Lutz Miehe

287. Lochte'sche Stiftung

Errichtet:	1901
Stifterin:	N. N., Witwe von Justizrat Dr. Lochte
Vermögen:	1910: 10.000 M
Zweck:	Unterhaltung einer Gemeindeschwester für die ev. KG Heilig-Geist
Verwaltung:	GKR der ev. KG Heilig-Geist
Darstellung:	Nach Angaben der Stadt habe die Stiftung 1937 noch existiert.
Quellen:	Vorl. Liste, Kreis XV, Nr. 85; LASA, C 28 II, Nr. 7337; Nachweisung 1910; Wohlfahrtseinrichtungen
Literatur:	von Dietze/Hunsdieck-Nieland, Stiftungen, S. 184

Bemerkungen: auch: Dr. Lochte-Legat;
rechtsfähige Stiftung des bgl. Rechts

Lutz Miehe

288. LOHMANN'SCHE STIFTUNG

Errichtet: 27. Mai 1902 (Testament)
Stifterin: Henriette Louise Lohmann, geb. Backhoff († 10. Dezember 1902)
Vermögen: 3.965,76 M
Zweck: 1. Pflege ihres Grabes und das ihres Sohnes über 30 Jahre,
2. anschließend Unterstützung der Armen der Paulusgemeinde in kleinen Beträgen, in erster Linie für erblindete Arme
Verwaltung: Zum Testamentsvollstrecker wurde Pfarrer Paul Kübitz (alternativ der Vorsitzende des GKR der ev. KG St. Paulus) bestimmt, die auch über die Auswahl der Bedürftigen und die Höhe der Zuwendungen entscheiden sollten.
Darstellung: Die blinde Wwe. H. L. L. erklärte die Paulusgemeinde in ihrem Testament zu ihrer Alleinerbin.
Quellen: AKPS, Rep. J 13, Nr. 66
Literatur: k. A.
Bemerkungen: unselbständige Stiftung

Margit Scholz

289. VON LOSSOW'SCHE FAMILIENSTIFTUNG

Errichtet: 1594 (Testament)
Stifter: Hans von Lossow auf Altenklitsche (1523–1605),
Landkomtur des Deutschen Ordens in der Ballei Sachsen
Der Stifter, der an zahlreichen Feldzügen u. a. gegen die Türken teilnahm, trat 1555 in den Dienst des Domkapitels Magdeburg, verwaltete als Hauptmann von Egeln dessen wichtigsten Landsitz und wurde 1605 im Dom beigesetzt, wo sein prachtvolles Renaissanceepitaph bis heute erhalten ist.
Vermögen: Großgrundbesitz über 100 ha mit Bauten;
Hypotheken, Altguthaben, 1939: 65.000 RM, 1951: 31.000 DM
Zweck: Studienstipendium vorrangig für die männlichen Nachkommen derer von Lossow, dann für die derer von Randau zu Zabakuck bzw. die derer zu Wust und Vieritz, später für Söhne adliger Familien in den ehemaligen Kreisen Jerichow I und II

Verwaltung:	Testamentsverwalter der Familie und Magdeburger Domkapitel
	1951: Vorstand in der Bundesrepublik
	1954: RdSt Genthin – Abt. Haushalt
Darstellung:	Das Archiv der Stiftung war nachweislich bereits 1680 beim Domkapitel angesiedelt. Die vom AG geführten Akten wurden im Jahre 1945 vernichtet. Nachweisbar ist, dass bis zum 5. November 1944 Erträge ausgezahlt wurden. Die Bestrebungen zur Auflösung der Stiftung sind seit Mai 1951 nachweisbar. Die damalige Hauptabteilung Justiz beim MP teilte mit, dass sowohl eine Aufhebung als auch eine Zweckänderung in Betracht komme. Sie empfahl die Zweckänderung. Diese Position teilte noch am 16. Oktober 1951 die Stiftungsbehörde im Büro des MP. Allerdings hatte zu diesem Zeitpunkt die Hauptabteilung Justiz ihre Position geändert. Bereits am 5. Oktober 1951 hatte sie argumentiert, dass der Zweck aufgrund der geänderten Bedingungen in der DDR das Gemeinwohl gefährde. „Eine Unterstützung von reaktionären Kräften des altdeutschen Junkertums bedeutete für das um Einheit und Frieden kämpfende Volk eine Gefahr." Da eine Stiftungsurkunde nicht vorhanden sei, könne so verfahren werden, als ob keine anfallsberechtigte Person benannt worden sei. Deshalb könne das Vermögen dem Ministerium für Volksbildung zur Verfügung gestellt werden. Nun änderte auch die Stiftungsbehörde ihre Position. Allerdings hatte man Bedenken, dass der in Westdeutschland lebende Stiftungsvorstand bei Bekanntwerden des Auflösungsbeschlusses die Stiftungsurkunde vorlegen könnte und den Nachweis erbringen würde, dass die Stiftung nicht das Gemeinwohl gefährde. Schließlich wurde entschieden, dass die Landesbodenkommission die Auflösung vorbereiten solle. Am 28. Dezember 1951 teilte diese – auftragsgemäß – dem MP mit, dass die Stiftung aufzulösen sei, da gemäß der Verordnung über die Bodenreform vom 3. September 1945 der gesamte Bodenbesitz des Adels über 100 ha zu enteignen war. Außerdem handele es sich „einwandfrei um eine Stiftung, die den Feudaladel gestützt und gefördert" habe.
	Bei der Anmeldung der Stiftung beim RdB teilte der Prokurator der Stiftung im Januar 1953 mit, dass das Stiftungsvermögen 98.161,42 DM betrage.
	Die Stiftung wurde zum 1. Juli 1954 durch Beschluss des RdSt vom 31. Mai 1954 aufgelöst und das Vermögen in Volkseigentum überführt.
Quellen:	Vorl. Liste, Kreis XV, Nr. 86; LASA, C 28 II, Nr. 7323a; C 127, Nr. 644; M1, Nr. 1528–1530; K2, Nr. 706; E 91; StAM, Rep. 18[4], Ra. 34; Rep. 41, 864

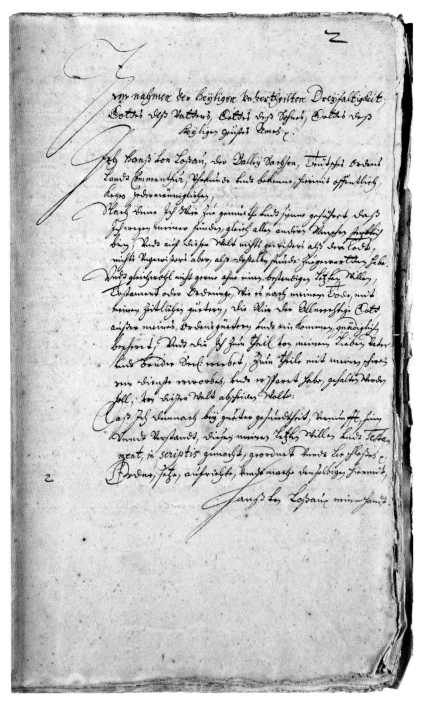

93 Erste Seite des Testaments Hans von Lossows vom 30. November 1595, Abschrift vom 30. November 1694

Literatur: Berghauer, Magdeburg, Bd. 2, S. 178; Brückner/Erb/Volkmar, Adels-
               archive, S. 334; von Dietze/Hunsdieck-Nieland, Stiftungen, S. 274; In-
               schriften der Stadt Magdeburg, S. 448–451 (Nr. 352); Zahn, Testament
               des Landkomturs, S. 226–237
Bemerkungen: rechtsfähige Stiftung des bgl. Rechts

Jörg Brückner/Lutz Miehe

290. Ludwig-Stipendium

Errichtet: k. A.
Stifter: k. A.
Vermögen: k. A.
Zweck: Stipendiumstiftung
Verwaltung: Magistrat
Darstellung: Nach Angaben der Stadt aus dem Jahre 1937 habe die Stiftung damals
                noch existiert. In der „Vorläufigen Liste" der in Sachsen-Anhalt beste-
                henden Stiftungen aus dem Jahre 1947 wurde die Stiftung mit „durch
                Inflation erloschen" charakterisiert.
Quellen: Vorl. Liste, Kreis XV, Nr. 87; LASA, C 28 II, Nr. 7337; StAM, Rep. 41, 867
Literatur: k. A.
Bemerkungen: auch: Ludwig'sches Stipendium auf dem Neumarkt in Halle

Lutz Miehe

291. Gustav Lücke-Familienstiftung

Errichtet: 1895
Stifter: Gustav Lücke (1826–1894), Kaufmann
                Die Familie betrieb seit dem 17. Jh. in Magdeburg eine Tuchhandlung.
Vermögen: 45.000,00 M, 1910: 64.320,60 M, 1946: 15.709,80 M
Zweck: 1. Unterstützung von Nachkommen des zu Egeln verstorbenen Großva-
                ters des Stifters (Kaufmann Andreas Lücke) sowie der Wwe. des Stifters
                (Ida Lücke, geb. Deneke) und deren Kinder und Geschwister,
                2. Instandhaltung der Gräber der Großeltern in Egeln,
                3. Unterstützung in Not geratener Einwohner Magdeburgs
Verwaltung: Magistrat in Gemeinschaft mit einem Familienrat, der aus drei Mitglie-
                dern der Familie Lücke besteht
Darstellung: 46,5 % der Erträge standen dem Familienrat zur sofortigen Zweckerfül-
                lung zur Verfügung, weitere 46,5 % der Erträge sollten so lange kapitali-
                siert werden, bis die Stiftung ein Grundstockvermögen von 90.000 M er-

reicht hatte. 5 % der Zinseinnahmen waren für wohltätige Zwecke vorgesehen. Die Erträge wurden wahrscheinlich auch eingesetzt, um Kindern Erholung zu gewähren. Die Stiftung verfügte im Jahre 1910 über einen Etat von 2.576 M. Angesichts der Reduzierung des Vermögens beantragte sie im Jahre 1931 eine Satzungsänderung, deren Zweck es war, bereits bei einem Vermögen von 30.000 M mit der Zweckerfüllung beginnen zu können. Dieser Antrag wurde genehmigt. Im Jahre 1937 verfügte die Stiftung über Erträge in Höhe von ca. 1.100 RM und 1942 über ca. 900 RM.

Die Stiftung wurde auf Antrag der Stadtverwaltung, die einen Auflösungsbeschluss des Stiftungsvorstandes nicht für nötig hielt, durch Beschluss der 33. Sitzung des Präsidiums der Provinz Sachsen am 8. November 1946 aufgelöst mit der Maßgabe, dass die noch vorhandenen Vermögenswerte der Stadt für karitative Zwecke zur Verfügung gestellt werden.

Quellen: LASA, M1, Nr. 1528; K2, Nr. 266, 476, 662; C 20 I Ib, Nr. 3634, Bd. XIV (enthält Satzung), Bd. XV; C 28 I Ie, Nr. 1664; StAM, Rep. 11 L, 1–3, 12 (Satzung), 32, 33, 45; Rep. 13, A I. 518, A I. 644, A I. 913, A I. 916, A I. 1026, A I. 1169; Rep. 18[4], A 3, A 8, Bü. 142; Rep. 41, 863, 865 (Satzung); Nachweisung 1910; Wohlfahrtseinrichtungen

Literatur: Adressbuch 1920, S. 27; Bericht über die Verwaltung 1908/1909, 1919/1920, Teil 2, 1920/1921, Teil 2 sowie 1937; von Dietze/Hunsdieck-Nieland, Stiftungen, S. 187; Meyer/Schneidewin, Wohltätigkeitseinrichtungen, S. 54

Bemerkungen: auch: Gustav Lücke'sche Familienstiftung
bzw. Gustav Lücke-Stiftung, Lücke'sche Stiftung;
rechtsfähige Stiftung des bgl. Rechts
Der Stifter vermachte der Stadt weitere 10.000 M zur Erweiterung des Museums und der (↗) Nr. 189 6.000 M für einen weiteren Heimplatz.
Die gedruckte Satzung der Stiftung enthält auch einen Abriss der Familiengeschichte seit dem 18. Jh.
Die Frau des Stifters errichtete die (↗) Nr. 292 und die (↗) Nr. 293.

Lutz Miehe

292. Ida Lücke-Heim

Errichtet: 1. April 1903
Stifterin: Ida Lücke, geb. Deneke (1838–1920)
Die Stifterin war das dritte Kind des Magdeburger Kaufmanns und Ehrenbürgers Carl Friedrich D. (1803–1877). 1856 heiratete sie den Kauf-

	mann Gustav Lücke (↗ Gustav Lücke-Familienstiftung). Die Ehe blieb kinderlos.
Vermögen:	100.000 M
Zweck:	Errichtung eines Heimes mit dem Zweck, alleinstehenden Damen der gebildeten Stände (z. B. „alleinstehende Damen, unverheiratete oder Witwen, z. B. Lehrerinnen oder in sonstigen Stellungen stehende Damen, oder an Witwen und Kinder […]"), deren Einkommen nicht mehr als 1.500 M beträgt, zu einem billigeren Mietzinse Wohnungen zur Verfügung zu stellen, wobei unter den Bewerberinnen eventuelle Nachkommen des Geh. Kommerzienrates Carl Deneke oder des Kaufmannes Carl Lücke (* 1794) bevorzugt werden sollen
Verwaltung:	Magistrat
Darstellung:	Nach der Errichtung der Stiftung stellte die Stadt auf dem Werder (Hubbestraße 2, heute: Hinter den Holzstrecken) einen Bauplatz für das Gebäude zur Verfügung. 1905 wurde das Heim mit 20 Wohnungen mit zwei und drei Zimmern inklusive Nebenräumen sowie eine Inspektorenwohnung seiner Bestimmung übergeben. Angesichts der geringen Mieten (zwischen 120 und 240 M jährlich) konnte es schon bald den Bedarf nicht mehr decken. Die Stifterin ergänzte deshalb die Satzung der Stiftung im Jahre 1913 dahingehend, dass die Antragstellerinnen mindestens 55 Jahre alt sein mussten. Im Jahre 1917 vermachte die Stifterin der Stadt zum Ausbau des Heimes weitere 50.000 M. Die Stadt erweiterte es daraufhin und förderte den Umbau mit 100.000 M. Im Jahre 1920 lebten etwa 50 Damen im Heim. Als eine der wenigen unselbständigen Stiftungen wurde die Stiftung im Jahre 1923 von der Stadt nicht in den (↗) Allgemeinen Stiftungsfonds überführt. Im Jahre 1937 bewohnten 14 Personen Stube, Kammer und Küche und sechs Personen zwei Stuben, Kammer und Küche. Das Heim wurde während des Zweiten Weltkrieges zu ca. 20 Prozent zerstört. Die Stiftungsverwaltung beim MP sprach im Oktober 1946 gegenüber der Stiftungsverwaltung angesichts der großen Flüchtlingsströme die Erwartung aus, „dass im Hinblick auf die Not der Umsiedler bei freiwerdenden Plätzen auch alte Frauen aus den Reihen der Umsiedler aufgenommen werden und eine starre Handhabung des § 3, der die Aufzunehmenden auf Magdeburgerinnen beschränkte, zurzeit nicht geübt wird." Mit Beschluss des RdSt vom 29. September 1954 wurde die Stiftung aufgelöst.
Quellen:	Vorl. Liste, Kreis XV, Nr. 3; Hauptliste, Kreis XV, Nr. 15; LASA, K2, Nr. 705; C 28 I Ie, Nr. 1625, 1689; StAM, Rep. 13, A I. 375, A I. 504, A I.

94 Das Ida Lücke-Heim, Aufnahme von 1927: In dem Gebäude, das noch heute das Erscheinungsbild wie zum Zeitpunkt der Errichtung hat, wohnen jetzt mehrere Familien

626, A I. 759, A I. 778, A I. 887, A I. 914, A I. 1017, A I. 1146; Rep. 18⁴, A 3, Ra. 37; Rep. 41, 107, 763, 764, 863, 864, 866 (Satzung), 867, 889, 903, 906; Nachweisung 1910

Literatur: Anlage zum Haushaltsplan 1941; Ballerstedt, Ida Louise Lücke, in: Labouvie, Frauen, Bd. 2, S. 297–299; Bericht über die Verwaltung 1919/1920, Teil 2, 1920/1921, Teil 2, Verwaltungsbericht 1936 und 1937; Magdeburgische Zeitung vom 31. März 1909

Bemerkungen: auch: Lücke-Stiftung;

unselbständige Stiftung

Die Stifterin errichtete weiterhin die (↗) Nr. 293 sowie das Gustav Lücke-Stift in Darlingerode, das von (↗) Nr. 42 betrieben wurde. Ihr Mann errichtete die (↗) Nr. 291.

Lutz Miehe

293. Ida Lücke-Stiftung

Errichtet: 23. Juni 1918/14. August 1918 (Genehmigung)

Stifterin: Ida Lücke (siehe Nr. 292)

Vermögen: 200.000 M, 1930: Aufwertung mit 17.370,35 M, 1946: 28.976,25 M

Zweck:	1. Pflege des Grabes des Ehepaares Lücke und weiterer Angehöriger der Familie auf dem Nordfriedhof,
	2. Unterstützung von Familienmitgliedern (Nachkommen des Geh. Kommerzienrates Carl Friedrich Deneke und seiner Gattin Ida, geb. Jaeger). Die zu gewährenden Unterstützungen der Familienmitglieder sollten mindestens 150 M, höchstens aber 1.500 M betragen.
Verwaltung:	Vorstand, bestehend aus dem OB und drei Nachkommen des Vaters der Stifterin, Karl Deneke, Verwaltung hatte die Kämmereikasse
Darstellung:	Die Stadt verwaltete die Familienstiftung für einen Betrag von jährlich 1.000 M. §7 der Satzung vom 14. August 1918 sah vor, dass die Stadt nach ihrem Ermessen diesen Ertrag für soziale Zwecke einsetzen sollte, allerdings sollten insbesondere „auch notleidende Mieterinnen des Ida Lücke-Heimes berücksichtigt werden."

Der Hauptteil der Erträge sollte nach dem Tod der Stifterin zum Erhalt ihrer Grabstelle eingesetzt werden. Die Erträge, die für die Grabpflege nicht benötigt wurden, sollten zunächst bis zu einer Höhe von 400.000 M akkumuliert werden. Sofern das Stiftungsvermögen diesen Betrag erreicht hatte, waren die Erträge zur Unterstützung von Familienangehörigen einzusetzen.

Die Stadt verkaufte – ohne die Familie zu informieren – im Frühjahr 1923 die Wertpapiere der Stiftung und legte das Vermögen bei der Sparkasse an. Hier wurde das Vermögen im Zusammenhang mit der Inflation wertlos. Deshalb kam es ab 1925 zu einer Auseinandersetzung zwischen der Stadt und der Familie Deneke. Im Ergebnis einigte man sich auf einen Vergleich, der eine Zahlung der Stadt an die Stiftung von 12.000 RM sowie Zinsen vorsah. Auf dieser Basis erfolgte am 24. Juni/16. August 1930 eine Satzungsänderung. Anschließend konnte die Stiftung ihre Tätigkeit wiederaufnehmen. Im Jahre 1941 erbrachte das Vermögen einen Ertrag von ca. 1.200 RM, von denen 550 RM zur Unterstützung von Familienangehörigen ausgegeben wurden.

Der RdSt beantragte am 14. August 1946 bei der Bezirksverwaltung der Provinz Sachsen die Aufhebung der Ida Lücke-Stiftung. Er begründete den Antrag mit dem Unvermögen der Stiftung, ihre Zwecke erfüllen zu können und der Tatsache, dass in Folge des Luftangriffs vom 16. Januar 1945 die Unterlagen zerstört und die Anschriften des Stiftungsvorstandes unbekannt seien. Ein Auflösungsbeschluss der Stiftung werde nicht für notwendig erachtet. Daraufhin hob der Präsident der Provinz Sachsen als Stiftungsaufsicht die Stiftung am 8. November 1946 auf.

Allerdings meldete der Verwalter die Stiftung im Februar 1953 beim RdB als bestehende Stiftung an und teilte u. a. mit, dass die Arbeit der Stiftung gegenwärtig lediglich ruhe. Daraufhin setzten die Bemühungen des RdB um eine (erneute) Auflösung der Stiftung ein, obwohl die Stiftung noch über ca. 29.500 M Vermögen verfügte und auch Familienmitglieder als potentielle Unterstützungsempfänger vorhanden waren. Im Mai 1955 verweigerten jene Familienmitglieder, die in der Bundesrepublik wohnten, ihre Zustimmung zu einem Beschluss zur Auflösung der Stiftung. Schließlich legte die „Rechtsstelle" des RdB fest, dass die Verwaltung der Stiftung vom Staat übernommen werde. Begründet wurde dieser Schritt mit § 6 der „Verordnung zur Sicherung von Vermögenswerten" vom 17. Juli 1952.

Am 10. Januar 1956 teilte die Stadt dem RdB mit, dass die Stiftung aufgelöst sei.

Quellen:	LASA, K2, Nr. 266, 476, 662; M1, Nr. 1528 (Satzung); StAM, Rep. A III, 31.1h Bd. 1; Rep. 13, A I. 518, A I. 644, A I. 913, A I. 916, A I. 1026, A I. 1169; Rep. 18[4], Bü. 142; Rep. 41, 863–865, 906; Rep. 44, Nr. 10
Literatur:	Ballerstedt, Ida Louise Lücke; Bericht über die Verwaltung 1919/1920, Teil 2 und 1920/1921, Teil 2 sowie 1937; Engelmann, Carl Friedrich Deneke, in: MBL, S. 129
Bemerkungen:	auch: Ida Lücke-Familienstiftung bzw. Ida Lücke'sche Familienstiftung; rechtsfähige Stiftung des bgl. Rechts

Die Stifterin errichtete weiterhin die (↗) Nr. 292, ihr Mann die (↗) Nr. 291.

Jörg Brückner/Lutz Miehe

294. LuOs 2020 Familienstiftung

Errichtet:	9. Dezember 2020
Stifter:	k. A.
Vermögen:	k. A.
Zweck:	Unterstützung und Förderung der Stifter, deren gemeinsame Kinder sowie die weiteren leiblichen Nachkommen (Stifterfamilie) in allen Lebenslagen ideel sowie materiell. Adoptiv- und Stiefkinder sind leiblichen gleichgestellt.
Verwaltung:	Vorstand
Darstellung:	Die Stiftung ist im Stiftungsverzeichnis des Landes Sachsen-Anhalt unter der Nr. LSA-11741-316 registriert.

Quellen: k. A.
Literatur: k. A.
Bemerkungen: rechtsfähige Stiftung des bgl. Rechts;
Familienstiftung

Lutz Miehe

295. FRIEDRICH UND MINNA LUTHER-GEDÄCHTNIS-STIFTUNG
Errichtet: 1908
Stifter: k. A.
Vermögen: 2.000 M
Zweck: Unterstützung von ein bis drei Handwerkerwitwen zu Weihnachten
Verwaltung: Magistrat/Armendirektion/Wohlfahrtsamt
Darstellung: Der Etat der Stiftung betrug im Jahre 1920 60 M. Die Stadt legte die Stiftung im Jahre 1923 mit ca. 180 weiteren unselbständigen Stiftungen zum (↗) Allgemeinen Stiftungsfonds zusammen.
Quellen: LASA, C 28 I Ie, Nr. 1625; StAM, Rep. 18[4], A 8; Nachweisung 1910; Wohlfahrtseinrichtungen
Literatur: Adressbuch 1920, S. 27; Bericht über die Verwaltung 1908/1909
Bemerkungen: unselbständige Stiftung

Lutz Miehe

296. HAUPTVEREIN DER DEUTSCHEN LUTHER-STIFTUNG ZU MAGDEBURG
Errichtet: 10. November 1883
Stifter: Sammlung anlässlich des 400. Geburtstages von Martin Luther
Vermögen: 1910: 446,26 M
Zweck: Unterstützung von Kindern ev. Konfession in Magdeburg-Neustadt
Verwaltung: Magistrat/Armendirektion
Darstellung: Bei der Mitteilung an den RdB betonte die Stiftungsverwaltung der Stadt im Jahre 1953, dass sie mit der Verwaltung dieser Stiftung nichts zu tun habe. Diese Aussage steht im Widerspruch zu den weiteren Unterlagen der Stadtverwaltung.
Quellen: Vorl. Liste, Kreis XV, Nr. 24; LASA, M1, Nr. 1528; StAM, Rep. 18[4], A 8; Nachweisung 1910; Wohlfahrtseinrichtungen
Literatur: Adressbuch 1920, S. 27; Bericht über die Verwaltung 1908/1909, 1919/1920, Teil 2 sowie 1920/1921, Teil 2

Bemerkungen: auch: Deutsche Luther-Stiftung (Hauptverein Regierungsbezirk Magdeburg) oder nur: Luther-Stiftung;
unselbständige Stiftung

Lutz Miehe

297. Dr. Maenss-Stiftung

Errichtet:	30. Mai 1851
Stifter:	Dr. Matthias Maenß (1777–1852), Oberkonsistorialrat und Zweiter Domprediger
	1826 wurde M. als Konsistorialrat und zweiter Prediger der dt.-ref. Gemeinde nach Magdeburg berufen. Sein Drängen auf Einführung der Union, d. h. dem Zusammenschluss mit den Lutheranern, entfremdete ihn seiner Gemeinde, so dass er 1832 auf die zweite Dompredigerstelle wechselte.
Vermögen:	100 Tlr.
Zweck:	Unterstützung von „würdigen Armen" der Domgemeinde sowie Wahrung des Andenkens an den Stifter
Verwaltung:	GKR der Domgemeinde

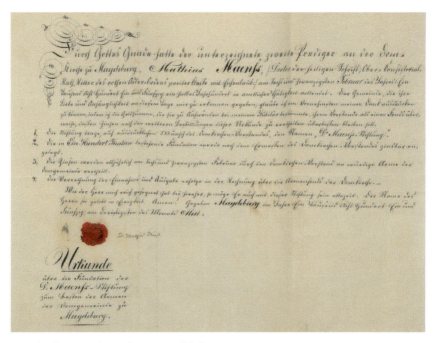

95 Urkunde zur Errichtung der Dr. Maenß-Stiftung, 30. Mai 1851

Darstellung:	Zu seinem 50. Dienstjubiläum im Jahr 1851 gab die Domgemeinde bei dem Maler Reichardt ein Portrait von M. in Auftrag, das in der Domsakristei aufgehängt werden sollte. Aus den überschüssigen Sammlungsbeiträgen gründete der Beschenkte eine Stiftung. Vermutlich verschmolz die Stiftungsmasse um 1900 mit dem Armenfonds der Domgemeinde. Dieser wird 1913 ausdrücklich als existierende Stiftung benannt. Die Stadt teilte 1937 mit, dass die Stiftung noch existiere. Demzufolge wurde das Geld jährlich am 26. Februar an die Armen verteilt.
Quellen:	Vorl. Liste, Kreis XV, Nr. 89; LASA, C 28 II, Nr. 7337; AKPS, Rep. J 1, Nr. 225
Literatur:	von Dietze/Hunsdieck-Nieland, Stiftungen, S. 187; Dubslaff, Matthias Maenß, in: MBL, S. 444; Meyer, Geschichte der Deutsch-Reformierten Gemeinde, Bd. 2, S. 25–28
Bemerkungen:	auch: Maenß-Legat-Zinsen bzw. Dr. Maenß'sche Stiftung
	M. war im Jahr 1843 auch Mitbegründer der (↗) Nr. 86.

Margit Scholz

298. MAGDALENENSTIFTUNG

Errichtet:	21. Mai 1912
Stifter:	Amtsgerichtsrat Robert Freise und seine Ehefrau Margarethe, geb. Fabian
Vermögen:	4.500 M, 1938: 242,54 RM
Zweck:	Die Erträge sind bestimmt für
	1/3 Konfirmandengabe,
	1/3 Weihnachtsgeld für zwei Mädchen aus dem Jungfrauenverein und
	1/3 Brautgabe für ein Mädchen aus dem Jungfrauenverein.
Verwaltung:	Ev. KG St. Gertrauden Buckau
Darstellung:	Die Stiftung wurde im Gedenken an die mit 21 Jahren verstorbene Tochter des Stifterpaars Magdalene Freise († 28. Januar 1912) errichtet. Die Auswahl der Konfirmanden oblag dem Inhaber der 1. Pfarrstelle. Je drei erhielten jeweils eine Zuwendung über 15 M, drei weitere eine Bibel. Über die Jungfrauengabe entschieden der Pfarrer und die leitende Schwester der Diakoniestation. Die Braut musste in Buckau konfirmiert oder zumindest vier Jahre vor der Hochzeit dort ansässig gewesen sein. Begünstigte der (↗) Agathen-Stiftung waren ausgeschlossen. Die KG meldete 1938 an das Konsistorium die Stiftung als noch existent.

Quellen: LASA, M1, Nr. 1528; AKPS, Rep. J 10, Nr. 56; Rep. A, Generalia, Nr. 1166 b
Literatur: von Dietze/Hunsdieck-Nieland, Stiftungen, S. 188
Bemerkungen: k. A.

Lutz Miehe/Margit Scholz

299. MAGDEBURGER HOSPITÄLER UND KLÖSTER

Errichtet: 28. März 1952
Stifter: Stadtverordnetenversammlung
Vermögen: Grundeigentum 605 ha, zahlr. Gebäude, Äcker, Hypotheken, Wertpapiere und Sparguthaben, 1954 gesamt: 7.850.000 DM
(gem. Auflösungsbeschluss vom 22. Dezember 1954: 9 Mio. DM)
Zweck: Fürsorge für minderbemittelte alte Einwohner, hauptsächlich:
1. Gewährung einer freien Wohnung,
2. Gewährung freier ärztlicher Behandlung durch Hospitalärzte und Arznei, soweit nicht die Krankenversicherung oder eine andere Stelle dafür aufkommt,
3. allgemeine Betreuung durch den Hospitalverwalter und Wartung an kranken Tagen durch die Hospitalschwestern,
4. Bestreitung der Kosten einer einfachen, würdigen Beerdigung
Verwaltung: RdSt
Darstellung: Bei der Stiftung handelt es sich um die Zusammenlegung folgender Hospital-(Wohn-)Stiftungen:
– Kloster Beatae Mariae Magdalenae,
– Kloster St. Augustini mit dem Hauptgebäude und dem Kaiser-Wilhelm- und Kaiserin Augusta-Stift,
– Hospital St. Annen,
– Hospital St. Georgen mit seinen zwei Gebäuden in der Altstadt und der Wilhelmstadt,
– Hospital St. Gertrauden,
– Hospital Schartau sowie
– Hospital Schwiesau.
Die Zusammenlegung erfolgte auf Initiative der Stiftungsverwaltung. Durch die Maßnahme erhoffte sich die Stadt Synergieeffekte für den Wiederaufbau der stark zerstörten Einrichtungen. Das im Süden der Stadt gelegene und nicht so stark beschädigte H. W. Müller'sche Siechenhospital wurde von der Zusammenlegung ausgenommen, da die

Stadt davon ausging, dass dieses unter Beibehaltung seiner Eigenständigkeit den Wiederaufbau schaffen könnte und somit die rechtlichen Grundlagen für eine Zusammenlegung nicht gegeben waren.
Der Beschluss der Stadtverordnetenversammlung zur Zusammenlegung der Stiftungen erfolgte gegen das Votum der Stiftungsaufsicht beim MP, die eine Auflösung der Stiftungen wegen Vermögenslosigkeit empfohlen hatte. Der Wiederaufbau der Gebäude der Stiftung, der bei einzelnen Gebäuden schon 1946 begonnen worden war, wurde mit erheblicher materieller und finanzieller Unterstützung der Stadt nach Errichtung der gemeinsamen Stiftung fortgesetzt. Nach und nach konnten einige Gebäude weder bezogen werden.
Als der RdSt im Herbst 1953 vom RdB aufgefordert wurde, die Stiftung Magdeburger Hospitäler und Klöster aufzulösen, weigerte sich die Stadt. Auch nach mehrfacher Aufforderung, verschiedenen „Rücksprachen" und Drohungen blieb die Stiftungsverwaltung bei ihrer Position, dass die Tatbestände für eine Auflösung nach § 87 BGB nicht vorlägen. Erst nachdem sich die Leitung des RdB in den Konflikt eingeschaltet hatte, beschloss der RdSt am 22. Dezember 1954, der Stadtverordnetenversammlung eine Vorlage zur Auflösung der Stiftung zuzuleiten. Daraufhin erarbeitete die Stiftungsverwaltung der Stadt und die Heimbewohner eine Denkschrift, die sie Anfang Januar 1955 an den Volkskammerpräsidenten, Johannes Dieckmann (1893–1969), das Sekretariat des Ministerrates der DDR und den Finanzminister, Hans Loch (1898–1960), schickten. Die Initiative blieb erfolglos, am 24. März 1955 beschloss die Stadtverordnetenversammlung die Auflösung der Stiftung rückwirkend zum 31. Dezember 1954.

Quellen: BA, DO 1, Nr. 9264, 9274, 9283; LASA, M1, Nr. 1528–1530; StAM, Rep. 18⁴, Ra. 37, Ra. 40, St. 9, St. 18; Rep. 41, Nr. 862, 864, 967
Literatur: Adam, Stiften in der DDR, S. 50 f.; von Dietze/Hunsdieck-Nieland, Stiftungen, S. 188; Miehe, Zwischen Wiederaufbau und Auflösung
Bemerkungen: auch: Stiftung Magdeburger Hospitäler;
rechtsfähige Stiftung des bgl. Rechts;
(↗) Nr. 189–193, Nr. 230–231 und Nr. 392;
Satzung vom 23. Juli 1948/4. Februar 1949

Lutz Miehe

300. MAGDEBURGER LANDES-UNIVERSITÄT-STIPENDIUM

Errichtet:	1617
Stifter:	Markgraf Christian Wilhelm von Brandenburg (1587–1666), Administrator des Erzstifts Magdeburg (1598–1628/31)
Vermögen:	1910: Einkünfte jährlich 1.500 M
Zweck:	Studienbeihilfe für zehn arme würdige Studierende, vorzugsweise aus dem Magdeburgischen (in der Regel auf drei Jahre)
Verwaltung:	Hauptkasse Halle a. S./Kurator der Universität Halle a. S.
Darstellung:	Das Kapital der Stiftung wurde der Stadt Halle übergeben, ging jedoch im Dreißigjährigen Krieg verloren. Es wurde von der Stadt Halle wieder aufgefüllt. In der Mitte des 19. Jh. verlieh die Kgl. Regierung an acht Personen eine Unterstützung in Höhe von je 50 Tlr. Im Jahre 1902 waren es zehn Stipendien für je drei Jahre. Nach Angaben der Stadt aus dem Jahre 1937 existierte die Stiftung damals noch.
Quellen:	Vorl. Liste, Kreis XV, Nr. 92; LASA, C 28 II, Nr. 7337; AKPS, Rep. A, Generalia, Nr. 1175 b; Nachweisung 1910; Wohlfahrtseinrichtungen
Literatur:	Adressbuch 1920, S. 29; Berghauer, Magdeburg, Bd. 2, S. 177; Bock, Armenwesen, S. 277; Janicke, Christian Wilhelm, in: ADB, Bd. 4, S. 164–168; Meyer/Schneidewin, Wohlfahrtseinrichtungen, S. 22; Rauer, Landbuch, S. 456
Bemerkungen:	auch: Magdeburger Landesstipendium; rechtsfähige Stiftung des bgl. Rechts

Lutz Miehe/Margit Scholz

301. MAHRENHOLTZ-LEGAT FÜR DIE KLEINKINDERSCHULE

Errichtet:	k. A.
Stifter:	N. N. Freiherr von Mahrenholtz
Vermögen:	k. A.
Zweck:	1. Unterstützung der Kleinkinderschule (Stipendienstiftung), 2. Grabpflege
Verwaltung:	GKR der ev. KG Fermersleben
Darstellung:	Nach Angaben der Stadt aus dem Jahre 1937 existierte die Stiftung damals noch.
Quellen:	Vorl. Liste, Kreis XV, Nr. 90; LASA, C 28 II, Nr. 7337; StAM, Rep. A III, 31.1h Bd. 1
Literatur:	k. A.
Bemerkungen:	k. A.

Lutz Miehe

302. VON MAHRENHOLTZ'SCHES STIPENDIUM

Errichtet:	29. September 1622 (Testament)
Stifter:	Gebhard Freiherr von Mahrenholtz
Vermögen:	24.000 Tlr., 1910: 72.000 M
Zweck:	1. Ein Universitäts-Stipendium,
	2. fünf Universitäts-Stipendien und
	3. Unterstützung der Armenkasse
Verwaltung:	Magistrat
Darstellung:	Das Vorschlagsrecht für die zu unterstützende Person hat der Senior der Freiherrlichen von Mahrenholtz'schen Familie. Nach Angaben von Oppermann unterstützte die Stiftung im Jahre 1824 zwölf Personen mit insgesamt 360 Tlr. Im Jahre 1917 betrug der Etat 1.440 M. Hiervon erhielt die Armenkasse 390 M, an Stipendiaten wurden 990 M ausgegeben und die Stadt erhielt für die Verwaltung 60 M.
Quellen:	LASA, C 28 II, Nr. 7618; Cop. Nr. 671d; StAM, Rep. A II, S 20 spec. 32a Bd. 2; Nachweisung 1910
Literatur:	Adressbuch 1920, S. 27; Bericht über die Verwaltung 1908/1909, 1919/1920, Teil 2 sowie 1920/1921, Teil 2; Bock, Armenwesen, S. 272; von Dietze/Hunsdieck-Nieland, Stiftungen, S. 274; Meyer/Schneidewin, Wohlfahrtseinrichtungen, S. 23; Oppermann, Armenwesen, 1821, S. 207; ders. Siebente Nachricht, S. 125; ders., 1831–1840, S. 83; Rauer, Landbuch, S. 458
Bemerkungen:	auch: Freiherr von Marenholtz'sche Stiftung bzw. Freiherr v. Marenholtz'sche Stipendienstiftung oder von Mahrenholtz'sches Stipendium; rechtsfähige Stiftung des bgl. Rechts

Lutz Miehe

303. VERMÖGEN DER AUFGELÖSTEN FABRIKKRANKENKASSE VON A. C. MAQUET NACHF.

Errichtet:	k. A.
Stifter:	k. A.
Vermögen:	k. A.
Zweck:	k. A.
Verwaltung:	Magistrat/Kämmereikasse
Darstellung:	Die Stadt legte die Stiftung im Jahre 1923 mit ca. 180 weiteren unselbständigen Stiftungen zum (↗) Allgemeinen Stiftungsfonds zusammen.
Quellen:	StAM, Rep. A III, 31.1h Bd. 1

96 *Der Rübenzuckerfabrikant Charles Maquet (1767–1823), Gemälde, Aufnahme von 1941*

Literatur: Bericht über die Verwaltung 1919/1920, Teil 2 und 1920/1921, Teil 2
Bemerkungen: unselbständige Stiftung
A. C. Maquet hatte 1837 in Sudenburg eine Zuckerfabrik errichtet.

Lutz Miehe

304. MARTIN-STIFT

Errichtet: 17. August 1906 (Stiftungsurkunde)
Stifter: Otto Wilhelm Julius Blumner (1833–1917), Pfarrer
Der aus Fürstenberg stammende B. war von 1872 bis 1906 Pfarrer in Diesdorf.
Vermögen: Hausgrundstück Martin-Stift und ca. 4.600 M

Zweck:	Unterhaltung eines Gebäudes, das einen kirchlichen Kindergarten beherbergt und als Gemeindehaus der ev. KG Diesdorf dient
Verwaltung:	GKR der ev. KG St. Eustachius und Agathe Diesdorf
Darstellung:	B. hatte 1890 eine Kleinkinderschule in Diesdorf errichtet. Um die Kinder besser unterbringen zu können, sammelte er 18.000 M. Damit konnte er das Martin-Stift erbauen, das am 13. Oktober 1893 eingeweiht wurde. Es steht noch heute an der Grenze zum Diesdorfer Friedhof. Die Betreuung der Kinder übernahm eine Diakonisse aus dem Cecilienstift Halberstadt.
	Bei seinem Ausscheiden aus dem Amt wandelte B. die Kinderbetreuungsanstalt in eine „evangelisch-kirchliche Stiftung" um. Diese umfasste die Immobilie des Martin-Stifts, das gesamte Inventar und ein Kapital von rund 4.600 M. Sein Nachfolger, Pfarrer Franz Huschenbett, richtete in dem Haus 1912 eine Wöchnerinnen- und Säuglingsfürsorgestelle sowie 1918 eine Gemeindepflegestation ein. 1941 wurde die Diakonisse entlassen und der Kindergarten von der NSV übernommen. Seit dem 15. Mai 1945 konnte er wieder in kirchlicher Regie geführt werden. Das Überleben des Kindergartens zu DDR-Zeiten sicherten Zuschüsse der Landeskirche und die Unterstützung des Landesverbands für Kindergärten in Württemberg. Nach der Wiedervereinigung Deutschlands ermöglichten vor allem Mittel der EKU den Erweiterungsbau gemäß den neuen Anforderungen (Einweihung 1996). Die Stiftung wurde 1953 offenbar nicht angemeldet und ist von den DDR-Behörden nicht aufgelöst worden.
Quellen:	AKPS, Rep. A, Generalia, Nr. 6886, 7415; Rep. J 3, Nr. 547; Rep. J 26, Nr. 239, 378, 382, 384, 405, 410, 413, 428, 474, 477, 482–484, 486–487, 499, 503, 506–514, 516–517, 533–535, 537–542, 552–554, 563, 578, 646, 694–695, 777, 780–783, 832–833, 906–907, 916, 921, 926–928, 938, 940, 952–954, 968, 988–989, 994, 996, 999, 1001–1003, 1006, 1013–1015, 1017, 1030–1033, 1035
Literatur:	von Dietze/Hunsdieck-Nieland, Stiftungen, S. 192; Nachrichten der Kirche St. Eustachius und St. Agathe Magdeburg-Diesdorf, 1959 und 1961; Neuß/Scholz, 120 Jahre Martin-Stift; Pfarrerbuch, Bd. 1, S. 409
Bemerkungen:	auch: Martinsstift;
	unselbständige kirchliche Stiftung
	Blumners beiden Ehefrauen waren Töchter des Generalsuperintendenten Ludwig Borghardt, des Gründers des Rettungshauses „Borghardt-Stift" in Stendal.

Lutz Miehe/Margit Scholz

305. Richard Matthaei-Stiftung

Errichtet:	1906
Stifter:	Richard Matthaei, Kaufmann
Vermögen:	1917: 20.000 M
Zweck:	Unterstützung des Kaiser Friedrich-Museums
Verwaltung:	Magistrat/Kämmereikasse
Darstellung:	Die Stiftung verfügte im Jahre 1917 über einen Etat von 700 M.
Quellen:	StAM, Rep. A III, Nr. 31.1h Bd. 1; Rep. 18[4], A 8
Literatur:	Bericht über die Verwaltung 1919/1920, Teil 2
Bemerkungen:	auch: Richard Matthei-Stiftung

Lutz Miehe

306. Meerkatz'sche Stiftung

Errichtet: 1830
Stifterin: Marie Dorothee Meerkatz
Die Stifterin war zum Zeitpunkt der Errichtung der Stiftung unverheiratet.
Vermögen: 1910: 2.105,30 M
Zweck: Unterstützung von Armen im Dorf (seit 1908: Stadtteil) Rothensee, zahlbar am 12. Oktober jeden Jahres
Verwaltung: Magistrat/Armendirektion/Wohlfahrtsamt
Zur Verteilung soll ein Vertreter des Magistrats und der Ortsgeistliche zugezogen werden.
Darstellung: Der Etat der Stiftung betrug im Jahre 1920 70 M. Die Stadt legte die Stiftung im Jahre 1923 mit ca. 180 weiteren unselbständigen Stiftungen zum (↗) Allgemeinen Stiftungsfonds zusammen.
Quellen: LASA, C 28 I Ie, Nr. 1625; StAM, Rep. 18[4], A 8; Nachweisung 1910; Wohlfahrtseinrichtungen
Literatur: Adressbuch 1920, S. 27; Bericht über die Verwaltung 1908/1909
Bemerkungen: auch: Meerkaz-Stiftung;
unselbständige Stiftung

Lutz Miehe

307. MELANTE-STIFTUNG MAGDEBURG ZUR FÖRDERUNG DER PFLEGE UND ERFORSCHUNG VON LEBEN UND WERK GEORG PHILIPP TELEMANNS

Errichtet:	7. April 1993
Stifter:	Arbeitskreis „Georg Philipp Telemann" Magdeburg e. V.
Vermögen:	k. A.
Zweck:	Förderung der Erforschung, Pflege und Popularisierung von Leben und Werk Georg Philipp Telemanns im Sinne der Aufgaben des Arbeitskreises „Georg Philipp Telemann" Magdeburg e. V.
Verwaltung:	Präsidium, bestehend aus drei Mitgliedern
Darstellung:	Die Stiftung ist im Stiftungsverzeichnis des Landes Sachsen-Anhalt unter der Nr. MD-11741-025 registriert.
Quellen:	k. A.
Literatur:	k. A.
Bemerkungen:	rechtsfähige Stiftung des bgl. Rechts

Lutz Miehe

308. GUSTAV MELCHIOR-STIFTUNG

Errichtet:	1878 (Testament)/2. Januar 1879 (Genehmigung)
Stifter:	Johann Christian Ludwig Melchior (1794–1878), Kaufmann
Vermögen:	6.000 M, 1910: 6.000 M
Zweck:	Unterstützung von zwei vaterlosen, unverheirateten Töchtern aus dem hiesigen gebildeten Bürgerstande, insbesondere aus dem Kaufmannsstand
Verwaltung:	Magistrat/Wohlfahrtsamt
Darstellung:	Die Stadt legte die Stiftung im Jahre 1923 mit ca. 180 weiteren unselbständigen Stiftungen zum (↗) Allgemeinen Stiftungsfonds zusammen.
Quellen:	StAM, A II, S 20 spec. 32a Bde. 1, 2; Rep. 18[4], A 8; Nachweisung 1910
Literatur:	Adressbuch 1920, S. 27; Bericht über die Verwaltung 1908/1909, 1919/1920, Teil 2 sowie 1920/1921, Teil 2; von Dietze/Hunsdieck-Nieland, Stiftungen, S. 194; Meyer/Schneidewin, Wohlfahrtseinrichtungen, S. 54
Bemerkungen:	auch: Melchior-Stiftung; unselbständige Stiftung

Lutz Miehe

309. Marie Melchior-Stiftung

Errichtet:	1902
Stifterin:	Marie Melchior
Vermögen:	1910: 13.136,02 M
Zweck:	1. Unterstützung von vier bedürftigen, unbescholtenen betagten Personen beiderlei Geschlechts aus den gebildeten Ständen oder der Handwerkerschaft, jedes Jahr am 19. November,
	2. Erhaltung der Grabstätte der Stifterin
Verwaltung:	Magistrat/Armendirektion/Wohlfahrtsamt
Darstellung:	Die Stadt legte die Stiftung im Jahre 1923 mit ca. 180 weiteren unselbständigen Stiftungen zum (↗) Allgemeinen Stiftungsfonds zusammen.
Quellen:	LASA, C 28 I Ie, Nr. 1625, 1687; StAM, Rep. A II, S 20 spec. 32d; Rep. 18[4], A 8; Nachweisung 1910; Wohlfahrtseinrichtungen
Literatur:	Adressbuch 1920, S. 27; Bericht über die Verwaltung 1908/1909; von Dietze/Hunsdieck-Nieland, Stiftungen, S. 190; Tradition und Innovation, S. 27
Bemerkungen:	unselbständige Stiftung

Lutz Miehe

310. Mewesius'sches Stipendium

Errichtet:	1597
Stifter:	Nikolaus Mewesius (Mewes, Mevesius) († vor 27. Januar 1617), Magister Der Stifter war 1580–1586 Frühprediger an St. Jacobi und Konrektor der Magdeburger Schule. 1586–1598 hatte er Pfarrstellen an St. Nikolai und St. Petri inne.
Vermögen:	1.000 Tlr., 1910: 4.000 M
Zweck:	Unterstützung hilfsbedürftiger Studierender der Petrigemeinde. Falls dort keine Hilfsbedürftigen vorhanden sein sollten, sollen Angehörige der Jacobigemeinde unterstützt werden.
Verwaltung:	Kirchenkollegium/GKR der ev. KG St. Petri
Darstellung:	Die Stiftungsurkunde ist bei der Eroberung Magdeburgs im Jahre 1631 verloren gegangen. Im Jahre 1675 anerkannte der Magistrat aufgrund von Zeugenaussagen seine Zahlungsverbindlichkeit, zudem wurde der Zweck der Stiftung erneuert. Vorschlagsberechtigt für die Auswahl der Destinatäre war die KG St. Petri.
	Der Magistrat brachte für die erneuerte Stiftung nur 500 Tlr. auf, die im Jahre 1859 wieder auf 1.000 Tlr. angewachsen waren. Damals betrug das Stipendium 30 Tlr. Ende des 19./Anfang des 20. Jh. wurde ein Student

97 Tabellarische Nachricht über die Mewesius-Stiftung für die Jahre 1817/18 mit den Angaben zur Stiftung

	mit 125 M über zwei Jahre unterstützt. Für die Jahre 1921/22 ist die Verleihung des Stipendiums an einen Medizinstudenten belegt. Nach Angaben der Stadt aus dem Jahre 1938 verfügte die Stiftung damals über ein Vermögen von 60 RM.
Quellen:	Vorl. Liste, Kreis XV, Nr. 96; LASA, C 28 II, Nr. 7337, 7617; StAM, Rep. A I, R 192, S 87 Bd. 9, S 555 (Testament); AKPS, Rep. A, Generalia, Nr. 1166 b; Nachweisung 1910; Wohlfahrtseinrichtungen
Literatur:	Berghauer, Magdeburg, Bd. 2, S. 180; Bock, Armenwesen, S. 276; Hermes/Weigelt, Handbuch, S. 19; von Dietze/Hunsdieck-Nieland, Stiftungen, S. 195; Meyer/Schneidewin, Wohlfahrtseinrichtungen, S. 23; Oppermann, Armenwesen, 1821, S. 202; ders., 1831–1840. S. 82; Pfarrerbuch, Bd. 6, S. 76, Bd. 10, S. 442; Rauer, Landbuch, S. 473
Bemerkungen:	auch: Mewesius'sches Universitäts-Stipendium oder: Mewius'sches Stipendium; rechtsfähige Stiftung des bgl. Rechts

Lutz Miehe/Margit Scholz

311. Anna Elisabeth Meyer'sche Stiftung

Errichtet:	24. Oktober 1783 (Testament)
Stifterin:	Anna Elisabeth Meyer, geb. Eckert
Vermögen:	2.000 Tlr., 1910: 9.117,91 M
Zweck:	Unterstützung von Hausarmen des Bürgerstandes am Osterheiligabend und Michaelistag
Verwaltung:	ältester Bürgermeister und der älteste Ratmann, seit 19. Jh. der Magistrat/Armendirektion/Wohlfahrtsamt
Darstellung:	Im Jahre 1812 entnahm die Stadtverwaltung dem Grundstockvermögen 250 Tlr., um damit die Gläubiger des Armenhauses zu befriedigen. Ob, wie ursprünglich vorgesehen war, die Stadtverwaltung dieses „Darlehen" jemals zurückzahlte, ist unklar. Die Einnahmen der Stiftung betrugen 1815 ca. 130 Tlr. In den Jahren 1831 bis 1840 wurden jährlich ca. 100 Personen unterstützt. Im Jahre 1858 gewährte die Armenverwaltung aus den Erträgen der Stiftung Unterstützungen im Umfang von 118 Tlr.
	Die Stadt legte die Stiftung im Jahre 1923 mit ca. 180 weiteren unselbständigen Stiftungen zum (↗) Allgemeinen Stiftungsfonds zusammen.
Quellen:	GStA, I. HA Rep. 91 C, Nr. 2390; LASA, C 28 I Ie, Nr. 1565, 1625; StAM, Rep. A I, R 192, S 555, W 220; Rep. A II, S 20 spec. 32a Bde. 1, 2; Rep. 18[4],

	A 8 und Rep. A II A 48, spec. 1 Bde. 1, 2; Nachweisung 1910; Wohlfahrtseinrichtungen
Literatur:	Adressbuch 1920, S. 27; Berghauer, Magdeburg, S. 290; Bericht über die Verwaltung 1908/1909; Bock, Armenwesen, S. 97, 334; von Dietze/Hunsdieck-Nieland, Stiftungen, S. 76; Meyer/Schneidewin, Wohlfahrtseinrichtungen, S. 54; Oppermann, Armenwesen, 1821, S. 184; ders., Zehnte Nachricht, S. 184; ders., 1831–1840, S. 57; Rauer, Landbuch, S. 473
Bemerkungen:	auch: Meyer'sche Stiftung zu Magdeburg (1815); unselbständige Stiftung

Lutz Miehe

312. Michaelis'sche Stiftung

Errichtet:	18. Oktober 1828 (Genehmigung)
Stifterin:	Magdalene Sophie Michaelis, geb. Schauer, Wwe. des Ratmanns Michaelis
Vermögen:	200 Tlr., 1910: 786,40 M
Zweck:	Unterstützung von 12 bis 16 armen alten Bürgerfrauen, jedes Jahr am 24. Dezember
Verwaltung:	Magistrat/Armendirektion/Wohlfahrtsamt
Darstellung:	Die Armenverwaltung leistete aus den Erträgen der Stiftung im Jahre 1858 Unterstützungen im Umfang von 8 Tlr. und 10 Gr. Die Stadt legte die Stiftung im Jahre 1923 mit ca. 180 weiteren unselbständigen Stiftungen zum (↗) Allgemeinen Stiftungsfonds zusammen.
Quellen:	LASA, C 28 I Ie, Nr. 1625; StAM, Rep. A II, S 20 spec. 32a Bde. 1, 2 und spec. 41; Rep. 18[4], A 8; Nachweisung 1910; Wohlfahrtseinrichtungen
Literatur:	Adressbuch 1920, S. 27; Bericht über die Verwaltung 1908/1909; Bock, Armenwesen, S. 101, 335; von Dietze/Hunsdieck-Nieland, Stiftungen, S. 195; Meyer/Schneidewin, Wohlfahrtseinrichtungen, S. 40; Oppermann, 1831–1840, S. 62 f.
Bemerkungen:	auch: Michaelis-Stiftung; unselbständige Stiftung

Lutz Miehe

313. Ella Mirau-Stiftung

Errichtet:	um 1940/45
Stifter:	Vermutlich Ella Dorothea Mirau, geb. Tägtmeyer (1880–1946), Wwe. Oberregierungsbaurat Fritz Richard Mirau († 17. Dezember 1937)
Vermögen:	Grundstück Am Alten Theater 2
Zweck:	Barspenden an „arme Ausgebombte" zu Weihnachten jeden Jahres (je 100 DM)
Verwaltung:	k. A.
Darstellung:	Die Stadt legte die Stiftung dem (↗) Allgemeinen Stiftungsfonds zu. Trotzdem berichtete sie im Jahre 1949, dass aus dem Etat der Stiftung noch 66 Ausgebombte mit je 20 DM unterstützt worden seien. Die Stiftung wurde im September 1954 durch den RdSt aufgelöst.
Quellen:	StAM, Rep. 41, 863, 878, 881
Literatur:	k. A.
Bemerkungen:	auch: Ella Mierau-Stiftung bzw. Mierau-Stiftung für arme Ausgebombte; unselbständige Stiftung

Lutz Miehe

314. Mirbach'sche Stiftung

Errichtet:	1861
Stifter:	J. G. Mirbach († 1869), Kaufmann Der Stifter war langjähriger Vorsteher des St.-Annen-Hospitals.
Vermögen:	200 Tlr., 1910: 613,94 M
Zweck:	Unterstützung einer bedürftigen Volksschülerin, welche sich durch Fleiß und gutes Betragen auszeichnet, als Belohnung am 17. Juni jeden Jahres, dem Geburtstag seiner 1861 verstorbenen Tochter
Verwaltung:	Magistrat/Armendirektion/Wohlfahrtsamt
Darstellung:	Die Stadt legte die Stiftung im Jahre 1923 mit ca. 180 weiteren unselbständigen Stiftungen zum (↗) Allgemeinen Stiftungsfonds zusammen.
Quellen:	LASA, C 28 I Ie, Nr. 1625; StAM, A II, S 20 spec. 32a Bd. 2; Rep. 18[4], A 8; Nachweisung 1910
Literatur:	Adressbuch 1920, S. 27; Bericht über die Verwaltung 1908/1909; Bock, Armenwesen, S. 244; ders., Nachtrag, S. 393; von Dietze/Hunsdieck-Nieland, Stiftungen, S. 196; Meyer/Schneidewin, Wohlfahrtseinrichtungen, S. 14

Bemerkungen: unselbständige Stiftung
Der Stifter hatte auch dem St.-Annen-Hospital 200 Tlr. als Stiftung zukommen lassen.

Lutz Miehe

315. ADOLF MITTAG-STIFTUNG
Errichtet: 1906
Stifter: Adolf Mittag (1833–1920)
Der Stifter gründete eines der bekanntesten Magdeburger Handelshäuser. Für die Ausgestaltung des Nordfriedhofs als Park stellte der Stadtälteste und Presbyter der dt.-ref. Gemeinde weitere 30.000 M zur Verfügung. Außerdem machte er sich um die Erweiterung der Radfahrwege und als Förderer junger Künstler verdient.
Vermögen: 50.000 M
Zweck: Verschönerung des Rotehornparks in den Jahren 1906 bis 1908 durch:
1. Anlage eines im Park befindlichen Sees,
2. Bau und Erhaltung von Radwegen und eigener Wege des Radfahr- und Radwege-Vereins sowie
3. Errichtung einer Schutzhütte an einem Radweg nördlich der Stadt
Verwaltung: Magistrat/Kämmereikasse
Darstellung: Der im Rotehornpark befindliche See trägt noch heute den Namen Adolf-Mittag-See. Die im See befindliche Insel wurde zum Gedenken an die 1908 verstorbene Ehefrau Maria Mittag Marieninsel genannt.
Quellen: LASA, C 28 I Ie, Nr. 1697a; StAM, Rep. A III, 31.1h Bd. 1
Literatur: Heinicke, Johann Karl Adolf Mittag, in: MBL, S. 471
Bemerkungen: rechtsfähige Stiftung des bgl. Rechts
Der Stifter errichtete zudem die (↗) Nr. 316.

Lutz Miehe

316. ADOLF MITTAG-STIFTUNG FÜR DEN NORDFRIEDHOF
Errichtet: 1913
Stifter: Adolf Mittag (siehe Nr. 315)
Vermögen: 30.000 M
Zweck: zur Ausgestaltung des Nordfriedhof-Parks
Verwaltung: Magistrat/Kämmereikasse
Darstellung: Die Stadt legte die Stiftung im Jahre 1923 mit ca. 180 weiteren un-

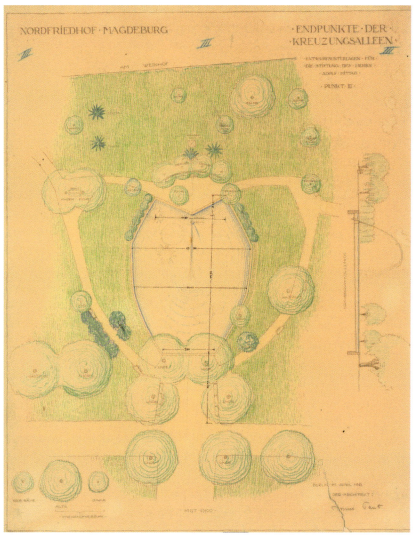

98 Kopie der Entwurfszeichnung von Bruno Taut zur Umgestaltung des Nordfriedhofs in Umsetzung der Stiftung von Adolf Mittag, April 1915

                selbständigen Stiftungen zum (↗) Allgemeinen Stiftungsfonds zusammen.
Quellen: LASA, C 28 I Ie, Nr. 1625; StAM, Rep. A III, 31.1h Bd. 1
Literatur: Bericht über die Verwaltung 1913/1914, 1919/1920, Teil 2 sowie 1920/1921, Teil 2
Bemerkungen: unselbständige Stiftung

Lutz Miehe

317. Gebrüder Mittag-Stiftung

Errichtet:	1933
Stifter:	Fa. Heinrich Mittag
	Inhaber der Fa. Heinrich M. war zunächst das Kaufmannsehepaar Heinrich und Henriette M. Zwischen 1860 und 1888 waren die Söhne Adolf und Heinrich M. Inhaber und nachfolgend der jüngere Bruder Louis M.
Vermögen:	1944: 300.000 RM
Zweck:	Unterstützung von bedürftigen derzeitigen und ehemaligen Angehörigen der Fa. Heinrich M. sowie ihrer bedürftigen Witwen und Waisen
Verwaltung:	k. A.
Darstellung:	Die Stiftung wurde 1933 anlässlich des 110-jährigen Jubiläums der Fa. Heinrich M. errichtet. Die letzte Satzung ist datiert vom 24. Juli 1944. Das Geschäftshaus ist am 16. Januar 1945 ausgebrannt. Im Jahre 1953 teilte die Stiftung mit, dass alle Unterlagen vernichtet worden seien. Die Stiftung erfülle noch ihren Zweck, wegen ihrer schwierigen Finanzlage könnten aber keine neuen Unterstützungsempfänger aufgenommen werden. Ob die Stiftung aufgelöst wurde, konnte nicht festgestellt werden.
Quellen:	LASA, M1, Nr. 1528, 1529; StAM, Rep. 41, 905
Literatur:	von Dietze/Hunsdieck-Nieland, Stiftungen, S. 124
Bemerkungen:	rechtsfähige Stiftung des bgl. Rechts

Lutz Miehe

318. Möbius-Stiftung

Errichtet:	1916
Stifter:	Paul Möbius, Geh. Baurat
Vermögen:	10.000 M
Zweck:	Unterstützung bedürftiger Teilnehmer des Weltkrieges, ihrer Angehörigen oder Hinterbliebenen unter der Bedingung, dass in den ersten 25 Jahren das Kapital der Stiftung nicht angegriffen werden darf
Verwaltung:	Magistrat/Wohlfahrtsamt
Darstellung:	Das Grundstockvermögen bestand aus Kriegsanleihen.
	Die Stadt legte die Stiftung im Jahre 1923 mit ca. 180 weiteren unselbständigen Stiftungen zum (↗) Allgemeinen Stiftungsfonds zusammen.
Quellen:	LASA, C 28 I Ie, Nr. 1625; StAM, Rep. 18[4], A 8

Literatur: Adressbuch 1920, S. 27; Bericht über die Verwaltung 1916/1917
Bemerkungen: auch: Geheimrat Möbius-Stiftung bzw. Moebius'sche Stiftung; unselbständige Stiftung

Lutz Miehe

319. Möller-Legat
Errichtet: 1913
Stifter: Herr oder Frau Möller
Vermögen: 1919: 4.432 M
Zweck: Stipendienfonds
Verwaltung: Kloster St. Augustini
Darstellung: Es handelt sich um eine Zustiftung zum Kloster St. Augustini.
Quellen: Vorl. Liste, Kreis XV, Nr. 97; StAM, Rep. 18⁴, A 8
Literatur: k. A.
Bemerkungen: auch: Möller'scher Stipendienfonds;
(↗) Nr. 230

Lutz Miehe

320. Generalsuperintendent Carl Moeller-Stiftung
Errichtet: k. A.
Stifter: Dr. D. Ludwig Carl Moeller (1816–1893), Generalsuperintendent
Zur Biographie siehe unten.
Vermögen: k. A.
Zweck: Beschaffung von Kirchenschmuck für die Domgemeinde
Verwaltung: Domgemeinde
Darstellung: k. A.
Quellen: k. A.
Literatur: von Dietze/Hunsdieck-Nieland, Stiftungen, S. 125; Seehase, Ludwig Carl Möller, in: MBL, S. 475 f.
Bemerkungen: k. A.

Lutz Miehe

321. Moeller-Stiftung für Kandidaten
Errichtet: 1. Oktober 1890
Stifter: Dr. D. Ludwig Carl Moeller (1816–1893), Generalsuperintendent
Der aus Westfalen stammende Möller, zuletzt Konsistorialrat in Bres-

	lau, wurde 1866 zum stellvertretenden Generalsuperintendenten und im Folgejahr zum Generalsuperintendenten der Provinz Sachsen und ersten Domprediger in Magdeburg berufen.
Vermögen:	4.200 M, 1938: 775,62 RM
Zweck:	bis zu drei halbjährlich oder jährlich zu zahlende Stipendien für bedürftige und würdige Theologiestudenten, die vor dem ersten theologischen Examen stehen oder solche, die „dieses gerade bestanden haben"
Verwaltung:	Die beiden (später drei) Generalsuperintendenten der Provinz Sachsen und der Superintendent der Stadt Magdeburg. Die Provinzialsynode sollte gemäß Stiftungsurkunde alle drei Jahre einen Bericht über die Mittelverwendung erhalten.
Darstellung:	Anlässlich des Ausscheidens von M. aus seinem Amt 1890 wurden für ihn insgesamt 4.016 M gesammelt. Der Beschenkte errichtete mit der von ihm aufgestockten Summe eine Stiftung für Kandidaten der Theologie. Nach Angaben der Stadt aus dem Jahre 1937 existierte damals die Stiftung noch.
Quellen:	LASA, C 28 II, Nr. 7337; AKPS, Rep. A, Generalia, Nr. 1176; Rep. A, Spec. P, Nr. M 496
Literatur:	Seehase, Ludwig Carl Möller, in: MBL, S. 475–476
Bemerkungen:	Die Stiftung ist nicht identisch mit der Stiftung von Generalsuperintendent Moeller zugunsten der Domgemeinde.

Margit Scholz

322. Morgenstern'sche Stipendium-Stiftung (I)

Errichtet:	9. Juni 1851 (Testament)/1852 (Genehmigung)
Stifter:	Prof. Dr. Johann Carl Simon Morgenstern (1770–1852)
	Der Stifter war Hochschullehrer an der Universität Dorpat (heute: Tartu) in Estland und besichtigte im Jahre 1846 seine Heimatstadt und das Gymnasium. Er war u. a. Ehrenmitglied der Kaiserlichen Akademie der Wissenschaften zu Sankt Petersburg.
Vermögen:	1.000 Tlr., 1910: 3.200 M
Zweck:	Stipendium für einen Schüler des Magdeburger Domgymnasiums
Verwaltung:	Verwaltung durch den Direktor des Domgymnasiums.
Darstellung:	Es handelt sich um ein Vermächtnis an das Domgymnasium, das der Stifter als Kind selbst besucht hatte. Über die Wahl des Stipendiaten hatte die Lehrerkonferenz zu entscheiden. Die Stiftung dürfte während der Inflation 1923 vermögenslos geworden sein.

Quellen:	Nachweisung 1910; Wohlfahrtseinrichtungen
Literatur:	Adressbuch 1920, S. 29; Bock, Armenwesen, S. 281 f.; von Dietze/Hunsdieck-Nieland, Stiftungen, S. 275; Markner, Johann Carl Simon Morgenstern, in: MBL, S. 479 f.; Meyer/Schneidewin, Wohlfahrtseinrichtungen, S. 13; Rauer, Landbuch, S. 481
Bemerkungen:	auch: von Morgenstern'sche Stiftung; rechtsfähige Stiftung des bgl. Rechts

Lutz Miehe

323. Morgenstern'sche Stipendium-Stiftung (II)

Errichtet:	1867 (Testament)/8. Oktober 1867 (Genehmigung)
Stifter:	August Theodor Morgenstern (1815–1867), Kaufmann und Stadtrat a. D.
Vermögen:	1.000 Tlr., 1910: 3.317,76 M
Zweck:	Stipendien von 104 M für arme Studierende, zunächst bedürftige Angehörige der Familien Morgenstern, Denecke und Weichsel
Verwaltung:	Magistrat
Darstellung:	Der Sohn einer alteingesessenen Magdeburger Kaufmannsfamilie führte mit seinem Schwager Heinrich Wilhelm Deneke (1801–1853) das Unternehmen weiter. Er errichtete über sein Testament zwei Stiftungen (↗ Morgenstern'sches Legat). Bereits sein Vater Friedrich August Simon Morgenstern (1772–1844) unterstützte soziale Einrichtungen in der Stadt durch großzügige Spenden. So erhielt das (↗) Bürgerrettungsinstitut in den Jahren 1825, 1837 und 1845 (Testament) insgesamt 4.500 Tlr. Die Stipendienstiftung verfügte im Jahr 1917 über einen Etat von 128 M.
Quellen:	LASA, C 28 I Ie, Nr. 1625, 1637a; StAM, Rep. A II, S 20 spec. 32a Bd. 2; Nachweisung 1910; Wohlfahrtseinrichtungen
Literatur:	Bock, Armenwesen, S. 296 ff.; Bock, Nachtrag, S. 393 f.; Bericht über die Verwaltung 1908/1909, 1919/1920, Teil 2 sowie 1920/1921, Teil 2; von Dietze/Hunsdieck-Nieland, Stiftungen, S. 197; Liebscher, August Theodor Morgenstern, in: MG, S. 144; Meyer/Schneidewin, Wohlfahrtseinrichtungen, S. 23
Bemerkungen:	auch: Morgenstern'sches Stipendium bzw. Morgenstern'sche Stipendienstiftung; rechtsfähige Stiftung des bgl. Rechts

Lutz Miehe

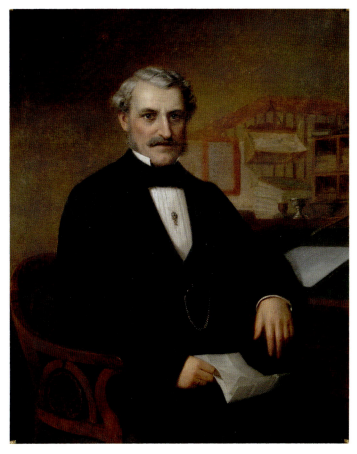

99 August Theodor Morgenstern, Gemälde von Edmund Wodieck, 1868

324. MORGENSTERN'SCHES LEGAT

Errichtet:	1867 (Testament)/8. Oktober 1867 (Genehmigung)
Stifter:	August Theodor Morgenstern (jun.) (1815–1867), Kaufmann und Stadtrat a. D.
Vermögen:	1.000 Tlr., 1910: 2.943,49 M
Zweck:	Unterstützung in Not geratener Familien und verwaister Kinder
Verwaltung:	Magistrat/Armendirektion/Wohlfahrtsamt
Darstellung:	Die Stadt legte die Stiftung im Jahre 1923 mit ca. 180 weiteren unselbständigen Stiftungen zum (↗) Allgemeinen Stiftungsfonds zusammen.
Quellen:	LASA, C 28 I Ie, Nr. 1637a; StAM, Rep. A II, M 60, S 20 spec. 32a Bd. 2; Rep. 18[4], A 8; Nachweisung 1910; Wohlfahrtseinrichtungen

Literatur:	Adressbuch 1920, S. 27; Behrend, Großkaufleute, S. 115 ff.; Bericht über die Verwaltung 1882, 1908/1909; Bock, Nachtrag, S. 365; Meyer/Schneidewin, Wohlfahrtseinrichtungen, S. 7
Bemerkungen:	unselbständige Stiftung;
vgl. auch (↗) Nr. 323

Lutz Miehe

325. Morgenstern & Co. Zentenarstiftung
Errichtet:	1897
Stifter:	Walter Morgenstern (1850–1935), KomRat, Stadtverordneter
Der Sohn von August Theodor M. führte die Fa. M. & Co., ein Unternehmen zum Handel mit Kolonialwaren, inländischen Produkten, Wein, Indigo- und Farbwaren sowie Speditions- und Kommissionsgeschäft, widmete sich aber später dem Bankgeschäft. 1887 wurde er Mitglied der Stadtverordnetenversammlung und 1905 Stadtrat. Im Oktober 1910 zum KomRat ernannt, erhielt er 1914 „in Anerkennung seiner geleisteten Arbeit als unbesoldetes Magistratsmitglied" den Ehrentitel eines Stadtältesten.
Vermögen:	1910: 10.000 M
Zweck:	Unterstützung von nicht unter 50 M und nicht über 150 M am 1. Mai jeden Jahres an ohne eigenes Verschulden in missliche Verhältnisse geratene und nach dem Ermessen der Handelskammer als unterstützungswürdig und bedürftig erscheinende Angehörige des Kaufmannsstandes im weiteren Sinne des Wortes ohne Unterschied der Religion und des Geschlechts oder die Hinterbliebenen
Verwaltung:	IHK
Darstellung:	Die Stiftung gehörte wahrscheinlich zu denjenigen, die im Juli 1944 durch die verwaltende IHK zusammengelegt wurden.
Quellen:	Nachweisung 1910; Wohlfahrtseinrichtungen
Literatur:	Adressbuch 1920, S. 28; Behrend, Großkaufleute, S. 108 ff., 140; von Dietze/Hunsdieck-Nieland, Stiftungen, S. 197; Heinicke, Wilhelm August Walter Morgenstern, in: MBL, S. 480 f.; Meyer/Schneidewin, Wohlfahrtseinrichtungen, S. 42; Tradition und Innovation, S. 368
Bemerkungen:	auch: Morgenstern & Co., Zentenarstiftung;
rechtsfähige Stiftung des bgl. Rechts

Lutz Miehe

326. Müller-Stiftung für die Heilig-Geist-Kirche

Errichtet:	k. A.
Stifter:	k. A.
Vermögen:	k. A.
Zweck:	Unterstützung der 1. Pfarrstelle an der Heilig-Geist-Kirche
Verwaltung:	GKR der ev. KG Heilig-Geist
Darstellung:	Die Stadt meldete die Stiftung im Jahre 1937 als existierend.
Quellen:	Vorl. Liste, Kreis XV, Nr. 98; LASA, C 28 II, Nr. 7337
Literatur:	k. A.
Bemerkungen:	k. A.

Lutz Miehe

327. Müller'sche Eheleute-Stiftung

Errichtet:	1902
Stifter:	Adolf Müller, Rentier, und Ehefrau
Vermögen:	1910: 10.086,64 M
Zweck:	Unterstützung von fünf ehrbaren Familien, vorzugsweise erwerbsunfähige Ehepaare, jährlich am 10. Oktober
Verwaltung:	Magistrat/Armendirektion/Wohlfahrtsamt
Darstellung:	Die Stadt legte die Stiftung im Jahre 1923 mit ca. 180 weiteren unselbständigen Stiftungen zum (↗) Allgemeinen Stiftungsfonds zusammen.
Quellen:	LASA, C 28 I Ie, Nr. 1625, 1688; StAM, Rep. 18⁴, A 8; Nachweisung 1910
Literatur:	Adressbuch 1920, S. 27; Bericht über die Verwaltung 1908/1909; von Dietze/Hunsdieck-Nieland, Stiftungen, S. 198
Bemerkungen:	auch: Schenkung der Rentner Adolf Müller'schen Eheleute; unselbständige Stiftung

Lutz Miehe

328. Heinrich Wilhelm Müller'sches Legat

Errichtet:	1869 (Testament)/20. August 1869 (Genehmigung)
Stifter:	Heinrich Wilhelm Müller (1785–1869), Geh. KomRat, Kaufmann, Rittergutsbesitzer
	M. war Inhaber der Großhandelsfirma Zichorien- und Tabakfabrik M. & Weichsel. Für seine Wohltätigkeit zeichnete ihn die Stadt mit der Ehrenbürgerwürde aus.
Vermögen:	3.500 Tlr., 1910: 10.546,55 M
Zweck:	Unterstützung von 15 Personen in Sudenburg, welche keine laufende

	Unterstützung beziehen und durch nicht selbst verschuldete Unglücksfälle in Not geraten sind
Verwaltung:	Magistrat/Armendirektion/Wohlfahrtsamt; fünf Personen schlägt die Fa. Müller & Weichsel Nachf. vor
Darstellung:	Die Stadt legte die Stiftung im Jahre 1923 mit ca. 180 weiteren unselbständigen Stiftungen zum (↗) Allgemeinen Stiftungsfonds zusammen.
Quellen:	GStA, I. HA Rep. 77, Tit. 1400 Magdeburg, Nr. 23. LASA, C 28 I Ie, Nr. 1625, 1639; StAM, Rep. A II, M 65, S 20 spec. 32a Bde. 1, 2; Rep. 18[4], A 8; Nachweisung 1910
Literatur:	Adressbuch 1920, S. 27; Bericht über die Verwaltung 1908/1909; Liebscher, Heinrich Wilhelm Müller, in: MG, S. 148
Bemerkungen:	auch: H. W. Müller'sches Legat bzw. Geheim-Kommerzienrat H. W. Müller'sche Stiftung; unselbständige Stiftung Der Stifter errichtete zwei weitere Stiftungen: (↗) Nr. 329 und Nr. 330.

Lutz Miehe

329. Heinrich Wilhelm Müller'sches Siechenhospital

Errichtet:	12. Dezember 1862 (Stiftungsgeschäft)/7. Oktober 1865 (Genehmigung)
Stifter:	Heinrich Wilhelm Müller (siehe Nr. 328)
Vermögen:	120.000 Tlr., 1910: 447.477,36 M, Grundstück
Zweck:	Gewährung von Wohnung und Unterhalt in allen Lebensbedürfnissen an unbemittelte sieche (d. h. unheilbar kranke) Einwohner Magdeburgs beiderlei Geschlechts
Verwaltung:	Magistrat/Armendirektion/Wohlfahrtsamt; Vorstand, bestehend aus dem Dirigenten des Wohlfahrtsamtes, dem Vorsteher der Krankenanstalt Sudenburg, einem der Oberärzte der Krankenanstalt Sudenburg, zwei von der Stadtverordneten-Versammlung auf Lebenszeit gewählten Bürgern
Darstellung:	Das aus dem Stiftungsvermögen in der Marstallstraße (heute: Max-Otten-Straße) errichtete Hospital für unheilbar Kranke verfügte nach seiner Errichtung im Jahre 1864 über eine Kapazität von ca. 45–50 Betten. Zur Finanzierung der Betriebskosten stiftete M. im Jahre 1867 weitere 100.000 Tlr. zu. Von Anfang an bestand eine enge Verbindung zu dem unmittelbar angrenzenden Krankenhaus. Da die Kapazität des Hospitals nicht ausreichend war, schloss der Vorstand des Hospitals mit der Stadt am 3. Juni 1901 einen Vertrag, in welchem die Stadt sich verpflich-

tete, einen Neubau zu errichten, um gleichzeitig den Altbau, der in das (Altstädtische) Krankenhaus integriert wurde, zu übernehmen. Der Neubau des Siechenhospitals erfolgte an der damaligen Wredestraße (heute Teil des Uniklinikums) in der Nähe des neuen Krankenhauses Sudenburg und kostete ca. 330.000 M. Die Kosten wurden aus der (↗) Reißner'schen Stiftung und mit Sparkassenzuschüssen finanziert. Die Stadt verpflichtete sich zudem, die Zinsen aus der (↗) Reißner'schen, Brunner'schen und Käselitz-Stifung zur Verfügung zu stellen. Der 1904 eingeweihte Neubau hatte eine Kapazität von 100 Betten. Die Aufzunehmenden besaßen ein lebenslanges Wohnrecht. Sie hatten kein Einkaufsgeld zu entrichten. Bewohnern ohne eigene Einnahmen wurde ein Taschengeld gezahlt. Als einzige Magdeburger Wohnstiftung stellte diese den Bewohnern freie Kleidung und Beköstigung.

Im Jahre 1926 wurde das Hospital auf eine Kapazität von 200 Betten erweitert. Zeitweise verfügte es über 240 Plätze. Die Insassen des Hospitals wurden offensichtlich auch von der (↗) Wilhelm König-Stiftung unterstützt.

Die Einrichtung nahm Menschen aller Konfessionen auf, die einer Pflege bei unheilbaren „und nicht ekelhaften Leiden" bedurften. Sie erhielten freie Wohnung, Verpflegung und medizinische Versorgung.

Das Siechenhospital wurde im Zweiten Weltkrieg zur Hälfte zerstört. Als der Wiederaufbau weitgehend abgeschlossen und das Hospital wieder vollständig belegt war, musste das Gebäude im Juli 1952 innerhalb weniger Tage auf Beschluss der SED geräumt werden. Es wurde dem Gustav-Riecker-Krankenhaus zur Verfügung gestellt, welches hier eine Hautklinik einrichtete. Das Gebäude gehört heute zur Universitätsklinik Magdeburg (↗ auch Kahlenberg-Stiftung).

Die Stiftung wurde durch den RdSt am 24. März 1955 rückwirkend zum 31. Dezember 1954 aufgelöst und das Vermögen in Volkseigentum überführt.

Quellen: Vorl. Liste, Kreis XV, Nr. 9; Hauptliste, Kreis XV, Nr. 12; GStA, I. HA Rep. 77, Tit. 1400 Magdeburg, Nr. 21; LASA, C 20 I Ib, Nr. 3634, Bd. XIV; M1, Nr. 1528–1530; StAM, Rep. A II, S. 132b; Rep. 13, A I. 517, A I. 643, A I. 912; Rep. 18[4], Bü. 134, Ra. 19, Ra. 20; Rep. 41, 106, 863, 864, 875, 877–879, 900–903; Mitteilung des früheren Leiters der Stiftungsverwaltung der Stadt, Werner Meier; Nachweisung 1910; Wohlfahrtseinrichtungen

Literatur: Adressbuch 1920, S. 27; Bericht über die Verwaltung 1908/1909, 1919/1920, Teil 2, 1921 bis 1926, 1936 und 1937; Bock, H. W. Müllers Siechenhospital; ders., Nachtrag, S. 410 ff.; von Dietze/Hunsdieck-Nieland,

Stiftungen, S. 188; Guttstadt, Krankenhaus-Lexikon, S. 330; Meyer/ Schneidewin, Wohlfahrtseinrichtungen, S. 66; Miehe, Zwischen Wiederaufbau und Auflösung

Bemerkungen: auch: H. W. Müller'sches Siechenhospital;
rechtsfähige Stiftung des bgl. Rechts
Der Stifter errichtete zwei weitere Stiftungen: (↗) Nr. 328 und Nr. 330.

Lutz Miehe

330. Heinrich Wilhelm Müller'sche Stiftung

Errichtet:	1869 (Testament)/23. Juli 1869 (Genehmigung)
Stifter:	Heinrich Wilhelm Müller (siehe Nr. 328)
Vermögen:	2.000 Tlr., 1910: 6.224,80 M
Zweck:	Unterstützung bedürftiger Witwen hiesiger Lehrer jährlich am 1. September
Verwaltung:	Magistrat
Darstellung:	M. hatte die Stiftung errichtet, weil die Einwohner von Sudenburg satzungsbedingt keine Aufnahme in das von ihm errichtete Siechenhospital haben durften. Im November 1920 gab es in der Stadt Überlegungen, die Stiftung dem Siechenhospital zuzulegen.
Quellen:	LASA, C 28 I Ie, Nr. 1595; C 28 II, Nr. 7656; StAM, Rep. A II, S 20 spec. 32a Bd. 2; Rep. 18[4], A 8; Nachweisung 1910; Wohlfahrtseinrichtungen
Literatur:	Adressbuch 1920, S. 27; Bericht über die Verwaltung 1908/1909, 1919/1920, Teil 2 sowie 1920/1921, Teil 2; Meyer/Schneidewin, Wohlfahrtseinrichtungen, S. 52
Bemerkungen:	auch: H. W. Müller'sche Stiftung; rechtsfähige Stiftung des bgl. Rechts Der Stifter errichtete zwei weitere Stiftungen: (↗) Nr. 328 und (↗) Nr. 329. Der Stifter vermachte auch dem Kloster St. Augustini 2.000 Tlr.

Lutz Miehe

331. Laurentius Müller-Stipendium

Errichtet:	1584 (Testament)
Stifter:	Laurentius Müller (1535/36–1584) M. stammte aus einer Müllerfamilie aus der Lütgemühle bei Wittingen. Er wurde 1568 Magdeburger Domvikar und war Kanoniker am Stift St. Gangolphi.

Vermögen:	1939: 3.350 RM
Zweck:	1. Stipendium für Familienangehörige,
	2. Unterstützung von Krüppeln und Armen der Familie,
	3. Beihilfe zur Aussteuer für Töchter und Beihilfe zum Lehrgeld für Jungen aus der Familie
Verwaltung:	Testamentsverwalter der Familie und Magdeburger Domkapitel, nach dessen Auflösung nur noch die Familie
Darstellung:	Die Stiftung konnte während der Kriege des 17. und 18. Jh. mitunter keine Stipendien zahlen. Sie war bis in das 19. Jh. tätig. Das AG Magdeburg führte noch 1939 ein Restvermögen. In der „Vorläufigen Liste" der in Sachsen-Anhalt bestehenden Stiftungen aus dem Jahre 1947 wurde die Stiftung als „Lütkemüller-Stiftung (Laurentius Müller)" geführt und mit „durch Inflation erloschen" charakterisiert.
Quellen:	Vorl. Liste, Kreis XV, Nr. 88; LASA, C 28 II, Nr. 7323a, 7337; C 127, Nr. 644; A 3a; E 92; StAM, Rep. 41, 867
Literatur:	Berghauer, Magdeburg, Bd. 2, S. 179; Brückner/Erb/Volkmar, Adelsarchive, S. 335; Inschriften der Stadt Magdeburg, S. 344f. (Nr. 263)
Bemerkungen:	auch: Laurentius Müller'sches Stipendium bzw. Stipendienstiftung Familie Müller; rechtsfähige Stiftung des bgl. Rechts Der Nachfolger am Stift St. Gangolphi war (↗) Georg Koppehele.

Jörg Brückner/Lutz Miehe

332. HELENE VON MÜLVERSTEDT-STIFTUNG

Errichtet:	1915
Stifterin:	Helene von Mülverstedt (1862–1919)
Vermögen:	1919: 15.534 M
Zweck:	1. Gräberpflege,
	2. Unterstützung armer, bedürftiger und unverheirateter Beamtentöchter
Verwaltung:	Magistrat/Wohlfahrtsamt
Darstellung:	Die Tochter des Magdeburger Staatsarchivdirektors George Adalbert von Mülverstedt (1825–1914) blieb unverheiratet und förderte mit ihrer Stiftung Frauen aus ihrer sozialen Schicht und mit einer ähnlichen Biographie. Die Stadt teilte dem RP im März 1922 mit, dass „am Schlusse des Jahres 1919" die Stiftung noch nicht bestanden habe. Sie legte die Stiftung im Jahre 1923 mit ca. 180 weiteren unselbständigen Stiftungen zum (↗) Allgemeinen Stiftungsfonds zusammen.

Quellen: LASA, C 28 I Ie, Nr. 1625
Literatur: Bericht über die Verwaltung 1919/1920, Teil 1 und 1920/1921, Teil 2
Bemerkungen: unselbständige Stiftung

Lutz Miehe

333. VON MÜNCHHAUSEN-ALTHAUS-LEITZKAU-STIFTUNG

Errichtet: 1573 (Testament)
Stifter: Hilmar von Münchhausen (1512–1573), Obrist und Söldnerführer, und seine Nachkommen
Der Stifter, einer der erfolgreichsten und wohlhabendsten Kriegsunternehmer seiner Zeit, erwarb 1564 als Nebenbesitz das ehemalige Prämonstratenser-Chorherrenstift Leitzkau und hinterließ in diesem Zusammenhang eine in Magdeburg tätige Stiftung.
Vermögen: k. A.
Zweck: Gewährung eines Stipendiums von jährlich 100 Tlr. an einen Schüler des Klosters Unser Lieben Frauen oder des Domgymnasiums
Verwaltung: k. A.
Darstellung: Nach Angaben der Stadt existierte die Stiftung im Jahre 1937 noch.
Die Stiftung wurde durch Kabinettsbeschluss vom 16. August 1948 aufgelöst.
Quellen: Vorl. Liste, Kreis XV, Nr. 99; LASA, C 28 II, Nr. 7337, K2, Nr. 661
Literatur: https://de.wikipedia.org/wiki/Leitzkau (02.09.2019)
Bemerkungen: rechtsfähige Stiftung des bgl. Rechts

Lutz Miehe

334. VON MÜNCHHAUSEN'SCHES STIPENDIUM

Errichtet: 1722
Stifter: Christian Wilhelm von Münchhausen, Domkapitular
Vermögen: 800 Tlr.
Zweck: Finanzierung einer Freistelle im Pädagogium Unser Lieben Frauen und am Domgymnasium
Verwaltung: Kloster Unser Lieben Frauen/Direktor des Domgymnasiums
Darstellung: Der Zweck der Stiftung wurde offensichtlich nach Ende der napoleonischen Fremdherrschaft geändert. Die Stiftung unterstützte nun abwechselnd je einen ehemaligen Schüler des (↗) Klosters Unser Lieben Frauen und des Domgymnasiums. In der ersten Hälfte des 19. Jh. betrug diese Unterstützung 100 Tlr., im Jahre 1910 300 M. Das Vorschlagsrecht

hatte der Besitzer des Rittergutes Althaus-Leitzkau. Anfang des 20. Jh. wurde das Stipendium durch das Kgl. Provinzial-Schul-Kollegium verliehen. Nach Angaben aus dem Jahre 1949 sei das Vermögen durch die Inflation stark reduziert worden, die Stiftung sei im Haushaltsplan der (↗) Kloster Berge'schen Stiftung 1943 bis 1945 nicht mehr erwähnt worden.

Quellen:	LASA, K2, Nr. 690; Nachweisung 1910; Wohlfahrtseinrichtungen
Literatur:	Bock, Armenwesen, S. 280; von Dietze/Hunsdieck-Nieland, Stiftungen, S. 275; Meyer/Schneidewin, Wohlfahrtseinrichtungen, S. 13; Rauer, Landbuch, S. 484
Bemerkungen:	auch: von Münchhausen'sches Vermächtnis; rechtsfähige Stiftung des bgl. Rechts

Lutz Miehe

335. MWG-Stiftung

Errichtet:	11. November 2014
Stifter:	Magdeburger Wohnungsbaugesellschaft mbH
Vermögen:	k. A.
Zweck:	1. Unterstützung hilfsbedürftiger Personen,
	2. Förderung der Jugend- und Altenhilfe,
	3. Förderung von Kunst und Kultur,
	4. Förderung der Erziehung, Volks- und Berufsbildung einschließlich der Studentenhilfe,
	5. Förderung des Sports und
	6. Förderung des bürgerschaftlichen Engagements
Verwaltung:	Vorstand, bestehend aus drei bis fünf Mitgliedern
Darstellung:	Die Stiftung ist im Stiftungsverzeichnis des Landes Sachsen-Anhalt unter der Nr. MD-11741-271 registriert.
Quellen:	k. A.
Literatur:	k. A.
Bemerkungen:	rechtsfähige Stiftung des bgl. Rechts

Lutz Miehe

336. Elisabeth Magdalene Naumann'sche Stiftung

Errichtet:	19. November 1783 (Testament)
Stifterin:	Elisabeth Magdalene Naumann, geb. Lüdecke, Ehefrau des Brauerinnungsverwandten Georg Christian Naumann

Vermögen:	500 Tlr., 1910: 3.016,76 M
Zweck:	Unterstützung von würdigen und bedürftigen, nicht im Bettelstande befindlichen Armen christlicher Religion am Heiligen Abend; Bedürftige aus der Naumann'schen und der Lüdecke'schen Familie sollen den Vorzug haben
Verwaltung:	Brauerinnung, nach deren Auflösung der Magistrat/Armendirektion/Wohlfahrtsamt
Darstellung:	In einem gemeinsam errichteten Testament hatten die Eheleute N. zwei getrennte Stiftungen errichtet. Während die Stiftung der Ehefrau die Erträge zu Weihnachten ausschüttete, erfolgte dies bei der (↗) Georg Christian Naumann'schen Stiftung zu Ostern. Bis zur Mitte des 19. Jh. ist nicht nachweisbar, dass Familienangehörige Destinatäre waren. Das Vermögen der Stiftung war in der ersten Hälfte des 19. Jh. an den Neustädter Ackerbürger Johann Adam Holzhausen verliehen, der dafür 27 Morgen Acker verpfändet hatte. Die Stadt legte die Stiftung im Jahre 1923 mit ca. 180 weiteren unselbständigen Stiftungen zum (↗) Allgemeinen Stiftungsfonds zusammen.
Quellen:	LASA, C 28 I Ie, Nr. 1568, 1625; StAM, Rep. A I, R 192; Rep. A II, S 20 spec. 32a Bde. 1, 2; Rep. 10 J, 12; Rep. 18[4], A 8; Nachweisung 1910; Wohlfahrtseinrichtungen
Literatur:	Bericht über die Verwaltung 1908/1909; Bock, Armenwesen, S. 100; Meyer/Schneidewin, Wohltätigkeitseinrichtungen, S. 46; Oppermann, Armenwesen, 1821, S. 185; ders, Zehnte Nachricht, S. 185f.; Rauer, Landbuch, S. 490f.
Bemerkungen:	unselbständige Stiftung
	Ihr Ehemann hatte durch dasselbe Testament die (↗) Nr. 337 errichtet.

Lutz Miehe

337. GEORG CHRISTIAN NAUMANN'SCHE STIFTUNG

Errichtet:	19. November 1783 (Testament)
Stifter:	Georg Christian Naumann, Brauerinnungsverwandter
Vermögen:	500 Tlr., 1910: 2.302,22 M
Zweck:	Unterstützung würdiger und bedürftiger, nicht im Bettelstande befindlicher Armer christlicher Religion zu Ostern mit jeweils 3 M; Bedürftige aus der Naumannschen und Lüdeckeschen Familie sollten den Vorzug haben
Verwaltung:	Brauerinnung, nach deren Auflösung Magistrat/Armenverwaltung/Wohlfahrtsamt

Darstellung:	In einem gemeinsam errichteten Testament hatten die Eheleute N. zwei getrennte Stiftungen errichtet. Während die Stiftung der Ehefrau, (↗) Elisabeth Magdalene Naumann'sche Stiftung, die Erträge zu Weihnachten ausschüttete, erfolgte dies bei der Georg Christian Naumann'schen Stiftung zu Ostern. Bis zur Mitte des 19. Jh. ist nicht nachweisbar, dass Familienangehörige Destinatäre waren. Das Vermögen der Stiftung war in der ersten Hälfte des 19. Jh. an den Neustädter Ackerbürger Johann Adam Holzhausen verliehen, der dafür 27 Morgen (= 6¾ ha) Acker verpfändet hatte. Die Stadt legte die Stiftung im Jahre 1923 mit ca. 180 weiteren unselbständigen Stiftungen zum (↗) Allgemeinen Stiftungsfonds zusammen.
Quellen:	LASA, Nr. C 28 I Ie, Nr. 1572, 1625; StAM, Rep. A I, R 192; Rep. A II, S 20 spec. 32a Bde. 1, 2 und spec. 32c; Rep. 10 J, 11; 184, A 8; Rep. A II, A 48 spec.1 Bde. 1, 2; Nachweisung 1910; Wohlfahrtseinrichtungen
Literatur:	Adressbuch 1920, S. 27; Bericht über die Verwaltung 1908/1909; Bock, Armenwesen, S. 99 f., 334; von Dietze/Hunsdieck-Nieland, Stiftungen, S. 199; Meyer/Schneidewin, Wohltätigkeitseinrichtungen, S. 46; Oppermann, Armenwesen, 1821, S. 184; ders., Zehnte Nachricht, S. 184; ders., 1831–1840, S. 58 f.; Rauer, Landbuch, S. 490 f.
Bemerkungen:	auch: Naumann'sche Stiftung; unselbständige Stiftung

Lutz Miehe

338. NEHRICKE-STIFTUNG

Errichtet:	10. September 1829 (Testament)/1832 (Genehmigung)
Stifter:	Johann Christian Nehricke, Präbendat des (↗) Hospitals St. Annen
Vermögen:	500 Tlr.
Zweck:	für die Heilig-Geist-Gemeinde (ohne Zweckbestimmung)
Verwaltung:	GKR der ev. KG Heilig-Geist
Darstellung:	Der Stifter hatte bereits 1818 in einem Testament die KG Heilig-Geist mit der gleichen Finanzmasse versehen wollen. Die Stadt teilte 1937 mit, dass die Stiftung noch existiere.
Quellen:	Vorl. Liste, Kreis XV, Nr. 100; LASA, C 28 II, Nr. 7337, 7683
Literatur:	k. A.
Bemerkungen:	k. A.

Lutz Miehe

339. F. A. Neubauer'sche Stiftung zur Errichtung eines Kinderkrankenhauses

Errichtet: nach 1885

Stifter: Friedrich August Neubauer (1815–1900), Geh. KomRat

N. gründete 1841 die Speditionsfirma N. & Porse. Innerhalb weniger Jahre entwickelte sich N. zu einem der bedeutendsten Kaufleute und Industriellen Magdeburgs (Handel mit Zucker, Bankgeschäfte, Kalibetrieb). Er unterstützte auch den Aufbau des Kunstmuseums in Magdeburg. Er erhielt 1876 den Titel eines KomRat und 1885 den eines Geh-Rat.

100 Friedrich August Neubauer, Gemälde von Eduard Giersch, 1905, Kopie nach Hugo Vogel, 1890

Vermögen:	100.000 M
Zweck:	Errichtung eines Kinderkrankenhauses
Verwaltung:	Kämmereikasse
Darstellung:	Im Juni 1915 genehmigte die Stiftungsbehörde eine Zweckänderung. Demnach sollte nun ein Kinderheim errichtet werden. Gleichzeitig erfolgte eine Erhöhung des Grundstockvermögens der Stiftung um 20.000 M durch den Stifter. Im Jahre 1917 teilte die Stadt dem RP mit, dass der Bau des „Kaiserin Victoria Auguste-Kinderheimes" in Angriff genommen sei. Es wurde im damals noch selbständigen Ort Salzelmen (heute Schönebeck) errichtet und bis zum Ende der NS-Zeit betrieben. Für die Stiftung waren im Haushaltsplan des Jahres 1924 Einnahmen in Höhe von 14.237 Goldmark geplant.
Quellen:	LASA, C 28 I Ib, Nr. 3634, Bd. XIV; C 28 I Ie, Nr. 1625; StAM, Rep. A III, 31.1h, 31.1h Bd. 1; Rep. 10 K, 394; Rep. 18[4], Bü. 132
Literatur:	Bericht über die Verwaltung 1920/1921, Teil 2; Behrend, Großkaufleute, S. 51 ff.; Heinicke, Friedrich August Neubauer, in: MBL, S. 511 f.; Tradition und Innovation, S. 65
Bemerkungen:	auch: August Neubauer'sche Stiftung zur Errichtung eines Kinderkrankenhauses; rechtsfähige Stiftung des bgl. Rechts Der Stifter errichtete neben dieser Stiftung vier weitere Stiftungen: die (↗) Nr. 340–343.

Lutz Miehe

340. F. A. Neubauer'sches Geschenk

Errichtet:	1867
Stifter:	Friedrich August Neubauer (1815–1900), Geh. KomRat
Vermögen:	200 Tlr., 1910: 600 M
Zweck:	Belohnung am 17. Mai eines jeden Jahres an einen Dienstboten männlichen oder weiblichen Geschlechts, der seiner Herrschaft mindestens zehn Jahre ununterbrochen gedient hat
Verwaltung:	Magistrat/Armendirektion/Wohlfahrtsamt
Darstellung:	Anlass für die Errichtung war die silberne Hochzeit des Stifters. Die Stadt legte die Stiftung im Jahre 1923 mit ca. 180 weiteren unselbständigen Stiftungen zum (↗) Allgemeinen Stiftungsfonds zusammen.
Quellen:	LASA, C 28 I Ie, Nr. 1625; StAM, Rep. A II, S 20 spec. 32a Bd. 2; Rep. 18[4], A 8; Nachweisung 1910; Wohlfahrtseinrichtungen

Literatur: Adressbuch 1920, S. 27; Bericht über die Verwaltung 1882, 1908/1909; Bock, Nachtrag, S. 365; Meyer/Schneidewin, Wohlfahrtseinrichtungen, S. 55
Bemerkungen: unselbständige Stiftung
Der Stifter errichtete neben dieser Stiftung vier weitere Stiftungen: die (↗) Nr. 339 und die die (↗) Nr. 341–343.

Lutz Miehe

341. Geheimer Kommerzienrat F. A. Neubauer'sche Stiftung

Errichtet: 1900 (Testament)
Stifter: Friedrich August Neubauer (1815–1900), Geh. KomRat
Vermögen: 100.000,00 M
Zweck: Unterstützung bedürftiger und durchaus würdiger Einwohner der Stadt, besonders auch kinderreicher oder alter oder arbeitsunfähiger Witwen, in laufenden monatlichen Beträgen von 15 M
Verwaltung: Vorstand, bestehend aus einem Magistratsmitglied und zwei von der Stadtverordneten-Versammlung zu wählenden Bürgern, wobei möglichst ein Nachkomme des Stifters zu berücksichtigen ist
Darstellung: Die Stiftung wurde am 29. September 1954 durch den RdSt aufgelöst.
Quellen: LASA, C 28 I Ie, Nr. 1625, 1679; StAM, Rep. 18[4], A 8; Rep. 41, 864, 867; Nachweisung 1910; Wohlfahrtseinrichtungen
Literatur: Adressbuch 1920, S. 27; Bericht über die Verwaltung 1908/1909 und 1920/1921, Teil 2; von Dietze/Hunsdieck-Nieland, Stiftungen, S. 200–201
Bemerkungen: auch: Legat des Geheimen Kommerzienrates Neubauer; rechtsfähige Stiftung des bgl. Rechts
Der Stifter errichtete neben dieser Stiftung vier weitere Stiftungen: die (↗) Nr. 339–340 und die (↗) Nr. 342–343.

Lutz Miehe

342. Kommerzienrat Neubauer'sche Stiftung

Errichtet: 1895
Stifter: Friedrich August Neubauer (1815–1900), Geh. KomRat
Vermögen: 1910: 10.000 M
Zweck: Unterstützung von zehn bedürftigen und würdigen, über 60 Jahre alten Einwohnern am 21. Februar jeden Jahres

Verwaltung: Magistrat/Armendirektion/Wohlfahrtsamt
Darstellung: Die Stiftung wurde durch den RdSt am 29. September 1954 aufgelöst.
Quellen: LASA, C 28 I Ie, Nr. 1625, M1, Nr. 1530; StAM, Rep. 18⁴, A 8; Nachweisung 1910; Wohlfahrtseinrichtungen
Literatur: Adressbuch 1920, S. 27; Bericht über die Verwaltung 1908/1909 und 1920/1921, Teil 2; von Dietze/Hunsdieck-Nieland, Stiftungen, S. 176; Meyer/Schneidewin, Wohlfahrtseinrichtungen, S. 40
Bemerkungen: auch: Kommerzienrat Neubauer'scher Stiftung;
unselbständige Stiftung
Neubauer errichtete neben dieser Stiftung vier weitere Stiftungen: die (↗) Nr. 339–341 und die (↗) Nr. 343.

Lutz Miehe

343. NEUBAUER-STIFTUNG

Errichtet: 1880
Stifter: Friedrich August Neubauer (1815–1900), Geh. KomRat
Vermögen: 10.000 M, 1910: 14.000 M
Zweck: Stipendium an einen bedürftigen und würdigen jungen Kaufmann, der seine Lehrzeit in Magdeburg zu voller Zufriedenheit seiner Prinzipale bestanden hat und zur weiteren Ausbildung und Vermehrung seiner Kenntnisse nach dem Auslande zu gehen beabsichtigt, oder an einen solchen, der sich bereiterklärt, bei seinem Aufenthalt im Auslande den Vorstehern der Handelskammer Bericht über den deutschen und speziell den Magdeburger Handel mit dem Auslande zu liefern und Vorschläge über dahin zu eröffnende Verbindungen zu machen
Verwaltung: IHK
Darstellung: Die Leistungen waren jeweils im April zu zahlen. 1888 wurde das Stipendium an einen in Nicaragua arbeitenden Kaufmann und 1889 an einen in Indien tätigen jungen Magdeburger Kaufmann vergeben.
Die Stiftung wurde im Januar 1953 von der IHK beim RdB angemeldet. In diesem Zusammenhang wurde mitgeteilt, dass die Stiftung vermögenslos sei und ihre Zwecke nicht mehr erfüllen könne. Eine Satzung sei nicht vorhanden. Die Stiftung wurde am 29. September 1954 durch den RdSt aufgelöst.
Quellen: LASA, C 28 I Ie, Nr. 1647; LASA, M1, Nr. 1528–1530, 1532, 8358/7; Nachweisung 1910; Wohlfahrtseinrichtungen
Literatur: Adressbuch 1920, S. 28; Behrend, Großkaufleute, S. 51 ff., 140; Bericht

über die Verwaltung 1919/1920, Teil 2 und 1920/1921, Teil 2; von Dietze/Hunsdieck-Nieland, Stiftungen, S. 200; Meyer/Schneidewin, Wohlfahrtseinrichtungen, S. 23; Tradition und Innovation, S. 369f.
Bemerkungen: auch: F. A. Neubauer-Stiftung bzw. Neubauer'sches Stipendium; rechtsfähige Stiftung des bgl. Rechts
Neubauer errichtete neben dieser Stiftung vier weitere Stiftungen: die (↗) Nr. 339–342.

Lutz Miehe

344. Martha Neubaur'sche Stiftung

Errichtet: 1912 (Testament)
Stifterin: Fräulein Martha Neubaur († 11. Februar 1913, Wiesbaden)
Vermögen: 132.240 M
Zweck: zur Erziehung und Ausbildung aus Magdeburg gebürtiger Waisenkinder beiderlei Geschlechts aus jeder Konfession
Verwaltung: Magistrat/Wohlfahrtsamt
Darstellung: Der Etat der Stiftung betrug im Jahre 1920 6.203 M. Die Stadt legte die Stiftung im Jahre 1923 mit ca. 180 weiteren unselbständigen Stiftungen zum (↗) Allgemeinen Stiftungsfonds zusammen.
Quellen: LASA, C 28 I Ie, Nr. 1625; StAM, Rep. 18[4], A 8; Nachweisung 1910
Literatur: Adressbuch 1920, S. 27; Bericht über die Verwaltung 1912/1913 und 1914/1915
Bemerkungen: auch: Martha Neubauer-Stiftung;
unselbständige Stiftung

Lutz Miehe

345. Ute und Wolfram Neumann-Stiftung

Errichtet: 18. September 2003
Stifter: Dr. med. Ute Neumann, und Prof. Dr. med. Wolfram Neumann
Vermögen: k. A.
Zweck: Erhaltung und Pflege der Buchkultur im Verhältnis zu anderen Medien
Verwaltung: Vorstand, bestehend aus drei Mitgliedern
Darstellung: Die Stifter haben eine einzigartige, ca. 30.000 Bände umfassende Sammlung großer Verlagsbuchreihen des 19./20. Jh. aufgebaut, die seit 2003 von der Universitätsbibliothek Magdeburg betreut wird. Die Stiftung fördert in diesem Zusammenhang Forschung und Öffentlichkeitsarbeit, mit der Entstehung, die Bedeutung und der Einfluss literarisch

wertvoller Reihen auf Bildung und Bewusstsein untersucht und einer größere Öffentlichkeit nahegebracht werden sollen.

Die Stiftung ist im Stiftungsverzeichnis des Landes Sachsen-Anhalt unter der Nr. MD-11741-074 registriert.

Quellen:	k. A.
Literatur:	k. A.
Bemerkungen:	rechtsfähige Stiftung des bgl. Rechts

Lutz Miehe

346. NEUMANN'SCHE STIFTUNG

Errichtet:	1899
Stifterin:	Alwine Neumann, geb. Schaeckel, Wwe. von Theodor Neumann, Kaufmann
Vermögen:	1910: 6.302,39 M
Zweck:	1. Unterhaltung der Grabstätten der Neumann'schen Eheleute,
	2. Unterstützung von fünf Armen des Stadtteils Buckau, welche das 60. Lebensjahr erreicht haben
Verwaltung:	Magistrat/Armendirektion/Wohlfahrtsamt
Darstellung:	Die Stadt legte die Stiftung im Jahre 1923 mit ca. 180 weiteren unselbständigen Stiftungen zum (↗) Allgemeinen Stiftungsfonds zusammen.
Quellen:	LASA, C 28 I Ie, Nr. 1625, 1677; StAM, Rep. A II S 20 spec. 32d; Rep. 18⁴, A 8; Nachweisung 1910; Wohlfahrtseinrichtungen
Literatur:	Adressbuch 1920, S. 27; Bericht über die Verwaltung 1908/1909; von Dietze/Hunsdieck-Nieland, Stiftungen, S. 201
Bemerkungen:	unselbständige Stiftung

Lutz Miehe

347. WILLI NEUMANN'SCHE STIFTUNG

Errichtet:	1906
Stifter:	Willi Neumann, Kaufmann
Vermögen:	1910: 18.206,00 M
Zweck:	1. Instandhaltung der Grabstätte,
	2. Unterstützung an Buckauer Arme jedes Jahr zu Weihnachten
Verwaltung:	Magistrat/Armendirektion/Wohlfahrtsamt
Darstellung:	Die Stadt legte die Stiftung im Jahre 1923 mit ca. 180 weiteren unselbständigen Stiftungen zum (↗) Allgemeinen Stiftungsfonds zusammen.

Quellen:	LASA, C 28 I Ie, Nr. 1625, 1701; StAM, Rep. 18[4], A 8; Nachweisung 1910; Wohlfahrtseinrichtungen
Literatur:	Adressbuch 1920, S. 28; Bericht über die Verwaltung 1908/1909 und 1911/1912
Bemerkungen:	auch: Willi Neumann-Stiftung oder Willy Neumann'sche Stiftung; unselbständige Stiftung

Lutz Miehe

348. NOELDECHEN-STIFTUNG

Errichtet:	24. März 1881 (Stiftungsurkunde)/12. April 1881 (Genehmigung)
Stifter:	Dr. theol. h. c. Friedrich Wilhelm Noeldechen (1806–1885), Jurist, Konsistorialpräsident
	Dem in Berlin geborenen N. wurde nach verschiedenen beruflichen Stationen im Jahre 1853 an Stelle des Oberpräsidenten von Witzleben die Leitung des Konsistoriums Magdeburg übertragen. Er galt dort als Vertreter einer konservativen kirchenpolitischen Linie.
Vermögen:	4.700 M, 1925 aufgewertet auf 1.175 Goldmark
Zweck:	Unterstützung vorrangig von unversorgten Kindern des Stifters; danach konnte auch die Ausbildung von bedürftigen und würdigen Kindern von Mitgliedern des Konsistoriums oder von Geistlichen der Provinz Sachsen gefördert werden
Verwaltung:	Zu ihren Lebzeiten bestimmten der Stifter und seine Ehefrau Anna, geb. Westermeier, über die Verwendung der Zinsen. Danach sollte ein Kuratorium – bestehend aus dem 1. Generalsuperintendenten der Provinz Sachsen, dem ältesten Juristen und einem weiteren Mitglied des Konsistoriums Magdeburg – über die Auswahl der Begünstigten und die Dauer der Zahlungen befinden.
Darstellung:	Anlässlich des 50. Dienstjubiläums Noeldechens führten die Geistlichen in der Provinz Sachsen 1877 eine Sammlung durch, um denselben in die Lage zu versetzen, eine Familienstiftung zu begründen. Das Kapital wurde über Hypotheken auf Magdeburger Immobilien abgesichert. 1938 ist letztmals eine Anweisung an seine Tochter Johanna belegt.
Quellen:	AKPS, Rep. A, Generalia, Nr. 1178 a; Spec. P, PA, Nr. 192 a
Literatur:	von Dietze/Hunsdieck-Nieland, Stiftungen, S. 202; Heinrich, Friedrich Wilhelm Noeldechen, in: MBL, S. 519–520
Bemerkungen:	auch: Noeldechen'sche Familien-Stiftung oder Wilhelm Noeldechen Stiftung

Margit Scholz

349. Europäische St. Norbert Stiftung

Errichtet:	28. Juli 2015
Stifter:	Norbert und Renate Wenner, Christiane und Emil Underberg, Norbert Rethmann, Abtei Hamborn, SUBSIDIARIS-Hilfswerk für Kirche und Gesellschaft e. V. Magdeburg
Vermögen:	k. A.
Zweck:	1. Förderung von Wissenschaft, Forschung, Bildung, Erziehung, Kunst und Kultur sowie der Völkerverständigung,
	2. Förderung der Entwicklungs-, Alten- und Jugendhilfe, des demokratischen Verständnisses und der Gemeinschaftshilfe,
	3. Unterstützung der geistigen, sozialen, wirtschaftlichen und religiösen Bildung
Verwaltung:	Vorstand, bestehend aus mindestens drei und höchstens fünf Personen
Darstellung:	Die Stiftung ist im Stiftungsverzeichnis des Landes Sachsen-Anhalt unter der Nr. LSA-11741-280 registriert.
Quellen:	k. A.
Literatur:	k. A.
Bemerkungen:	rechtsfähige Stiftung des bgl. Rechts

Lutz Miehe

350. Nordheimer-Stiftung

Errichtet:	1909
Stifter:	Frau Henriette und Nathan Nordheimer
	Nathan N. war bereits im Jahre 1893 im Vorstand der Gemeindevertretung der SG.
Vermögen:	10.000 M
Zweck:	Armen-Unterstützung
Verwaltung:	Vorstand der SG
Darstellung:	Die Stiftung überstand – wie alle Stiftungen, die von Juden errichtet worden waren – die NS-Zeit nicht.
Quellen:	Nachweisung 1910; Wohlfahrtseinrichtungen
Literatur:	Adressbuch 1920, S. 29; Verwaltungsbericht der SG, 1893
Bemerkungen:	rechtsfähige Stiftung des bgl. Rechts
	In der Übersicht „Wohlfahrtseinrichtungen in der Stadt Magdeburg" wird zudem eine „Stordheimer-Stiftung", gegründet 1890 von Nathan Stordheimer (!) und Frau Henriette geb. Schönstadt, aufgeführt, die wohltätige Zwecke verfolgte, vom Kaufmännischen Verein verwaltet wurde und im Jahr 1910 über ein Vermögen von 3.000 M verfügte.

Hierbei dürfte es sich ebenfalls um eine Stiftung des Ehepaares Nordheimer gehandelt haben. Über diese Stiftung konnten jedoch keine weiteren Details ermittelt werden.

Lutz Miehe

351. ÖHMICHEN-STIFTUNG

Errichtet:	September 1911
Stifterin:	Richard Öhmichen († 19. Januar 1921), Chemiker und Direktor a. D.
Vermögen:	4.000 M
Zweck:	1. bis zu seinem Ableben jährlich 80 M an den Stifter, darüber hinaus für kirchliche Zwecke,
	2. nach dem Tod des Stifters und bis zum Tod seiner Schwägerin vollständig für kirchliche Zwecke,
	3. nach dem Tod der Schwägerin (Frl. Kornisch) zur Pflege eines Erbbegräbnisses mit vier Gräbern auf dem Südfriedhof, darüber hinaus für kirchliche Zwecke,
	4. ab 1982 ist die gesamte Summe zum „Besten der Paulusgemeinde" zu verwenden
Verwaltung:	der Pfarrer mit Vorsitz im GKR der Paulusgemeinde
Darstellung:	Die Schenkung erfolgte aus Anlass des Todes der Ehefrau des Stifters, Martha, geb. Oehmichen († 27. August 1911). Die Stiftung ist vermutlich in der Inflationszeit erloschen.
Quellen:	AKPS, Rep. J 13, Nr. 67
Literatur:	k. A.
Bemerkungen:	unselbständige Stiftung

Margit Scholz

352. CHARLOTTE OELTZE-LEGATE I–IV

Errichtet:	21. August 1872 (Testament)/17. Januar 1876
Stifterin:	Charlotte Oeltze, Bernburg
Vermögen:	1. 2.000 Tlr. mind.,
	2. 2.200 Tlr.,
	3. 300 Tlr.,
	4. das gesamte mobile Vermögen der Stifterin
Zweck:	1. Legat für die ev. Berliner Gesellschaft zur Ausbreitung des Evangeliums unter den Heiden (Berliner Missionsgesellschaft) „zur Gründung einer neuen Missionsstation",

2. Legat an die Domgemeinde Magdeburg für Zahlungen an „acht unvermögende, unverheirathete, über 40 Jahr alte, der lutherischen Kirche angehörige, unbescholtene, christlich gesinnte und in Magdeburg wohnhafte", kränkliche Weißnäherinnen auf Lebenszeit,
3. Legat an das Kloster Augustini zur Pflege des Grabes der Mutter,
4. Legat an das ev. Vereinshaus (christliche Herberge) in Quedlinburg zur Unterhaltung des Grabes der Stifterin und jenes ihrer Schwester auf dem Friedhof von St. Benedikt in Quedlinburg

Verwaltung: die jeweils bedachten Einrichtungen

Darstellung: Die Stifterin war der Inneren Mission offenbar besonders eng verbunden und teilte die Ideale ihres Verwandten, des Generalsuperintendenten Borghardt, der in Stendal das „Borghardt-Sift" gegründet hatte. Ihre diakonischen Anliegen spiegeln sich auch in weiteren testamentarischen Legaten zugunsten des Brüder- und Rettungshauses Neinstedt, für die Preuß. Hauptbibelgesellschaft und die Goßnersche Missionsgesellschaft in Berlin sowie für die (↗) „Herberge zur Heimat" in Magdeburg. Die Berliner Missionsgesellschaft wurde zur Haupterbin bestimmt und damit verpflichtet, die anderen Legate auszuzahlen. Nach dem Testament sollte aber nur das Legat für die Domgemeinde eine Stiftung mit dem Namen „Charlotte Oeltze-Stiftung" begründen. Diese erhielt 1876 die landesherrliche Genehmigung. Die Domprediger sollten die Empfängerinnen auswählen. Bei unwürdigem Lebenswandel konnte die Rente wieder entzogen werden. Nach Überweisung der Stiftungsgelder 1877 berief die Domgemeinde eine eigene „Vertheilungs-Commission".
Die Stadt teilte 1937 mit, dass die Stiftung noch existiere.
In der „Vorläufigen Liste" der in Sachsen-Anhalt bestehenden Stiftungen aus dem Jahre 1947 wurde die Stiftung mit „Nr. III durch Inflation erloschen, Nr. I gelöscht" charakterisiert.

Quellen: Vorl. Liste, Kreis XV, Nr. 101; LASA, C 28 II, Nr. 7337; StAM, Rep. 41, 864, 867; AKPS, Rep. J 1, Nr. 223; Nachweisung 1910; Wohlfahrtseinrichtungen

Literatur: Adressbuch 1920, S. 29, von Dietze/Hundsdieck-Nieland, Stiftungen, S. 203; Meyer/Schneidewin, Wohlfahrtseinrichtungen, S. 44

Bemerkungen: auch: Charlotte Oeltze-Stiftung, Fräulein Oelze'sches Legat, Charlotte Öltze-Legate I–IV

Lutz Miehe/Margit Scholz

353. Oelze-Stiftung

Errichtet:	vor 1918
Stifter:	k. A.
Vermögen:	k. A.
Zweck:	Unterstützung des Lehrers Graetsch in Wernstedt/Altmark, nach dessen Tod Unterstützung von zwei Lehrern
Verwaltung:	Regierungspräsident
Darstellung:	Die verwaltende Regierungshauptkasse beantragte im Januar 1918, sie wegen der geringen Einnahme- und Ausgabeposten von der Rechnungslegung zu entbinden. Dieser Antrag wurde zwar genehmigt, 1921 aber wieder aufgehoben.
Quellen:	LASA, M1, Nr. 1528
Literatur:	k. A.
Bemerkungen:	rechtsfähige Stiftung des bgl. Rechts

Lutz Miehe

354. Offeney-Stiftung

Errichtet:	17. Januar 1740 (Testament)
Stifterin:	Anna Elisabeth Offeney, geb. Stißer, Wwe. des Kanonikus Offeney
Vermögen:	100 Tlr., 1910: 412,92 M
Zweck:	Halbjährliche Unterstützung von ein oder zwei Witwen, die am „Neuen Markt" wohnten. Gemeint ist damit die ehemalige Domfreiheit, das Stadtviertel, in dem vor allem Adel, Offiziere und preußische Beamte ansässig waren.
Verwaltung:	Konsistorium Magdeburg, ab 1815 Magistrat/Armendirektion/Wohlfahrtsamt
Darstellung:	1807 gab das Konsistorium die Verwaltung der Stiftung an den Präfekten ab. Die Stadt beantragte bei dem preuß. Gouverneur von Klewitz im September 1815, die Verwaltung des Legats zu übernehmen, „da das hiesige Almosen Collegio nun alle hiesigen ähnlichen milden Stiftungen verwaltet". Dies genehmigte das Kgl. Zivilgouvernement am 31. Oktober 1815. Die Stadt legte die Stiftung im Jahre 1923 mit ca. 180 weiteren unselbständigen Stiftungen zum (↗) Allgemeinen Stiftungsfonds zusammen.
Quellen:	GStA, I. HA Rep. 91 C, Nr. 2391; LASA, C 28 I Ie, Nr. 1625; StAM, Rep. A II, S 20 spec. 32a Bde. 1, 2; Rep. 18[4], A 8; Nachweisung 1910; Wohlfahrtseinrichtungen
Literatur:	Adressbuch 1920, S. 28; Berhauer, Magdeburg, Bd. 2, S. 177; Bericht

über die Verwaltung 1908/1909; Bock, Armenwesen, S. 100; Hermes/ Weigelt, Handbuch, S. 18; von Dietze/Hunsdieck-Nieland, Stiftungen, S. 203; Meyer/Schneidewin, Wohltätigkeitseinrichtungen, S. 52; Oppermann, Armenwesen, 1821, S. 182; ders, Zehnte Nachricht, S. 182; Rauer, Landbuch, S. 503

Bemerkungen: auch: Offeneysches Legat zu Magdeburg oder Offeneysches Vermächtnis;
unselbständige Stiftung

Lutz Miehe

355. Oppermann'sche Stiftung

Errichtet: 1826
Stifter: Georg Werner Albert Oppermann (1781–1847), Bürgermeister
Vermögen: 1910: 375 M
Zweck: Prämierung fleißiger Schüler der gewerblichen Fortbildungsschule
Verwaltung: Magistrat
Darstellung: Das Stiftungskapital stammte aus dem Verkauf der Publikation des Stifters über das Armenwesen und die milden Stiftungen in der Stadt Magdeburg. Der Etat der Stiftung betrug im Jahre 1917 13,50 M.
Quellen: StAM, Rep. A II, S 20 spec. 32a Bd. 2; A III, 31.1h Bd. 1; Rep. 18[4], A 8; Nachweisung 1910; Wohlfahrtseinrichtungen
Literatur: Adressbuch 1920, S. 28; Bericht über die Verwaltung 1908/1909, 1919/1920, Teil 2 sowie 1920/1921, Teil 2
Bemerkungen: auch: Prämienfonds für die Fortbildungsschulen;
unselbständige Stiftung;
vgl. auch (↗) Nr. 356 und (↗) Nr. 358

Lutz Miehe

356. Oppermann'scher Prediger-Wittum-Fonds

Errichtet: 19. Juni 1828
Stifter: Georg Werner Albert Oppermann (1781–1847), Bürgermeister
Vermögen: 69 Tlr., 1910: 4.083,43 M
Zweck: Unterstützung von Predigerwitwen der Johannisgemeinde
Verwaltung: GKR der ev. KG St. Johannis
Darstellung: Das Stiftungskapital stammte aus dem Verkauf der Publikation des Stifters über das Armenwesen und die milden Stiftungen in der Stadt Magdeburg. Die Zinsen sollten so lange akkumuliert werden, bis der

101 Erste Seite der Publikation „Das Armenwesen und die milden Stiftungen in Magdeburg, Magdeburg 1821" von Georg Werner Albert Oppermann: Dieser Publikation folgten bis zum Jahre 1832 jährliche Nachträge und eine weitere Darstellung im Jahre 1842

Ertrag aus dem Stiftungsvermögen 50 Tlr. erreichte. Oppermann selbst teilte 1842 mit, dass in den 1830er Jahren „die vorhandene Prediger-Witwe aus der Kirchenkasse" mit jährlich 100 Tlr. unterstützt worden sei, so dass die Erträge der Stiftung akkumuliert wurden. Im Jahre 1859 hatte die Stiftung ihre Zwecke offensichtlich immer noch nicht verwirklicht.

Quellen: Nachweisung 1910; Wohlfahrtseinrichtungen
Literatur: Bock, Armenwesen, S. 105; Meyer/Schneidewin, Wohlfahrtseinrichtungen, S. 52; Oppermann, 1831–1840, S. 73; Rauer, Landbuch, S. 504
Bemerkungen: vgl. auch (↗) Nr. 355 und Nr. 358

Lutz Miehe

357. Oppermann'scher Stipendienfonds

Errichtet: 30. Dezember 1711 (Testament)
Stifter: Joachim Oppermann, Kgl. Proviantmeister
Vermögen: 1.000 Tlr., 1910: 12.036 M
Zweck: Das Stipendium erhielten Bürgersöhne, deren Vater oder Mutter der Ulrichsgemeinde als unbescholtene Gemeindeglieder angehörten und dort Grundbesitz besaßen. Die Bewerber mussten das Abitur am Altstädtischen Gymnasium erworben haben.
Verwaltung: GKR der ev. KG St. Ulrich und Levin
Darstellung: Das Vorschlagsrecht hatte das Kirchenkollegium der Ulrichsgemeinde. Im Jahre 1859 betrug das Stipendium 80 Tlr., im Jahre 1910 310 M.
Dem Oppermann'schen Stipendienfonds sollten auch nicht verbrauchte Erträge aus dem (↗) Fritze'schen Prediger-Wittum zufließen. Die Ausgliederung der Paulusgemeinde im Jahr 1900 führte zu Streitigkeiten um die Anrechte an der Stiftung. 1917 einigten sich die beiden KG auf eine neue, von der Kgl. Regierung genehmigte Satzung. Darin wurde der Bewerberkreis auch auf Gemeindeglieder der Paulusgemeinde und auf Absolventen des Realgymnasiums und der Oberrealschule beider KG ausgedehnt. Die Stadt teilte 1937 mit, dass die Stiftung noch existiere.
Quellen: Vorl. Liste, Kreis XV, Nr. 102; LASA, C 28 II, Nr. 7337; StAM, Rep. A I, R 192, S 87 Bd. 9, S 555 (Testament), W 220; AKPS, Rep. A, Generalia, Nr. 1176a; Rep. A, Spec. G, Nr. A 791, 792; Rep. J 6, Nr. 317, 319, 321–327, 339; Rep. J 13, Nr. 63; Nachweisung 1910; Wohlfahrtseinrichtungen
Literatur: Adressbuch 1920, S. 29; Berghauer, Magdeburg, Bd. 2, S. 180; Bock, Armenwesen, S. 274; von Dietze/Hunsdieck-Nieland, Stiftungen, S. 204;

	Hermes/Weigelt, Handbuch, S. 19; Meyer/Schneidewin, Wohlfahrtseinrichtungen, S. 23; Oppermann, Armenwesen, 1821, S. 203; Rauer, Landbuch, S. 504
Bemerkungen:	auch: Oppermann-Universitäts-Stipendium; rechtsfähige Stiftung des bgl. Rechts; Satzung von 1917

Lutz Miehe

358. Oppermann-Fritze-Schneider'sches Prediger-Wittum

Errichtet:	1828
Stifter:	Georg Werner Albert Oppermann (1781–1847), Bürgermeister, Fritze, Kaufmann und Frau Schneider, geb. Jäger, Wwe.
Vermögen:	1910: 6.580,75 M, 1938: 1.475 RM
Zweck:	Unterstützung der Predigerwitwen der Katharinengemeinde
Verwaltung:	GKR der ev. KG St. Katharinen
Darstellung:	Das Stiftungskapital stammte, wie bei dem (↗) Oppermann'schen Prediger-Wittum-Fonds, aus dem Verkauf der Publikation des Stifters über das Armenwesen und die milden Stiftungen in der Stadt Magdeburg. Die Zinsen sollten so lange akkumuliert werden, bis der Ertrag aus dem Stiftungsvermögen 50 Tlr. erreicht hatte. Im Jahre 1859 war das Vermögen auf 675 Tlr. angewachsen. Die Armenverwaltung der Stadt leistete aus den Erträgen der Stiftung im Jahre 1858 Unterstützungen im Umfang von 3 Tlr. und 15 Gr. Die KG meldete 1938 die Stiftung als noch existent an das Konsistorium.
Quellen:	AKPS, Rep. A, Generalia, Nr. 1166 b; Nachweisung 1910; Wohlfahrtseinrichtungen
Literatur:	Bock, Armenwesen, S. 104; von Dietze/Hunsdieck-Nieland, Stiftungen, S. 203; Meyer/Schneidewin, Wohltätigkeitseinrichtungen, S. 52; Oppermann, 1831–1840, S. 73; Rauer, Landbuch, S. 504
Bemerkungen:	Bürgermeister Oppermann errichtete mindestens zwei weitere Stiftungen. Vgl. (↗) Nr. 355–356, Nr. 435 und Nr. 438.

Lutz Miehe

359. Testament der Emmy Otte

Errichtet:	1. Juni 1910
Stifterin:	Emmy Otte, geb. Braune
Vermögen:	5.000 M

Zweck:	1. Pflege ihres Grabes und des Grabes ihres Ehemannes sowie die Gräber ihrer Kinder über 70 Jahre,
	2. das Geld soll anschließend der Armenkasse zufließen
Verwaltung:	Magistrat
Darstellung:	Die Stadt legte die Stiftung im Jahre 1923 mit ca. 180 weiteren unselbständigen Stiftungen zum (↗) Allgemeinen Stiftungsfonds zusammen.
Quellen:	StAM, Rep. A III, 31.1f Bd. 3
Literatur:	k. A.
Bemerkungen:	unselbständige Stiftung

Lutz Miehe

360. Dr. Otto-Grabpflegestiftung

Errichtet:	14. Januar 1904 (Testament)/21. Juni 1934 (Genehmigung)
Stifter:	Sanitätsrat Dr. Albert Otto, praktischer Arzt († 14. November 1933)
Vermögen:	6.000 RM
Zweck:	1. Pflege seines Grabes,
	2. Weihnachtsbescherung für Buckauer Kinder
Verwaltung:	Magistrat
Darstellung:	Der Stifter blieb unverheiratet. Die Stadtverwaltung überführte die Stiftung wahrscheinlich in den (↗) Allgemeinen Stiftungsfonds.
Quellen:	LASA, C 28 I Ie, Nr. 1706
Literatur:	k. A.
Bemerkungen:	unselbständige Stiftung

Lutz Miehe

361. Pabst'sches Freibett in der Kahlenberg-Stiftung

Errichtet:	1903 (Testament)
Stifter:	Otto Pabst
Vermögen:	1910: 20.000,00 M
Zweck:	Gewährung eines Freibettes in der (↗) Kahlenberg-Stiftung auf Vorschlag der Armendirektion
Verwaltung:	Magistrat/Armendirektion/Wohlfahrtsamt
Darstellung:	Bereits Ende des 19. Jh. existierte in der Kahlenberg-Stiftung ein Kinderfreibett, das von Frau Marie Pabst, geb. Kahlenberg, mit 10.000 M gestiftet worden war. Die Stadt legte die Stiftung im Jahre 1923 mit ca. 180 weiteren unselbständigen Stiftungen zum (↗) Allgemeinen Stiftungsfonds zusammen.

Quellen: StAM, Rep. A II, S 20 spec. 32a Bd. 3; Nachweisung 1910
Literatur: Bericht über die Verwaltung 1908/1909 und 1911/1912
Bemerkungen: auch: Pabst'sches Legat;
unselbständige Stiftung

Lutz Miehe

362. PASEMANN'SCHE STIFTUNG
Errichtet: 22. November 1855 (Testament)
Stifterin: Julie Pasemann († 13. Januar 1871), geb. Rohde,
Wwe. des Assessors Pasemann
Vermögen: 800 Tlr., 1910: 2.366,14 M
Zweck: „Pflege und Erquickung" armer kranker Personen
Verwaltung: Magistrat/Armendirektion/Wohlfahrtsamt
Darstellung: Die Stadt legte die Stiftung im Jahre 1923 mit ca. 180 weiteren unselbständigen Stiftungen zum (↗) Allgemeinen Stiftungsfonds zusammen.
Quellen: LASA, C 28 I Ie, Nr. 1625; StAM, Rep. A II, S 20 spec. 32a Bd. 2; Rep. 18[4], A 8; Nachweisung 1910; Wohlfahrtseinrichtungen
Literatur: Adressbuch 1920, S. 28; Bericht über die Verwaltung 1882, 1908/1909; Meyer/Schneidewin, Wohlfahrtseinrichtungen, S. 64; von Dietze/Hunsdieck-Nieland, Stiftungen, S. 205
Bemerkungen: unselbständige Stiftung

Lutz Miehe

363. PAX-STIFTUNG
Errichtet: 1888
Stifterin: Frau Pax, geb. Laval, Wwe. von Professor Friedrich Wilhelm Pax (1798–1867), sowie Freunde und Verehrer ihres Mannes
Vermögen: 6.900 M, 1910: 7.000 M
Zweck: Stipendien für Schüler des Domgymnasiums
Verwaltung: Direktor des Domgymnasiums
Darstellung: Prof. Pax lehrte am Pädagogium des Klosters Unser Lieben Frauen Magdeburg und am Domgymnasium. Er gehörte zu den Initiatoren der religiösen Bewegung der „Protestantischen Freunde" („Lichtfreunde"). Das Kapital der Stiftung stammte einerseits aus einer Sammlung unter den Freunden und Verehrern von Professor Pax (900 M) sowie von

	seiner Ehefrau (6.000 M). Eventuell handelte es sich um zwei Stiftungen.
Quellen:	Nachweisung 1910; StAM, Rep. 183, P 14; Wohlfahrtseinrichtungen
Literatur:	von Dietze/Hunsdieck-Nieland, Stiftungen, S. 207; Engelmann, Friedrich Wilhelm Pax, in: MBL, S. 535; Meyer/Schneidewin, Wohlfahrtseinrichtungen, S. 13
Bemerkungen:	rechtsfähige Stiftung des bgl. Rechts; (↗) Nr. 125

Lutz Miehe

364. PECHOW'SCHE STIFTUNG

Errichtet:	29. September 1854 (Testament)/1875
Stifterin:	Eleonore Pechow, geb. Damm († 1875), Wwe.
Vermögen:	1.200 M, 1910: 1.200 M
Zweck:	Unterstützung der hiesigen Kinderbewahranstalten und des städtischen Kinder-Asyls
Verwaltung:	Magistrat/Armendirektion/Wohlfahrtsamt
Darstellung:	Die Stiftung wurde noch 1890 als rechtsfähige Stiftung geführt. Die Stadt legte die Stiftung im Jahre 1923 mit ca. 180 weiteren unselbständigen Stiftungen zum (↗) Allgemeinen Stiftungsfonds zusammen.
Quellen:	LASA, C 28 I Ie, Nr. 1625; StAM, Rep. A II, S 20 spec. 32a, c; Rep. 18^4, A 8; Nachweisung 1910; Wohlfahrtseinrichtungen
Literatur:	Adressbuch 1920, S. 28; Bericht über die Verwaltung 1908/1909; von Dietze/Hunsdieck-Nieland, Stiftungen, S. 207; Meyer/Schneidewin, Wohlfahrtseinrichtungen, S. 3
Bemerkungen:	unselbständige Stiftung

Lutz Miehe

365. PENTZLER'SCHES LEGAT

Errichtet:	1891
Stifterin:	Frau Pentzler, geb. Adolph († 30. Oktober 1891), Wwe.
Vermögen:	300 M
Zweck:	1. Zum Nutzen der Ambrosiusgemeinde, 2. Pflege der Gräber der Stifterin, ihres Ehemannes und ihres einzigen Sohnes auf zehn Jahre
Verwaltung:	GKR der ev. KG St. Ambrosius (Sudenburg)

Darstellung: Die Genehmigung durch das Konsistorium erfolgte am 2. Mai 1892.
Quellen: AKPS, Rep. J 3, Nr. 376; Vorl. Liste, Kreis XV, Nr. 103
Literatur: k. A.
Bemerkungen: k. A.

Margit Scholz

366. STADTRAT GUSTAV PERSCHMANN'SCHE STIFTUNG
Errichtet: 1874
Stifterin: Marianne Perschmann, geb. Burchardt,
Wwe. von Gustav Perschmann, Kaufmann und Stadtrat
Vermögen: 500 Tlr., 1910: 1.494,08 M
Zweck: Unterstützung einer würdigen und bedürftigen Person, möglichst aus dem kaufmännischen Stande, ohne Unterschied der Religion, jeweils am 11. Mai jeden Jahres
Verwaltung: Magistrat/Armendirektion/Wohlfahrtsamt
Darstellung: Die Stifterin erfüllte mit der Errichtung der Stiftung den Wunsch ihres verstorbenen Mannes. Die Stadt legte die Stiftung im Jahre 1923 mit ca. 180 weiteren unselbständigen Stiftungen zum (↗) Allgemeinen Stiftungsfonds zusammen.
Quellen: LASA, C 28 I Ie, Nr. 1625; StAM, Rep. A II, S 20 spec. 32a Bd. 2; Rep. 18[4], A 8; Nachweisung 1910
Literatur: Adressbuch 1920, S. 28; Bericht über die Verwaltung 1882, 1908/1909; von Dietze/Hunsdieck-Nieland, Stiftungen, S. 207; Meyer/Schneidewin, Wohlfahrtseinrichtungen, S. 42
Bemerkungen: auch: Perschmann'sche Stiftung;
unselbständige Stiftung
Im Bericht über die Verwaltung von 1882 wird angegeben, dass Gustav Perschmann der Stifter gewesen sei.

Lutz Miehe

367. OTTO PETSCHKE-STIFTUNG
Errichtet: 1873
Stifter: Otto Petschke
Vermögen: 1910: 1.500 M
Zweck: Unterstützung eines Mitgliedes des Kaufmännischen Vereins, welches ohne Verschulden in Not geraten ist; sollte in einem Jahr kein Unter-

	stützungsfall vorliegen, so werden die Zinsen dem Vereinsvermögen zugefügt
Verwaltung:	Kaufmännischer Verein
Darstellung:	Die Stiftung gehörte wahrscheinlich zu denjenigen, die im Juli 1944 durch die verwaltende IHK zusammengelegt wurden.
Quellen:	Nachweisung 1910; Wohlfahrtseinrichtungen
Literatur:	Adressbuch 1920, S. 29
Bemerkungen:	rechtsfähige Stiftung des bgl. Rechts

Lutz Miehe

368. PFÄLZER-COLONIE-STIPENDIUM

Errichtet:	k. A.
Stifter:	Preußischer Staat
Vermögen:	k. A.
Zweck:	Unterstützung für studierende Bürgersöhne der Pfälzer Kolonie, die von 1689 bis 1808 als eigenständige Kommune der reformierten Glaubensflüchtlinge aus der Pfalz bestand
Verwaltung:	Magistrat
Darstellung:	Die Stadt teilte 1937 mit, dass die Stiftung noch existiere. In der „Vorläufigen Liste" der in Sachsen-Anhalt bestehenden Stiftungen aus dem Jahre 1947 wurde die Stiftung mit „durch Inflation erloschen" charakterisiert.
Quellen:	Vorl. Liste, Kreis XV, Nr. 104; LASA, C 28 II, Nr. 7337; StAM, Rep. 41, 867
Literatur:	k. A.
Bemerkungen:	auch: Pfälzer Coloniestipendium

Lutz Miehe

369. PFARRTÖCHTERSTIFTUNG DER PROVINZ SACHSEN

Errichtet:	1902
Stifter:	Provinzialsynodalverband der Provinz Sachsen
Vermögen:	15.000 M
Zweck:	Gewährung von Unterstützungen für ledige, bedürftige und würdige Pfarrtöchter, die über 18 Jahre alt sind und deren Väter am Ende ihrer Amtszeit im Dienst der Kirchenprovinz Sachsen gestanden haben
Verwaltung:	Eigener Vorstand, gebildet aus drei Mitgliedern des Provinzialsynodal-

	vorstands, einem Mitglied des Konsistoriums Magdeburg und einem aus der Provinzialsynode auf drei Jahre zu wählenden Geistlichen (ab 1962 drei von der Kirchenleitung gewählte Mitglieder und zwei Mitglieder des Konsistoriums)
Darstellung:	Angeregt vom Beispiel anderer Landeskirchen diskutierte die Provinzialsynode seit 1899 über die Gründung einer Pfarrtöchterstiftung. Am 24. Oktober 1902 beschloss die Provinzialsynode eine Satzung für die Pfarrtöchterstiftung sowie deren finanzielle Ausstattung. In den Anfängen der Stiftung waren die Zinsen bis zum Erreichen eines Gesamtkapitals von 60.000 M zu akkumulieren. Das Vermögen speiste sich weiterhin aus Spenden und den Jahresbeiträgen der provinzsächsischen Pfarrer: ein sechstel Prozent des Stelleneinkommens wurde jährlich „erwartet". Ein Drittel dieser Jahresbeiträge durfte an das Pfarrtöchterheim in Gröbers abgeführt werden. Die Provinzialsynode der Ev. Kirche der KPS beschloss 1962 eine neue Satzung der Pfarrtöchterstiftung, die die von 1903 ablöste. Danach wurde das Stiftungsvermögen regelmäßig vermehrt durch die Mehrgevattergelder, die aufgrund der Patenordnung vom 24. November 1856 im Bereich der ehemals kgl.-sächsischen Landesteile erhoben wurden, sowie durch Spenden. Die Pfarrtöchterstiftung überstand die DDR-Zeit. 1999 wurde ein Kontostand von rund 50.000 DM gemeldet. Die Stiftung wurde am 3. März 2001 wegen Fortfalls des Stiftungszwecks aufgelöst.
Quellen:	AKPS, Rep. A, Generalia, Nr. 660, 1103 b, 1104 a, 1170, 1171 a–b, 1172 a–h, 2137, 7415; Rep. C 1, Nr. 237; Amtsblatt der Ev. Kirche der KPS, H. 7/1962, S. 43–44; Verhandlungen der zehnten ordentlichen Provinzial-Synode der Provinz Sachsen, S. 72–79, 319–321
Literatur:	von Dietze/Hunsdieck-Nieland, Stiftungen, S. 208
Bemerkungen:	unselbständige Stiftung

Margit Scholz

370. Pfeiffersche Stiftungen zu Magdeburg-Cracau

Errichtet:	20. Oktober 1889/31. August 1895 (Genehmigung)
Stifter:	Gustav Adolf Pfeiffer (1837–1902), Pfarrer und Superintendent
	P. wurde 1881 zum Superintendenten der Ephorie Cracau und zum Pfarrer der St.-Briccius-Kirche in Cracau berufen.
Vermögen:	Grundeigentum, Gebäude
Zweck:	Wohltätigkeitsanstalt für Hilfsbedürftige aller Art: Wiederherstellung der Gesundheit Kranker und Pflege siecher Menschen ohne Ansehen

der Person und Konfession aus dem Geiste christlicher Liebe, insbesondere durch Einrichtungen der Altenhilfe, Behindertenhilfe, Krankenhäuser und dazugehörende Krankenpflegeschule

Verwaltung: Kuratorium/Vorstand, im 19. Jh. bestehend aus sechs Mitgliedern, u. a. Konsistorium Magdeburg. Nach der Eingemeindung von Cracau nach Magdeburg entfiel der Sitz für den Landrat des Kreises Jerichow I.

Darstellung: P., der aus christlicher Nächstenliebe stark am Wohl von Kranken und behinderten Menschen interessiert war, richtete mit Unterstützung des Vaterländischen Frauenvereins (↗ auch Kahlenberg-Stiftung) bereits 1882 eine Kleinkinderschule und eine Gemeindepflegestation ein. Sieben Jahre später begründete er mit dem Johannesstift ein Altenpflegeheim, in dem Diakonissenschwestern (seit 1890 aus Halle) arbeiteten. Das Vermögen für den Kauf eines Grundstücks stammte aus Sammlungen bei Privatpersonen.

Die Stiftung wurde als „Ev. Johannesstift" vom König genehmigt. Nach und nach wurde die Stiftung erweitert (Heim für geistig behinderte („debile") Kinder, Unterbringung und Pflege von Körperbehinderten). Im Mai 1900 wurde ein eigenes Diakonissen-Mutterhaus gestiftet, so dass innerhalb weniger Jahre ein Komplex für die Pflege von Alten und Behinderten sowie eine Heil-, Lehr- und Ausbildungsanstalt entstanden war, die nach dem Tod Pfeiffers zunächst in „Pfeiffersche Stiftungen" und dann 1910 in „Pfeiffersche Anstalten" umbenannt wurde. Die Stiftung erhielt 1908 die Parochialrechte zuerkannt und war somit eine eigene KG. Während des Ersten Weltkrieges wurde die Stiftung teilweise als Lazarett genutzt. Die Werkstätten stellten während dieser Zeit kriegswichtige Produkte her.

Im Jahre 1920 hatte die Stiftung folgende Arbeitsgebiete:

a) Diakonissen-Mutterhaus mit Krankenpflege und Haushaltungsschule,

b) Kinderkrüppelheim „Samariterhaus",

c) Kaiser-Wilhelm-Auguste-Victoriahaus für schwachsinnige Kinder,

d) Handwerkerheim mit Lehrwerkstätten für verkrüppelte Lehrlinge,

e) Johannesstift,

f) Bethesda, Pflegehäuser für gebrechliche Frauen,

g) Bethanien, Pflegehaus für gebrechliche Männer,

h) Hohenzollernstift, Soldatenheim,

i) Fürsorge für Kriegsbeschädigte,

k) Krankenhaus,

l) Dorotheenhaus mit Kleinkinderschule und Gemeindepflege.

Die Inflation der Jahre 1923/24 überstand die Stiftung auch mit Spenden aus den USA und weiteren Ländern. In den Jahren nach 1923 wurden die Liegenschaften der Anstalt mit erheblichem Aufwand modernisiert und neue Gebäude errichtet. Im Jahre 1928 verfügte die Einrichtung über 800 Betten. Nach der Machtergreifung der Nationalsozialisten wurden auch die Pfeifferschen Stiftungen nach dem „Führerprinzip" umstrukturiert. Zudem verschärften sich die wirtschaftlichen Probleme, da die Anstalten zunächst nicht ausgelastet waren. Es gibt Hinweise darauf, dass Patienten der Pfeifferschen Stiftungen während dieser Zeit zwangsweise sterilisiert wurden.

Bei der im Zusammenhang mit der Vorbereitung der Ermordung von Patienten im Rahmen der „Euthanasie" (Aktion T 4) durchgeführten Erfassung wurden auch 75 Menschen aus den Pfeifferschen Stiftungen aufgelistet. Sowohl einzelne Diakonissen als auch Superintendent Klaer sollen versucht haben, „Angehörige zu bewegen, die Kranken nach Hause zu bringen, um sie vor dem Tod zu retten." Trotzdem wurden in mehreren Transporten Menschen aus den Pfeifferschen Stiftungen in andere Krankenhäuser verlegt, um diese von dort aus zur „Euthanasie"-Anstalt Bernburg zu bringen, wo sie ermordet wurden.

Am 21. Januar 1944 wurden die Pfeifferschen Stiftungen durch einen Bombenangriff stark in Mitleidenschaft gezogen. Am Ende des Krieges waren die Gebäude zu 60 Prozent zerstört. Aufgrund der unzureichen-

102 Die Korbmacherei der Pfeifferschen Stiftungen, 1930: Die Pfeifferschen Stiftungen boten den Kranken schon seit Anfang des 20. Jahrhunderts verschiedene arbeitstherapeutische Möglichkeiten an

den Versorgung mit Baumaterial ging der Wiederaufbau nur schleppend voran. Hinzu kamen hygienische Probleme.

Ab 1948/49 geriet die kirchliche Stiftung in Konflikt mit den neuen Machthabern. Äußerer Anlass war die Weigerung der Stiftung, der FDJ – der Jugendorganisation der SED – Entfaltungsmöglichkeiten in der Einrichtung zu geben. Im Frühjahr 1953 versuchte die SED-Führung, die Stiftung – ebenso wie die Neinstedter Anstalten – aufzulösen. Begleitet wurde die Aktion von einer gesteuerten Propaganda. Die Zeitung „Junge Welt" berichtete von angeblichen Misshandlungen schwerbehinderter Jugendlicher. Eine Kommission des RdB untersuchte die Vorwürfe, begleitet von Zeitungsartikeln und einer öffentlichen Kampagne in den Straßen der Stadt. Im April erklärte OB Philipp Daub (1896–1976) die Absetzung des Vorstehers der Stiftung. Zahlreiche Mitarbeiter wurden entlassen, zwei verhaftet. Die Kirchenleitung protestierte gegen die Maßnahmen. Schließlich beschloss die SED-Führung am 10. Mai 1953, dass die Maßnahmen rückgängig zu machen seien. Als kirchliche Einrichtung wurden die Pfeifferschen Stiftungen während der gesamten DDR-Zeit weiter betrieben.

Im Jahre 1993 wurde die Stiftung von der Stiftungsbehörde im Land Sachsen-Anhalt als kirchliche Stiftung revitalisiert. Sie ist heute im Stiftungsverzeichnis des Landes Sachsen-Anhalt unter der Nr. MD-11741-007 registriert.

Quellen: Vorl. Liste, Kreis XV, Nr. 25; Hauptliste, Kreis XV, Nr. 1; LASA, C 20 I Ib, Nr. 2104, Bde. 1, 2, Nr. 4898, Bd. 1; C 22, Nr. 275; M1, Nr. 1528; StAM, Rep. 18[4], Ra. 25; Rep. 38 F. 6; Rep. 41, 3436, 3541; AKPS, Rep. A, Spec. P, Nr. P 144; Rep. A, Generalia, Nr. 1166 b, 3302, 5018, 5392, 7415, 7532, 7687, 8136, 8612, 8613, 8654, 8655, 8711, 8712; Rep. B 1, Nr. 78; Rep. B 2, Nr. 123; Rep. F 10, Nr. 176; Rep. J 27, Nr. 55; Archiv der Pfeifferschen Stiftungen; EZA, Best. 7, Nr. 10636

Literatur: Adressbuch 1920, S. 29; Asmus, 1200 Jahre, Bd. 4, S. 306 ff.; von Dietze/Hunsdieck-Nieland, Stiftungen, S. 208; Habs, Geschichte, S. 18; Hinz, Zwangssterilisation; Pape, Gustav Adolf Pfeiffer, in: MBL, S. 540 f.; 50 Jahre Pfeiffersche Stiftungen; Riemann/Stieffenhofer/Kamp, 125 Jahre; Seehase, Pfeiffersche Stiftungen

Bemerkungen: rechtsfähige Stiftung des bgl. Rechts;
(↗) auch Nr. 41
Vgl. auch den Beitrag von Lutz Miehe.

Lutz Miehe

371. Versorgungskasse für die Schwesternschaft des Diakonissen-Mutterhauses Pfeiffersche Stiftungen in Magdeburg-Cracau

Errichtet:	10. Januar 1944/22. März 1944 (Genehmigung)
	9. August 1995: Wiederbelebung
Stifter:	Pfeiffersche Stiftungen zu Magdeburg-Cracau
Vermögen:	Grundstück in Wahlitz, 425.000 M
Zweck:	Versorgung für Diakonissen (Bereitstellung von Mitteln für die gesundheitliche Betreuung und die Altersversorgung der Schwesternschaft)
Verwaltung:	Vorstand, bestehend aus Vorsteher und Oberin des Diakonissen-Mutterhauses und Vermögensverwalter des Stifters sowie zwei Diakonissen
Darstellung:	Die Stiftung ist im Stiftungsverzeichnis des Landes Sachsen-Anhalt unter der Nr. MD-11741-032 registriert.
Quellen:	LASA, M1, Nr. 1528; Archiv der Pfeifferschen Stiftungen
Literatur:	von Dietze/Hunsdieck-Nieland, Stiftungen, S. 265
Bemerkungen:	rechtsfähige Stiftung des bgl. Rechts

Lutz Miehe

372. Georg Wilhelm Pieschel-Legat

Errichtet:	26. April 1800 (Testament)
Stifter:	Georg Wilhelm Pieschel († 26. April 1807), Kaufmann, vermutlich ein Bruder von Johanne Hoffmann, geb. Pieschel
Vermögen:	3.000 Tlr.
Zweck:	1. Unterstützung der Prediger und Predigerwitwen von Heilig-Geist, 2. Unterstützung der Heilig-Geist-Gemeinde. Die Unterstützung sollte jährlich an seinem Todestag (26. April) gezahlt werden.
Verwaltung:	GKR der ev. KG Heilig-Geist
Darstellung:	Das Legat hatte ursprünglich einen Umfang von 4.000 Tlr. Zu ihren Lebzeiten erhielt die Wwe. des Stifters die Erträge aus dem Grundstockvermögen der Stiftung. Nach ihrem Tod gingen von diesem Legat 500 Tlr. an das freiwillige Arbeitshaus und 500 Tlr. an das (↗) Kloster St. Augustini. Die Stiftung ist aus den städtischen Quellen im 19. Jh. nicht nachweisbar, obwohl Oppermann 1821 mitteilte, dass sie sich in der Verwaltung des Almosenkollegiums befunden habe. Die Stadt teilte 1937 mit, dass die Stiftung noch existiere.
Quellen:	Vorl. Liste, Kreis XV, Nr. 105; LASA, C 28 II, Nr. 7337

Literatur:	Bock, Armenwesen, S. 105; Oppermann, Armenwesen, 1821, S. 187; ders, Siebente Nachricht, S. 112; ders., Zehnte Nachricht, S. 173, 187; ders., 1831–1840, S. 59; Rauer, Landbuch, S. 522
Bemerkungen:	auch: W. Pischel-Legat; (↗) Nr. 186

Lutz Miehe

373. Plattner-Hestermann'sche Spende

Errichtet:	1793/1794
Stifter:	k. A.
Vermögen:	wird aus der Kasse des Klosters Unser Lieben Frauen gezahlt
Zweck:	Unterstützung von 100 Armen am Johannistage durch Naturalien und Geld
Verwaltung:	Kloster Unser Lieben Frauen
Darstellung:	k. A.
Quellen:	Nachweisung 1910; Wohlfahrtseinrichtungen
Literatur:	Adressbuch 1920, S. 29; von Dietze/Hunsdieck-Nieland, Stiftungen, S. 209; Meyer/Schneidewin, Wohlfahrtseinrichtungen, S. 40
Bemerkungen:	auch: Platten-Hestermann'sche Spende

Lutz Miehe

374. Hermann Freiherr von Plotho'sche Familienstiftung

Errichtet:	k. A.
Stifter:	Hermann Freiherr von Plotho
Vermögen:	1939: 18.000 RM
Zweck:	Unterstützung von armen Familienmitgliedern
Verwaltung:	k. A.
Darstellung:	Hinsichtlich der Errichtung der Stiftung existierten offenbar erhebliche Irritationen. Auf eine Beschwerde des Siegfried Freiherr von Plotho, die inhaltlich nicht geklärt werden konnte, teilte der preuß. Minister des Innern im Juli 1933 mit, dass diese Stiftung nicht existiere, da es sich nicht um eine Familienstiftung handele. Der Beschluss des AG vom Jahre 1920 sei somit nichtig. Bei dem zuständigen Staatsministerium liege ein Antrag auf Genehmigung der Stiftung nicht vor. Die Stiftung wurde – wie die (↗) Leckeny'sche Stiftung – bis 1952 vom AG-Rat Wesche verwaltet. Im Februar 1953 meldete das Staatliche Notariat Magdeburg die Stiftung beim RdB als Familienstiftung an. Es teil-

	te mit, dass die Akten der Stiftung durch Kriegseinwirkungen abhandengekommen seien und ihr Vermögen 17,44 DM betrage. Die Stiftung wurde durch den RdSt am 29. September 1954 aufgelöst. Zum damaligen Zeitpunkt soll die Stiftung noch über Ackerflächen verfügt haben.
Quellen:	LASA, C 20 I Ib, Nr. 3634, Bd. XV; C 28 II, Nr. 7323a; C 127, Nr. 644; M1, Nr. 1528–1530, 1532, 3858/7
Literatur:	von Dietze/Hunsdieck-Nieland, Stiftungen, S. 276
Bemerkungen:	auch: von Plotho'sche Familienstiftung bzw. von Plotho-Stiftung; rechtsfähige Stiftung des bgl. Rechts

Lutz Miehe

375. VON PLOTHO'SCHE STIFTUNG

Errichtet:	18. Dezember 1588
Stifter:	Werner Edler von Plotho (1532–1589), Domherr
	P. war seit 1585 Senior des Magdeburger Domkapitels. Er verstarb kinderlos. Sein prachtvolles Renaissanceepitaph im Dom wurde im Zweiten Weltkrieg schwer beschädigt.
Vermögen:	1910: 121.019,28 M
Zweck:	Stipendium für Mitglieder der Familie, die Beihilfen zum Schulbesuch, zum Studium oder für die Offizierslaufbahn benötigten. In den Genuss des Stipendiums konnten ferner im Erzstift Magdeburg ansässige Adelsfamilien und bürgerliche Studenten kommen.
Verwaltung:	Testamentsverwalter der Familie und Domkapitel, ab 1810 Kgl. LG zu Magdeburg
Darstellung:	Der LG-Präsident von Magdeburg teilte im Jahre 1939 mit, dass das Vermögen der Stiftung ca. 30.000 RM betrage. Die Stiftung war bis zum Ende des Jahres 1944 aktiv. Bei der Anmeldung der Stiftung im Februar 1953 teilte das Staatliche Notariat mit, dass die Unterlagen der Stiftung durch die Kriegseinwirkungen vernichtet seien. Aktuell betrage das Stiftungsvermögen 8.550 M.
	Die Stiftung wurde am 29. September 1954 vom RdSt aufgelöst. Damals soll ihr Vermögen aus Ackerflächen bestanden haben.
Quellen:	LASA, M1, Nr. 1528–1530, 1532, 8358/7; C 20 I Ib, Nr. 3678, Bd. 1; C 28 II, Nr. 7337; C 127, Nr. 644; A 3a, E 93, E 165, U 2; Nachweisung 1910; Wohlfahrtseinrichtungen
Literatur:	Brückner/Erb/Volkmar, Adelsarchive, S. 336; Inschriften der Stadt Magdeburg, S. 366–369 (Nr. 282); Plotho, Ritter, Domherren und Obristen, S. 64f.

Bemerkungen: auch: Stipendienstiftung Familie von Plotho
bzw. Werner Freiherr von Plothow'sche Familienstiftung;
rechtsfähige Stiftung des bgl. Rechts

Jörg Brückner/Lutz Miehe

376. POHLE-STIFTUNG

Errichtet:	9. November 1941 (Genehmigung)
Stifter:	Eheleute Pohle und der mit ihnen verwandte Filmtheaterbesitzer Paul
Vermögen:	75.000 RM (incl. Grundstücke Hennigestraße 6 und Güstener Str. 2)
Zweck:	Förderung des Ausbaus von Altersheimen
Verwaltung:	Magistrat
Darstellung:	Die Stifter sicherten sich – bei Bedarf – die Aufnahme in einem Altersheim. Das Gebäude Hennigestraße 6 war bei Kriegsende zu ca. 20 Prozent zerstört. Es wurde 1948 als Mietshaus genutzt. Das Haus in der Güstener Straße war bei Kriegsende zu 25 Prozent zerstört.
Quellen:	LASA, C 28 I Ie, Nr. 1706; StAM, Rep. 13, A I. 914, A I. 1017, A I. 1146; Rep. 41, 863, 864, 889
Literatur:	k. A.
Bemerkungen:	unselbständige Stiftung

Lutz Miehe

377. KOMMERZIENRAT EUGEN POLTE-STIFTUNG

Errichtet:	22. Oktober 1909 (Testament)/29. August 1911 (Genehmigung)
Stifter:	Eugen Polte (1849–1911), KomRat
	Der Stifter war als Zeichner und später als Oberingenieur in der Maschinenfabrik von Hermann Gruson tätig. Er betätigte sich auf dem Gebiet der Rüstungstechnik und schuf ein eigenes Großunternehmen zur Fertigung von Patronenhülsen, das Weltruf genoss. P. gehörte zu den Wegbereitern der automatisierten Fertigung in der Metallindustrie. 1909 verlieh ihm die Technische Hochschule Berlin-Charlottenburg „in Anerkennung seiner wiss. Arbeiten auf dem Gebiet der Waffentechnik" die Würde eines Dr. ing. h. c.
Vermögen:	20.000 M
Zweck:	Armenunterstützung
Verwaltung:	Magistrat/Armendirektion/Wohlfahrtsamt
Darstellung:	Der Etat der Stiftung betrug im Jahre 1916 ca. 2.450 M. Die Stadt legte die Stiftung im Jahre 1923 mit ca. 180 weiteren un-

selbständigen Stiftungen zum (↗) Allgemeinen Stiftungsfonds zusammen.

Quellen:	LASA, C 28 I Ie, Nr. 1625; StAM, Rep. A III, 31.1. f Bd. 2; Rep. 18[4], A 8; Nachweisung 1910; Wohlfahrtseinrichtungen
Literatur:	Adressbuch 1920, S. 28; Beckert, Eugen Polte, in: MBL, S. 553 f.; Bericht über die Verwaltung 1919/1920, Teil 2; Höltge, Polte-Armaturen, S. 94–111; Klitzschmüller, Magdeburger Gesellschaft, S. 350
Bemerkungen:	unselbständige Stiftung; (↗) auch Nr. 378

Lutz Miehe

378. Eugen Polte'sche Familienstiftung

Errichtet:	12. September 1911 (Stiftungsurkunde)
Stifter:	Eugen Polte (1849–1911), KomRat
Vermögen:	1,1 Mio. RM (1939)
Zweck:	k. A.
Verwaltung:	k. A.
Darstellung:	Die Stiftung wurde entsprechend den Bestimmungen des Testaments vom 22. Oktober 1909 errichtet. Angesichts der Tatsache, dass es sich um eine Stiftung mit „bedeutendem Stiftungsvermögen" handelte, wollte das preußische Ministerium der Justiz zunächst die Aufsicht dem Oberlandesgericht Naumburg übertragen. Dies lehnte die Familie offensichtlich ab, so dass schließlich das Landgericht Magdeburg mit der Aufsicht beauftragt wurde. Im Jahre 1939 führte das Amtsgericht Magdeburg die Aufsicht. Weitere Details zur Stiftung konnten nicht ermittelt werden.
Quellen:	GStA, I. HA, Rep. 84a, Nr. 45475; LASA, C 127, Nr. 644
Literatur:	k. A.
Bemerkungen:	rechtsfähige Stiftung des bgl. Rechts; (↗) auch Nr. 377

Lutz Miehe

379. Stiftung der Fa. Polte zum Bau eines Wöchnerinnenheimes

Errichtet:	1917
Stifter:	Fa. Polte
Vermögen:	500.000 M

103 Eugen Polte (siehe Nr. 377), Fotografie, reproduziert von Hermann Brösel, o. J.

Zweck: Errichtung eines Krankenhauses für Wöchnerinnen
Verwaltung: Stadtverwaltung
Darstellung: Ob es tatsächlich zur Errichtung des Krankenhauses kam, ist unklar. Bis zum Ende des Jahres 1920 wurden die Erträge aus dem Grundstockvermögen akkumuliert, so dass es Ende 1920 ca. 566.000 M betrug. Die Stadt legte die Stiftung im Jahre 1923 mit ca. 180 weiteren unselbständigen Stiftungen zum (↗) Allgemeinen Stiftungsfonds zusammen.

Quellen: LASA, C 28 I Ie, Nr. 1625
Literatur: k. A.
Bemerkungen: unselbständige Stiftung

Lutz Miehe

380. POMMER-STIFTUNG

Errichtet: 1902
Stifter: Max Pommer und Gustav Laue
Vermögen: 1910: 3.000 M
Zweck: Unterstützung bedürftiger Personen des Kaufmannstandes, in erster Linie solcher, die bei der Fa. Gebr. Pommer tätig gewesen sind
Verwaltung: Kaufmännischer Verein
Darstellung: Die Stiftung gehörte wahrscheinlich zu denjenigen, die im Juli 1944 durch die verwaltende IHK zusammengelegt wurden.
Quellen: Nachweisung 1910; Wohlfahrtseinrichtungen
Literatur: von Dietze/Hunsdieck-Nieland, Stiftungen, S. 210
Bemerkungen: auch: Gebrüder Pommer-Stiftung; rechtsfähige Stiftung des bgl. Rechts

Lutz Miehe

381. WILHELM PORSE-STIFTUNG

Errichtet: 1891
Stifter: Wilhelm Porse (1813–1891), Kaufmann
P. führte ein Handelsgeschäft zusammen mit F. A. Neubauer.
Vermögen: 1910: 50.000 M
Zweck: 1. Unterstützung von 750 M an fünf ev., fleißige, strebsame, arme Kaufmannslehrlinge zur geeigneten Verwendung bei ihrem Austritt aus der Lehre und
2. 1.000 M an fünf alte hilfsbedürftige, durch Unglück in Bedrängnis geratene Kaufleute.
Die Auszahlung erfolgte jeweils am 1. März, dem Geburtstag des Stifters.
Verwaltung: IHK/Magistrat/Kämmereikasse
Darstellung: Die Stiftung wurde im Januar 1953 von der IHK beim RdB angemeldet. In diesem Zusammenhang wurde mitgeteilt, dass die Stiftung vermögenslos sei und ihre Zwecke nicht mehr erfüllen könne. Auch sei keine

104 Wilhelm Heinrich Louis Porse, Bronzetafel, unbekannter Künstler, nach 1894

                Satzung vorhanden. Die Stiftung wurde am 29. September 1954 durch den RdSt aufgelöst.

Quellen: LASA, M1, Nr. 1528, 1532, 8358/7; Nachweisung 1910; Wohlfahrtseinrichtungen

Literatur: Adressbuch 1920, S. 29; Behrend, Großkaufleute, S. 140 f.; Bericht über die Verwaltung 1919/1920, Teil 2 und 1920/1921, Teil 2; von Dietze/Hunsdieck-Nieland, Stiftungen, S. 287; Meyer/Schneidewin, Wohlfahrtseinrichtungen, S. 23; Liebscher, Wilhelm Heinrich Louis Porse, in: MG, S. 160; Tradition und Innovation, S. 369; Ziegler, Friederike Alwine Poetsch-Porse, in: MBL, S. 552

Bemerkungen: auch: Wilhelm Porse-Stiftung für Kriegsblinde; rechtsfähige Stiftung des bgl. Rechts

Die Wwe. des Stifters errichtete die (↗) Nr 382. Die Nachkommen errichteten die (↗) Nr. 383.

Lutz Miehe

382. Wilhelm Porse-Stiftung für die Kurrende

Errichtet:	1892
Stifterin:	Alwine (Elbine) Porse, geb. Schmorte (1840–1928), Wwe. von Wilhelm Porse (siehe Nr. 381), in zweiter Ehe verheiratet mit Emil Pötsch, Geh. Justizrat († 1908)
Vermögen:	1910: 10.666,22 M
Zweck:	Unterstützung der Kurrende (Kinderchorarbeit) durch Verteilung von Prämien an zwei Kurrendeführer von je 25 M und an die 30 Kurrendeknaben von je 10 M
Verwaltung:	Magistrat
Darstellung:	Die Stiftung diente der Unterstützung der Magdeburger (↗) Schul-Currende.
Quellen:	LASA, C 28 I Ie, Nr. 1658; Nachweisung 1910; Wohlfahrtseinrichtungen
Literatur:	Bericht über die Verwaltung 1908/1909; von Dietze/Hunsdieck-Nieland, Stiftungen, S. 287; Meyer/Schneidewin, Wohlfahrtseinrichtungen, S. 6; Ziegler, Friederike Alwine Poetsch-Porse, in: MBL, S. 552; Wolter, Magdeburg, S. 301
Bemerkungen:	rechtsfähige Stiftung des bgl. Rechts Alwine Porse widmete weitere 100.000 M für die Ausstattung des sich im Aufbau befindenden Museums. Die Nachkommen errichteten die (↗) Nr. 384.

Lutz Miehe

383. Wilhelm Porse-Stiftung für Kriegsblinde

Errichtet:	1918/19
Stifter:	Wilhelm Porse (siehe Nr. 381)
Vermögen:	k. A.
Zweck:	Unterstützung von Kriegsblinden
Verwaltung:	Magistrat
Darstellung:	Die Stadt legte die Stiftung im Jahre 1923 mit ca. 180 weiteren unselbständigen Stiftungen zum (↗) Allgemeinen Stiftungsfonds zusammen.

Quellen: LASA, C 28 I Ie, Nr. 1625; StAM, Rep. A III, 31.1 h Bd. 1
Literatur: Bericht über die Verwaltung 1920/1921, Teil 2, S. 142 f.
Bemerkungen: unselbständige Stiftung

Lutz Miehe

384. Wilhelm und Elbine Porse-Stiftung

Errichtet: 19. Februar 1929/9. März 1929
Stifter: Alwine (Elbine) Pötsch-Porse (siehe Nr. 382)
Vermögen: Grundstücke (Breiter Weg 170 und Schönebecker Str. 15) sowie Kapitalvermögen
Zweck: 1. Unterstützung von hilfsbedürftigen unbescholtenen Mitgliedern des Mittelstandes durch Gewährung einmaliger oder laufender Geldbeihilfen oder gering verzinslicher Darlehen,
2. alternativ Zuschüsse an das (↗) Kloster St. Augustini zur Erhöhung der bisherigen und Beschaffung neuer Geldpräbenden für die Klosterinsassen,
3. Grabpflege
Verwaltung: Kuratorium aus drei Mitgliedern:
Vorsitz: Dr. jur. Richard Wellmann (Ministerialrat im Preuß. Finanzministerium); die beiden anderen Kuratoriumsmitglieder bestimmten die IHK und der GKR von St. Ulrich und Levin
Darstellung: Elbine Poetsch-Porse errichtete die Stiftung zur Erinnerung an ihren Ehemann, den Großkaufmann Wilhelm Porse.
Auf Anfrage der Stiftungsaufsicht beim MP zur Erfassung aller Stiftungen antwortete die Stiftung im November 1947, dass sie noch existiere. Im Januar 1951 teilte die Stiftung dem MP mit, dass das Vermögen durch die Kriegseinwirkungen stark vermindert sei. Die Einnahmen würden immer noch 680 DM jährlich betragen, die satzungsgemäß ausgeschüttet würden.
Im Frühjahr 1955 betrieb der RdB die Auflösung der Stiftung. Er forderte den RdSt am 26. April 1955 unmissverständlich auf, „ab sofort die Verwaltung zu übernehmen". Schließlich erfolgte die Übernahme der Verwaltung durch den Staat und die Übergabe des Vermögens an die Deutsche Investitionsbank. Ein förmlicher Auflösungsbeschluss der Stiftung wurde wohl nie gefasst.
Quellen: Vorl. Liste, Kreis XV, Nr. 22; LASA, M1, Nr. 1528; StAM, Rep. 41, Nr. 864, 906, 967; AKPS, Rep. J 6, Nr. 357
Literatur: Ziegler, Friedherike Alwine Poetsch-Porse, in: MBL, S. 552

Bemerkungen: rechtsfähige Stiftung des bgl. Rechts;
(↗) Nr. 381 und Nr. 382

Lutz Miehe/Margit Scholz

385. PRÄMIENSTIFTUNG DER MALER- UND LACKIERERINNUNG
Errichtet: 1873
Stifter: Maler- und Lackiererinnung
Vermögen: 1910: 351,53 M
Zweck: Prämierung eines Maler- und Lackiererlehrlings, welcher der beste Zeichner in der Kunstgewerbe- und Handwerkerschule ist
Verwaltung: Magistrat
Darstellung: Das Vermögen der Stiftung stammte aus der aufgelösten Maler- und Lackiererinnung.
Die Stadt legte die Stiftung im Jahre 1923 mit ca. 180 weiteren unselbständigen Stiftungen zum (↗) Allgemeinen Stiftungsfonds zusammen.
Quellen: StAM, Rep. A II, S 20 spec. 32a Bd. 2; A III, 31.1h Bd. 1; Rep. 18[4], A 8; Nachweisung 1910; Wohlfahrtseinrichtungen
Literatur: Adressbuch 1920, S. 27; Bericht über die Verwaltung 1908/1909, 1919/1920, Teil 2 sowie 1920/1921, Teil 2; Meyer/Schneidewin, Wohlfahrtseinrichtungen, S. 20
Bemerkungen: auch: Prämienstiftung der Maler- und Lackiererinnung; unselbständige Stiftung

Lutz Miehe

386. PRÄMIENSTIFTUNGEN DER I. UND II. MITTLEREN BÜRGERSCHULE
Errichtet: 1878
Stifter: Sammlung ehemaliger Schüler der I. und II. mittleren Bürgerschule
Vermögen: I. mittlere Bürgerschule 1910: 1.700 M
II. mittlere Bürgerschule 1910: 1.700 M
Zweck: Prämierung der fleißigsten und befähigtsten Schüler der I. und II. mittleren Bürgerschule
Verwaltung: Magistrat
Darstellung: Die I. mittlere (Knaben-)Bürgerschule befand sich im Jahre 1878 in der Großen Schulstraße 1, sie wurde 1926 in die Augustastraße 22 (heutige Hegelstraße) verlegt. Die II. mittlere (Knaben-)Bürgerschule hatte 1878 als Adresse Magdalenenberg 2. Sie wurde 1933 mit der I. mittleren

(Knaben-)Bürgerschule, die damals 1. Knaben-Mittelschule hieß, zusammengelegt und zog in diesem Zusammenhang in die Augustastraße um. Heute befinden sich dort die Grundschule Hegelstraße und die Sekundarschule Gottfried Wilhelm Leibniz.

Im Jahre 1917 sollten insgesamt ca. 190 M an Leistungen gezahlt werden.

Die Stadt legte die Stiftungen im Jahre 1923 mit ca. 180 weiteren unselbständigen Stiftungen zum (↗) Allgemeinen Stiftungsfonds zusammen.

Quellen: StAM, A III, 31.1h Bd. 1; Rep. 18[4], A 8; Nachweisung 1910
Literatur: Bericht über die Verwaltung 1908/1909, 1919/1920, Teil 2 sowie 1920/1921, Teil 2; von Dietze/Hunsdieck-Nieland, Stiftungen, S. 211; Meyer/Schneidewin, Wohlfahrtseinrichtungen, S. 14
Bemerkungen: unselbständige Stiftungen

Lutz Miehe

387. REINHOLD PRETSCH-STIFTUNG

Errichtet: 14. Oktober 1914 (Testament)
Stifter: Reinhold Pretsch
Vermögen: Grundbesitz an verschiedenen Stellen der Stadt
Zweck: Wohltätigkeitsstiftung
Verwaltung: Magistrat
Darstellung: Die Stadt legte die Stiftung im Jahre 1923 mit ca. 180 weiteren unselbständigen Stiftungen zum (↗) Allgemeinen Stiftungsfonds zusammen. Der Grundbesitz der Stiftung sollte 1940 „verwertet" werden. Die Stadt wollte ihn u. a. als Bauland ausweisen. Dafür wollte die Stadt einen „angemessenen Kaufpreis" an den „Allgemeinen Stiftungsfonds" zahlen.
Quellen: LASA, C 28 I Ie, Nr. 1625, 1706
Literatur: Bericht über die Verwaltung 1919/1920, Teil 2 und 1920/1921, Teil 2
Bemerkungen: unselbständige Stiftung

Lutz Miehe

388. MAX RABE-STIFTUNG

Errichtet: 1918
Stifter: Paula, Fritz, Walther und Eva Rabe, Kinder des verstorbenen Max Rabe, Bankier
Vermögen: 1.000 M in Kriegsanleihen, verzinst zu 5 %
Zweck: Max Rabe überwies jährlich zu Weihnachten eine Spende an die Johan-

nisgemeinde zugunsten von bedürftigen Gemeindemitgliedern. Seine Kinder wollten diese Tradition zu seinem Andenken dauerhaft fortsetzen.

Verwaltung:	GKR der ev. KG St. Johannis
Darstellung:	Die Stiftung wurde von der Inflation aufgezehrt.
Quellen:	AKPS, Rep. J 2, Nr. 135
Literatur:	k. A.
Bemerkungen:	k. A.

Margit Scholz

389. RABETHGE-STIFTUNG

Errichtet:	1916
Stifterin:	Luise Rabethge, Wwe.
Vermögen:	1919: 3.000 M
Zweck:	1. Gräberpflege,
	2. nicht verbrauchte Erträge fließen dem Wohlfahrtsamt der Stadt zu
Verwaltung:	Magistrat/Wohlfahrtsamt
Darstellung:	Die Stadt legte die Stiftung im Jahre 1923 mit ca. 180 weiteren unselbständigen Stiftungen zum (↗) Allgemeinen Stiftungsfonds zusammen.
Quellen:	k. A.
Literatur:	Bericht über die Verwaltung 1919/1920, Teil 1 und Teil 2
Bemerkungen:	auch: Witwe Luise Rabet(h)ge-Stiftung; unselbständige Stiftung

Lutz Miehe

390. RAHMER-STIFTUNG

Errichtet:	1876
Stifter:	Dr. phil. Moritz Rahmer (1837–1904), Rabbiner, Publizist, Redakteur
	R. absolvierte das Gymnasium in Gleiwitz, studierte 1854–1862 in Breslau an der Universität und am jüd.-theologischen Seminar Philosophie, orientalische Sprachen und Theologie. 1860 zum Dr. phil. promoviert, war er zwischen 1867 bis zu seinem Tod Rabbiner der jüd. Gemeinde in Magdeburg. Zwischen 1876 und 1894 gehörte R. der Stadtverordnetenversammlung an. R. erwarb sich große Verdienste um die SG.
Vermögen:	1910: 499 M
Zweck:	Stipendien für Schüler des Domgymnasiums
Verwaltung:	Direktor des Domgymnasiums

Darstellung: Die Stiftung überstand – wie alle Stiftungen, die von Juden errichtet worden waren – die NS-Zeit nicht.
Quellen: LASA, C 28 I Ie, Nr. 1641; Nachweisung 1910; Wohlfahrtseinrichtungen
Literatur: Adressbuch 1920, S. 29; von Dietze/Hunsdieck-Nieland, Stiftungen, S. 211; Leubauer, Moritz Rahmer, in: MBL, S. 567; Meyer/Schneidewin, Wohlfahrtseinrichtungen, S. 13
Bemerkungen: auch: Dr. Rahmer-Stiftung; rechtsfähige Stiftung des bgl. Rechts

Lutz Miehe

391. WILHELM RASSBACH-STIFTUNG

Errichtet: 1913
Stifter: Wilhelm Raßbach
R. war Teilhaber der Fa. R. & Kralle, einer Fabrik chemisch-technischer Produkte mit Sitz in Sudenburg, zur Herstellung von Öl-, Spiritus & Nitrolacken, Lackfarben und Kunstharzen.
Vermögen: 12.000 M
Zweck: Unterstützung bedürftiger Arbeitnehmer der Fa. R. & Kralle, die am 16. Januar 1913 mindestens zehn Jahre im Dienste der Fa. gestanden und sich gut und würdig gerührt haben. Ist die letzte der hiernach berechtigten Person fortgefallen, so sind bedürftigen Kaufleuten am 3. April, dem Geburtstag des Stifters, Unterstützungen zu gewähren.
Verwaltung: IHK
Darstellung: Die Stiftung wurde im Januar 1953 von der IHK beim RdB angemeldet. In diesem Zusammenhang wurde mitgeteilt, dass die Stiftung vermögenslos sei und ihre Zwecke nicht mehr erfüllen könne. Eine Satzung sei nicht vorhanden. Die Stiftung wurde am 29. September 1954 durch den RdSt aufgelöst.
Quellen: LASA, M1, Nr. 1528, 1530, 1532, 8358/7
Literatur: Adressbuch 1920, S. 29; von Dietze/Hunsdieck-Nieland, Stiftungen, S. 287
Bemerkungen: rechtsfähige Stiftung des bgl. Rechts

Lutz Miehe

392. Ravy'sche Stiftung

Errichtet:	1901 (Testament)
Stifterin:	Adele Ravy, Lehrerin
	Die Stifterin blieb unverheiratet.
Vermögen:	1910: 11.592,26 M
Zweck:	1. Anfangs Unterstützung eines hilfsbedürftigen Neffen,
	2. nach dessen Tod Unterstützung hilfsbedürftiger Lehrerinnen (im und außer Dienst)
Verwaltung:	Magistrat
Darstellung:	Der Etat der Stiftung betrug in Jahre 1917 455 M.
Quellen:	LASA, C 28 I Ie, Nr. 1625, 1686; StAM, Rep. A II, S 20 spec. 32a Bd. 4; Rep. 18[4], A 8; Nachweisung 1910; Wohlfahrtseinrichtungen
Literatur:	Adressbuch 1920, S. 28; Bericht über die Verwaltung 1908/1909, 1919/1920, Teil 2 sowie 1920/1921, Teil 2; von Dietze/Hunsdieck-Nieland, Stiftungen, S. 212
Bemerkungen:	auch: Adele Ravy'sche Stiftung bzw. Adele Ravy-Stiftung; rechtsfähige Stiftung des bgl. Rechts

Lutz Miehe

393. Reichardt'sches Geschenk

Errichtet:	1871
Stifter:	Heinrich Reichardt (1823–1881), Kaufmann und Stadtverordneter
	Der Stifter gründete die Firmen R. & Tübner, Landesproduktengeschäft (Zuckerhandel) sowie die Buckauer Dampfbier-Brauerei R. & Schneidewin.
Vermögen:	1.000 Tlr., 1910: 2.943,49 M
Zweck:	Unterstützung an zwei hiesige hilfsbedürftige Familienväter oder Witwen, zahlbar am 1. November jeden Jahres, dem Tag der Gründung der Fa., zu gleichen Teilen
Verwaltung:	Magistrat/Armendirektion/Wohlfahrtsamt
Darstellung:	Anlass für die Errichtung der Stiftung war der 25. Jahrestag der Fa. R. & Tübner. Der Stifter wollte „den Gefühlen seines Dankes dadurch Ausdruck" geben. Die Stadt legte die Stiftung im Jahre 1923 mit ca. 180 weiteren unselbständigen Stiftungen zum (↗) Allgemeinen Stiftungsfonds zusammen.
Quellen:	LASA, C 28 I Ie, Nr. 1625, 1685; StAM, Rep. A II, R 32, S 20 spec. 32a Bd. 2; Rep. 18[4], A 8; Nachweisung 1910; Wohlfahrtseinrichtungen

Literatur: Adressbuch 1920, S. 28; Behrend, Großkaufleute, S. 100 f., 140; Bericht über die Verwaltung 1882, 1908/1909, 1919/1920, Teil 2 sowie 1920/1921, Teil 2; Heinicke, Wilhelm Hermann Emil Reichardt, in: MBL, S. 574 f.
Bemerkungen: auch: Geschenke des Kaufmanns und Stadtverordneten Heinrich Reichardt oder H. Reichardt-Stiftung;
unselbständige Stiftung

Lutz Miehe

394. Reiche-Klewitz'sche Familienstiftung
Errichtet: 1. September 1810
Stifter: Johann Friedrich Christoph Reiche, Hofrat und Domsyndikus, und Ehefrau Charlotte Elisabeth Reiche, geb. Klewitz
Vermögen: 5.000 Tlr., 1939: 14.300 RM
Zweck: 1. Gewährung von Stipendien und Sonderzuwendungen nach Vollendung des 15. Lebensjahres an in Deutschland lebende Nachkommen der Väter beider Stifter, des Dechanten Polycarp August Reiche und des Kriminalrates und Regierungs-Advokats Johann Ehrenfried Klewitz zu Studienzwecken,
2. Gewährung von einmaligen Beihilfen an hilfsbedürftige, in Deutschland lebende Nachkommen des Dechanten Polycarp August Reiche und des Kriminalrates Johann Ehrenfried Klewitz, wenn diese unverschuldet in Not geraten sind (Hilfe für Wwen., Kinder bis zum 20. Lebensjahr und unverheiratete Frauen der Familie auch über das Alter von 20 Jahren hinaus)
Verwaltung: Administrator und Familienrat, bestehend aus mindestens zwei und höchstens vier Nachkommen der Familien Reiche und Klewitz, die vom Administrator berufen werden;
1956: Administrator: Ministerialrat a. D. Karl Klewitz, Berlin Grunewald,
vertr. durch Oberkonsistorialrat Dr. Siegfried Klewitz, Magdeburg
Darstellung: Die Stiftung erfüllte bis zum Jahre 1945 ihre Zwecke, hatte aber nach 1945 keine Erträge mehr. 1999 erfolgte ihre Revitalisierung. Sie ist heute im Stiftungsverzeichnis des Landes Sachsen-Anhalt unter der Nr. MD-11741-048 registriert.
Quellen: LASA, C 127, Nr. 644; M1, Nr. 1528, 1529; StAM, Rep. 41, 906
Literatur: von Dietze/Hunsdieck-Nieland, Stiftungen, S. 213; Willenius, Wilhelm Anton von Klewitz, in: MBL, S. 358

Bemerkungen: auch: Reiche-Klewitz'sche Stiftung und Reiche-Klewitz-Familienstiftung;
rechtsfähige Stiftung des bgl. Rechts
Mitbegründer der Reiche-Klewit(z)schen Familienstiftung war der Jurist Dr. phil. h.c. Wilhelm Anton von Klewitz (1760–1838), preuß. Verwaltungsbeamter, Finanzminister und zuletzt Oberpräsident der Provinz Sachsen.

Lutz Miehe

395. Reichskleiderlagerstiftung

Errichtet: nach 1918
Stifter: k. A.
Vermögen: k. A.
Zweck: Unterstützung von Textilkaufleuten
Verwaltung: IHK
Darstellung: Die Stiftung wurde im Januar 1953 von der IHK beim RdB angemeldet. In diesem Zusammenhang wurde mitgeteilt, dass die Stiftung vermögenslos sei und ihre Zwecke nicht mehr erfüllen könne. Eine Satzung sei nicht mehr vorhanden.
Die Stiftung wurde am 29. September 1954 durch den RdSt aufgelöst.
Quellen: LASA, M1, Nr. 1528–1530, 1532, 8358/7
Literatur: k. A.
Bemerkungen: rechtsfähige Stiftung des bgl. Rechts

Lutz Miehe

396. Reissner'sche Stiftung

Errichtet: 24. Mai 1898 (Testament)/5. Oktober 1898 (Genehmigung)
Stifter: Theodor Friedrich Reißner († 24. Mai 1898), Kaufmann
Vermögen: 1910: 262.226,17 M
Zweck: 1. Unterhaltung von drei Grabstellen,
2. Unterhaltung des Kaufmanns Georg Reißner in Neustadt,
3. Beitrag zur Unterhaltung und Erweiterung des (↗) Müller'schen Siechenhospitals
Verwaltung: Magistrat/Armendirektion/Wohlfahrtsamt
Darstellung: Der Stifter, der offensichtlich keine Kinder hinterließ, überführte sein gesamtes Privatvermögen in diese Stiftung. Die Angehörigen ver-

suchten vergeblich, das Testament anzufechten. Aus den Erträgen der Stiftung wurde zu einem erheblichen Anteil der Neubau des Müller'schen Siechenhospitals in den Jahren 1902 bis 1904 finanziert. Anschließend dienten die Erträge zur Finanzierung der Betriebskosten des Hospitals.

Die Stadt legte die Stiftung im Jahre 1923 mit ca. 180 weiteren unselbständigen Stiftungen zum (↗) Allgemeinen Stiftungsfonds zusammen.

Quellen: LASA, C 28 I Ie, Nr. 1625, 1670; StAM, Rep. A II, S 20 spec. 32d; Rep. 18[4], A 8; Nachweisung 1910; Wohlfahrtseinrichtungen
Literatur: Adressbuch 1920, S. 28; Bericht über die Verwaltung 1908/1909; von Dietze/Hunsdieck-Nieland, Stiftungen, S. 214; Meyer/Schneidewin, Wohlfahrtseinrichtungen, S. 55
Bemerkungen: auch: Privatmann Theodor Friedrich Reißner'sche Stiftung; unselbständige Stiftung

Lutz Miehe

397. EMMA-RIEDHARDT-STIFTUNG

Errichtet: 1911/1913
Stifterin: Emma Riedhardt, geb. Witte, Wwe. des Geh. Rechnungsrat Riedhardt
Vermögen: 4.000 M
Zweck: 1. Gräberpflege,
2. nicht verbrauchte Erträge fließen dem Wohlfahrtsamt der Stadt zu
Verwaltung: Magistrat/Wohlfahrtsamt
Darstellung: Die Stadt legte die Stiftung im Jahre 1923 mit ca. 180 weiteren unselbständigen Stiftungen zum (↗) Allgemeinen Stiftungsfonds zusammen.
Quellen: k. A.
Literatur: Bericht über die Verwaltung 1920/1921, Teil 1 und Teil 2
Bemerkungen: unselbständige Stiftung

Lutz Miehe

398. RING'SCHE KONFIRMANDENSTIFTUNG

Errichtet: k. A.
Stifterin: Frau Ring, Wwe. des Oberstaatsanwalts Ring
Vermögen: 1910: 1.517 M
Zweck: Bekleidung von zwei armen Konfirmanden der KG von St. Ulrich und Levin

Verwaltung:	GKR der ev. KG St. Ulrich und Levin
Darstellung:	Die Stiftung wird in der Meldung der KG an das Konsistorium von 1938 nicht mehr genannt.
Quellen:	Nachweisung 1910; Wohlfahrtseinrichtungen
Literatur:	Adressbuch 1920, S. 29
Bemerkungen:	k. A.

Lutz Miehe

399. Rissmann'sches Legat

Errichtet:	12. April 1888 (Testament)
Stifterin:	Alwine Rißmann († 4. März 1891)
Vermögen:	150 M
Zweck:	Pflege des gemeinsamen Grabes der Stifterin, ihrer Mutter und ihres Bruders in Sudenburg
Verwaltung:	GKR der ev. KG St. Ambrosius (Sudenburg)
Darstellung:	Die ursprünglich geplante testamentarische Schenkung an die Kinderbewahranstalt der Ambrosiusgemeinde entfiel wegen einer bereits erfolgten Zahlung. Die Stadt teilte 1937 mit, dass die Stiftung noch existiere, wobei unklar bleibt, auf welches Vermächtnis sich diese Angabe bezieht.
Quellen:	Vorl. Liste, Kreis XV, Nr. 107 u. 108; LASA, C 28 II, Nr. 7337, 7861; AKPS, Rep. J 3, Nr. 376
Literatur:	Meyer/Schneidewin, Wohlfahrtseinrichtungen, S. 46
Bemerkungen:	k. A.

Lutz Miehe/Margit Scholz

400. Robrahn-Schiffer'sche Stiftung

Errichtet:	1853
Stifter:	Ferdinand Robrahn, Hofgastgeber
Vermögen:	625 Tlr.
Zweck:	Unterstützung eines städtischen Waisenzöglings bei seinem „Etablissement" oder bei seiner „Verheiratung" alle zwei Jahre, jeweils am 3. August
Verwaltung:	Magistrat/Armenverwaltung
Darstellung:	Die Stiftung ist das Ergebnis eines Vergleiches zwischen dem Stifter aus dem Nachlass des Partikuliers Schiffer und der Armenkasse der Stadt wegen einer streitigen Erbschaftssumme. Das Geld wurde der Armen-

kasse als besonderer Fonds des städtischen Waisenfonds zur Verfügung gestellt. Am 1. Januar 1883 erfolgte die Zusammenlegung der Robrahn-Schiffer'schen Stiftung mit der Stiftung (↗) Waisenbelohnungsfonds zum (↗) Städtischen Waisenfonds. Damit war die Stiftung aufgelöst.

Quellen: LASA, C 28 I Ie, Nr. 1592, 1595, 1628; StAM, Rep. A II, S 20 spec. 32a Bde. 1, 2; Rep. 18[4], A 8
Literatur: Bock, Armenwesen, S. 91; Rauer, Landbuch, S. 581
Bemerkungen: auch: Robrahn-Schiffer-Stiftung; unselbständige Stiftung

Lutz Miehe

401. Rode'sche Stiftung

Errichtet: 24. Juni 1567 (Testament)
Stifterin: Anna Rode († 1567)
Die Stifterin entstammte einem bekannten Magdeburger Patriziergeschlecht und blieb unverheiratet.
Vermögen: 300 Gulden, 1910: 751,77 M
Zweck: Unterstützung Bedürftiger aus ihrer Familie und – wenn es diese nicht geben sollte – von Gemeindegliedern der Pfarrei St. Petri zum Weihnachtsfest
Verwaltung: GKR der ev. KG St. Petri
Darstellung: Zunächst wurde aus dem Ertrag des Stiftungsvermögens Fisch gekauft und an die Armen verteilt, in späteren Jahren ließ man Kleidungsstücke anfertigen. In „neuerer Zeit", so Bock, wurden zwei Frauen zu Weihnachten eingekleidet. Diese Aussage wird durch eine Übersicht der Stadt aus dem Jahre 1844 bestätigt. Im Jahre 1858 betrugen die Unterstützungsleistungen 8 Tlr. Der RP teilte der Stadt im Jahre 1883 mit, dass diese Stiftung „unzweifelhaft selbständig" sei. Dem widersprach die Stadt.
Quellen: LASA, C 28 I Ie, Nr. 1565; StAM, Rep. A II, S 20 spec. 3e, S 20 spec. 32a Bde. 1, 2, S 20 spec. 32c; Nachweisung 1910; Wohlfahrtseinrichtungen
Literatur: Bock, Armenwesen, S. 104, 335; von Dietze/Hunsdieck-Nieland, Stiftungen, S. 217; Meyer/Schneidewin, Wohlfahrtseinrichtungen, S. 46; Oppermann, Siebente Nachricht, S. 121; ders., 1831–1840, S. 76
Bemerkungen: rechtsfähige Stiftung des bgl. Rechts

Lutz Miehe

402. RÖHRIG-STIFTUNG

Errichtet:	k. A.
Stifter:	k. A.
Vermögen:	k. A.
Zweck:	für die Ambrosiusgemeinde zum Besten der Diakonie und der Kinderbewahranstalt
Verwaltung:	GKR der ev. KG St. Ambrosius (Sudenburg)
Darstellung:	Die Stadt teilte 1937 mit, dass die Stiftung noch existiere.
Quellen:	Vorl. Liste, Kreis XV, Nr. 110; LASA, C 28 II, Nr. 7337
Literatur:	k. A.
Bemerkungen:	k. A.

Lutz Miehe

403. JULIE-RÖNNEFAHRT-STIFTUNG

Errichtet:	1914
Stifterin:	Julie Rönnefahrt
	Die Stifterin leitete eine private höhere Mädchenschule in Magdeburg, was nur unverheirateten Frauen gestattet war.
Vermögen:	120.000 M, 1920: 118.000 M
Zweck:	1. Unterstützung erkrankter und bedürftiger Lehrerinnen, eventuell Blinder,
	2. Rest des Stiftungskapitals für wohltätige und gemeinnützige Zwecke
Verwaltung:	Magistrat/Armendirektion
Darstellung:	Die Schwester der Stifterin, Fräulein Antonie Rönnefahrt zu Stendal, besaß den Nießbrauch des Stiftungskapitals auf Lebenszeit. Nach ihrem Tode waren 60.000 M zu einer „Julie-Rönnefahrt-Stiftung" zur Unterstützung erkrankter und bedürftiger Lehrerinnen, eventuell Blinder bestimmt. Der Rest des Stiftungskapitals war von der Stadt für wohltätige und gemeinnützige Zwecke zu verwenden, nachdem noch zwei Legate von zusammen 60.000 M ausgezahlt sind.
Quellen:	k. A.
Literatur:	Bericht über die Verwaltung 1920/1921; Labouvie, Frauen, Bd. 2
Bemerkungen:	k. A.

Lutz Miehe

404. ROLAND-STIFTUNG

Errichtet:	1920
Stifter:	Geschäftsführender Ausschuss des Denkmal-Ausschusses Roland von Magdeburg
Vermögen:	23.000 M
Zweck:	1. Unterstützung von Witwen und Waisen gefallener Kriegsteilnehmer der Stadt,
	2. Unterstützung notleidender Magdeburger Familien
Verwaltung:	Magistrat/Armendirektion
Darstellung:	Das Stiftungskapital sollte vor Aufnahme der Zweckerfüllung zunächst durch die Akkumulation der Zinsen auf nominal 30.000 M aufgefüllt werden. Die Stadt teilte dem RP im März 1922 mit, dass die Stiftung am Ende des Jahres 1919 noch nicht bestanden habe. Sie legte die Stiftung im Jahre 1923 mit ca. 180 weiteren unselbständigen Stiftungen zum (↗) Allgemeinen Stiftungsfonds zusammen.
Quellen:	LASA, C 28 I Ie, Nr. 1625
Literatur:	Bericht über die Verwaltung 1920/1921, Teil 1 und Teil 2
Bemerkungen:	unselbständige Stiftung

Lutz Miehe

405. DR. ROSENTHAL-STIFTUNG

Errichtet:	1906
Stifter:	Freunde und Verehrer von Dr. med. Hermann Rosenthal (1825–1906), Oberstabsarzt
	R. war seit 1849 Stabsarzt beim 4. Pionierbataillon in Magdeburg. 1852 trat der jüd. Arzt der „Medizinischen Gesellschaft zu Magdeburg" bei. Nach dem Krieg 1870/71 widmete er sich seiner Praxis sowie seinen privaten Studien der örtlichen Hygieneverhältnisse. Seit 1881 war R. Stadtrat. Die Gründung des „Vereins für öffentliche Gesundheitspflege" sowie der Bau des 1887 eröffneten Stadtbades gehen in hohem Maße auf seine Initiative zurück. R. wirkte sowohl im Repräsentationskollegium der SG als auch in verschiedenen Vereinen mit, z. B. im Verein für jüd. Geschichte und Literatur sowie im Verein für Geschichte und Altertumskunde.
Vermögen:	3.000 M, 1910: 6.000 M
Zweck:	Unterstützung Schwerhöriger, auch Kranker
Verwaltung:	Vorstand der SG
Darstellung:	Der Anlass für die Errichtung der Stiftung war der 80. Geburtstag des

Arztes. Die Stiftung überstand – wie alle Stiftungen, die von Juden errichtet worden waren – die NS-Zeit nicht.

Quellen: Nachweisung 1910; Wohlfahrtseinrichtungen

Literatur: Adressbuch 1920, S. 29; Habs, Geschichte; Rosenthal, Gesundheitszustand; Verwaltungsbericht der SG, 1893; Wolff, Hermann Rosenthal, in: MBL, S. 601

Bemerkungen: rechtsfähige Stiftung des bgl. Rechts

Lutz Miehe/Beate Seibert/Waltraut Zachhuber

105 Grabstätte für Dr. med. Hermann Rosenthal und seine Ehefrau Bertha, geb. Kauffmann (1835–1881) sowie ihren Sohn Dr. med. Ernst Rosenthal (1863–1929) auf dem Friedhof der Synagogengemeinde Magdeburg, 2021

406. Rossleben'sche Stiftung

Errichtet:	8. Januar 1836 (Testament)/16. September 1852 (Genehmigung)
Stifterin:	Marie Margarethe Roßleben, geb. Kuphal († 30. März 1836), Wwe.
Vermögen:	1.000 Tlr., 1910: 3.438,55 M
Zweck:	Unterstützung von acht bedürftigen Familienvätern der ev. Katharinengemeinde zu gleichen Anteilen
Verwaltung:	GKR der ev. KG St. Katharinen
Darstellung:	Ausgezahlt werden sollten pro Jahr 40 Tlr. Darüber hinaus gehende Erträge sollten der KG zufließen. 1876 teilte die Stadtverwaltung dem RP mit, dass diese Stiftung künftig in den jährlichen Listen nicht mehr aufgeführt werde, da der Stadt „spezielle Aufsichtsrechte über dieselbe nicht zustehen, und in der Folge auch die Rechnungen 1874 nicht einzureichen waren". Die Stiftung stand somit unter der kirchlichen Stiftungsaufsicht. Die Stadt teilte 1937 mit, dass die Stiftung noch existiere.
Quellen:	Vorl. Liste, Kreis XV, Nr. 109; LASA, C 28 I Ie, Nr. 1629, C 28 II, Nr. 7337, 7633; StAM, Rep. A II, S 20 spec. 1d und spec. 32a Bde. 1, 2; Nachweisung 1910; Wohlfahrtseinrichtungen
Literatur:	Adressbuch 1920, S. 29; Bock, Armenwesen, S. 191, 335; von Dietze/Hunsdieck-Nieland, Stiftungen, S. 218; Meyer/Schneidewin, Wohlfahrtseinrichtungen, S. 46; Oppermann, 1831–1840, S. 78; Rauer, Landbuch, S. 586
Bemerkungen:	auch: Roßleben-Stiftung bzw. Roßleben'sche Armenstiftung; rechtsfähige Stiftung des bgl. Rechs

Lutz Miehe

407. Rothenseer Ackerinteressenten-Kasse

Errichtet:	k. A.
Stifter:	k. A.
Vermögen:	1918: 1.248,42 M
Zweck:	k. A.
Verwaltung:	Magistrat/Kämmereikasse
Darstellung:	Die Stadt legte die Stiftung im Jahre 1923 mit ca. 180 weiteren unselbständigen Stiftungen zum (↗) Allgemeinen Stiftungsfonds zusammen.
Quellen:	StAM, Rep. A III, 31.1h Bd. 1
Literatur:	Bericht über die Verwaltung 1919/1920, Teil 2 und 1920/1921, Teil 2
Bemerkungen:	auch: Rothenseer Acker-Interessen-Kasse; unselbständige Stiftung

Lutz Miehe

408. ROTHENSEER HOLZINTERESSENTEN-KASSE

Errichtet:	k. A.
Stifter:	k. A.
Vermögen:	k. A.
Zweck:	k. A.
Verwaltung:	Magistrat/Kämmereikasse
Darstellung:	Die Stadt legte die Stiftung im Jahre 1923 mit ca. 180 weiteren unselbständigen Stiftungen zum (↗) Allgemeinen Stiftungsfonds zusammen.
Quellen:	StAM, Rep. A III, 31.1h Bd. 1
Literatur:	Bericht über die Verwaltung 1919/1920, Teil 2 und 1920/1921, Teil 2
Bemerkungen:	auch: Rothenseer Holzinteressenten; unselbständige Stiftung

Lutz Miehe

409. FRIEDRICH RUDO-STIFTUNG

Errichtet:	1918
Stifter:	Friedrich Rudo, Kaufmann
Vermögen:	11.000 M
Zweck:	k. A.
Verwaltung:	Magistrat/Kämmereikasse
Darstellung:	Die Stiftung hatte im Jahr 1918 Erträge in Höhe von 500 M. Die Stadt legte die Stiftung im Jahre 1923 mit ca. 180 weiteren unselbständigen Stiftungen zum (↗) Allgemeinen Stiftungsfonds zusammen.
Quellen:	LASA, C 28 I Ie, Nr. 1625; StAM, Rep. A III, 31.1h Bd. 1
Literatur:	Bericht über die Verwaltung 1919/1920, Teil 2 und 1920 1921, Teil 2
Bemerkungen:	unselbständige Stiftung

Lutz Miehe

410. RUDOLPHI-STIFTUNG

Errichtet:	1871
Stifter:	C. E. Rudolphi
Vermögen:	1910: 3.616,25 M
Zweck:	Unterstützung von 15 hilfsbedürftigen, armen, altersschwachen oder kranken Personen in der Alten Neustadt, Anfang Januar jeden Jahres
Verwaltung:	Magistrat/Armendirektion
Darstellung:	Das Stiftungsvermögen sollte erst nach dem Tod der im Jahre 1883 noch

lebenden Ehefrau überwiesen werden. Die Stadt legte die Stiftung im Jahre 1923 mit ca. 180 weiteren unselbständigen Stiftungen zum (↗) Allgemeinen Stiftungsfonds zusammen.

Quellen:	LASA, C 28 I Ie, Nr. 1625; StAM, Rep. 18⁴, A 8; Nachweisung 1910
Literatur:	Adressbuch 1920, S. 28; von Dietze/Hunsdieck-Nieland, Stiftungen, S. 219
Bemerkungen:	unselbständige Stiftung

Lutz Miehe

411. RÜPPEL'SCHE STIFTUNG

Errichtet:	6. September 1870 (Testament)/1895 (Genehmigung)
Stifter:	Heinrich Rüppel und seine Ehefrau
Vermögen:	9.250 M, 1910: 9.055,43 M
Zweck:	Unterstützung von Waisenkindern, welche sich durch Fleiß und moralische Führung einer Belohnung würdig gezeigt haben, am 29. Oktober jeden Jahres
Verwaltung:	Magistrat/Armendirektion
Darstellung:	Die Stadt legte die Stiftung im Jahre 1923 mit ca. 180 weiteren unselbständigen Stiftungen zum (↗) Allgemeinen Stiftungsfonds zusammen.
Quellen:	LASA, C 28 I Ie, Nr. 1625; StAM, Rep. A II, S 20 spec. 32a Bd. 2; Rep. 18⁴, A 8; Nachweisung 1910; Wohlfahrtseinrichtungen
Literatur:	Adressbuch 1920, S. 28; von Dietze/Hunsdieck-Nieland, Stiftungen, S. 220; Meyer/Schneidewin, Wohlfahrtseinrichtungen, S. 7
Bemerkungen:	unselbständige Stiftung

Lutz Miehe

412. JACOB SALING'SCHE STIFTUNG

Errichtet:	1864
Stifter:	Jacob Saling, Bankier
Vermögen:	k. A.
Zweck:	Stipendienstiftung zum Besuch der Kgl. Gewerbeakademie, später Kgl. Technische Hochschule
Verwaltung:	Preuß. Ministerium der geistlichen, Unterrichts- und Medizinalangelegenheiten/Kultusministerium
Darstellung:	Die Stadt teilte 1937 mit, dass die Stiftung noch existiere. In der „Vorläufigen Liste" der in Sachsen-Anhalt bestehenden Stiftungen aus

dem Jahre 1947 wurde die Stiftung mit „nicht zu ermitteln" charakterisiert.
Quellen: Vorl. Liste, Kreis XV, Nr. 121; LASA, C 28 II, Nr. 7337, 7855
Literatur: k. A.
Bemerkungen: auch: J. Saling-Stiftung;
rechtsfähige Stiftung des bgl. Rechts

Lutz Miehe

413. SAMMELSTIFTUNG DER HANDELSKAMMER
Errichtet: 1903
Stifter: k. A.
Vermögen: 1.000 M, 1920: 2.000 M
Zweck: Unterstützung bedürftiger Leute
Verwaltung: IHK
Darstellung: Die Stiftung wurde im Januar 1953 von der IHK beim RdB angemeldet. In diesem Zusammenhang wurde mitgeteilt, dass die Stiftung vermögenslos sei und ihre Zwecke nicht mehr erfüllen könne. Eine Satzung sei nicht mehr vorhanden.
Die Stiftung wurde am 29. September 1954 durch den RdSt aufgelöst.
Quellen: LASA, M1, Nr. 1528–1530, 1532, 8358/7
Literatur: Adressbuch 1920, S. 29; Tradition und Innovation, S. 369
Bemerkungen: rechtsfähige Stiftung des bgl. Rechts

Lutz Miehe

414. SANDER-STIFTUNG
Errichtet: 1881/13. April 1882 (Genehmigung)
Stifter: Eduard Sander, Stadt- und Kreisgerichtssekretär
Vermögen: 1910: 70.741 M
Zweck: 1. Instandsetzung der Sander'schen Gräber,
2. die weiteren Erträge sind jeweils zur Hälfte zu verwenden zur Unterstützung von
a) Frau Pauline Donath in Gröpelingen und
b) folgenden Einrichtungen: Kinderbewahranstalt, (↗) Herberge zur Heimat, Erziehungsverein, (↗) Kloster St. Augustini
Verwaltung: Magistrat
Darstellung: Der RP stufte die Stiftung im Jahre 1883 als „unzweifelhaft selbständig" ein. Mit dieser Auffassung setzte er sich bei der Stadt nicht durch.

	Der Etat der Stiftung betrug im Jahre 1917 ca. 2.800 M.
	Die Stiftung wurde am 29. September 1954 durch den RdSt aufgelöst.
Quellen:	LASA, M1, Nr. 1530; C 28 I Ie, Nr. 1625, 1649; StAM, Rep. A II, S 20 spec. 32a Bd. 2; Rep. 18⁴, A 8 und A 11; Nachweisung 1910
Literatur:	Bericht über die Verwaltung 1919/1920, Teil 2 und 1920/1921, Teil 2; von Dietze/Hunsdieck-Nieland, Stiftungen, S. 221
Bemerkungen:	auch: Eduard Sander-Stiftung;
	rechtsfähige Stiftung des bgl. Rechts

Lutz Miehe

415. Sannemann'sches Legat

Errichtet:	1. November 1724 (Testament)/24. November 1732/19. Dezember 1732
Stifter:	Geschwister Marie Elisabeth Sannemann und Katharine Eleonore Sannemann, verwitwete Krohnert
Vermögen:	1.000 Tlr., 1910: 2.213,66 M
Zweck:	1. Unterstützung der Armen von St. Jacobi, jährlich am Ludwigstag (25. August),
	2. Unterstützung einer Prediger-Witwe, eines Predigers und eines Küsters von St. Jacobi sowie eines Totengräbers
Verwaltung:	GKR der ev. KG St. Jacobi
Darstellung:	Die Unterstützung sollte durch den ersten Prediger oder den Kirchenvorsteher der KG ausgereicht werden. Sie betrug im Jahre 1858 insgesamt 25 Tlr. 7 Gr. und 6 Pf. Im Jahre 1812 entnahm die Stadtverwaltung dem Grundstockvermögen 500 Tlr., um damit die Gläubiger des Armenhauses zu befriedigen. Ob, wie ursprünglich vorgesehen war, die Stadtverwaltung dieses „Darlehen" jemals zurückzahlte, ist unklar.
	Bis 1876 meldete die Stadtverwaltung dem RP die Stiftung in den jährlichen Listen. Damals teilte sie ihm mit, dass diese Stiftung künftig nicht mehr aufgeführt werde, da der Stadt „spezielle Aufsichtsrechte über dieselbe nicht zustehen, und in der Folge auch die Rechnungen 1874 nicht einzureichen waren".
Quellen:	GStA, I. HA Rep. 91 C, Nr. 2392; LASA, C 28 I Ie, Nr. 1565, 1623; StAM, Rep. A I, S 454, S 555 (Testament); Rep. A II, A 48 spec. 1 Bde. 1 und 2, S 20 spec. 32a, S 89a, S 89b; AKPS, Rep. J 4, Nr. 78; Nachweisung 1910; Wohlfahrtseinrichtungen
Literatur:	Berghauer, Magdeburg, Bd. 2, S. 176; Bock, Armenwesen, S. 102; Hermes/Weigelt, Handbuch, S. 18; von Dietze/Hunsdieck-Nieland, Stif-

tungen, S. 222; Meyer/Schneidewin, Wohlfahrtseinrichtungen, S. 46; Oppermann, Siebente Nachricht, S. 76; ders., 1831–1840, S. 121; Rauer, Landbuch, S. 599

Bemerkungen: auch: Sannemannsche Stiftung zu Magdeburg; rechtsfähige Stiftung des bgl. Rechts

Lutz Miehe

416. Helene Schäffer-Stiftung

Errichtet: 1919
Stifterin: Helene Schäffer, geb. Pfitzner, Wwe. aus Berlin
Vermögen: 1920: 5.000 M
Zweck: 1. Gräberpflege,
2. nicht verbrauchte Erträge fließen dem Wohlfahrtsamt der Stadt zu
Verwaltung: Magistrat/Wohlfahrtsamt
Darstellung: Die Stadt legte die Stiftung im Jahre 1923 mit ca. 180 weiteren unselbständigen Stiftungen zum (↗) Allgemeinen Stiftungsfonds zusammen.
Quellen: k. A.
Literatur: Bericht über die Verwaltung 1920/1921
Bemerkungen: unselbständige Stiftung

Lutz Miehe

417. Oskar Schaller-Stiftung

Errichtet: 1889
Stifter: Oskar Schaller, Gerichtsassessor a. D., Rahnsdorf-Mühle bei Köpenick
Vermögen: 1919: 10.000 M
Zweck: Gräberpflege und für Arme
Verwaltung: Magistrat/Wohlfahrtsamt
Darstellung: k. A.
Quellen: k. A.
Literatur: Bericht über die Verwaltung 1919/1920, Teil 1
Bemerkungen: k. A.

Lutz Miehe

418. Testament der Witwe Alma Schaper, geb. Sturm

Errichtet: 2. Februar 1914
Stifterin: Alma Schaper, geb. Sturm

Vermögen: 1.000 M
Zweck: 1. Pflege des Grabes des Ehemanns, dem auch ihre Urne beigegeben werden soll, über 30 Jahre,
2. Armenpflege
Verwaltung: Magistrat
Darstellung: k. A.
Quellen: StAM, Rep. A III, 31.1f Bd. 3
Literatur: k. A.
Bemerkungen: k. A.

Lutz Miehe

419. Schartow'sche Familienstiftung

Errichtet: 1906
Stifterin: Frau Johanne Quirll, geb. Schartow
Vermögen: 1910: 106.292,50 M, 1939: 22.300 RM
Zweck: Unterstützung von Nachkommen des Kaufmanns Wilhelm Schartow in Stettin und des Oberförsters Ernst Schartow aus Himmelspfort
Verwaltung: Verein für weibliche Diakonie „Bethanien"
Darstellung: Die Aufsicht über die Stiftung übte im Jahre 1953 das Staatliche Notariat Magdeburg aus. Dieses teilte damals dem RdB mit, dass die Höhe des Vermögens unbekannt sei und die Akten durch Kriegseinwirkungen vernichtet seien. Die Stiftung wurde am 29. September 1954 durch den RdSt aufgelöst.
Quellen: LASA, C 127, Nr. 644; M1, Nr. 1528–1530, 1532, 8358/7; Nachweisung 1910; Wohlfahrtseinrichtungen
Literatur: von Dietze/Hunsdieck-Nieland, Stiftungen, S. 223
Bemerkungen: rechtsfähige Stiftung des bgl. Rechts;
Familienstiftung

Lutz Miehe

420. Schartow'sche Stiftung

Errichtet: 11. August 1826
Stifter: Friedrich Wilhelm Schartow, Kaufmann, und Ehefrau Henriette, geb. Walther
Vermögen: 125 Tlr., 1910: 544,91 M
Zweck: Belohnung einer bedürftigen Volksschülerin, die sich durch Fleiß und gutes Betragen auszeichnet, am 30. Dezember jeden Jahres

Verwaltung:	Magistrat/Armendirektion/Wohlfahrtsamt
Darstellung:	Anlass für die Errichtung der Stiftung durch das Ehepaar Schartow war der Tod ihrer Tochter Helene Marie im Alter von zehn Jahren am 17. Juni 1826. Unterstützt wurde eine Schülerin der Volkstöchterschule. Die durch den Rektor der Schule ausgereichte Prämie betrug im Jahr 1860 5 Tlr.
	Die Stadt legte die Stiftung im Jahre 1923 mit ca. 180 weiteren unselbständigen Stiftungen zum (↗) Allgemeinen Stiftungsfonds zusammen.
Quellen:	LASA, C 28 I Ie, Nr. 1625; StAM, Rep. A II, S 20 spec. 32a Bd. 2; Rep. 18[4], A 8; Nachweisung 1910; Wohlfahrtseinrichtungen
Literatur:	Adressbuch 1920, S. 28; Bock, Armenwesen, S. 92; von Dietze/Hunsdieck-Nieland, Stiftungen, S. 223; Meyer/Schneidewin, Wohltätigkeitseinrichtungen, S. 14; Oppermann, 1831–1840, S. 62; Rauer, Landbuch, S. 602
Bemerkungen:	unselbständige Stiftung

Lutz Miehe

421. Schauer'sches Stipendium

Errichtet:	19. Februar 1828 (Testament)
Stifter:	Karl Georg Heinrich Schauer, Ratmann
	Sch. war während der napoleonischen Besetzung der Stadt als sog. Adjoint einer der fünf Stellvertreter des OB. In den 1820er Jahren war er für mehrere Jahre Mitglied des Armenkollegiums.
Vermögen:	2.000 Tlr., 1910: 30.764,81 M
Zweck:	Universitäts-Stipendien an Söhne von Magistratsmitgliedern und einzelne Magistratsbeamte
Verwaltung:	Magistrat
Darstellung:	Nicht verbrauchte Erträge des Stiftungsvermögens sollten akkumuliert werden. Die Unterstützung mehrerer Studenten gleichzeitig war erlaubt.
	Das Vermögen der Stiftung betrug im Jahre 1859 bereits 3.080 Tlr.
	Im Jahre 1910 wurden Personen mit 300 bzw. 200 M unterstützt.
	In seinem Testament vermachte Ratmann Schauer auch dem (↗) Bürgerrettungsinstitut 500 Tlr.
	Die Stadt teilte 1937 mit, dass die Stiftung noch existiere.

Quellen:	Vorl. Liste, Kreis XV, Nr.117; LASA, C 28 II, Nr. 7337, 7794; StAM, Rep. A II, S 20 spec. 32a Bd. 2; Rep. 18[4], A 8; Nachweisung 1910
Literatur:	Bericht über die Verwaltung 1919/1920, Teil 2 und 1920/1921, Teil 2; Bock, Armenwesen, S. 274; von Dietze/Hunsdieck-Nieland, Stiftungen, S. 224; Hermes/Weigelt, Handbuch, S. 19; Liebscher, Karl (Carl) Georg Heinrich Schauer, in: MG, S. 172; Meyer/Schneidewin, Wohlfahrtseinrichtungen, S. 24; Oppermann, 1831–1840, S. 83; Rauer, Landbuch, S. 603
Bemerkungen:	auch: Schauer'sche Stipendienstiftung; rechtsfähige Stiftung des bgl. Rechts

Lutz Miehe

422. Scheiffler-Prigge-Stiftung

Errichtet:	1880
Stifter:	Eduard Scheiffler, Lehrer, Aschersleben
Vermögen:	1910: 3.108 M
Zweck:	Stipendien für einen Schüler des Domgymnasiums
Verwaltung:	Verwaltung durch den Direktor des Domgymnasiums
Darstellung:	k. A.
Quellen:	Nachweisung 1910; Wohlfahrtseinrichtungen
Literatur:	von Dietze/Hunsdieck-Nieland, Stiftungen, S. 224; Meyer/Schneidewin, Wohlfahrtseinrichtungen, S. 13
Bemerkungen:	rechtsfähige Stiftung des bgl. Rechts

Lutz Miehe

423. Schermbeck'sches Legat

Errichtet:	23. Februar 1760 (Testament)
Stifter:	Anna Catharina Schermbeck Die Stifterin blieb unverheiratet.
Vermögen:	200 Tlr., 1910: 821 M
Zweck:	Unterstützung von Predigerwitwen von St. Ulrich, sofern solche nicht vorhanden waren, Unterstützung der übrigen Predigerwitwen in der Stadt
Verwaltung:	GKR der ev. KG St. Ulrich und Levin
Darstellung:	Im Jahre 1824 betrug der Ertrag aus dem Vermögen 7 Tlr. 15 Gr.

Stiftungen in Magdeburg. Ein Verzeichnis

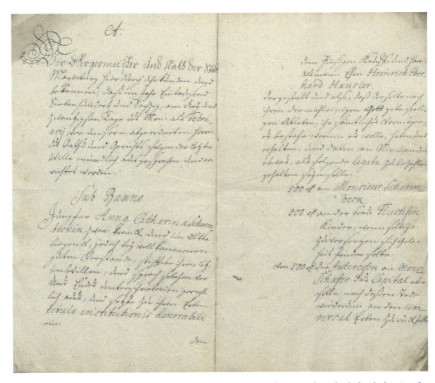

106 Erste Seite der Bestätigung des letzten Willens der Anna Catharina Schermbeck durch den Rat der Stadt Magdeburg, 23. Februar 1760

	Da mehrere Wwen. auf die ihnen zustehende Unterstützung verzichtet hatten, war das Stiftungsvermögen im Jahr 1859 auf 300 Tlr. angestiegen. Die Stiftung wurde vermutlich vor 1938 aufgelöst.
Quellen:	AKPS, Rep. J 6, Nr. 370, 391; Nachweisung 1910; Wohlfahrtseinrichtungen
Literatur:	Bock, Armenwesen, S. 107; Meyer/Schneidewin, Wohlfahrtseinrichtungen, S. 52; Oppermann, Siebente Nachricht, S. 117; ders., Zehnte Nachricht, S. 193; ders., 1831–1840, S. 71; Rauer, Landbuch, S. 607
Bemerkungen:	auch: Scharnbeck'sches Legat bzw. Schernbecksche Stiftung; rechtsfähige Stiftung des bgl. Rechts

Lutz Miehe/Margit Scholz

424. Schiffer'sche Stiftung

Errichtet:	1850 (Testament)/23.10.1850 (Genehmigung)
Stifter:	August Ludwig Schiffer († 1850), Partikulier
Vermögen:	4.000 Tlr., 1910: 16.213,72 M
Zweck:	Unterstützung für zwei würdige und bedürftige Familienväter, die bei gutem Willen und regem Fleiß infolge unverschuldeter Unglücksfälle der Verarmung entgegengehen würden
Verwaltung:	Magistrat/Armendirektion/Wohlfahrtsamt
Darstellung:	Zwischen 1851 und 1858 reichte die Armenverwaltung der Stadt aus den Erträgen der Stiftung jährlich 198 Tlr. an jeweils zwei Familien aus. Die Stiftung wurde noch 1890 als rechtsfähige Stiftung geführt. Im Jahre 1923 legte die Stadt die Stiftung mit weiteren ca. 180 unselbständigen Stiftungen zum (↗) Allgemeinden Stiftungsfonds zusammen.
Quellen:	LASA, C 28 Ie Gen. Nr. 192, Bd. 3; C 28 I Ie, Nr. 1625; StAM, Rep. A II, S 20 spec. 32a, c; Rep. 18[4], A 8; Nachweisung 1910; Wohlfahrtseinrichtungen
Literatur:	Adressbuch 1920, S. 28; Bock, Armenwesen, S. 93; von Dietze/Hunsdieck-Nieland, Stiftungen, S. 224; Meyer/Schneidewin, Wohlfahrtseinrichtungen, S. 55; Rauer, Landbuch, S. 608
Bemerkungen:	unselbständige Stiftung; (↗) auch Nr. 400

Lutz Miehe

425. Schlesinger'sche Armenstiftung

Errichtet:	10. April 1895 (Testament)/10. Juli 1900 (Genehmigung)
Stifter:	Leopold Schlesinger († 3. April 1900)
Vermögen:	30.000 M, 1910: 31.336,29 M
Zweck:	einmalige oder dauerhafte Unterstützung würdiger, städtischer Armer ohne Unterschied der Konfession
Verwaltung:	Magistrat/Armendirektion/Wohlfahrtsamt
Darstellung:	Die Stadt legte die Stiftung im Jahre 1923 mit ca. 180 weiteren unselbständigen Stiftungen zum (↗) Allgemeinen Stiftungsfonds zusammen.
Quellen:	LASA, C 28 I Ie, Nr. 1625, 1680; StAM, Rep. 18[4], A 8; Nachweisung 1910; Wohlfahrtseinrichtungen
Literatur:	Adressbuch 1920, S. 28; von Dietze/Hunsdieck-Nieland, Stiftungen, S. 225

Bemerkungen: auch: Leopold Schlesinger'sche Armenstiftung bzw. Vermächtnis des Rentners Leopold Schlesinger an die Stadtgemeinde;
unselbständige Stiftung
Schlesinger errichtete auch die (↗) Nr. 426–429.

Lutz Miehe

426. SCHLESINGER'SCHE ARMEN-UNTERSTÜTZUNGS-STIFTUNG

Errichtet: 10. April 1895 (Testament)/10. Juli 1900 (Genehmigung)
Stifter: Leopold Schlesinger († 3. April 1900)
Vermögen: 1910: 20.300 M
Zweck: Unterstützung jüd. Armer, die im Bezirk der SG ihren Wohnsitz haben
Verwaltung: Vorstand der SG
Darstellung: Die Stiftung überstand – wie alle Stiftungen, die von Juden errichtet worden waren – die NS-Zeit nicht.
Quellen: Nachweisung 1910; Wohlfahrtseinrichtungen
Literatur: Adressbuch 1920, S. 29; von Dietze/Hunsdieck-Nieland, Stiftungen, S. 226; Meyer/Schneidewin, Wohlfahrtseinrichtungen, S. 46
Bemerkungen: auch: Leopold Schlesinger'sche Armen-Unterstützungs-Stiftung;
rechtsfähige Stiftung des bgl. Rechts
Schlesinger errichtete auch die (↗) Nr. 425, Nr. 427–429.

Lutz Miehe

427. SCHLESINGER'SCHE AUSSTATTUNGS-STIFTUNG

Errichtet: 10. April 1895 (Testament)/10. Juli 1900 (Genehmigung)
Stifter: Leopold Schlesinger († 3. April 1900)
Vermögen: 1910: 20.300 M
Zweck: Ausstattung bedürftiger jüd. Mädchen aus dem Bezirk der SG
Verwaltung: Vorstand der SG
Darstellung: Die Stiftung überstand – wie alle Stiftungen, die von Juden errichtet worden waren – die NS-Zeit nicht.
Quellen: Nachweisung 1910; Wohlfahrtseinrichtungen
Literatur: Adressbuch 1920, S. 29; von Dietze/Hunsdieck-Nieland, Stiftungen, S. 226; Meyer/Schneidewin, Wohlfahrtseinrichtungen, S. 47
Bemerkungen: auch: Leopold Schlesinger'sche Ausstattungs-Stiftung;
rechtsfähige Stiftung des bgl. Rechts
Schlesinger errichtete auch die (↗) Nr. 425–426, Nr. 428–429.

Lutz Miehe

428. SCHLESINGER-DIENSTBOTENSTIFTUNG

Errichtet:	10. April 1895 (Testament)/10. Juli 1900 (Genehmigung)
Stifter:	Leopold Schlesinger († 3. April 1900)
Vermögen:	30.000 M, 1910: 31.004,49 M
Zweck:	Prämien für solche in Magdeburg dienenden Dienstboten beiderlei Geschlechts, die mindestens zehn Jahre hintereinander bei ein- und derselben Herrschaft gedient und sich dabei treu und redlich geführt haben
Verwaltung:	Magistrat/Armendirektion/Wohlfahrtsamt
Darstellung:	Im Jahre 1916 unterstützte die Stiftung 32 Personen: 29 Personen erhielten 30 M, eine Person 28,25 M und zwei Personen 90 M. Die Stadt legte die Stiftung im Jahre 1923 mit ca. 180 weiteren unselbständigen Stiftungen zum (↗) Allgemeinen Stiftungsfonds zusammen.
Quellen:	LASA, C 28 I Ie, Nr. 1625, 1680; StAM, Rep. 18[4], A 8; Nachweisung 1910; Wohlfahrtseinrichtungen
Literatur:	Adressbuch 1920, S. 28; Bericht über die Verwaltung 1916/1917; von Dietze/Hunsdieck-Nieland, Stiftungen, S. 225
Bemerkungen:	auch: Leopold Schlesinger-Dienstbotenstiftung bzw. Leopold Schlesinger'sche Stiftung; unselbständige Stiftung Schlesinger errichtete auch die (↗) Nr. 425–427 und Nr. 429.

Lutz Miehe

429. SCHLESINGER'SCHE STIPENDIUM-STIFTUNG

Errichtet:	10. April 1895 (Testament)/10. Juli 1900 (Genehmigung)
Stifter:	Leopold Schlesinger († 3. April 1900)
Vermögen:	1910: 20.300 M
Zweck:	Stipendien für bedürftige jüd. junge Männer, die sich dem Studium oder den schönen Künsten widmen oder auch sich für ein Handwerk oder für ein Kunstgewerbe ausbilden wollen
Verwaltung:	Vorstand der SG
Darstellung:	Die Stiftung überstand – wie alle Stiftungen, die von Juden errichtet worden waren – die NS-Zeit nicht.
Quellen:	Nachweisung 1910; Wohlfahrtseinrichtungen
Literatur:	Adressbuch 1920, S. 29; von Dietze/Hunsdieck-Nieland, Stiftungen, S. 226

Bemerkungen: auch: Leopold Schlesinger'sche Stipendienstiftung; rechtsfähige Stiftung des bgl. Rechts
Schlesinger errichtete auch die (↗) Nr. 425–428.

Lutz Miehe

430. WITWE IDA SCHLÜTER-STIFTUNG

Errichtet: 1919
Stifterin: Ida Schlüter, Wwe.
Vermögen: 1920: 25.000 M
Zweck: Unterstützung von Kriegsblinden, in zweiter Linie Kriegswaisen und sieche Personen
Verwaltung: Magistrat/Armendirektion
Darstellung: Der Etat der Stiftung betrug im Jahre 1920 1.920 M. Die Stadt legte die Stiftung im Jahre 1923 mit ca. 180 weiteren unselbständigen Stiftungen zum (↗) Allgemeinen Stiftungsfonds zusammen.
Quellen: LASA, C 28 I Ie, Nr. 1625; StAM, Rep. 18[4], A 8
Literatur: k. A.
Bemerkungen: unselbständige Stiftung

Lutz Miehe

431. SCHMAGER'SCHES PREDIGER-WITTUM

Errichtet: 14. Januar 1800 (Testament)
Stifter: Johann Heinrich Schmager, Kaufmann
Vermögen: 1.000 Tlr.
Zweck: Unterstützung der Predigerwitwen von Heilig-Geist; sofern diese fehlen, erhält die Heilig-Geist-Gemeinde die Erträge
Verwaltung: GKR der ev. KG Heilig-Geist
Darstellung: k. A.
Quellen: k. A.
Literatur: Bock, Armenwesen, S. 105; Oppermann, Zehnte Nachricht, S. 193; Rauer, Landbuch, S. 618
Bemerkungen: Für diese Stiftung konnten keine Quellen ermittelt werden.

Lutz Miehe

432. Schmidt'sche Stiftung

Errichtet:	1883
Stifter:	August Schmidt, Partikulier und Armenpfleger
Vermögen:	1910: 1.502,47 M
Zweck:	Nach Abzug des Betrages, welcher auf die Erhaltung und Erneuerung zweier Erbbegräbnisstätten alljährlich zu verwenden ist, Unterstützung von vier armen alten Leuten, zahlbar am 17. Januar
Verwaltung:	Magistrat/Armendirektion/Wohlfahrtsamt
Darstellung:	Die Stadt legte die Stiftung im Jahre 1923 mit ca. 180 weiteren unselbständigen Stiftungen zum (↗) Allgemeinen Stiftungsfonds zusammen.
Quellen:	LASA, C 28 I Ie, 1625; StAM, Rep. A II, S 20 spec. 32a Bd. 2; Rep. 18⁴, A 8; Nachweisung 1910; Wohlfahrtseinrichtungen
Literatur:	Adressbuch 1920, S. 28; von Dietze/Hunsdieck-Nieland, Stiftungen, S. 228; Meyer/Schneidewin, Wohlfahrtseinrichtungen, S. 40
Bemerkungen:	auch: August Schmidt'sche Stiftung bzw. A. Schmidt'sche Zuwendung; unselbständige Stiftung
	Weiterhin vermachte der Schiffseigner August Schmidt in einem Testament vom 12. Februar 1907 dem (↗) Kloster St. Augustini 6.000 M mit der Auflage, dass aus den Zinsen des Kapitals seine Erbbegräbnisstätte (und die seiner Mutter) auf dem jetzigen Südfriedhof bis zum Jahr 1985 gepflegt werden sollte.

Lutz Miehe

433. Friedrich Schmidt'sche Stiftung

Errichtet:	1874/31. Oktober 1874 (Genehmigung)
Stifter:	Friedrich Schmidt (1801–1878), Kgl. Geh. KomRat Magdeburg-Neustadt, Fabrikbesitzer
	Der Stifter gründete 1850 die Baumwollspinnerei Pfeiffer & Sch. in der Neuen Neustadt.
Vermögen:	35.600 M, 1910: 37.880 M
Zweck:	Unterstützung hilfsbedürftiger und erwerbsunfähig gewordener Arbeiter und Arbeiterinnen, welche in den Fabriken der Fa. Pfeiffer & Sch. zu Neustadt mindestens 20 Jahre treu gearbeitet haben
Verwaltung:	Magistrat/Armendirektion
	Die Satzung von 1874 sah vor, dass die Verwaltung eine Kommission zu übernehmen habe, der anzugehören haben: Der Magistratsdirigent der Neustadt, der Stadtverordnetenvorsteher und ein männlicher Nach-

	komme des Stifters, welcher Inhaber oder Mitinhaber der Fa. Pfeiffer & Sch. ist.
Darstellung:	k. A.
Quellen:	GStA, I. HA Rep. 77, Tit. 1400 Magdeburg, Nr. 26; StAM, Rep. A II, S 20 spec. 32a Bd. 2; Rep. 7, G. 22; Nachweisung 1910; Wohlfahrtseinrichtungen
Literatur:	von Dietze/Hunsdieck-Nieland, Stiftungen, S. 227; Meyer/Schneidewin, Wohlfahrtseinrichtungen, S. 41; Volksstimme vom 8. Juli 2019, S. 11
Bemerkungen:	auch: Schmidt'sche Stiftung; rechtsfähige Stiftung des bgl. Rechts

Lutz Miehe

434. Paul Schmidt'sches Stipendium

Errichtet:	2. Juni 1603 (Testament)
Stifter:	Paul Schmidt, Brauerinnungsmeister
Vermögen:	2.000 Tlr., 1910: 6.492,41 M
Zweck:	zwei Stipendien für maximal drei Jahre für arme und gute Bürgerkinder, von denen solche aus der Ulrichsgemeinde den Vorzug haben
Verwaltung:	ursprünglich die Brauerinnung, nach Auflösung der Innung ab 1809: Magistrat, der auch das Vorschlagsrecht hatte
Darstellung:	Nach Angaben von Bock war das Stiftungsvermögen nach der Eroberung der Stadt im Jahre 1631 teilweise verloren gegangen. Bei der Übergabe der Verwaltung an den Magistrat im Jahre 1810 betrug es 1.300 Tlr. Der Magistrat füllte das Vermögen durch den Ankauf von Staatsschulden „zu sehr niedrigem Course" wieder auf, so dass es 1822 auf 2.075 Tlr. gewachsen war. Die Stipendien wurden um 1860 für ein bis drei Jahre verliehen. Im Jahre 1910 betrugen sie ca. 100 M. Die Stadt teilte 1937 mit, dass die Stiftung noch existiere.
Quellen:	LASA, C 28 I Ie, Nr. 1604; C 28 II, Nr. 7337; StAM, Rep. A I, R 192, S 555 (Testament); Rep. A II, S 20 spec. 32a Bd. 2; Rep. 18[4], A 8; Nachweisung 1910; Wohlfahrtseinrichtungen
Literatur:	Adressbuch 1920, S. 28; Berghauer, Magdeburg, Bd. 2, S. 180; Bericht über die Verwaltung 1919/1920, Teil 2 und 1920/1921, Teil 2; Bock, Armenwesen, S. 272; von Dietze/Hunsdieck-Nieland, Stiftungen, S. 207; Hermes/Weigelt, Handbuch, S. 19; Meyer/Schneidewin, Wohlfahrtseinrichtungen, S. 13; Oppermann, Siebente Nachricht, S. 124; ders., 1831–1840, S. 83; Rauer, Landbuch, S. 621

Bemerkungen: auch: Paul Schmidt'sche Stipendienstiftung;
rechtsfähige Stiftung des bgl. Rechts

Lutz Miehe

435. SCHNEIDER'SCHES LEGAT

Errichtet: 14. Februar 1863 (Testament)
Stifterin: Auguste Dorothee Schneider, geb. Jäger, Wwe.
Vermögen: 1910: 3.122 M
Zweck: Weihnachtsspenden an arme Gemeindeglieder von St. Ulrich und Levin
Verwaltung: GKR der ev. KG St. Ulrich und Levin
Darstellung: k. A.
Quellen: Nachweisung 1910; Wohlfahrtseinrichtungen
Literatur: k. A.
Bemerkungen: In der „Vorläufigen Liste" vom 1. Oktober 1947 wurde unter der Nr. 124 das „Schneider-Legat" für die St.-Ambrosius-Kirche eingetragen. Auguste Schneider war auch eine Stifterin von (↗) Nr. 358 und Nr. 438.

Lutz Miehe

436. SCHNEIDER'SCHE STIFTUNG

Errichtet: 1889
Stifter: Gustav Schneider, Stadt- und KomRat
Vermögen: 1910: 22.490,89 M
Zweck: Stipendien für Söhne noch im Dienste der Stadt stehender oder bereits pensionierter oder verstorbener besoldeter Magistratsmitglieder, welche eine Universität, eine technische Hochschule, eine Akademie oder eine andere gleichgesetzte Lehranstalt besuchen
Verwaltung: Magistrat
Darstellung: k. A.
Quellen: Vorl. Liste, Kreis XV, Nr. 115; GStA, I. HA Rep. 77, Tit. 1400 Magdeburg, Nr. 34; LASA, C 28 I Ie, Nr. 1625, 1656; StAM, Rep. A III, 31.1h Bd. 1; Rep. 18[4], A 8, A 10; Nachweisung 1910
Literatur: Bericht über die Verwaltung 1919/1920, Teil 2, 1920/1921, Teil 2 und 1937; von Dietze/Hunsdieck-Nieland, Stiftungen, S. 228; Meyer/Schneidewin, Wohlfahrtseinrichtungen, S. 24
Bemerkungen: auch: Gustav Schneider-Stiftung bzw. Gustav Schneider'sche Stiftung; rechtsfähige Stiftung des bgl. Rechts

Der Stifter errichtete auch die (↗) Nr. 437. Zudem errichtete Gustav Schneider eine unselbständige Stiftung in Höhe von 20.000 M zur Unterstützung der (↗) Nr. 24.

Lutz Miehe

437. Schneider'sche St. Katharinen-Stiftung

Errichtet:	1894
Stifter:	Gustav Schneider, Stadt- und KomRat
Vermögen:	1910: 4.844,51 M
Zweck:	Unterstützung für 14 hilfsbedürftige Mitglieder der ev. Katharinengemeinde am 3. Juni eines jeden Jahres
Verwaltung:	GKR der ev. KG St. Katharinen
Darstellung:	k. A.
Quellen:	Vorl. Liste, Kreis XV, Nr. 115; Nachweisung 1910; Wohlfahrtseinrichtungen
Literatur:	Adressbuch 1920, S. 29; von Dietze/Hunsdieck-Nieland, Stiftungen, S. 228
Bemerkungen:	auch: Gustav Schneider'sche St. Katharinen-Stiftung
	Der Stifter errichtete auch die (↗) Nr. 436.

Lutz Miehe

438. Witwe Schneider'sche Familienstiftung

Errichtet:	14. Februar 1863 (Testament)/10. Oktober 1879 (Genehmigung)
Stifterin:	Auguste Dorothee Schneider, geb. Jäger, Wwe.
Vermögen:	36.000 Tlr.,1946: 32.362,50 M
Zweck:	zweimal jährlich Auszahlungen an die Nachkommen der vier Kinder (15. April und 15. Oktober) sowie Unterstützung bedürftiger Einwohner der Stadt
Verwaltung:	Magistrat in Gemeinschaft mit einem Vorstand, bestehend aus einem Magistratsmitgliede und zwei Familienmitgliedern
Darstellung:	Der Magistrat teilte 1938 mit, dass sich das Vermögen der Stiftung im vergangenen Jahr um ca. 5.900 RM durch Umschichtung erhöht habe. Die Stiftung verfügte 1937 über einen Ertrag von ca. 2.700 und 1942 über ca. 1.300 RM.
	Die Stadt beantragte am 14. August 1946 beim Bezirkspräsidenten die Auflösung der Stiftung und teilte u. a. mit, dass die Stiftung noch über ein Vermögen von 32.362,50 M verfüge. Dieses erbringe wegen der

Sperrbestimmungen der Besatzungsmächte jedoch keine Erträge. Die Stiftung habe schon seit dem Währungsverfall von 1923 ihre Zwecke nicht mehr erfüllen können und die Erträge zur Auffüllung ihres Vermögens nicht ausgezahlt. Die Akten der Stiftung bei der städtischen Stiftungsverwaltung seien am 16. Januar 1945 vernichtet worden. Die Stiftung wurde durch Beschluss der 33. Sitzung des Präsidiums der Provinz Sachsen am 8. November 1946 aufgelöst mit der Maßgabe, dass die noch vorhandenen Vermögenswerte der Stadt für karitative Zwecke zur Verfügung gestellt werden.

Quellen: LASA, C 28 I Ie, Nr. 1625, 1644; K2, Nr. 266, 476, 662; M1, Nr. 1528; StAM, Rep. A II, S 20 spec. 32a Bde. 1, 2; Rep. 13, A I: 518, A I. 644, A I. 913, A I. 916, A I. 1026, A I. 1169; Rep. 18^4, A 8, Bü. 142; Rep. 41, 864; ZG, 140.03.01. (Satzung und Genehmigung); Nachweisung 1910; Wohlfahrtseinrichtungen

Literatur: Adressbuch 1920, S. 28; von Dietze/Hunsdieck-Nieland, Stiftungen, S. 228; Meyer/Schneidewin, Wohlfahrtseinrichtungen, S. 55; Verwaltungsbericht 1937

Bemerkungen: rechtsfähige Stiftung des bgl. Rechts
Auguste Schneider war auch eine Stifterin der (↗) Nr. 358 und der Nr. 435.

Lutz Miehe

439. SCHNUR-LEGAT

Errichtet: k. A.
Stifter: k. A.
Vermögen: k. A.
Zweck: für St. Ambrosius
Verwaltung: GKR der ev. KG St. Ambrosius (Sudenburg)
Darstellung: k. A.
Quellen: Vorl. Liste, Kreis XV, Nr. 122
Literatur: k. A.
Bemerkungen: k. A.

Lutz Miehe

440. Rektor Scholand-Stiftung

Errichtet:	1857 (Testament/1912 (Genehmigung)
Stifter:	Johann Matthias Scholand (1782–1857), Rektor der kath. Altstädter Volksschule
Vermögen:	300 M
Zweck:	Ankauf von Gesangsbüchern für unbemittelte Konfirmanden
Verwaltung:	Magistrat
Darstellung:	k. A.
Quellen:	StAM, Rep. 18^4, A 8
Literatur:	Bericht über die Verwaltung 1913/1914, S. 460
Bemerkungen:	unselbständige Stiftung

Lutz Miehe

441. Major Schrader-Stiftung

Errichtet:	1894
Stifter:	k. A.
Vermögen:	1910: 2.000 M
Zweck:	Unterstützung hilfsbedürftiger Mitglieder des Kreiskriegerverbandes, alljährlich am 9. Mai zahlbar
Verwaltung:	Vorstand des Kreiskriegerverbandes
Darstellung:	k. A.
Quellen:	Nachweisung 1910; Wohlfahrtseinrichtungen
Literatur:	Adressbuch 1920, S. 29
Bemerkungen:	rechtsfähige Stiftung des bgl. Rechts

Lutz Miehe

442. Schraube-Stiftung

Errichtet:	24. Dezember 1913
Stifterin:	Minna Schraube, geb. Bock
Vermögen:	5.000 M
Zweck:	1. Ertrag von 3.000 M als Weihnachtsgabe zugunsten der Kinder des Vereins Kinderhort der Paulusgemeinde. Sollten dem Verein schon Spendenmittel in Höhe von 100 M für die Kinder zur Verfügung stehen, konnten auch Bedürftige der KG bedacht werden. Im Falle der Vereinsauflösung sollte die Paulusgemeinde die Zinsen für die „Förderung der evangelisch-christlichen Kindererziehung" verwenden.

	2. Ertrag von 2.000 M an „alte Leute und zwar in erster Linie an bedürftige Krieger oder deren Angehörige" aus der Paulusgemeinde.
Verwaltung:	GKR der ev. KG Paulusgemeinde
Darstellung:	Die Stiftung wurde errichtet zur Erinnerung an den am 23. Mai 1913 verstorbenen Ehemann der Stifterin, den Kaufmann Gustav Schraube. Dieser hatte lange dem GKR der Paulusgemeinde angehört und seine Kirche wiederholt mit Spenden bedacht. Der GKR beschloss in seiner Sitzung vom 14. Januar 1914 offiziell die Annahme der Stiftung. Der Pfarrer wurde mit der Auswahl der Bedürftigen betraut. Am 15. September 1914 und am 20. März 1917 wurden insgesamt 300 M aus der Stiftung in Kriegsanleihen angelegt.
Quellen:	AKPS, Rep. A, Spec. G, Nr. A 964; Rep. J 13, Nr. 64
Literatur:	k. A.
Bemerkungen:	k. A.

Margit Scholz

443. AUGUSTE SCHREIBER-STIFTUNG

Errichtet:	13. Januar 1923 (Genehmigung)
Stifter:	Auguste Schreiber, Oberlehrerin
Vermögen:	150.000 M
Zweck:	Gewährung von Renten und Stipendien
Verwaltung:	Magistrat
Darstellung:	Die Stiftung dürfte unmittelbar nach ihrer Errichtung der Inflation zum Opfer gefallen sein. Es ist nicht ausgeschlossen, dass die Stadtverwaltung die Stiftung in den (↗) Allgemeinen Stiftungsfonds eingliederte.
Quellen:	LASA, C 28 I Ie, Nr. 1706
Literatur:	k. A.
Bemerkungen:	unselbständige Stiftung

Lutz Miehe

444. EMIL SCHREIBER-STIFTUNG

Errichtet:	1915
Stifter:	Emil Schreiber, Sparkassengegenbuchführer
Vermögen:	1917: 1.000 M
Zweck:	Stipendien an zwei fleißige Schüler des König-Wilhelm-Gymnasiums

Verwaltung: Magistrat/Kämmereikasse
Darstellung: Die Stadt legte die Stiftung im Jahre 1923 mit ca. 180 weiteren unselbständigen Stiftungen zum (↗) Allgemeinen Stiftungsfonds zusammen.
Quellen: LASA, C 28 I Ie, Nr. 1703; StAM, Rep. A III, 31.1h Bd. 1; Rep. 18⁴, A 8
Literatur: Bericht über die Verwaltung 1919/1920, Teil 2 und 1920/1921, Teil 2
Bemerkungen: auch: Schreiber'sche Stiftung; unselbständige Stiftung

Lutz Miehe

445. Stiftung der Eheleute Hermann Schroeder und Anna, geb. Busch

Errichtet: 1912/1915
Stifter: Eheleute Hermann Schroeder (1846–1911) und Anna (1850–1907), geb. Busch
Vermögen: 285.000 M

107 *Grabmal für Hermann Schroeder und seine Frau Anna, um 1915. Auf dem Sockel ist zu lesen: „Sie hinterließen ihr Vermögen der Stadt Magdeburg zu einer Stiftung für arme erholungsbedürftige Kinder sowie zur Bekämpfung der Säuglingssterblichkeit. Ihr Andenken wird fortleben!" Die Schleife auf dem vor dem Grabmal liegenden Kranz weist auf den Magistrat der Stadt Magdeburg hin.*

Zweck:	1. Unterstützung armer erholungsbedürftiger Kinder,
	2. Bekämpfung der Säuglingssterblichkeit,
	3. Rente in Höhe von 1.000 M auf 50 Jahre am Johannistage „Hohenzollern",
	4. Pflege der Erbbegräbnisstätte
Verwaltung:	Magistrat/Wohlfahrtsamt
Darstellung:	Die Stadt legte die Stiftung im Jahre 1923 mit ca. 180 weiteren unselbständigen Stiftungen zum (↗) Allgemeinen Stiftungsfonds zusammen.
Quellen:	LASA, C 28 I Ie, Nr. 1625; StAM, Rep.184, A 8
Literatur:	Adressbuch 1920, S. 28; Bericht über die Verwaltung 1913/14, S. 427
Bemerkungen:	unselbständige Stiftung

Lutz Miehe

446. SCHUBERT-STIFTUNG

Errichtet:	1913 (Testament)
Stifterin:	Dr. Anna Schubert, geb. Hoeßler in Halle
Vermögen:	3.000 M
Zweck:	Erhaltung der Grabstätte ihres Mannes auf dem Nordfriedhof in ordnungsgemäßem Zustand bis zum Jahr 1924
Verwaltung:	k. A.
Darstellung:	k. A.
Quellen:	k. A.
Literatur:	Bericht über die Verwaltung 1913/1914, S. 460
Bemerkungen:	unselbständige Stiftung

Lutz Miehe

447. JOHANN CHRISTIAN SCHÜTZE-STIFTUNG

Errichtet:	16. Februar 1812 (Testament)
Stifter:	Johann Christian Schütze († 17. September 1814), Kaufmann
Vermögen:	10.000 Tlr.
Zweck:	Unterstützung von Armen am 1. Januar (50 Tlr. des Ertrages sollten ausgezahlt werden, der Rest an die Armenkasse)
Verwaltung:	Armenkasse
Darstellung:	Nach Oppermann stiftete Schütze das Geld für die Armenkasse, die die Erträge zur eigenen Verwendung nutzen sollte. Das Stiftungsvermögen wurde 1816 eingezahlt.

	Die Stiftung wird in den Quellen nicht durchgängig aufgeführt. Oppermann berichtet, dass das Vermögen im Jahre 1827 einen Ertrag von 57 Tlr. erbracht habe. In jenem Jahr seien 256 Personen unterstützt worden. In einer Quelle aus dem Jahre 1883 ist festgehalten, dass das „vormalige Almosenkollegium" das Vermögen „mit dem übrigen unantastbaren Capital der Hauptarmenkasse vereinigt" habe.
Quellen:	StAM, Rep. A II, S 20 spec. 32a Bde. 1, 2
Literatur:	Oppermann, Armenwesen, 1821, S. 41, 186; ders., Siebente Nachricht, S. 111 f.
Bemerkungen:	unselbständige Stiftung; (↗) Nr. 448

Lutz Miehe

448. Schütze'scher Legatenfonds

Errichtet:	26. Februar 1812 (Testament)/22. Juli 1831 (Testament)/15. Juni 1837 (Genehmigung)
Stifter:	Johann Christian Schütze († 17. September 1814) und sein Neffe Gottlieb Schütze († 3. November 1836), Kaufleute
Vermögen:	1812: 1.000 Tlr., 1831: 3.000 Tlr.
Zweck:	Unterstützung der Armen „des Dorfs Olvenstedt", auszuzahlen am Sterbetag der Stifter
Verwaltung:	Ortsvorsteher (Orts-Maire) und Pfarrer von St. Laurentius (Olvenstedt)
Darstellung:	Das testamentarische Legat von J. C. Sch. wurde von seinem Neffen um 2.000 Tlr. aufgestockt. In den 1830er Jahren wurden jährlich ca. 57 Tlr. ausgezahlt. Das Konsistorium betonte 1903, dass die Stiftung nicht in die Verwaltung des Ortsarmenverbandes übergegangen sei und pochte auf Gleichberechtigung des Ortsgeistlichen bei der Entscheidung über die Mittelverwendung. Die Inflation von 1922/23 zehrte das Stiftungsvermögen auf. Die Stiftung bestand formal jedoch mindestens noch bis 1931.
Quellen:	AKPS, Rep. J 19, Nr. 178–184, 682
Literatur:	von Dietze/Hunsdieck-Nieland, Stiftungen, S. 231; Oppermann, Zehnte Nachricht, S. 186; ders., 1831–1840, S. 59; Rauer, Landbuch, S. 634
Bemerkungen:	auch: Schütze'sche Legatenkasse, Schütze'scher Armen-Legaten-Fonds Der erste Stifter errichte 1812 die (↗) Nr. 447, der zweite Stifter 1836 die (↗) Nr. 449.

Lutz Miehe/Margit Scholz

449. Schütze'sche Stiftung

Errichtet:	22. Juli 1836 (Testament)/15. Juni 1837 (Genehmigung)
Stifter:	Johann Gottlieb Schütze (1774–1836), Kaufmann
Vermögen:	10.000 Tlr., 1910: 31.249,80 M
Zweck:	Unterstützung hiesiger Armer, die nicht durch den städtischen Armenfonds unterstützt werden (sog. verschämte Arme), jährlich am 27. Januar, dem Geburtstag des Stifters
Verwaltung:	Magistrat/Wohlfahrtsamt
Darstellung:	Der Stifter bestimmte, dass das Geld „vom hiesigen Magistrat, gleich dem Kämmerei-Vermögen, jedoch separat und mit diesem durchaus nicht vermischt", verwaltet werde. Im Jahr 1858 wurden aus dem Ertrag des Vermögens durch die Armenverwaltung der Stadt etwa 400 Tlr. an Hilfsbedürftige ausgezahlt, die zumeist 10 Tlr. erhielten. In den 1880er Jahren erfolgten die Zahlungen an die sich im Armenhaus befindenden Personen. 1917 betrug der Etat der Stiftung 970 M. Die Schütze'sche Stiftung wurde von der Stadt im Jahr 1923 mit ca. 180 weiteren unselbständigen Stiftungen zum (↗) Allgemeinen Stiftungsfonds zusammengelegt.
Quellen:	LASA, C 28 I Ie, Nr. 1625; StAM, Rep. A II, S 20 spec. 32a Bde. 1, 2; Rep. 18[4], A 8 u. A 9; AKPS, Rep. J 19, Nr. 184; Nachweisung 1910; Wohlfahrtseinrichtungen
Literatur:	Adressbuch 1920, S. 28; Bericht über die Verwaltung 1857, 1882, 1919/1920, Teil 2 und 1920/1921, Teil 2; Bock, Armenwesen, S. 88, 334; von Dietze/Hunsdieck-Nieland, Stiftungen, S. 231; Meyer/Schneidewin, Wohlfahrtseinrichtungen, S. 55; Oppermann, Zehnte Nachricht, S. 186; ders, 1831–1840, S. 42; Rauer, Landbuch, S. 634
Bemerkungen:	auch: Gottlieb Schütze'sche Stiftung bzw. Schütze-Stiftung; unselbständige Stiftung; (↗) Nr. 448

Lutz Miehe

450. Schul-Currende

Errichtet:	mittelalterlich
Stifter:	k. A.
Vermögen:	1910: 73.866,22 M (einschl. Porse'sches Legat: 10.066,22 M u. Zimmermann'sches Legat: 1.500,00 M)
Zweck:	Unterhaltung eines Kinderchores, der an gewissen Tagen unter Füh-

rung eines Lehrers auf den Straßen der Stadt geistliche Lieder singt (Noten, Bekleidung der Schüler, Bücher und Prämien, Geschenke für ausscheidende Schüler etc.)

Verwaltung: Magistrat/Kämmereikasse

Darstellung: Nicht nur in Magdeburg war es alte Tradition, dass arme Schüler von Tür zu Tür zogen und durch geistlichen Gesang Spenden für ihre Ausbildung und ihren Unterhalt erbaten. Der bekannteste Kurrendesänger Magdeburgs dürfte der Domschüler Martin Luther gewesen sein. Um 1800 stammten die Einnahmen der Kurrende nach Berghauer insbesondere aus dem wöchentlich zweimaligen Umzügen der Schüler des Altstädter Gymnasiums sowie Gesangseinsätzen bei Hochzeiten, ferner auch aus Kornpachten. Dafür erhielten die 24 Knaben Unterricht in der ersten Klasse sowie „jährlich Bekleidung und wöchentlich etwas Gewisses an Brot". Im Jahre 1824 bestand die Schul-Currende aus 36 Knaben, von denen zehn aus der Armen-Erziehungsanstalt stammten.

Nach Bock gab es 1844 Diskussionen darüber, ob die Kurrende noch zeitgemäß sei. Im Ergebnis habe man sich zu Modernisierungen entschlossen. „So wurde im Jahre 1844 der Umzug und Gesang der Currende in die Zeit der frühen Morgenstunden, bis vor Beginn des Schulunterrichts und des Sonntagsgottesdienstes verlegt, wogegen derselbe zuvor in den Vormittags- und Nachmittagsstunden während des lebhaften und lärmenden Geschäftsverkehrs stattgefunden hatte [...]." Auf das jedesmalige Umhertragen der Sammelbüchsen in den Häusern werde nun verzichtet, dieses erfolge nun nur noch einmal durch eine Sammlung in der gesamten Stadt. Im Jahre 1858 bekam demnach jeder Schüler wöchentlich für die Teilnahme 1 Sgr. und 3 Pfd. Brot sowie jährlich einen vollständigen Anzug, bestehend aus „Hut, Rock, Beinkleid, Weste, Halstuch und Stiefeln" und einen Wintermantel. Der Chor bestand damals aus 30 Mitgliedern. Der Etat der Stiftung betrug im Jahre 1917 3.340 M.

Quellen: StAM, Rep. A I, P 186, R 192, S 555, W 220; Rep. 18[4], A 8; Nachweisung 1910; Wohlfahrtseinrichtungen

Literatur: Adressbuch 1920, S. 28; Berghauer, Magdeburg, Bd. 2, S. 174; Bericht über die Verwaltung 1919/1920, Teil 2 und 1920/1921, Teil 2; Bock, Armenwesen, S. 84f.; von Dietze/Hunsdieck-Nieland, Stiftungen, S. 231; Meyer/Schneidewin, Wohlfahrtseinrichtungen, S. 6; Oppermann, Armenwesen, 1821, S. 177 ff.; ders., Siebente Nachricht, S. 112; ders, Zehnte Nachricht, S. 177 f.; ders, 1831–1840, S. 60

Bemerkungen: auch: Schul-Kurrende-Kasse;
rechtsfähige Stiftung des bgl. Rechts
Die Stiftung wurde durch (↗) Nr. 556 unterstützt.

Lutz Miehe

451. Schul-Legat an der reformierten Friedrichsschule
Errichtet: 1869
Stifter: August Lieberoth, Kaufmann aus Leipzig
Vermögen: 1.000 Tlr.
Zweck: für die ref. Friedrichsschule (Durchführung von Exkursionen, Unterstützung des ersten Lehrers)
Verwaltung: Kuratorium der Friedrichsschule
Darstellung: Die Friedrichsschule wurde 1708 gegründet und gemeinsam von der dt.-ref. und der wallon.-ref. Gemeinde unterhalten. Wegen der umfänglichen finanziellen Unterstützung durch den preuß. König wurde sie nach Friedrich I. (1657–1713) benannt. Der Landbaumeister Meinecke vermachte der Friedrichsschule 1779 1.000 Tlr., die den Grundstock der Friedrichsschulkasse bildeten. Diese wurde später durch ein kgl. Gnadengeschenk weiter aufgestockt.

Die Friedrichsschule stand auch Kindern anderer Konfessionen offen und wurde 1796 in eine Bürgerschule umgewandelt. Ein neues Schulgebäude wurde 1839 errichtet (Apfelstraße 11). 1850 wurde die Friedrichsschule mit der wallon.-ref. Elementarschule vereinigt. Nachdem das Obertribunal zu Berlin 1864 das Schulgrundstück der wallon.-ref. Gemeinde zugesprochen hatte, sank das Interesse der Deutsch-Reformierten an der Erhaltung der Schule zusehends. Dennoch stiftete ihnen 1869 ein Leipziger Kaufmann als ehemaliger Schüler 1.000 Tlr. Die Zinsen in Höhe von 40 Tlr. waren hälftig bestimmt zur jährlichen Abhaltung einer Exkursion „für fleißige und gute Schüler" und für Zahlungen an den ersten Lehrer auf Lebenszeit. Im Falle der Schulschließung sollte das Kapital an die dt.-ref. Gemeinde fallen zugunsten etwaiger Witwen des Organisten und Kantors. Wären solche nicht vorhanden, seien die Zinsen dem Kapital zuzuschlagen.

Die Regierung hatte 1870 die Schulschließung noch abgelehnt, aber fünf Jahre später leitete ein ministerieller Erlass die Auflösung der Friedrichsschule ein. Mit Verfügung vom 30. November 1875 hob daraufhin die Regierung dieselbe auf. Während das gesamte Schulvermögen der Stadt zugewiesen wurde, wurde das Kapital des „Lieberoth'schen

Legats" bestimmungsgemäß mindestens bis 1904 vom dt.-ref. Presbyterium verwaltet.

In der „Vorläufigen Liste" der in Sachsen-Anhalt bestehenden Stiftungen aus dem Jahre 1947 wurde die Stiftung mit „erloschen" charakterisiert.

Quellen:	AKPS, Rep. A, Spec. G, Nr. A 10881; Vorl. Liste, Kreis XV, Nr. 128
Literatur:	Meyer, Geschichte der Deutsch-Reformierten Gemeinde, Bd. 1, S. 130–134, 419–508 (Abb. S. 426a); Bd. 2, S. 425–471 (Abb. S. 450a)
Bemerkungen:	(↗) Nr. 281

Margit Scholz

452. Schulke-Stiftung

Errichtet:	1913 (Testament)
Stifter:	Gottlob Heinrich Schulke
Vermögen:	5.000 M
Zweck:	Erhaltung von drei Grabstellen
Verwaltung:	k. A.
Darstellung:	Die Stadt legte die Stiftung im Jahre 1923 mit ca. 180 weiteren unselbständigen Stiftungen zum (↗) Allgemeinen Stiftungsfonds zusammen.
Quellen:	k. A.
Literatur:	Bericht über die Verwaltung 1913/1914
Bemerkungen:	unselbständige Stiftung

Lutz Miehe

453. Stadtrat Gustav Schultze'sche Invaliden- und Armen-Stiftung

Errichtet:	28. Mai 1867/9. August 1867 (Genehmigung)
Stifter:	Gustav Schultze, Stadtrat a. D.
Vermögen:	10.000 Tlr. 1910: 33.215,33 M
Zweck:	Unterstützung folgender Personen und Familien, welche in Magdeburg ihren Wohnsitz haben:
	1. Hilfsbedürftige Einwohner, welche als aktive Militärs – vom Feldwebel abwärts – „den im Jahre 1866 glorreich beendigten Feldzuge mitgemacht haben und in demselben oder in der Folge desselben durch Wunden und Krankheiten in ihrer Arbeitsfähigkeit beeinträchtigt sind",
	2. Familien oder einzelstehende Personen, welche infolge des Krieges

ihres Ernährers beraubt und in Not geraten sind, und sofern die vorhandenen Mittel das Bedürfnis überschreiten,

3. Bedürftige künftiger Kriege, sofern sie die Bedeutungen der Nummern 1 und 2 erfüllen und die Erträge der Stiftung es zulassen,

4. Personen beiderlei Geschlechts und jeder Konfession, welche 50 Jahre alt sind und sich wenigstens zehn Jahre lang in Magdeburg aufgehalten haben.

Die Unterstützung kann fortlaufend in vierteljährlichen oder monatlichen Raten oder einmalig gewährt werden.

Verwaltung: Magistrat/Armendirektion;
Vorstand, bestehend aus dem Vorsitzenden des Wohlfahrtsamtes der Stadt als Vorsitzendem, dem Stifter, einem Stadtverordneten und einem Bürger

Darstellung: Das Motiv der Stiftung bestand in der „Anerkennung der Großthaten unserer tapferen Armee in dem siegreichen Feldzuge vom Jahre 1866 sowie in der Absicht, alten würdigen Einwohnern der Stadt eine Wohltat zu gewähren". Die Stiftung inserierte regelmäßig in der Zeitung und gab bekannt, dass potentielle Unterstützungsberechtigte sich „unter Vorlegung ihrer Militär-Pässe oder sonstiger Ausweise im Bureau der Armendirektion" melden mögen.

Quellen: LASA, C 28 Ie Gen., Nr. 198; C 28 I Ie, Nr. 1637; C 28 II, Nr. 7337; StAM, Rep. A II, S 20 spec. 32a Bde.1, 2; Rep. 10 J, 23; Rep. 18[4], A 8; Nachweisung 1910

Literatur: Adressbuch 1920, S. 28; Bock, Nachtrag, S. 394f.; von Dietze/Hunsdieck-Nieland, Stiftungen, S. 231; Meyer/Schneidewin, Wohlfahrtseinrichtungen, S. 40

Bemerkungen: auch: Schulze'sche Invaliden- und Armen-Stiftung;
rechtsfähige Stiftung des bgl. Rechts;
(↗) Nr. 454
Die Stadt meldete 1937 zudem die Gustav Schneider-Stiftung für die Katharinenkirche, die Gelder an 14 Mitglieder verteilte.

Lutz Miehe

454. Stadtrat Gustav Schultze'sche Präbendenstiftung

Errichtet: 1891
Stifter: Gustav Schultze, Stadtrat a. D.
Vermögen: 1919: 94.226 M

Zweck:	Gewährung von Geld-Präbenden an unterbemittelte und unbescholtene Personen beiderlei Geschlechts ohne Ansehung der Konfession
Verwaltung:	Magistrat
Darstellung:	Die Präbendenstiftung gehörte zum Vermögen des (↗) Klosters St. Augustini.
Quellen:	LASA, C 28 I Ie, Nr. 1659; StAM, Rep. 18[4], A10; Nachweisung 1910; Wohlfahrtseinrichtungen
Literatur:	k. A.
Bemerkungen:	(↗) Nr. 453

Lutz Miehe

455. THEODOR SCHULTZE'SCHES LEGAT

Errichtet:	6. Oktober 1851 (Testament)
Stifter:	Frau Schultze, Wwe. des Theodor Schultze, Partikulier und ehemaliger Vorsteher der Armenanstalt
Vermögen:	662 Tlr., 20 Gr.
Zweck:	Speisung von Armen der Stadt jährlich am 18. Dezember
Verwaltung:	Magistrat/Armenverwaltung
Darstellung:	Die Unterstützung erfolgte durch die Speisung der Insassen der Arbeitsanstalt.
Quellen:	StAM, A II, S 20 spec. 32a Bd. 2
Literatur:	Verwaltungsbericht 1857, 1882
Bemerkungen:	k. A.

Lutz Miehe

456. EMMA SCHULZ'SCHES VERMÄCHTNIS

Errichtet:	k. A.
Stifterin:	Emma Schulz
Vermögen:	k. A.
Zweck:	k. A.
Verwaltung:	Magistrat/Kämmereikasse
Darstellung:	Die Stadt legte die Stiftung 1923 mit ca. 180 weiteren unselbständigen Stiftungen zum (↗) Allgemeinen Stiftungsfonds zusammen.
Quellen:	StAM, Rep. A III, 31.1h Bd. 1
Literatur:	Bericht über die Verwaltung 1919/1920, Teil 2 und 1920/1921, Teil 2
Bemerkungen:	unselbständige Stiftung

Lutz Miehe

457. Friedrich Karl Schulze-Stiftung (I)

Errichtet:	22. Mai 1889 (Testament)/1894
Stifter:	Friedrich Karl Schulze († 15. Mai 1891), Geheimrat
Vermögen:	50.000 M, 1910: 16.107 M
Zweck:	1. Gewährung zeitweisen Unterhalts an unbemittelte kranke Gemeindeglieder von St. Ulrich zur Heilung, Pflege und Erholung in „Sommerfrischen" und Heilstätten,
	2. Unterstützung von „armen Witwen, Waisen oder Confirmanden" in der Ulrichsgemeinde jährlich im Januar und Februar
Verwaltung:	GKR der ev. KG St. Ulrich und Levin
Darstellung:	Der unverheiratet gebliebene und kinderlos verstorbene Stifter begründete sein Vermächtnis zugunsten von St. Ulrich mit der langen Gemeindezugehörigkeit seiner Familie, an die sich „manche religiöse, feierliche, erhebende und angenehme Erinnerungen knüpfen" würden. Im Parochialbezirk der Ulrichskirche besaß der Stifter einen „Ackerhof mit Zichoriendarre, von dem er seine ausgedehnte Landwirtschaft betrieb."

Gegen das Testament wurde von einem entfernten Verwandten Klage erhoben. Erst ein kaiserlicher Erlass vom 6. März 1893 gestattete der KG die Annahme des Vermächtnisses und die Stiftungsgründung. Der GKR beschloss am 12. November 1894 ein Statut zur Verwaltung der Stiftung. Darin wird festgelegt, dass vorrangig verarmte Verwandte des Erblassers innerhalb der Ulrichsgemeinde zu berücksichtigen waren. Danach sollten insbesondere verarmte Witwen, erwerbsunfähige Witwer, die selbst oder deren Kinder schwer erkrankt sind, sowie kranke Vollwaisen unterstützt werden. Es wurde vor allem die Übernahme von Unterbringungskosten in Heil- und Erholungsstätten angestrebt. Arme Konfirmanden sollten bekleidet werden, sofern die Gemeindekollekte dafür nicht ausreichte. Im Dezember 1894 wurde die Antragsmöglichkeit im Generalanzeiger veröffentlicht. Die zahlreichen Unterstützungsgesuche sind alle erhalten.

Weil das Erbe für die verschiedenen Legate nicht ausreichte, wurde das Vermächtnis an die KG in mehreren Raten überwiesen, insgesamt nur rund 32.000 M. Wegen der Abspaltung der Paulusgemeinde von der KG St. Ulrich wurde die Hälfte der Vermögensmasse der neugegründeten Gemeinde zum 1. April 1901 zugesprochen. Die Frage, ob sich die Aufteilung auf den aktuellen Kontostand oder die Gesamtsumme bezog, provozierte einen jahrelangen Rechtsstreit zwischen den beiden KG. In der Inflation war das Kapital entwertet worden. Die Stadt teilte 1937

	mit, dass die Stiftung noch existiere. 1938 wurde die Stiftung von der Ulrichsgemeinde nicht mehr angegeben.
Quellen:	LASA, C 28 II, Nr. 7337; AKPS, Rep. A, Spec. G, Nr. A 793, A 967; Rep. J 6, Nr., 247, 361; Rep. J 13, Nr. 65; Nachweisung 1910; Wohlfahrtseinrichtungen
Literatur:	Adressbuch 1920, S. 29; von Dietze/Hunsdieck-Nieland, Stiftungen, S. 122; Meyer/Schneidewin, Wohlfahrtseinrichtungen, S. 53
Bemerkungen:	auch: Fr. C. Schulze-Stiftung; rechtsfähige Stiftung des bgl. Rechts Diese Stiftung ist nicht identisch mit der gleichnamigen zur Unterstützung von Hinterbliebenen von Handlungsgehilfen.

Margit Scholz

458. Friedrich Karl Schulze-Stiftung (II)

Errichtet:	22. Mai 1889 (Testament)
Stifter:	Friedrich Karl Schulze († 15. Mai 1891), Geheimrat
Vermögen:	1910: 16.500 M
Zweck:	Unterstützung von Hinterbliebenen und Handlungsgehilfen, die in Magdeburg gearbeitet haben und hier gestorben sind – unabhängig davon, ob sie Mitglieder des Kaufmännischen Vereins zu Magdeburg gewesen sind oder nicht, zu Weihnachten
Verwaltung:	Kaufmännischer Verein/IHK; Verteilung unter Zustimmung der Armendirektion, der auch ein Aufsichtsrecht zustand
Darstellung:	Die Stiftung gehörte wahrscheinlich zu denjenigen, die im Juli 1944 durch die verwaltende IHK zusammengelegt wurden.
Quellen:	Nachweisung 1910; Wohlfahrtseinrichtungen
Literatur:	Adressbuch 1920, S. 28
Bemerkungen:	auch: Friedrich-Carl Schulze-Stiftung; rechtsfähige Stiftung des bgl. Rechts

Lutz Miehe

459. Schumacher'sche Stiftung

Errichtet:	1. Februar 1870
Stifter:	Werner Friedrich Schumacher (1814–1875), Pfarrer Der aus der Altmark stammende Sch. war 1852 bis 1875 Pfarrer an St. Katharinen.
Vermögen:	300 Tlr., 1910: 1.175,43 M, 1938: 300 RM

Zweck:	kleine Weihnachtsgaben an arme Mitglieder der Katharinengemeinde
Verwaltung:	GKR der ev. KG St. Katharinen
Darstellung:	Der Stifter hatte bestimmt, dass sein Name zu seinen Lebzeiten nicht genannt werden sollte. Deshalb wurde die Stiftung bis 1876 „Anonymus-Stiftung" genannt. Die Katharinengemeinde meldete 1938 dem Konsistorium die Stiftung noch als existent.
Quellen:	StAM, Rep. A II, S 20 spec. 32a Bde. 1, 2; AKPS, Rep. A, Generalia, Nr. 1166 b; Nachweisung 1910; Wohlfahrtseinrichtungen
Literatur:	von Dietze/Hunsdieck-Nieland, Stiftungen, S. 232; Meyer/Schneidewin, Wohlfahrtseinrichtungen, S. 47; Pfarrerbuch, Bd. 8, S. 125
Bemerkungen:	auch: Pastor Schuhmacher'sche Stiftung; unselbständige Stiftung

Lutz Miehe/Margit Scholz

460. SCHWANERT-STIFTUNG

Errichtet:	1902
Stifter:	Marie Schwanert, geb. Raßmann Die Stifterin widmete die Stiftung ihrem verstorbenen Ehemann Otto Sch. (1826–1900), der viele Jahre das Bankhaus Klincksieck, Schwanert & Co. in Magdeburg geleitet hatte.
Vermögen:	80.000 M, 1910: 81.500 M
Zweck:	1. Erhaltung der Gräber des Ehepaars Schwanert, 2. Verleihung von Studienbeiträgen an ein bis zwei würdige christliche junge Leute, die, tüchtig vorgebildet, sich dem Bankfache widmen, denen es aber an Mitteln gebricht, einen mehrjährigen Kursus an einer Handelshochschule zu absolvieren (600 bis 1.200 M), 3. Verleihung von Unterstützungen an ein bis zwei christliche junge Leute, die ihre Lehrzeit in einem Bankgeschäft absolvieren und würdig und bedürftig sind (300 bis 600 M), 4. Austeilung der übrig bleibenden Zinserträgnisse zur Unterstützung bedürftiger und würdiger Personen
Verwaltung:	IHK
Darstellung:	Im Jahre 1906 war die Stiftung die größte Stiftung, welche die Industrie- und Handelskammer verwaltete. Die Stiftung gehörte wahrscheinlich zu denjenigen, die im Juli 1944 durch die verwaltende IHK zusammengelegt wurden.
Quellen:	Nachweisung 1910; Wohlfahrtseinrichtungen

Literatur:	Adressbuch 1920, S. 29; Behrend, Großkaufleute, S. 140 ff.; von Dietze/Hunsdieck-Nieland, Stiftungen, S. 232; Tradition und Innovation, S. 369
Bemerkungen:	auch: Otto Schwanert-Stiftung; rechtsfähige Stiftung des bgl. Rechts

Lutz Miehe

461. Schwartz'sche Stiftung

Errichtet:	1841
Stifter:	Johann David Schwartz, Kaufmann, Mitglied der dt.-ref. Gemeinde
Vermögen:	600 Tlr.
Zweck:	Besoldung der Pfarrer der dt.-ref. Gemeinde
Verwaltung:	Presbyterium der dt.-ref. Gemeinde
Darstellung:	Die Stadt teilte 1937 mit, dass die Stiftung noch existiere. Die Stiftung wurde durch die Landesregierung von Sachsen-Anhalt am 16. September 1949 im Zusammenhang mit dem zweiten Sammelbeschluss nicht mehr lebensfähiger Stiftungen aufgelöst.
Quellen:	Vorl. Liste, Kreis XV, Nr. 111; LASA, C 28 II, Nr. 7337, 7639; K2, Nr. 661
Literatur:	k. A.
Bemerkungen:	auch: Schwartz-Stiftung

Lutz Miehe

462. Stiftung zur Förderung der Schweinezucht in Sachsen-Anhalt

Errichtet:	7. Mai 2007
Stifter:	Schweinezucht- und Produktionsverband Sachsen-Anhalt e. V. i. L.
Vermögen:	k. A.
Zweck:	Förderung der Weiterentwicklung der Schweinezucht in Sachsen-Anhalt auf dem Wege der Verbesserung der Wirtschaftlichkeit der Schweinezucht durch langlebige, fruchtbare, gesunde Schweinerassen, der Haltungs- und Produktionsbedingungen von Schweinen sowie die Arbeitsbedingungen in der Schweinehaltung
Verwaltung:	Vorstand, bestehend aus zwei Mitgliedern
Darstellung:	Die Stiftung ist im Stiftungsverzeichnis des Landes Sachsen-Anhalt unter der Nr. LSA-11741-186 registriert.

Quellen: k. A.
Literatur: k. A.
Bemerkungen: rechtsfähige Stiftung des bgl. Rechts

Lutz Miehe

463. Seyffert'sche Stiftung

Errichtet: 1870
Stifterin: Caroline Seyffert, Wwe. von Eduard Seyffert, Brauer und Landwirt
Vermögen: 1910: 3.513,19 M
Zweck: Unterstützung einer unverheirateten, bedürftigen ev. Lehrerin in der Neustadt
Verwaltung: Magistrat
Darstellung: Die Stiftung wurde durch eine Zustiftung von Marie Seyffert, der Tochter der Stifterin, erweitert. Der Etat der Stiftung betrug im Jahre 1917 122 M.
Quellen: Nachweisung 1910; Wohlfahrtseinrichtungen
Literatur: Adressbuch 1920, S. 28; Bericht über die Verwaltung 1919/1920, Teil 2 und 1920/1921, Teil 2; von Dietze/Hunsdieck-Nieland, Stiftungen, S. 234
Bemerkungen: auch: Stiftung der Frau Caroline Seyffert

Lutz Miehe

464. Stiftung Siebers-Stift

Errichtet: 29. Januar 2010
Stifter: Renate und Kurt-Rolf Siebers
Vermögen: k. A.
Zweck: Leben im Alter
Verwaltung: Vorstand, bestehend aus drei Personen/Kuratorium
Darstellung: Nach Entscheidung des Vorstandes (Kuratoriums) können entsprechend der Ertragslage der Stiftung an Träger von steuerbegünstigten Einrichtungen und Diensten, die der Betreuung und Unterstützung bedürftiger Senioren in Magdeburg dienen, Zuwendungen gewährt werden. Ein- oder mehrmalige Zuwendungen an alte bedürftige Einzelpersonen der Stadt dürfen nur geleistet werden, soweit die Kosten nicht oder nicht vollständig von einer Versicherung oder dem Träger der Sozialhilfe übernommen werden können.

Die Stiftung ist im Stiftungsverzeichnis des Landes Sachsen-Anhalt unter der Nr. LSA-11741-223 registriert.
Quellen: k. A.
Literatur: k. A.
Bemerkungen: rechtsfähige Stiftung des bgl. Rechts

Lutz Miehe

465. Dr. Siewert-Stiftung

Errichtet: 1904
Stifter: Dr. Siewert, Syndikus
Vermögen: 3.000 M
Zweck: Prämien für Schüler der Halberstädter Handelsschule
Verwaltung: IHK
Darstellung: Die Stiftung wurde im Januar 1953 von der IHK beim RdB angemeldet. In diesem Zusammenhang wurde mitgeteilt, dass die Stiftung vermögenslos sei und ihre Zwecke nicht mehr erfüllen könne. Eine Satzung sei nicht mehr vorhanden. Das Vermögen der Stiftung betrage 3.000 DM. Die Stiftung wurde am 29. September 1954 durch den RdSt aufgelöst.
Quellen: LASA, M1, Nr. 1528–1530, 1532, 8358/7
Literatur: k. A.
Bemerkungen: rechtsfähige Stiftung des bgl. Rechts

Lutz Miehe

466. Silbermann'sche Stiftung

Errichtet: 1891 (Testament)
Stifterin: Fräulein Louise Silbermann
Vermögen: 1910: 2.404,32 M
Zweck: Pflege der Grabstätte und Unterstützung bedürftiger Einwohner
Verwaltung: Magistrat/Armendirektion/Wohlfahrtsamt
Darstellung: Die Stadt legte die Stiftung im Jahre 1923 mit ca. 180 weiteren unselbständigen Stiftungen zum (↗) Allgemeinen Stiftungsfonds zusammen.
Quellen: LASA, C 28 I Ie, Nr. 1625; StAM, Rep. A II, S 20 spec. 32b Bd. 1; Rep. 18[4], A 8; Nachweisung 1910; Wohlfahrtseinrichtungen
Literatur: Adressbuch 1920, S. 28
Bemerkungen: auch: Fräulein Louise Silbermann'sche Stiftung; unselbständige Stiftung

Lutz Miehe

467. Silberschlag-Stiftung

Errichtet:	17. Oktober 1832 (Testament)
Stifter:	F. W. Silberschlag († 9. Januar 1838 in Frankfurt am Main), früherer RP
Vermögen:	500 Tlr.
Zweck:	zur Besoldung der Schullehrer und für Kinder des Waisenhauses in Rothensee
Verwaltung:	Magistrat/Armen-Kasse
Darstellung:	Der Stifter hatte in seinem Testament bestimmt, dass das Legat für das Waisenhaus einzusetzen sei. Da dieses aber nicht mehr existierte (der Stifter lebte zuletzt in Frankfurt am Main), weigerten sich die Erben zunächst, das Geld auszuzahlen. Schließlich einigte man sich darauf, dass die Zinsen für Waisen, die ein Handwerk erlernen, ausgezahlt werden sollen. Das Stiftungsvermögen wurde von den Erben im Juli 1839 eingezahlt. Im Jahre 1840 verfügte die Stiftung über einen Ertrag von ca. 15 Tlr. Die Stadt teilte 1937 mit, dass die Stiftung noch existiere.
Quellen:	Vorl. Liste, Kreis XV, Nr. 116; LASA, C 28 I Ie, Nr. 1545, 1595; C 28 II, Nr. 7337, 7763; C 110 XXVI, Nr. 6; StAM, Rep. A II, S 20 spec. 32a Bd. 2; Rep. 10 J, 5
Literatur:	Hermes/Weigelt, Handbuch, S. 18; Oppermann, 1831–1840, S. 66
Bemerkungen:	k. A.

Lutz Miehe

468. Gotthold Simon-Stiftung

Errichtet:	1906
Stifter:	Gotthold Simon
Vermögen:	1910: 5.500 M
Zweck:	Fürsorge für Personen, die einen eigenen Beruf haben oder sich für einen solchen vorbereiten; in erster Linie sind weibliche Studierende zu berücksichtigen
Verwaltung:	Vorstand der SG
Darstellung:	Die Stiftung überstand – wie alle Stiftungen, die von Juden errichtet worden waren – die NS-Zeit nicht.
Quellen:	Nachweisung 1910; Wohlfahrtseinrichtungen
Literatur:	k. A.
Bemerkungen:	rechtsfähige Stiftung des bgl. Rechts

Lutz Miehe

469. Sintenis-Stiftung

Errichtet:	1859
Stifter:	Wilhelm Franz Sintenis (1794–1859), Pfarrer
Vermögen:	840 Tlr.
Zweck:	zu gleichen Teilen für die beiden Prediger der Heilig-Geist-Kirche
Verwaltung:	GKR der ev. KG Heilig-Geist
Darstellung:	S. war von 1824 bis 1855 in der Heilig-Geist-Gemeinde tätig. Als überzeugter Rationalist löste er 1840 den „Magdeburger Gebetsstreit" aus und gehörte den „Protestantischen Freunden" („Lichtfreunde") an. Das Stiftungsvermögen wurde mit einer Bestimmung zu seiner Verwendung unter den Hinterlassenschaften des Pfarrers gefunden. Die Stadt teilte 1937 mit, dass die Stiftung noch existiere.
Quellen:	Vorl. Liste, Kreis XV, Nr. 120; LASA, C 28 II, Nr. 7337, 7823; AKPS, Rep. A, Spec. G, Nr. A 760
Literatur:	Bock, Nachtrag, S. 398; Rauer, Landbuch, S. 662; Heinrich, Wilhelm Franz Sintenis, in: MBL, S. 685–686
Bemerkungen:	k. A.

Lutz Miehe/Margit Scholz

470. Garrett Smith & Co.'scher Unterstützungsfonds

Errichtet:	1907
Stifter:	John Dunnel Garrett Smith Der Stifter gründete 1861 die Lokomobil- und Landmaschinenfabrik J. D. Garett, die älteste Lokomobilfabrik Deutschlands. Nach Konkurs 1881 erfolgte die Neugründung unter neuem Namen als Garrett Smith & Co. Auch diese Fa. ging 1905 in Konkurs. Standort war die Freie Straße 37.
Vermögen:	1910: 9.363,17 M
Zweck:	Unterstützung arbeitsunfähiger Personen der Fa. Garrett Smith & Co.
Verwaltung:	Magistrat/Armendirektion; Garrett Smith & Co., Lokomobil- und Landmaschinenfabrik
Darstellung:	Der Fonds entstand aus dem Restbestand der aufgelösten Krankenkasse der Fabrik.
Quellen:	StAM, Rep. 18[4], A 8
Literatur:	Adressbuch 1920, S. 28; Bericht über die Verwaltung 1908/1909

Bemerkungen: auch: Garrett, Smith & Co. Unterstützungsfonds bzw. Unterstützungsfonds der Fa. Garrett Smith & Co;
rechtsfähige Stiftung des bgl. Rechts

Lutz Miehe

471. KATHARINA SOMBART-STIFTUNG

Errichtet: 1898
Stifter: Carl (Karl) Max Sombart, Rentner und Stadtverordneter
Vermögen: 1910: 5.000 M
Zweck: Förderung der Kinderbewahranstalt im Stadtteil Friedrichstadt
Verwaltung: Magistrat/Armendirektion/Wohlfahrtsamt
Darstellung: Die Stadt legte die Stiftung im Jahre 1923 mit ca. 180 weiteren unselbständigen Stiftungen zum (↗) Allgemeinen Stiftungsfonds zusammen.
Quellen: LASA, Nr. 1528; C 28 I Ie, Nr. 1625, 1671; StAM, Rep. 41, 863; Rep. A II, S 20 spec. 32a Bd. 3; Rep. 18[4], A 8; Nachweisung 1910; Wohlfahrtseinrichtungen
Literatur: Adressbuch 1920, S. 28; Bericht über die Verwaltung 1920/1921, Teil 2; von Dietze/Hunsdieck-Nieland, Stiftungen, S. 168; Meyer/Schneidewin, Wohlfahrtseinrichtungen, S. 2
Bemerkungen: auch: Katharine Sombart-Stiftung;
unselbständige Stiftung;
(↗) auch Nr. 217 und Nr. 472

Lutz Miehe

472. MAX UND KATHARINA SOMBART-STIFTUNG

Errichtet: 24. September 1936 (Testament)/13. Juli 1939
Stifterin: Katharina Sombart, geb. Wenzel († 11. Januar 1939),
Wwe. des früheren Stadtrates Carl Max Sombart
Vermögen: 60.000 RM incl. Grundstück Brückstr. 12
Zweck: Wohlfahrtszwecke
Verwaltung: Magistrat
Darstellung: Das erste Testament der Eheleute Sombart stammte aus dem Jahre 1910. Die Stifterin hat das Testament nach dem Tode ihres Mannes wegen der „veränderten Wirtschaftslage" erfolgreich angefochten und ein neues Testament errichtet. Das Gebäude an der Brückstraße wurde während

	des Krieges teilweise zerstört. Nach dem Krieg gab es Überlegungen, das Haus zu einem Altersheim umzubauen. Im Jahr 1948 wurde es sowohl als Mietshaus als auch als Altersheim genutzt.
	Im Jahre 1952 betrugen die Einnahmen der Stadt aus dieser Stiftung 1.700 DM. Sie wurden gezahlt an „drei Frauen auf Lebenszeit".
Quellen:	LASA, C 28 I Ie, 1706; M1, Nr. 1529; StAM, Rep. 13, A I, 375, A I. 504, A I. 626, A I. 759, A I. 778, A I. 887, A I. 914, A I. 1017, A I. 1146; Rep. 18⁴, A 8, Bü. 142; Rep. 41, 863, 878, 889, 898
Literatur:	Anlage zum Haushaltsplan 1941; Verwaltungsbericht 1939/40
Bemerkungen:	auch: Sombart'sche Stiftung;
	unselbständige Stiftung;
	(↗) auch Nr. 217 und Nr. 471

Lutz Miehe

473. Gustav Sommerguth-Stiftung

Errichtet:	1888
Stifter:	Caecilie Sommerguth
Vermögen:	1910: 10.000 M
Zweck:	Gewährung einer Präbende zur Aussteuer für unbemittelte Mädchen der SG
Verwaltung:	Vorstand der SG
Darstellung:	Die Stiftung überstand – wie alle Stiftungen, die von Juden errichtet worden waren – die NS-Zeit nicht.
Quellen:	Nachweisung 1910; Wohlfahrtseinrichtungen
Literatur:	Adressbuch 1920, S. 29; von Dietze/Hunsdieck-Nieland, Stiftungen, S. 133; Meyer/Schneidewin, Wohlfahrtseinrichtungen, S. 46; Verwaltungsbericht der SG, 1893
Bemerkungen:	rechtsfähige Stiftung des bgl. Rechts
	Als Stifter wird mitunter auch Gustav Sommerguth angegeben.

Lutz Miehe

474. Leopold Spörl-Stiftung

Errichtet:	1919
Stifter:	k. A.
Vermögen:	160.000 M
Zweck:	k. A.
Verwaltung:	Magistrat/Kämmereikasse

Darstellung: Die Stadt legte die Stiftung im Jahre 1923 mit ca. 180 weiteren unselbständigen Stiftungen zum (↗) Allgemeinen Stiftungsfonds zusammen.
Quellen: LASA, C 28 I Ie, Nr. 1625; StAM, Rep. A III, 31.1h Bd. 1; Rep. 18[4], A 8
Literatur: Bericht über die Verwaltung 1919/1920, Teil 2 und 1920/1921, Teil 2
Bemerkungen: unselbständige Stiftung

Lutz Miehe

475. STAKE-SCHLAGETER-STIFTUNG

Errichtet: 1891
Stifter: Anton Stake, Gärtner, und Pankratius Schlageter
Vermögen: 1910: 13.000 M
Zweck: 1. Pflege und Unterhaltung eines vierstelligen Erbbegräbnisses auf dem hiesigen Friedhof bis zum Jahre 2011,
2. Verteilung des jährlichen Überschusses von etwa 100 M an hiesige Arme
Verwaltung: GKR der ev. KG St. Nikolai
Darstellung: Die Stadt teilte 1937 mit, dass die Stiftung noch existiere.
Quellen: Vorl. Liste, Kreis XV, Nr. 114; LASA, C 28 II, Nr. 7337; Nachweisung 1910; Wohlfahrtseinrichtungen
Literatur: von Dietze/Hunsdieck-Nieland, Stiftungen, S. 242
Bemerkungen: k. A.

Lutz Miehe

476. DIETRICH VON STEGER-LEGATENRECHNUNG

Errichtet: k. A.
Stifter: Dietrich von Steger
Vermögen: k. A.
Zweck: Unterhaltung des Predigerhauses und Unterstützung der Armen der Heilig-Geist-Gemeinde
Verwaltung: GKR der ev. KG Heilig-Geist
Darstellung: Die Stadt teilte 1937 mit, dass die Stiftung noch existiere.
Quellen: Vorl. Liste, Kreis XI, Nr. 45; LASA, C 28 II, Nr. 7337
Literatur: k. A.
Bemerkungen: In der Vorläufigen Liste ist unter der Nr. XV/123 zudem eine „von Steger-Legatenrechnung für die Heilig-Geist-Kirche" erfasst.

Lutz Miehe

477. Steinhausen'sche Familienstiftung

Errichtet:	17. Oktober 1588 (Testament)/1692 (Genehmigung)
Stifter:	Werner Steinhausen (1504–1588), Superintendent und Hofprediger in Barby
	Der ehemalige Kölner Benediktinermönch St. war von 1538 bis 1540 Lehrer an der Stadtschule Magdeburg, danach Rektor der Lateinschule Quedlinburg. Die Reformatoren Martin Luther (1483–1546) und Johannes Bugenhagen (1527–1594) vermittelten Steinhausens Wechsel nach Barby. Sein Portrait von Lukas Cranach d. J. (1515–1586) befindet sich in der dortigen Johanniskirche.
Vermögen:	Grundeigentum, 1910: 37.100 M
Zweck:	Unterstützung von Studierenden, welche ihre Abstammung von dem Stifter nachgewiesen haben
Verwaltung:	LG Magdeburg
Darstellung:	Im Juli 1954 teilte der RdSt dem RdB mit, dass die Auflösung der Stiftung vorbereitet werde. Ein entsprechender Beschluss konnte bisher nicht ermittelt werden.
Quellen:	LASA, M1, Nr. 1528, 1529; Nachweisung 1910; Wohlfahrtseinrichtungen
Literatur:	von Dietze/Hunsdieck-Nieland, Stiftungen, S. 243; Pfarrerbuch, Bd. 8, S. 371–372
Bemerkungen:	auch: Steinhausen'sche Stiftung; rechtsfähige Stiftung des bgl. Rechts

Lutz Miehe/Margit Scholz

478. Stephan'sches Legat

Errichtet:	11. November 1817 (Testament)
Stifterin:	Anne Christiane Stephan (auch Steffen)
	Die Stifterin verstarb unverheiratet und ohne Familienangehörige.
Vermögen:	1.000 Tlr., 1910: 3.514,05 M
Zweck:	Unterstützung ev. Armer ungeachtet ihrer Gemeindezugehörigkeit am 11. November (Martinstag) jeden Jahres
Verwaltung:	GKR der ev. KG St. Jacobi
Darstellung:	Die Auswahl der zu Unterstützenden oblag dem GKR. Im Jahre 1858 leistete die Stiftung Unterstützungen im Umfang von 50 Tlr. Bis 1876 meldete die Stadtverwaltung dem RP die Stiftung in den jährlichen Listen. 1876 teilte sie ihm mit, dass diese Stiftung künftig nicht mehr aufgeführt werde, da der Stadt „spezielle Aufsichtsrechte über dieselbe nicht

zustehen, und in der Folge auch die Rechnungen 1874 nicht einzureichen waren". In der Inflationszeit stellte die KG die Einzelzuwendungen ein und verwendete die Zinsen für eine Weihnachtsbescherung der Armen. Damit enden die kirchengemeindlichen Eintragungen. Die Vermögensmasse gehörte möglicherweise zu den „Zusammengelegten Legaten", die die Jacobigemeinde 1938 an das Konsistorium meldete.

Quellen: LASA, C 28 I Ie, Nr. 1565; StAM, Rep. A II, S 20 spec. 26b Bde. 1, 2, S 20 spec. 32a Bde. 1, 2; AKPS, Rep. A, Generalia, Nr. 1166 b; Rep. J 4, Nr. 50; Nachweisung 1910; Wohlfahrtseinrichtungen

Literatur: Adressbuch 1920, S. 29; Bock, Armenwesen, S.102, 335; Hermes/Weigelt, Handbuch, S. 18; Meyer/Schneidewin, Wohlfahrtseinrichtungen, S. 47; Oppermann, Siebente Nachricht, S. 121; ders, 1831–1840, S. 76; Rauer, Landbuch, S. 675

Bemerkungen: k. A.

Lutz Miehe/Margit Scholz

479. Stephanowsky'sche Armenstiftung

Errichtet: 1901

Stifterin: Marie Stephanowsky, geb. von Hackwitz, Wwe. des Leopold Stephanowsky

Vermögen: 1910: 15.296,37 M

Zweck: Unterstützung an bedürftige, in Magdeburg wohnhafte und unterstützungsberechtigte, einer Wohltat würdige Personen. Kürschner und deren Familien sind zu bevorzugen. Die Erträge sind auf Lebenszeit an die Geschenkgeberin, Frau Marie v. Hackwitz, verwitwete Stephanowsky, zu zahlen.

Verwaltung: Magistrat/Armendirektion/Wohlfahrtsamt

Darstellung: Die Stadt legte die Stiftung im Jahre 1923 mit ca. 180 weiteren unselbständigen Stiftungen zum (↗) Allgemeinen Stiftungsfonds zusammen.

Quellen: LASA, C 28 I Ie, Nr. 1625, 1684; StAM, Rep. A II, S 20 spec. 32d, S 20 spec. 83; Rep. 18[4], A 8; Nachweisung 1910

Literatur: von Dietze/Hunsdieck-Nieland, Stiftungen, S. 243

Bemerkungen: auch: Leopold Stephanowsky'sche Armenstiftung; unselbständige Stiftung

Lutz Miehe

480. EHELEUTE STERNBERG-STIFTUNG

Errichtet:	10. April 1880 (Genehmigung)
Stifter:	Eduard Lange, Kaufmann, und Ehefrau Emilie, geb. Sternberg
Vermögen:	5.000 M, 1910: 5.854,54 M
Zweck:	Die Erträge sind nach Abzug von 10 % zur Kapitalvermehrung jährlich am 15. Oktober – dem Hochzeitstag der Eheleute Sternberg, die vermutlich die Eltern von Frau Lange waren – zu zahlen:
	1. zur Erziehung und Ausbildung von Nachkommen beiderlei Geschlechts der Eheleute Sternberg, welche der Unterstützung bedürftig sind,
	2. zur Unterstützung verarmter würdiger Nachkommen der Eheleute Sternberg,
	3. zur Unterstützung von Kindern bedürftiger und würdiger Magdeburger Einwohner,
	4. zur Unterstützung älterer Leute beiderlei Geschlechts der Stadt.
Verwaltung:	Magistrat/Wohlfahrtsamt;
	Vorstand, bestehend aus einem Magistratsmitglied (Wohlfahrtsamt) und zwei Bürgern
Darstellung:	Das Ehepaar Lange wohnte in der bis 1886 selbständigen Neustadt. Es hatte für eine unselbständige Stiftung ursprünglich ein Vermögen von 500 M vorgesehen. Daraufhin hatte der Magistrat der Neustadt die Annahme des Vermögens wegen Geringfügigkeit abgelehnt. Deshalb verzichteten die Stifter auf die Errichtung einer offensichtlich geplanten weiteren Stiftung und überführten das dort eingeplante Vermögen „der hiesigen Hauptstiftung".
	Über die Rechtsnatur der Stiftung herrschte in der Stadtverwaltung zunächst Unklarheit. Während sie im August 1885 als selbständige Stiftung eingestuft wurde, wurde sie ab 1887 als unselbständig geführt.
	Die Stadt legte die Stiftung im Jahre 1923 mit ca. 180 weiteren unselbständigen Stiftungen zum (↗) Allgemeinen Stiftungsfonds zusammen.
Quellen:	LASA, C 28 I Ie, Nr. 1625; 1646; StAM, Rep. A II, S 20 spec. 32a Bde. 1, 2, S 20 spec. 32d; Rep. 7, G. 22; Rep. 18[4], A 8; Nachweisung 1910; Wohlfahrtseinrichtungen
Literatur:	Adressbuch 1920, S. 28; von Dietze/Hunsdieck-Nieland, Stiftungen, S. 243; Meyer/Schneidewin, Wohlfahrtseinrichtungen, S. 6
Bemerkungen:	auch: Sternberg-Stiftung; unselbständige Stiftung

Lutz Miehe

481. Stiftung für sozial schwache hochbegabte Kinder und Jugendliche

Errichtet:	6. November 2007
Vermögen:	k. A.
Zweck:	Förderung von Kunst und Kultur, Wissenschaft und Forschung sowie Bildung und Erziehung durch eine zielgerichtete materielle Unterstützung von Kindern und Jugendlichen, die auf einem oder mehreren Gebieten überdurchschnittliche Fähigkeiten oder Kenntnisse aufweisen und die aus einem sozial schwachen Umfeld stammen bzw. denen materielle Mittel für eine ihren Fähigkeiten entsprechende optimale Ausbildung nicht zur Verfügung stehen
Verwaltung:	Vorstand, bestehend aus drei Mitgliedern
Darstellung:	Die Stiftung ist im Stiftungsverzeichnis des Landes Sachsen-Anhalt unter der Nr. LSA-11741-195 registriert.
Quellen:	k. A.
Literatur:	k. A.
Bemerkungen:	rechtsfähige Stiftung des bgl. Rechts

Lutz Miehe

482. Stiftung Behindertensport in Sachsen-Anhalt

Errichtet:	30. November 2005
Stifter:	Land Sachsen-Anhalt und der Verein zur Förderung des Behinderten- und Rehabilitationssportes e. V.
Vermögen:	k. A.
Zweck:	Förderung des Behindertensports im Land Sachsen-Anhalt
Verwaltung:	Vorstand, bestehend aus fünf Mitgliedern
Darstellung:	Der Zweck soll insbesondere verwirklicht werden durch: - Förderung von Sportprojekten zur Stärkung der „Hilfe zur Selbsthilfe" für Menschen mit Behinderungen und chronischen Erkrankungen, - Unterstützung für Projekte von Vereinigungen zur Förderung von lebensbegleitenden Sportangeboten für Menschen mit Behinderungen und chronischen Erkrankungen, - Förderung von Umbauten und der Unterhaltung von barrierefreien und behindertengerechten Übungs-und Beggnungsräumen, - Förderung von Veranstaltungen und Modellprojekten im Bereich des Behindertensports. Die Stiftung ist im Stiftungsverzeichnis des Landes Sachsen-Anhalt unter der Nr. LSA-11741-175 registriert.

Quellen: k. A.
Literatur: k. A.
Bemerkungen: rechtsfähige Stiftung des bgl. Rechts

Lutz Miehe

483. Stiftung „Sport in Magdeburg"

Errichtet: 10. Oktober 1990
Stifter: sechs Magdeburger Firmen: SKET Schwermaschinenbau GmbH, Bördefleisch GmbH, SKL Motoren- und Systemtechnik AG, Erd-, Tief- und Wasserbau GmbH, Industriebau GmbH Magdeburg, Spezialbau-Aktiengesellschaft SPEBAG
Vermögen: k. A.
Zweck: Förderung, Unterstützung und Entwicklung des Leistungs-, Breiten- und Behindertensports innerhalb der Landeshauptstadt Magdeburg
Verwaltung: Vorstand, bestehend aus drei Mitgliedern
Darstellung: Die Stiftung ist im Stiftungsverzeichnis des Landes Sachsen-Anhalt unter der Nr. MD-11741-017 registriert.
Quellen: k. A.
Literatur: k. A.
Bemerkungen: rechtsfähige Stiftung des bgl. Rechts

Lutz Miehe

484. Stiftung Sport in Sachsen-Anhalt

Errichtet: 20. Mai 1998
Stifter: Land Sachsen-Anhalt
Vermögen: k. A.
Zweck: Förderung des Sports im Land Sachsen-Anhalt
Verwaltung: Vorstand, bestehend aus bis zu sieben Mitgliedern
Darstellung: Die Stiftung ist im Stiftungsverzeichnis des Landes Sachsen-Anhalt unter der Nr. MD-11741-044 registriert.
Quellen: k. A.
Literatur: k. A.
Bemerkungen: rechtsfähige Stiftung des bgl. Rechts

Lutz Miehe

485. Stiftungsstock der Industrie- u. Handelskammer

Errichtet: k. A.
Stifter: k. A.
Vermögen: k. A.
Zweck: k. A.
Verwaltung: IHK
Darstellung: In der „Vorläufigen Liste" der in Sachsen-Anhalt bestehenden Stiftungen aus dem Jahre 1947 wurde die Stiftung mit „durch Inflation erloschen" charakterisiert.
Quellen: Vorl. Liste, Kreis XV, Nr. 122; LASA, M1, Nr. 1528
Literatur: k. A.
Bemerkungen: vgl. auch (↗) Nr. 277

Lutz Miehe

486. Stilcke'sche Familienstiftung

Errichtet: 14. Juni 1841 (Testament)/16. September 1863 (Genehmigung)
Stifter: Johann Wilhelm Stilcke († 14. März 1862), Kloster-Sekretär a. D.
Vermögen: Gesamter Nachlass (Grundbesitz) des Stifters, 1883: 67.515 M, 1946: 16.413,50 M sowie 140.139 m² Grundbesitz
Zweck: 1. Universitäts-Stipendien und Heiratssteuern an Familienmitglieder,
2. Stipendium an Söhne von Beamten der Stadt, der Kgl. Regierung, von Predigern oder Schullehrern (vorzugsweise „aus den höheren Ständen")
Verwaltung: Kuratorium der Stiftung, bestehend aus drei Familienmitgliedern und zwei Stellvertretern; Magistrat
Darstellung: Der Stifter überführte seinen gesamten Nachlass in die Stiftung.
Auf Vorladung erschienen vor dem AG OB Hasselbach, der Kgl. Baumeister Johan Heinrich L'Hermet sowie der Stadtverordnetensekretär Adolph Bock. Angehörige dieser drei Personen gehörten zum Kreis der empfangsberechtigten Familienmitglieder.
Die Stiftung sollte ihre Zwecke erst dann erfüllen, wenn die Erträge 500 Tlr. erreicht hatten. Die Verwaltung übernahm die Stadt, die dafür ein Stipendium vergeben konnte. Die Stiftung vollzog im Jahre 1929 mit der Reichswasserstraßenverwaltung einen Flächenaustausch in der Gemarkung Barleben. Anlass hierfür war offenbar der Bau des Mittellandkanals. Im Jahre 1938 verfügte die Stiftung über Erträge in Höhe von 3.269,79 RM.
Die Stiftung wurde auf Antrag der Stadtverwaltung, die einen Auflösungsbeschluss des Stiftungsvorstandes nicht für nötig hielt, durch Be-

schluss der 33. Sitzung des Präsidiums der Provinz Sachsen am 8. November 1946 aufgelöst mit der Maßgabe, dass die noch vorhandenen Vermögenswerte der Stadt für karitative Zwecke zur Verfügung gestellt werden. Begründet wurde der Beschluss damit, dass die Grundstücke keinen Ertrag haben würden. Vier Grundstücke seien zerstört, bei zwei weiteren sei der Verbleib der Eigentümer unklar, so dass keine Hypothekenzahlungen erfolgten. Die anderen beiden Grundstückseigentümer seien zahlungsunfähig, so dass auch hier keine Hypothekenzahlung erfolgen würde.

Quellen: Vorl. Liste Kreis XV, Nr. 112; LASA, C 28 I Ie, Nr. 1635; C 28 II, Nr. 7337, 7662; K2, Nr. 266, 476, 662; M1, Nr. 1528; StAM, Rep. A I, S 665; Rep. A II, S 20 spec. 32a Bd. 2, S 20 spec. 38a, b; Rep. 13, A I. 518, A I. 644, A I. 913, A I. 916, A I. 1026, A I. 1169; Rep. 18³ S 151 sp. XXIX; Rep. 18⁴, Bü. 142; Rep. 41, 864, 867; Nachweisung 1910; Wohlfahrtseinrichtungen

Literatur: Bock, Nachtrag, S. 426; von Dietze/Hunsdieck-Nieland, Stiftungen, S. 252; Meyer/Schneidewin, Wohlfahrtseinrichtungen, S. 24

Bemerkungen: auch: J. W. Stilcke'sche Familienstiftung
bzw. Stilcke'sches Stipendium, Stilcke-Stiftung;
rechtsfähige Stiftung des bgl. Rechts

Lutz Miehe

487. STIPENDIENFONDS FÜR DIE PROVINZIAL-MEISTERKURSE

Errichtet: k. A.
Stifter: k. A.
Vermögen: k. A.
Zweck: Vergabe von Stipendien für die Provinzial-Meisterkurse
Verwaltung: Magistrat/Kämmereikasse
Darstellung: Die Stadt legte die Stiftung im Jahre 1923 mit ca. 180 weiteren unselbständigen Stiftungen zum (↗) Allgemeinen Stiftungsfonds zusammen.
Quellen: StAM, Rep. A III, 31.1h Bd. 1
Literatur: Bericht über die Verwaltung 1919/1920, Teil 2 und 1920/1921, Teil 2
Bemerkungen: unselbständige Stiftung

Lutz Miehe

488. Stipendienstiftung für die Kunstgewerbe- und Handwerker-Schule

Errichtet:	1893
Stifter:	Hartmut Selicko (1831–1910) und Städtische Behörden zum 100-jährigen Bestehen der Kunstgewerbe- und Handwerkerschule
Vermögen:	1910: 4.131,98 M
Zweck:	Stipendien für hervorragende und bedürftige Schüler der Kunstgewerbe- und Handwerker-Schule
Verwaltung:	Magistrat; Verwaltung durch den Vorstand der gewerblichen Lehranstalten
Darstellung:	Die Stadt legte die Stiftung im Jahre 1923 mit ca. 180 weiteren unselbständigen Stiftungen zum (↗) Allgemeinen Stiftungsfonds zusammen.
Quellen:	LASA, C 28 I Ie, Nr. 1625; StAM, Rep. 18[4], A 8; Nachweisung 1910; Wohlfahrtseinrichtungen
Literatur:	Adressbuch 1920, S. 29; Bericht über die Verwaltung 1919/1920, Teil 2 und 1920/1921, Teil 2; von Dietze/Hunsdieck-Nieland, Stiftungen, S. 253
Bemerkungen:	auch: Stipendien-Stiftung, Kunstschul-Stiftung, Stipendien-Stiftung für die Kunstgewerbe- und Handwerker-Schule; unselbständige Stiftung

Lutz Miehe

489. Stipendienstock zum Besuche der Technischen Hochschule

Errichtet:	k. A.
Stifter:	k. A.
Vermögen:	k. A.
Zweck:	Stipendienvergabe für Kriegerwaisen zum Besuche der Technischen Hochschule
Verwaltung:	Magistrat/Kämmereikasse
Darstellung:	Die Stadt legte die Stiftung im Jahre 1923 mit ca. 180 weiteren unselbständigen Stiftungen zum (↗) Allgemeinen Stiftungsfonds zusammen.
Quellen:	Vorl. Liste, Kreis XV, Nr. 129; StAM, Rep. A III, 31.1h Bd. 1
Literatur:	Bericht über die Verwaltung 1919/1920, Teil 2
Bemerkungen:	auch: Stipendienfonds für Kriegerwaisen zum Besuche der Technischen Hochschule; unselbständige Stiftung

Lutz Miehe

490. Stock zur Hebung des Kaufmannsstandes

Errichtet:	13. Juli 1944
Stifter:	Gauwirtschaftskammer Magdeburg-Anhalt
Vermögen:	17.836,45 RM
Zweck:	Förderung von Kaufleuten
Verwaltung:	IHK
Darstellung:	Die Gauwirtschaftskammer legte mehrere Stiftungen, die nach der Inflation ihre Zwecke nicht mehr erfüllen konnten, mit Ermächtigung des Reichswirtschaftsministers zu vier Stiftungen zusammen (↗ Unterstützungsstock für in Not geratene Kaufleute, Unterstützungsstock für Gefolgschaftsmitglieder der Kammer sowie Leistungsprämienstock). Das Vermögen der Stiftungen bestand aus Anleihen beim Reich und der Mitteldeutschen Landesbank, es wurde 1945 eingefroren. In der „Vorläufigen Liste" der in Sachsen-Anhalt bestehenden Stiftungen aus dem Jahre 1947 wurde die Stiftung mit „bereits aufgelöst" charakterisiert, obwohl wahrscheinlich kein förmlicher Auflösungsbeschluss gefasst worden war. Die IHK beantragte im Jahre 1950 die Wertpapierbereinigung. Diese wurde abgelehnt, da die frühere Gauwirtschaftskammer als nationalsozialistische Organisation eingestuft wurde.
Quellen:	Vorl. Liste, Kreis XV, Nr. 15; LASA, M1, Nr. 1528
Literatur:	k. A.
Bemerkungen:	k. A.

Lutz Miehe

491. Stock zur Hebung des Maurerstandes

Errichtet:	k. A.
Stifter:	k. A.
Vermögen:	k. A.
Zweck:	Förderung von Maurern
Verwaltung:	IHK
Darstellung:	k. A.
Quellen:	StAM, Rep. 41, 864
Literatur:	k. A.
Bemerkungen:	k. A.

Lutz Miehe

492. Stott-Stiftung

Errichtet:	k. A.
Stifter:	k. A.
Vermögen:	k. A.
Zweck:	k. A.
Verwaltung:	k. A.
Darstellung:	Die Stadt teilte 1937 mit, dass die Stiftung noch existiere.
Quellen:	Vorl. Liste, Kreis XV, Nr. 118; LASA, C 28 II, Nr. 7337
Literatur:	k. A.
Bemerkungen:	k. A.

Lutz Miehe

493. Helene Straube-Gedächtnis-Stiftung

Errichtet:	20. Februar 1928
Stifter:	William Straube († 24. April 1935), Kaufmann und Kirchenältester
Vermögen:	2.000 M, aufgestockt im Testament vom 30. Oktober 1934 um weitere 2.000 RM
Zweck:	Unterstützung von Bedürftigen der Katharinengemeinde jährlich am Geburtstag der Ehefrau des Stifters (erstmals am 2. Dezember 1928)
Verwaltung:	GKR der ev. KG St. Katharinen
Darstellung:	Die Stiftung wurde zum Gedächtnis an die Ehefrau des Stifters, Helene Straube, geb. Jentsch (1863–1928), errichtet. Die Gemeinde-Diakonie sollte Vorschläge für die Auswahl der Bedürftigen unterbreiten. Die endgültige Auswahl der Begünstigten und die Festlegung der Höhe der Zuwendungen oblag dem zuständigen Ortspfarrer. Die Stiftung bestand mindestens bis 1938.
Quellen:	AKPS, Rep. A, Generalia, Nr. 1166 b; Rep. J 25, Nr. 53
Literatur:	Haupt, St. Katharinen, S. 197
Bemerkungen:	unselbständige Stiftung Die Straube-Stiftung war eine von zahlreichen unselbständigen Stiftungen aus dem Kreis der Mitglieder des GKR von St. Katharinen.

Margit Scholz

494. Strauss'sche Stipendium Stiftung

Errichtet:	1903
Stifter:	Heinrich Strauß, Stadt- und KomRat

Vermögen:	1910: 10.024,77 M
Zweck:	Stipendium für einen jungen Kaufmann, welcher in Magdeburg geboren ist, daselbst seine Lehrzeit beendet hat und zur weiteren Ausbildung ins Ausland zu gehen beabsichtigt
Verwaltung:	Magistrat/Kämmereikasse
Darstellung:	Der Etat der Stiftung betrug im Jahre 1917 350 M.
Quellen:	LASA, C 28 I Ie, Nr. 1625; StAM, Rep. 18⁴, A 8; Nachweisung 1910; Wohlfahrtseinrichtungen
Literatur:	Adressbuch 1920, S. 28; Bericht über die Verwaltung 1919/1920, Teil 2 und 1920/1921, Teil 2; von Dietze/Hunsdieck-Nieland, Stiftungen, S. 254
Bemerkungen:	auch: Heinrich Strauß-Stiftung, Heinrich Strauß'sche-Stiftung bzw. Heinrich Strauß'sche Stipendienstiftung; rechtsfähige Stiftung des bgl. Rechts

Lutz Miehe

495. STURMHÖFEL-STIFTUNG

Errichtet:	1909
Stifter:	Aurel Sturmhöfel († 16. Januar 1909), Stadtbaurat a. D. und dessen Ehefrau Berta, geb. Födisch
Vermögen:	1910: etwa 70.000 M
Zweck:	1. Unterstützung städtischer Unterbeamter (z. B. Magistratsboten) oder deren Familien, die durch Sterbefälle und Krankheit in Not geraten sind,
	2. Gewährung von Stipendien und
	3. Ausschmückung der Buckauer Grabkapelle
Verwaltung:	Magistrat/Kämmereikasse
Darstellung:	Die Stifter hatten festgelegt, dass die Erträge der Stiftung zu 10/14 zur Unterstützung von Verwandten und zu 3/14 für städtische Unterbeamte eingesetzt werden sollten. 1/14 der Erträge sollten zur Stärkung des Kapitals dienen. Der Etat der Stiftung betrug im Jahre 1917 3.579 M.
Quellen:	LASA, C 28 I Ie, Nr. 1625; StAM, Rep. 18⁴, A 8; Nachweisung 1910; Wohlfahrtseinrichtungen
Literatur:	Bericht über die Verwaltung 1919/1920, Teil 2 und 1920/1921, Teil 2
Bemerkungen:	auch: Stadtbaurat Sturmhöfel-Stiftung bzw. Sturmhöfel'sche Stiftung; rechtsfähige Stiftung des bgl. Rechts

Lutz Miehe

496. VON SYBORG'SCHE STIFTUNG

Errichtet:	18. November 1709 (Testament)
Stifter:	Alexander Christian von Syborg, Advokat, und Ehefrau Katharina, geb. Schlüter
	Der Stifter entstammte einem bekannten Magdeburger Patriziergeschlecht.
Vermögen:	1.000 Tlr., 1910: 4.900 M
Zweck:	Verteilung an hiesige bedürftige und arme Bürger und Bürgerwitwen am 25. November (St. Katharinentag) jeden Jahres in der St.-Katharinen-Kirche.
Verwaltung:	Der Prediger von St. Katharinen gemeinsam mit der Brauerinnung; nach deren Auflösung 1810 Verwaltung durch den Magistrat/Armendirektion/Wohlfahrtsamt
Darstellung:	Ursprünglich erfolgte die Verteilung der Erträge allein durch die Prediger von St. Katharinen, ab 1810 gemeinsam durch die Armenverwaltung der Stadt und den ersten Prediger von St. Katharinen. Sie leistete aus den Erträgen der Stiftung im Jahre 1858 Unterstützungen im Umfang von 46 Tlr. Die Auflösung der Stiftung erfolgte am 29. September 1954 durch den RdSt.
Quellen:	LASA, C 28 I Ie, Nr. 1569; StAM, Rep. A I, S 306, S 424, S 555 (Testament); Rep. A II, S 20 spec. 32a Bde. 1, 2; Rep. 10 J, 3 und 4; Rep. 18[4], A 8; Nachweisung 1910; Wohlfahrtseinrichtungen
Literatur:	Adressbuch 1920, S. 28; Berghauer, Magdeburg, Bd. 2, S. 175 f.; Bock, Armenwesen, S. 98, 334; von Dietze/Hunsdieck-Nieland, Stiftungen, S. 278; Hermes/Weigelt, Handbuch, S. 18; Meyer/Schneidewin, Wohlfahrtseinrichtungen, S. 55; Oppermann, Zehnte Nachricht, S. 181 f.; Rauer, Landbuch, S. 698
Bemerkungen:	auch: von Syborg'sches Legat
	Die Stiftung wird in den Akten sowohl als „Christian Alexander von Syborg'sche Stiftung" als auch als „Alexander Christian von Syborg'sche Stiftung" geführt.

Lutz Miehe

497. TAEGER-STIFTUNG

Errichtet:	1914
Stifter:	Taeger, Eisenbahn-Direktions-Präsident a. D., Wirklicher Geh. Oberbaurat
Vermögen:	1919: 10.158 M

Zweck:	k. A.
Verwaltung:	Magistrat/Kämmereikasse
Darstellung:	Die Stadt legte die Stiftung im Jahre 1923 mit ca. 180 weiteren unselbständigen Stiftungen zum (↗) Allgemeinen Stiftungsfonds zusammen.
Quellen:	LASA, C 28 I Ie, Nr. 1625; StAM, Rep. A III, 31.1h Bd. 1 und 31.1h Bd. 1; Rep. 18[4], A 8
Literatur:	Bericht über die Verwaltung 1919/1920, Teil 2 und 1920/1921, Teil 2
Bemerkungen:	unselbständige Stiftung

Lutz Miehe

498. TÄGTMEIER-LEGAT I U. II

Errichtet:	k. A.
Stifter:	Tägtmeier
Vermögen:	k. A.
Zweck:	1. Legat für den Kirchhof der Heilig-Geist-Kirche,
	2. Dekorierung der Kanzel und des Altars
Verwaltung:	GKR der ev. KG Heilig-Geist
Darstellung:	Die Stadt teilte 1937 mit, dass die Stiftung existiere.
Quellen:	Vorl. Liste, Kreis XV, Nr. 125; LASA, C 28 II, Nr. 7337
Literatur:	k. A.
Bemerkungen:	k. A.

Lutz Miehe

499. ALBERT THIELE'SCHE STIFTUNG

Errichtet:	1908
Stifter:	Albert Thiele, Architekt
Vermögen:	1910: 10.291,52 M
Zweck:	Unterstützung würdiger und bedürftiger Maurer und Zimmerleute zu Weihnachten jeden Jahres
Verwaltung:	Magistrat/Armendirektion/Wohlfahrtsamt
Darstellung:	Der Etat der Stiftung betrug im Jahre 1920 360,50 M. Die Stadt legte die Stiftung im Jahre 1923 mit ca. 180 weiteren unselbständigen Stiftungen zum (↗) Allgemeinen Stiftungsfonds zusammen.
Quellen:	LASA, C 28 I Ie, Nr. 1625, 1705; StAM, Rep. 18[4], A 8; Nachweisung 1910; Wohlfahrtseinrichtungen

Literatur: Adressbuch 1920, S. 28
Bemerkungen: auch: Architekt Albert Thiele'sche Stiftung;
unselbständige Stiftung

Lutz Miehe

500. Timme-Meyer'sches Legat

Errichtet: 1873 bzw. 1888
Stifter: Wilhelmine Timme, geb. Brandt, Wwe., und August Heinrich Ludwig Meyer, Pfarrer (1808–1893)
M. war von 1850 bis 1888 Oberpfarrer der ev. KG St. Petri.
Vermögen: 1910: 3.900 M, 1938: 2,50 RM
Zweck: Bekleidung armer und würdiger Konfirmanden von St. Petri
Verwaltung: GKR der ev. KG St. Petri bzw. Magistrat
Darstellung: Die Stadt teilte 1937 mit, dass zwei Timme-Stiftungen existieren. Demzufolge hatte eine Stiftung den Zweck, die Bekleidung armer Konfirmanden der ev. KG St. Petri zu unterstützen, während die zweite Stiftung für die Domgemeinde bestimmt sei (wohltätige Zwecke und Feierabend-Läuten). In der „Vorläufigen Liste" der in Sachsen-Anhalt bestehenden Stiftungen aus dem Jahre 1947 wurde die Stiftung mit „durch Inflation erloschen" charakterisiert.
Quellen: Vorl. Liste, Kreis XV, Nr. 126; LASA, C 28 II, Nr. 7337; StAM, Rep. 41, 867; AKPS, Rep. A, Generalia, Nr. 1166 b; Rep. A, Spec. P, Nr. M 144; Nachweisung 1910; Wohlfahrtseinrichtungen
Literatur: Adressbuch 1920, S. 29; von Dietze/Hunsdieck-Nieland, Stiftungen, S. 257; Meyer/Schneidewin, Wohlfahrtseinrichtungen, S. 11; Pfarrerbuch, Bd. 6, S. 79
Bemerkungen: auch: Timme-Stiftung für St. Petri bzw. Timme'sche Stiftung an die St.-Petri-Kirche zur Bekleidung armer Konfirmanden

Lutz Miehe

501. Tismar'sche Stiftung

Errichtet: 7. März 1841 (Testament)/14. November 1857 (Genehmigung)
Stifterin: Marie Catharine Tismar (1764–1845), geb. Harder,
Wwe. des George Tismar, früherer RP
Vermögen: 20.000 Tlr., 1910: 85.381,33 M
Zweck: Gewährung von Präbenden an kranke, gebrechliche und hilfsbedürf-

tige Personen hiesiger Stadt, welche mindestens 50 Jahre alt sind, am 13. Juli, dem Geburtstag der Stifterin

Verwaltung: Vorstand des Hospitals St. Georgen unter Aufsicht des Magistrats

Darstellung: In ihrem Testament hatte die Stifterin verfügt, dass weitere Finanzmittel für soziale Zwecke zur Verfügung gestellt werden sollten: Das Hospital St. Georgen und das Kloster St. Augustini erhielten je 500 Tlr., die Armenunterstützung 4.000 Tlr. sowie die Kleinkinderbewahranstalt 300 Tlr. Ihre Stiftung sollte erst nach dem Tod ihrer Tochter Caroline, (↗) Tismar'scher Prämienfonds für Schulkinder sowie (↗) Tismar'sches Legat, errichtet werden. Sie hatte u. a. bestimmt, dass zum Ausgleich möglicher Verluste die Erträge des ersten Jahres der Existenz der Stiftung zum Stiftungsvermögen zugeschlagen werden sollten. Das Vorschlagsrecht für die Auswahl der in Frage kommenden Personen hatten

108 *Marie Catharine Tismar, Gemälde von Johann Gottlieb Rost, 1840*

die Kinder des verstorbenen Konsuls Morgenstern sowie des verstorbenen Kaufmanns Karl Rüdiger (↗ Tismar-Rüdiger'sche Stiftung). Das RP teilte der Stadt im Jahre 1883 mit, dass diese Stiftung „unzweifelhaft selbständig" sei. Im Jahr 1921 erhielten 22 Personen Unterstützungsleistungen (Präbenden) in Höhe von 150 M pro Jahr.

Quellen: LASA, C 28 I Ie, Nr. 1625, 1633; C 28 Ie Gen., Nr. 198; StAM, Rep. A II, S 20 spec. 12g und spec. 32a Bde. 1, 2; Rep. 33 II, G 4–G 9, G 18, L 18–L 23; Nachweisung 1910; Wohlfahrtseinrichtungen

Literatur: Adressbuch 1920, S. 28; Bericht über die Verwaltung 1860, 1920/21 (1. Teil); Bock, Armenwesen, S. 150 f.; von Dietze/Hunsdieck-Nieland, Stiftungen, S. 257; Kanther, Maria, Catherina Tismar, in: MG, S. 192; Rauer, Landbuch, S. 712 f.

Bemerkungen: rechtsfähige Stiftung des bgl. Rechts
Siehe auch drei weitere Stiftungen der Familie Tismar: (↗) Nr. 502–504.

Lutz Miehe

502. TISMAR'SCHER PRÄMIENFONDS FÜR SCHULKINDER

Errichtet: 15. November 1854 (Testament)/1858 (Genehmigung)

Stifterin: Caroline Tismar († 8. August 1857 in Berlin)
T. war die Enkelin des früheren Bürgermeisters von Brandenburg. Sie blieb unverheiratet.

Vermögen: 1.000 Rtlr., 1910: 3.400 M

Zweck: Prämierung guter, fleißiger Kinder der hiesigen Volksknaben- oder Volksmädchenschulen

Verwaltung: Magistrat/Armendirektion

Darstellung: Die Stifterin hatte „lange Jahre" in Magdeburg gewohnt und verstarb in Berlin. Zusätzlich zu dieser Stiftung und dem (↗) Tismar'schen Legat vermachte sie der Armenkasse 23.400 Rtlr. Im Jahre 1858 unterstützte die Armenverwaltung der Stadt aus den Erträgen der Stiftung Schulkinder im Umfang von 49 Tlr. und 15 Sgr.

Quellen: StAM, Rep. 18[4], A 8; Nachweisung 1910

Literatur: Adressbuch 1920, S. 28; Bock, Armenwesen, S. 19, 92, 334; Meyer/Schneidewin, Wohlfahrtseinrichtungen, S. 14; Rauer, Landbuch, S. 713

Bemerkungen: auch: Tismar'scher Prämienfonds für die Volksschulen
Die Stifterin errichtete auch die (↗) Nr. 503. Siehe auch zwei weitere Stiftungen der Familie Tismar: (↗) Nr. 501 und Nr. 504.

Die Stifterin errichtete auch in Brandenburg eine Armenstiftung mit einem Vermögen von 20.000 Tlr. und für die dortige Katharinengemeinde mit einem Vermögen von 2.000 Tlr.

Lutz Miehe

503. Tismar'sches Legat

Errichtet:	15. November 1854 (Testament)/14. November 1857 (Genehmigung)
Stifterin:	Caroline Tismar (siehe Nr. 502)
Vermögen:	4.000 Rtlr., 1910: 13.200 M
Zweck:	Beschaffung von Brennmaterial für arme Witwen und zurückgekehrte Bürger mit Ausschluss der sogenannten verschämten Armen
Verwaltung:	Magistrat/Armendirektion
Darstellung:	Die Stadt kaufte das Holz sowie die Kohlen und verteilte beides jährlich im Oktober an die Destinatäre, wobei die Tochter des Schneidermeisters Schleßner besonders zu berücksichtigen war. Das RP teilte der Stadt im Jahre 1883 mit, dass diese Stiftung „unzweifelhaft selbständig" sei. Der Etat der Stiftung betrug im Jahre 1917 119 M.
Quellen:	LASA, C 28 Ie Gen., Nr. 198; StAM, Rep. A II, S 20 spec. 32a Bd. 2; Rep. 18[4], A 8; Nachweisung 1910; Wohlfahrtseinrichtungen
Literatur:	Adressbuch 1920, S. 28; Bericht über die Verwaltung 1882, 1919/1920, Teil 2 und 1920/1921, Teil 2; Bock, Armenwesen, S. 19, 92, 334; Meyer/Schneidewin, Wohlfahrtseinrichtungen, S. 55; Rauer, Landbuch, S. 713
Bemerkungen:	auch: Tismar'sche Stiftung; rechtsfähige Stiftung des bgl. Rechts Die Stifterin errichtete auch die (↗) Nr. 502. Siehe auch die zwei weiteren Stiftungen der Familie Tismar: (↗) Nr. 501 und Nr. 504. Im Magdeburger Stadtteil Stadtfeld gibt es noch heute eine Tismarstraße.

Lutz Miehe

504. Tismar-Rüdiger'sche Stiftung

Errichtet:	18. Januar 1858 (Genehmigung)
Stifter:	Karl Rüdiger, Kaufmann, und Ehefrau Bertha, geb. Bouvier
Vermögen:	1.000 Tlr., 1910: 4.772,82 M
Zweck:	Stipendien für talentierte Söhne hiesiger Bürger, die ein höheres Gewerbe oder eine Kunst erlernen wollen, aber nicht die Mittel dazu besitzen
Verwaltung:	Magistrat/Kämmereikasse

Darstellung:	Caroline Tismar (↗ Tismar'sches Legat) hatte in ihrem Testament ursprünglich vorgesehen, Carl Rüdiger, dem Sohn des gleichnamigen Magdeburger Kaufmanns, ein Legat von 1.000 Tlr. zu vermachen. Dieser verstarb allerdings vor der Stifterin. Das Ehepaar Rüdiger verzichtete auf das Legat und bestimmte, das Geld in eine Stiftung, die den Namen des Sohnes führen sollte, zu überführen. Im Jahre 1858 wurde durch die Armenverwaltung der Stadt aus dem Ertrag der Stiftung erstmals ein Stipendium vergeben. Der Etat der Stiftung betrug im Jahre 1917 164,50 M. Die Stadt legte die Stiftung im Jahre 1923 mit ca. 180 weiteren unselbständigen Stiftungen zum (↗) Allgemeinen Stiftungsfonds zusammen.
Quellen:	LASA, C 28 I Ie, Nr. 1634; StAM, Rep. A II, S 20 spec. 32a Bde. 1, 2; Rep. 18[4], A 8; Nachweisung 1910; Wohlfahrtseinrichtungen
Literatur:	Adressbuch 1920, S. 28; Bericht über die Verwaltung 1919/1920, Teil 2 und 1920/1921, Teil 2; Bock, Armenwesen, S. 92, 334; von Dietze/Hunsdieck-Nieland, Stiftungen, S. 257; Meyer/Schneidewin, Wohlfahrtseinrichtungen, S. 24; Rauer, Landbuch, S. 714
Bemerkungen:	auch: Tismar-Carl Rüdiger'sche Stiftung; unselbständige Stiftung; (↗) auch Nr. 501–503

Lutz Miehe

505. Heinrich Töpke'sche Familienstiftung

Errichtet:	12. Juni 1868 (Testament)/15. Juli 1873 (Genehmigung)
Stifter:	Heinrich Töpke († 22. Oktober 1869), Rentier
Vermögen:	30.000 M, 1910: 105.462,32 M
Zweck:	Unterstützung von: 1. Nachkommen des Stifters, 2. Magdeburger Kaufleuten, welche in ihrem Erwerbe zurückgekommen und würdig sind, 3. Witwen und Waisen von Kaufleuten
Verwaltung:	Magistrat
Darstellung:	Das Grundstockvermögen sollte zunächst akkumuliert werden, bis es eine Höhe von 60.000 M erreicht hatte. Erst dann sollte die Stiftung beginnen, ihre Zwecke zu erfüllen. Die Stiftung wurde im Jahre 1886 durch die Familie erhöht. Ihr Etat betrug im Jahre 1917 4.084,50 M und 1937 893,10 RM.

Durch Beschluss der 33. Sitzung des Präsidiums der Provinz Sachsen am 8. November 1946 wurde die Stiftung auf Antrag der Stadtverwaltung, die einen Auflösungsbeschluss des Stiftungsvorstandes nicht für nötig hielt, aufgelöst mit der Maßgabe, dass die noch vorhandenen Vermögenswerte der Stadt für karitative Zwecke zur Verfügung gestellt werden.

Quellen: LASA, M1, Nr. 1528; K2, Nr. 476, 662; StAM, Rep. A II, S 20 spec. 32a Bde. 1, 2; Rep. 13, A I. 518, A I. 644, A I. 913, A I. 916, A I. 1026, A I. 1169; Rep. 18[4], A 8, Bü. 142; Rep. 41, 863; Nachweisung 1910

Literatur: Adressbuch 1920, S. 28; Bericht über die Verwaltung 1908/1909, 1919/1920, Teil 2, 1920/1921, Teil 2 sowie 1937; von Dietze/Hunsdieck-Nieland, Stiftungen, S. 258; Meyer/Schneidewin, Wohlfahrtseinrichtungen, S. 43

Bemerkungen: auch: Heinrich Toepcke'sche Familienstiftung; rechtsfähige Stiftung des bgl. Rechts

Lutz Miehe

506. GUSTAV TONNE-STIFTUNG

Errichtet: 1899

Stifter: Gustav Tonne (1842–1918), KomRat
Der Stifter war Mitinhaber des Gebr. Tonne Schiffahrt und Holzgeschäfts.
Ende der 1870er Jahre wurde durch die Fa. eine Dampfschiffahrts-Reederei gegründet. 1898 vereinigte er seine Fa. mit weiteren Unternehmen zur größten dt. Binnenschiffahrts-Reederei. T. war Vorsitzender des Vereins zur Förderung der Elbschiffahrt, Leiter der Elbschiffahrts-Berufsgenossenschaft Magdeburg sowie des Vereins zur Förderung der Elbschiffahrt Hamburg, Mitglied in den Vorständen der Elbschiffahrts-Gesellschaft Dresden und stellvertretender Vorsitzender des Zentralvereins für Hebung der deutschen Fluß- und Kanal-Schiffahrt. Die Stiftung war seinem gleichnamigen Vater gewidmet.

Vermögen: 10.000 M, 1910: 10.000 M

Zweck: Unterstützung von nicht weniger als 50 M am 25. August jeden Jahres, dem Geburtstag des Vaters des Stifters, an bedürftige und würdige Personen des Schifferstandes, und zwar in erster Linie solcher Personen, die als Schiffer, Maschinisten, Deckleute oder Heizer auf den in Magdeburg beheimateten Schiffen gefahren sind, oder deren Angehörige

Verwaltung: IHK

Darstellung:	Die Stiftung wurde im Januar 1953 von der IHK beim RdB angemeldet und mitgeteilt, dass sie vermögenslos sei und ihre Zwecke nicht mehr erfüllen könne. Eine Satzung sei nicht vorhanden. Die Stiftung wurde am 29. September 1954 durch den RdSt aufgelöst.
Quellen:	LASA, M1, Nr. 1528, 1530, 1532, 8358/7; C 28 I Ie, Nr. 1672; Nachweisung 1910; Wohlfahrtseinrichtungen
Literatur:	Adressbuch 1920, S. 29; Behrend, Großkaufleute, S. 140; von Dietze/Hunsdieck-Nieland, Stiftungen, S. 258; Heinicke, Carl Gustav Tonne, in: MBL, S. 731; Meyer/Schneidewin, Wohlfahrtseinrichtungen, S. 43; Tradition und Innovation, S. 369
Bemerkungen:	auch: Tonne-Stiftung; rechtsfähige Stiftung des bgl. Rechts

Lutz Miehe

109 Gustav Tonne, Fotografie, Druck von 1906

507. Traubibelfonds-Stiftung

Errichtet: 1904
Stifter: Kollekten im Dom und andere Beiträge
Vermögen: 10.505,96 M
Zweck: Kauf von Traubibeln für jene Paare, die im Dom oder von den Dompredigern in ihren Häusern getraut wurden
Verwaltung: GKR der Domgemeinde
Darstellung: Der GKR beschloss am 19. April 1904, zunächst auf drei Jahre die Kollekte am Karfreitag dem Traubibelfonds zuzuführen.
Quellen: AKPS, Rep. J 1, Nr. 218
Literatur: k. A.
Bemerkungen: Genehmigung der Stiftung durch das Konsistorium Magdeburg vom 2. Mai 1904

Margit Scholz

508. Trautmann-Stiftung

Errichtet: k. A.
Stifter: k. A.
Vermögen: k. A.
Zweck: k. A.
Verwaltung: k. A.
Darstellung: k. A.
Quellen: StAM, Rep. 41, 863
Literatur: Verwaltungsbericht 1937
Bemerkungen: unselbständige Stiftung

Lutz Miehe

509. Klara Uhlich-Stiftung

Errichtet: 1904
Stifterin: Klara Uhlich, geb. Steffens, Wwe.
Vermögen: 1919: 5.000 M
Zweck: k. A.
Verwaltung: Magistrat/Wohlfahrtsamt
Darstellung: Die Stadt legte die Stiftung im Jahre 1923 mit ca. 180 weiteren unselbständigen Stiftungen zum (↗) Allgemeinen Stiftungsfonds zusammen.

Quellen: LASA, C 28 I Ie, Nr. 1625
Literatur: Bericht über die Verwaltung 1919/1920, Teil 1 und Teil 2 sowie 1920/1921, Teil 2
Bemerkungen: auch: Witwe Klara Uhlich-Stiftung;
              unselbständige Stiftung

Lutz Miehe

510. Gemeinde-Armenkasse St. Ulrich

Errichtet: 1854
Stifter: Friedrich Theodor Karl Abel, Pfarrer (1805–1888)
              A. war 1852–1865 Pfarrer der Ulrichsgemeinde.
Vermögen: 1910: 10.700 M
Zweck: Armen-, Kranken- und Jugendpflege innerhalb der Ulrichsgemeinde
Verwaltung: Armen-Kommission der ev. KG St. Ulrich und Levin
Darstellung: Eine Diakonisse und ein Diakon erfüllten die Arbeit der Stiftung.
Quellen: Nachweisung 1910; Wohlfahrtseinrichtungen
Literatur: Pfarrerbuch, Bd. 1, S. 51
Bemerkungen: k. A.

Lutz Miehe/Margit Scholz

511. Unterstützungsfonds für arbeitsunfähige Personen der Stadt Magdeburg, speziell des Stadtteils Sudenburg

Errichtet: 1875 und 1907
Stifter: Zuckerfabriken Koch & Freitag, sowie Julius Burchardt
Vermögen: 1910: 2.003,02 M
Zweck: Unterstützung von hilfsbedürftigen, arbeitsunfähigen Personen aus Magdeburg, speziell aus Sudenburg, insbesondere ehemalige Arbeiter der Zuckerfabriken Koch & Freitag und Julius Burchardt
Verwaltung: Magistrat/Armendirektion
Darstellung: Die Stiftung wurde aus Restbeständen der aufgelösten Fabrikkrankenkassen der beiden Firmen gebildet.
              Die Stadt legte die Stiftung im Jahre 1923 mit ca. 180 weiteren unselbständigen Stiftungen zum (↗) Allgemeinen Stiftungsfonds zusammen.
Quellen: StAM, Rep. 18[4], A 8; Nachweisung 1910; Wohlfahrtseinrichtungen

Literatur:	Adressbuch 1920, S. 28
Bemerkungen:	auch: Fa. Koch und Freitag Unterstützungs-Fonds od. Burchardt-Stiftung;
	unselbständige Stiftung

Lutz Miehe

512. Unterstützungsstock für Gefolgschaftsmitglieder der Kammer

Errichtet:	13. Juli 1944
Stifter:	Gauwirtschaftskammer Magdeburg-Anhalt
Vermögen:	8.136,56 RM
Zweck:	Unterstützung der Gefolgschaftsmitglieder der Kammer
Verwaltung:	IHK
Darstellung:	Die Gauwirtschaftskammer legte mehrere Stiftungen, die nach der Inflation ihre Zwecke nicht mehr erfüllen konnten, mit Ermächtigung des Reichswirtschaftsministers zu vier Stiftungen zusammen (↗ Unterstützungsstock für in Not geratene Kaufleute, Stock zur Hebung des Kaufmannsstandes sowie Leistungsprämienstock). Das Vermögen der Stiftungen bestand aus Anleihen beim Reich und der Mitteldeutschen Landesbank, es wurde 1945 eingefroren. In der „Vorläufigen Liste" der in Sachsen-Anhalt bestehenden Stiftungen aus dem Jahre 1947 wurde die Stiftung als „bereits aufgelöst" bezeichnet, obwohl wahrscheinlich kein förmlicher Auflösungsbeschluss gefasst worden war. Die IHK beantragte im Jahre 1950 die Wertpapierbereinigung. Diese wurde abgelehnt, da die frühere Gauwirtschaftskammer als nationalsozialistische Organisation eingestuft wurde.
Quellen:	Vorl. Liste, Kreis XV, Nr. 13; LASA, M1, Nr. 1528
Literatur:	k. A.
Bemerkungen:	k. A.

Lutz Miehe

513. Unterstützungsstock für in Not geratene Kaufleute

Errichtet:	13. Juli 1944
Stifter:	Gauwirtschaftskammer Magdeburg-Anhalt
Vermögen:	41.823,46 RM
Zweck:	Unterstützung für in Not geratene Kaufleute

Verwaltung:	IHK
Darstellung:	Die Gauwirtschaftskammer legte mehrere Stiftungen, die nach der Inflation ihre Zwecke nicht mehr erfüllen konnten, mit Ermächtigung des Reichswirtschaftsministers zu vier Stiftungen zusammen (↗ Leistungsprämienstock, Unterstützungsstock für Gefolgschaftsmitglieder der Kammer sowie Stock zur Hebung des Kaufmannsstandes).
Das Vermögen der Stiftungen bestand aus Anleihen beim Reich und der Mitteldeutschen Landesbank, es wurde 1945 eingefroren. In der „Vorläufigen Liste" der in Sachsen-Anhalt bestehenden Stiftungen aus dem Jahre 1947 wurde die Stiftung als „bereits aufgelöst" bezeichnet, obwohl wahrscheinlich kein förmlicher Auflösungsbeschluss gefasst worden war.
Die IHK beantragte im Jahre 1950 die Wertpapierbereinigung. Diese wurde abgelehnt, da die frühere Gauwirtschaftskammer als nationalsozialistische Organisation eingestuft wurde.
Quellen:	Vorl. Liste, Kreis XV, Nr. 14; LASA, M1, Nr. 1528
Literatur:	k. A.
Bemerkungen:	k. A.

Lutz Miehe

514. STIFTUNG DES GEHEIMEN MEDIZINALRATES PROFESSOR DR. UNVERRICHT

Errichtet:	1911
Stifter:	Professor Dr. Heinrich Unverricht (1853–1912), Geh. MedRat
Der in Berlin geborene U. war einer der bedeutendsten klinischen Mediziner seiner Zeit. 1892 übernahm er das erste Direktorat des Krankenhauses Magdeburg-Sudenburg. Er veröffentliche zahlreiche Publikationen und war zwischen 1902 und 1909 Vorsitzender der „Medizinischen Gesellschaft zu Magdeburg".
Vermögen:	10.025 M
Zweck:	Unterstützung von einheimischen armen Kranken der Krankenanstalt Sudenburg jeweils zu Weihnachten jeden Jahres
Verwaltung:	Besonderer Stiftungsausschuss
Darstellung:	k. A.
Quellen:	LASA, C 28 I Ie, Nr. 1625; StAM, Rep. 18⁴, A 8; Rep. 28, 342
Literatur:	Adressbuch 1920, S. 28; Bericht über die Verwaltung 1911/1912 sowie 1912/1913; Fischer, Biographisches Lexikon, Bd. 2, S. 1600; Habs, Ge-

schichte, S. 14 ff.; Pagel, Biographisches Lexikon, Sp. 1744 f.; Schierhorn/ Klemm, Grabdenkmäler; Thal, Heinrich Unverricht, in: MBL, S. 748

Bemerkungen: rechtsfähige Stiftung des bgl. Rechts

Lutz Miehe

515. STIFTUNG FAMILIENERHOLUNGS- UND BILDUNGSWERK ST. URSULA

Errichtet:	22. März 2004
Stifter:	Leo Nowak (* 1929), kath. Geistlicher, war 1994–2004 erster Bischof des wiedererrichteten Bistums Magdeburg
Vermögen:	k. A.
Zweck:	Förderung und Durchführung von Maßnahmen der Familienerholung und Familienbildung hilfsbedürftiger Personen, selbst oder durch Dritte
Verwaltung:	Vorstand, bestehend aus drei Mitgliedern
Darstellung:	Die Stiftung ist im Stiftungsverzeichnis des Landes Sachsen-Anhalt unter der Nr. LSA-11741-288 registriert.
Quellen:	k. A.
Literatur:	k. A.
Bemerkungen:	rechtsfähige Stiftung des bgl. Rechts

Lutz Miehe

516. VAGEDES'SCHE STIFTUNG

Errichtet:	20. Dezember 1920 (Testament)
Stifter:	Maximilian Vagedes (1852–1921), Generalagent und seine Ehefrau Anna, Tochter des Kaufmanns Adolf Strien (* 17. April 1855) V. war Vorsitzender des Parochial-Hilfsvereins, später Krankenhilfsverein der Jacobigemeinde.
Vermögen:	12.000 M, 1938: 2.200 RM
Zweck:	Unterstützung der Armen in der Jacobigemeinde
Verwaltung:	GKR der ev. KG St. Jacobi
Darstellung:	Erst nach dem Tod der Schwägerin, Ida Strien (* 5. Februar 1851 in Magdeburg) sollten die Zinsen des Legats an die Kirchenkasse der Jacobigemeinde fallen. Ida Strien verstarb am 6. Februar 1941. Zum 1. April 1942 wurde das Vermächtnis in Höhe von 2.445,91 RM unter Vorbehalt des Stiftungszwecks mit anderen Legaten vereinigt.
Quellen:	AKPS, Rep. A, Generalia, Nr. 1166 b; Rep. J 4, Nr. 67

Literatur: Naumann, Gemeinde von St. Jakobi, S. 50, 72 f.
Bemerkungen: auch: Vagedes'scher Legatenfonds;
unselbständige Stiftung

Margit Scholz

517. VERLUSTGELDERFONDS

Errichtet: k. A.
Stifter: k. A.
Vermögen: k. A.
Zweck: k. A.
Verwaltung: Magistrat/Kämmereikasse
Darstellung: k. A.
Quellen: StAM, Rep. A III, 31.1h Bd. 1 und 31.1h, Bd. 1
Literatur: Bericht über die Verwaltung 1919/1920, Teil 2 und 1920/1921, Teil 2
Bemerkungen: auch: Verlustgeld-Fonds;
unselbständige Stiftung

Lutz Miehe

518. GENERALSUPERINTENDENT D. VIEREGGE-STIFTUNG

Errichtet: 1910
Stifter: Geistliche und Gemeindeglieder der Provinz Sachsen, namentlich die Superintendenten D. Eduard Medem (1843–1919), William Krückeberg (1849–1913) und Hermann Schuster (1856–1912)
Vermögen: 4.000 M, 1916: 5.000 M, 1941: 216,40 M
Zweck: Zuschüsse an provinzsächsische Pfarrer für Reisen in andere ev. Landeskirchen, um „die Gemeindearbeit kirchlich besonders fruchtbarer Gegenden außerhalb der Provinz zu studieren"
Verwaltung: bis 1915 Generalsuperintendent Vieregge,
seit 1916 Konsistorium Magdeburg
Darstellung: Anlässlich seines Eintritts in den Ruhestand und des 15. Amtsjubiläums von D. Karl Heinrich Vieregge (1841–1915), 1894–1909 Generalsuperintendent in Magdeburg und Mitglied des preuß. Herrenhauses, wurde unter seinen Freunden gesammelt und eine nach ihm benannte Stiftungsgründung angeregt. Die Donatoren wünschten damit dauerhaft, den Namensträger der Stiftung zu ehren und die praktischen Kenntnisse über andere Formen kirchlichen Gemeindelebens in der provinzsächsischen Pfarrerschaft zu mehren. Die Auswahl der Begünstigten

110 Antrag von Mitgliedern der Domgemeinde an den Generalsuperintendenten zur Genehmigung der D. Vieregge-Stiftung, 15. Oktober 1909

sollte zu Lebzeiten bei D. Vieregge liegen. Das Kapital wurde in der Inflation weitgehend aufgezehrt.

Quellen: AKPS, Rep. A, Generalia, Nr. 1178 d; Rep. A, Spec. P, Nr. V 116
Literatur: Seehase, Carl Heinrich Vieregge, in: MBL, S. 755
Bemerkungen: k. A.

Margit Scholz

519. STIFTUNG DER ÖSA VERSICHERUNGEN

Errichtet: 15. Oktober 2012
Stifter: Öffentliche Feuerversicherung Sachsen-Anhalt
Vermögen: k. A.
Zweck: 1. Förderung der Jugend,

2. Förderung des Feuer-, Katastrophen- und des Zivilschutzes sowie der Unfallverhütung und

3. Förderung der Rettung aus Lebensgefahr

Verwaltung: Vorstand, bestehend aus zwei Mitgliedern
Darstellung: Die Stiftung ist im Stiftungsverzeichnis des Landes Sachsen-Anhalt unter der Nr. LSA-11741-254 registriert.
Quellen: k. A.
Literatur: k. A.
Bemerkungen: rechtsfähige Stiftung des bgl. Rechts

Lutz Miehe

520. JULIUS VOIGTEL-STIFTUNG

Errichtet: 1905
Stifter: Karl Eduard Julius Voigtel (1836–1922), Kaufmann

V. war mehr als 50 Jahre unbesoldeter Stadtrat. Seit 1867 gehörte er dem Aufsichtsrat der Anhalt-Dessauischen Landesbank an. V. war Mitinhaber der Fa. Neubauer & V., General-Agentur der Leipziger Feuerversicherungs-Anstalt und der Berliner Hagel-Assekuranz-Gesellschaft von 1832. Verdienste gebühren ihm zudem als Mitbegründer und Förderer des Städtischen Orchesters. 1907 ernannte ihn die Stadt zum Ehrenbürger. Er war zudem Mitglied im Provinziallandtag.

Vermögen: 1910: 52.837,07 M
Zweck: Verwendung der Erträge:

1. zwei Fünftel zur Unterstützung der Mitglieder des städtischen Orchesters,

2. zwei Fünftel für hilfsbedürftige Einwohner der Stadt,
3. ein Fünftel für kranke oder stärkungsbedürftige Kinder, die die hiesigen Volksschulen besuchen, zur Finanzierung entweder eines Ferienaufenthalts auf dem Lande oder in einem Solbad

Verwaltung:	Magistrat/Kämmereikasse
Darstellung:	Der Etat der Stiftung betrug im Jahre 1917 1.893,50 M.
Quellen:	LASA, C 28 I Ie, Nr. 1625, 1700; StAM, Rep. 18[4], A 8, Bü. 128; Rep. 33 II, G 15; Nachweisung 1910; Wohlfahrtseinrichtungen
Literatur:	Adressbuch Magdeburg 1920, S. 28; Bericht über die Verwaltung 1908/1909, 1919/1920, Teil 2 sowie 1920/1921, Teil 2; Ballerstedt/Petsch/Puhle, Magdeburger Ehrenbürger, S. 265 f.; Klitzschmüller, Magdeburger Gesellschaft, S. 356 f.
Bemerkungen:	auch: Stadtrat Voigtel-Stiftung

Lutz Miehe

521. VOLKSSCHÜLER-STIFTUNG

Errichtet:	1879
Stifter:	ehemalige Schüler der Volksschule
Vermögen:	1910: 1.450,56 M
Zweck:	Prämierung der besten Schüler hiesiger Volksknabenschulen
Verwaltung:	Magistrat
Darstellung:	Das Stiftungsvermögen resultierte aus einer Sammlung unter den ehemaligen Schülern der Volksschule. Der Etat der Stiftung betrug im Jahre 1919 49 M. Die Stadt legte die Stiftung im Jahre 1923 mit ca. 180 weiteren unselbständigen Stiftungen zum (↗) Allgemeinen Stiftungsfonds zusammen.
Quellen:	StAM, Rep. A III, 31.1h Bd. 1; Rep. 18[4], A 8; Nachweisung 1910; Wohlfahrtseinrichtungen
Literatur:	Adressbuch 1920, S. 28; Bericht über die Verwaltung 1919/1920, Teil 2 und 1920/1921, Teil 2; Meyer/Schneidewin, Wohlfahrtseinrichtungen, S. 14
Bemerkungen:	auch: Volksschülerstiftung; unselbständige Stiftung

Lutz Miehe

522. Gräflich von Voss-Buch'sches Stipendium

Errichtet:	24. April 1855/23. Juli 1855 (Genehmigung)
Stifter:	Karl Otto Friedrich Graf von Voß-Buch (1786–1864), Kgl. Wirklicher GehRat und Konsistorialpräsident der Provinz Brandenburg, Hauptritterschaftsdirektor und Domherr, seit 1835 Mitglied des Staatsrates
Vermögen:	2.600 Tlr. in Gold; 1925 aufgewertet auf 2.450 Goldmark
Zweck:	Stipendium für jeweils einen Studenten der Theologie in der Höhe von 100 Tlr., zu vergeben an „vorzugsweise Einwohner des Herzogthums Magdeburg, und unter diesen die Söhne von Geistlichen, namentlich solcher, welche mit schlecht dotierten Pfarren oder zahlreichen Familien versehen sind"
Verwaltung:	Die Finanzverwaltung und Bewerbervorschläge erfolgten durch das Konsistorium Magdeburg. Die Auswahl der Stipendiaten und die Festlegung der Dauer des Stipendiums oblag einer Ständischen Kommission des Sächsischen Provinziallandtags, gebildet aus Abgeordneten des Magdeburgischen und des Mansfeldischen Wahlbezirks als Vertreter des ehemaligen Herzogtums Magdeburg.
Darstellung:	Der Vater des Stifters, Otto Karl Friedrich von Voß (1755–1823), zuletzt Präsident des Staatsministeriums, war Deputierter des Domkapitels zu Magdeburg. Er hatte am 21. September 1807 bei Auflösung des Engeren Ausschusses der Stände des Herzogtums 2.600 Tlr. aus dem Besitz des Domkapitels in Verwahrung genommen, deren nachheriger Verbleib unbekannt blieb. Solange über ein Wiederaufleben der Stände bzw. ihrer Ansprüche nicht entschieden war, zögerte der Stifter mit der Verfügung über die in einem Protokoll belegte Summe. Nachdem die Stände eine Verzichtserklärung abgegeben hatten, übersandte er dem Magdeburger Konsistorium am 5. Februar 1855 den Entwurf für eine Stipendienstiftung verbunden mit der Bitte, deren Verwaltung zu übernehmen. Sollten ständische Ansprüche wieder aufleben, war das Kapital wieder auszuzahlen. Außerdem war ein Reservefonds von 300 Tlr. anzusparen, um den Vermögenswert zu erhalten und Verwaltungskosten zu bestreiten. Das Konsistorium Magdeburg sollte jeweils drei Bewerber zur Auswahl vorschlagen. Die Superintendenten wurden in Form einer Zirkularverfügung über die Stiftungsgründung am 18. April 1856 mit der Bitte um Personalvorschläge unterrichtet. Der Ständischen Auswahlkommission gehörte seit 1871 auch der Magdeburger OB Hasselbach an.
	Das Kapital wurde durch eine Hypothek auf ein Buckauer Grundstück abgesichert. Die Stiftung bestand mindestens bis 1930.

Quellen:	AKPS, Rep. A, Generalia, Nr. 1138, 1139 a–b, 1140 b, 1178 a; Rep. J 1, Nr. 222
Literatur:	von Dietze/Hunsdieck-Nieland, Stiftungen, S. 130
Bemerkungen:	rechtsfähige Stiftung des bgl. Rechts

Margit Scholz

523. WAGNER'SCHE STIFTUNG

Errichtet:	7. Juni 1769 (Testament)
Stifterin:	Christiane Elisabeth Wagner, geb. Wippermann († 2. Juni 1769)
Vermögen:	5.000 Tlr., 1910: 18.791,02 M
Zweck:	Unterstützung von Hausarmen jährlich am Elisabethen-Tage (19. November) in Beträgen von 5 Tlr.
Verwaltung:	zunächst Domvogtei, nach deren Auflösung der Präfekt und seit 1815 der Magistrat/Armen-Direktion/Wohlfahrtsamt
Darstellung:	Die Stiftung verfügte im Jahr 1814 über Einnahmen in Höhe von 1.288 Francs sowie im Jahr 1815 von ca. 352 Tlr. Die Auswahl der Destinatäre und die Verteilung der Gelder sollten durch den ersten Domprediger erfolgen, der dafür ein Ehrengeschenk erhielt. Nach der Aufhebung der Domvogtei wurde die Verwaltung dem Armenkollegium der Stadt übertragen. In den 1850er Jahren wurden Bedürftige von der Armenverwaltung aus den Erträgen der Stiftung im Umfang von 230 Tlr. unterstützt. Die Zinserträge wurden aber weiterhin dem ersten Domprediger zur weiteren Verteilung angewiesen. 1891 ging die Zuständigkeit für die Auswahl der Begünstigten vom ersten Domprediger (zugleich Generalsuperintendent) auf den GKR und den zweiten Domprediger über. Das städtische Wohlfahrtsamt teilte der Domgemeinde jeweils den Tod eines Begünstigten zwecks Einstellung der Zahlungen mit. Dieses Verfahren bestand bis zum Inflationsjahr 1922.
	Noch 1884 war sich die Stadt nicht sicher, ob die Stiftung nicht doch evtl. selbständig war. Die Stadt legte die Stiftung im Jahre 1923 mit ca. 180 weiteren unselbständigen Stiftungen zum (↗) Allgemeinen Stiftungsfonds zusammen.
Quellen:	GStA, I. HA Rep. 77, Tit. 1400 Magdeburg, Nr. 19; Rep. 91 C, Nr. 2393; LASA, C 28 I Ie, Nr. 1565, 1588, 1625; StAM, Rep. A I, W 220; Rep. A II, S 20 spec. 24b, S 20 spec. 32a Bde. 1, 2; Rep. 10 J, 17; Rep. 18[4], A 8; AKPS, Rep. J 1, Nr. 226; Nachweisung 1910; Wohlfahrtseinrichtungen
Literatur:	Adressbuch 1920, S. 28; Berghauer, Magdeburg, Bd. 2, S. 176 f.; Bericht

über die Verwaltung 1908/1909; Bock, Armenwesen, S. 95, 334; Meyer/Schneidewin, Wohlfahrtseinrichtungen, S. 47; Oppermann, Armenwesen, 1821, S. 183; ders., Zehnte Nachricht, S. 183; ders., 1831–1840, S. 56; Rauer, Landbuch, S. 753

Bemerkungen: auch: Elisabeth Wagnersches Armenlegat, Stiftung der Rätin Christiane Elisabeth Wagner, geb. Wippermann, Wagnersche milde Stiftung zu Magdeburg (1815) oder Wagnersches Legat;
unselbständige Stiftung;
(↗) Nr. 524

Lutz Miehe/Margit Scholz

524. Wagner'sche Stiftung für verwahrloste Kinder

Errichtet: 24. November 1837/19. Februar 1838 (Genehmigung)
Stifterinnen: Johanna Elisabeth Magdalene und Marie Dorothee Christiane Wagner
Vermögen: 12.000 Tlr.
Zweck: Erziehung armer verwahrloster Kinder
Verwaltung: Magistrat
Darstellung: Aus dem Ertrag der Stiftung sollte eine Erziehungsanstalt für verwahrloste Kinder errichtet werden. Diese wurden damals in einer Erziehungsanstalt in Quedlinburg untergebracht. Für jedes dort untergebrachte Kind – 1855 waren es 15 – zahlte die Armenkasse jährlich 30 Tlr. Die Stiftung sollte erst nach dem Tod der beiden Schwestern errichtet werden. Dies war im August 1857 der Fall. Bis zu diesem Zeitpunkt erhielten diese eine Leibrente in Höhe von fünf Prozent des Stiftungskapitals.

Allerdings hatte die Stadt bereits 1855 ein Grundstück erworben und die neue Erziehungsanstalt eingerichtet. Offensichtlich wurden die Erträge der Stiftung deshalb zur Unterstützung der Erziehungsanstalt eingesetzt (Förderstiftung). Hierfür hatte eine der beiden Schwestern inzwischen weitere 6.000 Tlr. zur Verfügung gestellt. 1857 fiel der Anstalt auch ein Legat des verstorbenen Peter Coqui in Höhe von 1.000 Tlr. zu. Im Jahre 1858 befanden sich 22 Jungen und sechs Mädchen dort. Ein Jahr später betrug der Zuschuss der Armenkasse zur Erziehungsanstalt 1.000 Tlr. Der RP teilte der Stadt im Jahre 1883 mit, dass diese Stiftung selbständig sei. Das Schicksal der Stiftung ist unklar. Sie wird weder von Meyer/Schneidewin noch in der Nachweisung 1910 erwähnt.

Quellen: LASA, C 28 I Ie, Nr. 1617; StAM, Rep. A II, S 20 spec. 24b und spec. 32a Bd. 2
Literatur: Bock, Armenwesen, S. 54 ff.
Bemerkungen: rechtsfähige Stiftung des bgl. Rechts

Lutz Miehe

525. Waisenbelohnungsfonds
Errichtet: 22. September 1840
Stifter: Seebach'scher Gesangsverein und Orchesterverein
Vermögen: 340 Tlr. 15 Sgr.
Zweck: 1. Prämierung von zwei, später drei Waisenkindern,
2. Durchführung eines Waisenfestes im Herrenkrug und Weihnachtsbescherung,
3. Pflege der Grabstätten,
4. Rente für die unverehelichte Ida Hauch.
Die Zahlungen erfolgten jeweils am 3. August, dem Geburtstag des preuß. Königs Friedrich Wilhelm III.
Verwaltung: Magistrat/Armendirektion
Darstellung: Anlässlich des Todes des preuß. Königs Friedrich Wilhelm III. (1770–1840) veranstalteten der Seebach'sche Gesangsverein und der Orchester-Verein am 7. Juni 1840 ein Konzert, dessen Erlös von 340 Tlr. den Grundstock der Stiftung bildete. Durch verschiedene Zustiftungen wuchs das Vermögen der Stiftung bis zum Jahre 1861 auf 10.000 Tlr. an. Erstmalig wurden am 3. August 1841 ein weibliches und ein männliches Waisenkind, die durch ihre Pflegeeltern und Lehrer empfohlen worden waren, durch Zahlung von 25 Tlr., die zunächst auf ein Konto bei der Sparkasse bis zu ihrer Mündigkeit eingezahlt wurden, unterstützt. Sollten die Kinder sich in der Zwischenzeit nicht bewähren, konnte ihnen das Geld wieder entzogen werden. Bis zum Jahre 1858 waren 42 Kinder prämiert worden. Von diesen waren drei Kindern in der Zwischenzeit die Zuwendungen wieder entzogen worden. Die Auszeichnung erfolgte „auf dem Rathause in einem feierlichen Akt in Gegenwart aller Waisenkinder." Am Tag der Prämierung wurde zudem auf dem Herrenkrug ein Fest für alle Waisenkinder durchgeführt.
Im Jahre 1883 wurde die Stiftung mit der (↗) Robrahn-Schiffer'schen Stiftung zum (↗) Städtischen Waisenfonds zusammengelegt. Damit war die Stiftung aufgelöst.
Quellen: LASA, C 28 I Ie, Nr. 1595; StAM, Rep. 10 J, 32; Rep. A II, S 20 spec. 24b

	und spec. 32a Bde. 1, 2, W 43a; Rep. 18⁴, A 8; Nachweisung 1910; Wohlfahrtseinrichtungen
Literatur:	Adressbuch 1920, S. 28; Bericht über die Verwaltung 1908/1909; Bock, Armenwesen; S. 88; Oppermann, 1831–1840, S.68 ff.; Rauer, Landbuch, S. 755
Bemerkungen:	unselbständige Stiftung

Lutz Miehe

526. Städtischer Waisenfonds

Errichtet:	1. Januar 1883
Stifter:	Stadt Magdeburg
Vermögen:	1910: 68616,18 M
Zweck:	1. Prämien für die besten Waisenkinder, für welche Beträge bis zu 75 M bei der Sparkasse belegt werden,
	2. Belohnung für Pflegeeltern, welche sich bei der Pflege und Erziehung der ihnen anvertrauten Waisen durch besondere Treue und Sorgfalt auszeichnen, in Beträgen von 30–60 M,
	3. Bestreitung der Kosten des Waisenfestes im Herrenkrug am 3. August und der Kosten der Weihnachtsbescherung der städtischen Waisen,
	4. Unterstützung würdiger ehemaliger Waisenzöglinge bei ihrer Etablierung oder Verheiratung; diese Unterstützung wird in Höhe von 150 M nur ein Jahr um das andere gewährt
Verwaltung:	Magistrat/Armendirektion
Darstellung:	Die Stiftung entstand durch Zusammenlegung des (↗) Waisenbelohnungsfonds und der (↗) Robrahn-Schiffer'schen Stiftung. Mit Errichtung der Stiftung erfolgte eine Zustiftung des verstorbenen Musiklehrers Karl Friedrich Sander (Oberpräbendat im (↗) Hospital St. Georgen) in Höhe von 3.655,07 M.
	Die Stadt stufte die Stiftung zunächst als rechtsfähig ein. Dies bezweifelte der RP. Schließlich wurde die Stiftung als unselbständig geführt.
	Die Stadt legte die Stiftung im Jahre 1923 mit ca. 180 weiteren unselbständigen Stiftungen zum (↗) Allgemeinen Stiftungsfonds zusammen.
Quellen:	LASA, C 28 I Ie, Nr. 1595, 1625; StAM, Rep. A II, S 20 spec. 32a Bd. 2; Nachweisung 1910; Wohlfahrtseinrichtungen
Literatur:	Meyer/Schneidewin, Wohlfahrtseinrichtungen, S. 8
Bemerkungen:	unselbständige Stiftung

Lutz Miehe

527. Stiftung des Magdeburger „Waisenfreund"

Errichtet:	1904
Stifter:	Verein „Magdeburger Waisenfreund"
Vermögen:	1910: 15.252 M
Zweck:	alljährlich sind 150 M dem Kapital zuzuschlagen, der Rest ist zum Besten der Magdeburger Waisen zu verwenden; Unterstützung des Hospitals
Verwaltung:	Magistrat/Armendirektion/Wohlfahrtsamt
Darstellung:	Das Grundstockvermögen stammte aus dem aufgelösten Verein „Magdeburger Waisenfreund". Die Stadt legte die Stiftung im Jahre 1923 mit ca. 180 weiteren unselbständigen Stiftungen zum (↗) Allgemeinen Stiftungsfonds zusammen.
Quellen:	LASA, C 28 I Ie, Nr. 1625; StAM, Rep. 18[4], A 8; Nachweisung 1910; Wohlfahrtseinrichtungen
Literatur:	Adressbuch 1920, S. 28; Bericht über die Verwaltung 1911/1912
Bemerkungen:	auch: Stiftung des Magdeburgischen Waisenfreundes; unselbständige Stiftung

Lutz Miehe

528. Deutsch-reformierter Waisenhaus-Fonds

Errichtet:	1873
Stifter:	dt.-ref. Gemeinde
Vermögen:	1910: 349.632 M, 1942: 68.260 RM
Zweck:	1. Erziehung der Halb- und Vollwaisen der dt.-ref. Gemeinde, 2. Gewährung von Mietunterstützungen an bedürftige Gemeindeglieder, 3. weitere Sozialleistungen (freie ärztliche Behandlungen, Unterbringung im Augustiner-Kloster oder im Siechenhaus)
Verwaltung:	Kuratorium und Presbyterium der dt.-ref. Gemeinde
Darstellung:	Das Stiftungsvermögen stammte aus dem 1873 erfolgten Verkauf des dt.-ref. Armen- und Waisenhauses sowie aus verschiedenen Sammlungen und Zustiftungen. Am 9. Juli 1879 wurde eine „Geschäftsordnung für die Verwaltung des Waisen- und Armen-Fonds der Deutsch-reformierten Gemeinde zu Magdeburg zum Besten hülfsbedürftiger und würdiger Gemeinde-Mitglieder" erlassen. Die Überprüfung der Unterstützungsgesuche oblag fünf Armenpflegern, die von den Vereinigten Gemeindeorganen auf drei Jahre gewählt worden waren. 1887 erfuhren 87 Perso-

nen Unterstützung aus der Armen- und Waisenhauskasse. Im Folgejahr wurde wiederum eine Armenkommission begründet. Nach dem Verkauf des Waisenhauses hatte sich die Finanzsituation der Armen- und Waisenhauskasse so verbessert, dass das Presbyterium beim Konsistorium den Antrag stellte, aus deren Bestand bis zu 100.000 M für den Umbau der Paulinerkirche einzusetzen. Während die Kgl. Regierung als Patronatsbehörde zustimmte, äußerte das Konsistorium Bedenken gegen die zweckwidrige Verwendung von Stiftungsmitteln. Infolgedessen wurde die Angelegenheit dem Ev. Oberkirchenrat in Berlin zur Entscheidung vorgelegt, der sich wiederum an den Minister für geistliche Angelegenheiten wandte. Mit kaiserlicher Order vom 20. Januar 1890 wurde der Antrag der Vereinigten Gemeindeorgane schließlich genehmigt. Das Renovierungsprojekt wurde dann jedoch zugunsten eines Neubaus verworfen. Für den Kirchenneubau genehmigte der Ev. Oberkirchenrat am 14. Mai 1912 erneut die Entnahme von max. 60.000 M aus der Waisenhauskasse. Seit 1950 wurde die Stiftung unter dem Titel „Armen- und Waisenhauskasse der Vereinigten Ref. Gemeinde zu Magdeburg" geführt. Sie bestand als Sondervermögen mindestens bis 1957.

Quellen: LASA, C 28 I Ie, Nr. 1571; AKPS, Rep. J 7, Nr. 4, 33, 36; Nachweisung 1910; Wohlfahrtseinrichtungen

Literatur: Hermes/Weigelt, Handbuch, S. 17; Meyer: Deutsch-Reformierte Gemeinde, Bd. 2, S. 412–419, 552–557, 822–827; Meyer/Schneidewin, Wohlfahrtseinrichtungen, S. 6

Bemerkungen: auch: Deutsch-Reformierter Waisenhausfonds;
rechtsfähige Stiftung des bgl. Rechts;
(↗) Nr. 17

Margit Scholz

529. Walther'sche Spende

Errichtet: 28. Juni 1665
Stifter: k. A.
Vermögen: 1910: 2.633,30 M
Zweck: Unterstützung von zwölf Armen am 1. April jeden Jahres nach dem Beschlusse des Konvents
Verwaltung: Administration des Klosters Unser Lieben Frauen
nach dem Beschluss des Konvents
Darstellung: Es wurden jährlich am 1. April 78 M aus der Kasse des Klosters gezahlt.

Quellen: Nachweisung 1910; Wohlfahrtseinrichtungen
Literatur: Adressbuch 1920, S. 29; Meyer/Schneidewin, Wohlfahrtseinrichtungen, S. 41
Bemerkungen: auch: Stiftung beim Kloster „Unser Lieben Frauen"

Lutz Miehe

530. WAPENHANS-STIFTUNG

Errichtet: 5. August 1845 (Testament)
Stifterin: Friederike Catharina Wapenhans, geb. Marquardt († 12. Oktober 1848)
Vermögen: 1.000 Tlr.
Zweck: Unterstützung der Armen
Verwaltung: Magistrat/Armenkasse
Darstellung: Offenbar enthielt das Testament die Bestimmung, dass in den ersten fünf Jahren die Legatorin die Erträge erhalten sollte. Erst nach dem 12. Oktober 1848 sollte die Unterstützung der Armen erfolgen. In der Vorläufigen Liste aus dem Jahre 1947 wurde als Zweck die Unterstützung der Heilig-Geist-Gemeinde angegeben. Es könnte sein, dass die Stiftung Arme aus dem Pfarrsprengel dieser KG unterstützen sollte.
Quellen: Vorl. Liste, Kreis XV, Nr. 132; LASA, C 28 Ie Gen. Nr. 192, Bd. 3; C 28 II, Nr. 7337, 7928; StAM, Rep. A II, S 20 spec. 32a Bde. 1, 2
Literatur: Bericht über die Verwaltung 1857, 1882; Rauer, Landbuch, S. 768
Bemerkungen: unselbständige Stiftung
Nach Angaben der Stadt aus dem Jahre 1937 existierte noch eine Wapenhans-Stiftung an der Heilig-Geist-Kirche zur Bestreitung von Baukosten.

Lutz Miehe

531. WEBER-STIFTUNG

Errichtet: 1825
Stifter: Weber, Kaufmann
Vermögen: 200 Tlr.
Zweck: für die Heilig-Geist-Gemeinde
Verwaltung: GKR der ev. KG Heilig-Geist
Darstellung: Nach Angaben der Stadt aus dem Jahre 1937 existierte die Stiftung damals noch.

Quellen: Vorl. Liste, Kreis XV, Nr. 133; LASA, C 28 II, Nr. 7337, 7621
Literatur: k. A.
Bemerkungen: auch: Weber'sches Legat

Lutz Miehe

532. Welsch'sche Stiftung

Errichtet: 1868
Stifter: Jakob Welsch, Ackerbürger
Vermögen: 1910: 2.633,30 M
Zweck: 1. Verpflegung und Kur armer Kranker,
2. Unterstützung für Körperbehinderte und unheilbar Kranke („Krüppel und Sieche") der Neustadt
Verwaltung: Magistrat/Armendirektion/Wohlfahrtsamt
Darstellung: Die Stadt legte die Stiftung im Jahre 1923 mit ca. 180 weiteren unselbständigen Stiftungen zum (↗) Allgemeinen Stiftungsfonds zusammen.
Quellen: LASA, C 28 I Ie, Nr. 1625; StAM, Rep. A II, S 20 spec. 32c; Rep. 18[4], A 8; Nachweisung 1910; Wohlfahrtseinrichtungen
Literatur: Adressbuch 1920, S. 28; von Dietze/Hunsdieck-Nieland, Stiftungen, S. 283; Meyer/Schneidewin, Wohlfahrtseinrichtungen, S. 64
Bemerkungen: auch: Welsch'sches Legat;
unselbständige Stiftung

Lutz Miehe

533. Wenk'sche Stiftung zur Unterstützung von Erziehungsanstalten

Errichtet: 2. November 1818 (Testament)/3. Dezember 1839 (Genehmigung)
Stifter: Carl Friedrich Wenk († 1839), Schulinspektor und seine Ehefrau Juliane Albertine Christiane, geb. Kalinsky
Vermögen: 1.000 Tlr.
Zweck: Unterstützung von Erziehungsanstalten
Verwaltung: Magistrat
Darstellung: Die Eheleute hatten keine Nachfahren.
Nach Angaben der Stadt aus dem Jahre 1937 existierte die Stiftung damals noch. In der Vorläufigen Liste aus dem Jahre 1947 wird diese Stiftung mit „nicht zu ermitteln" eingestuft.

Quellen:	Vorl. Liste, Kreis XV, Nr. 134; LASA, C 28 I Ie, Nr. 1595; C 28 II, Nr. 7337; StAM, Rep. 41, 863
Literatur:	k. A.
Bemerkungen:	auch: Wenck-Stiftung zur Unterstützung von sozialen Anstalten

Lutz Miehe

534. WERNECKE'SCHE STIFTUNG

Errichtet:	1884
Stifterin:	Minna Wernecke, geb. Hörnecke, Wwe. des Brauereibesitzers Hermann Wernecke
Vermögen:	1910: 32.118,86 M
Zweck:	Verteilung jährlich am 25. Dezember an 25 Arme im Stadtteil Neustadt, welche das 60. Lebensjahr überschritten haben
Verwaltung:	Magistrat/Armendirektion/Wohlfahrtsamt
Darstellung:	Die Stadt legte die Stiftung im Jahre 1923 mit ca. 180 weiteren unselbständigen Stiftungen zum (↗) Allgemeinen Stiftungsfonds zusammen.
Quellen:	LASA, C 28 I Ie, Nr. 1625, 1692; StAM, Rep. A II, S 20 spec. 32a Bd. 2; Rep. 18[4], A 8; Nachweisung 1910; Wohlfahrtseinrichtungen
Literatur:	Adressbuch 1920, S. 28; Bericht über die Verwaltung 1903/1904; von Dietze/Hunsdieck-Nieland, Stiftungen, S. 284; Meyer/Schneidewin, Wohlfahrtseinrichtungen, S. 41
Bemerkungen:	unselbständige Stiftung; (↗) Nr. 535–538

Lutz Miehe

535. MINNA WERNECKE GEB. HÖRNECKE-STIFTUNG

Errichtet:	1903
Stifterin:	Minna Wernecke, geb. Hörnecke, Wwe. des Brauereibesitzers Hermann Wernecke
Vermögen:	100.000 M, 1910: 101.700 M
Zweck:	Unterstützung vermögensloser, auf fremde Hilfe angewiesener Personen mit Wohnsitz in Magdeburg, welche krank oder der Erholung oder einer besonderen Pflege bedürftig sind (z. B. Erholungs-, Kur- oder Badereisen bzw. Aufenthalt in einer Heilanstalt)
Verwaltung:	Magistrat/Armendirektion/Wohlfahrtsamt
Darstellung:	Die Stadt legte die Stiftung im Jahre 1923 mit ca. 180 weiteren un-

selbständigen Stiftungen zum (↗) Allgemeinen Stiftungsfonds zusammen.

Quellen: LASA, C 28 I Ie, Nr. 1625, 1692; StAM, Rep. 18⁴, A 8; Nachweisung 1910; Wohlfahrtseinrichtungen
Literatur: Adressbuch 1920, S. 28; von Dietze/Hunsdieck-Nieland, Stiftungen, S. 146
Bemerkungen: auch: Hörnecke-Stiftung;
unselbständige Stiftung;
(↗) Nr. 534, Nr. 536–538

Lutz Miehe

536. Wernecke'sche Stiftung zu Museumszwecken

Errichtet: k. A.
Stifter: Gustav Wernecke († 2. November 1929), KomRat,
Sohn von Minna und Hermann Wernecke
W. war Eigentümer der Aktien-Brauerei Magdeburg-Neustadt.
Vermögen: k. A.
Zweck: für das Museum
Verwaltung: Magistrat/Kämmereikasse

111 „Actien-Brauerei" in der Neuen Neustadt, im Vordergrund die Wilhelma in der Lübecker Straße 129, 1910

Darstellung: k. A.
Quellen: StAM, Rep. A III, 31.1h Bd. 1; Rep. 18⁴, A 8
Literatur: k. A.
Bemerkungen: unselbständige Stiftung;
                 (↗) Nr. 534–535, Nr. 537–538

Lutz Miehe

537. Gustav Wernecke-Stiftung

Errichtet: 19. Mai 1906/1907
Stifter: Gustav Wernecke (siehe Nr. 536)
Vermögen: 1910: 15.500 M
Zweck: 1. Gewährung von laufenden Unterstützungen für hilfsbedürftige, nicht mehr arbeitsfähige Belegschaftsmitglieder der Actien-Brauerei Neustadt-Magdeburg (später Diamant-Brauerei), welche mindestens zehn Jahre ununterbrochen der Zentrale am Firmensitz oder einer Niederlassung angehörten,
              2. Wohltätigkeitszwecke und Fortbildung der dem Kaufmannsstande angehörenden Personen
Verwaltung: IHK; Vorstand aus mindestens drei Personen; das nach dem Dienstalter älteste Vorstandsmitglied der Actien-Brauerei Magdeburg-Neustadt war Vorsitzender des Vorstandes der Stiftung
Darstellung: Die letzte Satzungsänderung der Stiftung wurde am 11. Juli 1944 durch den RP genehmigt. Gemäß einer Mitteilung der Stiftung vom Sommer 1947 war die Stiftung damals vermögenslos, obwohl das Vermögen noch Ende 1944 ca. 150.000 RM betragen hatte. In der Folgezeit bemühte sich die Stiftung um die Aufwertung der eingefrorenen Wertpapiere. Schließlich wandte sich die Stiftungsaufsicht, die beim Büro des MP des Landes Sachsen-Anhalt angesiedelt war, im März 1951 an die Regierung der DDR. Sie trug vor, dass es in Sachsen-Anhalt verschiedene Stiftungen gäbe, „die einer zusätzlichen Pensionskasse sehr nahe kommen". Dabei handele es sich nicht um Versicherungen, sondern um Stiftungen, die Betriebsangehörige im Alter zusätzlich unterstützen sollten. Diese Stiftungen würden ihr gesamtes Vermögen über den Krieg hinweggerettet haben. Nun bestehe Unklarheit, ob die Stiftungen ihr Vermögen nicht auf die neu eingerichtete Sozialversicherungskasse (SVK) übertragen sollten. Im Dezember 1951 bestätigte das Innenministerium, dass eine solche Übertragung möglich sei. Zuvor sei die Stiftung

	aber aufzulösen. Dies erfolgte zu diesem Zeitpunkt offensichtlich nicht. Stattdessen wurde die Stiftung durch den RdSt am 22. Dezember 1954 (zum 1. Januar 1955) aufgelöst und bestimmt, dass das Restvermögen von 36,09 DM dem VEB Diamant-Brauerei zur Verfügung gestellt wird.
Quellen:	Vorl. Liste, Kreis XV, Nr. 26; GStA, I. HA Rep. 77, Tit. 1400 Magdeburg, Nr. 40; LASA, M1, Nr. 1528–1530; StAM, Rep. 41, Nr. 864, 867; Nachweisung 1910; Wohlfahrtseinrichtungen
Literatur:	Adressbuch 1920, S. 29; Tradition und Innovation, S. 369; Verwaltungsbericht 1937
Bemerkungen:	auch: Wernecke-Stiftung;
	rechtsfähige Stiftung des bgl. Rechts;
	Satzung vom Mai 1944 (genehmigt am 11. Juli 1944);
	(↗) Nr. 534–536 und Nr. 538

Lutz Miehe

538. Gustav Wernecke-Grabstättenstiftung

Errichtet:	19. Februar 1920 bzw. 1. November 1928 (Testament)/ 22. März 1930 (Genehmigung)
Stifter:	Gustav Wernecke (siehe Nr. 536)
	und seine Ehefrau Anna, geb. Wernecke (!) († 17. März 1926)
Vermögen:	30.000 RM
Zweck:	Unterhaltung der Familiengrabstätte auf dem Südfriedhof und dem Neustädter Friedhof für 75 Jahre
Verwaltung:	Magistrat
Darstellung:	Im ursprünglichen Testament von 1920 hatten die Eheleute W. festgelegt, dass das Legat für die Stadt 60.000 M betragen sollte. Die Inflation machte dieses Vermächtnis jedoch wertlos. Nach dem Tod seiner Frau im Jahre 1926 setzte W., der von der Stadt als besonders vermögend eingeschätzt wurde, durch Testamentsnachtrag 1928 die Summe auf 30.000 RM fest.
Quellen:	LASA, C 28 I Ie, Nr. 1706
Literatur:	k. A.
Bemerkungen:	auch: Gustav Wernecke-Legat;
	unselbständige Stiftung;
	(↗) Nr. 534–537

Lutz Miehe

539. Wesemann-Legat

Errichtet:	21. März 1877 (Testament)
Stifter:	Wilhelm Wesemann († 3. Juli 1886), Fabrikdirigent und seine Ehefrau Wilhelmine, geb. Gollmer († 26. August 1905)
Vermögen:	3.000 M
Zweck:	Unterhaltung der Grabstätte auf dem Alten Friedhof in Sudenburg
Verwaltung:	GKR von St. Ambrosius (Sudenburg)
Darstellung:	Die Annahme des Legats wurde vom Konsistorium Magdeburg am 17. Januar 1887 genehmigt. Nach Angaben der Stadt aus dem Jahre 1937 existierte die Stiftung damals noch.
Quellen:	Vorl. Liste, Kreis XV, Nr. 135; LASA, C 28 II, Nr. 7337; AKPS, Rep. J 3, Nr. 379
Literatur:	k. A.
Bemerkungen:	k. A.

Lutz Miehe/Margit Scholz

540. Westerhüser Separationsinteressenten

Errichtet:	k. A.
Stifter:	k. A.
Vermögen:	k. A.
Zweck:	k. A.
Verwaltung:	Magistrat/Kämmereikasse
Darstellung:	Die Stadt legte die Stiftung im Jahre 1923 mit ca. 180 weiteren unselbständigen Stiftungen zum (↗) Allgemeinen Stiftungsfonds zusammen.
Quellen:	StAM, Rep. A III, 31.1h Bd. 1
Literatur:	Bericht über die Verwaltung 1919/1920, Teil 2 und 1920/1921, Teil 2
Bemerkungen:	unselbständige Stiftung

Lutz Miehe

541. Frau Professor Wichers-Stiftung

Errichtet:	1919
Stifter:	Professor Dr. Paul Wichers und seine Frau, Dortmund
Vermögen:	14.000 M
Zweck:	Unterstützung in Magdeburg geborener und dort – zumindest bis Kriegsausbruch 1914 – wohnhafter Kriegsblinder
Verwaltung:	Magistrat

Darstellung: Die Stadt legte die Stiftung im Jahre 1923 mit ca. 180 weiteren unselbständigen Stiftungen zum (↗) Allgemeinen Stiftungsfonds zusammen.
Quellen: LASA, C 28 I Ie, Nr. 1625
Literatur: Bericht über die Verwaltung 1919/1920, Teil 1 und Teil 2 sowie 1920/1921, Teil 2
Bemerkungen: unselbständige Stiftung

Lutz Miehe

542. Julius und Sara Wiesenthal-Stiftung

Errichtet: 1902
Stifter: Sara Wiesenthal, geb. Epstein (1832–1905)
Die Stifterin war mit dem Arzt Dr. Julius W. (1822–1887), der zeitweise im Dienst des preußischen Militärs stand, verheiratet.
Vermögen: 1910: 4.200 M
Zweck: Fürsorge für weibliche Personen, die sich für einen praktischen oder gelehrten Beruf ausbilden oder sich in ihm vervollkommnen wollen
Verwaltung: Vorstand der SG
Darstellung: Die Stiftung überstand – wie alle Stiftungen, die von Juden errichtet worden waren – die NS-Zeit nicht.
Quellen: Nachweisung 1910; Wohlfahrtseinrichtungen
Literatur: k. A.
Bemerkungen: rechtsfähige Stiftung des bgl. Rechts
In der Nachweisung 1910 wird als Stifter das Ehepaar ausgewiesen. Diese Angabe ist offensichtlich falsch, da Julius W. zum Zeitpunkt der Errichtung der Stiftung bereits verstorben war.

Lutz Miehe

543. Wiggert-Stiftung

Errichtet: 1873
Stifter: Schüler von Prof. Dr. Samuel Friedrich Heinrich Wiggert (1791–1871), vermehrt durch ein Legat des Professors Ditfurth in Magdeburg
W. war ab 1849 Leiter des Domgymnasiums und Nachfolger von Gottfried Benedict Funk (↗) Funk'sche Stiftung. Bei Prof. Ditfurth dürfte es sich um Karl (auch Carl) D. handeln, der am Domgymnasium lehrte.
Vermögen: 1910: 4.546 M
Zweck: Stipendium für Schüler des Domgymnasiums bei einem Studium an einer Universität im Deutschen Reich oder einer Bauakademie

Verwaltung:	Direktor des Domgymnasiums
Darstellung:	W. war seit 1814 im Domgymnasium tätig. Zwischen 1848 und 1860 war er dessen Leiter.
Quellen:	Nachweisung 1910; Wohlfahrtseinrichtungen
Literatur:	von Dietze/Hunsdieck-Nieland, Stiftungen, S. 286; Liebscher, Samuel Heinrich Wiggert, in: MG, S. 216; Meyer/Schneidewin, Wohlfahrtseinrichtungen, S. 24; Mayrhofer, Samuel Friedrich Heinrich Wiggert, in: MBL, S. 801
Bemerkungen:	rechtsfähige Stiftung des bgl. Rechts

Lutz Miehe

544. Windhorst-Legat für St. Sebastian

Errichtet:	k. A.
Stifter:	Windhorst
Vermögen:	k. A.
Zweck:	für St. Sebastian
Verwaltung:	GKR der ev. KG St. Sebastian
Darstellung:	Nach Angaben der Stadt aus dem Jahre 1937 existierte die Stiftung damals noch.
Quellen:	Vorl. Liste, Kreis XV, Nr. 137; LASA, C 28 II, Nr. 7337
Literatur:	k. A.
Bemerkungen:	k. A.

Lutz Miehe

545. Vermächtnis des Schuhmachermeisters W. Winkelmann

Errichtet:	1875
Stifter:	W. Winkelmann, Schuhmachermeister
Vermögen:	1910: 263,91 M
Zweck:	Verwendung für kirchliche Bedürfnisse der hiesigen altlutherischen Gemeinde
Verwaltung:	Gemeinde-Rendant der altlutherischen Gemeinde
Darstellung:	k. A.
Quellen:	Nachweisung 1910; Wohlfahrtseinrichtungen
Literatur:	k. A.
Bemerkungen:	k. A.

Lutz Miehe

546. Winterstein'sche Stiftung

Errichtet:	22. Dezember 1861
Stifter:	Johann Friedrich Franz Winterstein († 27. Dezember 1864), Partikulier
Vermögen:	500 Tlr., 1910: 1.918,85 M, 1938: 50 RM
Zweck:	Unterstützung bedürftiger Gemeindeglieder der ev. KG St. Petri zu Weihnachten
Verwaltung:	GKR der ev. KG St. Petri
Darstellung:	Anlass für die Errichtung war die 50-jährige Mitgliedschaft Wintersteins als Kirchenältester in der KG St. Petri. Die Erträge der Stiftung sollten bis zu seinem Tode kumuliert werden, erst danach sollte die Zweckerfüllung erfolgen.
	1876 teilte die Stadtverwaltung dem RP mit, dass diese Stiftung künftig nicht mehr gemeldet werde, da der Stadt „spezielle Aufsichtsrechte über dieselbe nicht zustehen, und in der Folge auch die Rechnungen 1874 nicht einzureichen waren". Nach Angaben der Stadt aus dem Jahre 1937 existierte die Stiftung damals noch.
Quellen:	Vorl. Liste, Kreis XV, Nr. 136; LASA, C 28 II, Nr. 7337; StAM, Rep. A II, S 20 spec. 32a Bde. 1, 2, S 20 spec. 37a; AKPS, Rep. A, Generalia, Nr. 1166 b; Nachweisung 1910; Wohlfahrtseinrichtungen
Literatur:	Bock, Nachtrag, S. 398; von Dietze/Hunsdieck-Nieland, Stiftungen, S. 289; Meyer/Schneidewin, Wohlfahrtseinrichtungen, S. 48; Rauer, Landbuch, S. 787
Bemerkungen:	auch: Winterstein-Legat; rechtsfähige Stiftung des bgl. Rechts

Lutz Miehe/Margit Scholz

547. Witte'sche Armenstiftung

Errichtet:	28. Oktober 1840/1855 (Genehmigung)
Stifter:	Johann Christoph Witte († 1. Mai 1855), Ackerbürger in Sudenburg
Vermögen:	0,375 ha Land und 400 Tlr.,
	1910: 4.086;72 M Kapitalvermögen sowie 28 ar 60 qm Acker
Zweck:	Unterstützung von Armen in der Landstadt (seit 1867: im Stadtteil) Sudenburg,
	zahlbar am 2. Februar, dem Hochzeitstage der Eheleute Witte
Verwaltung:	Magistrat Sudenburg, ab 1868 Magistrat/Armendirektion
Darstellung:	Der Stifter errichtete diese Stiftung sowie die (↗) Witte'sche Schulstiftung durch Testament. Die Stadt legte die Stiftung im Jahre 1923 mit

ca. 180 weiteren unselbständigen Stiftungen zum (↗) Allgemeinen Stiftungsfonds zusammen.

Quellen: LASA, C 28 I Ie, Nr. 1625; StAM, Rep. A II, S 20 spec. 32a Bde. 1, 2 und spec. 32c; Rep. 8, W. II 1; Rep. 18⁴, A 8; AKPS, Rep. J 3, Nr. 748; Nachweisung 1910; Wohlfahrtseinrichtungen
Literatur: Adressbuch 1920, S. 28; Bock, Nachtrag, S. 387; von Dietze/Hunsdieck-Nieland, Stiftungen, S. 289; Rauer, Landbuch, S. 788
Bemerkungen: unselbständige Stiftung
Der Stifter errichtete auch die (↗) Nr. 548.

Lutz Miehe

548. Witte'sche Schulstiftung

Errichtet: 1855 (Testament)
Stifter: Johann Christoph Witte (siehe Nr. 547)
Vermögen: 300 Tlr., 1910: 900 M
Zweck: 1. Beschaffung von Büchern und Noten für Volksschüler,
2. Verteilung von Weihnachtsprämien an die fleißigsten Schulkinder der beiden ersten Klassen in Sudenburg
Verwaltung: Schulvorstand sowie der Pfarrer und der Kantor der ev. KG St. Ambrosius (Sudenburg)
Darstellung: k. A.
Quellen: StAM, Rep. 8, W. II 1; Nachweisung 1910; Wohlfahrtseinrichtungen; AKPS, Rep. J 3, Nr. 748; Amtsblatt der Regierung zu Magdeburg 1845
Literatur: Adressbuch 1920, S. 29; Meyer/Schneidewin, Wohlfahrtseinrichtungen, S. 6
Bemerkungen: Der Stifter errichtete auch die (↗) Nr. 537.

Lutz Miehe

549. Johann Heinrich Witte'sche Stiftung

Errichtet: 1883
Stifter: Erben von Johann Heinrich Witte, Lehrer
Vermögen: 1910: 300 M
Zweck: Zuwendung für eine gute fleißige Schülerin der Friedrichstädter Volksschule
Verwaltung: Magistrat
Darstellung: Der Etat der Stiftung betrug im Jahre 1917 10,50 M.
Quellen: StAM, Rep. 18⁴, A 8; Nachweisung 1910; Wohlfahrtseinrichtungen

Literatur: Bericht über die Verwaltung 1919/1920, Teil 2 und 1920/1921, Teil 2; Meyer/Schneidewin, Wohlfahrtseinrichtungen, S. 6
Bemerkungen: auch: Witte'sche Stiftung

Lutz Miehe

550. Witwen- und Waisenkasse des Realgymnasiums

Errichtet: 1869
Stifter: k. A.
Vermögen: 1910: 23.136,30 M
Zweck: Unterstützung von Witwen und Waisen von Lehrern des Realgymnasiums
Verwaltung: Vorstand unter dem Vorsitz des Direktors des Realgymnasiums
Darstellung: k. A.
Quellen: Nachweisung 1910; Wohlfahrtseinrichtungen
Literatur: k. A.
Bemerkungen: k. A.

Lutz Miehe

551. Witwen-Unterstützungskasse hiesiger Realschullehrer

Errichtet: 1869
Stifter: ein hiesiger achtbarer Bürger, der nicht genannt werden will
Vermögen: 1910: 1.569,92 M
Zweck: Unterstützung von Witwen ortsansässiger Realschullehrer
Verwaltung: Magistrat; Realschule
Darstellung: Der Etat der Stiftung betrug im Jahre 1917 52,50 M.
Quellen: StAM, Rep. A II, S 20 spec. 32a Bd. 2; Rep. 18[4], A 8; Nachweisung 1910
Literatur: Bericht über die Verwaltung 1908/1909, 1919/1920, Teil 2 sowie 1920/1921, Teil 2
Bemerkungen: auch: Unterstützungsfonds für Witwen hier verstorbener Realschullehrer;
unselbständige Stiftung

Lutz Miehe

552. WOLF-STIFTUNG

Errichtet:	1898
Stifter:	Rudolf Wolf (1831–1912), Geh. KomRat
	Der Stifter war Konstrukteur, Unternehmer und Gründer der „Maschinenfabrik R. W." in Magdeburg, die insbesondere auf die Produktion von Lokomobilen spezialisiert war. 1885 wurde W. mit dem Ehrentitel KomRat und 1897 mit dem Roten Adlerorden ausgezeichnet. Die Technische Hochschule (Berlin-) Charlottenburg verlieh Wolf die Ehrendoktorwürde.
Vermögen:	10.000 M, 1920: 25.000 M
Zweck:	Beitrag zu den Anforderungen für die Abhaltung von fachwissenschaftlichen Vorträgen für Kaufleute oder für andere Zwecke des kaufmännischen Bildungswesens
Verwaltung:	IHK

112 Rudolf Wolf, Fotografie, Druck von 1906

Darstellung: Die Stadt meldete die „Helmerding-Wolff-Stiftung" im Jahre 1937 als existierend. Auch in der „Vorläufigen Liste der in Sachsen-Anhalt bestehenden Stiftungen" aus dem Jahre 1947 wird sie als „Helmerding-Wolff-Stiftung" bezeichnet, die durch die Inflation erloschen sei. Die Stiftung gehörte wahrscheinlich zu denjenigen, die im Juli 1944 durch die verwaltende IHK zusammengelegt wurden.

Quellen: Vorl. Liste, Kreis XV, Nr. 59; StAM, Rep. A III, 31.1h Bd. 1; Rep. 41, 867; Nachweisung 1910; Wohlfahrtseinrichtungen

Literatur: Adressbuch 1920, S. 29; Beckert, Rudolf Ernst Wolf, in: MBL, S. 818f.; Bericht über die Verwaltung 1919/1920, Teil 2 und 1920/1921, Teil 2; Behrend, Großkaufleute, S. 140, 143ff.; von Dietze/Hunsdieck-Nieland, Stiftungen, S. 290; Tradition und Innovation, S. 369

Bemerkungen: auch: Kommerzienrat Wolf'sches Vermächtnis bzw. R. Wolf-Stiftung; rechtsfähige Stiftung des bgl. Rechts

Lutz Miehe

553. WREDE-STIFTUNG

Errichtet: 11. Mai 1677 (Testament)/25. Februar 1678 (Genehmigung)

Stifter: Matthias Wrede (1614–1678), Kaufmann

W. kam als Kaufmann in Magdeburg zu einem beträchtlichen Vermögen.

Er hatte seine Frau Elisabeth und seine beiden Kinder durch Tod verloren.

Vermögen: 116 Morgen Acker und 7.700 Tlr., 8.000 Rtlr. und über 15 ha Grundeigentum, 1910: 642.547,99 M und 15 ha 68 ar 81 qm Acker

Zweck: Verteilung jährlich, „solange Magdeburg steht", am Elisabeth- und Matthias-Tage (19. November und 24. Februar) an bedürftige christliche hausarme Bürgerinnen und Bürger

Verwaltung: Magistrat/Armendirektion/Wohlfahrtsamt

Darstellung: Die Stiftung war eine der leistungsstärksten in Magdeburg. Berghauer schrieb schon im Jahre 1801: „Die Anzahl der theilnehmenden Armen ist nicht immer gleich, beläuft sich aber doch auf über 80." Im Jahre 1818 betrugen die Einnahmen aus dem Gesamtbesitz und dem Geldvermögen ca. 1.440 Tlr. Von diesem Ertrag wurden 1.350 Tlr. für die Zweckverwirklichung genutzt. Im Jahre 1858 betrugen die Unterstützungsleistungen 1.827 Tlr. Noch in der zweiten Hälfte des 19. Jh. herrschte Unklarheit über die Rechtsnatur der Stiftung. Schließlich teilte die Stiftungsaufsicht beim RP am 21. August 1886 mit, dass es sich „nach Lage der Akten" um eine unselbständige Stiftung handele. Die Stadt legte die Stiftung im Jahre 1923 mit ca. 180 weiteren unselbständigen Stiftungen zum (↗) Allgemeinen Stiftungsfonds zusammen. Zeitweise benannte die Stadt ihm zu Ehren eine Straße.

Quellen:	GStA, I. HA Rep. 91 C, Nr. 2394; LASA, C 28 I Ie, Nr. 1567, 1625; StAM, Rep. A I, P 186, R 192, S 555 (Testament) W 220; Rep. A II, S 20 spec. 17, S 20 spec. 32a Bde. 1, 2; Rep. 10 J, 19, 20; Rep. 18[4], A 8; Nachweisung 1910; Wohlfahrtseinrichtungen
Literatur:	Adressbuch 1920, S. 28; Berghauer, Magdeburg, Bd. 1, S. 289, Bd. 2, S. 174 f.; Bericht über die Verwaltung 1916/1917; Bock, Armenwesen, S. 79 ff., 334; von Dietze/Hunsdieck-Nieland, Stiftungen, S. 291; Hermes/Weigelt, Handbuch, S. 18; Oppermann, Armenwesen, 1821, S. 180 f.; ders., Zehnte Nachricht, S. 180 f.; ders., 1831–1840, S. 52 ff.; Rauer, Landbuch, S. 796 f.
Bemerkungen:	auch: Matthias Wrede'sche Armen-Stiftung; 1815: Wredesche milde Stiftung zu Magdeburg; unselbständige Stiftung Von diesem Stifter gibt es noch die (↗) Nr. 554.

Lutz Miehe

554. WREDE'SCHES LEGAT

Errichtet:	11. Mai 1677 (Testament)
Stifter:	Matthias Wrede (siehe Nr. 553)
Vermögen:	1.350 Tlr., 1910: 504 M
Zweck:	1. 1.200 Tlr. für die Unterhaltung der Grabstätte des Stifters und seiner Frau Elisabeth, „so lang eine Kirche an dem Ohrt stehet", 2. 150 Tlr. für die Unterhaltung der Ulrichskirche
Verwaltung:	GKR der ev. KG St. Ulrich und Levin
Darstellung:	Ein Motiv für die Stiftung war u. a. der frühe Tod der beiden Kinder von W. Nach seinem Tod und dem seiner Ehefrau waren die Kirchenväter von St. Ulrich bevollmächtigt, sein Wohnhaus am Breiten Weg sowie sein Brauhaus entweder zu verkaufen oder zu vermieten. Der Verkauf der Häuser erfolgte schließlich 1687. Weil der Verkaufserlös die Höhe des Legats aber überstieg, prozessierten die Kuratoren der gleichfalls begünstigten „Wredischen Hausarmen" (↗ Wrede-Stiftung) noch viele Jahre lang wegen der Auszahlung des Überschusses. Die KG errichtete mit dem Legat die Wredische Grabkapelle an der Südseite der Ulrichs-

kirche. Diese befand sich im Jahre 1860 nach Adolph Bock noch in „wohlerhaltenem" Zustand.

Quellen: AKPS, Rep. J 6, Nr. 356
Literatur: Bock, Armenwesen, S. 81 ff.; Rauer, Landbuch, S. 797
Bemerkungen: k. A.

Lutz Miehe/Margit Scholz

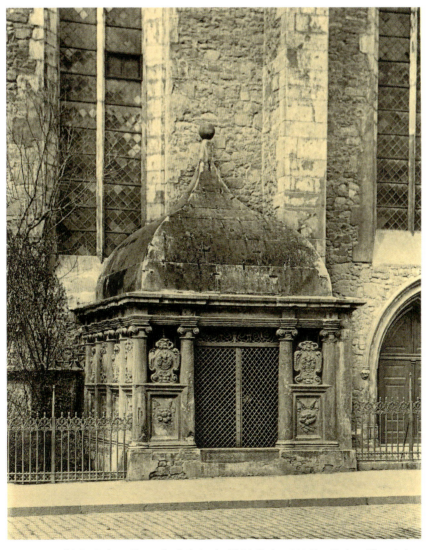

113 Das Wrede'sche Grabgewölbe an der Südseite der Ulrichskirche, 1890: Das Grabgewölbe existierte bis zur Zerstörung der Stadt im Januar 1945

555. Willy Zander-Stiftung

Errichtet:	1940
Stifter:	Willy Zander (1868–1945)
	Der Stifter war Wasserbaumeister und wurde zum Strombaudirektor ernannt. Er übernahm 1922 die Direktion der preuß. Elbstrombauverwaltung in Magdeburg. Z.'s Wirken war mit der Planung und Realisierung bedeutender wasserbaulicher Projekte verbunden, die im Zusammenhang mit dem Ausbau des Elbehafens zum Zentralknotenpunkt des dt. Wasserstraßennetzes standen.
Vermögen:	k. A.
Zweck:	Zahlung von Leistungsprämien an kaufmännische Lehrlinge
Verwaltung:	IHK MD
Darstellung:	Die Stiftung wurde im Januar 1953 von der IHK beim RdB angemeldet. In diesem Zusammenhang wurde mitgeteilt, dass die Stiftung vermögenslos sei und ihre Zwecke nicht mehr erfüllen könne. Die Stiftung wurde am 29. September 1954 durch den RdSt aufgelöst.
Quellen:	LASA, M1, Nr. 1528–1530, 1532, 8358/7
Literatur:	Heinrich, Karl Oswald Richard Willi (Willy) Zander, in: MBL, S. 825 f.
Bemerkungen:	k. A.

Lutz Miehe

556. Ziering-Kirchen-Legat

Errichtet:	k. A.
Stifter:	k. A.
Vermögen:	k. A.
Zweck:	Unterstützung der Schulkurrende von St. Nikolai
Verwaltung:	GKR der ev. KG St. Nikolai (Neustadt)
Darstellung:	Die Ziering'sche Stiftung unterstütze in der Mitte des 19. Jh. die (↗) Schul-Currende jährlich mit einigen Tlr. Nach Angaben der Stadt aus dem Jahre 1937 existierte die Stiftung damals noch.
Quellen:	Vorl. Liste, Kreis XV, Nr. 138; LASA, C 28 II, Nr. 7337
Literatur:	Bock, Armenwesen, S. 85
Bemerkungen:	k. A.

Lutz Miehe

557. ZIERING'SCHE FAMILIENSTIFTUNG

Errichtet:	18. Juni 1516 (Testament)/3. April 1605 (Vertrag)
Stifter:	Dr. Johann Ziering (Scheyring), Domprediger (1516)
	Margarethe, Catharina und Elisabeth Ziering (1605)
Vermögen:	1513: 400 fl. Anlage bei der Stadt Leipzig,
	1605: 5.045 fl. (Vertrag mit Zustiftung durch die Erben des Hauptmanns und Seniors am Magdeburger Stift St. Nikolai Dr. Johann Ziering),
	1910: 205.987,26 M, 1939: 33.000 RM
Zweck:	Zunächst (ab 1516) Gewährung von Stipendien für die Nachkommen der Geschwister von Dr. Johann Ziering, die an der Universität Leipzig studieren wollten; ab 1605 auch Stipendien für nichtakademische Ausbildungen, Ausstattung bei Verheiratung, Unterstützung zum Lebensunterhalt für Familiennachkommen. Anschließend:
	1. Jungen Leuten aus der Ziering'schen Familie, insbesondere des Moritz'schen Stammes, welche sich dem Studium einer Fachwissenschaft widmen, nach Maßgabe der Verwaltungsordnung, Stipendien,
	2. den weiblichen Mitgliedern der Familie, jedoch nur aus dem Moritz'schen Stamme, bei der Verheiratung einen Beitrag zur Ausstattung zu gewähren,
	3. hilfsbedürftigen Familienmitgliedern, jedoch ebenfalls nur aus dem Moritz'schen Stamme, durch Bewilligung von Unterstützungen eine Beihilfe zu ihrem Lebensunterhalt zu verschaffen.
	Aktueller Zweck gemäß Satzung von 2015:
	Förderung der Nachkommen von Margarethe Ziering, verehelichte Bürgermeister Moritz, in männlicher und weiblicher Linie (Familienmitglieder) durch
	1. Gewährung von Stipendien für die Ausbildung, insbesondere das akademische Studium,
	2. Gewährung von Aussteuerbeihilfen und
	3. Unterstützung bedürftiger Familienmitglieder.
Verwaltung:	ursprünglich: Magistrat; danach Kuratorium der Ziering'schen Familienstiftung in Magdeburg (zu den Exekutoren gehörte im 17. Jh. Otto von Guericke); heute: Kuratorium, bestehend aus drei Personen
Darstellung:	Die Ziering'sche Familienstiftung hat zwei Wurzeln: Einen Schuldschein der Stadt Leipzig über 400 fl. für Dr. Ziering aus Wemding vom 8. November 1513 (erwähnt im Testament des Dr. Johannes Ziering vom 18. Juni 1516), dessen Zinsen als Stipendien an Familienmitglieder gegeben werden sollten, und den Vertrag der Schwestern Margarethe,

Catharina und Elisabeth Ziering (mit Erstem Reglement) vom 3. April 1605. Im Jahre 1861 wurden 14 Stipendien zu je 100 Tlr. gezahlt.

Die Zwecke waren gleich, in Leipzig nur auf die Universität Leipzig bezogen. Beide Stiftungen wurden 1931 durch Übertragung der Restschuld der Stadt Leipzig auf die Ziering'sche Familienstiftung zusammengeführt.

Im Jahr 1935 wurde der Sippenverband Ziering-Moritz-Alemann gegründet, der die stiftungsberechtigten Nachkommen der drei Zieringer Schwestern sammelte. Dieser Verein wurde 2008 umgewandelt in den Familienverband Ziering-Moritz-Alemann e. V., der der Stiftung durch einen Familienbeirat zur Seite steht.

Die Stiftung erfüllte ihre Zwecke bis 1944. Im Jahre 1947 wurde sie der Stiftungsaufsicht beim MP gemeldet und u. a. mitgeteilt, dass die Unterlagen der Stiftung vernichtet worden seien. Im Herbst 1954 setzten die Bemühungen des Staates um eine Auflösung ein. Schließlich wurde im Januar 1955 dem Administrator der Stiftung nahegelegt, im Auftrag des Kuratoriums den Antrag auf Überführung der Stiftung in den Besitz der Stadt zu stellen und das Vermögen der Stiftung in Höhe von 130 DM dem Sozialwesen der Stadt zuzuführen. Dieser Aufforderung kam er jedoch nicht nach. Am 26. Januar 1955 stellte der RdSt fest, dass die Stiftung „wegen Vermögenslosigkeit" aufgelöst sei. Allerdings befand sich die Stiftung nicht unter denjenigen Stiftungen, die im September 1954 vom RdSt aufgelöst worden waren.

Im Jahre 2007 stellte die Stiftungsaufsicht beim LVwA fest, dass die Stiftung nicht rechtskräftig aufgelöst sei und weiterbestehe. Der RdSt sei nicht berechtigt gewesen, die Stiftung aufzulösen. Die Stiftung bestehe fort. Sie wurde im Jahr 2010 im Stiftungsverzeichnis des Landes Sachsen-Anhalt unter der Nr. LSA-11741-234 registriert.

Quellen: Vorl. Liste, Kreis XV, Nr. 12; Hauptliste, Kreis XV, Nr. 16; GStA, I. HA Rep. 76, Vc Sekt. 17, Tit. XI, Nr. 17 Bd. 1; LASA, C 28 II, Nr. 7337; C 127, Nr. 644; E 96; Vorläufige Liste; M1, Nr. 1528–1530; StAM, Rep. A I, R 192, S 555, W 220; Rep. 18[4], Ra. 41; Rep. 41, 864, 906; Nachweisung 1910; Wohlfahrtseinrichtungen

Literatur: Brückner/Erb/Volkmar, Adelsarchive, S. 338; von Dietze/Hunsdieck-Nieland, Stiftungen, S. 293; Fügner, Item so gebe ich …, S. 1–9; Hermes/Weigelt, Handbuch, S. 18; Oppermann, Siebente Nachricht, S. 105 ff.; ders., 1831–1840, S. 34 ff.; Ziering'sche Familienstiftung, in: Druckheft 1 (1935) und 2

Bemerkungen: rechtsfähige Stiftung des bgl. Rechts

Jörg Brückner/Burckhard Dienemann/
Johannes-H. Kirchner/Lutz Miehe

558. ZIMMERMANN'SCHES LEGAT

Errichtet:	1878
Stifter:	Ferdinand Zimmermann
Vermögen:	1910: 1.500 M
Zweck:	Abhaltung einer kleinen Festlichkeit für die Kurrendeschüler alljährlich am Geburtstag des Legatars
Verwaltung:	Magistrat
Darstellung:	k. A.
Quellen:	StAM, Rep. 18[4], A 8; Nachweisung 1910; Wohlfahrtseinrichtungen
Literatur:	Bericht über die Verwaltung 1908/1909; von Dietze/Hunsdieck-Nieland, Stiftungen, S. 294; Meyer/Schneidewin, Wohlfahrtseinrichtungen, S. 6
Bemerkungen:	k. A.

Lutz Miehe

559. ZINCKE'SCHE ARMENSTIFTUNG

Errichtet:	17. August 1850 (Testament)
Stifter:	Johann Georg Peter Zincke (1775–1850), Ratmann in Sudenburg
	Der Stifter war Landwirt. Als Ackermeister und Zichorienfabrikant konnte er sich ein Vermögen erarbeiten. Z. war Mitglied des Sudenburger Rats und engagiertes Mitglied des GKR der ev. KG St. Ambrosius (Sudenburg).
Vermögen:	1910: 68.151,67 M
Zweck:	Unterstützung von acht gottesfürchtigen Armen in Sudenburg, welche vom dortigen GKR vorgeschlagen werden
Verwaltung:	Magistrat/Armendirektion
Darstellung:	Die Stadtverordnetenversammlung beschloss im Jahre 1898, die Zahl der zu Unterstützenden auf zwölf zu erhöhen. Im Jahre 1910 wurde sie noch einmal auf 25 angehoben.
	Die Stiftung wurde Anfang 1923 zusammen mit den anderen Zincke-Stiftungen zu den Peter Zincke-Stiftungen zusammengelegt und war damit aufgelöst.

Quellen:	LASA, C 28 I Ie, Nr. 1625; StAM, Rep. A II, S 20 spec. 32a Bde. 1, 2; Rep. 8, W. II 1; Rep. 13, C IV. 4; Rep. 18[4], A 4, A 5, A 8; Rep. 41, 867; AKPS, Rep. J 3, Nr. 361, 381; Nachweisung 1910; Wohlfahrtseinrichtungen
Literatur:	Adressbuch 1920, S. 28; Bericht über die Verwaltung 1908/1909; Bock, Nachtrag, S. 379f.; von Dietze/Hunsdieck-Nieland, Stiftungen, S. 294; Meyer/Schneidewin, Wohlfahrtseinrichtungen, S. 48; Rauer, Landbuch, S. 802
Bemerkungen:	auch: Zinck'sche Stiftung für Sudenburger Arme; unselbständige Stiftung
	Durch sein Testament errichtete Peter Zincke fünf unselbständige Stiftungen (↗ Nr. 560–563).

Lutz Miehe

560. ZINCKE'SCHE GRABGEWÖLBE-STIFTUNG

Errichtet:	17. August 1850 (Testament)/17. Februar 1851 (Genehmigung)
Stifter:	Johann Georg Peter Zincke (siehe Nr. 559)
Vermögen:	1910: 52.853,23 M Kapitalvermögen, Grabkapelle und Gärtnerhaus auf dem Sudenburger Friedhof, 44,5 ha 4 ar 17 qm Acker
Zweck:	Erhaltung der stiftungseigenen Grabkapelle und des Gärtnerhauses auf dem Sudenburger Friedhof sowie das Schmücken der Särge der Eheleute Z. im Grabgewölbe am Todestag mit Blumen und Kränzen; an diesem Tag ist vom Sudenburger Pfarrer eine Gedächtnisrede zu halten
Verwaltung:	Magistrat/Armendirektion
Darstellung:	Über die Auslegung des Testaments kam es zwischen dem Magistrat von Sudenburg und dem GKR von St. Ambrosius zu Meinungsverschiedenheiten, die schließlich gerichtlich entschieden wurden.
	Die Einkünfte der Stiftung betrugen 1883 ca. 57.400 M. Die Stiftung wurde Anfang 1923 nicht mit den anderen Zincke-Stiftungen zusammengelegt. Die Stadt verwaltete das Vermögen bis einschließlich 1944/45. Es hatte 1942 einen Ertrag von ca. 22.300 RM.
Quellen:	LASA, C 28 I Ie, 1625; StAM, Rep. A II, S 20 und 32a Bde. 1, 2 und spec 47c; Rep. 8, W. II 1; Rep. 13, A I. 375, A I. 504, A I. 626, A I. 759, A I. 778, A I. 887, A I. 914, A I. 1017, A I. 1146, C IV. 3; Rep. 18[4], A 8; Rep. 41, 867; AKPS, Rep. A, Spec. G, Nr. A 946; Rep. J 3, Nr. 382, 383; Nachweisung 1910; Wohlfahrtseinrichtungen
Literatur:	Bericht über die Verwaltung 1908/1909; Bock, Nachtrag, S. 385f.; von Dietze/Hunsdieck-Nieland, Stiftungen, S. 294

Bemerkungen: unselbständige Stiftung

Durch sein Testament errichtete Peter Zincke fünf unselbständige Stiftungen (↗ Nr. 559, Nr. 561–563).

Lutz Miehe

561. Zincke'sche Landwehr-Stiftung

Errichtet: 17. August 1850 (Testament)/17. Februar 1851 (Genehmigung)
Stifter: Johann Georg Peter Zincke (siehe Nr. 559)
Vermögen: 1910: 15.214,70 M Kapitalvermögen und 1 ha 85 ar 80 qm Acker
Zweck: Unterstützung von hilfsbedürftigen Sudenburgern, welche im Militärdienst verwundet, erkrankt oder sonst dienstunbrauchbar geworden sind sowie deren Frauen und Kinder, aber dieser Letzteren allein, falls der Mann bzw. Vater im Militärdienste oder infolge desselben verstorben oder in Gefangenschaft geraten ist (§ 4 des Statuts vom 8. Januar 1860)
Verwaltung: Magistrat/Armendirektion
Darstellung: Die Stiftung wurde Anfang 1923 zusammen mit den anderen Zincke-Stiftungen zu den Peter Zincke-Stiftungen zusammengelegt und war damit aufgelöst.
Quellen: StAM, Rep. A II, S 20 spec. 32a Bde. 1, 2; Rep. 8, W. II 1; Rep. 13, C IV. 5, C IV. 6; Rep. 18[4], A 8; Rep. 41, 864, 867; Nachweisung 1910; Wohlfahrtseinrichtungen

114 a–b Porträts von Johann Georg Peter Zincke und seiner Frau, Aufnahmen o. J.

Literatur:	Adressbuch 1920, S. 28; Bericht über die Verwaltung 1908/1909; Bock, Nachtrag, S. 379 ff.; von Dietze/Hunsdieck-Nieland, Stiftungen, S. 294; Meyer/Schneidewin, Wohlfahrtseinrichtungen, S. 8
Bemerkungen:	unselbständige Stiftung
	Durch sein Testament errichtete Peter Zincke fünf unselbständige Stiftungen (↗ Nr. 559–560, Nr. 562–563).

Lutz Miehe

562. Zincke'sche Stiftung (Hauptstiftung)

Errichtet:	17. August 1850 (Testament)/17. Februar 1851 (Genehmigung)
Stifter:	Johann Georg Peter Zincke (siehe Nr. 559)
Vermögen:	127 Morgen Acker; 1910: 237.385,00 M Kapitalvermögen, Wohngebäude sowie 44 ha, 84 ar, 55 qm Acker und Wiese
Zweck:	1. Bestreitung der Kosten der Sudenburger Armenpflege,
	2. festliche Speisung arbeitsunfähiger, gottesfürchtiger Armer der Sudenburg am 3. September jeden Jahres,
	3. Verteilung von Erträgen an Sudenburger Waisen,
	4. Unterhaltung des Stiftungsgebäudes
Verwaltung:	Magistrat/Armendirektion
Darstellung:	Der Stifter legte fest, dass seine Frau ein lebenslanges Nießbrauchsrecht am Stiftungsvermögen habe. Nach deren Tod sollten die Erträge der Stiftung zunächst 15 Jahre akkumuliert werden.
	Aus dem Vermögen der Stiftung errichtete die Stadt Sudenburg ein Gebäude für Arme mit einer Kapazität für etwa 30 Familien in der Hesekielstr. 7. Im Jahre 1917 wurden an dem Gebäude erhebliche Sanierungsmaßnahmen durchgeführt. 1927 bewohnten 82 Personen das Stift.
	Aufgrund ihrer Größe wurde die Stiftung nicht wie die allermeisten unselbständigen Stiftungen mit anderen Stiftungen im Jahre 1923 zusammengelegt. Stattdessen wurde sie mit den anderen Zincke-Stiftungen zu den (↗) Peter Zincke-Stiftungen zusammengelegt und war damit aufgelöst.
Quellen:	Vorl. Liste, Kreis XV, Nr. 2; Hauptliste, Kreis XV, Nr. 14; LASA, M1, Nr. 1529; C 28 I Ie, Nr. 1625; C 28 II, Nr. 7960; StAM, Rep. A II, A 185, S 20 spec. 32a Bde. 1, 2, S 20 spec. 45; Rep. 8, W. II 1; Rep. 13, A I. 375, A I. 504, A I. 626, A I. 759, A I. 778, A I. 887, A I. 914, A I. 1017, A I. 1146, C IV. 1–C IV. 6; Rep. 18[4], A 4, Ra. 18; Rep. 41, 867, 880; Nachweisung 1910; Wohlfahrtseinrichtungen
Literatur:	Adressbuch 1920, S. 28; Bericht über die Verwaltung 1908/1909, 1927;

	von Dietze/Hunsdieck-Nieland, Stiftungen, S. 294; Guttstadt, Krankenhaus-Lexikon, S. 330
Bemerkungen:	auch: Zincke'sche Hauptstiftung der Peter Zincke-Stiftung; unselbständige Stiftung
	Durch sein Testament errichtete Peter Zincke fünf unselbständige Stiftungen (↗ Nr. 559–561, Nr. 563).

Lutz Miehe

563. Zincke'sche Turmbaustiftung

Errichtet:	17. August 1850 (Testament)/28. Juli 1851 (Genehmigung)
Stifter:	Johann Georg Peter Zincke (siehe Nr. 559)
Vermögen:	8 Morgen Ackerland sowie 1873: 2.000 Tlr., 1877: 21.000 M
Zweck:	Bau eines Kirchturms an St. Ambrosius in Sudenburg
Verwaltung:	„Bürgermeister und Kirchenvorstand" sowie der Kämmerer der Sudenburg
Darstellung:	Die späte Ehe des Ratmanns und Kirchenvorstehers Z. mit Marie Catharina Sophie, geb. Naumann (verh. 8. Oktober 1826) blieb offenbar kinderlos. In seinem Testament ernannte er die Armenkasse der Stadt Sudenburg zu seiner Universalerbin, sprach aber seiner Ehefrau den Nießbrauch seines Vermögens bis zu ihrem Tod bzw. ihrer Wiederverheiratung zu. Nach dem Erlöschen des Nießbrauchs sollte die Sudenburger KG die Pachterträge aus dem Ackerland in der Sudenburger Feldmark bis zu einer Höhe von 4.000 Tlr. ansparen, um davon einen Kirchturm zu errichten. Die Ehefrau verstarb am 17. Juni 1858. Nach dem Tod des Bürgermeisters Loempke stritten Kommune und KG lange um die Rechte an der Stiftungsverwaltung. 1859 klagte die KG vergeblich auf Herausgabe des Vermögens.
	Die Ambrosiuskirche war in den napoleonischen Kriegen abgerissen und nur durch eine turmlose Kapelle ersetzt worden. Nach Beginn des Neubaus einer zweitürmigen Kirche beschloss die KG mit Genehmigung der Kgl. Regierung im Herbst 1877, den legierten Acker zu versteigern und den Erlös von 19.600 M für die Restarbeiten an den Türmen zu verwenden. Das Kassenbuch der Zincke'schen Turmbaustiftung wurde zum 5. Juli 1880 als erledigt geschlossen.
Quellen:	LASA, C 28 II, Nr. 7660; StAM, Rep. 8, W. II 1; AKPS, Rep. A, Spec. G, Nr. A 942; Rep. J 3, Nr. 319–324, 363–372, 383 (enthält beglaubigte Kopie des Testaments); Rep. K: Kirchenbuch St. Ambrosius 1815–1827
Literatur:	Krenzke, Kirchen und Klöster, S. 119

Stiftungen in Magdeburg. Ein Verzeichnis

115 Die Kirche St. Ambrosius im Stadtteil Sudenburg, 1965: Der Kirchturm wurde mit Mitteln der Zincke'schen Turmbaustiftung errichtet

Bemerkungen: unselbständige Stiftung
Durch sein Testament errichtete Peter Zincke fünf unselbständige Stiftungen (↗ Nr. 559–562).

Margit Scholz

564. PETER ZINCKE-STIFTUNGEN

Errichtet:	1923
Stifter:	Johann Georg Peter Zincke (siehe Nr. 559)
Vermögen:	Kapitalvermögen unbekannt; Grundbesitz; 1936: Verringerung des Kassenbestandes um 396.547,25 RM (zur Finanzierung des Altersheimneubaus Leipziger Str.)
Zweck:	jene Zwecke, die 1850 vom Stifter für die von ihm errichteten Stiftungen festgelegt worden waren
Verwaltung:	Magistrat/Armendirektion
Darstellung:	Die Stiftung entstand im Frühjahr 1923 durch die Zusammenlegung der vier von Johann Peter Zincke im Jahre 1850 errichteten Stiftungen durch die Stadt. In den 1930er Jahren wurden die Erträge der Stiftung und auch ein Teil des Grundstockvermögens genutzt, um das städtische Altersheim in der Leipziger Straße zu finanzieren. Im Jahre 1942 verfügte die Stiftung über Erträge in Höhe von ca. 68.000 RM. Das Altersheim in der Hesekielstr. war am Ende des Zweiten Weltkrieges zu ca. 20 Prozent zerstört. Die Stadt legte die Peter-Zincke-Stiftungen im Jahr 1950 mit anderen unselbständigen Stiftungen zur Stiftung (↗) Allgemeine Stiftungsmittel zusammen. Die Stiftung war damit aufgelöst.
Quellen:	Vorl. Liste, Kreis XV, Nr. 2; Hauptliste, Kreis XV, Nr. 14; LASA, C 28 II, Nr. 7960; M1, Nr. 1529; StAM, Rep. 13, A I. 914, A I. 1017; Rep. 41, 107, 867, 889
Literatur:	Anlage zum Haushaltsplan 1941; von Dietze/Hunsdieck-Nieland, Stiftungen, S. 294; Verwaltungsbericht 1936 und 1937
Bemerkungen:	unselbständige Stiftung Durch sein Testament errichtete Peter Zincke fünf unselbständige Stiftungen (↗ Nr. 559–563).

Lutz Miehe

565. ERNESTINE ZUCKSCHWERDT-STIFTUNG

Errichtet:	1880
Stifterin:	Ernestine Zuckschwerdt, geb. Koch

	Die Stifterin hatte 1851 Hermann Ludwig Alexander Z. (1826–1873) geheiratet.
Vermögen:	20.000 M, ca. 15 ha, 1953: 10.000 M
Zweck:	Unterstützung von bedürftigen Angestellten des ehemaligen Bankhauses Z. & Beuchel, Magdeburg
Verwaltung:	von der Stiftung beauftragte Person
Darstellung:	Die Stiftung wurde im Februar 1953 beim RdB angemeldet und u. a. mitgeteilt, dass die Unterlagen der Stiftung am 16. Januar 1945 vernichtet worden seien. Das aktuelle Vermögen in Höhe von 10.000 DM bestehe insbesondere aus einer Hypothek an einem Grundstück in Harsleben. Zu diesem Zeitpunkt erfüllte die Stiftung offensichtlich noch ihre Zwecke. Die Einnahmen betrugen im Frühjahr 1955 ca. 400 DM, von denen 220 DM Steuern zu zahlen waren.
	Im Jahre 1955 wurde die Stiftung auf Betreiben des RdB aufgelöst und das Vermögen in Volkseigentum überführt. In dem Protokoll einer Dienstberatung des RdB mit der Magdeburger Stadtverwaltung vom 18. April 1955 hieß es u. a.: Der RdSt habe den „sich Verwalter nennenden" Herrn Staake „sofort (zu) entbinden und ihm nachzuweisen, dass diese Stiftung seit dem Jahr 1945 gar nicht mehr besteht, sondern unter die Enteignung fällt. Unterschreiben lassen. In der Entpflichtung muss Herr Staake kundtun, dass er alle sich bei ihm befindlichen Unterlagen beigebracht hat. Hierüber ist von Herrn Staake innerhalb von 10 Tagen eine vor dem Staatl.(ichen) Notar abgegebene eidesstattliche Erklärung beizubringen."
	Am 12. Mai 1955 notierte die „Rechtsstelle" beim RdB: „Es wurde Klarheit darüber geschaffen, dass ein Auflösungsbeschluss nicht erforderlich ist, da die Zuckschwerdtsche Stiftung faktisch seit dem Jahre 1945 – gemäß dem SMAD-Befehl, wonach die kapitalistischen Banken liquidiert wurden – gar nicht mehr besteht." Ein formeller Auflösungsbeschluss der Stiftung wurde nicht gefasst.
Quellen:	LASA, M1, Nr. 1528, 1529; StAM, Rep. 41, 906
Literatur:	k. A.
Bemerkungen:	auch: Ernestine Zuckschwerdt'sche Stiftung; rechtsfähige Stiftung des bgl. Rechts; (↗) Nr. 566–572

Lutz Miehe

566. Wilhelm Zuckschwerdt-Stiftung

Errichtet: 1907

Stifter: Wilhelm Zuckschwerdt (1852–1931), Kgl. Geh. KomRat
Der Stifter war der Enkel von Ludwig Z. (↗ Zuckschwerdt & Beuchel-Stiftung) und führte die Fa. Z. & Beuchel weiter. Später verlagerte er das Geschäftsfeld hauptsächlich auf das inzwischen aufgebaute Bankgeschäft. Z. erwarb sich große Verdienste um die Entwicklung des Magdeburger Handels und engagierte sich besonders für den Bau des Mittellandkanals.

116 Wilhelm Ludwig Max Zuckschwerdt, Gemälde von Georg Backhaus, 1906

	Z. war mit Fanny Agnes Schneider, der Tochter von Gustav Schneider (↗ Schneider'sche Stiftung und Schneider'sche St. Katharinen-Stiftung), verheiratet. Das Ehepaar Z. unterstützte den Aufbau der Sammlung des Kaiser-Friedrich-Museums großzügig.
Vermögen:	1910: 5.000 M
Zweck:	Abhaltung allgemein wissenschaftlicher Vorträge und Förderung der Ausbildung junger Kaufleute sowie Unterstützung bedürftiger Kaufleute und Hinterbliebener von Kaufleuten in Magdeburg
Verwaltung:	Kaufmännischer Verein
Darstellung:	Die Stiftung gehörte wahrscheinlich zu denjenigen, die im Juli 1944 durch die verwaltende IHK zusammengelegt wurden.
Quellen:	Nachweisung 1910; Wohlfahrtseinrichtungen
Literatur:	Heinicke, Wilhelm Ludwig Max Zuckschwerdt, in: MBL, S. 835; Liebscher, Wilhelm Ludwig Max Zuckschwerdt, in: MG, S. 228
Bemerkungen:	rechtsfähige Stiftung des bgl. Rechts; (↗) Nr. 565, Nr. 567–572

Lutz Miehe

567. Wilhelm Otto Hermann Zuckschwerdt-Stiftung

Errichtet:	nach 1918
Stifter:	k. A.
Vermögen:	k. A.
Zweck:	Unterstützung bedürftiger Kaufleute
Verwaltung:	IHK
Darstellung:	Die Stiftung wurde im Jahre 1953 durch die IHK angemeldet. Dennoch war sie damals vermögenslos, eine Satzung sei nicht vorhanden.
Quellen:	LASA, M1, Nr. 1528
Literatur:	k. A.
Bemerkungen:	rechtsfähige Stiftung des bgl. Rechts; (↗) Nr. 565–566, Nr. 568–572

Lutz Miehe

568. Zuckschwerdt Jubiläumsstiftung

Errichtet:	1925
Stifter:	Wilhelm Zuckschwerdt (1852–1931), Kgl. Geh. KomRat Zur Biographie (↗) Wilhelm Zuckschwerdt-Stiftung.
Vermögen:	k. A.

Zweck: Abhaltung von Vorträgen
Verwaltung: IHK
Darstellung: Die Stiftung wurde im Januar 1953 von der IHK beim RdB angemeldet. In diesem Zusammenhang wurde mitgeteilt, dass die Stiftung vermögenslos sei und ihre Zwecke nicht mehr erfüllen könne. Die Stiftung wurde am 29. September 1954 durch den RdSt aufgelöst.
Quellen: LASA, M1, Nr. 1528–1530, 1532, 8358/7
Literatur: Heinicke, Wilhelm Ludwig Max Zuckschwerdt, in: MBL, S. 835; Tradition und Innovation, S. 113
Bemerkungen: rechtsfähige Stiftung des bgl. Rechts;
(↗) Nr. 565–567, Nr. 569–572.
Es gibt eine vermutlich aus dem Jahre 1925 stammende Satzung.

Lutz Miehe

569. ZUCKSCHWERDT & BEUCHEL-JUBILÄUMS-STIFTUNG

Errichtet: vermutlich 1918/1919
Stifter: k. A.
Vermögen: 1920: 40.000 M
Zweck: Gewährung von Darlehen (zinslos oder zu niedrigem Zinsfuß) an bedürftige und würdige Kaufleute, deren Geschäfte im Kriege stillgestanden haben oder nur mit Mühe aufrechterhalten werden konnten, für den Wiederaufbau im Frieden
Verwaltung: IHK
Darstellung: Anlass für die Errichtung der Stiftung dürfte der 100. Jahrestag des Bestehens der Fa. Z. & B. gewesen sein. Die Stiftung gehörte wahrscheinlich zu denjenigen, die im Juli 1944 durch die verwaltende IHK zusammengelegt wurden.
Quellen: k. A.
Literatur: Adressbuch 1920, S. 29
Bemerkungen: rechtsfähige Stiftung des bgl. Rechts;
(↗) Nr. 565–568, Nr. 570–572

Lutz Miehe

570. ZUCKSCHWERDT & BEUCHEL-STIFTUNG

Errichtet: 1. Juni 1868/7. Juli 1868 (Genehmigung)
Stifter: Hermann Ludwig Alexander Zuckschwerdt (1826–1873)
Ludwig Z. (1791–1848), der Vater des Stifters, und Julius Wilhelm B.

(1791–1875) begründeten im Jahre 1818 gemeinsam ein Kommissions- und Warengeschäft. 1826 eröffneten beide in Sudenburg die erste Zuckerfabrik, der weitere Unternehmungen folgten. Beide gehörten zu den Pionieren der Zuckerindustrie.

Vermögen: 2.000 Tlr., 1910: 21.000 M

Zweck: Unterstützung bedürftiger, unverschuldet verarmter Kaufleute, Industrieller oder Handwerker oder deren Familien ohne Unterschied der Nationalität oder Religion

Verwaltung: IHK

Darstellung: Anlass für die Errichtung der Stiftung war der 50. Jahrestag des Bestehens der Fa. Z. & B. am 1. Juni 1868. Im Jahre 1869 betrugen die Erträge der Stiftung 90 Tlr. Unterstützt wurden fünf Personen mit jeweils 16 Tlr. Die Stiftung erhielt in den Jahren 1900 und 1905 Zustiftungen vom Stifter. Im Jahre 1918 verwaltete die Stadt weitere Zustiftungen in Höhe von 40.000 M, die durch die Fa. erfolgt waren. Das Geld sollte für Ankäufe für das Kaiser-Friedrich-Museum und das Naturkundemuseum ausgegeben werden.

Die Stiftung wurde im Januar 1953 von der IHK beim RdB angemeldet. In diesem Zusammenhang wurde mitgeteilt, dass die Stiftung vermögenslos sei und ihre Zwecke nicht mehr erfüllen könne. Eine Satzung sei nicht vorhanden.

Die Stiftung wurde am 29. September 1954 durch den RdSt aufgelöst.

Quellen: GStA, I. HA Rep. 77, Tit. 1400 Magdeburg, Nr. 22; LASA, M1, Nr. 1528–1530, 1532, 8358/7; C 28 I Ie, Nr. 1625, 1638; C 110 XXVI, Nr. 6; Nachweisung 1910; Wohlfahrtseinrichtungen

Literatur: Adressbuch 1920, S. 29; Behrend, Großkaufleute, S. 65 ff., 140; Bericht über die Verwaltung 1919/1920, Teil 2 und 1920/1921, Teil 2; Bock, Nachtrag, S. 443; von Dietze/Hunsdieck-Nieland, Stiftungen, S. 294; Engelmann, Julius Wilhelm Beuchel, in: MBL, S. 53; ders., Elias Christian Ludwig Zuckschwerdt, in: MBL, S. 833 f.; Heinicke, Hermann Ludwig Alexander Zuckschwerdt, in: MBL, S. 834; Tradition und Innovation, S. 369; Trenkel, Hof- und Staatshandbuch, S. 383

Bemerkungen: rechtsfähige Stiftung des bgl. Rechts;
(↗) Nr. 565–569, Nr. 571–572
Aus Anlass des Betriebsjubiläums errichtete Z. auch in Nienburg (Saale) eine – vermutlich unselbständige – Stiftung gleichen Namens mit einem Vermögen von 500 Tlr. Diese erhielt den Zweck, jährlich am 1. Juni würdige Arme der Stadt ohne Unterschied der Religion zu unterstützen.

Lutz Miehe

571. ZUCKSCHWERDT'SCHE SAMMEL-STIFTUNG

Errichtet:	1903
Stifter:	Ernst Zuckschwerdt, Apia
Vermögen:	1910: 2.000 M
Zweck:	Unterstützung bedürftiger Leute
Verwaltung:	IHK
Darstellung:	Die Stiftung wurde im Januar 1953 von der IHK beim RdB angemeldet. In diesem Zusammenhang wurde mitgeteilt, dass die Stiftung vermögenslos sei und ihre Zwecke nicht mehr erfüllen könne. Die Stiftung wurde am 29. September 1954 durch den RdSt aufgelöst.
Quellen:	LASA, M1, Nr. 8358/7; Nachweisung 1910; Wohlfahrtseinrichtungen
Literatur:	k. A.
Bemerkungen:	rechtsfähige Stiftung des bgl. Rechts; (↗) Nr. 565–570, Nr. 572

Lutz Miehe

572. ZUCKSCHWERDT-STIFTUNG

Errichtet:	1908
Stifter:	Wilhelm Zuckschwerdt
	Zur Biographie (↗) Wilhelm Zuckschwerdt-Stiftung.
Vermögen:	1910: 30.000 M
Zweck:	Abhaltung von Vorträgen, besonders zu Fragen „über Stoffe aus der Technik"
Verwaltung:	IHK
Darstellung:	Die Stiftung wurde im Januar 1953 von der IHK beim RdB angemeldet. In diesem Zusammenhang wurde mitgeteilt, dass die Stiftung vermögenslos sei und ihre Zwecke nicht mehr erfüllen könne. Eine Satzung sei nicht vorhanden.
	Die Stiftung wurde am 29. September 1954 durch den RdSt aufgelöst.
Quellen:	LASA, M1, Nr. 1528, 1530, 1532, 8358; Nachweisung 1910; Wohlfahrtseinrichtungen
Literatur:	Adressbuch 1920, S. 29; Heinicke, Wilhelm Ludwig Max Zuckschwerdt, in: MBL, S. 835; Tradition und Innovation, S. 113
Bemerkungen:	auch: Wilhelm Otto Hermann Ludwig Zuckschwerdt-Stiftung; rechtsfähige Stiftung des bgl. Rechts; (↗) Nr. 565–571

Lutz Miehe

Quellen- und Literaturverzeichnis

Siglen und Abkürzungen

Siglen

Hauptliste	Hauptliste der im Land Sachsen-Anhalt vorhandenen Stiftungen von 1949, in: LASA, K2, Nr. 671.
MBL	Heinrich/Schandera, (Hg.): Magdeburger Biographisches Lexikon.
MG	Köster (Hg.): Magdeburger Gesichter.
Nachweisung 1910	Nachweisung der in der Stadt Magdeburg vorhandenen milden Stiftungen nach dem Stande vom 1. April 1910, in: StAM, Rep. A III, Nr. 31.1a. Die Nachweisung ist auch überliefert in: LASA, C 28 Ie I, Nr. 1582 III sowie gedruckt in: Bericht über die Verwaltung 1909/1910, S. 588–671.
UB Berge	Urkundenbuch des Klosters Berge bei Magdeburg.
UBM	Urkundenbuch der Stadt Magdeburg.
UB ULF	Urkundenbuch des Klosters Unser Lieben Frauen zu Magdeburg.
Vorläufige Liste	Vorläufige Liste der im Land Sachsen-Anhalt vorhandenen Stiftungen vom 1. Oktober 1947, in: LASA, K2, Nr. 671.
WA Br	Luther, Martin, Werke Briefwechsel.
Wohlfahrtseinrichtungen	Wohlfahrtseinrichtungen in der Stadt Magdeburg, o. J. (1914), in: AKPS, J 14, Nr. 4.

Abkürzungen

Abb.	Abbildung/Abbildungen
Abh.	Abhandlungen
Abt.	Abteilung
a. D.	außer Dienst
AG	Amtsgericht
AKPS	Archiv und Bibliothek der Kirchenprovinz Sachsen, Magdeburg
allg.	allgemein
ALR	Allgemeines Landrecht für die Preußischen Staaten
ar	Ar (Flächenmaß)
Aufl.	Auflage
Bd., Bde.	Band, Bände
Bearb., bearb.	Bearbeiter/-in, bearbeitet
Beitr.	Beitrag/Beiträge
Best.	Bestand
Bez.	Bezirk
bgl.	bürgerlich
Bibl.	Bibliothek
Biogr., biogr.	Biographie, biographisch
Bl., Bll.	Blatt, Blätter
BLHA	Brandenburgisches Landeshauptarchiv
BT	Bezirkstag
bzw.	beziehungsweise

Chr.	Christus
CVJM	Christlicher Verein Junger Männer (heute: Christlicher Verein Junger Menschen)
D.	Doktor theologiae (Doktor der Theologie)
DDP	Deutsche Demokratische Partei
DDR	Deutsche Demokratische Republik
ders.	derselbe
dies.	dieselbe
d. h.	das heißt
d. J.	des Jahres
DM	Deutsche Mark
Dir.	Direktor
Diss.	Dissertation
Dr.	Doktor (akad. Grad)
dt.	deutsch
dt.-ref.	deutsch-reformiert
Dtl., Dtls.	Deutschland, Deutschlands
ebd.	ebenda
E. h.	Ehrenhalber
EK	Evangelische Kirche
EKKPS	Evangelische Kirche der Kirchenprovinz Sachsen
EKM	Evangelische Kirche Mitteldeutschlands
EKU	Evangelische Kirche der Union
ev.	evangelisch
ev.-ref.	evangelisch-reformiert
e. V.	eingetragener Verein
EZA	Evangelisches Zentralarchiv, Berlin
f., ff.	folgende Seite, folgende Seiten
Fa.	Firma
Fam.	Familie
FDJ	Freie Deutsche Jugend
FH	Fachhochschule
fl.	Florentiner (Gulden)
frz.-ref.	französisch-reformiert
FS., Fss.	Festschrift, Festschriften
geb.	geboren
Geb.	Geburtstag
gedr.	gedruckt
Geh.	Geheimer
GehRat	Geheimrat
gen.	genannt
Ges.	Gesellschaft
gest.	gestorben
ggf.	gegebenenfalls
GmbH	Gesellschaft mit beschränkter Haftung
Gr.	Groschen
GStA	Geheimes Staatsarchiv Preußischer Kulturbesitz
Gymn.	Gymnasium
H.	Heft
ha	Hektar

h. c.	honoris causa (ehrenhalber)
Hdb.	Handbuch
Hg., hg.	Herausgeber/-in, herausgegeben
HJ	Hitlerjugend
hl.	heilig
IHK	Industrie- und Handelskammer
Ing., Ing.-	Ingenieur, Ingenieur-
Inst.	Institut
Int., int.	International, international
Jb., Jbb.	Jahrbuch, Jahrbücher
Jg., Jgg.	Jahrgang, Jahrgänge
Jh.	Jahrhundert
Js., Jss.	Jahresschrift, Jahresschriften
jüd.	jüdisch
jun.	junior
Kat.	Katalog
kath.	katholisch
KG	Kirchengemeinde
Kgl., kgl.	Königlich
KGR	Kirchengemeinderat
KHM MD	Kulturhistorisches Museum Magdeburg
KomRat	Kommerzienrat
KPS	Kirchenprovinz Sachsen
Kr.	Kreis
KZ	Konzentrationslager
LASA	Landesarchiv Sachsen-Anhalt
Lex.	Lexikon
LG	Landgericht
LSA	Land Sachsen-Anhalt
LT	Landtag
luth.	lutherisch
LVwA	Landesverwaltungsamt Sachsen-Anhalt
M	Mark
MD	Magdeburg
MdL	Mitglied des Landtages
MdR	Mitglied des Reichstages
Med., med.	Medizin, medizinisch
MedRat	Medizinalrat
Mio.	Million
Mitarb.	Mitarbeit, Mitarbeiter/-in
Mittlg., Mitttlgg.	Mitteilung, Mitteilungen
MP	Ministerpräsident
Mrd.	Milliarde
MS	Maschinenschrift (keine Drucklegung)
Ms., Mss.	Manuskript, Manuskripte
Mus.	Museum
ND	Neudruck
N. F.	Neue Folge

N. N.	nomen nescio (unbekannten Namens)
Nr.	Nummer
NS	Nationalsozialismus
NSV	Nationalsozialistische Volkwohlfahrt
OB	Oberbürgermeister
o. g.	oben genannt
o. J.	ohne Jahr
OLG	Oberlandesgericht
o. O.	ohne Ort
Phil., phil.	Philosophie, philosophisch
preuß.	preußisch
priv.	privat
Prof.	Professor/-in
qm	Quadratmeter
r	recto (Vorderseite)
ref.	reformiert
RdB	Rat des Bezirkes
RdSt	Rat der Stadt
Reg.	Regierung/Regierungs-
Repr.	Reprint
RM	Reichsmark
RP	Regierungspräsident
Rtlr.	Reichstaler
s.	siehe
S.	Seite
Sa.-Anh.	Sachsen-Anhalt
SAG	Sowjetische Aktiengesellschaft
SanRat	Sanitätsrat
SBZ	Sowjetische Besatzungszone
SED	Sozialistische Einheitspartei Deutschlands
sen.	Senior
SG MD	Synagogengemeinde Magdeburg
Sgr.	Silbergroschen
Slg., Slgg.	Sammlung, Sammlungen
SMAD	Sowjetische Militäradministration in Deutschland
s. o.	siehe oben
sog.	sogenannt
Sp.	Spalte
Spec.	Specialia
StA	Stadtarchiv
StAM	Stadtarchiv Magdeburg
t	Tonne
T.	Teil
Tb.	Taschenbuch
Theol., theolog.	Theologe, theologisch
Tlr.	Taler
TÜV	Technischer Überwachungsverein

u. a.	unter anderem, und andere
u. a. m.	und andere mehr
UB	Universitätsbibliothek
Üb.	Übersetzer/-in, Übersetzung
unfol.	unfoliiert, ohne Seitenangabe
Univ.	Universität
Urk.	Urkunde
v	verso (Rückseite)
v.	von (bei Adelstiteln und Namenszusätzen), vor
VEB	Volkseigener Betrieb
verh.	verheiratet
vermutl.	vermutlich
Verz., Verzz.	Verzeichnis, Verzeichnisse
Vf.	Verfasser/-in
vgl.	vergleiche
vol.	Volumen, Band
Vors.	Vorsitzender
VVG	Vereinigung volkseigener Güter
wallon.-ref.	wallonisch-reformiert
wirtsch.	wirtschaftlich
Wiss., wiss.	Wissenschaft, wissenschaftlich
Wwe., Wwen.	Witwe, Witwen
z. B.	zum Beispiel
ZK	Zentralkomitee
Zs., Zss.	Zeitschrift, Zeitschriften
z. T.	zum Teil
Ztg., Ztgg.	Zeitung, Zeitungen
z. Z.	zurzeit

Ungedruckte Quellen

Bundesarchiv (BA)
DO 1, Nr. 9264, 9265, 9274, 9279, 9283.
R 4901/589, 4901/590.

Geheimes Staatsarchiv Preußischer Kulturbesitz (GStA)
I. HA Rep. 71, E Nr. 42, 67.
I. HA Rep. 76, Vc Sekt. 17 Tit. XI, Nr. 6 Bd. 1, Nr. 11 Bd. 1, Nr. 14 Bd. 1, Nr. 16 Bd. 1, Nr. 17 Bd. 1, Nr. 18 Bd. 1.
I. HA Rep. 76, II. Sekt. XI I Nr. 8.
I. HA Rep. 77, Tit. 1400 Magdeburg, Nr. 1, 6–8, 11, 15, 28, 19, 21–28, 31, 32, 34.
I. HA Rep. 84a, Nr. 25770, 44221.
I. HA Rep. 89, Nr. 12897, 21456, 21457.
I. HA Rep. 91 C, Nr. 2383–2385, 2387–2400.
II. HA GD, Abt. 30, I Nr. 95

Landesarchiv Sachsen-Anhalt (LASA)

U 2.
U 3H, Nr. 1–5.
Cop. Nr. 671d.
A 3, Nr. 808.
A 3a, Nr. 1200–1204.
A 4f, 01.01.
A 4k, 3.01.
A 4k III, Nr. 1–3, 7, 170–171, 172–176.
C 20 I Ia, Nr. 518, 2274, 2722, 3701.
C 20 I Ib, Nr. 2104, 2834, 3618, 3630, 3631, 3634 (Bde. 14 und 15), 3635, 3642, 3668, 3678, 4898;
C 20 I, 10.05.02, 01.06.08.
C 20 III, Nr. 286, 375–377, 1118.
C 22, Nr. 275.
C 23
C 28 Ie Gen., Nr. 192, 198.
C 28 Ie I, Nr. 164, 265, 1186, 1528, 1553, 1545, 1555, 1557, 1560, 1563, 1565–1573, 1578, 1580–1582, 1585, 1588, 1592, 1595, 1599, 1602–1605, 1613, 1614, 1616, 1617, 1621, 1623, 1625, 1628, 1629, 1633–1637, 1637a, 1638–1640, 1644–1649, 1654, 1656, 1658, 1659, 1661, 1664, 1670–1674, 1677, 1679–1687, 1689, 1692, 1696, 1697, 1697a, 1698, 1700–1704, 1705, 1706, 1963, 1964.
C 28 Ie II, Nr. 265, 920.
C 28 II, Nr. 1583, 7323, 7323a, 7337, 7522, 7530, 7580, 7583, 7585, 7587, 7589, 7604, 7606, 7617, 7618, 7621, 7628–7630, 7633, 7638, 7639, 7644, 7656, 7657, 7662, 7683, 7763, 7794, 7860, 7823, 7855, 7860, 7861, 7865, 7872, 7928, 7960.
C 29, IV g Nr. 1, 2.
C 43, (Kloster ULF).
C 110 XXVI, Nr. 6.
C 127, Nr. 100, 144, 160, 644.
C 129, Nr. 393–403, 406, 644, 1257, 1382, 2481, 2504/5.
E 87–89, E 91–94, E 96, E 165.
K 2, Nr. 266, 271, 476, 661, 662, 663, 670, 671, 681, 690, 705, 706, 708, 728, 3708, 4095.
H 40.
K 12 Magdeburg Nr. 304.
L 8, Nr. 81.
L 16, Nr. 702, 1226.
M 1, Nr. 836, 854, 1528, 1529, 1530, 1532, 8358/7.

Stadtarchiv Magdeburg (StAM)

Rep. A I, P 124, P 145, P 186, R 192, S 65, S 87 (Bde. 9–10), S 306, S 424, S 555, S 665, T 135, UV 138, W 220, Z 56, Z 152 (Bd. 6).
Rep. A II, A 27, A 30 (Bd. 1), A 48 spec. 1 (Bde. 1–4), A 185, F 24, F 51, G 43, G 45, H 77a–77b, J 13a, Bd. 1–7, J 29b, K 92, M 60, M 65, M 77 spec. 1, R 32, S 20, S 20 spec. 1d, S 20 spec. 2c, S 20 spec. 2f, S 20 spec. 2g, S 20 spec. 3e, S 20 spec. 11a, S 20 spec. 11e, S 20 spec. 12a, S 20 spec. 12g, S 20 spec. 17, S 20 spec. 21b, S 20 spec. 24b, S 20 spec. 26b, S 20 spec. 30, S 20 spec. 32a, S 20 spec. 32b, S 20 spec. 32c, S 20 spec. 32d, S 20 spec. 35a, S 20 spec. 35b, S 20 spec. 37a, S 20 spec. 38a, S 20 spec. 38b, S 20 spec. 39, S 20 spec. 40a, S 20 spec. 40b, S 20 spec. 41, S 20 spec. 45, S 20 spec. 47c, S 20 spec. 67, S 20 spec. 68, S 20 spec. 69a, S 20 spec. 69b, S 20 spec. 80 (Bde. 1–3), S 20 spec. 83, S 89a, S 89b, S 132b, W 43a.
Rep. A III, 31.1a, 31.1f, 31.1h, 31.2 L 6, 31.2 T 5.
Rep. 7, F. 23, G. 12, G. 13–G. 23, G. 24, G. 27, G. 32–G. 36, G. 39.
Rep. 8, W. II 1, W. II 3.
Rep. 10 J, 3–7, 11, 12, 13, 14–18, 19, 20–26, 28, 32, 41, 42.

Rep. 10 K, 206, 394.
Rep. 11 L, 01–03, 12, 32, 33, 45.
Rep. 13, A I. 375, A I. 504, A I. 517, A I. 518, A I. 626, A I. 643, A I. 644, A I. 759, A I. 778, A I. 887, A I. 912–A I. 914, A I. 916, A I. 1017, A I. 1026, A I. 1027, A I. 1146, A I. 1168, A I. 1169, C IV. 1– C IV. 6.
Rep. 17.
Rep. 18³, P 14, S 151 sp. XXIX.
Rep. 18⁴, A3–A5, A7–A11, Bü. 128, Bü. 129, Bü. 132, Bü. 134, Bü. 142, Bü. 189, Bü. 301, Bü. 302, Ra. 18–Ra. 20, Ra. 25, Ra. 34, Ra. 37, Ra. 40, Ra. 41, St. 4, St. 9, St. 18.
Rep. 28, 342.
Rep. 33 I, F 1.
Rep. 33 II, G 4–G 9, G 15, G 18, L 18–L 23.
Rep. 33 III.
Rep. 33 V.
Rep. 38, A I. 19, F. 1, F. 2, F. 5, F. 6, G. 1.
Rep. 41, 106, 107, 143, 410, 710, 763, 764, 862–868, 874–887, 889, 897, 898, 900–906, 909, 967, 1928, 3162, 3436, 3541.
Rep. 44, 10.
Rep. 55, 3.0140 Bd. 2 Sterbebuch Magdeburg-Altstadt, Sterbeeintrag 402/1888; 3.0439 Bd. 1 Sterbebuch Magdeburg-Sudenburg, Sterbeeintrag 153/1919; 3.0608 Bd.1 Sterbebuch Magdeburg-Sudenburg, Sterbeeintrag 9/1944.
Rep. Magdeburger Spuren, 363, 423, 718, http://www.magdeburger-spuren.de/de/detailansicht.html?sig=363 [423,718] [16.03.2021).
Urk.S., 10.
ZG, 124.08., 140.03.01.

Evangelisches Zentralarchiv in Berlin (EZA)
Best. 7, Nr. 10626, 10631, 10636.

Archiv und Bibliothek der Kirchenprovinz Sachsen (AKPS)
Rep A, Generalia Nr. 285 a–d, 628 a, 631 b, 660, 1039, 1087, 1088 a–f, 1089 a–b, 1090 a–c, 1091 b, 1092 a–g, 1093, 1094, 1095 a–f, 1096, 1097 a–b, 1099, 1100 a–h, 1101 a–c, 1102 a–d, 1103 a–b, 1104 a–e, 1105 a–c, 1125 a–b, 1126 a–d, 1127 a–d, 1128 a–c, 1129, 1130 a–b, 1138, 1139 a–b, 1140 a–b, 1166 a–b, 1167 a–d, 1168, 1169 a–d, 1170, 1171 a–b, 1172 a–h, 1175 a–b, ‚1176 a, 1178 a–k, 1199, 1231 a, 1627–1630, 1881, 2137, 3302, 5018, 5392, 5936, 6372, 6529, 6886, 7025, 7415, 7519, 7532, 7550, 7687, 8136, 8612, 8613, 8622, 8654, 8655, 8671, 8711, 8712, 8971.
Rep. A, Spec. G, Nr. A 748, A 760, A 767–768, A 771, A 791–793, A 822, A 827; A 942, A 945–946, A 964, A 967, A 1081, A 1101–1104, A 1112, A 1131, A 1136, A 1176, A 12352, A 12356, A 12377, A 15275, A 23190.
Rep. A, Spec. P, Nr. J 80, L 55, L 71, M 144, M 496, P 144, V. 116.
Rep. B 1, Nr. 78.
Rep. B 2, Nr. 123.
Rep. B 3, Nr. 182, 198, 214, 215.
Rep. B 4, Nr. 474, 478.
Rep. C 1, Nr. 237.
Rep. F 10, Nr. 176.
Rep. H 1, Nr. 31.
Rep. H 44, Nr. 130, 146, 332, 422.
Rep. H 51, Nr. 25, 518.
Rep. J 1, Nr. 44, 197, 218–230, 233.
Rep. J 2, Nr. 127, 128, 130, 131, 133–135, 163, 167, 216, 217.

Rep. J 3, Nr. 188, 319–324, 361, 363–383, 485, 503, 547, 665, 748, 817, 818.
Rep. J 4, Nr. 42, 50, 67, 78.
Rep. J 6, Nr. 224, 242, 247, 317, 319–327, 330, 339, 345, 354–361, 364, 369, 370, 376, 391, 415.
Rep. J 7, Nr. 4, 19, 27, 30, 33, 36, 38, 90.
Rep. J 9, Nr. 53–57, 81, 106, 122–129, 196, 297, 323, 324, 420, 421, 597, 728, 729.
Rep. J 10, Nr. 56–61, 586–591.
Rep. J 13, Nr. 63–68, 83.
Rep. J 14, Nr. 4, 12, 31, 58, 61, 85, 96, 156, 280.
Rep. J 15, Nr. 57, 64.
Rep. J 19, Nr. 178–184, 682, 705, 706.
Rep. J 25, Nr. 52, 53.
Rep. J 26, Nr. 65, 199, 239, 378, 382, 384, 405, 410, 413, 428, 474, 477, 482–484, 486, 487, 499, 503, 506–514, 516, 517, 533–535, 537–542, 552–554, 563, 578, 614, 646, 694, 695, 777, 780–783, 832, 833, 906, 907, 916, 921, 926–928, 938, 940, 952–954, 968, 976, 988, 989, 994, 996, 999, 1001–1003, 1006, 1013–1015, 1017, 1030–1033, 1035.
Rep. J 27, Nr. 55.
Rep. K: Kirchenbuch St. Ambrosius 1815–1827, Kirchenbuch von Cracau 1815–1832, Taufregister St. Laurentius 1828–1848.

Brandenburgisches Landeshauptarchiv
Rep. 8 Treuenbritzen, Nr. 2782; Luckenwalde, Nr. 575.

Stadtarchiv Schönebeck
NZB 1248; B.02.147.

Stadtarchiv Jüterbog
Signatur Nr. 3248–3263.

Gedruckte Quellen, Editionen, Inventare und Alte Drucke (vor 1800)

Adressbuch für Magdeburg und Umgebung, Magdeburg 1875, 1915, 1918, 1920, 1921.
Amtliche Mitteilungen des Evangelischen Konsistoriums der Provinz Sachsen, Magdeburg 1920.
Amtliche Mitteilungen des Königlichen Consistoriums der Provinz Sachsen zu Magdeburg 5 (1873), Beilage Nr. 14.
Amtsblatt der Evangelischen Kirche der Kirchenprovinz Sachsen, Magdeburg, 7/1962, 1994, 8,9/2000.
Amtsblatt der Evangelischen Kirche in Mitteldeutschland 11, 2020.
Amtsblatt der Regierung zu Magdeburg 1840, 1845, 1859, 1864.
Anlage zum Haushaltsplan der Stadt Magdeburg für das Rechnungsjahr 1941, Magdeburg 1941.
Berger, Johann Heinrich: Responsa ex omni iure, quo in primis Germania utitur repetita, Bd. 2, Leipzig 1708.
Bericht über die Verwaltung und den Stand der Gemeinde-Angelegenheiten der Stadt Magdeburg, Jahrgänge 1857 bis 1918, Magdeburg 1857 bis 1918.
Bericht über die Verwaltung und den Stand der Gemeinde-Angelegenheiten der Stadt Magdeburg für die Zeit vom 1. April 1919 bis 31. März 1920, 1. Teil: Verwaltungsbericht, 2. Teil: Rechnungsabschlüsse, Magdeburg 1920.

Bericht über die Verwaltung und den Stand der Gemeinde-Angelegenheiten der Stadt Magdeburg für die Zeit vom 1. April 1920 bis 31. März 1921, 1. Teil: Verwaltungsbericht, 2. Teil: Rechnungsabschlüsse, Magdeburg 1921.

Bericht über die Verwaltung und den Stand der Gemeinde-Angelegenheiten der Stadt Magdeburg für die Zeit vom 1. April 1921 bis 31. März 1926, Magdeburg 1926.

Brandl, Heiko/Forster, Christian (Bearb.): Der Dom zu Magdeburg. Bd. 1: Architektur, Bd. 2: Ausstattung (Die Bau- und Kunstdenkmäler von Sachsen-Anhalt 1/Beiträge zur Denkmalkunde 6), Regensburg/Halle 2011.

Brückner, Jörg/Erb, Andreas/Volkmar, Christoph (Bearb.): Adelsarchive im Landeshauptarchiv Sachsen-Anhalt. Übersicht über die Bestände (Veröffentlichungen der staatlichen Archivverwaltung des Landes Sachsen-Anhalt, Reihe A: Quellen zur Geschichte Sachsen-Anhalts 20), Magdeburg 2012.

Bürgerliches Gesetzbuch für das Königreich Sachsen von 1863/1865 (Neudrucke privatrechtlicher Kodifikationen und Entwuerfe des 19. Jahrhunderts 4), Aalen 1973.

Bulletin der Gesetze und Decrete des Königreichs Westphalen, Bd. 1, Kassel 1810.

Calvisius, Seth-Heinrich: Das zerstöhrete und wieder aufgerichtete Magdeburg […], Magdeburg 1727.

Die Chroniken der niedersächsischen Städte. Magdeburg, Bd. 1: Die Magdeburger Schöppenchronik, bearb. von Karl Janicke (Die Chroniken der deutschen Städte vom 14. bis ins 16. Jahrhundert 7), Leipzig 1869, ND Göttingen 1962.

Die Chroniken der niedersächsischen Städte. Magdeburg, Bd. 2, bearb. von Gustav Hertel (Die Chroniken der deutschen Städte vom 14. bis ins 16. Jahrhundert 27), Leipzig 1899, ND Göttingen 1962.

Die Inschriften der Stadt Magdeburg, bearb. von Thomas Rastig, Hans Fuhrmann, Andreas Dietmann und Cornelia Neustadt unter Mitwirkung von Jens Borchert-Pickenhan (Die Deutschen Inschriften 108), Wiesbaden 2020.

Gesetz-Bulletin des Königreichs Westphalen, 3. Teil, Kassel 1810.

Gesetzblatt der DDR, Teil I, 1952.

Gesetz-Sammlung für die Königlichen Preußischen Staaten, Berlin 1810, 1831, 1832.

Gesta Archiepiscoporum Magdeburgensium, hg. von Wilhelm Schum, in: Monumenta Germaniae Historica. Scriptores in folio, Bd. 14, Hannover 1883, S. 361–486.

Häuserbuch der Stadt Magdeburg 1631–1720, Teil 1, bearb. von Ernst Neubauer (Geschichtsquellen der Provinz Sachsen und des Freistaates Anhalt, Neue Reihe 12), Magdeburg 1931; Teil 2, bearb. von Ernst Neubauer und Hanns Gringmuth-Dallmer (Quellen zur Geschichte Sachsen-Anhalts 4), Halle 1956.

Hattenhauer, Hans (Hg.): Allgemeines Landrecht für die Preußischen Staaten von 1794, 3., erw. Aufl. 1996.

Hugo, Gustav: Lehrbuch des Naturrechts als einer Philosophie des positiven Rechts, Berlin 1798, ND Berlin 1971.

Die Kirchen-, Schul- und Armenverfassung der deutschen reformirten Gemeine in Magdeburg bey Gelegenheit der auf den 2ten Februar 1800 bestimmten Jubelfeyer der am 28. Januar 1700 geschehenen Einweyhung ihres jetzigen Gottshauses bekannt gemacht, Magdeburg 1800.

Lauenstein, Joachim B.: Hildesheimische Kirchen- und Reformationshistorie, Teil 1, Hildesheim 1736.

Lebens-Regeln für diejenigen, welche in das Hospital St. Annen in Magdeburg aufgenommen werden […] 1746, ND Magdeburg: Christian Jacob Hänel 1816, unfol. (benutztes Exemplar: eingebunden in StAM, Bibliothek, 145/84).

Luther, Martin: D. Martin Luthers Werke. Kritische Gesamtausgabe. Briefwechsel, 18 Bde., Weimar 1930–1985.

Ministerialblatt des Reichs- und Preußischen Ministers des Innern, 1937.

Preußische Gesetzsammlung, 1810, 1924.

Rechenschaftsbericht über das Jahr 1882 der Herberge zur Heimat, o. O., o. J.

Reichsgesetzblatt I 1935, 1939.

St. Ulrichs-Parochial-Blatt, Jg. 22, Magdeburg 1878.

Sehling, Emil (Hg.): Die evangelischen Kirchenordnungen des XVI. Jahrhunderts, Bd. 2: Das Erzbistum Magdeburg und das Bistum Halberstadt, Leipzig 1904.
Urkundenbuch der Stadt Magdeburg, Bd. 1: bis 1403, Bd. 2: 1403–1464, Bd. 3: 1465–1513, bearb. von Gustav Hertel (Geschichtsquellen der Provinz Sachsen und angrenzender Gebiete 26–28), Halle 1892–1896.
Urkundenbuch des Klosters Berge bei Magdeburg, bearb. von Hugo Holstein (Geschichtsquellen der Provinz Sachsen und angrenzender Gebiete 9), Halle 1879.
Urkundenbuch des Klosters Unser Lieben Frauen zu Magdeburg, bearb. von Gustav Hertel (Geschichtsquellen der Provinz Sachsen und angrenzender Gebiete 10), Halle 1878.
Verhandlungen der zehnten ordentlichen Provinzial-Synode der Provinz Sachsen. Abgehalten zu Merseburg in den Tagen vom 18. bis 28. Oktober 1902, Magdeburg 1903.
Verwaltungsbericht der Stadt Magdeburg, Jahrgänge 1927 bis 1937, Magdeburg 1928 bis 1937.
Verwaltungs-Bericht des Vorstandes der Synagogen-Gemeinde zu Magdeburg, Magdeburg 1893.
Weber, Matthias: Die Reichspolizeiordnungen von 1530, 1548 und 1577. Historische Einführung und Edition (Ius Commune, Sonderhefte 146). Frankfurt a. M. 2002.
Weinschenck, Otto: Die Erleichterung unserer mühseligen Pilgrimschaft [= Leichenpredigt auf Leberecht von Guericke], Magdeburg 1737.
Wolff, Christian: Ius naturae, Bd. 2, Halle 1741.
Zwanzigster Rechenschaftsbericht (über das Jahr 1895) des ersten und zweiten Evang. Männer- und Jünglings-Vereins und der Herbergen zur Heimat in Magdeburg, Magdeburg 1896.

Literatur

Adam, Thomas: Stiftungen in deutschen Bürgerstädten vor dem Ersten Weltkrieg: Das Beispiel Leipzig, in: Geschichte und Gesellschaft 33 (2007), S. 46–72.
Ders.: Die volkswirtschaftliche Bedeutung von Stiftungen und „totem Kapital", in: Adam/Frey/Strachwitz, Stiftungen seit 1800, S. 179–202.
Ders.: Stiften und Stiftungen im deutsch-amerikanischen Vergleich von 1815 bis 1945, in: Reden, Stiftungen zwischen Politik und Wirtschaft 5, S. 23–50.
Ders.: Stiften in der DDR (Beiträge zur Theorie, Geschichte und Praxis der Stiftung 1), Leipzig 2017.
Ders.: Zivilgesellschaft oder starker Staat? Das Stiftungswesen in Deutschland (1815–1989), Frankfurt am Main/New York 2018.
Ders.: Stiftungen für die Bildung im 19. Jahrhundert, in: Zeitschrift für Stiftungs- und Vereinsrecht 17 (2019), S. 169–172.
Ders./Frey, Manuel/Strachwitz, Rupert Graf (Hg.): Stiftungen seit 1800. Kontinuitäten und Diskontinuitäten (Maecenata Schriften 3), Stuttgart 2009.
Ahcin, Christian: Zur Entstehung des bürgerlichen Gesetzbuchs für das Königreich Sachsen von 1863/65, Frankfurt a. M. 1996.
Asmus, Helmut: 1200 Jahre Magdeburg. Von der Kaiserpfalz zur Landeshauptstadt, Bd. 1: Die Jahre 805 bis 1631, Magdeburg 1999; Bd. 2: Die Jahre 1631 bis 1648, Halberstadt 2002, Bd. 3: 1848 bis Gegenwart, Magdeburg 2005; Bd. 4: 1945 bis 2005, Magdeburg 2009.
Ders.: Elbbahnhof. Geschichte und Leben an und mit der Elbe, Magdeburg 2010.
Aurich, Jutta: Stiftungen in Chemnitz, vornehmlich im 19. und 20. Jahrhundert, in: Bräuer, Helmut (Hg.): Arme – ohne Chance? Protokoll der internationalen Tagung „kommunale Armut und Armutsbekämpfung vom Spätmittelalter bis zur Gegenwart" vom 23. bis 25. Oktober 2003 in Leipzig, Leipzig 2004, S. 293–308.
Ballerstedt, Maren: „Vergesset nicht der Armen ..." Armenpolitik in Magdeburg vom Ausgang des 17. bis zum Beginn des 19. Jahrhunderts, in: Puhle/Petsch, Magdeburg, S. 527–538.
Dies.: Ida Louise Lücke, geb. Deneke, in: Labouvie, Frauen in Sachsen-Anhalt 2, S. 297–299.
Dies./Köster, Gabriele/Hattenhorst, Maik (Hg.): Magdeburg im Ersten Weltkrieg 1914–1918. Eine Großstadt an der Heimatfront (Magdeburger Schriften 6), Halle 2014.

Dies./Köster, Gabriele/Poenicke, Cornelia (Hg.): Magdeburg und die Reformation, Teil 1: Eine Stadt folgt Martin Luther (Magdeburger Schriften 7), Halle 2016.
Dies./Petsch, Peter/Puhle, Matthias (Hg.), „Zum Wohle der Stadt […]". Magdeburger Ehrenbürger (Magdeburger Schriften 5), Halle 2012.
Beckert, Manfred: Hermann August Jacques Gruson, in: MBL, S. 236–238.
Ders.: Lois Schwartzkopff, in: MBL, S. 669.
Ders., Eugen Polte, in: MBL, S. 553–554.
Ders.: Rudolf Ernst Wolf, in: MBL, S. 818–819.
Behrend, Martin: Magdeburger Großkaufleute, Magdeburg 1906.
Berghauer, Johann Christian Friedrich: Magdeburg und die umliegende Gegend, 2 Bde., Magdeburg 1800/1801.
Beseler, Georg: Volksrecht und Juristenrecht, Leipzig 1838.
Bock Adolph: Das Armenwesen, die milden Stiftungen und sonstigen Wohlthätigkeitsanstalten zu Magdeburg, Magdeburg 1860.
Ders.: Nachtrag zu der Schrift: Das Armenwesen, die milden Stiftungen und sonstigen Wohltätigkeitsanstalten zu Magdeburg, Magdeburg 1868.
Ders.: Heinrich Wilhelm Müllers Siechenhospital zu Magdeburg, Magdeburg 1868.
Bode, Karl Heinrich: Urkundliche Nachrichten über die wallonisch-reformierten Gemeinden zu Magdeburg, Magdeburg 1889.
Borgolte, Michael: Die Stiftungen des Mittelalters in rechts- und sozialhistorischer Sicht, in: Zeitschrift der Savigny-Stiftung, Kanonistische Abt. 105 (1988), S. 71–94.
Ders. (Hg.), Stiftungen und Stiftungswirklichkeiten vom Mittelalter bis zur Gegenwart, Berlin 2000.
Ders. (Hg.): Stiftungen in Christentum und Islam vor der Moderne. Auf der Suche nach ihren Gemeinsamkeiten und Unterschieden in religiösen Grundlagen, praktischen Zwecken und historischen Transformationen, Berlin 2005.
Ders. (Hg.): Enzyklopädie des Stiftungswesens in mittelalterlichen Gesellschaften, 3 Bde., Berlin 2014–2017.
Bornemann, August: Gustav Friedrich Adolf Max Drenckmann, in: MBL, S. 143–144.
Ders.: Gerhard Korte in: MBL, S. 377.
Brecht, Martin: Martin Luther, 3 Bde., Stuttgart 1981–1987.
Bruck, Eberhard Friedrich: Über römisches Recht im Rahmen der Kulturgeschichte, Berlin/Göttingen/Hamburg 1954.
Ders.: Die Stiftungen für die Toten in Recht, Religion und politischem Denken der Römer, in: Ders.: Über römisches Recht im Rahmen der Kulturgeschichte, Berlin/Göttingen/Hamburg 1954, S. 46–100.
Buchholz, Ingelore: Der Einfluss des Bürgertums auf kirchlich-soziale Angelegenheiten in Magdeburg, in: Puhle, Hanse-Städte-Bünde, Bd. 1, S. 525–534.
Dies.: August Wilhelm Francke, in: MBL, S. 188–189.
Dies.: Wilhelm Kobelt, in: MBL, S. 365.
Dies./Buchholz, Konstanze/Ballerstedt, Maren (Hg.): Das Stadtarchiv Magdeburg und seine Bestände, Magdeburg 2002.
Bünz, Enno: Das Ende der Klöster in Sachsen. Vom „Auslaufen" der Mönche bis zur Säkularisation (1521–1543), in: Marx, Harald/Hollberg, Cecilie (Hg.): Glaube und Macht. Sachsen im Europa der Reformationszeit (2. Sächsische Landesausstellung, Torgau 2004), Aufsätze, Dresden 2004, S. 80–90.
Ders.: Nachträge und Korrekturen zur Dissertation von Helene Penner, in: Sachsen und Anhalt 29 (2017), S. 105–120.
Bürhop, Carsten: Wirtschaftsgeschichte des Kaiserreichs 1871–1918, Köln/Weimar/Wien 2011.
Bulst, Neithard: Zusammenfassung, in: Ders./Spieß, Sozialgeschichte, S. 301–316.
Bulst, Neithard/Spieß, Karl-Heinz (Hg.): Sozialgeschichte mittelalterlicher Hospitäler (Vorträge und Forschungen 65), Ostfildern 2007.
Ders./Spieß, Karl-Heinz (Hg.): Sozialgeschichte mittelalterlicher Hospitäler (Vorträge und Forschungen 65), Ostfildern 2007.

Campenhausen, Axel Freiherr von: Geschichte und Reform, in: Richter, Andreas (Hg.), Stiftungsrecht, München 2019, S. 37–56.
Chronik der Stadt Magdeburg, Magdeburg 1831.
Clark, Christopher: Preußen. Aufstieg und Niedergang 1600–1947, Bonn 2007.
Claude, Dietrich: Geschichte des Erzbistums Magdeburg bis in das 12. Jahrhundert, 2 Teile (Mitteldeutsche Forschungen 67), Köln/Wien 1972/75.
Coing, Helmut: Europäisches Privatrecht, Bd. 1: Älteres Gemeines Recht (1500–1800), München 1985.
Costede, Jürgen: Ein Rückblick auf 5 Jahre Aufbauarbeit (1991 bis 1995), in: Kilian, Sachsen-Anhalt, S. 101–115.
Dick, Jutta/Sassenberg, Marina (Hg.): Wegweiser durch das jüdische Sachsen-Anhalt (Beiträge zur Geschichte und Kultur der Juden in Brandenburg, Mecklenburg-Vorpommern, Sachsen-Anhalt, Sachsen und Thüringen 3), Potsdam 1998.
Die Anfänge der preußischen Provinz Sachsen und ihrer Kirchenorganisation (1816–1850). Tagung des Vereins für Kirchengeschichte der Kirchenprovinz Sachsen, Merseburg 16.–17. Juni 2006, Magdeburg 2008.
Dienet dem Herren mit Freuden! Jahrbuch des Diakonissenmutterhauses „Pfeiffersche Anstalten" zu Magdeburg-Cracau über die Jahre 1929–1932.
Diefenbacher, Michael: Das Nürnberger Stiftungswesen – Ein Überblick, in: Mitteilungen des Vereins für Geschichte der Stadt Nürnberg 91 (2004), S. 1–34.
Dietze Erco von/Hundsdieck-Nieland, Claudia: Stiftungen in der Mitte Deutschlands (Schwerpunkte Deutscher Stiftungen 3), Bonn 1999.
Döring, Detlev (Hg.): Geschichte der Stadt Leipzig, Bd. 2: Von der Reformation bis zum Wiener Kongress, Leipzig 2016.
Dörsing, Gertrud: „… ach ihr solltet nur alle wissen daß wir uns schon seit vielen Jahren lieben …". Helene Gruson – Die zweite Frau, Oschersleben 2019.
Dies.: Helene Gruson, in: Labouvie, Frauen in Sachsen-Anhalt 2, S. 185–187.
Dubin, Steffen: „Pulver für den Krieg" – Kriegswirtschaftliche Strukturen in Magdeburg, in: Ballerstedt/Köster/Hattenhorst, Magdeburg im Ersten Weltkrieg, S. 195–207.
Dubslaff, Henner: Julius August Jacobi, in: MBL, S. 327.
Ders.: Matthias Maenß, in: MBL, S. 444.
Duvigneau, Otto: Das alte und neue Magdeburg vom Standpunkte der öffentlichen Gesundheitspflege, in: Verhandlungen und Mitteilungen des Vereins für öffentliche Gesundheitspflege in Magdeburg, Magdeburg 1881, S. 10–30.
Ebersbach, Harry: Handbuch des deutschen Stiftungsrechts, Göttingen 1972.
Eckert, Jörn: Der Kampf um die Familienfideikommisse in Deutschland. Studien zum Absterben eines Rechtsinstitutes (Rechtshistorische Reihe 104), Frankfurt a. M. u. a. 1992.
Ehrhardt, Arnold: Das Corpus Christi und die Korporationen im spät-römischen Recht, in: Zeitschrift der Savigny Stiftung für Rechtsgeschichte, Romanistische Abt. 70 (1953), S. 299–347, 71 (1954), S. 25–40.
Einhundert Jahre Pfeiffersche Stiftungen Magdeburg 1889 – 1989. Einhundert Jahre im Dienst am Nächsten, hg. von den Pfeifferschen Stiftungen, Calbe 1989.
Elsner, Dieter: Pfälzer in Magdeburg. „Fremde, bessere Wesen" in der Stadt?, in: Labouvie, Eva (Hg.): Leben in der Stadt. Eine Kultur- und Geschlechtergeschichte Magdeburgs, Köln/Weimar/Wien 2004, S. 57–76.
Elster, E./Weber, A./Wieser, F. (Hg.): Handwörterbuch der Staatswissenschaften, 4. Aufl., Band 6, Jena 1926.
Engelberg, Meinrad von u. a. (Hg.): ‚Modell' Waisenhaus? Perspektiven auf die Architektur von Franckes Schulstadt (Kleine Schriftenreihe der Franckeschen Stiftungen 17), Halle 2018.
Engelmann, Jürgen: Julius Wilhelm Beuchel, in: MBL, S. 53.
Ders.: Carl Friedrich Deneke, in: MBL, S. 129.
Ders.: Friedrich Wilhelm Pax, in: MBL, S. 535.
Ders.: Leberecht Uhlich, in: MBL, S. 742–743.
Ders.: Elias Christian Ludwig Zuckschwerdt, in: MBL, S. 833–834.

Enzyklopädie der Neuzeit, hg. von Friedrich Jäger, 16 Bde., Stuttgart 2005–2012.
Eppelmann, Rainer/Möller, Horst/Nooke, Günter/Wilms Dorothee (Hg.): Lexikon des DDR-Sozialismus. Das Staats- und Gesellschaftssystem der Deutschen Demokratischen Republik, 2. akt. und erw. Aufl., Paderborn/München 1997.
Erstes Dessauer Stiftungsbuch – Wegweiser für Stifter und Chronik einer Stiftungslandschaft zwischen 1945 und 2001, Dessau o. J. (2001).
Farenholtz, Christian: Johann Wilhelm Botho Farenholtz, in: MBL, S. 170–171.
Ders./Steimer, Hans-Victor: Johann Christian Albert Hauswaldt, in: MBL, S. 267.
Festschrift anlässlich der Verleihung des Kaiser-Otto-Preises der Landeshauptstadt Magdeburg an Klaus Werner Iohannis, Magdeburg 2020.
Fingerhut-Säck, Mareike: Das Gottesreich auf Erden erweitern. Einführung und Festigung des Pietismus durch das Grafenpaar Sophie Charlotte und Christian Ernst zu Stolberg-Wernigerode in seiner Grafschaft (1710–1771) (Studien zur Geschichte und Kultur Mitteldeutschlands 5), Halle 2019.
Fischer, Isidor (Hg.): Biographisches Lexikon der hervorragenden Ärzte der letzten fünfzig Jahre, Bd. 2, 3. Aufl., (o. O.) 1962.
Fischer, Johannes: Die Pfälzer Kolonie zu Magdeburg. Zum Andenken an ihre vor 250 Jahren erfolgte Begründung (Magdeburger Kultur- und Wirtschaftsleben 19), Magdeburg 1939.
Flemming, Thomas: Der 17. Juni 1953, Berlin 2003.
Förster, Uwe: Franz Julius Theodor Heyne, in: MBL, S. 296–297.
Friedländer, Saul: Das Dritte Reich und die Juden. Verfolgung und Vernichtung 1933–1945 (Bundeszentrale für politische Bildung, Schriftenreihe 565), Bonn 2007.
Friedrich, Margrit: Udo Kaeselitz, in: MBL, S. 336.
Fügner, Otto: Item so gebe ich […], in: Rundschreiben Sippenverband Ziering-Moritz-Alemann Nr. 25 (1960).
Fünfzig Jahre Pfeiffersche Stiftungen zu Magdeburg-Cracau 1889–1939. Festschrift aus Anlaß des fünfzigjährigen Bestehens der Pfeifferschen Stiftungen zu Magdeburg-Cracau, Magdeburg 1939.
Geffcken, Heinrich/Tykocinski, Haym: Stiftungsbuch der Stadt Leipzig, Leipzig 1905.
Geffert, Hans-Joachim: Otto Moritz Allendorff, in: MBL, S. 6.
Geiseler, Udo/Heß, Klaus: Brandenburg an der Havel. Lexikon zur Stadtgeschichte (Einzelveröffentlichungen der Brandenburgischen Historischen Kommission 13), Berlin 2008.
Gössner, Andreas: Die Studenten an der Universität Wittenberg. Studien zur Kulturgeschichte des studentischen Alltags und zum Stipendienwesen in der zweiten Hälfte des 16. Jahrhunderts (Arbeiten zur Kirchen- und Theologiegeschichte 9), Leipzig 2003.
Gosch, Gerhard: Archäologische Grabungen um St. Annen, in: Puhle/Petsch, Magdeburg, S. 219–228.
Grimm, Jacob/Grimm, Wilhelm: Deutsches Wörterbuch, Bd. 18, ND Leipzig 1993.
Gröschner, Nadja: Das Knattergebirge, Magdeburg 2010.
Güdemann, Moritz: Zur Geschichte der Juden in Magdeburg, Breslau 1866.
Guttstadt, A. (Hg.): Krankenhaus-Lexikon für das Deutsche Reich. Die Anstaltsfürsorge für Kranke und Gebrechliche und die hygienischen Einrichtungen der Städte im Deutschen Reich am Anfang des zwanzigsten Jahrhunderts, Berlin 1900.
Habs, Rudolf: Geschichte der Medizinischen Gesellschaft zu Magdeburg. Eine Festgabe zu ihrem 80jährigen Bestehen, Magdeburg [1928].
Hagemann, Hans-Rainer: Die Stellung der Piae Causae nach justinianischem Rechte, Basel 1953.
Hajna, Karl-Heinz: Länder – Bezirke – Länder. Zur Territorialstruktur im Osten Deutschlands 1945–1990, Frankfurt a. M. 1995.
Harasimowicz, Jan/Seyderhelm, Bettina (Hg.): Cranachs Kirche. Begleitbuch zur Landesausstellung Sachsen-Anhalt „Cranach der Jüngere 2015", Beucha/Markkleeberg 2015.
Hattenhauer, Hans: Grundbegriffe des Bürgerlichen Rechts, 2. Aufl., München 2000.
Hattenhorst, Maik: Stadt der Mitte: Zentrum der Aufrüstung und zweite Zerstörung, in: Puhle/Petsch, Magdeburg, S. 779–810.

Haupt, Kurt: St. Katharinen 1230–1930. Bilder aus der Stadtgeschichte Magdeburgs, Magdeburg 1930.
Hein, Dieter: Stiftung, Europa, in: Enzyklopädie der Neuzeit, Bd. 12, Sp. 1002–1008.
Heinicke, Horst-Günther: Heinrich Otto Arnold, in: MBL, S. 16.
Ders.: Cristian Friedrich Budenberg, in: MBL, S. 98–99.
Ders.: Johann Christoph Fölsche, in: MBL, S. 184.
Ders.: Karl Joachim Jacob Hennige, in: MBL, S. 289.
Ders.: Christoph Wilhelm Otto Hubbe, in: MBL, S. 317–318.
Ders.: Gustav Otto Julius Hubbe, in: MBL, S. 318–319.
Ders.: Ferdinand Friedrich August Klusemann, in: MBL, S. 360.
Ders.: Johann Karl Adolf Mittag, in: MBL, S. 471.
Ders.: Wilhelm August Walter Morgenstern, in: MBL, S. 480–481.
Ders.: Friedrich August Neubauer, in: MBL, S. 511–512.
Ders.: Wilhelm Hermann Emil Reichardt, in: MBL S. 574–575.
Ders.: Carl Gustav Tonne, in: MBL, S. 731.
Ders.: Johann Karl Adolph Mittag, in: MBL, S. 741.
Ders.: Hermann Ludwig Alexander Zuckschwerdt, in: MBL, S. 833.
Ders.: Wilhelm Ludwig Max Zuckschwerdt, in: MBL, S. 835.
Heinrich, Guido: Carl Friedrich Faber, in: MBL, S. 164.
Ders.: Carl Emil Klotz, in: MBL, S. 188–189.
Ders.: Friedrich Wilhelm Noeldechen, in: MBL, S. 519–520.
Ders.: Wilhelm Franz Sintenis, in: MBL, S. 685–686.
Ders.: Karl Oswald Richard Zander, in: MBL, S. 825–826.
Ders./Schandera, Gunter (Hg.): Magdeburger Biographisches Lexikon. 19. und 20. Jahrhundert. Biographisches Lexikon für die Landeshauptstadt und die Landkreise Börde-Kreis, Jerichower Land, Ohrekreis und Schönebeck, Magdeburg 2002.
Heise, Georg Arnold: Grundriss eines Systems des gemeinen Civilrechts zum Behuf von Pandecten-Vorlesungen, 3., verb. Aufl., Heidelberg 1819.
Henning, Hartmut/Höltge, Rolf/Römmer, Hans-Jürgen (Hg.): Geschichte der Armaturenindustrie in Magdeburg von 1850–1996, 2. Aufl., Hohenwarsleben 2020.
Hermann, Ines: Die Überlieferungsgeschichte der Bestände der evangelischen Kirchengemeinde Magdeburgs, Diplomarbeit FH Potsdam 2001 (MS.)
Hermes, J. A. Friedrich/Weigelt, M. J. (Hg.): Historisch-geografisch-statistisch-topografisches Handbuch vom Regierungsbezirke Magdeburg. Erster, oder allgemeiner Theil, Magdeburg 1843.
Hinz, Roswitha: Zwangssterilisation und „Euthanasie" in den Jahren 1933–1945 in ihren Auswirkungen auf die Heimbewohnerinnen und Heimbewohner in den Pfeifferschen Stiftungen, Magdeburg-Cracau, in: Hoffmann, Ute (Hg.): Psychiatrie des Todes. NS-Zwangssterilisation und „Euthanasie" im Freistaat Anhalt und der Provinz Sachsen, Magdeburg 2001, S. 41–57.
Höltge, Rolf, Armaturenfertigung, in: Henning/Höltge/Römmer, Armaturenindustrie, S. 15–16.
Ders.: Entwicklung der Firma Schäffer & Budenberg (Betriebsteil Armaturenbau) im Zeitraum 1900 bis 1945, in: ebd., S. 29–45.
Ders.: Von 1945 bis 1960, in: ebd., S. 46–85.
Hoffmann, Friedrich Wilhelm: Geschichte der Stadt Magdeburg, neu bearb. von Gustav Hertel und Friedrich Hülße, 2 Bde., Magdeburg 1885.
Holstein, Hugo: Beiträge zur Geschichte des altstädtischen Gymnasiums, in: Geschichtsblätter für Stadt und Land Magdeburg 1 (1866), Heft 3, S. 9–22, Heft 4, S. 10–17, 3 (1869), S. 516–531, 5 (1870), S. 7–20 und S. 253–255, 8 (1873), S. 56–58, wiederabgedruckt in: Eberl-Ruf, Kathrin/Lange, Carsten/Pöge-Alder, Kathrin (Hg.): Musik und Bildung in der Reformationszeit (Beiträge zur Regional- und Landeskultur Sachsen-Anhalts 64), Halle 2017, S. 95–146.
Huber, Ernst Rudolf (Hg.): Dokumente zur deutschen Verfassungsgeschichte, Bd. 1: Deutsche Verfassungsdokumente 1803–1850, 3. Aufl., Köln 1978.
Hübner, Kristina/Ludwig, Andreas/Schröder, René (Hg.): Soziale Stiftungen und Vereine in Bran-

denburg. Vom Kaiserreich bis zur Wiederbegründung des Landes Brandenburg in der Bundesrepublik (Schriftenreihe zur Medizingeschichte 22), Berlin 2012.

Hülße, Friedrich: Die Einführung der Reformation in der Stadt Magdeburg, Magdeburg 1883.

Isenmann, Eberhard: Die deutsche Stadt im Mittelalter, 1150–1550, 2. durchges. Aufl., Köln/Weimar/Wien 2014.

Jahrbuch des Diakonissenmutterhauses „Pfeiffersche Anstalten" zu Magdeburg-Cracau auf die Jahre 1920 bis 1923, o.O, o.J.

Janicke, Karl: Christian Wilhelm, in: Allgemeine Deutsche Biographie, Bd. 4, Leipzig 1878, S. 164–168.

Jüdisches Kult- und Kulturgut, Spuren zur Geschichte der Juden in Magdeburg, Magdeburg 1992.

Jürgensmeier, Friedhelm/Schwerdtfeger, Elisabeth Regina (Hg.): Orden und Klöster im Zeitalter von Reformation und katholischer Reform 1500–1700, 3 Bde. (Katholisches Leben und Kirchenreform im Zeitalter der Glaubensspaltung 65–67), Münster 2005–2007.

Kanter, Karin: Carl Gustav Friedrich Hasselbach, in: MG, S. 86.

Dies.: Maria Cathartina Tismar, in: MG, S. 192.

Kärgling, Karlheinz: „… ein vereintes Streben, Beraten, Wirken und Schaffen", in: Puhle, Matthias (Hg.): 1906–2006. 100 Jahre Kulturhistorisches Museum Magdeburg (Magdeburger Museumsschriften 9), Magdeburg 2006, S. 23–45.

Ders.: Johann Heinrich Dräsecke, in: MG, S. 66.

Kaser, Max: Das römische Privatrecht, Bd. 1, 2. Aufl., München 1971.

Karnop, Stefan/Rode, Lars-Hendrik/Tullner, Mathias: Der Regierungsbezirk Magdeburg und seine Geschichte. Von der „Königlichen Regierung in Niedersachsen zu Magdeburg" zum Regierungspräsidium Magdeburg (1816–1998), Dessau 1998.

Kaufmann, Thomas: Das Ende der Reformation. Magdeburgs „Herrgotts Kanzlei" (1548–1551/52) (Beiträge zur historischen Theologie 123), Tübingen 2003.

Ders.: An den christlichen Adel deutscher Nation von des christlichen Standes Besserung (Kommentare zu den Schriften Luthers 3), Tübingen 2014.

Kilian, Michael (Hg.): Sachsen-Anhalt. Land der Mitte – Land im Aufbau, Bad Honnef 2002.

Klare, Wilhelm: Quellen zum Kloster Berge im Landesarchiv Sachsen-Anhalt: Bestände und Überlieferungsgeschichten, in: Soboth, Christian (Hg.): Johann Adam Steinmetz und Kloster Berge. Zwei Institutionen im 18. Jahrhundert (Hallesche Forschungen 60), Halle 2021, S. 109–118.

Klein, Thomas (Hg.): Erhard Hübener. Lehr- und Wanderjahre eines Ministerpräsidenten, Köln/Wien 1984.

Klitzschmüller, Elke: Die Magdeburger Gesellschaft zur Zeit des Deutschen Kaiserreichs von 1871 bis 1918 auf der Grundlage der bürgerlichen Vereine, Magdeburg 2008.

Klötzer, Ralf: Für ewige Zeiten? Zusammenlegungen und Auflösungen sozialer Stiftungen in Münster, in: Jakobi, Franz-Josef/Klötzer, Ralf/Lambacher, Hannes (Hg.): Strukturwandel der Armenfürsorge und der Stiftungswirklichkeiten in Münster im Laufe der Jahrhunderte, Münster 2002, S. 351–410.

Kluge, Arnd: Geschichte der Hofer Stiftungen (63. Bericht des Niederfränkischen Vereins für Natur-, Geschichts- und Landeskunde e. V.), Hof 2002.

Kocka, Jürgen: Die Rolle der Stiftungen in der Bürgergesellschaft der Zukunft, in: Aus Politik und Zeitgeschichte. Beilage zur Wochenzeitung Das Parlament, B 14/2004, S. 3–15.

Köster, Gabriele (Hg.): Magdeburger Gesichter des 19. Jahrhunderts. Porträts der Sammlung des Kulturhistorischen Museums Magdeburg (Magdeburger Museumsschriften 19), Magdeburg 2020.

Dies./Poenicke, Cornelia/Volkmar, Christoph (Hg.): Magdeburg und die Reformation, Teil 2: Von der Hochburg des Luthertums zum Erinnerungsort (Magdeburger Schriften 8), Halle 2017.

Dies./Poenicke Cornelia/ Volkmar, Christoph (Hg.): Die Ära Beims. Ein Oberbürgermeister als Wegbereiter der Moderne (Magdeburger Schriften 10), Halle 2021.

Dies./Stöneberg, Michael (Hg.): Reformstadt der Moderne. Magdeburg in den Zwanzigern, Magdeburg 2019.

Korbel, Günther: Die Napoleonischen Gründungen Magdeburgs (Landeshauptstadt Magdeburg, Stadtplanungsamt 18/1), Magdeburg 1994.
Kott, Sandrine: Sozialstaat und Gesellschaft. Das deutsche Kaiserreich in Europa (Kritische Studien zur Geschichtswissenschaft 214), Göttingen 2014.
Kowalczuk, Ilko-Sascha: 17.6.1953: Volksaufstand in der DDR, Ursachen-Abläufe-Folgen, Bremen 2003.
Kramer, Martin: Lothar Ernst Paul Kreyssig, in: MBL, S. 389–390.
Kraus, Elisabeth: Jüdische Wohltätigkeit in Religion und Tradition sowie innerjüdische Praxis in Deutschland seit dem Mittelalter, in: Reden, Stiftungen zwischen Politik und Wirtschaft, S. 73–94.
Krause, Alexander: „Trostlos zagende Armuth". Wilhelm Gottlieb von Vangerow und die Armenfürsorge in Magdeburg um 1800, Halle 2007.
Krenzke, Haans-Joachim: Kirchen und Klöster zu Magdeburg (Landeshauptstadt Magdeburg, Stadtplanungsamt, 71), Magdeburg 2000.
Kriewald, Heike: Carl Johann Friedrich Focke, in: MBL, S. 183–184.
Kroll, Frank-Lothar: Geburt der Moderne. Politik, Gesellschaft und Kultur vor dem Ersten Weltkrieg (Deutsche Geschichte im 20. Jahrhundert 1), Berlin 2013.
Kübler: Griechische Tatbestände in den Werken der kasuistischen Literatur, in: Zeitschrift der Savigny-Stiftung für Rechtsgeschichte, Romanistische Abt. 28 (1907), S. 174–210.
Kühn, Helga-Maria: Die Einziehung des Geistlichen Gutes im Albertinischen Sachsen 1539–1553 (Mitteldeutsche Forschungen 43), Köln/Graz 1966.
Kulosa, Christfried: 100 Jahre Ida-Hubbe-Stiftung 1916–2016. Ein Haus der Begegnung. Festschrift der Evangelischen Trinitatis-Gemeinde, Magdeburg 2016.
Kunst im ganzen Land. Die Arbeit der Kirchlichen Stiftung Kunst- und Kulturgut in der Kirchenprovinz Sachsen von 1999 bis 2003, Magdeburg 2003.
Kunst im ganzen Land. 10 Jahre Kirchliche Stiftung Kunst- und Kulturgut in der Kirchenprovinz Sachsen. Die Arbeit von 1999 bis 2009, Magdeburg 2009.
Kunst im ganzen Land. 15 Jahre Kirchliche Stiftung Kunst- und Kulturgut in der Kirchenprovinz Sachsen. Die Arbeit von 1999 bis 2014, Magdeburg 2014.
Kunst im ganzen Land. 20 Jahre Kirchliche Stiftung Kunst- und Kulturgut in der Kirchenprovinz Sachsen. Die Arbeit von 1999 bis 2019, Magdeburg 2019.
Kuntze, Günter: Hans Aufrecht, in: Jüdisches Kult- und Kulturgut, Spuren zur Geschichte der Juden in Magdeburg, Magdeburg 1992, S. 19ff.
Labouvie, Eva (Hg.): Frauen in Sachsen-Anhalt 2. Ein biographisch-bibliographisches Lexikon vom 19. Jahrhundert bis 1945, Köln 2019.
Lehnert, Detlef: Die politische Entwicklung Magdeburgs vor der Wahl des Sozialdemokraten Hermann Beims zum Oberbürgermeister, in: Köster/Poenicke/Volkmar, Ära Beims, S. 93–115.
Leonhard, Hans: Die Geburtsstunde der Korporation der Kaufmannschaft, der Rechtsvorgängerin der Industrie- und Handelskammer, in: Ders. (Hg.): Denkschrift zum hundertjährigen Jubiläum der Industrie- und Handelskammer zu Magdeburg 1825–1925, Magdeburg 1925, S. 9–20.
Leubauer, Ildikó: Moritz Rahmer, in: MBL, S. 567.
Liebetanz, Reinhold: Das Stiftungswesen nach bürgerlichem und öffentlichem Recht unter Berücksichtigung der Rechtsprechung, Berlin 1931.
Liebscher, Sabine: Alwine Lisette Karoline Hedwig Arnold, geb. Budenberg, in: MG, S. 24.
Dies.: Heinrich Behrens, in: MG, S. 26.
Dies. Christian Friedrich Budenberg und Familie, in: MG. SD. 34.
Dies.: Johann Joseph Otto Duvigneau, in: MG, S. 68.
Dies.: Carl Joachim Jacob Hennige, in: MG, S. 92.
Dies.: Christoph Wilhelm Otto Hubbe, in: MG, S. 104.
Dies.: August Theodor Morgenstern, in: MG, S. 144.
Dies.: Heinrich Wilhelm Müller, in: MG, S. 148.
Dies.: Friedrich August Neubauer, in: MG. S. 154.
Dies.: Karl (Carl) Georg Heinrich Schauer, in: MG, S. 172.

Dies.: Samuel Friedrich Heinrich Wiggert, in: MG, S. 216.
Dies.: Wilhelm Ludwig Max Zuckschwerdt, in: MG, S. 228.
Liermann, Hans: Geschichte des Stiftungsrechts, 2. Aufl. (ND der 1. Aufl. von 1963), erg. durch ein Geleitwort Freiherr von Campenhausen und einer Abhandlung von Michael Borgolte, Tübingen 2002.
Lingelbach, Gerhard: Allgemeine Grundlagen, in: Werner/Saenger/Fischer, Die Stiftung, S. 49–63.
Ders.: Thibauts Jenaer Jahre, in: Hattenhauer, Christian/Schröder, Klaus-Peter/Baldus, Christian (Hg.): Anton Friedrich Justus Thibaut (1772–1840). Bürger und Gelehrter, Tübingen 2017, S. 21–34.
Lorek, Regina: Georg Konrad Delecker, in: MBL, S. 129.
Dies. (Hg.): So schmeckt Gemeinschaft. Magdeburg 2017.
Ludwig, Andreas: Der Fall Charlottenburg. Soziale Stiftungen im städtischen Kontext (1800–1950), Köln/Weimar/Wien 2005.
Ders.: Soziale Stiftungen und Vereine in Brandenburg zwischen Armenfürsorge und sozialer Daseinsvorsorge seit 1800, in: Hübner/Ludwig/Schröder, Soziale Stiftungen, S. 31–58.
Ders./Schilde Kurt (Hg.): Jüdische Wohlfahrtseinrichtungen. Initiativen jüdischer Stiftungen und Stifter zwischen Wohltätigkeit und sozialer Reform, Frankfurt 2010.
Luig, Klaus: Gemeines Recht, in: Cordes, Albrecht/Lück, Heiner/Werkmüller, Dieter (Hg.): Handwörterbuch zur deutschen Rechtsgeschichte, 2. Aufl., Bd. 2, Berlin 2012, Sp. 60–77.
Luig, Klaus: Pandektenwissenschaft, in: Adalbert Erler/Ekkehard Kaufmann (Hg.), Handwörterbuch zur deutschen Rechtsgeschichte, Bd. 3, Berlin 1984, Sp. 1422.
Lusiardi, Ralf: Fegefeuer und Weltengericht. Stiftungsverhalten und Jenseitsvorstellungen im spätmittelalterlichen Stralsund, in: Borgolte, Michael (Hg.), Stiftungen und Stiftungswirklichkeiten vom Mittelalter bis zur Gegenwart, Berlin 2000, S. 97–109.
Ders.: Kirche, Stadt und Religion im mittelalterlichen Magdeburg, in: Puhle/Petsch, Magdeburg, S. 201–218.
Ders.: Stiftung und Seelenheil in den monotheistischen Religionen des mittelalterlichen Europa. Eine komparative Problemskizze, in: Borgolte, Stiftungen in Christentum und Islam, S. 47–69.
Magdeburgische Zeitung vom 31. März 1909 und 27. Januar 1912.
Mai, Bernhard: Das befestigte Magdeburg, in: Puhle/Petsch, Magdeburg, S. 493–510.
Malraux, Clara: Das Geräusch meiner Schritte, Bern/München 1982.
Markner, Reinhard: Johann Carl Simon Morgenstern, in: MBL, S. 479–480.
Mayrhofer, Wolfgang: Gottfried Benedict Funk, in: MBL, S. 200–201.
Ders.: Samuel Friedrich Heinrich Wiggert, in: MBL, S. 801–802.
Meier, Werner: Hospitäler, Klosterstifte und Altersheime der Stadt Magdeburg im Wandel von 7 Jahrhunderten, o. J. [ca. 1946, Nachträge bis 1955], Ms., StAM, Bibliothek, Sign. 145/84.
Meyers großes Konversationslexikon, 6. Aufl., Bde. 6 und 8, Leipzig/Wien 1904/06.
Meyer, Ralph: Geschichte der Deutsch-Reformierten Gemeinde zu Magdeburg von den Anfängen bis auf die Gegenwart, 2 Bde., Magdeburg 1914.
Meyer, Rose/Schneidewin, Helene: Die Wohlfahrtseinrichtungen Magdeburgs, Magdeburg 1902.
Miehe, Lutz: Bewahrt – beseitigt – vergessen. Zur Stiftungspolitik in der Sowjetischen Besatzungszone und in der DDR, in: Hübner/Ludwig/Schröder, Soziale Stiftungen, S. 291–322.
Ders.: Magdeburg im Zeitalter der Reformation (1517–1551), in: Puhle/Petsch, Magdeburg, S. 313–342.
Ders.: Der 300. Todestag Martin Luthers und die Auseinandersetzung um das Lutherstift in Magdeburg, in: Köster/Poenicke/Volkmar, Magdeburg und die Reformation, Teil 2, S. 375–391.
Ders.: Zwischen Wiederaufbau und Auflösung. Zum Schicksal der Magdeburger Hospitalstiftungen zwischen 1945 und 1955, in: Sachsen und Anhalt 28 (2016), S. 165–200.
Ders./Trautmann, Silvia: Alte Schätze neu beleben. Die Erfassung und Revitalisierung von Altstiftungen – ein Projekt in Sachsen-Anhalt, in: Stiftungswelt, 4/2009, S. 22–23.
Mielke, Henning: Die Auflösung der Länder in der SBZ/DDR. Von der deutschen Selbstverwaltung zum sozialistisch-zentralistischen Einheitsstaat nach sowjetischem Modell 1945–1952 (Beiträge zur Wirtschafts- und Sozialgeschichte 66), Stuttgart 1995.

Milenz, Renate: Johann Wilhelm Hauswaldt, in: MBL, S. 267–268.
Minner, Katrin: Ein Motor städtischer Entwicklung? Bürgerliches Engagement im 19. Jahrhundert, in: Zaunstöck/Weinert/Thiele, Bürger, S. 98–120.
Mitteilungen des Familienverbandes Koppehele, H. 2, 1936.
Modde, Maximilian: Unser Lieben Frauen Kloster in Magdeburg, Magdeburg 1911.
Möllenberg, Walter: Aus der Geschichte des Klosters Unser Lieben Frauen zu Magdeburg, in: Geschichtsblätter für Stadt und Land Magdeburg 56/59 (1921/24), S. 116–126.
Mühlenbruch, Christian Friedrich: Rechtliche Beurtheilung des Städelschen Beerbungsfalles, Halle 1828.
Mitteis, Heinrich: Römisches Privatrecht bis auf die Zeit Diokletians, Bd. 1, Leipzig 1908 (ND 1994).
Müller, Margit: Johann Karl Erler, in: MBL, S. 160–161.
Mugdan, Benno (Hg.): Die gesammten Materialien zum Bürgerlichen Gesetzbuch für das Deutsche Reich, Bd. 1, Berlin 1899.
Murken, Axel Heinrich: Von den ersten Hospitälern bis zum modernen Krankenhaus. Die Geschichte der Medizin und ihrer Institutionen vom frühen Mittelalter bis zur Neuzeit unter besonderer Berücksichtigung Niedersachsens, in: Meckseper, Cord (Hg.): Stadt im Wandel, Bd. 4, Stuttgart–Bad Cannstatt 1985, S. 189–207.
Musiol, Gordon: Johanna Christiane Henriette Coqui, in: Labouvie, Frauen in Sachsen-Anhalt 2, S. 116–119.
Myrrhe, Ramona: Kauffrauen und Kindergärtnerinnen, Demokratinnen und Dirnen. Weibliche Lebenswelten in Magdeburg in der ersten Hälfte des 19. Jahrhunderts, in: Puhle/Petsch, Magdeburg, S. 637–654.
Nahrendorf, Carsten: Humanismus in Magdeburg. Das Altstädtische Gymnasium von seiner Gründung bis zur Zerstörung der Stadt (1524–1631) (Frühe Neuzeit. Studien und Dokumente zur deutschen Literatur und Kultur im europäischen Kontext 193), Berlin/München/Boston 2015.
Naumann, Hermann: Altes und Neues aus der Geschichte der Kirche und der Gemeinde von St. Jakobi in Magdeburg, Magdeburg 1919.
Neidiger, Bernhard: Wortgottesdienst vor der Reformation. Die Stiftung eigener Predigtpfründen für Weltkleriker im späten Mittelalter, in: Rheinische Vierteljahresblätter 66 (2002), S. 142–189.
Neuß, Sebastian/Scholz, Christian: 120 Jahre Martin-Stift. Aus der Geschichte des Evangelischen Kindergartens Martin-Stift in Magdeburg-Diesdorf, Magdeburg 2010.
Nipperdey, Thomas: Deutsche Geschichte 1866–1918. Bd. 2: Machtstaat vor der Demokratie, München 1992.
Nitze, Eduard: Die Verfassungs- und Verwaltungsgesetze der evangelischen Landeskirche in Preußen mit besonderer Berücksichtigung der sieben östlichen Provinzen, Berlin 1894.
Nixdorf, Wolfgang: Bischof D. Bernhard Dräseke – Generalsuperintendent und Direktor des Konsistoriums, in: Die Anfänge der preußischen Provinz Sachsen und ihrer Kirchenorganisation (1816–1850). Tagung des Vereins für Kirchengeschichte der Kirchenprovinz Sachsen, Merseburg 16. – 17. Juni 2006, Magdeburg 2008, S. 41–62.
Ders.: Bernhard Dräseke: 1774–1849. Stationen eines preußischen Bischofs zwischen Aufklärung und Restauration (Unio et Confessio 7), Bielefeld 1981.
Oppermann, Georg Werner Albert: Nachricht über das Armenwesen der Stadt Magdeburg im Jahr 1819, Magdeburg 1820.
Ders.: Das Armen-Wesen und die milden Stiftungen in Magdeburg, Magdeburg 1821.
Ders.: Siebente Nachricht über das Armenwesen und die milden Stiftungen in Magdeburg vom Jahre 1825, Magdeburg 1826.
Ders.: Zehnte Nachricht über das Armenwesen und die milden Stiftungen in Magdeburg vom Jahre 1828, Magdeburg 1829.
Ders.: Geschichte über die milden Stiftungen in Magdeburg, die Jahre 1831–1840 umfassend, Magdeburg 1842.
Otto, C. E./Schilling B./Sintenis C. F. F. (Hg.): Das Corpus Juris Civilis, Bd. 5, Leipzig 1832.

Otto, Martin: Tobias Paurmeister von Kochstedt, in: Neue Deutsche Biographie 20 (2001), S. 139 f.
Pagel, Julius Leopold (Hg.): Biographisches Lexikon hervorragender Ärzte des 19. Jahrhunderts, Leipzig 1901.
Pape, Ursula: Gustav Adolf Pfeiffer, in: MBL, S. 540–541.
Penner, Helene: Die Magdeburger Pfarrkirchen im Mittelalter, in: Sachsen und Anhalt 29 (2017), S. 13–104.
Peters, Eckhart W./Kaiser, Karl-Heinz: Bausteine der Magdeburger Moderne. Eine Stadt blüht auf, Magdeburg 2018.
Peters, Jan: Märkische Lebenswelten. Gesellschaftsgeschichte der Herrschaft Plattenburg-Wilsnack, Prignitz 1550–1800 (Veröffentlichungen des Brandenburgischen Landeshauptarchivs 53), Berlin 2007.
Pfarrerbuch der Kirchenprovinz Sachsen, hg. vom Verein für Pfarrerinnen und Pfarrer in der Evangelischen Kirche der Kirchenprovinz Sachsen e. V., 10 Bde., Leipzig 2003–2009.
Pielhoff, Stephan: Ausbildungsstiftungen in Barmen und Elberfeld: Zur Stiftungskultur des Wirtschaftsbürgertums im deutschen Kaiserreich, in: Adam/Frey/Strachwitz, Stiftungen seit 1800, S. 23–44.
Plotho, Erich-Christoph Freiherr von: Ritter, Domherren und Obristen. Familienchronik der Edlen Herren und Freiherren von Plotho, Limburg 2006.
Pöschl, Doreen: „Der Maler unserer Zeit muß wieder Kontakt herstellen" – Die bildende Kunst und ihre Institutionen im Magdeburg der Weimarer Republik, in: Köster/Stöneberg, Reformstadt, 172–189.
Przyborowski, Werner: Das Ende des Augustiner-Klosters, seine Nachfolge-Einrichtungen, in: ders./ Hobohm,Wolf/Opitz, Gisela: Das Augustiner-Kloster in Magdeburg. Beiträge zu seiner Geschichte und seinem Nachwirken, Oschersleben 2020, S. 43–60.
Puhle, Matthias: Magdeburg im Mittelalter. Der Weg von der Pfalz Ottos des Großen bis zur Hansestadt um 1500 (Studien zur Landesgeschichte 16), Halle 2005, S. 114–117.
Ders.: Die Anfänge des Klosters Unser Lieben Frauen, in: ders./Hagedorn, Renate (Hg.): Kloster Unser Lieben Frauen Magdeburg. Stift-Pädagogium-Museum, Oschersleben 1995, S. 37–41.
Ders. (Hg.): Hanse-Städte-Bünde. Die sächsischen Städte zwischen Elbe und Weser um 1500, 2 Bde., Calbe 1996.
Ders. (Hg.): Der Krieg ist aus! Magdeburg 1945, Gudensberg-Gleichen 2005.
Ders. (Hg.): Magdeburg 1200. Mittelalterliche Metropole, Preußische Festung, Landeshauptstadt. Die Geschichte der Stadt von 805 bis 2005, Stuttgart 2005.
Ders./Petsch, Peter (Hg.): Magdeburg. Die Geschichte der Stadt. 805–2005, Dössel 2005.
Rauer, R.F.: Preußisches Landbuch. Hand-Notizen über die im Lande bestehenden Wohlthätigkeitsanstalten, milden und gemeinnützigen Stiftungen, Institute, Gesellschaften, Vereine etc., Berlin 1866.
Rawert, Peter: Vom Umgang der öffentlichen Verwaltung mit der Stiftung, in: Jahrbuch des öffentlichen Rechts der Gegenwart, Neue Folge, 65 (2017), S. 179–212.
Ders./Ajzensztejn, Andrea: Stiftungsrecht im Nationalsozialismus – eine Untersuchung unter besonderer Berücksichtigung der jüdischen und paritätischen Stiftungen, in: Campenhausen, Axel Freiherr von/Kronke, Herbert/Werner, Olaf (Hg.): Stiftungen in Deutschland und Europa, Düsseldorf 1998, S. 157–181.
Recker, Marie-Luise: Die Nationalsozialistische Volkswohlfahrt (NSV) im Bombenkrieg, in: Fleiter, Michael (Hg.): Heimat/Front. Frankfurt am Main im Luftkrieg, Frankfurt a. M. 2013, S. 131–146.
Reden, Sitta von: Stiftungen zwischen Politik und Wirtschaft. Geschichte und Gegenwart im Dialog (Historische Zeitschrift, Beiheft 66), Frankfurt a. M. 2015.
Reicke, Siegfried. Das deutsche Spital und sein Recht im Mittelalter, Teil 1: Das deutsche Spital – Geschichte und Gestalt, Stuttgart 1932 (ND Amsterdam 1970).
Richter, Andreas (Hg.): Stiftungsrecht, München 2019.
Richter, Angie-Sophia: Das Testament der Apollonia von Wiedebach. Stiftungswesen und Armenfürsorge in Leipzig am Vorabend der Reformation (1526–1539) (Quellen und Forschungen zur Geschichte der Stadt Leipzig 18), Leipzig 2019.

Richter, Anja: Engagement und Selbstherrlichkeit. Bildungsmäzene und ihre Stiftungen für städtische Gymnasien in Sachsen, in: Flöter, Jonas/Ritzi, Christian (Hg.): Bildungsmäzenatentum. Privates Handeln – Bürgersinn – kulturelle Kompetenz seit der Frühen Neuzeit, Köln/Weimar/Berlin, 2007, S. 233–250.

Rickmers, Eva: Stiftungen des Landes Brandenburg nach 1945, in: Brandenburgische Archive. Mitteilungen aus dem Archivwesen des Landes Brandenburg 11 (1998), S. 2–9.

Riemann, Andreas/Stieffenhofer, Linda/Kamp, Michael: 125 Jahre Pfeiffersche Stiftungen – Gott zur Ehre und den Menschen zuliebe, München 2014.

Rosenthal, Hermann: Über den Gesundheitszustand Magdeburgs im Jahre 1880, in: Verhandlungen und Mitteilungen des Vereins für öffentliche Gesundheitspflege in Magdeburg, Magdeburg 1881, S. 10–30.

Roth, Ralf: Aufstieg und Krise des Stiftungswesens in Frankfurt am Main: Zur strukturellen Entwicklung eines kommunalen Stiftungsnetzwerkes im 19. und 20. Jahrhundert, in: Liedtke, Rainer/Weber, Klaus (Hg.): Religion und Philanthropie in den europäischen Zivilgesellschaften. Entwicklungen im 19. und 20. Jahrhundert, Paderborn 2009, S. 121–137.

Rotzoll, Maike/Eckart, Wolfgang: Hospital, in: Enzyklopädie der Neuzeit, Bd. 5, Sp. 651–655.

Rücker, Gottfried: Finanzgeschichte der Stadt Magdeburg im 19. Jahrhundert, Halle 1904.

Rüttgardt, Antje: Klosteraustritte in der frühen Reformation. Studien zu Flugschriften der Jahre 1522 bis 1524 (Quellen und Forschungen zur Reformationsgeschichte 79), Gütersloh 2007.

Ruprecht, Michael: Zwischen Seelenheilfürsorge und Gemeinnutz. Die Stiftungen Nicolaus Schildbergs an der Wende zum 16. Jahrhundert, in: Zaunstöck/Weinert/Thiele, Bürger, S. 62–84.

Sachße, Christoph/Tennstedt Florian: Geschichte der Armenfürsorge in Deutschland, Bd. 1: Vom Spätmittelalter bis zum 1. Weltkrieg, 2. Aufl., Stuttgart-Berlin-Köln 1980.

Savigny, Friedrich Carl von: System des heutigen Römischen Rechts, Zweyter Band, Berlin 1840.

Scheffer, Karl: Mittheilungen aus der Geschichte der Neustadt bei Magdeburg, Magdeburg 1866.

Ders.: Die beiden Hospitäler Schwiesau und Schartau in der Neustadt bei Magdeburg, ihre Stiftung und ihr Wachstum, in: Geschichtsblätter für Stadt und Land Magdeburg, 6 (1871), S. 1–32.

Schierhorn, Helmke/Klemm, Thomas: Grabdenkmäler bedeutender Ärzte in Magdeburg, in: Magdeburger Blätter. Jahresschrift für Heimat- und Kulturgeschichte im Bezirk Magdeburg, Magdeburg 1984, S. 80–88.

Schimke, Dörthe: Fürsorge und Strafe. Das Georgenhaus zu Leipzig 1671–1871 (Quellen und Forschungen zur Geschichte der Stadt Leipzig 11), Leipzig 2016.

Schimpf, Gudrun Christine: Kommunale Verwaltung und Stiftungen am Beispiel Frankfurt am Main im ausgehenden 19. und frühen 20. Jahrhundert: Aspekte der Zusammenarbeit am Beispiel der Linel-Stiftungen und der Rothschild-Bibliothek, in: Adam/Frey/Strachwitz, Stiftungen seit 1800, S. 103–116.

Schlenkrich, Elke: Armen- und Krankenfürsorge, in: Döring, Detlev (Hg.): Geschichte der Stadt Leipzig, Bd. 2: Von der Reformation bis zum Wiener Kongress, Leipzig 2016, S. 620–651.

Schmiechen-Ackermann, Detlef: Magdeburg als Stadt des Schwermaschinenbaus, in: Puhle/Petsch, Magdeburg, S. 811–852.

Schnurbein, Georg von: Der Stifter als Unternehmer. Parallelen und Unterschiede der Philanthropie im 19. und 20. Jahrhundert, in: Reden, Stiftungen zwischen Politik und Wirtschaft, S. 237–260.

Scholz, Margit: „Vielmehr eine Einöde als eine Stadt ..." Der Wiederaufbau kirchlicher Strukturen nach der Zerstörung Magdeburgs (1632–1680), in: Köster/Poenicke/Volkmar, Magdeburg und die Reformation, Teil 2, S. 299–317.

Scholz, Michael: Stadtherr, Rat und Geistlichkeit. Stadtverfassung und Sakraltopographie in Magdeburg am Vorabend der Reformation, in: Ballerstedt/Köster/Poenicke, Magdeburg und die Reformation, Teil 1, S. 57–79.

Schrader, Franz: Ringen, Untergang und Überleben der katholischen Klöster in den Hochstiften Magdeburg und Halberstadt von der Reformation bis zum Westfälischen Frieden (Katholisches Leben und Kirchenreform im Zeitalter der Glaubensspaltung 37), Münster 1977.

Schulze, Rainer: Stiftungsrecht, in: Adalbert Erler/Ekkehard Kaufmann (Hg.), Handwörterbuch zur deutschen Rechtsgeschichte, Bd. 4, Berlin 1990, Sp. 1980–1990.

Schwarz Angela: Traditionen im Umbruch: Jüdische Stiftungen für Freiwohnungen in Hamburg, in: Adam/Frey/Strachwitz, Stiftungen seit 1800, S. 45–70.
Schwarz, Robert: Das Stiftungswesen in der sowjetischen Besatzungszone und in der Deutschen Demokratischen Republik zwischen 1945 und 1989. Zugleich ein Beitrag zum deutschen Stiftungsrecht unter dem Einfluss der Regime, Frankfurt am Main 2008.
Schwineköper, Berent (Bearb.): Gesamtübersicht über die Bestände des Landeshauptarchivs Magdeburg, Bd. 1, Halle 1954.
Ders.: Die Anfänge Magdeburgs, in: Mayer, Theodor (Hg.): Studien zu den Anfängen des europäischen Städtewesens (Vorträge und Forschungen 4), Lindau/Konstanz 1958, S. 389–450.
Scribner, Robert W.: Popular Culture and Popular Movements in Reformation Germany, London/Ronceverte 1987.
Ders.: Incombustible Luther. The Image of the Reformer in Early Modern Germany, in: Ders.: Popular Culture and Popular Movements in Reformation Germany, London/Ronceverte 1987, S. 323–353.
Seehase, Hans: Die Pfeifferschen Stiftungen – die evangelische Stiftung Neinstedter Anstalten – Schloss Mansfeld und das Jahr 1953, in: Impuls, Heft II/2013, S. 21–43.
Ders.: Johann Heinrich Bernhard Dräseke, in: MBL, S. 141–142.
Ders.: Ludwig Carl Möller, in: MBL, S. 475–476.
Ders.: Carl Heinrich Vieregge, in: MBL, S. 755.
Seibert, Beate: Magdeburg, in: Dick/Sassenberg (Hg.): Wegweiser durch das jüdische Sachsen-Anhalt, S. 124–143.
Seyderhelm, Bettina: Die Almosentafel der Laurentiuskirche in Möckern. Ein Bildzeugnis der Armenpflege im Erzbistum Magdeburg aus der zweiten Hälfte des 16. Jahrhunderts, in: Sachsen und Anhalt 29 (2017), S. 307–322.
Dies. (Hg.): Cranach-Werke am Ort ihrer Bestimmung. Tafelbilder der Malerfamilie Cranach und ihres Umkreises in den Kirchen der Evangelischen Kirche in Mitteldeutschland, Regensburg 2015.
Dies. (Hg.): Taufengel in Mitteldeutschland. Geflügelte Taufgeräte zwischen Salzwedel und Suhl, Regensburg 2009.
Siemann, Wolfgang: Vom Staatenbund zum Nationalstaat. Deutschland 1806–1871 (Neue Deutsche Geschichte 7), München 1995.
Sippenverband Ziering-Moritz-Alemann, Heft 1–3, Berlin 1935–1938.
Sitzmann, Manfred: Die Klöster im Erzstift Magdeburg, in: Ballerstedt/Köster/Poenicke, Magdeburg und die Reformation, Teil 1, S. 157–173.
Söder, Markus: Von altdeutschen Rechtstraditionen zu einem modernen Gemeindeedikt. Die Entwicklung der Kommunalgesetzgebung im rechtsrheinischen Bayern zwischen 1802 und 1818, Erlangen 1998.
Spanier, Moritz: Geschichte der Juden in Magdeburg, Magdeburg 1923, Neuaufl. 2017.
Spieß, Karl-Heinz: Einführung, in: Bulst/Spieß, Sozialgeschichte, S. 9–15.
Stache, Christa: Das Evangelische Zentralarchiv in Berlin und seine Bestände, Berlin 1992.
Stammler, Rudolph: Deutsches Rechtsleben in alter und neuer Zeit, Bd. 2, München 1932.
Steinhorst, Heike: Mathilde Müller, in: MBL, S. 490–491.
Stemmler, Gunter: Bruno Müller. Frankfurter Stadtrat für Stiftungen, Hamburg 2020.
Steuben, Hasso von: Karl Konstantin Lebrecht Leonhard Graf Blumenthal, in: MBL, S. 65–66.
Stöneberg, Michael: „Neuschöpfung modernen Lebens". Der Beitrag kommunaler Stadtplanung und Architektur zur Modernisierung Magdeburgs, in: Köster/Poenicke/Volkmar, Ära Beims, S. 199–241.
Stolleis, Michael: Geschichte des öffentlichen Rechts, Bd. 2: 1800–1914, München 1992.
Strachwitz, Rupert Graf: Der Professorenentwurf zur Reform des Stiftungsrechts – ein Kommentar, in: Zeitschrift für Stiftungs- und Vereinswesen 18 (2020), S. 161–164.
Thal, Wilhelm: Heinrich Unverricht, in: MBL, S. 748.
Thayer, Anne T.: Penitence, Preaching and the Coming of the Reformation (St Andrews Studies in Reformation History), Aldershot 2002.
Thibaut, Anton Friedrich Justus: Lehrbuch des Pandektenrechts, Bd. 1, Jena 1802.

Thiem, Ralf: Es geschah vor 540 Jahren: Die privaten Stiftungen der Hospitäler Schwiesau (1471) und Schartau (1473), o. O. [Magdeburg] 2014.
Tollin, Henri: Geschichte der französischen Colonie von Magdeburg, Bd. III, Abt. 1–2, Magdeburg 1889–1894.
Tradition und Innovation: 175 Jahre Industrie- und Handelskammer Magdeburg 1825–2000, Magdeburg 2000.
Trenkel, L. (Hg.): Hof- und Staatshandbuch für das Herzogthum Anhalt, Dessau 1883.
Trusen, Hermann: Das Preußische Kirchenrecht im Bereiche der evangelischen Landeskirche. Zum praktischen Gebrauch für Verwaltungsbeamte, Richter und Geistliche aus der Gesetzgebung, Verwaltung und Rechtsprechung, 2. Aufl., Berlin 1894.
Tullner, Mathias: Carl Gustav Friedrich Hasselbach, in: MBL, S. 264–265.
Ders.: Preußische Provinzhauptstadt, in: Puhle/Petsch, Magdeburg, S. 551–635.
Ders.: Die preußische Niederlage bei Jena und Auerstedt (Hassenhausen) und die Kapitulation von Magdeburg, in: Ders./Möbius, Sascha (Hg.): 1806: Jena, Auerstedt und die Kapitulation von Magdeburg. Schande oder Chance? (Beiträge zur Regional- und Landeskultur Sachsen-Anhalts 46), Halle 2007, S. 130–139.
Ders.: Selma Rudolph, geb. Budenberg, in: Labouvie, Frauen in Sachsen-Anhalt 2, S. 389–392.
Ders./Lübeck, Wilfried (Hg.): Erhard Hübener – Mitteldeutschland und Sachsen-Anhalt. Schriften, Reden, Dokumente des Landeshauptmanns und Ministerpräsidenten, Halle 2001.
Ulbrich, Martin: Die Geschichte des Diakonissenmutterhauses Pfeiffersche Anstalten zu Magdeburg-Cracau 1889–1928, Düsseldorf 1928.
Ullrich, Sabine: Magdeburger Kasernen (Landeshauptstadt Magdeburg, Stadtplanungsamt, Heft 81), Magdeburg 2002.
Dies.: Architektur und Stadtplanung, in: Köster/Stöneberg, Reformstadt, S. 122–171.
Vangerow, Wilhelm Gottlieb von: Entwurf zur Vervollständigung der Einrichtung des Armenwesens im Allgemeinen und in besonderer Beziehung auf die Stadt Magdeburg und deren Vorstädte, Magdeburg 1818.
Ders.: Geschichte und Verfassung des Armen-, Waisen- und Krankenhauses und der damit verbundenen Armenanstalten in Magdeburg, Magdeburg 1793.
Volkmar, Christoph: Reform statt Reformation. Die Kirchenpolitik Herzog Georgs von Sachsen, 1488–1525 (Spätmittelalter, Humanismus, Reformation 41), Tübingen 2008.
Ders:, „Kein einziger Bogen salviret". Der Untergang des Magdeburger Stadtarchivs am 10. Mai 1631 und seine neuere Rekonstruktion, in: Sachsen und Anhalt 30 (2018), S. 231–257.
Ders.: Die Reformation der Junker. Landadel und lutherische Konfessionsbildung im Mittelelberaum (Quellen und Forschungen zur Reformationsgeschichte 92), Gütersloh 2019.
Ders: Mit kurialen Quellen gegen die Amnesie vor Ort. Vom Nutzen des „Repertorium Germanicum" für das digitale Archivprojekt „Magdeburger Spuren", in: Fees, Irmgard u. a. (Hg.): Kirche und Kurie des Spätmittelalters im Brennpunkt des Repertorium Germanicum (1378–1484) [in Druckvorbereitung].
Weber, Hermann: Geschichte der DDR, 2. Aufl., München 2000.
Wentz, Gottfried/Schwineköper, Berent: Das Erzbistum Magdeburg, Bd. 1, Teil 1: Das Domstift St. Moritz in Magdeburg, Bd. 1, Teil 2: Die Kollegiatstifter St. Sebastian, St. Nicolai, St. Peter und Paul und St. Gangolf in Magdeburg (Germania Sacra, 1. Abt.; 1, 1/2), Berlin/New York 1972.
Wernecke, Ingrid: Südwestliche Stadterweiterung (Landeshauptstadt Magdeburg, Stadtplanungsamt, Heft 30), Magdeburg 1995.
Werner, Michael: Stiftungen und Mäzenatentum zwischen Weimarer Republik und Drittem Reich, in: Adam/Frey/Strachwitz, Stiftungen seit 1800, S. 71–94.
Ders.: Stiftungsstadt und Bürgertum. Hamburgs Stiftungskultur vom Kaiserreich bis zum Nationalsozialismus (Stadt und Bürgertum 14), München 2011.
Werner, Olaf/Saenger Ingo/Fischer, Christian (Hg.): Die Stiftung. Recht, Steuern, Wirtschaft, 2. Aufl., Baden-Baden 2019.
Wernicke, Michael Klaus: Die Augustiner-Eremiten, in: Jürgensmeier/Schwerdtfeger, Orden und Klöster, Bd. 2, S. 48–72.

Wieacker, Franz: Privatrechtsgeschichte der Neuzeit, 2. Aufl., Göttingen 1996.
Wille, Manfred: Großstadt auf Festungsterrain. Magdeburg 1870–1918, Kremkau 2004.
Ders.: Der Krieg ist aus! Magdeburg 1945, Gudensberg-Gleichen 2005.
Ders.: Magdeburgs Aufbruch in die Moderne. Magdeburger Kommunalpolitik vom Ausgang des ersten Weltkrieges bis zum Beginn der NS-Diktatur (Landeshauptstadt Magdeburg, Stadtplanungsamt, Heft 39/II), Magdeburg [1995].
Ders.: Tod und Zerstörung durch Luftbombardements im Zweiten Weltkrieg, in: Puhle, Matthias (Hg.): „Dann färbte sich der Himmel blutrot …" Die Zerstörung Magdeburgs am 16. Januar 1945, Magdeburg 1995, S. 38–73.
Willenius, Roswitha: Johann Joseph Otto Duvigneau, in: MBL, S. 149–150.
Dies.: Wilhelm Anton von Klewitz von, in: MBL, S. 358–359.
Winkler, Heinrich August: Weimar 1918–1933. Die Geschichte der ersten deutschen Demokratie, München 1998.
Wolf, Günther/Müller, Günther: Schäffer & Budenberg, in: Henning/Höltge/Römmer, Armaturenindustrie, S. 17–28.
Wolff, Horst-Peter: Emanuel Aufrecht, in: MBL, S. 20.
Ders.: Ferdinand Leopold Kersten, in: MBL, S. 352.
Ders.: Hermann Rosenthal, in: MBL, S. 601.
Wolgast, Eike: Hochstift und Reformation. Studien zur Geschichte der Reichskirche zwischen 1517 und 1648, Stuttgart 1995.
Wolter, F. A.: Geschichte der Stadt Magdeburg von ihrem Ursprung bis auf die Gegenwart, Magdeburg 1901.
Zachariae, Carl Salomo: Ueber den das Städelsche Kunstinstitut zu Frankfurt betreffenden Rechtsstreit, Heidelberg 1827.
Zahn: Testament des Landkomturs der Ballei Sachsen des deutschen Ordens Hans von Lossow, in: Geschichtsblätter für Stadt und Land Magdeburg 39 (1904), S. 226–237.
Zaunstöck, Holger/Weinert, Jörn/Thiele, Andrea (Hg.): Der Bürger und seine Stadt. Bürgerschaftliches Engagement zwischen Mittelalter und Moderne in Halle (Forschungen zur hallischen Stadtgeschichte 17), Halle 2011.
Ziegler, Kristina: Johanna Christiane Henriette Coqui, in: MBL, S. 114.
Dies.: Friederike Alwine Poetsch-Porse, in: MBL, S. 552.
Zschaler, Frank: Die vergessene Währungsreform. Vorgeschichte, Durchführung und Ergebnisse der Geldumstellung in der SBZ, in: Vierteljahreshefte für Zeitgeschichte 45 (1997), S. 191–223.

Abbildungsnachweis

Berlin
Bundesarchiv: Abb. 54

Geheimes Staatsarchiv Preußischer Kulturbesitz: Abb. 4, Abb. 72

Humboldt-Universität zu Berlin, Universitätsbibliothek, Abteilung Historische Sammlungen: Abb. 8

Jena
Gerhard Lingelbach: Abb. 9

Leitzkau
Kulturstiftung Sachsen-Anhalt: Abb. 90 (Foto: Ilja Claus)

Magdeburg
Archiv der Evangelischen Kirche der Kirchenprovinz Sachsen: Abb. 7, Abb. 95, Abb. 106, Abb. 110

Diehl-Zesewitz-Stiftung: Abb. 73

Evangelische Kirche in Mitteldeutschland (EKM): Abb. 57, Abb. 58, Abb. 59, Abb. 60, Abb. 61, Abb. 62, Abb. 63, Abb. 64

Kulturhistorisches Museum Magdeburg: Umschlagfoto hinten, Abb. 1, Abb. 12, Abb. 74, Abb. 84, Abb. 99, Abb. 100, Abb. 104, Abb. 108, Abb. 116

KulturStiftung FestungMark: Abb. 56

Landesarchiv Sachsen-Anhalt: Abb. 5, Abb. 24, Abb. 26, Abb. 38, Abb. 39, Abb. 42, Abb. 44, Abb. 51, Abb. 55, Abb. 86, Abb. 93, Abb. 97

Lutz Miehe: Abb. 80, Abb. 105

Stadtarchiv Magdeburg: Abb. 6; Baupolizei Altbestand Bauakten: Abb. 92; Bildersammlung: Abb. 11, Abb. 25, Abb. 89; Fotobestand Brösel: Abb. 103; Fotobestand Hochbauamt: Umschlagfoto vorn, Abb. 2, Abb. 17, Abb. 19, Abb. 22, Abb. 28, Abb. 30, Abb. 37, Abb. 45, Abb. 47, Abb. 53, Abb. 66, Abb. 67, Abb. 70, Abb. 75, Abb. 81, Abb. 82, Abb. 83, Abb. 88, Abb. 94, Abb. 96, Abb. 107, Abb. 114a–b; Fotobestand Karton IV: Abb. 52; Fotobestand N: Abb. 85, Abb. 87, Abb. 115; Fotobestand NG: Abb. 29, Abb. 48, Abb. 69, Abb. 113; Rep. A II: Abb. 68; Rep. A III: Abb. 3; Rep.10 J: Abb. 71; Rep. 10 Si: Abb. 98; Rep. 11 L: Abb. 32; Rep. 12 U: Abb. 40; Rep. 16, Siegelstempelsammlung: Abb. 13, Abb. 14; Rep. 17: Abb. 20, Abb. 21; Rep. KS, Kartensammlung: Abb. 10, Abb. 16, Abb. 27; Sammlung Lück (© Stiftung Kunst und Kultur der Stadtsparkasse Magdeburg): Abb. 31, Abb. 34, Abb. 43, Abb. 46, Abb. 50, Abb. 65, Abb. 76, Abb. 102, Abb. 111

Privatbesitz
Abb. 35 (Foto: Charlen Christoph)

Abbildungsnachweis

Abbildungen aus Zeitungen und Publikationen
Adreß- und Geschäftsbuch für Magdeburg 1878: Abb. 91
Adreßbuch für Magdeburg und Umgebung 1923: Abb. 41
Behrend, M.: Magdeburger Großkaufleute, Magdeburg 1906: Abb. 77, Abb. 78, Abb. 109, Abb. 112
Bock, Adolph: Das Armenwesen, die milden Stiftungen und sonstigen Wohltätigkeits-Anstalten in Magdeburg, Magdeburg 1860: Abb. 15, Abb. 23
Bock, Adolph: Nachtrag zu der Schrift: Das Armenwesen, die milden Stiftungen und sonstigen Wohltätigkeits-Anstalten in Magdeburg, Magdeburg 1868: Abb. 33
Festschrift aus Anlaß des fünfzigjährigen Bestehens der Pfeifferschen Stiftungen zu Magdeburg-Cracau 1889–1939 [hg. von den Pfeifferschen Stiftungen], Magdeburg 1939: Abb. 49
Koerner, Bernhard: Deutsches Geschlechterbuch. Genealogisches Handbuch Bürgerlicher Familien, Görlitz 1923: Abb. 79
Lebens-Regeln für diejenigen, welche in das Hospital St. Annen, in Magdeburg aufgenommen werden […], Magdeburg 1816: Abb. 18
Oppermann: Das Armen-Wesen und die milden Stiftungen in Magdeburg, Magdeburg 1821: Abb. 101
Ulbrich, D. Martin: Die Geschichte des Diakonissenmutterhauses Pfeiffer'sche Anstalten zu Magdeburg-Cracau 1889–1928, Düsseldorf 1928: Abb. 36

Autorinnen und Autoren

Konstanze Buchholz, wiss. Archivarin am Stadtarchiv Magdeburg.

Dr. Jörg Brückner, Dezernatsleiter am Landesarchiv Sachsen-Anhalt, Dienstort Wernigerode.

Burckhard Dienemann, Magdeburg.

Dr. Riccarda Henkel, wiss. Archivarin am Landesarchiv Sachsen-Anhalt, Dienstort Magdeburg.

Antje Herfurth, Dezernatsleiterin am Landesarchiv Sachsen-Anhalt, Dienstort Magdeburg.

Johannes-H. Kirchner, Magdeburg.

Prof. em. Dr. Gerhard Lingelbach, Universitätsprofessor i. R., Jena.

Dr. Regina Lorek, Vorstandsmitglied der Diehl-Zesewitz-Stiftung, Magdeburg.

Dr. Lutz Miehe, Historiker, Referent am Ministerium für Inneres und Sport des Landes Sachsen-Anhalt, Magdeburg.

Gordon Musiol M. A., Kulturwissenschaftler, Magdeburg.

Prof. Dr. Matthias Puhle, Historiker, Beigeordneter i. R., Magdeburg.

Peter Michael Rainer, Magdeburg.

Dr. Margit Scholz, wiss. Archivarin am Landeskirchlichen Archiv der Evangelischen Kirche in Mitteldeutschland, Dienstort Magdeburg.

Beate Seibert, Magdeburg.

Dr. Bettina Seyderhelm, Referentin für Kunst- und Kulturgut am Landeskirchenamt der Evangelischen Kirche in Mitteldeutschland, Dienstort Magdeburg.

Silvia Trautmann, Sachbearbeiterin am Landesverwaltungsamt Sachsen-Anhalt, Halle (Saale).

Dr. Katrin Tille, Referatsleiterin Forschung, Publikation, Domschatz Halberstadt in der Kulturstiftung Sachsen-Anhalt, Dienstort Halberstadt.

Stephan Utpatel, wiss. Archivar am Geheimen Staatsarchiv Preußischer Kulturbesitz, Berlin.

PD Dr. Christoph Volkmar, Leiter des Stadtarchivs Magdeburg und Privatdozent für Neuere Geschichte und Vergleichende Landesgeschichte an der Universität Leipzig.

Waltraut Zachhuber, Superintendentin i. R., Vorstandsvorsitzende des Fördervereins „Neue Synagoge Magdeburg" e. V.

Register der Stiftungen

A

1. Agathen-Stiftung 265
2. von Alemann'sche Lehnstiftung 265
3. Geheimrat Allendorff-Stiftung 266
4. Allgemeiner Stiftungsfonds bzw. Allgemeine Stiftungsmittel 267
5. Allgemeiner Wohltätigkeitsstock 268
6. Alpha-Omega-Stiftung 268
7. Alsleben'sches Legat 269
8. Altwein-Blankenbach'sche Stiftung 269
9. Altwein'sches Stipendium 270
10. von Alvensleben'sche Familienstiftung 271
11. Andreas-Karolinen-Stiftung 272
12. Gemeinschaftsstiftung Arbeiterwohlfahrt Sachsen-Anhalt 272
13. Stiftung für kirchliche Armenpflege der St. Ambrosius-Gemeinde 273
14. Armenkasse der Deutsch-reformierten Gemeinde 273
15. Armen- und Waisenhaus der Deutsch-reformierten Gemeinde 275
16. Armen- und Waisenhaus der Französisch-reformierten Gemeinde 276
17. Armen- und Waisenhaus der Wallonisch-reformierten Gemeinde 277
18. Arndt'sche Familienstiftung 279
19. Otto Arnold-Stiftung 280
20. von Arnstedt'sche Familienstiftung 281
21. Emanuel Aufrecht-Stiftung 281
22. Auftragsberatungsstelle Sachsen-Anhalt 282
23. Augusteischer Stiftungsfonds 283
24. Augusten-Stift 283
25. Ausschuss-Stiftung 286

B

26. Legat der Bachmann'schen Eheleute 286
27. Baensch-Stiftung für das Domgymnasium 286
28. Emanuel Baensch-Stiftung 288
29. Bandelow'sche Stiftung (I) 289
30. Bandelow'sche Stiftung (II) 289
31. Gebrüder Barasch-Stiftung 290
32. Stiftung des Unterstützungsvereins des Magdeburger Baumarktes 291

33. Baurmeister-Hackelbusch'sches Stipendium 292
34. Becker'sches Legat 294
35. Beckmann-Legat 294
36. Beer-Stiftung 295
37. Behrens'sche Stiftung 295
38. Bennecke'sche Familienstiftung 296
39. Bennewitz'sche Stiftung 297
40. Bennewitz-Stiftung 297
41. Ev.-Lutherische Diakonissenanstalt „Bethanien" 298
42. Verein für weibliche Diakonie „Bethanien" 299
43. Bethge-Stiftung 300
44. Bittkau'sches Legat 301
45. Bley-Stiftung 301
46. Block'sche Stiftung 302
47. Bode-Stiftung 303
48. Franz Bodenstein-Stiftung 304
49. von Bothmer'sche Stiftung 305
50. Auguste Bourzutschky'sche Grabpflegestiftung 305
51. Brandt'sche Stiftung 306
52. Brätsch'sche Stiftung 306
53. Brauns'sche Eheleute-Stiftung 307
54. Fritz Brauns-Stiftung 307
55. Braunsdorf'sches Stipendium 308
56. Breytung-Legat 309
57. Georg Wilhelm Brössel'sche Stiftung 309
58. Maria Brössel'sche Stiftung 310
59. Brückner'sche Stiftung 311
60. Brunner'sche Stiftung 311
61. Hermann Brunner-Stiftung 312
62. Johannes Brunner-Stiftung 313
63. Budenberg-Stiftung 313
64. von Bülow'sches Stipendium 316
65. Bürgerrettungsinstitut 316
66. Bürgerstiftung Magdeburg 317
67. Buhler'sches Legat 318
68. Burckhard-Stiftung 319
69. von dem Busche-Stiftung 319
70. von Byern-Stiftung 320

C

71. Carpzow-Pistor'scher Stiftungsfonds 320
72. Casper'sche Holzversorgung 321
73. Bürgermeister Johann Casper Coqui'sche Stiftung zu Buckau 322
74. Coqui'sche Familienstiftung 323
75. Coqui'scher Stipendienfonds 325
76. Culmbach-Bayreuth'sches Stipendium 326

D

77. Delecker-Stiftung 327
78. Diehl-Zesewitz-Stiftung 328
79. Albert Diesing-Stiftung 330
80. Dihm'sches Legat 330
81. Dihm-Ryder'sche Familienstiftung 331
82. Dohrmann-Legat 332
83. Dolle-Stiftung 332
84. Domella'sche Stiftung 333
85. Heinrich-Dorendorf-Stiftung 333
86. Dräseke-Stiftung 334
87. Drenckmann'sche Stiftung 335
88. Wilhelmine Dreßler-Stiftung 336
89. Ernst Dreyer-Stiftung 336
90. Dschenfzig-Stiftung 337
91. von Dürrfeld'sche Stiftung 337
92. Kommerzienrat Dulon-Stiftung 337
93. Otto Duvigneau-Stiftung 338

E

94. EBG Zukunftsstiftung 340
95. Bianka Elbthal'sche Stiftung 340
96. Elbthal-Stiftung 341
97. Stiftung Elternhaus am Universitätsklinikum Magdeburg 341
98. Endler'sche Stiftung 342
99. Endler'sches Legat 342
100. Engel-Stiftung 343
101. Berthold Erdmann Stiftung 343
102. Erdmann'sche Stiftung 343
103. Erler'sche Bibelstifung 343

104. Evers'sches Prediger-Wittum 344
105. Everth'sche Stiftung 345

F

106. Faber-Legat 345
107. Faber-Legat „Für Heilig-Geist-Kirche" 346
108. Faber-Legat „Für St. Nikolai" 347
109. Faber Stiftung 348
110. Fabrikarbeiter-Invalidenkasse zu Neustadt 348
111. Stiftung Familie in Not – Sachsen-Anhalt 349
112. Botho Farenholtz-Stiftung 349
113. Farenholtz-Stiftung 350
114. FENESTRA Magdeburg-Stiftung 350
115. Ferienkolonien 351
116. Ferienkolonie-, Konfirmanden- und weibliche Fürsorge-Stiftung 352
117. Feuerwehr-Unterstützungs-Fonds (Jubiläums-Stiftung) 352
118. Dr. Fischer-Stiftung 353
119. Rudolf Fließ-Stiftung 353
120. Witwe Auguste Fock-Stiftung 353
121. Christoph Fölsche-Stiftung 354
122. Förderstiftung der Pfeifferschen Stiftungen 354
123. Fonds der milden Stiftungen 355
124. Fonds zur Speisung bedürftiger Schulkinder 355
125. Frauen-Verein der Freien Religions-Gesellschaft zu Magdeburg 356
126. Die 8. Stelle des Magdeburger Freitisches für Studierende in Halle 357
127. Gebrüder Friedeberg-Stiftung 357
128. Friese'sche Stiftung 358
129. Fritze'sche Predigerwitwen-Stiftung 358
130. Fritze'sche Stiftung 359
131. Fritze'sches Prediger-Wittum 359
132. Gustav Fuhrmann sen. Gedächtnis-Stiftung 360
133. Funk'sche Stiftung 360

G

134. von Gaisberg-Brehm-Breytung-Prediger-Wittum 362
135. Gasser'sche Stiftung 363
136. Gehrmann-Legat 364
137. Dorothee Gerloff-Stiftung 364
138. Friedrich Geßner-Stiftung 364

139. Gewerbevereins-Stiftung 365
140. von Geyso'sches Legat 366
141. Minna Glawe-Stiftung 366
142. Goedecke'sches Legat 367
143. Goedecke-Stiftung 367
144. Goldene Jubiläums-Stiftung 367
145. Gott-mit-uns-Stiftung 368
146. Grube'sches Legat 368
147. Hermann Gruson-Stiftung 369
148. Otto-von-Guericke-Stiftung 371

H
149. Haenel'sches Legat 371
150. Hahn-Meinecke-Universität-Stiftung 372
151. von Hake-Saldern'sche Familienstiftung 374
152. Eduard Hamm-Stiftung 374
153. Handré'sches Legat 375
154. Hanse'sches Familienstipendium 375
155. Hasselbach-Stiftung 376
156. Hassen-Schmidt-Legat 376
157. Kassenbestand des aufgelösten Vereins gegen Hausbettelei 377
158. Albert Hauswaldt'sche Stiftung 377
159. Dr. Hans Hauswaldt'sche Familienstiftung 378
160. Hauswaldt'sche Museumsstiftung 379
161. Johann Albert Hauswaldt'sche Stiftung 380
162. Johann Georg Hauswaldt'sche Stiftung 380
163. Kommerzienrat Wilhelm Hauswaldt-Stiftung 382
164. Wilhelm Hauswaldt-Stiftung 382
165. Emilie-Hehen-Stiftung 383
166. Heinrich Heimster-Grabpflege-Stiftung 383
167. Heinz'sches Prediger-Wittum 384
168. Heldburg 1960 Stiftung MMXXI 385
169. Hellmuth'scher Stipendienfonds 385
170. Helmecke-Stiftung 385
171. Karl Hempel-Stiftung 386
172. Karl Joachim Jacob und Emilie Hennige-Stiftung 386
173. Moritz Paul Hennige-Stiftung 388
174. Herberge zur Christenheit 388
175. Hettenbach-Stiftung 389

Register der Stiftungen

176. Heuer-Legat 390
177. Heyne-Wagenschein-Stiftung 390
178. Gustav Heynemann-Stiftung 392
179. Hildebrand(t)-Legat 394
180. Hildebrandt'sches Legat 394
181. Julius Hindenburg-Legat 395
182. Gustav Hintze-Stiftung 396
183. Hoeffichen'scher Stipendienfonds 396
184. Wilhelm Höffner'sche Schulstiftung 397
185. Wilhelm Höpfner-Stiftung 397
186. Hoffmann'sches Prediger-Wittum 398
187. Holzapfel-Stipendium 398
188. Hoppe'sche Schulstiftung für die Friedrichstadt 399
189. Hospital St. Annen (Heilig-Geist-Hospital) 399
190. Hospital St. Georgen 402
191. Hospital St. Gertrauden 405
192. Hospital Schartau 408
193. Hospital Schwiesau 410
194. Hostowsky'sche Stiftung 412
195. Gustav Hubbe-Stiftung 413
196. Ida Hubbe-Stiftung 414
197. Geheimer Kommerzienrat Otto Hubbe'sche Stiftung 415
198. Otto Hubbe-Stiftung (I) 415
199. Otto Hubbe-Stiftung (II) 416

J
200. D. Jacobi-Stiftung 417
201. Oscar Jacoby-Stiftung 418
202. Jäckel'sche Stiftung 418
203. Mathilde Jaenecke-Grabpflegestiftung 419
204. Jockusch-Stiftung 419
205. Jordan'sche Museumsstiftung 420
206. Max Jordan-Stiftung 420
207. Jubiläumsstiftung der Stadt Magdeburg 421
208. Verschiedene Jubiläumsstiftungen 421
209. Jugendarbeit in der Stadt der Stadtsparkasse Magdeburg 422
210. Ortsausschuss für Jugendpflege 422
211. Junge-Stiftung 423

K

212. Kaesemacher-Memorien-Stiftung 423
213. Käselitz-Stiftung 423
214. Kahlenberg-Stiftung 424
215. Arnold Kahler-Stiftung 427
216. Kaiser Wilhelm und Kaiserin Augusta-Stift 427
217. Kaiser Wilhelm-Prämienstiftung 428
218. Kalkow'sche Armenstiftung 429
219. Friedrich Kalkow-Stiftung 429
220. Kathreiner's Malzkaffee-Fabrikanten-Spende für
     Kriegshinterbliebene 430
221. Kaufmann-Stiftung 431
222. Kebbel'sche Stiftung Heimaterde 431
223. Dr. Kempfe-Stiftung 431
224. von Kerssenbruch'sches Stipendium 432
225. Kersten-Balk'sche Stiftung 434
226. Stiftung zur Pflege des Kindergottesdienstes 435
227. Kirchliche Stiftung Kunst- und Kulturgut in
     der Evangelischen Kirche in Mitteldeutschland 435
228. von Klevenow'sche Stiftung 436
229. von Klevenow'sche Stipendienstiftung 437
230. Kloster St. Augustini 438
231. Kloster Beatae Mariae Magdalenae 441
232. Kloster Bergescher Armenfonds 445
233. Kloster Bergesche Stiftung 445
234. Kloster Unser Lieben Frauen 449
235. Carl Emil Klotz'sche Stiftung 451
236. F. A. Klusemann'sche Familienstiftung 452
237. Knust'sche Waisenstiftung 453
238. Wilhelm Kobelt-Stiftung 454
239. Koch-Legat „Für St. Ambrosius" 454
240. Max Köhling-Stiftung 455
241. Wilhelm König-Stiftung 455
242. Reinhard und Hermine Könnecke-Stiftung 456
243. Kötschau-Legat 456
244. Kötschau'sches Vermächtnis für hilfsbedürftige Familien
     gefallener oder erwerbsunfähiger Krieger 457
245. Georg Koppehele-Familienstiftung 457

246. Korn'sches Legat 460
247. W. Kornisch'sches Geschenk 460
248. Selma Kornisch-Stiftung 461
249. Marie Korte-Stiftung 461
250. Karl Kost'sche Stiftung 462
251. Gertrud Kralle-Stiftung für kirchliche Armenpflege 463
252. Kramer-Legat 463
253. Krebs'sches Legat 463
254. Lothar-Kreyssig-Friedenspreis 464
255. Krüger'sche Armenstiftung 465
256. Krümmel-Stolberg-Stiftung 466
257. Deutsches Zentrum Kulturgutverluste 466
258. KulturStiftung FestungMark 466
259. Kulturstiftung KaiserOtto 467
260. Stiftung Kunst und Kultur Stadtsparkasse Magdeburg 468

L

261. Laaß'sche Stiftung 468
262. Laaß'sche Armen-Stiftung 469
263. Hermann Laaß-Stiftung 469
264. Lang'sches Legat 471
265. Lange-Stiftung 471
266. Lange-Riehle Stiftung 471
267. Langensiepen'scher Unterstützungsfonds 472
268. Oskar Lattey-Stiftung 473
269. Laubel-Legat „Für die Walloner Kirche" 474
270. Laue-Legat „Für Heilig-Geist-Kirche" 474
271. Laue-Legat „Für Kloster St. Augustini" 475
272. Laue-Legat „Für St. Johannis" 476
273. Hermann-Laue-Stiftung 476
274. Leckeny'sche Stiftung 477
275. Leckeny-Legat „Für Heilig-Geist-Kirche" 477
276. Rudi Lehmann-Stiftung für tuberkulöse Kinder 478
277. Leistungsprämienstock 478
278. Leitner-Legat 479
279. Interessentengemeinde Lemsdorf 479
280. Liebau'sches Legat 479
281. Lieberoth'sches Legat 480
282. Liebich'sche Stiftung 480

283. Pastor Dr. Liebscher'sche Stiftung 481
284. Pfarrer Liese-Stiftung 482
285. Eugen Linde-Stiftung 482
286. Linnicke-Stiftung 483
287. Lochte'sche Stiftung 483
288. Lohmann'sche Stiftung 484
289. von Lossow'sche Familienstiftung 484
290. Ludwig-Stipendium 487
291. Gustav Lücke-Familienstiftung 487
292. Ida Lücke-Heim 488
293. Ida Lücke-Stiftung 490
294. LuOs 2020 Familienstiftung 492
295. Friedrich und Minna Luther-Gedächtnis-Stiftung 493
296. Hauptverein der Deutschen Luther-Stiftung zu Magdeburg 493

M

297. Dr. Maenß-Stiftung 294
298. Magdalenenstiftung 495
299. Magdeburger Hospitäler und Klöster 496
300. Magdeburger Landes-Universität-Stipendium 498
301. Mahrenholtz-Legat für die Kleinkinderschule 498
302. von Mahrenholtz'sches Stipendium 499
303. Vermögen der aufgelösten Fabrikkrankenkasse
     von A. C. Maquet Nachf. 499
304. Martin-Stift 500
305. Richard Matthaei-Stiftung 502
306. Meerkatz'sche Stiftung 502
307. Melante-Stiftung Magdeburg zur Förderung der Pflege
     und Erforschung von Leben und Werk Georg Philipp Telemanns 503
308. Gustav Melchior-Stiftung 503
309. Marie Melchior-Stiftung 504
310. Mewesius'sches Stipendium 504
311. Anna Elisabeth Meyer'sche Stiftung 506
312. Michaelis'sche Stiftung 507
313. Ella Mirau-Stiftung 508
314. Mirbach'sche Stiftung 508
315. Adolf Mittag-Stiftung 509
316. Adolf Mittag-Stiftung für den Nordfriedhof 509
317. Gebrüder Mittag-Stiftung 511

318. Möbius-Stiftung 511
319. Möller-Legat 512
320. Generalsuperintendent Carl Moeller-Stiftung 512
321. Moeller-Stiftung für Kandidaten 512
322. Morgenstern'sche Stipendium-Stiftung (I) 513
323. Morgenstern'sche Stipendium-Stiftung (II) 514
324. Morgenstern'sches Legat 515
325. Morgenstern & Co. Zentenarstiftung 516
326. Müller-Stiftung für die Heilig-Geist-Kirche 517
327. Müller'sche Eheleute-Stiftung 517
328. Heinrich Wilhelm Müller'sches Legat 517
329. Heinrich Wilhelm Müller'sches Siechenhospital 518
330. Heinrich Wilhelm Müller'sche Stiftung 520
331. Laurentius Müller-Stipendium 520
332. Helene von Mülverstedt-Stiftung 521
333. von Münchhausen-Althaus-Leitzkau-Stiftung 522
334. von Münchhausen'sches Stipendium 522
335. MWG-Stiftung 523

N
336. Elisabeth Magdalene Naumann'sche Stiftung 523
337. Georg Christian Naumann'sche Stiftung 524
338. Nehricke-Stiftung 525
339. F. A. Neubauer'sche Stiftung zur Errichtung eines
     Kinderkrankenhauses 526
340. F. A. Neubauer'sches Geschenk 527
341. Geheimer Kommerzienrat F. A. Neubauer'sche Stiftung 528
342. Kommerzienrat Neubauer'sche Stiftung 528
343. Neubauer-Stiftung 529
344. Martha Neubaur'sche Stiftung 530
345. Ute und Wolfram Neumann-Stiftung 530
346. Neumann'sche Stiftung 531
347. Willi Neumann'sche Stiftung 531
348. Noeldechen-Stiftung 532
349. Europäische St.-Norbert-Stiftung 533
350. Nordheimer-Stiftung 533

O
351. Öhmichen-Stiftung 534

352. Charlotte Oeltze-Legate I–IV 534
353. Oelze-Stiftung 536
354. Offeney-Stiftung 536
355. Oppermann'sche Stiftung 537
356. Oppermann'scher Prediger-Wittum-Fonds 537
357. Oppermann'scher Stipendienfonds 539
358. Oppermann-Fritze-Schneider'sches Prediger-Wittum 540
359. Testament der Emmy Otte 540
360. Dr. Otto-Grabpflegestiftung 541

P

361. Pabst'sches Freibett in der Kahlenberg-Stiftung 541
362. Pasemann'sche Stiftung 542
363. Pax-Stiftung 542
364. Pechow'sche Stiftung 543
365. Pentzler'sches Legat 543
366. Stadtrat Gustav Perschmann'sche Stiftung 544
367. Otto Petschke-Stiftung 544
368. Pfälzer-Colonie-Stipendium 545
369. Pfarrtöchterstiftung der Provinz Sachsen 545
370. Pfeiffersche Stiftungen zu Magdeburg-Cracau 546
371. Versorgungskasse für die Schwesternschaft des Diakonissen-
     Mutterhauses Pfeiffersche Stiftungen in Magdeburg-Cracau 550
372. Georg Wilhelm Pieschel-Legat 550
373. Plattner-Hestermann'sche Spende 551
374. Hermann Freiherr von Plotho'sche Familienstiftung 551
375. von Plotho'sche Stiftung 552
376. Pohle-Stiftung 553
377. Kommerzienrat Eugen Polte-Stiftung 553
378. Eugen Polte'sche Familienstiftung 554
379. Stiftung der Fa. Polte zum Bau eines Wöchnerinnenhauses 554
380. Pommer-Stiftung 555
381. Wilhelm Porse-Stiftung 556
382. Wilhelm Porse-Stiftung für die Kurrende 558
383. Wilhelm Porse-Stiftung für Kriegsblinde 558
384. Wilhelm und Elbine Porse-Stiftung 559
385. Prämienstiftung der Maler- und Lackiererinnung 560
386. Prämienstiftungen der I. und II. mittleren Bürgerschule 560
387. Reinhold Pretsch-Stiftung 561

R

388. Max Rabe-Stiftung 561
389. Rabethge-Stiftung 562
390. Rahmer-Stiftung 562
391. Wilhelm Raßbach-Stiftung 563
392. Ravy'sche Stiftung 564
393. Reichardt'sches Geschenk 564
394. Reiche-Klewitz'sche Familienstiftung 565
395. Reichskleiderlagerstiftung 566
396. Reißner'sche Stiftung 566
397. Emma-Riedhardt-Stiftung 567
398. Ring'sche Konfirmandenstiftung 567
399. Rißmann'sches Legat 568
400. Robrahn-Schiffer'sche Stiftung 568
401. Rode'sche Stiftung 569
402. Röhrig-Stiftung 570
403. Julie-Rönnefahrt-Stiftung 570
404. Roland-Stiftung 571
405. Dr. Rosenthal-Stiftung 571
406. Roßleben'sche Stiftung 573
407. Rothenseer Ackerinteressenten-Kasse 573
408. Rothenseer Holzinteressenten-Kasse 574
409. Friedrich Rudo-Stiftung 574
410. Rudolphi-Stiftung 574
411. Rüppel'sche Stiftung 575

S

412. Jacob Saling'sche Stiftung 576
413. Sammelstiftung der Handelskammer 577
414. Sander-Stiftung 577
415. Sannemann'sches Legat 577
416. Helene Schäffer-Stiftung 578
417. Oskar Schaller-Stiftung 578
418. Testament der Witwe Alma Schaper, geb. Sturm 578
419. Schartow'sche Familienstiftung 579
420. Schartow'sche Stiftung 579
421. Schauer'sches Stipendium 580
422. Scheiffler-Prigge-Stiftung 581
423. Schermbeck'sches Legat 581

424. Schiffer'sche Stiftung 683
425. Schlesinger'sche Armenstiftung 583
426. Schlesinger'sche Armen-Unterstützungs-Stiftung 584
427. Schlesinger'sche Ausstattungs-Stiftung 584
428. Schlesinger-Dienstbotenstiftung 585
429. Schlesinger'sche Stipendium-Stiftung 585
430. Witwe Ida Schlüter-Stiftung 586
431. Schmager'sches Prediger-Wittum 586
432. Schmidt'sche Stiftung 587
433. Friedrich Schmidt'sche Stiftung 587
434. Paul Schmidt'sches Stipendium 588
435. Schneider'sches Legat 589
436. Schneider'sche Stiftung 589
437. Schneider'sche St. Katharinen-Stiftung 590
438. Witwe Schneider'sche Familienstiftung 590
439. Schnur-Legat 591
440. Rektor Scholand-Stiftung 592
441. Major Schrader-Stiftung 592
442. Schraube-Stiftung 592
443. Auguste Schreiber-Stiftung 593
444. Emil Schreiber-Stiftung 593
445. Stiftung der Eheleute Hermann Schroeder und Anna, geb. Busch 594
446. Schubert-Stiftung 595
447. Johann Christian Schütze-Stiftung 595
448. Schütze'scher Legatenfonds 596
449. Schütze'sche Stiftung 597
450. Schul-Currende 597
451. Schul-Legat an der reformierten Friedrichsschule 599
452. Schulke-Stiftung 600
453. Stadtrat Gustav Schultze'sche Invaliden- und Armen-Stiftung 600
454. Stadtrat Gustav Schultze'sche Präbenden-Stiftung 601
455. Theodor Schultze'sches Legat 602
456. Emma Schulz'sches Vermächtnis 602
457. Friedrich Karl Schulze-Stiftung (I) 603
458. Friedrich Karl Schulze-Stiftung (II) 604
459. Schumacher'sche Stiftung 604
460. Schwanert-Stiftung 605
461. Schwartz'sche Stiftung 606
462. Stiftung zur Förderung der Schweinezucht in Sachsen-Anhalt 606

463. Seyffert'sche Stiftung ... 607
464. Stiftung Siebers-Stift ... 607
465. Dr. Siewert-Stiftung ... 608
466. Silbermann'sche Stiftung ... 608
467. Silberschlag-Stiftung ... 609
468. Gotthold Simon-Stiftung ... 609
469. Sintenis-Stiftung ... 610
470. Garrett Smith & Co.'scher Unterstützungsfonds ... 610
471. Katharina Sombart-Stiftung ... 611
472. Max und Katharina Sombart-Stiftung ... 611
473. Gustav Sommerguth-Stiftung ... 612
474. Leopold Spörl-Stiftung ... 612
475. Stake-Schlageter-Stiftung ... 613
476. Dietrich von Steger-Legatenrechnung ... 613
477. Steinhausen'sche Familienstiftung ... 614
478. Stephan'sches Legat ... 614
479. Stephanowsky'sche Armenstiftung ... 615
480. Eheleute Sternberg-Stiftung ... 616
481. Stiftung für sozial schwache hochbegabte Kinder und Jugendliche ... 617
482. Stiftung Behindertensport in Sachsen-Anhalt ... 617
483. Stiftung „Sport in Magdeburg" ... 618
484. Stiftung Sport in Sachsen-Anhalt ... 618
485. Stiftungsstock der Industrie- u. Handelskammer ... 619
486. Stilcke'sche Familienstiftung ... 619
487. Stipendienfonds für die Provinzial-Meisterkurse ... 620
488. Stipendienstiftung für die Kunstgewerbe- und Handwerker-Schule ... 621
489. Stipendienstock zum Besuche der Technischen Hochschule ... 621
490. Stock zur Hebung des Kaufmannsstandes ... 622
491. Stock zur Hebung des Maurerstandes ... 622
492. Stott-Stiftung ... 623
493. Helene Straube-Gedächtnis-Stiftung ... 623
494. Strauß'sche Stipendium Stiftung ... 623
495. Sturmhöfel-Stiftung ... 624
496. von Syborg'sche Stiftung ... 625

T

497. Taeger-Stiftung ... 625
498. Tägtmeier-Legat I u. II ... 626
499. Albert Thiele'sche Stiftung ... 626

500. Timme-Meyer'sches Legat 627
501. Tismar'sche Stiftung 627
502. Tismar'scher Prämienfonds für Schulkinder 629
503. Tismar'sches Legat 630
504. Tismar-Rüdiger'sche Stiftung 630
505. Heinrich Töpke'sche Familienstiftung 631
506. Gustav Tonne-Stiftung 632
507. Traubibelfonds-Stiftung 634
508. Trautmann-Stiftung 634

U

509. Klara Uhlich-Stiftung 634
510. Gemeinde-Armenkasse St. Ulrich 635
511. Unterstützungsfonds für arbeitsunfähige Personen der Stadt Magdeburg, speziell des Stadtteils Sudenburg 635
512. Unterstützungsstock für Gefolgschaftsmitglieder der Kammer 636
513. Unterstützungsstock für in Not geratene Kaufleute 636
514. Stiftung des Geheimen es Professor Dr. Unverricht 637
515. Stiftung Familienerholungs- und Bildungswerk St. Ursula 638

V

516. Vagedes'sche Stiftung 638
517. Verlustgelderfonds 639
518. Generalsuperintendent D. Vieregge-Stiftung 639
519. Stiftung der ÖSA Versicherungen 641
520. Julius Voigtel-Stiftung 641
521. Volksschüler-Stiftung 642
522. Gräflich von Voß-Buch'sches Stipendium 643

W

523. Wagner'sche Stiftung 644
524. Wagner'sche Stiftung für verwahrloste Kinder 645
525. Waisenbelohnungsfonds 646
526. Städtischer Waisenfonds 647
527. Stiftung des Magdeburger „Waisenfreund" 648
528. Deutsch-reformierter Waisenhaus-Fonds 648
529. Walther'sche Spende 649
530. Wapenhans-Stiftung 650
531. Weber-Stiftung 650

532. Welsch'sche Stiftung 651
533. Wenk'sche Stiftung zur Unterstützung von Erziehungsanstalten 651
534. Wernecke'sche Stiftung 652
535. Minna Wernecke geb. Hörnecke-Stiftung 652
536. Wernecke'sche Stiftung zu Museumszwecken 653
537. Gustav Wernecke-Stiftung 654
538. Gustav Wernecke-Grabstättenstiftung 655
539. Wesemann-Legat 656
540. Westerhüser Separationsinteressenten 656
541. Frau Professor Wichers-Stiftung 656
542. Julius und Sara Wiesenthal-Stiftung 657
543. Wiggert-Stiftung 657
544. Windhorst-Legat für St. Sebastian 658
545. Vermächtnis des Schuhmachermeisters W. Winkelmann 658
546. Winterstein'sche Stiftung 659
547. Witte'sche Armenstiftung 659
548. Witte'sche Schulstiftung 660
549. Johann Heinrich Witte'sche Stiftung 660
550. Witwen- und Waisenkasse des Realgymnasiums 661
551. Witwen-Unterstützungskasse hiesiger Realschullehrer 661
552. Wolf-Stiftung 662
553. Wrede-Stiftung 663
554. Wrede'sches Legat 664

Z

555. Willy Zander-Stiftung 666
556. Ziering-Kirchen-Legat 666
557. Ziering'sche Familienstiftung 667
558. Zimmermann'sches Legat 669
559. Zincke'sche Armenstiftung 669
560. Zincke'sche Grabgewölbe-Stiftung 670
561. Zincke'sche Landwehr-Stiftung 671
562. Zincke'sche Stiftung (Hauptstiftung) 672
563. Zincke'sche Turmbaustiftung 673
564. Peter Zincke-Stiftungen 675
565. Ernestine Zuckschwerdt-Stiftung 675
566. Wilhelm Zuckschwerdt-Stiftung 677
567. Wilhelm Otto Hermann-Zuckschwerdt-Stiftung 678
568. Zuckschwerdt Jubiläumsstiftung 678

569. Zuckschwerdt & Beuchel-Jubiläums-Stiftung 679
570. Zuckschwerdt & Beuchel-Stiftung 679
571. Zuckschwerdt'sche Sammel-Stiftung 681
572. Zuckschwerdt-Stiftung 681

Personenregister

Das Register erfasst Personen, die im Haupttext und im Fließtext der Anmerkungen und Bildunterschriften genannt werden. Wenn Personennamen auf einer Seite nur im Fließtext der Anmerkungen oder in der Bildunterschrift enthalten sind, wurde die Seitenzahl mit (*) gekennzeichnet.

A

Abel, Friedrich Theodor Karl, Prediger 635
Abrahamowski, Nathan 321
Adam, Thomas, Prof. Dr., Historiker 169*, 205, 209*, 211*, 217*, 239*, 253*
Albert II., Erzbischof, Kardinal 400, 441 f.
Albrecht II., Erzbischof 87, 89
Alemann, Heinrich von, Bürgermeister 265
Allendorff, August 266
Allendorff, Otto Moritz, Unternehmer, Geheimer Kommerzienrat 266
Allendorff, Wilhelm, Unternehmer 266
Alsleben, Ferdinand, Stadtältester 269
Altwein, Barbara Sophie, geb. Lüdicke 269 f.
Alvensleben, von, Familie 271
Arndt, Familie 237, 279
Arnold, Alwine Lisette Karoline Hedwig, geb. Budenberg 158 f., 313*, 314
Arnold, Otto, Unternehmer, Geheimer Kommerzienrat 158, 208*, 280
Arnstedt, Melchior von, Hauptmann 26, 39, 281
Aufrecht, Emanuel, Arzt, Prof. Dr., Geheimer Kommerzienrat 190, 281 f., 425
Aufrecht, Hans 190*
August von Sachsen, Kurfürst 283
Augusta von Sachsen-Weimar, Deutsche Kaiserin 427 f., 439

B

Bachmann, Eheleute 286
Backhaus, Georg, Maler 679*
Baensch, Eduard, Kaufmann und Stadtrat 288
Baensch, Emanuel, Kaufmann, Kommerzienrat 179*, 225*, 286, 287*, 288
Baensch, Emil 451
Baensch, Heinrich Theodor Emanuel, Verleger 288
Baensch, Wilhelm von, Geheimer Kommerzienrat 288
Balk, Particulier 434
Bandelow, Emil, Kaufmann 289
Barasch, Artur, Kaufmann 198, 290
Barasch, Georg, Kaufmann 198, 290
Bartels, Karl Volkmar, Stadtrat 236*, 314

Basedow, Carl von, Arzt 401*
Baudissin, Graf Traugott Adalbert Ernst von, Regierungspräsident 175
Baumann, Unternehmer 135
Baumgarten, August Wilhelm 24
Baumeister von Kochstedt, Tobias, Dr., Kanzler 292
Becker, Tischlermeister und Holzhändler 294
Beckmann, Propst 294
Beer, Clementine 295
Behm, Witwe 138*, 139*, 362
Behrens, Heinrich, Bürgermeister 295
Behrens, Ehefrau von Heinrich Behrens 296
Beims, Hermann, Oberbürgermeister 206 f., 209, 224*, 290
Bennecke, Hermann Philipp 296
Bennecke, Luise, geb. Berendes 296
Bennewitz, Christoph, Partikulier und Bankier 214*, 297
Berghauer, Johann C. F. 108*, 125*, 319, 465, 598, 663
Bernhard, Ernst Carl, Unternehmer 386
Bernhard von der Ostmark, Markgraf 86
Beseler, Georg, Professor, Jurist 79
Bethge, Bauernfamilie 300
Bethge, Unternehmer 420
Beuchel, Julius Wilhelm 28, 135, 676–679
Beyer, Dr., Prediger 141
Bion, Walter, Schweizer Pfarrer 157
Bismarck, Otto von, Reichskanzler 164, 206
Bittkau, Caspar August, Kossat 301
Bittkau, Johann Caspar August 301
Bittkau, Sophie Elisabeth, geb. Rabe 301
Blankenbach, Johann Friedrich, Bürgermeister 270
Bley 301
Block, Johann Christoph, Kaufmann 303
Blumenthal, Karl Konstantin Albrecht Leonhard von, General 148*
Blumner, Otto Wilhelm Julius, Pfarrer 156*, 500
Bock, Adolph, Stadtverordnetensekretär 14, 101, 105 f., 111, 118, 136, 138*, 139, 308 f., 346, 362, 437, 456, 475, 569, 588, 598, 619,
Bode, Auguste, geb. Wippermüller 303 f.

Bodenstein, Franz, Brauereibesitzer 29, 304
Bodenstein, Maria, geb. Knauth 304
Börstel, Johann Heinrich von, Generalleutnant 273
Bonorden, Franz Ernst, Amtmann 24
Borghardt, Ludwig, Generalsuperintendent in Stendal 501, 535
Boltzenthal, Rendant 129
Bonorden, Franz Ernst, Amtmann 24
Bora, Katharina von 255
Bothmer, Johann von, Domherr und Senior des Domkapitels 24–27, 305
Bourzutschky, Auguste, geb. Aßmann 171*, 305 f.
Brätsch, Franziska 306
Brandenburg, Erich von, Erzbischof 95*
Brandt, Otto, Maurermeister 306
Brauns, Friedrich (Fritz), Buchbinder 307
Brauns, Henriette, geb. Harbordt 307
Braunsdorf, Levin, Magister und Oberpfarrer 308
Breytung, Friedrich Rudolf, Oberpfarrer 138*, 309
Breytung, Marie Auguste, geb. Faulwasser 309, 362
Broder, Hermann, Kaufmann 290
Brösel, Hermann, Fotograf 555*
Brössel, Georg Wilhelm, Brauer-Innungsmeister 309 f.
Brössel, Maria, geb. Häseler 310
Brückner, Johann Christian, Kaufmann, Kommerzienrat 311
Brüggemann, August Ferdinand, Dr., Arzt, Medizinalrat 141
Brunner, Gustav Adolf, Kaufmann 311
Brunner, Hermann, Kaufmann 312
Brunner, Johannes, Kaufmann 313
Bruschke, Werner, Ministerpräsident 374*
Budenberg, Caroline Arnoldine, geb. Forstmann 156, 158, 179, 313
Budenberg, Christian Friedrich, Unternehmer 156, 158, 179, 208*, 280, 313, 472
Budenberg, Lydia 159*
Bugenhagen, Johannes, Reformator 614
Bülow, Eulalia von, geb. von Veltheim 316
Bülow, Heinrich von 316
Buhler, Peter, Ökonom (Landwirt) 318
Burchardt, Julius, Firmeninhaber 635
Burchardt, Lisa 315
Burckhard 319
Busche, von dem 319, 432

Byern, Anna Marie von, geb. von Wulven 320
Byern, Daniel von 320

C

Calvisius, Seth Heinrich, Pfarrer 110
Casper, Benjamin, Partikulier 321
Caspar, Henriette, geb. Allier 321
Christian Wilhelm von Brandenburg, Administrator 498
Coqui, Agathe 265
Coqui, Friedrich Heinrich, Kaufmann 265
Coqui, Johann Casper, Bürgermeister der Pfälzer Kolonie, Kaufmann 135, 141, 167, 237, 322, 324
Coqui, Johanna Christiane Henriette, geb. Dürking 152, 322 f.
Coqui, Peter 645
Cranach, Lucas d. Ä., Maler 251, 252*, 259, 386
Cranach, Lucas d. J., Maler 251, 252*, 259, 614
Creifels, Otto, Dr., Ingenieur 216* f.

D

Dalberg, Karl Theodor von, Kurfürst-Erzbischof von Mainz 72
Danckwortt, Carl Jacob Albert, Theologiestudent 433*
Daub, Philipp, Oberbürgermeister 238, 549
Delecker, Georg Konrad, kath. Priester 327
Deneke, Carl Friedrich, Kaufmann und Ehrenbürger 489, 491
Deneke, Heinrich Wilhelm, Kaufmann 491, 514
Deneke, Ida, geb. Jaeger 491
Dibelius, Otto, Dr., Konsistorialpräsident 464
Dieckmann, Johannes, Volkskammerpräsident 236, 497
Diehl, Norbert J. 328
Diesing, Albert 330
Diesing, Bertha, geb. Rusche 330
Dietrich, Elise 306
Dihm, Christiane Luise, geb. von Lüderitz 330
Dihm, Johann Ludwig, Prediger 330
Ditfurth, Karl, Prof., Pädagoge 657
Dohrmann, Auguste, geb. Hohlbein 332
Dohrmann, Ferdinand 332
Dohrmann, Hermann, Partikulier 332, 335
Dohrmann, Louise 332
Dohrmann, Margarethe Elisabeth, geb. Bratmann 332

Dohrmann, Sebastian 332
Dohrmann, Wilhelm 332
Dolle, Anna Sophie Elisabeth, geb. Strube 332
Dolle, Gustav Adolph, Kossat 332
Dolle, Johann Heinrich 332
Domella, Anna Domella, geb. Poppe 333
Dommrich 135
Donath, Pauline 576
Dorendorf, Andreas 333
Dorendorf, Friedrike, geb. Felleke 333
Dorendorf, Heinrich 333
Dräseke, Bernhard, Bischof 334
Drenckmann, Wilhelm Adolf, Dampfmühlenbesitzer, Kommerzienrat 335
Drenkmann, Max, Dampfmühlenbesitzer 335
Dreßler, Wilhelmine, geb. Arms 336
Dreyer, Ernst, Versicherungsbeamter 336
Dschenfzig, Ernst 337
Dschenfzig, Theodor 337
Dürrfeld, Johann Christian, Dr., Jurist 337
Dulon, Max, Fabrikant, Stadtrat, Kommerzienrat 337
Duvigneau, Otto, Stadtrat, Kaufmann, Fabrikant 146*, 338, 339*, 378

E
Elbthal, Bianka 168, 242*, 340
Elbthal, Johanne, geb. Haller 168, 340f.
Endler, Friederike 342
Erdmann, Alwine, geb. Wendenburg 343
Erdmann, Oberst 343
Erdmann, Berthold 343
Erler, D., Pfarrer und Superintendent 140, 344
Ernst II. von Sachsen, Erzbischof 102*, 103*
Evers, August Gottlieb, Pfarrer 344
Eversmann, Ludwig Wilhelm, Kriminalrat 274
Everth, Wilhelm, Stadt- und Kreisgerichtsrat 345

F
Faber, Carl Friedrich, Kommissionsrat 139, 345–348
Faber, Vally, geb. Sieger 348
Farenholtz Gustav Wilhelm, Unternehmer 414
Farenholtz, Hermann, Unternehmer 349f.
Farenholtz, Johann Wilhelm Botho, Unternehmer, Kommerzienrat 349
Feuerhake, Werner, Bürger und Ritter 111f., 438

Fischer, Dr. 353
Fischer, Max 314
Fischer, Oscar, Maler 291*
Flete, Ulrich, Senior Augustinerkloster 95
Fließ, Rudolf 353
Fock, Auguste, geb. Andreae 353
Fölsche, Carl Christoph Heinrich, Fabrikant 354
Fölsche, Johann Christoph, Kaufmann und Fabrikant 354
Fölsche, Julius Christoph, Fabrikant 354
Francke, August Wilhelm, Oberbürgermeister 135f., 147*, 316
Freise, Magdalene 495
Freise, Margarethe, geb. Fabian 495
Freise, Robert, Amtsgerichtsrat 495
Freitag, Fabrikant 635
Friedeberg, Ernst, Kaufmann 169, 357
Friedeberg, Gottfried Ferdinand, Kaufmann 69, 357f.
Friedrich I., Preußischer König 599
Friedrich Wilhelm, Kurfürst von Brandenburg 450
Friedrich Wilhelm II., Preußischer König 275
Friedrich Wilhelm III., Preußischer König 334, 646
Friedrich Wilhelm IV., Preußischer König 161
Friese, Polizeiinspektor 132*, 358
Fritze, Andreas, Kaufmann, Kirchenvorsteher 54, 139*, 358, 540
Fritze, Georg Julius, Ober-Steuer-Kontrolleur 359
Fritze, Johann Nicolaus, Pfarrer 359
Fuhrmann, Gustav Christoph David 360
Funk, Gottfried Benedict, Dr., Konsistorialrat, Rektor 28, 53, 360f., 657

G
Gaisberg, Barbara Sophie von, geb. von Weyler 362
Gasser, Johann Samuel Theodor, Apotheker 28, 363
Gasser, Marie Katharine, geb. Preitz 28, 363
Gehrmann, Kaufmann 364
Gehrmann, Marie Sophie, geb. Schirlitz 364
Gellhorn, Bertha von, geb. Buhlers 272
Georg von Mecklenburg, Herzog 115
Gerloff, Dorothee, geb. Bruchmüller 364
Gero, Markgraf 86
Geßner, Friedrich, Geheimer Kommerzienrat 364

Geyso, von, Oberstleutnant 366
Geyso, Henriette Sophie Helene von, geb. Freiin von der Schulenburg 366
Giersch, Eduard, Maler 526*
Glawe, Minna, geb. Rohr 366
Glöckner, G. A., Verlagsbuchhändler 451
Gneist, Johanna Elisabeth Karoline, geb. Dürking 324
Goedecke, Hermann 367
Goedecke, Wilhelm-Robert, Kaufmann 367
Goethe, Johann Wolfgang, Schriftsteller 72
Graetsch, Lehrer 536
Grotewohl, Otto, Ministerpräsident 239
Grube, Karl Gottfried, Partikulier 368
Gruson, Helene 147, 166*
Gruson, Hermann August Jacques, Fabrikant, Geheimer Kommerzienrat 147, 158, 160, 162*, 167, 369f., 553
Guericke, Leberecht von 111
Guericke, Otto von, Bürgermeister, Wissenschaftler 98*, 111f., 266, 371, 667
Günther II. von Schwarzburg, Erzbischof 90, 466

H

Haas, Ottilie 392
Hackelbusch, Johann, Dr. 292, 293*
Haenel, Eleonore Sophie, geb. Knöfeldt 371
Hahn, Margarethe, geb. Gier 372
Hake, Gertrud von 98, 374
Hamm, Eduard, Verleger 374
Handré, Johann Friedrich Mathias, Ackerbürger 375
Handré, Sophie, geb. Erhardt 375
Hanse, Joachim, Oberamtmann 35*, 36
Harihausen, Johann Friedrich Wilhelm, Student 131*
Harnisch, Christian Wilhelm, Dr., Superintendent 334
Haseloff, Reiner, Dr., Ministerpräsident 263
Hasselbach, Auguste 299
Hasselbach, Carl Gustav Friedrich, Oberbürgermeister 144, 146, 147*, 376, 619, 643
Hauswaldt, Elisabeth Marianne, geb. Köhne 382
Hauswaldt, Johann Albert, Industrieller, Kommerzienrat 175, 190, 377, 380
Hauswaldt, Johann (Hans) Christian Albert, Dr., Kommerzienrat 377f.
Hauswaldt, Johann Georg, Industrieller, Kaufmann 28, 155, 379f., 381*
Hauswaldt, Johann Gottlieb, Industrieller 380f.
Hauswaldt, Johann Wilhelm, Kaufmann, Kommerzienrat 379, 382
Hauch, Ida 646
Hegen, Josef, Staatssekretär 230*
Hehen, Emilie, geb. Weirauch 195, 383
Heimster, Heinrich, Rentner 383f.
Heinz, geb. Rosenberg 384
Heise, Georg Arnold, Professor, Jurist 77
Helle, Ernst Christoph, Unternehmer, Stadtrat 337
Hellmuth 385
Helmecke 385
Helmerding 663
Hellwig, Michael, Maler 152*, 255*
Hempel, Karl 386
Hennige, Emilie 386
Hennige, Karl Joachim Jacob, Unternehmer 386
Hennige, Moritz Paul, Fabrik- und Rittergutsbesitzer, Kommerzienrat 386–388
Hestermann 551
Hettenbach, August, Kaufmann 389
Heuer 390
Heyne, Franz Julius, Pfarrer 390f.
Heyne, Stadtrat 390f.
Heynemann, Gustav, Kaufmann 195, 342*, 392f.
Hildebrandt, geb. Robrahn 394
Hildebrandt, Caroline Friederike, geb. Drewess 394
Hildebrandt, Tobias Gottfried, Kaufmann 141, 394
Hindenburg, Julius 395
Hindenburg, Paul von, Generalkommandant, Reichspräsident 150*, 165*
Hintze, Gustav, Kaufmann 237, 396
Hirsch, Pfarrer 201*
Hitler, Adolph, Reichskanzler 203, 215
Hoeffichen, Julius, Regierungs- und Konsistorialregistrator 27, 59, 396
Höffner, Wilhelm, Kaufmann 397
Höpfner, Christian Andreas, Arbeiter 397
Höpfner, Dorothea Elisabeth, geb. Huchel 397
Höpfner, Friedrich Wilhelm, Obertelegrafenassistent 397
Hoffmann, Friedrich Wilhelm, Historiker 97
Hoffmann, Georg Ludwig, Prediger 398
Hoffmann, Johanne, geb. Pieschel 139, 398, 550
Holzhausen, Johann Adam, Ackerbürger 524f.
Hoppe, Bertha, Lehrerin 399

Hostowsky, Franz, Klempnermeister   412
Hostowsky, Luise, geb. Dieme   412
Hubbe, Gustav   413 f
Hubbe, Ida Elisabeth, geb. Mangold   414–416
Hubbe, Otto, Unternehmer, Geheimer Kommerzienrat   413–416
Hübener, Erhard, Ministerpräsident   224, 228
Hülße, Friedrich Adolf, Gymnasiallehrer, Historiker   118
Hugo, Gustav, Professor, Jurist   77

J
Jacobi, Julius August Justus, Dr., Generalsuperintendent   60, 417
Jacoby, Oscar   418
Jäckel (Jaeckel), Johann Andreas, Kaufmann   418 f.
Jaenecke, Mathilde   419
Jaehningen, Unternehmer   135
Jockusch, Louis, Eisenbahn-Betriebssekretär   419
Jordan, Albert Wilhelm, Unternehmer, Rentner   420
Jordan, Max, Unternehmer, Kaufmann   420
Junge, Direktor Realgymnasium   423

K
Kaesemacher, Carl Friedrich Christian   423
Käselitz, Udo, Büro-Vorsteher   423
Kahlenberg, August Wilhelm, Kaufmann   154, 424, 426*
Kahlenberg, Hugo   425
Kahlenberg, H. W.   426
Kahler, Arnold   427
Kalkow, Christian Ludwig August, Stadtältester und Stadtrat   429
Kalkow, Friedrich, Kaufmann   429
Karliner, Horst Ismar, Vorsitzender jüdische Gemeinde   392
Kaufmann, S.   430
Kaulitz, Christian, Bürgermeister von Werben   262*
Kebbel, Joachim   431
Kebbel, Ruth   431
Kempfe, Max, Dr., Zahnarzt   431 f.
Kerssenbruch, Johann Friedrich von, Landrat   432
Kersten, Ferdinand Leopold, Dr., Medizinalrat   434
Kersten, Kurt, Verwaltungsbeamter   231
Klaer, Hans Hermann Gustav, Superintendent   548
Klevenow, Karl Heinrich von, Präsident des OLG Magdeburg   140, 436 f.

Klewitz, Johann Ehrenfried, Kriminalrat   565
Klewitz, Karl, Ministerialrat   565
Klewitz, Siegfried, Dr., Oberkonsistorialrat   565
Klewitz, Wilhelm Anton von, Jurist, Gouverneur, Oberpräsident   536, 566
Klincksieck, Bankkaufmann   605
Klotz, Carl Emil, Verlagsbuchhändler   451
Klusemann, Friedrich August, Fabrikant   452
Klusemann, Johann Friedrich August, Oberpfarrer und Logenmeister   453
Klusemann, Klara, geb. Heike   452
Knust, Gottlieb, Partikulier   453
Kobelt, Wilhelm, Fabrikant sowie Reichstagsmitglied und Kommunalpolitiker   204, 454
Koch, Luise   454
Koch, Fabrikant   635
Kocka, Jürgen, Prof. Dr., Historiker   205, 206*
Köhling, Max, Rentier   455
König, Karoline, geb. Keßler   455
König, Wilhelm, Fabrikbesitzer   455
Könnecke, Hermine   456
Könnecke, Reinhard   456
Kötschau, Albert   456 f.
Kötschau, Kurt, Primaner   424, 457
Koppehele, Georg, Dom-Vicarius und Canonicus   457–459, 521
Korn   460
Kornisch, Selma   461
Kornisch, Wilhelm, Kaufmann   460
Kornisch, Schwägerin von Richard Öhmichen   534
Korte, Gerhard, Unternehmer, Dr. h. c.   204, 368, 461
Korte, Marie   368, 461
Kost, Karl, Geheimer Regierungsrat   462
Kothe, David, Propst   408
Kralle, Unternehmer   563
Kralle, Gertrud   391, 462
Kramer, Kaufmann   463
Krebs, Adelheid   463
Kreutzfeld, Martha, geb. Hauswaldt   379
Kreyssig, Lothar, Dr., Jurist, Präses der Synode der Kirchenprovinz Sachsen   464
Krückeberg, William, Superintendent   639
Krüger, Anna Sophie, geb. Böttcher   465
Krüger, Franz, Maler   62*
Krümmel   466
Krupp, Friedrich, Industrieller   162*, 369
Kübitz, Paul, Pfarrer   484
Kulmbach-Bayreuth, Friedrich Christian von, Markgraf   362

Kunisch, Gerhard, Dr., Jurist, Ministerialrat 224

L
Laaß, August Jakob Friedrich, Gutsbesitzer 469
Laaß, Hermann, Fabrikbesitzer und Stadtrat 469, 470*
Laaß, Johann Heinrich 468
Lang, Clara 471
Lange, Eduard, Kaufmann 616
Lange, Emilie, geb. Sternberg 616
Lange, Otto, Kaufmann 471
Langenhain, Erasmus, Archivar 23
Langensiepen, Auguste Marie Paula, geb. Budenberg 158
Langensiepen, Karl Ferdinand Richard, Fabrikant 472
Langhans, Sebastian, Möllenvogt 99*, 101, 105
Lattey, Oskar, Holzhändler 473
Laubel, Johann Casper 133, 474
Laubel, Rachel Elisabeth, geb. Erhardt 474
Laue, August Peter, Brauer 474 f.
Laue, Gustav 556
Laue, Hermann 475
Leckeny, Friedrich Johann Heinrich, Kaufmann 477
Leckeny, Sophie Konkordia, geb. Angern 476
Legidirus, Heinrich 112
Lehmann, Luise 478
Lehmann, Rudi 478
Leu, Thomas, Künstler 257
L'Hermet, Johann, Kgl. Baumeister 619
Leitner 479
Liebau, Hermann, Fabrikant 479
Lieberoth, August, Kaufmann 480, 599
Liebich, Katharine 480
Liebscher, Carl Gustav Otto, Dr., Pfarrer 60*, 481
Liermann, Hans, Jurist, Buchautor 308*
Liese, Karl Ludwig Theodor, Pfarrer 482
Lilie, Otto, Verwaltungsbeamter 221*, 225 f., 231
Linde, Eugen, Versicherungsdirektor 482
Linnicke, Robert, Kaufmann 483
Loch, Hans, Finanzminister 497
Lochte, Dr., Justizrat 483
Loempke, Bürgermeister 673
Lohmann, Henriette Louise, geb. Backhoff 484
Lossow, Hans von, Landkomtur des Deutschen Ordens 484, 486*

Ludwig 487
Ludwig, Andreas, Historiker 122*, 132*, 186*
Lücke, Andreas, Kaufmann 487
Lücke, Carl, Kaufmann 489
Lücke, Gustav, Kaufmann 167, 225*, 487, 489 f.
Lücke, Ida Louise, geb. Deneke 162, 163*, 177, 198, 225*, 237, 487 f., 490 f.
Lusiardi, Ralf, Dr., Historiker, Archivar 83
Luther, Friedrich 493
Luther, Martin, Dr., Mönch, Reformator 96, 144, 255, 386, 438, 493, 598, 614
Luther, Minna 493

M
Mach, Konrad 91 f.
Maenß, Matthias, Dr., Oberkonsistorialrat 494
Mahrenholz, Freiherr von 498
Mahrenholtz, Gebhard Freiherr von 499
Maquet, A. Charles, Fabrikant 135, 499 f.
Mascov, Friedrich von, Dr. 109–111
Matthaei, Richard, Kaufmann 502
Medem, Eduard, Dr., Superintendent 639
Meerkatz, Marie Dorothee 502
Meier, Werner, Verwaltungsbeamter 195*, 424
Meinecke, Landbaumeister 599
Meinhardt, Marie 307
Melanchthon, Philipp, Dr., Reformator 116, 255
Melchior, Gustav 503
Melchior, Johann Christian Ludwig, Kaufmann 503
Melchior, Marie 504
Mewesius (Mewes), Nikolaus, Pfarrer, Konrektor 504, 505*
Merseburg, Thietmar von 86
Meyer, Anna Elisabeth, geb. Eckert 506
Meyer, August Heinrich Ludwig, Pfarrer 627
Meyer, Gottlob Friedrich, Preußischer Kriegs- und Domänenrat 273
Michaelis, Ratsmann 507
Michaelis, Magdalene Sophie, geb. Schauer 507
Mirau, Ella Dorothea, geb. Tägtmeyer 508
Mirau, Fritz Richard, Oberregierungsbaurat 508
Mirbach, J. G., Kaufmann 508
Mirisch, Melchior Dr., Augustinerprior 105*, 438, 744
Mittag, Adolf, Kaufmann 157*, 509, 510*, 511

Mittag, Heinrich, Kaufmann 511
Mittag, Heinrich (II), Kaufmann 511
Mittag, Henriette 511
Mittag, Louis, Kaufmann 511
Mittag, Maria 509
Möbius, Paul, Geheimer Baurat 190, 511
Möllenberg, Walter, Dr., Archivar 86
Möller 512
Moeller, Ludwig Carl, Dr., Generalsuperintendent 512
Morgenstern, Consul 141, 629
Morgenstern, August Theodor, Kaufmann und Stadtrat 514, 515
Morgenstern Friedrich August Simon 514
Morgenstern, Johann Carl Simon, Prof. Dr. 513
Morgenstern, Walter, Fabrikant, Bankier, Stadtverordneter, Kommerzienrat 516
Moritz, Bürgermeister 667
Müller 517
Müller, Adolf, Rentier 517
Müller, Heinrich Wilhelm, Kaufmann, Rittergutsbesitzer, Geh. Kommerzienrat 28, 153, 517 f., 520
Müller, Laurentius („Lütkemüller"), Domvikar und Kanoniker 457, 520 f.
Müller, Ulrich, Augustinerprior 95, 438, 441
Mülverstedt, Adalbert von 521
Mülverstedt, Helene von 521
Münchhausen, Christian Wilhelm von, Domkapitular 522
Münchhausen, Hilmar von, Obrist und Söldnerführer 522
Mussbach, Anna Martha 198, 199*, 292

N
Napoleon I. Bonaparte, Kaiser der Franzosen 25, 121, 125, 403, 446, 448*
Naumann, Elisabeth Magdalene, geb. Lüdecke 523
Naumann, Georg Christian, Brauer-Innungsverwandter 523 f.
Nehricke, Johann Christian, Präbendat 525
Neubauer, Friedrich August, Kaufmann, Industrieller, Geheimer Kommerzienrat 157, 526–530, 556
Neubaur, Martha 530
Neumann, Alwine, geb. Schaeckel 531
Neumann, Theodor, Kaufmann 531
Neumann, Ute, Dr., Ärztin 530
Neumann, Willi, Kaufmann 531
Neumann, Wolfram, Prof. Dr., Arzt 530
Noeldechen, Bernhard, Superintendent 334

Noeldechen, Friedrich Wilhelm, Konsistorialpräsident 60, 532
Noeldechen, Ludwig, Maire 124*
Nordheimer, Henriette 533
Nordheimer, Nathan 533
Nowak, Leo, Bischof 638

O
Öhmichen, Richard, Chemiker und Direktor 534
Öhmichen, Martha 534
Oeltze, Charlotte 534
Offeney, Canonicus 536
Offeney, Anna Elisabeth, geb. Stißer 536
Oppermann, Georg Werner Albert, Bürgermeister 14, 138, 140, 537–540, 550,
Oppermann, Joachim, Proviantmeister 539
Otte, Emmy, geb. Braune 540
Otto, Albert, Dr., Arzt 541
Otto I. (der „Große"), Kaiser des Heiligen Römischen Reichs Deutscher Nation 84 f.
Otto IV., Kaiser des Heiligen Römischen Reichs Deutscher Nation 89

P
Pabst, Otto 541
Pabst, Marie, geb. Kahlenberg 425, 541
Palis, Peter Georg, Firmeninhaber 456
Pasemann, Assessor 542
Pasemann, Julie, geb. Rohde 542
Paul, Filmtheaterbesitzer 553
Paul, Stadtrat 176*, 185–187, 189, 193
Pax, Friedrich Wilhelm, Prof., Pädagoge, Stadtverordneter 542
Pax, geb. Laval 542
Pechow, Eleonore, geb. Damm 543
Pentzler, geb. Adolph 543
Perschmann, Gustav, Kaufmann und Stadtrat 544
Perschmann, Marianne, geb. Burchardt 544
Petschke, Otto 544
Petzall, Eugen, Kaufmann, Stadtrat 321
Pfeiffer, Unternehmer 155, 587
Pfeiffer, Gustav Adolf, Pfarrer und Superintendent 60, 161–163, 178, 301, 546 f.
Pieck, Wilhelm, Politiker, Staatspräsident 315
Pieschel, Georg Wilhelm, Kaufmann 550
Plattner bzw. Platten 551
Plotho, Hermann, Freiherr von 551
Plotho, Siegfried, Freiherr von 551
Plotho, Werner, Freiherr von, Domherr, Senior des Domkapitels 552
Pötsch, Emil, Geheimer Justizrat 179, 558

Pohle, Eheleute 553
Polte, Eugen, Unternehmer, Kommerzienrat 167, 553 f., 555*
Pommer, Max 556
Porse, Alwine (Elbine), geb. Schmorte, spätere Pötsch-Porse 558 f.
Porse, Wilhelm Heinrich Louis, Kaufmann 556, 557*, 558
Pretsch, Reinhold 561
Prigge 581

Q
Quirll, Johanne, geb. Schartow 579

R
Rabe, Eva 561
Rabe, Fritz 561
Rabe, Max, Bankier 561
Rabe, Paula 561
Rabe, Walter 561
Rabethge, Luise 562
Rahmer, Moritz, Dr., Rabbiner, Publizist 169, 562
Raßbach, Wilhelm, Unternehmer 563
Ravy, Adele, Lehrerin 564
Reichardt, Maler 495
Reichardt, Heinrich, Kaufmann, Stadtverordneter 156*, 564
Reiche, Charlotte Elisabeth, geb. Klewitz 565
Reiche, Johann Friedrich Christoph, Hofrat und Domsyndikus 565
Reiche, Poycarp August 565
Reiche, Werner 90
Reißner, Georg, Kaufmann 566
Reißner, Theodor Friedrich 566
Rethmann, Norbert 533
Rettelbusch, Adolph, Maler 339*
Riedhardt, Geheimer Rechnungsrat 567
Riedhardt, Emma, geb. Witte 567
Riehle 471
Ring, Witwe 567
Ring, Oberstaatsanwalt 567
Rißmann, Alwine 568
Robrahn, Ferdinand, Hofgastgeber 568
Rode, Ratsherrengeschlecht 109
Rode, Anna 569
Rode, Cone (I.) 100
Rode, Margarethe 100
Röhrig 570
Rönnefahrt, Antonie 570
Rönnefahrt, Julie, Schulvorsteherin 570
Rötger, Gotthilf Sebastian, Propst, Pädagoge 316 f.
Rosenthal, Bertha 572*

Rosenthal, Ernst, Dr., Arzt 572*
Rosenthal, Hermann, Dr., Oberstabsarzt 571, 572*
Roßleben, Marie Margarethe, geb. Kuphal 573
Rost, Johann Gottlieb, Maler 628*
Rudo, Friedrich, Kaufmann 574
Rudolph, Karl 314
Rudolph, Mathilde Selma, geb. Budenberg 159, 300, 314
Rudolphi, C. E. 574
Rüdiger, Bertha, geb. Bouvier 630 f.
Rüdiger, Carl 631
Rüdiger, Karl, Kaufmann 629–631
Rühmann, Martin 257
Rühmann, Thomas 257
Rumpff, Johann Tobias, Kaufmann 275
Rüppel, Heinrich 575
Ryder 331

S
Saldern, Gertrud von, geb. Hake 24, 27, 373
Saldern, Matthias von, kurbrandenburgischer Rat und Kämmerer 98
Saling, Jacob, Bankier 575
Sander, Eduard, Stadt- und Kreisgerichtssekretär 576
Sander, Karl Friedrich, Musiklehrer, Oberpräbendat 647
Sannemann, Elisabeth 577
Sannemann, Katharine Eleonore 577
Savigny, Friedrich Carl von, Professor, Jurist 62*, 78 f., 81, 172
Schäffer, Bernhard, Fabrikant 156, 204, 280
Schäffer, Helene, geb. Pfitzner 578
Schaller, Oskar, Gerichtsassessor 578
Schaper, Alma, geb. Sturm 578
Schartau, Henning 103, 408
Schartau, Sophie 100, 103, 408
Schartow, Ernst, Oberförster 579
Schartow, Friedrich Wilhelm, Kaufmann 140, 579 f.
Schartow, Helene Marie 580
Schartow, Henriette, geb. Walther 579 f.
Schartow, Wilhelm, Kaufmann 579 f.
Schauer, Karl Georg Heinrich, Ratmann 140, 317, 580
Scheiffler, Eduard, Lehrer 581
Schermbeck, Anna Catharina 581, 582*
Schiffer, August Ludwig, Partikulier 568, 583
Schlageter, Pankratius 613
Schlegel, Konsistorialrat 165
Schlesinger, Leopold 168 f., 170*, 583–586
Schleßner, Schneidermeister 630

Schlüter, Ida 195, 586
Schmager, Johann Heinrich, Kaufmann 586
Schmidt, August, Partikulier und Armenpfleger 587
Schmidt, Friedrich, Fabrikbesitzer, Geheimer Kommerzienrat 28, 135, 156, 158, 587
Schmidt, Paul, Brauer-Innungsmeister 588
Schneider, Auguste Dorothee, geb. Jäger 225*, 540, 589f.
Schneider, Fanny Agnes 678
Schneider, Gustav, Stadt- und Kommerzienrat 157, 589f., 678
Schneider, Peter, Architekt 414
Schneidewin, Unternehmer 564
Schnur 591
Scholand, Johann Matthias, Rektor Volksschule 592
Schrader, Major 592
Schraube, Gustav, Kaufmann 593
Schraube, Minna, geb. Bock 592
Schreck, Familie 308
Schreiber, Auguste, Oberlehrerin 593
Schreiber, Emil, Sparkassengegenbuchführer 593
Schroeder, Anna, geb. Busch 594
Schroeder, Hermann 594
Schubert, Anna, Dr., geb. Hoeßler 595
Schütze, Johann Christian, Kaufmann 595f.
Schütze, Johann Gottlieb, Kaufmann 596f.
Schulke, Gottlob Heinrich 600
Schultze, Gustav, Stadtrat 600f.
Schultze, Theodor, Partikulier, Vorsteher Armenanstalt 602
Schultze, Wwe. 602
Schulz, Emma 602
Schulze, Friedrich Karl, Geheimrat 425, 603–604
Schumacher, Werner Friedrich, Pfarrer 604
Schuster, Hermann, Superintendent 639
Schwanert, Marie, geb. Raßmann 605
Schwanert, Otto 605
Schwartz, Johann David, Kaufmann 606
Schwarzhoff, genannt, eigentlich Julius von Groß, General 163–166
Schwiesau, Berthold 89, 410
Schwiesau, Margarethe 89, 410
Selicko, Hartmut 621
Sendler, Paul, Dr., Arzt 154
Sendler, Theodor, Dr., Arzt 154, 425
Senf, Verwaltungsbeamte 231, 234–236
Seyffert, Caroline 607
Seyffert, Eduard, Brauer und Ökonom 607
Seyffert, Marie 607
Siebers, Kurt-Rolf 607

Siebers, Renate 607
Siebert, Carl, Lehrer 306
Siebert, Emilie, geb. Brätsch 306
Siewert, Dr., Syndikus 608
Sigismund von Brandenburg, Erzbischof 97, 439
Silbermann, Louise 608
Silberschlag, F. W., Regierungspräsident 609
Simon, Gotthold 609
Sintenis, Wilhelm Franz, Pfarrer 610
Smith, John Dunnel Garrett, Unternehmer 610
Sombart, Carl Max, Stadtverordneter 428, 611
Sombart, Katharina, geb. Wenzel 611
Sommerguth, Caecilie 612
Sommerguth, Gustav 612
Spörl, Leopold 612
Sprengel, Priester 201
Städel, Johann Friedrich, Kaufmann 71–73
Stake, Anton, Gärtner 613
Steger, Dietrich von 613
Steinhausen, Werner, Superintendent, Konsistorialrat 614
Stephan, Anne Christiane 137, 614
Stephanowsky, Leopold 615
Stephanowsky, Marie, geb. von Hackwitz 615
Stilcke, Johann Wilhelm, Kloster-Sekretär 619
Stolberg 466
Storm, Claus, Bürgermeister 105
Stott 623
Straube, Helene, geb. Jentsch 623
Straube, William, Kaufmann und Kirchenältester 623
Strauß, Heinrich, Kommerzienrat und Stadtrat 623
Strebe, Christoph Heinrich, Superintendent 334
Strien, Adolf, Kaufmann 638
Strien, Ida 638
Sturmhöfel, Aurel, Stadtbaurat 624
Sturmhöfel, Berta, geb. Födisch 624
Syborg, Alexander Christian von, Advokat 625
Syborg, Katharina von, geb. Schlüter 625

T
Taeger, Eisenbahn-Direktions-Präsident, Oberbaurat 625
Tägtmeier 626
Taut, Bruno Julius Florian, Architekt, Stadtbaurat 207, 510*
Telemann, Georg Philipp, Musiker 347*, 503

Thibaut, Anton Friedrich Justus, Professor, Jurist 77 f.
Thiele, Albert, Architekt 626
Thierse, Wolfgang, Politiker 256
Timme, Wilhelmine, geb. Brandt 627
Tismar, Caroline 629–631
Tismar, George, Regierungspräsident 627
Tismar, Marie Catharine, geb. Harder 627, 628*
Töpfer, Richard 199*
Töpke, Heinrich, Rentier 631
Tonne, Gustav, Kaufmann, Kommerzienrat 632, 633*
Trautmann 634
Tübner, Unternehmer 564

U
Uhlich, Johann Jacob Markus Leberecht, Pfarrer 356
Uhlich, Klara, geb. Steffens 634
Ulbricht, Walter, Politiker, Staatsratsvorsitzender 230*
Underberg, Christiane 533
Underberg, Emil 533
Unverricht, Heinrich, Prof. Dr., Arzt, Geheimer Medizinalrat 637

V
Vagedes, Anne, geb. Strien 638
Vagedes, Maximilian, Generalagent 638
Vangerow, Wilhelm Gottlieb von, Leiter des Armenkollegiums 12*, 124*, 128*, 137*, 139*, 185*, 186*, 317
Vieregge, Karl Heinrich, Dr., Generalsuperintendent 60, 639–641
Virchow, Rudolf, Prof. Dr., Arzt 281
Vogel, Hugo, Maler 416*, 526*
Vogt, Johann, Dr., Prediger 105*
Voigtel, Karl Eduard Julius, Kaufmann, Stadtrat und Stadtältester 641
Voß, Otto Karl Friedrich von, Staatsminister, Domherr 643
Voß-Buch, Karl Otto Friedrich von, Domherr, Geheimrat 59, 643

W
Wagenschein, Ökonom 390 f.
Wagner, Christine Elisabeth, geb. Wippermann 644
Wagner, Johanna Elisabeth Magdalene 28, 155*, 645
Wagner, Marie Dorothee Christiane 28, 155*, 645
Wahle, Fritz, Buchhändler 452

Walther 649
Wanzleben, Bartholomäus 95
Wapenhans, Friederike Catharina, geb. Marquardt 650
Weber, Kaufmann 650
Weichsel, Robert, Kaufmann, Kommerzienrat 514, 517 f.
Weirich, Traugott, Pfarrer 186
Weiße, Elisabeth 292
Wellmann, Richard, Dr., Jurist 599
Welsch, Jakob, Ackerbürger 651
Wenner, Norbert 533
Wenner, Renate 533
Wenk, Carl Friedrich, Schulinspektor 651
Wenk, Juliane Albertine Christiane, geb. Kalinsky 651
Wernecke, Anna, geb. Wernecke 655
Wernecke, Gustav, Kommerzienrat 653–655
Wernecke, Hermann, Brauereibesitzer 652
Wernecke, Minna, geb. Hörnecke 652
Werner, Michael, Dr., Historiker 181, 205
Wesche, Erich, Justizamtmann 476
Wesche, Maria 476
Wesemann, Wilhelm, Fabrikdirigent 656
Wesemann, Wilhelmine, geb. Gollner 656
Wichers, Paul, Prof. Dr. 656
Wichmann von Seeburg, Erzbischof 87
Wiesenthal, Julius, Dr., Arzt 657
Wiesenthal, Sara, geb. Epstein 657
Wiggert, Samuel Friedrich Heinrich, Prof. Dr., Direktor Domgymnasium 657
Wilhelm I., Deutscher Kaiser 164
Windhorst 658
Winkelmann, W., Schuhmachermeister 658
Winterstein, Johann Friedrich Franz, Partikulier 659
Witte, Johann Christoph, Ackerbürger in der Sudenburg 659 f.
Witte, Johann Heinrich, Lehrer 660
Wittmeyer, Heinrich, Verwaltungsbeamter 231
Witzleben, Hartmann von, Oberpräsident 532
Wodieck, Alma 293*
Wodieck, Edmund, Maler 159*, 515*
Wodieck, Felix 293*
Wolf, Rudolf, Fabrikant, Geheimer Kommerzienrat 162*, 662
Wolff, Christian, Prof., Dr. Mathematiker, Philosoph 68
Wrede, Matthias, Kaufmann 13, 20, 663–665

Z
Zander, Willy, Wasserbaumeister 666
Zesewitz, Ewald, Architekt 329

Ziering, Catharina 667 f.
Ziering, Elisabeth 667 f.
Ziering (Scheyring), Johann, Dr., Domprediger 24, 667
Ziering, Margarethe 667
Zimmermann, Ferdinand 669
Zincke, Johann Georg Peter, Ökonom und Ratsmann 135, 150 f., 152*, 181, 197, 669–675
Zincke, Marie Catharina Sophie, geb. Naumann 670, 671*
Zuckschwerdt, Ernst 681
Zuckschwerdt, Ernestine, geb. Koch 675
Zuckschwerdt, Fanny Agnes, geb. Schneider 678
Zuckschwerdt, Hermann Ludwig Alexander, Kaufmann 676*, 679
Zuckschwerdt, Ludwig, Kaufmann 677
Zuckschwerdt, Wilhelm Otto Hermann, Kaufmann, Geheimer Kommerzienrat 677, 678, 681
Zuckschwert, Wilhelm Ludwig Max 677*

Ortsregister

Das Register erfasst Orte, die im Haupttext und im Fließtext der Anmerkungen und Bildunterschriften genannt werden. Wenn Begriffe auf einer Seite nur im Fließtext der Anmerkungen oder in der Bildunterschrift enthalten sind, wurde die Seitenzahl mit (*) gekennzeichnet. Nicht aufgenommen wurde wegen seiner häufigen Erwähnung der Ortsbegriff Magdeburg, soweit er nicht spezifiziert wurde. Straßennamen wurden – sofern sie nach Personen benannt worden sind – entsprechend dem Vornamen der jeweiligen Person eingeordnet. Die im Laufe der Geschichte eingemeindeten Vorstädte Neustadt und Sudenburg sowie die eingemeindeten Dörfer sind unter dem Eintrag „Magdeburg" erfasst.

A

Aachen 86
Ägypten 63
Altenklitsche 484
Altmark 201, 257, 536, 604
Altscherbitz 216
Amerika, Vereinigte Staaten von 201
Amsterdam 72
Anhalt 244, 263*
Apia 681
Aschersleben 261, 581
Auschwitz (KZ) 190*

B

Baden 75
Baden-Württemberg 75*
Bamberg 342
Barby 245, 614
Barleben 334, 449, 619
Barmen 176
Bebertal 225*
Berlin 22*, 23, 55 f., 78, 103, 146, 152* 157*, 179, 215, 231, 235 f., 245*, 246, 282 f., 305, 307, 362, 392, 420 f., 447, 532, 535, 553, 565, 578, 599, 629, 637, 649, 662
Bernburg 216, 534, 548
Beyendorf 431
Bielefeld 472
Bördekreis 431
Bothmar 305, 432
Brandenburg (Kurfürstentum/Land) 95*, 251, 436, 450, 498
Brandenburg (preußische Provinz) 55*, 283, 643
Brandenburg/Havel 23, 98, 283, 374, 464, 481, 629 f.
Braunschweig 112, 136, 392
Braunschweig-Lüneburg (Herzogtum) 292
Bremen 73
Breslau 228, 298, 512, 562
Buchenwald (KZ) 190*
Buenos Aires 469

C

Charlottenburg 157*, 160*, 289, 392, 553, 662, 698
Chemnitz 169*, 176*, 179*, 196*
Clausthal 461
Cuxhaven 329

D

Darlingerode 490
Dessau 20*, 243 f., 247
Deutschland 14, 45, 56, 64, 135 f., 146, 157, 160, 162, 165, 175, 176*, 186, 190, 195, 204, 206, 209, 217 f., 229*, 254, 392, 467, 501, 565, 610
– Bundesrepublik Deutschland 16, 58, 237, 239, 247
– Deutsche Demokratische Republik (Sowjetische Besatzungszone) 16, 23, 57 f., 223–240, 243 f., 247, 272, 281, 296, 314 f., 327, 332, 391, 464, 485, 497, 501, 546, 564, 654, 694, 702
– Deutscher Bund 71, 73, 75
– Deutsches Reich 68*, 71, 75*, 81, 159*, 164, 176, 189, 205 f., 226, 288, 478, 622, 636 f., 657
– Heiliges Römisches Reich Deutscher Nation 68
Dodendorf 25, 36
Dorpat (Tartu) 513
Dresden 157*, 168, 176, 283, 288, 374, 420, 632

E

Egeln 484, 487
Eggenstedt 351
Eisenach 58*

Ortsregister

Eisleben 105*, 107, 251
Elbe 25, 26, 108, 121*, 135, 144, 223, 316, 369, 446, 450
Elberfeld 148 f., 176, 185
Elbeu 334
England 159*
Erfurt 58*, 160, 251
Esbeck 351
Essen 162
Esslingen 96
Estland 513

F
Fläming 257
Frankfurt am Main 71–73, 157*, 160*, 168, 169*, 198*, 208*, 216*, 218, 356, 609
Frankreich 125, 333
Freiburg i. Br. 461
Friedrichsrode 445
Fürstenberg 500

G
Geusa 250*
Gießen 353
Gleiwitz 562
Griechenland 63
Göttingen 272
Gräfendorf 457
Gröpelingen 576
Grünewalde 202

H
Hadmersleben 35*, 375
Halberstadt 26, 85, 136, 212*, 257, 319, 392, 445, 501, 608
Haldensleben 216
Halle (Saale) 168, 237, 243, 282, 744
  – Franckesche Stiftungen 25, 135
  – Landesverwaltungsamt 128, 247, 248*, 249
  – Pädadogium 25 f., 28, 317, 390, 437, 445 f., 450, 522, 542
  – Universität 25, 36, 68, 78, 131*, 168, 171, 263, 270, 316, 325, 373, 403, 437, 445 f., 452, 461, 498, 513, 562, 589, 657, 667 f.
  – Regierungspräsidium 20*, 128, 130, 132*, 243, 247
Hamborn 533
Hamburg 73, 157*, 163*, 168, 176, 181*, 205, 210*, 295, 632
Hannover 319, 432, 446–451
Harbke 351
Harsleben 676

Heidelberg 77, 397
Hermsdorf 372
Hildesheim 305
Hillersleben 24
Himmelspfort 579
Hohenwarthe 202

I
Irxleben 333
Israel 464

J
Jena 77
Jerichow 281, 484, 547
Jüterbog 457, 459

K
Karith 25, 445
Kleckewitz 457
Kochstedt 292
Köln 85*
Köpenick 578
Kulmbach-Bayreuth (Fürstentum) 326, 327

L
Leipzig 85, 98*, 107, 109, 126, 136, 140*, 141*, 144, 168, 176 f., 213, 480, 499, 667, 668
Leitzkau 522 f.
Lichtenburg (KZ) 108, 144*
Liegnitz 272
London 72
Lostau 214*, 229
Luckenwalde 457, 459
Lübars 255
Lübeck 73

M
Magdeburg (Stadt)
  – Adolf-Mittag-See 471, 509
  – Alte Harmonie 185
  – Altstadt 38*, 43, 47 f., 52*, 57*, 89, 95 f., 97*, 101 f., 103*, 111*, 112*, 115 f., 121*, 125*, 126 f., 134*, 135–138, 142*, 145 f., 148*, 151 f., 158, 190, 214, 221, 265, 282, 289, 294, 298, 345, 394, 403, 425, 434, 438, 448*, 496
  – Am Alten Theater 508
  – Ambrosius-Kirche 136, 151, 273, 332, 335, 337, 375 f., 420 f., 435, 454, 463, 468, 479, 543, 568, 570, 589, 591, 656, 660, 669 f., 673, 674*
  – Amtsgericht 33 f., 39, 128, 211, 230, 248, 495, 554, 682, 737

Ortsregister

- Apfelstraße 599
- Armen-, Kranken- und Waisenhaus 108
- Armen- und Waisenhaus der Deutsch-reformierten Gemeinde 53, 125, 133 f., 273, 275, 474, 648
- Armen- und Waisenhaus der Französisch-reformierten Gemeinde 103, 125, 133, 276
- Armen- und Waisenhaus der Wallonisch-reformierten Gemeinde 120*, 125, 277, 278*, 279, 474
- Arndtstraße 219, 392
- Augustastraße 150, 560 f.
- Bahnhofstraße 389
- Belfortstraße (Hans-Löscher-Straße) 115*, 221 f., 225, 402, 404
- Berliner Chaussee (Königsborner Straße) 414
- Beyendorf 431
- Bischof-Weskamm-Haus 329
- Blaubeilstraße 345
- Breiter Weg 270, 274*, 291*, 559, 664
- Brückfeld 414
- Brückstraße 32*, 611
- Buckau 26, 38, 47, 132*, 135, 144, 145*, 147, 152, 153*, 200, 257, 265, 322 f., 369, 370*, 389, 394 f., 445, 453, 472 f., 495, 531, 541, 564, 624, 643
- Budenbergstraße 314, 322
- Bürger-Knabenschule 270, 319, 431, 560 f., 599, 642
- Cracau 47, 60, 161, 298, 301, 414, 426, 546–550
- Coquistraße 322
- Damaschkeplatz 229
- Diesdorf 47, 57*, 162*, 500, 501, 699
- Dom 52, 92 f., 256 f., 258, 305, 361, 450, 458*, 467, 484, 552, 634
- Domgymnasium 28, 169, 286 f., 353, 357, 360 f., 445, 450, 513, 522, 542, 562, 581, 657 f.
- Domkapitel 30, 33–35, 38, 89, 93, 99, 101, 281, 305, 320, 373, 375, 411, 457, 484 f., 521, 552, 643
- Domplatz 52, 111, 113*, 168
- Dompropstei 35
- Domvogtei 35*, 644
- Elbbrücken 225
- Elbe 25 f., 108, 121*, 135, 144, 316, 369, 446, 450
- Erziehungsanstalt 126*, 155*, 598, 645, 651
- Faber-Hochhaus 222*

- Fasslochsberg/Fasslochstraße 222*
- Fermersleben 47, 161*, 498
- Fermersleber Weg 214, 393*
- Festung 121, 126, 133 f., 145, 149, 159, 403, 409
- Festung Mark 466 f.
- Flechtinger Straße 207*
- Freie Straße 610
- Freiherr-vom-Stein-Straße 50*, 51*, 52
- Friedrichsschule 58, 480, 599
- Friedrichstadt 373, 397, 399, 611, 660
- Fürstenhof 165
- Fürstenwall 219
- Georgenplatz 115*, 142*
- Glacis 121, 316, 461
- Goldschmiedebrücke 454
- Große Diesdorfer Straße 154*, 425
- Große Junkerstraße 103*
- Große Münzstraße 98
- Große Schulstraße 115*
- Großer Werder 413
- Güstener Straße 553
- Gustav Ricker-Krankenhaus 229*
- König Wilhelm-Gymnasium 295, 593
- Halberstädter Straße 335
- Hauptbahnhof 222*
- Hans-Löscher-Straße (Belfortstraße) 221, 404
- Hauswaldtstraße (Rostocker Straße) 379
- Hegelstraße 560 f.
- Heilig-Geist-Kirche 309, 346, 347*, 398, 419, 474, 477, 517, 610, 613, 626, 650
- Heilig-Geist-Straße 143*, 401
- Hennigestraße 386, 553
- Hermann-Beims-Siedlung 207*
- Herrenkrug 115, 208*, 316, 475, 646, 647
- Herzogtum 23–26, 34, 36, 59*, 75, 108, 111, 121*, 186*, 244, 292, 643
- Hesekielstraße 672, 675
- Hinter den Holzstrecken (Hubbestraße) 489
- Hofjäger 165
- Hohenzollernstraße 299
- Hospital St. Annen 24, 47, 107, 109*, 116*, 214, 399–402, 496
- Hospital St. Georg 15*, 46 f., 101, 126, 142*, 214, 215*, 221, 225, 236, 402–405, 496, 628, 647
- Hospital St. Gertrauden 24, 46, 101, 214, 405–408, 496
- Hospital Schartau 26, 28, 214, 408 f., 496

Ortsregister

- Hospital Schwiesau 28, 101*, 214, 410–412, 496
- Hubbestraße (Hinter den Holzstrecken) 489
- Hundisburger Straße 400
- Industrie- und Handelskammer 211
- Jacobi-Kirche 47, 51, 57, 60, 137f., 139*, 174*, 308f., 345, 362, 366, 417, 453, 463, 465, 504, 577, 614f., 638f.
- Johannisberg 103*
- Johanniskirche 52, 99f., 110, 138f., 140*, 262*, 265, 344, 358, 364, 406, 413f., 438, 465, 475, 481f., 537, 562, 614
- Johanniskirchhof 187
- Johanniskirchplatz 275
- Jordanstraße 420
- Julius-Bremer-Straße 115*
- Kaiserstraße (Otto-von-Guericke-Straße) 432
- Kahlenbergstift (Krankenhaus) 154, 227, 424–427
- Kamelstraße 275
- Katharinenkirche 37*, 38, 51, 138f., 148*, 174*, 356, 368, 465, 540, 573, 590, 601, 604f., 623, 625, 630
- Katharinenstraße 277
- Katharinenturm 19
- Kaufhaus Barasch 291*
- Kleine Diesdorfer Straße (Wilhelm-Külz-Straße) 404
- Klosterbergegarten 316
- Kloster Beatae Mariae Magdalenae 29, 46, 97*, 101, 126, 214, 441–445, 496
- Kloster St. Agnes 89, 408
- Kloster St. Augustini (auch: Walloner-Kirche) 28, 47, 89, 95, 101, 111f., 124, 142, 161, 214, 309, 358, 385, 395, 428, 438, 440*, 441, 463, 475f., 496, 512, 520, 535, 550, 559, 576, 587, 602, 628, 744
- Kloster St. Franziskus 101, 105
- Kloster St. Lorenz 89
- Kloster Unser Lieben Frauen 36, 86, 93, 317, 337, 390, 446–451, 522, 551
- Knochenhauerufer 88, 108, 405, 406, 407*
- Königsborner Straße (Berliner Chaussee) 414
- Krankenhaus Altstadt 153, 190, 281f., 331, 425, 434, 518f., 738
- Krankenhaus Sudenburg (Gustav-Ricker-Krankenhaus/Medizinische Akademie/Universitätsklinik) 227, 229, 230*, 236, 341, 426, 434, 519, 637
- Kulturhistorisches Museum (ehem. Kaiser-Friedrich-Museum) 9, 14, 113, 152, 157, 158*, 167f., 179, 208, 209*, 221, 260, 280, 367, 378–380, 420, 449, 461, 488, 502, 526, 558, 643, 678, 680
- Land- und Stadtgericht 33f., 39, 72, 140, 320, 369, 459, 554
- Landesarchiv Sachsen-Anhalt 16, 32*, 33–40, 52*, 104*, 109, 243, 244, 245*, 246
- Landeskirchliches Archiv 50*, 51–61
- Leipziger Straße 213f., 222*, 226, 228, 268, 395, 675
- Lemsdorf 47, 161*, 479
- Mädchenschule 379, 399, 441f., 570, 628
- Marstallstraße (Max-Otten-Straße) 141, 153, 518
- Mittagstraße 42*, 411, 412
- Morgenstraße 409, 411
- Neuer Weg 225
- Neustadt 26, 28f., 37f., 47, 88, 89, 100, 101*, 103, 126, 128, 135f., 144, 147, 155, 156*, 175, 272, 304, 319, 348, 363, 379f., 386f., 396, 408, 409–411, 469, 480f., 493, 566, 574, 587, 607, 616, 651–654, 666
- Neustadt, Friedhof 655
- Neustadt, Peter-Paul-Stift 89
- Neustadt, Nikolai-Kirche 100f., 347, 348, 408, 411, 504, 613, 666f.
- Neustadt, ehem. Sandstraße 410
- Neustadt, ehem. Thie 408
- Neustädter Str. 439f., 474
- Neutorney 369
- Nikolai-Kirche 100f., 347f., 408, 411, 504, 613, 666
- Nikolai-Stift 667
- Nordfriedhof 491, 509, 510*, 595
- Nordpark 316
- Olvenstedt 51, 57, 332, 442, 596
- Oststraße 428
- Ottersleben 51, 52*, 300
- Otto-von-Guericke-Straße (Kaiserstraße) 432,
- Petersberg 441, 444
- Petersstraße 185
- Petrikirche 51, 138f., 261, 384, 442, 454, 504, 569, 627, 659
- Prester 25f., 47, 161*, 333, 397f., 445
- Puppentheater 257
- Rat des Bezirkes 230f., 235–237, 239
- Realgymnasium 28, 398f., 423, 471, 539, 661

- Rostocker Straße (Hauswaldtstraße)   379
- Rotehornpark   471, 509
- Rothensee   115, 364, 372, 439, 502, 573 f., 609
- Salbke   47, 161*, 216, 390, 391
- Saldernscher Hof   98
- Schartaustraße   409
- Schillerstraße   410
- Schönebecker Straße   323, 559
- Schöppenstuhlarchiv   18
- Sebastiankirche   86, 126*, 294, 318, 342, 460, 658
- Stadtarchiv   5, 9 f., 16, 33, 42*, 43–48, 51*, 95*, 104, 109, 114, 118
- Stadtbibliothek   9 f.
- Stadtfeld   439, 630
- Stadtsparkasse   193, 197, 257, 316, 422, 467 f.
- Stallstraße   99*
- Stiftstraße   15*, 115*, 402, 404
- St. Gangolphi-Stift   126*, 305, 457, 520 f.
- Sudenburg   28, 37 f., 47 f., 85, 101, 103, 113, 115, 117*, 125 f., 128, 135 f., 144, 147, 150 f., 152*, 181, 230*, 273, 327, 335, 337, 349 f., 354, 360, 375 f., 403, 420, 426, 434 f., 452, 454 f., 463, 468 f., 479, 500, 517–520, 543, 563, 568, 570, 591, 635, 637, 656, 659 f., 669, 672 f., 674*, 680
- Sudenburg, Alter Friedhof   151, 332, 656, 670
- Südfriedhof   534, 587, 655
- Südring   335
- Synagoge   218*
- Theater   44 f., 167, 257, 365
- Tränsberg   425
- Trommelsberg   389
- Ulrich-und-Levin-Kirche   52, 99, 138 f., 297, 303, 308 f., 344, 358 f., 373, 394, 471, 481 f., 539, 559, 567 f., 581, 589, 603, 635, 664
- Vogelgesang   115
- Volkskrankenschule   436
- Volksschule   140, 216*, 351, 397, 399, 419, 508, 579, 592, 629, 642, 660
- Wallonerberg   95, 107, 285
- Weidenstraße   221, 428, 439, 739
- Werder   225, 413, 439, 489
- Westerhüsen   47, 135, 161*
- Wielandstraße   410
- Wilhelm-Külz-Straße (Kleine Diesdorfer Straße)   404, 409
- Wilhelma   165, 414, 653*
- Wolfenbütteler Straße   360
- Wredestraße   230*, 519
- Zuchthaus   108, 144*, 439

Magdeburg
- Bezirk der Deutschen Demokratischen Republik   239
- Bistum der Katholischen Kirche   92*, 93, 350, 449, 464, 638
- Erzstift, Herzogtum   23–26, 34, 36, 59*, 75, 84*, 92*, 96*, 97, 102*, 108, 111, 121, 186*, 244, 292, 498, 522, 643, 702

Magdeburger Börde   135, 144, 178
Mansfeld   36, 251,
Menz   333
Merseburg   23, 86, 283, 320 f.
Minden   24
Mitteldeutschland   50*, 60, 126, 162, 251, 253 f., 256, 361, 435 f.
Möckern   259, 260*
Mühlhausen/Th.   251, 286
München   216*
Münster   196*

N
Naumburg   259*, 554
Neinstedt   238*, 535, 549
Neu-Asseburg   432
New York   201*, 280
Niederndodeleben   449
Nürnberg   176*, 196*, 217, 693

O
Oschersleben   136

P
Paris   72, 321
Pehritzsch   445
Pfalz   125, 545
Plattenburg/Prignitz   98, 373
Plaue   373
Pommern   55*, 369
Posen   55*
Potsdam   56, 269
Preußen   23, 26 f., 29, 55, 74, 121*, 128, 130, 161, 193*, 211
- Königreich   122
- Landeskirche   55, 162*
Priesitz   258

Q
Quedlinburg   252, 445, 535, 614, 645

R
Räckendorf   445
Randau   386, 449, 484

741

Rostock 79
Rottersdorf 84–86
Russland 112, 126

S
Sachsen, Ballei des Deutschen
  Ordens 484
Sachsen (Kurfürstentum, Königreich,
  Freistaat) 59, 75, 76*, 283, 320
  – Sachsen (preußische Provinz) 29 f.,
    34, 39, 55*, 56, 58, 59*, 60, 128, 134,
    162, 172, 186, 187*, 194*, 200, 203*,
    210*, 224 f., 251, 283, 286, 288, 325 f.,
    334, 379, 445 f., 449 f., 452, 482, 488,
    491, 513, 532, 545 f., 566, 591, 620,
    632, 639
  – Sachsen (Kirchenprovinz) 16, 50*,
    55 f., 58, 245*, 251, 253 f., 435 f., 545
Sachsen-Anhalt 9 f., 20, 40, 57, 95*, 128,
  150*, 202*, 224, 227, 240, 242*, 243–246,
  249, 251, 253 f., 257, 260 f., 263, 272, 282,
  349, 392, 436, 446–449, 451, 480, 549,
  606, 617 f., 654
  – Landesarchiv 16, 32*, 33–40, 52*,
    104*, 109, 243 f., 245*, 246
  – Landesamt für Denkmalpflege und
    Archäologie 260
Salzatal 329
Salzelmen 527
Salzwedel 445
Schlesien 24, 55*
Schönebeck 136, 237, 266, 457, 527
Schweiz 157, 228
Stendal 261, 501, 535, 570
Straßburg 72
Sankt Petersburg 473, 513
Stuttgart 157*
Südafrika 201*
Sülldorf 25, 370, 431, 445

T
Tel Aviv 290
Thüringen 161, 251, 254, 286, 436
Tilsit 25, 121
Torgau 251, 255, 329

U
Uchtspringe 216

V
Vatikan 100
Vorharz 144

W
Wahlitz 228, 550, 739
Wanzleben 95, 228*
Warburg 351
Weferlingen 326, 327
Weimar 37*, 192, 195, 205 f.
Wemding 667, 739
Weser 26, 700
Wernigerode 33, 108, 214, 222*, 236,
  404, 694
Westphalen/Westfalen (Königreich) 25,
  27, 116, 121, 126*, 127*, 173, 512
  – Elbe-Saale-Departement 121
Wien 128
Wiesbaden 462, 530
Wittenberg 96, 131*, 251, 252*, 254–256,
  258, 260, 329, 445
Wittingen 520
Wolmirstedt 97*, 334, 441
Württemberg 75*, 501
Württemberg-Baden 75
Württemberg-Hohenzollern 75

Z
Zackmünde 445
Zipkeleben 445